W0325196

E-Book inside.

Mit folgendem persönlichen Code erhalten Sie die E-Book-Ausgabe dieses Buches zum kostenlosen Download.

4PNW6-P56R0-
18400-BSI38

Registrieren Sie sich unter
www.hanser-fachbuch.de/ebookinside
und nutzen Sie das E-Book auf Ihrem Rechner*, Tablet-PC und E-Book-Reader.

* Systemvoraussetzungen:
Internet-Verbindung und Adobe® Reader®

Wegener

WPF 4.5 und XAML

Jörg Wegener

WPF 4.5 und XAML

Grafische Benutzeroberflächen
für Windows inkl. Entwicklung von
Windows Store Apps

HANSER

Der Autor: Jörg Wegener, Düsseldorf

Der Herausgeber: Holger Schwichtenberg, www.IT-Visions.de, Essen

Bibliografische Information der Deutschen Nationalbibliothek:

Die Deutsche Nationalbibliothek verzeichnet diese Publikation in der Deutschen Nationalbibliografie; detaillierte bibliografische Daten sind im Internet über *http://dnb.d-nb.de* abrufbar.

Lektorat: Sieglinde Schärl
Herstellung: Thomas Gerhardy
Sprachlektorat: Sandra Gottmann, Münster-Nienberge
Umschlagdesign: Marc Müller-Bremer, *www.rebranding.de*, München
Umschlagrealisation: Stephan Rönigk
Satz: Kösel, Krugzell
Datenbelichtung, Druck und Bindung: Kösel, Krugzell
Ausstattung patentrechtlich geschützt. Kösel FD 351, Patent-Nr. 0748702
Printed in Germany

Buch-ISBN 978-3-446-43467-7

ebook-ISBN 978-3-446-43541-4

Geleitwort des Herausgebers

Liebe Leserinnen, liebe Leser,

das .NET Framework ist inzwischen mehr als zehn Jahre alt, und man kam ihm Reife nicht nur altersbedingt, sondern vor allem auch aus fachlichen Gründen bescheinigen. Das Besondere an .NET ist, dass es immer mehr Anwendungsarten gibt, die sich mit der gleichen Sprachsyntax, den gleichen Bibliotheken und den gleichen Werkzeugen erstellen lassen. Zu Desktop- und Standard-Web-Applikationen haben sich inzwischen Multimedia- und Office-Anwendungen sowie Rich Internet Applications und Apps gesellt. Und auch auf der Serverseite gibt es zahlreiche Möglichkeiten für den Einsatz von .NET, vom Microsoft SQL Server über Biztalk bis hin zu SharePoint. Mit der Version 4.5 liefert Microsoft wesentliche Verbesserungen für zahlreiche Bausteine (z.B. für die WPF) und ergänzt hilfreiche neue Klassen.

Anlässlich von .NET 4.5 aktualisieren wir natürlich auch wieder die erfolgreiche Buchreihe .NET-Bibliothek, die ich für den Carl Hanser Verlag als Herausgeber betreue. Die Fachbücher dieser Reihe liefern fundiertes Wissen zu zentralen Bausteinen der Klassenbibliothek im .NET Framework. Die Reihe zeichnet sich durch prägnant gehaltene Bücher aus, die das elementare Wissen zu einem Fachgebiet für den professionellen Entwickler aufbereiten. Ein weiteres Merkmal der Reihe sind die Autoren, die seit vielen Jahren mit .NET-Technologien arbeiten und ihre umfangreiche Praxiserfahrung aus .NET-Projekten in die Bücher einfließen lassen.

Die Windows Presentation Foundation (WPF) hat sich inzwischen als Oberflächentechnik etabliert. Mit Microsoft Silverlight und den Windows 8 Store Apps gibt es zudem zwei Ableger, die auf der gleichen Grundidee wie WPF basieren: der Tag-basierten Beschreibungssprache Extensible Application Markup Language (XML).

Das Buch wurde in der aktuellen Auflage um fünf wertvolle Kapitel erweitert:

1. Eingabesteuerung in WPF
2. Das Entwurfsmuster Model-View-ViewModel (MVVM)
3. Entwicklung von Windows 8 Apps mit XAML und Windows Runtime
4. Installation und Verteilung von Anwendungen
5. Gestaltung mit Expression Blend

Ich wünsche Ihnen, dass dieses Buch zu Ihrem Projekterfolg beitragen kann.

Essen, im Oktober 2012

Dr. Holger Schwichtenberg
www.IT-Visions.de

Inhalt

Vorwort

Als die Windows Presentation Foundation (oder kurz WPF) im Jahre 2003 auf der Professional Conference in Los Angeles vorgestellt wurde, konnte ich mir ihr Potential kaum vorstellen. In den folgenden Jahren entdeckte ich jedoch die zahlreichen Vorteile, die einem die WPF bietet. Mit der WPF lassen sich auch die Vorteile vieler anderer ausgereifter Technologien nutzen, wie zum Beispiel die von SVG, HTML, CSS und XML. All diese Vorteile stehen einem nun in einer Technologie verbunden für die Entwicklung von Windows-Programmen zur Verfügung.

An das neue Konzept muss man sich als eingefleischter Windows-Entwickler allerdings erst gewöhnen – Vektorgrafiken, Pixel, die keine Pixel sind, und ein neues Layout-System, das geschickt kombiniert werden will. Die Einstiegshürde ist also leider etwas höher, doch es lohnt sich, sich die Zeit zu nehmen. Dieses Buch wird Sie bei der Einarbeitung unterstützen.

In den letzten Jahren erhielt ich die Möglichkeit, bei zahlreichen spannenden Projekten mitzuwirken, in denen die WPF die Hauptrolle spielte. Das Spektrum der Anwendungen war sehr breit gefächert: Von Endkundenanwendungen, bei denen man besonderen Wert auf das Benutzererlebnis gelegt hat, über effiziente und klar strukturierte Oberflächen für Faktura und Buchhaltung bis hin zu Touchscreen-optimierten Anwendungen zur automatisierten Lagerhaltung. Für die dabei gesammelten Erfahrungen und die Abwechslung bin ich sehr dankbar. Auch die Vielseitigkeit, die für die WPF so typisch ist, konnte ich in diesen Projekten erfahren.

Spannend wird es mit dem in diesem Jahr erschienenen Windows 8 weitergehen, dessen neue Oberfläche sicherlich für viele polarisierend sein dürfte. Auch hier spielen Technologien aus der WPF eine große Rolle, da Anwendungen für Windows 8 (sog. Anwendungen für den Windows Store) auch mit XAML erstellt werden können. Gerade als WPF-Entwickler sollte man sich hier schnell zurechtfinden können.

Für mich ist die WPF ein ausgereiftes Produkt und die ideale Plattform, um anspruchsvolle Anwendungen zu entwickeln. Ich zähle mich selbst zu den begeisterten Anhängern und kann die WPF für Desktop-Anwendungen nur empfehlen.

Viel Spaß beim Lesen wünscht Ihnen

Jörg Wegener
Identage Business Services GmbH
Düsseldorf, im Oktober 2012

1 Einführung

Als Softwareentwickler durchlebt man immer wieder starke Veränderungen. Neue Techniken werden entwickelt, mit denen auch oft alte (und vielleicht sogar lieb gewonnene) Ansätze über Bord geworfen werden müssen. Auch der Bereich der grafischen Oberflächen hat in den letzten Jahren immer wieder starke Veränderungen erfahren.

Zu Beginn standen Messages und HWND-Pointer im Vordergrund, mit denen man Fenster in kleinster Handarbeit mit Leben füllen konnte. Mit dieser Technik ausgerüstet, konnte man fast alles für die Oberflächen der Anwendungen erstellen – ein entsprechend tiefgreifendes Wissen über die Interna von Windows vorausgesetzt. Und selbst mit diesem Wissen war es meist ein langer und mühsamer Prozess. Animationen und grafische Effekte blieben so nur den Profis vorbehalten.

Schon seit dem Jahr 2002 befinden wir uns im Zeitalter von .NET, mit dessen Framework auch die Entwicklung von grafischen Oberflächen vereinfacht wurde. Mit den Klassen und den Komponenten kommt man so kaum noch mit den umfangreichen Interna in Kontakt, sodass man sich fast ausschließlich auf den komfortablen Designer von Visual Studio verlassen kann. Ebenso gibt es eine Vielzahl von Herstellern, die fertige Komponenten für den eigenen Einsatz anbieten, die an gewohnte Oberflächen wie Microsoft Outlook erinnern. Lediglich als Entwickler von jenen Komponenten kommt man so noch in Kontakt mit den komplexeren Details.

Trotz dieser vielen Änderungen und diversen neuen Techniken, in die man sich immer wieder einarbeiten musste, arbeitet man im Kern noch immer mit denselben GUI-Techniken, deren Grundsteine vor gut 20 Jahren mit dem Erscheinen von Windows 1.0 gelegt worden sind. Gerade unter Windows Forms wird der Zugriff auf die GDI (Graphics Device Interface) allenfalls durch verwaltete Klassen des .NET Frameworks gekapselt. Das wird dadurch deutlich, dass selbst die einfachsten Klassen wie der `Brush` oder der `Pen` externe (und damit unverwaltete) Ressourcen verwenden. Diese müssen natürlich immer explizit mit der Methode `Dispose()` wieder freigegeben werden (was man natürlich beherzigt). Mancherorts wird man sich die Arbeit aber wohl sparen, da nach einer gewissen Zeit der Garbage Collector natürlich diese Ressourcen automatisch wieder freigibt und damit auch die Methode `Dispose()` aufgerufen wird. Zum guten Programmstil gehört es aber trotzdem nicht.

1.1 Zielgruppe

Für Microsoft steht die Windows Presentation Foundation (WPF) für die Zukunft der Rich-Client-Anwendungen. Sie wurde von Grund auf neu entwickelt, um eine möglichst saubere und klar strukturierte Grundlage für Anwendungen zu bieten. Windows Forms wird dagegen nicht mehr weiterentwickelt und bleibt damit auf dem heutigen Stand des .NET Frameworks 2.0 stehen. Als Entwickler von Windows-Forms-Anwendungen sollte man sich daher rechtzeitig Gedanken machen und sich mit den neuen Techniken beschäftigen.

Vielerorts mag vielleicht sogar die Meinung vorherrschen, dass die WPF hauptsächlich für schicke, bunte Oberflächen oder sogar nur für Spiele geeignet sei und weniger für seriöse Anwendungen, die sich im Geschäftsalltag behaupten müssen. Doch seit Jahren kann sich die WPF gerade auch in den typischen Geschäftsanwendungen beweisen – selbst in den Bereichen, in denen das Design eine untergeordnete Rolle spielt.

Die WPF bildet eine sehr mächtige und eine sehr flexible Grundlage, die für ein breites Spektrum an Anwendungen eingesetzt werden kann. Dabei wurde natürlich auch ein Augenmerk auf das sog. *Nutzererlebnis* gelegt, das in den letzten Jahren immer stärker von den Anwendern gefordert wurde. Es stellt aber nicht die Hauptaufgabe der WPF dar – und die Entwicklung von Spielen gehört schon gar nicht dazu. Hierfür gibt es Techniken wie DirectX, mit denen sich die Leistung des Computers und vor allem die der Grafikkarte voll ausnutzen lässt. Bei der WPF stehen dagegen einfache Handhabung, Flexibilität und Integration im Vordergrund. So lassen sich mit denselben Grundtechniken der WPF nicht nur Steuerelemente platzieren, sondern auch Dokumente oder dreidimensionale Modelle erstellen. Hierfür sind keine zusätzlichen Kenntnisse über Dokumentformate oder DirectX notwendig.

In den Präsentationen und Demos wurden häufig die grafischen Möglichkeiten und die Effekte dargestellt. Die WPF bietet mit der neuen Sprache Extensible Application Markup Language (XAML) aber vor allem auch eine strikte Trennung von Programmcode und Oberfläche, wodurch sich komplexere Anwendungen wesentlich besser strukturieren lassen. Auch die Datenbindung sucht ihresgleichen und stellt selbst die Möglichkeiten von ASP.NET in den Schatten. Die WPF eignet sich daher sehr wohl für geschäftliche Anwendungen, die ihren Schwerpunkt auf effizientes Arbeiten und Datenverarbeitung legen. Diese Themen sind zwar nicht so „sexy“ und eignen sich daher auch weniger für Präsentationen, bilden aber für viele Entwickler den Alltag.

Der Schwerpunkt dieses Buches wurde daher eher auf die vielen Alltagssituationen gelegt, mit denen man als Entwickler öfter konfrontiert wird.

1.2 Voraussetzungen

1.2.1 Betriebssysteme

Um mit der Windows Presentation Foundation arbeiten zu können, sind verschiedene Voraussetzungen zu erfüllen. Als Erstes wird das .NET Framework benötigt, das als Grundlage dient. Die WPF ist bereits mit dem .NET Framework 3.0 erschienen und wird unter Windows XP, Windows Vista und dem Windows Server 2003 unterstützt. Im August 2012 ist das neue .NET Framework 4.5 erschienen, das einige Verbesserungen enthält.

Um auf einem typischen Client-PC eine WPF-Anwendung laufen zu lassen, sind daher folgende Mindestvoraussetzungen zu erfüllen:

- Windows XP
- .NET Framework 3.0 (mit SP1)

Mit dieser Konfiguration laufen bereits Anwendungen, die mit der WPF und dem .NET Framework 3.0 entwickelt worden sind. Für eine bessere Darstellung und die Nutzung der neuesten Funktionalitäten sind jedoch die folgenden Systemvoraussetzungen empfehlenswerter:

- Windows 7 oder Windows 8
- Grafikkarte mit Unterstützung für DirectX Version 9 (Hardwarebeschleunigung)
- .NET Framework 4.5

Die WPF wurde ursprünglich ausschließlich für das Betriebssystem Windows Vista entwickelt. Zwar wurden durch den enormen Druck des Marktes auch Windows XP und Windows Server 2003 unterstützt, doch nur für Windows Vista sind einige Optimierungen vorgenommen worden, mit denen die WPF um einiges performanter läuft. In den anderen beiden Betriebssystemen läuft die WPF dagegen in einer Art Kompatibilitätsmodus und daher auch ohne Hardwarebeschleunigung.

Mit dem .NET Framework 4.5 werden erstmals Betriebssysteme ausgeschlossen. So benötigen die entwickelten Anwendungen als Betriebssystem mindestens Windows 7 oder Windows Server 2008 R2. Windows XP und Windows Vista bleiben damit außen vor.

Diese Anforderungen lesen sich fast so, als hätte man es mit der Entwicklung von Computerspielen zu tun. In der Tat lassen einige Spezifikationen von Windows 7 diese Spekulationen zu. Man sollte aber nicht vergessen, wohin die Reise in Zukunft geht. Man wird in den kommenden Jahren weniger mit schlichten, grauen Oberflächen arbeiten und wesentlich mehr Wert auf das Nutzererlebnis legen. Entsprechende grafische Effekte oder Darstellungen in 3D benötigen aber ihre Leistung – unabhängig davon, ob das Betriebssystem nun mit Windows 7, Linux oder Mac OS arbeitet. Zudem verfügen die meisten Computer heutzutage bereits über eine Grafikkarte mit Hardwarebeschleunigung. In den meisten Fällen wird diese jedoch kaum gefordert, und so bleibt der Prozessor der Grafikkarte meist untätig, selbst wenn der Hauptprozessor aufgrund intensiver Grafikverarbeitung am Anschlag arbeiten sollte.

Über den Nutzen einzelner Entwicklungen mag man sicherlich streiten. Mit der WPF erhält man aber bereits heute eine sehr mächtige Grundlage für Anwendungen, die auch in den kommenden Jahren konkurrenzfähig sein werden.

1.2.2 Entwicklungsumgebung

Für die Entwicklung mit der WPF wird in erster Linie das .NET Framework benötigt. Ähnlich wie bei den Vorgängern des Frameworks können Anwendungen theoretisch auch über Notepad erstellt werden, da bereits alle notwendigen Compiler in dem Framework enthalten sind. Wirklich produktives Arbeiten ist aber nur mit einer integrierten Entwicklungsumgebung wie Visual Studio 2012 möglich.

Als zusätzliche Unterstützung bietet sich das Windows SDK von Microsoft an, das neben der Dokumentation auch zahlreiche Beispiele und Werkzeuge für die WPF enthält. Besonders hilfreich ist beispielsweise das dort enthaltene Programm XamlPad, das auch für die Erstellung dieses Buches wertvolle Dienste geleistet hat.

Mit Expression Blend wird ein neues Werkzeug von Microsoft angeboten, das sich speziell an die Grafiker richten soll. Die Oberfläche und die Handhabung orientieren sich daher an gängigen Werkzeugen aus diesem Bereich, damit der Umstieg auf die WPF leichter fällt. Für Entwickler, die eher mit der Oberfläche von Visual Studio vertraut sind, mag die Umstellung dagegen schwerer fallen. Der Nachteil von Werkzeugen wie Blend ist aber, dass Sie oft dazu verleiten, Oberflächen lediglich durch Drag&Drop und über das Eigenschafts-Fenster zu entwerfen. Der Anwender kommt so immer weniger mit dem erzeugtem XAML-Code in Kontakt, der durch das unbedachte Klicken und Ziehen wesentlich umfangreicher, unaufgeräumter und auch mehr Redundanzen enthält. Ich habe Beispiele aus der Praxis gesehen, bei denen Dateien 10 oder 20 Mal größer waren, als unbedingt notwendig. Aus diesem Grund konzentriert sich dieses Buch auf die Grundlagen von XAML und der WPF, da weitere Techniken und Werkzeuge auf diesem Wissen aufbauen und diese nicht ersetzen sollten.

Darüber hinaus existieren aber noch zahlreiche weitere Werkzeuge, die zwar nur unmittelbar etwas mit der WPF zu tun haben, sich aber bei der täglichen Entwicklerarbeit bewährt haben. Dazu zählt selbstverständlich der .net Reflector von Redgate, mit dem sich die einzelnen Klassen und Assemblies analysieren lassen. Die Klassen und die Namensräume in der WPF sind zwar alles andere als übersichtlich, doch kann man mit diesem Programm einen Blick hinter den Vorhang werfen und das Verhalten besser nachvollziehen. Mittlerweile wurden von Microsoft große Teile des Quellcodes des .NET Frameworks und damit auch der WPF freigegeben, so dass sich ein Blick dort hinein auch lohnt. Der Quellcode kann unter folgender Addresse heruntergeladen werden:

- *http://referencesource.microsoft.com/netframework.aspx*

Die kommerzielle Variante des .net Reflectors oder der Quellcode von Microsoft lassen sich ebenfalls zum Debuggen nutzen, da man in beliebigen Bereichen des .NET Framework Haltepunkte setzen kann.

1.3 Das .NET Framework 4

In das .NET Framework hat in der Version 4 die neue Task Parallel Library (kurz *TPL* genannt) Einzug erhalten, die sowohl für GUI als auch für Backend-Anwendungen eine gelungene Alternative zur bisherigen Klasse `Thread` darstellt. Sie ermöglicht mit geringem Aufwand das Verlagern von aufwendigen Aufgaben in den Hintergrund der Anwendungen, so dass beispielsweise nicht mehr der UI-Thread blockiert wird. Die Anwendung wirkt für den Benutzer so reaktiver, da der UI-Thread sich hauptsächlich um die Interaktion mit dem Benutzer kümmern kann und nicht mehr auf „langsame" Datenbankzugriffe oder Webservices warten muss.

Des Weiteren wurde die Workflow Foundation (kurz *WF* genannt) vollständig überarbeitet. Die bisherige WF wurde dafür kritisiert, dass sie zu langsam und zu schlecht zu warten sei. Aus diesen Gründen wurde für das .NET Framework 4 die WF komplett neu geschrieben; vorhandene Workflows müssen daher auf die neue Version migriert werden, wenn man die neuen Funktionen nutzen möchte.

Das Managed Extensibility Framework (kurz *MEF* genannt) ermöglicht eine Komposition einer Anwendung aus verschiedenen Bereichen oder Modulen. Eine Anwendung kann damit nachträglich und mit relativ wenig Aufwand um weitere Funktionalitäten erweitert werden, ohne dass hierfür die Hauptanwendung neu kompiliert werden müsste.

1.4 Das .NET Framework 4.5

In der neuesten Version des .NET Frameworks sind vor allem zahlreiche kleine Verbesserungen eingeflossen. So können neuerdings sog. portable Bibliotheken erstellt werden, die man auf unterschiedlichen Plattformen einsetzen kann.

Das Managed Extensibility Framework (MEF) ist bereits mit Version 4 hinzugekommen. Es dient zur Komposition von Anwendungen, ähnlich wie es bei IOC (Inversion of Control) der Fall ist. Hierbei werden die einzelnen Bereiche der Anwendung nicht direkt miteinander verbunden, sondern sind beispielsweise über abstrakte Klassen und Schnittstellen voneinander getrennt und werden erst mittels MEF miteinander verbunden. Während sich MEF bislang nur über Attribute steuern ließ, kann man mit der neuesten Version zusätzlich auch Namenskonventionen verwenden. Auch generische Typen lassen sich nun verwenden.

ASP.NET wurde weiter auf HTML5 getrimmt. Außerdem werden neuerdings sog. Websockets unterstützt, mit denen man gezielt Informationen zum Browser schicken kann. Bislang musste der Client regelmäßig beim Server nach Informationen fragen, um auf dem neuesten Stand zu bleiben. Websockets bieten hier einen Rückkanal zum Client an (das sog. Push-Verfahren). Außerdem kann man clientseitige Skripte minifizieren. Hierzu muss der Browser nicht zahlreiche kleinere Scriptdateien einzeln anfordern, sondern bekommt deren Inhalte in einem Rutsch in einer Datei geliefert. Das verbessert das Ladeverhalten am Browser.

Im Programmcode stehen die neuen Schlüsselwörter `async` und `await` zur Verfügung, mit denen man noch einfacher asynchron programmieren kann. In Kapitel 4 wird hierauf noch einmal gezielt eingegangen.

1.5 Windows Presentation Foundation

Die WPF wurde von Grund auf neu entwickelt. Natürlich bot es sich da an, sich auch von diversen alten Zöpfen zu trennen und eine neue, saubere Struktur zu erstellen. Man hat es also nicht mit einem weiteren Aufsatz auf eine bisherige Technologie zu tun, sondern mit einer vollständig neuen Plattform.[1]

> **!** Wegen dieser tiefgreifenden Änderungen konnten nur sehr wenige vorhandene Klassen aus dem .NET Framework verwendet werden. Es gibt daher in der WPF eine ganze Reihe an neuen Klassen, die zwar wohlbekannte Namen wie `Pen` und `Button` haben, aber nichts mit der ursprünglichen Klasse gemein haben. Beim Aufruf der Dokumentation in der MSDN muss das berücksichtigt werden.

Mit der WPF ist es möglich, dass die Darstellung einer Anwendung vollkommen getrennt vom Programmcode entworfen werden kann. Früher verwendeten Grafiker hierfür meist separate Werkzeuge, die ihre Ergebnisse jedoch immer in einem eigenen Format gespeichert haben. Ein komfortables Übernehmen des Designs in das Entwicklungsprojekt war damit nicht möglich. Als Entwickler musste man daher meist das erstellte Layout nachprogrammieren - und das mit sehr unterschiedlichem Erfolg, da die Technologie oft engere Grenzen gesetzt hat, als es vom Grafiker vorgesehen war.

In der WPF werden zwar auch weiterhin von der Technologie Grenzen gesetzt, die aber um ein ganzes Stück weiter versetzt worden sind. Grafikern steht außerdem eine ganze Reihe an neuen Werkzeugen zur Verfügung, um Oberflächen oder Darstellungen zu entwerfen. Da diese Werkzeuge auf die WPF maßgeschneidert sind, können die technischen Möglichkeiten nun besser ausgenutzt werden. Zudem kann man direkt mit denselben Dateien des Entwicklungsprojektes arbeiten, ohne dass ein zusätzlicher Datenaustausch oder eine Konvertierung der Grafiken erforderlich ist. Das ist möglich, da sowohl die Werkzeuge der Grafiker als auch die der Entwickler mit XAML ein einheitliches Dateiformat nutzen. Im Idealfall arbeiten Grafiker und Softwareentwickler an einem Projekt Hand in Hand, ohne dass durch den Import von Grafikdateien ein Qualitätsverlust entsteht.

Diese Trennung von Darstellung und Programmcode betrifft aber nicht nur die Zusammenarbeit von Grafikern und Entwicklern. Es fängt bereits bei einfachen Klickereignissen für Schaltflächen an, die naturbedingt eine enge Verbindung zum Programmcode besitzen. Oder beispielsweise beim Laden und Zuweisen von Daten, denn auch dieser Vorgang darf

[1] Zugegeben, auch die WPF greift irgendwann auf die vorhandene Infrastruktur von Windows zurück - spätestens wenn der Fensterinhalt zur Grafikkarte geschickt werden muss.

ebenfalls nicht zu eng mit dem Programmcode verzahnt sein. Je mehr Steuerelemente im Programmcode explizit angesprochen werden, desto schwieriger lässt sich die Oberfläche nachträglich anpassen.

Bei Microsoft wurden daher verschiedene Techniken entwickelt, um XAML möglichst unabhängig vom Programmcode zu halten. Anstelle von Klickereignissen können etwa Kommandos benutzt werden, die zentral in den Projekten abgelegt und dadurch mehrfach wiederverwendet werden können (in Kapitel 5, „Anwendungen“, werden diese beschrieben). Für einen unabhängigen Datenzugriff können sog. *DataProvider* und Datenbindungen verwendet werden, die ganz ohne Programmcode in der Codebehind-Datei auskommen können (diese Technik wird in Kapitel 8, „Daten und Datenbindungen“, beschrieben).

In Bild 1.1 ist eine typische Struktur eines Fensters zu sehen, wie sie in einer Projektdatei in Visual Studio anzutreffen ist. Die XAML-Datei definiert hierbei die Oberflächen, und die Codebehind-Datei enthält den zuständigen Programmcode. Um die enge Verzahnung der beiden Dateien zu lösen, gibt es verschiedene Klassen, die direkt in XAML verwendet werden können, ohne dass hierfür eine zusätzliche Zeile Programmcode erforderlich wäre. Durch das breite Spektrum von XAML wird es möglich, dass die Darstellung unabhängiger von der Programmlogik wird, die sich in der Codebehind-Datei befindet. So muss im Idealfall nicht für jede Anpassung oder jede Erweiterung der Darstellung die Programmlogik angepasst werden.

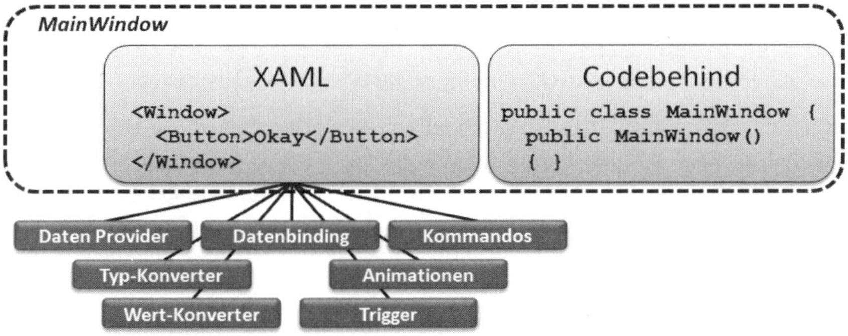

Bild 1.1 In XAML stehen zahlreiche Techniken zur Verfügung, um die Codebehind-Datei vom typischen UI-Code zu befreien.

Man wird wohl auch in Zukunft nicht ohne Codebehind-Dateien auskommen. Die erwähnten Techniken sollen vor allem dazu dienen, um die Codebehind-Dateien vom typischen UI-Code der Oberflächen zu lösen. In diesen Dateien kann man sich besser um die eigentliche Programmlogik kümmern.

Die WPF ist aber nicht ausschließlich für die Darstellung von Oberflächen gedacht. Vielmehr werden hier gleich wieder mehrere unterschiedliche Techniken zusammengefasst. Dazu gehören nicht nur Animationen, Multimedia (Audio und Video) und 3D-Animationen - auch das Strukturieren von Dokumenten oder das Drucken gehört zum Aufgabenbereich.

Leider kann bei der Entwicklung noch nicht dieselbe Produktivität erreicht werden, wie man sie vielleicht von Windows Forms her kannte. Mit Visual Studio 2012 und Expression Blend stehen aber Werkzeuge zur Verfügung, mit denen das Arbeiten im Vergleich zu vorherigen Versionen von Visual Studio deutlich verbessert worden ist. Trotzdem gibt es auch hier noch Spielraum für weitere Verbesserungen.

1.6 Silverlight

Silverlight ist eine weitere Technologie, mit der man Programme direkt im Browser ausführen kann. Ähnlich wie andere Plugins, wie etwa Adobe Flash oder Oracle Java, ist hierfür eine Installation von Silverlight Voraussetzung. Die Installation umfasst allerdings nur wenige Megabyte und ist damit wesentlich kompakter, als es das .NET Framework ist - welches im Übrigen für Silverlight nicht benötigt wird.

Bei Silverlight hat man sich stark an den Techniken der WPF orientiert - auch hier werden Oberflächen mit XAML definiert und der Programmcode in C# entwickelt. Trotz dieser nahen Verwandschaft lassen sich WPF Programme aber nicht direkt im Browser starten, da es zwei verschiedene Technologien sind, die auch weiterhin unabhängig voneinander entwickelt werden.

Microsoft nimmt seit einiger Zeit jedoch Abstand von Silverlight und setzt dagegen im Internet verstärkt auf Standards wie HTML5 oder CSS, da diese sowohl von einem breiten Spektrum an Clients als auch von Entwicklern unterstützt werden.

1.7 Pixel sind tot - es lebe die Vektorgrafik

Der vermutlich offensichtlichste Unterschied zu bisherigen Techniken ist, dass die WPF grundsätzlich nicht pixelbasiert, sondern vektorbasiert arbeitet. Steuerelemente, Grafiken oder auch Zeichnungen werden nicht mehr Pixel für Pixel gezeichnet, sondern ausschließlich mittels Kurven und Linien beschrieben. Durch diesen Unterschied löst man sich endlich von der starken Abhängigkeit des Monitors, die sonst üblich war und auch maßgeblich die Größe der Darstellung beeinflusst hat. Warum sollte das besser sein?

Ein Vergleich soll dies verdeutlichen: Ein LCD-Monitor mit einer sichtbaren Diagonale von 17 Zoll arbeitet in derselben Auflösung von 1280 x 1024 Pixel wie das wesentlich größere Modell mit 19 Zoll. Folglich fällt die Darstellung auf dem kleineren Modell kleiner aus. Bei Notebooks können diese Unterschiede sogar noch gravierender ausfallen, da es hier bereits einige Geräte mit einer horizontalen Auflösung von 1660 oder 1900 Pixel gibt, deren Monitore sogar noch kleiner sind. Folglich wird das Lesen für den Anwender erschwert. Langes Arbeiten ist so deutlich anstrengender für die Augen und kann schneller zu Ermüdungen führen.

Aber nicht nur reine Fakten, wie die Zahl der DPI, sind ein maßgebliches Kriterium. Anwender mit Sehhilfen oder mit eingeschränkter Sehfähigkeit wünschen sich oft eine größere Darstellung, als bei Monitoren oder Anwendungen vorgesehen ist. So wird kurzerhand die Auflösung von Windows niedriger eingestellt, damit beispielsweise eine 1024er-Auflösung auf einem Monitor dargestellt wird, der vom Hersteller auf 1280 optimiert worden ist. Die meisten Monitore vergrößern in diesen Fällen einfach das Bild auf die gesamte Displayfläche. Bei diesem Verfahren muss die Darstellung allerdings interpoliert werden, d. h., die restlichen Pixel müssen mit zusätzlichen Informationen aufgefüllt werden. Leider führt das zu einer unschönen und vor allem unscharfen Darstellung. Wäre es dagegen nicht viel besser und einfacher, wenn die Bildschirme mit der Auflösung benutzt werden könnten, wie sie vom Hersteller vorgesehen waren, und stattdessen die Anpassung von der Anwendung oder vom Betriebssystem übernommen wird?

Theoretisch ist das sogar heute schon möglich. Leider haben sich bislang aber nur die wenigsten Entwickler darum Gedanken gemacht. Dieser Aspekt soll künftig eine immer größere Bedeutung bekommen – insbesondere wenn die DPI-Zahlen der Monitore weiter steigen oder die Augen der Benutzer schlechter werden (je nachdem, was zuerst eintrifft). Microsoft hatte den Versuch bereits früher unternommen: Man wollte die Entwickler dazu bringen, unterschiedliche Schriftgrößen in ihren Anwendungen zu unterstützen. Dieser Versuch scheiterte allerdings daran, dass man mit der GDI grundsätzlich pixelorientiert gearbeitet hat und es, abgesehen vom Schriftbild, nur wenige Möglichkeiten gab, eine „skalierbare“ Anwendung zu entwickeln.

Mit der WPF soll dieser Umbruch nun endlich durchgängig vollzogen werden, da man von Grund auf mit Vektorgrafiken arbeitet. Als Entwickler muss man sich also kaum noch Gedanken darum machen, wie die eigene Anwendung für den Benutzer größer oder kleiner dargestellt werden kann, da die WPF dieses Feature automatisch anbietet.

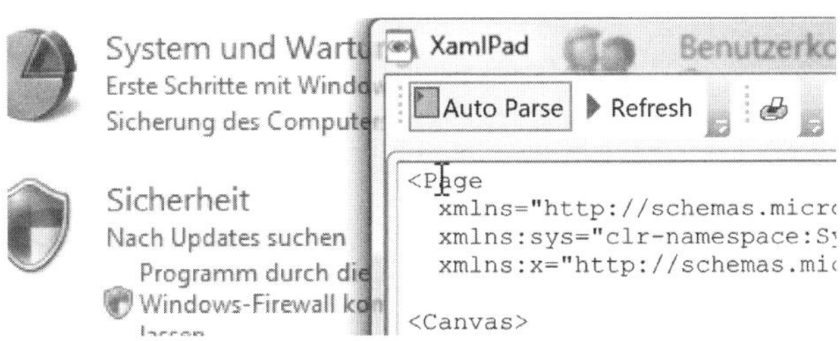

Bild 1.2 Unter der (Bildschirm-)Lupe werden die Unterschiede zur alten GDI deutlich.

Wie nahtlos dieses Feature in Windows integriert ist, kann am einfachsten mit der Bildschirmlupe untersucht werden. Das Programm wird mit Windows ausgeliefert und ist im Startmenü unter ZUBEHÖR | ERLEICHTERTE BEDIENUNG zu finden. Das Programm soll in erster Linie sehbehinderten Menschen die Möglichkeit geben, auch kleine Details auf dem Bildschirm zu erkennen. In diesem Fall eignet es sich aber besonders gut, um die unterschiedlichen Funktionsweisen zwischen der WPF und der GDI hervorzuheben. Wie in Bild 1.2 zu sehen ist, werden mit der GDI die Texte und die Grafiken bei einer starken Vergrößerung schnell unscharf und „pixelig“. Im Gegensatz dazu kann man mit der WPF dank der Vektorgrafiken die Darstellung des Fensters stufenlos und ohne Verlust skalieren.

Der vollständige Umstieg von Pixeln auf Vektoren hat aber auch zur Konsequenz, dass keine Möglichkeit mehr angeboten werden kann, die Darstellung pixelweise zu beeinflussen. Das typische Canvas, das man aus Windows Forms oder aus der GDI kannte und mit dem man die Oberfläche sprichwörtlich Pixel für Pixel ändern konnte, wird in der WPF nicht mehr angeboten. Die Darstellung muss nunmehr vollständig mittels Vektorgrafiken umgesetzt werden. Pixelbasierte Lösungen stehen im Prinzip nur noch im Bereich Interoperabilität zur Verfügung. (In der WPF gibt es zwar auch ein Canvas, das jedoch eine andere Funktionsweise hat.)

Vermutlich stellen Sie sich an dieser Stelle aber die Frage, was nun mit anderen pixelbasierten Datenformaten passiert, wie beispielsweise Bitmaps oder gar Fotos? Selbstverständlich werden diese Formate auch weiterhin unterstützt und in gewohnter Form auf dem Bildschirm ausgegeben. Diese Form der Ausgabe ist aber nur noch solchen Formaten vorbehalten, die systembedingt nicht als Vektorgrafik dargestellt werden können - dazu gehören eben noch die Bitmap-Grafiken. Dialogfenster und Steuerelemente sollten aber ausschließlich über Vektorgrafiken gezeichnet werden. Ausnahmen bildet prinzipbedingt nur der Bereich für Interoperabilität, über den beispielsweise vorhandene Steuerelemente oder Fenster aus Windows Forms weiterverwendet werden können.

1.8 Der Aufbau dieses Buches

Im zweiten Kapitel dieses Buches wird die Beschreibungssprache XAML vorgestellt. Diese Sprache bildet eine wichtige Grundlage der WPF, da man trotz der guten Unterstützung der Werkzeuge im Alltag immer noch genügend Berührungspunkte mit XAML haben wird. Die Syntax und die Eigenheiten der Sprache sollte man daher kennen, um selber Anpassungen oder Optimierungen vornehmen zu können.

Das dritte Kapitel widmet sich dem neuen Layout-System der WPF. Anders als bei Windows Forms (oder HTML) gibt es nicht nur ein einziges Layout, das durchgehend in der gesamten Anwendung verwendet werden kann. Vielmehr werden unterschiedliche Layouts angeboten, die auch miteinander kombiniert werden können.

Das vierte Kapitel stellt die wichtigsten Steuerelemente und ihre Handhabung vor, mit denen eine Anwendung mit Leben gefüllt werden kann.

Im fünften Kapitel werden die Techniken erklärt, die für Anwendungen als Grundlage dienen. Dazu gehören unter anderem Fenster, Ressourcen und Kommandos, die allesamt in der WPF anders behandelt werden, als es noch unter Windows Forms üblich war.

Die Kapitel 6 und 7 beschäftigen sich rein mit der Darstellung bzw. wie diese mit Styles und Templates angepasst werden kann. Hierfür stehen einige sehr mächtige Features zur Verfügung, mit denen sich das Aussehen einer Anwendung vollständig ändern lässt.

Im achten Kapitel werden der Datenzugriff und die Datenbindung erklärt. Gerade dieser Aspekt der WPF wurde in den Medien oft vernachlässigt, obwohl hierüber sehr detaillierte und flexible Techniken zur Verfügung stehen.

Die Kapitel 9 und 10 behandeln Brushes, 2D-Grafiken und 3D-Grafiken, mit denen sich hauptsächlich die Inhalte und Zeichnungen umsetzen lassen. Das Kapitel 11 erklärt, wie Bereiche in Anwendungen animiert werden können.

Das Kapitel 12 widmet sich der Erstellung eigener Steuerelemente. In vielen Fällen lassen sich die bereits sehr flexibel ausgelegten Steuerelemente auf die eigenen Bedürfnisse anpassen. Bei der Umsetzung neuer Funktionalitäten sind jedoch meist eigene Steuerelemente die bessere Wahl.

In Kapitel 13 werden die verschiedenen Möglichkeiten zur Eingabesteuerung vorgestellt. Neben der Maus können Anwendungen auch über Tastatur oder über Touchscreen-Bildschirme gesteuert werden.

In Kapitel 14 werden Techniken zur Interoperabilität vorgestellt. Dadurch können auch bestehende Windows Forms-Anwendungen von den neuen Techniken der WPF profitieren, indem sich beide Techniken gleichzeitig nutzen lassen.

Kapitel 15 beschreibt das Erstellen und Strukturieren von Dokumenten. Die WPF greift hierzu auf die äußerst flexiblen Techniken aus XAML zurück, um Dokumente komfortabel formatieren zu können.

In Kapitel 16 wird gezeigt, wie Anwendungen für den internationalen Markt vorbereitet werden können. Hierfür muss die Anwendung auf die lokalen Sprachen und Gegebenheiten vorbereitet werden, die in den einzelnen Ländern vorzufinden sind.

Kapitel 17 zeigt, wie WPF-Anwendungen auch problemlos im Internet verteilt werden können. Dabei wird auf eine übliche Installation auf dem lokalen Rechner verzichtet. Stattdessen wird die Anwendung komfortabel über einen Internet-Browser gestartet und lässt sich damit wie eine Webanwendung bedienen.

Kapitel 18 beschäftigt sich mit dem Entwurfsmuster Model-View-ViewModel (oder kurz MVVM), das bei der Architektur der Anwendung behilflich sein kann.

Kapitel 19 soll einen kleinen Einblick in die Entwicklung von Windows 8-Anwendungen mit der sog. Modern UI geben. So lautet die offizielle Bezeichnung der neuen Darstellung mittels Kacheln.

In Kapitel 20 wird gezeigt, wie Anwendungen verteilt, d.h. beim Kunden installiert und aktualisiert werden können. Neben Bordmitteln gibt es auch hier umfangreiche Unterstützung von Drittherstellern.

Last, but not least gibt Kapitel 21 einen kleinen Einblick in das Werkzeug Blend, mit dem sich XAML Dateien einfacher bearbeiten lassen.

> http://downloads.hanser.de: Hier finden Sie alle Codebeispiele aus dem Buch.

1.9 Die ersten Gehversuche

Bevor in Kapitel 2 die Technik XAML erklärt wird, sei zuvor noch ein Blick auf die Entwicklungsumgebung Visual Studio geworfen. Das Erstellen von neuen Projekten ist mit Version 2012 besonders einfach geworden, da hier die Designunterstützung erheblich verbessert worden ist. Die neue Version kann daher wirklich als Fortschritt bezeichnet werden, da Visual Studio 2005 besonders an diesem Punkt noch scheiterte. Der Designer für die WPF musste früher noch in Form einer zusätzlichen Erweiterung nachinstalliert werden und trug bis zum Schluss die Bezeichnung „Community Technology Preview“ im Namen. Dementsprechend unausgereift war leider auch die Unterstützung.

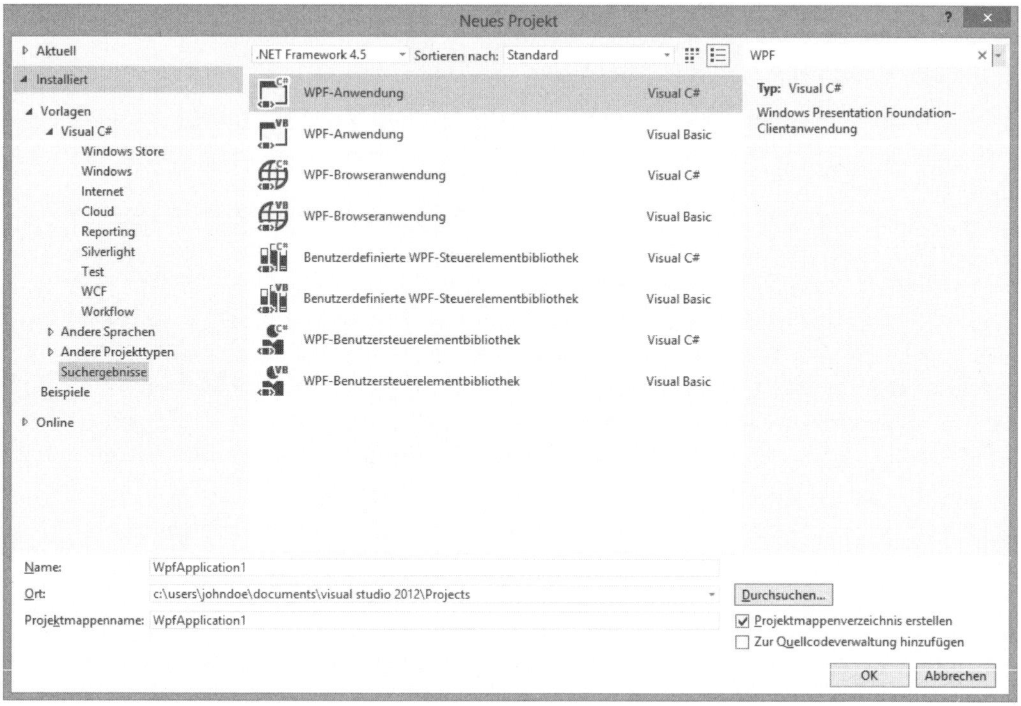

Bild 1.3 Die neuen Projektvorlagen in Visual Studio

In Visual Studio 2012 existiert eine Reihe von Projektvorlagen, mit denen Anwendungen mit der WPF entwickelt werden können. Hier sind bereits alle notwendigen Verweise auf Assemblies und Namensräume enthalten, die für die Ausführung benötigt werden.

Grundsätzlich kann auch ein vorhandenes Projekt verwendet werden, um auf die WPF zuzugreifen. Hierfür sind lediglich die Referenzen auf die folgenden drei Assemblies notwendig:

- *WindowsBase.dll*
- *PresentationCore.dll*
- *PresentationFramework.dll*

Der neue Designer, mit dem die Fenster entworfen und die Steuerelemente platziert werden, orientiert sich in der Handhabung an dem bekannten Designer für Windows Forms. So werden beim Platzieren und Verschieben von Steuerelementen Hilfslinien eingeblendet, mit denen sie sich besser an die übrigen Steuerelemente in einem Fenster anpassen lassen.

Das Werkzeugfenster *Eigenschaften* (oder auch *Properties*) ist für die WPF vollständig überarbeitet worden und bietet, neben einer kleinen Vorschau des ausgewählten Steuerelementes, auch die Möglichkeit, mit einer Schnellsuche Eigenschaften rascher aufzufinden. Die Einteilung in Kategorien half zwar bei einer überschaubaren Anzahl, wie sie noch unter Windows Forms üblich war, doch der Umfang stieg bei den Steuerelementen der WPF nochmals, teils dramatisch, an. Um hier nicht den Überblick zu verlieren, kann so anhand von Stichwörtern nach den Eigenschaften gesucht werden.

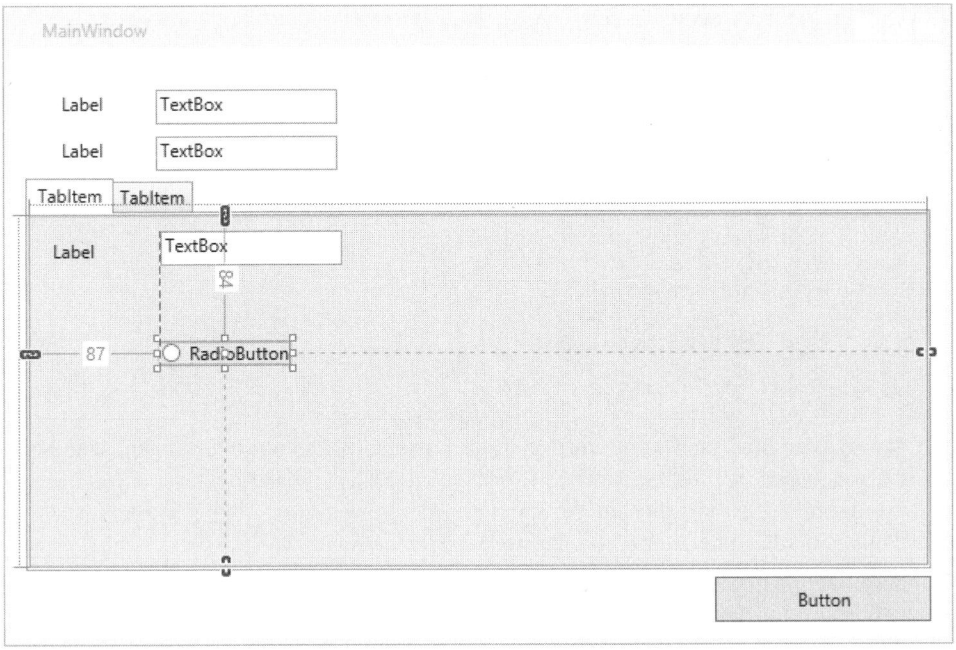

Bild 1.4 Mit dem neuen Designer können Oberflächen in ähnlicher Weise entwickelt werden, wie man es von Windows Forms kannte.

> Der Designer ist ohne jede Frage ein riesiger Fortschritt - doch selbst er ist leider noch nicht perfekt. Leider hakt und quietscht es bei vielen Details noch immer etwas. So hält sich der Designer selber nicht an einige Regeln der WPF und platziert beispielsweise Steuerelemente grundsätzlich mit absoluten Positions- und Größenangaben. Auch die gewohnte Produktivität, die man beim Zusammenstellen von Oberflächen unter Windows Forms hatte, ist leider noch nicht erreicht worden.

Vorsicht ist vor allem beim Hinzufügen neuer Dateien geboten. Da man in einem Projekt sowohl WPF als auch Windows Forms einsetzen kann, stehen aus diesem Grund im Dialogfenster auch weiterhin alle Dateitypen zur Verfügung. Zur besseren Unterscheidung sind daher alle neuen Dateitypen eindeutig mit „(WPF)“ am Ende gekennzeichnet, während Dateitypen für Windows Forms keine derartige Erweiterung besitzen. Ein neues Fenster wird daher mit „Fenster (WPF)“ erstellt - und nicht mit dem Dateityp „Windows Forms“. In Visual Studio wurde zur besseren Unterscheidung zusätzlich eine neue Kategorie eingeführt - neben „Windows Forms“ sind alle Dateitypen der WPF auch in der Kategorie „WPF“ aufgeführt.

Ein neues Projekt präsentiert sich mit der WPF sehr aufgeräumt. So befinden sich in der Projektdatei lediglich zwei Dateien: *app.xaml* und *MainWindow.xaml*. Die Datei *app.xaml* stellt eine zentrale Klasse für die gesamte Anwendung dar. Sie kann als Dreh- und Angelpunkt gesehen werden und kümmert sich um die Lebensdauer und das Verhalten einer

Anwendung. Hier ist ebenfalls das Fenster angegeben, das beim Start angezeigt werden soll.

Die Anwendungsklasse kann wie folgt aufgebaut sein.

Listing 1.1 Die zentrale Anwendungsklasse app.xaml

```
<Application
  x:Class="WpfApplication2.App"
  xmlns="http://schemas.microsoft.com/winfx/2006/xaml/presentation"
  xmlns:x="http://schemas.microsoft.com/winfx/2006/xaml"
  StartupUri="MainWindow.xaml">

  <Application.Resources>
  </Application.Resources>
</Application>
```

Auf die Struktur und den Inhalt der Datei wird später im Detail eingegangen. Man sieht allerdings deutlich im Hauptknoten `Application`, dass dort ein Parameter namens `StartupUri` angegeben ist. Mit diesem Verweis kann der Anwendung angegeben werden, welches Fenster als Hauptfenster angezeigt werden soll.

Standardmäßig wird dem Projekt von Visual Studio ein neues Fenster namens `MainWindow` hinzugefügt. Sollte der Name für die eigene Anwendung weniger passend sein, kann dieses allerdings nicht problemlos umbenannt werden. Sobald man das vordefinierte Fenster umbenennt oder löscht, kann die Anwendungsklasse in *app.xaml* das Startfenster nicht mehr finden. Der Parameter `StartupUri` muss daher auf den Namen des neuen Fensters angepasst werden.

Natürlich ist auch ein manuelles Erstellen und Anzeigen des Fensters im Programmcode weiterhin möglich. Das ist beispielsweise notwendig, wenn das Hauptfenster keinen parameterlosen Standardkonstruktor anbietet. In diesem Fall kann die Angabe einfach entfernt und stattdessen mit dem Ereignis `Startup()` ein Ereignis-Handler registriert werden, in dem das Fenster manuell erstellt und angezeigt werden kann.

Die Darstellung einer Anwendung und der einzelnen Fenster erfolgt über eine spezielle XML-Syntax: die Extensible Application Markup Language bzw. abgekürzt XAML. Die Definition eines Hauptfensters kann mit XAML wie folgt aussehen.

Listing 1.2 Das Hauptfenster der Anwendung

```
<Window
  x:Class="WpfApplication2.MainWindow"
  xmlns="http://schemas.microsoft.com/winfx/2006/xaml/presentation"
  xmlns:x="http://schemas.microsoft.com/winfx/2006/xaml"
  Title="Window1" Height="300" Width="300">

  <Grid>
    <Label
        Name="label1"
        Height="28" Width="120" Margin="14,23,0,0"
        VerticalAlignment="Top" HorizontalAlignment="Left">
      Label
    </Label>
    <Button
        Name="button1"
```

```
        Height="23" Width="75" Margin="14,86,0,0"
        HorizontalAlignment="Left" VerticalAlignment="Top">
      Button
    </Button>
    <ComboBox
        Name="comboBox1"
        Width="120" Margin="14,125,0,114"
        HorizontalAlignment="Left" VerticalAlignment="Top" />
  </Grid>
</Window>
```

Mit diesem überschaubaren Code wird die Oberfläche des Hauptfensters beschrieben. Es enthält drei häufig verwendete Steuerelemente: Ein Label (zur Beschriftung), eine Schaltfläche und eine ComboBox.

Startet man die Anwendung, so erscheint das in Bild 1.5 dargestellte Fenster.

Bild 1.5 Die erste Anwendung mit WPF

Die WPF macht erst wirklich Spaß, wenn man sie zusammen mit XAML verwendet. XAML ist eine sehr mächtige Deklarationssprache, mit der man elegant und zeitgemäß Oberflächen beschreiben kann. Ohne diese Technik wäre die WPF vermutlich nur halb so viel wert. Aus diesem Grunde möchte ich Ihnen im nächsten Kapitel diese Technik näher bringen, gefolgt von einer Vorstellung der wichtigsten Steuerelemente der WPF. Mit diesem Grundwissen ausgestattet geht es danach an die Entwicklung von WPF-Anwendungen.

2 Extensible Application Markup Language (XAML)

Im vorangegangenen Kapitel wurde bereits beschrieben, welche Vorteile eine Trennung von Programmcode und Entwurf der Oberflächen hat. In diesem Kapitel soll nun im Detail auf die dabei verwendete Sprache XAML eingegangen werden, die zum Beschreiben von Oberflächen eingesetzt wird.

2.1 Trennung von Code und Oberfläche

Unter Windows Forms konnte man dank partieller Klassen mit mehreren Dateien arbeiten, die jeweils den eigenen Programmcode und den generierten Code des Designers enthielten. Da beide Dateien allerdings im Quellcode vorlagen (wie beispielsweise in C# oder Visual Basic), mussten diese für die Bearbeitung immer wieder aufs Neue eingelesen und bei Änderungen auch neu generiert werden. Man muss wohl nicht explizit darauf hinweisen, dass sich eine Programmiersprache nicht besonders gut für einen effektiven Datenaustausch eignet. Die meisten Alltagsprobleme waren daher auf derartige Missinterpretationen zurückzuführen.

Mit der WPF steht nun eine neue deklarative Sprache namens XAML zur Verfügung, die genau in diesem Bereich Verbesserungen verspricht. XAML, was übrigens beinahe wie „Semmel" ausgesprochen wird, steht für Extensible Application Markup Language und basiert auf dem offenen Standard von XML. Da die Oberflächen nicht mehr länger über reinen Programmcode definiert werden, fällt es dem Designer auch wesentlich einfacher, diese auszulesen, als es bei Windows Forms noch der Fall war. Diese liegen stattdessen in einem gut lesbaren Datenformat vor. Fehler sind damit zwar immer noch nicht ausgeschlossen, können dadurch jedoch deutlich reduziert werden.

XAML ist zwar eng mit der WPF verbunden, ist aber im Grunde eine allgemeine Beschreibungssprache, die ebenso gut in anderen Bereichen Anwendung finden kann. So können beispielsweise heute schon in der Windows Workflow Foundation die einzelnen Workflows mit XAML gespeichert werden.

Das breite Einsatzgebiet wird erst dadurch möglich, dass XAML die Oberflächen nicht direkt beschreibt, sondern lediglich auf die benötigten Klassen verweist, die für die entsprechende Darstellung verantwortlich sind. Ein Beispiel soll das demonstrieren.

```
<Button Content="Hello World!" />
```

Die Syntax in diesem Beispiel mag stark an ASP.NET erinnern. Hier wird auf die Klasse `Button` verwiesen, die von der WPF instanziiert und deren Eigenschaft `Content` gesetzt werden soll. Diese Zeile könnte alternativ auch im Programmcode erzeugt werden.

```
Button btn = new Button();
btn.Content = "Hello World!";
```

Die Unterschiede zwischen XAML und ASP.NET sind aber viel weitreichender, als es auf den ersten Blick den Anschein hat. XAML orientiert sich wesentlich stärker an XML. Einrückung und Syntax sind daher eher mit XML-Dokumenten vergleichbar, bei denen für XML-Knoten meist eine eigene Zeile begonnen wird. Auch Einrückungen oder überflüssige Leerzeichen werden entsprechend der XML-Syntax ignoriert. Bei ASP.NET spielen diese Faktoren eher eine geringere Rolle, sodass man den Code fast nach Belieben selbst formatieren kann. XAML enthält darüber hinaus aber noch zahlreiche Erweiterungen, die nicht zur XML-Syntax gehören. Gerade diese Erweiterungen machen den Unterschied zu einem normalen XML-Dokument aus und geben der Sprache ihre Mächtigkeit, mit wenigen kurzen Angaben viel Tipparbeit einzusparen.

2.2 Serialisierung

Vermutlich zur Überraschung vieler Leser handelt es sich bei XAML sogar streng genommen um nichts anderes als um eine weitere Form der Serialisierung. Das vorangegangene Beispiel hätte im Grunde auch das Ergebnis eines bekannten XML-Serialisierers unter .NET sein können. Wozu aber der Aufwand eines neuen Serialisierers? Gibt es in der Microsoft-Welt nicht bereits genügend Serialisierer? Die Antwort ist einfach: XAML ist verdammt mächtig.

Zugegeben, das vorangegangene Beispiel ist recht einfach gehalten und lässt daher auch keinerlei Rückschlüsse auf die inneren Werte von XAML zu. Microsoft hat aber sehr viel Zeit und Arbeit in die Erweiterung der Syntax investiert, sodass man mit deutlich weniger Zeilen komplexe Strukturen abbilden kann. Allerdings bewegt man sich beim Entwurf immer auf einem schmalen Grat der Konformität zu XML. Dieser Aufwand wurde im Grunde nur betrieben, damit XAML kürzer und lesbarer wird.

Bedauerlicherweise erstellen die meisten Werkzeuge (wie Blend oder Visual Studio) keinen sehr effizienten XAML-Code. Durch die freie Platzierung mit der Maus werden die Steuerelemente oft mit absoluten Werten positioniert, oder die Größen sind fix hinterlegt, was bei den meisten Layout-Systemen sogar eher hinderlich ist.

Einige der hier aufgeführten Techniken kommen ursprünglich aus der Welt von XML, andere sind wiederum eine Erweiterung und nur in XAML anzutreffen. Für eine bessere

Unterscheidung wird daher an den markanten Stellen immer explizit XML oder XAML erwähnt.

XML-Steuerzeichen verhindern

Da XAML wie erwähnt auf XML basiert, müssen verständlicherweise wie in jeder anderen XML-Datei die Steuerzeichen maskiert werden. Anstelle der spitzen Klammern müssen daher `>` und `<` verwendet werden und das kaufmännische Und-Zeichen muss als `&` geschrieben werden.

XAML ist also weder Kunst noch Magie. Mit dieser Beschreibungssprache werden lediglich Instanzen erzeugt und die Eigenschaften mit Werten versorgt. Mit dem .NET Framework 4.5 kamen aber auch hier noch einige Detailverbesserungen hinzu:

- Ein parameterloser Konstruktor muss nicht mehr vorhanden sein.
- Eine beliebige Factory-Methode kann angegeben werden, die für das Erstellen der Instanz zuständig ist.
- Generische Typen können direkt in XAML verwendet werden (dieses Feature wird in Abschnitt 2.12 beschrieben).

Das folgende Beispiel soll die neuen Features demonstrieren.

Listing 2.1 Erstellen von Instanzen

```
<Window xmlns="..." xmlns:x="...">
  <Window.Resources>

    <!-- Konstruktor mit Parameter -->
    <sys:DateTime x:Key="DOB">
      <x:Arguments>
        <x:Int64>100</x:Int64>
      </x:Arguments>
    </sys:DateTime>

    <x:Guid x:Key="ID" x:FactoryMethod="Guid.NewGuid" />

  </Window.Resources>
</Window>
```

2.3 Baumstruktur

Die Struktur von XML ist von Natur aus hierarchisch aufgebaut: Ein XML-Knoten kann immer ein übergeordnetes und ein oder beliebig viele untergeordnete Elemente besitzen. Auf dieses Prinzip hat man auch bei der WPF aufgesetzt: Soll ein Element in einem Fenster oder in einem `DockPanel` platziert werden, so wird es einfach zwischen dem öffnenden und schließenden XML-Knoten platziert.

```
<Window>
  <DockPanel>
    <Button>
      <TextBlock>Speichern</TextBlock>
    </Button>
  </DockPanel>
</Window>
```

Durch diese Anordnung entsteht eine klassische Baumstruktur, wie sie in Bild 2.1 zu sehen ist. Dabei bildet das Fenster `Window` das oberste Element, das alle weiteren Elemente beinhaltet. Diese Struktur wird in der WPF als *Logical Tree* (oder auch als „Logischer Baum“) bezeichnet.

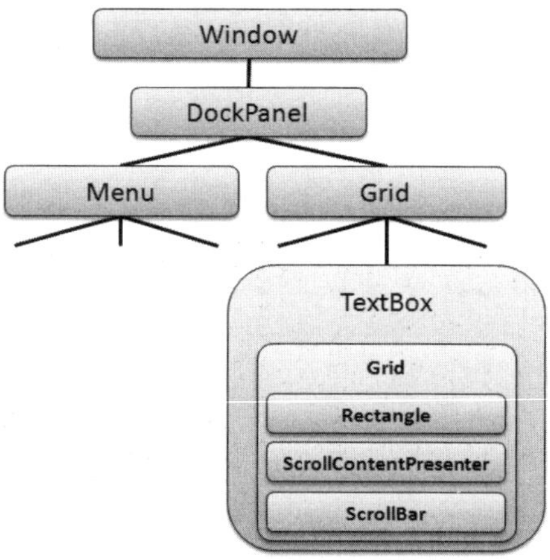

Bild 2.1 Zahlreiche Techniken der WPF beziehen sich auf die Baumstruktur-Anordnung der Steuerelemente.

Neben dem Logical Tree gibt es mit dem sog. *Visual Tree* noch eine weitere Baumstruktur, die jedoch nicht so schnell zu erkennen ist. Hierfür muss man beachten, dass ein Steuerelement nicht die kleinste Einheit in der WPF darstellt, sondern dass dieses wiederum auch aus weiteren Steuerelementen bestehen kann. Eine `TextBox` benötigt zur Darstellung weitere Steuerelemente und besteht daher intern unter anderem aus einem `Grid`, einem `Rectangle`, einem `ScrollContentPresenter` und einer `ScrollBar`. Im Visual Tree werden diese Steuerelemente ebenfalls berücksichtigt und an den jeweiligen Stellen des Logical Trees eingefügt. Der Visual Tree ist daher deutlich komplexer und fein verästelter als der Logical Tree, der lediglich die Steuerelemente abbildet, wie wir sie im XAML-Code angegeben haben.

Auf die Steuerelemente aus dem Visual Tree kann man von außen allerdings nicht direkt zugreifen, da sie fest im Steuerelement hinterlegt sind. Sie lassen sich aber in XamlPad anzeigen, da es hier mit dem sog. *Visual Tree Explorer* ein Werkzeug gibt, um den vollständigen Visual Tree sichtbar zu machen. In Bild 2.2 ist der Explorer abgebildet, mit dem man durch die einzelnen Elemente navigieren kann.

Aus dem Programmcode (wie beispielsweise aus den Codebehind-Dateien) kann ausschließlich auf den Logical Tree zugegriffen werden. Der Zugriff auf den Visual Tree ist zwar über den Umweg der Klasse `VisualTreeHelper` möglich, dieser ist aber nicht zu empfehlen, da die Inhalte der Steuerelemente über Vorlagen (sog. *Control Templates*) angepasst werden können und daher nicht zwingend immer dieselbe Struktur und Steuerelemente beinhalten müssen.

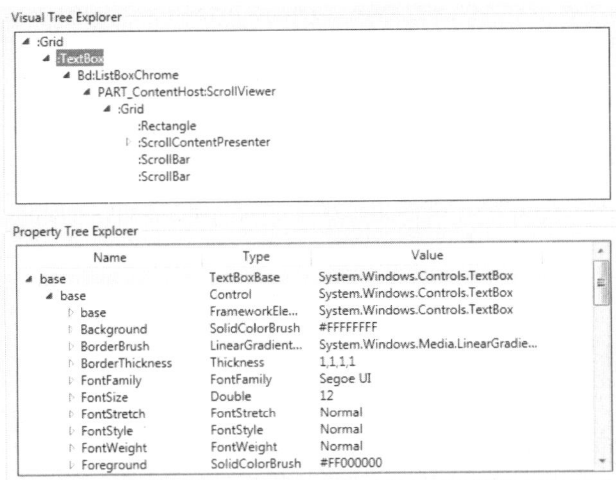

Bild 2.2 In XamlPad kann der Visual Tree mit allen verwendeten Eigenschaften angezeigt werden.

Die Baumstruktur dient in vielen Bereichen als Grundlage, wie beispielsweise beim Verteilen von Ressourcen oder dem Bereitstellen von Daten. Diese sollte man am besten an einem zentralen XML-Knoten zuweisen, damit möglichst viele untergeordnete Steuerelemente ebenfalls Zugriff darauf erhalten. Auch Einstellungen, die an einem übergeordneten Element geändert werden, werden so meist auch an untergeordnete Elemente weitergegeben oder weitervererbt.

Listing 2.2 Einstellungen an Eigenschaften werden an untergeordnete Steuerelemente vererbt.

```
<TextBlock FontSize="28">
  <TextBlock>Dieser Text ist groß</TextBlock>
  <LineBreak />
  <Button Content="Dieser ebenfalls" />
</TextBlock>
```

In diesem Beispiel wird die Schriftgröße im ersten `TextBlock` auf 28 Pixel gesetzt. Diese Einstellung wird vom zweiten `TextBlock` und vom `Button` übernommen, die als untergeordnete Elemente definiert wurden.

Selbstverständlich kann diese Struktur auch im Programmcode aufgebaut werden. Hierfür müssen lediglich die gewünschten Objekte erstellt und miteinander verbunden werden. Diese Technik ist allerdings mit deutlich mehr Schreibaufwand verbunden und deutlich schlechter zu lesen, wie man aus dem nachfolgenden Beispiel ersehen kann.

Listing 2.3 Steuerelemente mit Programmcode in den Logical Tree einbauen

```
Window win = new Window();
StackPanel stackPanel = new StackPanel();
Button btn = new Button();

btn.Content = "Schließen";
stackPanel.Children.Add(btn);
win.Content = stackPanel;

win.ShowDialog();
```

In diesem Beispiel werden drei neue Steuerelemente erstellt: ein Button wird mit Hilfe eines `StackPanels` in einem Fenster platziert. Die hierarchische Anordnung wird über die Zuweisung durch die Eigenschaft `Content` oder `Children` vorgenommen – je nachdem, ob das Steuerelement nur einen einfachen Inhalt oder eine unbegrenzte Anzahl an Steuerelementen aufnehmen kann.

Die Baumstruktur ist in der WPF ein elementarer Bestandteil, der sich wie ein roter Faden durch das gesamte System zieht. Fast alle Bereiche machen von dieser Technik Gebrauch.

2.4 Namensräume

Wie eingangs erwähnt, ist XAML keine Sprache, die rein für die WPF erfunden wurde. Diesen Umstand bekommt man bereits mit den ersten Zeilen XAML zu spüren: Wann immer eine Datei angelegt wird, müssen die zu verwendenden Namensräume explizit angegeben werden. Ohne diese würde die WPF nicht wissen, in welchen Assemblies und in welchen (CLR-)Namensräumen die angegebenen Klassen liegen.

Dieser Aufwand wird durch die Reduzierung möglicher Namenskonflikte begründet. Komponentenentwickler müssen sich so keine Gedanken über eindeutige Namen oder kryptische Präfixe machen, um zu verhindern, dass die Klassennamen ihrer Komponenten nicht zufällig mit denen anderer Anbieter übereinstimmen. Der Name `Button` oder `ToolBar` könnte daher problemlos als Name für ein neues Steuerelement verwendet werden, ohne dass dabei Konflikte entstehen können – die Verwendung gängiger Namen sollte man aufgrund erhöhter Verwechselungsgefahr trotzdem vermeiden.

Da XAML vollständig auf XML basiert, musste hierfür auch nicht das Rad neu erfunden werden. Stattdessen konnte man auf die vorhandenen und bewährten Techniken aus XML aufsetzen. Möchte man auf die Klassen der WPF zugreifen, so sieht die Deklaration des Namensraumes wie folgt aus.

Listing 2.4 Registrierung von Namensräumen in XAML

```
<Window
  xmlns="http://schemas.microsoft.com/winfx/2006/xaml/presentation"
  xmlns:x="http://schemas.microsoft.com/winfx/2006/xaml">
</Window>
```

In diesem Beispiel wird der Standardnamensraum im Element `Window` festgesetzt. Die Registrierung des Namensraumes ist nicht an eine bestimmte Klasse festgelegt. Sie sollte nur im obersten Knoten stattfinden, da ansonsten der Compiler nicht wissen würde, in welchem Namensraum er die angegebene Klasse `Window` finden kann. Hierfür wurde von Microsoft ein XML-konformer Namensraum definiert, dessen Angabe im Kopf jeder Datei obligatorisch ist.

Neben dem oben genannten Namensraum gibt es noch einen zusätzlichen Namensraum, der speziell für Erweiterungen für XAML zuständig ist. Dieser Namensraum wird in der Regel X-Namensraum genannt (obwohl streng genommen jeder beliebige Präfix verwendet werden könnte) und enthält Erweiterungen, die insbesondere für Meta-Informationen zuständig ist oder für den notwendigen „Klebstoff" sorgt, um XAML und Programmcode miteinander zu verbinden.

Tabelle 2.1 enthält eine Auflistung mit Erweiterungen, die im X-Namensraum definiert sind.

Tabelle 2.1 Eine Auswahl einiger Markup Extensions aus dem X-Namensraum

Erweiterung	Beschreibung
`x:Array`	Ein Array eines bestimmten Typs
`x:Class`	Der Klassenname der XAML-Datei
`x:ClassModifier`	Steuert die Zugriffsrechte der Klasse – mit „internal" bleibt die Klasse nur innerhalb des Assembly sichtbar
`x:Code`	Programmcode kann unmittelbar im XAML-Code eingebettet werden
`x:FieldModifier`	Benamte Steuerelemente erhalten in der Klasse eine eigene Eigenschaft, die in der Regel als „internal" gekennzeichnet ist. Hierüber kann mit der Angabe „private" die Sichtbarkeit weiter eingeschränkt werden.
`x:Key`	Der Schlüssel, der meist im Zusammenhang mit einem Dictionary benötigt wird (z. B. für Ressourcen)
`x:Name`	Steuerelemente können benamt werden, damit diese auch im Programmcode sichtbar werden.
`x:Null`	Repräsentiert keinen Wert (null)
`x:Shared`	Nur bei Ressourcen möglich, die bei Angabe nur einmal instanziiert werden. Normalerweise wird bei jedem Zugriff eine neue Instanz der Ressource erzeugt.
`x:Static`	Zugriff auf statische Eigenschaften einer Klasse
`x:Subclass`	Dieses Konstrukt erzeugt eine abgeleitete Klasse und ist nur für Programmiersprachen relevant, die keine partiellen Klassen unterstützen.
`x:Type`	Gibt die Typinformation einer Klasse wieder und ist das Gegenstück zur Methode `typeof()`
`x:TypeArguments`	Jede Ressource wird durch eine Klasse implementiert – mittels dieses Attributes kann man dem Konstruktor der Klasse Parameter übergeben.
`x:Uid`	Parallel zu `x:Name` kann ein Steuerelement mit diesem Attribut einen eindeutigen Namen erhalten, der für eine spätere Übersetzung benötigt wird (ist allerdings kaum noch relevant).
`x:XData`	Erzeugt eine „Dateninsel" innerhalb von XAML, mit der ein einfaches XML-Datenkonstrukt erzeugt werden kann

Normalerweise sind diese beiden Angaben für die tägliche Arbeit ausreichend. Allerdings ist der Schreibaufwand beim Anlegen neuer Dateien beträchtlich und steht zur obligatorischen Anweisung `using System` einer C#-Datei in keinem Verhältnis. Zur Erleichterung vieler Entwickler werden die beiden Namensräume aber standardmäßig in die Projektvorlagen von Visual Studio eingebunden.

> [!] Um die Beispiele in diesem Buch kurz und übersichtlich zu halten, wurden die Angaben der Namensräume auf ein Minimum gekürzt.

Wie auch in XML lässt sich das Präfix der Namensräume natürlich frei definieren. Anstelle der Abkürzung „x“ kann man beispielsweise auch das Wort „XAML“ ausschreiben. Es empfiehlt sich aber, den Standard beizubehalten, da sich insbesondere die IntelliSense-Unterstützung und die Beispiele in der MSDN-Dokumentation auf diese Notation beziehen.

Über diese Syntax kann man aber noch nicht auf die eigenen Hilfsklassen und Komponenten zurückgreifen, da für das eigene Projekt noch kein XML-Namensraum definiert worden ist. Leider wird in der Welt der CLR eine andere Technik zum Adressieren von Namensräumen verwendet, als es bei XML der Fall ist. Zur Fallunterscheidung muss daher mit der Angabe von `clr-namespace:` dem Compiler ein Kennzeichen gesetzt werden, damit dieser erkennen kann, dass es sich anstelle eines XML-Namensraums um einen CLR-Namensraum handelt. Hierfür muss einfach bei der Registrierung anstelle des `http://` ein `clr-namespace:` vor dem Namensraum geschrieben werden.

Listing 2.5 Registrierung eigener Namensräume

```
<Window
    xmlns="http://..."
    xmlns:x="http://..."
    xmlns:MyApp="clr-namespace:JoergWegener;assembly=MyApp">
  <MyApp:CustomerControl />
</Window>
```

In diesem Beispiel wird ein neuer XML-Namensraum `MyApp` angelegt, der mit dem CLR-Namensraum `JoergWegener` aus der Assembly *MyApp.dll* verbunden wird. Die Angabe der Assembly ist an dieser Stelle optional und muss nur dann angegeben werden, wenn man auf eine externe Assembly zugreifen möchte.

> [!] Die Notation vom CLR-Namensraum und von der Assembly erfolgt an dieser Stelle anders, als man es von der Typangabe her kennt. Hier hat sich Microsoft leider wieder eine neue Notation einfallen lassen, die sich vermutlich auch gut als potenzielle Fehlerquelle eignen wird. Die Assembly wird hier als zusätzlicher Parameter mittels Semikolon vom Namensraum getrennt. Zudem muss die Assembly explizit mit der Angabe `assembly=` deklariert werden.

Nach der Deklaration können die Klassen aus dem Namensraum wie gewohnt in XAML verwendet werden. Hierfür muss lediglich der Namensraum vorweg angegeben werden.

```
<MyApp:CustomerControl />
```

Mit dem Import eines Namensraumes kann jedoch immer nur eine Assembly angesprochen werden. Ist ein Namensraum über mehrere Assemblies verteilt, müssen diese getrennt voneinander und mit unterschiedlichen Präfixen in XAML deklariert werden.

2.5 Eigenschaftselemente

Das Aussehen und das Verhalten eines Steuerelements können über dessen Eigenschaften verändert werden. Diese sind nicht nur über den Programmcode erreichbar, sondern können auch komfortabel direkt in XAML angegeben werden.

Listing 2.6 Eigenschaften von Steuerelementen im Programmcode und in XAML ändern

```
// C#
Button btn = new Button();
btn.Content = "Klick mich!";
btn.Background = Brushes.Blue;

<!-- XAML -->
<Button
    Content="Klick mich!"
    Background="Blue" />
```

In diesem Beispiel wurden die beiden Eigenschaften `Content` und `Background` geändert. Die Definition erfolgt zwar ähnlich wie in ASP.NET, jedoch sind sowohl die Klassen als auch deren Eigenschaften bei XAML case-sensitiv, d.h., auf Groß-/Kleinschreibung wird geachtet. Dadurch steigt zwar die Gefahr von Tippfehlern, doch werden diese Fehler bereits frühzeitig vom Compiler abgefangen.

Diese kurze Notation ist bei einfachen Angaben für Texte oder für Farben durchaus passabel. Werden jedoch komplexere Angaben zur Ausrichtung oder zum Farbspektrum benötigt, stößt man schnell an die natürlichen Grenzen von XML. Da sich leider nicht alle Angaben leserlich in eine Zeichenkette packen lassen, hat sich das Entwicklerteam der WPF auch hierfür eine Lösung einfallen lassen: Eigenschaften können unter XAML nicht nur als einfaches XML-Attribut angesprochen werden, wie man es oben bereits gesehen hat, sondern alternativ auch als eigenständiger XML-Knoten. Diese Notation wird in der WPF als *Property-Element* bezeichnet, da die Eigenschaft als eigenständiges Element (bzw. XML-Knoten) definiert wird.

Listing 2.7 Vergleich der Verwendung von XML-Attribut zu Property Element

```
<!-- Kurze Schreibweise -->
<Button Background="Blue" />

<!-- Lange Schreibweise: Property Element -->
<Button>
  <Button.Background>Blue</Button.Background>
</Button>
```

Dieses Beispiel stellt beide Methoden gegenüber. Der Compiler erkennt ein Property-Element nur anhand der Punktnotation, bei welcher der Klassenname und die Eigenschaft mit einem Punkt zusammen in einem eigenen XML-Knoten angegeben werden. Erst dadurch erkennt der Compiler, dass mit dem Knoten `Button.Content` eine Eigenschaft von `Button` angesprochen wird und es sich nicht um eine eigenständige Klasse handelt, die erstellt werden soll. Die Syntax des Property-Elements wurde ganz bewusst sehr einfach gehalten, daher sind zusätzliche Angaben über Attribute oder weitere Verschachtelungen hier nicht mehr möglich.

Zugegebenermaßen ist die lange Schreibweise in diesem Beispiel nicht erforderlich. Sie macht aber durchaus Sinn, wenn die Hintergrundfarbe nicht aus einer einfachen Farbe, sondern aus einem Farbverlauf bestehen soll. In diesem Fall müssen gleich mehrere Angaben über Farben, Start- und Endposition des Farbverlaufes sowie dessen Ausrichtung gemacht werden. Diese Informationen in einer einfachen Zeichenfolge unterzubringen, wäre aber schier unmöglich.

Listing 2.8 Einen Farbverlauf als Hintergrundfarbe angeben

```
<!-- XAML -->
<Button>
  <Button.Background>
    <LinearGradientBrush StartPoint="0,0" EndPoint="0,1">
      <GradientStop Offset="0.0" Color="White" />
      <GradientStop Offset="1.0" Color="Black" />
    </LinearGradientBrush>
  </Button.Background>
</Button>

// C#
LinearGradientBrush brush = new LinearGradientBrush();
brush.StartPoint = new Point(0,0);
brush.EndPoint = new Point(0,1);
brush.GradientStops.Add(new GradientStop(Colors.White, 0.0));
brush.GradientStops.Add(new GradientStop(Colors.Black, 1.0));
Button btn = new Button();
btn.Background = brush;
```

Wie man in diesem Beispiel sehen kann, ist ein Farbverlauf mit der WPF schnell erstellt. In Kapitel 9 werden Farbverläufe und weitere Pinsel detaillierter behandelt.

Der Compiler ist bei den Eigenschaften sehr genau. Entscheidet man sich für die längere Schreibweise, so muss der XML-Knoten auch mit einem Wert gefüllt werden. Ein leerer Knoten ist zwar unter XML technisch gesehen korrekt, doch erwartet der XAML-Compiler an dieser Stelle einen Wert, den er der Eigenschaft zuweisen kann. Ebenfalls darf eine Eigenschaft entweder nur als Property-Element oder nur als Attribut zugewiesen werden. Beide Definitionen in einem Objekt würden zu einer Fehlermeldung führen, da man faktisch versuchen würde, einer Eigenschaft zwei Werte zuzuweisen.

Der Inhalt des Buttons wurde in den vorherigen Beispielen immer zwischen den öffnenden und schließenden XML-Knoten geschrieben. Dieser Wert wird aber letztendlich auch nur der Eigenschaft `Content` des Buttons zugewiesen, die auch direkt angesprochen werden kann.

Listing 2.9 Verschiedene Notationen in XAML im Überblick

```
<!-- Kurze Schreibweise -->
<Button>Speichern</Button>

<!-- Als Attribute -->
<Button Content="Speichern" />

<!-- Als Property Element -->
<Button>
  <Button.Content>Speichern</Button.Content>
</Button>
```

Im ersten Beispiel wird der Inhalt unmittelbar zwischen dem öffnenden und dem schließenden XML-Knoten geschrieben. Möglich wird diese Schreibweise aber erst, wenn der Compiler Kenntnis darüber hat, welcher Eigenschaft er diesen Wert zuweisen soll. Hierfür gibt es ein kleines Attribut, das der Klasse angeheftet worden ist. Sie gibt Auskunft darüber, welche Eigenschaft der Klasse für den Inhalt eines XML-Knotens zuständig ist.

Listing 2.10 Beispieldeklaration eines Steuerelements (mit Pseudo-Code)

```
[ContentProperty("Content")]
public class Button
{
  public object Content { get; set; }
}
```

Zahlreiche Klassen machen sich diese Technik zunutze, sodass sich der Schreibaufwand in vielen Fällen reduzierte und der Code lesbarer wurde.

2.6 Dependency Properties

Eigenschaften (engl. *Properties*) gehören zum Alltag eines jeden Entwicklers. Das Konzept ist dabei so einfach wie genial: Eigenschaften sehen aus und verhalten sich wie normale Variablen, besitzen jedoch zusätzliche Programmlogik, die beim Setzen und beim Auslesen der Werte ausgeführt werden kann. Die Werte können so zuerst überprüft werden, um den korrekten Zustand des Objekts zu gewährleisten.

In der WPF ist das Konzept für sich genommen aber nicht mehr ausreichend. Zahlreiche Vorgaben, angefangen von der Zuweisung aus XAML bis hin zur Datenbindung, haben eine Erweiterung notwendig gemacht, die in Form der sog. *Dependency Properties* in Erscheinung tritt. So hat sich zwar beim Zugriff aus dem Programmcode wenig geändert, da man ein Dependency Property in der gleichen Weise wie eine herkömmliche Eigenschaft verwendet, doch kann die Deklaration von Fall zu Fall deutlich umfangreicher ausfallen (in Kapitel 12 wird dies im Detail beschrieben). Ob eine herkömmliche Eigenschaft ausreicht oder ob ein Dependency Property notwendig ist, ist stark von ihrer Verwendung abhängig. So sind bereits beim Zugriff aus XAML oft Dependency Properties Voraussetzung.

Der Unterschied der Dependency Properties zu herkömmlichen Eigenschaften besteht darin, dass die Werte nicht mehr länger in privaten Feldern in den jeweiligen Klassen gespeichert werden. Stattdessen wird ein zentraler Speicher, eine Art große Hashtable, in der Basisklasse `DependencyObject` verwendet, wo alle Werte gemeinsam abgelegt werden. Ein Dependency Property kann daher nur in den Klassen angelegt werden, die direkt oder indirekt von `DependencyObject` abgeleitet worden sind.

Zusätzlich wird ein Dependency Property mit Metadaten ausgestattet, die Informationen über den Aufbau und Inhalt enthalten. Diese Metadaten sind als zusätzliches statisches Feld deklariert und an ihrer einheitlichen Namenskonvention zu erkennen: Der Name der gewünschten Eigenschaft endet mit dem Wort `Property`.

Listing 2.11 Deklaration eines Dependency Propertys

```
public class Button : DependencyObject
{
  // Metadaten für das Dependency Property
  public static DependencyProperty IsCancelProperty =
      DepdendencyProperty.Register("IsCancel",
          typeof(Boolean), typeof(Button));

  // Property für den Zugriff aus dem Code
  public bool IsCancel
  {
    get { (bool)base.GetValue(IsCancelProperty); }
    set { base.SetValue(IsCancelProperty, value); }
  }
}
```

In diesem Beispiel ist der grundlegende Aufbau des Dependency Propertys `IsCancel` zu sehen. Zu Beginn der Klasse werden die Metadaten `IsCancelProperty` erstellt, die für den späteren Zugriff im Getter und im Setter der Eigenschaft verwendet werden. Damit die Werte im zentralen Speicher abgelegt werden, erfolgt der Zugriff auf die Werte ausschließlich über die Methoden `GetValue` und `SetValue` aus der Basisklasse.

Der Unterschied zwischen einer normalen Eigenschaft und einem Dependency Property kann manchmal Welten betragen. Der Aufwand wurde betrieben, um auch die Leistung beim Zugriff zu erhöhen. Werden beispielsweise die Werte durch Datenbindungen oder Animationen geändert, muss die WPF nicht mehr umständlich über das langsame Reflection arbeiten, sondern kann die Werte direkt in dem internen Speicher ändern. Aus diesem Grund dürfen die Getter und Setter der Dependency Properties niemals ihre Werte in einem eigenen Speicher ablegen, da diese nicht von der WPF berücksichtigt werden.

2.7 Attached Properties

Konnte man Dependency Properties bereits als Fortschritt bezeichnen, so gehen *Attached Properties* sogar noch einen Schritt weiter: Ein Attached Property verhält sich exakt wie ein Dependency Property, nur mit dem Unterschied, dass es andere (d.h. fremde) Steuerelemente um zusätzliche Eigenschaften erweitert.

Diese Aussage mag vielleicht besorgniserregend klingen. Im Grunde ist die Idee aber simpel – und vielleicht auch aus der Not entstanden, da manche Steuerelemente in der WPF für ihre Arbeit zusätzliche Informationen über andere Steuerelemente benötigen. Als einfaches Beispiel eignet sich das `DockPanel` (dieses wird in Kapitel 3 ausführlicher beschrieben), das Steuerelemente an den Rand eines Fensters andocken kann, so wie man es von Symbolleisten und Werkzeugfenstern gewohnt ist. Hierzu muss das `DockPanel` allerdings wissen, an welchen Seiten die Steuerelemente angedockt werden müssen.

Listing 2.12 Einfaches Beispiel von Attached Properties

```
<DockPanel>
  <!-- An welche Seite soll die Toolbar gedockt werden??? -->
  <ToolBar DockPanel.Dock="Top" />
</DockPanel>
```

Die Information, an welche Seite des Fensters das Steuerelement angeheftet werden soll, würde aber ausschließlich das `DockPanel` benötigen. Das WPF-Team stand nun vor der Frage, auf welche Weise diese Information bereitgestellt werden soll. Würde man eine entsprechende Eigenschaft in einer Basisklasse implementieren, könnte man somit bei Bedarf darauf zurückgreifen. Selbstredend, dass aber in den meisten Fällen diese Eigenschaft gar nicht zur Anwendung kommen würde, da sie nur in Verbindung mit einem `DockPanel` sinnvoll ist. Erschwerend kam hinzu, dass das `DockPanel` nur ein Steuerelement von vielen war, das solche Voraussetzungen mitbrachte. Man würde die Basisklasse daher mit sehr vielen (teilweise auch redundanten) Informationen überfüllen, wodurch die Übersichtlichkeit leidet und sich neue Fehlerquellen auftun.

Optimal wäre es dagegen, wenn diese Eigenschaften nur bei Bedarf hinzugefügt werden könnten – nämlich immer dann, wenn gerade ein `DockPanel` angewendet wird. Die Idee der Attached Properties war damit geboren.

In diesem Beispiel wurde an der Klasse `Button` die zusätzliche Eigenschaft `Dock` „angeheftet", mit der die gewünschte Seite angegeben werden kann. Der Button wird so an die linke Seite des Fensters angedockt. Die Notation ist ähnlich wie bei den Property-Elementen, da auch hier der entsprechende Klassenname mit angegeben werden muss. Diese Erweiterung findet aber ausschließlich in XAML statt; der Code der Klasse `Button` bleibt selbstverständlich unverändert.

> **!** Für diese Notation sind nur die Attached Properties geeignet. Eine herkömmliche Eigenschaft oder ein Dependency Property können auf diese Weise nicht angegeben werden, da sich das Konzept grundlegend von ihnen unterscheidet. So erfolgt der Zugriff nur unmittelbar über statische Methoden, die bei normalen Eigenschaften oder Dependency Properties nicht zur Verfügung stehen. ■

Grundsätzlich können Attached Properties beliebig im Code verwendet werden – jedes Attached Property lässt sich an jedes Steuerelement anheften. Diese zusätzlichen Informationen werden von den meisten Steuerelementen in der Regel schlicht ignoriert und haben keinen Einfluss auf die Darstellung oder Funktionsweise des Programms. So kann beispielsweise das bereits erwähnte Attached Property `Dock` beliebig verwendet werden, doch werden nur die Steuerelemente berücksichtigt, die unmittelbar unter `DockPanel` definiert worden sind.

Listing 2.13 Negativbeispiel eines verwendeten Attached Propertys

```
<DockPanel>

  <!-- funktioniert prima -->
```

```
  <ToolBar DockPanel.Dock="Top" />

  <Button>
    <!-- funktioniert nicht mehr, da falsche Ebene -->
    <TextBlock DockPanel.Dock="Left" />
  </Button>

</DockPanel>
```

In diesem Beispiel enthält das `DockPanel` zwei Steuerelemente. Allerdings wurde nur beim ersten das Attached Property korrekt gesetzt, da die `ToolBar` ein untergeordnetes Element von `DockPanel` ist. Beim Button fehlt dagegen die Angabe, sodass vom `DockPanel` der Standardwert verwendet wird. Beim `TextBlock` wiederum ist das Attached Property vorhanden – jedoch wird diese Angabe von `DockPanel` ignoriert, da das nächste übergeordnete Element nicht ein `DockPanel`, sondern ein `Button` ist.

In Bild 2.3 ist zu sehen, dass alle Attached Properties aus dem `DockPanel` in einem Namensraum zusammengefasst worden sind. Sie stehen aber auch weiterhin als einzelne Einträge zur Verfügung, so wie es im Eintrag darunter zu sehen ist.

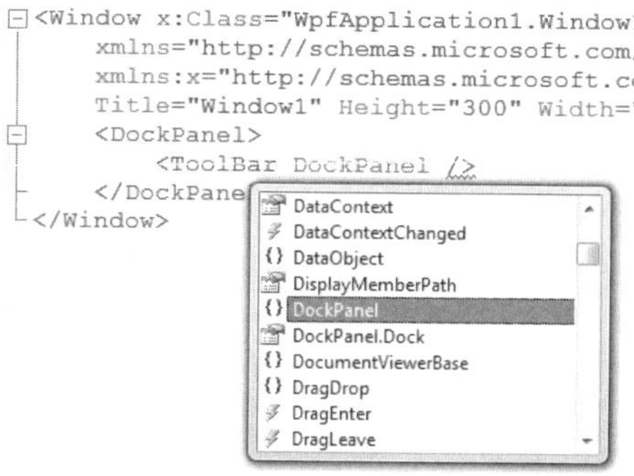

Bild 2.3 Die IntelliSense-Unterstützung erkennt Attached Properties und fasst diese in einem eigenen Namensraum zusammen.

Die Zuweisung im Programmcode kann jedoch nicht wie gewohnt über Eigenschaften erfolgen. Das ist nachvollziehbar, denn diese sind ja nicht in den entsprechenden Klassen definiert worden. Hierfür wird wieder der interne Speicher verwendet, der auch schon bei den Dependency Properties zur Anwendung kam. So kann man über eine kleine statische Methode einfach den benötigten Wert im Steuerelement hinterlegen.

Listing 2.14 Attached Properties im Programmcode setzen und auslesen

```
Button btn = new Button();

// statische Methoden von DockPanel
DockPanel.SetDock(btn, Dock.Left);
Dock dock = DockPanel.GetDock(btn);
```

In diesem Beispiel wird zum Setzen der Ausrichtung die statische Methode `SetDock()` aus der Klasse `DockPanel` verwendet, um im internen Speicher des Buttons den Wert `Left` zu hinterlegen. Dieser Wert kann später bei der Ausrichtung und der Positionierung der Steuerelemente über die Methode `GetDock` auch wieder ausgelesen werden.

Sowohl die Namen als auch die Parameter der Methoden sind von der WPF fest vorgegeben. Ein Attached Property mit dem Namen „Dock“ benötigt daher immer die statischen Methoden `GetDock` und `SetDock`.

Wie man in dem Beispiel erkennen kann, wird der Wert nicht für ein bestimmtes `DockPanel` gesetzt. Es gibt weder eine Zuordnung, welches Panel für die Darstellung verantwortlich ist, noch gibt es eine Prüfung, ob der `Button` sich überhaupt in einem `DockPanel` befindet. Der zugewiesene Wert hat daher ausschließlich informativen Charakter. Solange kein `DockPanel` diesen Wert wieder ausliest, hat er auch keinerlei Auswirkung auf das Verhalten des Buttons. Sollte an einem Button versehentlich ein Attached Property zu viel „angehängt“ worden sein, so entstehen daraus auch keine negativen Konsequenzen.

2.8 Markup Extensions

Um XAML etwas zu verkürzen und übersichtlicher zu gestalten, wurden sog. *Markup Extensions* entwickelt. Dank dieser Erweiterungen lassen sich einige Ausdrücke in einer recht kurzen Zeichenfolge darstellen, die ansonsten umständlich über XML-Elemente dargestellt werden müssten.

Listing 2.15 Ein Beispiel mit und ohne die Verwendung von Markup Extensions

```
<!-- OHNE MARKUP EXTENSION -->
<TextBox>
  <TextBox.Text>
    <Binding Path="Firstname" />
  </TextBox.Text>
</TextBox>

<!-- MIT MARKUP EXTENSION -->
<TextBox Text="{Binding Path=Firstname}" />
```

Hier soll eine Bindung zwischen einer `TextBox` und dem Vornamen hergestellt werden (Daten und Datenbindungen werden in Kapitel 8 beschrieben). Man kann deutlich den Vorteil gegenüber der herkömmlichen Schreibweise ohne Markup Extensions erkennen. Trotz ihrer Kürze verliert die Anweisung aber nicht an Lesbarkeit.

Die Verwendung von Markup Extensions muss für den Compiler mit den geschweiften Klammern deutlich hervorgehoben werden. Soll der angegebene Text jedoch nicht als Markup Extension ausgewertet werden, so muss an den Anfang lediglich ein leeres geschweiftes Klammerpaar gesetzt werden.

```
<TextBox Text="{}{Das ist keine Markup Extension}" />
```

Das leere Klammerpaar wird vom Compiler entfernt, wohingegen der verbleibende Teil der Zeichenkette wie gewohnt ausgegeben wird.

Diese Technik hat aber eine Einschränkung: So darf für eine Eigenschaft immer nur eine Markup Extension verwendet werden. Auch eine Kombination aus Text und Markup Extension ist leider nicht möglich. Das Verschachteln mehrerer Markup Extensions dagegen ist wiederum erlaubt.

In der WPF sind bereits zahlreiche Markup Extensions definiert. Viele von ihnen stammen aus dem sog. X-Namensraum, der bereits in Abschnitt 2.4 beschrieben wurde.

Diese Technik wird insbesondere bei der Datenbindung und für Ressourcen interessant, da hierdurch die Deklaration erheblich kürzer und übersichtlicher ausfällt. Man muss aber beachten, dass Markup Extensions in eigenen Klassen implementiert sind, die spezielle Voraussetzungen erfüllen müssen. Daher können nicht einfach beliebige Klassen oder Steuerelemente als Markup Extension verwendet werden, sondern nur die dafür vorgesehenen Klassen.

2.9 Standard-Datentypen

Bei der Verwendung von Datentypen aus dem .NET Framework muss man umständlichere Deklarationen in XAML in Kauf nehmen, da der Namensraum `System` nicht standardmäßig in XAML vordefiniert ist. Die einfache Verwendung von `String` oder `Int32`, die in C# quasi zur Routine gehören, verursachen so einigen Mehraufwand.

Listing 2.16 Verwendung von einfachen Datentypen in XAML

```
<!-- Lange Schreibweise -->
<Window
  xmlns="..." xmlns:x="..."
  xmlns:sys="clr-namespace:System;assembly=mscorlib">
  <Window.Resources>
    <sys:String x:Key="Formatierung">Datum: {0:d}</sys:String>
    <sys:Int32 x:Key="Breite">100</sys:Int32>
  </Window.Resources>
</Window>
```

Im obigen Beispiel ist zu sehen, wie eine einfache Zeichenkette und eine einfache Zahl als Ressource definiert wurden. Beide stammen aus dem Namensraum `System` aus der Assembly `mscorlib`, so dass beide über dieselben Namensraum-Deklaration verwenden werden können.

Mit dem .NET Framework 4 ist hier eine kleine Verbesserung eingekehrt, mit der die umständliche Deklaration des Namensraumes entfällt. Hierfür wurden die gängigen Datentypen des .NET Framework in den X-Namensraum hinzugefügt, der in den Anwendungen bereits vorhanden sein sollte.

Die folgenden Datentypen stehen in XAML zur Verfügung:

- `x:Array`
- `x:Boolean`
- `x:Byte`
- `x:Char`
- `x:Decimal`
- `x:Dictionary`
- `x:Double`

- `x:Int16`
- `x:Int32`
- `x:Int64`
- `x:List`
- `x:Object`
- `x:Single`
- `x:String`
- `x:Timestamp`
- `x:Uri`

Die neue Schreibweise über den X-Namensraum ist eine sinnvolle Detailverbesserung. Allerdings können diese Datentypen nicht verwendet werden, wenn der XAML-Code kompiliert wird. Da das eher die Regel als die Ausnahme bildet, werden wohl die wenigsten in den Genuss dieser neuen Erweiterung kommen. Einzig beim sog. *Loose XAML* können diese Erweiterungen genutzt werden, welches in Abschnitt 2.16 erklärt wird.

2.10 Ereignisse

Die vielen Veränderungen und Erweiterungen machen selbst vor den einfachen Ereignissen nicht halt, die in der WPF um Routing-Fähigkeiten erweitert wurden. Hierbei dient wieder der Visual Tree als Grundlage, um das Ereignis auch außerhalb des Steuerelements zu publizieren. Das Ereignis wird schrittweise den Visual Tree nach oben transportiert und bei jedem Steuerelement ausgelöst. Ein solches Ereignis, das beispielsweise in unterschiedlichen Buttons ausgelöst wird, kann so mithilfe eines *Attached Events* an einer zentralen Stelle abgefangen werden.

Listing 2.17 Verwendung von Ereignissen und Attached Events

```
<!-- Attached Event für alle Buttons -->
<Grid Button.Click="Button_Click">

  <!-- Normale Events - für jeden Buttons einzeln -->
  <Button Click="Button1_Click" />
  <Button Click="Button2_Click" />
</Grid>
```

Ein Attached Event wird in ähnlicher Weise definiert, wie man es bereits bei den Attached Properties gesehen hat. Hierbei wird wieder der Klassenname vor den Ereignisnamen gestellt. Als Inhalt ist hier eine Methode namens `Button_Click()` angegeben, die sich in der Codebehind-Datei befinden muss.

Attached Events sind eine gute Möglichkeit, um in einem übergeordneten Steuerelement die Ereignisse mehrerer Steuerelemente abzufangen. In diesem Beispiel kann das Grid beliebig viele Buttons enthalten, deren Click-Ereignisse mit einem einzigen zentralen Ereignis-Handler behandelt werden. Natürlich ist auch das normale Zuweisen eines Click-Handlers weiterhin möglich, so wie es beim Button zu sehen ist.

> Button bedeutet in diesem Fall nicht, dass nur Ereignisse aus Buttons abgefangen werden. Das Click-Ereignis wurde ursprünglich in einer Basisklasse von Button definiert und kann auch von anderen Steuerelementen ausgelöst werden.

Weitere Details zur Verwendung von Routed und Attached Events sind in Kapitel 5, „Anwendungen", beschrieben. In Kapitel 12 wird beschrieben, wie Routed und Attached Events selbst erstellt werden können.

2.11 Automatische Typkonvertierung

Trotz der vielen Techniken, die in XAML hinzugefügt wurden, muss immer sehr präzise und strukturiert gearbeitet werden. Eine Klasse wird in der Regel immer durch einen eigenständigen XML-Knoten dargestellt, der über Attribute die Eigenschaften setzen und auch Unterknoten enthalten kann. Diese Vorgehensweise ist zwar syntaktisch korrekt, erfordert aber auch eine Menge Tipparbeit und ist besonders bei kleinen Angaben, wie beim Setzen der Hintergrundfarbe oder für Positionsangaben, äußerst lästig.

Dank einer automatischen Konvertierung kann der Umfang von XAML aber nochmals drastisch reduziert werden, da sowohl die Klasse als auch die Eigenschaften nicht mehr strikt angesprochen werden müssen. Stattdessen kann mittels eines Typ-Konverters einfach eine einfache Zeichenkette angegeben werden, die von der WPF automatisch in den richtigen Datentyp konvertiert wird. So wird aus einer einfachen Zeichenkette beispielsweise ein Brush oder ein Point. Beide Klassen erfordern normalerweise eine umständliche Deklaration über zahlreiche XML-Knoten und Attribute, die so eingespart werden können.

Listing 2.18 Vergleich: mit und ohne Value-Konverter

```
<!-- OHNE Typ-Konverter -->
<Button>
  <Button.Background>
    <SolidColorBrush Color="Aqua" />
  </Button.Background>
</Button>

<!-- MIT Typ-Konverter -->
<Button Background="Aqua" />
```

Die Value-Konverter sind jeweils in eigenen Klassen implementiert. Im vorangegangenen Beispiel wurde die Zeichenfolge „Aqua" über den Typ-Konverter BrushConverter in einen SolidColorBrush umgewandelt.

Die Umsetzung dieser Technik erfolgt angenehm im Hintergrund, sodass von der Konvertierung nicht viel mitzubekommen ist. An vielen Stellen greift man sogar unbewusst auf dieses Feature zurück. Tatsächlich verwendet selbst das hier gezeigte Negativbeispiel trotz seines immensen Umfangs immer noch Value-Konverter: Der Wert „Aqua“ muss zuerst in den Datentyp `Color` umgewandelt werden, bevor er für einen `SolidColorBrush` verwendet werden kann.

2.12 Generics

Die Verwendung von Generics fand in XAML zu Beginn nur sehr wenig Unterstützung. Generics sind eine Art Template, mit denen man typsicher auf Klassen zugreifen kann, ohne sich während der Entwicklung auf einen bestimmten Datentyp festlegen zu müssen. Der Datentyp, der beispielsweise für eine Auflistung verwendet werden soll, wird als sog. Typ-Argument angegeben. So akzeptiert eine Auflistung nur den angegebenen Datentyp und auch beim Auslesen ist keine Konvertierung mehr notwendig.

Listing 2.19 Verwendung von Generics in C#

```
var kunden = new List<Customer>();
kunden.Add(new Customer()
{
    Firstname = "Jörg",
    Lastname = "Wegener"
});
```

In diesem Beispiel ist die einfache Verwendung einer generischen Auflistung vom fiktiven Typ `Customer` zu sehen. Der Compiler kann nach der Definition jeglichen Zugriff auf diese Liste überprüfen. Das hat den Vorteil, dass die Zuweisung eines nichtkompatiblen Typs direkt bei der Entwicklung zu Compilerfehlern führen würde.

Diese Verwendung in XAML war lange Zeit nicht möglich. Um eine generische Liste zu verwenden, musste diese zuerst als eigenständige Klasse definiert werden, auf die danach in XAML zugegriffen werden konnte. Erst seit dem .NET Framework 4 ist auch die direkte Verwendung von generischen Typen möglich.

Listing 2.20 Verwendung von Generics in XAML

```
// C#
public class CustomerCollection : List<Collection> { }

// XAML
<Window
    xmlns="..." xmlns:x="..."
    xmlns:local="clr-namespace:WPFBuch">
  <Window.Resources>

    <!-- Alte Verwendung -->
    <local:CustomerCollection x:Key="Customers">
      <local:Customer Firstname="Jörg" Lastname="Wegener" />
    </local:CustomerCollection>

    <!-- Neue Verwendung -->
    <x:List x:TypeArguments="local:Customer">
```

```
      <local:Customer Firstname="Jörg" Lastname="Wegener" />
    </x:List>
  </Window.Resources>
</Window>
```

2.13 Programmcode

Im XAML-Namensraum werden einige Attribute und Klassen definiert, die für die Zusammenarbeit mit dem Programmcode konzipiert wurden. Hierüber erfolgt vor allem die Verbindung zwischen XAML mit der eigenen Klasse aus der Codebehind-Datei. Das Prinzip der Aufteilung von Oberflächen und Programmcode ist an ASP.NET angelehnt. Dadurch sollen Designer und Softwareentwickler sauber voneinander getrennt arbeiten können.

Die Verbindung zwischen XAML und Programmcode wird über die Definition `x:Class` vorgenommen. Sie fungiert ähnlich wie ein Attached Property, mit dem eine zusätzliche Information hinterlegt wird. In diesem Fall wird mit ihr die Klasse angegeben, die in der Codebehind-Datei zu finden ist.

Listing 2.21 Verbindung zwischen XAML und Programmcode

```
<!-- XAML -->
<Window
    xmlns="..."
    xmlns:x="..."
    x:Class="JoergWegener.MainWindow">
  <TextBlock>Inhalt</TextBlock>
</Window>

// C#
namespace JoergWegener
{
  public partial class MainWindow : Window
  {
    ...
  }
}
```

In diesem Fall wird mit der Angabe von `x:Class` das Fenster mit der Klasse `MainWindow` verbunden. Dabei passiert nichts anderes, als dass der Compiler aus der XAML-Datei eine neue C#-Datei generiert, die ebenfalls eine partielle Deklaration der Klasse `MainWindow` enthält. Erst diese beiden Teile ergeben in diesem Fall zusammen das Fenster.

Prinzipiell ist es auch in der WPF möglich, ohne Codebehind-Dateien zu arbeiten. Es ist aber empfehlenswert, diese Aufteilung zu verwenden, um den XAML-Code frei von Programmcode zu halten. Außerdem würde so die Gefahr eines Spaghetti-Codes entstehen, der lang und unübersichtlich wird. Im nachfolgenden Beispiel ist zu sehen, wie man Code direkt in XAML einbetten kann.

Listing 2.22 XAML-Code im XAML einbetten

```
<Window
    xmlns="..." xmlns:x="...">
  <Grid>

    <x:Code>
      <![CDATA[
        void OkButton_Click(object sender, RoutedEventArgs e)
        {
          MessageBox.Show("Bestätigt");
        }
      ]]>
    </x:Code>

    <Button Content="OK" Click="OkButton_Clicked" />
  </Grid>
</Window>
```

Der Programmcode wird innerhalb des XML-Knotens `x:Code` geschrieben. Damit die Formatierungen nicht den XML-Fluss stören, muss zusätzlich ein `CDATA` gesetzt werden. Innerhalb von XAML ist der Programmcode allerdings einigen Restriktionen unterworfen. So muss dieser trotzdem von einem C#-Compiler kompiliert werden. Ein Einbetten von Programmcode in XPS-Dokumenten (siehe Kapitel 14) oder Loose-XAML-Dateien (am Ende dieses Kapitels) ist daher nicht möglich.

Neben der Verbindung mit dem Programmcode ist aber auch der Zugriff auf Steuerelemente wichtig. Hierfür enthalten die Steuerelemente bereits die Eigenschaft `Name`, mit der eine eindeutige Bezeichnung hinterlegt werden kann. Man muss darauf achten, dass der Name eindeutig gewählt wurde, da Namenskonflikte bereits vom Compiler aufgedeckt werden. Unter diesen Namen können die Steuerelemente nun im Programmcode aufgerufen werden.

Listing 2.23 Zugriff auf die Steuerelemente

```
<!-- XAML -->
<Button Name="OkButton" Content="Okay" />
<TextBox Name="FirstnameTextBox" Text="Jörg" />

// C#
OkButton.IsEnabled = true;
string firstname = FirstnameTextBox.Text;
```

In diesem Beispiel kann man im Programmcode auf die beiden Steuerelemente zugreifen, die mit der Eigenschaft `Name` referenziert werden können.

Die Umsetzung für eine eindeutige Identifikation eines Steuerelements ist leider weniger gut gelungen. Die Eigenschaft `Name` kann beispielsweise nur bei Steuerelementen verwendet werden, die entweder von der Klasse `FrameworkElement` oder von `FrameworkContentElement` abgeleitet sind. Hierbei wird eine private Variable angelegt, damit man über diese aus der Codebehind-Datei auf das Steuerelement zugreifen kann. Um die Nachteile zu umgehen, gibt es alternativ die Angabe von `x:Name`, die aus dem Markup-Namensraum stammt.

```
<Button x:Name="OkButton" />
```

Die Angabe von `x:Name` kann in vielen Fällen als Ersatz zur Eigenschaft `Name` verwendet werden, wie man beim Steuerelement `Button` in diesem Beispiel sieht. Da die Angabe sogar mit der Eigenschaft `Name` kompatibel ist, kann man durchgängig diese Schreibweise verwenden. Es dürfen allerdings nicht beide Angaben zugleich erfolgen, da dies Namenskonflikte beim Compiler verursachen würde.

Mit `x:Name` kann nun beispielsweise überall dort gearbeitet werden, wo die Eigenschaft `Name` aus der Basisklasse `FrameworkElement` oder `FrameworkContentElement` nicht zur Verfügung steht.

Listing 2.24 Zugriff auf Steuerelemente innerhalb von XAML

```
<TextBox x:Name="FirstnameTextBox" Text="Jörg" />
<TextBlock
    Text="{Binding ElementName=FirstnameTextBox, Path=Text}" />
```

In diesem Beispiel greift der `TextBlock` innerhalb von XAML (und ohne weiteren Programmcode) auf die Eigenschaft `Text` des Steuerelementes `FirstnameTextBox` zu. Für die Angabe bei `ElementName` kann allerdings ausschließlich ein Name verwendet werden, der mit `x:Name` definiert worden ist. (Details zur Datenbindung finden Sie in Kapitel 8.)

Leider existieren in XAML mit der Eigenschaft `Name` und mit der Extension `x:Name` zwei parallele Welten, mit denen man Steuerelementen einen Namen zuweisen kann. Da man `x:Name` aber auch meistens als Ersatz für die Eigenschaft `Name` verwenden kann, ist es möglich, hauptsächlich die Extension zu verwenden.

2.14 Compiler

Damit XAML nicht zur Laufzeit ständig neu ausgelesen und interpretiert werden muss, werden die großen und unübersichtlichen XML-Dokumente kompiliert. Hierfür gibt es gleich mehrere unterschiedliche Compiler. Der wichtigste von ihnen ist der Page-Compiler, der für das Kompilieren von Fenstern, Seiten und Ressourcen zuständig ist. Er erstellt einerseits die partielle Klasse, die in einem zweiten Schritt mit der Codebehind-Datei verbunden wird. Andererseits kompiliert er das XAML in ein binäres Format, das sich zur Laufzeit schneller laden lässt. Dabei entstehen sog. BAML-Dateien – wobei der Buchstabe „B“ für Binär steht. Die BAML-Dateien werden in den Assemblies als Ressource abgelegt.

Zur Laufzeit wird die BAML-Datei von der WPF ausgelesen. Dabei erfolgt auch die Zuordnung der Steuerelemente, auf die mittels Name oder `x:Name` aus dem Programmcode zugegriffen wurde. Da sich ein Teil der Steuerelemente sowohl in BAML als auch in der partiellen Klasse wiederfindet, erfolgt die Zuordnung hier mittels Reflection.

> Die Verwendung von Obfuscatoren kann hier zu Problemen führen, da hierbei die Namen von Methoden und Variablen umbenannt werden. Da in BAML aber weiterhin der richtige Name steht, kann später zur Laufzeit der WPF die Zuordnung der Steuerelemente nicht mehr erfolgen.

2.15 Hilfsklassen

Die WPF stellt mit `VisualTreeHelper` und `LogicalTreeHelper` zwei Klassen zur Verfügung, die (wie der Name bereits vermuten lässt) den Umgang mit dem Visual Tree und dem Logical Tree im Programmcode vereinfachen.

Die Klasse `LogicalTreeHelper` bietet mit `GetParent()` und `GetChildren()` zwei Methoden an, um jeweils das übergeordnete oder die untergeordneten Steuerelemente abzurufen.

Listing 2.25 Zugriff auf das übergeordnete Steuerelement

```
private void Button_Click(object sender, RoutedEventAgrs e)
{
  DependencyObject parent = LogicalTreeHelper.GetParent(
                                   sender as DependencyObject);
}
```

Die Klasse `LogicalTreeHelper` ist dahingehend hilfreich, dass hier lediglich als Referenz die Basisklasse `DependencyObject` übergeben werden muss. Daher können hier die Methoden als vereinfachten Zugriff verwendet werden, ohne dass man selbst eine Fallunterscheidung für einfache Steuerelemente oder Panels vornehmen müsste. Normalerweise können herkömmliche Steuerelemente nur einfache Inhalte aufnehmen (über die Eigenschaft `Content`), wohingegen Panels für die Aufnahme mehrerer Steuerelemente ausgelegt sind (über die Eigenschaft `Children`).

Interessanter wird die Verwendung der Klasse `VisualTreeHelper`, die ganz ähnliche Methoden wie die Klasse `LogicalTreeHelper` besitzt, worüber jedoch deutlich mehr Informationen sichtbar werden, als man selber aus dem eigenen XAML-Code auslesen könnte. Wie eingangs in diesem Kapitel erwähnt, orientiert sich der Visual Tree zwar am Logical Tree, enthält aber zusätzlich die nicht sichtbaren Zwischenschritte aus den Templates. Templates sind eine Art Vorlage oder Muster, wie Steuerelemente auszusehen haben. Sie bestehen in der Regel auch aus weiteren Steuerelementen, um die gewünschte Darstellung oder die Funktionalität zu ermöglichen. So kann beispielsweise das Template für das Steuerelement `TextBox` aus einer `Border` und einem `ScrollViewer` bestehen, um jeweils die Umrandung darzustellen und um bei längerer Texteingabe ein automatisches Scrollen zu ermöglichen. Die Unterschiede zwischen diesen beiden „Bäumen“ sind in Bild 2.4 zu sehen.

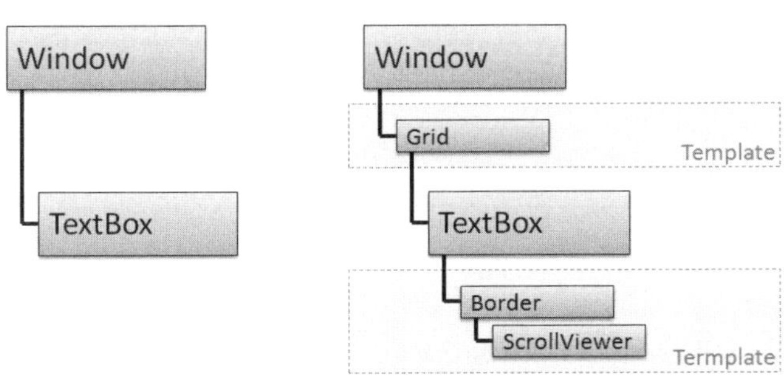

Bild 2.4 Links der Logical Tree und rechts der Visual Tree, der zusätzlich die Struktur der Templates offenlegt

Die Klassen `LogicalTreeHelper` und `VisualTreeHelper` sind zwei mächtige Werkzeuge, deren Einsatz man nur im Einzelfall erwägen sollte. In der Regel sollte die WPF von Haus aus ausreichend Funktionalitäten bereitstellen, um Informationen über den Visual Tree zu transportieren. So sollten beispielsweise zuerst Attached Properties, Ereignisse oder auch Kommandos ausreichend genutzt werden, bevor man selber auf die Struktur des Visual Trees zugreift.

Der LogicalTree beinhaltet bekanntermaßen nur die Struktur der Steuerelemente, wie sie auch in XAML zu sehen ist. Was passiert allerdings, wenn der `LogicalTreeHelper` auf ein Steuerelement angewendet wird, das sich innerhalb eines Templates befindet? Versucht man beispielsweise den Logical Tree anhand des ScrollViewer aus Bild 2.4 auszulesen, erhält man einzig das Steuerelement `Border` als übergeordnetes Element – danach endet der Logical Tree. Der Grund hierfür ist, dass jedes Template seinen eigenen, lokalen Logical Tree besitzt.

2.16 Loose XAML

Mit Loose XAML ist nicht etwa eine verlorene XAML-Datei gemeint. Vielmehr handelt es sich hierbei um eine einzelne XAML-Datei, die ohne Unterstützung einer Codebehind-Datei auskommt. Die gesamte Darstellung, mitsamt eventueller Animationen oder Datenbindungen, wird in diesem Fall vollständig in XAML abgebildet.

Das zeigt, wie mächtig die Sprache ist und wie viele Aufgaben alleine mit XAML gelöst werden können. Die XAML-Dateien, die einzeln (oder auch lose) auf der Festplatte liegen, werden für eine Darstellung über ein Plugin im Internet Explorer angezeigt.

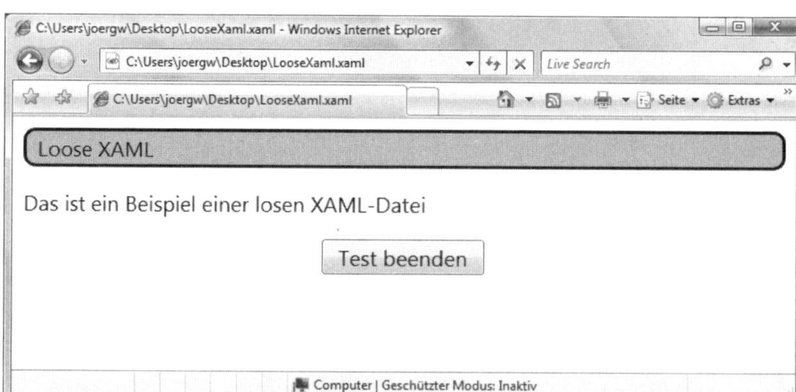

Bild 2.5 Eine Loose XAML-Datei wird standardmäßig im Internet Explorer angezeigt.

Loose XAML ist allerdings nicht ganz unproblematisch, da die Sicherheitsvorkehrungen hier besonders hoch sind. Viele Features lassen sich hier nur eingeschränkt oder überhaupt nicht nutzen, da die Sicherheitsrichtlinien dies verbieten. So kann beispielsweise der `XmlDataProvider` keine externen XML-Daten abrufen.

Diese Technik eignet sich daher eher für kleine statische Dateien, die nicht auf Programmlogik angewiesen sind.

Listing 2.26 Eine Loose XAML-Datei

```
<StackPanel
    xmlns="http://schemas.microsoft.com/winfx/2006/xaml/presentation"
    xmlns:x="http://schemas.microsoft.com/winfx/2006/xaml"
    Margin="10"
    VerticalAlignment="Top"
    TextElement.FontSize="18">

  <Border
      Background="Silver"
      BorderBrush="Black" BorderThickness="3"
      CornerRadius="10"
      Padding="4">
    <TextBlock Text="Loose XAML" />
  </Border>

  <TextBlock
      Margin="0 12 0 12"
      Text="Das ist ein Beispiel einer losen XAML-Datei" />

  <Button
      HorizontalAlignment="Center"
      Content="Test beenden" />
</StackPanel>
```

Loose XAML kann auch in eigenen Projekten verwendet werden. Hierbei werden die lose liegenden XAML-Dateien zur Laufzeit von der Festplatte eingelesen und angezeigt. Der Einsatz von Loose XAML ist allerdings nicht empfehlenswert, da hier (trotz erhöhter Sicherheitsvorkehrungen) externes XAML eingelesen und verarbeitet wird. Das kann schnell zu Sicherheitsproblemen führen, da die Dateien problemlos von außen verändert oder erweitert werden können, ohne dass die Anwendung etwas davon mitbekommt.

3 Layout

Das Erscheinungsbild einer Anwendung wird maßgeblich vom verwendeten Layout beeinflusst. Es bestimmt darüber, in welcher Weise Steuerelemente auf der Oberfläche einer Anwendung positioniert und ausgerichtet werden. Es ist ebenfalls dafür verantwortlich, dass zur Laufzeit auf Veränderungen reagiert wird, die sich auf die Inhalte auswirken können. Das kann beispielsweise bei Änderungen der Fenstergröße oder der Inhalte der Fall sein.

Im Idealfall bemerkt eine Anwendung diese Änderungen automatisch und reagiert darauf mit einer Anpassung oder einer Umpositionierung der betroffenen Steuerelemente. Soll das Fenster beispielsweise in einen 1/3- und einen 2/3-Bereich unterteilt werden, so müssten bei einer Änderung der Fenstergröße auch die Größen und Positionen der Steuerelemente neu berechnet werden. Dieser Aufwand, der allein für die Ausrichtung oder die Aufteilung der Steuerelemente notwendig ist, sollte wohl heutzutage nicht mehr zum Alltag eines Entwicklers gehören. Daher gibt es bereits in verschiedenen Plattformen Unterstützung für derartige Aufgaben, die aber auch meist sehr unterschiedliche Ansätze verfolgt haben. Meist wurde nur ein einziges Layout unterstützt, das (wenn überhaupt) nur mittels Parameter angepasst werden konnte. Unter Windows Forms konnten Steuerelemente nur über ein einfaches Koordinatensystem absolut in einem Fenster positioniert werden (einzige Ausnahme bildete hier das `FlowPanel`). Höhere Flexibilität erreichte man durch zusätzliche Eigenschaften oder Panels, die zwar viel Programmieraufwand vermieden haben, doch im Ergebnis immer noch recht unflexibel waren. Das `SplitPanel` konnte beispielsweise für eine automatische Unterteilung der Oberfläche verwenden werden, doch hatten diese Ansätze immer den Nachteil, dass sie nur die Lösung für eine bestimmte Aufgabenstellung waren und nicht das Problem grundsätzlich gelöst haben.

3.1 Panels für das Layout verwenden

In der WPF versuchte man, das starre Konstrukt des Layouts regelrecht aufzubrechen. Es sollte dem Entwickler nicht mehr länger ein einziges Layout angeboten werden, das sich starr und unflexibel verhält. Stattdessen werden ihm gleich mehrere unterschiedliche Layouts angeboten. Jedes dieser Layouts ist dabei sehr einfach gehalten und immer nur auf eine bestimmte Art der Positionierung und Ausrichtung spezialisiert. Größere Anpassungen im Verhalten sind somit nur begrenzt möglich. Diese sind aber auch kaum notwendig, da man die Flexibilität vor allem durch das geschickte Kombinieren unterschiedlicher Layouts erhält. Selbst das Erstellen eigener, neuer Layouts ist problemlos möglich, wenngleich diese Möglichkeit bei der angebotenen Flexibilität eher die Ausnahme bleiben sollte.

Die Layouts finden sich in Form von sog. *Panels* wieder. Diese positionieren und richten die Steuerelemente immer auf ihre eigene Art und Weise aus. Ein `StackPanel` stapelt beispielsweise grundsätzlich die Steuerelemente der Reihe nach auf, während bei einem `DockPanel` diese an die jeweiligen Seiten des Fensters angedockt werden, wie man es von Symbolleisten oder Werkzeugleisten kennt.

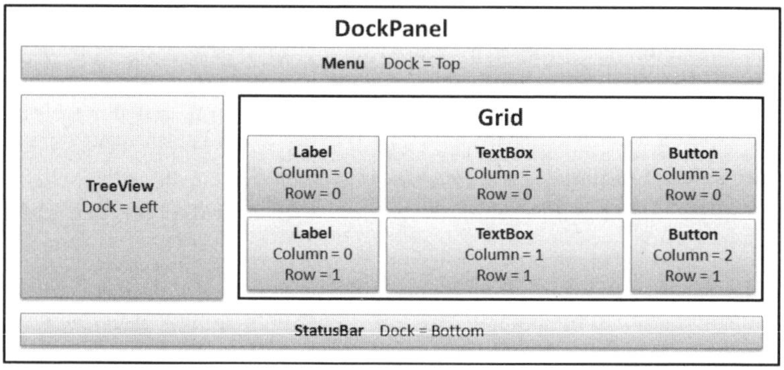

Bild 3.1 Unterschiedliche Layout-Systeme können problemlos miteinander kombiniert werden und so ein komplexeres Layout ergeben.

In Bild 3.1 ist exemplarisch der Aufbau verschiedener Panels zu sehen, die in Kombination das Layout einer Anwendung definieren. Hier wurde zuerst ein `DockPanel` zur Ausrichtung der grundlegenden Steuerelemente der Navigation verwendet (`Menu`, `TreeView` und `StatusBar`). Der verbleibende Platz auf der rechten Seite wird vom Panel `Grid` genutzt, das die Steuerelemente in tabellarischer Form ausrichtet.

Listing 3.1 Die Struktur der Anwendung in XAML

```
<DockPanel>
  <Menu DockPanel.Dock="Top" />
  <TreeView DockPanel.Dock="Left" />
  <StatusBar DockPanel.Dock="Bottom" />
  <Grid>
    <!-- etc. -->
  </Grid>
</DockPanel>
```

Ein Panel tritt in der WPF grundsätzlich für den Benutzer nicht in Erscheinung. Dadurch unterscheidet es sich grundlegend von den Panels aus Windows Forms, bei denen sich ein Panel meist als Box oder als Container auf dem Bildschirm präsentierte. Das Einzige, was der Benutzer von einem Panel in der WPF sieht, ist das Ergebnis der Ausrichtung und der Positionierung der dort enthaltenen Steuerelemente.

Selbstverständlich wird auch weiterhin das Layout durch den Zweck der Anwendung bestimmt: Eine Datenbankanwendung wird eher Formulare und Listen verwenden, wohingegen eine Multimedia-Anwendung meist andere Möglichkeiten der Darstellung nutzen wird. Um dieser breiten Palette an Szenarien gerecht zu werden, können die unterschiedlichen Panels problemlos miteinander kombiniert oder ineinander verschachtelt werden. Ein `StackPanel` kann so die Steuerelemente in einem `Grid` stapeln, das wiederum von einem `DockPanel` an den linken Seitenrand ausgerichtet wird.

Die Verwendung von Panels ist keineswegs optional. Damit in einem Fenster mehr als nur ein einzelnes Steuerelement platziert werden kann, wird ein Panel für die Ausrichtung benötigt. Ansonsten wüsste das Fenster nicht, in welcher Weise die Steuerelemente positioniert und ausgerichtet werden sollten. Die Klasse `Window` bietet daher für ihren Inhalt lediglich die Eigenschaft `Content` an – und die ist sogar nur vom Typ `object`. Dadurch ist sie zwar nicht auf einen bestimmten Typ festgelegt, kann dadurch aber auch nur ein einzelnes Steuerelement aufnehmen. Damit in einem Fenster mehrere Steuerelemente platziert werden können, ist de facto die Verwendung eines Panels notwendig.

Listing 3.2 Inhalte eines Fensters manuell im Programmcode zuweisen

```
Window win = new Window();
StackPanel stackpanel1 = new StackPanel();
stackpanel1.Children.Add(new Button());
stackpanel1.Children.Add(new Label());
win.Content = stackpanel1;
```

Wie in dem Beispielcode zu sehen ist, müssen die Inhalte zuerst einem Panel zugewiesen werden, das für die Ausrichtung und die Positionierung verantwortlich sein soll. Erst dieses Panel kann als Inhalt dem Fenster zugewiesen werden. Das Erstellen und Zuweisen von Steuerelementen im Programmcode wird im Alltag vermutlich seltener vorkommen. Dafür konnte man in diesem Beispiel deutlich erkennen, dass man mit einem Panel fast beliebig viele Steuerelemente platzieren kann. Oder metaphorisch ausgedrückt: Wenn die WPF eine gute Fee ist, erhält man mit einem Fenster nur einen einzelnen freien Wunsch. Entscheidet man sich statt eines Steuerelementes für ein Panel, so erhält man dagegen beliebig viele weitere freie Wünsche.

Die Klasse `Window` wurde von `ContentControl` abgeleitet, in der auch die Eigenschaft `Content` definiert worden ist. Neben der Klasse `Window` sind auch weitere Klassen von `ContentControl` spezialisiert, wie beispielsweise die Steuerelemente `Button` oder `GroupBox`. Die Verwendung von Panels zieht sich daher wie ein roter Faden durch das gesamte System. Wann immer über die Eigenschaft `Content` nur ein einfacher Inhalt zugewiesen werden kann, kann man sich ein Panel zu Hilfe nehmen.

In Bild 3.2 ist der Aufbau mehrerer Panels im Vergleich zu sehen. Hierbei wird das `DockPanel` für eine grundlegende Einteilung des Fensters verwendet. Hierüber wird als Erstes die `ToolBar` an den oberen Seitenrand angedockt. Der restliche Platz im Fenster wird mit einem Grid in zwei Bereiche (bzw. Zellen) aufgeteilt.

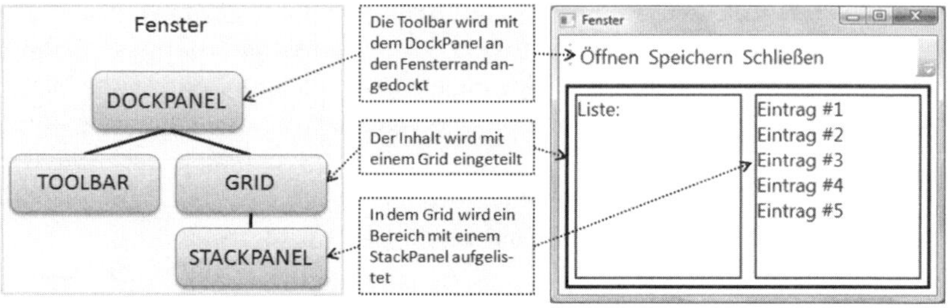

Bild 3.2 Theorie und Praxis im Vergleich: links die Struktur und rechts das Ergebnis

Der Umstieg mag zu Beginn etwas schwerfallen, da gewohnte Techniken radikal über Bord geworfen wurden. Gab es unter Windows Forms ausschließlich die absolute Positionierung, so hat man es hier mit einer Vielzahl an neuen Layouts zu tun. Die meisten Features existieren aber auch weiterhin in der WPF - sie sind nur entweder anders umgesetzt, oder sie sind an anderer Stelle wieder zu finden. Eine genaue Übersetzung der Features ist jedoch nicht möglich, da die Unterschiede zwischen Windows Forms und der WPF zu gravierend sind. Dennoch soll die folgende Auflistung einen kleinen Überblick der Veränderungen geben.

Tabelle 3.1 Positionierung und Ausrichtung im Vergleich mit Windows Forms

Windows Forms	Windows Presentation Foundation
Absolute Positionierung	Das Panel `Canvas` eignet sich als Ersatz. Absolute Positionierung ist aber grundsätzlich das Mittel zweiter Wahl. In erster Linie sollten die neuen Layouts verwendet werden, mit denen die Steuerelemente automatisch ausgerichtet und positioniert werden. Hierfür stehen mehrere Panels zur Verfügung, wie beispielsweise das `Grid` oder das `DockPanel`.
Dock-Eigenschaft	Die Eigenschaft `Dock` gibt es nicht mehr. Stattdessen wird diese Aufgabe vom `DockPanel` übernommen, das die Steuerelemente an die entsprechenden Seiten des Fensters andockt.
Anchor-Eigenschaft	Anchors existieren in der WPF in dieser Form nicht. Stattdessen wird eine Kombination aus horizontaler/vertikaler Ausrichtung und Abständen (Margins) verwendet.
SplitPanel	Mithilfe des `Grids` und des `GridSplitters` kann eine Unterteilung vorgenommen werden.

Es gibt aber ein paar Leitlinien, die den Umgang und auch den Umstieg erheblich erleichtern. Werden diese befolgt, wird das Arbeiten mit der WPF deutlich einfacher, da man nicht länger gegen das System kämpft. Der nachträgliche Aufwand durch Änderungen oder Anpassungen kann so zumindest auf ein Minimum reduziert werden.

Abhängig von der jeweiligen Situation gibt es natürlich auch hier wieder die berühmte Ausnahme von der Regel. Man sollte daher selber von Fall zu Fall entscheiden, welche der Regeln angewendet werden können und welche nicht. Vor allem Grafiken oder Zeichnungen (die in Kapitel 10 beschrieben werden) sind hiervon fast grundsätzlich ausgenommen.

- Panels sind immer nur für die eigenen Steuerelemente verantwortlich.
  Nur die Steuerelemente, die direkt unterhalb des Panels definiert worden sind, werden

für die Ausrichtung berücksichtigt. Andere Steuerelemente, die sich außerhalb dieses Kontextes befinden, bleiben dagegen außen vor und können sich sogar in der Zuständigkeit eines anderen Panels befinden.

- Absolute Positionierungen sollten vermieden werden.
  Bei der absoluten Positionierung werden Steuerelemente fest in einem Koordinatensystem bewegt. Wurden ihre Position und ihre Größe einmal festgelegt, ist eine Veränderung nur mit zusätzlichem Programmieraufwand möglich. Wird vom Anwender die Größe des Fensters verändert, ist eine Korrektur der Ausrichtung nur sehr schwer möglich.

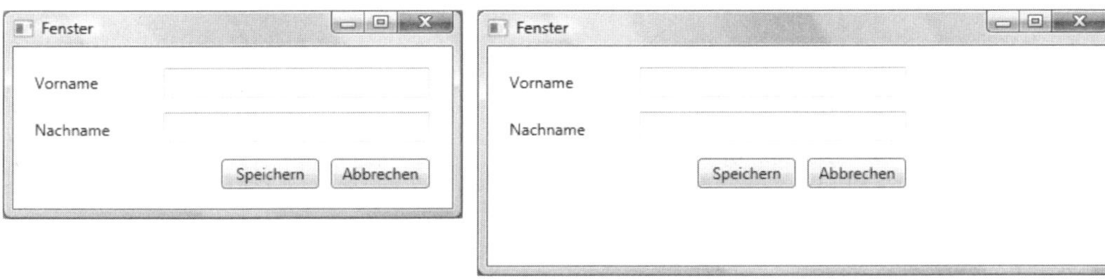

Bild 3.3 Wegen der absoluten Positionierung werden die Steuerelemente nicht angepasst, und ein unnötiger Freiraum entsteht.

Beim Positionieren mit Blend oder Visual Studio versuchen die Designer meist automatisch, die Steuerelemente mit `HorizontalAlignment` und `VerticalAlignment` an den rechten oder unteren Seitenrand „anzuheften“. Das kann schnell zu ungewollten Ergebnissen führen, wenn die falschen Steuerelemente diese Einstellung erhalten.

- Die Größe eines Steuerelementes wird durch seinen Inhalt bestimmt.
  Die Panels, aber auch die dort enthaltenen Steuerelemente, haben in der WPF eines gemeinsam: Sie versuchen, die Steuerelemente immer optimal anzuzeigen. Dabei richten sie sich hauptsächlich nach dem Platzbedarf ihrer Inhalte: Enthält eine Schaltfläche einen längeren Text, wird ihm auch mehr Platz zugesprochen. Das wirkt sich vorteilhaft aus, wenn der Benutzer die Schriftgröße systemweit ändert oder die Anwendung in unterschiedlichen Sprachen ausgeliefert werden soll.

  Auf derartige Veränderungen selber zu reagieren, würde einen enormen Aufwand bedeuten. Die WPF reagiert hingegen automatisch auf diese Veränderungen – jedenfalls solange man nicht mit absoluten Größenangaben arbeitet.

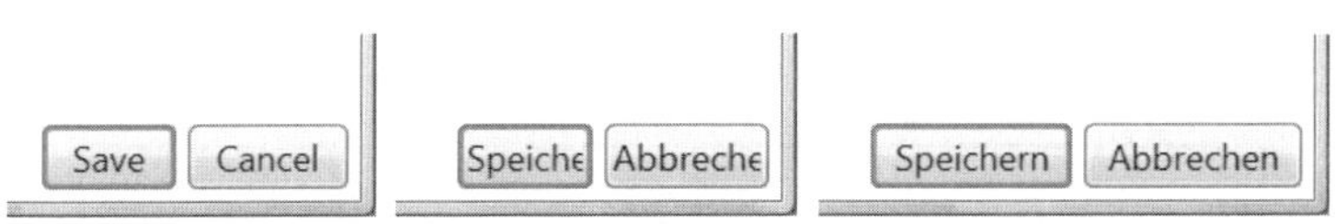

Bild 3.4 Feste Größenangaben (links und Mitte) können sich nicht nach dem Platzbedarf ihrer Inhalte richten (rechts).

In Bild 3.4 sind zwei Schaltflächen zu sehen, die mit festen Größenangaben platziert worden sind. Sobald sich der Inhalt der Schaltflächen ändert, beispielsweise durch den Wechsel der Sprache, können längere Texte nicht mehr adäquat angezeigt werden. Normalerweise können die Schaltflächen ihre Breite anhand ihrer Inhalte automatisch anpassen. Hierfür dürfen aber keine Werte für `Width` und `Height` angegeben werden. Ein entsprechender Abstand der Beschriftung vom Rand der Schaltflächen kann mit der Angabe von `Padding` erreicht werden.

- Die Positionierung der Steuerelemente wird alleine vom Panel vorgenommen.
  Für den Benutzer sind Panels grundsätzlich unsichtbar; lediglich ihre Auswirkung auf die Positionierung der Steuerelemente wird für ihn sichtbar. Ein Panel hat in der WPF ausschließlich die Aufgabe, Steuerelemente in akkurater Weise zu positionieren. Damit das auch im Sinne des Entwicklers passiert, werden hierfür gleich mehrere Panels angeboten, die miteinander kombiniert oder deren Verhalten über Parameter angepasst werden können.

3.2 StackPanel

Das `StackPanel` ist sicherlich eine der einfachsten Ausführungen eines Panels. Wie der Name vielleicht vermuten lässt, stapelt das Panel die enthaltenen Elemente einfach in der Reihenfolge auf, in der sie definiert worden sind. In dem folgenden Beispiel werden der Reihe nach die vier Schaltflächen aufgereiht.

Listing 3.3 Die einfache Verwendung eines StackPanels

```
<Window xmlns="..." xmlns:x="...">
  <StackPanel>
    <Button>Eins</Button>
    <Button>Zwei</Button>
    <Button>Drei</Button>
    <Button>Vier</Button>
  </StackPanel>
</Window>
```

Da die Schaltflächen keinerlei Angaben zu ihrer Breite, Höhe oder Ausrichtung enthalten, streckt das `StackPanel` daher alle auf die maximal mögliche Breite. Die Höhe der Schaltflächen wird dagegen nicht beeinflusst.

Die verfügbare Fläche wird vom `StackPanel` relativ stur der Reihe nach befüllt - schließlich ist es ja nur auf diese eine Aufgabe spezialisiert. Der verbleibende Freiraum (hier unten) wird standardmäßig freigehalten. Sollte der Raum dagegen nicht ausreichend sein, so verschwinden einfach die Elemente am Seitenrand.

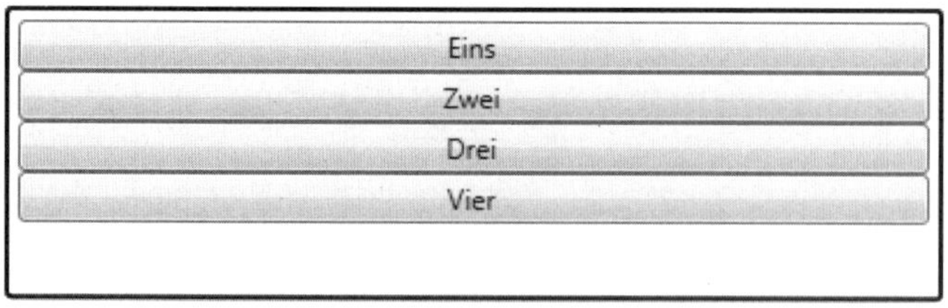

Bild 3.5 Ein StackPanel stapelt die Schaltflächen der Reihe nach auf.

Auf das Verhalten vom `StackPanel` kann nur sehr wenig Einfluss genommen werden. Lediglich die Ausrichtung der Elemente kann über die Eigenschaft `Orientation` bestimmt werden:

Listing 3.4 Die Ausrichtung auf Horizontal ändern

```
<StackPanel Orientation="Horizontal">
  <Button>Eins</Button>
  <Button>Zwei</Button>
  <Button>Drei</Button>
  <Button>Vier</Button>
</StackPanel>
```

Anders als im ersten Beispiel werden die Schaltflächen in Bild 3.6 nicht mehr vertikal, sondern horizontal gestapelt. Dafür wird jetzt auch die Höhe der Schaltflächen angepasst und nicht mehr ihre Breite. Werden darüber hinaus weitere Features benötigt, wie beispielsweise das Umkehren der Reihenfolge von rechts nach links oder das Ausfüllen der restlichen Freifläche mit einem Steuerelement, wäre der Einsatz von einem `DockPanel` empfehlenswert, da dieses ganz ähnliche Eigenschaften besitzt.

Wie jedes andere Panel kann auch ein `StackPanel` dazu verwendet werden, den Inhalt eines Steuerelements zu steuern. So kann beispielsweise eine Schaltfläche nicht nur einen einfachen Text darstellen, sondern dank eines `StackPanel` auch mit einer Grafik erweitert werden.

Listing 3.5 Das StackPanel für die Darstellung von Steuerelementen verwenden

```
<Button>
  <StackPanel Orientation="Vertical">
    <Image Source="Clipboad.gif" />
    <TextBlock>Clipboard</TextBlock>
  </StackPanel>
</Button>

<Button>
  <StackPanel Orientation="Horizontal">
    <TextBlock Margin="0,0,4,0"
        FontWeight="Bold">Name:</TextBlock>
    <TextBlock>Jörg Wegener</TextBlock>
  </StackPanel>
</Button>
```

Das Ergebnis der Ausrichtung lässt sich durchaus sehen. In Bild 3.6 sind die beiden Schaltflächen abgebildet, die durch ein Symbol und die Formatierungen deutlich besser hervorgehoben werden können.

Bild 3.6 Ein StackPanel kann auch die Darstellung einer Schaltfläche erweitern.

3.3 DockPanel

Mit einem DockPanel lassen sich beliebige Elemente an die Seiten eines Fensters anheften. Dieses Feature mag an die bekannte Eigenschaft Dock der Steuerelemente unter Windows Forms erinnern. In der Tat verhalten sich beide Techniken erstaunlich ähnlich, doch wie immer steckt hier der Teufel wieder im Detail.

Listing 3.6 Einfache Verwendung eines DockPanel

```
<DockPanel>
  <Button>Eins</Button>
  <Button>Zwei</Button>
  <Button>Drei</Button>
  <Button>Vier</Button>
</DockPanel>
```

Wie man in Bild 3.8 sieht, verhält sich das DockPanel ohne weitere Angaben ganz ähnlich wie ein StackPanel: Die enthaltenen Schaltflächen werden einfach der Reihe nach am linken Seitenrand angeheftet. Außerdem wird ihre Höhe auf das mögliche Maximum gesetzt. Lediglich die vierte Schaltfläche, die in der Auflistung als Letztes angegeben wurde, bildet eine Ausnahme und nimmt die gesamte verbleibende Fläche ein.

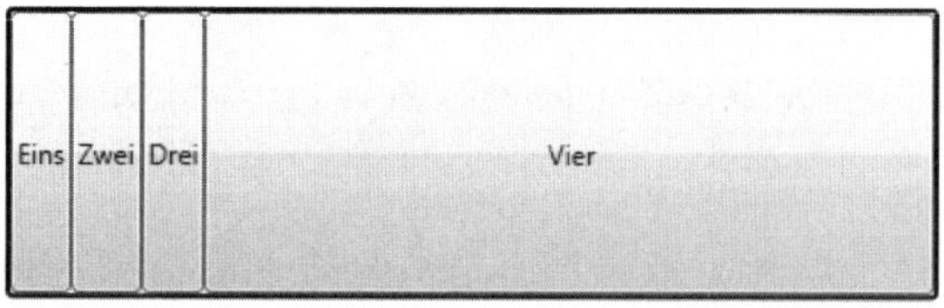

Bild 3.7 Ein DockPanel ohne Angaben zur Ausrichtung der Steuerelemente

Sollen die Schaltflächen dagegen wie Menüs oder Symbolleisten an unterschiedliche Seiten des Fensters angeheftet werden, so kann die Ausrichtung individuell für jedes Steuerelement einzeln angepasst werden.

Listing 3.7 Steuerelemente mit einem DockPanel an unterschiedliche Seiten anheften

```
<DockPanel>
  <Button DockPanel.Dock="Top">Oben</Button>
  <Button DockPanel.Dock="Bottom">Unten</Button>
  <Button DockPanel.Dock="Left">Links</Button>
  <Button DockPanel.Dock="Right">Rechts</Button>
  <Button>Inhalt</Button>
</DockPanel>
```

Mithilfe des Attached Properties Dockpanel.Dock, das von der Klasse DockPanel definiert worden ist, können die Schaltflächen jeweils an die gewünschten Seiten des Fensters angeheftet werden. In diesem Beispiel wurden die vier Schaltflächen einfach an die jeweiligen Seiten des Fensters angeheftet. Da im vorherigen Beispiel diese Angabe noch fehlte, wurden die Schaltflächen einfach der Reihe nach an den linken Rand angeheftet. Das entspricht auch dem Standardverhalten des DockPanel.

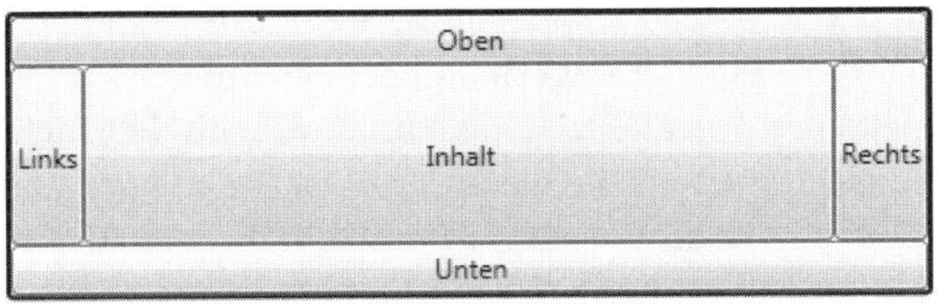

Bild 3.8 Das DockPanel heftet die Steuerelemente an den gewünschten Seitenrand an.

Wie auch im vorherigen Beispiel wird wieder ein Element für die verbleibende Freifläche genutzt. Das `DockPanel` verwendet hierfür ausschließlich das Element, das als letztes in der Auflistung angegeben wurde – in diesem Fall wäre das die Schaltfläche mit der Beschriftung „Inhalt“. Anstelle der Schaltfläche kann hier aber auch ein weiteres Panel platziert werden, wie beispielsweise ein `Grid` oder ein `StackPanel`, das die weiteren Inhalte in einer anderen Form unterteilen kann.

Sollte man aber vielleicht aus alter Gewohnheit versehentlich die Reihenfolge ändern, so können dadurch seltsame Ergebnisse entstehen. Wird das Steuerelement für den Inhalt nicht als letztes definiert, so wird dieses einfach an den linken Seitenrand angeheftet. Dagegen wird mit dem letzten Steuerelement die verbleibende Freifläche gefüllt – selbst wenn bei diesem die Richtung zum Anheften explizit angegeben wurde.

In der Regel ist es wünschenswert, dass die verbleibende Fläche für weitere Steuerelemente genutzt werden kann. In so einem Fall müsste das letzte Steuerelement wiederum ein Panel sein, das die übrigen Steuerelemente aufnehmen kann. Der Freiraum kann beispielsweise von einem `Grid` weiter aufgeteilt werden, wohingegen sich die übrigen Steuerelemente, wie das Menü oder die Symbolleisten, unauffällig an die Seiten des Fensters anheften lassen. Ein `DockPanel` eignet sich aber auch gut, um Steuerelemente zu gruppieren. Als Beispiel sei hier ein Steuerelement aus Outlook genannt: Hier werden die unterschiedlichen Ansichten und Aufgaben in Kategorien zusammengefasst.

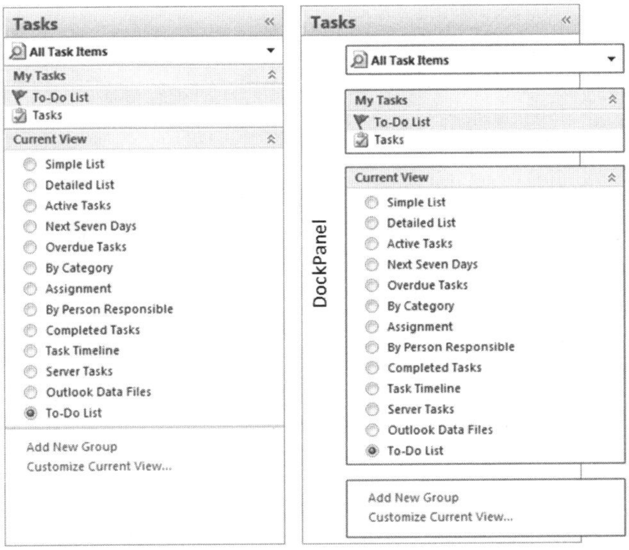

Bild 3.9 Die Anatomie eines DockPanels – die jeweiligen Steuerelemente ließen sich in der WPF einfach über ein DockPanel ausrichten.

In Bild 3.9 ist das Steuerelement abgebildet, das die Kategorien mit den Titeln *My Tasks* und *Current View* enthält. Die jeweiligen Kategorien ließen sich in der WPF beispielsweise problemlos mit dem Steuerelement `Expander` implementieren, mit dem sich der Inhalt ein- oder ausblenden lässt. Das `DockPanel` würde diese dann der Reihe nach am oberen Rand andocken, wohingegen der letzte `Expander` die verbleibende Freifläche einnehmen würde. Da die Höhe der jeweiligen `Expander` durch ihren Inhalt bestimmt wird, nimmt jede Kategorie gerade so viel Platz ein, wie für ihre Darstellung notwendig ist.

Listing 3.8 Beispiel von Expandern, die mit einem DockPanel ausgerichtet werden

```
<DockPanel>
  <Expander DockPanel.Dock="Top" Header="My Tasks" />
  <Expander DockPanel.Dock="Top" Header="Current View" />
</DockPanel>
```

Es mag jedoch auch Fälle geben, bei denen nicht die verbleibende Fläche mit dem letzten Steuerelement ausgefüllt werden soll. Das Verhalten vom `DockPanel` lässt sich aber mit der Eigenschaft `LastChildFill` beeinflussen. Wird hier der Wert auf `False` gesetzt, so verhält sich das `DockPanel` fast wie ein `StackPanel` und lässt die verbleibende Fläche unberührt.

Wie eingangs erwähnt, bietet sich ein `DockPanel` an, um Symbolleisten oder eine Statusbar an die Seiten des Fensters anzuheften. Im folgenden Beispiel werden diese beiden Steuerelemente mit einem `DockPanel` an den oberen und unteren Seitenrand angeheftet.

Listing 3.9 DockPanel zum Anheften eines Menüs und der Symbolleisten

```
<DockPanel>
  <ToolBarTray DockPanel.Dock="Top">
    <ToolBar>
      <Button>Neu</Button>
      <Button>Öffnen</Button>
      <Button>Speichern</Button>
    </ToolBar>
  </ToolBarTray>
  <StatusBar DockPanel.Dock="Bottom">Status: OK</StatusBar>
  <Grid>
    <TextBox>Das ist der Inhalt</TextBox>
  </Grid>
</DockPanel>
```

Hier wird das Steuerelement `ToolBarTray` an den oberen Rand des Fensters angedockt. Ein `ToolBarTray` dient als übergeordnetes Steuerelement für mehrere Symbolleisten, die darin besser organisiert werden können. Es ist aber auch möglich, ohne dieses Steuerelement die Symbolleisten einzeln an den Seitenrand anzuheften. In Bild 3.10 ist das Ergebnis vom `DockPanel` zu sehen.

Bild 3.10 Das DockPanel heftet Symbolleiste und Statuszeile an den Fensterrand an.

In der Standardausführung eignet sich ein DockPanel allerdings nur zum „statischen“ Andocken an den Seitenrand. Die bekannten Werkzeugfenster unter Visual Studio oder Office, die man nach Belieben am Seitenrand andocken oder auch frei im Raum bewegen kann, werden in der WPF leider weder vom DockPanel noch von einem anderen Steuerelement unterstützt. Man sollte annehmen, dass ein solches Feature in der heutigen Zeit bereits zum Standardrepertoire gehören sollte. Hier gibt es von Drittanbietern entsprechende Lösungen, die sich in Optik und im Verhalten an den Werkzeugfenstern in Visual Studio anlehnen, wie beispielsweise die Lösung von Actipro Software.

3.4 WrapPanel

Das WrapPanel besitzt ebenfalls deutliche Ähnlichkeiten zum StackPanel, da es auch die enthaltenen Steuerelemente der Reihe nach stapelt. Allerdings geht das WrapPanel dabei etwas behutsamer mit dem verfügbaren Platz um und setzt beispielsweise nicht die Höhe der Steuerelemente auf ein mögliches Maximum. Sollte zudem der Platz nicht ausreichend sein, so wird einfach eine neue Zeile angefangen. Dieser Umbruch (oder auch „Wrap“) geschieht in der Standardeinstellung automatisch am rechten Seitenrand.

Listing 3.10 Einfache Verwendung eines WrapPanels

```
<WrapPanel>
  <Button>Eins</Button>
  <Button>Zwei</Button>
  <Button>Drei</Button>
  <Button>Vier</Button>
</WrapPanel>
```

Wie auf der linken Seite in Bild 3.11 zu sehen ist, werden die vier Buttons der Reihe nach von links nach rechts aufgereiht. Sollte dabei das rechte Zeilenende erreicht werden, wird vom WrapPanel eine neue Zeile angefangen. Sowohl der verbleibende Freiraum am rechten Zeilenende als auch der am unteren Seitenende werden dabei aber nicht ausgefüllt. Selbstverständlich kann auch hier die Ausrichtung vom WrapPanel wieder mit einer Eigenschaft beeinflusst werden. Hierfür muss der Wert von Orientation geändert werden, der standardmäßig auf „Horizontal“ gesetzt ist. Auf der rechten Seite in Bild 3.11 ist das Ergebnis der vertikalen Ausrichtung zu sehen.

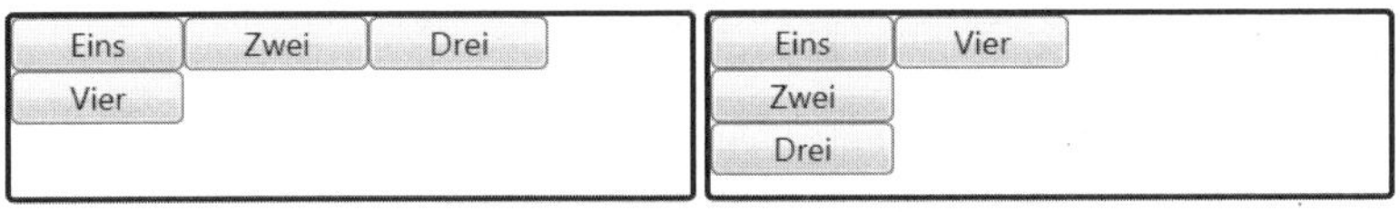

Bild 3.11 Das WrapPanel mit horizontaler oder vertikaler Ausrichtung

Anders als bei einem StackPanel oder bei einem DockPanel scheinen aber dieses Mal weder die Breite noch die Höhe der Schaltflächen verändert worden zu sein. Dieser Eindruck täuscht in diesem Beispiel, da die Inhalte der Schaltflächen eine ähnliche Größe besitzen. Verändert man aber die Höhe der Schaltflächen durch eine explizite Angabe, kann das Verhalten vom `WrapPanel` besser verdeutlicht werden.

Listing 3.11 WrapPanel mit Steuerelementen mit expliziter Höhe

```
<WrapPanel>
  <Button>Normal</Button>
  <Button Height="30">Höher</Button>
  <Button Height="15">Kleiner</Button>
  <Button>Vier</Button>
</WrapPanel>
```

Obwohl in der ersten Schaltfläche die Höhenangabe fehlt, sieht man in Bild 3.11, dass das Steuerelement trotzdem auf die gleiche Höhe der zweiten Schaltfläche angepasst worden ist. Das `WrapPanel` versucht hier, eine einheitliche Zeilenhöhe zu erreichen, wodurch die Darstellung harmonischer werden soll, als wenn jedes Steuerelement in der Zeile eine unterschiedliche Höhe besitzt. Bitte beachten Sie, dass die Höhe nur dann automatisch angepasst wird, wenn diese nicht explizit gesetzt worden ist. Im Falle der dritten Schaltfläche wurde ebenfalls die Höhe gesetzt, allerdings auf einen wesentlich niedrigeren Wert. In diesem Fall lässt das `WrapPanel` die Höhe unberührt. Das Verhalten wirkt sich ausschließlich auf die aktuelle Zeile aus. Die vierte Schaltfläche, die sich bereits in der nächsten Zeile befindet, ist von dieser Anpassung nicht mehr betroffen und wird in ihrer regulären Höhe dargestellt.

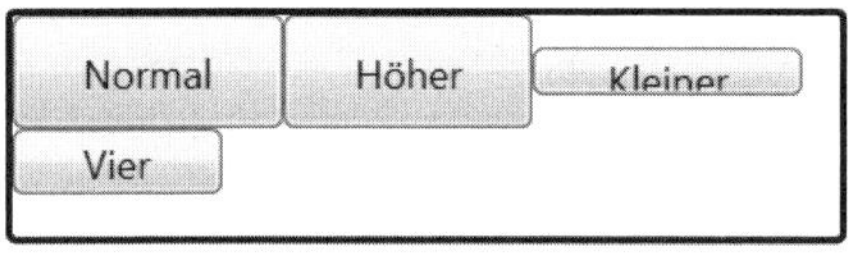

Bild 3.12 Steuerelemente ohne explizite Höhenangabe, wie in diesem Fall die erste Schaltfläche, werden automatisch in ihrer Größe angepasst.

Ein `WrapPanel` kann daher eher mit der Textausgabe unter Word oder unter HTML verglichen werden, wo ebenfalls die Textzeilen auf eine einheitliche Höhe angepasst werden, um ein ruhiges und harmonisches Bild zu erhalten. Das Verhalten lässt sich von außen über die beiden Eigenschaften `ItemWidth` und `ItemHeight` beeinflussen, mit denen entweder die Breite oder die Höhe der Einträge definiert werden können. Das `WrapPanel` orientiert sich so nicht mehr an die Größe der Steuerelemente und gibt die jeweiligen Zeilen (oder Spalten) in einer Einheitsgröße aus.

3.5 Grid

Das `Grid` teilt die Oberfläche wie eine Tabelle in mehrere Zeilen und Spalten ein. Das Verhalten von einem `Grid` kann daher am ehesten mit den Tabellen aus HTML verglichen werden, da diese eine ganz ähnliche Funktion aufweisen.

Listing 3.12 Definition eines einfachen Grids (ohne Einteilung in Zeilen und Spalten)

```
<Grid>
  <Button>Eins</Button>
  <Button>Zwei</Button>
  <Button>Drei</Button>
  <Button>Vier</Button>
</Grid>
```

Ohne zusätzliche Angaben hat das Grid aber keinerlei Kenntnis darüber, wie die Schaltflächen ausgerichtet und positioniert werden sollen. Das Ergebnis fällt daher eher ernüchternd aus, wie man auf der linken Seite in Bild 3.13 erkennen kann. Scheinbar wird nur die letzte Schaltfläche angezeigt, die zudem noch auf die gesamte Fläche des Grid vergrößert wurde. Tatsächlich werden aber alle vier Schaltflächen angezeigt und auf dieselbe einheitliche Größe gebracht. Da sie jedoch der Reihe nach angezeigt werden, verdecken die Schaltflächen immer die jeweils vorherigen. Der Anschein einer einzelnen Schaltfläche ist daher trügerisch.

Um effektiver mit einem Grid arbeiten zu können, sollte dieses zuerst in Spalten und Zeilen eingeteilt werden. Hierfür stehen die beiden Eigenschaften ColumnDefinitions und RowDefinitions zur Verfügung. Die jeweiligen Steuerelemente können dann über die beiden Attached Properties Grid.Column und Grid.Row an die gewünschten Positionen in dem Grid platziert werden.

Listing 3.13 Definition eines Grids (mit Enteilung in Zeilen und Spalten)

```
<Grid>
  <Grid.RowDefinitions>
    <RowDefinition />
    <RowDefinition />
  </Grid.RowDefinitions>
  <Grid.ColumnDefinitions>
    <ColumnDefinition />
    <ColumnDefinition />
  </Grid.ColumnDefinitions>

  <Button Grid.Column="0" Grid.Row="0">Eins</Button>
  <Button Grid.Column="1" Grid.Row="0">Zwei</Button>
  <Button Grid.Column="0" Grid.Row="1">Drei</Button>
  <Button Grid.Column="1" Grid.Row="1">Vier</Button>
</Grid>
```

Um einen spürbaren Effekt zu erzielen, sollte man entweder bei RowDefinitions oder bei ColumnDefinitions mehr als nur einen Eintrag definieren, da sich das Grid ansonsten unverändert verhält.

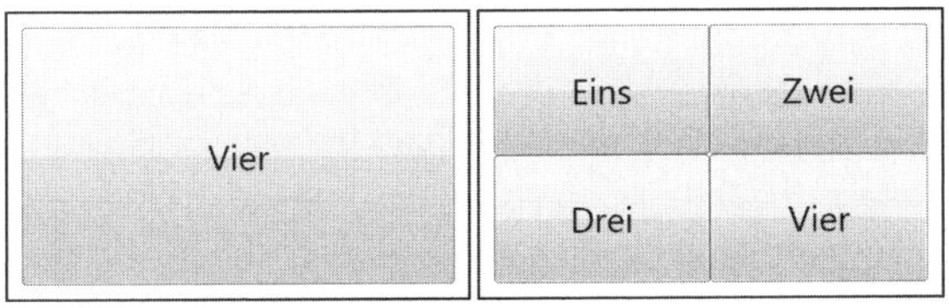

Bild 3.13 Ein Grid ohne und mit Einteilung in Spalten und Zeilen

Auf der rechten Seite in Bild 3.13 ist das Ergebnis dieser Erweiterung zu sehen. Das Grid ist nun in vier gleiche Zellen aufgeteilt. Die Deklaration unterscheidet sich aber deutlich von anderen Techniken, wie beispielsweise der aus HTML. Es gibt keine Tags, die explizit eine neue Zeile oder eine neue Zelle erstellen. Vielmehr werden die Elemente der Reihe nach aufgelistet und ausschließlich über die Attached Properties ihrer Position zugeordnet. Das hat zwar den Vorteil, dass die Definition platzsparender erfolgt und man auch nicht explizit leere Zellen definieren muss, doch trägt es andererseits auch nicht gerade zur Übersichtlichkeit bei. Zumindest ist die Reihenfolge der Steuerelemente im Grid unabhängig von ihrer Darstellung, sodass man diese sogar bedenkenlos umkehren könnte, ohne dass dadurch die Darstellung beeinflusst wird.

Das Positionieren der Steuerelemente in einem Grid ist in XAML mit den Attached Properties einfach und unkompliziert. Um denselben Vorgang jedoch im Programmcode abzubilden, sind einige Zeilen zusätzlich erforderlich.

Listing 3.14 Ein Grid im Programmcode erstellen

```
// Grid erstellen; in Spalten und Zeilen einteilen
Grid grid = new Grid();
grid.ColumnDefinitions.Add(new ColumnDefinition());
grid.ColumnDefinitions.Add(new ColumnDefinition());
grid.RowDefinitions.Add(new RowDefinition());
grid.RowDefinitions.Add(new RowDefinition());

// Inhalte erstellen und im Grid positionieren
Button btn1 = new Button();
btn1.Content = "Eins";
Grid.SetColumn(btn1, 0);
Grid.SetRow(btn1, 0);

// etc...
```

Auch hier muss das Grid zuerst in Spalten und Zeilen eingeteilt werden. Diese Angabe erfolgt über die Eigenschaften ColumnDefinitions und RowDefinitions. Die Schaltflächen können danach über die statischen Methoden SetColumn() und SetRow() an die gewünschte Position in dem Grid gesetzt werden.

Das Erscheinungsbild der Spalten und Zeilen lässt sich aber noch weiter beeinflussen. Neben Höhen- und Breitenangaben lassen sich auch bestimmte Mindest- und Höchstgrößen festlegen, in denen sich die Spalten und Zeilen bewegen dürfen.

Listing 3.15 Grid mit Angaben zu Mindestgrößen

```
<Grid>
  <Grid.ColumnDefinitions>
    <ColumnDefinition Width="60" />
    <ColumnDefinition MinWidth="650" />
  </Grid.ColumnDefinitions>
  <Grid.RowDefinitions>
    <RowDefinition Height="40" />
    <RowDefinition MaxHeight="80" />
  </Grid.RowDefinitions>

  <Button Grid.Column="0" Grid.Row="0">Eins</Button>
  <Button Grid.Column="1" Grid.Row="0">Zwei</Button>
```

```
    <Button Grid.Column="0" Grid.Row="1">Drei</Button>
    <Button Grid.Column="1" Grid.Row="1">Vier</Button>
</Grid>
```

In diesem Beispiel wurden für die Spalten und Zeilen gleich mehrere Eigenschaften gesetzt. So wurde die Breite der ersten Spalte auf exakt 60 Pixel gesetzt. Die zweite Spalte dagegen kann den verbleibenden Platz einnehmen, muss allerdings eine Mindestbreite von 650 Pixeln einnehmen. Bei den Zeilen sehen die Einstellungen ähnlich aus: Die erste Zeile wurde auf eine exakte Höhe von 40 Pixel gesetzt. Die zweite Zeile kann wiederum den verbleibenden Platz in Anspruch nehmen, solange eine Höhe von 80 Pixeln nicht überschritten wird.

Feste Angaben zur Höhe und Breite, bzw. die Mindest- und Maximalwerte, sind jedoch mit Vorsicht einzusetzen, da sie die Ausrichtung und Positionierung des Layouts stark einschränken. Sie sollten daher nur im Ausnahmefall angewendet werden, wenn ein bestimmtes Steuerelement eine gewisse Mindestfläche zur Darstellung benötigt, um korrekt arbeiten zu können.

Panels verwenden normalerweise immer die gesamte zur Verfügung stehende Fläche, um darauf ihre Steuerelemente auszurichten. Beim `Grid` fällt das besonders auf, da die einzelnen Zellen auf die Gesamtgröße des `Grid` verteilt werden. Das wirkt sich selbstverständlich auch auf die Inhalte aus: Die Größe der Zellen wächst oder schrumpft proportional mit. Dieser Effekt kann sich als unschön erweisen, wenn das Grid für Formulare verwendet werden soll, da die Steuerelemente in den jeweiligen Zellen ebenfalls auf die maximale Fläche vergrößert werden. Eingabefelder oder Beschriftungen können dadurch ungewohnt wuchtig erscheinen. Die Darstellung lässt sich aber mit den Eigenschaften `HorizontalAlignment` oder `VerticalAlignment` anpassen. In Bild 3.14 ist der Vergleich zu sehen, wie diese Eigenschaften die Darstellung verbessern können. Im rechten Grid wurde die Eigenschaft `VerticalAlignment` auf den Wert „Top" gesetzt.

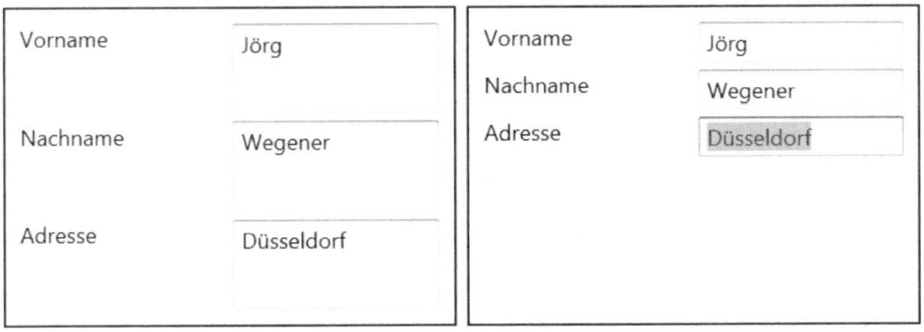

Bild 3.14 Grid mit unterschiedlicher vertikaler Ausrichtung

Diese Möglichkeit ist deutlich flexibler, als wenn man die Höhe und Breite vom `Grid` fest definieren würde. Das Grid kann dadurch auch weiterhin auf den Platzbedarf seiner Steuerelemente eingehen und entsprechend mitwachsen. Zudem müssten diese Werte beim Entwurf der Oberfläche nicht immer wieder korrigiert werden.

Neben den absoluten Höhen- und Breitenangaben lassen sich Spalten und Zeilen aber auch mit relativen Größenangaben steuern. Bei der Umsetzung entschied man sich allerdings gegen eine Verwendung der sonst üblichen Prozentwerte. Stattdessen können freie Werte angegeben werden, die jeweils in Relation zur Gesamtbreite stehen. Hierbei müssen die angegebenen Werte nicht wie bei Prozentangaben immer zusammen den Wert 100 ergeben – vielmehr wird die Basis automatisch aus der Summe der einzelnen Werte berechnet. Dieser Unterschied macht sich auch schon in der Deklaration bemerkbar. Um sich deutlich von der prozentualen Aufteilung zu unterscheiden, wird anstelle des Prozentzeichens ein Stern (*) verwendet. Eine Kombination aus festen und variablen Spaltenbreiten ist ebenfalls möglich. Hierbei werden aber zuerst die fest vorgegebenen Breitenangaben vom Gesamtwert abgezogen. Erst dieser verbleibende Wert wird über die relativen Größenangaben aufgeteilt.

Listing 3.16 Grid mit relativen Größenangaben

```
<Grid>
  <Grid.ColumnDefinitions>
    <ColumnDefinition Width="2*" />
    <ColumnDefinition Width="3*" />
  </Grid.ColumnDefinitions>
  <Button Grid.Column="0" Content="2*" />
  <Button Grid.Column="1" Content="3*" />
</Grid>
```

In diesem Beispiel wird die Gesamtbreite des Grids durch den Wert fünf dividiert. Dieser Wert errechnet sich aus den Breiten der einzelnen Spalten, die hierfür aufaddiert werden. Die linke Spalte erhält demnach eine Breite von 2/5 und die rechte Spalte eine von 3/5 von der Gesamtbreite.

Diese Definitionen dagegen im Code vorzunehmen, ist ein wenig aufwendiger, da ein einfacher `Double` als Datentyp für die Höhen und Breiten nicht mehr ausreichend ist. Hierfür wurde eigens ein neuer Datentyp namens `GridLength` definiert, der die Größenangabe sowohl als Pixel als auch als Verhältnis (Stern) speichern kann.

Listing 3.17 Größenverhältnisse im Programmcode vornehmen (Stern-Notation)

```
Grid grid = new Grid();
ColumnDefinition column = new ColumnDefinition();
column.Width = new GridLength(3, GridUnitType.Star);
grid.ColumnDefinitions.Add(column);
```

Der Konstruktor der Klasse `GridLength` ist mehrfach überladen. Standardmäßig nimmt dieser einen einfachen `Double`-Wert als Parameter an, über den die Größe in der Maßeinheit Pixel definiert werden kann. In diesem Beispiel wurde jedoch der alternative Konstruktor verwendet, bei dem die Maßeinheit mit einem zweiten Parameter auf die Stern-Notation gesetzt werden kann. Die hier verwendeten Datentypen, wie `GrindLength` oder `GridUnitType`, haben im Namen allesamt „Grid“ als Präfix. Dadurch wird symbolisiert, dass das Grid das einzige Steuerelement ist, das dieses Feature unterstützt.

Sollen darüber hinaus die Inhalte über mehrere Spalten oder über mehrere Zeilen angezeigt werden, können die gewünschten Zellen miteinander verbunden werden. Diese Angabe kann ebenfalls für jedes Steuerelement einzeln getroffen werden.

Listing 3.18 Aufteilung der Steuerelemente über mehrere Spalten und Zeilen

```
<Grid ShowGridLines="True">
  <ColumnDefinitions>
    <ColumnDefinition />
    <ColumnDefinition />
    <ColumnDefinition />
    <ColumnDefinition />
    <ColumnDefinition />
  </ColumnDefinitions>
  <RowDefinitions>
    <RowDefinition />
    <RowDefinition />
    <RowDefinition />
    <RowDefinition />
    <RowDefinition />
  </RowDefinitions>

  <Button Content="A"
      Grid.Column="0" Grid.ColumnSpan="3"
      Grid.Row="0" Grid.RowSpan="3" />
  <Button Content="B"
      Grid.Column="2" Grid.ColumnSpan="3"
      Grid.Row="2" Grid.RowSpan="3" />
  <Button Content="C"
      Grid.Column="0"
      Grid.Row="2" Grid.RowSpan="3" />
  <Button Content="D"
      Grid.Column="4"
      Grid.Row="0" Grid.RowSpan="3" />
</Grid>
```

Mit den Attached Properties `Grid.ColumnSpan` und `Grid.RowSpan` kann die Positionierung des Steuerelementes über mehrere Spalten und Zeilen definiert werden. Die Schaltfläche mit der Beschriftung „A" aus diesem Beispiel wird dadurch über drei Spalten und drei Zeilen hinweg im Grid platziert.

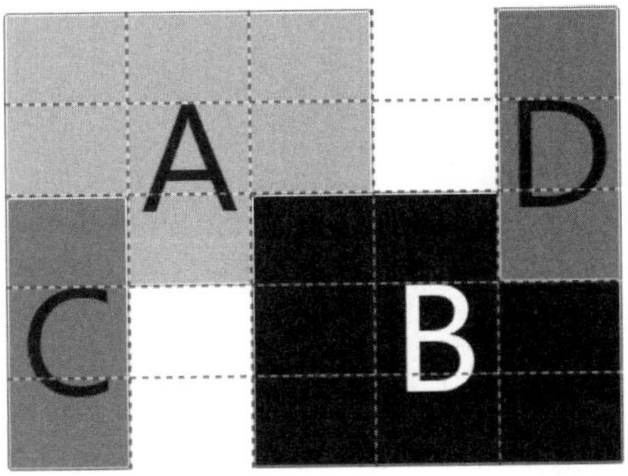

Bild 3.15 Ein Grid mit vier Schaltflächen

Man sollte beachten, dass sich diese Angaben ausschließlich auf die Inhalte (in diesem Beispiel einer Schaltfläche) auswirken und nicht auf das Grid oder auf eine einzelne Zelle selbst. So können problemlos auch weitere Inhalte in derselben Zelle platziert werden, oder es kann zu Überschneidungen aus anderen Zellen kommen, so wie in Bild 3.15 deutlich zu sehen ist. Ein Steuerelement hat also kein exklusives Recht auf seine Zelle(n). Vielmehr dient das Grid lediglich als Orientierung für die Ausrichtung.

Nützlich während des Entwurfs können auch die Hilfslinien sein, die zur Orientierung im Grid eingeschaltet werden können. Obwohl alle Panels in der WPF grundsätzlich unsichtbar sind, erweist sich gerade die Positionierung der Steuerelemente mit den Spalten- und Zeilendefinitionen als besonders schwierig. Die Hilfslinien heben hierzu die jeweiligen Zellbereiche hervor, sodass die eigenen Definitionen besser kontrolliert werden können. Hierfür muss lediglich die Eigenschaft `ShowGridLines` auf den Wert „True" gesetzt werden.

In der Regel besitzen Panels keinerlei Möglichkeit zur Interaktion mit dem Anwender. So werden Steuerelemente automatisch positioniert und ausgerichtet, ohne dass der Anwender den Vorgang von außen beeinflussen könnte. Einzig das Grid bietet dem Anwender die Möglichkeit, die Spaltenbreite oder auch die Zeilenhöhe anzupassen. Dieses Feature wird über ein eigenes Steuerelement namens `GridSplitter` implementiert.

Unter Windows Forms konnte man den Splitter frei noch auf der Oberfläche positionieren, da dieser mit den meisten Steuerelementen problemlos umgehen konnte. Der `GridSplitter` hingegen ist ausschließlich auf die Verwendung innerhalb eines `Grid` entwickelt worden und funktioniert dementsprechend weder mit anderen Panels noch mit Steuerelementen. Der `GridSplitter` wird hierfür in einer leeren Zelle platziert, die als Trennung zwischen zwei weiteren Zellen fungiert, die jeweils die Inhalte beherbergen. Der Anwender hat dadurch die Möglichkeit, die Aufteilung der Zellen selbst zu bestimmen.

Listing 3.19 Verwendung eines GridSplitters

```
<Grid>
  <Grid.ColumnDefinitions>
    <ColumnDefinition Width="1*" />
    <ColumnDefinition Width="6" />
    <ColumnDefinition Width="2*" />
  </Grid.ColumnDefinitions>
  <TextBox
      Grid.Column="0" Grid.Row="0" />
  <GridSplitter
      Grid.Column="1" Grid.Row="0"
      HorizontalAlignment="Stretch" />
  <TextBox Grid.Column="2" Grid.Row="0" />
</Grid>
```

Hier wurde der `GridSplitter` zwischen zwei Spalten platziert. Die Änderung der Spaltengröße übernimmt der `GridSplitter` dabei automatisch – zusätzlicher Programmcode ist hierfür nicht erforderlich. Man sollte lediglich darauf achten, dass der `GridSplitter` die gesamte Fläche der Zelle einnimmt – was nämlich standardmäßig nicht der Fall ist. Das Verhalten muss daher explizit über die Eigenschaft `HorizontalAlignment` angegeben werden.

Eine vertikale Aufteilung ist selbstverständlich auch möglich. Hierfür muss die Eigenschaft `ResizeDirection` auf den Wert `Rows` gesetzt werden. Standardmäßig ist hier der Wert `Columns` hinterlegt.

Listing 3.20 Ein GridSplitter für die Aufteilung in Zeilen

```
<GridSplitter
    Grid.Column="0" Grid.Row="1"
    VerticalAlignment="Stretch"
    ResizeDirection="Columns" />
```

Bei der Verwendung eines `GridSplitter` muss man Folgendes beachten: Grundsätzlich kann bei den beiden Inhaltszellen mit der Stern-Notation gearbeitet werden (wie auch im Beispiel zu sehen war). Sobald der Anwender die Aufteilung mit dem `GridSplitter` anpasst, werden die Werte jedoch wieder in absolute Pixel umgerechnet.

Leider wird in Visual Studio und in Blend das Grid viel zu häufig für eine absolute Positionierung missbraucht. Hierbei werden, ohne dass jegliche Spalten- oder Zeilenaufteilung definiert werden, die Steuerelemente einfach der Reihe nach in die Standardzelle (die immer vorhanden ist) platziert. Diese werden dann mit der Hilfe von `HorizontalAlignment`, `VerticalAlignment` und `Margin` absolut im Fenster positioniert. Für eine absolute Positionierung ist allerdings das `Canvas` wesentlich besser geeignet.

3.6 UniformGrid

Das `UniformGrid` ist die stark vereinfachte Variante vom `Grid`. Hierüber lassen sich lediglich die Anzahl der Spalten und der Zeilen festlegen, die gleichmäßig über die Gesamtgröße verteilt werden. Man hat also keine Möglichkeit, eine gewünschte Zeile oder Spalte größer oder kleiner zu definieren. Auch können Steuerelemente nicht explizit an eine bestimmte Zelle platziert werden, da das `UniformGrid` diese einfach der Reihe nach von der linken oberen zur rechten unteren Zelle platziert.

Listing 3.21 Die Verwendung des UniformGrid

```
<Window>
  <UniformGrid Columns="2" Rows="3">
    <Button Content="links oben" />
    <Button Content="rechts oben" />
    <Button Content="links mitte" />
    <Button Content="rechts mitte" />
    <Button Content="links unten" />
    <Button Content="rechts unten" />
  </UniformGrid>
</Window>
```

Das `UniformGrid` kann daher als eine Art Kombination aus `Grid` und `WrapPanel` angesehen werden, bei dem die Inhalte zwar in einer Tabellenstruktur angeordnet werden, dies allerdings automatisch wie im `WrapPanel` vorgenommen wird.

Sollten weniger Steuerelemente angegeben sein als Zellen definiert wurden, werden die restlichen Zellen des `UniformGrid` einfach freigelassen. Anders sieht es hingegen aus, wenn mehr Steuerelemente als Zellen angegeben wurden: In diesem Fall wird die Fläche unterhalb des UniformGrids, auf der die Steuerelemente platziert werden, einfach logisch erweitert. Der Inhalt wird also über die Grenzen des UniformGrid hinaus platziert.

3.7 Canvas

Das Canvas bietet als einziges Panel die Möglichkeit zur absoluten Positionierung von Steuerelementen an. Es sollte aber deswegen nicht als letztes Überbleibsel aus den Zeiten von Windows Forms angesehen werden. Auch zukünftig behält das Canvas seine Daseinsberechtigung, da vor allem Grafiken oder Zeichnungen hierüber dargestellt werden. Die Funktionsweise ist daher recht schnell erklärt: Die Steuerelemente werden in einem Koordinatensystem manuell positioniert. Eine automatische Umpositionierung oder Ausrichtung wird dagegen nicht angeboten.

Listing 3.22 Positionierung von Steuerelementen mit einem Canvas

```
<Canvas>
  <Button
      Canvas.Left="10"
      Canvas.Top="10"
      Width="250" Height="25"
      Content="OK" />
</Canvas>
```

Die beiden Attached Properties Canvas.Left und Canvas.Top geben die absolute Position der Schaltfläche innerhalb vom Canvas an. Alternativ können die Angaben auch mit Bezug auf den rechten oder unteren Rand erfolgen. Hierfür wären dann die Attached Properties Canvas.Right und Canvas.Bottom zu verwenden.

Listing 3.23 Steuerelemente am rechten, unteren Seitenrand eines Canvas positionieren

```
<Canvas>
  <Button
      Canvas.Right="10"
      Canvas.Bottom="10"
      Width="250" Height="25"
      Content="OK" />
</Canvas>
```

Eine Kombination beider Angaben ist ebenfalls erlaubt, solange sie nicht widersprüchlich angegeben werden. Eine gleichzeitige Angabe von Canvas.Left und Canvas.Right ist beispielsweise nicht möglich, da ein Steuerelement entweder nur am linken oder rechten Seitenrand ausgerichtet sein kann. Der Compiler wirft hierbei aber keine Fehlermeldung, sondern ignoriert einfach einen der beiden Werte. Weitere Angaben sind im Canvas nicht notwendig, da die Angaben zur Höhe und zur Breite von den Steuerelementen selbst definiert werden können. In den Beispielen wurde die Größe der Schaltfläche nicht mehr automatisch durch den Inhalt vorgegeben, sondern explizit über die Eigenschaften Width und Height gesetzt.

Das Canvas ist das kleinste und auch das kompakteste Panel innerhalb der WPF. Da es keinerlei Logik implementieren muss, um bei einer Veränderung der Größe die Ausrichtung der Steuerelemente neu zu berechnen, verbraucht es daher auch weniger Leistung als die übrigen Panels.

3.8 VirtualizingStackPanel

Das VirtualizingStackPanel ist eine besondere Ausprägung des StackPanel, das man in der Regel aber nicht in der Anwendung selbst, sondern meist nur innerhalb von Templates für Steuerelemente (wie ListBox) benötigt. Es sollte immer dann eingesetzt werden, wenn ein StackPanel besonders viele Einträge enthalten kann - also Tausende oder Millionen von Einträgen. In solchen Fällen kann die Leistung der Anwendung rapide nachlassen, da das Layout-System für jeden einzelnen Eintrag die Größe und die Position berechnen müsste - und das, obwohl die meiste Einträge gar nicht sichtbar wären.

Dieser Umstand brachte das VirtualizingStackPanel auf den Plan: Es rendert nur die Elemente, die gerade unbedingt für die Darstellung notwendig sind. Das Verhalten kann über die Eigenschaft IsVirtualizing gesteuert werden, die standardmäßig auf „True“ gesetzt ist.

3.9 Inhalte ausrichten und positionieren

Um die Steuerelemente und ihre Inhalte in adäquater Weise auszurichten, gibt es gleich eine Handvoll an Eigenschaften, die hierfür verwendet werden können. Dies funktioniert meist unabhängig vom verwendeten Panel, das für die Ausrichtung und die Positionierung der Steuerelemente verantwortlich ist. Welche Abstände oder welche Ausrichtungen die Steuerelemente im Einzelnen haben sollen, wissen die Panels daher in der Regel nicht, und es wird daher von den Steuerelementen selbst vorgegeben.

Die meisten dieser Einstellungen sind aber nur dann sinnvoll, wenn das Panel die Steuerelemente automatisch ausrichtet. Bei einer absoluten Positionierung, wie es beim Canvas der Fall ist, sind die meisten Einstellungen dagegen oft wirkungslos.

Mit den beiden Eigenschaften HorizontalAlignment und VerticalAlignment kann das Steuerelement auf der Gesamtfläche ausgerichtet werden. Da diese beiden Eigenschaften standardmäßig auf dem Wert „Stretch“ stehen, werden die Steuerelemente in der Regel über die gesamte zur Verfügung stehende Fläche ausgerichtet. Die Ausrichtung lässt sich aber beeinflussen: Setzt man beispielsweise für die Eigenschaft HorizontalAlignment den Wert „Left“, so wird das Steuerelement am linken Rand ausgerichtet. Die Größe des Steuerelements wird dann entweder von der Eigenschaft Width vorgegeben, oder sie wird durch den Platzbedarf seines Inhaltes errechnet.

Tabelle 3.2 Horizontale Ausrichtung

Wert	Erklärung
`Left`	Ausrichtung am linken Rand
`Center`	Zentriert
`Right`	Ausrichtung am rechten Rand
`Stretch`	Ausrichtung über die gesamte Breite

Tabelle 3.3 Vertikale Ausrichtung

Wert	Erklärung
`Top`	Ausrichtung am oberen Rand
`Center`	Zentriert
`Bottom`	Ausrichtung am unteren Rand
`Stretch`	Ausrichtung über die gesamte Höhe

Wie sich diese Einstellungen in Kombination auf das Steuerelement auswirken, zeigt das folgende Beispiel. Hier wurden die Schaltflächen der Reihe nach mit den unterschiedlichen Einstellungen erstellt.

Listing 3.24 Inhalte horizontal und vertikal ausrichten

```
<Grid ShowGridLines="True">
  <Grid.ColumnDefinitions>
    <ColumnDefinition />
    <ColumnDefinition />
    <ColumnDefinition />
    <ColumnDefinition />
  </Grid.ColumnDefinitions>
  <Grid.RowDefinitions>
    <RowDefinition />
    <RowDefinition />
    <RowDefinition />
    <RowDefinition />
  </Grid.RowDefinitions>

  <Button Content="Left / Top"
      Grid.Column="0" Grid.Row="0"
      HorizontalAlignment="Left" VerticalAlignment="Top" />
  <Button Content="Center / Top"
      Grid.Column="1" Grid.Row="0"
      HorizontalAlignment="Center" VerticalAlignment="Top" />
  <Button Content="Right / Top"
      Grid.Column="2" Grid.Row="0"
      HorizontalAlignment="Right" VerticalAlignment="Top" />
  <Button Content="Stretch / Top"
      Grid.Column="3" Grid.Row="0"
      HorizontalAlignment="Stretch" VerticalAlignment="Top" />

  <Button Content="Left / Center"
      Grid.Column="0" Grid.Row="1"
      HorizontalAlignment="Left" VerticalAlignment="Center" />
```

```
  <Button Content="Center / Center"
      Grid.Column="1" Grid.Row="1"
      HorizontalAlignment="Center" VerticalAlignment="Center" />
  <Button Content="Right / Center"
      Grid.Column="2" Grid.Row="1"
      HorizontalAlignment="Right" VerticalAlignment="Center" />
  <Button Content="Stretch / Center"
      Grid.Column="3" Grid.Row="1"
      HorizontalAlignment="Stretch" VerticalAlignment="Center" />

  <Button Content="Left / Bottom"
      Grid.Column="0" Grid.Row="2"
      HorizontalAlignment="Left" VerticalAlignment="Bottom" />
  <Button Content="Center / Bottom"
      Grid.Column="1" Grid.Row="2"
      HorizontalAlignment="Center" VerticalAlignment="Bottom" />
  <Button Content="Right / Bottom"
      Grid.Column="2" Grid.Row="2"
      HorizontalAlignment="Right" VerticalAlignment="Bottom" />
  <Button Content="Stretch / Bottom"
      Grid.Column="3" Grid.Row="2"
      HorizontalAlignment="Stretch" VerticalAlignment="Bottom" />

  <Button Content="Left / Stretch"
      Grid.Column="0" Grid.Row="3"
      HorizontalAlignment="Left" VerticalAlignment="Stretch" />
  <Button Content="Center / Stretch"
      Grid.Column="1" Grid.Row="3"
      HorizontalAlignment="Center" VerticalAlignment="Stretch" />
  <Button Content="Right / Stretch"
      Grid.Column="2" Grid.Row="3"
      HorizontalAlignment="Right" VerticalAlignment="Stretch" />
  <Button Content="Stretch / Stretch"
      Grid.Column="3" Grid.Row="3"
      HorizontalAlignment="Stretch" VerticalAlignment="Stretch" />
</Grid>
```

In Bild 3.16 sind die Schaltflächen zu sehen, die mit den unterschiedlichen Angaben aus `HorizontalAlignment` und `VerticalAlignment` ausgerichtet worden sind.

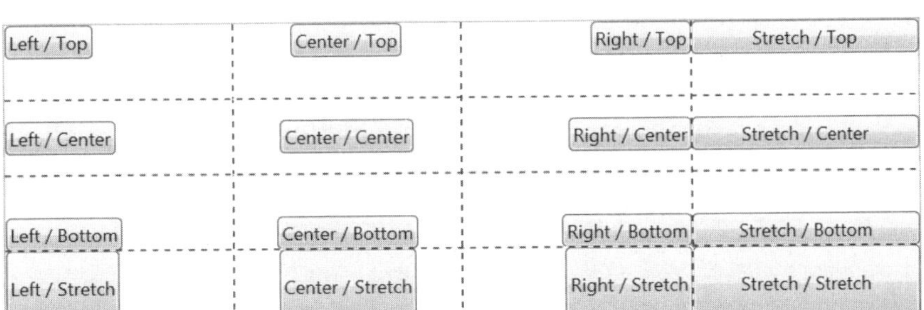

Bild 3.16 Die horizontale und vertikale Ausrichtung im Vergleich

Neben den beiden Eigenschaften `HorizontalAlignment` und `VerticalAlignment` gibt es außerdem noch `Margin` und `Padding`, die für den äußeren und inneren Abstand der Steuerelemente verantwortlich sind. Der Abstand zwischen zwei Steuerelementen kann am einfachsten mit der Angabe von Margin gesteuert werden. Diese Angabe ist besonders hilfreich, um dem verwendeten Panel mitzuteilen, dass zwischen zwei Steuerelementen ein Abstand eingehalten werden soll. Ansonsten würden die Steuerelemente der Reihe nach dicht an dicht gedrängt auf dem Bildschirm ausgegeben werden.

Listing 3.25 Margin und Padding für Abstände verwenden

```
<DockPanel>
  <StackPanel DockPanel.Dock="Bottom"
      Orientation="Horizontal" HorizontalAlignment="Right"
      Margin="6">
    <Button Content="Speichern"
        Margin="0 0 6 0"
        Padding="8 1 8 1" />
    <Button Content="Abbrechen"
        Padding="8 1 8 1" />
  </StackPanel>
  <Grid Background="#DEDEDE" Margin="6" />
</DockPanel>
```

In diesem Beispiel werden zwei Schaltflächen mithilfe eines StackPanel am rechten, unteren Ende des Fensters platziert. Damit die Schaltflächen nicht direkt an den Rand des Fensters positioniert werden, wurde bereits im StackPanel ein Abstand von sechs Pixeln angegeben. Außerdem wurde bei der ersten Schaltfläche der rechte Abstand zur zweiten Schaltfläche auf sechs Pixel gesetzt, damit diese nicht dicht gedrängt ausgegeben werden.

Neben dem Außenabstand, der über die Eigenschaft Margin festgelegt wird, gibt es außerdem noch das Padding. Hierüber wird der Abstand vom Inhalt zur Außenkante eines Steuerelementes festgelegt. Diese Angabe ist besonders hilfreich, wenn die Größe des Steuerelementes vom Layout automatisch anhand seines Inhaltes errechnet wird, wie es beispielsweise bei HorizontalAlignment oder VerticalAlignment der Fall ist.

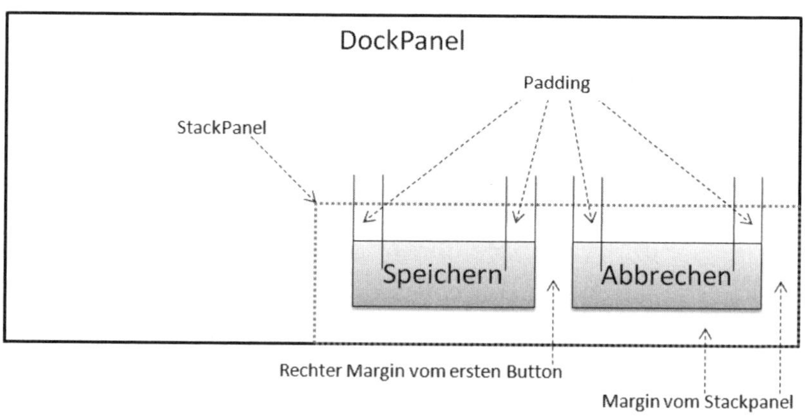

Bild 3.17 Das Zusammenspiel von Margin und Padding bei zwei Schaltflächen

Wird bei Margin und bei Padding ein einzelner Wert angegeben, so wird der Abstand in alle Richtungen gleichmäßig angewendet. Der Abstand kann aber auch einzeln für jede Richtung angegeben werden. Hierbei müssen lediglich vier einzelne Werte angegeben werden, die jeweils für die Richtungen links, oben, rechts und unten stehen.

Interessant ist nun das Zusammenspiel der verschiedenen Angaben und wie diese sich auf die Größe des Steuerelementes auswirken. Neben `Padding` und `Margin` existiert bei den meisten Steuerelementen zusätzlich ein Außenrahmen, deren Stärke über die Eigenschaft `BorderThickness` gesetzt wird. Sowohl `BorderThickness` als auch `Padding` zählen bei einem Steuerelement zur Gesamtgröße und werden beispielsweise durch die Eigenschaften `Width` und `Height` mitberücksichtigt, wie in Bild 3.18 zu sehen ist. Zum Vergleich: Bei HTML werden diese Werte nicht für die Größe berücksichtigt.

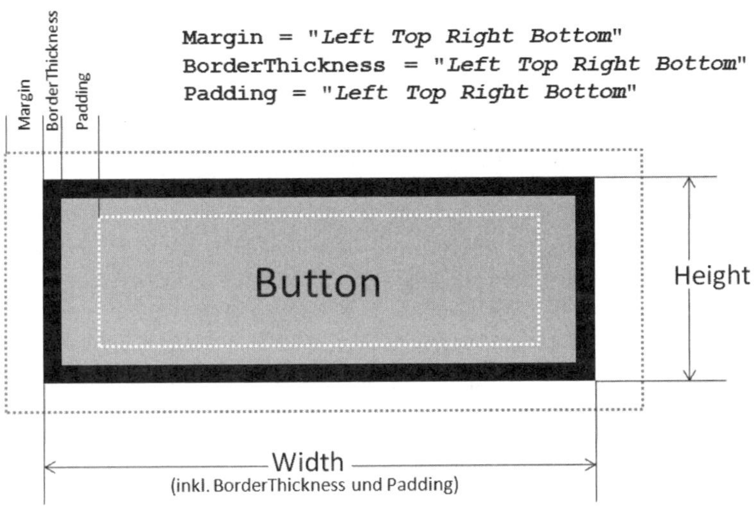

Bild 3.18 Der Einfluss von Padding und BorderThickness auf die Größe eines Steuerelementes

Leider funktioniert das Positionieren und Platzieren in den visuellen Designern weniger elegant. Platziert man beispielsweise eine Schaltfläche in einem Grid, so wird dieser über die Angaben von `HorizontalAlignment`, `VerticalAlignment` und `Margin` auf eine absolute Position gebracht – obwohl das `Grid` ursprünglich nicht für diese Aufgabe entwickelt worden ist. Dabei entsteht außerdem eine Menge an unnötigem Code, der meist nur durch viel Handarbeit einigermaßen optimiert werden kann. Die folgenden Zeilen (die bereits für eine bessere Darstellung optimiert wurden) sind das Ergebnis des Designers.

Listing 3.26 Die visuellen Designer erstellen oft unnötigen Code.

```
<Button
    HorizontalAlignment="Right"
    VerticalAlignment="Bottom"
    Margin="0,0,26.083,20.677"
    Width="112.056" Height="23">
  Button
</Button>
```

In Bild 3.19 ist das Ergebnis dieses Beispiels zu sehen. Die Pfeile auf der rechten Seite des Bildes geben die Richtung an, mit denen die Ausrichtung erfolgt. Leider werden die Steuerelemente beim Platzieren oft auch mit festen Größenangaben belegt, wie im vorherigen Beispiel mit `Width` und `Height` zu sehen war. Das führt dazu, dass das Layout-System die Steuerelemente nicht mehr optimal nach ihren Inhalten ausrichten kann.

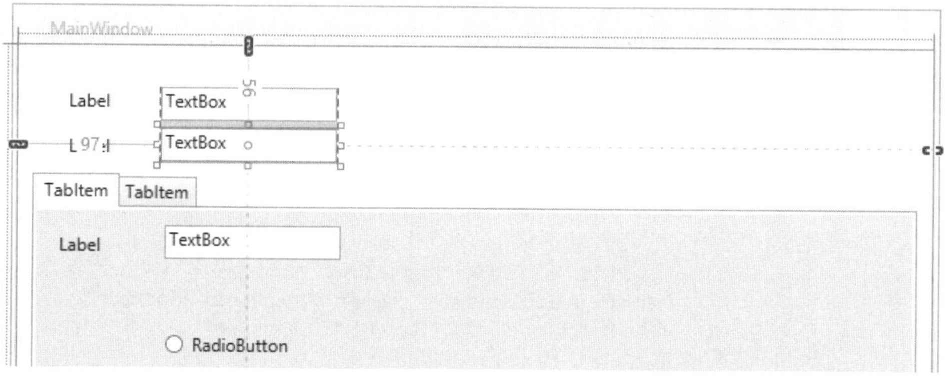

Bild 3.19 Steuerelemente können mit den visuellen Designern schnell und bequem ausgerichtet werden – leider auch mit entsprechenden Nachteilen zulasten des Layouts.

Bei der Arbeit mit visuellen Designern, wie in Blend oder Visual Studio, ist daher Vorsicht geboten. Diese Tücken sind leider oft systembedingt: Ein Steuerelement muss eine bestimmte Anfangsgröße haben, damit es mit der Maus ausgewählt werden kann.

Zur weiteren Verunsicherung eignen sich aber auch gut die unterschiedlichen Angaben, die sich auf die Größe eines Steuerelements beziehen. Gab es unter Windows Forms lediglich die Eigenschaften `Width` und `Height`, um die Größe einer Schaltfläche festzulegen, gibt es in der WPF hierfür scheinbar eine Vielzahl an Eigenschaften.

Jedes Steuerelement enthält auch in der WPF für die Größenangaben die Eigenschaften `Width` und `Height`. Anders als gewohnt, haben die beiden aber eine andere Bedeutung. Da die Größe eines Steuerelements automatisch über den Platzbedarf seines Inhaltes bestimmt wird, ist eine explizite Angabe der Größe nicht mehr notwendig. Um dem Steuerelement anzugeben, dass es sich allein nach seinem Inhalt richten soll, dürfen die Eigenschaften `Width` und `Height` keinen Wert besitzen. Diese sind daher in der Regel auf `NaN` (Not a Number bzw. keine Zahl) gesetzt.

Durch das explizite Setzen einer Höhe oder einer Breite kann das Standardverhalten des Layouts deaktiviert werden. Vergibt man beispielsweise für eine Schaltfläche eine feste Breite, so gibt nicht mehr länger sein Inhalt die Breite vor. Die Eigenschaften `Width` oder `Height` sollten daher ausschließlich zum Setzen und zum manuellen Überschreiben der Breite oder der Höhe verwendet werden. Zum Auslesen der Breite eignen sich beide jedoch nicht.

Bleibt nun die Frage, wie man die Größe eines Steuerelementes auslesen kann, wenn sein Inhalt die Größe vorgibt? Die aktuelle Größe, die vom Layout errechnet worden ist, kann über die beiden Eigenschaften `ActualWidth` und `ActualHeight` ausgelesen werden. Diese geben immer die aktuelle Größe des Steuerelements zurück – unabhängig davon, ob die Größe nun automatisch durch seinen Inhalt errechnet oder manuell über die Eigenschaften `Width` und `Height` gesetzt worden ist. Zum Auslesen der Größe sollten daher ausschließlich diese beiden Eigenschaften verwendet werden; da sie aber schreibgeschützt sind, kann die Größe hier nicht gesetzt werden.

Zur Vollständigkeit kann die Größe mit den Eigenschaften MinWidth, MaxWidth, MinHeight und MaxHeight in einem festen Rahmen vorgegeben werden. Das Layout-System orientiert sich dann beim Berechnen der Größe an diesen Werten.

Last, but not least gibt es mit DesiredSize und RenderSize noch weitere Ausprägungen, in denen Größeninformationen gespeichert sind. Diese werden jedoch nur intern vom Layout-System verwendet, wobei DesiredSize die gewünschte Größe und RenderSize die tatsächliche Größe des Steuerelements wiedergibt. Beide Angaben sind nach dem Ausrichten und Rendern allerdings mit den aktuellen Werten belegt, die in ActualWidth und ActualHeight stehen.

3.10 Sichtbarkeit

Die Sichtbarkeit von Steuerelementen wird über die Eigenschaft Visibility gesteuert. Diese ist vom gleichnamigen Enum Visibility und nimmt dementsprechend nicht einfach nur „True" oder „False" an, sondern kann etwas detaillierter auf das Erscheinungsbild Einfluss nehmen.

Tabelle 3.4 Werte für die Sichtbarkeit von Steuerelementen

Wert	Erklärung
Visible	Das Steuerelement wird dargestellt.
Hidden	Das Steuerelement wird nicht dargestellt, wobei die Fläche auch nicht für andere Steuerelemente freigegeben wird.
Collapsed	Das Steuerelement wird nicht dargestellt, die freiwerdende Fläche kann von anderen Steuerelementen genutzt werden.

Dieses Verhalten ähnelt zum Teil der Eigenschaft Opacity, die jedoch vom Typ Double ist und mit der man die Deckkraft der Steuerelemente wesentlich feiner justieren kann.

4 Steuerelemente

Im vorherigen Kapitel wurde das neue Layout-Konzept der WPF gezeigt, das sich hauptsächlich auf verschiedene Panels stützt, die sich individuell zusammenstellen lassen. In diesem Kapitel sollen nun Steuerelemente vorgestellt werden, mit denen eine Anwendung mit „Leben" gefüllt werden kann.

Die WPF stellt hierfür eine ganze Palette an Steuerelementen zur Verfügung, die sich zwar von denen aus Windows Forms äußerlich kaum unterscheiden, die aber von Grund auf neu entwickelt worden sind. Zu groß sind die Unterschiede in der Architektur, als dass man vorhandene Klassen übernehmen konnte. Zwar ist die Einstiegshürde durch diesen Aspekt etwas höher geraten, doch muss man sich so zumindest weniger über alte Zöpfe ärgern.

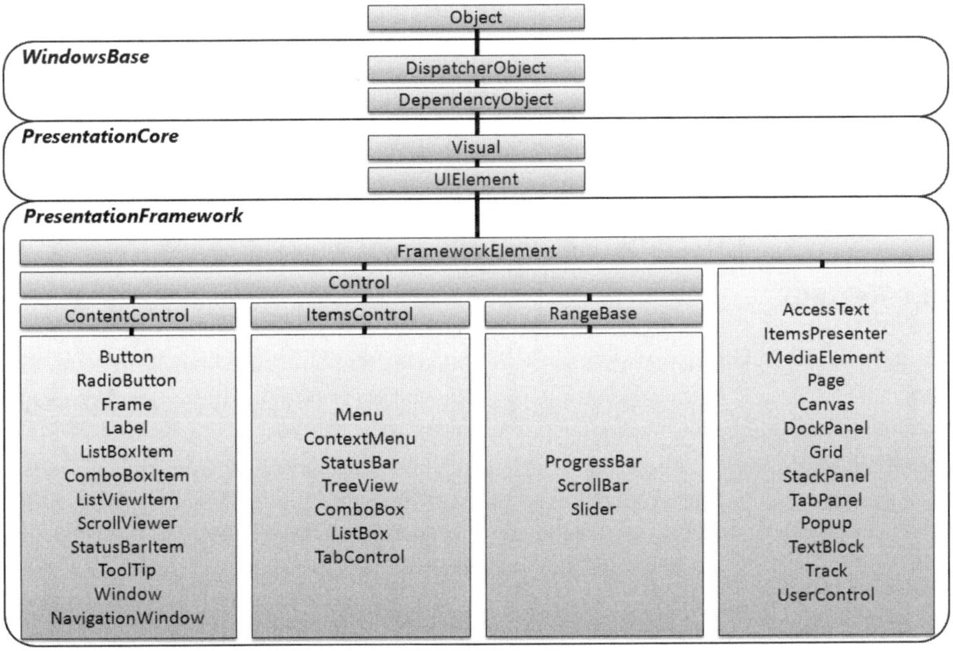

Bild 4.1 Eine Auswahl an Steuerelementen in der Klassenhierarchie und den dazugehörigen Assemblies

Wie in Bild 4.1 zu sehen ist die Klassenhierarchie in der WPF deutlich komplexer geworden. Bevor ein Steuerelement implementiert wird, werden zuerst zahlreiche Basisklassen spezialisiert, die sich zudem noch in den unterschiedlichsten Assemblies aufhalten. Grundlage für ein Steuerelement in der WPF ist aber immer die Klasse `FrameworkElement`, die als grundlegendste Basisklasse angesehen werden kann.

Anders als unter Windows Forms werden aber nicht alle Steuerelemente als „Controls“ bezeichnet. In der WPF gibt es zusätzlich eine Unterscheidung zwischen „Elemente“ und „Controls“. Beide werden gleichermaßen auf der Oberfläche der Anwendung angezeigt, doch nur Controls besitzen die Fähigkeit, mit dem Anwender zu interagieren. Maus- und Tastatureingaben können also in der Regel nicht von einfachen Elementen verarbeitet werden, da diese sich meist nur passiv verhalten. In der Klassenhierarchie ist diese Unterscheidung an der Basisklasse `Control` zu erkennen. Der rechte Zweig im Bild, der direkt von `FrameworkElement` spezialisiert wird, bildet die einfachen Elemente. Nachfolgend werden beide Arten lediglich als Steuerelemente bezeichnet, da sich diese Unterscheidung in der Praxis kaum bemerkbar macht.

Man sollte sich aber nicht von der Komplexität abschrecken lassen. Die Klassen sind im Vergleich zu Windows Forms wesentlich sauberer implementiert und bauen vor allem sinnvoll aufeinander auf, sodass Funktionen und Eigenschaften besser wiederverwendet werden können (wie es bei objektorientierter Entwicklung schon längst der Fall ist). Viele Steuerelemente sind ihren Vorbildern aus Windows Forms angelehnt, und so überrascht es nicht, dass einem daher auch zahlreiche Eigenschaften vertraut vorkommen mögen. Mittlerweile wurde die Palette an Steuerelementen in der WPF über die Jahre weiter vervollständigt. Mit der Version 4.0 des .NET Frameworks wurde mittlerweile auch das lang ersehnte `DataGrid` endlich in das Repertoire aufgenommen und auch ein `Ribbon`-Steuerelement ist nun verfügbar.

4.1 Eingabeelemente

4.1.1 TextBox

Mit der `TextBox` kann der Anwender unformatierte Texte eingeben und bearbeiten. Sie enthält auch bereits nützliche Funktionen, um beispielsweise mit der Zwischenablage zusammenzuarbeiten oder um Texte mit der Maus zu selektieren.

Der Inhalt, der in der `TextBox` angezeigt werden soll, kann entweder mit der Eigenschaft `Text` gesetzt werden, oder er kann zwischen dem öffnenden und dem schließenden XML-Knoten positioniert werden. Bei Letzterem ist jedoch Vorsicht geboten, da aufgrund der XML-Syntax Leerzeichen verloren gehen können.

```
<TextBox Text="Single Line Textbox" />
<TextBox>Das ist der Inhalt</TextBox>
```

Über die Eigenschaft `MaxLength` kann ein Limit für die Textlänge hinterlegt werden, die der Anwender eingeben kann. Darüber hinaus kann noch mit `MaxLines` die maximale

Anzahl der Zeilen festgelegt werden. Dieses Feature wird dann interessant, wenn mehrzeiliger Text über die Eigenschaft `TextWrapping` zugelassen wird.

In diesen Zusammenhang sollte auch das Verhalten der `TextBox` bei der Eingabe von ENTER oder TAB berücksichtigt werden, die normalerweise zur Navigation des Fensters genutzt werden. Bei mehrzeiligen Textboxen sollten daher auch die Eigenschaften `AcceptsReturn` und `AcceptsTab` auf `true` gesetzt werden, sodass diese Kommandos nicht mehr an das Fenster weitergereicht werden.

Listing 4.1 Mehrzeilige TextBox

```
<TextBox
    TextWrapping="Wrap"
    AcceptsReturn="True" AcceptsTab="True">
  Das ist eine MultiLine Textbox, die meherere Zeilen
  aufnehmen kann
</TextBox>
```

In Bild 4.2 ist das Ergebnis einer einzeiligen und einer mehrzeiligen `TextBox` zu sehen. Sollen bei einer mehrzeiligen `TextBox` zudem Bildlaufleisten sichtbar werden, mit denen der Benutzer auch durch größere Textpassagen navigieren kann, können die horizontalen und vertikalen Bildlaufleisten über die Eigenschaften `HotizontalScrollBarVisibility` und `VerticalScrollBarVisibility` angepasst werden. Beide Eigenschaften sind standardmäßig so gesetzt, wie es für eine einzeilige `TextBox` am sinnvollsten ist. Bei einer mehrzeiligen `TextBox` kann es dagegen sinnvoller sein, dass zumindest die vertikale Bildlaufleiste auf `Visible` oder auf `Auto` gestellt wird. Bei letzterer Angabe entscheidet dann die `TextBox` selbst, ob das Einblenden einer Bildlaufleiste erforderlich ist.

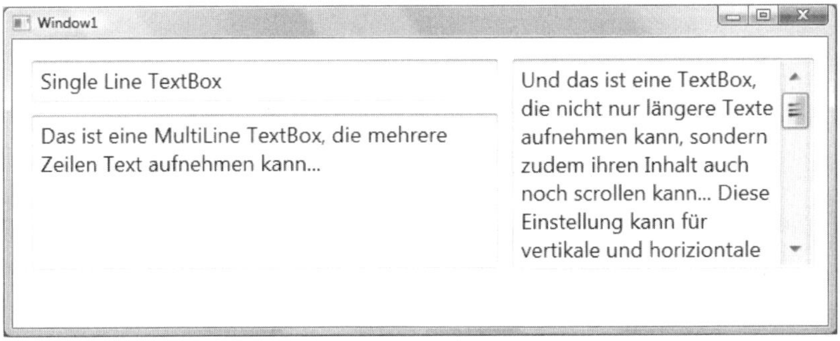

Bild 4.2 Drei TextBoxen mit verschiedenen Einstellungen im Vergleich

Das Verhalten beim Selektieren des Textes kann über die Eigenschaft `AutoWordSelection` gesteuert werden. Dadurch muss der Anwender nicht exakt jedes Zeichen mit der Maus treffen, wenn er ganze Wörter selektieren möchte. Stattdessen ergänzt die `TextBox` dann selbstständig die Selektion, wenn nur ein Teil eines Wortes markiert wurde. Auch das Rückgängigmachen und das Wiederherstellen von Änderungen werden von der `TextBox` übernommen, können aber auch über die Eigenschaft `IsUndoEnabled` deaktiviert bzw. über `UndoLimit` auf eine bestimmte Anzahl begrenzt werden. Änderungen am Text können über das Ereignis `TextChanged()` abgefangen werden.

4.1.2 PasswordBox

Über die `PasswordBox` soll der Anwender sein Kennwort eingeben können. In der WPF ist zu diesem Zweck extra ein eigenes Steuerelement entworfen worden. Sie hat zwar äußerlich viele Ähnlichkeiten zu einer `TextBox`, die beiden sind aber grundverschieden. In der Klassenhierarchie ist eine `PasswordBox` nicht einmal annähernd mit einer `TextBox` verwandt.

```
<PasswordBox Password="geheim" PasswordChar="#" />
```

Zuerst die offensichtlichen Unterschiede: Der eingegebene Text wird standardmäßig nicht angezeigt, sondern zeichenweise durch Sternchen (oder Punkte) ersetzt. Welches Zeichen hierfür verwendet werden soll, kann in der Eigenschaft `PasswordChar` hinterlegt werden.

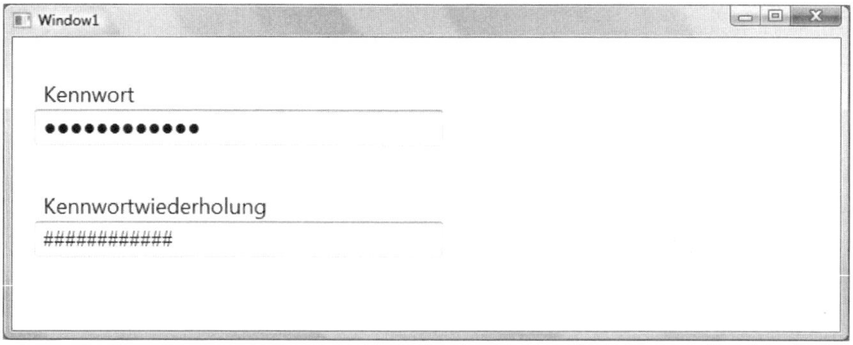

Bild 4.3 Eine PasswordBox ermöglicht die sichere Eingabe von Kennwörtern.

Das eingegebene Kennwort wird in der Eigenschaft `Password` hinterlegt. Es handelt sich zwar um eine normale Eigenschaft, die aber unter einem besonderen Schutz steht. So lässt sich diese Eigenschaft nicht direkt über Datenbindungen ansprechen, sondern kann ausschließlich über den Programmcode angesprochen werden. Das soll zur erhöhten Sicherheit beitragen, sodass man nicht von außen an die Eingabe des Kennwortes herankommen kann.

Eine Änderung des Kennworts kann über das Ereignis `PasswordChanged()` abgefangen werden. In Bild 4.3 sind zusammen mit den `TextBoxen` zwei `PasswordBoxen` abgebildet.

4.1.3 Button

Die Schaltfläche wird in der WPF immer besonders hervorgehoben, da sich diese mittlerweile äußerst flexibel handhaben lässt. Der Inhalt einer Schaltfläche kann entweder über die Eigenschaft `Content` oder innerhalb des XML-Knotens zugewiesen werden.

```
<Button Content="Zurück" />
<Button>Vorwärts</Button>
```

Eine Schaltfläche kann nicht nur Text beinhalten, sondern kann (da es von der Klasse `ContentControl` abgeleitet worden ist) beliebig weitere Steuerelemente aufnehmen. So kann eine Schaltfläche auch problemlos eine Grafik anzeigen und so als Werkzeug-Schaltfläche fungieren.

```
<Button>
  <Image Source="GoLeft.bmp" />
</Button>
```

Anstelle eines einzelnen Textes oder einer einzelnen Grafik können aber auch Panels oder zahlreiche weitere Steuerelemente hinzugefügt werden. Selbst Eingabeelemente, wie eine TextBox, sind hier möglich.

```
<Button>
  <TextBox Text="Das ist eine TextBox" />
</Button>
```

Das Aussehen einer Schaltfläche kann über die Hintergrundfarbe und den Rahmen verändert werden. Hierfür werden die Eigenschaften Background, BorderBrush und BorderThickness bereitgestellt.

```
<Button Content="Alert"
    Background="Red"
    BorderBrush="Yellow" BorderThickness="3">
```

In Bild 4.4 sind einige dieser Schaltflächen abgebildet.

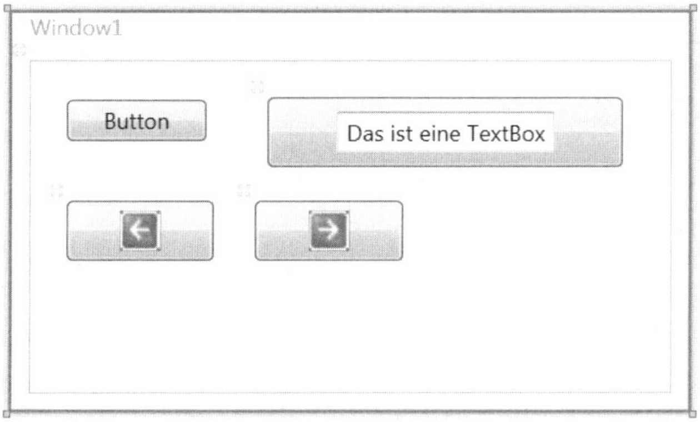

Bild 4.4 Zwei Buttons und zwei RepeatButtons in Aktion

Das Aktivieren einer Schaltfläche kann über das Ereignis Click() abgefangen werden. Dieses ist sehr ähnlich implementiert, wie man es bereits unter Windows Forms kannte. Mehr Flexibilität erhält man jedoch durch den Einsatz von Kommandos, die zentral definiert werden und dann beispielsweise einer Schaltfläche oder einem Menüpunkt zugewiesen werden können (mehr dazu in Kapitel 5).

Über die Eigenschaft IsCancel kann bestimmt werden, dass es sich um eine Abbruch-Schaltfläche in einem Dialogfenster handelt. Die Schaltfläche schließt dann automatisch das Fenster, wenn sie angeklickt oder die Taste Escape gedrückt wurde. Über IsDefault kann angegeben werden, dass die Schaltfläche mit Drücken der Taste Enter automatisch aktiviert wird. Anders als bei IsCancel wird allerdings das Dialogfenster dadurch nicht geschlossen – diese Aufgabe muss im Click()-Ereignis ausgeführt werden.

Die Eigenschaft IsDefault sollte im Übrigen nicht mit der Eigenschaft IsDefaulted verwechselt werden. Letztere kann nur ausgelesen werden und gibt darüber Auskunft, ob die

Schaltfläche aufgerufen wird, wenn der Anwender Enter drückt. Der Unterschied zu IsDefault ist jedoch, dass IsDefaulted den Wert false zurückgibt, sobald der Fokus in einem Steuerelement gesetzt ist, das selbst diese Taste abfängt (wie beispielsweise in einem mehrzeiligen Eingabefeld). In diesem Fall würde durch Drücken von Enter die Schaltfläche nicht aktiviert werden. Man muss aber berücksichtigen, dass IsDefaulted selbst dann auf false steht, wenn der Fokus auf dem selbigen Button liegt.

4.1.4 RepeatButton

Ein RepeatButton sieht zwar äußerlich wie eine herkömmliche Schaltfläche aus, doch er ermöglicht es dem Anwender, eine Aktion gleich mehrfach hintereinander auszuführen. Dafür muss man lediglich die linke Maustaste auf der Schaltfläche gedrückt halten, die danach das Click()-Ereignis mehrmals nacheinander aufruft. Wann mit der wiederholten Ausführung begonnen werden soll, kann über die Eigenschaft Delay festgelegt werden. Hier wird einfach die Zeit in Millisekunden hinterlegt, die nach dem ersten Klick abgewartet werden soll. Die Abstände zwischen den Wiederholungen werden mit der Eigenschaft Interval festgelegt, deren Angabe ebenfalls in Millisekunden erfolgt.

Listing 4.2 Beispiel eines RepeatButtons

```
<RepeatButton
    Delay="500" Interval="100"
    Click="GoLeftButton_Click">
  <Image Source="GoLeft.bmp" />
</RepeatButton>
```

Ein RepeatButton wird häufig innerhalb von anderen Steuerelementen genutzt, wie beispielsweise als Pfeil-Schaltfläche in Bildlaufleisten.

4.1.5 ToggleButton, RadioButton und CheckBox

Da die drei Steuerelemente ToggleButton, RadioButton und CheckBox in der Klassenhierarchie sehr eng beieinanderliegen und dadurch viele Gemeinsamkeiten aufweisen, werden ihre Funktionalitäten an dieser Stelle gemeinsam vorgestellt.

Der Anwender kann bei allen drei Steuerelementen einen gewissen Status aktivieren (oder auch anhaken). Ein ToggleButton stellt diese Funktion visuell dar, indem er scheinbar eingedrückt bleibt. Bei der CheckBox wird in einem leeren Kästchen ein Haken gesetzt. Visuell mag das Ergebnis bei allen drei Steuerelementen unterschiedlich ausfallen, der aktuelle Zustand lässt sich aber gleichermaßen über die Eigenschaft IsChecked abfragen. Ist hier der Wert true hinterlegt, ist der ToggleButton gedrückt, oder die CheckBox ist angehakt.

Listing 4.3 Die Verwendung der drei Steuerelemente im direktem Vergleich

```
<ToggleButton
    IsChecked="False"
```

```
    Content="Fett" />
<RadioButton
    IsChecked="True"
    GroupName="Fenster"
    Content="Maximized" />
<RadioButton
    GroupName="Fenster"
    Content="Normal" />
<CheckBox
    Content="Fenster im Vordergrund">
```

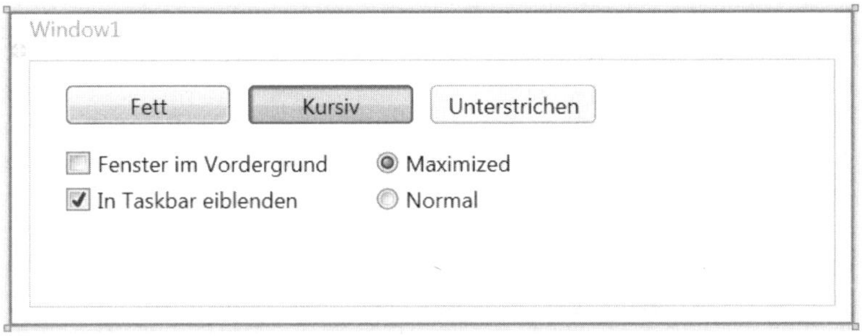

Bild 4.5 Alle drei Steuerelemente lassen sich vom Anwender aktivieren: ToggleButton, RadioButton und die CheckBox.

Die Inhalte der Steuerelemente werden wieder über die Eigenschaft `Content` zugewiesen und können wie bei einer Schaltfläche mehr als nur eine einfache Zeichenkette aufnehmen. Mit der Eigenschaft `IsThreeState` kann zusätzlich angegeben werden, dass die Steuerelemente einen dritten, nicht bestimmbaren Zustand erhalten können. Ist dieser Zustand ausgewählt, enthält die Eigenschaft `IsChecked` anstelle eines booleschen Wertes einfach nur den Wert `NULL`. In XAML kann dieser Wert entweder mit `x:Null` oder mit einer leeren Zeichenkette dargestellt werden.

```
<CheckBox IsThreeState="True" IsChecked="{x:Null}" />
<CheckBox IsThreeState="True" IsChecked="" />
```

Anders als bei Windows Forms kann das Ändern der Markierung mit insgesamt drei Ereignissen abgefangen werden. Diese werden ausgelöst, wenn die Markierung gesetzt oder entfernt bzw. wenn der nicht zu ermittelnde Zustand gewählt wird.

```
<CheckBox
    Name="ShowInTaskbar"
    IsThreeState="True"
    Checked="ShowInTaskbar_Checked"
    Unchecked="ShowInTaskbar_Unchecked"
    Indeterminate="ShowInTaskbar_Indeterminate" />
```

Der `RadioButton` besitzt mit `GroupName` noch die zusätzliche Eigenschaft, mit der mehrere RadioButtons zu einer Gruppe zusammengefasst werden können. Dadurch kann sichergestellt werden, dass immer nur ein `RadioButton` in der Gruppe markiert ist. Hier kann einfach ein eindeutiger Name für eine Gruppe mit einer Zeichenkette definiert werden.

4.2 Auflistungen

4.2.1 ListBox

Die `ListBox` ist die klassische Auflistung, in der man einen oder mehrere Einträge selektieren kann. Die Einträge können der Reihe nach über die Eigenschaft `Items` definiert werden. Hierzu kann beispielsweise die Hilfsklasse `ListBoxItem` verwendet werden, die als eine Art Container dient.

Listing 4.4 Verwendung einer einfachen ListBox

```
<ListBox>
  <ListBoxItem>Nummer Ein</ListBoxItem>
  <ListBoxItem>Zweiter Eintrag</ListBoxItem>
  <Image Source="GoRight.bmp" />
</ListBox>
```

Unter XAML werden die Einträge automatisch der Eigenschaft `Items` zugewiesen, sodass die Eigenschaft hier nicht explizit angegeben werden muss. Über die Klasse `ListBoxItem` kann über die Eigenschaft `IsSelected` auch der aktuelle Zustand der Auswahl abgefragt oder gesetzt werden. Zusätzlich kann man über die beiden Ereignisse `Selected()` und `Unselected()` auf Änderung der Selektion reagieren.

Wie im Beispiel zu sehen ist, muss nicht zwingend mit der Klasse `ListBoxItem` gearbeitet werden. Das angegebene Bild wird ebenso selbstverständlich von der `ListBox` dargestellt wie alle übrigen Einträge auch. Das Bild wird dabei einfach automatisch in ein `ListBoxItem` verpackt - diesen Vorteil wird man spätestens bei der Datenbindung wiedersehen.

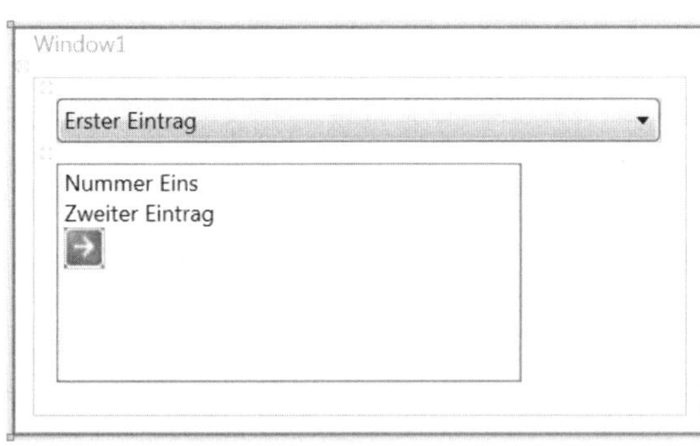

Bild 4.6 Eine ComboBox und eine ListBox im direkten Vergleich

Mit der Eigenschaft `SelectionMode` kann angegeben werden, ob eine Mehrfachauswahl erlaubt ist. Hier sind die Werte `Single` für die Einfachauswahl und `Multiple` und `Extended` für eine Mehrfachauswahl möglich. Der einzige Unterschied zwischen den beiden letzten Angaben ist, dass bei `Extended` zusätzlich die Taste STRG gedrückt werden muss. Die Mehrfachauswahl ist damit für den Anwender eher optional.

```
<ListBox SelectionMode="Multiple" />
```

Welcher Eintrag ausgewählt wurde, kann entweder mit `SelectedItem` oder `SelectedItems` abgefragt werden. Beide Eigenschaften werden in allen drei Modi unterstützt, wobei `SelectedItem` verständlicherweise immer nur einen ausgewählten Eintrag zurückgeben kann.

4.2.2 ComboBox

Die `ComboBox` ähnelt vom Aufbau her stark einer `ListBox`. Lediglich auf der Oberfläche wird sie kompakter dargestellt, da sie nur den aktuell ausgewählten Eintrag anzeigt. Die Liste der zur Verfügung stehenden Einträge wird erst auf Wunsch in einem Popup angezeigt.

Für die Einträge kann auch hier eine Hilfsklasse namens `ComboBoxItem` verwendet werden. Diese ist von der Klasse `ComboBoxItem` spezialisiert und bietet zusätzlich noch die Eigenschaft `IsHighlighted` zum Auslesen an.

Listing 4.5 Die Verwendung einer einfachen ComboBox

```
<ComboBox>
  <ComboBoxItem>Persönliche Übergabe</ComboBoxItem>
  <Image Source="GoLeft.bmp" />
</ComboBox>
```

Wie auch bei der `ListBox`, kann die `ComboBox` flexibel mit anderen Steuerelementen befüllt werden. Das Besondere an einer `ComboBox` ist, dass sie eine `TextBox` zur Unterstützung hinzuziehen kann. Mit dieser kann dann der Anwender selber den Wert eingeben, der in der `ComboBox` ausgewählt werden soll. Hierfür muss nur die Eigenschaft `IsEditable` auf `true` gesetzt werden.

```
<ComboBox IsEditable="True">
  <ComboBoxItem>Erster Eintrag</ComboBoxItem>
</ComboBox>
```

In diesem Beispiel kann der Anwender seine Auswahl sowohl mit der Maus aus der Liste auswählen als auch mit der Tastatur eingeben. Bei Letzterem steht sogar eine Auto-Vervollständigung zur Verfügung, bei der die Wörter mit den Einträgen der Liste verglichen und vervollständigt werden. In Bild 4.7 ist das Ergebnis dieses Beispiels zu sehen.

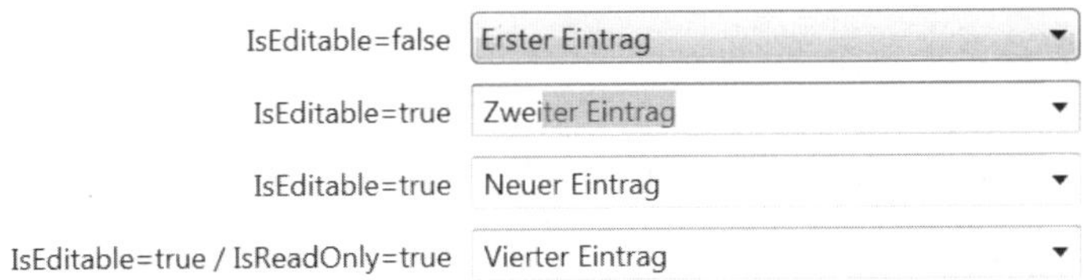

Bild 4.7 Vier ComboBoxen mit den unterschiedlichen Einstellungen zum Bearbeiten

Des Weiteren gibt es mit `IsReadOnly` eine Eigenschaft, mit der gesteuert werden kann, ob der Anwender einen Text eingeben kann. Diese Einstellung hat aber nur dann Auswirkungen, wenn `IsEditable` auf `true` gesetzt ist. In diesem Fall kann der Anwender nur noch einen Text aus der Liste auswählen und den String in die Zwischenablage kopieren. Eine

Eingabe ist damit aber nicht mehr möglich, d.h., weder neue noch vorhandene Werte können mit der Tastatur eingegeben werden. Eine Auswahl mit der Maus ist aber weiterhin problemlos möglich.

Handelt es sich bei einem Eintrag nicht um eine Zeichenkette, sondern beispielsweise um ein Bild, kann dieses nicht ohne Weiteres über die Tastatur eingegeben werden. Hierfür benötigt die ComboBox Unterstützung, indem mit einem zusätzlichen Feld der Text angegeben wird, der vom Anwender eingeben werden kann. Hierfür kann jeder Eintrag mit dem Attached Property TextSearch.Text erweitert werden.

```
<ComboBox>
  <ComboBoxItem TextSearch.Text="1. Eintrag">
    Erster Eintrag
  </ComboBoxItem>
</ComboBox>
```

In diesem Beispiel wird in der Auflistung weiterhin der ausgeschriebene Text „Erster Eintrag“ angezeigt. In der TextBox allerdings wird die verkürzte Variante „1. Eintrag“ angezeigt - und muss so auch vom Anwender eingegeben werden. In Bild 4.8 ist das Ergebnis dieser ComboBox zu sehen.

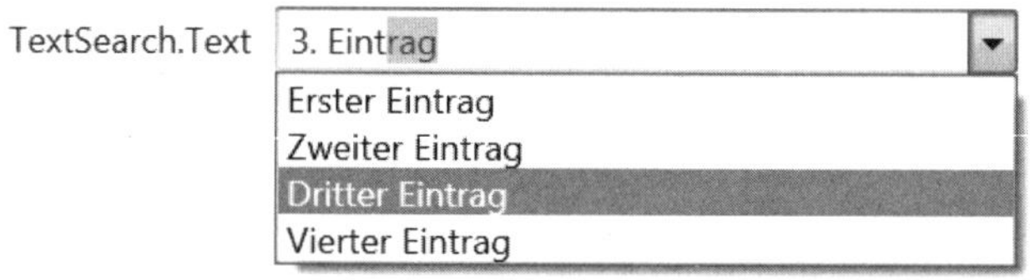

Bild 4.8 Eine ComboBox mit alternativen Texten

Diese Variante kann daher eher zur Verwirrung beim Anwender führen, da hier die angezeigten Texte nicht mit der Eingabe übereinstimmen. Diese Technik ist daher eher für Einträge geeignet, die mit Datenobjekten oder Steuerelementen (wie Bildern) befüllt werden. Die Einträge werden dann über Vorlagen dargestellt (die in Kapitel 8 beschrieben werden), die jedoch nicht von der ComboBox als Text dargestellt werden können. Mit der Angabe von TextSearch.Text kann man so der ComboBox den Text angeben, den der Anwender eintippen kann.

4.2.3 ListView

Bei der ListView handelt es sich, ähnlich wie bei der ListBox, um eine Auflistung von Einträgen. Tatsächlich ist die ListView sogar nur eine spezialisierte Klasse der ListBox. Beide Steuerelemente sehen daher ohne weitere Angaben sehr ähnlich aus und zeigen die Einträge in einer simplen Auflistung an.

Listing 4.6 Verwendung einer einfachen ListView

```
<ListView>
  <ListViewItem>Erster Eintrag</ListViewItem>
  <ListViewItem>Zweiter Eintrag</ListViewItem>
</ListView>
```

Die `ListView` ist um die zusätzliche Fähigkeit ausgestattet worden, die Einträge in unterschiedlichen Ansichten darzustellen. In der WPF gibt es zurzeit mit der `GridView` allerdings nur eine Ansicht zur Auswahl, welche die Einträge in einer Art Tabellenform über mehrere Spalten hinweg anzeigt.

Die Deklaration ist allerdings etwas aufwendiger, da zuerst eine neue Instanz von `GridView` erstellt werden muss, die dann der Eigenschaft `View` zugewiesen wird.

Listing 4.7 Eine ListView mit tabellarischer Darstellung

```
<ListView>
  <ListView.View>
    <GridView>
      <GridViewColumn Header="Bezeichnung" Width="100" />
    </GridView>
  </ListView.View>
  <ListViewItem>Erster Eintrag</ListViewItem>
</ListView>
```

Das Aussehen der einzelnen Spalten kann in `GridViewColumn` definiert werden. Hier können die Breite mit `Width` und die Spaltenüberschrift mit `Header` angegeben werden. Bei der Gestaltung ist die `ListView` extrem flexibel und vielseitig ausgelegt. Mittels Styles und Templates können sowohl `Header` als auch einzelne Zeilen und Spalten individuell gestaltet werden.

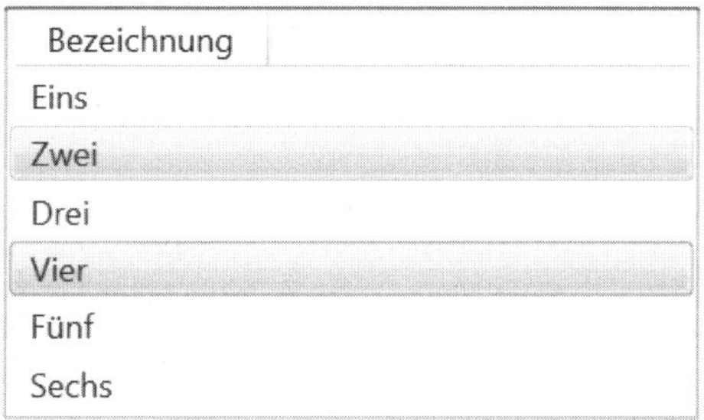

Bild 4.9 Mit einer ListView können die Daten in einer Spaltenansicht dargestellt werden.

Symbole oder Grafiken sind in der `ListView` nicht vorgesehen. Stattdessen ist man als Entwickler ganz auf die eigene Gestaltung mittels Templates angewiesen, die entweder zeilenweise oder auf jede Spalte einzeln angewendet werden können. Man ist daher meist auf ein Panel (z. B. das `StackPanel`) angewiesen, mit dem mehrere Steuerelemente miteinander dargestellt werden, wie beispielsweise ein Text zusammen mit einem Symbol.

Mit der `GridViewColumn` wird standardmäßig aber nur der Inhalt der `ListView` angezeigt. Sollen in den jeweiligen Spalten unterschiedliche Inhalte angezeigt werden, ist die Angabe von `DisplayMemberPath` erforderlich. Hierfür ist allerdings ein einfaches `ListViewItem` als Grundlage nicht mehr ausreichend, da anhand von `DisplayMemberPath` in Datenobjekten gesucht wird.

```
<GridViewColumn Header="Bezeichnung" DisplayMemberPath="Name" />
<GridViewColumn Header="Datum" DisplayMemberPath="CreateDate" />
```

Hierfür benötigt die `ListView` jedoch Daten, die in den jeweiligen Spalten angezeigt werden können. Diese können entweder einzeln unter der Eigenschaft `Tag` in der `ListViewItem` oder als Liste dem Datenkontext der `ListView` zugewiesen werden. (Daten und Datenbindungen werden in Kapitel 8 beschrieben.)

4.2.4 TreeView

Mit dem `TreeView` lassen sich Daten in einer hierarchischen Struktur darstellen. Jeder Eintrag kann dabei ein übergeordnetes und beliebig viele untergeordnete Elemente beinhalten. Die WPF bietet zur Pflege der Inhalte auch hier wieder eine Hilfsklasse an, die dieses Mal in Form der Klasse `TreeViewItem` in Erscheinung tritt.

Listing 4.8 Verwendung eines einfachen TreeView

```
<TreeView>
  <TreeViewItem Header="Root">
    <TreeViewItem Header="Unterelement #1" />
    <TreeViewItem Header="Unterelement #2" />
  </TreeViewItem>
</TreeView>
```

Etwas ungewohnt dürfte die Bezeichnung der Eigenschaften der Klasse `TreeViewItem` sein. So erfolgt beispielsweise die Beschriftung der Elemente über die Eigenschaft `Header`. Das liegt an der Aufteilung der Klassen in der WPF: Die Klasse `TreeViewItem` wurde von der Klasse `HeaderedContent` spezialisiert, die mit den Eigenschaften `Header` einen Kopfbereich (in diesem Fall für die Beschriftung) und mit `Content` den Inhalt angibt (hier für die Unterelemente genutzt).

4.3 Beschriftungen

4.3.1 TextBlock

Mit einem `TextBlock` lassen sich fast beliebige Texte auf dem Bildschirm ausgeben, die sich zudem ansprechend formatieren lassen. Eine Beschreibung oder ein kleiner Hilfetext kann so besser (und auch ansprechender) für den Anwender ausgegeben werden.

Listing 4.9 Verwendung eines einfachen TextBlocks

```
<TextBlock TextWrapping="Wrap">
  Mithilfe eines TextBlocks eine Beschreibung ausgeben.
</TextBlock>
```

Mit der Eigenschaft `TextWrapping` kann das Verhalten bei längeren Texten beeinflusst werden. Normalerweise ist hier lediglich der Wert `NoWrap` hinterlegt, mit dem versucht wird, den Text in einer Zeile anzuzeigen. Ist der Platz für die Darstellung nicht ausreichend, steht einfach der restliche Bereich über. Besser ist ein automatischer Umbruch, der beispielsweise mit Wrap eingestellt werden kann. Damit kann der Text entsprechend an den Stellen umbrochen werden, an denen es für eine optimale Darstellung am sinnvollsten ist.

Dieser Umbruch kann bei längeren Wörtern aber auch mitten im Wort geschehen. Alternativ kann daher auch WrapWithOverflow gewählt werden. Das ist eine Kombination aus beiden Einstellungen. Hierbei versucht die TextBox zwar einen Umbruch an den passenden Stellen einzufügen, erzwingt diesen aber nicht, wenn ein zu langes Wort den Umbruch verhindern sollte. Das überlange Wort wird so einfach über den Seitenrand hinausgehen, während der übrige Text weiter am Rand umbrochen wird.

Wie erwähnt, kann der Text auch formatiert werden. Hierfür können verschiedene Eigenschaften von TextBlock verwendet werden, die sich aber immer auf den gesamten Textbereich auswirken.

```
<TextBlock FontFamily="Verdana" FontSize="18" FontStyle="Italic">
  Der gesamte Text wird formatiert
</TextBlock>
```

Statt den gesamten Text zu formatieren, sind auch einzelne Hervorhebungen im TextBlock möglich. Hierfür werden die Formatierungen verwendet, die eigentlich aus dem Bereich für Dokumente und Drucken stammen. Sie erinnern in ihrer Art ein wenig an die Anfänge von HTML, sind dadurch aber schnell zu erlernen.

```
<TextBlock TextWrapping="Wrap">
  <Bold>Hinweis:</Bold> Alle hier aufgeführten
  <Underline>Elemente</Underline> stammen aus der WPF.
</TextBlock>
```

Alternativ zu den Bold-, Italic, Underline- und Hyperlink-Elementen kann auch das Run-Element verwendet werden. Im Gegensatz zu den vorher genannten Elementen dient das Run-Element in erster Linie dazu, um Text darzustellen und weniger um diesen zu formatieren. Dies ist zwar auch möglich, doch lassen sich Run-Elemente beispielsweise nicht ineinander verschachteln.

Run-Elemente können auch über Datenbindungen angesteuert werden (siehe hierzu Kapitel 8). Das erleichtert das Zusammenstellen größerer Textblöcke ungemein.

```
<TextBlock TextWrapping="Wrap">
  <Run Text="Im Monat " />
  <Run Text="{Binding Source={x:Static sys:DateTime.Now},
             StringFormat=\{0:MMMM\}}" />
  <Run Text=" lag ihr Durchschnittsverbrauch bei..." />
</TextBlock>
```

In diesem Beispiel besteht der TextBlock aus drei Run-Elementen, wobei eines davon an eine externe Datenquelle (DateTime) angebunden ist – zur Vereinfachung wird hier lediglich der aktuelle Monat ausgegeben. Da die Anzahl der Run-Elemente nicht limitiert ist, kann ein TextBlock auf diese Weise auf sehr viele und unterschiedliche Datenbindungen zurückgreifen.

4.3.2 Label

Neben dem `TextBlock` existiert zudem noch das Steuerelement `Label`. Die beiden sollten nicht miteinander verwechselt werden, da ein Label ausschließlich zum Beschriften von Steuerelementen gedacht ist und nicht für die formatierte Ausgabe von Texten. Das `Label` enthält daher einige Funktionen, die speziell für die Interaktion mit Formularen oder anderen Steuerelementen ausgelegt sind.

Die Hauptaufgabe vom `Label` ist es, den Anwender bei seiner Arbeit zu unterstützen. Hier genügt es nicht, eine `TextBox` einfach zu beschriften. Damit diese auch ohne Zuhilfenahme der Maus erreichbar ist, kann im `Label` ein Tastenkürzel hinterlegt werden. Hierfür müssen `Label` und `TextBox` aber erst zueinanderfinden. Diese Verbindung wird über die Eigenschaft `Target` erstellt.

Listing 4.10 Verwendung eines einfachen Labels

```
<Label
    Target="{Binding ElementName=NameTextBox}"
    Content="_Name" />
<TextBox Name="NameTextBox" />
```

Bedauerlicherweise genügt dieser Eigenschaft nicht der Name des Steuerelements, sondern sie erfordert gleich eine Referenz mit dem Einsatz von Datenbindungen. Erst dadurch kann man auf andere Steuerelemente verweisen. Trotz der kurzen Markup Extension ist hierfür aber immer noch eine Menge Code erforderlich. In diesem Beispiel wird über die Angabe von `ElementName` der Name der `TextBox` angegeben. Diese ist für den Anwender über Drücken der Tasten ALT + N erreichbar. (Datenbindungen werden in Kapitel 8 detailliert erklärt.)

Das gewünschte Zeichen kann im `Content` vom `Label` mit einem Unterstrich vorangestellt werden (unter Windows Forms war das noch ein &-Zeichen, das aber in XML ein Steuerzeichen ist und daher aufwendig maskiert werden müsste). Sobald der Anwender die Taste ALT drückt, wird das entsprechende Zeichen im `Label` hervorgehoben, wie in Bild 4.10 zu sehen ist.

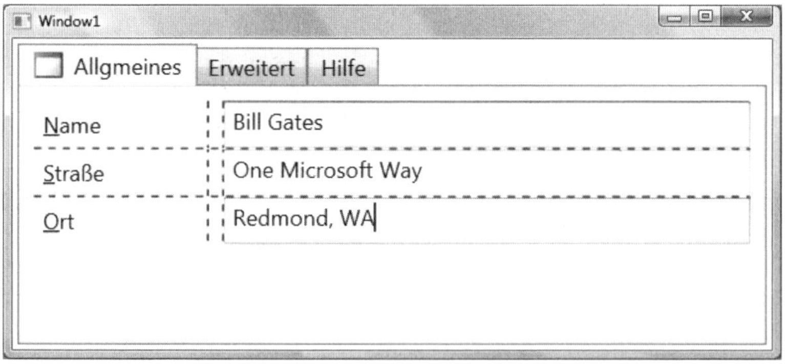

Bild 4.10 Mit Drücken der Alt-Taste werden die Tastenkürzel der Labels hervorgehoben.

4.3.3 Tooltipp

Mit dem `ToolTip` kann bei Steuerelementen ein kleiner Hinweis für den Anwender hinterlegt werden. Dieser wird immer dann sichtbar, wenn er mit der Maus über die Steuerelemente fährt.

Listing 4.11 Verwendung eines einfachen Tooltipps

```
<TextBox ToolTip="Bitte geben Sie hier ihren Namen ein" />
<Button Content="Abbrechen">
  <Button.ToolTip>
    <StackPanel>
      <Image Source="Warning.png" />
      <TextBlock>Hierdurch brechen Sie die Aktion ab</TextBlock>
    </StackPanel>
  </Button.ToolTip>
</Button>
```

Obwohl der `ToolTip` bei der Definition eher wie eine Eigenschaft aussieht, handelt es sich intern dennoch um ein eigenständiges Steuerelement. Der Inhalt eines `ToolTip` kann sehr flexibel befüllt werden – selbst eine komplexere Struktur mittels Panels und Steuerelementen ist hier wieder möglich.

Bild 4.11 Ein individuell gestalteter Tooltipp auf einer Schaltfläche

Das Design des `ToolTip` lässt sich ebenfalls mit Templates anpassen. Hierzu muss lediglich ein impliziter Style für die Klasse `ToolTip` erstellt werden, der mit einem Setter das Template überschreibt (mehr dazu in Kapitel 7, „Templates“).

4.4 Menüs und Symbolleisten

Früher war die Unterscheidung von Menüs und Symbolleisten einfacher. Das Menü war direkt unter der Titelleiste platziert; unmittelbar darunter folgten eine oder mehrere Symbolleisten. Diese Unterscheidung ist heute nicht mehr so einfach, da Symbolleisten mittlerweile auch Menüeinträge enthalten können. Ebenso können Menüs mit fast der gleichen Selbstverständlichkeit um Schaltflächen oder Textboxen erweitert werden.

Diese Techniken stellen natürlich auch mit der WPF kein Problem dar. Allerdings ist beim Erstellen und Pflegen noch nicht die gleiche Produktivität vorhanden, wie man sie vielleicht unter Windows Forms kannte. Man erhält zwar sehr viele neue Möglichkeiten, doch der Weg dorthin kann mitunter etwas mühsam werden.

4.4.1 ToolBarTray

Ein `ToolBarTray` ist ein Container für mehrere Symbolleisten. Er wird sinnvollerweise mit einem `DockPanel` an die Seiten des Fensters angedockt, sodass man an allen vier Seiten Symbolleisten einblenden kann.

Listing 4.12 Verwendung eines ToolBarTrays

```
<DockPanel>
  <ToolBarTray DockPanel.Dock="Top">
  </ToolBarTray>
</DockPanel>
```

Der `ToolBarTray` definiert selbst keinen Inhalt, sondern dient lediglich als Container für Symbolleisten (und tatsächlich können auch nur diese hinzugefügt werden). Zwar können Symbolleisten auch ohne einen `ToolBarTray` im Fenster platziert werden, doch kann der Anwender die Symbolleisten so auch innerhalb des Trays verschieben oder umplatzieren.

Soll dagegen eine Symbolleiste an ihrem Platz bleiben, kann ein Verschieben mit dem Attached Property `ToolBarTray.IsLocked` verhindert werden.

Listing 4.13 Eine fixierte ToolBar, die vom Anwender nicht versetzt werden kann

```
<ToolBarTray>
  <ToolBar ToolBarTray.IsLocked="True" />
</ToolBarTray>
```

Ein `ToolBarTray` eignet sich ausschließlich zum Platzieren von Symbolleisten. Andere Steuerelemente können hier nicht platziert werden.

Die Ausrichtung eines `ToolBarTray` kann (anders als in Windows Forms) nicht mehr automatisch über eine Eigenschaften namens `Docking` gesteuert werden. Diese Funktion wird nun vom `DockPanel` umgesetzt und arbeitet unabhängig von `ToolBarTray`. Im `ToolBarTray` gibt es daher mit `Orientation` eine Eigenschaft, mit der die Ausrichtung der Symbolleisten bestimmt werden kann. Dort kann entweder der Wert `Horizontal` oder `Vertical` hinterlegt werden.

```
<ToolBarTray DockPanel.Dock="Left" Orientation="Vertical" />
```

Diese Einstellung hat aber leider nur Auswirkung auf den Rahmen der einzelnen Symbolleisten und nicht auf ihre Inhalte – die müssen unabhängig davon rotiert werden.

4.4.2 ToolBar

Symbolleisten ermöglichen in Anwendungen einen schnellen und direkten Zugriff auf häufige Funktionen. Sie sind normalerweise an den Seiten des Fensters angedockt, um vom Arbeitsbereich nicht zu viel Platz zu verbrauchen. Symbolleisten werden über das Steuerelement `ToolBar` dargestellt.

Eine `ToolBar` kann mit beliebigen Steuerelementen der WPF befüllt werden, d.h., man kann neben einem `Button` auch eine `ComboBox`, ein `Label` oder eine `TextBox` verwenden. Im folgenden Beispiel wird eine Schaltfläche mit einem Symbol in einer Symbolleiste hinzugefügt.

Listing 4.14 Eine ToolBar mit Inhalt

```
<ToolBarTray DockPanel.Dock="Top">
  <ToolBar Band="1" BandIndex="1">
    <Button>
      <Image Source="NewDocument.png" />
    </Button>
  </ToolBar>
</ToolBarTray>
```

Über die Eigenschaften `Band` und `BandIndex` kann zudem die Position der Symbolleiste innerhalb des `ToolBarTray` bestimmt werden. Ohne diese Einstellungen würden die Symbolleisten einfach der Reihe nach aufgelistet werden. Die Reihenfolge wird dabei anhand von Bändern angegeben, die bei einer horizontalen Ausrichtung einfach zeilenweise von oben nach unten aneinandergereiht werden. Bänder können nicht explizit angelegt werden, sondern werden ausschließlich über die Eigenschaft `Band` in der Symbolleiste selbst definiert. Anders als üblich, beginnt dabei der erste Wert hier nicht mit einer 0 (Null), sondern mit einer 1. Sollten sich mehrere Symbolleisten in einem Band befinden, kann die Reihenfolge (von links nach rechts) mit dem `BandIndex` festgelegt werden.

Bild 4.12 Mehrere ToolBars mit unterschiedlichen Steuerelementen

Jede Symbolleiste kann zudem zusätzlich mit der Eigenschaft `Header` beschriftet werden. Sollte die Symbolleiste zu viele Steuerelemente enthalten, sodass der Platz für ihre Darstellung nicht mehr ausreichend sein sollte, werden die restlichen Einträge in einem Overflow-Bereich angezeigt. Dieser Bereich kann vom Anwender mit dem Pfeil-Symbol an der rechten Seite jeder Symbolleiste geöffnet werden. Mit den Eigenschaften `HasOverflowItems` und `IsOverflowOpen` kann überprüft werden, ob so ein Überflussbereich vorhanden bzw. ob dieser zurzeit für den Anwender geöffnet ist. Ob sich ein Eintrag in dem Überflussbereich befindet, kann über das Attached Property `ToolBar.IsOverflowItem` abgefragt werden.

Da die Eigenschaft nur ausgelesen werden kann, ist die Verwendung auch nur im Programmcode möglich.

```
bool isOverflow = ToolBar.GetIsOverflowItem(NewDocumentButton);
```

Mit der statischen Methode `ToolBar.GetIsOverflowItem()` kann der Status eines einzelnen Steuerelements abgefragt werden. Das Verhalten, ob und welche Steuerelemente zuerst in den Überflussbereich kommen sollen, kann mit `ToolBar.OverflowMode` beeinflusst werden. Auch diese Eigenschaft ist ein Attached Property und kann daher auf jedes Steuerelement einzeln angewendet werden.

Listing 4.15 Steuerung der Einträge für den Überflussbereich

```
<ToolBar>
  <Button ToolBar.OverflowMode="Never">Neu</Button>
  <Button ToolBar.OverflowMode="Always">Werbung</Button>
</ToolBar>
```

Mit dem Wert `Never` wird das Steuerelement niemals in den Überflussbereich verschwinden. Mit `Always` dagegen befindet es sich ausschließlich in diesem Bereich und wird nicht einmal angezeigt, wenn ausreichend Platz verfügbar sein sollte. Der Standardwert ist auf `AsNeeded` festgelegt, sodass die Symbolleiste selbst der Reihe nach die Elemente in den Überflussbereich packt.

Symbolleisten gehören sicherlich zum Standardrepertoire jeder größeren Anwendung. Seit Erscheinen von Office 2007 wird sich das aber wohl künftig ändern, da die Anwender mit der `RibbonBar` mittlerweile vertraut sein dürften und sie das Konzept auch bei anderen Anwendungen erwarten werden.

4.4.3 StatusBar

Mit der `StatusBar` kann am unteren Fensterrand eine zusätzliche Informationszeile eingefügt werden. Der Inhalt der `StatusBar` ist frei definierbar, da sie beliebige Steuerelemente aufnehmen kann. Neben einfachen Texten ist auch problemlos eine Fortschrittsanzeige, eine `ComboBox` oder eine Grafik als Inhalt möglich – allesamt wären mit Windows Forms nicht trivial umzusetzen.

Listing 4.16 Die StatusBar kann mithilfe eines DockPanel an den unteren Rand angedockt werden.

```
<DockPanel>
  <StatusBar DockPanel.Dock="Bottom">
    <StatusBarItem Width="150">Page 10 of 26</StatuBarItem>
    <Separator />
    <StatusBarItem>Ready</StatusBarItem>
  </StatusBar>
</DockPanel>
```

Neue Einträge können mit der Hilfsklasse `StatusBarItem` hinzugefügt werden. Die Breite kann einzeln über die Eigenschaft `Width` beeinflusst werden. Ähnlich wie beim `DockPanel` wird wieder der letzte Eintrag zum Füllen der restlichen Fläche verwendet.

4.4.4 Menu

Mithilfe des Steuerelements Menu kann in der Anwendung ein Hauptmenü erstellt werden. Die Darstellung des Menüs wird (wie üblich) von der WPF gerendert und erfolgt nicht vom Betriebssystem. Bei der Gestaltung der Inhalte ist man daher auch wieder kaum Grenzen unterworfen, und schicken, bunten Menüeinträgen steht somit nichts mehr im Wege.

Das Menu muss nicht unbedingt an oberster Stelle im Fenster angezeigt werden, sondern kann frei im Fenster platziert werden. Für die gewohnte Standardansicht sollte man aber wieder ein DockPanel verwenden, mit dem das Menu an dem oberen Fensterrand angedockt werden kann.

Listing 4.17 Ein einfaches Menü für das Hauptfenster einer Anwendung

```
<DockPanel>
  <Menu DockPanel.Dock="Top">
    <MenuItem Header="Programm" />
    <MenuItem Header="Bearbeiten" />
    <MenuItem Header="Ansicht" />
  </Menu>
</DockPanel>
```

Das Menü wird mithilfe von MenuItem befüllt, über das sich die Struktur auch beliebig tief verschachteln lässt. Auch dieses Element wurde wieder von der Klasse HeaderedContentControl abgeleitet. Der Inhalt, der im Menüeintrag angezeigt werden soll, wird daher wieder mit der Eigenschaft Header definiert. Neben reinem Text können hier auch eigene Steuerelemente hinterlegt werden.

Listing 4.18 Ein Menü mit individuell gestaltetem Inhalt

```
<MenuItem>
  <MenuItem.Header>
    <StackPanel>
      <TextBlock Text="Eingabe:" />
      <TextBox />
    </StackPanel>
  </MenuItem.Header>
</MenuItem>
```

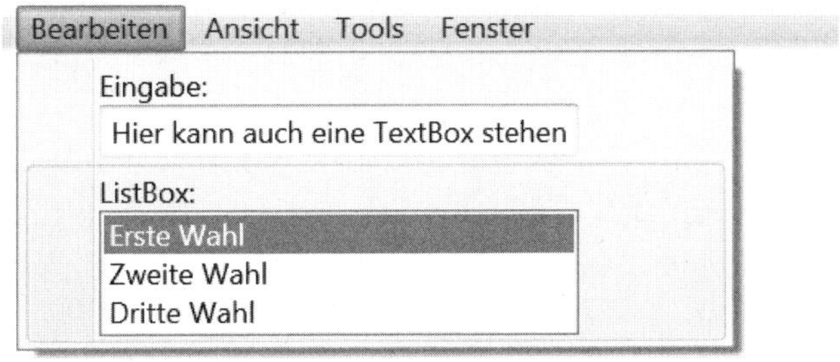

Bild 4.13 Ein Menü mit einer TextBox und einer ListBox als Inhalt

Über das Click()-Ereignis von MenuItem kann eine Ereignisbehandlung hinterlegt werden, die bei der Auswahl des Anwenders aufgerufen werden soll. Die Klasse bietet aber auch die Möglichkeit, mit Kommandos zu arbeiten. Diese müssen nur einmal an zentraler Stelle definiert werden und können in einem MenuItem oder in einer Schaltfläche verwendet werden. Hierfür wäre dann keine eigene Ereignisbehandlung mehr notwendig.

Jedem Menüeintrag kann zudem ein Symbol vorangestellt werden, das über die Eigenschaft Icon gesetzt wird. Allerdings ist hier ein einfacher Pfad wieder nicht ausreichend, sodass über die Klasse Image wieder eine neue Instanz erstellt und zugewiesen werden muss. Dementsprechend aufwendig fällt auch die Deklaration aus.

```
<MenuItem Header="Fenster">
  <MenuItem.Icon>
    <Image Source="Windows.png" />
  </MenuItem.Icon>
</MenuItem>
```

Sollen die Menüeinträge auch über die Tastatur zu bedienen sein, können wieder einzelne Buchstaben hierfür hervorgehoben werden. Diese werden wie beim Label mit einem Unterstrich vorangestellt.

```
<MenuItem Header="_Programm" />
```

Zusätzlich kann jeder Eintrag mit einer Tastenkombination erreicht werden, wie beispielsweise STRG + S zum Speichern. Diese Information kann unter der Eigenschaft InputGestureText abgelegt werden. Diese Angabe erfolgt aber als Freitext und hat daher für den Anwender nur beschreibenden Charakter. Das Abfangen der Tastenkombination muss entweder selbst implementiert werden oder über Kommandos erfolgen.

```
<MenuItem Header="Speichern" InputGestureText="Strg + S" />
```

Bild 4.14 Menüeinträge mit unterstützter Tastaturnavigation

Mit der Eigenschaft IsCheckable kann festgelegt werden, ob ein Menüeintrag angehakt werden kann. Der ausgewählte Zustand kann mit IsChecked ausgelesen oder gesetzt werden. Hierfür gibt es aber auch die beiden Ereignisse Checked() und Unchecked(), die jeweils beim Setzen und Entfernen der Markierung aufgerufen werden.

```
<MenuItem Header="Eins" IsCheckable="True" />
```

Sollte man mehrere Menüs in einem Fenster verwenden, ist es ratsam, das Hauptmenü mit der Eigenschaft IsMainMenu zu kennzeichnen. Hier ist bereits standardmäßig der Wert true hinterlegt. Er sorgt dafür, dass mit den Tastenkürzeln Alt oder F10 das richtige Menü vom System gefunden wird.

4.4.5 Separator

Mit einem Separator kann eine visuelle Trennung zwischen zwei Bereichen eingefügt werden. Im Menü hat man meist einen normalen Eintrag verwendet, dessen Text einfach zwei Bindestriche enthielt. Diese wurden in Windows automatisch als eine durchgehende Linie dargestellt. In der WPF ist hierfür die Klasse Separator zuständig.

4.4.6 ContextMenu

Für Steuerelemente kann zusätzlich ein eigenes Kontextmenü erstellt werden, das der Anwender mit der rechten Maustaste aufrufen kann. Der Aufbau der Menüstruktur erfolgt ähnlich wie bei MainMenu mit der Klasse MenuItem, die hierarchisch gegliedert werden kann.

Listing 4.19 Schaltfläche mit einem Kontextmenü

```
<Button Content="Schließen">
  <Button.ContextMenu>
    <ContextMenu>
      <MenuItem Header="Hilfe" />
      <MenuItem Header="Fehler melden" />
    </ContextMenu>
  </Button.ContextMenu>
</Button>
```

Mit den Eigenschaften Placement, PlacementTarget, HorizontalOffset und VerticalOffset kann die Position des Kontextmenüs bestimmt werden. Auch ein manuelles Setzen der Position über eine Rückrufbehandlung, die mit CustomPopupPlacementCallback gesetzt wird, kann erfolgen.

4.5 Wertbereiche

In der WPF sind gleich mehrere Steuerelemente enthalten, mit denen man einen Wert aus einem bestimmten Bereich auswählen oder auch anzeigen kann. Dazu gehören u.a. die ProgressBar, der Slider und die ScrollBar, die äußerlich zwar kaum unterschiedlicher ausfallen könnten, sich jedoch mit der gemeinsamen Basisklasse RangeBase sehr viele Gemeinsamkeiten teilen.

Bei allen drei Steuerelementen kann daher gleichermaßen der Bereich für gültige Werte mit den Eigenschaften Minimum und Maximum eingegrenzt werden. Der aktuelle Wert kann unter Value gesetzt werden. Alle drei Eigenschaften sind vom Typ double und können daher auch Werte mit Nachkommastellen aufnehmen.

```
<Slider Minimum="0.00" Maxiumum="50.00" Value="33.333" />
```

In welchen Abständen die Werte vom Steuerelement verändert werden, kann mit den Eigenschaften SmallChange und LargeChange beeinflusst werden, die vor allem für den Slider und für die ScrollBar interessant sind. Klickt der Anwender auf die Pfeil-Schaltfläche der Bildlaufleiste, wird die aktuelle Position um den Wert aus SmallChange verändert. Klickt er allerdings innerhalb der Bildlaufleiste, wird der Wert aus LargeChange für eine Veränderung der Position genutzt.

```
<ScrollBar
    Minimum="0" Maximum="0" Value="50"
    SmallChange="1" LargeChange="10" />
```

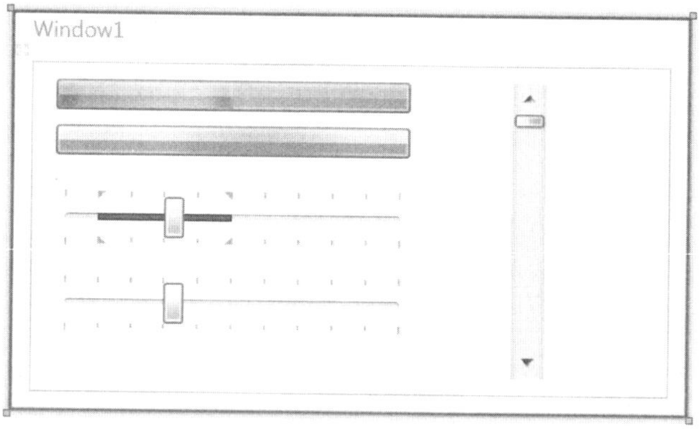

Bild 4.15 Drei Steuerelemente, mit denen man Wertebereiche abbilden kann

4.5.1 ProgressBar

Mit der ProgressBar kann man dem Anwender den aktuellen Fortschritt einer lang andauernden Verarbeitung anzeigen. Auch hierfür werden wieder Value als aktuelle Position und Minimum und Maximum für den Bereich verwendet.

```
<ProgressBar Minimum="0" Maximum="100" Value="50" />
```

Wenn die aktuelle Position allerdings nicht genau festzustellen ist bzw. wenn die Gesamtlänge der Verarbeitung unbekannt ist, sollte man die Eigenschaft IsIndeterminate auf true setzen. In diesem Fall werden die Eigenschaften Minimum, Maximum und Value ignoriert, und es wird anstelle eines Fortschrittbalkens eine Animation angezeigt.

```
<ProgressBar IsIndeterminate="True" />
```

Sollte man für die Arbeit einen separaten Thread im Hintergrund verwenden, muss man darauf achten, dass man nicht direkt auf den Slider zugreifen kann. Stattdessen muss hierfür der sog. Dispatcher zurate gezogen werden, der in Kapitel 5 im Detail beschrieben wird.

4.5.2 Slider

Über einen `Slider` soll der Anwender aus einem vorher festgelegten Bereich einen Wert auswählen können. Da man die Grenzen bereits über die Eigenschaften `Minimum` und `Maximum` festgesetzt hat, kann man auch die Gefahr von falschen Werten so drastisch reduzieren.

```
<Slider Minimum="0" Maximum="100" />
```

Im `Slider` können auch sog. *Ticks* eingeblendet werden. Das sind kleine optische Hilfspunkte, die der Anwender als Orientierung nutzen kann. In welchen Abständen die Ticks angezeigt werden sollen, kann mit der Eigenschaft `TickFrequency` festgelegt werden. Wird hier der Wert 25 zugewiesen, so werden bei einem Gesamtwert von 100 insgesamt fünf Ticks angezeigt, die mit einem Abstand von je 25 Einheiten angezeigt werden (der erste Tick wird bereits bei 0 angezeigt).

Bild 4.16 Slider mit gesetzten Ticks

Der `Slider` (sowie die meisten anderen Steuerelemente in der WPF) arbeitet grundsätzlich mit dem Datentyp `double` für seine Werte. Wird im Datenmodell ein ganzzahliger Wert benötigt (z. B. ein `Int32`), muss der Wert entsprechend konvertiert werden. Arbeitet man dagegen mit Datenbindungen, wird diese Konvertierung automatisch vom System übernommen. Davon merkt der Anwender leider nicht viel, da der `Slider` in unendlichen kleinen Schritten bewegt werden kann. Um das zu verhindern, kann man auch `TickFrequency` auf den Wert eins setzen und zusätzlich das Einschnappen auf die Ticks mit `IsSnapToTickEnabled` aktivieren. In diesem Fall wird der `Slider` automatisch auf die Werte springen, die als Ticks hinterlegt sind, und Zwischenwerte sind damit ausgeschlossen. Diese Einstellung ist aber nur bei kleineren Wertbereichen wirklich sinnvoll.

Sollen die Ticks nicht in gleichmäßigen Abständen platziert werden, kann man mit der Eigenschaft `Ticks` auch eine eigene Liste mit Werten angeben, an denen jeweils die Ticks platziert werden sollen.

```
<Slider Ticks="2,3,5,7,11,13,17,19,23" />
```

Der `Slider` kann zusätzlich einen bestimmten Unterbereich hervorheben. Dieser Bereich wird Selektion genannt, der vom Anwender aber nicht direkt gesteuert oder beeinflusst werden kann. Der Bereich der Selektion kann mit den Eigenschaften `SelectionStart` und `SelectionEnd` definiert und mit `IsSelectionRangeEnabled` eingeblendet werden.

Listing 4.20 Slider mit einem zusätzlichen Auswahlbereich

```
<Slider Minimum="0" Maximum="25"
    TickFrequency="1" TickPlacement="BottomRight"
    SelectionStart="5"
    SelectionEnd="15"
    IsSelectionRangeEnabled="True" />
```

Das Ergebnis von Slider ist in Bild 4.17 zu sehen.

Bild 4.17 Mit der Selektion kann ein Bereich hervorgehoben werden.

Das Verhalten des Slider kann mit der Eigenschaft IsDirectionReversed auch umgekehrt werden – dann befinden sich der Minimumwert am rechten und der Maximumwert am linken Ende des Slider.

Klickt der Anwender entweder rechts oder links neben der aktuellen Positionsangabe, so wird normalerweise der Wert aus der Eigenschaft LargeChange zur Veränderung benutzt. Dieser wird einfach zum Addieren oder Subtrahieren auf den aktuellen Wert verwendet – und das unabhängig davon, in welcher Entfernung der Klick stattgefunden hat. Möchte man stattdessen, dass der Anwender auch zielgenau die gewünschte Position angibt, kann das Verhalten mit IsMoveToPointEnabled aktiviert werden.

4.5.3 ScrollBar

Die ScrollBar repräsentiert eine Bildlaufleiste und wird hauptsächlich für Fenster oder Listen verwendet, in denen der Anwender zu Bereichen scrollen kann, die zu groß für eine Anzeige auf dem Bildschirm sind. Die ScrollBar wird normalerweise nur selten direkt in Anwendungen verwendet, sondern meist innerhalb von Steuerelementen oder in Templates.

4.6 Organisation

Die bisher gezeigten Steuerelemente besitzen meist mehr oder weniger Logik, die entsprechend auf Benutzereingaben reagiert. So können mit der Schaltfläche Ereignisse ausgelöst oder mit der CheckBox Zustände geändert werden. Daneben gibt es aber auch Steuerelemente, die rein dekorativen Charakter besitzen und weitestgehend zum Organisieren von Oberflächen bestimmt sind. So können beispielsweise Steuerelemente, die logisch zusammengehören, auch visuell für den Anwender mit einer Border umrandet werden.

4.6.1 BulletDecorator

Mit dem BulletDecorator lassen sich beliebige Steuerelemente mit einem zusätzlichen Steuerelement „dekorieren“. Die Bezeichnung ist dabei an den typischen Aufzählungspunkt angelehnt, bei dem bei jedem Eintrag ein „Bullet“ vorangestellt wird. Beim BulletDecorator ist man jedoch nicht auf eine bestimmte Darstellung festgelegt – statt eines Aufzählungspunktes kann mit der Eigenschaft Bullet ein frei definierbares Steuerelement verwendet werden, das vorangestellt werden soll. Eine CheckBox kann daher ebenso verwendet werden wie eine TextBox oder ein Image.

Listing 4.21 Ein BulletDecorator für eine CheckBox

```
<BulletDecorator>
  <BulletDecorator.Bullet>
    <CheckBox .../>
  </BulletDecorator.Bullet>
  <TextBlock Text="Beschreibung" />
</BulletDecorator>
```

In diesem Beispiel wird der `TextBlock` mit einem `BulletDecorator` erweitert. Das Steuerelement, das zum Dekorieren verwendet werden soll, wird in der Eigenschaft `Bullet` abgelegt. Hier wird eine `CheckBox` als `Bullet` definiert, die vor dem `TextBlock` erscheinen soll.

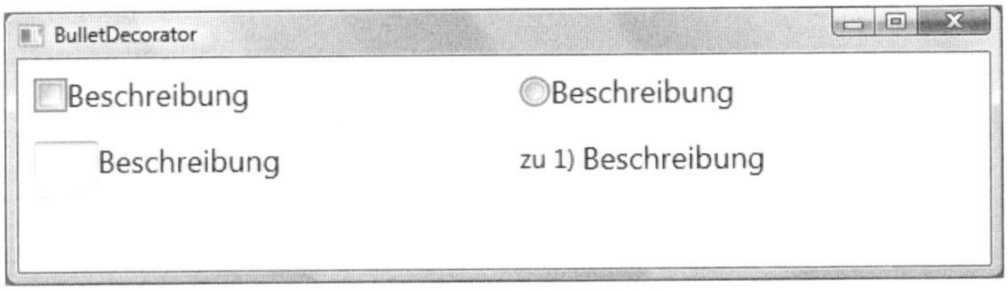

Bild 4.18 Vier TextBlocks, die jeweils mit unterschiedlichen Bullets dekoriert worden sind

Ist das zu dekorierende Steuerelement ein `TextBlock`, kann der `BulletDecorator` besser Einfluss auf die Ausrichtung der Bullets nehmen. In diesem Fall wird versucht, den Bullet in die erste Zeile des `TextBlock` zu positionieren. Bei allen anderen Steuerelementen wird das Bullet lediglich vertikal zentriert.

4.6.2 Border

Die `Border` kann einen zusammenhängenden Bereich für den Anwender visuell hervorheben. Am besten werden die Steuerelemente direkt in der `Border` selbst platziert, damit diese sich auf jeden Fall innerhalb dieser Grenzen bewegen. Hierfür ist allerdings ein entsprechendes Panel notwendig, da die `Border` selbst nur ein Steuerelement unter Content aufnehmen kann.

Listing 4.22 Verwendung einer einfachen Border

```
<Border>
  <StackPanel>
    <Button>Ok</Button>
  </StackPanel>
</Border>
```

Ohne weitere Angaben tritt die `Border` allerdings nicht in Erscheinung. Zum Hervorheben kann die `Border` einen Rahmen um den gewünschten Bereich ziehen. Über die Eigenschaften `BorderBrush` und `BorderThickness` können hierzu entsprechend die Farbe und die Linienstärke hinterlegt werden.

```
<Border BorderBrush="Black" BorderThickness="3">...</Border>
```

Die Border muss nicht zwingend einfarbig gezeichnet werden. Die Eigenschaft BorderBrush ist vom Typ Brush und kann daher prinzipiell auch einen Farbverlauf oder einen anderen Typ eines Pinsels verwenden. Pinsel werden in Kapitel 9 detailliert beschrieben.

Listing 4.23 Eine Border mit einem linearen Farbverlauf

```
<Border BorderThickness="3">
  <Border.BorderBrush>
    <LinearGradient StartPoint="0,0" EndPoint="0,1">
      <GradientPoint Offset="0" Color="Black" />
      <GradientStop Offset="1" Color="White" />
    </LinearGradient>
  </Border.BorderBrush>
</Border>
```

Spätestens seit dem Hype um das Web 2.0 sind vor allem abgerundete Ecken im Internet modern, die natürlich auch in der WPF nicht fehlen dürfen. Mit der Eigenschaft CornerRadius können hierfür die Ecken entsprechend abgerundet werden, sodass diese ungefährlicher für das Auge werden.

Listing 4.24 Abgerundete Ecken für eine Border

```
<Border
    CornerRadius="6"
    BorderBrush="Black"
    BorderThickness="3" />
```

Bemerkenswert sind bei CornerRadius und BorderThickness jedoch die verwendeten Datentypen. Es hat zwar den Anschein, dass hier nur ein einfacher Integer oder ein Double verwendet wird, über die beispielsweise die Stärke der Linie dargestellt wird. In Wahrheit verbergen sich hinter den beiden aber die weitaus komplexeren Datentypen Thickness und CornerRadius. Übergibt man beiden Datentypen nur einen Wert, werden alle Seiten der Border gleich gezeichnet. Man kann aber auch jede Seite und jede Ecke einzeln manipulieren.

```
<Border
    BorderThickness="1 6 1 6"
    CornerRadius="40 0 20 0" />
```

Bei BorderThickness stellen die vier Werte die Stärken der jeweiligen Seiten der Border dar. Der erste Wert repräsentiert dabei den linken Rand – die weiteren drei Werte laufen im Uhrzeigersinn um die Border herum. In diesem Beispiel werden also die linke und rechte Linie in einer Stärke mit 1 Punkt und die obere und untere Linie mit 6 Punkten gezeichnet.

Bild 4.19 Eine Border mit individuell gesetzten Linienstärken und Rundungen

Bei der Verwendung von CornerRadius, so wie in Bild 4.19 zu sehen, ist zu beachten, dass der Rahmen ausschließlich zur Darstellung dient und keinen Einfluss auf die Ausrichtung der enthaltenen Steuerelemente hat. Die Inhalte orientieren sich auch weiterhin nur an den äußeren Abmessungen der Border. Wird durch den CornerRadius mehr Platz in Anspruch genommen, kann man mit Padding den Inhalt weiter nach innen verschieben. Auch hier können entweder alle vier Seiten gleich oder auch einzeln angesprochen werden.

```
<Border
    BorderBrush="Black"
    BorderThickness="1"
    CornerRadius="10"
    Padding="4 16 4 16" />
```

Zusätzlich (oder auch anstelle) zum Rahmen kann der Hintergrund über Background mit einem Pinsel gesetzt werden. Diese Flexibilität macht die Border so interessant, da sie ohne weitere Angaben nur ihren Inhalt darstellt.

4.6.3 GroupBox

Ähnlich wie bei der Border können mit der GroupBox Steuerelemente visuell zusammengefasst werden. Diese Gruppierung kann zudem mit der Eigenschaft Header mit einem Titel versehen werden, der im oberen Bereich des Rahmens angezeigt wird.

Listing 4.25 GroupBox mit verschiedenen Kopfzeilen

```
<GroupBox Header="Einstellungen">
  <Grid>...</Grid>
</GroupBox>
<GroupBox>
  <GroupBox.Header>
    <CheckBox .../>
  </GroupBox.Header>
</GroupBox>
```

Der Header lässt sich aber auch dazu nutzen, um dort weitere Steuerelemente abzulegen. In Bild 4.20 ist in dem Header eine CheckBox platziert worden, die ebenso wie die restlichen Steuerelemente funktioniert.

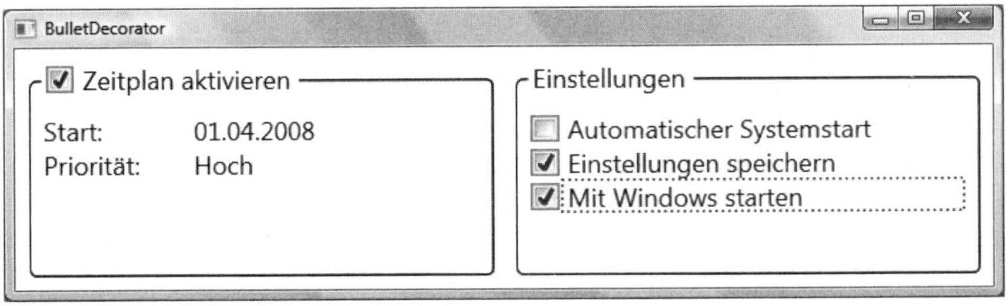

Bild 4.20 Eine GroupBox mit einer CheckBox im Header

4.6.4 Expander

Ein `Expander` gruppiert ebenfalls einen Bereich für den Anwender ein. Dieser kann jedoch selber diesen Bereich verstecken, um beispielsweise mehr Platz oder eine bessere Übersicht zu erhalten. Beim ausgeblendeten Zustand bleiben lediglich ein Pfeil und die Kopfzeile stehen, über die sich die Inhalte wieder anzeigen lassen. In welchem Zustand sich der `Expander` gerade befindet, kann über die Eigenschaft `IsExpanded` abgefragt werden.

Listing 4.26 Ein Expander zum Ein- und Ausblenden zusätzlicher Details

```
<Expander IsExpanded="True" Header="Hier stehen mehr Details">
  <TextBlock>Mehr Details</TextBlock>
</Expander>
```

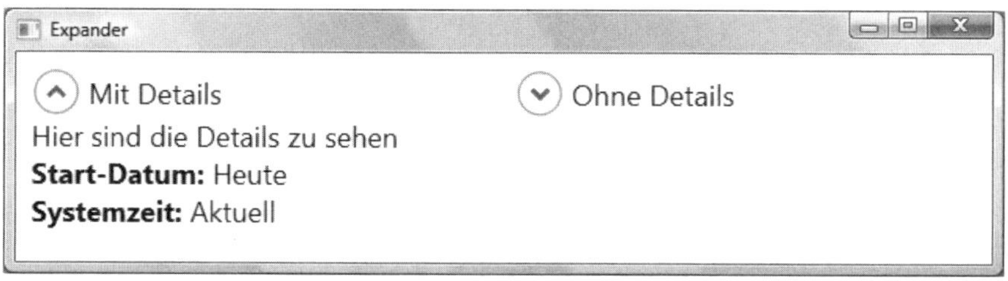

Bild 4.21 Zwei Expander, die jeweils ihren Inhalt anzeigen und verbergen

Dem Steuerelement `Expander` begegnet man im Alltag häufiger als vielleicht vermutet. In vielen Bereichen wird das Steuerelement verwendet, ohne dass man es auf den ersten Blick erkennen mag. Das ist darin begründet, dass das Steuerelement mittels Styles und Templates so umgestaltet wurde, dass es nicht mehr viel mit der ursprünglichen Gestaltung gemein hat. Wann immer man einen Detailbereich für den Anwender einblenden möchte, sollte man daher als Erstes an den `Expander` denken, bevor man anfängt, über Programmlogik Steuerelemente ein- oder auszublenden. In Kapitel 7 wird beschrieben, wie man mittels Templates das Aussehen von einem `Expander` so verändern kann, dass seine Funktionalität nicht beeinflusst wird.

4.6.5 Image

Über das Steuerelement `Image` (das nicht mit der Klasse `Image` zu verwechseln ist) lassen sich beliebige Grafiken auf dem Bildschirm anzeigen. Über die Angabe `Source` kann der Pfad der Datei angegeben werden, die sich entweder auf der Festplatte befindet (entsprechende Rechte vorausgesetzt) oder als Ressource deklariert wurde. Bei Letzterer befindet diese sich innerhalb der Anwendung und kann daher mitsamt dieser weiterverteilt werden. (Weitere Informationen zum Thema Ressourcen erhalten Sie in Kapitel 5.)

```
<Image Source="PDC03.jpg" />
<Image Stretch="UniformToFill" Source="PDC03.jpg" />
```

Die Eigenschaft Stretch bestimmt dabei, wie mit dem Bild umgegangen werden soll, wenn der Platz für die Darstellung nicht mehr ausreichend sein sollte. Hier sind nicht weniger als die folgenden vier Werte möglich: None, Fill, Uniform und UniformToFill.

Mit der Einstellung None wird das Bild in seiner Originalgröße ausgegeben. Mit den Einstellungen Fill und UniformToFill wird das Bild dagegen so skaliert, dass damit die gesamte Fläche des Steuerelements ausgefüllt werden kann und keine leeren Flächen übrig bleiben. Lediglich bei UniformToFill wird zusätzlich noch darauf geachtet, dass die Proportionen des Bildes erhalten bleiben. Dafür kann es aber schnell passieren, dass der rechte oder untere Rand des Bildes abgeschnitten wird, wenn dieses nicht mit den Abmessungen des Steuerelements übereinstimmen sollte.

Bild 4.22 Die unterschiedlichen Stretch-Werte im Vergleich (v. l. n. r.): None, Fill, Uniform und UniformToFill

Bei Uniform wird dagegen mehr Wert darauf gelegt, dass das gesamte Bild dargestellt wird, das dementsprechend proportional verkleinert oder vergrößert wird. Dafür können aber auch wieder leere Flächen entstehen. Das Ergebnis dieser unterschiedlichen Einstellungen ist in Bild 4.22 zu sehen.

Zusätzlich kann mit der StretchDirection auch angegeben werden, ob das angegebene Bild nur vergrößert (UpOnly) oder nur verkleinert (DownOnly) werden darf. Diese Einstellung ist besonders sinnvoll, um das extreme Vergrößern von kleinen Bildern zu verhindern, da Symbole ansonsten wie Bauklötze auf dem Bildschirm erscheinen würden. Standardmäßig ist hier der Wert Both hinterlegt.

4.6.6 TabControl

Ein TabControl teilt die Inhalte nicht nur in logische Gruppen ein, sondern blendet von ihnen auch immer nur einen aktiven Bereich ein. Der Anwender kann die Inhalte jeder der Gruppen über sog. Karteireiter erreichen.

Für diese Einteilung benötigt das TabControl aber zusätzliche Unterstützung in Form der Klasse TabItem. Für jeden Karteireiter muss daher ein separates TabItem angelegt werden.

Listing 4.27 Ein TabControl mit einem Karteireiter

```
<TabControl>
  <TabItem Header="Allgemeines">
    <Grid ShowGridLines="True">...</Grid>
  </TabItem>
</TabControl>
```

Über die Eigenschaft `Header` wird der Inhalt angegeben, der im Karteireiter erscheinen soll. Der eigentliche Inhalt wird innerhalb von `TabItem` definiert, wo sich die Verwendung eines Panels empfiehlt, um eine weitere Unterteilung der Oberfläche vornehmen zu können. In diesem Beispiel wurden ein Grid und einige Steuerelemente hinzugefügt, deren Ergebnis in Bild 4.23 zu sehen ist.

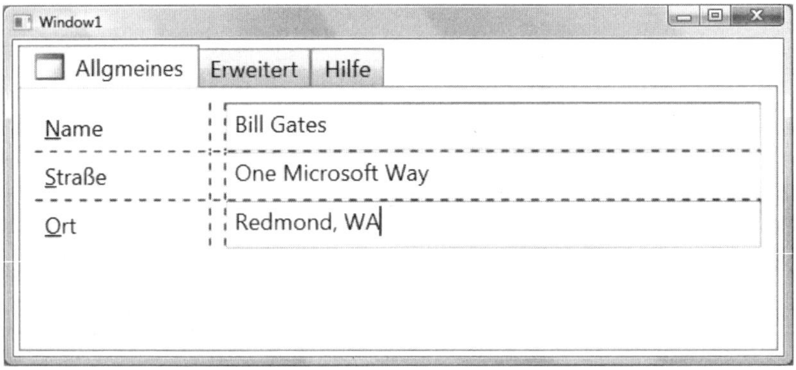

Bild 4.23 TabControl mit drei Karteireitern

Die Angabe von `Header` muss aber nicht ausschließlich als Text definiert sein. Auf den zweiten Blick sieht man, dass der `Header` selbst mit Steuerelementen befüllt werden kann. Verwendet man hier wiederum ein weiteres Panel, lässt sich die Angabe im `Header` fast beliebig verfeinern.

Listing 4.28 Ein Karteireiter mit individuell gestalteter Kopfzeile

```
<TabItem>
  <TabItem.Header>
    <StackPanel Orientation="Horizontal">
      <Image Source="AppWindow.bmp" Margin="0 0 0 4" />
      <TextBlock>Allgemeines</TextBlock>
    </StackPanel>
  </TabItem.Header>
</TabItem>
```

Welcher Karteireiter aktuell ausgewählt ist, lässt sich über die Eigenschaft `SelectedIndex` abfragen. Auch die Position der Karteireiter lässt sich mit `TabStripPosition` beeinflussen und beispielsweise nach links, rechts oder auch nach unten versetzen.

4.7 Komplexere Steuerelemente

Neben den bisher gezeigten Steuerelementen gibt es noch einige wenige, die sich in ihrem Funktionsumfang oder von ihrem Konzept von den übrigen abheben. Aus diesem Grund wurden die folgenden Steuerelemente in die Rubrik „Komplexere Steuerelemente" einsortiert, da sie in ihrer Komplexität überdurchschnittlich sind und da auch zum Teil weitergehende Konzepte auf ihnen beruhen, wie es beispielweise mit der Navigation beim Steuerelement `Frame` der Fall ist.

4.7.1 Frame

Das Steuerelement `Frame` fungiert ähnlich wie ein Browser und kann weitere Inhalte in Form von Seiten darstellen. Entsprechend ist auch eine Vor- und Zurück-Navigation vorhanden, mit der die zuletzt besuchten Seiten angezeigt werden können (das Steuerelement wird in Kapitel 5 zusammen mit dem Navigationskonzept vorgestellt).

Listing 4.29 Steuerelement Frame verwenden

```
<Window xmlns="..." xmlns:x="...">
  <Frame Source="StartPage.xaml" />
</Window>
```

Die Adresse der Seite wird über die Eigenschaft `Source` angegeben, wobei der Inhalt jeder Seite jeweils in einer eigenen Datei erstellt wird. Ähnlich wie im Internet agieren die Seiten so weitgehend unabhängig voneinander und konzentrieren sich hauptsächlich auf die Darstellung ihrer eigenen Inhalte.

Listing 4.30 Eine Seite erstellen

```
<Page xmlns="..." xmlns:x="...">
  <TextBlock>
    <Hyperlink NavigateUri="Page2.xaml">Weiter zu Seite 2</Hyperlink>
  </TextBlock>
</Page>
```

In diesem Beispiel ist exemplarisch der Inhalt einer Seite zu sehen. Die jeweiligen Seiten können über Hyperlinks miteinander verbunden werden, die der Anwender über die Maus ansteuern kann.

Das Steuerelement `Frame` ist hauptsächlich für die Anzeige von Inhalten der WPF optimiert, kann jedoch alternativ auch als Internet-Browser verwendet werden. Hierfür muss lediglich die Adresse der Website in der Eigenschaft `Source` angegeben werden. Die Art der Darstellung und die Möglichkeiten der Interaktivität sind jedoch stark begrenzt.

4.7.2 WebBrowser

Die WPF enthält mit dem `WebBrowser` ein Steuerelement, mit dem die Inhalte aus dem Internet besser dargestellt werden können, als es beispielsweise mit dem Steuerelement `Frame` der Fall ist. Der `WebBrowser` verbessert vor allem die Interaktivität zwischen den Inhalten und der WPF-Anwendung.

Das Anzeigen einer Website funktioniert nach dem gleichen Prinzip, wie man es bereits beim Steuerelement `Frame` gesehen hat: Die gewünschte Adresse der Website wird bei der Eigenschaft `Source` angegeben.

Listing 4.31 Das Steuerelement WebBrowser verwenden

```
<Window xmlns="..." xmlns:x="...">
  <DockPanel>
    <ToolBar DockPanel.Dock="Top">
      <Button Content="Zurück" Click="BackButton_Click" />
      <Button Content="Weiter" Click="ForwardButton_Click" />
    </ToolBar>
    <WebBrowser Name="WebBrowser1" Source="http://www.identage.com/" />
  </DockPnel>
</Window>
```

Das Steuerelement `WebBrowser` bietet mehrere Eigenschaften und Methoden an, um die typischen Navigationselemente eines Internet-Browsers abzubilden. Mit den Methoden `GoBack()` und `GoForward()` kann beispielsweise zwischen den zuvor besuchten Seiten navigiert werden; die beiden Eigenschaften `CanGoBack` und `CanGoForward` geben dabei an, ob hierfür auch entsprechende Inhalte zur Verfügung stehen.

Listing 4.32 Navigation für den WebBrowser integrieren

```
private void BackButton_Click(object sender, RoutedEventArgs e)
{
  if (WebBrowser1.CanGoBack)
    WebBrowser1.GoBack();
}

private void ForwardButton_Click(object sender, RoutedEventArgs e)
{
  if (WebBrowser1.CanGoForward)
    WebBrowser1.GoForward();
}
```

In diesem Beispiel erhalten die beiden Schaltflächen ZURÜCK und WEITER ihre Ereignisbehandlung, sodass der Anwender seine bisher besuchten Seiten durchstöbern kann. Bevor jedoch die eigentliche Methode `GoBack()` oder `GoForward()` aufgerufen wird, wird mit den Eigenschaften `CanGoBack` und `CanGoForward` überprüft, ob hierfür überhaupt Inhalte bereitstehen (diese Eigenschaften eignen sich beispielsweise gut für Kommandos, die in Kapitel 5 beschrieben werden).

Anders als beim Steuerelement `Frame` müssen die Inhalte nicht zwingend über eine Adresse angegeben werden. Stattdessen bietet das Steuerelement `WebBrowser` mehrere Methoden an, um die Inhalte direkt anzugeben – wie beispielsweise als Zeichenkette oder in Form eines Stream. So können Inhalte auch problemlos aus einer Datenbank oder aus einem Webservice ausgelesen werden.

Listing 4.33 Inhalte für den WebBrowser direkt angeben

```
private void HomeButton_Click(object sender, RoutedEventArgs e)
{
  WebBrowser1.NavigateToString(
       "<HTML><BODY>" +
       "  <H1>Willkommen</H1>" +
       "</BODY></HTML>");
}
```

In diesem Beispiel wird die Methode NavigateToString() verwendet, um den Inhalt der Seite direkt als Zeichenkette anzugeben. Alternativ kann der Inhalt auch als Stream vorbereitet werden – hierfür ist dann die Methode NavigateToStream() zu verwenden.

Mit dem Steuerelement wurde auch die Möglichkeit des Austausches zwischen WPF und HTML/JavaScript verbessert. So lassen sich beispielsweise mit der Methode InvokeScript() aus der WPF-Anwendung heraus JavaScript-Methoden aufrufen.

Listing 4.34 HTML-Seite mit einer einfachen JavaScript-Methode

```
<HTML>
  <BODY>
    <SCRIPT language="JavaScript">
      function ShowMessage(message)
      {
        alert(message);
      }
    </SCRIPT>
  </BODY>
</HTML>
```

Diese einfache HTML-Seite dient als Grundlage für das nächste Beispiel. Die Datei enthält lediglich einen Skriptblock mit der Methode ShowMessage(), die den übergebenen Parameter in einem Dialogfenster anzeigt. Diese Methode kann nun mit der Methode InvokeScript() aus der WPF-Anwendung aufgerufen werden.

Listing 4.35 JavaScript-Methoden aus der WPF-Anwendung aufrufen

```
private void ShowHelloButton_Click(object sender, RoutedEventArgs e)
{
  WebBrowser1.InvokeScript("ShowMessage", "Hello world");
}
```

Der erste Parameter der Methode InvokeScript() gibt den Namen der gewünschten JavaScript-Methode an: In diesem Beispiel soll die Methode ShowMessage() aufgerufen werden. Die weiteren Parameter werden direkt als Parameter für die JavaScript-Methode durchgereicht. Die Methode InvokeScript() ist mehrfach überladen und kann auch ohne Angabe von JavaScript-Parametern aufgerufen werden.

Sollen komplexere Objekte übertragen werden, ist hierfür zusätzliche Arbeit zur Interoperabilität notwendig, da sowohl JavaScript als auch der WebBrowser auf der COM-Technik beruhen und daher nicht direkt mit .NET und WPF umgehen können. Seit Anbeginn von

.NET existiert aber eine sehr gute Unterstützung, um die beiden Welten COM und .NET miteinander zu verbinden: Hierfür muss die gewünschte Klasse lediglich mit dem einfachen Attribut `ComVisible` aus dem Namensraum `System.Runtime.InteropServices` gekennzeichnet werden.

Listing 4.36 Eigene Klasse für JavaScript bereitstellen

```
using System.Runtime.InteropServices;
using System.Windows;

[ComVisible(true)]
public class Exchange
{
  public void Show(string message)
  {
    MessageBox.Show(message, "Exchange");
  }
}
```

Diese Klasse lässt sich nun auch problemlos in JavaScript verwenden. Neben dem Übermitteln als Methodenparameter gibt es mit der Eigenschaft `ObjectForScripting` aber noch eine andere Alternative. Hiermit kann ein Objekt aus der WPF für das JavaScript hinterlegt werden, das global aus allen Bereichen und Methoden genutzt werden kann. Die gewünschte Instanz muss einfach der Eigenschaft zugewiesen werden.

```
Browser1.ObjectForScripting = new Exchange();
```

In JavaScript ist diese Instanz nun über die Eigenschaft `window.external` erreichbar. Auch hier lässt sich das Objekt wie gewohnt nutzen – und auch Methoden lassen sich problemlos aus JavaScript aufrufen.

Listing 4.37 JavaScript

```
<HTML>
  <BODY>
    <SCRIPT language="JavaScript">
      function testButton_Click()
      {
        window.external.Show('Aufruf über WPF');
      }
    </SCRIPT>
    <Button Click="testButton_Click()" value="WPF-Aufruf" />
  </BODY>
</HTML>
```

4.7.3 DataGrid

Mit dem .NET Framework 4 hat die WPF endlich ein `DataGrid` erhalten, um Daten tabellarisch darzustellen und zu bearbeiten. Zuvor gab es lediglich die Möglichkeit, Daten in einfachen Listen darzustellen (mit der ListBox oder der ListView) oder man musste hierfür auf Komponenten von Drittherstellern zurückgreifen. Als Grund für das das Fehlen eines eigenen `DataGrids` nannte man bei Microsoft die Tatsache, dass die WPF für Anwendungen mit einer hohen Bedienbarkeit (Usability) und Nutzererfahrung (User Experience) ausgelegt wurde und ein `DataGrid` keinem dieser Kriterien entsprechen würde.

> Das `DataGrid` ist in der Tat ein recht komplexes und unhandliches Steuerelement, dessen Bedienkonzept nicht mehr recht in den meisten modernen Anwendungen passt. Da es aber auch Ausnahmen gibt, bei denen ein `DataGrid` durchaus Sinn macht, kann dieser Schritt von Microsoft nur begrüßt werden.

Das `DataGrid` zeigt die Daten in tabellarischer Form an – die Zeilen können über eine Datenquelle geladen werden (die in Kapitel 8 beschrieben wird) und die Spalten können direkt in XAML definiert werden. Jede Spalte stellt immer einen bestimmten Wert dar – entweder als eine normale Zeichenkette, einen booleschen Wert oder einen nummerischen Wert. So unterschiedlich die Datentypen sind, so unterschiedlich können auch ihre Darstellungen sein: Damit man nicht für jede Spalte ein eigenes Template angeben muss, bietet das `DataGrid` bereits spezialisierte Spalten an, die einem die Arbeit für alle gängigen Datentypen abnehmen. Sollte dies nicht ausreichend sein, kann die Darstellung auch individuell über ein eigenes Template definiert werden.

Die folgenden Spalten werden angeboten:

- `DataGridCheckBoxColumn` – für boolesche Werte
- `DataGridTextColumn` – für Zeichenketten
- `DataGridHyperlinkColumn` – für verlinkte Zeichenketten
- `DataGridComboBoxColumn` – für Mehrfachauswahl
- `DataGridTemplateColumn` – für eigene Templates

Standardmäßig versucht das `DataGrid` anhand der Daten selbstständig Spalten anzulegen. Das Verhalten kann mit der Eigenschaft `AutoGenerateColumns` unterbunden werden.

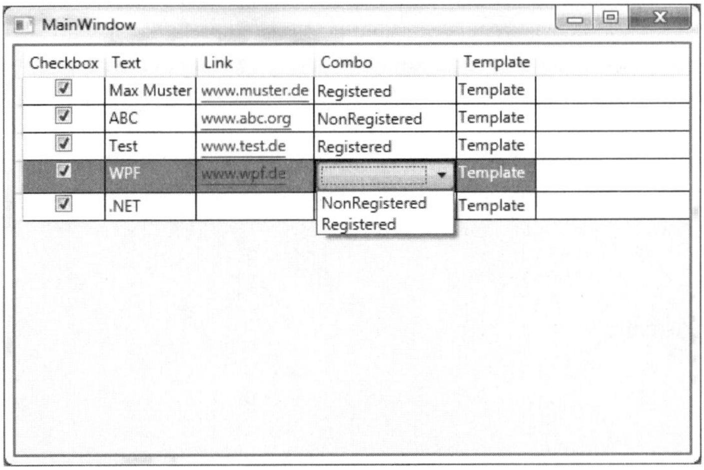

Bild 4.24 Ein DataGrid kann zum Bearbeiten von größeren Datenmengen genutzt werden.

Listing 4.38 Spalten in einem DataGrid hinzufügen

```
<DataGrid Name="DataGrid1" AutoGenerateColumns="False">
  <DataGrid.Columns>
    <DataGridCheckBoxColumn
        Header="Checkbox"
        Binding="{Binding Path=IsEnabled}" />
    <DataGridTextColumn
        Header="Text"
        Binding="{Binding Path=Name}" />
    <DataGridHyperlinkColumn
        Header="Link"
        Binding="{Binding Path=Url}" />
    <DataGridComboBoxColumn
        Header="Combo"
        ItemsSource="{StaticResource Testdata}"
        SelectedItemBinding="{Binding State}" />
    <DataGridTemplateColumn Header="Template">
      <DataGridTemplateColumn.CellTemplate>
        <DataTemplate>
          <TextBlock Text="Template" />
        </DataTemplate>
      </DataGridTemplateColumn.CellTemplate>
    </DataGridTemplateColumn>
  </DataGrid.Columns>
</DataGrid>
```

Hier wurden testweise einige Spalten in einem `DataGrid` hinzugefügt. Bei den meisten Spalten ist es ausreichend, mit einer einfachen Datenbindung zu arbeiten. Hierbei wird dem Steuerelement angegeben, mit welchen Daten es arbeiten und wo es die Änderungen des Benutzers wieder ablegen soll. Bei der Spalte `DataGridComboBoxColumn` ist dies etwas aufwendiger, da hier zusätzlich eine Datenquelle angegeben werden muss, mit der die `ComboBox` gefüllt werden soll.

Beim `DataGridTemplateColumn` hingegen kann man mittels `DataTemplate` die Darstellung gänzlich selbst übernehmen. Hierbei gilt es zu beachten, dass das `DataGrid` zwei Modi kennt: Lesen und Bearbeiten. In der Standardansicht befinden sich alle Zeilen im Lese-Modus. Erst in der selektierten Zeile kann der Benutzer zusätzlich in den Bearbeitungsmodus gehen. So wird in der Spalte `DataGridTextColumn` im Lese-Modus lediglich ein einfacher `TextBlock` angezeigt; erst im Bearbeitungs-Modus wird hier zu einer `TextBox` gewechselt, die auch das Bearbeiten ermöglicht. In der Spalte `DataGridTemplateColumn` kann man für jeden dieser Modi ein eigenes Template hinterlegen: Das `CellTemplate` zum Lesen und das `CellEditingTemplate` zum Bearbeiten der Daten.

4.7.4 RibbonBar

Die `RibbonBar` hielt mit Office 2007 Einzug und löst die etwas in die Jahre gekommenen Symbolleisten ab. Für die Konzeption und die Entwicklung der `RibbonBar` hat Microsoft sehr viel Aufwand betrieben, um einen geeigneten Nachfolger für die Symbolleisten zu finden. Grund für den Umstieg war die Tatsache, dass sich viele Benutzer Funktionen für Office gewünscht haben, die längst vorhanden waren. Sie haben sie nur deshalb vermisst, da sie diese in der Komplexität der Symbolleisten und Menüs nicht mehr finden konnten.

Mittlerweile gibt es auch für die WPF ein `RibbonBar`-Steuerelement, das man in den eigenen Anwendungen verwenden kann. Die `RibbonBar` steht nicht direkt zur Verfügung, sondern wird in einer separaten Assembly ausgeliefert. Daher muss zunächst eine Referenz gesetzt werden und zwar auf `System.Windows.Controls.Ribbon`. Danach steht das Steuerelement in XAML sofort zur Verfügung; im C# Programmcode muss zusätzlich noch der Namensraum angegeben werden.

Es gibt leider noch keine Unterstützung im Designer, um neue Bereiche anzulegen oder Schaltflächen hinzuzufügen. Das Erstellen der `RibbonBar` im XAML-Code ist jedoch recht einfach und der Designer zeigt zumindest dieses Ergebnis bereits an.

Bild 4.25 Der Designer in Visual Studio kann die RibbonBar nur anzeigen.

Die `RibbonBar` ist ähnlich wie ein Karteireiter in mehrere Tabs aufgeteilt. In jedem Tab können sich weitere Gruppierungen befinden. So gibt es in Word einen Karteireiter *Start*, der als erstes eine Gruppierung *Zwischenablage* enthält. In dieser befinden sich die üblichen Aktionen zum Einfügen, Kopieren oder Ausschneiden. Folgende Struktur findet sich im XAML-Code, wenn eine eigene `RibbonBar` entworfen werden soll.

Listing 4.39 Eine einfache RibbonBar definieren

```
<RibbonWindow
    x:Class="RibbonApp.MainWindow"
    Title="MainWindow" Height="350" Width="525">
  <Grid>
    <Ribbon>
      <RibbonTab Header="Home">
        <RibbonGroup Header="Neu">
```

```
          <RibbonButton Label="Kunde" />
          <RibbonButton Label="Angebot" />
          <RibbonButton Label="Rechnung" />
        </RibbonGroup>
      </RibbonTab>
      <RibbonTab Header="Project"></RibbonTab>
    </Ribbon>
  </Grid>
</RibbonWindow>
```

Dieses Beispiel definiert gleich zwei Karteireiter für die RibbonBar und platziert eine einfache Gruppierung in die erste. Damit die Darstellung im Fenster etwas besser aussieht, kann optional das RibbonWindow verwendet werden. Dieses zeichnet den Rahmen des Fensters anders, damit es besser mit der RibbonBar harmoniert.

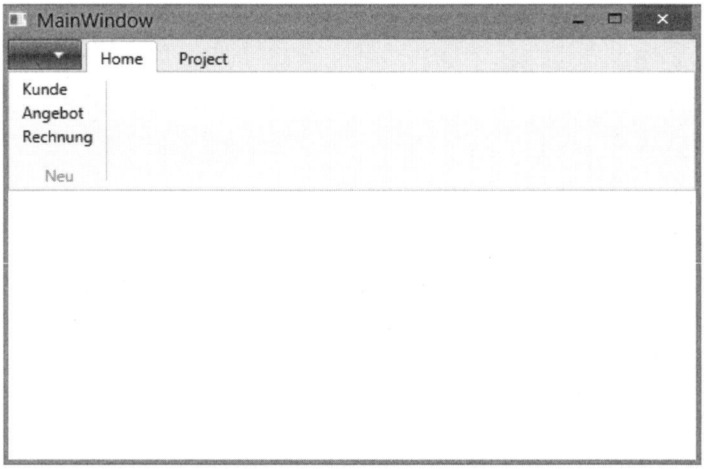

Bild 4.26 Die RibbonBar in einer laufenden Anwendung

5 Anwendungen

Obwohl in der WPF viele Neuerungen enthalten sind, hat sich glücklicherweise am Aufbau einer Anwendung nur wenig geändert. Wenn man möchte, können Anwendungen immer noch auf dieselbe Art und Weise erstellt werden, wie man sie schon aus den Zeiten von Windows Forms her kannte.

Das ist möglich, weil die meisten der Neuerungen optional sind und nur bei Bedarf eingesetzt werden können. Das erleichtert einerseits den Einstieg in die WPF erheblich, da man sich nicht von Grund auf das gesamte Wissen neu aneignen muss. Stattdessen kann man sich Schritt für Schritt vorwärtsbewegen. Andererseits steigt aber auch die Gefahr, dass viele der nützlichen Verbesserungen im System ungenutzt bleiben.

Dieses Kapitel widmet sich daher dem grundlegenden Aufbau einer Anwendung und zeigt, wo einige der zahlreichen Neuerungen zu finden sind, die für den Aufbau einer Anwendung relevant sein werden, und wie sie am effektivsten eingesetzt werden.

5.1 Zusammenspiel von Code und XAML

Wie man in Kapitel 2 sehen konnte, nimmt das Zusammenspiel von Code und XAML in der WPF einen hohen Stellenwert ein. Viele Angaben sind in XAML durchaus kürzer und prägnanter, als wenn diese im Code geschrieben werden müssten. Auf der anderen Seite lassen sich auch zukünftig nicht alle Angaben alleine mit XAML realisieren. Geschäftslogik wird auch weiterhin ihren Platz im Programmcode finden, während die Darstellung der Anwendung weitestgehend in XAML anzutreffen sein wird. Code und XAML gehen daher meist Hand in Hand, für die natürlich auch die notwendigen Schnittstellen geschaffen wurden. Die Aufteilung von XAML und Codebehind-Dateien ist daher in den Projektvorlagen von Visual Studio ein fester Bestandteil.

Viele Bereiche der WPF können sowohl in XAML als auch im Programmcode entwickelt werden. Nutzt man die Möglichkeiten von XAML, kann sich das durchaus positiv auf die Struktur und den Umfang des Programmcodes auswirken. Viele kleinere Aufgaben, die früher nur umständlich über eine Ereignisbehandlung oder vom Background-Worker zu erledigen waren, können heute mit ein paar einfachen Angaben in XAML erledigt werden.

5.2 Anwendungsklasse

Der zentrale Kern und Startpunkt einer jeden Anwendung ist bis heute die statische Methode `Main()`, die im Zeitalter von .NET zusätzlich mit dem „magischen" Attribut `STAThread` versehen wird. Dieses Attribut ist für die .NET-Laufzeitumgebung ein Kennzeichen für den verwendeten Modus, wenn man auf COM-Komponenten zugreifen möchte. Diese können zwar in unterschiedlichen Modi angesprochen werden, da aber Windows Forms- und WPF-Anwendungen ausschließlich das Modell „Single Threaded Apartment" (STA) unterstützen, darf diese Angabe auch in der WPF nicht fehlen. Hierbei dürfen die Methoden immer nur von einem Thread (dem sog. UI-Thread) aufgerufen werden, die von der WPF der Reihe nach abgearbeitet werden. Der Grund, dass die meisten Anwendungen trotz Fehlen dieser Attribute unter Windows Forms funktioniert haben, lag meist an den verwendeten Steuerelementen. Die WPF dagegen prüft hier genau nach, in welchem Modus die Anwendung läuft und welcher Thread auf die UI zugreifen möchte (Weiteres hierzu finden Sie am Ende dieses Kapitels). Daher ist hier die Gefahr etwas größer, schon einmal ungewollt eine Ausnahme zu erzeugen, nur weil man sich in einem fremden Thread befindet oder weil das Attribut vergessen wurde. Die Regeln und Kontrollen sind zwar allgemein ein wenig strenger geworden, doch helfen diese auch, einen saubereren Programmcode zu entwickeln.

5.2.1 Starten und Beenden einer Anwendung

Zum besseren Vergleich soll zuerst eine Startroutine in der Form angelegt werden, wie sie noch unter Windows Forms üblich gewesen wäre. Hierbei wird in der Methode `Main()` das Hauptfenster erstellt und die Anwendung gestartet.

Listing 5.1 Eine klassische Startmethode für eine Anwendung

```
// C# - Konventionelles Programmmodell
public class MyProgram {

  [STAThread]  // Attribut darf auch in der WPF nicht fehlen
  public static void Main()
  {
    Window win = new Window();
    win.Content = "WPF Programmierung leicht gemacht";
    win.Show();

    Application myApp = new Application();
    myApp.Run(win);
  }

}
```

Wie man in diesem Beispiel sehen kann, muss sich der Einstiegspunkt einer WPF-Anwendung nicht zwangsläufig von einer Windows Forms-Anwendung groß unterscheiden.

In der Klasse `Application` sind zahlreiche Eigenschaften und Ereignisse definiert, die beim Start der Anwendung genutzt werden können. Mit der Eigenschaft `MainWindow` kann beispielsweise das Hauptfenster einer Anwendung festgelegt werden.

Listing 5.2 Zuweisung eines Hauptfensters

```
Application myApp = new Application();
Window win = new Window();
myApp.MainWindow = win;
myApp.Run();
```

Die Methode `Run` ist überladen. Ihr kann man als Parameter das gewünschte Hauptfenster übergeben. Da in diesem Beispiel das Hauptfenster aber bereits über die Eigenschaft `MainWindow` gesetzt wurde, ist hier die einfache Variante der Methode ausreichend. Beim Aufruf überprüft die Methode intern, ob die Eigenschaft `MainWindow` bereits gesetzt worden ist. Sollte hier noch kein Fenster hinterlegt sein, wird erwartet, dass das verwendete Hauptfenster als Parameter übergeben wird.

Diese Routine kann insbesondere dann sinnvoll sein, wenn das Hauptfenster manuell gesetzt werden soll, um beispielsweise vorher noch ein Fenster für den Login oder einen sog. Splash-Screen einblenden zu können. Diese würden ohne diese Anpassung fälschlicherweise als Hauptfenster aktiviert werden.

In der Regel wird die Anwendungsklasse direkt zu Beginn in der `Main()`-Methode instanziiert. Damit diese Instanz nun nicht über Parameter oder Eigenschaften quer durch die Anwendung gereicht werden muss, wird sie automatisch als statische Eigenschaft `Current` in der Anwendungsklasse angeboten.

```
Application myApp = Application.Current;
Window mainWin = myApp.MainWindow;
```

Mithilfe der Eigenschaft `Current` kann man so von jedem Ort auf die Anwendungsklasse zugreifen. In dieser sind unter anderem auch Ereignisse wie `OnActivated()` und `OnDeactivated()` zu finden, die Auskunft darüber erteilen, ob der Benutzer gerade zu einer anderen Anwendung gewechselt hat.

Listing 5.3 Zugriff auf die aktuelle Anwendungsklasse

```
public static void Main() {
  Application myApp = new Application();
  myApp.Deactivated += MyApp_Deactivated;
  myApp.Activated += MyApp_Activated;
  myApp.Run(win);
}

private static void MyApp_Deactivated(object sender, EventArgs e)
{
  Application.Current.MainWindow.Background = Brushes.Black;
}

private static void MyApp_Activated(object sender, EventArgs e)
{
  Application.Current.MainWindow.Background = Brushes.Blue;
}
```

In diesem Beispiel wird die Hintergrundfarbe des Hauptfensters auf Schwarz gesetzt, sobald der Benutzer die Anwendung verlässt. Wenn dieser wieder zur Anwendung zurückkehrt, wird die Farbe auf Blau gesetzt.

Unter Windows Forms wurde eine Anwendung klassisch durch das Schließen des Hauptfensters beendet. In der WPF ist man hingegen nicht mehr zwingend auf ein zentrales Hauptfenster angewiesen, das die Lebensdauer der Anwendung maßgeblich bestimmt. Dadurch bekommt man die Möglichkeit, anstelle eines großen Hauptfensters zahlreiche kleine Werkzeugfenster zu öffnen, die auch unabhängig voneinander geschlossen werden können. Erst mit dem Schließen des letzten Fensters würde die Anwendung beendet werden. Das entspricht auch dem Standardverhalten einer WPF-Anwendung, was mitunter zu Verwunderung mancher Entwickler führen kann.

Dieses Verhalten lässt sich jedoch in der Anwendungsklasse über die Eigenschaft `ShutdownMode` beeinflussen. Hier ist der Wert `OnLastWindowClose` vorgesetzt, wodurch die Anwendung so lange am Leben gehalten wird, bis das letzte Fenster geschlossen wurde.

```
Application myApp = new Application();
myApp.ShutdownMode = ShutdownMode.OnMainWindowClose;
```

Wie im Beispiel zu sehen ist, kann das Verhalten über den Enum `ShutdownMode` relativ einfach verändert werden. In diesem Fall wird die Anwendung geschlossen, sobald das Hauptfenster geschlossen wird. Gerade in diesem Fall ist es wichtig, dass die Eigenschaft `MainWindow` richtig gesetzt ist. Ist hier das falsche Fenster hinterlegt, kann beispielsweise schon nach der Benutzeranmeldung die Anwendung geschlossen werden.

Tabelle 5.1 Die Werte des Enums ShutDownMode

Wert	Beschreibung
`OnLastWindowClose`	Die Anwendung wird erst beendet, wenn alle Fenster geschlossen werden (i. d. R. durch den Anwender).
`OnMainWindowClose`	Wenn das Hauptfenster geschlossen wurde, wird auch die Anwendung beendet, unabhängig davon, ob weitere Fenster geöffnet sind.
`OnExplicitShutdown`	Die Anwendung wird nicht automatisch beendet, sondern erst über den Aufruf der Methode `Shutdown()`. Eine fensterlose Anwendung ist damit möglich.

Insbesondere der Wert `OnExplicitShutdown` dürfte für Anwendungen interessant sein, die über kein Hauptfenster verfügen. Derartige Werkzeuge agieren in der Regel unbemerkt im Hintergrund und werden meist über eine Tastaturkombination oder über ein Symbol im sog. *Systray*, der sich neben der Windows-Uhr befindet, aktiviert. In einem solchen Fall muss die Anwendung allerdings explizit beendet werden. Hierfür verfügt die Anwendungsklasse über die zentrale Methode `Shutdown`, mit der die gesamte Anwendung geregelt beendet werden kann. Die Methode kann beispielsweise auch dann aufgerufen werden, wenn das Hauptfenster durch den Benutzer geschlossen wurde.

Listing 5.4 Eine Anwendung manuell im Programmcode beenden

```
public static void Main() {
  Window mainWin = new Window();
  mainWin.Closed += delegate(object sender, EventArgs e) {
    Application.Current.Shutdown();
  }
```

```
    Application myApp = new Application();
    myApp.ShutdownMode = ShutdownMode.OnExplicitShutdown;
    myApp.Run(mainWin);
}
```

In diesem Beispiel wird darauf geachtet, ob das Hauptfenster der Anwendung geschlossen wird, um dann die Anwendung über die Methode `Shutdown` zu beenden. Das ist im Grunde auch dieselbe Implementierung, die beim Setzen des Modus `OnMainWindowClose` ausgeführt wird.

5.2.2 Die Anwendungsklasse erweitern

Es hat zahlreiche Vorteile, einen zentralen Anlaufpunkt für anwendungsspezifische Eigenschaften oder Methoden zu haben. Die Anwendungsklasse ist daher nicht als bloße Schnittstelle zwischen Entwickler und der WPF gedacht, sondern sie erfüllt zugleich auch zahlreiche Aufgaben innerhalb der WPF.

Dieser Vorteil kann auch in Form einer eigenen, spezialisierten Anwendungsklasse genutzt werden. Da die Klasse `Application` nicht versiegelt ist, kann sie problemlos spezialisiert werden.

Listing 5.5 Die Anwendungsklasse um eigene Features erweitern

```
// Die eigene Anwendungsklasse...
public class CustomerApplication : Application {

    // globaler Indikator für den Online-Status
    public bool IsOnline
    {
        // immer online ;-)
        get { return true; }
    }

    public static new MyApplication Current
    {
        get { return Application.Current as MyApplication; }
    }
}
```

Beim Start der Anwendung wird dann diese neue Anwendungsklasse anstelle der allgemeinen aus WPF instanziiert.

```
MyApplication myApp = new CustomerApplication();
myApp.Run(new Window());
```

Diese neue Anwendungsklasse ist dadurch ebenfalls in der gesamten Anwendung über die Eigenschaft `Current` verfügbar. Sie muss allerdings immer in den richtigen Datentyp konvertiert werden, da die Eigenschaft `Current` auch weiterhin nur vom Typ `Application` ist. Um das ständige Konvertieren in der Anwendung zu verhindern, kann man in der neuen Anwendungsklasse auch eine eigene Implementierung von `Current` anbieten. Hier ist es ausreichend, die Konvertierung aus der Klasse `Application` automatisch vorzunehmen.

Im vorangehend gezeigten Beispiel führt die Eigenschaft die Konvertierung automatisch mittels `as`-Operation durch. Dadurch wird selbst bei einer ungültigen Konvertierung keine Ausnahme erzeugt.

5.2.3 Anwendungsklassen mit XAML definieren

In den bisher gezeigten Fällen wurde die Anwendungsklasse immer in der statischen Methode `Main()` erstellt und aufgerufen. Diese Methode enthält aber spätestens mit der Implementierung einer eigenen Anwendungsklasse bestenfalls nur noch ein paar Zeilen Programmcode zum Starten der Anwendung. In der WPF ist dieser Einstiegspunkt zwar immer noch erforderlich, kann aber auch automatisch generiert werden. Ganz ohne ihn wird man wohl auch in Zukunft nicht auskommen.

Natürlich bietet sich für diese Aufgabe wieder XAML an. Hierfür muss als Erstes das Schlüsselwort `partial` vor die Deklaration der Anwendungsklasse gestellt werden.

```
public partial class MyApplication : Application { ... }
```

Als Nächstes muss dem Projekt eine XAML-Datei hinzugefügt werden.

Listing 5.6 XAML in der Application-Datei als Ergänzung der Anwendungsklasse

```
<Application
    xmlns="..." xmlns:x="..."
    x:Class="JoergWegener.MyApplication">

  <Application.Resources>
  </Application.Resources>
</Application>
```

Auch an dieser Stelle passiert fürs Erste nichts Magisches. Es wurde mit der Angabe von Application lediglich ein Rumpf deklariert, der sich im Laufe der Anwendung weiter ausbauen lässt.

Beide gehen normalerweise Hand in Hand und ergänzen sich gegenseitig. Hierfür ist aber immer die Verknüpfung beider notwendig: Auf Seiten von XAML muss immer die Klasse über die Definition `x:Class` angegeben werden, und auf der Seite des Codes darf das Schlüsselwort `partial` nicht fehlen. Ansonsten würden beide Teile nicht zueinanderfinden – was mitunter noch nicht einmal Fehlermeldungen generieren würde. Dasselbe Prinzip wird allgemein auch bei Fenstern und benutzerdefinierten Steuerelementen angewendet, die mit XAML und Codebehind-Dateien arbeiten.

Grundlage hierfür ist, dass die XAML-Datei zuvor in C# Code „kompiliert" wurde. Hierfür sind sog. XAML-Compiler zuständig, die aus dem (technisch gesehen) relativ statischen XML-Code generieren. Normalerweise bekommt man diesen Code nicht zu Gesicht, da dieser nur temporär benötigt wird, bis das Projekt vollständig erstellt worden ist. Manchmal kann es aber vorkommen, dass beim Erstellen Namenskonflikte auftreten oder man beim Debuggen in diesen Code kommt. Das ist gut daran zu erkennen, dass zwischen Dateiname und Dateiendung ein „g" steht – ein eindeutiger Hinweis auf „generierten" Code. In diesem Fall würde man vermutlich eine Datei *CustomerApplication.g.cs* erhalten.

Es gibt aber nicht nur den einen Compiler für alle XAML-Dateien. Auch hier gibt es wieder unterschiedliche Compiler für unterschiedliche Zwecke. Die Anwendungsklasse beispielsweise wird vom Compiler `ApplicationDefinition` erzeugt.

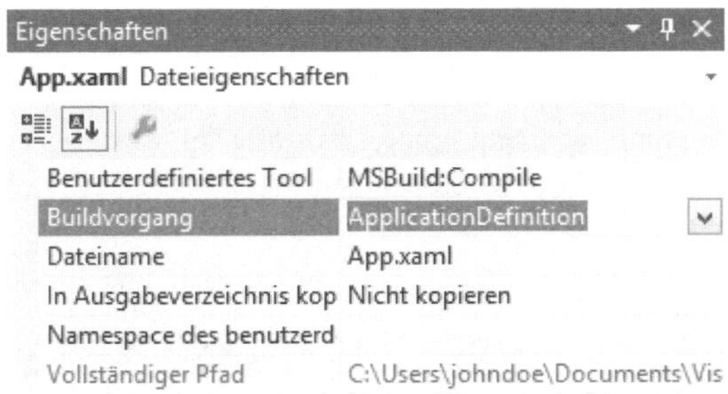

Bild 5.1 Die „Build Action" für die Anwendungsdatei

In Visual Studio gibt es bereits fertige Vorlagen für die Anwendungsklasse in Form der Datei *app.xaml*, die auch standardmäßig bei jedem neuen Projekt hinzugefügt wird. Das manuelle Erstellen dieser beiden Dateien sollte das gute Zusammenspiel zwischen Code und XAML demonstrieren.

5.2.4 Startadresse

Da die Datei *app.xaml* die Einsprungsmethode `Main()` ersetzt, fehlt auch die Möglichkeit, das Startfenster zu erstellen und zu öffnen. Alternativ kann diese Angabe auch direkt in XAML erfolgen.

Listing 5.7 Startadresse der Anwendung hinterlegen

```
<Application
    xmlns="..." xmlns:x="..."
    x:Class="WindowsApplication1.CustomerApplication"
    StartupUri="Window1.xaml">
</Application>
```

Mit dieser Definition wird beim Start der Anwendung automatisch das Fenster `Window1` erstellt und geöffnet.

5.2.5 Splash Screen anzeigen

Ein sog. *Splash Screen* ist ein Fenster, das vor dem eigentlichen Anzeigen des Hauptfensters angezeigt wird. Es soll dem Anwender signalisieren, dass die Anwendung bereits gestartet ist, sodass diese nicht versehentlich ein zweites Mal gestartet wird. Ein Splash Screen wird daher verwendet, um die Dauer zwischen dem Start der Anwendung und dem Anzeigen des Hauptfensters zu überbrücken, und kann genutzt werden, um den Namen der Anwendung, Logo oder Firmennamen zu präsentieren.

> Microsoft rät im Leitfaden von Windows selbst von der Verwendung von Splash Screens ab, da diese Anwendungen von vielen Anwendern eher als langsam und leistungsschwach empfunden werden. Stattdessen sollte man mehr Wert auf einen schnellen Start legen und langwierige Prozesse parallel im Hintergrund abarbeiten.

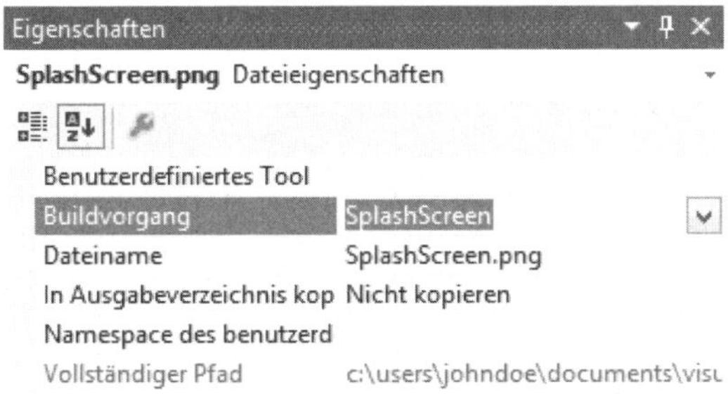

Bild 5.2 Eine Grafik kann über die Build Action einfach als Splash-Grafik angezeigt werden.

Es gibt zwei Arten, einen Splash Screen anzuzeigen: per Deklaration oder per Programmcode. Das Anzeigen per Deklaration ist am einfachsten, da hier lediglich die gewünschte Grafik dem Projekt hinzugefügt werden muss, deren „Buildvorgang" in einem zweiten Schritt auf „Splash Screen" geändert werden muss (wie in Bild 5.2 zu sehen ist). Beim Start der Anwendung wird dann die Grafik automatisch angezeigt und ausgeblendet. Weitere Möglichkeiten zur Darstellung erhält man dagegen nur beim Aufruf des Splash Screens im Programmcode.

Am besten wird ein Splash Screen als Erstes vor allen anderen Routinen angezeigt. Dadurch erhält der Anwender eine Rückmeldung, dass die Anwendung bereits gestartet ist, während die aufwendigen und langwierigen Routinen abgearbeitet werden können. Als Platz eignet sich daher entweder klassisch die Einsprungsmethode `Main()` oder das Ereignis `Startup()` in der Datei *app.xaml*.

Listing 5.8 Den Splash Screen im Programmcode anzeigen

```
private void Application_Startup(object sender, StartupEventArgs e)
{
  SplashScreen screen = new SplashScreen("SplashScreen.png");
  screen.Show(true);
}
```

Die Klasse `SplashScreen` beinhaltet bereits die Funktionalität, die zum Anzeigen eines Splash Screens benötigt wird. Dem Konstruktor wird die Datei angegeben, die mit dem Aufruf der Methode `Show()` angezeigt werden soll. Die Angabe von `True` beim Aufruf der Methode `Show()` bewirkt, dass der Splash Screen automatisch wieder geschlossen wird –

was bereits nach 300 Millisekunden geschieht. Wem diese Zeitspanne zu kurz ist, kann das Schließen entweder selber vornehmen oder die Zeitspanne angeben, nachdem der Screen automatisch geschlossen werden soll.

Listing 5.9 Die Dauer des Splash Screen beeinflussen

```
private void Application_Startup(object sender, StartupEventArgs e)
{
   SplashScreen screen = new SplashScreen("SplashScreen.png");
   screen.Show(false);

   // lang andauernde Initialisierung simulieren
   Thread.Sleep(2000);

   screen.Close(TimeSpan.FromMilliseconds(600));
}
```

In diesem Beispiel wird das automatische Schließen des Splash Screens mit dem Wert `False` in der Methode `Show()` unterbunden. Der Screen wird erst mit der Methode `Close()` geschlossen bzw. nachdem dieser nach 600 Millisekunden vollständig ausgeblendet wurde. Da der Wert allerdings die Dauer des Ausblendens beeinflusst und nicht die Gesamtdauer der Anzeige, kann hier ein zu hoher Wert auch unschöne Nebeneffekte haben. Die Methode `Close()` sollte daher erst am Ende einer lang andauernden Initialisierung aufgerufen werden, damit der Splash Screen nicht die meiste Zeit halbtransparent (und wohlmöglich für den Anwender kaum sichtbar) erscheint.

5.3 Fenster

Fenster bilden die Schnittstelle einer Anwendung, über die mit dem Anwender kommuniziert wird. Entsprechend übersichtlich und ansprechend sollten die Fenster daher gestaltet werden. Die WPF bietet hierfür eine Vielzahl an Möglichkeiten, um nicht nur die Darstellung der Fenster anzupassen. Mit navigierbaren Fenstern lassen sich Rich-Client-Anwendungen umsetzen, durch deren Inhalte man sich wie im Internet vor und zurück bewegen kann.

Leider gibt es in der WPF bislang keine Unterstützung für MDI-Fenster. Alternativ hierzu können die Fenster dank Interop-Techniken mit Windows Forms erstellt werden. Diese können wie gewohnt als MDI-Fenster eingerichtet werden, während die Inhalte der Fenster mit WPF entwickelt werden können.

Etwas gewöhnungsbedürftig ist auch das Fehlen eines Dispose-Patterns. Gerade in Windows Forms war man immer angehalten, alle belegten Ressourcen mit einem expliziten `Dispose` (oder einer `using`-Anweisung) wieder freizugeben. Unter Windows Forms war das noch notwendig, da jedes Fenster und jedes Steuerelement im Hintergrund Ressourcen von Windows verwendet hat. Diese müssen (oder sollten) verständlicherweise auch wieder mit `Dispose` freigegeben werden. Unter WPF fehlt diese Methode, da keine Ressourcen belegt werden, die man wieder freigeben könnte. Das mag gerade am Anfang ungewohnt erscheinen. (Lesen Sie hierzu auch Abschnitt 5.9, „Das Task-Manager-Syndrom".)

5.3.1 Außengrenzen zum Betriebssystem

Obwohl Windows, was die Oberfläche angeht, ziemlich große Ähnlichkeit mit WPF besitzt, ist diese ausschließlich mit der GDI entwickelt worden. Die Grenze zwischen WPF und GDI ist daher exakt bestimmt und verläuft um das sog. *ClientRect* jeden Fensters herum. In Bild 5.3 ist der ClientRect eines Fensters hervorgehoben.

Bild 5.3 Das sog. ClientRect bildet die Außengrenze der WPF – nur innerhalb des eingeschwärzten Bereiches kann die WPF arbeiten.

Die WPF kann sich nur innerhalb dieser Grenzen bewegen. Soll auch außerhalb des ClientRects gezeichnet werden, wie beispielsweise im Titel des Fensters, ist man entweder auf die GDI angewiesen, oder man arbeitet mit einem rahmenlosen Fenster. Bei letzterer Option muss man dann allerdings selbst die Benutzerschnittstelle der Fenster entwickeln.

Jedes Fenster kann mit einem eigenen Symbol versehen werden, das in der Titelleiste und in der Taskbar von Windows angezeigt wird. Letztere Anzeige lässt sich auch über die Eigenschaft `ShowInTaskbar` ausschalten.

5.3.2 Größe und Position eines Fensters

Die Größe und die Position eines Fensters werden mit den Werten `Width`, `Height`, `Top` und `Left` festgelegt. Alle vier Eigenschaften sind vom Typ `double` und können damit (theoretisch) auch um kleinere Einheiten als ein Pixel verändert werden.

Das Layout in der WPF ist normalerweise „gierig“ ausgelegt, d. h., der vorhandene Platz wird möglichst gut ausgenutzt. Ein Panel, sollten hier nicht explizit Größen oder Ausrichtungen angegeben sein, nimmt daher immer die gesamte Fläche eines Fensters ein. Es kann aber auch den umgekehrten Fall geben, bei dem der Inhalt fix vorgegeben ist. Dann würde ein zu großes Fenster einen unnötigen (und unschönen) Abstand zwischen Inhalt und Fensterrahmen lassen. Mit der Option `SizeToContent` kann beim Fenster angegeben werden, dass sich das Fenster an der Größe seines Inhaltes orientieren soll. Hier sind die Werte `Height`, `Width` und HeightAndWidth möglich. Standardmäßig ist hier der Wert Manual gesetzt. Dieser Modus bleibt jedoch nur so lange gesetzt, bis der Anwender die Größe des Fensters ändert. In diesem Fall wird die Eigenschaft SizeToContent automatisch zurück auf Manual gesetzt.

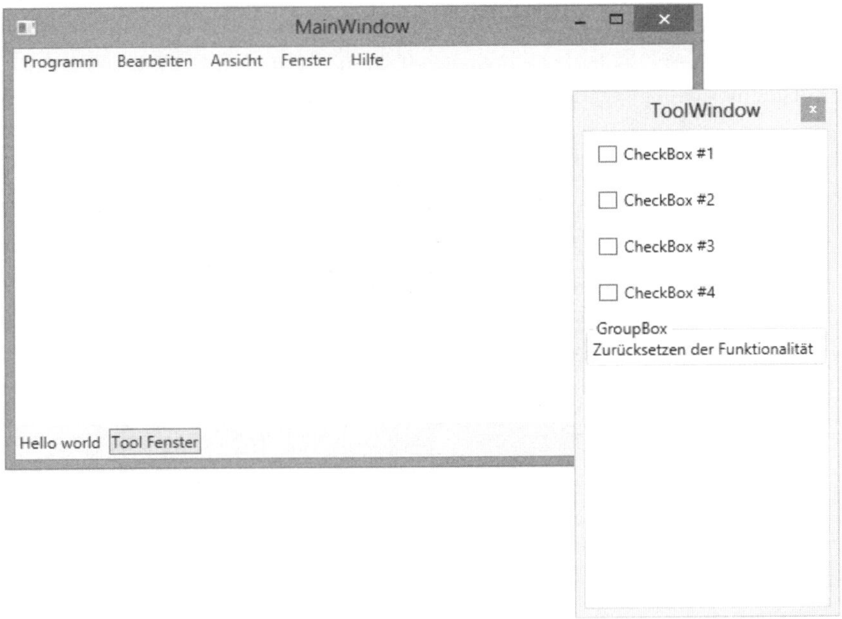

Bild 5.4 Ein Fenster mit gesetztem Owner bleibt für den Anwender immer gut sichtbar.

Die Position des Fensters beim Öffnen kann mit WindowStartupLocation angegeben werden. Mit den Werten CenterScreen oder CenterOwner kann so entweder die Mitte des Bildschirms oder die Mitte des übergeordneten Fensters gewählt werden. Das übergeordnete Fenster kann über die Eigenschaft Owner festgelegt werden. Durch diese Angabe gibt man der WPF an, in welcher Beziehung die beiden Fenster zueinander stehen. Das untergeordnete Fenster bleibt so immer gut sichtbar und wird nicht durch das Hauptfenster verdeckt.

Listing 5.10 Das übergeordnete Fenster festlegen

```
protected void OpenToolWinButton_Click(object sender, EventArgs e)
{
  ToolWindow win = new ToolWindow();
  win.Owner = this;
  win.WindowStartupLocation = WindowStartupLocation.CenterOwner;
  win.Show();
}
```

Als Owner kann aber immer nur ein Fenster angegeben werden, das selbst schon angezeigt wird. Auch zirkuläre Beziehungen werden vom Fenster mit einer Ausnahme quittiert.

Mit der Angabe von Topmost kann aber auch unabhängig vom übergeordneten Fenster die Sichtbarkeit beeinflusst werden. Wird die Eigenschaft auf true gesetzt, bleibt das Fenster selbst dann noch gut sichtbar, wenn Fenster aus anderen Anwendungen in den Vordergrund geholt werden. Nur andere Fenster, die ebenfalls auf `Topmost` gesetzt worden sind, können das Fenster noch verdecken.

Fenster können drei unterschiedliche Zustände annehmen: `Maximized`, `Minimized` und `Normal`. Diese Angaben können unter der Eigenschaft `WindowState` gesetzt werden. Mit der Eigenschaft `ResizeMode` lässt sich allerdings beeinflussen, welche der Zustände erlaubt sind. Wird hier `NoResize` angegeben, kann das Fenster weder minimiert, maximiert noch in der Größe verändert werden.

Bild 5.5 Die möglichen Werte für ResizeMode im Überblick: NoResize, CanMinimize, CanResize und CanResizeWithGrip

Die Größe ist damit fest vorgegeben und kann vom Anwender nicht geändert werden. Selbst die entsprechenden Symbole fehlen mit dieser Einstellung in der Titelleiste des Fensters. Bei `CanMinimize` kann das Fenster zumindest in die Taskbar verkleinert werden. Nur mit dem Wert `CanResize` (dem Standardwert) kann das Fenster wie gewohnt vom Anwender verändert werden. `CanResizeWithGrip` bietet darüber hinaus noch zusätzlich die Möglichkeit, in der rechten unteren Ecke des Fensters einen Anfasser (*Grip*) zu visualisieren, an dem sich der Benutzer für die Größenänderung orientieren kann.

5.3.3 Dialog- und Werkzeugfenster

Über ein Dialogfenster soll der Anwender unabhängig von den anderen Fenstern Werte eingeben können. Normalerweise sind Dialogfenster daher meist modal, d. h., sie blockieren in dieser Zeit die anderen Fenster der Anwendung. Ein Dialogfenster wird daher wie ein normales Fenster erstellt – lediglich die Methode zum Anzeigen unterscheidet es.

Listing 5.11 Dialogfenster modal öffnen

```
// Normales Fenster erstellen
SelectCustomerDialog win = new SelectCustomerDialog();

// Mögliche Rückgabewerte: true, false oder null
if (win.ShowDialog() == true)
{
  Customer customer = win.SelectedCustomer;
  // ...Kundendaten hier öffnen
}
```

Anstelle der Methode Show wird zum Anzeigen des Dialogfensters die Methode ShowDialog verwendet. Diese gibt als Rückgabewert das Ergebnis des Dialogfensters als booleschen Wert zurück. Neben true (OK oder Bestätigen) und false (Abbrechen) ist hier auch noch NULL möglich. Daher sollte beim Aufruf der Methode explizit auf true abgefragt werden.

Bei der Entwicklung des Dialogfensters gibt es dagegen aber kaum Unterstützung von Seiten der WPF. Das Ergebnis des Dialoges muss meistens sogar selbst über die Eigenschaft DialogResult gesetzt werden.

Listing 5.12 Ergebnis des Dialoges zurückgeben

```
public class SelectCustomerDialog : Window
{
  // Öffentliche Eigenschaft zum Auslesen des ausgewählten Kunden
  private Customer selectedCustomer = null;
  public Customer SelectedCustomer {
    get { return selectedCustomer; }
  }

  protected void OkButton_Click(object sender, RoutedEventArgs e)
  {
    // Ausgewählten Kunden setzen
    this.selectedCustomer = CustomerListView.SelectedItem;
    DialogResult = true;
  }
}
```

In diesem Dialogfenster wird das Ergebnis des Dialoges in der Ereignisbehandlung der OK-Schaltfläche gesetzt. Diese Stelle im Programmcode kann auch dazu genutzt werden, um beispielsweise die Auswahl des Anwenders zu speichern.

Nach dem Setzen der Eigenschaft DialogResult darf kein weiterer Code folgen, da hierdurch die weitere Ausführung des Codes abgebrochen wird.

Ein wenig Unterstützung gibt es nur in Form der Klasse Button, die mit der Eigenschaft IsCancel zumindest das Erstellen der ABBRECHEN-Schaltfläche für das Dialogfenster erleichtert.

Listing 5.13 Erstellen von OK- und Abbrechen-Schaltflächen für das Dialogfenster

```
<Button
    Name="OkButton"
    Content="Ok"
    IsDefault="True"
    Click="OkButton_Click" />
<Button
    Name="CancelButton"
    Content="Abbrechen"
    IsCancel="True" />
```

In diesem Code-Schnipsel sind OK- und ABBRECHEN-Schaltflächen gegenübergestellt. Die OK-Schaltfläche kann zwar mit der Eigenschaft IsDefault als Standard-Schaltfläche gekennzeichnet werden, die der Anwender damit leichter über das Drücken der Enter-Taste erreichen kann, doch hat diese Angabe keinen Einfluss auf den `DialogResult`. Dieser muss immer noch explizit im Code gesetzt werden – wie hier in einer Ereignisbehandlung.

Dieser Aufwand kann zumindest bei der ABBRECHEN-Schaltfläche eingespart werden. Hier ist es ausreichend, die Eigenschaft `IsCancel` auf `true` zu setzen. Damit kann der Anwender sowohl über die Schaltfläche als auch mit der Taste `Escape` den Dialog abbrechen.

5.3.4 Effektvolle Fenster

Ein Fenster kann durchaus Blicke auf sich ziehen, wenn es sich vom Standard abhebt. Eine Möglichkeit bietet hierfür beispielsweise ein transparentes Fenster. Hierbei können die Form und das Aussehen eines Fensters selbst definiert werden – genug Kreativität natürlich vorausgesetzt. Hierfür muss die Eigenschaft `AllowsTransparency` auf `true` gesetzt werden. Dieser Wert ist aber nur möglich, wenn zeitgleich das Fenster auf rahmenlos gesetzt wird, wodurch die Rahmen und Titelleiste eines Standardfensters ausgeblendet werden (andere Werte werden mit einer Ausnahme quittiert). Dabei muss man aber bedenken, dass man nun selber für die Implementierung der Fenstersteuerung verantwortlich ist.

Bild 5.6 Die Form des Fensters kann mittels Clipping verändert werden.

Listing 5.14 Ein Fenster ohne Standard-Titelleiste und Transparenz

```
<Window xmlns="..." xmlns:x="..."
    AllowsTransparency="True"
    WindowStyle="None"
    Background="Transparent">
</Window>
```

Für dieses Fenster wurde die Transparenz aktiviert und der Rahmen ausgeblendet. Idealerweise sollte auch die Hintergrundfarbe des Fensters auf Transparenz gestellt werden, da ansonsten das `ClientRect` weiterhin eine weiße Fläche zeichnet.

Nicht immer lassen sich Steuerelemente in die gewünschte Form bringen. Mittels *Clip* kann die Darstellung nochmals verfeinert werden. Hierfür kann man geometrische Formen angeben, die als Vorlage verwendet werden sollen. Die Bereiche, die außerhalb dieser Formen liegen, werden regelrecht wie mit einer Schere abgeschnitten und nicht mehr angezeigt. Die geometrischen Formen und die Clip-Funktion werden in Kapitel 10 im Detail beschrieben.

Listing 5.15 Die Form des Fensters mittels Clipping bestimmen

```
<Window
  xmlns="" xmlns:x=""
  Height="300" Width="300"
  WindowStyle="None"
  AllowsTransparency="True"
  ResizeMode="NoResize">
  <Window.Clip>
    <EllipseGeometry Center="150,150"
        RadiusX="150" RadiusY="150" />
  </Window.Clip>
  <Grid>
    <DockPanel>
      <Button DockPanel.Dock="Left" Content="Links" />
      <Button DockPanel.Dock="Right" Content="Rechts" />
      <StackPanel VerticalAlignment="Center" Margin="10">
        <TextBlock Text="Eingabe:" />
        <TextBox Text="Globale Suche..." />
      </StackPanel>
    </DockPanel>
    <Ellipse Stroke="Black" StrokeThickness="3" />
  </Grid>
</Window>
```

Das Ausblenden jeglicher Bestandteile des Fensterrahmens bringt aber noch weitere Konsequenzen: Der Anwender kann das Fenster nun weder schließen noch bewegen. Zumindest das Schließen ist über eine Schaltfläche einfach zu erledigen – schwieriger wird es hingegen beim Bewegen des Fensters.

Grundsätzlich kann jeder Bereich zum Bewegen des Fensters genutzt werden. Im folgenden Beispiel wird daher einfach der Hintergrund des Fensters zum Bewegen verwendet.

Listing 5.16 Das Fenster über den Hintergrund bewegen

```
<Window
    xmlns="..." xmlns:x="..."
    x:Class="MainWindow"
    Title="Fenster ohne Titelleiste bewegen"
    Width="450" Height="450">

  <Grid LeftMouseButtonDown="Grid_LeftMouseButtonDown">
    <TextBlock>Hier drücken und Maus bewegen</TextBlock>
  </Grid>
</Window>

public class MainWindow : Window
{
    protected void Grid_LeftMouseButtonDown(object sender,
        MouseButtonEventArgs e)
```

```
        {
            DragMove();
        }
    }
```

Sobald auf dem Grid die linke Maustaste gedrückt wird, kann der Anwender das Fenster verschieben. Hierfür muss einfach die Methode `DragMove` aufgerufen werden, die das Verschieben des Fensters übernimmt.

In der Klasse `Window` existieren zwar die Eigenschaften `LayoutTransform`, `RenderTransform` und `BitmapEffect`, denen man auch Werte zuweisen kann, das Fenster ignoriert diese allerdings. (Transformationen und Bitmap-Effekte werden in Kapitel 10 beschrieben.)

5.4 Navigierbare Fenster

Mit navigierbaren Anwendungen sind nicht etwa Anwendungen gemeint, die sich besonders einfach vom Anwender bedienen lassen. Vielmehr orientieren sich die Anwendungen am Konzept eines Internet-Browsers, bei denen die unterschiedlichen Inhalte in einem gemeinsamen Fenster dargestellt werden. Die Inhalte werden hierbei auf mehrere Seiten aufgeteilt, die untereinander mit Links verbunden werden können. Der Anwender kann sich auf diese Weise durch die Inhalte durchklicken, ohne dass er das Fenster verlassen muss oder neue Fenster geöffnet werden.

In der WPF wird ebenfalls ein ähnliches Konzept zur Navigation angeboten, das bis vor Kurzem noch recht untypisch für Rich-Client-Anwendungen war. In der Regel arbeiten Anwendungen unter Windows meist mit mehreren Fenstern, die jeweils auf eine bestimmte Aufgabe spezialisiert sind. Erst mit Windows Vista sieht man auch vermehrt Fenster, durch deren Inhalte man sich ähnlich wie in einem Internet-Browser navigieren kann. In Bild 5.7 ist als Beispiel die Systemsteuerung von Windows Vista zu sehen, bei der ein solches Navigationskonzept umgesetzt wurde.

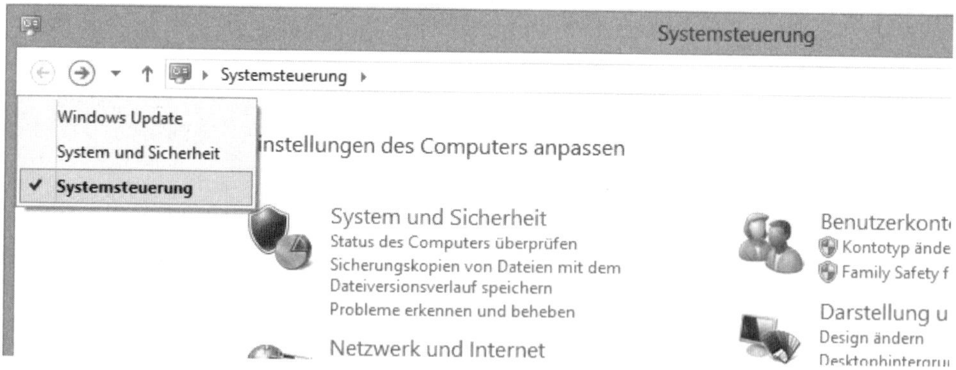

Bild 5.7 Die Systemsteuerung in Windows 8 nutzt ebenfalls navigierbare Fenster.

Eine Navigation setzt meist implizit voraus, dass der Benutzer auch wieder auf die vorherigen Seiten zurückkehren kann, ohne dass die Anwendung hierfür extra Hyperlinks bereitstellen muss. Diese Vor- und Zurück-Navigation ist Standard bei allen Internet-Browsern und ist vor allem in solchen Situationen sinnvoll, in denen der Anwender einen falschen Link aktiviert oder Informationen aus den vorherigen Seiten benötigt. Welche Seiten in welcher Reihenfolge vom Anwender besucht worden sind, wird in einem Journal protokolliert.

5.4.1 Seiten erstellen

Als Nächstes werden die Seiten für die Inhalte erstellt, die angezeigt werden sollen. Wie eingangs erwähnt, werden die Inhalte ähnlich wie im Internet auf mehrere Dateien aufgeteilt, die jeweils unabhängig voneinander arbeiten. In der WPF sind hierfür sog. Seiten (bzw. *Pages*) zuständig. Sie besitzen zwar auf den ersten Blick gewisse Ähnlichkeiten mit einem „richtigen" Fenster, doch sind ihre Fähigkeiten auf ein Minimum begrenzt. Lediglich der Titel der Seite kann definiert werden, der dem Benutzer später auch im Journal angezeigt wird.

Listing 5.17 Verwendung einer einfachen Seite

```
<Page
    xmlns="..." xmlns:x="..."
    x:Class="JoergWegener.WelcomePage"
    Title="Startseite">
  <TextBlock>Willkommen</TextBlock>
</Page>

public class WelcomePage : Page { }
```

Eine Seite ist relativ unspektakulär aufgebaut. Abgesehen von einigen fehlenden Eigenschaften kann sie zur Entwurfszeit ähnlich wie ein Fenster entworfen und entwickelt werden. Im Gegensatz zu `NavigationWindow` gibt es in Visual Studio jedoch eine bessere Unterstützung beim Hinzufügen neuer Seiten in das Projekt. Die Vorlage „Page (WPF)" enthält hierfür bereits alle notwendigen Dateien und Erweiterungen, die für eine Seite benötigt werden.

Startet man die Anwendung, wird automatisch von vom Fenster `NavigationWindow` die Seite aufgerufen, die in der Eigenschaft `Source` hinterlegt wurde. Der Titel wird zwar nicht in der Titelzeile des Fensters angezeigt, so wie es bei Internet-Browsern üblich ist, doch wird er später für den Verlauf der Navigation verwendet. Ein Beispiel dieser Navigation ist in Bild 5.8 zu sehen.

Neben der Eigenschaft `Title` existieren noch zusätzlich `WindowTitle`, `WindowWidth` und `WindowHeight`, mit denen man direkt auf das aktuelle Fenster zugreifen kann. Diese Einstellungen können aber nur verändert werden, wenn die Seiten mit einem `NavigationWindow` angezeigt werden. Seiten können alternativ auch mittels Frames in einem normalen Fenster angezeigt werden, das diese Einstellungen jedoch ignoriert (dazu aber später mehr).

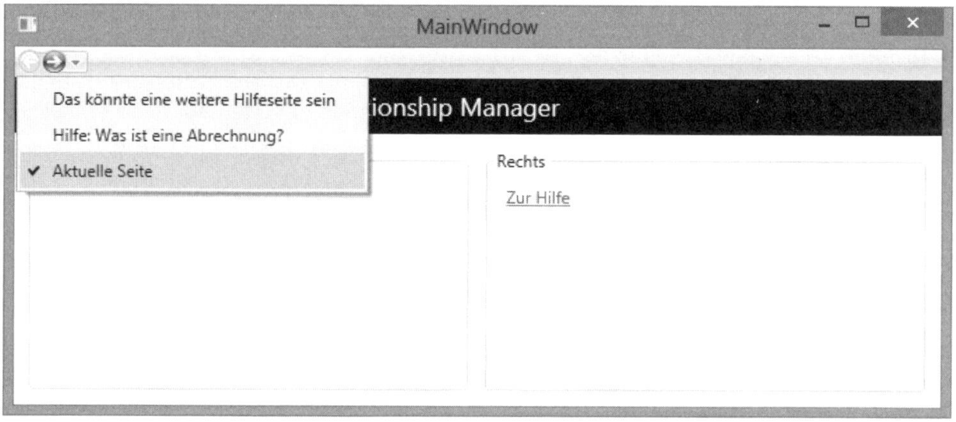

Bild 5.8 Das NavigationWindow stellt bereits Steuerelemente zur Navigation bereit.

Des Weiteren kann man auf der Seite bestimmen, ob die Steuerelemente zur Navigation ausgeblendet werden sollen. Hierfür muss lediglich die Eigenschaft `ShowNavigationUI` auf `false` gesetzt werden. Mit der Angabe von `KeepAlive` kann zudem bestimmt werden, dass der Eintrag nicht im Journal erscheinen soll.

Listing 5.18 Zusätzliche Einstellungen für eine Seite setzen

```
<Page
    xmlns="..." xmlns:x="..."
    ShowNavigationUI="False"
    KeepAlive="False">
```

5.4.2 Seiten miteinander verknüpfen

Damit der Benutzer durch die verschiedenen Seiten navigieren kann, müssen die Seiten entsprechend miteinander verknüpft werden. Das kann beispielsweise relativ einfach mittels Hyperlinks erfolgen. Ihr Aufbau ähnelt dabei stark ihrem Vorbild aus dem Internet – lediglich einige Funktionen wurden ausgelassen, die für die Navigation in der WPF nicht notwendig waren.

Das Erstellen eines Hyperlinks erfolgt in zwei Schritten: Zum einen muss das gewünschte Ziel angegeben werden, auf das der Benutzer geleitet werden soll; zum anderen muss der Inhalt definiert werden, auf den der Benutzer klicken soll.

```
<TextBlock>
  <HyperLink NavigateUri="HelpPage.xaml">Hilfe</HyperLink>
</TextBlock>
```

In diesem Beispiel wird ein Hyperlink auf den Text „Hilfe“ angelegt. Das Ziel, auf das der Benutzer geleitet werden soll, wird in der Eigenschaft `NavigateUri` hinterlegt. Beachten muss man, dass hier der Dateiname der XAML-Datei angegeben werden muss und nicht der Klassenname der Seite.

Die Klasse `Hyperlink` kommt ursprünglich aus dem Bereich für Dokumente, der hauptsächlich für die Strukturierung und die Formatierung von Texten zuständig ist. Hierüber können Dokumente erstellt werden, wie man sie beispielsweise aus einer Textverarbeitung kennt.

Hyperlinks lassen sich aber auch außerhalb von Dokumenten problemlos nutzen, um beispielsweise auch mehrere Seiten miteinander zu verknüpfen. Sie bringen aufgrund ihrer Herkunft aber auch einige Eigenheiten mit sich, die sie von gewöhnlichen Steuerelementen unterscheidet. So kann ein Hyperlink nie selbstständig definiert werden, sondern muss sich entweder innerhalb eines `TextBlock` oder eines `FlowDocument` befinden. Zudem kann der Inhalt eines Hyperlinks ausschließlich zwischen dem öffnenden und dem schließenden XML-Knoten erfolgen. Eine Eigenschaft, wie beispielsweise bei `TextBlock` oder `Button`, wird hier nicht angeboten. Das macht eine Datenbindung etwas schwierig, da hierfür wieder ein weiteres Steuerelement (z. B. ein `TextBlock`) benötigt wird.

Ein Hyperlink ist dafür aber nicht nur auf einen bloßen Text beschränkt – auch Bilder können damit problemlos verlinkt werden.

```
<HyperLink NavigateUri="HelpPage.xaml">
  <Image Source="Help.jpg" />
</HyperLink>
```

Das Format für die Zieladresse orientiert sich stark am Gegenstück aus dem Internet. Da in den vorherigen Beispielen jeweils kein Pfad angegeben wurde, wird die Datei im aktuellen „Verzeichnis“ gesucht. Es handelt sich hierbei aber nicht um echte Verzeichnisse, wie sie auf der lokalen Festplatte zu finden sind. Vielmehr wird die ursprüngliche Verzeichnisstruktur des Entwicklungsprojektes als Grundlage verwendet, um die Ressourcen in der Assembly eindeutig zu benennen.

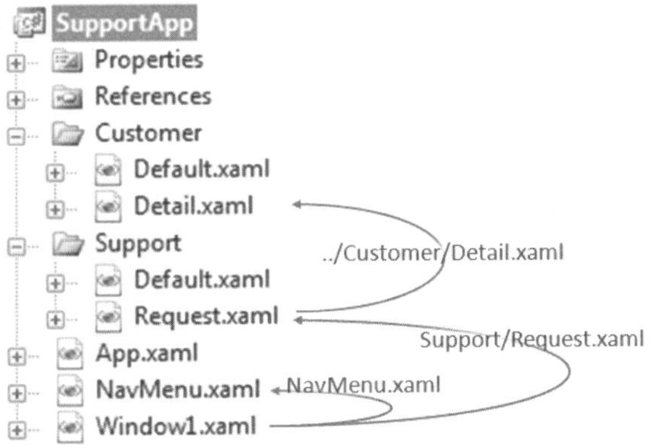

Bild 5.9 Die Ordnerstruktur des Projekts wird als Grundlage zur Navigation verwendet.

Wie man in Bild 5.9 sehen kann, enthält das Projekt die zwei Unterverzeichnisse *Customer* und *Support*, in denen sich jeweils zwei XAML-Dateien befinden. Der Zugriff von der Startseite auf eine Seite im selben Verzeichnis erfolgt problemlos, da hierfür keine Pfadangabe notwendig ist. Für die beiden Unterverzeichnisse müssen jedoch jeweils die Pfade vorangestellt werden.

Obwohl Hyperlinks in der WPF stark ihren Pendants aus dem Internet ähneln, existieren auch zahlreiche plattformspezifische Unterschiede. In der WPF liegt erwartungsgemäß der Schwerpunkt nicht auf der Interoperabilität mit dem Internet, sondern vielmehr auf einer guten Integration mit dem Gesamtsystem. Daher bietet der Hyperlink auch Funktionalitäten, die sehr spezifisch auf die WPF abgestimmt sind.

Ein Hyperlink kann so nicht nur bloße Links öffnen, sondern auch zum Aufrufen von Kommandos verwendet werden.

```
<HyperLink Command="local:MainWindow.OpenCustomerCommand">
  Kunde öffnen
</HyperLink>
```

In der Klasse `Hyperlink` sind für Kommandos alle notwendigen Elemente enthalten (hierzu folgen gleich mehr Details).

Leider ist es nicht möglich, mit einem Hyperlink einen zusätzlichen Wert als Parameter zur Zielseite zu übertragen. Mit `NavigateUri` wird ausschließlich die Adresse der Zielseite angegeben. Es kann nicht, wie im Internet sonst üblich, noch zusätzliche Parameter zur Zielseite übertragen.

Sollte die Seite zudem nicht existieren oder vom System nicht gefunden werden, so erscheint keine wie sonst im Internet übliche Fehlermeldung (404 - Seite nicht gefunden), die den Benutzer auf das Fehlen einer Seite hinweist. Ein derartiger Link ins Leere wird von der WPF schlicht mit dem Erzeugen einer Ausnahme abgestraft. Das ist besonders lästig, da der Aufruf des Hyperlinks von der WPF erfolgt und man hier keinen try-/catch-Block verwenden kann, mit dem sich die erzeugte Ausnahme abfangen ließe. Beim Verlinken von Seiten ist daher Vorsicht geboten. Im Gegensatz zum Internet sollte in einer in sich geschlossenen Anwendung die Gefahr eines falschen Links aber deutlich geringer ausfallen. Ein vom Compiler frühzeitiges Erkennen von falschen Links wäre an dieser Stelle aber wünschenswert gewesen.

Neben Kommandos und der Angabe von `NavigateUri` kann auch eine eigene Ereignisbehandlung implementiert werden, die beim Aufruf des Hyperlinks aufgerufen werden soll.

Listing 5.19 Klicks auf Hyperlinks im Programmcode abfangen

```
<Hyperlink
    NavigateUri="http://www.hanser.de/"
    RequestNavigate="WebHyperlink_RequestNavigate">
  Startseite
</Hyperlink>

protected void WebHyperlink_RequestNavigate(object sender,
    RequestNavigateEventArgs e)
{
  this.NavigationService.Navigate(e.Uri);
  e.Handled = true;
}
```

Über diese Ereignisbehandlung kann die Verarbeitung des Hyperlinks selbst übernommen werden. Die so gewonnene Flexibilität kann man beispielsweise nutzen, um hier beliebig neue Fenster zu öffnen oder sogar externe Anwendungen zu starten. In diesem Beispiel wird auf die Klasse `NavigationService` zurückgegriffen, die sowohl in der Klasse `Navi-`

gationWindow als auch in Page zur Verfügung steht. Diese kann sehr gut für die manuelle Navigation zwischen den Seiten verwendet werden – insbesondere lassen sich hierüber auch Parameter übertragen, was mit normalen Hyperlinks nicht möglich ist.

Listing 5.20 Parameter an eine Seite übermitteln

```
Uri uri = new Uri("ShowCustomerPage.xaml", UriKind.Relative);
Customer data = new Customer();
NavigationService.Navigate(uri, data);
```

Die Methode Navigate ist mehrfach überladen und kann so, neben der einfachen Angabe der Zieladressen, wie in diesem Beispiel auch optional einen zusätzlichen Parameter übertragen. Soll nicht die URI aus den EventArgs verwendet werden, muss an dieser Stelle eine neue Instanz erstellt werden. Hierbei ist nur zu beachten, dass mit UriKind explizit angegeben wird, dass es sich um einen relativen Pfad handelt. Diese Angabe kann jedoch nur im Programmcode vorgenommen werden.

Außerdem muss beachtet werden, dass für die Adresse der Zielseite immer ein Objekt des Typs Uri verwendet werden muss. Gibt man nur eine einfache Zeichenkette an, wird anstelle des Inhalts lediglich die Adresse im Fenster angezeigt.

Zum Auslesen des Parameters muss allerdings auf das Ereignis LoadCompleted() von NavigationService gehorcht werden. Dieser überträgt die zusätzlichen Daten zusammen mit den EventArgs.

Listing 5.21 Übertragener Parameter in der Seite auslesen

```
protected void NavigationService_LoadCompleted(object sender,
    NavigationEventArgs e)
{
  Customer customer = e.Extra as Customer;
}
```

Das Übertragen von Daten ist auf diese Weise aber eher umständlich und vor allem fehleranfällig. Besser wäre es hingegen, wenn man mehrere Nutzdaten angeben könnte, die zudem typsicher übertragen werden. Hierzu kann einfach der Konstruktor der Seite verwendet werden.

Listing 5.22 Den Konstruktor alternativ zum Übertragen von Informationen verwenden

```
public class ShowCustomerPage : Page
{
  public ShowCustomerPage(Customer customer)
  {
    InitializeComponent();
    // ...Daten verarbeiten
  }
}
```

Durch den eigenen Konstruktor ließen sich zudem auch beliebig weitere Parameter definieren. Allerdings kann die Seite ohne parameterlosen Konstruktor nicht mehr über einen einfachen Hyperlink aufgerufen werden. Vielmehr muss die Seite nun selbst im Code erstellt werden.

Listing 5.23 Parameter an den Konstruktor der Seite übertragen

```
protected void ShowCustomerHyperlink_RequestNavigate
    (object sender, RequestNavigateEventArgs e)
{
  // Nutzdaten abrufen (oder generieren)
  Customer customer = new Customer();

  ShowCustomerPage page = new ShowCustomerPage(customer);
  NavigationService.Navigate(page);
}
```

In diesem Beispiel wird die Seite nicht von der Klasse `NavigationService` anhand ihrer Adresse abgerufen. Stattdessen wird die Instanz der gewünschten Seite selbst erstellt – wodurch sich auch zusätzliche Parameter an den Konstruktor übergeben lassen. Normalerweise müssen Seiten, damit diese von der Klasse `NavigationService` aufgerufen werden können, einen parameterlosen Konstruktor implementieren. Die so erstellte Instanz kann einfach als Inhalt zugewiesen werden. Dies geschieht entweder über die Methode `Navigate` oder die Eigenschaft `Content`.

```
NavigationService.Navigate(page);
NavigationService.Content = page;
```

5.4.3 Frames

Für navigierbare Anwendungen wurden bereits viele gute Ideen und Konzepte aus dem Internet übernommen – selbstverständlich dürfen da auch Frames keine Ausnahme bilden. Dank Frames lässt sich beispielsweise eine Seite in mehrere Bereiche untergliedern, die jeweils die Inhalte separater Seiten anzeigen können. Man gewinnt daher etwas an Übersicht, da die Darstellung nicht mehr länger in einer großen Datei definiert ist, sondern vielmehr auf mehrere kleinere Bereiche spezialisiert ist. Diese können zudem in anderen Fenstern wiederverwendet werden.

Ein Frame ist in der WPF dagegen das ideale Mittel, um eine Seite anzuzeigen. Dieses Fenster kann schließlich nur zum Anzeigen von Seiten verwendet werden und ist selbst nicht in der Lage, eigene Steuerelemente aufzunehmen. Vielleicht ist das auch der Grund, warum `NavigationWindow` so stiefmütterlich von Visual Studio behandelt wird. Ein Frame kann dagegen frei in einem Fenster platziert werden. Außerdem können beliebig viele Frames erstellt werden, die sogar innerhalb von anderen Frames platziert werden können.

Dank Frames stehen einem für die Gestaltung des Hauptfensters wieder alle Möglichkeiten offen. So können auch weitere Steuerelemente zur Navigation problemlos eingebunden werden, welche die Bedienung für den Anwender erleichtert.

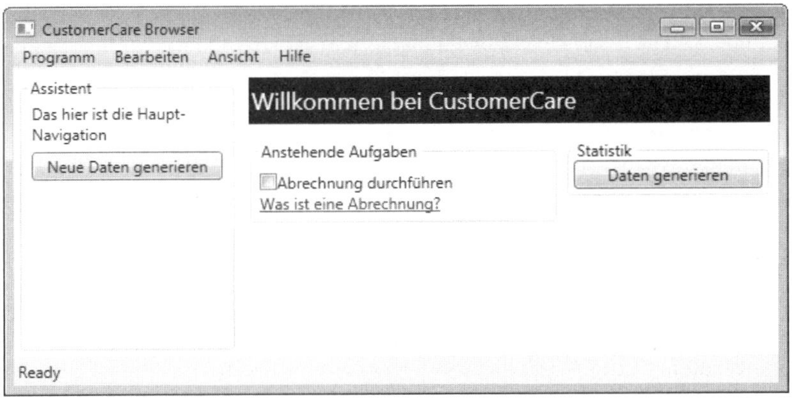

Bild 5.10 Mit Frames stehen deutlich mehr Möglichkeiten zur Gestaltung zur Verfügung.

Listing 5.24 Ein Fenster mit einem Frame erstellen

```
<Window xmlns="..." xmlns:x="...">
  <Grid>
    <Grid.ColumnDefinitions>
      <ColumnDefiniton Width="150" />
      <ColumnDefiniton />
    </Grid.ColumnDefinitions>

    <GroupBox
        Grid.Column="0" Grid.Row="0"
        Header="Assistent" Margin="4" Padding="4">
      ...
    </GroupBox>
    <Frame
        Grid.Column="1" Grid.Row="0"
        Source="WelcomePage.xaml" />
  </Grid>
</Window>
```

In diesem Beispiel wird die Idee aus dem `NavigationWindow` aufgegriffen. Statt die Inhalte direkt anzuzeigen, wird ein herkömmliches Fenster verwendet, um dem Anwender weitere Steuerelemente anzubieten. Die Inhalte selbst werden erst im Frame dargestellt.

Wie erwähnt, können in einem Fenster beliebig viele Frames definiert werden. Im nächsten Beispiel wird daher in einem Fenster ein Grid verwendet, in dem gleich drei Frames enthalten sind: ein linker, ein oberer und ein unterer Frame. Jeder dieser Frames arbeitet ausschließlich für sich und ist damit unabhängig von den Inhalten und der Navigation anderer Frames. Der Benutzer kann daher nach Belieben im unteren Frame navigieren, ohne dass die Inhalte der übrigen Frames beeinflusst werden. In Bild 5.11 ist das Ergebnis der Frames zu sehen.

Die Seiten, die in den einzelnen Frames dargestellt werden, wissen aber nichts von der Existenz der anderen Frames. Daher zeigt auch jeder Frame unabhängig von den übrigen eigene Steuerelemente zur Navigation an und pflegt sein eigenes Journal. Navigiert der Anwender in einem Frame auf die nächste Seite, so hat das zwar keine Auswirkungen auf die Journale anderer Frames, doch ist der Anwender nun mit einer Vielzahl an Journalen konfrontiert.

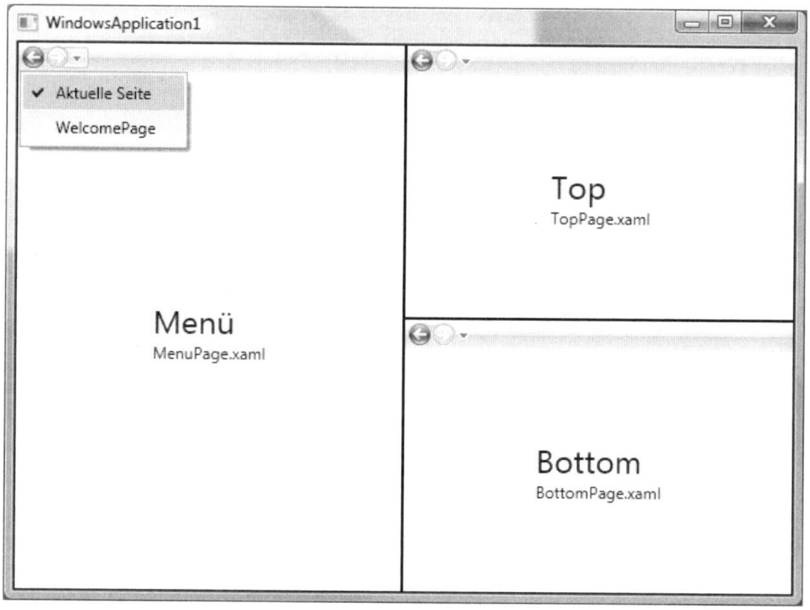

Bild 5.11 Drei unabhängige Frames in einem Fenster

Diese Überraschung liegt aber unter anderem auch an der Standardeinstellung der Frames, welche die Navigationsleiste erst bei Bedarf einblenden. Das bedeutet für den Entwickler, dass beim Start der Anwendung scheinbar alles ordnungsgemäß ist. Erst wenn der Anwender beispielsweise mit einem Hyperlink die Seite wechselt, tritt die Navigationsleiste in Erscheinung. Gesteuert wird das Verhalten über die Eigenschaft `NavigationUIVisibility` – die, wie der Name vielleicht vermuten lässt, kein einfacher boolescher Wert ist.

Tabelle 5.2 Mögliche Werte für die Eigenschaft NavigationUIVisibility

Wert	Bedeutung
`Automatic`	Die Navigationsleiste wird erst eingeblendet, wenn der Anwender auf eine andere Seite wechselt. Das ist auch das Standardverhalten des Frames.
`Hidden`	Die Navigationsleiste ist immer ausgeblendet. Im Hintergrund wird aber dennoch ein eigenes Journal für die Navigation geführt.
`Visible`	Die Navigationsleiste ist immer eingeblendet.

Bei so viel Vielfalt und vor allem auch bei so viel Ähnlichkeit zum Internet mag es auch nicht verwunderlich sein, dass sich ein Frame ebenso dazu eignet, normale Internetseiten anzuzeigen. Anstatt mit einer internen Adresse auf eine XAML-Datei zu verweisen, kann in der Eigenschaft `Source` auch eine externe Adresse angegeben werden.

```
<Frame Source="http://www.hanser.de/" />
```

Man sollte beim Ergebnis allerdings keine übergroßen Erwartungen hegen. Es handelt sich um eine Minimalversion eines Browsers, der mit der Funktionalität eines ausgewachsenen Browsers nicht mithalten kann. Die Methode eignet sich jedoch gut, um schnell auf externe

Hilfetexte oder Grafiken zu verweisen. Alternativ steht aber noch das Steuerelement `WebBrowser` zur Verfügung, das über einige Verbesserungen verfügt.

Bild 5.12 Frames können auch als Minibrowser fungieren und Internetseiten darstellen.

5.4.4 Dialogseiten mit PageFunction

Das Navigieren über unterschiedliche Seiten hinweg bringt aber nicht nur Vorteile für die Anwendung. Es entstehen systembedingt einige Nachteile, die vor allem bei der Navigation mit Hyperlinks entstehen können.

Man könnte Hyperlinks sogar als die GOTOs unserer Zeit bezeichnen. Das GOTO war in den Zeiten der Programmierung üblich, als der Code noch so übersichtlich war, dass man ihn mit bloßen Zeilennummern adressieren konnte. Mit einem GOTO konnte man nach Belieben zu einer bestimmten Zeilennummer im Programmcode springen. Leider boten GOTOs nie eine Möglichkeit an, an die ursprüngliche Stelle des Aufrufs zurückzukehren oder einen Rückgabewert zu übertragen.

Hyperlinks besitzen daher in gewisser Weise Ähnlichkeiten mit einer GOTO-Anweisung, da auch sie zu einer bestimmten Stelle springen können, aber keine direkte Möglichkeit zur Rückkehr bieten. Dieses Manko wurde im Internet zwar immer wieder geschickt umgangen, dennoch hat sich an diesem grundlegenden Problem nichts geändert.

Als Beispiel soll hier die Anmeldeseite einer Internetseite dienen, auf der man sich auf Wunsch authentifizieren kann. Da eine Registrierung in diesem Beispiel optional sein soll, muss sich der Anwender nur für personenbezogene Funktionen anmelden. Als Anwender kann man daher potenziell von mehreren Seiten aus auf die zentrale Anmeldeseite verwiesen werden, falls eine der gewünschten Funktionen eine Anmeldung erfordern sollte.

Die Anmeldeseite hat aber nach erfolgter Anmeldung das Problem, dass sie nicht weiß, wohin sie den Anwender weiterleiten soll. Schließlich weiß sie nicht mehr, von welcher Seite der Anwender ursprünglich gekommen ist. Das Problem ist in Bild 5.13 schematisch dargestellt.

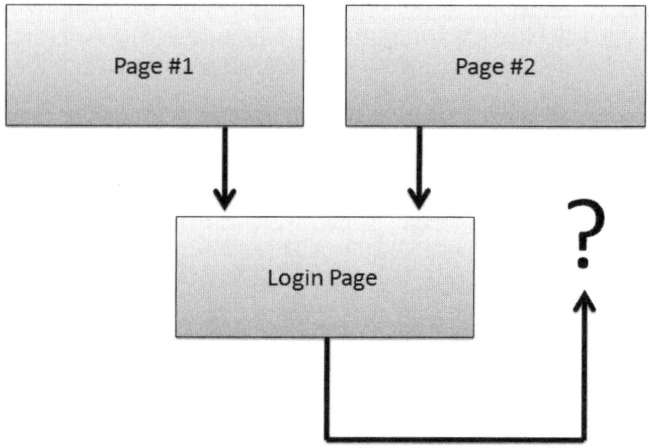

Bild 5.13 Die Navigation auf Unterseiten kann mitunter schwierig sein.

Die Anmeldeseite kann nun entweder auf eine Standardseite verweisen (meistens ist das die Startseite), oder ihr wird die gewünschte Adresse in einer URL angegeben, auf die der Benutzer weitergeleitet werden soll. Diese Lösungen haben allerdings den erheblichen Nachteil, dass die Anmeldeseite im hohen Maße mit den anderen Seiten kooperieren muss. Das Problem ist in diesem Beispiel noch relativ einfach gehalten. Unter ASP.NET wird hierfür bereits ein vordefinierter Parameter namens `ReturnUrl` für die Rücksprungadresse angeboten, der für die Anmeldeseite verwendet werden kann. Es wird aber dennoch deutlich, dass der Aufruf einer Unterseite oder Dialogseite allein mit Hyperlinks nicht zu lösen ist. Soll die Seite zusätzlich noch einen Rückgabewert an den Aufrufer übermitteln, steigt die Komplexität nochmals erheblich an.

In der WPF wird dieses Problem mit einer spezialisierten Seite gelöst, die in Form der Klasse `PageFunction` in Erscheinung tritt. Um beim vorherigen Vergleich zu bleiben: Wenn ein Hyperlink eine GOTO-Anweisung ist, so wäre der Aufruf einer `PageFunction` mit einer GOSUB-Anweisung vergleichbar. Eine `PageFunction` kann immer dann verwendet werden, wenn ein Rücksprung zur ursprünglichen Seite und ein Rückgabewert notwendig sind.

Da die Klasse eine Spezialisierung von `Page` ist, wird diese auch sehr ähnlich gehandhabt. Die Definition einer `PageFunction` könnte beispielsweise wie folgt aussehen.

Listing 5.25 Verwendung einer PageFunction für eine Dialogseite

```
<PageFunction
    xmlns="..." xmlns:x="..."
    xmlns:local="clr-namespace:JoergWegener"
    x:Class="SelectCustomerPage"
    x:TypeArguments="{x:Type local:Customer}">

  <TextBlock>Bitte wählen Sie einen Kunden aus</TextBlock>
  <!-- weitere UI -->

</PageFunction>
```

Neben der geänderten Basisklasse fällt vor allem das Attribut `x:TypeArguments` ins Auge. Hierüber kann ein beliebiger Datentyp für den Rückgabewert definiert werden. Dadurch kann der Compiler einen typsicheren Zugriff für den Rückgabewert gewährleisten. In der Codebehind-Datei erfolgt diese Angabe ebenfalls. Sie fällt mit der generischen Basisklasse deutlicher ins Auge.

```
public class SelectCustomerPage : PageFunction<Customer>
```

In diesem Beispiel soll die Seite für die Auswahl eines Kunden verwendet werden. Der Anwender soll nach der Auswahl wieder zurück auf die ursprüngliche Seite geführt werden und als Ergebnis seine Auswahl angezeigt bekommen. Aus Gründen der Übersichtlichkeit wird jedoch der Datenzugriff außen vor gelassen und stattdessen der Fokus ausschließlich auf die Umsetzung von `PageFunction` gelegt.

Nachdem der Benutzer auf der Seite den gewünschten Kunden ausgewählt hat, muss die getroffene Auswahl nur noch über eine Schaltfläche bestätigt werden. In diesem Beispiel soll diese Schaltfläche auch den Rücksprung auf die ursprüngliche Seite starten.

Listing 5.26 Von der PageFunction wieder zurückkehren

```
protected void OkButton_Click(object sender, EventArgs e)
{
  // Auswahl abfragen
  Customer selectedCustomer = new Customer();

  // Rücksprung mit Rückgabeparameter
  OnReturn(new ReturnEventArgs<Customer>(selectedCustomer));
}
```

Anders als bei einem synchronen Aufruf einer Methode in der CLR, wird der Rückgabewert über ein Ereignis namens `Return()` zurückgegeben. Die Schaltfläche muss an dieser Stelle lediglich das Ereignis über die Methode `OnReturn` auslösen und als Parameter den gewünschten Rückgabewert als `ReturnEventArgs` übermitteln.

Mit diesen Angaben ist die `PageFunction` bereits vollständig umgesetzt. Der Aufruf unterscheidet sich kaum von einem manuellen Aufruf einer normalen Seite. Der Aufrufer muss nun lediglich auf das Ereignis `Return()` horchen, um an den Rückgabewert zu kommen.

Listing 5.27 Den Rückgabewert einer PageFunction auslesen

```
protected void SelectButton_Click(object sender, EventArgs e)
{
  SelectCustomerPage page = new SelectCustomerPage();
  page.Return += SelectCustomerPage_Return;
  NavigationService.Navigate(page);
}

protected void SelectCustomerPage_Return
    (object sender, ReturnEventArgs<Customer> e)
{
  Customer customer = e.Result;
  // ...weitere Verarbeitung des Rückgabewertes
}
```

Der Aufruf einer PageFunction kann daher nicht wie üblich über einen Hyperlink erfolgen, da die Zuweisung einer Ereignisbehandlung notwendig ist. Das Erstellen und das Navigieren auf eine PageFunction unterscheiden sich damit kaum von einer normalen Seite.

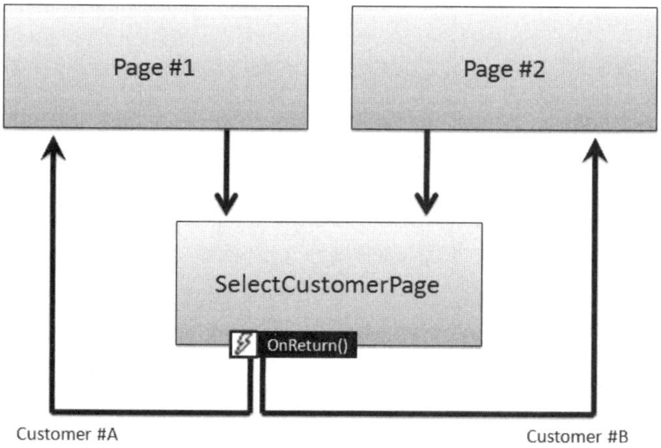

Bild 5.14 Die PageFunction löst die Abhängigkeiten der einzelnen Seiten.

Die Ereignisbehandlung kann über die EventArgs das Ergebnis der PageFunction auslesen. Dank der generischen Klasse ReturnEventArgs kann der Zugriff sogar typsicher über die Eigenschaft Result erfolgen. Hier kann jeder beliebige Datentyp angegeben werden – der jedoch mit dem Datentyp der PageFunction übereinstimmen muss. Mit einer PageFunction ist der Aufruf einer Spezial- oder Dialogseite wesentlich einfacher. In Bild 5.14 ist zum Vergleich die Logik einer PageFunction abgebildet.

Auch das Journal behandelt eine PageFunction anders als eine normale Seite. Bei der Navigation auf eine PageFunction gibt es eine Ausnahmeregelung. Mit den Navigations-Steuerelementen kann der Benutzer zwar wieder auf die ursprüngliche Seite zurückkehren, sobald die Seite aber mit dem Ereignis Return() verlassen wurde, wird die PageFunction auch nicht mehr in dem Journal angezeigt. Anders als auf einer normalen Seite kann der Benutzer so nicht mehr versehentlich beim Zurückspringen auf die vorherige Seite eine PageFunction erneut aufrufen.

Kurioses Verhalten

Sollten Sie ähnlich wie die Klasse PageFunction selber eine generische Basisklasse anlegen, ändert sich das Verhalten des XAML-Compilers aus nicht nachvollziehbaren Gründen: Danach müssen alle ResourceDictionaries des Projektes um die zusätzlichen Attribute x:Class erweitert werden.

5.5 Ressourcen

Ressourcen sind in der WPF ein elementarer Bestandteil und stellen das Bindeglied zwischen Code und XAML dar. Mit ihnen lassen sich Konstanten ebenso definieren wie Styles oder Templates – auf die später noch im Detail eingegangen wird. Trotz dieser Vielfalt gibt es für Ressourcen einen gemeinsamen Nenner: Was mehrfach wiederverwendet werden kann, gehört aller Voraussicht nach auch als Ressource deklariert. Wird beispielsweise eine Template oder ein Style als Ressource deklariert, können zahlreiche Steuerelemente in den Genuss kommen, ohne dass Angaben unnötig redundant erfolgen müssen. Durch diese Wiederverwendung kann nicht nur der Umfang des Codes, sondern auch der Pflegeaufwand reduziert werden.

> **!** Das Konzept der Ressourcen ist in der WPF vollkommen neu definiert worden und unterscheidet sich damit grundlegend von Windows Forms.

Man muss in erster Linie zwischen logischen und physischen Ressourcen unterscheiden. Physische Ressourcen sind im Allgemeinen jegliche Dateien, die binäre Daten oder auch Oberflächen in Form von XAML definieren.

Physische Ressourcen können dem Projekt relativ einfach hinzugefügt werden. Man verwendet hierfür entweder den Menüpunkt PROJEKT | EXISTIERENDEN EINTRAG HINZUFÜGEN, oder man verschiebt per Drag & Drop eine Datei in den Solution Explorer von Visual Studio. Hierbei ist allerdings zu beachten, dass diese Dateien nicht als „Embedded Resources“ deklariert werden, wie es bei Windows Forms noch üblich war, da diese nicht von der WPF unterstützt werden. Stattdessen gibt es einen konkurrierenden Ansatz mit dem schlichten Namen „Resources“. Erst hierüber kann problemlos und ohne Zwischenschritte auf die einkompilierten Ressourcen zugegriffen werden.

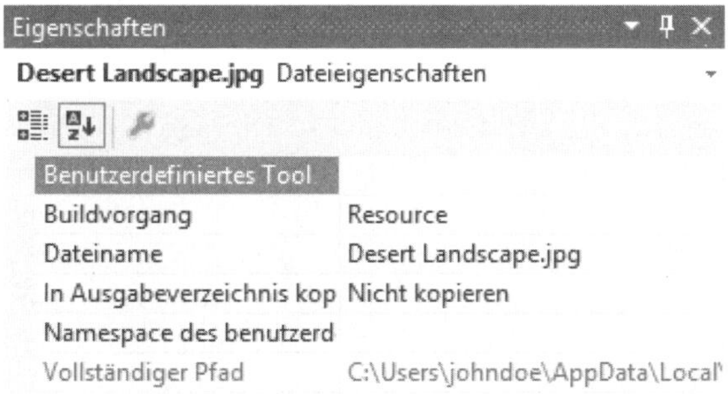

Bild 5.15 Erst mit der Build Action „Resource“ kann die WPF problemlos auf die Datei zugreifen.

Auf diese Ressource kann man nun einfach mit dem Dateinamen zugreifen. Das Steuerelement `Image` kann beispielsweise ohne große Umwege dieses Bild anzeigen.

```
<Image Source="Desert Landscape.jpg" />
```

In diesem Beispiel greift das Steuerelement `Image` auf das Bild zurück, das als Ressource in dem Projekt hinterlegt wurde. Der Dateiname, der dabei unter `Source` angegeben wurde, ist daher keine externe Datei, die sich im lokalen Verzeichnis der Anwendung befindet. Hierüber werden in erster Linie Ressourcen angesprochen, die im Projekt einkompiliert worden sind. Dadurch wird der Zugriff auf Ressourcen erheblich vereinfacht, da man bei Windows Forms vergleichsweise viel Code brauchte, um an die Embedded Resources zu kommen. (Externe Ressourcen werden auf den folgenden Seiten beschrieben.)

Der Zugriff auf Ressourcen wird in XAML im Wesentlichen durch die Typ-Konverter der WPF erleichtert. Das Steuerelement `Image` beispielsweise erwartet für die Eigenschaft `Source` einen Wert vom Typ `ImageSource`. Die angegebene URI wird Dank eines Typ-Konverters automatisch in ein Objekt vom Typ `ImageSource` umgewandelt.

Neben den physischen Ressourcen gibt es zusätzlich noch die logischen Ressourcen. Diese werden separat gepflegt und können jegliche Ressourcen, die in der Anwendung verwendet werden sollen, zusammenfassen. Es handelt sich damit um ein globales Verzeichnis, in dem physische Ressourcen, aber auch Klassen aus dem Programmcode veröffentlicht werden können. Erst durch diese Registrierung können diese Ressourcen in XAML verwendet werden.

Hierfür wird eine Klasse namens `ResourceDictionary` verwendet – die im Grunde nichts anderes als eine große Hashtable ist. Die Ressourcen werden hier unter einem bestimmten Schlüssel abgelegt, unter dem man sie später in XAML wiederfinden kann.

Die Deklaration von Ressourcen ist dank des Schlüssel-Wert-Paares auch recht kurz.

Listing 5.28 Aufbau der Deklaration für eine Ressource (mit Pseudo-Code)

```
<Fenster>
  <Ressourcen>
    <Datentyp key="Schlüssel">Inhalt</Datentyp>
  </Ressourcen>

  <!-- Zugriff auf die Ressourcen über Schlüssel -->
</Fenster>
```

In diesem Beispiel wurde bewusst nur Pseudo-Code verwendet, da man sich dadurch nicht auf einen bestimmten Verwendungszweck festlegt. Vielmehr soll dieses Beispiel verdeutlichen, dass man als Ressource noch nicht einmal an einen bestimmten Datentyp gebunden ist. Grundsätzlich ist jede Instanz einer Klasse in der Lage, als Ressource definiert zu werden.

Den Anfang sollen einfache Variablen machen: Dies können nicht nur String- oder Integer-Werte sein, die als Ressource abgelegt werden sollen. Wenn der Datentyp, wie in diesem Fall, nicht unmittelbar aus der WPF stammte, muss lediglich ein zusätzlicher Namensraum registriert werden. So kann entweder eine Klasse aus dem lokalen Projekt verwendet werden, oder man greift auf eine Klasse aus der CLR zurück.

Listing 5.29 Ressourcen lokal in einem Fenster definieren

```
<Window
    xmlns="..." x:xmlns="..."
    xmlns:local="clr-namespace:MyApp.Common;assembly=MyApp">

  <Window.Resources>
```

```
    <local:PersonFilter x:Key="Filter" />
    <local:ApprovalStatus x:Key="Approved">
      Approved
    </local:ApprovalStatus>
  </Window.Resources>

  <!-- ...weitere Steuerelemente hier -->
</Window>
```

Sobald das Fenster erstellt wird, werden von der WPF auch die beiden Instanzen der Klassen `PersonFilter` und `ApprovalStatus` erstellt. Beachten Sie die unterschiedliche Notation des CLR-Namensraums mit der zusätzlichen Angabe der Assembly. Letztere Angabe darf nicht fehlen, da ansonsten die WPF versuchen würde, im lokalen Projekt nach diesem Namensraum zu suchen (weitere Details zu Namensräumen finden Sie in Kapitel 2). Mit dem neuen Namensraum kann nun (fast) uneingeschränkt auf ihre Klassen zugegriffen werden. In diesem Fall sollen einige Konstanten vom Typ String und Integer definiert werden, die beide aus dem zuvor registrierten Namensraum stammen.

Da in diesem Beispiel ausschließlich Datentypen aus dem Namensraum `System` verwendet wurden, benötigen alle Einträge auch das Präfix `sys`. Wie eingangs erwähnt, werden die Ressourcen als Eintrag in einer Hashtable abgelegt, für den ein eindeutiger Schlüssel notwendig ist. Dieser wird über die Angabe `x:Key` in der Ressource angegeben. Der Inhalt der Ressourcen wird abhängig vom Datentyp definiert. Bei Strings kann dieser relativ einfach zwischen dem öffnenden und dem schließenden XML-Knoten platziert werden.

> **!** Der angegebene Schlüssel muss innerhalb des `ResourceDictionarys` eindeutig sein, da ansonsten der Compiler versuchen würde, zwei Werte unter einem Schlüssel abzulegen.

Damit stehen die Ressourcen bereits in XAML für ihre weitere Verwendung zur Verfügung. Der Zugriff kann nun über die Markup Extension `StaticResource` erfolgen.

```
<Button Content="{StaticResource OkText}" />
<Button Content="{StaticResource ResourceKey=CancelText}" />
```

Die Markup Extension besitzt mit `ResourceKey` nur einen einzigen Parameter, der zudem optional ist. Daher kann die Verwendung auch relativ kurz gehalten werden, wie es im ersten Beispiel zu sehen ist.

Der Eigenschaft `Content` wird nun der Wert zugewiesen, der im `ResourceDictionary` unter dem Schlüssel `OkText` oder `CancelText` abgelegt wurde. Eine weitere Überprüfung der Datentypen findet nicht mehr statt, sodass auch ein Integer oder ein Boolean problemlos zugewiesen werden könnte. Eventuelle Konflikte können so erst zur Laufzeit anhand einer erzeugten Ausnahme erkannt werden.

> **!** Ressourcen sind standardmäßig als Singleton implementiert, d. h., sie werden erst bei Bedarf angelegt und deren Instanz teilen sich mehrere Steuerelemente. Dieses Verhalten kann aber mit der Angabe von `x:Shared` für die jeweilige Ressource beeinflusst werden.

Listing 5.30 Definieren und Verwenden von Ressourcen in XAML

```
<Window
    xmlns="..." x:xmlns="..."
    xmlns:sys="clr-namespace=System;assembly:mscorlib"
    xmlns:local="clr-namespace=JoergWegener">

  <Window.Resources>
    <!-- Konstanten, wie Strings oder Integers -->
    <sys:String x:Key="OkText">Ok</sys:String>

    <!-- Eigene Klassen -->
    <local:StringToBrushConverter x:Key="MyValConv" />

    <!-- Styles, Brushes und Templates (dazu später mehr) -->
    <Style x:Key="MyButtonStyle">
      <Setter Property="Background" Value="Blue" />
    </Style>
  </Window.Resources>
</Window>
```

5.5.1 Orte für die Deklarationen

Für die Ressourcen ist der Ort, an dem sie definiert wurden, ebenso wichtig wie ihr eigentlicher Inhalt. Der Ort bestimmt grundlegend darüber, wie viele Steuerelemente oder Fenster in der Anwendung auf die Ressource zugreifen können.

Hier kann man in erster Linie zwischen lokalen und globalen Ressourcen unterscheiden – mit entsprechend feinen Abstufungen dazwischen. Die globalste und damit am weitestreichende Form der Deklaration findet man in der Datei *app.xaml*. Ressourcen, die hier definiert wurden, können in der gesamten Anwendung verwendet werden.

Listing 5.31 Deklaration von Ressourcen in der globalen Datei app.xaml

```
<Application
    xmlns="..." xmlns:x="..."
    xmlns:sys="clr-namespace=System;assembly:mscorlib">

  <Application.Resources>
    <sys:String x:Key="OkText">Ok</sys:String>
  </Application.Resources>

</Application>
```

Mit diesen weitreichenden Befugnissen sollte man jedoch vorsichtig hantieren. Änderungen oder fehlerhafte Einträge können schnell Seiteneffekte haben, die man wohlmöglich nicht unmittelbar bemerkt. So kann die Darstellung von Steuerelementen durch Einträge in der Datei *app.xaml* ungewollt verändert werden. Das kann selbst die Steuerelemente betreffen, die in anderen Dateien oder gar in anderen Assemblies verwendet werden. Unter Umständen können so Fehler in der Darstellung bis zur Veröffentlichung unbemerkt bleiben, wenn nicht nach der Änderung jedes Fenster einzeln überprüft wird.

Im Gegensatz dazu können Ressourcen auch lokal definiert werden. Das geschieht in ähnlicher Weise wie in der Datei *app.xaml*:

Listing 5.32 Deklaration von Ressourcen lokal in einem Steuerelement

```
<Window
    xmlns="..." xmlns:x="..."
    xmlns:sys="clr-namespace=System;assembly:mscorlib">

  <Button>
    <Button.Resources>
      <sys:String x:Key="OkText">Ok</sys:String>
    </Button.Resources>
  </Button>

</Window>
```

In diesem Fall wird eine Ressource in einer Schaltfläche definiert. Dieses Beispiel ist bewusst sehr extrem gewählt und bildet damit auch das Gegenstück zur *app.xaml*. Ressourcen auf diese Weise zu deklarieren ist aber nicht empfehlenswert, da lediglich die Schaltfläche selbst (und ihre Inhalte) auf diese zugreifen könnten. In diesem Fall hätte man auch auf die Wiederverwendbarkeit der Ressourcen verzichten können, da die direkte Angabe des Textes einfacher wäre.

Grundlage für die Veröffentlichung und für den Zugriff für Ressourcen ist daher wieder einmal der Visual Tree. Je weiter oben im Baum die Deklaration erfolgt, desto mehr Steuerelemente können in den Genuss der Ressourcen kommen. Verweist man mittels `StaticResource` auf eine Ressource, geht das System daher den Visual Tree Schritt für Schritt nach oben und sucht in dem jeweiligen `ResourceDictionary` nach dem angegebenen Schlüssel.

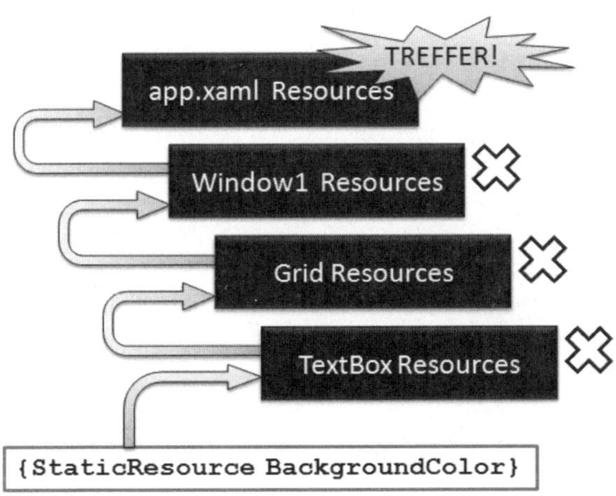

Bild 5.16 Auf der Suche nach der Ressource wird der Visual Tree von unten nach oben durchsucht.

In Bild 5.16 ist das Prinzip dargestellt, nach dem eine Ressource gesucht wird. Sobald die Ressource gefunden ist, wird die Suche vom System abgebrochen. Dadurch ließen sich auch problemlos globale Ressourcen relativ einfach überschreiben, indem beispielsweise `Win-`

dow1 oder indem Grid die gesuchte Ressource selbst definiert. Da die Suche bei ihnen bereits ein Treffer landen würde, würden somit globale Ressourcen aus der Datei *app.xaml* auch nicht mehr berücksichtigt werden.

Auch im Programmcode können Ressourcen geladen werden. Hierfür kann die Methode FindResource() verwendet werden, die bereits die Suche durch den Visual Tree unterstützt. Der Aufruf der Methode könnte dabei ungefähr wie folgt aussehen.

Listing 5.33 Ressourcen im Programmcode laden

```
string okText = (string)FindResource("OkText");
Brush backgroundBrush = FindResource("DarkBrush") as Brush;
```

Die Methode FindResource ist ebenfalls in der Klasse FrameworkElement definiert und kann daher in jedem Fenster oder Steuerelement aufgerufen werden. Beachten Sie, dass immer der Ort des Aufrufs für die Suche nach den Ressourcen entscheidend ist. Sollten Sie in der globalen Anwendungsklasse die Methode aufrufen, werden dadurch nur Ressourcen durchsucht, die in der *app.xaml* definiert wurden.

Ein ResourceDictionary kann mit steigender Anzahl an Ressourcen aber recht unübersichtlich werden. Da bietet es sich an, Ressourcen in externe Dateien auszulagern, die thematisch oder logisch Ressourcen zusammenfassen können. Visual Studio bietet hierfür bereits mit „Resource Dictionary (WPF)" eine entsprechende Vorlage für neue Dateien an. Der Inhalt dieser Dateien ist dabei auf das Wesentliche beschränkt: das Hinzufügen neuer Ressourcen.

Listing 5.34 Aufbau eines neuen ResourceDictionary

```
<ResourceDictionary
    xmlns="..." xmlns:x="...">

  <SolidColorBrush x:Key="BackgroundBrush" Color="Aqua" />

</ResourceDictionary>
```

Diese Dateien werden jedoch nicht automatisch vom System berücksichtigt, da sie außerhalb vom Visual Tree definiert wurden. Man muss diese „externen" Dateien nun an der gewünschten Stelle mit dem Visual Tree verknüpfen. Hierbei können auch mehrere ResourceDictionary geladen werden – die aber über einen *Merge* zusammengefügt werden müssen. Beim Begriff „Mergen" mag man an einen komplizierten und technisierten Vorgang denken. An dieser Stelle werden aber lediglich die Inhalte der einzelnen Dateien aneinandergereiht. Eventuell doppelt vergebene Schlüssel werden daher ebenso Fehler werfen, als wenn diese in einer Datei doppelt vergeben wären.

Listing 5.35 Mehrere, dezentrale ResourceDictionaries miteinander verbinden

```
<Application
    xmlns="..." xmlns:x="...">

  <Application.Resources>
    <ResourceDictionary>

      <!-- Externe ResourceDictionaries laden -->
      <ResourceDictionary.MergedDictionary>
```

```
            <ResourceDictionary Source="BasicBrushes.xaml" />
            <ResourceDictionary Source="DataTemplates.xaml" />
        </ResourceDictionary.MergedDictionary>

        <!-- weitere Ressourcen werden hier definiert -->
        <SolidColorBrush x:Key="BackgroundBrush" Color="Aqua" />

      </ResourceDictionary>
    </Application.Resources>

</Application>
```

Um auf die externen Ressourcen Zugriff zu erhalten, muss zuerst ein neues `ResourceDictionary` angelegt werden. In diesem kann das Zusammenführen (Mergen) der jeweiligen externen Ressourcen erfolgen. Beachten Sie, dass die weiteren Ressourcen, die lokal in dieser Datei definiert werden sollen, innerhalb des neuen `ResourceDictionary` angegeben werden müssen, wie in diesem Beispiel zu sehen ist.

5.5.2 Externe Ressourcen

Diese Technik der WPF eignet sich besonders gut, um oft verwendete Ressourcen projektübergreifend zu teilen. Allgemeine Styles und Templates müssen so nicht für jedes Projekt immer wieder neu erstellt werden, sondern können in einer allgemeinen Assembly ausgelagert werden. Dieses könnte beispielsweise weitere Hilfsklassen enthalten, welche die Assembly abrunden.

Listing 5.36 Zugriff auf Ressourcen in einer fremden Assembly

```
<Image Source="/JoergFX;Component/SplashScreen.jpg" />
<Image Source="/JoergFX;Component/Toolbar/FileOpen.png" />
```

In diesem Beispiel werden Grafiken aus der externen Assembly namens *JoergFX.dll* verwendet. Der Pfad der Datei, der mit einem Semikolon abgetrennt wird, gibt den Namen der Ressource an, die in der Assembly einkompiliert wurde.

Der vollständige Pfad einer Ressource beginnt jedoch immer mit dem Verzeichnis *Component*, das bei einem externen Zugriff nicht fehlen darf. Eine absolute Pfadangabe kann auch bei internen Ressourcen verwendet werden.

```
<Image Source="FileOpen.png" />
<Image Source="/MeinOrdner/FileOpen.png" />
```

In diesem Beispiel wird von den Steuerelementen jeweils eine Datei *FileOpen.png* aufgerufen, wobei sich die erste (relativ) im aktuellen Verzeichnis befindet. Die zweite Datei wird über eine absolute Pfadangabe aufgerufen, die sich zusätzlich in einem Unterverzeichnis befindet.

Sollen statt projektinternen Ressourcen allerdings Dateien vom Dateisystem verwendet werden, ist diese Angabe nicht mehr ausreichend. Bei der Angabe von einfachen Dateinamen (und -pfaden) versucht die WPF standardmäßig, die Dateien in den Ressourcen des Projektes zu suchen. Um eine Datei aus dem aktuellen Verzeichnis der Anwendung aufzurufen, ist also ein einfacher Dateiname nicht mehr ausreichend.

Für den Aufruf einer externen Datei gibt es daher zwei Alternativen: Man verwendet entweder eine absolute Pfadangabe oder die sog. *siteOfOrigin*-URI.

Listing 5.37 Zugriff auf Ressourcen auf dem Dateisystem

```
<Image Source="C:\Program Files\JoergW\Test.png" />
<Image Source="pack://siteOfOrigin:,,,/Welcome.jpg" />
<Image Source="pack://siteOfOrigin:,,,/SubFolder/Test.png" />
```

Im ersten Beispiel wird die Grafik mit der absoluten Pfadangabe angegeben. Diese Angabe ist allerdings weder kurz noch übersichtlich und kann zudem zu Problemen führen, wenn die Anwendung in einem anderen Verzeichnis liegen sollte. Besser ist stattdessen die Angabe mit der `siteOfOrigin`-URI, mit der angegeben wird, dass die Datei im aktuellen Verzeichnis der Anwendung zu finden ist.

Woher kommen aber diese drei Kommas? Bei dieser Adresse handelt es sich um eine offizielle Spezifikation aus dem XML Paper Specification (XPS), die folgenden Aufbau besitzt: `pack://packageURI/partPath`

Die Angabe von `packageURI` gibt an, an welcher Stelle die WPF nach den Dateien suchen soll. Hier stehen zwei Möglichkeiten zur Wahl:

- *Application:* Standardmäßig ist dieser Wert vorgegeben, mit dem die Dateien in den Ressourcen innerhalb der Anwendung gesucht werden.
- *SiteOfOrigin:* Die Datei wird im aktuellen Verzeichnis der Anwendung auf der Festplatte gesucht.

Die `packageURI` ist aber selber auch wieder eine URI – es handelt sich dabei also um eine URI in einer URI. Damit die `packageURI` von der restlichen URI getrennt werden kann, hat man sich entschieden, die Schrägstriche durch Kommas zu ersetzen. Dadurch kann man die beiden URIs wieder besser in ihre ursprüngliche Form aufteilen.

Tabelle 5.3 Die originale packageURI und die vereinfachte Form im Vergleich

Original packageURI	Vereinfachte packageURI
`siteOfOrigin:///`	`siteOfOrigin:,,,`
`application:///`	`application:,,,`

Die relativ kurze Angabe einer Datei, die sich in den Ressourcen der Anwendung befindet, kann mit der Angabe von `application` auch vollständig referenziert werden: Aus der Angabe *Test.png* wird so die Angabe *pack://application:,,,/Test.png.*

Bei der Angabe einer externen Assembly kann die Adresse sogar noch unübersichtlicher werden, da hierbei neben dem Namen der Assembly auch der Ordnername „Component" mit angegeben werden muss. Aus der vereinfachten Adresse *JorgFX;Component/SplashScreen.jpg* wird (intern) die vollständig referenzierte Adresse: *pack://application:,,,/JoergFX;Component/SplashScreen.jpg.*

Mit der Adresse können aber auch externe Ressourcen angesprochen werden, die beispielsweise im Internet oder auf einer Netzwerkfreigabe liegen.

```
<Image Source="http://www.joerg-wegener/Logo.png" />
<Image Source="\\COMPUTER001\SHAREX\Yz.jpg" />
```

In diesem Fall wird ein Bild von einer Internetseite und von einer Netzwerkfreigabe angezeigt, die über den UNC-Pfad angegeben wurde.

Sind die externen Ressourcen nicht verfügbar, weil beispielsweise keine Verbindung ins Internet besteht oder die Datei umbenannt worden ist, wird von der WPF eine Ausnahme erzeugt.

5.5.3 Ressourcen im Programmcode laden

Die Handhabung von Ressourcen hat sich beim Zugriff aus dem Programmcode ebenfalls verbessert. Musste man unter Windows Forms noch einige Klimmzüge vollbringen, stellt die WPF nun einige Methoden bereit, um auf Ressourcen zugreifen zu können.

Insgesamt werden die folgenden drei Methoden bereitgestellt, die in der Klasse `Application` zu finden sind:

- `GetResourcePart()` : Eine lokale (einkompilierte) Ressource laden
- `GetContentPart()`: Eine Ressource von der Festplatte laden
- `GetRemotePart()`: Eine Ressource von einem entfernten Computer laden

Die Definition ist bei allen drei Methoden gleich: Als Parameter wird eine URI übergeben und als Rückgabewert erhält man eine Instanz der gewünschten Ressource. Das Laden einer Grafik kann daher kaum einfacher erfolgen, wie in dem folgenden Beispiel zu sehen ist.

Listing 5.38 Ressourcen im Programmcode laden

```
public ImageSource BildLaden()
{
  Uri uri = new Uri("Message.png", UriKind.Relative);

  // Einkompilierte Ressource laden
  StreamResourceInfo resource = Application.GetResourceStream(uri);

  Stream stream = resource.Stream;
  return BitmapFrame.Create(stream);
}
```

In dieser Methode soll ein Bild aus einer lokalen Ressource geladen werden. Als Erstes wird hierfür die URI erstellt, die in diesem Fall über einen relativen Pfad angegeben wurde. Mit dieser URI kann nun die Methode `GetResourceStream()` aus der Klasse `Application` aufgerufen werden. Der Name lässt vermuten, dass bereits der Inhalt der Ressource über einen Datenstrom (`Stream`) zurückgegeben wird. Stattdessen erhält man eine Art Container zurück, der neben dem eigentlich gewünschten Datenstrom auch zusätzlich Auskunft über den Inhaltstyp zurückgibt.

Mit dem Datenstrom kann nun das gewünschte (Bitmap-)Bild erstellt und zurückgegeben werden, dass danach beispielsweise dem Steuerelement `Image` zugewiesen werden kann.

5.5.4 Dynamische oder statische Ressourcen?

Hier sind nicht die Ressourcen selbst gemeint, sondern die Art, mit der auf Ressourcen zugegriffen wird. Der Zugriff kann entweder statisch oder dynamisch erfolgen. Dementsprechend gibt es auch für beide Zugriffe jeweils eine eigene Markup Extension.

```
{StaticResource BackgroundBrush}
{DynamicResource BackgroundBrush}
```

Beide Beispiele führen zu demselben Ergebnis, denn beide laden wie gewünscht die Ressource mit dem Schlüssel `BackgroundBrush`. Es gibt keine bessere oder schlechtere Variante, da beide Implementierungen Vor- und Nachteile haben. Die Frage sollte daher eher lauten: Wann sollte man `StaticResource` und wann `DynamicResource` verwenden?

Bei `StaticResource` werden die Ressourcen fest referenziert und unmittelbar bei ihrer Deklaration aufgelöst. Dementsprechend müssen die Ressourcen bereits definiert sein, wenn mittels `StaticResource` auf sie verwiesen wird. Wird die Ressource nicht gefunden, wird bereits vom Compiler eine Fehlermeldung ausgegeben – das Projekt lässt sich also noch nicht einmal starten.

Bei `DynamicResource` sieht das ganz anders aus, da sie erst zur Laufzeit ausgewertet werden. Wird die Ressource erst später oder sogar überhaupt nicht definiert, so wird auch keine Fehlermeldung ausgegeben.

Das folgende Beispiel soll die Unterschiede der beiden Zugriffe besser verdeutlichen. Hierfür wird eine Schaltfläche deklariert, die lokal in ihrem eigenen `ResourceDictionary` zwei Konstanten für die Breite und für den Inhalt definiert.

Listing 5.39 Vergleich von DynamicResource und StaticResource

```
<Button Width="{DynamicResource Width}">
  <Button.Resources>
    <sys:String x:Key="OkText">Okay</sys:String>
    <sys:Double x:Key="Width">200<sys:Double>
  </Button.Resources>
  <Button.Content>
    <TextBlock Text="{StaticResource OkText}" />
  </Button.Content>
</Button>
```

Dieses Beispiel ist wieder extrem gewählt. Beide hier definierten Ressourcen sollen der Schaltfläche zugewiesen werden. Da man mit `StaticResource` aber nur auf Ressourcen zugreifen kann, die bereits definiert sind, kann die Angabe von `Content` hier nicht als Attribut erfolgen, so wie es bei `Width` der Fall ist. Das ist nicht möglich, da selbst an dieser Stelle die eigenen Ressourcen noch nicht für einen statischen Zugriff zur Verfügung stehen. Deswegen muss der Inhalt eher umständlich über einen eigenen Knoten <Button.Content> definiert werden.

Bei `DynamicResource` ist das anders: Hier wird lediglich der Schlüssel angegeben, unter dem zur Laufzeit die Ressource zu finden ist. Nachdem die Schaltfläche erstellt und das eigene `ResourceDictionary` gefüllt ist, kann der Zugriff über `DynamicResource` problemlos erfolgen.

Der Unterschied liegt im Detail: Während StaticResource direkt den Inhalt verwendet, verweist DynamicResource lediglich mit einem Zeiger auf die Ressource. StaticResource hat dadurch nicht nur den Vorteil, dass die Ressourcen vom Compiler überprüft werden, sondern dass der Zugriff auch deutlich schneller ausfällt. Mit DynamicResource können dafür die Ressourcen auch noch zur Laufzeit verändert werden. Diese Änderungen werden automatisch über DynamicResource weitergereicht, sodass in diesem Beispiel die Breite der Schaltfläche immer dem aktuellen Wert der Ressource angepasst wird. Dies ist beispielsweise bei Systemwerten sinnvoll, wie beispielsweise bei den Konstanten aus der Klasse SystemColors. Ändert der Anwender zur Laufzeit im Betriebssystem die Farben für die Fensterdarstellung, werden diese mit DynamicResource automatisch auch im Programm aktualisiert. Außerdem kann mit DynamicResource das Ladeverhalten verbessert werden, da die Ressourcen erst bei Bedarf abgerufen werden.

Grundlegend kann man sagen, dass in den meisten Fällen die Verwendung von StaticResource ausreichend ist. DynamicResource sollte man nur verwenden, wenn die Ressourcen noch nicht zur Verfügung stehen oder diese zur Laufzeit geändert werden. Ein gutes Beispiel dürften hier die Systemfarben von Windows sein. Werden diese vom Anwender zur Laufzeit geändert, erhält man nur mit dem Zugriff über DynamicResource den geänderten Wert.

Listing 5.40 Zugriff auf Systemparameter mit DynamicResource

```
<Window
    Background="{DynamicResource {x:Static SystemColors.WindowBrush}}">
</Window>
```

5.6 Ereignisse

Bei einem so komplexen System wie der WPF sind selbst Ereignisse nicht vor Veränderung verschont geblieben, die nun als Routed Events bezeichnet werden. Technisch werden sie im Programmcode auch weiterhin als typische CLR-Ereignisse behandelt – zumindest bei den Ereignisbehandlungen bleibt alles wie gewohnt.

Die Behandlung von Ereignissen wurde komplexer, da auch die Oberfläche einer WPF-Anwendung aus vielen verschachtelten Elementen besteht. In Windows Forms war ein normales Klickereignis relativ einfach zu lösen: Das Steuerelement unter dem Maus-Cursor, das aktiviert und sichtbar ist, erhält das Ereignis. In der WPF funktioniert dieses Prinzip nicht mehr so gut, da selbst komplexe Steuerelemente ineinander verschachtelt werden können. Eine Schaltfläche kann so beispielsweise nicht nur Text, sondern auch Grafiken in Form von Shapes enthalten.

Das Ereignis muss daher entsprechend kommuniziert werden, damit das richtige Steuerelement darauf reagieren kann. Das muss nicht immer das Steuerelement sein, das sich unterhalb des Maus-Cursors befindet. Hierfür wird wieder der Visual Tree als Grundlage genommen, in dem das Ereignis geroutet wird.

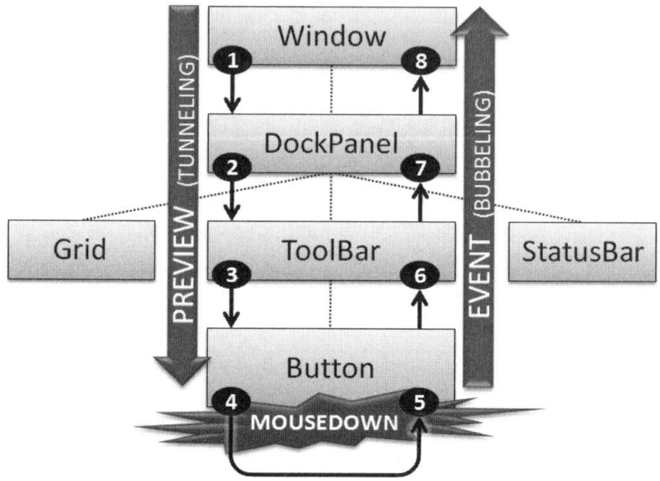

Bild 5.17 Das Ereignis wird durch den Visual Tree geroutet – zuerst als Vorschau und danach als normales Ereignis.

Wie in Bild 5.17 zu sehen ist, wird das Ereignis von der Quelle nach oben im Visual Tree geroutet, bis es das Wurzelelement erreicht hat (Window). Diese Technik wird „Bubbling" genannt, da das Ereignis wie eine Luftblase im Wasser nach oben steigt, bis es die Oberfläche erreicht hat. Da auf diesem Weg bei jedem Steuerelement das Ereignis geworfen wird, kann bei jedem einzeln überprüft werden, ob es für das Ereignis zuständig ist.

Zuvor kann aber noch eine Art „Vorschau" auf das Ereignis geworfen werden. Man erhält so noch die Möglichkeit, Aktionen auszuführen, noch bevor das „richtige" Ereignis geworfen wird. Um diese Ereignisse von den normalen Ereignissen zu unterscheiden, beginnen diese mit „Preview" im Namen – also beispielsweise das Ereignis `PreviewMouseDown`. Auch für die Vorschau wird wieder der Visual Tree durchlaufen, dieses Mal allerdings in umgekehrter Richtung. Begonnen wird am Wurzelknoten. Es wird nach unten geroutet, bis es das Steuerelement erreicht hat, welches das Ereignis ausgelöst hat. Dieses Verfahren wird als „Tunneling" bezeichnet, da sich das Ereignis wie in einem Tunnel nach unten gräbt.

> Nur Steuerelemente, die auf dem direkten Weg zum Wurzelknoten liegen, erhalten beim Bubbling und Tunneling das Ereignis. Alle anderen, die sich rechts und links in anderen Zweigen befinden, bleiben davon unberücksichtigt.

Wie eingangs erwähnt, basieren die Routed Events auf herkömmlichen CLR-Ereignissen. Daher werden auch hier Ereignisbehandlungen registriert, die Ihnen in ihrem Aufbau sehr bekannt vorkommen dürften, da auch sie die zwei Parameter `sender` und `EventArgs` enthalten. Für Routed Events wurden allerdings die `EventArgs` erweitert, sodass diese zusätzliche Routing-Informationen aufnehmen können.

Listing 5.41 Beispiel eines einfachen gerouteten Ereignisses

```
<Window
    xmlns="..." xmlns:x="..."
    PreviewMouseDown="MD1"
    MouseDown="MD1">
  <Button PreviewMouseDown="MD1" MouseDown="MD1">
    <Ellipse
        Width="200" Height="200" Fill="Black"
        PreviewMouseDown="MD1" MouseDown="MD1" />
  </Button>
</Window>

private void MD1(object sender, MouseButtonEventArgs e)
{
  Console.WriteLine("{0}.{1} @ {2}",
      sender.GetType().Name,
      e.RoutedEvent.Name,
      e.Source.GetType().Name);
}
```

In diesem kurzen Beispiel wird ein Fenster mit einer Schaltfläche definiert, in der sich lediglich ein schwarzer Kreis befindet. Aller drei Steuerelemente horchen auf die Ereignisse `PreviewMouseDown()` und `MouseDown()`, die über die zentrale Ereignisbehandlung „MD1" behandelt werden. Diese Ereignisbehandlung liest einige Informationen aus den Parametern aus und gibt diese auf der Konsole aus. Als Erstes wird der Typ vom Parameter `sender` ausgegeben. In den `EventArgs` sind gleich mehrere Informationen verpackt, wie beispielsweise um welche Art von Ereignis es sich handelt. Diese Information wird mit der Eigenschaft `RoutedEvent` ausgegeben. Die Quelle, an der das Ereignis ursprünglich ausgelöst worden ist, kann mit `Source` ausgelesen werden.

Startet man die Anwendung und klickt auf die Ellipse, so wird auf der Konsole Folgendes ausgegeben.

```
Window1.PreviewMouseDown @ Ellipse
Button.PreviewMouseDown @ Ellipse
Ellipse.PreviewMouseDown @ Ellipse
Ellipse.MouseDown @ Ellipse
```

Mit der ersten Angabe `sender` sieht man, an welchem Steuerelement das Ereignis gerade ausgelöst wurde. Zuerst wird über das Tunneling eine Vorschau auf das Ereignis gegeben, daher wird das `PreviewMouseDown()`-Ereignis der Reihe nach vom Fenster bis hin zur Ellipse aufgerufen. Danach wird das eigentliche Ereignis in umgekehrter Reihenfolge geworfen, angefangen bei der Ellipse bis hoch zum Fenster.

Dass die letzen beiden Angaben für `Button` und `Window` fehlen, hat seinen Grund: Das Ereignis wurde von der Schaltfläche bereits verarbeitet und wird daher nicht weitergeroutet. Nur unverarbeitete Ereignisse werden vom System weitergeroutet, bis entweder ein zuständiges Steuerelement gefunden oder ein Ende des Visual Trees erreicht wurde.

Ob ein Ereignis behandelt wurde oder nicht, wird nicht daran erkannt, ob eine Ereignisbehandlung vorhanden ist. Diese Unterscheidung wäre nicht ausreichend, da diese zwar recht allgemein auf alle Mausereignisse hören kann, aber vermeintlich nur an bestimmten von ihnen interessiert ist. Daher kann man in der Ereignisbehandlung in den `RoutedEvent-`

Args mit der Eigenschaft Handled angeben, dass das Ereignis ausreichend behandelt wurde und ein weiteres Routen nicht mehr erforderlich ist.

Listing 5.42 Arbeiten mit der Eigenschaft Handled

```
protected void MD1(object sender, MouseButtonEventArgs e)
{
  // Hier bitte Logik einfügen...
  e.Handled = true;
}
```

Verwenden Sie wann immer es geht die Eigenschaft Handled, um ein unnötiges Routen durch den Visual Tree zu vermeiden.

5.7 Kommandos

Bei der Entwicklung von Benutzerschnittstellen wurde bislang vorwiegend mit Ereignisbehandlungen gearbeitet, die auf das Click()-Ereignis der Steuerelemente gehorcht haben. Klickte der Anwender auf eine bestimmte Schaltfläche oder einen Menüeintrag, so wurde die entsprechende Ereignisbehandlung ausgeführt, in der meist auch gleich die entsprechende Logik implementiert war. Umständlich und unübersichtlich wurde es dann, wenn eine Aktion gleich über mehrere Wege erreichbar sein sollte. Dann mussten nicht nur Schaltflächen und Steuerelemente, sondern auch Tastaturkürzel überwacht werden. Sollte eine Aktion für den Benutzer gesperrt werden, müssten zudem alle entsprechenden Steuerelemente einzeln deaktiviert werden.

Für diese Aufgabe wurde bereits vor geraumer Zeit das sog. *Command-Pattern* entwickelt. Die Idee hinter diesem Pattern war, dass ein Kommando an zentraler Stelle implementiert wird. Dieses enthält für die Aktion sämtliche Logik, die über eine standardisierte Schnittstelle aufgerufen werden kann. Die Steuerelemente (wie Schaltflächen oder Menüeinträge) greifen dann lediglich über die Schnittstelle auf das fertige Kommando zurück, die damit keine eigene Logik mehr implementieren müssen.

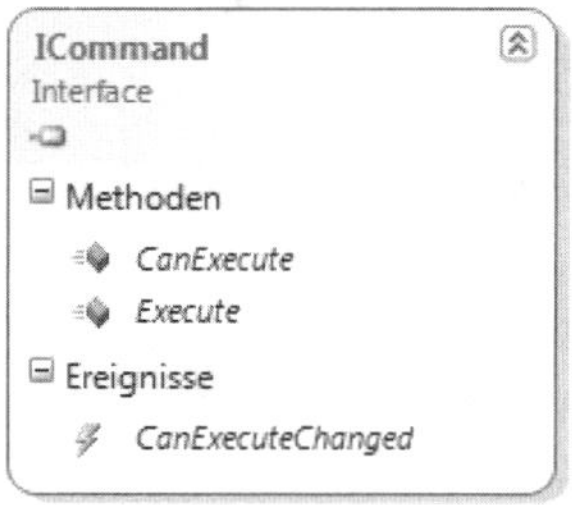

Bild 5.18 Die Schnittstelle ICommand dient als Grundlage für Kommandos.

Für die WPF ist diese Idee des Patterns aufgegriffen und adaptiert worden. Es wurde nicht originalgetreu übernommen, um Kommandos besser an die Bedürfnisse und Eigenheiten einer grafischen Oberfläche auszurichten. Die Grundlage der Kommandos bildet das Interface ICommand, das von jedem Kommando implementiert werden muss.

In Bild 5.18 ist die Definition der Schnittstelle zu sehen. Neben der Methode `Execute()`, die zum Ausführen des Kommandos dient, gibt es noch die weiteren Methoden `CanExecute()` und `CanExecuteChanged()`. Beide sind darauf ausgelegt, dem Benutzer auf der Oberfläche anzuzeigen, ob das gewünschte Kommando ausgeführt werden kann. Ist die Ausführung nicht möglich, werden die entsprechenden Steuerelemente automatisch von der WPF deaktiviert, sodass auch ein versehentliches Starten des Kommandos nicht möglich sein sollte. Damit Änderungen an diesem Zustand sofort wiedergegeben werden können, werden über das Ereignis `CanExecuteChanged()` Änderungen veröffentlicht.

In der WPF werden bereits zahlreiche fertige Kommandos angeboten, die systematisch in verschiedenen Klassen zusammengefasst sind:

- **ApplicationCommands:**
  `CancelPrint, Close, ContextMenu, Copy, CorrectionList, Cut, Delete, Find, Help, New, NotACommand, Open, Paste, Print, PrintPreview, Properties, Redo, Replace, Save, SaveAs, SelectAll, Stop, Undo`
- **ComponentCommands:**
  `ExtendSelectionDown, ExtendSelectionLeft, ExtendSelectionRight, ExtendSelectionUp, MoveDown, MoveFocusBack, MoveFocusDown, MoveFocusForward, MoveFocusPageDown, MoveFocusPageUp, MoveFocusUp, MoveLeft, MoveRight, MoveToEnd, MoveToHome, MoveToPageDown, MoveToPageUp, MoveUp, ScrollByLine, ScrollPageDown, ScrollPageLeft, ScrollPageRight, ScrollPageUp, SelectToEnd, SelectToHome, SelectToPageDown, SelectToPageUp`
- **EditingCommands:**
  `AlignCenter, AlignJustify, AlignLeft, AlignRight, Backspace, CorrectSpellingError, DecreaseFontSize, DecreaseIndentation, Delete, DeleteNextWord, DeletePreviousWord, EnterLineBreak, EnterParagraphBreak, IgnoreSpellingError, IncreaseFontSize, IncreaseIndentation, MoveDownByLine, MoveDownByPage, MoveDownByParagraph, MoveLeftByCharacter, MoveLeftByWord, MoveRightByCharacter, MoveRightByWord, MoveToDocumentEnd, MoveToDocumentStart, MoveToLineEnd, MoveToLineStart, MoveUpByLine, MoveUpByPage, MoveUpByParagraph, SelectDownByLine, SelectDownByPage, SelectDownByParagraph, SelectLeftByCharacter, SelectLeftByWord, SelectRightByCharacter, SelectRightByWord, SelectToDocumentEnd, SelectToDocumentStart, SelectToLineEnd, SelectToLineStart, SelectUpByLine, SelectUpByPage, SelectUpByParagraph, TabBackward, TabForward, ToggleBold, ToggleBullets, ToggleInsert, ToggleItalic, ToggleNumbering, ToggleSubscript, ToggleSuperscript, ToggleUnderline`
- **MediaCommands:**
  `BoostBass, ChannelDown, ChannelUp, DecreaseBass, DecreaseMicrophoneVolume, DecreaseTreble, DecreaseVolume, FastForward, IncreaseBass, IncreaseMicrophoneVolume, IncreaseTreble, IncreaseVolume, MuteMicrophoneVolume, MuteVolume, NextTrack, Pause, Play, PreviousTrack, Record, Rewind, Select, Stop, ToggleMicrophoneOnOff, TogglePlayPause`
- **NavigationCommands:**
  `BrowseBack, BrowseForward, BrowseHome, BrowseStop, DecreaseZoom, Favorites, FirstPage, GoToPage, IncreaseZoom, LastPage, NavigateJournal, NextPage, PreviousPage, Refresh, Search, Zoom`

Der Umfang der Kommandos ist zwar beachtlich, doch fällt der Grad der Unterstützung dabei sehr unterschiedlich aus. So sind manche Kommandos, wie beispielsweise der Zugriff auf die Zwischenablage mit `Copy`, `Cut` und `Paste`, sehr gut implementiert und werden sogar von Steuerelementen wie der `TextBox` verwendet. Andere hingegen, wie die Klasse `MediaCommands`, sind scheinbar nur Platzhalter für eine zukünftige Implementierung und enthalten dagegen keinerlei Unterstützung.

Diese Kommandos können jedoch als Grundlage in der eigenen Anwendung genutzt werden, da sie bereits ein sehr gutes Standardrepertoire an Kommandos darstellen.

5.7.1 Routed Commands

Dass in der WPF nicht streng das Original-Pattern für Kommandos verwendet wurde, liegt vermutlich auch im immensen Aufwand, der mit der Implementierung verbunden wäre. Korrekt umgesetzt müsste nämlich jedes Kommando in einer eigenen Klasse implementiert werden, die von der Schnittstelle `ICommand` abgeleitet wurde. Je nach Anwendung können so allein für Kommandos einige Hunderte oder Tausende Klassen entstehen.

In der WPF werden daher mit `RoutedCommand` und `RoutedUICommand` fertige generische Klassen angeboten, die bereits die Schnittstelle `ICommand` implementieren.

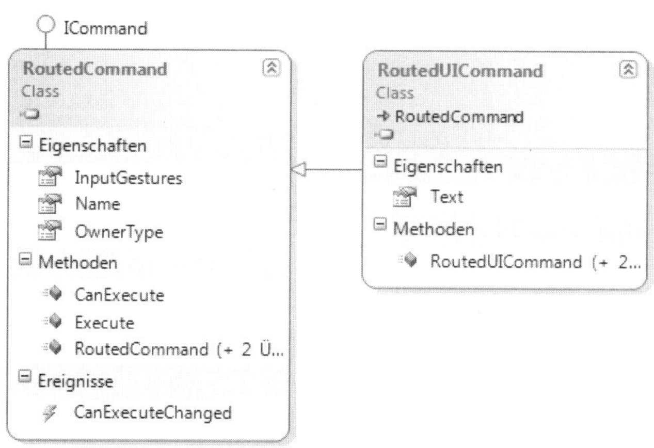

Bild 5.19 Die Klassen RoutedCommand und RoutedUICommand erleichtern das Erstellen von Kommandos.

Wie in Bild 5.19 zu sehen ist, unterscheiden sich beide Klassen kaum voneinander. `RoutedUICommand` ist aber eher auf die Verwendung auf grafischen Oberflächen ausgerichtet und enthält daher die zusätzliche Eigenschaft `Text`, die das Kommando für den Anwender beschreiben soll und in Schaltflächen und Menüeinträgen angezeigt werden kann. In den folgenden Beispielen wird daher ausschließlich die Klasse `RoutedUICommand` verwendet.

Die beiden Klassen sind generisch ausgelegt und enthalten daher, anders als ursprünglich im Pattern vorgesehen, keinen spezifischen Code zum Ausführen des Kommandos. Die Methode `Execute` wirft hierfür einfach das Ereignis `Executed()` - erst in der entsprechenden Ereignisbehandlung wird der Code für das Kommando ausgeführt.

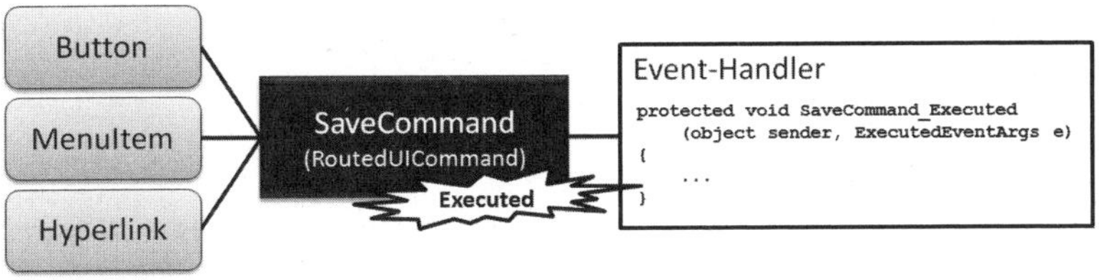

Bild 5.20 Ein RoutedUICommand dient als Verbindung zwischen den Steuerelementen und dem auszuführenden Code.

Dank der beiden Klassen `RoutedCommand` und `RoutedUICommand` muss damit nicht mehr jedes Kommando in einer separaten Klasse implementiert werden. Stattdessen ist es ausreichend, wenn nur noch eine Instanz der Klasse `RoutedUICommand` erzeugt wird, der eine Ereignisbehandlung für die Ausführung zugewiesen wird. Greift man auf die vordefinierten Kommandos der WPF zurück, die auf den vorherigen Seiten zu sehen waren, kann auch das Anlegen neuer Objekte eingespart werden. Die dort enthaltenen Kommandos, wie beispielsweise `ApplicationCommands.Open`, sind bereits fertig erzeugte Instanzen vom Typ `RoutedUICommand`.

> **!** Die vordefinierten Kommandos haben zudem den Vorteil, dass ihre Texte bereits lokalisiert sind. Je nachdem, welche Sprachversion installiert ist, werden Texte der jeweiligen Sprache ausgegeben. ■

Verwendet man eines der fertigen Kommandos der WPF, müssen diese lediglich den entsprechenden Steuerelementen zugewiesen werden.

Listing 5.43 Verwenden von Kommandos bei Steuerelementen

```
<Button
    Name="OpenCustomerButton"
    Content="Öffnen"
    Command="ApplicationCommands.Open">
```

Eine zusätzliche Ereignisbehandlung ist in dieser Schaltfläche nicht mehr notwendig, da sie automatisch das Kommando zur Ausführung nutzt, sobald man es per Mausklick oder Tastatur aktiviert hat.

Der Anwender wird allerdings die Schaltfläche nicht nutzen können, da diese für ihn noch deaktiviert bleibt. Das liegt an der noch fehlenden Implementierung des Kommandos, da weder von der WPF noch von der Anwendung eine Ereignisbehandlung hierfür registriert wurde. Solange keine Ereignisbehandlungen zum Ausführen existieren, werden die Steuerelemente standardmäßig deaktiviert. Als Nächstes muss daher für dieses Kommando `ApplicationCommands.Open` eine Ereignisbehandlung in der Codebehind-Datei des Fensters erstellt werden.

Listing 5.44 Kommando implementieren

```
protected void ApplicationOpen_Execute(object sender,
    ExecuteEventArgs e)
{
```

```
    // Dialogfenster zum Öffnen von Kundendaten anzeigen
    MessageBox.Show("Kunde öffnen...");
}
```

Das Zuweisen dieser Ereignisbehandlung geschieht über die Klasse `CommandBinding`, die am einfachsten direkt in der XAML-Datei des Fensters definiert werden kann.

Listing 5.45 Zuweisung und Verwendung des Kommandos

```
<Window
    xmlns="..." xmlns:x="...">

  <Window.CommandBindings>
    <CommandBinding
        Command="ApplicationCommands.Open"
        Executed="ApplicationOpen_Execute" />
  </Window.CommandBindings>

  <Button
    Name="OpenCustomerButton"
    Content="Öffnen"
    Command="ApplicationCommands.Open" />
</Window>
```

Für die Zuweisung der Ereignisbehandlung wird eine neue Instanz der Klasse `CommandBinding` angelegt und der Liste `CommandBindings` des Fensters hinzugefügt.

Warum hier eine separate Klasse und eine Liste für die Zuweisung erforderlich sind, wird deutlich, wenn man das zugrunde liegende Prinzip der Routed Commands genauer anschaut. Ähnliche wie bei den Ereignissen und den Ressourcen spielt auch bei den Kommandos der Visual Tree wieder eine tragende Rolle. Wird in der Schaltfläche das Kommando ausgeführt, so wird der Visual Tree Schritt für Schritt nach oben auf der Suche nach dem passenden `CommandBinding` durchforstet. Prinzipiell kann man die Bindungen mittels `CommandBinding` in jedem Steuerelement definieren, das von `ContentElement` oder `UIElement` abgeleitet worden ist.

Als Konsequenz daraus können Steuerelemente bestimmte Kommandos auch überschreiben, indem sie eigene Bindungen setzen. Die `TextBox` macht dies beispielsweise für den Zugriff auf die Zwischenablage.

> **!** Allgemeine Kommandos können leider nicht in der globalen *app.xaml* abgelegt werden, da die Klasse `Application` keine Unterstützung für `CommandBindings` anbietet. Somit müssen auch übergreifende Kommandos immer einzeln im Fenster definiert werden. Alternativ können Kommandos auch in der WPF mit dem Command-Pattern implementiert werden. Hierfür muss allerdings für jedes Kommando eine eigene Klasse erstellt werden, deren Logik aber dafür an zentraler Stelle im Projekt gepflegt werden kann.

Zusätzlich kann überprüft werden, ob ein bestimmtes Kommando ausgeführt werden kann. Hierfür ist eine separate Ereignisbehandlung notwendig, die auf das Ereignis `CanExecute()` von `CommandBinding` horcht.

Listing 5.46 Prüfen, ob ein bestimmtes Kommando ausgeführt werden kann

```
<Window xmlns="..." xmlns="...">
  <Window.CommandBindings>
    <CommandBinding
        Command="ApplicationCommands.Open"
        CanExecute="ApplicationOpen_CanExecute"
        Executed="Application_Executed" />
  </Window.CommandBindings>
  <!-- weitere UI hier -->
</Window>

protected void ApplicationOpen_CanExecute(object sender,
    CanExecuteEventArgs e)
{
    // Überprüfen, ob das Kommando ausgeführt warden kann
    e.CanExecute = true;
    e.Handled = true;
}

protected void ApplicationOpen_Execute(object sender,
    ExecuteEventArgs e)
{
    // Hier wird das Kommando ausgeführt
}
```

Die Ereignisbehandlung wird in diesem Code-Beispiel zusätzlich in der vorhandenen Definition des `CommandBinding` registriert. Dieser erhält dann über den Parameter `CanExecuteEventArgs` die Möglichkeit, das Kommando für den Anwender zu aktivieren oder zu deaktivieren. Hierfür muss lediglich die Eigenschaft `CanExecuted` entsprechend gesetzt werden. In diesem Fall bleibt das Kommando für den Anwender immer aktiviert. Im Gegensatz zu `Execute()` ist das Ereignis `CanExecute()` allerdings optional und muss nur dann verwendet werden, um fallweise ein Kommando zu deaktivieren.

Damit wären Kommandos immer nur für einen bestimmten Aufgabenbereich zugeschnitten. In der WPF gibt es aber noch die Möglichkeit, einem Kommando einen beliebigen Parameter zu übertragen. Dieser kann beispielsweise genutzt werden, um die ID oder das Objekt zu übertragen, die bzw. das für das Kommando benötigt wird.

Listing 5.47 Zusätzliche Angaben dem Kommando übergeben

```
<Button
    Text="Kunde öffnen"
    Command="ApplicationCommands.Open"
    CommandParameter="AllowMultiSelect" />

protected void ApplicationOpen_Execute(object sender,
    ExecuteEventArgs e)
{
    OpenCustomerDialog dialog = new OpenCustomerDialog();
    if (e.CommandParameter == "AllowMultiSelect")
        dialog.ListView.MultiSelect = true;
    dialog.ShowDialog();
    // etc...
}
```

Der `CommandParameter` ist vom Typ `object` und kann somit jeden Datentyp als Parameter aufnehmen. Als Nutzdaten wird hier lediglich eine Zeichenkette angegeben, die beim Ausführen ausgewertet werden kann.

Neben dem Parameter kann zusätzlich auch das Steuerelement angegeben werden, das als Ziel für das Kommando dienen soll. Das Kommando kann auf diese Weise relativ offen gehalten werden, da es nicht auf ein bestimmtes Steuerelement angewiesen ist. Das ist besonders bei Kommandos hilfreich, die in einem Projekt an zentraler Stelle definiert worden sind.

Listing 5.48 Ein Steuerelement als Ziel für ein Kommando angeben

```
<Window
    xmlns="..." xmlns:x="...">

  <StackPanel Orientation="Horizontal">
    <TextBox Name="TextBox2" Text="Das ist ein Test-Text" />
    <Button
        Command="ApplicationCommands.Cut"
        CommandTarget="{Binding ElementName=TextBox2}"
        Content="Ausschneiden" />
    <Button
        Command="ApplicationCommands.Copy"
        CommandTarget="{Binding ElementName=TextBox2}"
        Content="Kopieren" />
    <Button
        Command="ApplicationCommands.Paste"
        CommandTarget="{Binding ElementName=TextBox2}"
        Content="Einfügen" />
  </StackPanel>
</Window>
```

In diesem Beispiel werden die vordefinieren Kommandos `Cut`, `Copy` und `Paste` aus der Klasse `ApplicationCommands` verwendet. Diese werden über die Angabe der Eigenschaft `CommandTarget` auf die `TextBox` angewendet, die als Erstes im `StackPanel` definiert wurden.

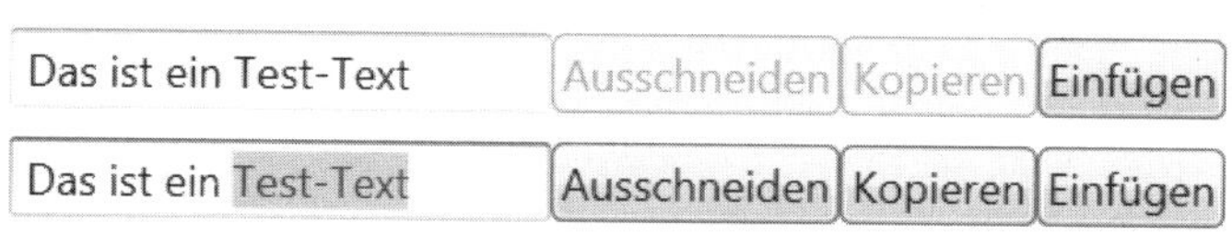

Bild 5.21 Kommandos können auch auf bestimmte Steuerelemente gerichtet werden.

Die Schaltflächen führen die Kommandos nun explizit nur auf diese eine `TextBox` aus. Wenn vom Anwender kein Textabschnitt selektiert worden ist, bleiben die Schaltflächen AUSSCHNEIDEN und KOPIEREN deaktiviert. In Bild 5.21 ist zu sehen, wie sich die Auswahl in der zweiten `TextBox` nicht auf die oberen Schaltflächen auswirkt.

> **!** Befinden sich die Schaltflächen nicht in einem `StackPanel`, sondern in einer `ToolBar`, kann hier die Verbindung von Schaltfläche und Ziel automatisch vorgenommen werden. Hierfür setzt die `ToolBar` das `CommandTarget` automatisch auf das Steuerelement, das vom Anwender fokussiert worden ist. Dieses Verhalten kann praktisch sein, da eine `ToolBar` meist übergreifend für mehrere Steuerelemente genutzt wird. In jenen Fällen, in denen dieses Feature nicht benötigt wird, sollte `CommandTarget` explizit gesetzt werden, um unnötige Irritationen beim Anwender zu vermeiden, da die Schaltflächen ohne gesetzten Fokus alle deaktiviert bleiben.

In den bisher gezeigten Beispielen wurde immer auf die vordefinierten Kommandos der WPF zurückgegriffen. Es ist aber ebenso möglich, eigene Kommandos in der Anwendung zu definieren. Hierfür muss eine neue Instanz von `RoutedUICommand` angelegt werden.

Listing 5.49 Ein neues Kommando registrieren

```
public class MainWindow : Window
{
  public static readonly RoutedUICommand OpenCustomer =
    new RoutedUICommand("OpenCustomer", "Öffnen", typeof(MainWindow));

  // etc...
}
```

Der Konstruktor von `RoutedUICommand` ist mehrfach überladen. In diesem Beispiel wird mit dem ersten Parameter der Name des Kommandos angegeben, unter dem in XAML der Zugriff erfolgen soll. Der zweite Parameter definiert den Text, der für den Anwender in den Steuerelementen angezeigt werden soll, und der dritte Parameter definiert den Eigentümer des Kommandos.

Die Definition muss als statisches Mitglied erfolgen, da die Instanz unabhängig von der Instanz des Fensters genutzt wird. Man kann die Definition aber auch in eine eigene Klasse auslagern, um so die Kommandos der Anwendung besser in logischen Einheiten gruppieren zu können. Zudem müssen die Kommandos nur einmal an einer zentralen Stelle angelegt werden.

Um das neue Kommando nutzen zu können, muss zuvor noch der eigene Namensraum in XAML bekannt gemacht werden. Erst danach kann im `CommandBinding` oder bei Steuerelementen das Kommando verwendet werden.

Listing 5.50 Eine Bindung für das neue Kommando einrichten

```
<Window
    xmlns="... xmlns:x="..."
    xmlns:local="clr-namespace:JoergWegener">

  <Window.CommandBindings>
    <CommandBinding
        Command="{x:Static local:MainWindow.OpenCustomer}"
        CanExecute="OpenCustomer_CanExecute"
        Executed="OpenCustomer_Executed" />
  </Window.CommandBindings>
</Window>
```

Beachten Sie, dass neben Klassenname und Kommando auch zusätzlich die Markup Extension `x:Static` für den korrekten Zugriff notwendig ist. Die Verwendung in Steuerelementen folgt dabei demselben Prinzip.

5.7.2 Unterstützung für Maus und Tastatur

In einer benutzerfreundlichen Anwendung können Kommandos neben Schaltflächen und Menüs auch mit Tastatur- oder Mauseingaben aufgerufen werden. So ist es mittlerweile üblich, dass laufende Hintergrundprozesse mit `Escape` abgebrochen oder Daten mit `F5` aktualisiert werden können.

Hierfür gibt es sog. *InputGestures*, die als Verbindung zwischen einer Benutzerinteraktion und einem Kommando stehen. Drückt der Benutzer beispielsweise die Taste `F5`, kann das Kommando zum Aktualisieren der aktuellen Daten gestartet werden. Dabei gibt es zwei Ausprägungen: Das `KeyBinding` ist für Tastenanschläge auf der Tastatur verantwortlich und das `MouseBinding` entsprechend für die Maus.

Listing 5.51 Tastenkürzel mit Kommandos verbinden

```
<Window
    xmlns="..." xmlns:x="...">

  <Window.InputBindings>
    <KeyBinding Key="F5" Command="NavigationCommands.Refresh" />
  </Window.InputBindings>
</Window>
```

In diesem Beispiel wird das Kommando `Refresh` aufgerufen, sobald der Anwender die Taste `F5` drückt. Diese wird mit der Eigenschaft `Key` angegeben, die aus einer gut gepflegten Enumeration besteht. In dieser sind die möglichen Tastenanschläge einzeln aufgeführt.

Neben vielen Spezialtasten, wie denen zum Starten des E-Mail-Programms (LaunchMail), zum Aufrufen der Startseite (BrowserHome) und für die Wiedergabe von Media-Dateien (MediaPlayPause), sind auch die Ziffern des Nummernblocks hier separat aufgeführt (NumPad0–NumPad9). Wenn die Ziffern über den Buchstaben (D0–D9) ein anderes Kommando auslösen als jene des Ziffernblocks, kann das während der Anwendung zu Verwirrung führen.

Soll das Kommando nur zusammen mit einer bestimmten Tastenkombination gestartet werden, so kann zusätzlich über die Eigenschaft `Modifiers` eine (oder mehrere) der gewünschten Tasten angegeben werden.

Listing 5.52 Eine Tastenkombination mit einem Kommando verbinden

```
<KeyBinding
    Modifiers="Control"
    Key="F5"
    Command="NavigationCommands.Refresh" />
```

Hier können die Werte für die Alt-, Steuerung-, Umschalt- oder Windows-Taste hinterlegt werden. Mit der Version 4 des .NET Frameworks sind diese Eigenschaften nun endlich auch zu Dependency Properties hochgestuft worden. Damit lassen sich die Eigenschaften `Command`, `CommandParameter`, `CommandTarget`, `Key` und `Modifiers` auch mittels Datenbindung an ein beliebiges Objekt anbinden. Vorher konnten diese Werte nur statisch in XAML definiert werden, was gerade bei `CommandParameter` ärgerlich war, da diese Eigenschaft als variabler Parameter für Kommandos dient.

5.7.3 Unterstützung im Programmcode

Unterstützung für Kommandos erhält man ebenfalls im Programmcode. Hier steht die Klasse `CommandManager` zur Verfügung, die auch von der WPF genutzt wird, um die Verbindungen zwischen Steuerelementen und Kommandos zu pflegen. Hier können die Ereignisbehandlungen mit den beiden Methoden `AddCanExecuteHandler()` und `AddExecutedHandler()` registriert bzw. mit `RemoveCanExecuteHandler()` und `RemoveExecutedHandler()` wieder entfernt werden.

Bild 5.22 Mit dem CommandManager können Kommandos im Programmcode gepflegt werden.

In der Klasse ist zusätzlich die Methode `InvalidateRequerySuggested` enthalten. Mit ihr kann das Überprüfen der Kommandos erneut angestoßen werden. Normalerweise werden die Kommandos automatisch über das Ereignis `CanExecute()` überprüft; unter anderem vor und nach jedem Aufruf eines Kommandos. Mit dieser Methode kann man diese Überprüfung aber auch manuell anstoßen, wenn sich beispielsweise der Status durch einen Hintergrund-Thread geändert hat.

5.8 Multithreading

Ein besonderes Augenmerk sollte bei der Entwicklung auf das Reaktionsverhalten der Anwendung gelegt werden. Wird die Anwendung durch eine aufwendige oder lang andauernde Aktion gesperrt, kann das schnell zu Unmut beim Anwender führen. Das passiert immer dann, wenn nur ein Thread für die gesamte Anwendung zur Verfügung steht. Da sich der Thread immer nur um eine Aufgabe kümmern kann (also entweder um die UI oder um den Programmcode), bleiben die Anfragen des Anwenders an die UI unbehandelt.

Technisch kann das Problem relativ einfach gelöst werden, indem man mindestens zwei sog. *Threads* einsetzt, wovon sich einer um die Anfragen der UI kümmert und der zweite im Hintergrund die Verarbeitung der Daten übernimmt. Normalerweise wird für jede Anwendung nur ein Thread erzeugt, der den Programmcode abarbeiten soll. Dadurch, dass nun mehrere Threads scheinbar parallel arbeiten, wirkt die Anwendung insgesamt wesentlich zügiger und komfortabler – selbst dann noch, wenn die Verarbeitung an manchen Stellen durch den Overhead der Threads geringfügig länger dauern sollte.

Diese Technik wird als *Multithreading* bezeichnet, die insbesondere in letzter Zeit immer stärker an Bedeutung gewinnt. Da sich Threads bestens auf mehrere Prozessoren (oder Prozessorkerne) verteilen lassen, kann durch geschickten Einsatz die Leistung bei rechenintensiven Operationen erheblich verbessert werden.

5.8.1 Task Parallel Library

Mit dem .NET Framework 4 erschien auch die sog. *Task Parallel Library* (oder kurz TPL genannt) – eine Bibliothek an Klassen und Funktionen, mit denen die parallele Ausführung von Aufgaben vereinfacht wird. Microsoft kocht aber auch hier nur mit Wasser, denn intern verwendet die Bibliothek nichts anderes als mehrere Threads, die bereits seit der ersten Version des .NET Frameworks enthalten sind. Verbessert wurde aber die gesamte Handhabung und das Verwalten. Bei den herkömmlichen Threads war hier noch viel Handarbeit erforderlich.

Listing 5.53 Einen neuen Task mit der Task Parallel Library erstellen

```
using System.Threading.Tasks;

public class MainWindow : Window
{
  protected void StartCalcButton_Click(object sender,
      RoutedEventArgs e)
  {
    Task.Factory.StartNew(() =>
    {
      // Lang andauernde Berechnung simulieren
      Thread.Sleep(4000);
    });
  }
}
```

In diesem Fenster soll beim Klick auf die Start-Schaltfläche eine lang andauernde Verarbeitung gestartet werden, die hier mit einer Verzögerung von 4000 Millisekunden simuliert wird. In der Klasse `Task` wird eine sog. *Factory* bereitgestellt, die für uns neue Instanzen eines Tasks erstellen kann; hierfür muss lediglich die Methode `StartNew()` aufgerufen werden, die als Parameter einen Delegate erwartet. Die lang andauernde Verarbeitung kann nun in dem angegebenen Delegate erfolgen, während der Haupt-Thread sich weiter um die Benutzerinteraktion und um die Darstellung der Oberfläche kümmern kann.

Unter Windows Forms war der Zugriff aus unterschiedlichen Threads auf die UI bereits problematisch. Zwar wurde der Zugriff nicht streng kontrolliert, doch gab es bereits dort die Vorgabe, dass immer nur mit dem UI-Thread die Steuerelemente verändert werden sollten. In der WPF wird gegen diese Verstöße nun wesentlich strenger vorgegangen. Beim Ändern der Werte der Steuerelemente prüfen diese immer vorher, ob die Anfrage auch vom richtigen Thread ausgeführt wurde. Fremde Threads werden dabei rigoros mit einer Ausnahme quittiert. Die folgende Zeile Programmcode wird daher nicht funktionieren, da man sich nicht im UI-Thread befindet.

```
Task.Factory.StartNew(() =>
{
  Thread.Sleep(4000);

  // ACHTUNG: AUSNAHME WIRD GEWORFEN
  ResultTextBlock.Text = "done";
});
```

In der Eigenschaft `Text` prüft der Setter nach, welcher Thread den Wert setzen möchte. Da man sich zu diesem Zeitpunkt nicht in dem UI-Thread befindet, sondern in einem separaten Hintergrundthread, wird von der Eigenschaft eine Ausnahme erzeugt.

Nicht nur direkte Zugriffe auf die UI, sondern auch Änderungen an Datenobjekten, die mittels Datenbindungen auf der Oberfläche angezeigt werden, sind verboten. In diesem Fall wird nämlich mit dem fremden Hintergrundthread ein Ereignis zum Aktualisieren der Daten ausgelöst (`INotifyPropertyChanged`), das die Eigenschaften der Steuerelemente setzt. Auch das führt zu dem Konflikt, dass ein fremder Thread die UI verändern möchte. (Mehr dazu in Kapitel 8, „Daten und Datenbindungen".)

Das Problem kann nur mit einer zentralen Stelle gelöst werden, welche die Verwaltung der Zugriffe auf die UI übernimmt. Diese Funktion ist in der Klasse `Dispatcher` implementiert, die von jedem Steuerelement der WPF referenziert wird.

Damit das Ergebnis aus dem Hintergrund-Thread an der Oberfläche angezeigt werden kann, muss nun dem Dispatcher diese Aufgabe übertragen werden. Das erfolgt wieder in Form eines Delegates.

Listing 5.54 Korrekte Änderung der UI aus einem fremden Thread

```
protected delegate void RefreshDataDelegate(string text);

protected void DataThreadExecute()
```

```
{
  // Hintergrund-Thread
  Thread.Sleep(4000);
  this.Dispatcher.Invoke(
      DispatcherPriority.Normal,
      new RefreshDataDelegate(RefreshData),
      "fertig");
}

protected void RefreshData(string text)
{
  // UI-Thread
  ResultTextBlock.Text = text;
}
```

In diesem Beispiel wird die Methode `Invoke` des Dispatchers verwendet, um ihm ein Delegate zu übertragen. Mit diesem Delegate wird später von dem Dispatcher die eigentliche Änderung durchgeführt.

Vorher muss allerdings erst der Typ des Delegates definiert werden. In diesem Fall wird am Anfang der neue Delegate `RefreshDataDelegate` angelegt, der als Parameter das Ergebnis der Verarbeitung enthält. Der Wert für diesen Parameter kann direkt in der Methode `Invoke` angegeben werden – in diesem Beispiel ist dies die einfache Zeichenkette „fertig". Über die Angabe von `DispatcherPriority` kann zudem eine Priorität festgelegt werden, mit welcher der Dispatcher die Ausführung behandeln soll. Der Dispatcher arbeitet diese Aufgaben in der Regel relativ zügig ab.

Der Aufruf des Dispatchers erfolgt in diesem Beispiel noch mit dem „fremden" Thread. Der Dispatcher selbst arbeitet aber bereits mit dem korrekten UI-Thread, sodass der Aufruf des Delegates korrekt funktioniert und die Eigenschaft korrekt gesetzt werden kann.

Die Task Parallel Library kann aber auch hier Unterstützung bieten. Handelt es sich um zwei abgeschlossene Bereiche, können zwei Tasks auch miteinander verbunden werden. So kann der erste Task im Hintergrund Daten von einer (potentiell) langsamen Datenquelle abfragen, und der zweite Task kann dieses Ergebnis auf der Oberfläche anzeigen. Hierfür muss allerdings der zweite Task explizit im UI-Thread laufen.

Listing 5.55 Die Verwendung von DispatcherTimer

```
public class MainWindow : Window
{
  public MainWindow()
  {
    InitializeComponents();
    UIContext = TaskScheduler. FromCurrentSynchronizationContext();
    Items = new ObservableCollection<string>();
  }

  private TaskScheduler UIContext;
  public ObservableCollection<string> Items { get; set; }

  public void Refresh()
  {
    Items.Clear();

    Task.Factory.StartNew<IEnumerable<string>>(() =>
```

```
    {
      // Langsame Datenquelle simulieren
      Thread.Sleep(2000);
      return new string[] { "Eins", "Zwei", "Drei";
    }).ContinueWith((preTask) =>
    {
      if (preTask.IsFaulted)
      {
        // Ausnahme protollieren (preTask.Execption)
        return;
      }

      foreach (var item in preTask.Result)
      {
        Items.Add(item);
      }
    }, UIContext);
}
```

Die Methode StartNew() ist mehrfach überladen und ist unter anderem auch in einer generischen Ausprägung verfügbar. In dieser kann auch ein typsicherer Rückgabewert an einen nachfolgenden Task übergeben werden – in diesem Beispiel eine Auflistung an Zeichenketten. Die erste Task kann so im Hintergrund Daten laden, ohne dass die UI dadurch beeinträchtigt wird. Die geladenen Daten können danach einfach per return-Anweisung an den zweiten Task übergeben werden.

Nach der Deklaration der ersten Task kann mit der Methode ContinueWith() eine weitere angegeben werden. Auf diese Weise lassen sich beliebig viele Tasks miteinander verbinden. Bei der zweiten Task wurde jedoch neben der anonymen Methode auch zusätzlich eine Instanz eines TaskScheduler (mit dem Namen UIContext) angegeben. Dies ist der entscheidende Unterschied zum ersten Task, da durch diese Angabe der Bibliothek explizit angegeben werden kann, in welchem Kontext der Programmcode ausgeführt werden soll. Im Konstruktor der Klasse wurde zuvor vom aktuellen Kontext der TaskScheduler zwischengespeichert – da dieser in der Regel vom UI-Thread ausgeführt wird, wird auch ein entsprechender TaskScheduler des UI-Threads zurückgegeben. Beim Erstellen der Tasks kann dieser Kontext nun angegeben werden, wodurch der zweite Task in dem Beispiel wieder im UI-Thread ausgeführt wird.

Der Programmcode der beiden Tasks wird in diesem Beispiel nicht direkt ausgeführt – vielmehr handelt es sich hier nur eine Deklaration, wie die Tasks aufgebaut sind und in welcher Reihenfolge diese abgearbeitet werden sollen. Die Task Parallel Library benötigt einige Prozesser-Zyklen, bis die Tasks gestartet werden. Möchte man Tasks debuggen, sollte man die Unterbrechungspunkte innerhalb der Tasks setzen.

Von der strikten Trennung der Threads ist aber nicht nur die Klasse Thread selbst betroffen. Die Klasse Timer nutzt ebenfalls im Hintergrund einen eigenen Thread, mit dem in regelmäßigen Intervallen ein Delegate aufgerufen wird. Dadurch entstehen natürlich dieselben Probleme, die auch schon bei der Verwendung des eigenen Hintergrundthreads entstanden sind.

In der WPF gibt es daher mit der Klasse DispatcherTimer eine eigene Implementierung eines Timers, der bereits für uns den Umweg über den Dispatcher vornimmt. Die Deklaration eines zusätzlichen Delegaten, der dem Dispatcher zum Aufrufen übergeben werden muss, ist hier also nicht mehr erforderlich. Stattdessen ist es ausreichend, im Konstruktor der Klasse DispatcherTimer den zuständigen Dispatcher anzugeben.

Listing 5.56 Die Verwendung von DispatcherTimer

```
public class Window1 : Window
{
  public Window1()
  {
    timer = new DispatcherTimer(
        TimeSpan.FromMilliseconds(2500),
        DispatcherPriority.Normal,
        new EventHandler(timer1_Tick),
        this.Dispatcher);
  }

  private DispatcherTimer timer;

  private void timer1_Tick(object sender, EventArgs e)
  {
    // UI-Aufgaben können hier problemlos erledigt werden...
  }
}
```

5.8.2 async- und await-Schlüsselwörter

Mit dem .NET Framework 4.5 kamen unter anderem die neuen Schlüsselwörter async und await zum Sprachschatz von C# hinzu. Diese bereichern die Handhabung mit asynchronen Aufgaben und erleichtern den täglichen Umgang ungemein.

Listing 5.57 Asynchrone Methoden mit async und await

```
private async void Button_Click_1(object sender, RoutedEventArgs e)
{
  LadeButton.IsEnabled = false;
  await Task.Factory.StartNew(() => Thread.Sleep(5000));
  LadeButton.IsEnabled = true;
}
```

In diesem Beispiel wird eine lang andauernde Operation simuliert, die nicht weniger als 5 Sekunden dauert. Sie wird aufgerufen, wenn der Benutzer auf eine Schaltfläche im Fenster klickt. Während dieser Zeit soll diese Schaltfläche für den Benutzer deaktiviert sein, damit dieser nicht mehrere Operationen gleichzeitig anstoßen kann.

Diese drei Zeilen bringen recht anschaulich drei wichtige Aspekte zusammen:

- Zugriff auf die UI, um die Schaltfläche zu deaktivieren: Die Umsetzung ist unproblematisch, da dieser Aspekt noch vor dem Ausführen der asynchronen Methode geschieht.
- Der asynchrone Aufruf: Dies ist die erste Herausforderung – der Aufruf erfolgt hier direkt inline im Programmcode. Es muss keine Verrenkung mit Delegates oder Ähnlichem

durchgeführt werden. Das Schlüsselwort `await` setzt nur eine Methode voraus, die eine Task zurückgibt, und setzt anschließend den Programmfluss an dieser Stelle fort.

- Zugriff auf die UI, um die Schaltfläche wieder zu aktivieren: Hier ist es wichtig, dass dieser Zugriff im UI-Thread durchgeführt wird. Mit den Schlüsselwörtern `async` und `await` muss man sich darum keine Sorgen mehr machen, da dies automatisch der Fall ist. Aus diesem Grund ist es egal, ob an dieser Stelle eine Liste mit Kundendaten an die Oberfläche gebunden wird oder lediglich eine Schaltfläche aktiviert wird.

Der Programmfluss ist dank den neuen Schlüsselwörter übersichtlich und nachvollziehbar und muss nicht technisch bedingt über mehrere Methoden oder über Delegates verteilt werden. Damit das funktioniert, muss die Methode lediglich zusätzlich mit dem Schlüsselwort `async` ausgestattet werden.

Listing 5.58 Asynchron eine Webseite laden

```
private async void LadeButton_Clic(object sender, RoutedEventArgs e)
{
  WebRequest request = WebRequest.Create("http://www.google.de/");
  await request.GetResponseAsync();
  // request hier auswerten
}
```

Viele Bereiche des .NET Frameworks wurden für die neuen Schlüsselwörter aufgebohrt und bieten nun eine asynchrone Methode an, die einen Task als Rückgabewert liefern. In diesem Beispiel ist zu sehen, wie die Methode `GetResponseAsync()` verwendet wird.

5.8.3 Auflistungen im Nicht-UI-Thread verändern

Das .NET Framework 4.5 erhielt eine kleine Verbesserung, mit der man auch in einem Hintergrund-Thread auf Listen schreibend zugreifen kann, die auf der Oberfläche der Anwendung verwendet werden. Dadurch entfällt wieder ein Teil der Arbeit, um UI-Thread und Hintergrundthread miteinander zu synchronisieren, obwohl gerade die neuen Schlüsselwörter `async` und `await` hier vieles vereinfachen.

Mit der neuen Lösung kann man ein Lock-Objekt übergeben, dass zum Synchronisieren beider Threads verwendet werden kann. Ein Lock-Objekt muss nichts aufwendiges sein – eine einfache Instanz von `object` reicht hier bereits aus. Es wird lediglich als eindeutiger Schlüssel verwendet, auf den beide Parteien Zugriff haben (die WPF und wir).

Listing 5.59 Liste im Hintergrund bearbeiten

```
public partial class MainWindow : Window {
  ObservableCollection<string> items =
      new ObservableCollection<string>();
  object itemsLock = new object();

  public MainWindow() {
    InitializeComponent();

    ListBox1.ItemsSource = items;
    BindingOperations.EnableCollectionSynchronization(
```

```
            items, itemsLock);

        Task.Factory.StartNew(() => {
          for (var i = 0; i < 10; i++) {
            lock(lock) {
              items.Add("Eintrag");
            }
            Thread.Sleep(1000);
          }
        });
      }
    }
```

In diesem Beispiel wird eine einfache `ObservableCollection` mit Zeichenketten befüllt. Eine Task erledigt diese Aufgabe im Hintergrund, welche mit einer extra Warteschleife von 1000 Millisekunden zusätzlich ausgebremst wird.

Ebenfalls im Hauptfenster der Anwendung ist das Objekt `lock` definiert. Es ist ein einfaches neues Objekt ohne jeglichen Inhalt. Nach der Initialisierung kann es die WPF zur Synchronisation verwenden, indem es der Methode `EnableCollectionSynchronization()` übergeben wird.

Was passiert nun mit diesem Objekt? Wann immer wir schreibend auf diese Liste zugreifen, muss diese Aktion in einer sog. `lock`-Anweisung durchgeführt werden. Diese Funktion ist fest im .NET Framework integriert und kümmert sich um die Synchronisation zwischen mehreren Threads, die auf eine gemeinsame Ressource zugreifen wollen. Wir geben mit der Anweisung `lock` nun an, dass wir dabei sind, auf eine Ressource zuzugreifen. Wäre diese Ressource bereits in Verwendung (z. B. von der WPF oder in einem anderen Thread), würde die Abarbeitung an dieser Stelle so lange unterbrochen, bis wir exklusiven Zugriff erhalten.

> Die `lock`-Anweisung sieht einfach aus, kann bei unbedachter Handhabung aber zu sog. *Dead-Locks* führen. Hierbei warten zwei oder mehrere Threads aufeinander, dass sie ihre Ressourcen wieder freigeben. Die Gefahr besteht jedoch erst, wenn mehrere `lock`-Objekte verwendet werden.

5.9 Das Task-Manager-Syndrom

Die WPF benötigt zum Arbeiten eine Menge Arbeitsspeicher – was u. a. auch an der aufwendigen Implementierung liegt. Nicht nur öffentliche Klassen sind in beachtlicher Anzahl vorhanden, auch intern werden eine Menge Hilfsklassen verwendet. Darüber hinaus wird eine Vielzahl an Referenzen und Ereignisbehandlungen gesetzt, um Änderungen an Daten oder Steuerelementen nachzuvollziehen. Dieser Umfang macht sich natürlich auch im Task-Manager bemerkbar.

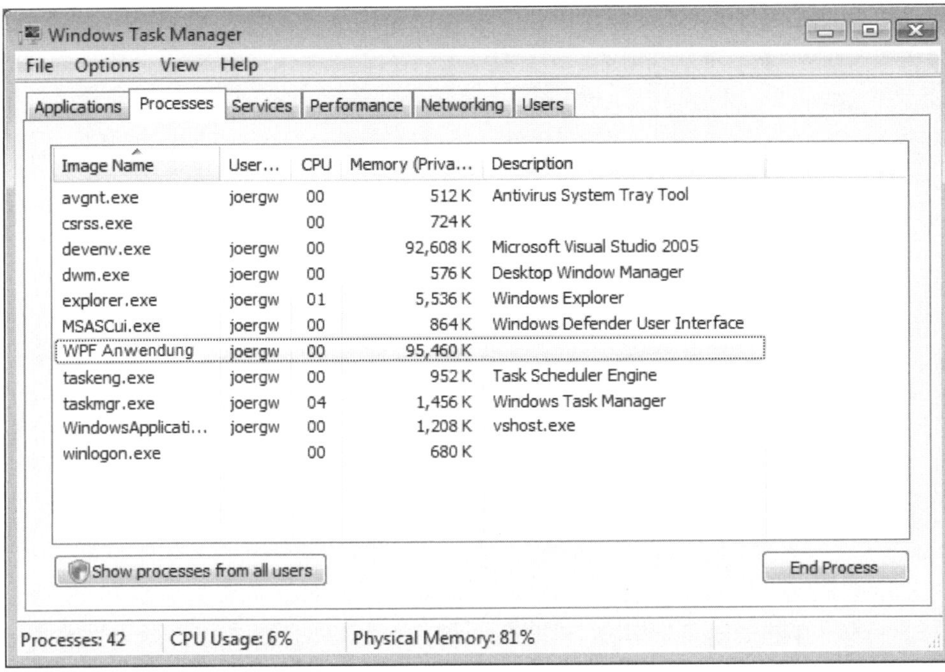

Bild 5.23 Der Task Manager ist nur ein unzureichender Indikator, um den Speicherverbrauch einer Anwendung abzulesen.

In Bild 5.23 ist der typische Verbrauch einer größeren Anwendung zu sehen, die mit der WPF erstellt worden ist. Der Verbrauch sieht zwar mit knapp 100 MB sehr beachtlich aus, zeigt aber auch nicht korrekt den Speicherverbrauch der Anwendung an. Das Task-Manager-Syndrom bezeichnet daher die Situation, die bei Kunden auftreten kann, wenn man sich ausschließlich auf die Zahlen des Task-Managers verlässt. Ein Projekt kann so schnell in eine Krise geraten, oder die verwendete Technik kann gar infrage gestellt werden. Dabei handelt es sich hierbei nur um ein „normales“ Verhalten, das bei jeder größeren Anwendung auftritt, die mit dem .NET Framework entwickelt worden ist. Der Speicher freigegebener Objekte wird nicht sofort wieder an das Betriebssystem zurückgegeben. Vielmehr räumt der Garbage Collector erst nach und nach den Speicher wieder auf oder gibt den Speicher frei, wenn das Betriebssystem mehr Speicher benötigen sollte.

Die Leistung einer Anwendung ist in den meisten Fällen wichtiger als der zusätzliche Verbrauch einiger Megabyte an zusätzlichem Speicher, der vom System zurzeit nicht benötigt wird.

6 Styles

In der WPF stehen sehr flexible und äußerst mächtige Features zur Verfügung, mit denen das Erscheinungsbild einer Anwendung verändert werden kann. Allein zu diesem Zweck stehen gleich mehrere Techniken zur Verfügung, die ineinandergreifen und sich gegenseitig ergänzen können. Viele dieser Techniken, wie beispielsweise die Styles, wurden aus anderen Bereichen (wie CSS) inspiriert oder sind eine logische Erweiterung bekannter Techniken. Da die WPF von Grund auf neu entwickelt wurde, muss man sich so zumindest nicht mehr mit den Altlasten gewachsener Strukturen herumplagen.

Diese enorme Flexibilität, Oberflächen nach Belieben anzupassen und zu gestalten, wurde oft bei Präsentationen der WPF als unschlagbarer Vorteil herausgestellt. So waren oft quietschbunte Schaltflächen, verdrehte und animierte Texte zu sehen, die bei manchem Besucher aber eher abschreckend gewirkt haben mussten. Einige stellten sogar die Frage, wo denn die Usability bliebe, wenn sich jeder Softwarehersteller nach Belieben austoben kann. Eine einheitliche Benutzeroberfläche, wie unter Windows Forms, schien sinnvoller zu sein, da sich die Anwender besser zurechtfinden würden.

Selbstverständlich muss mit so viel Macht, die einem mit dieser Technik an die Hand gegeben wird, auch bedacht und sorgfältig umgegangen werden. Sowohl in den Demonstrationen als auch in diesem Buch sollen daher lediglich die zur Verfügung stehenden Mittel aufgezeigt werden. Bei der Umsetzung soll nicht die Technik, sondern vor allem die Kreativität die Grenze des Machbaren darstellen.

Zu diesem Thema ist das folgende Zitat über den Fotografen Helmut Newton sehr passend, der in einem Restaurant vom Koch erkannt wurde:

> *Der Koch des Restaurants: „Ihre Fotos gefallen mir. Sie haben bestimmt eine gute Kamera!“ Nach dem Essen erwiderte Newton: „Das Essen war vorzüglich. Sie haben bestimmt gute Töpfe.“*

Leider erweist sich gerade diese Flexibilität auch gleichzeitig als größter Nachteil der WPF. Sollte man nämlich diese Möglichkeiten nicht nutzen und stattdessen die Steuerelemente in ihrem „natürlichen Erscheinungsbild“ belassen, so erhält man nicht selten ein Ergebnis, was den Benutzer eher an die Zeiten von Windows 3.11 erinnert. Dieser Eindruck entsteht aufgrund des eher neutral gehaltenen Erscheinungsbildes der Steuerelemente, die oft eher farblos und grau wirken.

6.1 Mit und ohne Styles arbeiten

In den vorherigen Kapiteln wurden immer wieder Eigenschaften verwendet, um das Aussehen von Steuerelementen zu verändern. So konnte man beispielsweise recht schnell und einfach mit den Eigenschaften `Background` und `Foreground` die Hintergrundfarbe und die Schriftfarbe einer Schaltfläche verändern.

Um ein konsistentes Aussehen innerhalb der Anwendung zu gewährleisten, müssen diese Eigenschaften aber auf alle verwendeten Schaltflächen angewendet werden. Das bedeutet, dass jede Schaltfläche einzeln aufgerufen und bearbeitet werden muss. Sicherlich kann diese Arbeit mit Werkzeugen wie mit Blend oder Visual Studio recht schnell erledigt werden, da man hier mehrere Steuerelemente gleichzeitig selektieren und bearbeiten kann.

Dieses Problem hatte man anfangs auch bei anderen Techniken. So mussten Texte im Internet erst mühsam ausschließlich mit den Möglichkeiten formatiert werden, die im HTML-Standard definiert waren. Um das Formatieren längerer Texte oder mehrerer Seiten zu erleichtern, konnten Werkzeuge wie FrontPage verwendet werden. Leider wurde das Pflegen von Webseiten trotz besserer Programme immer schwieriger, da die Inhalte stetig zunahmen und vorhandene Formatierungen nur einzeln geändert werden konnten. Abhilfe haben hier erst die Cascading Style Sheets gebracht, mit denen sich endlich das Layout (CSS) von der Dokumentenstruktur (HTML) trennen ließ. Idealerweise enthalten Webseiten heutzutage keine einzige Formatierung mehr, sodass die gesamte Darstellung über CSS definiert wird.

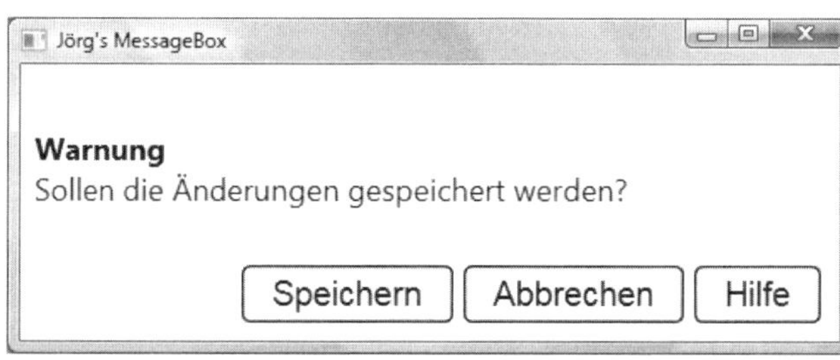

Bild 6.1 Ohne Styles müssten die Eigenschaften für jede Schaltfläche einzeln angepasst werden.

> Wer die Arbeit mit CSS gewohnt ist, wird einige Eigenschaften vermissen. So können Steuerelemente in der WPF nicht mit derselben Selbstverständlichkeit umrandet werden, wie es unter CSS der Fall ist. Nur Steuerelemente, die von der Klasse `Control` abgeleitet worden sind, besitzen die entsprechenden Eigenschaften. Die Eigenschaften, die zum Ausrichten und Positionieren benötigt werden, finden sich dagegen bei allen wieder. Dazu gehören unter anderem `HorizontalAlignment`, `VerticalAlignment`, `Padding` und `Margin`.

Auf diese Weise eine Anwendung zu erstellen, ist mit sehr viel Handarbeit verbunden – zudem wird dabei der Programmcode sehr groß und unübersichtlich. Unter Windows Forms wurden diese Angaben zwar automatisch vom Designer erzeugt, doch verliert man immer noch erheblich an Flexibilität, denn das Design einer Anwendung kann auf diese Weise nicht „mal eben" verändert werden. Hierzu müsste jede Schaltfläche einzeln über den Designer angepasst werden.

Listing 6.1 Zum Vergleich: Ohne Styles wird der XAML-Code schnell unübersichtlich.

```
<Window xmlns="..." xmlns:x="...">
  ...
  <StackPanel
      Orientation="Horizontal"
      HorizontalAlignment="Right">
  <Button Background="White" Foreground="Black" BorderBrush="Black"
BorderThickness="1" FontFamily="Arial" FontSize="13" Padding="10 2 10 2"
Margin="2">Speichern</Button>
  <Button Background="White" Foreground="Black" BorderBrush="Black"
BorderThickness="1" FontFamily="Arial" FontSize="13" Padding="10 2 10 2"
Margin="2">Abbrechen</Button>
  <Button Background="White" Foreground="Black" BorderBrush="Black"
BorderThickness="1" FontFamily="Arial" FontSize="13" Padding="10 2 10 2"
Margin="2">Hilfe</Button>
  </StackPanel>
  ...
</Window>
```

In diesem umfangreichen Beispiel werden schlicht nur die drei Schaltflächen definiert, die in Bild 6.1 zu sehen waren. Der deutliche Umfang entsteht durch die sich wiederholenden Angaben zur Formatierung, die für jede Schaltfläche einzeln gesetzt worden sind. Dadurch wächst nicht nur der Umfang der Dateien beträchtlich an, diese werden zudem äußerst unübersichtlich und schwer zu pflegen.

Bei der Entwicklung der WPF hatte man zur Lösung dieses Problems scheinbar das Konzept von CSS vor Augen. Als Entwickler von Windows-Anwendungen hatte man nämlich noch mit ganz ähnlichen Problemen zu kämpfen, wie man sie früher mit HTML hatte. Insbesondere Windows Forms-Anwendungen ließen sich nur sehr schwer oder überhaupt nicht in ihrem Aussehen verändern. Es gab ein vordefiniertes Layout, das teilweise an die Standardprodukte von Microsoft angelehnt war. Darüber hinaus hatte man aber nur sehr wenige Möglichkeiten zur individuellen Anpassung.

Zudem wurden oft fertige Komponenten verwendet (entweder von Microsoft oder von Drittanbietern), die sich ebenfalls nur sehr begrenzt über ihre Eigenschaften anpassen ließen. Wich das Design der Anwendung zu stark von den Standards ab, konnte man so kaum noch auf fertige Komponenten zurückgreifen.

In der WPF bot es sich daher geradezu an, sich von dieser Abhängigkeit der Darstellung zu lösen. Die einfachste Möglichkeit bieten dabei die Styles, die ähnlich wie CSS arbeiten. Das Aussehen eines Steuerelements wird zentral in einem Style zusammengefasst, mit dem die Werte der Eigenschaften gesetzt werden können. Auf diese Weise können Farben, Füllungen oder auch Schriften für die gesamte Anwendung gesetzt werden, ohne dass diese Definition für jedes Steuerelement einzeln wiederholt werden muss.

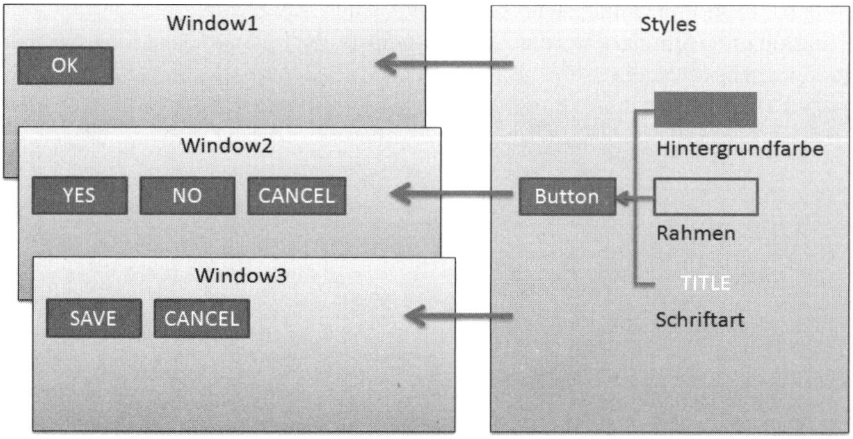

Bild 6.2 Ein Style kann zentral definiert und beliebig oft verwendet werden.

In Bild 6.2 ist dieser Vorteil verdeutlicht: Die einzelnen Schaltflächen, die in der gesamten Anwendung verteilt sein können, greifen auf einen einzigen Style zurück, der an zentraler Stelle platziert worden ist. In diesem Style kann nun bis ins Detail das Aussehen der Schaltflächen definiert sein, wie beispielsweise die verwendete Hintergrundfarbe, der Rahmen oder die Schriftart. Eine umständliche und sich wiederholende Angabe für jede Schaltfläche entfällt somit, da diese Angaben nur noch einmal im Style erfolgen müssen.

In einer idealen Umsetzung würde das Design der Anwendung ausschließlich über Styles oder Templates definiert werden. In den jeweiligen Fenstern würde so nur noch die Struktur der Anwendung definiert werden, d. h., welche Steuerelemente verwendet werden, und nicht mehr, wie diese aussehen sollen. Angaben zur verwendeten Farbe, Schrift oder Größe wären nicht mehr notwendig. ■

Styles werden in der WPF als Ressource deklariert. Wie bereits beschrieben wurde, gibt es unterschiedliche Orte, an denen Ressourcen gepflegt werden können. Je globaler und umfassender dieser Ort ist, wie es beispielsweise die Datei *apps.xaml* ist, desto mehr Steuerelemente können in den Genuss der Styles kommen. Um die folgenden Beispiele kurz und übersichtlich zu halten, sind die Styles jedoch meist lokal im Fenster definiert.

■ 6.2 Explizite Styles definieren

Die Grundlage zum Anpassen eines Steuerelementes bildet ein Style. Mit ihm werden die Änderungen definiert, die am Steuerelement vorgenommen werden sollen. Dabei kann jedes Steuerelement, das von der Klasse `FrameworkElement` abgeleitet wurde, in seinem Aussehen verändert werden.

Ein Style kann auf unterschiedliche Weise dem Steuerelement zugewiesen werden. Die einfachste (und zugleich unproblematischste) Methode dürfte die explizite Deklaration sein. Hierbei wird ein Style unter einem bestimmten Namen angelegt, unter dem man später wieder auf ihn zurückgreifen kann. Er wird also nicht automatisch auf Steuerelemente angewendet, sondern muss stattdessen immer wieder explizit angewendet werden. Das mag besonders in den Fällen sinnvoll sein, wo man gezielt ein einzelnes Steuerelement umgestalten möchte, ohne versehentlich andere Steuerelemente zu „verunstalten".

Listing 6.2 Definition eines einfachen Styles

```
<Window xmlns="..." xmlns:x="...">
  <Window.Resource>

    <Style x:Key="MyButtonStyle">
      <Setter Property="Button.Background" Value="White" />
      <Setter Property="Button.BorderBrush" Value="Black" />
      <Setter Property="Button.BorderThickenss" Value="1" />
      <Setter Property="Button.FontFamily" Value="Arial" />
      <Setter Property="Button.FontSize" Value="13" />
      <Setter Property="Button.Padding" Value="10 2 10 2" />
      <Setter Property="Button.Margin" Value="2" />
    </Style>

  </Window.Resource>
  ...
  <StackPanel .../>
</Window>
```

Mit diesem Style soll das Aussehen der drei Schaltflächen aus dem ersten Beispiel angepasst werden. Das Setzen der Eigenschaften erfolgt über die sog. Setter, mit denen immer der Wert einer einzelnen Eigenschaft des Steuerelements zugewiesen werden kann. Der Name der gewünschten Eigenschaft wird dabei mit `Property` angegeben und der Wert mit `Value`. Da der Compiler aber nicht weiß, auf welche Steuerelemente dieser Style angewendet wird, muss dieser die Herkunft der Eigenschaft kennen. Aus diesem Grund muss hier immer vor die Namen jeder Eigenschaft der Klassenname `Button` vorangestellt werden.

Der Wert, welcher der Eigenschaft `Background` zugewiesen werden soll, wird in `Value` angegeben. Hier wird wieder mit den bekannten Typ-Konvertern gearbeitet, welche die Zeichenkette automatisch in den benötigten Typ umwandeln. Der Wert kann daher in derselben Art und Weise angegeben werden, als würde er direkt der Eigenschaft der Schaltfläche zugewiesen werden. So wird beispielsweise aus dem Wort „White" wieder ein Brush für den Hintergrund erstellt.

In diesem Beispiel wurde der Style in den lokalen Ressourcen des Fensters hinzugefügt. Da Ressourcen grundsätzlich als `ResourceDictionary` aufgebaut sind, darf auch für den Style der Schlüssel mit `x:Key` nicht fehlen. Unter diesem Schlüssel kann später auf den Style verwiesen werden. (Ausnahmen bilden hier nur die impliziten Styles, die ein wenig später behandelt werden.)

Die Setter können ausschließlich auf Dependency Properties angewendet werden. Herkömmliche Eigenschaften aus der CLR können nicht über einen Setter modifiziert werden.

Die Eigenschaft `Background` wird streng genommen nicht in der Klasse `Button` selbst deklariert, sondern bereits in der übergeordneten Klasse `Control`. Der Verweis auf das Dependency Property müsste daher eigentlich `Control.Background` lauten; der XAML-Compiler erkennt jedoch auch vererbte Dependency Properties, sodass die Angabe von Buttons an dieser Stelle ausreichend ist.

Aber auch komplexere Werte können problemlos in dem Setter eines Styles angegeben werden. Die Definition kann wie gewohnt über die Property-Elemente erfolgen, was beispielsweise beim Zuweisen eines Gradienten erforderlich ist. (Brushes werden in Kapitel 9 beschrieben.)

Listing 6.3 Einen LinearGradientBrush über einen Style zuweisen

```
<Style x:Key="MyButtonStyle">
  <Setter Property="Button.Background">
    <Setter.Value>
      <LinearGradientBrush StartPoint="0,0" EndPoint="0,1">
        <GradientStop Offset="0.0" Color="White" />
        <GradientStop Offset="1.0" Color="Silver" />
      </LinearGradientBrush>
    </Setter.Value>
  </Setter>
</Style>
```

Dieser Style kann nun auf die Steuerelemente angewendet werden. Da es sich um einen explizit erstellten Style handelt, muss dieser auch explizit den gewünschten Steuerelementen zugewiesen werden. Zu diesem Zweck wurde in der Klasse `FrameworkElement` die Eigenschaft `Style` definiert, der man nun den neuen Style zuweisen kann.

Listing 6.4 Styles für Steuerelemente verwenden

```
<Window xmlns="..." xmlns:x="...">
  <Window.Resources>
    <Style x:Key="MyButtonStyle">
      <!-- Siehe oben -->
    </Style>
  </Window.Resources>

  <StackPanel
      Orientation="Horizontal"
      HorizontalAlignment="Right">
    <Button Style="{StaticResource MyButtonStyle}">
      Speichern
    </Button>
    <Button Style="{StaticResource MyButtonStyle}">
      Abbrechen
    </Button>
    <Button Style="{StaticResource MyButtonStyle}">
      Hilfe
    </Button>
  </StackPanel>
</Window>
```

Der Zugriff auf den Style erfolgt nach demselben Prinzip wie bei anderen Ressourcen auch. Mit der Markup Extension `StaticResource` wird der gewünschte Style aus den Ressourcen herausgesucht und der Eigenschaft `Style` der Schaltfläche zugewiesen. Hier muss lediglich der Schlüssel angegeben werden, der bei der Definition des Styles verwendet wurde.

Wenn man bedenkt, dass man prinzipiell alle notwendigen Angaben zum Aussehen und zum Layout über Styles zuweisen kann, müssten in XAML nur noch die Struktur der Steuerelemente und ihre Zuweisung der Styles enthalten sein. Vergleicht man das Beispiel mit dem eingangs gezeigtem Negativbeispiel, wird schnell deutlich, wie unübersichtlich XAML bei größeren Projekten werden kann, wenn nicht oder nur uneffektiv mit Styles gearbeitet wird.

Anders als bei CSS kann man einem Steuerelement immer nur einen Style zuweisen. Das gleichzeitige Verwenden oder Kombinieren mehrerer Styles ist leider nicht möglich. Auch die Angabe von `StaticResource` ist leider notwendig, da die Eigenschaft nicht einen Verweis auf einen Style, sondern eine Instanz benötigt. Es ist damit sogar möglich, einen Style direkt für eine Eigenschaft zu erstellen (auch wenn das weniger üblich sein sollte):

```
<Button>
<Button.Style>
<Style .../>
</Button.Style>
</Button>
```

Da sich Styles für die WPF grundsätzlich nicht von anderen Ressourcen unterscheiden, ist auch der Zugriff aus der CLR sehr ähnlich. Über die Methode `FindResource()` kann die gewünschte Ressource wieder über den angegebenen Schlüssel angesprochen werden.

Listing 6.5 Styles im Programmcode laden und zuweisen

```
public partial class Window1 : Window {
  public Window1() {
    ...
    // Ressource laden und zuweisen
    Style myStyle = this.FindResource("MyButtonStyle") as Style;
    Button1.Style = myStyle;

    // ODER einen dynamischen Verweis auf den Style setzen
    Button1.SetResourceReference(
        Button.StyleProperty, "MyButtonStyle");
    // Entspricht unter XAML: folgender Deklaration:
    // <Button Style="{DynamicResource MyButtonStyle}" />
  }
}
```

In diesem Beispiel wird der Style mit dem Schlüssel `MyButtonStyle` aus den Ressourcen abgerufen und dem Steuerelement `Button1` zugewiesen.

Alternativ kann aber auch ein dynamischer Verweis auf den Style definiert werden. Dieser erfolgt dann über die Methode `SetResourceReference()`, die aber gleichbedeutend mit der Markup Extension `DynamicResource` ist. In diesem Fall wird nicht mehr der Style zugewiesen, sondern nur ein Verweis, der dann erst zur Laufzeit aufgelöst wird.

Styles werden (wie es bei Ressourcen üblich ist) nur einmal im Speicher angelegt. Dadurch kann Speicher eingespart werden, da so ein Style auf beliebig viele Steuerelemente angewendet werden kann. Dieser Umstand hat jedoch die Einschränkung zur Folge, dass einige Angaben nicht in Styles definiert werden können. So dürfen in einem Style keine Elemente definiert werden, die von der Klasse `Visual` abgeleitet wurden. Diese können immer nur einmal verwendet und daher nicht gleichzeitig mehreren Steuerelementen zugewiesen werden. Darunter fallen nicht nur das Steuerelement `Image` oder die Shapes, sondern auch eine `GridViewColumn` kann nicht zentral für eine ListView definiert werden.

Listing 6.6 Visuals können nicht zentral in einem Style verwendet werden.

```
<Style x:Key="SaveToolButton">
  <Setter Property="Content">
    <Setter.Value>
      <!-- Funktioniert nicht!!! -->
      <Image Source="Save.bmp" />
    </Setter.Value>
  </Setter>
</Style>
```

Diese Einschränkung lässt sich nur umgehen, indem das sog. *Sharing* der Ressourcen mit `x:Shared` ausgeschaltet wird. Diese Option funktioniert allerdings nur bei Resource Dictionaries, die eine Codebehind-Datei besitzen.

6.3 Style Sharing vs. explizite Typen

Die bisher gezeigten Styles waren relativ offen definiert und können daher auch problemlos auf unterschiedliche Steuerelemente angewendet werden – und damit auch auf solche, die noch nicht einmal mit einem `Button` verwandt sein müssen.

Im folgenden Beispiel wird derselbe Style auf unterschiedlichste Steuerelemente angewendet.

Listing 6.7 Ein Style kann auf unterschiedliche Steuerelemente angewendet werden.

```
<Button Style="{StaticResource MyButtonStyle}" />
<ComboBox Style="{StaticResource MyButtonStyle}" />
<ListBox Style="{StaticResource MyButtonStyle}" />
<TextBox Style="{StaticResource MyButtonStyle}" />
<Label Style="{StaticResource MyButtonStyle}" />
```

Die WPF versucht in solchen Fällen, den Style auch auf die übrigen Steuerelemente anzuwenden. Diese Technik wird als *Style Sharing* bezeichnet, da ein Style auf mehrere Steuerelemente aufgeteilt werden kann.

Bild 6.3 Der Style „MyButtonStyle“ kann dank Style Sharing auch auf andere Steuerelemente angewendet werden.

Wie man in Bild 6.3 erkennen kann, werden die meisten Eigenschaften beim Style Sharing korrekt erkannt und umgesetzt – selbst wenn diese kaum Ähnlichkeiten mit einem `Button` haben sollten. Die Hintergrundfarbe kann so beispielsweise auch problemlos für eine `TextBox` geändert werden. Sollte ein Steuerelement einige dieser Eigenschaften nicht unterstützen, so werden diese einfach ignoriert. Glücklicherweise werden an dieser Stelle keine Ausnahmen von der WPF erzeugt.

Das Control `InkCanvas` ist in diesem Beispiel etwas Besonderes, da es weder mit Buttons verwandt ist noch von der allgemeinen Basisklasse `Control` abgeleitet wurde. Trotzdem wird für `InkCanvas` wie erwartet die Hintergrundfarbe gesetzt, obwohl diese Eigenschaft explizit in der Klasse `Control` definiert wurde. Dieses komplexe (aber richtige) Verhalten der Dependency Properties macht einmal mehr deutlich, wie sehr sich diese von herkömmlichen Eigenschaften aus der CLR unterscheiden. Der Hintergrund zu diesem Verhalten wird in Abschnitt 12.2.1 erläutert, wo das Erstellen eigener Dependency Properties erklärt wird.

Die Angaben der Eigenschaften im Setter fallen aufgrund des zusätzlichen Klassennamens aber immer wieder lang und aufwendig aus. Diese Angabe ist jedoch notwendig, damit die WPF die Klasse und die Dependency Properties korrekt auflösen kann.

Es ist allerdings möglich, direkt bei der Definition des Styles die zu verwendende Klasse anzugeben. Die Klasse des gewünschten Steuerelements wird als `TargetType` angegeben, der dann als Standard zum Nachschlagen der verwendeten Eigenschaften verwendet wird. Die zusätzlichen Angaben des Klassennamens können in den Eigenschaften dadurch entfallen.

Listing 6.8 Offene Styles und explizite Styles im Vergleich

```
<Window xmlns="..." xmlns:x="...">
  <Window.Resources>

    <!-- STYLE OHNE TYPSICHERHEIT -->
    <Style x:Key="MyButtonStyle1">
      <Setter Property="Button.Background" Value="Aqua" />
    </Style>

    <!-- EXPLIZITER TYP ANGEGEBEN -->
    <Style x:Key="MyButtonStyle2" TargetType="{x:Type Button}">
      <Setter Property="Background" Value="Aqua" />
    </Style>

  </Window.Resources>
</Window>
```

In diesem Beispiel wurden zwei explizite Styles für Steuerelemente des Typs `Button` definiert. Da der Klassenname beim zweiten Style mittels `TargetType` angegeben wurde, muss dieser nun nicht mehr zusätzlich bei jeder Eigenschaft angegeben werden. Diese Form erspart besonders bei größeren Styles enormen Schreibaufwand.

Dieser Vorteil ist aber nicht unbedingt die Hauptaufgabe von `TargetType`. Vielmehr ist dieser Style nun explizit für ein bestimmtes Steuerelement bestimmt. Damit ist Style Sharing nun nicht mehr möglich, da der Style in dieser Form nur noch auf Steuerelemente des Typs `Button` angewendet werden kann bzw. auf solche, die von einem `Button` spezialisiert wurden. Sollte man dennoch versuchen, den Style auf andere Steuerelemente anzuwenden, wird das bereits der Compiler mit einem Fehler quittieren.

6.4 Styles kaskadieren

Je größer eine Anwendung wird, desto umfangreicher werden natürlich auch die Styles. Dadurch steigt die Wahrscheinlichkeit, dass es immer öfter die besagte Ausnahme von der Regel geben wird. Dann kann beispielsweise nicht der Standard-Style für eine Lösch-Schaltfläche verwendet werden, da dieser vielleicht über eine andere Farbe gesondert hervorgehoben werden soll. Diese Möglichkeit hat man mit Styles - und man sollte sie nutzen, um den Anwender auch visuell auf Steuerelemente mit „besonderen" Funktionen aufmerksam zu machen. In Bild 6.4 ist eine solche Schaltfläche zu sehen, mit welcher der Anwender die Hilfe aufrufen kann.

Um diese Ausnahmen adäquat zu berücksichtigen, können alternativ die Eigenschaften des Steuerelements direkt verwendet werden. Neben dem Verweis des Styles können so Eigenheiten oder Spezialfälle lokal besser berücksichtigt werden.

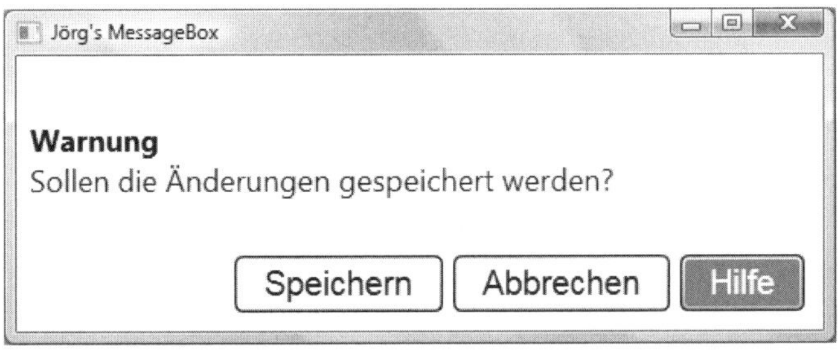

Bild 6.4 Steuerelemente mit besonderen Funktionen können auch mit Styles gesondert hervorgehoben werden.

Listing 6.9 Styles und lokale Eigenschaften miteinander kombinieren

```
<Button
    Style="{StaticResource MyButtonStyle}"
    Background="Gray" Foreground="White">
  Hilfe
</Button>
```

In diesem Fall werden zuerst die Angaben des Styles auf den Button angewendet, die danach mit den Eigenschaften überschrieben werden.

Kommen diese Ausnahmen allerdings häufiger vor, sollte man den Einsatz eines neuen Styles bevorzugen. Ohne weiteren Einsatz von Styles hätte man nur wenig gewonnen, da es in der Anwendung immer noch zahlreiche Ausnahmen gäbe, die gesondert berücksichtigt werden müssten. Das kann mitunter aufwendiger ausfallen, als wenn man ganz auf Styles verzichtet hätte.

Der neue Style würde viele Gemeinsamkeiten mit dem vorhandenen Style besitzen, denn der Button soll im Grunde das gleiche Aussehen besitzen. In diesem Fall sollen nur die Hintergrundfarbe und die Schriftfarbe gesondert von den anderen Buttons hervorgehoben werden.

Nun könnte man einfach den vorhandenen Style kopieren, unter einem neuen Namen ablegen und dann die notwendigen Änderungen vornehmen. Dem Entwickler müsste es an dieser Stelle aber kalt den Rücken hinunterlaufen, da auf diese Weise unnötige Redundanzen entstehen, die nachträglich nur mit sehr großem Aufwand zu pflegen sind. So müssten Änderungen, die alle Buttons beträfen, gleich mehrfach durchgeführt werden. Als Entwickler lernt man als Erstes, genau diese Redundanzen möglichst gering zu halten.

Listing 6.10 Separate Styles für unterschiedliche Anwendungsfälle definieren

```
<Style x:Key="MyButtonStyle" TargetType="{x:Type Button}">
  <!-- Hintergrundfarbe, Rahmen, Schriftfarbe setzen... -->
</Style>

<Style x:Key="HelpButtonStyle" TargetType="{x:Type Button}">
  <!-- ACHTUNG Redundant!
       Hintergrundfarbe, Rahmen, Schriftfarbe setzen... -->
</Style>
```

Besser wäre es hingegen, wenn nicht sämtliche dieser Angaben in jeder Variante wiederholt werden müssten. In der WPF wird die Möglichkeit angeboten, indem man Styles wie Klassen voneinander ableiten oder spezialisieren kann. Diese enthalten dadurch nur noch die Änderungen oder Erweiterungen, die von dem ursprünglichen Style abweichen. Im Style müssten so nicht mehr sämtliche Angaben wiederholt werden, wodurch sich nicht nur der Umfang drastisch reduziert, sondern auch Redundanzen vermieden werden. Die Styles werden also insgesamt erheblich pflegeleichter, wodurch spätere Änderungen auch einfacher umgesetzt werden können.

Ein spezialisierter Style wird prinzipiell wie ein herkömmlicher Style definiert. Er enthält lediglich die zusätzliche Angabe `BasedOn`, mit der auf einen anderen Style verwiesen werden kann, der als Grundlage dienen soll.

Listing 6.11 Styles spezialisieren, um Redundanzen zu vermeiden

```
<Style
     x:Key="MyButtonStyle"
     TargetType="{x:Type Button}">
  <Setter Property="Background" Value="White" />
  <Setter Property="BorderBrush" Value="Black" />
  <Setter Property="BorderThickenss" Value="1" />
  <Setter Property="FontFamily" Value="Arial" />
```

```
  <Setter Property="FontSize" Value="13" />
  <Setter Property="Padding" Value="10 2 10 2" />
  <Setter Property="Margin" Value="2" />
</Style>

<Style
      x:Key="HelpButtonStyle"
      TargetType="{x:Type Button}"
      BasedOn="{StaticResource MyButtonStyle}">
  <Setter Property="Background" Value="Gray" />
  <Setter Property="Foreground" Value="Black" />
</Style>
```

Der erste Style in diesem Beispiel definiert in gewohnter Weise die Darstellung eines Buttons, indem die Schriftart und die Farben gesetzt werden. Der zweite Style ist ähnlich definiert, gibt aber über `BasedOn` an, dass als Grundlage der erste Style verwendet werden soll. Dadurch werden alle gesetzten Eigenschaften aus dem ersten Style übernommen, die nun nicht mehr wiederholt angegeben werden müssen. In diesem Beispiel wird nur die Schriftfarbe auf „White“ gesetzt, und die Hintergrundfarbe wird mit „Gray“ überschrieben. Das Überschreiben von vorher gesetzten Eigenschaften ist kein Problem, da immer der zuletzt gesetzte Wert angewendet wird.

Bei der Verwendung des Styles beim Button erfolgt der Zugriff wieder über die Markup Extension `StaticResource`. Hier muss nur der neue Schlüssel `HelpButtonStyle` verwendet werden.

```
<Button Style="{StaticResource MyButtonStyle}">
  Speichern
</Button>

<Button Style="{StaticResource HelpButtonStyle}">
  Hilfe
</Button>
```

Diese Art der Spezialisierung kann beliebig fortgesetzt werden, sodass man dem Benutzer für unterschiedliche Bereiche auch visuell eine Unterscheidung verdeutlichen kann.

Wie auch bei einer gut durchdachten Klassenhierarchie, kann ein geschicktes Wiederverwenden von Styles den Umfang der Ressourcen drastisch reduzieren. Diese werden dadurch auch übersichtlicher, womit sich der Pflegeaufwand weiter reduziert.

In Kapitel 5 wurden bereits Kommandos vorgestellt, die anstelle von einzelnen Ereignissen bei einem Button verwendet werden können. Die Klasse `RoutedUICommand` besaß hierfür auch eine Eigenschaft namens `Text`, die als Beschriftung für den Anwender dienen sollte. Nun ist es aber ziemlich mühselig, diese Beschriftung manuell für jeden Button einzeln zu pflegen. Wäre nicht stattdessen ein Style geradezu prädestiniert, um den Wert automatisch aus dem Kommando auszulesen und dem Button als Inhalt zuzuweisen? Tatsächlich ist diese Aufgabe mit einem einfachen Setter schnell gelöst.

Listing 6.12 Kommandos und Styles miteinander kombinieren

```
<Style x:Key="CommandButtonStyle"
  TargetType="{x:Type Button}"
  BasedOn="{StaticResource ButtonStyle}">
```

```
    <Setter Property="Content">
      <Setter.Value>
        <Binding
            RelativeSource="{RelativeSource Self}"
            Path="Command.Text" />
      </Setter.Value>
    </Setter>
  </Style>
```

In diesem Beispiel wird ein Style explizit erstellt, der nur einen einfachen Setter für die Eigenschaft `Content` des Buttons enthält. Der Wert für `Content` wird allerdings nicht fest im Style angegeben, sondern über eine Datenbindung aus dem Kommando ausgelesen.

Beim Verwenden eines Kommandos bei einem Button kann die Angabe nun relativ kurz erfolgen.

```
<Button
    Command="MainWindow.OpenCustomer"
    Style="{StaticResource CommandButtonStyle}" />
```

Der fehlende Anblick von `Content` mag ungewohnt erscheinen. Dieser Wert wird jedoch korrekt aus der Eigenschaft `Text` aus dem Kommando ausgelesen und muss so nicht mehr redundant im Button gepflegt werden.

6.5 Implizite Styles definieren

In den bisherigen Beispielen wurden die Styles grundsätzlich explizit bei den gewünschten Steuerelementen angewendet. Diese Vorgehensweise ist jedoch mit einem gewissen Aufwand verbunden, da man für jedes Steuerelement einzeln die Zuweisung mittels Style angeben muss.

Alternativ dazu können Styles aber auch implizit definiert werden. Hierbei wird der definierte Style automatisch auf alle Steuerelemente eines bestimmten Typs angewendet. Diese Möglichkeit steht beispielsweise auch bei der Technik CSS für HTML-Seiten zur Verfügung, bei der ein vorhandenes Dokument von außen umgestaltet werden kann. Überschriften oder Tabellen können auf diese Weise geändert werden, ohne dass hierfür das Dokument selbst angepasst werden muss. Das entspricht auch der Umsetzung der impliziten Styles in der WPF. Das manuelle Zuweisen entfällt durch das Verwenden impliziter Styles, da diese fast so selbstverständlich auf Steuerelemente angewendet werden, als würden sie zum Standardlayout der WPF gehören. Sogar das Schreiben eines impliziten Styles fällt kürzer aus, da hier die Angabe des Schlüssels mittels `x:Key` entfällt.

Listing 6.13 Explizite und implizite Styles im Vergleich

```
<Window>
  <Window.Resources>
    <!-- Impliziter Style -->
    <Style TargetType="{x:Type Button}">
```

```
      <Setter Property="Background" Value="White" />
      <Setter Property="Foreground" Value="Black" />
    </Style>

    <!-- Expliziter Style -->
    <Style x:Key="OtherButtonStyle" TargetType="{x:Type Button}">
    </Style>
  </Window.Resources>

  <!-- Angabe von Style ist jetzt nicht mehr erforderlich -->
  <Button>Okay</Button>
  <Button>Abbrechen</Button>

  <!-- ACHTUNG: Hier wird der implizite Style NICHT angewendet -->
  <Button Style="{StaticResource OtherButtonStyle}">
    Wiederholen
  </Button>
</Window>
```

Dieser Style wird nun automatisch auf **alle** Steuerelemente vom Typ `Button` angewendet. Ausnahmen gibt es nur für die Steuerelemente, bei denen explizit ein eigener Style zugewiesen wurde. Damit sind die impliziten Styles als Gegenstück zu den expliziten Styles zu sehen, da beide nicht zusammen angewendet werden können (wobei es auch hier eine Mischform geben kann).

In Bild 6.5 ist das Ergebnis zu sehen: Die ersten beiden Buttons werden korrekt angepasst; nur beim Button `Wiederholen` wurde der implizite Style nicht angewendet, da diesem bereits ein expliziter Style zugewiesen wurde.

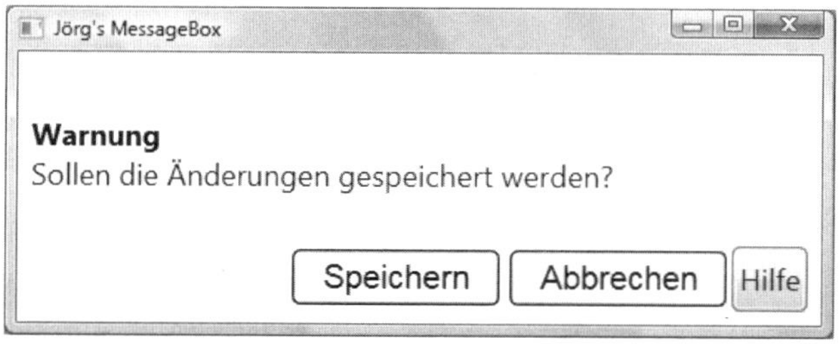

Bild 6.5 Mit einem impliziten Style werden alle Steuerelemente geändert, bei denen nicht explizit ein Style gesetzt wurde.

An dieser Stelle muss hervorgehoben werden, dass implizite Styles grundsätzlich immer nur auf einen bestimmten Typ angewendet werden. In diesem Punkt unterscheiden sie sich grundlegend von den expliziten Styles. Bei diesen wurde zwar auch der Typ angegeben, man konnte den Style jedoch auch auf spezialisierte Unterklassen anwenden.

In der WPF hat man es mit einer sehr fein verästelten Klassenhierarchie zu tun, mit der man versucht, möglichst viele Gemeinsamkeiten in einer Klasse unterzubringen. Als ein gutes Beispiel dienen meist `Button` und `ToggleButton`. Beide besitzen zweifellos große Gemeinsamkeiten, da sie in erster Linie wie normale Buttons aussehen. Daher werden auch beide Buttons von der gemeinsamen Klasse `ButtonBase` abgeleitet. Bei `ToggleButton` können so zusätzliche Funktionalitäten eingebaut werden, damit sich dieser wie eine `Checkbox` aktivieren oder wieder deaktivieren lässt. Wie man in der Klassenhierarchie in

Bild 6.6 sehen kann, sind die `CheckBox` und der `RadioButton` tatsächlich von `ToggleButton` abgeleitet.

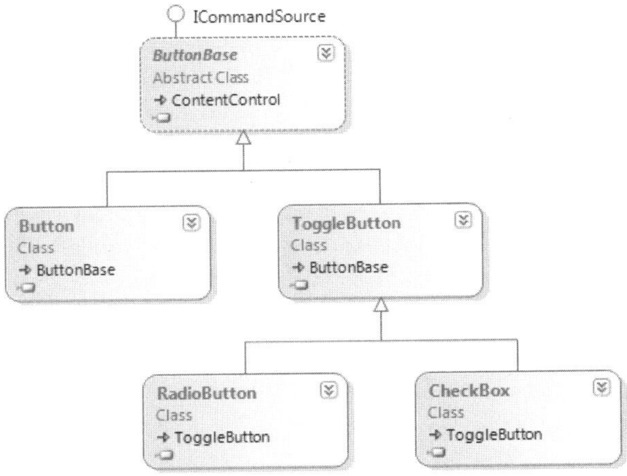

Bild 6.6 Ein impliziter Style wird immer auf eine einzige Klasse angewendet und nicht zusätzlich auf ihre Unterklassen.

Möchte man sowohl für `ToggleButton` als auch für Button einen impliziten Style erstellen, wäre es natürlich naheliegend, hierzu auch die Klasse `ButtonBase` zu verwenden. Wie eingangs erwähnt, werden implizite Styles aber immer nur auf den einen Typ angewendet, der auch als `TargetType` angegeben wurde. In diesem Fall müssten für beide Typen von Buttons auch getrennte Styles angelegt werden – also ein impliziter Style für `Button` und einer für `ToggleButton`.

Aus diesem Grund können implizite Styles nicht für Fenster verwendet werden. Diese werden nämlich nicht direkt von der Klasse `Window` instanziiert, sondern vielmehr in einer eigenen Klasse spezialisiert (die entsprechend von `Window` abgeleitet wird). Da ein implizit erstellter Style aber immer nur auf eine bestimmte Klasse angewendet wird, müsste man entweder für jedes Fenster einen neuen impliziten Style definieren oder in jedem Fenster explizit auf einen Style verweisen.

Wie jedoch bei Ressourcen üblich, ist auch hier wieder die Stelle der Deklaration von entscheidender Bedeutung. Wird der Style in der globalen Datei *app.xaml* definiert, so werden die Buttons in der gesamten Anwendung angepasst. Wird hingegen der Style in den lokalen Ressourcen eines Fensters definiert, dann beschränkt sich die Anwendung verständlicherweise nur auf eben dieses eine Fenster.

Ein impliziter Style unterscheidet sich also ausschließlich durch das Fehlen des Ressourcenschlüssels. Dieser simple Wegfall kann aber weitreichende Konsequenzen haben, da das Ergebnis auch zu unerwünschten Nebeneffekten führen kann. So wird der Style grundsätzlich auf alle zutreffenden Steuerelemente angewendet – und das ohne Ausnahme. Ein einheitlicher Style kann so aber nicht mehr auf die Gegebenheiten einzelner Anwendungsfälle eingehen, wenn beispielsweise Größe, Schrift oder Farbe nicht passend sein sollten. Beim Entwurf ist hier also Fingerspitzengefühl gefragt.

Selbstverständlich muss sich auch ein impliziter Style an gewisse Gesetzmäßigkeiten halten. Ressourcen sind bekanntermaßen im Grunde nichts anderes als große Hashtables oder Dictionaries, in denen man anhand eines Schlüssels einen beliebigen Wert ablegen kann. Diese Tatsache muss auch beim Erstellen von Styles berücksichtigt werden. Doch warum gibt es bei den impliziten Styles eine Ausnahme?

Tatsächlich wird auch hier keine Ausnahme gemacht. Der Schlüssel muss nicht angegeben werden, da der Compiler diesen automatisch erzeugt. Man muss vorwegnehmen, dass der Schlüssel nicht auf eine einfache Zeichenkette beschränkt ist, sondern (fast) beliebige Werte annehmen kann. Bei den impliziten Styles wird hier mittels `Type` der Klassenname des Steuerelements verwendet, der aus der Angabe `TargetType` ausgelesen wird.

Im Grunde könnte man mit diesem Wissen den Schlüssel für einen impliziten Style auch selber angeben, indem man einfach auf den gewünschten Typ verweist.

```
<!-- Beide Angaben sind identisch -->
<Style TargetType="{x:Type Button}">...</Style>

<Style x:Key="{x:Type Button}" TargetType="{x:Type Button}">
</Style>
```

Diese beiden Angaben würden problemlos als implizite Styles angewendet werden. Sicherlich ist der Schreibaufwand etwas aufwendiger, doch verdeutlicht das Beispiel gut die interne Funktionsweise impliziter Styles.

Aus diesem Grund kann es für ein Steuerelement immer nur einen impliziten Style geben. Denn ebenso wie andere Ressourcen auch, darf unter demselben Schlüssel immer nur ein Wert abgelegt werden. In diesem Fall wird der Schlüssel zwar automatisch vom Compiler angelegt, doch unterliegt dieser denselben Gesetzmäßigkeiten wie ein manuell angegebener Schlüssel.

6.6 Explizite und implizite Styles kombinieren

Sowohl explizite als auch implizite Styles haben ihre Stärken und ihre Schwächen. Der Aufwand bei der Erstellung impliziter Styles ist relativ gering, da diese automatisch auf alle betroffenen Steuerelemente angewendet werden. Explizite Styles bieten dagegen die notwendige Flexibilität an, um auch fallweise bestimmte Steuerelemente hervorzuheben. Ideal wäre dagegen eine Mischung aus beiden: Das Aussehen der Steuerelemente wird über implizite Styles für die gesamte Anwendung angepasst. Im Einzelnen können dann durch explizite Styles Ausnahmen von dieser Regel getroffen werden, bei denen Steuerelemente gesondert hervorgehoben werden sollen.

Auf den ersten Blick mag diese Kombination nicht funktionieren, da die Steuerelemente, auf denen man explizit einen Style angewendet hat, von den impliziten Styles ignoriert werden. Man steht daher vor einer klassischen „Entweder-oder-Entscheidung“.

Implizite und explizite Styles lassen sich aber auch kombinieren. Grundlage hierfür bildet ein impliziter Style, der wie gewohnt definiert wird.

```
<Style TargetType="{x:Type Button}">
  <Setter Property="Background" Value="White" />
  <Setter Property="Foreground" Value="Black" />
</Style>
```

Wird dieser Style als globale Ressource in der Datei *app.xaml* abgelegt, werden auf diese Weise sämtliche Buttons der Anwendung geändert. In diesem Fall werden sie mit schwarzer Schrift auf weißem Grund dargestellt.

Soll nun eine Ausnahme von dieser Regel erstellt werden, ist ein expliziter Style die einzig richtige Wahl. Hierbei muss bei den betroffenen Buttons der Style explizit zugewiesen werden.

```
<Button>Standard</Button>
<Button Style="{StaticResource WarningButton}">Löschen</Button>
```

Da für den ersten Button kein Style angegeben wurde, wird hier automatisch der implizite Style angewendet. Nur beim zweiten Button soll eine Ausnahme gemacht werden, da dieser eine spezielle Funktion hat und daher gesondert hervorgehoben werden soll.

Und hier liegt das Problem, denn implizite Styles werden immer nur auf Steuerelemente angewendet, bei denen kein Style explizit zugewiesen wurde. Der zweite Button würde daher erst gar nicht in den Genuss des impliziten Styles kommen, da Styles in der WPF grundsätzlich nicht miteinander kombiniert oder gemischt werden, wie es beispielsweise in CSS üblich ist.

Stattdessen gibt es in der WPF eine klare Aufteilung: Entweder ein Steuerelement bezieht seinen Style implizit, oder es wird ihm einer explizit zugewiesen. Ein Kombinieren oder Mischen verschiedener Styles ist ausschließlich über das Kaskadieren möglich. Ein feiner Unterschied, den man sich in diesem Fall zunutze machen kann. So muss man lediglich im expliziten Style angeben, dass als Grundlage der implizite Style dienen soll.

Listing 6.14 Einen implizit definierten Style spezialisieren

```
<Style
    x:Key="ImportantButton"
    TargetType="{x:Type Button}"
    BasedOn="{StaticResource {x:Type Button}}">
  <Setter Property="Foreground" Value="Red" />
</Style>
```

Mit der Angabe von `BasedOn` wird der vorhandene implizite Style spezialisiert. Da bei impliziten Styles als Schlüssel der Typ des Steuerelements angegeben ist, wird hier mittels `x:Type` der gewünschte Typ angegeben. In Bild 6.7 ist das Ergebnis zu sehen, wobei der Button HILFE endlich in den Genuss des impliziten Styles gekommen ist.

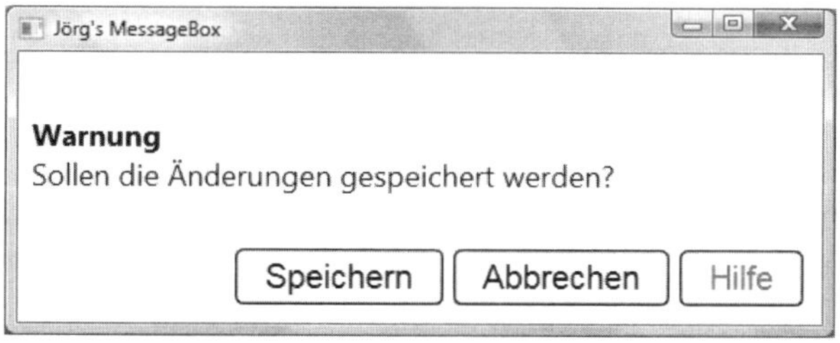

Bild 6.7 Erst wenn implizite und explizite Styles kombiniert werden, kann der Arbeitsaufwand reduziert werden.

Dadurch lassen sich implizite Styles beliebig spezialisieren und verfeinern, ohne dass dabei Angaben redundant angegeben werden müssen. Dieselbe Technik kann auch dazu verwendet werden, um einen impliziten Style auf unterschiedliche Steuerelemente anzuwenden. Bei `Button` und `ToggleButton` ist das der Fall – beide sehen für den Anwender wie normale Buttons aus und sollten daher den gleichen Style verwenden. Da implizite Styles aber immer nur auf Steuerelemente angewendet werden, die exakt dem angegebenen Typ entsprechen, müssten theoretisch auch hier jeweils eigene implizite Styles erstellt werden. Dieselbe Technik zur Spezialisierung kann aber auch hier angewendet werden.

Listing 6.15 Einheitliches Layout für unterschiedliche Steuerelemente erstellen

```
<!-- Einen neutralen Style erstellen -->
<Style x:Key="ButtonStyle" TargetType="{x:Type ButtonBase}">
  <Setter Property="Background" Value="White" />
  <Setter Property="Foreground" Value="Black" />
</Style>

<!-- Implizite Styles für die unterschiedlichen Arten
     von Buttons erstellen -->
<Style
    TargetType="{x:Type Button}"
    BasedOn="{StaticResource ButtonStyle}">
</Style>

<Style
    TargetType="{x:Type ToggleButton}"
    BasedOn="{StaticResource ButtonStyle}">
</Style>
```

Als Grundlage dient auch hier ein einheitlicher Style, der in diesem Fall auf `ButtonBase` festgelegt wurde. Dieser Style wird in der Regel nicht selbst angewendet, da es kein Steuerelement mit diesem Typ gibt. Stattdessen werden implizite Styles für `Button` und `ToggleButton` angelegt, die auf diesem gemeinsamen Style basieren. Dadurch schrumpft die Deklaration der Styles auf ein Minimum zusammen, da so unnötige Redundanzen vermieden wurden. Zudem behält man die notwendige Flexibilität, um beispielsweise bei `Button` oder `ToggleButton` noch Anpassungen vorzunehmen.

6.7 Styles dynamisch zur Laufzeit auswählen

Normalerweise werden sowohl die impliziten als auch die expliziten Styles den Steuerelementen fest zugewiesen. Ein `Button` oder eine `ListBox` verändern so normalerweise ihr Aussehen nicht zur Laufzeit. Soll der Style nachträglich geändert werden, kann man allerdings auch selbst einen alternativen Style aus den Ressourcen laden und ihn den Steuerelementen zuweisen. Hierzu kann wieder die Methode `FindResource()` verwendet werden, die auch schon in Kapitel 5 für den Zugriff auf Ressourcen beschrieben wurde.

```
CancelButton.Style = FindResource("NeuerStyle") as Style;
```

Das sollte aber eher die Ausnahme bleiben, da man in Styles auch Trigger setzen kann, die auf Veränderungen reagieren und das Aussehen anpassen können.

Manche Steuerelemente bieten aber neben Styles noch weitere Eigenschaften an, mit denen sich das Aussehen anpassen lässt. So bietet die `ListBox` beispielsweise mit der Eigenschaft `ItemContainerStyle` die Möglichkeit an, einen Style für die Einträge der `ListBox` zu hinterlegen.

Listing 6.16 Einen Style für alle Einträge einer ListBox zuweisen

```
<Window xmlns="..." xmlns:x="...">
  <Window.Resources>
    <Style x:Key="MyItemStyle" TargetType="{x:Type ListBoxItem}">
      <Setter Property="BorderThickness" Value="0 0 0 1" />
      <Setter Property="BorderBrush" Value="Silver" />
    </Style>
  </Window.Resources>

  <ListBox ItemContainerStyle="{StaticResource MyItemStyle}">
    <ListBoxItem>Erster Eintrag</ListBoxItem>
  </ListBox>

  <!-- INTERN PASSIERT FOLGENDES -->
  <ListBox>
    <ListBoxItem Style="{StaticResource MyItemStyle}">
      Erster Eintrag
    </ListBoxItem>
  </ListBox>
</Window>
```

In diesem Beispiel wird ein Style für ein `ListBoxItem` erstellt und der Eigenschaft `ItemContainerStyle` zugewiesen. Warum aber der Umweg und einen Style explizit zuweisen?

Diese Weg ist notwendig, da eine ListBox nicht nur manuell mit `ListBoxItem`, sondern auch über eine Datenquelle befüllt werden kann. Diese Einträge bestehen zwar auch nur aus einer Reihe aus `ListBoxItem`, doch da diese automatisch erzeugt werden, kann man ihnen nicht mehr explizit den gewünschten Style zuweisen. Über die Eigenschaft `ItemContainerStyle` kann dagegen die `ListBox` diese explizite Zuweisung für uns übernehmen.

Diese Eigenschaft hat nur einen Haken: Dadurch erhalten alle Einträge in der Liste den gleichen Style. Das mag zwar prinzipiell in Ordnung sein, doch kann man so weder fallweise einzelne Einträge hervorheben, noch lässt sich eine Alternierung umsetzen. Gerade letzteres Feature gehört bei ASP.NET bereits zum Standard. Dort wurde das Problem einfach über eine zusätzliche Eigenschaft gelöst, deren Angaben immer nur auf jeden zweiten Eintrag angewendet werden.

Trotzdem ist das keine unlösbare Aufgabe und kann mit ein wenig zusätzlichem Programmcode schnell gelöst werden (weswegen dieses Thema auch erst in diesem Kapitel behandelt wird). Hierfür wird ein sog. `StyleSelector` benötigt, der fallweise entscheiden kann, welcher Style auf welchen Eintrag angewendet werden soll. In Bild 6.8 ist das Ergebnis der Arbeit zu sehen.

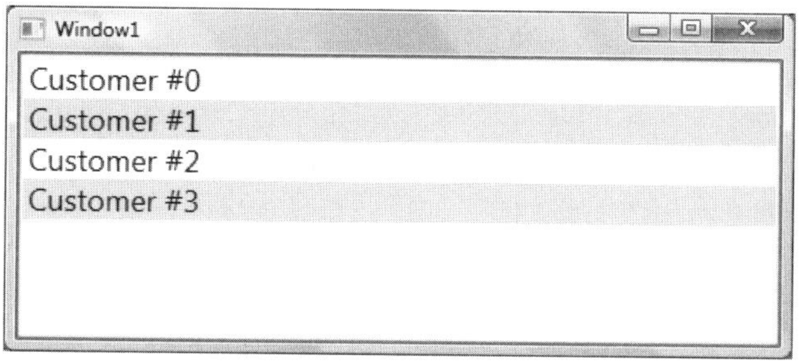

Bild 6.8 Eine Alternierung der Listeneinträge mithilfe eines StyleSelectors

Der `StyleSelector` wird in einer eigenen Klasse implementiert, der von der Basisklasse `StyleSelector` abgeleitet wird. Hier muss als Einziges die Methode `SelectStyle()` überschrieben werden. Ihr wird der jeweilige Eintrag übergeben, anhand dessen der passende Style zurückgegeben werden soll.

Listing 6.17 Einen Style anhand von Programmlogik zuweisen

```
public class AlternatingStyleSelector : StyleSelector
{
  private Style itemStyle = null;
  public Style ItemStyle
  {
    get { return itemStyle; }
    set { itemStyle = value; }
  }

  private Style alternateItemStyle  = null;
  public Style AlternateItemStyle
  {
    get { return alternateItemStyle; }
    set { alternateItemStyle = value; }
  }

  public override Style SelectStyle(object item,
      DependencyObject c)
  {
    // Das Control laden (z.B. ListBox oder ListView)
    ItemsControl ic;
    ic = ItemsControl.ItemsControlFromItemContainer(c);

    // Die Position in dem Control ermitteln
    int index;
    index = ic.ItemContainerGenerator.IndexFromContainer(c);
```

```
        // Einen passenden Style zurückgeben
        return (index % 2 == 0 ? itemStyle : alternateItemStyle);
    }
}
```

In diesem Beispiel enthält die Klasse auch zwei zusätzliche Eigenschaften, mit denen man von außen die jeweiligen Styles definieren kann. So bleibt man bei der Verwendung des `StyleSelector` flexibel, da nicht fest vordefinierte Styles verwendet werden.

Die eigentliche Arbeit in dem `StyleSelector` wird durch drei Zeilen Code in der Methode `SelectStyle()` erledigt. In der ersten Zeile wird das Steuerelement geladen, in dem sich der Eintrag befindet. Hier wird die Klasse `ItemsControl` verwendet, die für eine ganze Reihe an Steuerelementen als Basisklasse dient, sodass der `StyleSelector` gleichermaßen auf eine `ListBox`, `ComboBox` oder `ListView` angewendet werden kann. In der zweiten Zeile wird die Position in der Liste ermittelt, anhand der in der dritten Zeile der passende Style zurückgegeben wird.

Der `StyleSelector` kann nun, zusammen mit zwei Styles für die Listeneinträge, als Ressource in der Anwendung definiert werden.

Listing 6.18 Mit einem StyleSelector den Einträgen einer ListBox unterschiedliche Styles zuweisen

```
<Application
    xmlns="..." xmlns:x="..."
    xmlns:local="clr-namespace:JoergWegener">

  <Application.Resources>
    <Style
        x:Key="ListBoxAltItemStyle"
        TargetType="{x:Type ListBoxItem}">
      <Setter Property="Background" Value="Silver" />
    </Style>

    <local:AlternatingStyleSelector
        x:Key="AltSelector"
        AlternateItemStyle="{StaticResource ListBoxAltItem}" />
  </Application.Resources>

  <ListBox
      ItemContainerStyleSelector="{StaticResource AltSelector}">
    <ListBoxItem>Customer #0</ListBoxItem>
    <ListBoxItem>Customer #1</ListBoxItem>
    <ListBoxItem>Customer #2</ListBoxItem>
    <ListBoxItem>Customer #3</ListBoxItem>
  </ListView>
</Application>
```

Bei der Definition des `StyleSelector` können bei den beiden Eigenschaften `ItemStyle` und `AlternateItemStyle` die gewünschten Styles hinterlegt werden. In diesem Beispiel wird aber nur `AlternateItemStyle` gesetzt, sodass anstelle von `ItemStyle` der Standard-Style oder ein eventuell vorhandener impliziter Style angewendet wird. In den Steuerelementen kann nun auf die Ressource verwiesen werden. Diese muss einfach der Eigenschaft `ItemContainerStyleSelector` zugewiesen werden.

6.8 Mit EventSetter auf Ereignisse reagieren

Mit einem sog. *EventSetter* kann man über einen Style mit wenig Aufwand auf Ereignisse horchen. Verwendet man für mehrere Buttons eine zentrale Ereignisbehandlung, muss diese nicht mehr für jeden Button einzeln registriert werden. Stattdessen ist es ausreichend, diese Zuweisung nur einmal in einem zentralen Style anzugeben. EventSetter und Setter sind in der Klassenhierarchie eng verwandt – sie sind quasi wie Geschwister, da beide Klassen von der gemeinsamen Basisklasse `SetterBase` abgeleitet sind. Sie können daher in Styles ähnlich verwendet werden. Das Hinzufügen eines EventSetters erfolgt daher auch in bekannter Form, wie man es schon beim Setter gesehen hat.

Listing 6.19 Das Hinzufügen einer Ereignisbehandlung mit einem EventSetter

```
<Style x:Key="ToolButton" TargetType="{x:Type Button}">
  <Setter Property="Background" Value="Aqua" />
  <EventSetter
      Event="Click"
      Handler="ToolButton_Click" />
</Style>
```

In diesem Beispiel wird für einen Button eine neue Ereignisbehandlung für das Ereignis `Click()` hinzugefügt. Der Name des Ereignisses wird mit der Eigenschaft `Event` angegeben. Bei Attachted Events kann hier auch der Klassenname vorangestellt werden, wie beispielsweise `Mouse.MouseEnter`.

> Ein EventSetter unterstützt ausschließlich `RoutedEvents`. Außerdem ist ein EventSetter auf Programmcode angewiesen, der in der Codebehind-Datei abgelegt sein muss. Daher können EventSetter nicht ohne Weiteres in ausgelagerten `ResourceDictionaries` oder Themes abgelegt werden, da diese ohne Codebehind-Dateien arbeiten und daher auch keinen Code für eine Ereignisbehandlung hinterlegen können.

Als Nächstes muss die Ereignisbehandlung in der Codebehind-Datei erstellt werden. Diese gibt einfach auf dem Eingabebildschirm eine Textzeile aus.

```
protected void ToolButton_Click(object sender, RoutedEventArgs e)
{
  MessageBox.Show("Globales Click-Ereignis wurde ausgelöst");
}
```

Diese Ereignisbehandlung wird nun automatisch allen Buttons hinzugefügt, die von dem Style Gebrauch machen. Eine Ausnahme wird lediglich bei den Buttons gemacht, die eine eigene Ereignisbehandlung für das Ereignis `Click()` registrieren, wie im folgenden Beispiel zu sehen ist.

```
<Button Style="{StaticResource ToolButton}" Click="Click1" />

protected void Click1(object sender, RoutedEventArgs e)
{
```

```
    DebugTextBox.Text += "Instanz-ClickHandler\n";
    e.Handled = true;
}
```

Die Ereignisbehandlungen, die den Steuerelementen im Programmcode direkt zugewiesen wurden, werden von der WPF bevorzugt behandelt. In diesem Fall wird die Ereignisbehandlung in diesem Beispiel zuerst ausgeführt.

Zusätzlich kommt es noch darauf an, ob die Ereignisbehandlung der WPF nun mitteilt, ob dem Ereignis in angemessener Form Beachtung geschenkt wurde. Hierfür wird in den `EventArgs` einfach die Eigenschaft `Handled` auf `true` gesetzt, wodurch weitere Ereignisbehandlungen nicht weiter ausgeführt werden. Dadurch werden selbst die Ereignisbehandlungen ignoriert, die global über den EventSetter gesetzt worden sind.

Über diese Entscheidung kann man sich aber bewusst hinwegsetzen. Hierfür bietet der EventSetter mit der Eigenschaft `HandledEventsToo` eine Möglichkeit an, auch fertige oder behandelte Ereignisse weiterzugeben.

Listing 6.20 Bereits behandelte Ereignisse sollen ausgelöst werden.

```
<EventSetter
    Event="Click"
    Handler="ToolButton_Click"
    HandledEventsToo="True" />
```

Interessant dürfte nun noch die Reihenfolge sein, in der die Ereignisbehandlungen abgearbeitet werden. Zuallererst werden eventuelle Ereignisbehandlungen abgearbeitet, die in der Instanz des Buttons angegeben wurden. Erst danach wird die Ereignisbehandlung aufgerufen, die über den EventSetter in einem Style definiert wurde. Basiert der Style wiederum auf einem anderen Style, werden als Nächstes die dortigen Ereignisbehandlungen abgearbeitet.

6.9 Benutzerinteraktion mittels Trigger

Die meisten Steuerelemente reagieren heutzutage auf den Benutzer. Wenn beispielsweise die Maus über einem Button schwebt, so erwartet man, dass dieser ebenso visuell darauf reagiert, als wenn er gedrückt wird. Zum großen Teil ist dieses Verhalten der Realität nachempfunden, da Steuerelemente ansonsten unnatürlich oder gar inaktiv wirken würden.

Solche Interaktionen können sehr einfach über einen sog. *Trigger* ausgelöst werden. Die Trigger können individuell in den Styles definiert werden, die beispielsweise auf ein Ereignis horchen oder den Wert einer bestimmten Eigenschaft beobachten können. Sobald die Eigenschaft einen bestimmten Wert annimmt, wird der Trigger ausgelöst, und es kann eine Reihe vordefinierter Aktionen abgearbeitet werden. Hierfür wurden in der Klasse `Button` bereits mehrere Eigenschaften implementiert, wie beispielsweise `IsMouseOver` oder auch `IsPressed`, die jeweils vom Typ `Boolean` sind.

Soll ein Trigger auf eine dieser Eigenschaften gesetzt werden, muss der Style entsprechend um die folgenden Zeilen erweitert werden:

Listing 6.21 Einen Trigger über einen Style setzen

```
<Style TargetType="{x:Type Button}">
  <Setter Property="Background" Value="White" />
  <Style.Triggers>
    <Trigger Property="IsMouseOver" Value="True">
      <Setter Property="Background" Value="Red" />
    </Trigger>
  </Style.Triggers>
</Style>
```

In diesem Style wurde für den Button mit einem Setter die Hintergrundfarbe auf Weiß gesetzt. Zusätzlich wurde im Style ein Trigger hinzugefügt, der nun die Eigenschaft `IsMouseOver` des Buttons beobachtet. Dieser ist standardmäßig mit dem Wert `false` vorbelegt. Sobald nun die Maus über den Button schwebt, wird der Wert auf `true` geändert. Damit trifft die Bedingung zu, wie sie im Attribut `Value` angegeben wurde, und der Trigger wird ausgelöst.

Trigger können dem Style leider nicht implizit hinzugefügt werden, wie es bei Settern der Fall ist. Die Trigger müssen explizit der Eigenschaft `Triggers` zugewiesen werden, wie es im vorangegangenen Beispiel zu sehen ist.

Innerhalb des Triggers kann nun definiert werden, was sich als Konsequenz am Steuerelement ändern soll. In diesem Fall soll die Hintergrundfarbe des Buttons auf eine andere Farbe geändert werden. Das Setzen von Eigenschaften erfolgt hier wieder sehr einfach über dieselben Setter, wie man es bereits in Styles gesehen hat.

Listing 6.22 Eigenschaften innerhalb eines Triggers ändern

```
<Trigger Property="IsMouseOver" Value="True">
  <Setter Property="Background" Value="Red" />
</Trigger>
```

Zugegeben, die Reaktion des Buttons ist mit einem kräftigem Rot etwas übertrieben. Das Beispiel soll aber deutlich machen, mit was für einfachen Mitteln es möglich ist, auf den Benutzer zu reagieren.

Die Arbeit des Triggers ist damit aber noch nicht beendet, denn die Hintergrundfarbe muss wieder zurück auf Weiß geändert werden, sobald die Maus den Button verlässt. Hierfür ist kein weiterer Trigger und auch kein weiterer Setter erforderlich, da diese Logik bereits vom vorhandenen Trigger unterstützt wird. Dieser erkennt selbstständig, wenn die Bedingung nicht mehr zutrifft, und macht die Einstellungen der angegebenen Setter wieder rückgängig.

Da ein Trigger immer nur eine einzige Bedingung aufnehmen kann, können nicht mehrere Eigenschaften gleichzeitig beobachtet werden. Hierfür gibt es aber den sog. *MultiTrigger*, der mehrere Bedingungen in einer Liste aufnehmen kann. Auf den ersten Blick mag diese Aufteilung vielleicht unnötig erscheinen. In der Praxis wird sie sich aber bezahlt machen, da meist nur einfache Trigger mit einer Bedingung benötigt werden, die zudem wesentlich kürzer als ein MultiTrigger definiert werden können.

Listing 6.23 Mehrere Bedingungen können über einen MultiTrigger abgefragt werden.

```
<Style TargetProperty="{x:Type Button}">
  <Style.Triggers>
    <MultiTrigger>
      <MultiTrigger.Conditions>
        <Condition Property="IsEnabled" Value="True" />
        <Condition Property="IsMouseOver" Value="True" />
      </MultiTrigger.Conditions>
      <Setter Property="Background" Value="Red" />
    </MultiTrigger>
  </Style.Triggers>
</Style>
```

Der Aufbau eines MultiTriggers ähnelt einem einfachen Trigger. Auch hier können die Setter direkt innerhalb des MultiTriggers definiert werden. Aufgrund des Attributs `ContentProperty` werden sie auch wieder automatisch der Eigenschaft `Setters` zugewiesen.

Um mehr als nur eine Bedingung definieren zu können, ist die einfache Angabe über ein XML-Attribut, so wie man es bei dem Trigger gesehen hat, nicht mehr ausreichend. Stattdessen müssen die Bedingungen einzeln als XML-Knoten definiert und der Eigenschaft `Conditions` zugewiesen werden. Der Aufbau der dortigen Bedingungen ähnelt stark einem abgespeckten Trigger, da sich die Angaben hier im Wesentlichen auf den Namen der Eigenschaft und den Wert beschränken, die beide wieder mit den Eigenschaften `Property` und `Value` angegeben werden.

Damit der MultiTrigger ausgelöst wird, müssen alle der aufgeführten Bedingungen zutreffen. Im vorangegangenen Beispiel muss daher der Button aktiviert sein (`IsEnabled`), und die Maus muss über ihm schweben (`IsMouseOver`), damit der MultiTrigger und seine Aktionen ausgelöst werden. Eine ODER-Verknüpfung ist damit nicht möglich, da diese relativ einfach durch mehrere einzelne Trigger umgesetzt werden könnte.

Zugegebenermaßen ist das Beispiel aufwendiger, als es unbedingt sein müsste, denn der MultiTrigger beobachtet unnötigerweise sowohl die Eigenschaft `IsMouseOver` als auch `IsEnabled`. Dadurch sollte verhindert werden, dass der Hintergrund auch bei einem deaktivierten Button geändert wird, wodurch der Anwender irrtümlich glauben könnte, dass es sich um einen aktiven Button handle. Dieser Aufwand muss an dieser Stelle jedoch nicht betrieben werden, da die Eigenschaft `IsMouseOver` ausschließlich bei aktivierten Buttons gesetzt wird – ein einfacher Trigger wie aus dem ersten Beispiel ist daher ausreichend.

> **!** EventSetter können nicht in den Triggern verwendet werden. Diese können zwar aufgrund des korrekten Datentyps der Collection hinzugefügt werden, werden aber von der WPF nicht unterstützt.

Das Setzen einer neuen Hintergrundfarbe erfolgt mit einem Setter in der Regel recht ruckartig und damit auch sehr überraschend für den Benutzer. Insbesondere im zuletzt gezeigten Beispiel wird der Hintergrund plötzlich von Weiß auf Rot geändert, wenn man mit der Maus über dem Button schwebt. In Wirklichkeit kommen diese plötzlichen Wechsel aber nicht vor. Vielmehr handelt es sich dort um weiche und sanfte Übergänge mit unendlich vielen Zwischenschritten. Damit die Oberfläche der Anwendung nicht unnatürlich oder fremdartig wirkt, müsste eine entsprechende Animation die Farbe von Weiß in Rot transformieren. Hierfür sind sog. Animationen oder Storyboards erforderlich, die den zeitlichen Ablauf koordinieren. Beide Themen werden ausführlich in Kapitel 11 beschrieben.

Grundlage für die Animation sind das „Betreten" und das „Verlassen" eines Triggers. Ein Trigger wird immer dann betreten, wenn seine Bedingung zutrifft – und entsprechend verlassen, wenn diese nicht mehr zutreffen sollte. Beim Betreten und Verlassen können Aktionen hinterlegt werden, die vom Trigger ausgeführt werden sollen.

Listing 6.24 Animationen beim Betreten und beim Verlassen eines Triggers auslösen

```
<Window xmlns="..." xmlns:x="...">
  <Window.Resources>

    <Storyboard x:Key="SB1" />
    <Storyboard x:Key="SB2" />

    <Style TargetType="{x:Type Button}">
      <Style.Triggers>
        <Trigger Property="IsMouseOver" Value="True">

          <Trigger.EnterActions>
            <BeginStoryboard Storyboard="{StaticResource SB1}" />
          </Trigger.EnterActions>

          <Trigger.ExitActions>
            <BeginStoryboard Storyboard="{StaticResource SB2}" />
          </Trigger.ExitActions>

        </Trigger>
      </Style.Triggers>
    </Style>

  </Window.Resources>
</Window>
```

Dieses Beispiel verwendet denselben Trigger wie im ersten Beispiel. Hier wird jedoch auf die Eigenschaften `EnterActions` und `ExitActions` zurückgegriffen, die jeweils für das Betreten und das Verlassen des Triggers verantwortlich sind. An dieser Stelle werden die fiktiven Storyboards mit den Namen `SB1` und `SB2` vorausgesetzt, die jeweils mit der Aktion `BeginStoryboard` aufgerufen werden. Anders als bei den Settern werden die Aktionen des Storyboards jedoch nicht automatisch zurückgesetzt, sondern müssen explizit über eine Animation auf ihren ursprünglichen Zustand gesetzt werden. Daher muss beim Verlassen des Triggers eine zweite Animation gestartet werden, welche die Änderung der ersten Animation wieder rückgängig macht.

> **!** Ein Setter ist an dieser Stelle nicht erlaubt, da hier ausschließlich Klassen erlaubt sind, die von `TriggerAction` abgeleitet wurden. ■

Die Aktionen beim Betreten und Verlassen unterscheiden sich damit grundlegend von den bisherigen Settern. Wirft man einen Blick auf das Klassendiagramm in Bild 6.9, sieht man, dass die Eigenschaften `EnterActions` und `ExitActions` im Trigger jeweils vom Typ

TriggerActionCollection sind und daher Objekte vom Typ TriggerAction aufnehmen können. Neben der Klasse BeginStoryboard, die im vorherigen Beispiel zu sehen war, werden hierüber hauptsächlich Animationen in Form von Storyboards gesteuert.

Die Eigenschaft Setters ist dagegen vom Typ SetterBaseCollection und nimmt entsprechend auch nur Objekte vom Typ SetterBase auf – hierzu zählen die Klassen Setter und EventSetter. Durch diese strikte Trennung agieren beide Welten vollständig unabhängig voneinander und sind damit auch inkompatibel. Man kann daher einen Setter nicht beim Betreten eines Triggers verwenden.

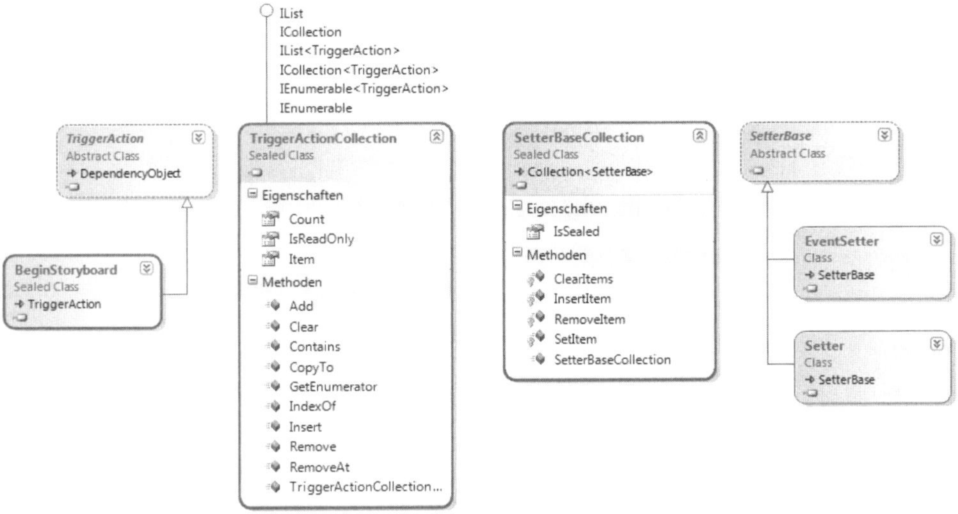

Bild 6.9 Die zwei Welten der Trigger – EventTrigger auf der linken und Trigger auf der rechten Seite

Diese Unterscheidung gibt es allerdings nur bei den Triggern, die durch Veränderungen in Eigenschaften ausgelöst werden.

Wie eingangs erwähnt, können aber auch Ereignisse dazu genutzt werden, um Trigger auszulösen. Hierfür ist die spezialisierte Variante in Form der Klasse EventTrigger verantwortlich. Diese horcht auf ein bestimmtes Ereignis und wartet darauf, dass etwas passiert.

Listing 6.25 Ein Ereignis zum Auslösen eines Triggers verwenden

```
<Style TargetType="{x:Type Button}">
  <Style.Triggers>

    <EventTrigger RoutedEvent="MouseEnter">
      <!-- Aktionen -->
    </EventTrigger>

  </Style.Triggers>
</Style>
```

Hier soll, ähnlich wie in den vorherigen Beispielen, der Trigger ausgelöst werden, sobald die Maus über dem Button schwebt. Hierfür wird aber nicht mehr die Eigenschaft IsMouseOver verwendet, sondern das Ereignis MouseEnter.

Leider fangen an dieser Stelle schon die Unterschiede zu einem normalen Trigger an. Obwohl `Trigger` als auch `EventTrigger` die Klasse `TriggerBase` als gemeinsamen Vorfahren haben, unterstützt der `EventTrigger` nur sehr wenige dieser geerbten Eigenschaften. In der Dokumentation des Microsoft Developer Networks sind deswegen auch die Seiten beider Klassen gut mit entsprechenden Hinweisen gefüllt.

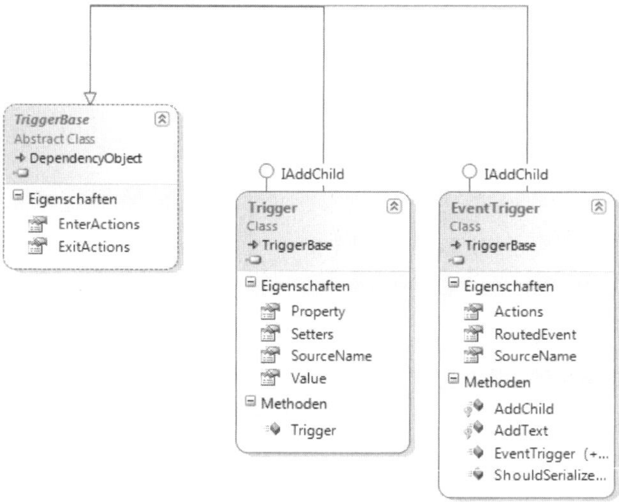

Bild 6.10 Die Klassenhierarchie der Trigger

Zuerst sollte man einen Blick in die Klassenhierarchie von `Trigger` und `EventTrigger` werfen, die in Bild 6.10 zu sehen ist. Man sieht, dass in der Basisklasse `TriggerBase` die beiden Eigenschaften `EnterActions` und `ExitActions` definiert sind, die jeweils beim Betreten und beim Verlassen des Triggers ausgelöst werden. Die Klasse `EventTrigger` kann diese beiden Aktionen aber systembedingt gar nicht unterstützen, da ein Event (anders als die Änderung einer Eigenschaft) nur einen bestimmten Zeitpunkt darstellt. Da es weder ein Betreten noch ein Verlassen gibt, werden daher diese beiden Eigenschaften auch nicht unterstützt. Stattdessen wird im `EventTrigger` zur deutlichen Abgrenzung zusätzlich die Eigenschaft `Actions` definiert, die ebenfalls vom Typ `TriggerActionCollection` ist. Nur die Trigger in dieser Collection werden vom EventTrigger abgearbeitet, sobald das Ereignis eintritt. Werden trotzdem Trigger in `EnterActions` und `ExitActions` hinzugefügt, lösen diese sogar eine Exception zur Laufzeit aus.

Schlimmer noch: Die praktische Collection `Setters`, mit der sich wie in einem Style bestimmte Eigenschaften des Steuerelements setzen lassen, gibt es in der Klasse `EventTrigger` nicht. Diese wurde erst in der Klasse `Trigger` definiert und steht somit nicht zur Verfügung. Diese Entscheidung ist jedoch eher nachzuvollziehen, da Setter automatisch beim Verlassen des Triggers rückgängig gemacht werden. Da ein `EventSetter` diesen Zustand nicht kennt, können natürlich auch keine Setter unterstützt werden.

Wie man bei den einfachen Triggern gesehen hat, können die Aktionen in den `TriggerActions` nicht automatisch rückgängig gemacht werden. Daher müssen auch meist zwei `EventTrigger` definiert werden, die darauf warten, dass die Maus den Button betritt und auch wieder verlässt.

Listing 6.26 Für einen Mouse-Over-Effekt werden zwei EventTrigger benötigt.

```
<Style TargetType="{x:Type Button}">
  <Style.Triggers>

    <EventTrigger RoutedEvent="MouseEnter">
      <BeginStoryboard Storyboard="{StaticResource SB1}" />
    </EventTrigger>

    <EventTrigger RoutedEvent="MouseLeave">
      <BeginStoryboard Storyboard="{StaticResource SB2}" />
    </EventTrigger>

  </Style.Triggers>
</Style>
```

Auch in diesem Beispiel wurde wieder auf die fiktiven Storyboards `SB1` und `SB2` zurückgegriffen. Die Animationen in diesem Beispiel sollen einen sanften Übergang beim Hover-Effekt bewirken, sodass nicht mehr länger einfach von Weiß nach Rot umgeschaltet wird.

Leider unterscheidet sich die Handhabung von einem EventTrigger deutlich von einem normalen Trigger. Die Gründe dafür sind zwar nachvollziehbar, jedoch nicht das Ergebnis ihrer Umsetzung.

Neben dem Trigger, dem MultiTrigger und dem EventTrigger gibt es im Übrigen noch den sog. *DataTrigger* und den sog. *MultiDataTrigger*, die in Kapitel 8 behandelt werden.

6.10 Listen alternieren

Eine lange Auflistung an Informationen kann für den Anwender schnell monoton und ermüdend werden. Das Lesen einer Liste kann jedoch verbessert werden, wenn beispielsweise die Zeilen abwechselnd farbig dargestellt werden. Dadurch können Informationen schneller erfasst werden, da die Gefahr geringer ist, dass man sich in eine andere Zeile verirrt. Eine Technik wurde bereits mit dem `StyleSelector` in diesem Kapitel vorgestellt. Diese Technik hat allerdings den Nachteil, dass der `StyleSelector` immer nur einmal von der WPF ausgeführt wird – neu hinzugefügte oder entfernte Zeilen werden daher nicht berücksichtigt. Die WPF bietet diese Technik, mit der beispielsweise die Zeilen einer ListBox alterniert werden können, aber auch von Haus aus an. Diese unterscheidet sich allerdings deutlich von ASP.NET, wo dieses Feature einfach mit zwei unterschiedlichen Styles gelöst worden ist.

Grundlage für die Alternierung sind die beiden Dependency Properties `AlternationCount` und `AlternationIndex`, die beide in der Klasse `ItemsControl` definiert sind. Mit der Eigenschaft `AlternationCount` wird angegeben, wie groß der Umfang der Alternierung werden soll. Standardmäßig ist hier der Wert 0 (null) hinterlegt, wodurch dieses Feature deaktiviert wird. Wird hier beispielsweise der Wert zwei hinterlegt, werden die Einträge abwechselnd dagegen argestellt. Da auch höhere Werte möglich sind, kann die Wiederholung so auch problemlos erst nach drei, vier oder fünf Einträgen erfolgen.

In der Klasse ItemsControl, die als Basisklasse für zahlreiche Auflistungen dient (wie beispielsweise ListBox oder ComboBox), werden die Einträge jeweils mit dem Attached Property ItemsControl.AlternationIndex gekennzeichnet. Mit dieser Information kann mithilfe eines Triggers die Darstellung in dem Style geändert werden.

Listing 6.27 Alternierung einer Liste mittels Trigger

```
<Style
    x:Key="AlternatingListBoxItemContainerStyle"
    TargetType="{x:Type ListBoxItem}">
  <Style.Triggers>
    <Trigger Property="ItemsControl.AlternationIndex" Value="1">
      <Setter Property="Background" Value="#FFFFFF" />
    </Trigger>
    <Trigger Property="ItemsControl.AlternationIndex" Value="2">
      <Setter Property="Background" Value="#E0E0FF" />
    </Trigger>
  </Style.Triggers>
</Style>

<Style
    x:Key="AlternatingListBoxStyle"
    TargetType="{x:Type ListBox}">
  <Setter Property="AlternationCount" Value="2" />
  <Setter
      Property="ItemContainerStyle"
      Value="{StaticResource AlternatingListBoxItemContainerStyle}" />
</Style>
```

In diesem Beispiel sind zwei Styles zu sehen. Der erste Style dient als Grundlage für die Einträge einer ListBox; der zweite Style ist für die ListBox selbst gedacht, in dem auch die Anzahl für die Alternierung gesetzt wird. Mit dieser Lösung funktioniert die Alternierung ohne das Erstellen zusätzlicher Styles oder eines StyleSelector. In dem Style wird lediglich über einen Trigger abgefragt, wie der Wert des Attached Propertys ItemsControl.AlternationIndex lautet, und daraufhin über die Setter die Darstellung geändert. In diesem Fall wird lediglich die Hintergrundfarbe des Eintrages geändert – denkbar wären aber auch weitergehende Änderungen, wie beispielsweise die Schriftfarbe oder die Schriftformatierung. Möglich sind im Prinzip alle Änderungen, die auch über einen regulären Setter durchgeführt werden können.

6.11 Systemvorgaben mit StyleKeys anpassen

Wenn man bereits mit der ToolBar Kontakt hatte, die in Kapitel 4 beschrieben wurde, wird man feststellen, dass dort zahlreiche Steuerelemente anders als üblich dargestellt werden. Selbst wenn man mit impliziten Styles arbeitet, werden die Steuerelemente, die sich in einer ToolBar befinden, außen vor gelassen. Der Effekt ist in Bild 6.11 zu sehen.

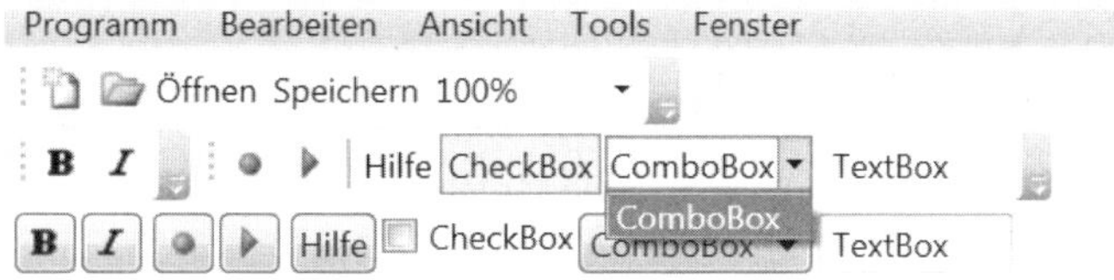

Bild 6.11 Zahlreiche Steuerelemente werden in der ToolBar (obere Reihe) anders dargestellt, als wenn diese außerhalb davon platziert werden (untere Reihe).

In der `ToolBar` werden diese Änderungen mit voller Absicht durchgeführt, damit man als Entwickler weniger Arbeit bei der Anpassung der Steuerelemente hat. So wird ein `Button` oder eine `ComboBox` wie in Office 2003 rahmenlos dargestellt, die erst dann wieder angezeigt werden, wenn sich die Maus über dem Steuerelement befindet.

Damit man nicht für alle Steuerelemente die Styles explizit zuweisen muss, werden in der Klasse `ToolBar` mehrere Schlüssel definiert, die für eigene Styles verwendet werden können.

Möchte man für eines dieser Steuerelemente einen neuen Style definieren, so muss bei der Deklaration zusätzlich einer der angegebenen Schlüssel verwendet werden:

- `ButtonStyleKey`
- `CheckBoxStyleKey`
- `ComboBoxStyleKey`
- `MenuStyleKey`
- `RadioButtonStyleKey`
- `SeparatorStyleKey`
- `TextBoxStyleKey`
- `ToggleButtonStyleKey`

Ein neuer Style für einen Button würde dann wie folgt definiert werden.

```
<Style
    x:Key="{x:Static ToolBar.ButtonStyleKey}"
    TargetType="{x:Type Button}">
  <Setter ... />
</Style>
```

Mittels `x:Static` wird auf die Konstante aus der Klasse `ToolBar` zugegriffen. Diese sucht automatisch nach definierten Styles in den Ressourcen und wendet sie automatisch auf die Steuerelemente an. Man könnte ihn daher als expliziten Style mit den Eigenschaften eines impliziten Styles bezeichnen, da er zwar einen Schlüssel besitzt, doch innerhalb der `ToolBar` auf alle Steuerelemente angewendet wird.

Es gibt in der WPF weitere vordefinierte Schlüssel, die für eigene Ressourcen verwendet werden können. So können selbst Systemfarben ohne zusätzlichen Programmcode geändert werden. Das kann besonders dann hilfreich sein, wenn bei Steuerelementen nur die Farben geändert werden sollen und man nicht deswegen gleich ein neues Template anlegen möchte. Zwar können viele Einstellungen über Styles erfolgen, doch kann darüber beispielsweise nicht die Farbe der Selektion in einer `ListBox` geändert werden. Dieser Wert wird automatisch aus dem Betriebssystem übernommen, kann aber von uns in einer Ressource überschrieben werden.

```
<SolidColorBrush
    x:Key="{x:Static SystemColors.HighlightBrushKey}"
    Color="Black" />
<SolidColorBrush
    x:Key="{x:Static SystemColors.HighlightTextBrushKey}"
    Color="White" />
```

In diesem Beispiel wurden die Hintergrundfarbe und die Textfarbe der Selektion überschrieben. Mit diesen beiden Angaben werden bereits die Selektionen aller Steuerelemente beeinflusst.

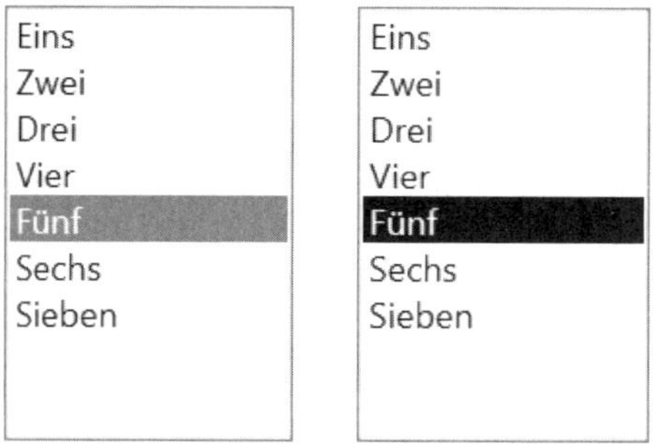

Bild 6.12 Systemfarben können mit Style Keys überschrieben werden.

Zusätzliche Styles sind nicht mehr erforderlich, welche die Farben an die jeweiligen Steuerelemente binden. Diese Angaben haben daher sehr weitreichende Konsequenzen.

7 Templates

In den vorherigen Kapiteln hat man gesehen, wie sich das Aussehen von Steuerelementen über ihre Eigenschaften und über zentral definierte Styles verändern lassen. Obwohl diese Möglichkeiten sehr weitreichend sind, stellen diese Techniken aber nur vergleichsweise wenige Stellschrauben dar, mit denen die Oberfläche einer Anwendung angepasst werden kann.

Bessere Möglichkeiten bieten dagegen sog. *ControlTemplates* an, die für die Darstellung der Steuerelemente in der WPF verantwortlich sind. Diese Templates lassen sich sehr einfach durch eigene austauschen und bieten so eine ideale Möglichkeit die Oberflächen sehr individuell und sehr tiefgreifend zu beeinflussen.

Grafiker sind es meist gewohnt, dass ihrer Gestaltung keine Grenzen gesetzt werden. Daher wird oft mit Werkzeugen gearbeitet, die nicht auf der verwendeten Technologie basieren. So kann die Oberfläche schon mal mit Photoshop oder PowerPoint entworfen werden, die jeweils unterschiedliche Möglichkeiten anbieten, die eigene Kreativität zu unterstützen. Leider ist man als Entwickler bei der späteren Umsetzung aber deutlich strikteren Grenzen unterworfen, die von der verwendeten Technologie vorgegeben werden. Das führte meist dazu, dass beispielsweise ein Grafiker für ein Webformular einen äußerst ansprechenden Entwurf angefertigt hat, den man als Entwickler aber alleine mit den Bordmitteln von HTML und CSS nicht umzusetzen konnte. Die WPF bietet dagegen wesentlich mehr Spielraum, um Steuerelemente umzugestalten. Zwar existieren auch hier Grenzen, doch erhält man mit Templates sehr weitreichende Möglichkeiten für die Gestaltung.

> **!** Nicht alle Steuerelemente lassen sich in der WPF über `ControlTemplate` steuern. Nur die Steuerelemente, die von der Basisklasse Control spezialisiert worden sind, verfügen über diese Möglichkeit. Bei allen übrigen, die beispielsweise von `FrameworkElement` spezialisiert worden sind, erfolgt die Darstellung auch weiterhin im Programmcode. ■

In der WPF gewinnt man diese enorme Flexibilität aber erst durch die konsequente Aufteilung von der Logik und der Darstellung. Unter Windows Forms waren diese beiden Bestandteile noch unvereinbar miteinander vermengt, sodass man nicht selten in die Verlegenheit kam, eigene Steuerelemente zu entwickeln, die sich im Grunde nur in ihrer Darstellung von ihren Vorbildern unterschieden haben. Als Nachteil musste meist die Logik für jedes Steuerelement redundant gepflegt werden.

Die Klassenhierarchie in der WPF ist dagegen wesentlich besser darauf ausgerichtet, Programmcode so oft es geht wiederzuverwenden. So unterscheidet sich beispielsweise die Logik von `ToggleButton` und `CheckBox` nur unwesentlich: Beide bieten dem Anwender die Möglichkeit zum Aktivieren oder Deaktivieren an, die über die Eigenschaft `IsChecked` abgefragt werden kann. Daher besitzen sie aufgrund der vielen Gemeinsamkeiten in der Klassenhierarchie auch den gemeinsamen Vorfahren `ButtonBase`, wie in Bild 7.1 zu sehen ist.

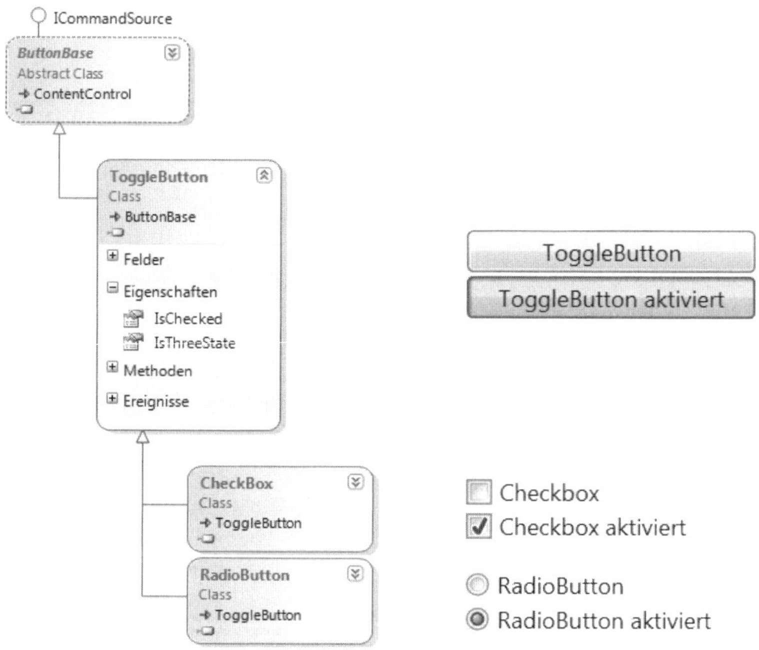

Bild 7.1 Erst im direkten Vergleich fallen die deutlichen Gemeinsamkeiten einiger Steuerelemente auf.

Diese gemeinsame Herkunft stellt bei der Darstellung der Steuerelemente kein Problem dar, denn jedes Steuerelement kann unabhängig voneinander mit einem eigenen Template dargestellt werden. So kann man als Anwender bei `ToogleButton` und `CheckBox` zwar optisch kaum Gemeinsamkeiten erkennen, doch als Entwickler bemerkt man schnell, dass sie unter der Haube unverkennbar miteinander verwandt sind.

Da Templates diese enorme Flexibilität besitzen, bieten sie sich gerade auch als Alternative zu selbst entwickelten Steuerelementen an. So sollte man erst einen genauen Blick auf vorhandene Steuerelemente werfen, die sich vielleicht mittels Templates leicht auf die eigenen Bedürfnisse anpassen lassen. Schließlich ist die Entwicklung eigener Steuerelemente auch in der WPF nicht gerade einfacher geworden.

In diesem Kapitel werden ausschließlich Templates für Steuerelemente beschrieben. Die WPF kennt aber außerdem noch Templates für Datenobjekte (sog. *DataTemplates*), die in Kapitel 8, „Daten und Datenbindungen“, ausführlich beschrieben werden.

7.1 Templates für Steuerelemente definieren

Die Grundlage eines neuen Templates für ein Steuerelement wird durch die Klasse `ControlTemplate` gebildet. Wie in Bild 7.2 zu erkennen ist, gibt es außerdem noch das verwandte `ItemsPanelTemplate`, das für die Darstellung von Listeneinträgen zuständig ist und etwas später in diesem Kapitel beschrieben wird.

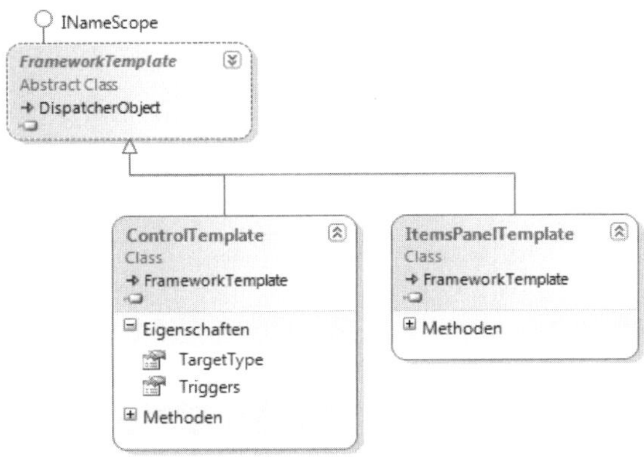

Bild 7.2 Die Klassenübersicht für Templates

Ein neues Template kann in XAML relativ einfach definiert werden. Die folgenden Zeilen bilden bereits den Rumpf für ein neues Template.

```
<ControlTemplate TargetType="{x:Type ToggleButton}">
  <Border />
</ControlTemplate>
```

Über die Angabe `TargetType` wird der Typ des Steuerelements angegeben, für den das Template erstellt werden soll. In diesem Fall soll ein neues Template für einen `ToggleButton` erstellt werden. Innerhalb von `ControlTemplate` kann nun das Steuerelement entworfen werden. Hier wurde bereits eine `Border` als Inhalt des Templates definiert.

In den folgenden Beispielen soll nun der `ToggleButton` Schritt für Schritt verfeinert werden. Anstelle der üblichen Darstellung soll mit dem neuen Template ein Pfeil den Status im `ToggleButton` darstellen.

```
<ControlTemplate TargetType="{x:Type ToggleButton}">
  <Border BorderBrush="Red" BorderThickness="2">
    <Grid>
      <Grid.ColumnDefinitions>
        <ColumnDefinition />
        <ColumnDefinition Width="Auto" />
      </Grid.ColumnDefinitions>
      <Path Grid.Column="1"
          Data="M0,8 13,-3 13,3 M0,12 13,-3 13,3"
          Stroke="Red" Visibility="Visible" />
    </Grid>
  </Border>
</ControlTemplate>
```

Eine Schaltfläche mit diesem Template würde wahrhaftig noch keinen Preis gewinnen – das Template dient aber als gute Grundlage für die noch folgenden Erweiterungen. In diesem Beispiel wird mit der `Border` ein einfacher roter Rahmen definiert, dessen Inhalt über ein `Grid` zweigeteilt wird. In der rechten äußeren Zelle wird mittels `Path` ein kleiner Pfeil dargestellt, dessen Darstellung über die Eigenschaft `Data` bestimmt wird (mehr hierzu in Kapitel 10).

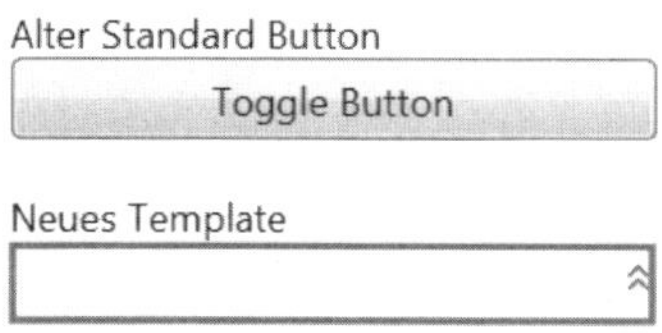

Bild 7.3 Der ernüchternde Vergleich – die Standard-Schaltfläche und eine Schaltfläche mit dem neuen Template

Ein Template ist in der WPF am besten als Ressource aufgehoben. Man kann zwar Templates auch einzeln einem Steuerelement zuweisen, doch würde dadurch der Sinn der Wiederwendbarkeit verloren gehen. Wie in Kapitel 5 beschrieben wurde, gibt es unterschiedliche Bereiche für Ressourcen, die sich in erster Linie durch ihren Einzugsbereich unterscheiden. Da man vermutlich seltener den Aufwand betreibt, ein neues Template zu erstellen, werden diese meist global in der Datei *app.xaml* abgelegt. Dort deklariert, können sämtliche Schaltflächen der Anwendung in den Genuss des neuen Templates kommen.

```
<Application xmlns="..." xmlns:x="...">
  <Application.Resources>

    <ControlTemplate x:Key="ToggleButtonTemplate"
        TargetType="{x:Type ToggleButton}">
      <Border BorderBrush="Red" BorderThickness="2" ... />
    </ControlTemplate>

  </Application.Resources>
</Application>
```

In diesem Beispiel wurde das Template in der Datei *app.xaml* unter dem Schlüssel `ToggleButtonTemplate` abgelegt.

Für ein `ControlTemplate` muss zwingend ein Schlüssel für das `ResourceDictionary` angegeben werden. Eine implizite Zuweisung, wie es bei den Styles funktioniert hat, ist bei einem `ControlTemplate` nicht erlaubt. Wenn das Template automatisch auf alle `ToggleButtons` angewendet werden soll, muss die Zuweisung über einen impliziten Style vorgenommen werden.

Da das neue Template lediglich als Ressource definiert wurde, bleibt es somit auch von etwaigen vorhandenen Schaltflächen ungenutzt. Man kann aber nun fallweise entscheiden, welche Schaltflächen in den Genuss des neuen Templates kommen sollen. Hierfür definieren die Steuerelemente die Eigenschaft `Template`, der man eine neue Ressource zuweisen kann.

Listing 7.1 Ein neues Template auf ein Steuerelement anwenden

```
<ToggleButton
    Template="{StaticResource ToggleButtonTemplate}"
    Width="200" Height="25"
    Content="Click me!" />
```

Die Eigenschaft `Template` ist standardmäßig in den Steuerelementen nicht gesetzt. In diesem Fall wird einfach das Template geladen, das von der WPF vorgegeben wurde. Unabhängig davon, dass das neue Template noch keinen Schönheitswettbewerb gewinnen kann, fehlt noch eine ganze Reihe an Details in der Umsetzung. So ignoriert das Template zurzeit noch jeglichen Inhalt, der für die Schaltfläche angegeben wurde.

Das manuelle Zuweisen eines Templates mag im Einzelfall vorteilhaft sein. In der Regel wird aber innerhalb der Anwendung ein Standard-Template definiert, das auf alle Schaltflächen angewendet werden soll. Nur in Ausnahmefällen sollte das manuelle Zuweisen eines Templates dann noch notwendig sein. Für das Zuweisen eines Templates auf mehrere Steuerelemente eignen sich Styles besonders gut. Mit einem impliziten Style ließe sich sogar das Erscheinungsbild der Steuerelemente so beeinflussen, als würde es zur Standardvorgabe der WPF gehören. Ein manuelles Zuweisen der Templates wäre somit nicht mehr erforderlich.

In diesem Beispiel wird auch weiterhin ein expliziter Style verwendet, da das neue Template des `ToggleButton` nur fallweise angewendet werden soll.

Listing 7.2 Das Template über einen Style zuweisen

```
<Style
    x:Key="MyToggleButtonStyle"
    TargetType="{x:Type ToggleButton}">
  <Setter
      Property="Template"
      Value="{StaticResource ToggleButtonTemplate" />
</Style>
```

Der Setter verweist in diesem Beispiel auf die statische Ressource und weist sie der Eigenschaft `Template` zu. Diese Art der Angabe unterscheidet sich kaum von den Styles, die Sie in Kapitel 5 gesehen haben – nur mit dem Unterschied, dass durch die Zuweisung des Templates das Aussehen des Steuerelements grundlegend verändert wird. Dank des Styles kann nun die manuelle Angabe von Templates entfallen, wodurch auch die Verwendung des `ToggleButtons` wesentlich kürzer ausfällt.

Listing 7.3 Die Darstellung über einen Style und ein Template anpassen

```
<ToggleButton Style="{StaticResource MyToggleButtonStyle}">
  Click me!
</ToggleButton>
```

Ein Template wird meist speziell für ein bestimmtes Steuerelement angefertigt. Dieser maßgeschneiderte Anzug passt nur selten anderen, sodass das erstellte `ControlTemplate` unnötigerweise anderen zur Verfügung steht. Den Aufwand, mehrere Ressourcen zu pflegen, kann aber etwas minimiert werden, indem das `ControlTemplate` nicht getrennt, sondern gleich innerhalb des Styles definiert wird.

Listing 7.4 Style und Template zusammen definieren

```
<Style
    x:Key="MyToggleButtonStyle"
    TargetType="{x:Type ToggleButton}">

  <Setter Property="Template">
    <Setter.Value>
      <ControlTemplate TargetType="{x:Type ToggleButton}">
        <Border BorderBrush="Red" BorderThickness="2" ... />
      </ControlTemplate>
    </Setter.Value>
  </Setter>

</Style>
```

Hierdurch entfällt das zusätzliche Definieren einer eigenen Ressource für das `ControlTemplate`. Dank der Syntax von XAML kann das neue Template direkt als `Value` für den Setter definiert werden. Leider ist die scheinbar redundante Angabe von `TargetType` trotzdem erforderlich, da das `ControlTemplate` diese Angabe unabhängig vom Style benötigt.

So einfach das Erstellen eines neuen Templates ist, umso wichtiger wird nun die nachfolgende Feinarbeit. Ein gutes Template muss unter vielen Gesichtspunkten entworfen werden. So muss es, neben dem Anwender, auch die Interessen von Entwicklern und Grafikern berücksichtigen, welche die Steuerelemente einsetzen werden. In dem letzten Beispiel wurde zwar die Darstellung der Schaltfläche ausgetauscht, doch zeigt das Template weder den Inhalt an, noch kann es mittels Eigenschaften oder Styles nachträglich angepasst werden.

Je nach Anwendungszweck sind daher die folgenden Schritte nicht unbedingt erforderlich. Wird ein Template für einen bestimmten Zweck entworfen, muss unter Umständen der Inhalt nicht berücksichtigt werden.

Auf den nun folgenden Seiten wird das Template für den `ToggleButton` Schritt für Schritt weiter ausgebaut, sodass es alle Aspekte abdeckt, die beim Entwurf eines Templates berücksichtigt werden müssen.

7.2 Eigenschaften berücksichtigen

Das erstellte Template wirkt noch recht starr und unflexibel, da man als Entwickler oder als Grafiker keine Möglichkeit hat, die Darstellung von außen zu beeinflussen. Solange das Template nur zu einem Zweck dienen soll, mag das noch akzeptabel sein. Je öfter allerdings das Template angewendet werden soll, desto häufiger werden auch Ausnahmen auftreten, in denen Anpassungen notwendig sein werden. Man sollte daher abwägen, zumindest eine Reihe der üblichen oder oft verwendeten Eigenschaften zu unterstützen.

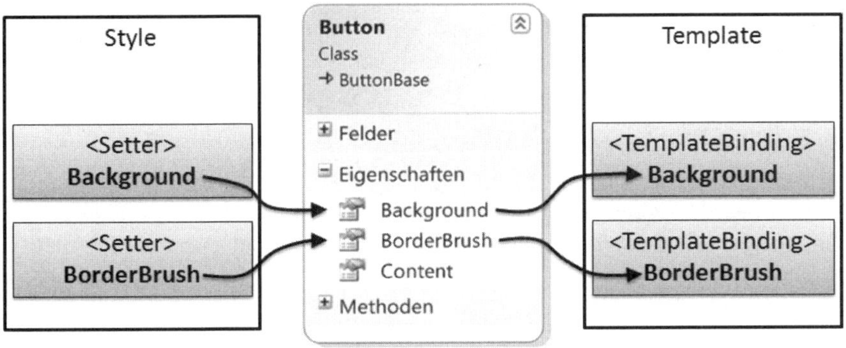

Bild 7.4 Styles und Templates ergänzen sich gegenseitig.

In Bild 7.4 ist das Zusammenspiel der Klasse mit dem Template gut zu erkennen. Wenn das Template die Werte aus den Eigenschaften der Klasse berücksichtigt, kann die Darstellung sehr einfach von außen durch den Entwickler oder den Grafiker beeinflusst werden.

Die Werte der Eigenschaften müssen im Template an den richtigen Stellen eingesetzt werden. Eine automatische Zuweisung kann hier natürlich nicht erfolgen, da nur der Autor des Templates weiß, an welchen Stellen welche Werte benötigt werden. Die Zuweisung erfolgt daher fallweise über eine Markup Extension namens `TemplateBinding`. Diese muss immer dort angegeben werden, wo die Werte aus den Eigenschaften benötigt werden.

Listing 7.5 Eigenschaften mit TemplateBinding zuweisen

```
<ControlTemplate TargetType="{x:Type ToggleButton}">
  <Border
      Background="{TemplateBinding Background}"
      BorderBrush="{TemplateBinding BorderBrush}"
      BorderThickness="{TemplateBinding BorderThickness}"
      Padding="{TemplateBinding Padding}">
    <Grid... />
  </Border>
</ControlTemplate>
```

In diesem Beispiel wurde die `Border` des Templates stark mit den Werten aus den Eigenschaften erweitert. So wird beispielsweise der Pinsel für den Hintergrund der `Border` aus der Eigenschaft `Background` ausgelesen. Das `TemplateBinding` funktioniert hier wie eine Art Platzhalter, mit dem der Wert nicht fest vorgegeben werden muss, sondern aus der Eigenschaft ausgelesen wird. Dementsprechend einfach ließe sich das Template auch mit Styles anpassen. In Bild 7.5 ist zu sehen, wie sich das Template mittlerweile entwickelt hat.

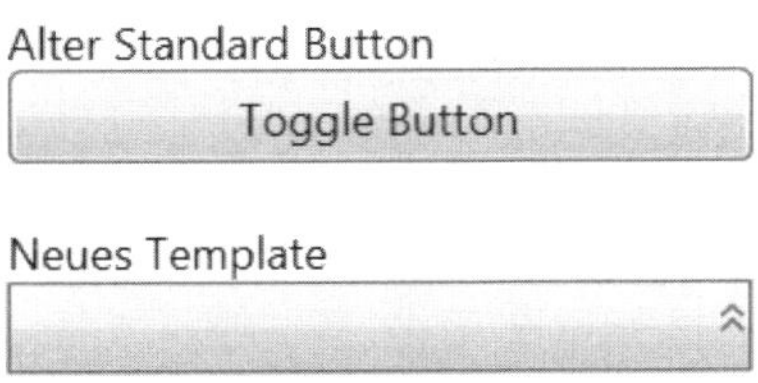

Bild 7.5 Das Template nimmt mit dem TemplateBinding allmählich Form an.

> **[!]** Das `TemplateBinding` ist eine spezielle Markup Extension, die nur innerhalb von Templates angewendet werden kann. Das `TemplateBinding` ist eine verkürzte Variante des `DataBindings`, das ebenfalls verwendet werden kann.

Wie man im Beispiel sehen konnte, kann mitunter ein immenser Aufwand betrieben werden, um die Werte von „außen" in das eigene Template zu befördern. Selbst diese Zeilen bilden hier nur einen Bruchteil dessen ab, da bei einem `ToggleButton` weit mehr Eigenschaften möglich wären.

Im Style können nun neben der Zuweisung des Templates auch die Standardwerte dieser verwendeten Eigenschaften geändert werden.

Listing 7.6 Templates können die Werte aus den Styles übernehmen.

```
<Style
    x:Key="ToggleButtonStyle"
    TargetType="{x:Type ToggleButton}">
  <Setter Property="Template">
    <!-- siehe oben -->
  </Setter>
  <Setter Property="Padding" Value="10 0 10 2" />
  <Setter Property="BorderThickness" Value="0 0 0 1" />
  <Setter Property="Background">
    <Setter.Value>
      <LinearGradientBrush StartPoint="0,0" EndPoint="1,0">
        <GradientStop Offset="0.00" Color="#CCCCCC" />
        <GradientStop Offset="0.50" Color="#FFFFFF" />
        <GradientStop Offset="1.00" Color="#CCCCCC" />
      </LinearGradientBrush>
    </Setter.Value>
  </Setter>
</Style>
```

Sollte man bei der Verwendung des neuen `ToggleButtons` in die Verlegenheit kommen, dass die Standardwerte nicht ausreichend sein sollten, können diese nun problemlos überschrieben werden. Da das Template die entsprechenden Werte mittels `TemplateBinding` ausliest, müssen hierfür lediglich die Werte neu gesetzt werden.

Beim Entwerfen eines neuen Templates ist man allerdings streng auf die Eigenschaften angewiesen, die in der Klasse des Steuerelementes definiert worden sind. Werden darüber hinaus zusätzliche Werte benötigt, können diese nicht von außen eingestellt werden. Alternativ könnte man aber auch ungenutzte Eigenschaften verwenden, die zufällig denselben Datentyp besitzen. Diese Vorgehensweise ist jedoch bei der späteren Verwendung des Templates nicht besonders nachvollziehbar und kann wieder zu Fehlern führen.

7.3 Inhalte anzeigen

Die große Stärke der WPF ist vor allem ihre ungemeine Flexibilität, mit der Steuerelemente verwendet oder platziert werden können. Eine Schaltfläche kann beispielsweise nicht nur einen bloßen Text anzeigen, sondern mit beliebig weiteren Steuerelementen befüllt werden, wie beispielsweise einer Grafik, einem StackPanel mit mehreren Steuerelementen oder sogar einem Video. Das führt aber zu der Frage, wie eben diese Inhalte im Template angezeigt werden sollen?

Hier wird eine Art Platzhalter definiert, der den Inhalt eines Steuerelements anzeigen kann. In diesem Fall muss lediglich das Steuerelement aus der Eigenschaft Content angezeigt werden, sodass hierfür auch das Steuerelement ContentControl ausreichend ist.

```
<ContentControl Content="{TemplateBinding Path=Content}" />
```

Über das TemplateBinding muss lediglich der Inhalt der Schaltfläche der Eigenschaft Content zugewiesen werden. Das Steuerelement ContentControl kümmert sich damit alleine um die Darstellung, mit der man als Template-Designer nun nichts mehr am Hut hat.

Alternativ kann aber auch das Steuerelement ContentPresenter verwendet werden, das speziell für das Entwerfen von Templates bereitgestellt wird. Es funktioniert ähnlich wie das ContentControl und wird daher auch ähnlich definiert.

```
<ContentPresenter Content="{TemplateBinding Path=Content}" />
```

Der ContentPresenter hat den Vorteil, dass er auch ohne Angabe der Eigenschaft Content funktioniert.

```
<ContentPresenter />
```

In diesem Fall geht der ContentPresenter davon aus, dass der Standardinhalt des Steuerelements angezeigt werden soll. Es gibt Steuerelemente, die ihre Inhalte auf mehrere Eigenschaften verteilen, wie beispielsweise auf Content und Header, wie es beim Expander der Fall ist. Hier müsste zumindest für den Header die Angabe von Content im ContentPresenter explizit gesetzt werden.

Das Template für den ToggleButton muss nun lediglich um die Angabe des ContentPresenter erweitert werden, damit dieser den Inhalt anzeigen kann.

Listing 7.7 Inhalte des Steuerelementes mit dem ContentPresenter darstellen

```
<ControlTemplate TargetType="{x:Type ToggleButton}">
  <Border ...>
    <Grid>
      <Grid.ColumnDefinitions>
        <ColumnDefinition />
        <ColumnDefinition Width="Auto" />
      </Grid.ColumnDefinitions>
      <ContentPresenter Grid.Column="0" />
      <Path Grid.Column="1" .../>
    </Grid>
  </Border>
</ControlTemplate>
```

Der ContentPresenter wird in diesem Beispiel in die erste Spalte des Grids positioniert. Aus Gründen der Übersichtlichkeit wurden in dem Beispiel die Angaben von Border und Path auf das Wesentliche reduziert.

In Bild 7.6 ist das Ergebnis des neuen Templates zu sehen. Sowohl die Inhalte als auch die Eigenschaften der Klasse werden nun korrekt angezeigt.

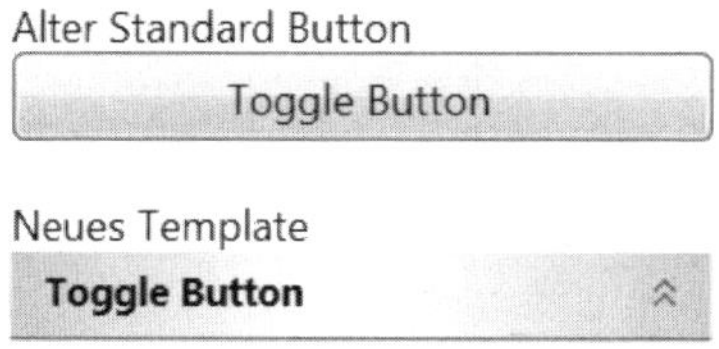

Bild 7.6 Zwei ToggleButtons – jeweils mit altem und neuem Design

7.4 Benutzerinteraktion

Die neue Schaltfläche sieht zwar schon recht ansehnlich aus, doch reagiert sie leider immer noch nicht auf den Anwender. Schwebt beispielsweise die Maus über andere Steuerelemente, so werden diese oft in einer anderen Farbe dargestellt, oder sie werden gesondert umrandet. Durch diese Hervorhebung wird dem Anwender deutlich gemacht, dass es sich um ein aktives Steuerelement handelt, das auch angeklickt werden kann.

Diese Fähigkeit fehlt dem ToggleButton leider noch, der sich in den Augen des Anwenders regelrecht tot stellt. Schwebt beispielsweise die Maus über dem ToggleButton, verändert er nicht sein Aussehen und wirkt daher inaktiv. Hierfür können aber wieder Trigger verwendet werden, wie sie in ähnlicher Weise auch schon in Styles verwendet worden sind (Trigger für Styles wurden in Kapitel 6 beschrieben). Das Prinzip der Trigger lässt sich grundsätzlich auch auf Templates übertragen.

Listing 7.8 Trigger innerhalb des Templates definieren

```
<ControlTemplate TargetType="{x:Type ToggleButton}">
  <Border .../>

  <ControlTemplate.Triggers>
    <Trigger Property="IsMouseOver" Value="True">
      <Setter Property="Background" Value="Aqua" />
    </Trigger>
  </ControlTemplate.Triggers>
</ControlTemplate>
```

Die Trigger werden direkt im ControlTemplate über die Eigenschaft Triggers zugewiesen. Auch an dieser Stelle wurde das Beispiel etwas gekürzt, sodass die Position für die Trigger besser zu erkennen ist. In diesem Fall wird ein neuer Trigger hinzugefügt, der die Eigenschaft IsMouseOver beobachtet. Sobald hier der Wert true hinterlegt ist, wird der Trigger ausgelöst. Wie auch schon in den Styles, können die Trigger in den Templates mittels Setter die Eigenschaften des Steuerelements verändern.

Bei dieser Vorgehensweise sollte man aber bedenken, dass der Setter auch hier wieder die Eigenschaft des Steuerelements verwendet, um die Hintergrundfarbe von der `Border` zu ändern. Diese Eigenschaften sind eigentlich als Schnittstelle für den Weg nach „draußen“ gedacht und nicht, um interne Zustände darzustellen. Für einen Style wäre diese Vorgehensweise daher korrekt, da ein Style ja nur die Werte von außen ändern kann.

Dieser Weg funktioniert zwar tadellos, besser wäre es aber, wenn der Setter stattdessen den Wert für die Hintergrundfarbe direkt im Template ändert. Hierfür müsste lediglich die Hintergrundfarbe der `Border` verändert werden. Damit diese im Trigger angesprochen werden kann, muss man aber zuvor für die `Border` einen eindeutigen Namen vergeben, über den der Setter das Steuerelement ansprechen kann.

Listing 7.9 Einen Mouse-Over-Effekt mit einem Trigger erstellen

```
<ControlTemplate TargetType="{x:Type ToggleButton}">
  <Border
      Name="MainBorder"
      Background="{TemplateBinding Background}" ...>
    <Grid... />
  </Border>
  <ControlTemplate.Triggers>
    <Trigger Property="IsMouseOver" Value="True">
      <Setter
          TargetName="MainBorder"
          Property="Background"
          Value="Aqua" />
    </Trigger>
  </ControlTemplate.Triggers>
</ControlTemplate>
```

Der Setter in diesem Beispiel verweist mittels `TargetName` auf das Steuerelement namens `MainBorder` – das der neue Name der `Border` im Template ist. Die öffentliche Eigenschaft wird in diesem Fall auf ihrem alten Wert belassen.

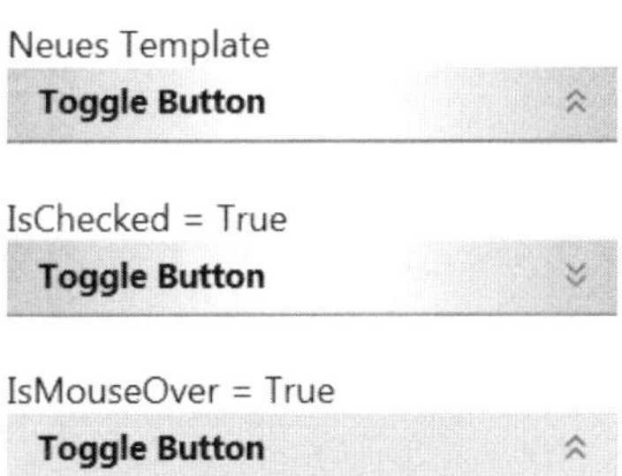

Bild 7.7 Mit Triggern kann das Template auf den Anwender reagieren.

Der Name der Steuerelemente kann nur innerhalb des Templates verwendet werden (z.B. für Trigger oder beim `DataBinding`). Außerhalb des Templates oder auch im Programmcode ist dieser Name nicht verfügbar, da Templates auf mehrere Steuerelemente angewendet werden können und daher nicht mehr eindeutig von der WPF referenziert werden können.

Die Steuerelemente über `TargetName` anzusprechen, hat aber auch noch weitere Vorteile. Das Template kann wesentlich feiner auf Veränderungen reagieren, als es mit den wenigen öffentlichen Eigenschaften möglich ist. So können beispielsweise gleich mehrere unterschiedliche Farbtöne verwendet werden, die mit einer einzelnen Eigenschaft alleine nicht angegeben werden könnten.

In Templates können keine EventSetter verwendet werden. Diese können zwar (theoretisch) der Collection wie ein Setter auch hinzugefügt werden, sie werden allerdings vom Template nicht unterstützt.

Auf dieselbe Weise, wie die Schaltfläche auf eine schwebende Maus reagiert, kann diese nun auch auf das Setzen oder auf das Entfernen der Markierung reagieren. Da es sich immer noch um einen `ToggleButton` handelt, muss die Änderung seines Status auch dem Anwender dargestellt werden.

Listing 7.10 Das Aktivieren des ToggleButtons mit einem Trigger berücksichtigen

```
<ControlTemplate TargetType="{x:Type ToggleButton}">
  <Border Name="MainBorder">
    <Grid>
      <Grid.ColumnDefinitions>
        <ColumnDefinition />
        <ColumnDefinition Width="Auto" />
      </Grid.ColumnDefinitions>

      <!-- IsChecked = Pfeil nach oben -->
      <Path Name="Path1" Grid.Column="1"
          Data="M0,8 13,-3 13,3 M0,12 13,-3 13,3"
          Stroke="#808080" Visibility="Visible" />

      <!-- Nicht IsChecked = Pfeil nach unten -->
      <Path Name="Path2" Grid.Column="1"
          Data="M0,5 13,3 13,-3 M0,9 13,3 13,-3"
          Stroke="#808080" Visibility="Collapsed" />
    </Grid>
  </Border>
  <ControlTemplate.Triggers>
    <Trigger Property="IsMouseOver" Value="True">...</Trigger>
    <Trigger Property="IsChecked" Value="True">
      <Setter
          TargetName="Path1"
          Property="Visibility"
          Value="Collapsed" />
      <Setter
          TargetName="Path2"
          Property="Visibility"
          Value="Visible" />
    </Trigger>
  </ControlTemplate.Triggers>
</ControlTemplate>
```

In diesem Beispiel wurde ein zweites Steuerelement `Path` hinzugefügt, das denselben Pfeil anzeigt – dieses Mal allerdings um 180 Grad gedreht. Der erste Pfeil soll dabei nur dann angezeigt werden, wenn der `ToggleButton` nicht aktiviert worden ist. Der zweite Pfeil soll dagegen immer dann alternativ angezeigt werden, wenn sich der Status der Eigenschaft

`IsChecked` auf `true` ändert. Dies wird von einem Trigger überwacht, der mit zwei Settern jeweils die Sichtbarkeit der beiden Pfeile steuert.

Auch hier ist kein zweiter Trigger notwendig, da die Werte automatisch vom Trigger zurückgesetzt werden. Diese Funktion kann von dem Trigger selbst durchgeführt werden, da dieser bemerkt, wann der Wert der Eigenschaft `IsChecked` wieder geändert wird.

> **!** Ein Template sollte neben dem Hover-Effekt noch weitere Zustände berücksichtigen. So sollte dem Anwender auch angezeigt werden, wenn das Steuerelement deaktiviert ist und nicht ausgewählt werden kann. ■

Trigger bilden daher die Möglichkeit, das Template auch zur Laufzeit an Veränderungen anzupassen. Da ein Template normalerweise nicht geändert oder ausgetauscht wird, nur weil sich der Wert einer Eigenschaft ändert, bilden Trigger die ideale Möglichkeit, die Darstellung angemessen anzupassen.

7.5 Datenbindungen in Templates

Man hat gesehen, wie man über das `TemplateBinding` die Eigenschaften der Steuerelemente in dem neuen Template verwenden konnte. Das `TemplateBinding` ist dabei eine vereinfachte Variante vom `DataBinding`, mit dem sich nicht beliebige Datenquellen anbinden lassen, sondern nur die eigenen Eigenschaften des Steuerelementes.

Wie vergleichsweise einfach die Verwendung von `TemplateBinding` ist, zeigt der Vergleich beider Techniken, die auf dieselbe Eigenschaft zugreifen:

```
{TemplateBinding Background}

{Binding
    RelativeSource={RelativeSource TemplatedParent},
    Path=Background}
```

Da die Datenbindung offen und für jegliche Datenquellen konzipiert wurde, muss hier explizit das Steuerelement mit `TemplatedParent` angegeben werden, um auf die Eigenschaft `Background` zugreifen zu können.

Die Datenbindung wird vor allem dann interessant, wenn man mit dem normalen `TemplateBinding` an Grenzen stößt. Das kann beispielsweise passieren, wenn die Werte nicht nur aus dem Steuerelement ausgelesen, sondern auch verändert werden sollen. In den vorherigen Beispielen hat beim `ToggleButton` das Steuerelement selbst diese Aufgabe für uns über das Click-Ereignis abgefangen. Ein komplexeres Template, das aus mehreren ineinander verschachtelten Steuerelementen besteht, kann aber auf diesem Mechanismus nicht aufbauen.

Das folgende Beispiel eines Templates für einen Expander soll das demonstrieren. Der Inhalt des neuen Templates wird über ein `DockPanel` aufgeteilt und beinhaltet als zusätzliches Steuerelement einen `ToggleButton`. Dessen Status soll als Indikator verwendet werden, wann der Inhalt des Expanders ein- oder ausgeblendet werden soll. Dies wird über die Eigenschaft IsExpanded gesteuert, die einfach mit der Eigenschaft IsChecked von dem ToggleButton verbunden werden muss.

Listing 7.11 Bindungen zwischen Template und Steuerelement herstellen

```
<ControlTemplate TargetType="{x:Type Expander}">
  <DockPanel>
    <ToggleButton DockPanel.Dock="Top"
        IsChecked="{Binding
            Path=IsExpanded,
            Mode=TwoWay,
            RelativeSource={RelativeSource TemplatedParent}}"
        Style="{StaticResource ToggleButtonStyle}">
      <ContentPresenter Content="{TemplateBinding Header}" />
    </ToggleButton>
    <ContentPresenter Name="Content1" Grid.Row="1"
        Margin="{TemplateBinding Padding}"
        Visibility="Collapsed" />
  </DockPanel>
  <ControlTemplate.Triggers>
    <Trigger Property="IsExpanded" Value="True">
      <Setter TargetName="Content1"
          Property="Visibility" Value="Visible" />
    </Trigger>
  </ControlTemplate.Triggers>
</ControlTemplate>
```

Mit der Datenbindung wird der Wert aus der Eigenschaft IsExpanded aus dem ToggleButton ausgelesen. Die Angabe von RelativeSource gibt dabei an, dass der Wert aus der Klasse des Steuerelements ausgelesen werden soll. Der ausgelesene Wert wird dann der Eigenschaft IsExpanded des Expanders zugewiesen. Mit dem Modus TwoWay wird zudem angegeben, dass der Wert sowohl vom Steuerelement als auch vom ToggleButton geändert werden kann. So kann der Status nicht nur vom Anwender selbst geändert werden, sondern auch wie gewohnt im Programmcode über die Eigenschaft IsExpanded.

Wie in Bild 7.8 zu sehen ist, kann man mit wenigen Zeilen XAML bereits die Darstellung der Steuerelemente tiefgreifend beeinflussen.

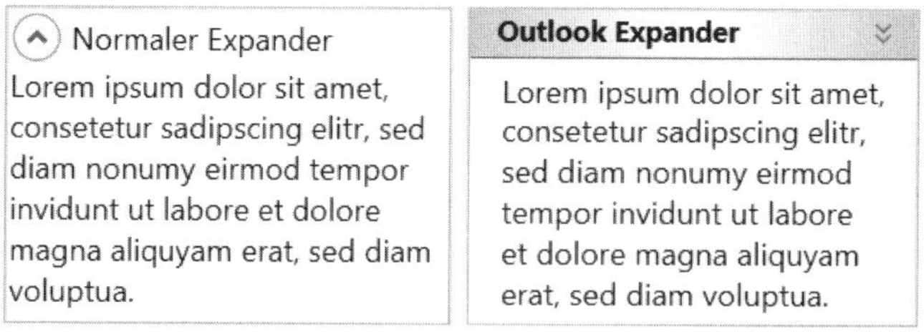

Bild 7.8 Mit einer Datenbindung kann der Status des Expanders im Template geändert werden.

Datenbindungen sind sehr mächtig und können für viele Szenarien eingesetzt werden. Das Thema wird in Kapitel 8, „Daten und Datenbindungen“, im Detail beschrieben.

7.6 Vertragliche Elemente festlegen

Manche Steuerelemente sind auf die Mithilfe der Template-Designer angewiesen, damit diese ihre Arbeit in adäquater Weise verrichten können. Hierzu werden einige Elemente vertraglich festgeschrieben, die in einem Template enthalten sein sollten. Diese vertragliche Bindung funktioniert zwar weniger streng als beispielsweise bei der Implementierung eines Interface, da der Compiler hier keine Prüfung vornimmt, man sollte ihr aber trotzdem ausreichend Beachtung schenken. Statt einer Fehlermeldung vom Compiler vertraut das Steuerelement darauf, dass bestimmte Elemente definiert worden sind. Fehlen diese, ist die Funktionalität des Steuerelements nur eingeschränkt zu nutzen.

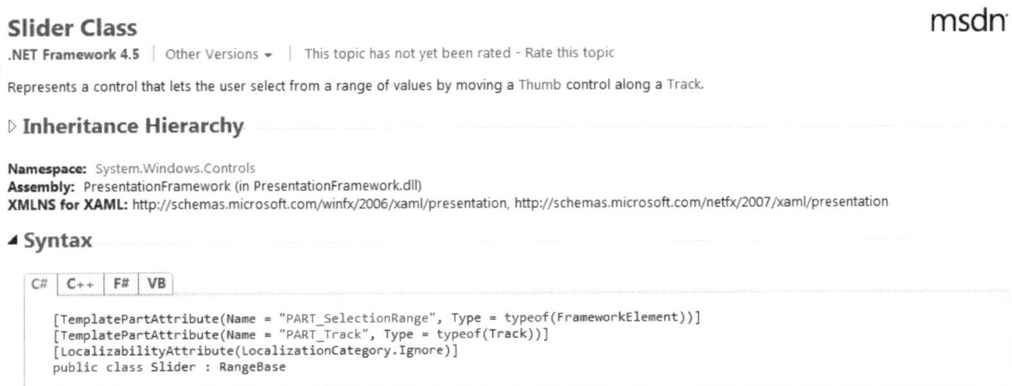

Slider Class msdn

.NET Framework 4.5 | Other Versions | This topic has not yet been rated - Rate this topic

Represents a control that lets the user select from a range of values by moving a Thumb control along a Track.

▷ **Inheritance Hierarchy**

Namespace: System.Windows.Controls
Assembly: PresentationFramework (in PresentationFramework.dll)
XMLNS for XAML: http://schemas.microsoft.com/winfx/2006/xaml/presentation, http://schemas.microsoft.com/netfx/2007/xaml/presentation

◢ **Syntax**

C# | C++ | F# | VB

```
[TemplatePartAttribute(Name = "PART_SelectionRange", Type = typeof(FrameworkElement))]
[TemplatePartAttribute(Name = "PART_Track", Type = typeof(Track))]
[LocalizabilityAttribute(LocalizationCategory.Ignore)]
public class Slider : RangeBase
```

Bild 7.9 Wie die Steuerelemente bezeichnet werden müssen, kann anhand der Attribute TemplatePart in der Dokumentation des Steuerelements nachgelesen werden.

Das Steuerelement gibt hierfür die Namen und den Typ der Steuerelemente vor, die im Template enthalten sein müssen. Zur besseren Unterscheidung wird dem Namen einfach ein `PART_` vorangestellt, anhand dessen das Steuerelement dann die benötigten Elemente wiederfinden kann.

In Bild 7.9 ist die Übersichtsseite des Steuerelements Slider zu sehen. Die Definition der Namen wird über die Attribute `TemplatePart` angegeben, von denen das Steuerelement gleich zwei definiert: `PART_SelectionRange` und `Part_Track`. Diese Namen müssen nun für die entsprechenden Steuerelemente im Template verwendet werden:

```
<ControlTemplate TargetType="{x:Type Slider}">
  <Track Name="PART_Track" />
</ControlTemplate>
```

Dieses Beispiel ist auf die Verwendung des Steuerelementes Track gekürzt worden. Der Name, der aus dem Attribut ausgelesen wurde, muss hier nur in der Eigenschaft `Name` eingetragen werden.

7.7 Templates für Auflistungen

Die bisherigen Templates wurden immer nur für Steuerelemente mit einfachen Inhalten erstellt, die entweder in den Eigenschaften Content oder Header abgelegt waren. Bei einer Auflistung mehrerer Einträge, so wie es in der ListBox oder ComboBox geschieht, kann jedoch der ContentPresenter nicht mehr zur Darstellung verwendet werden. Dieser ist ausschließlich für die Darstellung eines einzelnen Steuerelements zuständig und kann daher nicht mit einer Liste umgehen.

In der WPF gibt es daher mit dem ItemsPresenter ein zusätzliches Steuerelement, das ähnlich wie der ContentPresenter arbeitet, aber dafür mit Auflistungen umgehen kann.

Listing 7.12 Einen ItemsPresenter in einem Template verwenden

```
<ControlTemplate TargetType="{x:Type ListBox}">
  <Border BorderBrush="Black" BorderThickness="2">
    <ItemsPresenter />
  </Border>
</ControlTemplate>
```

In diesem Beispiel wurde ein neues Template für eine ListBox entworfen, in dessen neuem Rahmen die Einträge angezeigt werden sollen. Die Stelle des ItemsPresenters dient wieder als Platzhalter, an dem die Einträge aufgelistet werden.

Die Aufgabe von ItemsPresenter ist dabei sehr eng gefasst, denn mit ihm sollen ausschließlich die Einträge (wie z. B. ListBoxItem) aufgelistet werden. Das wirft nun aber die Frage auf, warum eine Border neuerdings mehrere Instanzen von ListBoxItem aufnehmen kann?

Die Border kann auch weiterhin nur ein Steuerelement in ihrer Eigenschaft Content aufnehmen. Für eine korrekte Darstellung benötigt daher der ItemsPresenter die Hilfe eines zusätzlichen Panels. Welches Panel für die Auflistung benutzt werden soll, ist nicht fest vorgegeben und kann über die Eigenschaft ItemsPanel verändert werden.

Listing 7.13 Das Panel für die Einträge in einer ListBox in einem Style ändern

```
<Style x:Key="MyNewListBox" TargetType="{x:Type ListBox}">
  <Setter Property="ItemsPanel">
    <Setter.Value>
      <ItemsPanelTemplate>
        <WrapPanel />
      </ItemsPanelTemplate>
    </Setter.Value>
  </Setter>
</Style>
```

Mit diesem Style wird bei der ListBox die Auflistung der Einträge geändert. In diesem Fall soll diese nicht mehr über ein StackPanel erfolgen, bei dem die Einträge von oben nach unten aufgeführt werden, sondern durch ein WrapPanel der Reihe nach und zeilenweise ausgegeben werden.

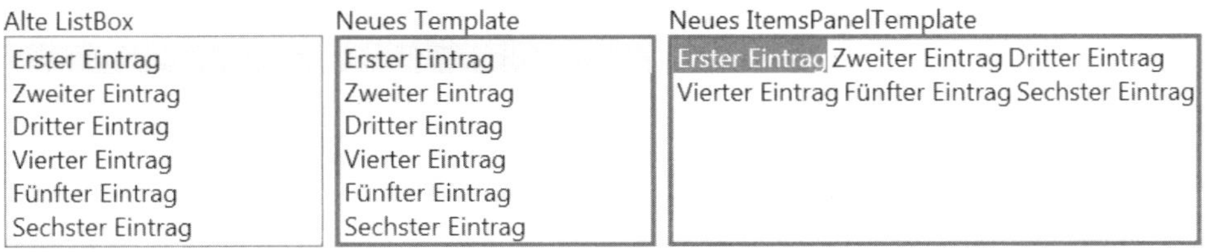

Bild 7.10 Eine ListBox kann die Einträge auch mit einem WrapPanel darstellen.

In Bild 7.10 ist das Ergebnis des neuen Styles zu sehen. Die Darstellung der einzelnen Einträge der ListBox wird dadurch nicht geändert. Diese werden lediglich auf ein Minimum reduziert, damit gleich mehrere in einer Zeile dargestellt werden können.

Die Verwendung von `ItemsPresenter` und `ItemsPanelTemplate` soll vor allem zu einer höheren Flexibilität führen, sodass die Auflistung der Einträge einer ListBox auch ohne nachträgliches Anpassen des Templates verändert werden können. Hierzu muss lediglich das Panel in der Eigenschaft `ItemsPanel` ausgetauscht werden. Allerdings führt dieser Zwischenschritt auch zu einem erhöhten Aufwand bei der Erstellung neuer, eigener Templates. Wird diese Flexibilität nicht benötigt, kann man auf diesen Zwischenschritt auch verzichten und das gewünschte Panel anstelle vom `ItemsPresenter` direkt in das Template platzieren.

```
<ControlTemplate TargetType="{x:Type ListBox}">
  <Border>
    <StackPanel IsItemsHost="True" />
  </Border>
</ControlTemplate>
```

Damit der Compiler das Panel für die Einträge nun von etwaigen anderen Panels unterscheiden kann, muss hier noch zusätzlich die Eigenschaft `IsItemsHost` auf `true` gesetzt werden.

Trotz dieser Vereinfachung steigt gerade bei Auflistungen die Komplexität aufgrund der zahlreichen Templates enorm an. Und damit nicht genug: Zusätzlich enthält das `ListBoxItem` selbst auch noch zwei weitere Templates – ein `ControlTemplate` und ein `DataTemplate`.

Bild 7.11 soll daher die Gesamtstruktur besser verdeutlichen und aufzeigen, wie die unterschiedlichen Templates miteinander zusammenarbeiten. Die Steuerelemente sind hellgrau und die Templates dunkelgrau dargestellt.

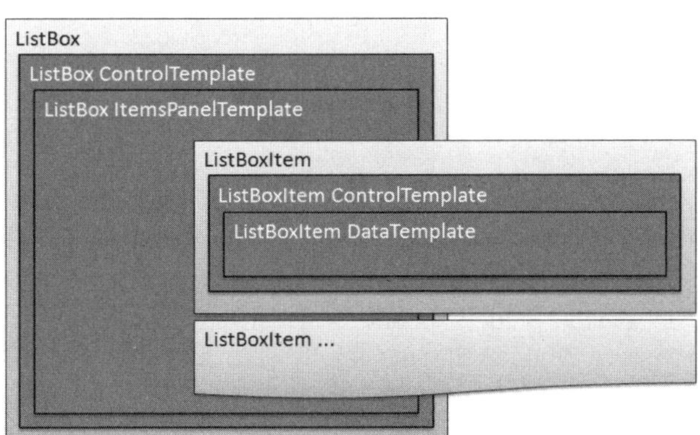

Bild 7.11 Die Anatomie einer ListBox verdeutlicht das Zusammenspiel der Templates

Man kann die Struktur daher wie folgt zusammenfassen:

- Das `ControlTemplate` der ListBox ist nur für die Darstellung der ListBox zuständig (und nicht für den Inhalt).
- Das `ItemsPanelTemplate` ist optional dafür zuständig, wie die `ListBoxItems` angeordnet werden sollen (und nicht für die Darstellung).
- Jedes `ListBoxItem` besitzt ebenfalls ein `ControlTemplate`, das sich allein um die Darstellung des aktuellen Zustands kümmert (wie z. B. die Selektion).
- Jedes `ListBoxItem` besitzt zusätzlich ein `DataTemplate`, das nur für die Darstellung der Daten zuständig ist (mehr hierzu in Kapitel 8).

7.8 Vorhandene Templates anpassen

Leider ist es nicht möglich, vorhandene Templates geringfügig anzupassen oder zu modifizieren. Ein Spezialisieren, wie es mit `BasedOn` bei den Styles angeboten wurde, gibt es für Templates nicht. Hier ist immer ein komplett neues Template (mit allen Triggern und was sonst dazugehört) erforderlich, mit dem das alte Template ausgetauscht werden muss. Ein nachträgliches „Aufpeppen" ist also leider nicht möglich.

Man kann aber stattdessen das vorhandene Template eines Steuerelementes laden und dieses dann nach den eigenen Vorstellungen anpassen oder erweitern. Nach dieser Änderung kann man das Template dann einfach unter einem neuen Namen in den Ressourcen der Anwendung abspeichern.

Dieser Vorgang ist in Blend allerdings um einiges einfacher, da diese Funktion hier bereits komfortabel über die Menüs erreichbar ist. Hinter dieser Funktion steht aber im Prinzip nur eine einfache Anweisung, mit der das Template geladen und deserialisiert wird.

Grundlage bildet die Klasse `XamlWriter`, mit der XAML ausgegeben werden kann. In diesem Fall wird ein Objekt der Methode `Save()` übergeben, das von der Klasse deserialisiert werden soll.

```
<Window xmlns="..." xmlns:x="...">
  <Button Name="button1" />
</Window>

string xaml = XamlWriter.Save(button1.Template);
MessageBox.Show(xaml);
```

In diesem Beispiel wird das aktuelle Template der Schaltfläche geladen und ausgegeben. Das Ergebnis ist eine einfache Zeichenkette, die man entweder auf dem Bildschirm ausgeben oder in eine Datei schreiben kann.

Wenn man keine Instanz des Steuerelementes zur Verfügung stehen hat, kann man alternativ auch den verwendeten Style direkt aus den Ressourcen laden. Für jedes Steuerelement existiert in den Ressourcen ein Standard-Style, der in den Metadaten hinterlegt ist. Die folgenden Programmzeilen laden diesen Style für das Steuerelement `TabControl`.

Listing 7.14 Den Standard-Style für ein Steuerelement laden

```
DependencyProperty dp = FrameworkElement.DefaultStyleKeyProperty;
PropertyMetadata metadata = dp.GetMetadata(typeof(TabControl));
object key = metadata.DefaultValue;
Style style = Application.Current.FindResource(key) as Style;
string xaml = XamlWriter.Save(style);
MessageBox.Show(xaml);
```

Zuerst wird das Dependency Property `DefaultStyleKey` geladen. Dieses ist für den Standard-Style zuständig, der auf das Steuerelement angewendet werden soll. In den Metadaten des Dependency Propertys kann dann der Standardwert (`DefaultValue`) ausgelesen werden. Dieser stellt jedoch nur den Schlüssel dar, unter dem man in den Ressourcen an den Style kommen kann. Daher muss als Nächstes mit der Methode `FindResource()` die Ressource anhand des Schlüssels herausgesucht werden.

7.9 Skins

Mittels Skins kann das Aussehen einer Anwendung vollständig ausgetauscht werden. Der Anwender kann beispielsweise zur Laufzeit einen gewünschten Skin aussuchen, mit dem die Anwendung dargestellt werden soll. Hierbei werden aber weder die Steuerelemente noch ihre Funktionen verändert, sondern nur das Aussehen angepasst. Eine Anwendung kann so mit mehreren Skins ausgeliefert werden, von denen sich der Anwender ein ansprechendes aussuchen kann. Auch externe Designer können Skins für die Anwendung entwerfen, die nachträglich angewendet werden können.

Die WPF bietet jedoch keine explizite Technik, um Skins zu unterstützen (anders als bei ASP.NET). Das ist aber auch gar nicht notwendig, da hierfür nur die Ressourcen der Anwendung ausgetauscht werden müssen, über die mit Styles und Templates das Aussehen definiert wird.

```
<Window xmlns="..." xmlns:x="...">

  <Button Style="{DynamicResource SigninButtonStyle}" />

</Window>
```

In diesem Beispiel soll anhand einer Schaltfläche die Technik der Skins verdeutlicht werden. Wichtig ist hierbei, dass im Layout sehr wenig mit festen Angaben für das Layout gearbeitet wird. Die Schaltfläche darf also nicht absolut positioniert werden und darf auch sonst keinerlei Angaben beinhalten, mit denen ihr Aussehen definiert wird. Diese Angaben werden ausschließlich in den Ressourcen der Skins vorgenommen. Sollten hier trotzdem Eigenschaften manuell gesetzt sein, können diese nicht vom Skin überschrieben werden.

Eine Skin kann nun in einem separaten `ResourceDictionary` erstellt werden. Das Zusammenfassen der Styles und Templates in einer Datei erleichtert die spätere Handhabung, da jede Skin über ein separates `ResourceDictionary` geladen werden kann.

Listing 7.15 Eine Basis-Skin mit einem ResourceDictionary erstellen

```
<RessourceDictionary xmlns="..." xmlns:x="...">
  <Style x:Key="SigninButtonStyle" TargetType="{x:Type Button}">
    <Setter Property="Background" Value="White" />
    <Setter Property="Foreground" Value="Black" />
  </Style>
</ RessourceDictionary>
```

So sieht der grundlegende Aufbau einer Ressourcen-Datei einer Skins aus. Die weiteren Skins können nun nach demselben Muster angelegt und unter separaten Namen abgespeichert werden.

Sollen nur Skins verwendet werden, die in dem Projekt fest einkompiliert worden sind, beschränkt sich das Austauschen der Skins auf einige wenige Zeilen Programmcode.

Listing 7.16 Eine Skin zu Laufzeit austauschen

```
public class MainWindow : Window
{
  private ResourceDictionary defaultTheme;
  private ResourceDictionary popTheme;
  private ResourceDictionary magicTheme;

  private void Init(object sender, EventArgs e)
  {
    defaultTheme = new DefaultThemeResources();
    popTheme = new PopThemeResources();
    magicTheme = new MagicThemeResources();

    Application.Current.Resources = defaultTheme;
  }
}
```

In diesem Beispiel werden die drei `ResourceDictionaries`, in denen jeweils eine eigene Skin implementiert ist, direkt zu Beginn der Anwendung geladen. Das Zuweisen eines neuen Skins geschieht durch den einfachen Austausch der Ressourcen in der Anwendungsklasse. In diesem Beispiel wird als Erstes der Standard-Theme geladen.

Die Datei *app.xaml* darf in diesem Fall jedoch keine Ressourcen enthalten, da diese durch die Skin ersetzt werden. Die zentralen Definitionen müssen daher in den gesonderten `ResourceDictionaries` erfolgen.

Diese Technik wird auch in einem der Beispiele in der MSDN demonstriert. Die Anwendung demonstriert eine Art Anmelde-Bildschirm, dessen Aussehen ausschließlich über Skins definiert worden ist. In diesem Fall sind die Skins den Benutzern zugeordnet, die man aus einer ListBox auswählen kann.

Diese Technik ermöglicht aber nur das Laden bereits vorhandener Skins. Sollen stattdessen die Ressourcen aus externen Dateien geladen werden, müssen diese zuerst eingelesen und deserialisiert werden.

Bild 7.12 Dieselbe Anwendung kann mit Skins unterschiedlich dargestellt werden.

Listing 7.17 Eine Skin aus einer externen Datei laden

```
ResourceDictionary skinResources;

using (Stream stream = File.Open("ExternalSkin.xaml",
    FileMode.Open))
{
  skinResources = XamlReader.Load(stream) as ResourceDictionary;
}

if (skinResources != null)
  Application.Current.Resources = skinResources;
```

In diesem Beispiel wird die Skin aus einer externen XAML-Datei geladen. Diese wird von der Klasse `XamlReader` eingelesen, die daraus ein `ResourceDictionary` erzeugt. Dieses kann dann wie gewohnt gegen die Ressourcen der aktuellen Anwendungsklasse ausgetauscht werden.

Das Auslagern in externe Dateien bringt allerdings nicht nur Vorteile. So können die Dateien keinen zusätzlichen Programmcode beinhalten, der u. U. in Form von `ValueConverter` oder `StyleSelector` benötigt wird.

8 Daten und Datenbindungen

Die WPF bietet weit mehr als nur grafische Effekte oder Animationen. Die Verarbeitung von Daten gehört zu den wichtigsten und mächtigsten Features, welche die WPF zu bieten hat, und selbst ausgereifte Techniken unter ASP.NET werden in den Schatten gestellt. Leider wird dieses Thema bei den meisten Diskussionen oder Präsentationen vernachlässigt, da Datenbindungen vielleicht eher als unsexy gelten und man damit keine „Wow"-Effekte beim Publikum auslösen kann.

Dabei müssen in jeder Anwendung Daten in irgendeiner Form verarbeitet werden. Diese müssen nicht unbedingt aus einer relationalen Datenbank stammen, wie es bei einer traditionellen Datenbankanwendung üblich ist. Auch die Verarbeitung von XML (z.B. bei RSS-Feeds) oder eigenen Hilfsdatenobjekten kann Teil dieser Aufgabe werden.

Die Unterstützung für Daten ist in der WPF fest im Fundament eingebaut und bildet nicht, wie in anderen Plattformen üblich, lediglich einen Aufsatz. Daher werden für die Darstellung der Daten für den Anwender auch keine zusätzlichen oder speziellen Steuerelemente benötigt. Daten gehören zum Alltag und können so immer und überall verwendet werden.

Unter Windows Forms sah das noch anders aus. Daten konnten nur mit einigen wenigen Steuerelementen angezeigt werden. In der WPF kann dagegen grundsätzlich jedes Steuerelement mit jedem Dependency Property für die Darstellung von Daten genutzt werden.

Durch diese enorm hohe Flexibilität hatte man bei der Entwicklung der WPF vorerst auf das beliebte `DataGrid` verzichtet. Bei vielen Entwicklern mag das Unverständnis auslösen und sogar in Einzelfällen als Hinderungsgrund angeführt werden, dass die WPF nicht für geschäftliche Anwendungen geeignet sei. Bevor man sich hier allerdings festlegt, sollte man zuerst die Alternativen ansehen. Die WPF bietet hierfür wesentlich mehr Möglichkeiten, um Informationen für den Anwender darzustellen, als in einem einfachen tabellarischen Grid. Mittlerweile gibt es aber auch genügend Komponentenhersteller, die bereitwillig diese vermeintliche Lücke füllen wollen und, wie im Beispiel von Xceed, diese sogar kostenlos anbieten. Damit ist auch den Entwicklern geholfen, die nicht ohne das gewohnte `DataGrid` auskommen. Letztendlich wird aber auch von Microsoft ein offizielles `DataGrid` kommen, das separat zum .NET Framework veröffentlicht werden soll.

8.1 Datenzugriff über den Datenkontext

Sollen die Daten dem Anwender präsentiert werden, müssen diese erst zu den Steuerelementen finden. Klassischerweise hat man früher hierfür die gewünschten Daten abgerufen und die jeweiligen Inhalte den Steuerelementen zugewiesen.

Listing 8.1 Alte, konventionelle Vorgehensweise

```
UserManager userManager = new UserManager();
user = userManager.GetUser("joergw");
FirstnameTextBox.Text = user.Firstname;
LastnameTextBox.Text = user.Lastname;
```

Dieses Beispiel soll sich nicht speziell mit dem Abfragen der Daten beschäftigen. Vielmehr soll es als Negativbeispiel zeigen, wie eng man Programmcode und Darstellung aneinanderkoppeln kann. In diesem Beispiel wurde jedes Steuerelement einzeln angesprochen, um die gewünschten Daten anzuzeigen. Das bedeutet aber auch, dass jedes Mal der Programmcode angefasst werden muss, wenn zusätzliche Informationen angezeigt werden sollen. Auch das Ändern der Darstellung kann so nicht mal eben vorgenommen werden, da zwischen Programmcode und XAML eine sehr enge Verbindung besteht.

Der Vorteil einer loseren Bindung zwischen Programmcode und XAML zeigt sich vor allem bei größeren Projekten, an denen neben Entwicklern auch Grafiker zusammenarbeiten. So können beide unabhängig voneinander am Programmcode und an XAML arbeiten, ohne dass sie sich gegenseitig stören. Aber auch bei kleineren Projekten kann diese Trennung hilfreich sein, da sich der Programmcode in den Codebehind-Dateien weniger um die Darstellung kümmern muss und so kürzer und aufgeräumter wird.

Die WPF bietet hierfür als Lösung den Datenkontext, über den Daten veröffentlicht werden können. Der Datenkontext kann als eine Art Container angesehen werden, über den beliebige Daten an ein Steuerelement geheftet werden können. Er wird über die Eigenschaft `DataContext` bereitgestellt, der bereits in der Klasse `FrameworkElement` definiert wurde und somit in jedem Steuerelement anzutreffen ist. Da er selbst nur vom Typ `object` ist, kann er mit beliebigen Nutzdaten gefüttert werden. So ist es ohne Weiteres möglich, hier eigene Datenobjekte, XML-Knoten oder sogar Datasets zu hinterlegen.

```
FirstnameTextBox.DataContext = user;
```

Mit dieser einfachen Zeile werden bereits Daten an den Datenkontext eines Texteingabefeldes zugewiesen. Damit wird allerdings nur der Container `DataContext` mit Inhalt befüllt – der Anwender bemerkt von dieser Aktion nichts, da das Texteingabefeld nicht weiß, wie die Daten dargestellt werden sollen (dazu aber später mehr).

Durch diese Vorgehensweise gewinnt man aber immer noch nicht die gewünschte Flexibilität. Wenn man auch weiterhin jeden Datenkontext der Steuerelemente einzeln anspricht, hätte man auch beim ersten Beispiel bleiben können. Der wesentliche Vorteil vom Datenkontext ist, dass die Daten nicht nur dem Steuerelement selbst zur Verfügung stehen, sondern auch seinen untergeordneten Steuerelementen. Weist man beispielsweise das Objekt `user` aus dem vorherigen Beispiel einem Grid zu, können so automatisch alle darin enthaltenen Steuerelemente auf das Objekt zugreifen. Hierbei werden die Daten über den

Datenkontext so lange im Visual Tree nach unten weitergereicht, bis entweder keine Steuerelemente mehr vorhanden sind oder bei einem Steuerelement neue Daten über den Datenkontext zugewiesen werden. In Bild 8.1 ist dieses Prinzip veranschaulicht.

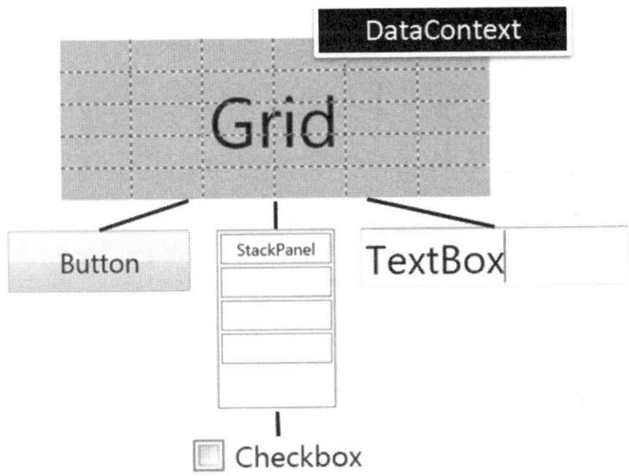

Bild 8.1 Über den DataContext können auch untergeordnete Steuerelemente die Daten verwenden.

Wählt man den Datenkontext geschickt aus, können so möglichst viele Steuerelemente in den Genuss der Daten kommen – und das ohne eine erneute Zuweisung der Daten.

Schaut man sich die Klasse `Window` etwas genauer an, wird man feststellen, dass selbst dort ein Datenkontext vorhanden wird. Da in dem nächsten Beispiel das Fenster ausschließlich zur Darstellung eines Benutzers dienen soll, wäre dieser Datenkontext der ideale Platz für eine Zuweisung der Daten. Auf diese Weise könnten alle weiteren Steuerelemente in diesem Fenster von den Daten profitieren, ohne dass eine weitere manuelle Zuweisung erforderlich wäre – weder im Code noch in XAML.

Listing 8.2 Deutlich einfachere und flexiblere Zuweisung der Daten über den Datenkontext

```
public class UserWindow : Window
{
  public UserWindow(User user)
  {
    InitializeComponent();
    this.DataContext = User;
  }
}
```

Wie bereits erwähnt, werden über den Datenkontext noch keine Daten angezeigt. Dieser dient nur zum Veröffentlichen oder Bereitstellen von Daten, sodass im nächsten Schritt die Steuerelemente diese über Datenbindungen veröffentlichen können.

8.2 Datenbindungen

Mit einer Datenbindung wird eine Verbindung zwischen einer Datenquelle und einem Steuerelement hergestellt, das diese Daten anzeigen soll. Neben einfachen Datenbindungen existieren auch komplexere Varianten, mit denen man beispielsweise mehrere Datenquellen ansprechen oder mit denen sich die Daten auch vom Anwender bearbeiten lassen.

8.2.1 Einfache Datenbindungen

Wurden die Daten über den Datenkontext bereitgestellt, muss nur noch definiert werden, wo diese nun angezeigt werden sollen. Hierfür dienen die Datenbindungen, die wie Verknüpfungen zwischen Daten und den Eigenschaften der Steuerelemente fungieren. So kann beispielsweise der Vorname aus dem Benutzerobjekt an die Eigenschaft `Text` eines Texteingabefeldes zugewiesen werden.

```
<TextBox Text="{Binding Firstname}" />
<TextBox Text="{Binding Path=Lastname}" />
```

Bild 8.2 Die Texteingabefelder können über eine Datenbindung die Inhalte eines Datenobjektes anzeigen.

In diesem Beispiel greifen die beiden Texteingabefelder auf die Daten aus dem Datenobjekt zurück und zeigen jeweils als Inhalt den Vornamen und den Nachnamen an. An welchen Details aus dem Datenobjekt man interessiert ist, kann man über die Eigenschaft `Path` definieren. Um den Schreibaufwand etwas zu minimieren, kann der Pfad auch ohne explizite Angabe des Wortes „Path" angegeben werden, so wie im ersten Beispiel zu sehen ist.

> **!** Wenn nicht der aktuelle Datenkontext verwendet werden soll, kann mit Angabe von Source eine alternative Datenquelle verwendet werden. In Abschnitt 8.6, „Datenquellen", wird diese Technik genauer beschrieben.

Die Datenbindung ist beim Zuweisen sehr komfortabel: Man ist so nicht mehr auf einige wenige Eigenschaften eines Steuerelements angewiesen. Stattdessen können bei der Datenbindung grundsätzlich alle Eigenschaften als Ziel für eine Datenbindung fungieren. Einzige Voraussetzung hierfür ist, dass diese auch als Dependency Property definiert wurden – und das ist eine beachtliche Menge, da Dependency Properties ebenfalls bei Styles und Animationen Voraussetzungen sind. Herkömmliche Eigenschaften oder Felder werden dagegen nicht unterstützt.

Dependency Property für das Run-Element

Seit dem .NET Framework 4 lassen sich Run-Elemente auch über Datenbindungen ansprechen. Run-Elemente können mit dem Span-Element aus HTML verglichen werden und dienen innerhalb eines TextBlocks zur Formatierung. Wenn man in einem TextBlock mit mehreren Datenbindungen arbeiten wollte, musste man bislang mehrere Textblöcke ineinander verschachteln – wodurch allerdings der Zeilenumbruch nicht mehr korrekt funktionierte. Mit dem verbesserten Run-Element wird dagegen der Zeilenumbruch wieder korrekt umgesetzt (siehe hierzu auch die Beschreibung des TextBlock-Steuerelementes in Kapitel 4).

```
<TextBlock ID="VeryComplexTextBlock">
Vorname: <Run Text="{Binding Path=Firstname}"
/><LineBreak />
Nachname: <Run Text="{Binding Path=Lastname}" />
</TextBlock>
```

Dank dieser Flexibilität ist es sogar möglich, über eine Datenbindung die Breite oder die Hintergrundfarbe des Steuerelements zu setzen. Dadurch ergeben sich ungeahnte Möglichkeiten, um Daten auf eine ganz andere Art zu visualisieren.

```
<Rectangle Fill="Red" Width="{Binding Turnover}" />
<CheckBox IsChecked="{Binding IsEnabled}" />
```

In Bild 8.3 ist das Prinzip einer einfachen Datenbindung zu sehen. Hierbei fungiert eine Datenbindung wie eine Art Verknüpfung zwischen den Daten und dem Dependency Property des Steuerelements.

In den vorherigen Beispielen wurde für die Datenbindung immer die kurze und prägnante Markup Extension verwendet. Wenn später für die Datenbindung weitere Parameter notwendig werden, kann diese Form allerdings schnell unübersichtlich werden. Dann bietet sich als Alternative die längere Schreibweise über eigene XML-Knoten an, da die Angaben hier wesentlich besser strukturiert sind.

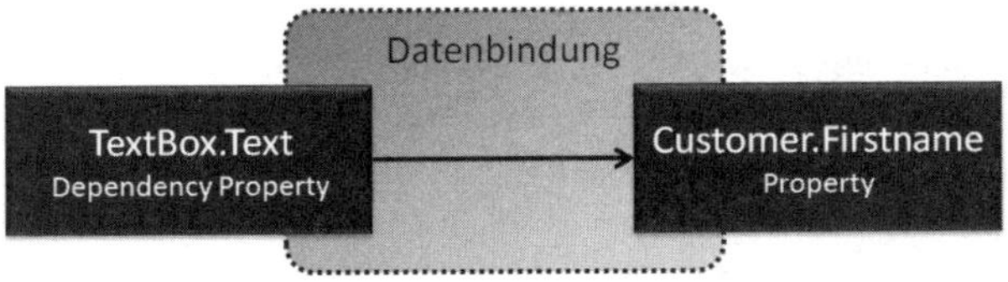

Bild 8.3 Die Datenbindung fungiert wie eine Verknüpfung zwischen Steuerelement und den Daten.

Listing 8.3 Im Vergleich: die lange und die kurze Schreibweise der Datenbindungen

```
<!-- lange Schreibweise -->
<TextBox Name="FirstnameTextBox">
  <TextBox.Text>
    <Binding Path="Firstname" />
  </TextBox.Text>
</TextBox>
```

```
<!-- kurze Schreibweise mit Markup Extension -->
<TextBox Name="FirstnameTextBox" Text="{Binding Firstname}" />
```

In der Regel werden Datenbindungen in XAML-Code definiert. Wie bei jeder Regel kann es aber auch hier Ausnahmen geben, in denen die Datenbindung im Programmcode erstellt werden muss.

Listing 8.4 Datenbindung im Programmcode erstellen

```
Binding firstnameBinding = new Binding("Firstname");
firstnameBinding.Source = person;  // optional
FirstnameTextBox.SetBinding(TextBox.TextProperty, firstnameBinding);
```

Hier ist eine Datenbindung für das Objekt `Person` zu sehen, wie sie auch schon zuvor im Beispiel mit XAML erstellt wurde. Zuerst muss eine neue Instanz von `Binding` erstellt werden, dem man als Parameter den gewünschten Pfad übergeben kann. Die Angabe von `Source` ist allerdings nicht Voraussetzung – fehlt sie, wird bei der Datenbindung einfach der aktuelle Datenkontext verwendet. Zum Schluss muss nur noch die Datenbindung auf das Steuerelement angewendet werden: Hierfür ist die exakte Instanz des gewünschten Steuerelementes notwendig, wie in diesem Fall die `TextBox` mit dem Namen `FirstnameTextBox`. Die Instanz der `TextBox` stellt nämlich die Methode `SetBinding()` bereit, mit der auf ein Dependency Property der `TextBox` die Datenbindung angewendet werden kann. Der Schreibaufwand ist zwar etwas höher, ist allerdings nicht weniger verständlich als die Deklaration im XAML-Code.

In den bisherigen Beispielen wurde bei der Datenbindung mit dem Pfad immer nur ein bestimmter Bereich der Daten angesprochen. Ist man nicht an bestimmten Details oder Eigenschaften interessiert, kann man den Pfad auch auslassen. In diesem Fall würde bei der Datenbindung das gesamte Objekt zurückgegeben werden. In den vorherigen Beispielen würde dann aber anstelle des Vornamens die WPF versuchen, das gesamte Objekt `User` in dem Texteingabefeld darzustellen. Hierfür wird einfach die Methode `ToString()` verwendet, die in den meisten Fällen lediglich den Klassennamen zurückgibt.

Geschweifte Klammern werden in XAML als Steuerzeichen interpretiert und zum Erkennen von Markup Extensions verwendet. Das Verhalten kann deaktiviert werden, indem am Anfang der Zeichenkette ein leeres geschweiftes Klammernpaar gesetzt wird. Eine Format-Zeichenkette für die Ausgabe des Vor- und Nachnamens müsste so nicht `{0}, {1}` lauten, sondern stattdessen `{}{0}, {1}`. Alternativ dazu kann aber auch vor jede geschweifte Klammer ein Backslash gesetzt werden, wie z. B. `\{0\}, \{1\}`. ■

Über den Pfad können aber auch weitere Unterobjekte oder sogar Elemente aus einem Array angesprochen werden. Hier wird wieder die Punkt- oder die Klammer-Notation verwendet, die auch im Programmcode üblich ist.

```
{Binding}
{Binding Address.Street}
{Binding Groups[0].Name}
```

Das Ziel des Pfades wird erst zur Laufzeit ermittelt. Er wird hierfür mittels Reflection Stück für Stück auseinandergenommen und mit dem Datenobjekt verglichen. Das ist notwendig, da man bei der Datenbindung nicht explizit einen Datentyp angeben kann, sondern lediglich den zu verwendenden Pfad. Der Pfad wird daher beim Zuweisen neuer Daten immer wieder aufs Neue mittels Reflection untersucht. Erst dadurch wird die Datenbindung aber so ungemein flexibel, da so auch unterschiedliche Datentypen problemlos verwendet werden können. Wird ein anderes Objekt dem Datenkontext zugewiesen, versucht die WPF, auch hier die Pfade der Datenbindungen anzuwenden.

Sollte der Pfad nicht im Datenobjekt gefunden werden, wird vom System keine Fehlermeldung geworfen. Es erfolgt lediglich ein Hinweis in der Debug-Ausgabe, dass die Datenbindung fehlgeschlagen ist.

8.2.2 Daten formatieren

Man erhält des Weiteren die Möglichkeit, die Daten bereits während der Datenbindung zu formatieren. Hierbei kommt die Methode `Format()` der Klasse `String` zur Anwendung, mit der sich beispielsweise Zahlen oder Daten individuell formatieren lassen. Bei früheren Versionen der WPF war hierfür meist ein Konverter notwendig, der allerdings mit deutlich mehr Aufwand erstellt werden musste (die Konverter werden etwas später in diesem Kapitel beschrieben).

Listing 8.5 Daten formatiert ausgeben

```
<Window
    xmlns="..." xmlns:x="...">

  <Window.DataContext>
    <x:Double>39.90</x:Double>
  </Window.DataContext>

  <!-- Kontostand: 39.90 € -->
  <StackPanel>
    <TextBlock Text="{Binding Path=Amount,
                      StringFormat=Kontostand: \{0:C\}}" />
    <TextBlock>
      <TextBlock.Text>
        <Binding StringFormat="{}{0:F2}" />
      </TextBlock.Text>
    <TextBlock>
  </StackPanel>
</Window>
```

Die Markup Extension hat hierfür die zusätzliche Eigenschaft `StringFormat` erhalten, mit der die Formatierung angegeben werden kann. Neben der reinen Formatierung der Daten können so auch problemlos zusätzliche Informationen angegeben werden, wie in diesem Beispiel das Wort „Kontostand".

8.2.3 Bindungsrichtung festlegen

Mit Datenbindungen lassen sich nicht nur Daten auf der Oberfläche anzeigen – diese lassen sich ebenfalls dazu nutzen, um Änderungen des Anwenders wieder zurück in das Datenobjekt zu speichern. Dieses Verhalten lässt sich mit der Eigenschaft Mode beeinflussen, die zusammen mit der Datenbindung angegeben werden kann.

```
<TextBox Text="{Binding Path=Firstname, Mode=TwoWay}" />
```

In diesem Beispiel wurde der Modus für die Datenbindung explizit auf TwoWay gesetzt. Hierbei werden die Änderungen des Anwenders auch wieder zurück an das Datenobjekt gereicht. In diesem Fall ist die Angabe allerdings nicht notwendig, da man bei der TextBox davon ausgegangen ist, dass die Änderungen des Anwenders auch wieder zurück an das Datenobjekt geschrieben werden sollen.

Die folgenden Modi sind für die Bindungsrichtung möglich:

- OneTime: Die Daten werden nur einmal ausgelesen und angezeigt (Änderungen am Datenobjekt werden nicht verfolgt).
- OneWay: Die Daten aus dem Datenobjekt werden ausgelesen und angezeigt – etwaige Änderungen des Anwenders werden nicht im Datenobjekt gespeichert.
- OneWayToSource: Die Daten werden nicht angezeigt, stattdessen werden die Eingaben des Anwenders im Datenobjekt gespeichert.
- TwoWay: Die Daten werden in beide Richtungen ausgetauscht.

Der Entwickler von Steuerelementen (in diesem Beispiel der TextBox) kann bei der Definition des Dependency Propertys Einfluß darauf nehmen, ob die Bindungsrichtung TwoWay sinnvoll ist. Um beim Beispiel der TextBox zu bleiben, so ist die Eigenschaft Text standardmäßig mit dem Wert TwoWay vorbelegt – schließlich ist es naheliegend, dass dieser Wert vom Anwender geändert werden kann. Dagegen sind Eigenschaften wie Foreground oder Background lediglich als OneWay vorbelegt, da diese verständlicherweise nicht vom Anwender geändert werden können. Diese Vorbelegung der Werte hat zweierlei Sinn: Zum einen sind nicht alle Dependency Properties als TwoWay vordefiniert, da ansonsten das System alle Datenbindungen überwachen müsste, um zu prüfen, ob der Anwender die Werte geändert hat. Das würde nur unnötigerweise Leistung kosten. Zum anderen können aber nicht alle Datenbindungen auf OneWay gestellt werden, da es gerade bei Eingabe-Steuerelementen (wie der TextBox oder der CheckBox) naheliegend ist, dass diese vom Anwender geändert werden sollen. In der Regel sind daher die Angaben des Modus nur im Ausnahmefall notwendig, wenn beispielsweise die Änderungen an einer TextBox nicht zurück in das Datenobjekt geschrieben werden sollen.

```
<!-- Default-Mode "TwoWay" -->
<TextBox Text="{Binding Path=Firstname}" />

<!-- Explizit auf "OneWay" umgestellt -->
<TextBox Text="{Binding Path=Firstname, Mode=OneWay}" />
```

In diesem Beispiel sieht man, dass die zusätzliche Angabe in der Regel nur notwendig ist, wenn die Änderungen nicht zurückgeschrieben werden sollen.

Bitte beachten Sie, dass die TextBox zudem das Verhalten aufweist, den Wert erst nach Verlassen zurück an das Datenobjekt zu schreiben.

Der Modus `OneWay` hat keinen Einfluss auf das Steuerelement selbst, sondern steuert ausschließlich die Richtung der Datenbindung. Der Anwender kann trotz Datenbindung mit `OneWay` den Inhalt eines Texteingabefeldes ändern, solange er nicht mit der Eigenschaft `IsReadOnly` daran gehindert wird. Wurde der Inhalt erst einmal vom Anwender geändert, geht auch die Datenbindung und damit auch die automatische Aktualisierung vom Datenobjekt verloren. ■

Des Weiteren gibt es noch die Einstellung `OneTime`. Hier wird nur ein einziges Mal zu Beginn der Wert aus dem Datenobjekt geladen. Spätere Änderungen werden weder im Datenobjekt verfolgt, noch werden Änderungen vom Anwender dort wieder abgespeichert. Dieser Modus eignet sich daher besonders für Konstanten, da diese nicht verändert werden, und Änderungen deshalb nicht überwacht werden müssen.

Listing 8.6 Verschiedene Modi der Datenbindung im Vergleich

```
<TextBox Text="{Binding Path=Name, Mode=OneWay}" />
<TextBox Text="{Binding Path=Name, Mode=TwoWay}" />
<TextBox Text="{Binding Path=Name, Mode=OneTime}" />
```

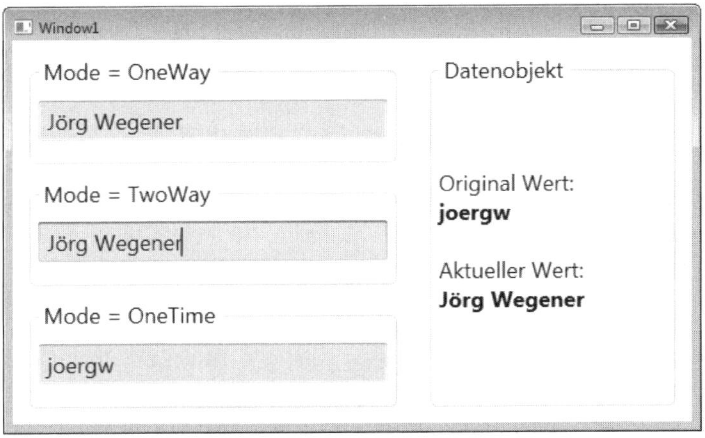

Bild 8.4 Die Auswirkungen der verschiedenen Modi bei der Datenbindung

Mit diesen drei Modi können nun in einer Datenbindung alle Richtungen der Änderungen abgedeckt werden. In Bild 8.4 sind diese Beispiele in einer Anwendung zusammengefasst. Auf der rechten Seite ist das Datenobjekt abgebildet, dessen initialer und aktueller Wert dargestellt wird. Auf der linken Seite kann der Wert in drei Texteingabefeldern geändert werden, die jeweils mit den unterschiedlichen Modi der Datenbindung konfiguriert wurden.

Soll das Schreiben des Wertes nicht unmittelbar erfolgen, sondern mit etwas Verzögerung, kann in der Datenbindung auch dies angegeben werden.

Listing 8.7 Datenbindung mit zeitlicher Verzögerung

```
<!-- TextBox -->
<TextBox Text="{Binding Path=Text, UpdateSourceTrigger=PropertyChanged,
Delay=1000}" />
<TextBlock Text="{Binding Path=Text}" />

<!-- Slider -->
<Slider Value="{Binding Path=Zahl, Delay=1000}" />
<TextBlock Text="{Binding Path=Zahl}" />
```

In diesem Programmcode sind zwei mögliche Szenarien zu sehen: Eines mit einer `TextBox` und eines mit einem Slider. Beide Steuerelemente können naturgemäß eine Menge Änderungen am Model auslösen. Wenn der Benutzer den Slider kontinuierlich vor- und zurückbewegt, können zahlreiche Änderungen ausgelöst werden. Soll bei jeder Änderung eine Folgeaktion ausgelöst werden (wie zum Beispiel eine neue Abfrage in einer Datenbank), kann das die Last der Anwendung schnell in die Höhe treiben. Die einfache Angabe des Attributs `Delay` sorgt dafür, dass der Wert erst nach der angegebenen Zeitspanne in das Model geschrieben wird.

8.2.4 Änderungen verfolgen

Das Wort „Bindung" kann man bei der Datenbindung wörtlich nehmen. Die Beziehung zwischen Daten und Steuerelement ist alles andere als lose oder locker. Über die Datenbindung können beide Seiten ständig miteinander kommunizieren und so Änderungen unmittelbar bekannt geben.

Die Seite des Datenobjektes wird meistens als „Source" oder auch als „Data Source" bezeichnet, da sie den Ursprung der Daten darstellt. Damit die Änderungen des Datenobjektes überhaupt von der Datenbindung weitergereicht und von den Steuerelementen berücksichtigt werden können, müssen diese zuerst bekannt gegeben werden. Bislang konnte man Änderungen immer nur im Setter der Eigenschaft selbst berücksichtigen. Dort konnte man die Möglichkeit nutzen, vielleicht intern eine Methode zum Aktualisieren oder für eine Berechnung aufzurufen. Externe Parteien (wie die Steuerelemente) bekamen von dieser Änderung nichts mit.

Da normale CLR-Eigenschaften auch weiterhin nicht diese Funktion bieten, behilft man sich mit einer kleinen Erweiterung in Form der Schnittstelle `INotifyPropertyChanged`. Diese muss von den Datenklassen implementiert werden, damit Änderungen an den Eigenschaften publiziert werden können.

Listing 8.8 Einfaches Datenobjekt, das Änderungen veröffentlicht

```
public class User : INotifyPropertyChanged
{
  public event PropertyChangedEventHandler PropertyChanged;

  protected void OnPropertyChanged(PropertyChangedEventArgs e)
  {
    if (ProeprtyChanged != null)
```

```
            PropertyChanged(this, e);
        }
    }
```

In diesem Beispiel wurde die Klasse `User` mit `IPropertyChanged` erweitert. Die öffentliche Definition dieser Schnittstelle ist mit dem Ereignis `PropertyChanged` äußerst kurz gehalten. Dieses Ereignis kann nun von externen Parteien genutzt werden, um laufend über Änderungen der Daten informiert zu werden. Auch Steuerelemente horchen auf diese Weise auf das Ereignis und passen ihre Inhalte an, sobald sich eine Änderung an den Daten ergibt.

Es bietet sich an, zusätzlich eine nicht öffentliche Methode zu implementieren, über die das Ereignis ausgelöst werden soll. In diesem Beispiel wurde die Methode `OnPropertyChanged()` implementiert, die aufgerufen werden kann, sobald sich der Zustand des Datenobjekts ändert.

Nun muss das Ereignis nur noch ausgelöst werden, sobald eine Änderung erfolgte. Hierzu werden einfach die jeweiligen Setter der Eigenschaften erweitert: Sobald der Wert verändert wurde, wird über die Methode `OnPropertyChanged()` das Ereignis ausgelöst.

Listing 8.9 Das Ereignis in einer Eigenschaft des Datenobjektes auslösen

```
public string Firstname
{
   get { return firstname; }
   set
   {
      if (firstname != value}
      {
         firstname = value;
         OnPropertyChanged(new PropertyChangedEventArgs("Firstname"));
      }
   }
}
```

Durch diese kleine Anpassung der Setter werden die Änderungen an den Eigenschaften veröffentlicht. Sobald sich der Wert von `Firstname` in diesem Beispiel ändert, wird über die Methode `OnPropertyChanged()` das Ereignis ausgelöst. Dadurch können Änderungen sogar bis auf die Eigenschaft zurückverfolgt werden.

Sinnvollerweise sollte der neue Wert mit dem ursprünglichen verglichen werden, um nicht unnötigerweise das System mit Notifikationen zu belasten. Außerdem sollte das Ereignis erst dann ausgelöst werden, wenn der Wert der Eigenschaft gesetzt worden ist.

> **!** Die Implementierung dieser Schnittstelle ist selbstverständlich keine Pflicht. Die WPF kann auch Datenobjekte binden, bei denen nicht `INotifyPropertyChanged` implementiert wurde. Allerdings können dann Änderungen an dem Datenobjekt nicht verfolgt werden.

Alternativ zur Implementierung der Schnittstelle kann auch für jede Eigenschaft ein eigenes Ereignis definiert werden. Dieses muss aber einer strengen Namenskonvention folgen, damit die WPF das Ereignis der richtigen Eigenschaft zuordnen kann. So muss der Name des Ereignisses mit dem Namen der Eigenschaft übereinstimmen und um das Suffix „Changed“ erweitert werden (also z.B. FirstnameChanged für die Eigenschaft Firstname). Die Implementierung der Schnittstelle IPropertyChanged ist aber trotz dieser Alternative zu bevorzugen.

In XAML oder bei der Datenbindung sind keine weiteren Vorkehrungen notwendig. Durch die Implementierung der Schnittstelle erkennt die WPF automatisch, dass Änderungen in dem Datenobjekt mitgeteilt werden. Diese Kommunikation zwischen den beiden kann aber auch abgefangen werden. Hierfür gibt es die beiden Ereignisse SourceUpdated und TargetUpdated, auf die gelauscht werden kann.

Listing 8.10 Aktualisierung der Datenbindung abfangen

```
<TextBox
    Binding.SourceUpdated="TextBox_SourceUpdated"
    Binding.TargetUpdated="TextBox_TargetUpdated">
  <TextBox.Text>
    <Binding
        Path="Username"
        NotifyOnSourceUpdated="True"
        NotifyOnTargetUpdated="True" />
  </TextBox.Text>
</TextBox>
```

Die beiden Ereignisse SourceUpdated und TargetUpdated sind als Attached Events in der Klasse Binding definiert. Sie werden aber standardmäßig nicht geworfen, sondern müssen explizit über die Eigenschaften NotifyOnSourceUpdated und NotifyOnTargetUpdated aktiviert werden. Das Ereignis SourceUpdated wird immer dann aufgerufen, wenn eine Änderung am Steuerelement (Target) erfolgte und danach das Datenobjekt (Source) aktualisiert wurde. Andersherum wird TargetUpdated aufgerufen, wenn eine Änderung vom Datenobjekt zum Steuerelement transportiert worden ist.

Ob diese Änderungen automatisch erfolgen sollen, kann zudem mit der Angabe von UpdateSourceTrigger beeinflusst werden. Wird hier der Wert Explicit hinterlegt, werden alle Änderungen fürs Erste ignoriert (auch die Events SourceUpdated und TargetUpdated werden hierbei nicht natürlich mehr geworfen).

Listing 8.11 Aktualisierung der Daten manuell vornehmen

```
<TextBox
    Name="NameTextBox"
    Text="{Binding Path=Name, UpdateSourceTrigger=Explicit}" />
```

In diesem Beispiel wurde in der Datenbindung angegeben, dass die Aktualisierung explizit im Programmcode erfolgt. Jegliche Änderung müssen selbst erkannt und der Datenbindung mitgeteilt werden. Hierfür muss die Datenbindung des Steuerelements abgerufen werden, bei der man eine Aktualisierung mit der Methode UpdateSource() anstoßen kann.

```
BindingExpression binding =
    NameTextBox.GetBindingExpression(TextBox.TextProperty);
binding.UpdateSource();
```

Hier wird die Datenbindung abgerufen, die auf die Eigenschaft Text des Texteingabefeldes NameTextBox gelegt worden ist. Der Wert „Explicit" für die Eigenschaft UpdateSourceTrigger ist nur wirksam, wenn es sich um eine zweiseitige Datenbindung handelt (TwoWay), da bei anderen Modi die Datenquelle nicht aktualisiert wird.

> Eine BindingExpression wird für jede Datenbindung intern von der WPF erstellt. Sie stellt die kleinste mögliche Einheit einer Datenbindung dar. Eine Datenbindung, wie man sie in XAML verwendet, könnte prinzipiell auch mehrfach und auf mehrere Steuerelemente angewendet werden. Die WPF erstellt daher intern für jedes Steuerelement eine eigene Instanz der Klasse BindingExpression, über welche die Daten angefordert werden.

Die Eigenschaft UpdateSourceTrigger lässt sich auch dazu verwenden, um das Verhalten des Texteingabefeldes zu verbessern. Standardmäßig ist UpdateSourceTrigger auf PropertyChanged eingestellt, wodurch Änderungen an den Eigenschaften unmittelbar an das Datenobjekt weitergereicht werden. Bei dem Texteingabefeld wurde allerdings mit LostFocus ein anderer Standardwert hinterlegt, sodass beispielsweise Änderungen am Inhalt erst weitergereicht werden, wenn der Anwender den Fokus auf ein anderes Steuerelement gesetzt hat.

Listing 8.12 Änderungen mit jedem Tastenanschlag an das Datenobjekt weitergeben

```
<TextBox Text="{Binding Path=Name,
                        UpdateSourceTrigger=PropertyChanged}" />
```

Mit dieser Einstellung werden die Änderungen mit jedem Tastenschlag an das Datenobjekt weitergegeben.

8.2.5 Datenbindungen gruppieren

Die Datenbindungen, die bisher in diesem Kapitel beschrieben wurden, agierten bislang immer strikt unabhängig voneinander. Jede dieser Datenbindungen ist ausschließlich auf eine direkte Punkt-zu-Punkt-Verbindung ausgelegt, da nur Informationen aus der Datenquelle an die Steuerelemente gebunden werden sollen.

Es gibt aber durchaus Szenarien, bei denen eine Gruppierung sinnvoll ist:

- *Validierung:* Normalerweise werden Daten immer nur pro Datenbindung überprüft. Nur mir einer Gruppierung können zusätzliche Daten anderer Datenbindungen zur Überprüfung herangezogen werden (Validerungen werden am Ende dieses Kapitel beschrieben).
- *Transaktionen:* Mittels einer Gruppierung können Formulardaten in einer Transaktion bearbeitet werden. Nur wenn alle Validierungen erfolgreich durchgeführt worden sind, werden die Daten zurück in das Datenobjekt geschrieben. Diese Transaktionen beziehen sich lediglich auf das Zurückschreiben ins Datenobjekt und haben nichts mit den Transaktionen eines Datenbankservers gemein.

Eine Gruppierung wird über die Klasse BindingGroup dargestellt. In den Klassen FrameworkElement und FrameworkContentElement ist jeweils die Eigenschaft BindingGroup definiert, der man die gewünschte Instanz zuweisen kann. Üblicherweise wird eine Gruppierung nur einmal erstellt und dann einem zentralen und leicht zugänglichen Ort bereitgestellt, wie beispielsweise dem Fenster oder der Seite selbst, wie im nachfolgenden Beispiel zu sehen ist.

Listing 8.13 Datenbindungen in einem Formular gruppieren

```
<Window
  xmlns="..." xmlns:x="..."
  Loaded="Window_Loaded">
  <Window.BindingGroup>
    <BindingGroup Name="AddressGroup" />
  </Window.BindingGroup>
  <Grid VerticalAlignment="Top">
    <Grid.ColumnDefinitions>
      <ColumnDefinition Width="2*" />
      <ColumnDefinition Width="8" />
      <ColumnDefinition Width="3*" />
    </Grid.ColumnDefinitions>
    <Grid.RowDefinitions>
      <RowDefintion />
      <RowDefintion />
    </Grid.RowDefinitions>
    <Label Grid.Column="0" Grid.Row="0" Content="Postleitzahl" />
    <TextBox
      Grid.Column="2" Grid.Row="0"
      Text="{Binding Path=PostalCode, BindingGroupName=AddressGroup}" />
    <Label Grid.Column="0" Grid.Row="1" Content="Ort" />
    <TextBox
      Grid.Column="2" Grid.Row="1"
      Text="{Binding Path=City, BindingGroupName=AddressGroup}" />
  </Grid>
</Window>
```

In diesem Beispiel wurde eine neue Instanz von `BindingGroup` dem Fenster zugewiesen. Aus diesem Grund kann man auch im Programmcode auf diese Instanz recht einfach verweisen.

```
public class Window1 : Window
{
  private void Window_Loaded(object sender, RoutedEventArgs e)
  {
    MessageBox.Show(this.BindingGroup.Name);
  }
}
```

Im vorherigen Beispiel wurde der Datenbindung aber auch explizit ein Namen zugewiesen. Dieser Name kann später bei den Datenbindungen dazu verwendet werden, um auf die gewünschte Gruppierung zu verweisen. Hierfür wird in der Datenbindung die Eigenschaft `BindingGroupName` verwendet.

Die Verwendung von Namen ist in diesem Fall allerdings nicht zwingend erforderlich – zumindest gibt es technisch gesehen keine Notwendigkeit. Ist erst eine Gruppierung erstellt, kann über diese auf den gesamten Datenkontext und deren Datenbindungen zugegriffen werden.

Die Verwendung von Namen ist nur dann sinnvoll, wenn

- unterschiedliche Daten über mehrere Datenkontexte verwendet werden oder
- Datenbindungen ihre Daten nicht aus dem Datenkontext beziehen, sondern alternativ aus `ItemsSource` oder `ElementName`.

In der Regel kann daher auf einen eindeutigen Namen verzichtet werden.

8.2.6 Daten mit Transaktionen bearbeiten

Das Bearbeiten von Daten in einem Formular kann ganz eigene Herausforderungen bieten. Würde man herkömmliche Datenbindungen verwenden, speichert ein Eingabefeld die Änderungen des Anwenders unmittelbar nach dem Verlassen im Datenobjekt. Das ist bei einem Formular oder einem Dialogfenster nicht unbedingt erwünscht, da diese meist über eine eigene Schaltfläche ABBRECHEN verfügen, mit der die Änderungen wieder verworfen werden sollen. Das automatische Speichern der Daten kann hier hinderlich sein, da die Schaltfläche das Ändern des Datenobjektes nicht mehr verhindern kann. Diesen Effekt konnte man früher nur umgehen, indem man das ursprüngliche Datenobjekt geklont und dieses dann für die Datenbindungen verwendet hat.

Besser wäre es dagegen, wenn die Änderungen des Anwenders nicht automatisch zurück in das Datenobjekt geschrieben würden, sondern erst nach einem expliziten Aufruf. Hierfür können wieder die gruppierten Datenbindungen verwendet werden, die bereits auf den vorherigen Seiten beschrieben wurden. Sämtliche Änderungen an den Datenbindungen können so zentral mit einer Instanz von `BindingGroup` mit einer Transaktion gesteuert werden, welche die Änderungen erst nach einer expliziten Bestätigung zurück in das Datenobjekt schreibt. Das Konzept wurde an Transaktionen aus dem Datenbankumfeld angelehnt, bei denen ebenfalls alle Änderungen zum Schluss bestätigt werden müssen. Andernfalls werden sämtliche Änderungen verworfen, die innerhalb der Transaktion vorgenommen wurden.

> **!** Eine Transaktion bei einer Datenbindung ist lediglich eine interne Technik der WPF und hat nichts mit den Transaktionen einer Datenbank gemein. Das Speichern der Daten in einer Datenbank muss daher mit einer separaten Transaktion erfolgen. ■

Als Beispiel soll hier wieder ein Formularfeld dienen, mit dem der Anwender Adressdaten ändern kann.

Listing 8.14 Datenbindungen in einem Formular gruppieren

```
<Window
  xmlns="..." xmlns:x="..."
  Loaded="Window_Loaded">
  <Window.BindingGroup>
    <BindingGroup />
  </Window.BindingGroup>
  <DockPanel>
    <StackPanel
      DockPanel.Dock="Bottom"
      HorizontalAlignment="Right" Orientation="Horizontal">
      <Button
        Padding="8 2 8 2" IsCancel="True" Content="Abbrechen"
        Click="CancelButton_Click" />
      <Button
        Padding="8 2 8 2" IsDefault="True" Content="Speichern"
        Click="SaveButton_Click" />
    </StackPanel>
```

```
    <Grid VerticalAlignment="Top">
      <Grid.ColumnDefinitions>
        <ColumnDefinition Width="2*" />
        <ColumnDefinition Width="8" />
        <ColumnDefinition Width="3*" />
      </Grid.ColumnDefinitions>
      <Grid.RowDefinitions>
        <RowDefintion />
        <RowDefintion />
      </Grid.RowDefinitions>
      <Label Grid.Column="0" Grid.Row="0" Content="Postleitzahl" />
      <TextBox
        Grid.Column="2" Grid.Row="0"
        Text="{Binding Path=PostalCode}" />
      <Label Grid.Column="0" Grid.Row="1" Content="Ort" />
      <TextBox
        Grid.Column="2" Grid.Row="1"
        Text="{Binding Path=City}" />
    </Grid>
  </DockPanel>
</Window>
```

Dieses Beispiel ist ähnlich aufgebaut, wie man es bereits bei der Beschreibung zu `BindingGroup` gesehen hat. Lediglich die Datenbindungen wurden etwas vereinfacht, da hier kein expliziter Name für die Gruppierung erforderlich ist. Stattdessen enthält das Fenster nun die zwei zusätzlichen Schaltflächen SPEICHERN und ABBRECHEN, mit denen die Änderungen entweder angenommen oder verworfen werden sollen.

Bevor der Anwender damit beginnt, die Formulardaten zu verändern, muss im Programmcode eine neue Transaktion gestartet werden. Das sollte in der Regel direkt beim Aufruf der Daten geschehen, wie im nächsten Beispiel beim Ereignis `Loaded()` des Fensters zu sehen ist.

Listing 8.15 Transaktion zum Bearbeiten der Formulardaten steuern

```
private void Window_Loaded(object sender, RoutedEventArgs e)
{
  DataContext = new Address();
  this.BindingGroup.BeginEdit();
}

private void CancelButton_Click(object sender, RoutedEventArgs e)
{
  this.BindingGroup.CancelEdit();
  Close();
}

private void SaveButton_Click(object sender, RoutedEventArgs e)
{
  this.BindingGroup.CommitEdit();
  Close();
}
```

Im Ereignis `Loaded()` des Fensters wird mit der Methode `BeginEdit()` eine neue Transaktion gestartet. Die Methode ist in der Klasse `BindingGroup` enthalten und kann in Steuerelementen und Fenstern über eine Eigenschaft mit demselben Namen erreicht werden (um Verwechslungen zu vermeiden, wurde in diesem Beispiel mit dem Schlüsselwort `this` gearbeitet). Zur Vereinfachung wurde hier lediglich ein neues Datenobjekt der fiktiven Klasse `Address` erzeugt.

Mit dieser einfachen Anweisung befinden sich bereits die Datenbindungen in diesem Fenster innerhalb einer Transaktion. Sämtliche Änderungen werden nun nicht mehr direkt in das Datenobjekt geschrieben, sondern erst gesammelt. Sollten die Änderungen widerrufen werden, kann man mit der Schaltfläche ABBRECHEN die Änderungen wieder verwerfen. Hierfür muss die Methode `CancelEdit()` aufgerufen werden. Erst wenn der Anwender die Schaltfläche SPEICHERN drückt, werden die Änderungen in der Ereignisbehandlung mit der Methode `CommitEdit()` gespeichert.

> Für eine bessere Unterstützung sollten die Datenobjekte zusätzlich die Schnittstelle `IEditableObject` implementieren. Hierüber können die Änderungen von außen besser gesteuert werden, da die Schnittstelle Methoden wie `BeginEdit()`, `CancelEdit()` und `EndEdit()` anbietet. Sollte das Setzen einer Eigenschaft eine Ausnahme erzeugen, können so alle Änderungen rückgängig gemacht werden.

Gruppierte Datenbindungen können ebenfalls zum Validieren der Eingaben verwendet werden. Die Validierung wird am Ende dieses Kapitels beschrieben.

8.2.7 Auflistungen und ihre Auswahl

Zum Befüllen einer `ListBox` oder einer `ComboBox` steht gleich eine ganze Reihe unterschiedlicher Möglichkeiten zur Verfügung. In Kapitel 4 hat man bereits gesehen, wie mit Hilfsklassen wie `ListBoxItem` oder `ComboBoxItem` einzelne Einträge erstellt werden konnten.

```
<ListBox>
  <ListBoxItem>Neuer Eintrag</ListBoxItem>
</ListBox>
```

Zum Befüllen müssen nicht zwingend die angebotenen Hilfsklassen verwendet werden. Stattdessen können auch andere Datentypen verwendet werden, wie beispielsweise ein String oder ein `Integer`-Wert.

```
<ListBox>
  <sys:String>Bitte auswählen</sys:String>
  <sys:Int32>4711</sys:Int32>
  <local:Person Firstname="Jörg" Lastname="Wegener" />
</ListBox>
```

Beide Vorgehensweisen haben allerdings den Nachteil, dass die `ListBox` in XAML mit fest vordefinierten Einträgen befüllt wird. Eine Abweichung zur Laufzeit ist damit nicht mehr möglich. Besser wäre es hingegen, wenn die `ListBox` auch mit Daten aus einer Datenbank befüllt werden kann. Hierfür müssen die Einträge nicht einzeln im Programmcode hinzugefügt werden. Die ListBox bietet (wie auch andere Steuerelemente) mit der Eigenschaft ItemsSource die Möglichkeit zur Anbindung einer Objektmenge an. Hat man aus der eigenen Datenbank eine Objektmenge geladen (z.B. in Form von List<T> oder Array), kann diese entweder im Programmcode oder in XAML hier zugewiesen werden.

Listing 8.16 Ein Datenobjekt einer ListBox per Code oder per XAML zuweisen

```
GroupListBox.ItemsSource = new string[] { "A", "B", "C" };

<ListBox
    Name="GroupListBox"
    ItemsSource="{Binding Path=Groups}" />
```

Die Eigenschaft ItemsSource kann unterschiedliche Formate annehmen und ist nicht an eine spezielle Klasse festgelegt. Man kann daher auch für die Datenobjekte eine eigene Klasse an ItemsSource zuweisen. Die ListBox benötigt zum Auflisten der einzelnen Einträge lediglich die Implementierung der Schnittstelle IEnumerable, die bei den Klassen List<T> und Array bereits standardmäßig implementiert ist.

Die Eigenschaft ItemsSource und Items der ListBox können nicht zeitgleich verwendet werden. Man kann entweder nur manuell in Items Einträge hinzufügen oder über ItemsSource eine Datenquelle anbinden. Werden dennoch beide Eigenschaften verwendet, wird eine Ausnahme vom Typ InvalidOperationException erzeugt. Man kann in jedem Fall aber lesend auf Items zugreifen, selbst wenn über ItemsSource Daten angebunden wurden. ■

Sobald allerdings eigene Datentypen verwendet werden, so wie im vorangegangenen Beispiel gezeigt, weiß die ListBox nicht mehr, wie sie diese Daten darstellen soll. Bei einer einfachen Zeichenkette oder einem Int32 ist das noch relativ einfach, doch komplexere Datentypen wie Person können nicht mehr dargestellt werden. Daher wird in dem Eintrag lediglich die Typdefinition (Namensraum und Klassenname) ausgegeben.

Damit die Darstellung etwas verbessert werden kann, kann man der ListBox mit DisplayMemberPath eine zusätzliche Information mitgeben, was genau aus dem Datenobjekt angezeigt werden soll.

Listing 8.17 Die Darstellung der Einträge mit DisplayMemberPath verbessern

```
<ListBox
    ItemsSource="{Binding Path=Groups}"
    DisplayMemberPath="Lastname">
  <local:Person Firstname="Jörg" Lastname="Wegener" />
</ListBox>
```

In diesem Fall wurde der ListBox mit DisplayMemberPath die Eigenschaft Lastname angegeben. Mit dieser Angabe kann spezifisch auf das Datenobjekt eingegangen werden, sodass in der ListBox anstelle der Typinformation der Nachname der Person erscheinen wird. Allerdings kann mit DisplayMemberPath lediglich eine einzelne Eigenschaft angegeben werden – daher musste man sich in diesem Beispiel entweder für die Eigenschaft Firstname oder für Lastname entscheiden.

Beachten Sie, dass dieser Pfad ausnahmslos auf alle Einträge der `ListBox` angewendet wird. Sollten sich hier unterschiedliche Datenobjekte befinden, kann keine Fallunterscheidung vorgenommen werden. Kann bei der Darstellung die Eigenschaft unter dem angegebenen Pfad nicht gefunden werden, bleibt der Eintrag einfach leer.

> Auch die `ListBox` kann Änderungen an der Liste verfolgen und ihre Darstellung aktualisieren, wenn beispielsweise ein Eintrag in der Liste hinzugefügt oder entfernt wird. Hierfür gibt es allerdings mit `INotifyCollectionChanged` eine weitere Schnittstelle, welche die entsprechende Collection implementieren muss. Glücklicherweise wird mit der generischen Klasse `ObservableCollection` bereits eine fertige Klasse angeboten, die sowohl die Schnittstelle `INotifyPropertyChanged` als auch `INotifyCollectionChanged` implementiert. Eine neue Auflistung an Kundenobjekten kann wie folgt erstellt werden:
>
> ```
> ObservableCollection<Customer> customers =
> new ObservableCollection<Customer>();
> ```
>
> Diese Auflistung kann ähnlich wie eine herkömmliche Collection verwendet werden, nur dass nun Änderungen automatisch der WPF mitgeteilt werden. Die Klasse `ObservableCollection` ist allerdings kein Ersatz für die Implementierung von `INotifyPropertyChanged` in den eigenen Datenklassen, da sie nur beim Hinzufügen und Entfernen von Einträgen das Ereignis auslöst. ■

Um zu bestimmen, welche Auswahl der Anwender bei der `ListBox` getroffen hat, stehen auch gleich mehrere Eigenschaften zur Verfügung. `SelectedIndex` beispielsweise liefert den Index des ausgewählten Eintrages zurück. Zusätzlich gibt es aber noch `SelectedItem` und `SelectedValue` – die beide scheinbar sehr ähnlich sind, da sie das ausgewählte Datenobjekt zurückgeben.

Über Eigenschaft `SelectedItem` kann das ausgewählte Datenobjekt ausgelesen oder für den Anwender gesetzt werden. Das ist besonders dann notwendig, wenn vorhandene Daten zum Bearbeiten angezeigt werden sollen. In diesem Fall erwartet `SelectedItem` aber auch ein Datenobjekt, das sich in der Liste befindet – erst dadurch, dass die `ListBox` dieselbe Instanz des Objektes erkennt, kann der Eintrag ausgewählt werden.

Listing 8.18 Einen Eintrag mit SelectedItem auswählen

```
PersonListBox.ItemsSource = personList;
PersonListBox.SelectedItem = personList[0];
```

Die Handhabung von `SelectedItem` ist daher etwas schwerfällig und würde sich eher zum Auslesen als zum Setzen eignen.

Alternativ kann aber auch mit Werten gearbeitet werden. Wie bei der Darstellung mit `DisplayMemberPath` gibt es mit `SelectedValuePath` eine ähnliche Eigenschaft, mit der ein Pfad angegeben werden kann, der als Vergleich für die Auswahl dienen soll. Die `ListBox` kann so beispielsweise auf einen eindeutigen Schlüssel der Daten zugreifen, ohne weitere Details der Daten kennen zu müssen.

Listing 8.19 Mit SelectedValuePath eine bestimmte Information des ausgewählten Eintrages abfragen

```
<ListBox
    DisplayMemberPath="Lastname"
    SelectedValuePath="PersonID" />
```

Mit der Angabe von `SelectedValuePath` unterscheiden sich auch die Ergebnisse von `SelectedItem` und `SelectedValue`. Unter `SelectedItem` kann weiterhin das Datenobjekt selbst ausgelesen werden, wohingegen bei `SelectedValue` nun der Wert aus der Eigenschaft `PersonID` hinterlegt ist. Die Eigenschaft `SelectedValue` kann nun auch zum Setzen verwendet werden, indem dort einfach die gewünschte ID der Person zugewiesen wird. Das kann entweder im Programmcode geschehen oder (wesentlich eleganter) über Datenbindungen in XAML.

Listing 8.20 Mit eindeutigen IDs zum Auswählen einer ListBox arbeiten

```
<ListBox
    DisplayMemberPath="Lastname"
    SelectedValuePath="PersonID"
    SelectedValue="{Binding Path=ManagerPersonID}" />
```

In dem Beispiel wurde mittels `SelectedValuePath` auf die Eigenschaft `PersonID` der Datenobjekte zurückgegriffen. Die `ListBox` durchsucht nun alle Einträge und schaut nach, welches der Objekte der Angabe aus `SelectedValue` entspricht, um diesen zu selektieren. Der Wert für `SelectedValue` wird über eine Datenbindung zugewiesen – in diesem Fall aus einem fiktiven Objekt, dessen Eigenschaft `ManagerPersonID` den Wert für die Auswahl enthalten soll.

Die Datenbindung erfolgt in diesem Fall (wie auch schon bei dem Texteingabefeld) im Modus `TwoWay`, sodass die Änderungen an der Auswahl wieder zurückgeschrieben werden.

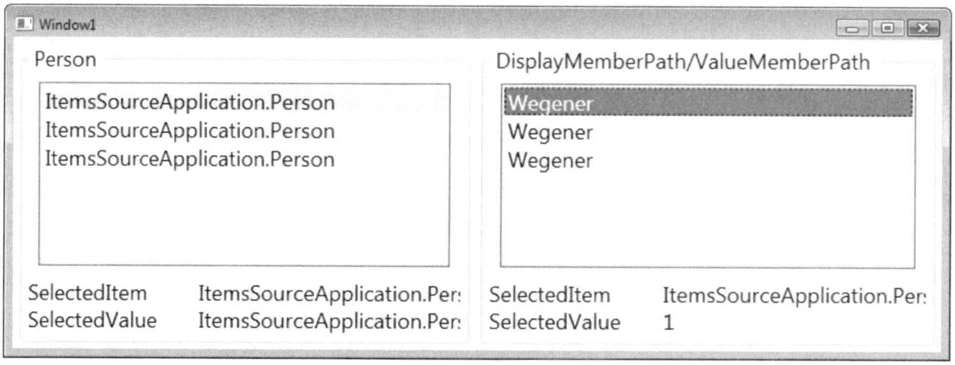

Bild 8.5 Mit DisplayMemberPath und SelectedValuePath kann die Handhabung einer Listbox verbessert werden.

Sollte es sich um einen einfachen Datentyp handeln, wie beispielsweise einen String oder einen Enum, ist es ausreichend, wenn man bei SelectedValuePath einen einfachen Punkt als Pfad angibt. Dadurch wird gekennzeichnet, dass keine Eigenschaften des Datenobjektes ausgewertet werden sollen, sondern das Objekt selbst:

SelectedValuePath=„.“

Neben der ListBox und der ComboBox gibt es als weiteres Steuerelement noch die ListView, die die Daten in verschiedenen Views darstellen kann. Standardmäßig wird von der WPF aber nur das GridView zur Darstellung mitgeliefert, mit dem die Daten in eine Art Tabellenform mit mehreren Spalten ausgegeben werden können (so wie es beispielsweise im Windows Explorer der Fall ist).

Listing 8.21 ListView in Tabellenform erstellen

```
<ListView ItemsSource="{Binding Path=Files}">
  <ListView.View>
    <GridView>
      <GridViewColumn
          Header="Dateiname"
          DisplayMemberPath="{Binding Filename}" />
      <GridViewColumn
          Header="Erstellt am"
          DisplayMemberPath="{Binding Filename}" />
    </GridView>
  </ListView.View>
</ListView>
```

In diesem Beispiel wird ein einfaches ListView erstellt, welches zur Darstellung ein GridView verwendet. Die Handhabung des ListView entspricht der der ListBox (da die sogar als Basisklasse dient) – das Zuweisen der Daten und der Selektion erfolgt daher genauso. Lediglich die Datenbindung der einzelnen Spalten unterscheidet sich, da man hier sehr genau angeben muss, in welche Spalte welche Daten angezeigt werden sollen.

8.2.8 Ausweichwert festlegen

Der englische Begriff *Fallback Value* ist vermutlich an dieser Steller aussagekräftiger, als die deutsche Übersetzung. Bei einer Datenbindung kann über die Eigenschaft FallbackValue ein Wert hinterlegt werden, der im Falle einer fehlgeschlagenen Datenbindung verwendet werden soll.

Listing 8.22 Ausweichwert bei einer Datenbindung festlegen

```
<Grid>
  <TextBlock Text="{Binding Path=Firstname, FallbackValue=N/A}" />
</Grid>
```

8.2.9 Statische Eigenschaften

In der Regel benötigt man für das Datenobjekt eine instanziierte Klasse mit regulären Eigenschaften. Die Eigenschaften können so isoliert und ohne Seiteneffekte lokal in der Instanz der Klasse gespeichert werden. Auch das Werfen von Ereignissen, die beispielsweise beim Ändern von Werten notwendig sind, lässt sich so einfacher realisieren. Es gibt jedoch Fälle, in denen man statische Eigenschaften benötigt – sei es für das Singleton Pattern oder weil die verwendete Technik dies vorgibt. Auch diese Eigenschaften lassen sich über eine Datenbindung adressieren, allerdings ist hierfür eine andere Syntax erforderlich.

Werfen wir zunächst ein Blick auf die Implementierung der statischen Eigenschaft.

Listing 8.23 Statische Eigenschaft definieren

```
public static class TestDaten
{
  private static string titel = "";

  public static string Titel {
    get { return titel; }
    set {
      if (value != titel) {
        titel = value;
        OnStaticPropertyChanged("Titel");
      }
    }
  }

  public static event EventHandler<PropertyChangedEventArgs>
      StaticPropertyChanged;

  protected static void OnStaticPropertyChanged(string name)
  {
    if (StaticPropertyChanged != null) {
      var e = new PropertyChangedEventArgs (name);
      StaticPropertyChanged(null, e);
    }
  }
}
```

Die statische Eigenschaft besitzt, wie andere Eigenschaften auch, einen `getter` und einen `setter`. Auch hier löst der `setter` ein Ereignis aus, das der WPF mitteilen soll, dass sich der Wert dieser Eigenschaft geändert hat. Allerdings muss dafür nicht die Schnittstelle `INotifyPropertyChanged` verwendet werden, da hierfür eine Instanziierung notwendig wäre. Stattdessen wird das statische Ereignis `StaticPropertyChanged` geworfen, das dieselbe Aufgabe für alle statischen Eigenschaften in dieser Klasse übernimmt. Alternativ kann auch für jede Eigenschaft ein Ereignis mit dem Muster `PropertyChanged` (bzw. in diesem Beispiel `TitleChanged`) definiert werden.

Listing 8.24 Statische Eigenschaft in XAML binden

```
<Window
   xmlns="" xmlns:x=""
```

```
    xmlns:local="clr-namespace:WpfBuch">
  <TextBlock Text="{Binding Path=(local:TestDaten.Titel)}" />
</Window>
```

Die Datenbindung auf eine statische Eigenschaft ähnelt stark einer herkömmlichen. Wichtig sind hier jedoch die gesetzten runden Klammern um den Pfad, damit dieser Ausdruck als Gesamtes erkannt wird. Dort adressiert man die Klasse wie gewohnt über den Namensraum (hier `local`), den Klassennamen und den Namen der Eigenschaft.

Die Verwendung von statischen Eigenschaften in der Datenbindung sollte nur die Ausnahme bleiben. Microsoft selbst empfiehlt diese Technik nur in Ausnahmefällen.

8.3 DataTemplates

In Kapitel 7 wurden bereits Templates vorgestellt, mit denen sich das Aussehen von Steuerelementen von Grund auf neu definieren ließ. Das ist möglich, da in der WPF die Darstellung und die Funktionalität voneinander getrennt wurden. Dasselbe Prinzip kann nun auch für Daten angewendet werden: Nicht die Daten selbst sind für ihre Darstellung verantwortlich, sondern werden von den sog. *DataTemplates* dargestellt.

Diese Trennung zwischen Daten und Darstellung erfolgt in derselben Weise, wie es bereits bei den Steuerelementen üblich war. Die gemeinsamen Wurzeln sind daher unverkennbar in der Klassenhierarchie wiederzuerkennen.

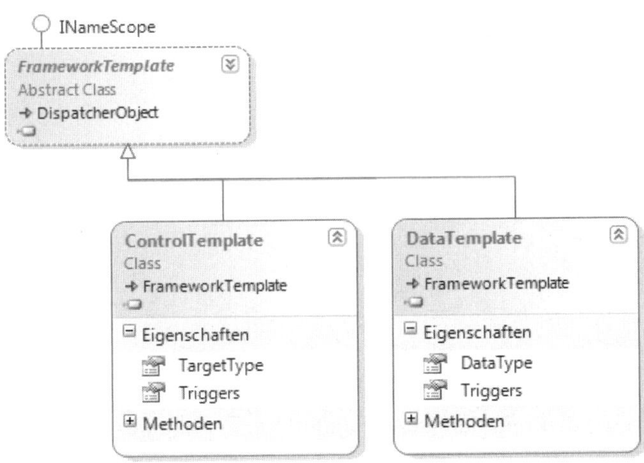

Bild 8.6 Templates für Steuerelemente und für Daten haben gemeinsame Vorfahren in der Klassenhierarchie.

Ein `DataTemplate` wird daher in ähnlicher Weise wie ein `ControlTemplate` für ein Steuerelement erzeugt. Anstelle der Eigenschaft `TargetType`, mit welcher der Typ des Steuerelementes angegeben wurde, wird hier über `DataType` die Klasse des Datenobjektes angegeben.

Wie werden diese beiden Arten der Templates nun voneinander abgegrenzt? Wann entscheidet man sich für ein *DataTemplate* und wann für ein *ControlTemplate*? Die folgenden Punkte sollen hierüber Auskunft geben:

- Ein *ControlTemplate* sollte für die Darstellung des Steuerelementes zuständig sein und nicht für die dort enthaltenen Daten. Im `ControlTemplate` von `ListBoxItem` sind daher eher allgemeine Definitionen zu finden, die sich beispielsweise mit der Auswahl (`IsSelected`) des Eintrages beschäftigen. Ein `ControlTemplate` ist daher eher universell ausgelegt und kann meist häufig wiederverwendet werden.
- Ein *DataTemplate* sollte sich allein um die Darstellung der Daten kümmern. Ein `DataTemplate` ist im Vergleich zu einem `ControlTemplate` schneller erstellt und ist zudem deutlich pflegeleichter. Die Darstellung der Daten in einer `ListBox` sollte daher meist von einem `DataTemplate` erfolgen.

Dies sollen lediglich grobe Richtlinien darstellen und keine festen Regeln (oder gar Gesetze), da die Grenzen von Fall zu Fall verschwimmen können. Sicherlich mag es auch Fälle geben, in denen man im `ControlTemplate` auf Daten oder in denen man im `DataTemplate` auf die Eigenschaften des Steuerelementes zugreifen muss. Im Alltag sollte dies aber eher die Ausnahme bleiben.

8.3.1 DataTemplates definieren

Durch die gemeinsame Herkunft sieht auch die Definition eines neuen `DataTemplate` einem `ControlTemplate` sehr ähnlich aus, wie im nächsten Programmbeispiel zu sehen ist.

Listing 8.25 Ein einfaches DataTemplate erstellen

```
<Window xmlns="..." xmlns:x="...">
  <Window.Resources>

    <DataTemplate DataType="{x:Type User}">
      <StackPanel>
        <TextBlock Text="{Binding Path=Firstname}" />
        <TextBlock Text="{Binding Path=Lastname}" />
      </StackPanel>
    </DataTemplate>

  <Window.Resources>
</Window>
```

Zwischen dem öffnenden und dem schließenden Knoten kann das Layout für die Darstellung definiert werden. Hier stehen wesentlich mehr Möglichkeiten der Darstellung zur Verfügung, als es noch bei der Eigenschaft `DisplayMemberPath` gab. Mit der Verwendung eines Panels können hier beliebig viele Steuerelemente und Datenbindungen erfolgen, die für die Darstellung notwendig sind.

Aufgrund des Aufwandes lohnt sich ein `DataTemplate` meist nur, wenn mehr als nur ein einfacher Wert angezeigt werden soll. Viele Steuerelemente, wie die `ListBox`, bieten mit ihren Eigenschaften `DisplayMemberPath` und `ItemStringFormat` bereits Alternativen zum Erstellen von `DataTemplates` an. Ein `DataTemplate` eignet sich besonders dann, wenn die Datenstruktur komplexer ist und diese in eine gut lesbare Form gebracht werden soll. Auch Interaktivität kann ein weiterer Grund für ein `DataTemplate` sein, da es ebenfalls mit Triggern ausgerüstet werden kann (wie später in diesem Kapitel zu sehen ist).

Wie man gesehen hat, sind die Steuerelemente `ListBox` oder `ComboBox` beim Zuweisen neuer Daten recht genügsam, denn sie akzeptieren beim Befüllen nicht nur die Klassen `ComboBoxItem` und `ListBoxItem`, sondern auch selbsterstellte Datenobjekte.

```
<ListBox>
  <local:Person Firstname="Jörg" Lastname="Wegener" />
</ListBox>
```

Da das Steuerelement das neue Datenobjekt `Person` von Haus aus nicht kennt, hat es auch keine Kenntnis darüber, wie diese Daten dargestellt werden sollen. So würde in der Ausgabe der `ListBox` lediglich die Typdefinition der Klasse erscheinen. Mit der Angabe von `DisplayMemberPath` konnte an dieser Stelle zumindest der Wert einer einzelnen Eigenschaft angegeben werden – komplexere Darstellungen wären aber auch hiermit nicht möglich.

Die Möglichkeiten sehen mit einem eigenen `DataTemplate` dagegen wesentlich besser aus. Hier kann sehr spezifisch auf die Inhalte und auf die Struktur der eigenen Daten eingegangen werden. So können gleich mehrere Angaben gleichzeitig ausgegeben werden, oder man kann mehr Einfluss auf die Gestaltung nehmen und Farben oder Schriften anpassen.

In der `ListBox` existiert hierfür die Eigenschaft `ItemTemplate`, der man in XAML direkt ein neues Template zuweisen kann.

Listing 8.26 Ein neues DataTemplate in einer ListBox definieren

```
<ListBox x:Name="UserListBox">

  <ListBox.ItemTemplate>
    <DataTemplate DataType="{x:local User}">
      <StackPanel Orientation="Horizontal">
        <Image Source="User.png" Margin="0 0 6 0" />
        <TextBlock Text="{Binding Path=Firstname}"
                   Margin="0 0 6 0" />
        <TextBlock Text="{Binding Path=Lastname}" />
      </StackPanel>
    </DataTemplate>
  </ListBox.ItemTemplate>

</ListBox>
```

In diesem `DataTemplate` wird ein `StackPanel` verwendet, um den Vornamen und den Nachnamen zusammen mit einem kleinen Symbol hintereinander auszugeben. Für den Zugriff auf die aktuellen Daten kann hier einfach das Binding verwendet werden. Eine zusätzliche Angabe der Datenquelle ist hier nicht erforderlich, da über den Datenkontext bereits die Daten aus dem aktuellen Eintrag zur Verfügung stehen.

> **!** Durch die Verwendung von `DataTemplates` können anstelle von `ComboBoxItem` und `ListBoxItem` auch die eigenen oder komplexeren Datenobjekte direkt verwendet werden. Das erleichtert das Handling immens, da man auch beim Auslesen des ausgewählten Eintrages direkt den richtigen Datentyp erhält.

In Bild 8.7 ist der Unterschied der `ListBox` zu sehen, die um ein `DataTemplate` erweitert wurde.

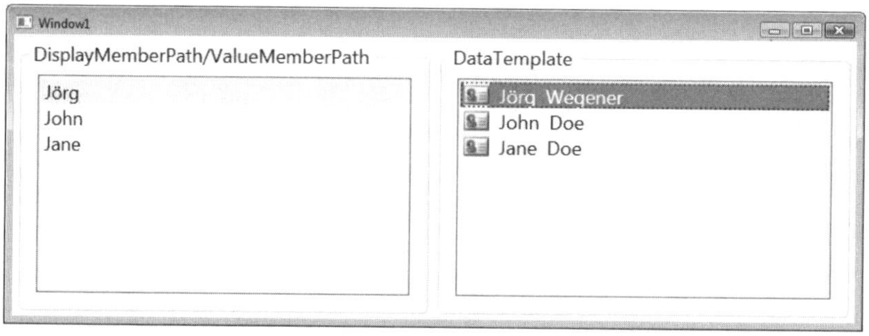

Bild 8.7 Eine ListBox mit DisplayMemberPath und eine mit eigenem DataTemplate

Ein `DataTemplate` wird am besten in den Ressourcen definiert, damit es in mehreren Steuerelementen angewendet werden kann.

Listing 8.27 Ein DataTemplate als Ressource definieren

```
<Window xmlns="..." xmlns="...">
  <Window.Resources>
    <DataTemplate x:Key="UserDataTemplate">...</DataTemplate>
  </Window.Resources>

  <ComboBox
      x:Name="SomeOtherComboBox"
      ItemTemplate="{StaticResource UserDataTemplate}" />
</Window>
```

Die `ListBox` verwendet die Eigenschaft `ItemTemplate` in ähnlicher Weise, wie man es auch schon bei der Eigenschaft `ItemContainerStyle` für Styles gesehen hat. Hierbei muss das Template nicht für jeden Eintrag der `ComboBox` einzeln zugeordnet werden, sondern wird automatisch von der `ListBox` auf alle Einträge angewendet.

Das ist besonders dann notwendig, wenn die `ComboBox` automatisch aus einer Datenquelle befüllt wird und man daher nicht explizit für jeden Eintrag ein Template hinterlegen kann.

Listing 8.28 DataTemplates einzeln zuweisen

```
<ListBox ItemTemplate="{StaticResource UserDataTemplate}">
  <ListBoxItem>
    Der erste Eintrag
  </ListBoxItem>
</ListBox>

<!-- INTERN PASSIERT FOLGENDES -->
<ListBox>
  <ListBoxItem ContentTemplate="{StaticResource UserDataTemplate}">
    Der erste Eintrag
  </ListBoxItem>
  <ListBoxItem ContentTemplate="{StaticResource UserDataTemplate}">
    Der zweite Eintrag
  </ListBoxItem>
</ListBoxItem>
```

In diesem Beispiel wird ein Template für eine `ComboBox` erstellt und der Eigenschaft `ItemTemplate` zugewiesen. Im Vergleich wird deutlich, wie die `ComboBox` das angegebene Template auf die einzelnen Einträge anwendet. Hierbei wird das Template der Eigenschaft `ContentTemplate` von `ComboBoxItem` zugewiesen.

8.3.2 Implizite Data Templates

Zuvor wurden Data Templates gezeigt, die entweder direkt einem Steuerelement zugewiesen oder über einen eindeutigen Schlüssel als Ressource zugewiesen worden sind. Wie bei den Styles ist es auch bei den Data Templates möglich, diese implizit zuzuweisen. Hierfür muss für das Data Template lediglich der Datentyp angegeben werden - der Schlüssel für die Ressource entfällt.

Listing 8.29 Implizites Data Template erstellen

```
<Application xmlns="..." xmlns:x="..." xmlns:local="clr-namespace:...">
  <Application.Resources>

    <DataTemplate DataType="{x:Type local:Person}">
      <TextBlock Text="{Binding Path=Lastname}" />
    </DataTemplate>

  </Application.Resources>
</Application>
```

Wann immer nun der Datentyp `Person` in der Anwendung zugewiesen wird, versucht die WPF als Erstes dieses Data Template zu verwenden. Natürlich kann im Einzelfall ein anderes Data Template gewählt werden - dazu muss lediglich der ListBox ein alternatives Data Template zugewiesen werden.

Doch diese Art der Templates birgt auch Risiken, denn das Data Template wird unabhängig vom Steuerelement oder vom Kontext verwendet. Der WPF ist es nämlich gleichgültig, ob der Datentyp in einer ListBox oder in einem ContentControl angezeigt wird. Implizite Data Templates eignen sich daher besonders für einfache Datentypen, die sich als Grafik oder als kurze Zeichenkette darstellen lassen (in Abschnitt 8.6.3, „ObjectDataProvider“, wird ein gelungenes Beispiel gezeigt, wie sich Enums über implizite Data Template anzeigen lassen). Alternativ kann man implizite Styles natürlich auch lokal begrenzen, wenn diese anstatt in der Datei *app.xaml* im lokalen Fenster oder im benutzerdefinierten Steuerelement definiert werden.

8.3.3 Templates dynamisch zur Laufzeit auswählen

Durch die Zuweisung über die Eigenschaft `ItemTemplate` wird das Template jedoch gleichermaßen auf alle Einträge angewendet. Man kann also mit dieser Technik keine Ausnahme treffen, bei der bestimmte Einträge anders angezeigt werden sollen. Auch eine Kombination verschiedener Datentypen in einer Liste wäre damit nicht mehr problemlos möglich, da das Template gleich mit zwei Datentypen umgehen müsste.

Mehr Flexibilität erreicht man dagegen nur mit einem sog. *TemplateSelector*. Dieser besteht aus einem Stück Code, über den fallweise entschieden werden kann, welches Template für einen Eintrag angewendet werden soll. Eine `ComboBox` muss so nicht mehr aus einem festen Template bestehen, sondern kann fallweise und damit auch sehr spezifisch auf die Daten eingehen. Ein spezialisierter Datentyp kann so besser berücksichtigt werden.

Listing 8.30 Einen TemplateSelector erstellen

```
public class UserTemplateSelector : DataTemplateSelector
{
  public override DataTemplate SelectTemplate(object item,
      DependencyObject Container)
  {
    if (item is AdminUser)
      return FindResource("AdminUserTemplate");
    return FindResource("UserTemplate");
  }
}
```

Ein `TemplateSelector` muss immer von der Basisklasse `DataTemplateSelector` abgeleitet werden. Für die Umsetzung der Logik ist aber lediglich das Überschreiben der Methode `SelectTemplate()` notwendig, sodass sich der Aufwand mit drei Zeilen Code in diesem Beispiel in Grenzen hält. Die Methode definiert zwei Parameter, mit denen das aktuelle Datenobjekt und das Steuerelement, das für die Darstellung zuständig ist, übermittelt werden.

In diesem Beispiel wird eine Fallunterscheidung aufgrund des übergebenen Objekttyps vorgenommen. Man kann an dieser Stelle aber auch sehr speziell auf die Inhalte der Daten eingehen. Als Rückgabewert wird das Template erwartet, das für die Darstellung im `ComboBoxItem` verwendet werden soll. Auf die Ressourcen kann wieder mit der Methode `FindResource()` zugegriffen werden, die als Parameter nur den verwendeten Schlüssel erwartet. Soll kein spezielles Template verwendet werden, kann hier aber auch `NULL` zurückgegeben werden. Dann wird von der `ListBox` einfach das Standard-Template der WPF angewendet – oder man hat über einen impliziten Style ein eigenes Standard-Template zugewiesen.

Listing 8.31 Den neuen TemplateSelector auf eine ComboBox anwenden

```
<Window
    xmlns="..." xmlns:x="..."
    xmlns:local="clr-namespace:JoergWegener">

  <Window.Resources>
    <local:UserTemplateSelector x:Key="UserTemplateSelector" />
  </Window.Resources>

  <ComboBox
      x:Name="UserComboBox"
      TemplateSelector="{StaticResource UserTemplateSelector}">
    <local:User Firstname="Jörg" Lastname="Wegener" />
    <local:AdminUser Firstname="Super" Lastname="User" />
  </ComboBox>
</Window>
```

Damit der `TemplateSelector` angewendet werden kann, muss dieser zuerst als Ressource deklariert sein. Erst dadurch wird eine Instanz vom `TemplateSelector` erstellt, auf welche die ComboBox zugreifen kann.

> Der `TemplateSelector` wird nur einmal zu Beginn aufgerufen. Spätere Änderungen an den Daten werden daher nicht mehr berücksichtigt, da das Template fest für die Einträge hinterlegt ist. Soll die Darstellung auf Veränderung der Daten reagieren, werden hierfür `DataTrigger` benötigt.

8.3.4 Trigger

Da Templates immer fix einem Steuerelement zugewiesen werden, wie beispielsweise einem `ListBoxItem`, kann dieses nicht einfach zur Laufzeit ausgetauscht oder angepasst werden, um die Darstellung zu verändern.

Stattdessen kann das Template aber selbst auf Veränderungen der Daten reagieren und seine eigene Darstellung dahingehend anpassen. Ändert sich beispielsweise der Wert einer bestimmten Eigenschaft, kann so ein entsprechender Trigger ausgelöst werden. Dieser kann beispielsweise über einen Setter die Schriftfarbe ändern, um so dem Anwender den geänderten Zustand der Daten anzuzeigen. Trigger wurden bereits in den Kapiteln 6 und 7 beschrieben, die jeweils Aktionen in Styles und in einem `ControlTemplate` ausgelöst haben.

Das funktioniert grundsätzlich auch in `DataTemplates`, nur dass diese Trigger nicht auf Veränderungen der Daten, sondern immer nur auf Veränderung des Steuerelements selbst reagieren können. Um auf Veränderungen im Datenobjekt zu horchen, eignen sich daher weder die Klassen `Trigger` noch `MultiTrigger`. Es gibt daher mit `DataTrigger` und `MultiDataTrigger` zwei weitere Klassen, die diese Aufgabe übernehmen. Wie in Bild 8.8 zu sehen ist, stammen auch diese beiden von der Basisklasse `TriggerBase` ab, sodass sich ihre Verwendung kaum von den anderen Triggern unterscheidet.

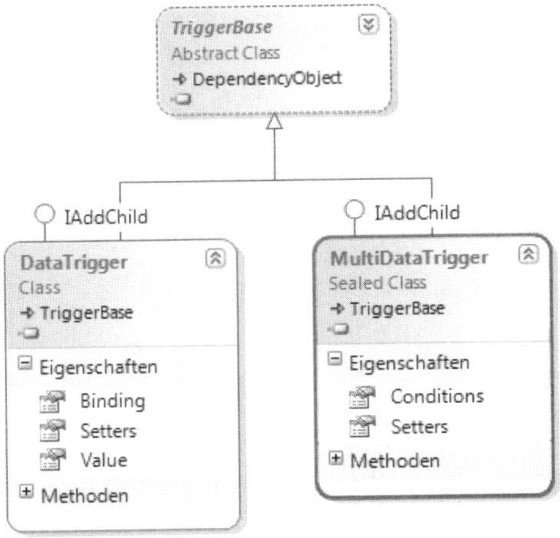

Bild 8.8 Der DataTrigger und der MultiDataTrigger beobachten Änderungen an Datenobjekten.

Der Hauptunterschied zwischen den Klassen Trigger und DataTrigger besteht darin, dass beim DataTrigger nicht eine Eigenschaft des Steuerelements angegeben, sondern mit einer Datenbindung gearbeitet wird. Mit dieser Datenbindung kann man eine beliebige Eigenschaft des Datenobjektes abfragen, und das erfolgt in derselben Weise, wie man es beim Zuweisen an ein Steuerelement bereits gesehen hat.

Listing 8.32 Ein DataTrigger reagiert auf Veränderungen im Datenobjekt.

```
<DataTemplate>
  <StackPanel Name="StackPanel1" TextBlock.FontWeight="Bold">
    <CheckBox
        IsChecked="{Binding IsRead}"
        Content="{Binding Sender}" />
    <TextBlock Text="{Binding Subject}" />
  </StackPanel>

  <DataTemplate.Triggers>
    <DataTrigger Binding="{Binding Path=IsRead}" Value="True">
      <Setter
          TargetName="StackPanel1"
          Property="TextBlock.FontWeight"
          Value="Normal" />
    </DataTrigger>
  </DataTemplate.Triggers>
</DataTemplate>
```

In diesem Beispiel wird ein DataTemplate für eine E-Mail definiert, die später in einer ListBox dargestellt werden soll. Sowohl der Absender als auch der Titel der Nachricht sollen dabei fett ausgegeben werden, solange diese noch nicht vom Anwender gelesen worden ist. Hierfür wird die Eigenschaft IsRead im Datenobjekt verwendet, das zur Vereinfachung manuell über eine CheckBox gesetzt werden kann. Sobald der Anwender die CheckBox aktiviert, wird über die Datenbindung der Wert im Datenobjekt geändert.

Auf das Setzen des Status kann nun der Trigger reagieren, der ebenfalls mit derselben Datenbindung auf die Eigenschaft IsRead horcht. Sobald dort der Wert true hinterlegt wurde, wird auch der Trigger ausgelöst, und die Setter werden abgearbeitet. In diesem Beispiel wird über einen Setter der Wert FontWeight im StackPanel1 verändert.

Bild 8.9 Ein DataTrigger kann die Darstellung im Template anpassen.

Damit der DataTrigger funktioniert, muss auch das zugrunde liegende Datenobjekt seine Änderungen bekannt geben. Hierfür ist zwingend die Implementierung der Schnittstelle INotifyPropertyChanged notwendig, da andernfalls die Trigger nicht ausgelöst werden können.

Mit einem Trigger ist es ebenso möglich auf die Eigenschaften des Steuerelementes selbst zu reagieren. Das kommt zwar seltener vor, doch bietet es sich beispielsweise bei der Selektion einer ListBox an. Selektiert der Anwender einen Eintrag, kann das Data Template darauf reagieren und zusätzliche Details anzeigen.

Listing 8.33 DataTemplate für Eigenschaften des Steuerelementes nutzen

```
<DataTemplate x:Key="ListBoxTemplate">
  <StackPanel>
    <TextBlock Text="{Binding Lastname}" />
    <TextBlock
        Name="Details"
        Text="{Binding Firstname}" Visibility="Collapsed" />
  </StackPanel>

  <DataTemplate.Triggers>
    <DataTrigger Binding="{Binding RelativeSource={RelativeSource
                              Mode=FindAncestor,
                              AncestorType={x:Type ListBoxItem}},
                          Path=IsSelected}"
                 Value="True">
      <Setter TargetName="Details"
              Property="Visibility" Value="Visible" />
    </DataTrigger>
  </DataTemplate.Triggers>
</DataTemplate>
```

In diesem Fall wird die Datenbindung des Triggers dazu genutzt, um an die Instanz des aktuellen ListBoxItem zu kommen. Hierbei ist allerdings zu beachten, dass man sich mit dieser Datenbindung explizit auf die Verwendung der ListBox, bzw. von ListBoxItem, festlegt. Sobald das Data Template in einer ComboBox verwendet wird, funktioniert der angegebene Trigger nicht mehr. Die relativen Bezüge bei Datenbindungen werden später in diesem Kapitel erklärt.

8.3.5 ItemsControl und ContentControl als Alternativen

Bei der Darstellung einer Liste liegt meist der Gedanke an eine ListBox oder eine ComboBox nahe. Mit ihr kann der Benutzer durch die angebotenen Einträge durchscrollen und einen oder mehrere Einträge auswählen. Aber nicht immer wird die volle Funktionalität einer ListBox benötigt. Soll (oder darf) der Anwender beispielsweise keinen Eintrag auswählen, kann gut auf den zusätzlichen Overhead einer ListBox verzichtet werden. Stattdessen eignet sich das ItemsControl in dieser Situation wesentlich besser, wie das nachfolgende Programmbeispiel zeigt.

Listing 8.34 Ein einfaches ItemsControl als Alternative verwenden

```
<ItemsControl x:Name="List1">
  <ItemsControl.ItemTemplate>
    <DataTemplate>
      <Border BorderBrush="Black" BorderThickness="1">
        <TextBlock Text="{Binding}" />
      </Border>
    </DataTemplate>
  </ItemsControl.ItemTemplate>
</ItemsControl>
```

Die Klasse ItemsControl dient ebenfalls als Grundlage für jegliche Auswahllisten in der WPF – dazu gehören natürlich auch ComboBox oder ListBox. Lediglich die Möglichkeit zum Auswählen eines Eintrages bietet das ItemsControl nicht an, da diese Funktionalität erst in der Klasse Selector implementiert wird. Diese dient als Basisklasse für alle Listen, bei denen der Anwender einen Eintrag auswählen kann.

Im vorherigen Beispiel wurde lediglich ein Array bestehend aus mehreren Zeichenketten übergeben – komplexere Datentypen sind hier aber selbstverständlich auch möglich. Weitere Funktionen, die über die Darstellung der Einträge mittels Template hinausgehen, bietet die Klasse ItemsControl aber nicht an. Soll eine längere Liste mit einer Bildlaufleiste ergänzt sein, muss das ItemsControl zusätzlich in einem ScrollViewer platziert werden.

Analog zur Darstellung mehrerer Einträge gibt es auch das ContentControl, das für die Darstellung eines einzelnen Eintrags zuständig ist. Die Verwendung ist ganz ähnlich wie beim ItemsControl, nur mit dem Unterschied, dass das Template unter der Eigenschaft ContentTemplate und die Daten unter Content abgelegt werden.

Listing 8.35 Das ContentControl zur Darstellung eines einzelnes Datenobjektes nutzen

```
<ContentControl
    x:Name="Content1"
    Content="{StaticResource Customer}"
    ContentTemplate="{StaticResource CustomerTemplate}" />
```

Der Vorteil eines Templates ist die sehr gute Wiederverwendbarkeit. Ein entworfenes Template kann beliebig oft innerhalb der Anwendung verwendet werden. Nachteile entstehen erst, wenn im Template Ereignisse abgefangen werden sollen. Diese benötigen zwingend eine Ereignisbehandlung in der Codebehind-Datei, die ein normales ResourceDictionary nicht bietet. Alternativ kann man mit Kommandos arbeiten, die in Kapitel 5, „Anwendungen“, vorgestellt wurden, die aber Ereignisse nicht vollständig ersetzen können.

8.4 Daten konvertieren

Es wird Fälle geben, in denen die Werte nicht im gewünschten Datentyp vorliegen. Wenn der Benutzer beispielsweise bei einer Gleitkommazahl (z. B. `Double`) nicht mit einer Unmenge an Nachkommastellen konfrontiert werden soll, müssen diese entweder entfernt oder zumindest auf ein Minimum reduziert werden. In solchen Fällen würde es sich anbieten, den Wert für die Darstellung in einen Integer zu konvertieren. Diese Konvertierung hätte erst einmal keinen Einfluss auf die zugrunde liegenden Daten, da sich selbstverständlich an der Datenstruktur nichts ändert. Andererseits können bei Konvertierungen natürlich auch Verluste in der Qualität der Daten entstehen. Werden die Nachkommastellen im System zwingend für die Präzision benötigt, muss der Anwender mit diesen auch umgehen können.

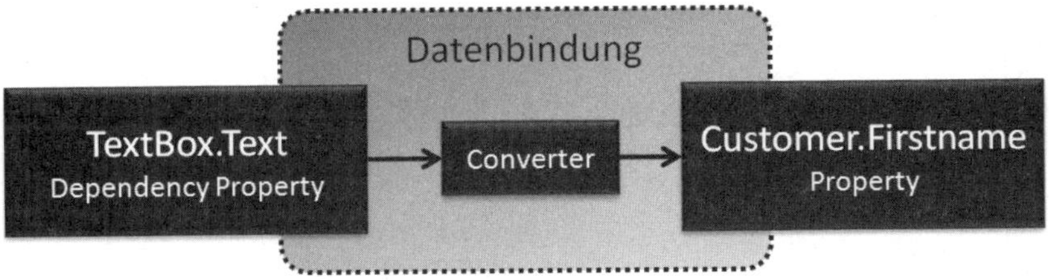

Bild 8.10 Der Converter sitzt bei einer Datenbindung zwischen Steuerelement und Datenobjekt.

Es gibt aber weitaus interessantere Fälle in der WPF, bei denen eine Konvertierung Vorteile schafft. Das können mitunter sehr einfache Bereiche sein, um beispielsweise die Darstellung für den Anwender zu verbessern. Da XAML eine reine Beschreibungssprache ist, können mit ihr weder Operationen noch mathematische Formeln definiert werden. Ein simples Berechnen von zwei Werten oder ein Aneinanderketten von zwei Zeichenketten ist mit XAML daher nicht möglich.

```
<!-- Mit XAML leider nicht möglich -->
<Window Width="{Binding Path=ScreenWidth/2}">
<TextBlock Text="{Binding Path=Firstname}{Binding Path=Lastname}">
```

Damit die Werte wie gewünscht umgerechnet werden, muss ein Stück Code geschrieben werden. Diese Berechnung könnte in der Codebehind-Datei des jeweiligen Fensters oder des Steuerelements gelegt werden. Damit wäre die Umsetzung zwar schnell, jedoch bindet man dadurch Programmcode und XAML wieder sehr stark miteinander. Dank der Verwendung von Datenbindungen und Templates konnte man bisher diese beiden Welten in einer WPF-Anwendung sehr gut voneinander trennen – eine erneute Mischung würde an dieser Stelle diesen Aufwand wieder zunichte machen.

Stattdessen kann die Logik auch hierfür geschickt in Form eines sog. *ValueConverters* eingefügt werden. Dieser Konverter beinhaltet die notwendige Logik, um die Werte zu konvertieren und bei Bedarf diese auch wieder in ihre ursprüngliche Form zu bringen. Er kann praktischerweise direkt bei einer Datenbindung mit angegeben werden, sodass hierbei das Konzept der Trennung von Code und XAML fortgesetzt werden kann.

Ein Konverter kann in der WPF weitaus mehr Möglichkeiten bieten, als lediglich Datentypen hin und her zu konvertieren. Sie werden auch häufig dafür eingesetzt, um beispielsweise kritische Werte besonders hervorzuheben. Sinkt das Guthaben eines Kunden unter eine bestimmte Grenze, kann der Wert so mittels eines Konverters für den Anwender farblich hervorgehoben werden. Hierfür wird einfach das Guthaben des Kunden in einen Pinsel konvertiert.

Für sich allein genommen mag diese Aussage mehr als unsinnig erscheinen. Dahinter steckt aber die Idee, dass die Textfarbe des Guthabens nicht fest definiert wird, sondern immer in Abhängigkeit zum aktuellen Guthaben verändert wird. Der Konverter überprüft das Guthaben des Kunden und gibt einen schwarzen Pinsel bei einem positiven Ergebnis und einen roten Pinsel bei einem negativen Ergebnis zurück.

Die hierfür notwendige Logik eines Konverters muss in einer separaten Klasse hinterlegt werden, welche die Schnittstelle `IValueConverter` implementiert. Dadurch entsteht zwar in der Anfangsphase ein wenig Mehraufwand, doch lassen sich Konverter wunderbar mehrfach im Projekt wiederverwenden.

Listing 8.36 Das Grundgerüst für einen neuen ValueConverter erstellen

```
using System.Windows.Data;

[ValueConversion(typeof(Int32), typeof(Brush))]
public class AccountBalanceToBrushConverter : IValueConverter
{
  public object Convert(object value, Type targetType,
      object parameter, CultureInfo culture)
  { ... }

  public object ConvertBack(object value, Type targetType,
      object parameter, CultureInfo culture)
  { ... }
}
```

Die Schnittstelle definiert die Methoden `Convert()` und `ConvertBack()`, mit denen der Wert konvertiert werden kann. Über die zweite Methode kann (wenn dies denn möglich ist) der Wert auch wieder in die Gegenrichtung konvertiert werden, sodass dieser wieder im Datenobjekt abgelegt werden kann.

Die Methode `Convert()` erhält den zu konvertierenden Wert über den Parameter `value`. In diesem Beispiel wird davon ausgegangen, dass hier ein Objekt des fiktiven Datentyps `Customer` übergeben wird.

Listing 8.37 Die Methode „Convert" des ValueConverters implementieren

```
public object Convert(object value, Type targetType,
    object parameter, CultureInfo culture)
{
  Customer customer = value as Customer;
  if (customer.AccountBalance < 0)
    return Brushes.Red;
  return Bruches.Black;
}
```

In dieser Routine wird überprüft, ob der Kunde noch ein Guthaben besitzt. Sollte das nicht mehr der Fall sein, wird einfach anstelle eines schwarzen Pinsels ein roter zurückgegeben. Damit der Konverter in XAML verwendet werden kann, muss dieser aber zunächst als Ressource deklariert werden.

Listing 8.38 Daten mit dem neuen ValueConverter konvertieren

```
<Window xmlns="..." xmlms:x="...">
  <Window.Resource>
    <local:AccountBalanceToBrushConverter x:Key="BalanceConv" />
  </Window.Resource>

  <TextBlock
      Text="{Binding Path=AccountBalance}"
      Foreground="{Binding Converter={StaticResource BalanceConv}}" />
</Window>
```

In diesem Beispiel wird der Konverter wieder in den Ressourcen des Fensters hinzugefügt. Und auch hier gilt wieder: Je globaler die Ressourcen sind, in die der Konverter hinzugefügt wird, desto mehr Steuerelemente können bei der Datenbindung in den Genuss des neuen Konverters kommen. Um das aktuelle Guthaben des Kunden anzuzeigen, wird in einem `TextBlock` die Eigenschaft `AccountBalance` an die Eigenschaft `Text` gebunden.

In diesem `TextBlock` erfolgt aber auch gleich eine zweite Datenbindung. Damit der Kontostand fallweise rot oder schwarz ausgegeben werden kann, wird mit einer zweiten Datenbindung die Schriftfarbe über die Eigenschaft `Foreground` gesetzt. Hierfür wird einfach das Datenobjekt an den Konverter übergeben, der nun anhand des ermittelten Kontostands einen passenden Pinsel zurückgibt. Dieser Pinsel wird dann für die Darstellung des Textes verwendet.

Da die Logik für diese Überprüfung in einem Konverter steht, kann dieser nun problemlos auch in anderen Fenstern wiederverwendet werden. Würde dagegen diese Logik in der Codebehind-Datei des Fenster stehen, so müsste man diese Abfrage auch in anderen Fenstern einfügen. Dadurch würden wiederum Redundanzen entstehen, die pflegeintensiv und fehleranfällig wären. Würde man ohne Konverter beispielsweise die verwendeten Pinsel ändern wollen, müsste man in allen Codebehind-Dateien diese Angaben suchen und ändern.

Aber auch mit einem Konverter ist noch nicht das Optimum erreicht. So ist der gezeigte Konverter zwar relativ einfach gehalten, doch besitzt er im Design einige Schwächen. So kann der Konverter nur für einen bestimmten Anwendungszweck eingesetzt werden, da er als Parameter zwingend ein Objekt vom Typ `Customer` erwartet. Außerdem kann er nicht von außen beeinflusst werden, sodass man nicht fallweise einen anderen Pinsel oder die kritische Untergrenze für das Guthaben angeben kann.

In dem folgenden Beispiel handelt es sich daher um eine verbesserte Version des Konverters, der diese Schwachpunkte ausbügeln soll.

Listing 8.39 Verbesserte Version des ValueConverters

```
public class MinValueToBrushConverter : IValueConverter {
  private Brush negativeBrush = Brushes.Red;
  public Brush NegativeBrush
  {
    get { return negativeBrush; }
```

```
    set { negativeBrush = value; }
  }

  private Brush positiveBrush = Brushes.Black;
  public Brush PositiveBrush
  {
    get { return positiveBrush; }
    set { positiveBrush = value; }
  }

  public object Convert(object value, Type targetType,
      object parameter, CultureInfo culture)
  {
    int minValue = (parameter!=null ? (int)parameter : 0);
    int currentValue = (int)value;
    if (currentValue < minValue)
      return negativeBrush;
    return prositiveBrush;
  }

  public object ConvertBack(object value, Type targetType,
      object parameter, CultureInfo culture)
  { throw new NotSupportedException(); }
}
```

In diesem Beispiel ist der Konverter wesentlich flexibler ausgelegt. Da er nicht mehr ausschließlich auf einen bestimmten Datentyp besteht, kann dieser nun auch in anderen Bereichen problemlos eingesetzt werden.

Zudem lässt sich über einen Parameter von außen der Mindestbetrag steuern, der für die Fallunterscheidung zugrunde gelegt wird. Wird dieser nicht angegeben, wird einfach der Wert 0 als Standardwert gewählt. Für die Farben werden die beiden Eigenschaften `PositiveBrush` und `NegativeBrush` verwendet, für die als Standardwert Schwarz und Rot hinterlegt wurden. Diese Standardwerte können nun ebenfalls von außen geändert werden. Diese Angaben können nun bei der Deklaration und bei der Verwendung beim Datenbinding berücksichtigt werden.

Listing 8.40 Den neuen ValueConverter für eine Datenbindung verwenden

```
<Window xmlns="..." xmlns:x="..." xmlns:local="...">
  <Window.Resources>
    <local:MinValueToBrushConverter
        x:Key="MinValConv"
        NegativeBrush="Red"
        PositiveBrush="Black" />
  </Window.Resources>

  <TextBlock
      Text="{Binding Path=AccountBalance}"
      Foreground="{Binding Path=AccountBalance,
          Converter={StaticResource MinValConv},
          ConverterParameter=50}" />
</Window>
```

Die gewünschten Einstellungen können direkt zu Beginn bei der Deklaration als Ressource über die Eigenschaften angegeben werden. An dieser Stelle erstellt die WPF bereits eine neue Instanz des Konverters und setzt die gewünschten Werte. Sollte der Konverter mit unterschiedlichen Einstellungen benötigt werden, kann dieser auch problemlos mehrfach als Ressource deklariert werden. Lediglich der Key für die Ressource sollte eindeutig gewählt sein.

Bei der Datenbindung wird dem Konverter nun nicht mehr das gesamte Objekt `Customer` übermittelt. Hier wird über die Pfadangabe speziell auf den aktuellen Kontostand des Kunden zurückgegriffen, sodass der Konverter auch problemlos mit anderen Klassen zurechtkäme. Auch der Mindestbetrag wird in diesem Fall mit der optionalen Eigenschaft `ConverterParameter` auf 50 hochgesetzt. Dieser Wert kann in dem Konverter über den Parameter `ConverterParameter` wieder abgefragt werden.

■ 8.5 Mehrfache Datenbindung

Die bisher gezeigten Datenbindungen bestanden immer nur aus einfachen Punkt-zu-Punkt-Verbindungen zwischen der Eigenschaft eines Steuerelements und dem Datenobjekt. Mittels der Eigenschaft `Path` ließe sich zwar ein Teilbereich der Daten ansprechen, doch können damit nicht mehrere Bereiche gleichzeitig angesprochen werden. Soll nicht nur der Vorname oder der Nachname, sondern gleich beide zusammen ausgegeben werden, wäre man auf die Verwendung mehrerer Steuerelemente angewiesen. Diese könnten dann jeweils für sich über eine Datenbindung die jeweiligen Werte verwenden.

```
<StackPanel>
  <TextBlock Text="{Binding Lastname}" />
  <TextBlock Text=", " />
  <TextBlock Text="{Binding Firstname}" />
</StackPanel>
```

Für diese spezielle Aufgabe gibt es jedoch die mehrfache Datenbindung, auch *MultiBinding* genannt. Hierbei können gleich mehrere Daten über Datenbindungen abgerufen werden, die dann über das `MultiBinding` miteinander kombiniert und gemeinsam der Eigenschaft eines Steuerelements zugewiesen werden können.

Der Vorname und der Nachname aus dem letzten Beispiel könnten so zusammen in einem einzigen Textblock dargestellt werden, wie nachfolgend zu sehen ist.

Listing 8.41 Mehrere Daten für eine Datenbindung verwenden

```
<TextBlock>
  <TextBlock.Text>
    <MultiBinding Converter="{StaticResource NameConverter}">
      <Binding Path="Firstname" />
      <Binding Path="Lastname" />
    </MultiBinding>
  </TextBlock.Text>
</TextBlock>
```

Der Schreibaufwand ist bei der Verwendung des `MultiBindings` allerdings etwas höher, da diese nicht mehr in der kurzen Schreibweise einer Markup Extension erfolgen kann. In diesem Beispiel wird mittels Datenbindung auf die Eigenschaften `Firstname` und `Lastname` des aktuellen Datenobjektes zurückgegriffen.

Die Klasse MultiBinding fungiert in diesem Fall lediglich als Kitt zwischen den Datenbindungen und dem Steuerelement. Daher kann die Klasse mit diesen Angaben alleine noch nichts anfangen, da sie nicht weiß, wie die unterschiedlichen Daten verarbeitet werden sollen. Hierfür ist wieder ein Stück Code erforderlich, mit dem diese Aufgabe übernommen wird – und auch hier tritt die Hilfe wieder in Form eines Konverters in Erscheinung. Auf den vorherigen Seiten wurde bereits ein einfacher Konverter gezeigt, der bei einer Datenbindung verwendet wurde. Für das MultiBinding sind diese allerdings nicht mehr ausreichend, da gleich mehrere Werte übertragen werden müssen. Daher gibt es eine Unterscheidung zwischen einem (Single-)*ValueConverter* und einem *MultiValueConverter*. Für den neuen Konverter gibt es dementsprechend auch das neue Interface IMultiValueConverter.

Listing 8.42 Einen neuen MultiValueConverter erstellen

```
using System.Windows.Data;

public class NameConverter : IMultiValueConverter
{
  public object Convert(object[] values, Type targetType,
      object parameter, CultureInfo culture)
  {
    string firstname = (string)values[0];
    string lastname = (string)values[1];
    return lastname + ", " + firstname;
  }

  public object[] ConvertBack(object value, Type[] targetTypes,
      object parameter, CultureInfo culture)
  { throw new NotSupportedException(); }
}
```

In der Implementierung besteht zwischen einem einfachen und einem multiplen Konverter kein großer Unterschied. Lediglich die verwendete Schnittstelle muss auf IMultiValueConverter geändert werden. Diese definiert ebenfalls die zwei Methoden Convert() und ConvertBack(), die nun allerdings anstelle eines einfachen object ein Array entgegennehmen. Der Inhalt dieses Arrays wird mit den Datenbindungen aufgebaut, die zu Beginn beim MultiBinding gezeigt wurden.

```
<MultiBinding Converter="{StaticResource NameConverter}">
  <Binding Path="Firstname" />
  <Binding Path="Lastname" />
</MultiBinding>
```

Durch diese Angabe enthält das Array die Werte aus den Eigenschaften Firstname und Lastname des Datenobjektes. Auch die Reihenfolge stimmt mit dieser Definition überein. In diesem Beispiel wird davon ausgegangen, dass als erster Parameter der Vorname und als zweiter Parameter der Nachname übergeben wird. Beide Werte werden zusammen mit einem Komma und einem Leerzeichen miteinander verbunden und zurückgegeben.

Nachdem der Konverter wieder als Ressource definiert wurde, kann dieser bei einer Datenbindung verwendet werden.

```
<Window.Resources>
  <local:NameConverter x:Key="NameConverter" />
</Window.Resources>
```

> [!] Je flexibler und allgemeiner ein Konverter entworfen wurde, desto vielseitiger lässt sich dieser auch einsetzen. Erstellen Sie daher nicht für jedes Einsatzgebiet einen eigenen Konverter, sondern eher allgemeine Konverter, die sich wieder mit Parametern oder Eigenschaften anpassen lassen. ■

Ein Beispiel für einen `MultiValueConverter` ist der Aufruf der Methode `Format()` aus der Klasse `String`. Heutzutage ist ein derartiger Konverter nicht mehr notwendig, da man bei der Datenbindung bereits das Format angeben kann. Das Beispiel eignet sich dennoch gut, da der Konverter einfach aufgebaut ist: Außer dem Aufruf der Methode `Format()` enthält er keinen zusätzlichen Code.

Listing 8.43 Einen MultiValueConverter zum Formatieren von Zeichenketten erstellen

```
public class StringFormatConverter : IMultiValueConverter
{
  public object Convert(object[] values, Type targetType,
      object parameter, CultureInfo culture)
  {
    return String.Format((string)parameter, values);
  }

  public object[] ConvertBack(object value, Type[] targetTypes,
      object parameter, CultureInfo culture)
  { throw new NotSupportedException(); }
}
```

Der Verwendung des Konverters erfolgt ähnlich einfach. Über die Eigenschaft `ConverterParameter` wird die Zeichenkette für die Formatierung übergeben. Die Werte, die darin eingetragen werden sollen, werden über die einzelnen Datenbindungen angegeben.

```
<MultiBinding
    Converter="{StaticResource StringFormatConverter}"
    ConverterParameter="{}{0}, {1}">
  <Binding Path="Firstname" />
  <Binding Path="Lastname" />
</MultiBinding>
```

Da der Konverter `StringFormatConverter` so allgemein geschrieben wurde, kann dieser nun problemlos in unterschiedlichen Szenarien eingesetzt werden. Das gewünschte Format, mit dem die Daten umgewandelt werden sollen, kann als `ConverterParameter` angegeben werden. Mit dieser Eigenschaft kann dem Konverter eine zusätzliche Information mitgegeben werden, die er beim Konvertieren berücksichtigen soll. Dieser Parameter kann, anders als bei den gezeigten Eigenschaften des Konverters, bei jeder Datenbindung unterschiedlich angegeben werden. Allerdings existiert hier nur eine Eigenschaft, sodass man nicht die Möglichkeit hat, mehrere Werte anzugeben.

Wie bereits eingangs in diesem Kapitel erwähnt wurde, gibt es heutzutage die Möglichkeit, die Formatierung der Daten bereits bei der Datenbindung selbst anzugeben. Damit ist es nicht mehr erforderlich, zusätzlich einen Konverter zu verwenden. Bei der mehrfachen Datenbindung ist die Angabe des Formats recht ähnlich, wie im folgenden Beispiel zu sehen ist.

Listing 8.44 Formatierung bei mehrfachen Datenbindungen angeben

```
<TextBlock>
  <TextBlock.Text>
    <MultiBinding StringFormat="{}{1}, {0}">
      <Binding Path="Firstname" />
      <Binding Path="Lastname" />
    </MultiBinding>
  </TextBlock.Text>
</TextBlock>
```

Bei der Verwendung geschweifter Klammern muss wieder beachtet werden, dass zu Beginn mit einem leeren Klammernpaar gearbeitet wird. Ansonsten würde die WPF fälschlicherweise von einer Markup Extension ausgehen und eine Ausnahme geworfen werden. In diesem Fall würde mit der Formatierung einfach die Reihenfolge von Vor- und Nachname vertauscht, sodass der Nachname zuerst ausgegeben wird.

8.6 Datenquellen

Mittels Datenquellen können auf der Oberfläche zusätzliche Daten angezeigt werden. Das ist insbesondere dann hilfreich, wenn neben den Daten aus dem Datenkontext weitere Daten angezeigt werden sollen, die beispielsweise in Auswahllisten erscheinen sollen. Diese kleinen Helfer eignen sich daher gut, um ohne zusätzlichen Programmieraufwand Daten von einem Datenobjekt anzufordern oder sogar direkt aus einer XML-Datei auszulesen. Das Einfügen, Aktualisieren und Löschen von Daten mit den Datenquellen ist dagegen in der aktuellen Version nicht vorgesehen (wie man es beispielsweise bei ASP.NET gewohnt ist).

8.6.1 Alternativen zum Datenkontext

Es gibt in XAML unterschiedliche Wege, um Steuerelemente an Daten zu binden. Standardmäßig wird bei einer Datenbindung der Datenkontext verwendet. Dieser nutzt den Visual Tree dazu, um möglichst viele Steuerelemente zu erreichen. Der Datenkontext eignet sich daher besonders gut, um ein einzelnes Objekt oder eine Collection zu veröffentlichen, die der Anwender über mehrere Steuerelemente bearbeiten soll.

Nicht selten werden aber hierfür weitere Daten zur zusätzlichen Unterstützung benötigt. Soll der Anwender beispielsweise aus einer Auswahlliste einen Wert aussuchen können, muss diese selbstverständlich erst mit Daten gefüllt werden. Das können einfache Werte sein, wie „Herr“ oder „Frau“, aber auch umfangreichere Werte, die beispielsweise aus einer Datenbank oder XML-Datei stammen. Diese Werte können in der Regel aber nicht über den Datenkontext kommen, da dieser ja bereits mit dem eigentlichen Datenobjekt in Verwendung ist.

```
<ListBox
    DisplayMemberPath="Name"
    SelctedValuePath="GroupID"
    SelectedValue="{Binding PrimaryGroupID}"
    ItemsSource="{Binding Source={StaticResource Groups}}" />
```

Die `ListBox` in diesem Beispiel greift auf das aktuelle Objekt aus dem Datenkontext zurück. Anhand der Eigenschaft `PrimaryGroupID` soll der Eintrag aus der Liste für den Anwender vorausgewählt werden. Da der aktuelle Datenkontext aber nicht verwendet werden kann, muss bei der zweiten Datenbindung eine alternative Datenquelle angegeben werden. Die gewünschte Datenquelle wird mit der Eigenschaft `Source` angegeben.

> Die Angabe von `StaticResource` wäre hier alleine nicht ausreichend gewesen, da der Wert mit einer Datenbindung an die Eigenschaft gebunden werden muss.

Diese Daten, die für die `ListBox` verwendet werden sollen, können nun elegant in XAML in den Ressourcen definiert werden.

```
<Window xmlns="..." xmlns:x="...">
  <Window.Resources>

    <x:Array x:Key="Groups" Type="{x:Type local:Group}">
      <local:Group GroupID="1" Name="Administratoren" />
    </x:Array>

  </Window.Resources>
</Window>
```

Über `x:Array` wird ein neuer Array aufgebaut, der mit der eigenen Klasse `Group` befüllt wird. Diese Methode eignet sich daher besonders gut, wenn die vorgegebenen Werte konstant sind und sich nicht ändern werden. In diesem Fall wird in dem Array einfach eine neue Gruppe für Administratoren erstellt.

Da in diesem Beispiel die Daten aber alles andere als konstant sind und aus einer Datenbank geladen werden sollen, scheidet diese Möglichkeit damit leider aus. Aber auch wenn es sich um ein komplexeres Objekt handelt, das über keinen parameterlosen (Standard-) Konstruktor verfügt, kann diese Methode nicht angewendet werden.

Als Lösung für diese Probleme bieten sich die `DataProvider` an. Diese werden ähnlich wie im vorherigen Beispiel als Ressource deklariert. Allerdings enthalten sie nicht eine feste Instanz eines Objekts, sondern liefern stattdessen dynamisch und erst zur Laufzeit die gewünschten Werte. Dank der `DataProvider` lassen sich in XAML schnell und bequem externe Datenquellen abfragen, die entweder von einem Geschäftsobjekt oder von einem XML-Dokument stammen können. Zum Aktualisieren oder Löschen der Daten sind die `DataProvider` allerdings nicht vorgesehen.

8.6.2 Statische Werte

Mit der Markup Extension `x:Static` wird unter anderem der Zugriff auf statische Eigenschaften von Klassen ermöglicht. So kann man ohne weitere Datenbindungen, Data Provider oder gar Programmcode auf die aktuelle Uhrzeit der Klasse `DateTime` zugreifen.

Listing 8.45 Zugriff auf statische Eigenschaften

```
<Window
    xmls="..." xmlns:x="..."
    xmlns:sys="clr-namespace:System;assembly=mscorlib">

  <TextBlock Text="{Binding
                    Source={x:Static sys:DateTime.Now},
                    StringFormat=\{0:d\}}" />
</Window>
```

In diesem Beispiel wird anhand der Eigenschaft `Now` der Klasse `DateTime` das aktuelle Datum ausgegeben. Um die Formatierung der Ausgabe etwas zu verbessern, wurde zusätzlich ein `StringFormat` angegeben.

Dank `x:Static` können Daten in XAML schnell und bequem verfügbar gemacht werden. Der Zugriff ist dabei nicht auf statische Eigenschaften begrenzt:

- Konstanten
- statische Eigenschaften
- statische Variablen
- Enum-Werte

8.6.3 ObjectDataProvider

Mit einem `ObjectDataProvider` können auch komplexere Objekte erstellt werden, für deren Erstellung etwa dem Konstruktor zusätzliche Parameter übergeben werden müssen. Hierfür ist lediglich die Angabe des Klassenamens über die Eigenschaft `ObjectType` erforderlich. Bevor man den `ObjectDataProvider` für Datenbindungen nutzen kann, muss dieser zuerst als Ressource veröffentlicht werden.

Listing 8.46 Deklaration eines neuen ObjectDataProviders

```
<Window xmlns="..." xmlns:x="...">
  <Window.Resources>
    <ObjectDataProvider
        x:Key="DefaultCustomer"
        ObjectType="{x:Type local:Customer}" />
  </Window.Resources>
</Window>
```

In diesem Beispiel wird vom `ObjectDataProvider` eine einfache Instanz der Klasse `Customer` erstellt. Die Verwendung eines `ObjectDataProvider` lohnt sich aber meist nur für die Klassen, deren Konstruktor zusätzliche Parameter benötigen. Bei einfachen Klassen können diese auch einfach als Ressource definiert werden, wie eingangs gezeigt worden ist.

Werden beim Konstruktor dagegen Parameter erwartet, kann beim `ObjectDataProvider` über die Eigenschaft `ConstructorParameters` eine Liste an Parametern hinterlegt werden. Jeder Parameter kann hierbei wieder einzeln über XAML definiert werden.

Listing 8.47 Dem Konstruktor des ObjectDataProviders zusätzliche Parameter übergeben

```
<Window
    xmlns="..." xmlns:x="..."
    xmlns:sys="clr-namespace:System;assembly=mscorlib">
  <Window.Resources>

    <ObjectDataProvider
        x:Key="DefaultCustomer"
        ObjectType="{x:Type Customer}">
      <ObjectDataProvider.ConstructorParameters>
        <sys:String>Standardwert</sys:String>
      </ObjectDataProvider.ConstructorParameters>
    </ObjectDataProvider>

  </Window.Resources>
</Window>
```

Hier in diesem Beispiel wird ein neues Objekt vom Typ `Customer` angelegt. Da der Konstruktor eine Zeichenkette als Parameter erwartet, wird über den angegebenen Namensraum `sys` ein neuer `String` definiert und der Liste `ConstructorParameters` übergeben.

Um das erstellte Objekt nutzen zu können, muss bei der Datenbindung lediglich der `DataProvider` in der Eigenschaft `Source` als alternative Datenquelle angegeben werden. Ansonsten würde wieder standardmäßig auf den aktuellen Datenkontext zurückgegriffen.

```
<TextBlock
    Text="{Binding
        Source={StaticResource DefaultCustomer},
        Path=CustomerNo}" />
```

Auf diese Weise können recht einfach neue Objekte erstellt werden. Man kann mit einem `ObjectDataProvider` aber auch auf vorhandene Objekte zurückgreifen, die bereits erstellt wurden. Das gewünschte Objekt kann über die Eigenschaft `ObjectInstance` angegeben werden.

```
<ObjectDataProvider
    ObjectInstance="{StaticResource DefaultCustomer}" />
```

Warum sollte man eine fertige Instanz verwenden wollen? Bei den bisher gezeigten Beispielen war immer das Objekt selbst der Mittelpunkt des Interesses. Es kann aber auch notwendig sein, dass das Objekt nur ein Mittel zum Zweck ist und die gewünschten Daten von einer Methode dieses Objekts zurückgeliefert werden.

Wird beispielsweise der Datenzugriff in einer eigenen Klasse gekapselt, kann auf diese entweder über `ObjectType` oder über `ObjectInstance` verwiesen werden. Die Daten können dann mit dem Aufruf einer Methode abgefragt werden.

```
<ObjectDataProvider
    x:Key="GroupDataProvider"
```

```
    ObjectType="{x:Type UserManager}"
    MethodName="GetGroups" />

<ListBox ItemsSource="{StaticResource GroupDataProvider}" />
```

In diesem Fall wird ein Objekt vom Typ `UserManager` mit dem parameterlosen Konstruktor erstellt. Die eigentlichen Daten werden danach mit der Methode `GetGroups()` abgerufen.

Auf dieselbe Weise können auch statische Methoden aufgerufen werden. Der `ObjectDataProvider` erkennt, ob für den Aufruf der Methode eine Instanz benötigt wird, und erzeugt diese automatisch. Da eine Methode nie gleichzeitig als Instanz- und als statische Methode in einer Klasse definiert werden kann, sind Verwechselungen an dieser Stelle ausgeschlossen.

Sollte die Methode jedoch Parameter für die Abfrage benötigen, können diese über die Eigenschaft `MethodParameters` hinterlegt werden. Diese kann ähnlich einfach wie beim Konstruktor mit Werten gefüllt werden.

Listing 8.48 Methoden mit dem ObjectDataProvider abrufen

```
<Window xmlns="..." xmlns:x="..." xmlns:sys="...">
  <Window.Resources>

    <ObjectDataProvider
        ObjectType="{x:Type UserManager}"
        MethodName="GetGroupsBySearchtext">
      <ObjectDataProvider.MethodParameters>
        <sys:String>Admin*</sys:String>
      </ObjectDataProvider.MethodParameters>
    </ObjectDataProvider>

  </Window.Resources>
</Window>
```

In diesem Beispiel wird der Methode ein zusätzlicher String zum Suchen der Gruppen übergeben.

Mit einem `ObjectDataProvider` lassen sich aber nicht nur Methoden aufrufen, sondern sogar Eigenschaften abfragen. Das ist allerdings etwas umständlicher, da der `ObjectDataProvider` ursprünglich nur zum Erstellen von Objekten und zum Abfragen von Methoden konzipiert worden ist. Wenn man sich allerdings mit dem Werkzeug ILDASM, das dem .NET Framework beiliegt, den erzeugten Code etwas genauer anschaut, wird man schnell erkennen, dass auch Eigenschaften im Grunde nichts anderes sind als Methoden. Eine Eigenschaft besteht daher in der Regel aus zwei Methoden, die jeweils zum Abfragen und zum Setzen des Wertes dienen.

Listing 8.49 Interne Implementierung einer Eigenschaft mit Intermediate Language

```
// C#
public string Name {
  get { return name; }
}
```

```
// IL Code (verkürzt)
.method public instance string get_Name() {
  IL_0000: ldarg.0
  IL_0001: ldfld string User::name
  IL_0006: ret
}
```

Da nun Eigenschaften intern lediglich Methoden sind, können diese einfach über einen `ObjectDataProvider` abgerufen werden. Um den Wert aus der Eigenschaft `Name` zu erhalten, müsste daher nur die Methode `get_Name()` aufgerufen werden.

```
<ObjectDataProvider
    ObjectType="{x:Type Customer}"
    MethodName="get_Name">
```

Auf diese Weise lassen sich aber nicht nur eigene Klassen und Methoden ansprechen - auch die Klassen aus dem .NET Framework stehen dank `ObjectDataProvider` nun zur Verfügung. Man kann so beispielsweise die Klasse `Enum` dazu verwenden, um alle gültigen Werte eines Enums in einer ListBox aufzulisten.

```
// Eigener Enum
public enum ApprovalStatus
{
  NotApproved,
  Approved
}

<Window xmlns="..." xmlns:x="..."
        xmlns:sys="clr-namespace:System;assembly=mscorlib">
  <Window.Resources>

     <!-- Gültige Werte aus dem Enum auslesen -->
    <ObjectDataProvider
        x:Key="ApprovalStatusData"
        ObjectType="{x:Type sys:Enum}"
        MethodName="GetNames">
      <ObjectDataProvider.MethodParameters>
        <x:Type Typename="local:ApprovalStatus" />
      </ObjectDataProvider.MethodParameters>
    <ObjectDataProvider>

  <Window.Resources>
</Window>
```

Damit die Werte in der `ListBox` aufgelistet werden können, muss der `ObjectDataProvider` als Erstes die Methode `GetNames()` aus der Klasse `Enum` aufrufen. Als Parameter muss hier einfach die Typinformation des gewünschten Enums übergeben werden. Durch diesen `DataProvider` stehen bereits die Werte zur Verfügung und können über die Eigenschaft `ItemsSource` einer `ListBox` zugewiesen werden.

```
<ListBox
    Name="ApprovalListBox"
    ItemsSource="{Binding Source={StaticResource ApprovalStatusData}}"
    SelectedValue="{Binding Path=Approval}" />
```

Diese Vorgehensweise hat den Vorteil, dass die `ListBox` immer mit den aktuellen Werten des Enums befüllt wird – auch wenn dieser sich im Laufe der Entwicklung ändern sollte. Des Weiteren erhält man beim Zugriff auf die Eigenschaft `SelectedValue` der `ListBox` direkten Zugriff auf den ausgewählen Wert des Enums, ohne diesen erst konvertieren zu müssen (eine Typ-Angabe ist allerdings immer noch notwendig).

```
ApprovalStatus approval = (ApprovalStatus)ApprovalListBox.SelectedValue;
```

Allerdings werden dem Anwender nun die internen Bezeichnungen der Enum-Werte angezeigt. Da diese in erster Linie innerhalb des Programmcodes verwendet werden, müssen sie sich nicht für den Anwender in einer lesbaren Form befinden. Es folgt nun ein kleiner Exkurs, in dem in einem Beispiel die Darstellung mittels Kovertierung und `DataTemplate` verbessert werden soll.

Listing 8.50 Darstellung der Enum-Werte verbessern

```
public class ResourceConverter : IValueConverter
{
  public void Convert(object value, Type targetType, object parameter,
                      CultureInfo culture)
  {
    ResourceManager manager = (ResourceManager)parameter;
    string name = value.ToString();
    return manager.GetObject(name);
  }
}

<Application xmlns="..." xmlns:x="..." xmlns:local="clr-namespace:...">
  <Application.Resources>

    <local:ResourceConverter x:Key="ResourceConverter" />

    <!-- globales, implizites DataTemplate -->
    <DataTemplate DataType="{x:Type local:ApprovalStatus}">
      <TextBlock Text="{Binding
        Converter={StaticResource ResourceConverter},
        ConverterParameter={x:Static local:Resource1.ResourceManager}" />
    </DataTemplate>

  </Application.Resources>
</Application>
```

Hier wird in der Datei *app.xaml* ein neues implizites `DataTemplate` für das gewünschten Enums (hier `ApprovalStatus`) erstellt. Das erleichtert die Umsetzung, da nicht mehr im Einzelfall ein Template zugewiesen werden muss. Stattdessen wird nun in der gesamten Anwendung der Enum mit diesem Template korrekt angezeigt – was sich aber immer noch im Einzelfall überschreiben lässt, fall das notwendig sein sollte. Desweiteren wird ein kleiner Konverter benötigt, der als Parameter den Resource Manager übergeben bekommt. Im nächsten Schritt muss dann nun nur noch eine neue Ressource-Datei namens *Resource1.resx* angelegt werden, die als Schlüssel alle Werte des Enums enthält. In der Ressource Datei können nun für den Anwender aussagekräftige Namen für jeden einzelnen Enum-Wert hinterlegt werden. Das hat sogar zusätzlich noch den Vorteil, dass diese Texte an die jeweilige Zielsprache der Anwendung lokalisiert werden können (dazu aber später mehr).

Die Verwendung des ObjectDataProvider bringt allerdings nicht nur Vorteile. Probleme können vor allem dann entstehen, wenn der angegebene Data Provider bei der Abfrage eine Ausnahme wirft – diese kann nämlich **nicht** abgefangen werden. Das liegt darin begründet, dass der ObjectDataProvider (verständlicherweise) in XAML definiert ist: Sobald die Instanzen anhand des XAML Codes erstellt werden (z. B. die Steuerelemente), wird auch der ObjectDataProvider erstellt, der sofort damit beginnt seine Arbeit zu verrichten und die Daten abruft. Da die Abfrage jedoch intern nicht durch einen Try-Catch-Block gesichert wird und zudem kein separater Thread verwendet wird, schlägt im Falle einer Ausnahme diese bis auf die Oberfläche durch. Leider gibt es hierfür keine Lösung, da selbst ein Try-Catch-Block um die Anweisung InitializeComponent() im Konstruktor des Fensters nicht hilft.

```
public partial class Window1 : Window
{
  public Window1()
  {
    // Diese Anweisung bringt keine Besserung
    try
    {
      InitializeComponent();
    }
    catch (Exception)
    {
    }
  }
}
```

Selbst wenn der Aufruf der Method InitializeComponent() druch einen Try-Catch-Block abgesichert wird, kann sich das Fenster danach in einem nicht oder nur teilweise initialisierten Zustand befinden, da nach der fehlgeschlagenen Instantiierung des Object-DataProviders die weitere Verarbeitung des XAML Codes abgebrochen wurde.

Es empfiehlt sich daher in der Methode, die vom ObjectDataProvider aufgerufen wird, einen globalen Try-Catch-Block zu definieren, der auf keinen Fall eine Ausnahme bis zur Oberfläche der Anwendung durchkommen lässt. Dieser Block könnte beispielsweise auch dazu genutzt werden, um später diese Ausnahmen bei der Datenhaltung global zu protokollieren.

Alternativ kann der ObjectDataProvider auch in eine asynchrone Verarbeitung umgeschaltet werden. Hierbei wird für die Datenabfrage ein neuer Hintergrund-Thread erzeugt, der im Falle einer Ausnahme, nicht gleich die gesamte Anwendung zum Absturz bringen kann (asynchrone Daten werden ein wenig später in diesem Kapitel beschrieben). Allerdings wird hierbei die Ausnahme lediglich unterdrückt, wodurch es immer noch keine Möglichkeit gibt, in adequater Weise auf diese Ausnahme zu reagieren.

```
<ObjectDataProvider IsAsynchronous="True" />
```

8.6.4 XmlDataProvider

Der XmlDataProvider dient als Datenquelle für alle XML-bezogenen Daten. Er eignet sich nicht nur dazu, um lokale XML-Daten einzulesen – auch entfernte Daten, wie beispielsweise RSS-Feeds, lassen sich damit einlesen. Ähnlich wie beim ObjectDataProvider können mit ihm ebenso Daten lokal in XAML erstellt und gepflegt werden. Diese Daten werden allgemein als „Dateninsel“ bezeichnet, da sie wie eine Insel in einem Meer aus XAML-Code liegen. Die Definition einer neuen Dateninsel ist relativ kurz und einfach. Als Erstes muss der `XmlDataProvider` deklariert werden, dem als Inhalt das XML-Dokument zugewiesen werden kann. Die Daten des XML-Dokuments werden hierfür gesondert mit `x:XData` gekennzeichnet, damit diese nicht versehentlich als XAML interpretiert werden.

Listing 8.51 Eine XML-Dateninsel erstellen

```
<Window
  xmlns="http://schemas.microsoft.com/winfx/2006/xaml/presentation"
  xmlns:x="...">
  <Window.Resources>

    <XmlDataProvider x:Key="BookDataProvider" XPath="/Book">
      <x:XData>
        <Book xmlns="">
          <Title>WPF in .NET 4.5</Title>
          <Author>Jörg Wegener</Author>
        </Book>
      </x:XData>
    </XmlDataProvider>

  <Window.Resources>
</Window>
```

In diesem Beispiel wird ein neues XML-Dokument mit dem Hauptknoten `Book` erstellt. In diesem XML-Knoten wurde über die Anweisung `xmlns=""` der Standardnamensraum grundgestellt, da dieser ansonsten aus der eingehenden Deklarationen des Fenster noch auf die Klassen der WPF verweisen würde. Durch diese Angabe können eventuelle Konflikte vermieden werden, da der Compiler nun weiß, dass die dort enthaltenen Elemente nichts mehr mit der WPF zu tun haben. Hier kann aber auch ein eigener Namensraum definiert werden, wenn dieser für die Daten notwendig sein sollte.

Mit der Angabe von `XPath` im `XmlDataProvider` wird spezifiziert, welcher Teil der Daten als Grundlage für die Datenquelle dienen soll. Hier kann über einen `XPath`-Ausdruck auch nur ein Teilbereich der Daten ausgewählt werden.

Bei der Datenbindung müssen XML-Daten allerdings auch gesondert berücksichtigt werden. Da diese in einer hierarchischen Struktur angeordnet sind, ist eine einfache Angabe mit `Path` nicht mehr ausreichend, da hier lediglich einfache Eigenschaften adressiert werden können. Stattdessen gibt es in der Markup Extension mit `XPath` einen weiteren Parameter, über den der gewünschte XML-Knoten oder ein Attribut ausgewählt werden kann.

Listing 8.52 XPath direkt bei der Datenbindung angeben

```
<TextBlock Text="{Binding
    Source={StaticResource BookDataProvider},
    XPath=/Title}" />
```

In diesem Beispiel wird der Knoten mit dem Namen „Title“ ausgewählt. Beachten Sie, dass bei der Datenbindung ein `XPath`-Ausdruck nicht mit der Eigenschaft `Path` angegeben werden kann. Hierfür kann nur die separate Eigenschaft `XPath` verwendet werden.

> **!** Die Angaben von `Path` und `XPath` scheinen sich auf den ersten Blick zu widersprechen. Beide haben ihre spezielle Daseinsberechtigung und können sich im Idealfall sogar gegenseitig ergänzen. So kann mit `XPath` der gewünschte XML-Knoten selektiert werden, dessen Klasse (z. B. `XmlElement`) mittels `Path` noch weiter spezifiziert werden kann.
>
> ```
> {Binding XPath=/Title, Path=LocalName}
> ```
>
> In diesem Beispiel wird erst der XML-Knoten „Title“ abgefragt. Das Ergebnis ist allerdings eine Instanz der Klasse `XmlElement`, die mit `Path` weiter ausgelesen werden kann.

Möchte man anstelle eines gesamten Knotens nur ein Attribut abfragen, kann bei der Datenbindung ein entsprechender `XPath`-Ausdruck hinterlegt werden.

```
XPath=/Title@attribut
```

Bei den bisherigen Beispielen wurde immer der XML-Knoten zurückgegeben, der von .NET automatisch in eine Zeichenkette umgewandelt worden ist. Man kann mit `XPath` dem System aber auch mitteilen, dass der Inhalt des Knotens als Text zurückgegeben werden soll.

```
XPath=/Title/text()
```

In `XPath` ist hierfür die Methode `text()` definiert, die am Ende des Ausdruckes angefügt werden muss.

Mit dem `XmlDataProvider` lassen sich aber nicht nur XML-Daten lokal als Dateninsel definieren. Auch lokale XML-Dateien, die als Ressourcen dem Projekt hinzugefügt worden sind, lassen sich ansprechen. Aber auch externe Daten können so problemlos geladen werden, indem man einfach über die Eigenschaft `Source` den Ort der Daten über einen URI angibt. Um beispielsweise den RSS-Feed der Website „Channel9“ zu laden, muss lediglich die Adresse der Seite angegeben werden.

Listing 8.53 Einen RSS-Feed mit einem XmlDataProvider konsumieren

```
<Window xmlns="..." xmlns:x="...">
  <Window.Resources>

    <XmlDataProvider
        x:Key="RssFeedDataProvider"
        Source="http://channel9.msdn.com/Rss.aspx" />

  </Window.Resources>
</Window>
```

Diese Daten können nun in einer `ListBox` oder (besser noch) in einer `ListView` angezeigt werden. In letzterem Fall können sogar die zusätzlichen Informationen aus den XML-Daten in weiteren Spalten angezeigt werden.

```
<ListView ItemsSource="{Binding
            Source={StaticResource RssFeedDataProvider},
            XPath=/rss/channel/item}">
  <ListView.View>
```

```
    <GridView>
      <GridViewColumn
          Header="Title"
          DisplayMemberBinding="{Binding XPath=title/text()}" />
      <GridViewColumn
          Header="Veröffentlicht am"
          DisplayMemberBinding="{Binding XPath=pubDate/text()}" />
    </GridView>
  </ListView.View>
</ListView>
```

In diesem Beispiel erhält das Steuerelement `ListView` die Daten aus dem `XmlDataProvider`, der in dem vorherigen Beispiel als Ressource deklariert worden ist. Über die Angabe von `XPath` werden die Einträge aus dem Feed ausgewählt, die in der Liste angezeigt werden sollen. In den jeweiligen Spalten der `ListView` können nun mit der Eigenschaft `DisplayMemberBinding` wiederum Details aus jedem Eintrag abgerufen werden. Auch hier kann wieder ein `XPath`-Ausdruck zum Selektieren verwendet werden. In diesem Fall wird in der ersten Spalte der Inhalt des XML-Knotens „title" angezeigt und in der zweiten Spalte der des XML-Knotens „pubDate". In Bild 8.11 ist das Ergebnis dieses Beispiels zu sehen.

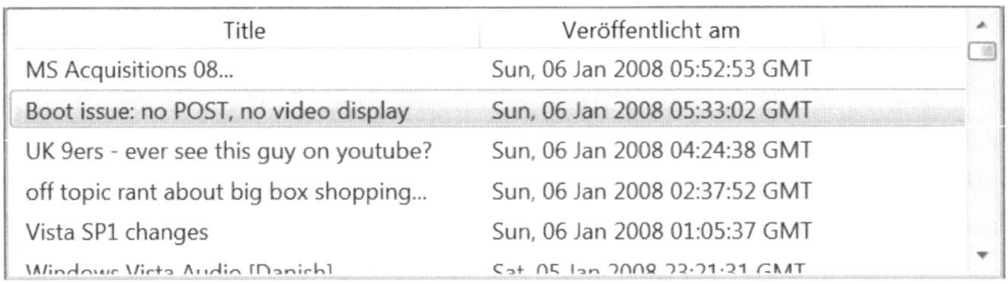

Bild 8.11 Eine ListView, die mit XML-Daten und XPath-Ausdrücken befüllt worden ist.

Naturgemäß eignet sich XML wunderbar, um damit hierarchische Daten abzubilden. Die XML-Knoten lassen sich fast beliebig tief verschachteln, um sich dann in der WPF in einem `TreeView` oder in einem Menü anzeigen zu lassen. Hierfür musste allerdings das `DataTemplate` erweitert werden, damit dieses besser mit Hierarchien umgehen kann.

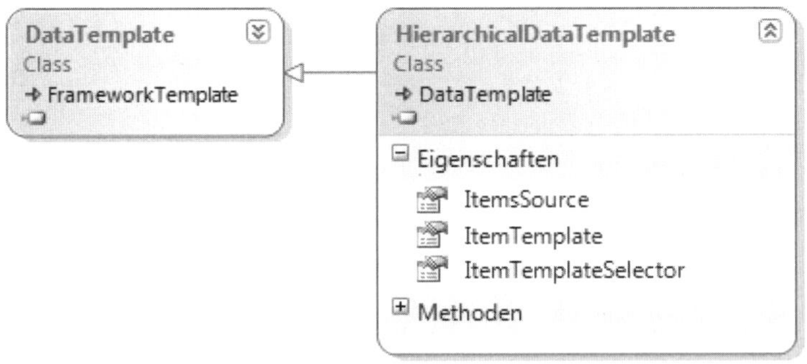

Bild 8.12 Die Klasse HierarchicalDataTemplate ist eine Spezialisierung von DataTemplate.

In diesem Fall wird mit `HierarchicalDataTemplate` eine spezialisierte Klasse von `DataTemplate` benötigt. Diese ist um zusätzliche Informationen erweitert worden, mit denen die Objekte abgefragt werden können, die sich unterhalb des aktuellen Eintrages befinden.

Listing 8.54 Templates für hierarchische Daten anlegen

```
<Window xmlns="..." xmlns:x="...">
  <Window.Resources>

    <XmlDataProvider
        x:Key="RssFeed"
        Source="http://channel9.msdn.com/Rss.aspx"
        XPath="/rss/channel" />

    <DataTemplate
        x:Key="ItemTemplate"
        ItemsSource="{Binding XPath=item}">
      <TextBlock Text="{Binding XPath=title/text()}" />
    </DataTemplate>

    <HierarchicalDataTemplate
        x:Key="ChannelTemplate"
        ItemsSource="{Binding XPath=item}"
        ItemTemplate="{StaticResource ItemTemplate}">
      <TextBlock Text="{Binding XPath=title/text()}" />
    </HierarchicalDataTemplate>
  </Window.Resources>

  <TreeView
      ItemsSource="{Binding Source={StaticResource RssFeed}}"
      ItemTemplate="{StaticResource ChannelTemplate}" />
</Window>
```

In diesem Beispiel wird ein `TreeView` mit den Daten aus einem RSS-Feed befüllt. Über den `XmlDataProvider` wird hierfür als Erstes der XML-Knoten „channel" abgefragt, der in dem `TreeView` als oberstes Element angezeigt werden soll. Das Aussehen dieses Knotens wird mit dem `ItemTemplate` definiert, das im Steuerelement angegeben worden ist.

Das Template für den XML-Knoten ist prinzipiell wie ein normales `DataTemplate` aufgebaut. Es unterscheidet sich lediglich durch die zusätzliche Angabe von `ItemsSource`, mit der weitere Daten abgefragt werden, die in der zweiten Ebene im `TreeView` angezeigt werden sollen. Mit der Eigenschaft `ItemTemplate` kann zudem ein abweichendes Template angegeben werden, das auf die untergeordneten Einträge angewendet werden soll. In diesem Beispiel sollen die mit `ItemsSource` abgerufenen Einträge mit einem zweiten Template angezeigt werden. Dieses ist wesentlich einfacher aufgebaut und stellt auch schon den letzten Eintrag in der Hierarchie dar. Aus diesem Grund wurde hier auf die Verwendung der Klasse `HierarchicalDataTemplate` verzichtet und stattdessen das einfache `DataTemplate` verwendet.

Bild 8.13 Hierarchische Daten benötigen zusätzliche Informationen in eigenen Templates.

In Bild 8.13 ist das Ergebnis des Beispiels zu sehen. Im ersten Eintrag des `TreeViews` wird der XML-Knoten des Channels angezeigt. Dieser wird mit den Einträgen des RSS-Feed befüllt, so wie es im Template definiert worden ist. Auf diese Weise kann jeder Eintrag im `TreeView` mit einem eigenen Template ausgestattet werden, das speziell auf die Daten eingehen kann. Selbst die Verwendung eines `TemplateSelectors` ist an dieser Stelle möglich, so wie es weiter vorne in diesem Kapitel bereits beschrieben worden ist.

8.6.5 Datenquellen direkt anbinden

Normalerweise wird bei einer Datenbindung immer exakt das Objekt verwendet, das entweder im Datenkontext oder als alternative Datenquelle angegeben wurde. Beim `DataProvider` ist das etwas anders: Bei der Datenbindung werden automatisch die zugrunde liegenden Daten gewählt und nicht der `DataProvider` selbst.

Hier wird in der WPF eine kleine Fallunterscheidung gemacht, um den Schreibaufwand bei der Datenbindung auf ein Minimum zu reduzieren. Dieser wäre ohne diese Hilfe um einiges größer, wie die nachfolgende Gegenüberstellung zeigt.

```
<Binding Source="{StaticResource CustomerDataProvider}" />

<Binding
    Source="{StaticResource CustomerDataProvider}"
    BindsDirectlyToSource="True" Path="Data" />
```

Beide Datenbindungen sind identisch und kommen zu demselben Ergebnis. Bei der zweiten Datenbindung wurde allerdings der automatische Mechanismus mit der Angabe `BindsDirectlyToSource` deaktiviert, um so direkt an die verwendete Datenquelle zu kommen. Diese stellt ihre Daten wiederum über die Eigenschaft `Data` bereit, auf die mittels Pfadangabe zugegriffen wird.

Die direkte Datenbindung an eine Datenquelle kann insbesondere dann wichtig werden, wenn nicht die Daten von Interesse sind, sondern die Datenquelle selbst. Damit lässt sich die Datenquelle von außen steuern, um so beispielsweise Angaben für Methodenparameter anpassen zu können.

Im nachfolgenden Beispiel soll ein `DataProvider` genutzt werden, um in einer `ListView` das Suchergebnis anzuzeigen. Der Suchtext wird hierfür in einem Texteingabefeld eingetragen, das den Wert unmittelbar während der Eingabe an den `DataProvider` schickt. Dadurch sollen bereits erste Treffer der Suche sichtbar werden, obwohl der Benutzer noch bei der Eingabe ist.

Der verwendete `DataProvider` greift hierfür wieder auf die fiktive Klasse `Customer` zurück. Diese enthält die statische Methode `SearchCustomer()`, die ausschließlich den Suchtext als Parameter entgegennimmt und die Treffer als Array zurückgibt.

```
<ObjectDataProvider
    x:Key="CustomerSearch"
    ObjectType="{x:Type local:Customer}"
    MethodName="SearchCustomers">
  <ObjectDataProvider.MethodParameters>
    <system:String></system:String>
  </ObjectDataProvider.MethodParameters>
</ObjectDataProvider>
```

Der Parameter für die Methode bleibt vorerst leer. An dieser Stelle könnte aber auch ein Standardwert hinterlegt sein, mit dem das Suchergebnis vorab eingeschränkt wird. Das Ergebnis, das vom `DataProvider` zurückgeliefert werden soll, wird in einer `ListView` angezeigt. Diese weist die Daten mittels (herkömmlicher) Datenbindung an ihre Eigenschaft `ItemsSource`.

```
<ListView>
  <ListView.ItemsSource>
    <Binding Source="{StaticResource CustomerSearch}" />
  </ListView.ItemsSource>
</ListView>
```

Interessanter wird die Datenbindung beim Texteingabefeld, das für die Eingabe des Suchtextes verwendet werden soll. Hier wird zwar auch an denselben `DataProvider` gebunden, jedoch mit der Einschränkung, dass direkt an die Datenquelle gebunden werden soll.

Listing 8.55 Das Texteingabefeld direkt mit einem Parameter des ObjectDataProviders verbinden

```
<TextBox>
  <TextBox.Text>
    <Binding
        Source="{StaticResource CustomerSearch}"
        BindsDirectlyToSource="True"
        Path="MethodParameters[0]"
        UpdateSourceTrigger="PropertyChanged" />
  </TextBox.Text>
</TextBox>
```

Durch die Angabe von `BindsDirectlyToSource` kann nun direkt auf den `DataProvider` zugegriffen werden. Über die Pfadangabe wurde definiert, dass das Texteingabefeld den Wert des ersten Parameters ändern soll, der beim Methodenaufruf verwendet wird. Die zusätzliche Angabe von `UpdateSourceTrigger` bewirkt, dass der `DataProvider` seine Daten aktualisieren soll, sobald sich die Eigenschaft ändert. Damit wird das Suchergebnis mit jedem Tastenschlag des Benutzers aktualisiert.

Die Methode kann nun mit entsprechender Logik gefüllt werden. Dieses Beispiel wird wieder auf die Generierung einiger weniger Testdaten eingegrenzt.

```
public Customer[] SearchCustomers(string searchtext)
{
  // Hier sollte nach Kunden gesucht werden... ;-)
  int count = 0;
  Int32.TryParse(searchtext, out count);
  List<Customer> result = new List<Customer>();
  for (int i = 0; i < count; i++)
    result.Add(new Customer("Customer #" + i));
  return result.ToArray();
}
```

Der Suchtext wird in einen Integer-Wert konvertiert, der die Anzahl der zu erzeugenden Objekte angibt.

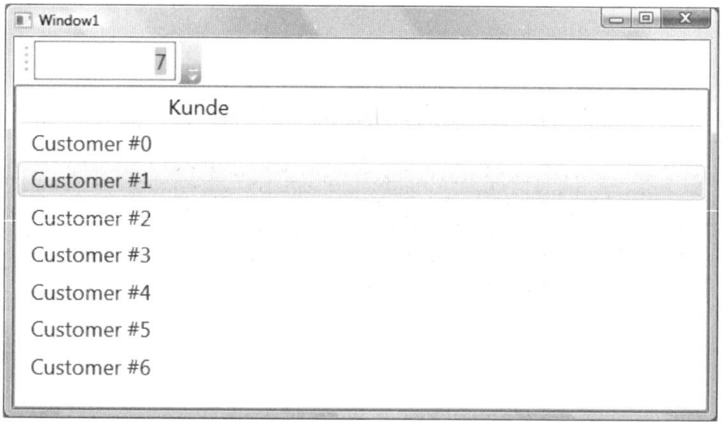

Bild 8.14 Das Suchergebnis verändert sich während der Eingabe automatisch.

Das Ergebnis des Beispiels ist in Bild 8.14 zu sehen. Wie man sieht, wurde hierfür hauptsächlich mit XAML gearbeitet, mit dem die Steuerelemente an die Datenquelle angebunden wurden. Nur die Suche selbst ist noch in klassischem Programmcode, der dank dieser Aufteilung wesentlich aufgeräumter ist.

■ 8.7 Langsame Daten

Als Anwender wird man schnell ungeduldig, wenn Daten langsamer als in der gewohnten Geschwindigkeit angezeigt werden. Dieser Effekt wird sogar noch verstärkt, wenn die Anwendung in dieser Zeit überhaupt nicht auf den Anwender reagiert und dadurch den Anschein erweckt, dass sie alleine mit dem Abrufen der Daten mehr als ausgelastet sei. Dabei wartet die Anwendung in den meisten Fällen lediglich auf Antwort von einer langsamen Datenquelle (wie beispielsweise bei einem entfernten Datenbankserver) und ist damit sogar tendenziell eher unausgelastet.

Eine Lösung hierfür können die bereits erwähnen Threads sein, die im Hintergrund die Arbeit erledigen, während der Hauptthread (oder auch UI-Thread genannt) sich in der Zwischenzeit um die Interaktion mit dem Anwender kümmern kann. Da Threads allerdings nicht einfach zu entwickeln sind, hat man in der WPF dieses Feature bereits fest bei den Datenprovidern und bei Datenbindungen eingebaut, sodass man nicht mehr mit den Nachteilen von Threads in Kontakt kommen kann.

So kann das Abrufen der Daten über einen `ObjectDataProvider` oder einen `XmlDataProvider` einfach mit der Eigenschaft `IsAsynchronous` über einen separaten Hintergrundthread abgearbeitet werden. Dadurch wartet die Anwendung nicht mehr länger auf die Daten, sondern kann in der Zwischenzeit auf Aktionen des Anwenders reagieren. Eine Aufteilung in mehrere Threads (und die darauffolgenden Konsequenzen) ist damit nicht mehr notwendig, da die Handhabung und die Koordination der Threads von der WPF übernommen werden.

Die folgende Testklasse für den Datenzugriff soll das demonstrieren. Die langsame Datenquelle wird hier mit einer Verzögerung über die Methode `Sleep()` simuliert.

Listing 8.56 Langsame Datenquelle simulieren

```
using System.Threading;

public class Customer
{
  public static Customer GetCustomer()
  {
    // Langsame Datenquelle simulieren
    Thread.Sleep(3500);
    return new Customer();
  }
}
```

Diese Methode wird vom `ObjectDataProvider` genutzt, um die gewünschten Daten abzurufen.

Listing 8.57 Asynchroner Aufruf einer langsamen Datenquelle

```
<ObjectDataProvider
    ObjectType="{x:Type local:Customer}"
    MethodName="GetCustomer"
    IsAsynchronous="True" />
```

Über die Angabe von `IsAsynchronous` werden die Daten vom `ObjectDataProvider` in einem separaten Thread ausgeführt.

> Das asynchrone Laden der Daten hat zwar viele Vorteile, kann aber auch Probleme mit sich bringen. Der Anwender kann beispielsweise bereits mit Steuerelementen agieren, die vielleicht auf die noch fehlenden Daten angewiesen sind.

Der `DataProvider` kann nun beispielsweise dem Datenkontext eines Fensters zugewiesen werden. Das Fenster kann nun unmittelbar nach dem Öffnen dem Anwender angezeigt werden, obwohl die Daten noch nicht abgerufen worden sind und somit auch nicht für die Darstellung bereitstehen. Ohne den asynchronen Modus würde das Öffnen des Fensters dagegen mehrere Sekunden dauern und beim Anwender einen trägen Eindruck erwecken.

```
<Window xmlns="..." xmlns:x="..." xmlns:local="...">
  <Window.Resources>
    <ObjectDataProvider
        ObjectType="{x:Type local:Customer}"
        MethodName="GetCustomer"
        IsAsynchronous="True" />
  </Window.Resources>

  <Window.DataContext>
    <Binding Source="{StaticResource CustomerDataProvider}" />
  </Window.DataContext>
</Window>
```

Das Fenster wird dem Anwender daher im ersten Moment leer erscheinen. Erst wenn die Daten zur Verfügung stehen, werden die Daten automatisch über die Datenbindungen angezeigt.

Bild 8.15 Mit einem asynchronen DataProvider werden die Daten erst später angezeigt.

Neben langsamen Daten kann es aber auch langsame Eigenschaften geben, wenn diese beispielsweise ihre Daten neu berechnen oder erst aus der Datenbank auslesen müssen. Insbesondere Letzteres kann bei O/R-Mappern passieren, die das sog. *Lazy Loading* unterstützen. Hierbei kann über Eigenschaften auf andere Objekte zugegriffen werden, die erst auf Anfrage vom Server nachgeladen werden. Das kann jedoch beim Zugriff zu einer weiteren Verzögerung führen (auch wenn diese nur minimal ausfallen sollte).

Die Datenbindung in der WPF ist aber auch auf solche Situationen vorbereitet. So kann nicht nur das Abrufen der Daten asynchron gestartet werden, sondern auch die Datenbindung selbst. Eine langsame Eigenschaft kann so nicht die gesamte Datenbindung ausbremsen, da diese im Hintergrund ausgeführt wird.

Auch in diesem Beispiel soll wieder die Methode `Sleep()` eine langsame Eigenschaft simulieren.

Listing 8.58 Langsame Eigenschaften simulieren

```
public string FastName
{
```

```
    get { return fastName; }
}

public string SlowName
{
    get
    {
        // Langsame Eigenschaft simulieren
        Thread.Sleep(3500);
        return slowName;
    }
}
```

Bei einer normalen Datenbindung würde auch hier wieder die gesamte Darstellung des Fensters zeitverzögert ablaufen, denn die WPF wartet so lange, bis alle benötigten Daten an den Steuerelementen gebunden sind. Aber auch die Datenbindung kann asynchron erfolgen, indem einfach die Eigenschaft `IsAsync` auf `True` gesetzt wird.

```
<TextBlock Text="{Binding Path=FastName}" />
<TextBlock Text="{Binding Path=SlowName, IsAsync=True}" />
```

Wie in Bild 8.16 zu sehen ist, wird das Fenster durch diese Datenbindung direkt angezeigt, obwohl noch nicht alle Daten zur Verfügung stehen. Erst nach einigen Sekunden werden auch die Daten aus der langsamen Eigenschaft angezeigt.

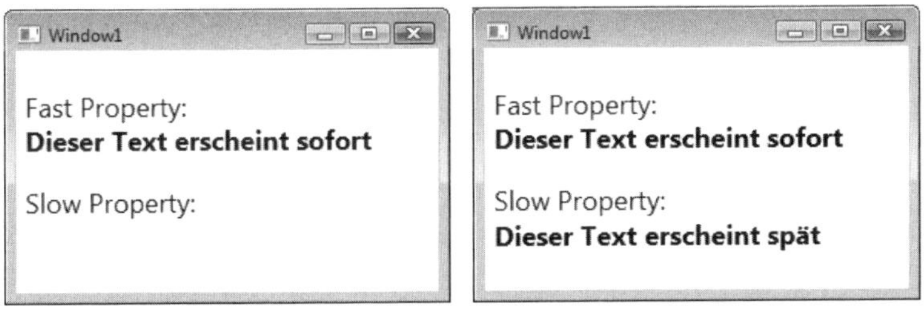

Bild 8.16 Daten langsamer Eigenschaften können ebenfalls asynchron gebunden werden.

Diese Option darf nicht mit dem nachträglichen Ändern der Werte im Datenobjekt verwechselt werden. Sollen die Werte zur Laufzeit geändert werden, so ist hierfür das Ereignis `PropertyChanged` zuständig, mit dem die neuen Werte über die Datenbindungen aktualisiert werden. Der asynchrone Zugriff dient für Eigenschaften, deren Zugriff extrem langsam ist.

Über das asynchrone Laden und Binden der Daten kann also das Fenster bereits sehr früh angezeigt werden, obwohl noch nicht alle Daten zur Verfügung stehen. Dementsprechend leer kann aber auch für den Anwender das Fenster aussehen, wenn die Daten noch nicht angezeigt werden können.

In der WPF besteht nun die Möglichkeit, in dieser Zeit den Wert einer zweiten Eigenschaft anzuzeigen. Dieses Feature ist beispielsweise bei Microsoft Word in der Statuszeile sehr gut zu beobachten. Direkt nach dem Öffnen des Dokuments steht dort noch nicht die exakte

Seitenzahl, sondern lediglich ein grob geschätzter Wert. Erst nach einigen Sekunden wird dieser Wert durch die exakte Anzahl der Seiten ersetzt.

In der WPF kann dieses Feature durch das sog. *PriorityBinding* gelöst werden. Hierbei wird der Wert einer (schnelleren) Eigenschaft angezeigt, solange das Abrufen einer langsamen Eigenschaft noch andauert.

Listing 8.59 Datenbindungen mit unterschiedlichen Prioritäten

```
<TextBlock>
  <TextBlock.Text>
    <PriorityBinding>
      <Binding Path="Quantity" IsAsync="True" />
      <Binding Path="EstimatedQuantity" />
    </PriorityBinding>
  </TextBlock.Text>
</TextBlock>
```

Beim `PriorityBinding` werden also mehrere konkurrierende Datenbindungen angegeben, die von der WPF gleichzeitig abgearbeitet werden. Die Anzahl der Datenbindungen ist dabei nicht limitiert (man kann also auch weitere Zwischenschritte einblenden). Lediglich die letzte Datenbindung sollte nicht mehr asynchron erfolgen, da diese zuerst angebunden wird und den vorläufigen Wert darstellt.

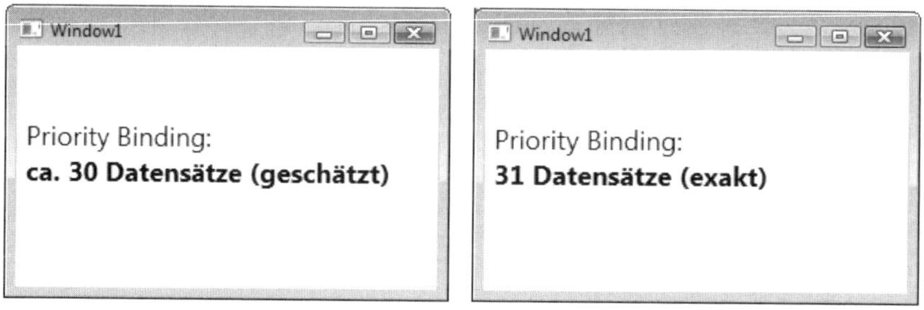

Bild 8.17 Mit PriorityBinding kann eine Vorschau auf Daten realisiert werden.

In Bild 8.17 ist das Ergebnis zu sehen. Zuerst bekommt der Anwender das Ergebnis aus der Eigenschaft `EstimatedQuantity` zu sehen (links im Bild). Erst nachdem der Wert aus der Eigenschaft `Quantity` zur Verfügung steht, wird diese Angabe angezeigt.

■ 8.8 Steuerelemente als Datenquelle nutzen

Neben „echten" Daten aus Datenbanken können aber auch Steuerelemente selbst als Datenquelle dienen. Das ist möglich, da Steuerelemente im Grunde auch nichts anderes als Klassen sind, deren Eigenschaften wie Daten verwendet werden können. Sogar Änderungen der Werte werden über die üblichen Ereignisse veröffentlicht, sodass man bei Datenbindungen immer mit den aktuellsten Werten arbeiten kann.

8.8.1 Steuerelemente über den Namen verbinden

Derartige Verbindungen waren bereits in einigen Beispielen zusehen, wie beispielsweise beim Steuerelement `Label`, das in Kapitel 4 beschrieben worden ist. Mit dem Label kann über die Tastatur ein beliebiges Steuerelement fokussiert werden. Hierfür muss allerdings zuerst eine Verbindung zwischen dem Steuerelement und dem Label hergestellt werden. Diese Angabe wird in der Eigenschaft `Target` des Labels vorgenommen, so wie im folgenden Beispiel zu sehen ist.

Listing 8.60 Eine TextBox mit einem Label dekorieren

```
<Label
    Name="FirstnameLabel"
    Target="{x:Reference Name=FirstnameTextBox}"
    Text="_Vorname" />
<TextBox Name="FirstnameTextBox" />
```

Die Angabe von `x:Reference` ist eine Abkürzung oder ein Alias für eine herkömmliche Datenbindung, denn alternativ können hier auch folgende Schreibweise erfolgen.

```
<!-- Kurze Schreibweise -->
Text="{x:Reference FirstnameTextBox}"
Text="{x:Reference Name=FirstnameTextBox}"

<!-- Lange Schreibweise -->
Text="{Binding ElementName=FirstnameTextBox}"
```

Für die Abkürzung hat man sich entschieden, da Datenbindungen vermutlich meist eher in Zusammenhang mit „echten Daten" gebracht werden und nicht mit Referenzen auf andere Steuerelemente. Das Lesen des Codes wird so verbessert, da man recht schnell Datenbindungen von Referenzen unterscheiden kann.

Bei `x:Reference` wird der Name des Steuerelements einfach mit der Eigenschaft `Name` und bei der Datenbindung mit der Eigenschaft `ElementName` angegeben. In beiden Fällen wird der Eigenschaft `Target` die Instanz des Textblocks `FirstnameTextBlock` zugewiesen.

> **!** Das Zuweisen von ganzen Steuerelementen bildet eher die Ausnahme. Falsch angewendet, kann das sogar zu ungewollten Nebeneffekten oder Ausnahmen zur Laufzeit führen, wenn beispielsweise versehentlich dem Inhalt eines Labels ein Steuerelement zugewiesen wird:
>
> `<Label Content=„{x:Reference FehlerTextBox}„ />`
>
> In diesem Fall wird dem Label die `TextBox` als Inhalt zugewiesen, wodurch diese versehentlich zwei mal auf der Oberfläche existieren würde. Da dies nicht funktionieren kann, wird von der WPF eine Ausnahme geworfen. ■

Diese Zuweisung hätte grundsätzlich auch im Code erfolgen können und wäre daher identisch mit den folgenden Zeilen.

```
FirstnameLabel.Target = FirstnameTextBox;
```

Mit der Datenbindung lässt sich aber noch mehr anstellen, als dass man nur bloße Verweise von Steuerelementen zuweist. Mit der Eigenschaft `Path` lassen sich nun wieder sehr genau die Eigenschaften heraussuchen, an denen man besonders interessiert ist.

```
<TextBlock
    Text="{Binding ElementName=FirstnameTextBox, Path=Name}" />
```

In diesem Beispiel wird aus dem Steuerelement des vorherigen Beispiels die Eigenschaft `Name` ausgelesen. Im `TextBlock` wird dadurch immer der aktuelle Wert aus dem Texteingabefeld angezeigt. Diese Verknüpfung oder dieser Verweis funktioniert auch hier wieder vollständig ohne Programmcode. Ereignisse oder manuelles Zuweisen sind daher ebenso wenig erforderlich wie bei einer Datenbindung mit einem „echten" Datenobjekt. Diese Funktionalität steht allerdings bei `x:Reference` nicht zur Verfügung, da man damit nur einfache Verweise auf Steuerelemente setzen kann.

Listing 8.61 Steuerelemente ohne Programmlogik miteinander verbinden

```
<Window xmlns="..." xmlns:x="...">
  <Grid>
    <Grid.RowDefinitions>
      <RowDefinition />
      <RowDefinition />
      <RowDefinition />
    </Grid.RowDefinitions>

    <Button Name="TestButton" Grid.Row="0" Opacity="1.0">
      <Button.LayoutTransform>
        <RotateTransform Angle="0.00" />
      </Button.LayoutTransform>
    </Button>

    <Slider
        Grid.Row="1"
        Minimum="0" Maximum="1"
        Value="{Binding ElementName=TestButton, Path=Opacity}" />

    <Slider
        Grid.Row="2"
        Minimum="0" Maximum="359"
        Value="{Binding
            ElementName=TestButton,
            Path=LayoutTransform.Angle}" />
  </Grid>
</Window>
```

Hier in diesem Beispiel wird eine Schaltfläche mithilfe von zwei Slidern manipuliert, mit denen jeweils die Transparenz und der Winkel des Steuerelements verändert werden können. Die Slider greifen hierfür über eine normale Datenbindung auf das Element `TestButton` zu und verwenden dort über die Angabe `Path` jeweils die Eigenschaften `Opacity` und `LayoutTransform.Angle`. Das Ergebnis dieses Beispiels ist in Bild 8.18 zu sehen.

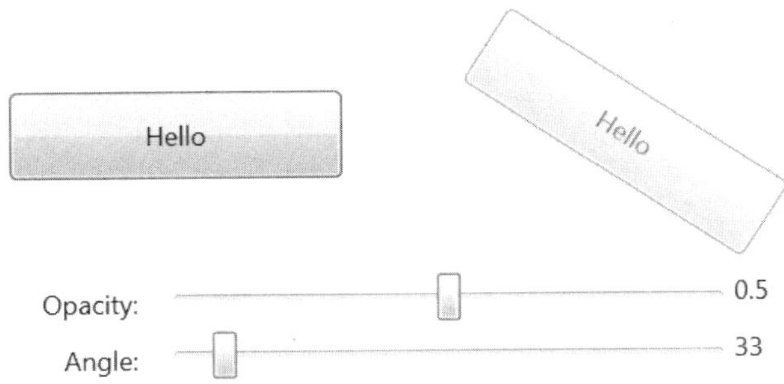

Bild 8.18 Durchsichtigkeit und Winkel eines Steuerelements lassen sich ohne eine Zeile Code verändern.

8.8.2 Relative Bezüge

Damit Steuerelemente miteinander verbunden werden können, müssen diese nicht notwendigerweise einen Namen besitzen. In den vorherigen Beispielen wurde in der Datenbindung immer explizit der Name des Steuerelements angegeben, auf das zugegriffen werden soll. Diese Angabe ist nicht immer notwendig oder kann manchmal auch nicht vorgenommen werden. In solchen Fällen eignen sich daher die relativen Angaben, mit denen man durch den Visual Tree navigieren kann.

Grundlage hierfür ist die Angabe von `RelativeSource` in der Datenbindung, die in verschiedenen Modi betrieben werden kann.

Listing 8.62 Ein übergeordnetes Element anhand seines Typs finden

```
<Window xmlns="..." xmlns:x="...">
  <TextBlock Text="{Binding
      RelativeSource={RelativeSource
          Mode=FindAncestor,
          AncestorType={x:Type Window}},
      Path=ActualWidth}" />
</Window>
```

In diesem Beispiel wird in `RelativeSource` der Modus `FindAncestor` eingestellt, mit dem ein übergeordnetes Steuerelement (also ein Vorfahre) aufgesucht werden kann. Hierfür ist zwingend die Angabe von `AncestorType` erforderlich, da die Datenbindung ansonsten nicht weiß, nach was gesucht werden soll. Hier wird einfach der Typ des gewünschten Steuerelements hinterlegt – in diesem Fall die Klasse `Window`.

Bei der Datenbindung wird nun der Visual Tree Schritt für Schritt nach oben durchgegangen, bis das erste Steuerelement gefunden wird, das auf die Klasse `Window` hört.

Zusätzlich kann bei `RelativeSource` auch mit `AncestorLevel` die Stufe angegeben werden, bei der das Steuerelement erwartet wird. Das ist besonders dann nützlich, wenn mehrere Steuerelemente vom gleichen Typ ineinander verschachtelt sind und von der Datenbindung nicht gleich das erstbeste verwendet werden soll.

```
<Window xmlns="..." xmlns:x="...">
  <Grid Width="400">
```

```
    <Grid Width="300">
      <Grid Width="200">
        <TextBlock Text="{Binding
            RelativeSource={RelativeSource
                Mode=FindAncestor,
                AncestorType={x:Type Grid},
                AncestorLevel=2},
            Path=ActualWidth}" />
      </Grid>
    </Grid>
  </Grid>
</Window>
```

In diesem Beispiel wird mit `AncestorLevel` angegeben, dass nicht das erste Grid das Ziel der Datenbindung ist, sondern erst das zweite, das eine Breite von 300 Pixeln besitzt.

Die Navigation über relative Pfade ist allerdings wenig komfortabel und erfordert bei der Datenbindung mehr Schreibaufwand. Zudem ist das Zielen weniger exakt, da die gewünschten Steuerelemente auch umplatziert und dadurch versehentlich ähnliche Steuerelemente verwendet werden können. Bei der Verwendung innerhalb eines `DataTemplates` stellt dies aber die einzige Möglichkeit dar, um an die Informationen des übergeordneten Steuerelemts zu gelangen, wie an dem folgenden Beispiel der `ListBox` zu sehen ist.

Listing 8.63 Relative Datenbindungen in einem DataTemplate

```
<ListBox>
  <ListBox.ItemTemplate>
    <DataTemplate>
      <CheckBox
          IsChecked="{Binding RelativeSource={RelativeSource
                          Mode=FindAncestor,
                          AncestorType={x:Type ListBoxItem}},
                      Path=IsSelected}"
          Content="{Binding}" />
    </DataTemplate>
  </ListBox.ItemTemplate>
</ListBox>
```

Das `DataTemplate` sollte alleine für die Darstellung der Daten zuständig sein. In diesem Fall wird jedoch zusätzlich die Information benötigt, ob der Eintrag der `ListBox` ausgewählt worden ist. Dies kann insbesondere dann nützlich sein, wenn bei selektierten Einträgen andere oder zusätzliche Inhalte angezeigt werden sollen. In diesem Fall wird einfach der Wert einer `CheckBox` durch die Selektion geändert. Hierfür muß lediglich durch die relative Datenbindung Bezug auf das Steuerelement vom Typ `ListBoxItem` genommen werden, um von ihm den Wert der Eigenschaft `IsSelected` auszulesen.

Mit der Angabe von `RelativeSource` kann aber nicht nur ein fremdes Steuerelement angesprochen werden – auch auf sich selbst kann man hierüber verweisen.

Listing 8.64 Mit RelativeSource auf das eigene Steuerelement verweisen

```
<Rectangle
    Width="200"
    Height="{Binding
        RelativeSource={RelativeSource Self},
        Path=Width}" />
```

In diesem Beispiel wird mit einer Datenbindung auf das eigene Steuerelement zugegriffen. Ohne die Angabe von `RelativeSource` würde standardmäßig der aktuell gesetzte Datenkontext verwendet werden, der aber in diesem Fall nicht von Interesse ist. Stattdessen wird mit `Self` auf das eigene Steuerelement verwiesen und die Eigenschaft `Width` ausgelesen. Durch diese Angabe wird das `Rectangle` immer quadratisch dargestellt, ohne dass für dieses extra ein Name vergeben werden musste.

Neben den relativen Bezügen gibt es noch andere interessante Modi, die von `RelativeSource` unterstützt werden. In Tabelle 8.1 ist eine Auflistung dieser Modi zu finden.

Tabelle 8.1 Die möglichen Modi von RelativeSource

Modus	Beschreibung
`Self`	Verweis auf das eigene Steuerelement
`TemplatedParent`	Verweis auf das eigene Steuerelement in einem Template (mit `Self` würde man hier das `ControlTemplate` erhalten und nicht das Steuerelement)
`PreviousData`	In einer Auflistung kann hierüber der vorherige Datensatz abgerufen werden.
`FindAncestor`	Relative Navigation durch den Visual Tree, mit der Hilfe des gewünschten Typs und des Levels

8.9 Navigation

Neben der reinen Darstellung von Daten ist auch die Navigation für den Anwender ein nicht zu vernachlässigender Aspekt. Eine Anwendung kann schnell an Produktivität verlieren, wenn der Datenbestand ein bestimmtes Limit überschreitet und man als Anwender den Überblick verliert. Um diesen Effekt zu verringern, können verschiedene Techniken eingesetzt werden, wie beispielsweise die Anzeige von Detailinformationen oder die Unterstützung von Sortier- oder Filtermechanismen.

Diese Features sind mit reinen WPF-Mitteln sehr schnell umzusetzen, da hierzu bereits einige fertige Komponenten enthalten sind.

8.9.1 Master-/Detail-Ansicht

Bei einer Master-/Detail-Ansicht wird meistens für eine Liste ein zusätzlicher Bereich zur Unterstützung eingeblendet, in dem weitere Informationen des ausgewählten Eintrages angezeigt werden. Die eigentliche Liste kann so kompakter und übersichtlicher gehalten werden, damit der Anwender nicht mit einer Fülle an Informationen „erschlagen" wird. Interessiert man sich für weitere Details, reicht die Auswahl des entsprechenden Eintrages, um im Detailbereich weitere Informationen zu erhalten. Das Öffnen eines zusätzlichen Fensters könnte so zum Auslesen von Informationen weitestgehend verhindert werden.

Grundlage für die Darstellung ist meist eine ListView, da sie über die GridView mehr Informationen in weiteren Spalten anzeigen kann. Sie dient als Master-Ansicht, aus welcher der Anwender den Eintrag selektieren soll.

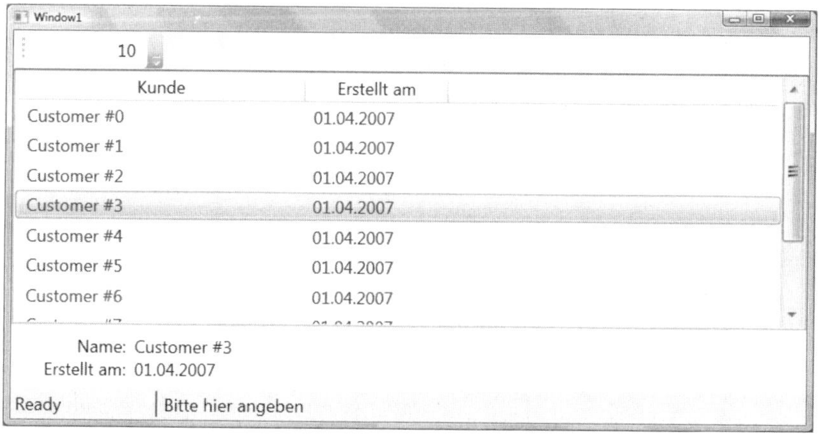

Bild 8.19 Die Details des ausgewählten Eintrages werden automatisch im Grid angezeigt.

Zusätzliche Spalten können mit GridViewColumn hinzugefügt werden. Mit der Angabe von DisplayMemberBinding kann jeweils der Pfad zu den gewünschten Daten angegeben werden, wie er auch schon beim DataBinding verwendet wurde.

Listing 8.65 Eine einfache Auflistung, die als Master-Ansicht dient

```
<ListView>
  <ListView.ItemsSource>
    <Binding Source="{StaticResource CustomerSearch}" />
  </ListView.ItemsSource>
  <ListView.View>
    <GridView>
      <GridViewColumn
          Header="Bezeichnung"
          DisplayMemberBinding="{Binding Name}" />
      <GridViewColumn
          Header="Erstellt am"
          DisplayMemberBinding="{Binding Created}" />
    </GridView>
  </ListView.View>
</ListView>
```

Diese Angabe ist für eine einfache Auflistung der Daten ausreichend. Wird allerdings mehr Flexibilität bei der Darstellung der Inhalte benötigt, muss stattdessen mit Templates gearbeitet werden. Eigene Templates können sowohl für die einzelne Zelle als auch für die Kopfzeile der Spalte angegeben werden. Die Angabe von DisplayMemberPath und einem Template schließen sich aber gegenseitig aus – sobald man mit Datenbindungen arbeitet, wird das Template ignoriert.

Die ListView kann nun sehr einfach zu einer Master-/Detail-Ansicht ausgebaut werden. Hierfür werden dem Anwender die Details des ausgewählten Eintrages in einem separaten Panel angezeigt. In Bild 8.19 ist bereits das fertige Ergebnis dieser Darstellung zu sehen.

Zur Vorbereitung muss hierfür zuerst in der `ListView` die Eigenschaft `IsSynchronizedWithCurrentItem` auf `True` gesetzt werden. Dadurch wird der vom Anwender ausgewählte Eintrag in der WPF zwischengespeichert.

Listing 8.66 Der ausgewählte Eintrag der Master-Liste muss mit der Datenquelle synchronisiert werden.

```
<ListView IsSynchronizedWithCurrentItem="True">
  <ListView.ItemsSource>
    <Binding Source="{StaticResource CustomerDataProvider}" />
  </ListView.ItemsSource>
  <ListView.View>...</ListView.View>
</ListView>
```

In diesem Fall wird die `ListView` mit Daten aus einem `ObjectDataProvider` befüllt. Die hier gezeigten Techniken arbeiten aber allesamt unabhängig von der gewählten Datenquelle, sodass die Beispiele ebenso gut mit XML-Daten oder einem Array funktionieren würden.

Für die Umsetzung der Detail-Ansicht ist nicht mehr viel zusätzliche Arbeit erforderlich. Um den Code zu reduzieren, wurden allerdings die gestalterischen Aspekte ausgelassen.

```
<TextBlock>
  <TextBlock.Text>
    <Binding
        Source="{StaticResource CustomerDataProvider}"
        Path="Name" />
  </TextBlock.Text>
</TextBlock>
```

In diesem `TextBlock` soll der Name des ausgewählten Kunden angezeigt werden. Hierfür wird über eine Datenbindung auf die Ressource des `ObjectDataProvider` zurückgegriffen. Über die Angabe von `Path` wird dann auf die Eigenschaft `Name` des Datenobjekts verwiesen.

Beachten Sie bei diesem Beispiel, dass sowohl die `ListView` als auch der `TextBlock` dieselbe Datenquelle verwenden. Normalerweise würde man davon ausgehen, dass auch die Auflistung der Kunden an den `TextBlock` gebunden wird und nicht nur der aktuell ausgewählte Eintrag. Hinter dieser Technik steckt aber keine Magie – vielmehr handelt es sich um einen Fallback-Mechanismus der WPF, der ausnahmsweise bei Auflistungen greift.

Die Datenbindung greift über die angegebene Datenquelle auf eine `Collection` oder auf ein `Array` zurück. Diese enthält allerdings nicht die Eigenschaft `Name`, die über den `Path` angegeben wurde. Als Alternative verwendet die WPF nun das Datenobjekt, das der Anwender zurzeit ausgewählt hat. Da dies ein Objekt vom Typ `Customer` ist, das die gewünschte Eigenschaft `Name` enthält, werden diese Daten angezeigt.

> **!** Beachten Sie, dass der beschriebene Fallback-Machanismus nur funktioniert, wenn beim `DataBinding` der Pfad angegeben wurde und dieser auch nicht in der Auflistung (z. B. `Array` oder `Collection`) gefunden werden kann. ■

Um bei der Datenbindung den beschriebenen Fallback-Mechanismus zu verhindern, kann man in dem Pfad auch explizit mit `CurrentItem` auf den ausgewählten Eintrag des Anwenders zugreifen.

```
<Binding
    Source="{StaticResource CustomerDataProvider}"
    Path="CurrentItem.Name" />
```

Ist man nicht an bestimmten Eigenschaften oder Detailinformationen interessiert, kann mittels `CurrentItem` auch das Datenobjekt selbst angesprochen werden.

```
<Binding
    Source="{StaticResource CustomerDataProvider}"
    Path="CurrentItem " />
```

Diese Angabe würde mit dem Fallback-Mechanismus so nicht funktionieren, da von der WPF ohne Angabe des Pfades einfach die gesamte Auflistung und nicht nur der ausgewählte Eintrag zurückgegeben wird.

> Die Eigenschaft `CurrentItem` kann nur dann ausgelesen werden, wenn bei der `ListView` die Option `IsSynchronizedWithCurrentItem` aktiviert worden ist. Die Option muss explizit aktiviert werden, da man dadurch Seiteneffekte verhindern wollte, die den Entwickler verwirren können.

Die Angabe des Pfades in der Datenbindung der Detail-Ansicht kann aber noch deutlich kürzer ausfallen. Um die wiederholenden Angaben von `CurrentItem` zu vermeiden, hat man sich hierfür eine simple Abkürzung einfallen lassen: den Schrägstrich. Das dürfte zwar bei Weitem nicht die beste Lösung gewesen sein, da die neue Syntax eher seltsam anmutet und auch mit einem `XPath`-Audruck verwechselt werden kann. Sie reduziert dennoch die Angaben auf ein mögliches Minimum, wie der Vergleich der drei Varianten zeigt.

```
{Binding Path=CurrentItem.Name}
{Binding Path=/Name}
{Binding /Name}
```

Das Ergebnis aller drei Datenbindungen ist dasselbe. Mit dem Schrägstrich wird einfach die Angabe von `CurrentItem` im zweiten und dritten Beispiel ersetzt. Direkt dahinter folgt die gewünschte Eigenschaft des Datenobjektes.

Möchte man direkt auf das Datenobjekt in `CurrentItem` zurückgreifen, kann die Angabe sogar nochmals deutlich kürzer ausfallen.

```
{Binding Path=CurrentItem}
{Binding Path=/}
{Binding /}
```

Auch hier wird wieder der Schrägstrich durch `CurrentItem` ersetzt.

Doch woher kommt die Angabe `CurrentItem`? Auch hinter dieser Technik steckt keine Magie, sondern lediglich eine Hilfsklasse in Form von der `CollectionView`. Hierbei handelt es sich um eine Art Zwischenschicht, die automatisch von der WPF bei der Verwendung von Listen eingefügt wird. In Bild 8.20 ist das Prinzip dargestellt.

Bild 8.20 Die CollectionView wird automatisch zwischen Daten und Datenbindung eingefügt.

Die Klasse `CollectionView` ist es auch, welche die Eigenschaft `CurrentItem` für die Detail-Ansicht bereitstellt. Und auch die `ListView` greift auf dieselbe Instanz von der `CollectionView` zurück und legt (dank der gesetzten Option von `IsSynchronizedWithCurrentItem`) den ausgewählten Eintrag unter `CurrentItem` ab. Der gesamte Ablauf der Master-/Detail-Ansicht ist deswegen überhaupt erst möglich, weil die gesamte Koordination über die `CollectionView` erfolgt.

Die verwendete `CollectionView` kann man auch aus dem eigenen Programmcode aufrufen. Die WPF erzeugt für Listen eine Standardansicht, die über die Klasse `CollectionViewSource` abgerufen werden kann.

```
ICollectionView view = CollectionViewSource.GetDefaultView(data);
```

Die Methode `GetDefaultView()` gibt die aktuelle `CollectionView` der Daten zurück, die ihr als Parameter übergeben wurde.

Für den Zugriff auf eine `CollectionView` sollte nach Möglichkeit immer nur das Interface `ICollectionView` verwendet werden. Es gibt im System zwar bislang nur eine Basisklasse (mit einigen spezialisierten Klassen), doch bindet man sich mit dem Interface weniger eng an eine bestimmte Klasse.

Wenn jedoch ein `DataProvider` verwendet wird, muss dieser zuerst aus den Ressourcen geholt werden, bevor er als Parameter der Methode `GetDefaultView()` übergeben werden kann.

```
// DataProvider aus der Ressource holen
ObjectDataProvider provider;
provider = (ObjectDataProvider )FindResource("CustomerSearch");

// ViewCollection holen
ICollectionView view;
view = CollectionViewSource.GetDefaultView(provider.Data);
```

Man sollte darauf achten, dass beim Holen der `CollectionView` nicht der `DataProvider` oder die Ressource selbst übergeben werden, sondern explizit die Daten über die Eigenschaft `Data` angesprochen werden. Ansonsten würde nämlich anstelle der vorhandenen `CollectionView` eine neue für die Instanz des `DataProviders` erzeugt werden.

> **!** Beachten Sie, dass die `CollectionView` nicht von dem Steuerelement oder der Datenbindung abhängig ist, sondern von der Datenquelle. ■

Über die `CollectionView` kann nun direkter Einfluss auf die Navigation genommen werden. Neben der bereits erwähnten Eigenschaft `CurrentItem` gibt es hier nämlich auch zahlreiche Methoden zur Steuerung der Navigation. So kann die Position von `CurrentItem` mit der Methode `MoveCurrentToNext()` einfach auf den nächsten Eintrag in der Liste gesetzt werden.

Listing 8.67 Position von CurrentItem ändern

```
view.MoveCurrentToNext();
```

Die Klasse `CollectionView` enthält noch zahlreiche weitere Methoden, mit denen sich die Position von `CurrentItem` verändern lässt. Eine Übersicht dieser Methoden finden Sie in Tabelle 8.2.

Tabelle 8.2 Die Methoden zur Navigation in der CollectionView

Methode	Beschreibung
`MoveCurrentTo()`	`CurrentItem` wird auf den angegebenen Eintrag gesetzt (ein Datenobjekt wird hierfür verwendet).
`MoveCurrentToPosition()`	`CurrentItem` wird auf die angebende Position gesetzt.
`MoveCurrentToFirst()`	`CurrentItem` wird auf den ersten Eintrag der Liste gesetzt.
`MoveCurrentToLast()`	`CurrentItem` wird auf den letzten Eintrag der Liste gesetzt.
`MoveCurrentToNext()`	`CurrentItem` auf den nächsten Eintrag setzen (dieser kann damit auch hinter den letzten Eintrag gesetzt werden).
`MoveCurrentToPrevious()`	`CurrentItem` auf den vorherigen Eintrag setzen (dieser kann damit auch vor den ersten Eintrag gesetzt werden).

Mit der Klasse `CollectionView` kann aber noch einiges mehr erreicht werden. Dank dieser Zwischenschicht ist es nun problemlos möglich, diese auch zum Sortieren, Filtern oder sogar zum Gruppieren der Daten zu verwenden. Die Originaldaten werden hierfür nicht angerührt; lediglich die Darstellung wird über die `CollectionView` verändert.

8.9.2 Sortieren

Um die Liste zu sortieren, muss als Erstes ein Sortierkriterium über eine Hilfsklasse namens `SortDescription` definiert werden. Diese wird dann der `CollectionView` über die Eigenschaft `SortDescriptions` zugewiesen. Da diese als Liste definiert wurde, können auch hier problemlos mehrere Sortierkriterien angegeben werden, die nacheinander abgearbeitet werden. So kann man beispielsweise Personen erst nach dem Nachnamen und zusätzlich noch nach dem Vornamen sortieren.

Listing 8.68 Sortierungen der CollectionView angeben

```
view.SortDescriptions.Clear();
view.SortDescriptions.Add(
  new SortDescription("Lastname", ListSortDirection.Ascending));
view.SortDescriptions.Add(
  new SortDescription("Firstname", ListSortDirection.Ascending));
```

Hier werden der CollectionView zwei neue Sortierkriterien hinzugefügt, die auf die Eigenschaften Lastname und Firstname angewendet werden. Außerdem soll die Sortierung bei beiden Kriterien aufsteigend erfolgen. Um nicht versehentlich mehrere Sortierungen zu kombinieren, sollte man vorher die Liste mit der Methode Clear() leeren.

Dieser Programmcode kann nun entweder über Buttons und Menüeinträge aufgerufen werden – oder man unterstützt stattdessen den Klick auf die Spaltenköpfe der ListView. Dieses Verhalten hat sich mittlerweile als Standard etabliert und wird daher bereits von den meisten Anwendern vorausgesetzt.

Der Klick auf die Spaltenköpfe kann über eine zentrale Ereignisbehandlung abgefangen werden. Hierzu wird einfach in der ListView das Attached Event Click aus der Klasse GridViewColumnHeader hinzugefügt.

```
<ListView
    Name="ListView1" ItemsSource="..."
    GridViewColumnHeader.Click="ListView1_Sort">
  ...
</ListView>
```

In der angegebenen Ereignisbehandlung kann nun die Sortierung vorgenommen werden.

```
protected void ListView1_Sort(object sender, RoutedEventArgs e)
{
  ObjectDataProvider provider;
  provider = FindResource("CustomerSearch") as ObjectDataProvider;

  ICollectionView view;
  view = CollectionViewSource.GetDefaultView(provider.Data);

  view.SortDescriptions.Clear();
  view.SortDescriptions.Add(
      new SortDescription("Name", ListSortDirection.Descending));
  view.Refresh();
}
```

Um für den Anwender die gewohnte Bedienung bei der Sortierung zu ermöglichen, sollten nach dem Sortieren die Kriterien zwischengespeichert werden, damit beim nächsten Klick auf dieselbe Spalte die Sortierreihenfolge einfach umgekehrt werden kann.

8.9.3 Gruppieren

Die Liste kann ebenfalls in Gruppen eingeteilt werden. Hierfür wird die Liste anhand der Klasse GroupDescription untersucht, die den Gruppennamen eines jeweiligen Eintrages zurückgibt. Die Klasse selbst ist allerdings abstrakt und kann daher nicht verwendet werden. Vielmehr gibt es eine spezialisierte Klasse namens PropertyGroupDescription, mit der die Werte mittels Reflection aus einer Eigenschaft ausgelesen und zum Gruppieren verwendet werden.

```
view.GroupDescriptions.Add(
    new PropertyGroupDescription("Created.Year"));
```

In dieser Definition wird eine neue GroupDescription erstellt, welche die Eigenschaft Created.Year für die Gruppierung verwendet.

Leider unterscheidet sich die Verwendung der Gruppierung durch die Implementierung der Klassenhierarchie erheblich von der der Sortierung. Hier hätte man sich zumindest auf eine gleiche Namenskonvention einigen sollen.

Mit diesem Kriterium werden die Einträge bereits gruppiert – allerdings wirkt sich das noch nicht auf die Darstellung der Liste aus. Hierzu muss erst beschrieben werden, wie die Gruppen dargestellt werden sollen. In der ListView wird die Eigenschaft GroupStyle bereitgestellt, mit der ein Template zur Gruppierung angegeben werden kann.

Listing 8.69 Einträge in einer ListView gruppieren

```
<ListView>
  <ListView.GroupStyle>
    <GroupStyle>
      <GroupStyle.HeaderTemplate>
        <DataTemplate>
          <Border
              BorderBrush="Black"
              BorderThickness="0 2 0 0">
            <TextBlock
                Text="{Binding Path=Name}"
                FontWeight="Bold" FontStyle="Italic" />
          </Border>
        </DataTemplate>
      </GroupStyle.HeaderTemplate>
    </GroupStyle>
  </ListView.GroupStyle>
</ListView>
```

Die Klasse GroupStyle ist etwas umfangreicher implementiert als die herkömmliche Klasse Style. Sie verfügt über die Eigenschaft HeaderTemplate, mit der das DataTemplate für die Darstellung der Kopfzeile angegeben werden kann.

In diesem Template steht dann für die Datenbindung ein Objekt vom Typ CollectionViewGroup bereit, das die entsprechende Gruppe repräsentiert. Neben der Eigenschaft Name, welche die Bezeichnung der aktuellen Gruppe wiedergibt, kann man über ItemCount auch die Anzahl der Elemente abfragen und mit Items sogar auf die Elemente selbst zugreifen.

[!] Vorsicht ist beim Umgang mit XML-Daten geboten. In diesem Fall wird über die Eigenschaft PropertyName der GroupDescription nicht eine Eigenschaft angegeben, die mittels Reflection aus der Klasse ausgelesen wird. Stattdessen ist hier eine Fallunterscheidung eingebaut, die bei XML-Daten automatisch auf XPath umschwenkt. Diese Unterscheidung ist in diesem Fall leider nicht ganz so offensichtlich, wie man es bei der Datenbindung gesehen hat. ■

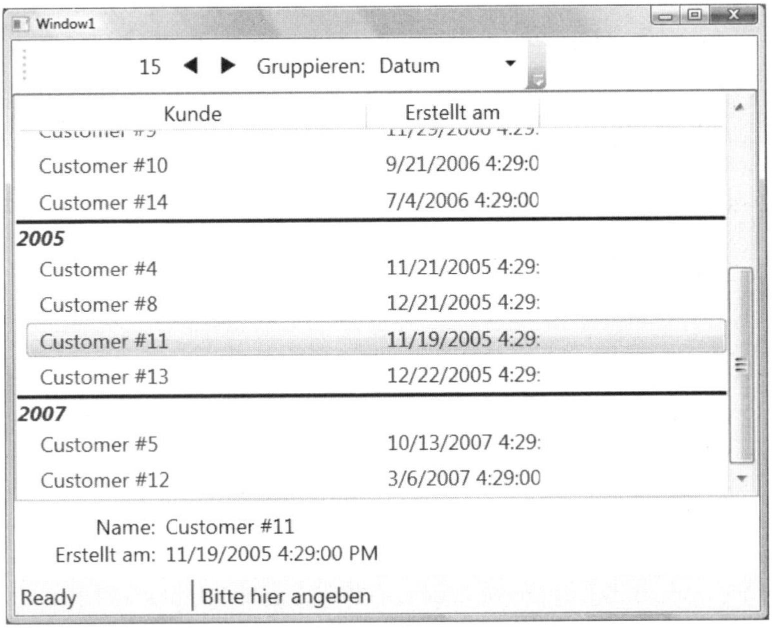

Bild 8.21 Die Einträge in einer ListView wurden nach Jahreszahlen gruppiert.

8.9.4 Filtern

Mit der `CollectionView` können ebenfalls Daten gefiltert werden. Hierfür ist keine separate Abfrage notwendig, und auch die zugrunde liegenden Daten werden hierfür wieder nicht geändert. Es handelt sich also nur um eine Anpassung der Darstellung, bei der einige Einträge ausgeblendet werden.

Dafür ist allerdings wieder Programmcode erforderlich, mit dem Eintrag für Eintrag entschieden werden kann, ob sie angezeigt oder ausgefiltert werden sollen. Zur Überraschung einiger Leser wird dieser Teil des Programmcodes dieses Mal nicht in einer eigenen Klasse implementiert, sondern über ein Ereignis von der `CollectionView` aufgerufen.

Listing 8.70 Filter-Funktion einer CollectionView hinzufügen

```
ObjectDataProvider provider;
provider = FindResource("CustomerSearch") as ObjectDataProvider;

ICollectionView view;
view = CollectionViewSource.GetDefaultView(provider.Data);
view.Filter += CustomerSearch_Filter;
```

In diesem Fall wird zuerst die zuständige `CollectionView` von dem `ObjectDataProvider` aufgerufen. In der letzten Anweisung wird dann die Ereignisbehandlung zugewiesen, über welche die Filterung stattfinden soll.

```
protected void CustomerSearch_Filter(object sender,
    FilterEventArgs e)
{
```

```
  Customer customer = e.Item as Customer;
  if (customer.Lastname == "Müller")
    e.Accepted = true;
  else
    e.Accepted = false;
}
```

In der Ereignisbehandlung kann das aktuelle Objekt über die Eigenschaft `Item` aus dem `EventArgs` ausgelesen werden. Entspricht das den Filterkriterien, kann es mit der Eigenschaft `Accepted` entweder angezeigt oder ausgeblendet werden.

8.9.5 CollectionView

Auf den vorherigen Seiten wurde stets die `CollectionView` mit dem Namen `DefaultView` verwendet, die automatisch vom System angelegt wurde. Man kann aber ebenfalls eine eigene Instanz erzeugen, mit der man eine separate Ansicht auf eine Datenquelle erstellen kann. Das hat den Vorteil, dass für die unterschiedlichen Darstellungen nur eine Datenquelle benötigt wird. Ruft die beispielsweise Daten über einen langsamen Webservice ab, muss das Abrufen nur einmal erfolgen, da die Daten über unterschiedliche Views aufbereitet werden können.

Eine neue `CollectionView` kann am einfachsten direkt in XAML als Ressource definiert werden.

Listing 8.71 Eine eigene CollectionView erstellen

```
<Window xmlns="..." xmlns:x="...">
  <Window.Resources>
    <ObjectDataProvider x:Key="DataProvider" .../>

    <CollectionView
        x:Key="CategoryView"
        Source="{StaticResource DataProvider}">
      <CollectionView.GroupDescriptions>
        <PropertyGroupDescritpion PropertyName="Created.Year"/>
      </CollectionView.GroupDescriptions>
    </CollectionView>
  </Window.Resources>

  <ListView ItemsSource="{Binding
      BindsDirectlyToSource=True,
      Source={StaticResource CategoryView},
      Path=Groups}" />
</Window>
```

In diesem Beispiel werden über einen `ObjectDataProvider` die Kundendaten für die Darstellung abgerufen. Die Daten werden aber nicht direkt an ein Steuerelement gebunden, sondern erst durch eine `CollectionView` geschleust, in der diese erst nach Jahreszahlen gruppiert werden.

In einer `ListView` können diese Daten nun angezeigt werden, die von der `CollectionView` vorsortiert und fertig gruppiert worden sind. Ein manuelles Abfragen der `CollectionView` im Programmcode ist damit nicht mehr erforderlich.

Die ListView in diesem Beispiel interessiert sich allerdings nicht für die Daten selbst, sondern für die von der CollectionView erstellten Gruppen. Hierfür wird mittels BindsDirectlyToSource angegeben, dass man unmittelbar an der CollectionView interessiert ist. Mit Path wird dann auf die Eigenschaft Groups zugegriffen, welche die Auflistung der Gruppen enthält.

8.10 Validierung

Den Eingaben des Anwenders sollte man grundsätzlich skeptisch gegenüberstehen. Trotz mehreren Hinweisen kann es schnell passieren, dass eine Eingabe außerhalb eines gültigen Bereiches liegt oder gar ein Pflichtfeld übersehen worden ist. Die Eingaben müssen daher kontrolliert werden, bevor die Werte weiterverarbeitet werden. Das könnte schnell zu Inkonsistenzen in der Datenbank führen, oder darauf beruhende Berechnungen werden falsch ausgeführt. Im günstigsten Fall könnte einfach die Anwendung abstürzen - was trotzdem keinen guten Eindruck beim Anwender hinterlassen dürfte.

8.10.1 Validierungsregeln

In der WPF kann diese Aufgabe direkt von den Datenbindungen übernommen werden, da diese den direkten Kontakt mit dem Datenobjekt haben und auch für das Speichern der Werte zuständig sind. Sie bilden daher die ideale Möglichkeit, die Eingaben vor dem Speichern zu überprüfen bzw. das Speichern von falschen Daten zu verhindern. In Bild 8.22 ist dieses Prinzip veranschaulicht.

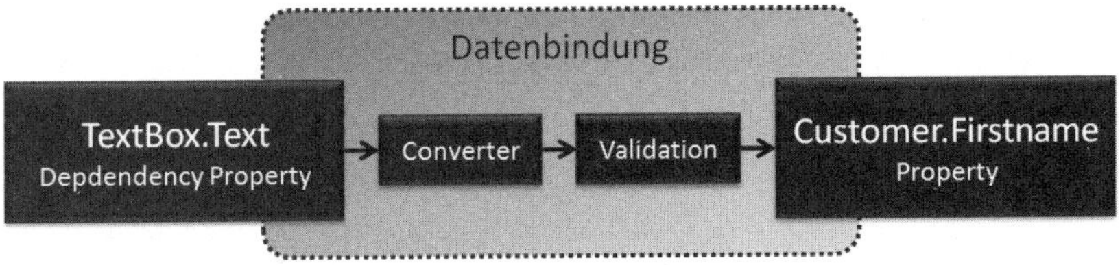

Bild 8.22 Eine der möglichen Positionen innerhalb einer Datenbindung, an der eine Validierung vorgenommen werden kann

Die Überprüfung kann dabei an unterschiedlichen Orten definiert sein. Eine Möglichkeit besteht darin, diese direkt vom Datenobjekt vornehmen zu lassen. Beim Versuch, den neuen Wert über den Setter der Eigenschaft zu speichern, kann dieser bei einem ungültigen Wert eine Ausnahme erzeugen.

```
public string Lastname
{
  get { return lastname; }
  set
  {
```

```
        if (String.IsNullOrEmpty(value))
          throw new ArgumentException(
              "Lastname ist ein Pflichtfeld", "value");
        lastname = value;
      }
    }
```

Damit die WPF mit dieser Ausnahme umgehen kann, muss die Datenbindung noch vorgewarnt werden. Hierfür gibt es die Eigenschaft `ValidationRules`, in der man angeben kann, welche Art von Fehler zu erwarten ist.

```
<TextBox>
  <TextBox.Text>
    <Binding Path="Lastname">
      <Binding.ValidationRules>
        <ExceptionValidationRule />
      </Binding.ValidationRules>
    </Binding>
  </TextBox.Text>
</TextBox>
```

Die Syntax hat man bei Microsoft im Laufe der Zeit noch etwas reduzieren können, sodass mit einer einfachen Eigenschaft das Prüfen auf eine Ausnahme aktiviert werden kann. Das Schreiben der Datenbindung fällt dadurch wieder deutlich kürzer aus.

```
<TextBox Text="{Binding
    Path=Lastname,
    ValidatesOnExceptions=True}" />
```

Mit der Eigenschaft `ValidatesOnExceptions` kann gesteuert werden, ob die Datenbindung beim Setzen auf eine Ausnahme reagieren soll. Das Beispiel funktioniert daher exakt wie das vorherige, benötigt aber deutlich weniger Zeilen Code.

Auf der Oberfläche bemerkt der Anwender den Fehler, indem das entsprechende Texteingabefeld einen roten Rahmen erhält. In Bild 8.23 wurde in dem oberen Texteingabefeld der Name nicht eingegeben, die daraufhin ihren fehlerhaften Status anzeigt. Die Darstellung des Fehlers lässt sich ebenfalls steuern (hierzu gleich mehr).

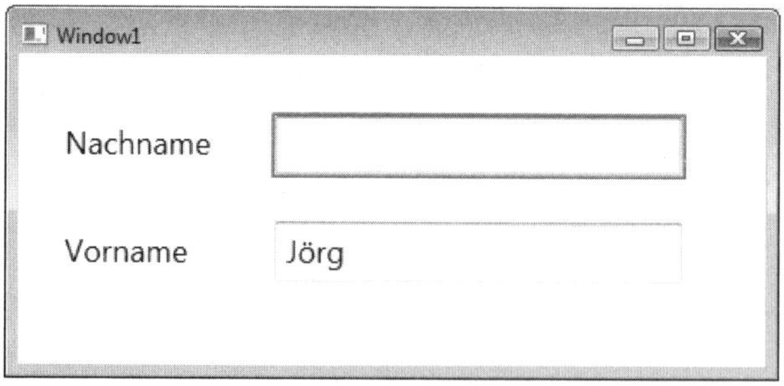

Bild 8.23 Bei einer Ausnahme wird das Texteingabefeld automatisch rot umrandet.

Das Validieren der Werte über Ausnahmen funktioniert auf diese Weise effektiv – diese Vorgehensweise ist aber eher mit einem Vorschlaghammer zu vergleichen. Ausnahmen sollten eigentlich (wie der Name schon sagt) auch nur in Ausnahmefällen erzeugt werden, wenn beispielsweise die Anwendung in einen nicht vorhersehbaren Zustand gerät, und nicht zur Prüfung der Eingaben. Eine Ausnahme bei einer fehlerhaften Eingabe sollte wenn überhaupt nur in allerletzter Konsequenz geworfen werden, wenn beispielsweise vorherige Prüfungen versagt haben sollten.

Um die Werte genauer zu überprüfen, kann aber auch selbst eine Regel erstellt werden bzw. eine sog. *ValidationRule*. In dem ersten Beispiel wurde eine Regel verwendet, die bereits vom .NET Framework bereitgestellt worden ist, jedoch nur auf Ausnahmen prüft. Eine eigene Regel kann dagegen die Werte sehr viel genauer überprüfen.

Eine Regel wird wieder in einer eigenen Klasse implementiert, die von der Basisklasse `ValidationRule` abgeleitet wird. Als einzige Methode muss hier `Validate()` überschrieben werden, über die der eingegebene Wert überprüft werden kann.

Listing 8.72 Eine eigene ValidationRule implementieren

```
public class RequiredValidationRule : ValidationRule
{
  public override ValidationResult Validate(object value,
      CultureInfo cultureInfo)
  {
    string s = (string)value;
    if (!String.IsNullOrEmpty(s))
        return ValidationResult.ValidResult;
    else
        return new ValidationResult(false, "Pflichtfeld");
  }
}
```

In diesem Beispiel wird lediglich mit der Methode `IsNullOrEmpty()` überprüft, ob der Anwender einen Wert eingegeben hat. Ein leeres Texteingabefeld wird so von der Regel als ungültig erklärt. Die Informationen über den entstandenen Fehler werden strukturiert in einem Objekt `ValidationResult` abgelegt. Der erste Parameter des Konstruktors gibt dabei an, ob der übergebene Wert gültig ist. Im Else-Block der If-Anweisung wird daher der erste Parameter auf `false` gesetzt. Zudem kann über den zweiten Parameter eine Beschreibung für den Anwender übergeben werden, der erklären kann, warum der eingegebene Wert ungültig ist.

Diese Regel kann nun, ähnlich wie in dem ersten Beispiel, in der Datenbindung des Texteingabefeldes über die Eigenschaft `ValidationRules` hinzugefügt werden.

Listing 8.73 Die Eingaben des Anwenders mit einer eigenen Regel validieren

```
<TextBox>
  <TextBox.Text>
    <Binding Path="Lastname">
      <Binding.ValidationRules>
        <local:RequiredValidationRule />
      </Binding.ValidationRules>
    </Binding>
  </TextBox.Text>
</TextBox>
```

In diesem Beispiel wird die Eingabe erst von der Validierungsregel überprüft, bevor sie in der Eigenschaft des Datenobjektes gespeichert wird.

Das Erstellen und Pflegen von Validierungsregeln ist allerdings aufwendig. Leider gibt es in der WPF kaum fertige Validierungsregeln, auf die man aufbauen könnte. Anders als unter ASP.NET stehen hier insgesamt nur zwei Klassen zur Verfügung. Zudem entsteht mit den Regeln eine Menge an zusätzlichem Code, der unter Umständen bereits in den Datenklassen vorhanden sein kann.

Unter Codeplex wird zu diesem Zweck eine nützliche (wenn auch kleine) Bibiliothek mit verschiedenen Validierungsregeln angeboten.

```
wpfvalidation.codeplex.com
```

Hier sind Standardfälle enthalten, die man auch aus ASP.NET her gewohnt ist, wie beispielsweise `RequiredValidationRule`, `LengthValidationRule`, `RangeValidationRule` oder `RegexValidationRule`.

8.10.2 Validierung mehrerer Datenbindungen

Da eine Validierung immer von einer einzelnen Datenbindung durchgeführt wird, können mit der bisher gezeigten Methode lediglich einzelne Werte überprüft werden. Sollen stattdessen weitere Werte zum Vergleich herangezogen werden, ist dies mit einer einfachen Implementierung von `ValidationRule` nicht mehr möglich. Hierfür können die gruppierten Datenbindungen verwendet werden, die sich ebenfalls mit einer eigenen `ValidationRule` überprüfen lassen. Dadurch können nicht nur einzelne Eigenschaften, sondern nun auch Daten als Ganzes überprüft werden.

Ähnlich wie bei einer einfachen Datenbindung besitzt die Klasse `BindingGroup` ebenfalls eine Eigenschaft namens `ValidationRules`, der man Instanzen der gewünschten Validierungsregeln zuweisen kann.

Listing 8.74 Mehrere Werte für eine Überprüfung auslesen

```
<Window
  xmlns="..." xmlns:x="..."
  xmlns:local="clr-namespace:BindingExample">

  <Window.BindingGroup>
    <BindingGroup>
      <BindingGroup.ValidationRules>
        <local:AddressValidationRule />
      </BindingGroup.ValidationRules>
    </BindingGroup>
  </Window.BindingGroup>

  <Grid VerticalAlignment="Top">
    <Grid.ColumnDefinitions>
      <ColumnDefinition Width="2*" />
      <ColumnDefinition Width="8" />
      <ColumnDefinition Width="3*" />
    </Grid.ColumnDefinitions>
    <Grid.RowDefinitions>
      <RowDefintion />
      <RowDefintion />
```

```
    </Grid.RowDefinitions>
    <Label Grid.Column="0" Grid.Row="0" Content="Postleitzahl" />
    <TextBox
      Grid.Column="2" Grid.Row="0"
      Text="{Binding Path=PostalCode}" />
    <Label Grid.Column="0" Grid.Row="1" Content="Ort" />
    <TextBox
      Grid.Column="2" Grid.Row="1"
      Text="{Binding Path=City}" />
  </Grid>
</Window>
```

In diesem Beispiel wird auf die eigene Validierungsregel namens `AddressValidationRule` verwiesen, um die Eingaben der Adressdaten zu überprüfen. Diese Regel soll überprüfen, ob in dem Formular von dem Anwender eine Postleitzahl und eine Stadt angegeben sind. Beide Eingabefelder sind keine Pflichtfelder, dürfen aber nur gemeinsam angegeben werden. Die Angabe des Städtenamens ohne eine Postleitzahl (oder umgekehrt) soll daher als Fehleingabe abgefangen werden. Zwei einfache Validierungen wären hier nicht ausreichend, da man so lediglich nur den Städtenamen oder nur die Postleitzahl überprüfen könnte.

Listing 8.75 Validierungsregel erstellen

```
public class AddressValidationRule : ValidationRule
{
  public ValidationResult Validate(object value, CultureInfo cultureInfo)
  {
    BindingGroup bindingGroup = (BindingGroup)value;
    Address address = (Address)bindingGroup.Items[0];

    object strPostalCode;
    bool postalCodeResult = bindingGroup.TryGetValue(
        address, "PostalCode", out strPostalCode);
    object strCity;
    bool cityResult = bindingGroup.TryGetValue(
        address, "City", out strCity);

    if (!postalCodeResult || !cityResult)
      return new ValidationResult(false, "Eigenschaften nicht gefunden");

    string postalCode = (string)strPostalCode;
    string city = (string)strCity;

    if (postalCode.Trim().Length > 0 && city.Trim().Length == 0)
      return new ValidationResult(false, "Stadt erforderlich");
    if (city.Trim().Length > 0 && postalCode.Trim().Length == 0)
      return new ValidationResult(false, "Postleitzahl erforderlich");

    return ValidationResult.ValidResult;
  }
}
```

Die Klasse wird mit derselben abstrakten Basisklasse `ValidationRule` erstellt, wie man es bereits einige Seiten zuvor mit einfachen Validierungen gesehen hat. Der Unterschied liegt allerdings im nachfolgenden Aufwand: In der Methode `Validate()` wird als Parameter value nun nicht mehr der Wert übermittelt, den es zu überprüfen gilt, sondern die Instanz von BindingGroup selbst. Daher müssen zu Beginn gleich mehrere Züge gemacht werden, um von dem Typ object an die BindingGroup zu kommen, die wiederum das gewünschte Objekt in der Eigenschaft Items beherbergt. Wie man sieht, handelt es sich hier um eine Auflistung, sodass man prinzipiell auch mehrere Objekte validieren könnte.

Mit diesem Datenobjekt können allerdings noch keine Überprüfungen vorgenommen werden, denn die Eingaben des Anwenders müssen zuvor validiert werden, bevor sie zurück in das Datenobjekt geschrieben werden. Die Klasse BindingGroup stellt hierfür mit der Eigenschaft BindingExpressions eine Auflistung aller Datenbindungen zur Verfügung, die für dieses Objekt in diesem Formular verwendet wurden. Diese könnte man nun Schritt für Schritt durchgehen, um die gewünschten Werte aus den Eingabefeldern auszulesen. Diese Schritte kann uns die Klasse BindingGroup abnehmen: Sie bietet mit den Methoden GetValue() und TryGetValue() die Möglichkeit an, die gewünschten Werte ohne Umwege auszulesen.

Die Methode nimmt drei Parameter an: Das Datenobjekt, den Pfad zu der gewünschten Eigenschaft und einen Ausgabeparameter, in dem der Wert zurückgegeben wird. Ob das Heraussuchen erfolgreich war, kann mit dem Rückgabewert der Methode überprüft werden (hier wird True bei Erfolg zurückgegeben).

Zur Veranschaulichung folgt nun noch mal ein Ausschnitt aus dem vorherigen Beispiel.

```
object strCity;
bool postalCodeResult = bindingGroup.TryGetValue(
    address, "PostalCode", out strPostalCode);
// ...
string postalCode = (string)strPostalCode;
```

Die Vorgehensweise ist zugegeben etwas aufwendig, zumal man als Ergebnis eine einfache Instanz vom Typ object erhält. Dieser Wert muss in einem nächsten Schritt erst in den benötigten Datentyp gebracht werden. Dieses Beispiel geht hierbei optimistisch vor und prüft daher nicht, ob der richtige Datentyp vorliegt.

In einem letzten Schritt können nun die benötigten Werte miteinander verglichen werden. Sollten die Eingaben gültig sein, kann als Ergebnis wieder die Konstante ValidationResult.ValidResult zurückgegeben werden.

Die Überprüfung über BindingGroup stellt (trotz ihres Aufwandes) das ideale Mittel dar, um mehrere Eingaben für eine Überprüfung zurate zu ziehen. Die einfachen Validierungen der jeweiligen Datenbindungen werden durch diesen Schritt nicht ersetzt. Vielmehr werden nun sowohl einzelne Validierungen als auch Validierungen in der BindingGroup vorgenommen – nur wenn niemand von seinem Vetorecht Gebrauch macht, werden die Eingaben zurück in das Datenobjekt geschrieben.

8.10.3 Validierung mittels Geschäftslogik

Unter Windows Forms wurden die eingegebenen Werte vom Datenobjekt selbst überprüft. Hierfür musste die Schnittstelle IDataErrorInfo implementiert werden, über welche die Validierungsregeln abgefragt werden konnten. Die gute Nachricht ist, dass auch diese Schnittstelle wieder unterstützt wird.

Listing 8.76 Die Schnittstelle IDataErrorInfo zur Validierung verwenden

```
public class Customer : IDataErrorInfo
{
  private string firstname;
  public string Firstname
  {
    get { return firstname; }
    set { firstname = value; }
  }

  public string this[string name]
  {
    get
    {
      if (name == "Firstname")
      {
        if (String.IsNullOrEmpty(firstname))
          return "Der Vorname fehlt";
      }
      return null;
    }
  }
}
```

Die Schnittstelle definiert als Einziges eine Eigenschaft namens `this`, über welche die jeweiligen Eigenschaften validiert werden können. Welche Eigenschaft überprüft werden soll, wird über den Parameter „name" übergeben. Die Bezeichnung „this" ist in diesem Fall ein Schlüsselwort, das dafür sorgt, dass man auf den Inhalt der Eigenschaft auch ohne Namen zugreifen kann.

```
string errorMsg = Customer["Firstname"];
```

In dieser Klasse wurde einfach die Überprüfung aus dem ersten Beispiel übernommen, die bei einem leeren Vornamen einen Fehler wirft. In diesem Fall werden allerdings keine strukturierten Daten verwendet, um den Fehler an das System weiterzugeben, sondern lediglich eine einfache Zeichenkette. Enthält diese einen Wert (also nicht `NULL`), wird dieses als Fehler gewertet.

Sollten vorhandene Projekte aus Windows Forms übernommen werden, können so die Validierungsregeln aus den Datenobjekten übernommen werden.

Die Überprüfung dieser Regeln findet mit der zweiten Validierungsregel `DataErrorValidationRule` statt, die von der WPF angeboten wird. Diese verwendet intern die Schnittstelle `IDataErrorInfo`, um die Validierung der jeweiligen Eigenschaft abzufragen.

Listing 8.77 Vergleich der Validierungsregeln

```
<!-- LANGE SCHREIBWEISE -->
<TextBox>
  <TextBox.Text>
    <Binding Path="Firstname">
      <Binding.ValidationRules>
        <DataErrorValidationRule />
      </Binding.ValidationRules>
    </Binding>
```

```
    </TextBox.Text>
</TextBox>

<!-- KURZE SCHREIBWEISE -->
<TextBox
    Text="{Binding
    Path=Firstname,
    ValidatesOnDataErrors=True}" />
```

Auch hier gibt es wieder eine lange und eine kurze Variante. Im oberen Beispiel ist zu sehen, wie die Validierungsregel explizit in der Eigenschaft `ValidationRules` hinzugefügt worden ist. Im zweiten Beispiel kann diese Angabe auf das simple Zuweisen der Eigenschaft `ValidateOnDataErrors` verkürzt werden.

8.10.4 Position der Validierung festlegen

Im Gesamtprozess, angefangen vom Auslesen des Wertes aus dem Eingabefeld über den Konverter bis hin zum Schreiben zurück in das Datenobjekt, hatten die Validierungen immer ihren vorgeschriebenen Platz. Dieser lag zwischen dem Auslesen aus dem Eingabefeld und dem (optional vorhandenen) Konverter. Mit der Eigenschaft `ValidationStep` kann nun festgelegt werden kann, an welchem Schritt die Validierung durchgeführt werden soll.

Die Eigenschaft ist vom gleichnamigen Enum `ValidationStep` und kann die folgenden Werte annehmen:

- `RawProposedValue` (der Standardwert): Die Eingabe wird vor dem Konvertieren überprüft (die Daten liegen also im „Roh"-Format vor).
- `ConvertedProposedValue`: Nachdem der Konverter die Eingabe in das gewünschte Zielformat gebracht hat, werden diese Validierungen durchgeführt.
- `UpdatedValue`: Diese Validierungen werden durchgeführt, nachdem die Werte bereits zurück in das Datenobjekt geschrieben worden sind. Sollte das Datenobjekt die Schnittstelle `IEditableObject` implementieren, können diese Änderungen noch rückgängig gemacht werden.
- `CommittedValue`: Nachdem die Änderungen im Datenobjekt mit der Methode `EndEdit()` bestätigt worden sind (sollte das Datenobjekt die Schnittstelle `IEditableObject` implementieren), werden diese Validierungen durchgeführt.

Schaut man sich die Klasse `BindingGroup` genauer an, wird man feststellen, dass ihr Schwerpunkt vor allem auf dem Validieren von Daten liegt. Das macht sich in den angebotenen Methoden bemerkbar, die im Wesentlichen auf den unterschiedlichen Stufen von `ValidationStep` basieren:

- `ValidateWithoutUpdate()` überprüft lediglich die Eingaben anhand der Validierungen, die mit `RawProposedValue` und `ConvertedProposedValue` gekennzeichnet sind, schreibt diese aber nicht zurück in das Datenobjekt.
- `UpdateSources()` macht das Gleiche, schreibt jedoch die Eingaben zurück in das Datenobjekt und führt abschließend die Validierungen durch, die mit `UpdatedValue` gekennzeichnet sind. Sollte das Datenobjekt die Schnittstelle `IEditableObject` implementieren, können diese Änderungen noch verworfen werden.

- CommitEdit() macht das Gleiche wie UpdateSources(), nur dass hier die abschließende Methode EndEdit() aufgerufen wird, sollte das Datenobjekt die Schnittstelle IEditableObject implementieren. Abschließend werden die Validierungen durchgeführt, die mit ComittedValue gekennzeichnet sind.

8.10.5 Fehler mit eigenen Templates anzeigen

Bislang zeigt das Texteingabefeld den Fehler mit einem unscheinbaren roten Rahmen an. Die Fehlermeldung, die entweder in der Validierungsregel oder in der Geschäftslogik zurückgegeben wurde, wird dagegen nicht angezeigt.

Um eine aussagekräftige Fehlermeldung anzuzeigen, kann wieder ein eigenes Template definiert werden. Beim Inhalt und der Gestaltung kann man die Fehlermeldung so an das Gesamtlayout der eigenen Anwendung anpassen.

Listing 8.78 Ein Texteingabefeld mit einem eigenen Fehler-Template erweitern

```
<Window xmlns="..." xmlns:x="...">
  <Window.Resources>

    <ControlTemplate x:Key="ErrorTemplate1">
      <StackPanel>
        <Border Background="Red" CornerRadius="3 3 0 0" Padding="3">
          <TextBlock Text="{Binding
             ElementName=Adorner1,
             Path=AdornedElement.(Validation.Errors)[0].ErrorContent}" />
        </Border>
        <Border BorderBrush="Red" BorderThickness="1">
          <AdornedElementPlaceholder Name="Adorner1" />
        </Border>
      </StackPanel>
    </ControlTemplate>
  </Window.Resources>

  <TextBox
      Validation.ErrorTemplate="{StaticResource ErrorTemplate1}"
      Text="{Binding Path=Firstname, ValidateOnDataErrors=True}" />
</Window>
```

Das Template für die Fehlermeldung wird wie ein gewöhnliches Template für ein Steuerelement definiert. In diesem Fall wird aber nicht die Darstellung des Steuerelements selbst verändert oder gar ausgetauscht – vielmehr wird es mit einem sog. *Adorner* dekoriert. Ein Adorner ist ein Element, das sich außerhalb des normalen Layout-Systems befindet. Man könnte es am ehesten mit einem Canvas vergleichen, dass zusätzlich im Fenster platziert worden ist – nur dass die Größe und die Positionierung von der WPF vorgenommen wird.

Das Steuerelement, in diesem Fall ein Eingabefeld, wird über den Platzhalter AdornedElementPlaceholder dargestellt. Der Bereich wird von der WPF automatisch an die korrekte Position und die Größe des Steuerelements gebracht, so dass man sich hierüber keine Gedanken machen muss.

In diesem Beispiel war zu sehen, dass um den Platzhalter ein `StackPanel` und zwei Border gesetzt worden sind. Diese befinden sich dank des Platzhalters nun automatisch außerhalb des Eingabefeldes. In der ersten Border ist zudem ein `TextBlock` angelegt, über den die Fehlermeldung ausgegeben werden soll.

Der Fehlertext wird über eine etwas längere Datenbindung aus dem Steuerelement geholt. Hierfür muss zuerst auf den Platzhalter und das darin enthaltene Steuerelement verwiesen werden, bevor man an die Fehlermeldung mit dem Attached Property `Validation.Errors` gelangt. Damit das Attached Property korrekt aufgelöst werden kann, muss diese Angabe aber unbedingt in Klammern gesetzt werden. Theoretisch können hier sogar mehrere Fehlermeldungen enthalten sein – in diesem Beispiel wird jedoch nur die erste angezeigt.

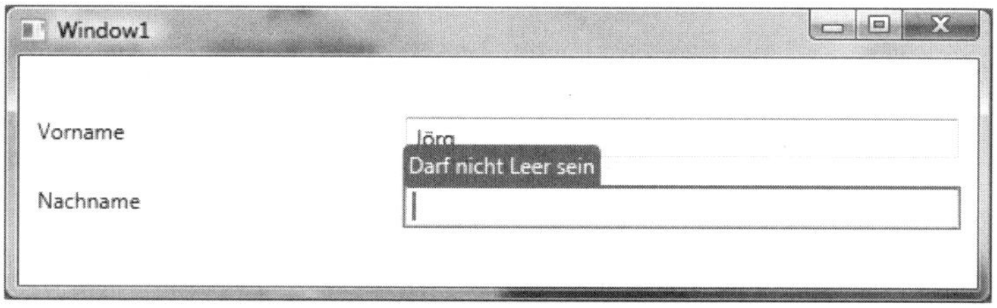

Bild 8.24 Das Template erweitert das Steuerelement.

In Bild 8.24 ist das Ergebnis des neuen Templates zu sehen. Wie man sieht, werden die Steuerelemente des Templates nicht in das vorhandene Layout integriert. Für die Darstellung der Fehlermeldung wird daher kein zusätzlicher Platz geschaffen – stattdessen legt sich das Template über die vorhandene Darstellung. Aus diesem Grund sollte im Template auch wenig mit Hintergrundfarben gearbeitet werden, da diese ansonsten die Steuerelemente verdecken und den Anwender am Arbeiten hindern können.

8.11 Diagnostik

Fehler und Probleme mit Datenbindungen nachzuvollziehen, ist mit der WPF etwas schwieriger, da keine Ausnahmen geworfen werden und sich auch keine Datenbindungen mit Unterbrechungspunkten ausstatten lassen. Die WPF bietet hierfür aber einige Techniken an, die das Diagnostizieren und Behandeln von Fehler unterstützen.

8.11.1 Ausgabefenster

Das Ausgabefenster von Visual Studio ist der erste Ort, an dem fehlgeschlagene Datenbindungen protokolliert werden. Am häufigsten dürften Pfadangaben sein, die zu einer nicht existierenden Eigenschaft führen. Die WPF kann daher den Pfad nicht auflösen und protokolliert diesem Fehler entsprechend im Ausgabefenster von Visual Studio.

```
System.Windows.Data Error: 39 : BindingExpression path error: 'Firstname'
property not found on 'object' ''Customer' (HashCode=30880833)'.
BindingExpression:Path=Firstname; DataItem='Customer' (HashCode=30880833);
target element is 'TextBox' (Name=''); target property is 'Text' (type
'String')
```

In diesem Beispiel befindet sich im Datenkontext eine Instanz der fiktiven Klasse `Customer`. Diese Klasse enthält jedoch, anders als in der Datenbindung angeben wurde, keine Eigenschaft namens `Firstname`. Dieser Fehler wird direkt zu Beginn ausgeworfen, wenn die Datenbindung ausgewertet wird. In der Regel ist es ausreichend, wenn das entsprechende Fenster geöffnet und die Datenquelle zugewiesen wird (wie in diesem Fall über den Datenkontext).

Diese Vorgehensweise hat den Vorteil, dass standardmäßig alle fehlgeschlagenen Datenbindungen protokolliert werden. Zusätzliche Einstellungen oder Unterbrechungspunkte sich daher nicht notwendig – ein kurzer Blick in das Ausgabefenster ist ausreichend, um Probleme mit Datenbindungen zu erkennen und einzugrenzen. Allerdings werden bei weitem nicht alle Bindungsfehler ausgegeben. Sollte der Datenkontext oder eine Eigenschaft in der Datenbindung `NULL` sein, wird dies nicht als Fehler ausgegeben – das ist für die WPF ein gültiger Zustand. Zudem wird das Lesen des Ausgabefensters durch zahlreiche weitere Ausgaben nicht gerade erleichtert, da sehr viele Bereiche der WPF und des .NET Frameworks diese Technik nutzen.

8.11.2 TraceLevel

Die WPF bietet über die Attached Property `TraceLevel` die Möglichkeit an, den Detaillierungsgrad der Meldungen im Ausgabeverzeichnis zu beeinflussen. Auf diese Weise kann man bei problematischen Datenbindungen die Ausgabe der Meldungen punktuell verbessern. Hierfür muss bei den betroffenen Datenbindungen die zusätzliche Attached Property angegeben werden, wie im folgenden Beispiel zu sehen ist.

Listing 8.79 Den TraceLevel zur Diagnose erhöhen

```
<Window
    xmlns="..." xmlns:x="..."
    xmlns:debug="clr-namespace:System.Diagnostics;assembly=WindowsBase">

  <TextBlock Text="{Binding Path=Firstname,
                   debug:PresentationTraceSources.TraceLevel=High}" />
</Window>
```

Die Attached Property `TraceLevel` befindet sich in der Klasse `PresentationTraceSources`. Bedauerlicherweise wird der Namensraum *System.Diagnostics* nicht standardmäßig von der WPF eingebunden, sodass hier eine zusätzliche Registrierung im Header der XAML-Datei erfolgen muss.

Im Beispiel wurde die Eigenschaft `TraceLevel` auf *High* gesetzt – das ist die höchste Stufe, auf der sehr viele Informationen über eine Datenbindung ausgegeben werden. Neben diagnostischen Nutzen bietet dieses Feature aber auch gute Einblicke in den internen Ablauf der Datenbindung.

Im Ausgabefenster von Visual Studio ist Folgendes zu sehen.

```
> Created BindingExpression (hash=35287174) for Binding (hash=45523402)
> Path: 'Firstname'
> Default mode resolved to TwoWay
> Default update trigger resolved to LostFocus
> Attach to System.Windows.Controls.TextBox.Text (hash=44419000)
> BindingExpression (hash=35287174): Resolving source
> BindingExpression (hash=35287174): Found data context element:
  TextBox (hash=44419000) (OK)
> BindingExpression (hash=35287174): Activate with root item
  Customer (hash=22322349)
> BindingExpression (hash=35287174):   At level 0 - for
  Customer.Firstname found accessor <null>
> BindingExpression path error: 'Firstname' property not found on
  'object' ''Customer' (HashCode=22322349)'.
  BindingExpression:Path=Firstname; DataItem='Customer'
  (HashCode=22322349); target element is 'TextBox' (Name='');
  target property is 'Text' (type 'String')
> BindingExpression (hash=35287174): TransferValue -
  got raw value {DependencyProperty.UnsetValue}
> BindingExpression (hash=35287174): TransferValue -
  using fallback/default value ''
> BindingExpression (hash=35287174): TransferValue -
  using final value ''
```

Die Ausgabe wurde um redundante Informationen gekürzt.

In Tabelle 8.3 ist eine Auflistung der möglichen Werte zu sehen, die man der Eigenschaft `TraceLevel` zuweisen kann.

Tabelle 8.3 Die möglichen Werte für TraceLevel

Modus	Beschreibung
`None`	Zeichnet keine verfügbaren zusätzlichen Informationen auf
`Low`	Zeichnet einige zusätzliche Informationen auf
`Medium`	Zeichnet eine mittlere Menge zusätzlicher Informationen auf
`High`	Zeichnet alle zusätzlichen Informationen auf

Die Verwendung von `TraceLevel` hat den Vorteil, dass man sehr gezielt und punktuell zusätzliche Informationen über eine Datenbindung einholen kann. Man sollte aber nicht vergessen, diese Einstellung wieder zu entfernen, da ansonsten sehr viele und unnötige Informationen protokolliert werden.

Das Attached Property lässt sich auf folgende Elemente anwenden:

- `Binding`
- `MultiBinding`
- `PriorityBinding`
- `ObjectDataProvider`
- `XmlDataProvider`

8.11.3 Konverter

Eine weitere und durchaus sehr flexible Möglichkeit, die sich zur Diagnose von Problemen eignet, ist der Einsatz von Konvertern. Ein Konverter dient eigentlich nur zum Konvertieren eines Wertes, damit dieser entweder für die Darstellung oder für das zugrundeliegende Datenobjekt verwendet werden kann. Ein Konverter besteht aber auch immer aus einigen Zeilen Quellcode, die sich wunderbar zum Setzen eines Unterbrechungspunktes verwenden lassen.

Listing 8.80 Konverter zur Diagnostik

```
public class DoNothingConverter : IValueConverter
{
  public object Convert(object value, Type targetType,
                        object parameter, CultureInfo culture)
  {
    // Hier den Breakpoint setzen
    return value;
  }

  public object ConvertBack(object value, Type targetType,
                            object parameter, CultureInfo culture)
  {
    // Hier den Breakpoint setzen
    return value;
  }
}
```

Der Name dieses Konverters ist Programm – außer dass er den eingehenden Wert direkt wieder zurückgibt, enthält dieser Konverter keinerlei Logik. Er eignet sich jedoch gut, um die Werte zu analysieren. Hierfür muss auf der Return-Anweisung lediglich ein Unterbrechungspunkt gesetzt werden.

Es empfiehlt sich, für Projekte immer eine Art Standard-Konverter zu hinterlegen, der bei Bedarf eingesetzt werden kann. ■

Einen Konverter zur Diagnostik einzusetzen, ist immer dann empfehlenswert, wenn die Informationen aus dem Ausgabeverzeichnis nicht ausreichend sein sollten. So lassen sich die Werte viel detaillierter analysieren – vor allem, wenn es sich dabei um komplexere Datenstrukturen handelt. Auch eine automatisierte Analyse kann an dieser Stelle im Programmcode vorgenommen werden.

Allerdings eignet sich ein Konverter nicht als Allzweckwaffe, da er nur aufgerufen wird, wenn auch die Datenbindung korrekt funktioniert. Sollte der Wert `NULL` sein oder der Pfad nicht korrekt aufgelöst werden können, wird auch der Konverter nicht aufgerufen.

9 2D-Grafik und Multimedia

Grafik und Multimedia gehören bei den meisten zeitgemäßen Anwendungen zum festen Bestandteil. Ihre Ausprägung könnte dabei aber kaum unterschiedlicher ausfallen, denn Grafiken, Zeichnungen oder Multimedia werden oft auch an unscheinbaren Stellen benötigt. In der WPF bilden daher Grafiken in Form von geometrischen Zeichnungen (Geometries) die kleinste mögliche Einheit, die in fast allen sichtbaren Steuerelementen wiederzufinden ist. Daher wird man gerade mit diesem Bereich häufig Kontakt mit diesem Thema haben, wenn man mit Templates oder Pinseln die Oberfläche gestalten möchte.

Die WPF bietet hierfür sehr vielseitige Möglichkeiten der Gestaltung. Die Grafiken können durchgehend vektorbasiert erstellt werden, d.h. sie können stufenlos und ohne Qualitätsverlust in jede Richtung skaliert werden. Eine Grafik oder ein Symbol muss daher nicht mehr in verschiedenen Größen erstellt werden, wie es bei pixelorientierten Systemen der Fall war. Ein Symbol kann problemlos in einer Größe von 16 x 16 Pixel bis hin zu einer bildschirmfüllenden Größe dargestellt werden.

Das Zeichnen komplexer Grafiken wird in der Praxis sicherlich mit Werkzeugen erfolgen, wie beispielsweise in Microsoft Blend oder in Microsoft Design, die beide XAML als Dateiformat nutzen und sich damit besonders für einen Austausch der Grafiken eignen. In diesem Kapitel sollen nichtsdestotrotz die Grundlagen von Grafiken beschrieben werden, da man auch als Entwickler im Alltag noch genügend Gelegenheiten erhalten wird, damit in Kontakt zu kommen.

Die Grafiken und Formen, die hier beschrieben werden, sind meist auch Grundlagen für weitere Highlights, wie Animationen und Transformationen.

9.1 Text

9.1.1 Schriftart

Die Schriftart zu setzen ist einfach: Es muss lediglich die Eigenschaft `FontFamily` gesetzt werden. Hier kann (ähnlich wie im Web) auch ein Fallback-Mechanismus verwendet werden. Dabei werden gleich mehrere Schriftarten angegeben – in der Reihenfolge gehen sie meist vom Speziellen ins Generelle. Sollte eine Schriftart nicht auf dem Computer vorhanden sein, wird automatisch die nächstangegebene Schriftart probiert.

Listing 9.1 Angabe der Schriftart (mit und ohne Fallback)

```
<TextBlock FontFamily="Arial" Text="..." />

<!-- Erst "Super Special Font" probieren, danach Arial -->
<TextBlock FontFamily="Super Special Font, Arial" Text="..." />
```

Diese Angabe kann auch zentral als Ressource erfolgen. Typischerweise werden derartige Ressourcen zentral in der Datei *app.xaml* definiert (eine andere Stelle ist aber ebenso möglich).

Listing 9.2 Definition der Schriftart als Ressource

```
<Application xmlns="..." xmlns:x="...">
  <Application.Resources>

    <FontFamily x:Key="HeaderFont">Courier New</FontFamily>

    <Style x:Key="HeaderStyle" TargetType="{x:Type TextBlock}">
      <Setter
           Property="FontFamily"
           Value="{StaticResource HeaderFont}" />
    </Style>
  </Application.Resources>
</Application>
```

Hier wird zuerst an zentraler Stelle die Schriftart Courier New definiert, auf die man danach in Styles, Templates oder direkt im XAML-Code eines Fensters zugreifen kann. Wie man an diesem Beispiel erkennen kann, handelt es sich bei der Schriftart weniger um eine einfache Zeichenkette, sondern um einen eigenen Datentyp namens `FontFamily`. Mit dieser Klasse kommt man eher seltener in Kontakt, da meistens die einfache Angabe einer Zeichenkette (wie in dem Beispiel zuvor geschehen) bereits korrekt in diese Klasse konvertiert wird.

Für Anwendungen, in denen eine eigene oder spezielle Schriftart verwendet werden soll, eignet sich der Zugriff auf das systemweite Verzeichnis der Schriftarten jedoch weniger. Vielmehr möchte man die Schriftart, die meist auch der Corporate Identity entspricht, nicht in das systemweite Verzeichnis für Schriftarten und somit auch in fremde Hände geben. Stattdessen bietet es sich an, die benötigten Schriften als Ressource in die Anwendung einzukompilieren.

In diesem Fall unterscheidet sich die Angabe der Schriftart scheinbar nur marginal.

Listing 9.3 Zugriff auf eingebettete Schriftarten

```
<Application xmlns="..." xmlns:x="...">
  <Application.Resources>

    <FontFamily x:Key="HeaderFont">./#Arial</FontFamily>

  </Application.Resources>
</Application>
```

Die Angabe des Punktes und des Schrägstriches erinnert an eine Url. Tatsächlich wird nach der Schriftart nun lokal in den Ressourcen gesucht - und zwar relativ zum aktuellen Ursprung. In diesem Fall wird die Ressource aus der *app.xaml* vorgenommen - die Datei dieser Schriftart muss sich daher im selbigen Verzeichnis befinden.

Die Raute (#) gibt zudem an, dass es sich um die benutzerfreundliche Bezeichnung der Schriftart handelt - und nicht um den teilweise kryptisch anmutenden Dateinamen.

Listing 9.4 Unterschiedliche Möglichkeiten, um Schriftarten zu referenzieren

```
<!-- Globale Schriftart aus dem Windows/Fonts-Verzeichnis -->
<FontFamily>Joergs Schriftart</FontFamily>

<!-- Lokales Verzeichnis -->
<FontFamily>./#Joergs Schriftart</FontFamily>

<!-- Unterverzeichnis & mit Angabe des Dateinamens -->
<FontFamily>./Resources/Fonts/joergw.ttf#Joergs Schriftart</FontFamily>

<!-- Funktioniert dagegen nicht -->
<FontFamily>FontFamily="./resources/joergw.ttf</FontFamily>
```

Die Angabe von `x:Key` wurde in diesem Beispiel für eine bessere Lesbarkeit weggelassen.

9.1.2 Standardschriftart festlegen

In den meisten Anwendungen wird (bis auf wenige Ausnahmen) durchgängig eine Standardschriftart verwendet. Diese muss nicht unbedingt mit der Schriftart übereinstimmen, die Microsoft für die WPF voreingestellt hat. Stattdessen wird die Schriftart meist vom Designer oder gar durch das Corporate Design vorgegeben.

Auch für diese Anforderung gibt es wieder unterschiedliche Lösungsansätze. Der naheliegende Weg besteht darin, für das Steuerelement `TextBlock` einen neuen impliziten Style zu erstellen, der sich global in der Datei *app.xaml* befindet. Da jegliche Texte in der WPF (direkt oder indirekt) über einen `TextBlock` dargestellt werden, würde somit sofort die neue Schriftart in der gesamten Anwendung umgesetzt sein.

Listing 9.5 Schriftart als impliziten Style festlegen

```
<Application xmlns="..." xmlns:x="...">
  <Application.Resources>

    <!-- Standardschriftart festlegen -->
    <Style TargetType="{x:Type TextBlock}">
      <Setter Property="FontFamily" Value="Courier New" />
    </Style>

  </Application.Resources>
</Application>
```

Mit diesem Style ausgerüstet werden die gesamten Texte der Anwendung in der neuen Schriftart Courier New dargestellt. Ein impliziter Style hat zudem den Vorteil, dass man nicht jeden `TextBlock` manuell formatieren oder ihm einen expliziten Style zuweisen muss. Stattdessen muss lediglich für die Ausnahmen ein expliziter Style eingesetzt werden (diese Technik wurde in Kapitel 6 beschrieben).

Diese Vorgehensweise wird häufig eingesetzt und mindestens ebenso häufig in diversen Internet-Foren vorgeschlagen. Sie hat allerdings den Nachteil, dass sie nicht mehr so recht mit den Techniken von XAML und WPF harmoniert. Betroffen sind vor allen die Ausnahmen, die sich nun schlechter umsetzen lassen. Das folgende Beispiel soll dies verdeutlichen.

```
<StackPanel>
  <Button Content="Button" />
  <Button FontFamily="Arial" Content="Button mit Arial" />
  <Button>
    <TextBlock FontFamily="Arial" Text="TextBlock mit Arial" />
  </Button>
</StackPanel>
```

In diesem Beispiel sind drei Schaltflächen zu sehen: Die erste besitzt keine abweichenden Angaben zum Design, die zweite und die dritte Schaltfläche sollen dagegen in der Schriftart Arial ausgegeben werden. Da in einem impliziten Style die Schriftart Courier New vorgegeben ist, wird dies in der ersten Schaltfläche auch korrekt umgesetzt. Das funktioniert, da die Schaltfläche intern einen neuen `TextBlock` erzeugt, auf dem automatisch der implizite Style angewendet wird. Problematischer wird es dagegen beim zweiten Beispiel: Obwohl die Schriftart explizit im Button angegeben worden ist, wird der Text dennoch in Courier New ausgegeben. Wie kann das sein? Das liegt an der Reihenfolge, die von der WPF vollkommen korrekt umgesetzt wird. Könnte man das Ergebnis des `TextBlocks` und die Zuweisung von impliziten Styles ausgeben, würde man folgendes Ergebnis erhalten.

Listing 9.6 Pseudo-Code: Die aufgelöste Version des zweiten Buttons

```
<!-- Die Schriftart haben wir manuell auf Arial gesetzt -->
<Button FontFamily="Arial">

  <!-- Der TextBlock wurde automatisch erzeugt;
       Die Schriftart wurde durch den impliziten Style gesetzt -->
  <TextBlock FontFamily="Courier New" Text="Button mit Arial" />

</Button>
```

Wie man in diesen Beispiel sehen kann, wird nach dem Erzeugen des `TextBlock` unser impliziter Style zugewiesen. Die Schriftart wird daher zweimal angegeben – einmal mit `TextBlock` selbst und einmal in der übergeordneten Schaltfläche. Die Angabe im `TextBlock` überschreibt verständlicherweise alle vorherigen Werte, wodurch die Schaltfläche auch weiterhin in der Standardschriftart Courier New angezeigt wird. Um dieses Problem zu umgehen, müsste man den `TextBlock` in der Schaltfläche selber anlegen, so wie es mit der dritten Schaltfläche in unserem Beispiel geschehen ist. Erst so können abweichende Angaben zur Formatierung angegeben werden. Diese Vorgehensweise ist allerdings alles andere als schön, da sie zusätzlichen Overhead produziert und der XAML-Code zudem schlechter lesbar wird. Des Weiteren wird die Eigenschaft `FontFamily` in allen Buttons außer Kraft gesetzt, da sie keinerlei Auswirkung mehr auf die Darstellung hat.

Die Unterschiede zwischen diesen drei Schaltflächen sind gut in Bild 9.1 zu sehen.

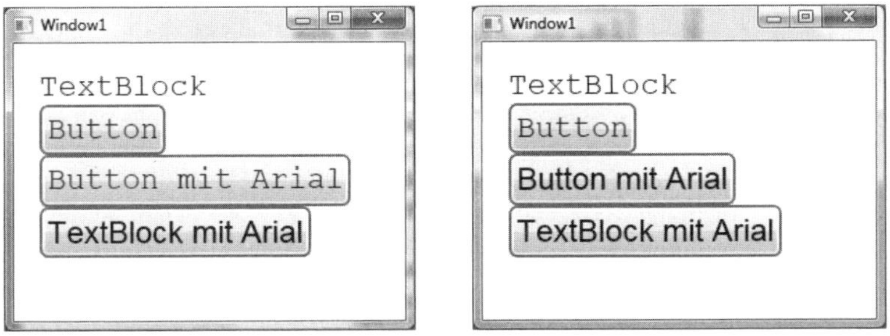

Bild 9.1 Links die Verwendung eines impliziten Styles, rechts wurde der Standardwert geändert

> **!** In den Beispielen wurden die Angaben immer direkt in XAML vorgenommen. Dies ist allerdings auch bei der Verwendung von expliziten Styles und auch bei anderen Eigenschaften (wie Schriftgröße oder Formatierung) möglich. ■

Die zweite Lösung zum Setzen der Standardschriftart ist so naheliegend, dass sie selbst mir lange Zeit nicht in den Sinn gekommen ist: Warum sollte man nachträglich über einen impliziten Style die Schriftart ändern, wenn dies auch direkt am Ursprung möglich ist? Wie die meisten anderen Werte wird auch die Schriftart über ein Dependency Property gesetzt. Ein Dependency Property definiert (neben Metadaten und zahlreichen Funktionen zur Datenbindung) auch seinen Standardwert. In Falle der Schriftart lautet der Standardwert (unter Windows Vista) einfach Segoe UI.

Dieser Standardwert lässt sich auch nachträglich ändern: Es müssen lediglich an zentraler Stelle der Anwendung die Metadaten des Dependency Propertys `FontFamily` angepasst werden. Dies kann beispielsweise in der Ereignisbehandlung des Ereignisses `Startup()` geschehen.

Listing 9.7 Standardschriftart mittels Metadaten setzen

```
public partial class App : Application
{
  private void Application_Startup(object sender, StartupEventArgs e)
  {
    FontFamily defaultValue = new FontFamily("Courier New");
    TextBlock.FontFamilyProperty.OverrideMetadata(
        typeof(TextBlock),
        new FrameworkPropertyMetadata(defaultValue));
  }
}
```

Die Metadaten des Dependency Propertys werden mit der Methode `OverrideMetadata()` überschrieben. Diese wird eigentlich von Komponentenherstellern verwendet, damit man für Steuerelemente die Werte aus den Basisklassen anpassen kann. Im Einzelfall eignet sich diese aber auch wunderbar dazu, um die Standardschriftart der Anwendung zu verändern.

Das Ergebnis ist auf der rechten Seite von Bild 9.1 dargestellt, wo wieder dieselben drei Schaltflächen zu sehen sind. Wie man nun unzweifelhaft erkennen kann, wird mit der neuen Lösung auch in der zweiten Schaltfläche die Schriftart korrekt in Arial umgesetzt.

> **!** Das Überschreiben von Metadaten sollte in einer Anwendung der Einzelfall bleiben. In der Regel sind die Techniken ausreichend, die von den Dependency Properties und den Attached Properties zur Verfügung gestellt werden. ■

Mit dieser Methode werden jedoch nicht die Schriften für alle Steuerelemente umgesetzt. So hat dies beispielsweise keinen Einfluss auf die Darstellung der `TextBox`, da diese nicht mit einem `TextBlock` arbeitet. Um daher konsequent die Schriftart in einer Anwendung umzustellen, ist meist eine Kombination aus dem Überschreiben der Standardwerte und dem Erstellen von impliziten Styles notwendig.

9.1.3 Textdarstellung

Die Darstellung von Texten war von Beginn an ein oft diskutiertes Thema. Deutliche Unterschiede konnte man beispielsweise zwischen Windows XP und Windows Vista feststellen. Die Darstellung der WPF erfolgt unter Windows Vista in der Regel hardwarebeschleunigt über die Grafikkarte, wodurch eine bessere Qualität erzielt wird. Dagegen erfolgt die Darstellung unter Windows XP grundsätzlich im sog. Software-Modus. Dieser Unterschied machte sich besonders bei der Darstellung von Texten bemerkbar, die gerade bei kleinen Schriften oft als unscharf kritisiert worden sind.

Von außen konnte man allerdings kaum oder nur sehr wenig Einfluss auf das sog. *Rendern* (d. h. das Darstellen) der Texte nehmen. Der gesamte Vorgang war bislang fest in der WPF integriert und nicht austauschbar. Mit der Zeit kamen zumindest einige Stellschrauben hinzu, mit denen man Einfluss auf das Rendern der Texte erhalten hat: Eine davon ist die Eigenschaft `TextFormattingMode`.

Bislang versuchte die WPF die Texte so optimal darzustellen, wie es ihr möglich war. Dazu gehörte auch das Glätten der Schriften im Subpixel-Bereich, wodurch die Schriften weniger körnig wirken und das Lesen von längeren Texten verbessert wird. Bei kleinen Schriften wirkte sich das aber meist negativ aus, da diese dazu tendierten gräulich oder verschwommen zu wirken. Auch wurde ein und derselbe Buchstabe selten gleich dargestellt, wie an dem Buchstaben „L“ auf der unteren Seite in Bild 9.2 zu sehen ist. Jedes „L“ wurde aufgrund einer marginalen Abweichung in seiner Position anders optimiert.

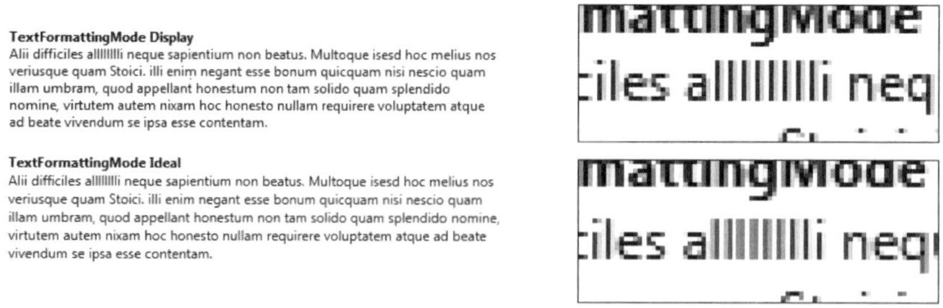

Bild 9.2 Die Auswirkungen von TextFormattingMode in der Vergrößerung

Diese Optimierung kann nun mit der Eigenschaft `TextFormattingMode` beeinflusst werden, wie im folgenden Beispiel zu sehen ist.

Listing 9.8 TextFormattingMode für die Textausgabe ändern

```
<TextBlock
    TextOptions.TextFormattingMode="Display"
    Text="..." />
```

In diesem Falle wurde die Darstellung eines `TextBlock` explizit geändert. Die Eigenschaft kann auf die folgenden Werte eingestellt werden:

- `Ideal`: Der Standardwert und das bisherige Verhalten der WPF
- `Display`: Optimierung der Schrift auf die physikalischen Pixel des Monitors hin

Die Darstellung mit der Einstellung `Display` bietet meist für kleine Schriftarten ein besseres Ergebnis, da diese dadurch klarer und schärfer dargestellt werden können, als es mit `Ideal` bislang möglich war. Sie sollte allerdings weniger im Zusammenhang mit Transformationen oder Effekten eingesetzt werden.

9.2 Pinsel

Pinsel (engl. *Brushes*) sind in der WPF allgegenwärtig: Angefangen von einfachen Linien, dem Hintergrund von Steuerelementen oder Zeichnungen – für derartige Aufgaben werden nicht einfache Farbwerte, sondern meist Pinsel verwendet. Im Gegensatz zu einer einzelnen Farbe bietet ein Pinsel eine ungemein hohe Flexibilität, sodass Zeichnungen nicht mehr zwingend einfarbig erfolgen müssen. Mit einem Pinsel kann so sehr einfach ein Farbverlauf oder sogar ein Bild oder ein Video zum Füllen eines Hintergrundes verwendet werden, ohne dass das Steuerelement selbst davon Kenntnisse haben muss.

Bild 9.3 Border und TextBlock werden mit drei verschiedenen Pinseln dargestellt.

Mit den Pinseln lässt sich daher das Erscheinungsbild einer Anwendung tiefgreifend beeinflussen. Mit einigen wenigen Pinseln für den Hintergrund, den Rahmen und die Textfarbe lassen sich Steuerelemente derart verändern, wie es ansonsten nur mit Templates möglich wäre. Daher können Pinsel auch von Fall zu Fall sehr gut als Ersatz für Templates dienen, da die Anpassung mit ihnen deutlich schneller und einfacher erfolgen kann.

In Bild 9.3 sind zwei Steuerelemente abgebildet, die mit drei verschiedenen Pinseln dargestellt werden. Zugegebenermaßen gehört dieses Beispiel wieder in die Kategorie „Extrem“, doch sieht man daran deutlich, wie anpassungsfähig Steuerelemente dank der Pinsel sind.

Die unterschiedlichen Muster, die ein Pinsel zeichnen soll, werden in jeweils eigenen Klassen implementiert. Eine normale einfarbige Fläche wird beispielsweise über die Klasse `SolidColorBrush` dargestellt, eine Zeichnung dagegen mit einem `DrawingBrush`. Jeder dieser Pinsel ist aber von der gemeinsamen Basisklasse `Brush` spezialisiert.

Die angebotene Vielfalt an Pinseln ist beachtlich: Ingesamt werden in der WPF sechs unterschiedliche Arten an Pinseln angeboten (abstrakte Basisklassen nicht mal mitgezählt). In Bild 9.4 ist die Klassenhierarchie der Pinsel dargestellt.

Die Klassenhierarchie ist mit den abstrakten Basisklassen `Brush`, `TileBrush` und `GradientBrush` weiter eingeteilt. Diese bilden die Grundlage für spezifische Eigenheiten, die von mehreren Pinseln geteilt werden. So sind gemeinsame Eigenschaften von `LinearGradientBrush` und `RadialGradientBrush` in der Klasse `GradientBrush` zu finden. In `Brush` sind dagegen kaum Gemeinsamkeiten zu erkennen – hier sind lediglich die Eigenschaften für die Transparenz und für die Transformationen zu finden (die beide am Ende dieses Kapitels im Detail beschrieben werden).

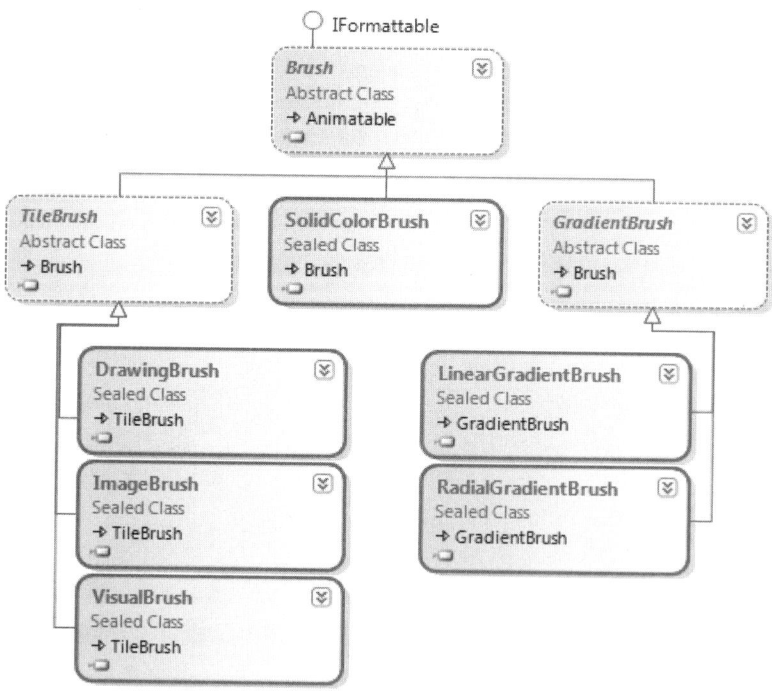

Bild 9.4 Die Klassenhierarchie der Pinsel ist in drei Bereiche eingeteilt: TileBrush, SolidColorBrush und GradientBrush

Neben den hier aufgeführten Pinseln existieren außerdem noch zwei Sonderfälle, die es zu berücksichtigen gilt. Mit der Konstante „Transparent“ kann ein transparenter Pinsel angegeben werden, mit dem der Hintergrund vollständig durchscheint. Hier wird intern der Farbwert „#00FFFFFF“ verwendet, d. h., die Farbe Weiß wird mit dem Alphakanal auf transparent gesetzt. Alternativ kann man aber auch `NULL` verwenden, wenn keine Darstellung erfolgen soll. Der Unterschied zur Konstante „Transparent“ ist jedoch, dass hierbei kein Hit-Testing der Maus erfolgt. Der Mauszeiger kann also problemlos durch das Objekt das darunter liegende Objekt anklicken.

```
<Grid>
  <Button Content="Click me!" />
  <Ellipse Stroke="Black" StrokeThickness="2" Fill="{x:Null}" />
</Grid>
```

In diesem Beispiel wird eine Ellipse über eine Schaltfläche positioniert. Da als Füllung `NULL` angegeben wurde (ihr Standardwert), kann mit der Maus die Schaltfläche auch innerhalb der Ellipse bedient werden. Wird dagegen die Füllung auf *Transparent* gesetzt, kann die Schaltfläche nur noch außerhalb der Ellipse bedient werden. Das Verhalten kann gut mit einer transparenten Glasscheibe verglichen werden, die mit dem Pinsel *Transparent* eingefügt wird und somit ein Hit-Testing der Maus verhindert.

9.2.1 SolidColorBrush

Der `SolidColorBrush` ist die einfachste Ausführung eines Pinsels, mit dem in einer einheitlichen Farbe gezeichnet werden kann. Der gewünschte Farbton kann über die Eigenschaft `Color` angegeben werden, der entweder über eine vordefinierte Konstante oder über einen frei wählbaren Hexadezimal-Wert angegeben werden kann.

Listing 9.9 Lange Schreibweise von SolidColorBrush

```
<Window xmlns="..." xmlns:x="...">
  <Window.Background>
    <SolidColorBrush Color="Aqua" />
  </Window.Background>

  <Grid Margin="10">
    <Grid.Background>
      <SolidColorBrush Color="#FF0000" />
    </Grid.Background>
  </Grid>
</Window>
```

In diesem Beispiel werden für die Hintergründe des Fensters und des Grids zwei Instanzen von `SolidColorBrush` verwendet. In der langen Notation sind der Klassenname und die Eigenschaft `Color` deutlich zu erkennen.

Bei der Verwendung eines `SolidColorBrush` im Programmcode bietet sich dagegen die Klasse `Brushes` an, die bereits zahlreiche fertige Instanzen zur direkten Verwendung zur Verfügung stellt. Ein einfacher Farbton kann so schnell zugewiesen werden.

```
Window1.Background = Brushes.Aqua;
Grid1.Background = new SolidColorBrush(Color.FromRgb(255, 0, 0));
```

Da das Definieren eines eigenen Pinsels im Programm deutlich aufwendiger ausfällt, bieten sich gerade hier die kurzen vordefinierten Konstanten in der Klasse Brushes an. Dieselben Konstanten werden auch für die automatische Typkonvertierung in XAML verwendet. In diesem Fall ist es ausreichend, wenn für die Hintergrundfarbe einfach der Name des gewünschten Pinsels angegeben wird. Die Zeichenketten „Aqua" oder „Black" stehen daher ebenso für einen SolidColorBrush, als wenn ein Farbton im hexadezimalen Format frei angegeben wird.

Listing 9.10 Kurze Schreibweise von SolidColorBrush (mit Verwendung des Value-Converters)

```
<Window
    xmlns="..." xmlns:x="..."
    Background="Aqua">
  <Grid Margin="10" Background="#FF0000">
  </Grid>
</Window>
```

In diesem Beispiel wird der Hintergrund des Fensters über den Value-Converter automatisch in einen SolidColorBrush umgewandelt. Hierbei wird ebenfalls die passende Konstante Aqua aus der Klasse Brushes verwendet. Der Hintergrund des Grid wird dagegen mit einem individuell definierten Farbcode angegeben, der zuerst in einen Color und dann ebenfalls in einen SolidColorBrush umgewandelt wird.

Wie bei Farbangaben üblich, kann über den hexadezimalen Wert nicht nur der eigentliche Farbton angegeben, sondern zusätzlich auch noch um eine Transparenz erweitert werden. Die zwei Pinsel in dem folgenden Beispiel zeichnen die Farbe jeweils mit 50 % Transparenz.

```
<SolidColorBrush Color="#80000000" />
<SolidColorBrush Opacity="0.5" Color="#000000" />
```

Wie man sieht, gibt es zwei Möglichkeiten, die Transparenz für einen Pinsel einzustellen. Die Eigenschaft Opacity ist in der Klasse Brush definiert und steht somit grundsätzlich bei allen Pinseln zur Verfügung. Parallel kann die Transparenz aber auch mit dem Datentyp Color angegeben werden. Hierfür wird einfach vor der sechsstelligen hexadezimalen Angabe der Farbe eine zweistellige Transparenz für den sog. *Alphakanal* angegeben.

Die Angabe von „FF" entspricht dabei der Einstellung von „1.0" bei Opacity, wobei die Farbe vollständig deckend gezeichnet wird. Beim Wert „0.0" dagegen handelt es sich um eine vollständige Transparenz.

Die beiden Angaben widersprechen sich damit scheinbar. Werden jedoch beide zur selben Zeit verwendet, wird eine Kombination aus beiden Angaben errechnet.

```
<SolidColorBrush Opacity="0.5" Color="#80000000" />
<SolidColorBrush Opacity="0.25" Color="#000000" />
```

Die beiden Angaben von SolidColorBrush bringen daher dasselbe Ergebnis und stellen die Farbe Schwarz mit einer Transparenz von „0.25" dar.

Die gewünschte Farbe kann neben der üblichen Angabe eines RGB-Wertes (bzw. sRGB) alternativ auch über die erweiterten ScRGB-Werte angegeben werden. Bei RGB handelt es sich „nur" um einfache hexadezimale Werte, bei denen man für die jeweiligen Bestandteile Rot, Grün und Blau einen Wert von 0 bis 255 (0 bis FF) angeben kann. Bei ScRGB werden dagegen die jeweiligen Farbtöne mit double dargestellt, womit man die Farben wesentlich präziser angeben kann. Bei der Angabe der Farbe können die Farbwerte über die einzelnen Eigenschaften zugewiesen werden, die am gemeinsamen Präfix „Sc“ zu erkennen sind.

Listing 9.11 SolidColorBrush mit dem erweiterten ScRGB-Farbraum angeben

```
<SolidColorBrush>
  <SolidColorBrush.Color>
    <Color ScA="1.00" ScR="1.00" ScG="0.00" ScB="0.50" />
  </SolidColorBrush.Color>
</SolidColorBrush>

<SolidColorBrush Color="sc#1.00,0.50,0.00" />
```

Die Eingabe über separate Eigenschaften ist allerdings aufwendig. Alternativ kann daher neben diesen Eigenschaften die Farbe auch weiterhin als Zeichenkette angegeben werden, die wieder mit einem Value-Converter in den Typ `Color` konvertiert wird. Hierfür muss vor den Wert ein „sc#“ gestellt werden, damit der Value-Converter die unterschiedliche Notation erkennen kann.

9.2.2 GradientBrush

Der `GradientBrush` ist eine abstrakte Basisklasse und dient als Grundlage für Farbverläufe. Diese werden in der WPF mit dem `LinearGradientBrush` als linearem und mit dem `RadialGradientBrush` als radialem Farbverlauf angeboten.

9.2.2.1 LinearGradientBrush

Mit dem `LinearGradientBrush` lässt sich ein weicher Farbverlauf zwischen zwei Punkten darstellen. Die Punkte werden in einer Fläche jeweils mit einem Start- und Endpunkt definiert. Die Farbabstufungen entlang der Linie, die zwischen diesen beiden Punkten entsteht, werden automatisch vom System errechnet.

Die Punkte beziehen sich immer relativ zum jeweiligen Objekt, auf das der Pinsel angewendet wird. Die Breite kann daher nicht fest bestimmt werden, da ein Steuerelement mit doppelter Größe in gleicher Weise vom Pinsel befüllt werden muss. Der Punkt 0/0 befindet sich daher immer in der linken oberen Ecke und der Punkt 1/1 in der rechten unteren Ecke.

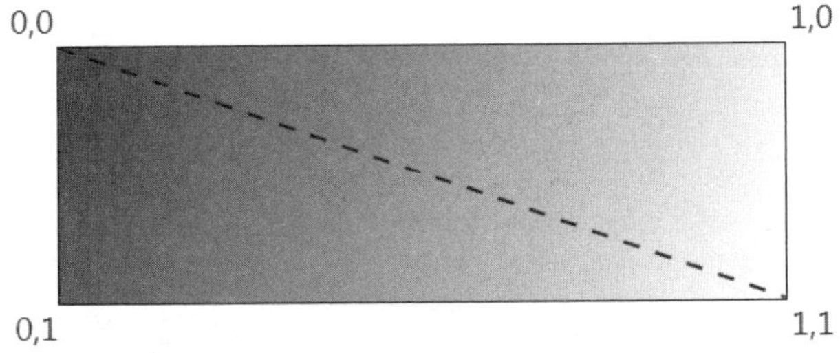

Bild 9.5 Das relative Koordinatensystem für den LinearGradientBrush

In Bild 9.5 ist das relative Koordinatensystem für ein Rechteck dargestellt. Natürlich sind auch unterschiedliche Kombinationen dieser Werte möglich. Ein Gradient, der von oben nach unten verlaufen soll, beginnt bei 0/0 und endet bei 0/1. Der erste Wert, der für die X-Achse steht, ist dann aber nur von untergeordneter Bedeutung, da nur die Werte für den Start- und den Endpunkt identisch sein müssen. Die Punkte 1/0 und 1/1 würden daher ebenfalls einen korrekten vertikalen Gradienten ergeben.

In der Klasse `LinearGradientBrush` stehen hierfür jeweils die Eigenschaften `StartPoint` und `EndPoint` zur Verfügung, mit denen die Richtung des Farbverlaufs angegeben werden kann.

```
<LinearGradientBrush StartPoint="0,0" EndPoint="1,1">
</LinearGradientBrush>
```

In diesem Fall wird ein Farbverlauf definiert, der diagonal von oben links nach unten rechts verläuft. Die beiden Punkte für den Start und für das Ende müssen nicht notwendigerweise am äußeren Rand liegen. Auch Werte dazwischen oder darüber hinaus sind selbstverständlich möglich.

Über die Klasse `LinearGradientBrush` lassen sich nicht die gewünschten Farben angeben. Hierfür wird die Hilfsklasse `GradientStop` benötigt, mittels der beliebig viele Zwischenpunkte im Farbverlauf dargestellt werden können. Der relative Punkt auf der Linie wird hierfür über den Parameter `Offset` angegeben, der zwischen „0“ (dem Startpunkt) und „1“ (dem Endpunkt) liegen muss.

```
<GradientStop Offset="0.00" Color="Black" />
```

In diesem Beispiel wird für den Farbverlauf die Farbe Schwarz als Startwert verwendet. In einem `LinearGradientBrush` können so beliebig viele Stopp-Punkte gesetzt werden.

Listing 9.12 Farbverlauf mit mehreren Zwischenpunkten erstellen

```
<Window xmlns="..." xmlns:x="...">
  <Window.Background>
    <LinearGradientBrush StartPoint="0,0" EndPoint="1,0">
      <GradientStop Offset="0.00" Color="#000000" />
      <GradientStop Offset="0.15" Color="#FFFFFF" />
      <GradientStop Offset="0.50" Color="Black" />
      <GradientStop Offset="0.70" Color="White" />
      <GradientStop Offset="1.00" Color="Black" />
    </LinearGradientBrush>
  </Window.Background>
</Window>
```

In diesem Beispiel werden mehrere Zwischenpunkte in unregelmäßigen Abständen gesetzt. Da die Eigenschaft `Offset` vom Typ `double` ist, können die Positionen sehr präzise gesetzt werden. Das Ergebnis dieses Beispiels ist in Bild 9.6 zu sehen.

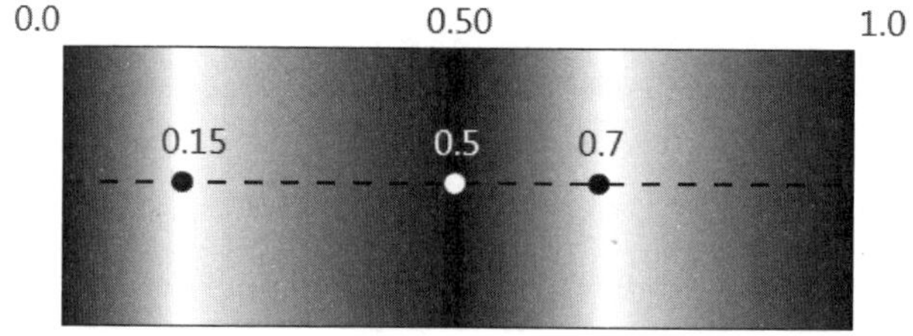

Bild 9.6 Ein LinearGradientBrush mit mehreren gesetzten Offsets

Soll in einem Bereich ein harter Übergang zwischen zwei Farben dargestellt werden, können zwei Einträge von `GradientStop` auf denselben Offset-Wert gesetzt werden.

```
<GradientStop Offset="0.30" Color="Black" />
<GradientStop Offset="0.30" Color="White" />
```

Ein Farbverlauf, der spontan in der Mitte der Fläche enden sollte, wird einfach mit der zuletzt definierten Farbe weitergezeichnet. Dieses Verhalten wird mit der Eigenschaft `SpreadMethod` gesteuert, deren Standardwert auf `Pad` gesetzt wird. Alternativ kann aber auch `Repeat` eingestellt werden, womit der Farbverlauf einfach Stück für Stück wiederholt wird. Die Einstellung `Reflect` verhält sich ähnlich, nur mit dem Unterschied, dass hierbei die Zwischenpunkte bei der Wiederholung immer wieder umgekehrt werden.

! Sollen für die Positionierung absolute und nicht mehr relative Angaben verwendet werden, kann mit der Eigenschaft `MappingMode` anstelle des voreingestellten Wertes `RelativeToBoundingBox` der Wert `Absolute` eingestellt werden. ■

Die Farbwerte zwischen diesen Zwischenpunkten werden interpoliert, d. h., sie werden automatisch von der WPF anhand des Start- und des Zielwertes errechnet. Je nach Unterschied und je nach Größe der Fläche kann es aber passieren, dass der angegebene Farbraum von sRGB nicht mehr ausreichend ist. In solchen Fällen kann man dann deutliche Stufen im Farbverlauf erkennen.

Wie bei `SolidColorBrush` erwähnt wurde, gibt es neben dem weit verbreiteten sRGB außerdem den Farbraum ScRGB, mit dem die Farben wesentlich präziser angegeben werden können. Der Farbraum, der beim Farbverlauf verwendet werden soll, kann auf Wunsch auf diesen alternativen Farbraum umgestellt werden.

```
<LinearGradientBrush
    StartPoint="0,0" EndPoint="1,0"
    ColorInterpolationMode="ScRGBLinearInterpolation" />
```

Die Zuweisung erfolgt über die Eigenschaft `ColorInterpolationMode`, die entweder auf den Wert `SRgbLinearInterpolation` (der standardmäßig vorbelegt ist) oder auf `ScRgbLinearInterpolation` gesetzt werden kann.

9.2.2.2 RadialGradientBrush

Der `RadialGradientBrush` funktioniert in ähnlicher Weise, wie man es beim `LinearGradientBrush` gesehen hat. Auch hier gibt es einen Farbverlauf, der über mehrere Zwischenpunkte definiert werden kann. In diesem Fall erfolgt die Darstellung allerdings nicht linear, sondern über Kreise. Je nach Anwendung kann damit ein räumlicher Effekt, wie er beispielsweise bei einer Kugel entsteht, nachempfunden werden.

Listing 9.13 Einen radialen Farbverlauf erstellen

```
<RadialGradientBrush>
  <GradientStop Offset="0.00" Color="Black" />
  <GradientStop Offset="0.25" Color="White" />
```

```
  <GradientStop Offset="0.50" Color="Black" />
  <GradientStop Offset="0.75" Color="White" />
  <GradientStop Offset="1.00" Color="Black" />
</RadialGradientBrush>
```

In diesem Beispiel wird ein einfacher radialer Farbverlauf definiert. Für die Angabe der Zwischenpunkte wird wieder die Hilfsklasse `GradientStop` verwendet, die auch schon beim `LinearGradientBrush` zum Einsatz kam. Das Ergebnis ist in der linken Ellipse in Bild 9.7 zu sehen. Durch die gesetzten Zwischenpunkte im Wechsel von Schwarz und Weiß entsteht ein einfaches Zebramuster.

Die Größe und die Form der radialen Darstellung können über die Eigenschaften `RadiusX` und `RadiusY` angegeben werden, mit denen jeweils der horizontale und der vertikale Radius beeinflusst werden. Standardmäßig werden hier relative Werte angegeben, sodass sich mit „0.5“ die Darstellung über die gesamte Breite ergibt.

```
<RadialGradientBrush
      RadiusX="0.5"
      RadiusY="0.25">
```

Bei diesem Farbverlauf wird die Darstellung vertikal gestaucht, da bei `RadiusX` der Wert des Radius halbiert worden ist. Größere Angaben jenseits von „1.0“ sind hier auch möglich – in diesem Fall erstreckt sich die Darstellung jedoch über die Grenzen des Steuerelements hinaus. Das Ergebnis dieses Beispiels ist in der zweiten Ellipse in Bild 9.7 zu sehen.

In den bisherigen Beispielen lag der Ursprung des Farbverlaufes immer im Mittelpunkt der Fläche. Dieser Punkt kann jedoch mit der Eigenschaft `GradientOrigin` versetzt werden.

```
<RadialGradientBrush GradientOrigin="0.75, 0.75">
  <GradientStop Offset="0.00" Color="White" />
  <GradientStop Offset="0.90" Color="Black" />
  <GradientStop Offset="1.00" Color="White" />
</RadialGradientBrush>
```

In diesem Beispiel wird der Ursprung des Farbverlaufes in die rechte untere Ecke gesetzt. Die Angabe erfolgt auch hier wieder relativ, wenn in den Gradienten der Modus nicht auf absolute Werte umgestellt worden ist.

Zur besseren Darstellung wurde als letzter Zwischenwert die Farbe Weiß gewählt. Dadurch werden der Verlauf und seine Richtung besser sichtbar. Das Ergebnis dieses Beispieles ist in der dritten Ellipse in Bild 9.7 zu sehen.

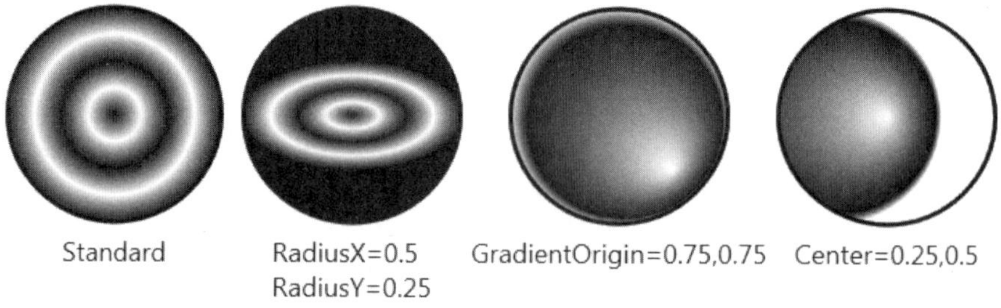

Bild 9.7 Die Darstellung von RadialGradientBrush kann über zahlreiche Eigenschaften gesteuert werden.

Neben dem Ursprungspunkt des Farbverlaufes kann auch das Ziel definiert werden. In diesem Fall ist schlicht die Eigenschaft `Center` notwendig, die den Mittelpunkt der Zielellipse angibt.

```
<RadialGradientBrush
    Center="0.25, 0.5">
```

Das Ergebnis ist in der vierten Ellipse in Bild 9.7 zu sehen. Wie man erkennen kann, verändert sich dadurch nicht der Ursprungspunkt des Verlaufes, der auch weiterhin in der Mitte der Fläche positioniert bleibt. Sollte sich mit `Center` die Zielellipse weiter nach außen bewegen, entsteht ein leichter Kegeleffekt (ähnlich wie bei einem Spotlight).

9.2.3 TileBrush

Mit dem `TileBrush` kann ein bestimmtes Muster wiederholend gezeichnet werden. Das Muster wird dabei in einer Kachel (Tile) definiert, die vom Pinsel horizontal und vertikal vervielfältigt werden kann. Den `TileBrush` gibt es dabei in verschiedenen Ausprägungen: Mit dem `DrawingBrush` kann eine beliebige Zeichnung als Kachel verwendet werden, beim `ImageBrush` und beim `VisualBrush` werden dagegen hierfür jeweils Grafiken verwendet.

Die verschiedenen Ausprägungen von `TileBrush` weisen alleine mit ihren vielfältigen Einstellungen der Kacheln eine hohe Komplexität auf. Ohne weitere Angaben stellen diese daher lediglich eine einzige Kachel dar, die auf die gesamte verfügbare Fläche vergrößert wird. Das hat den Vorteil, dass für die Darstellung eines einzelnen Bildes oder eines Musters nicht viele Angaben notwendig sind (dazu später mehr).

Sollen mehrere Kacheln ausgegeben werden, sind zumindest die zusätzlichen Angaben von `TileMode` und `Viewport` erforderlich. Mit `TileMode` wird bestimmt, ob überhaupt mehrere Kacheln ausgegeben werden sollen und in welche Richtung diese verlegt werden. Wird hier der Wert „Tile“ hinterlegt, wird das Muster einfach der Reihe nach horizontal und vertikal ausgegeben.

```
<DrawingBrush
    TileMode="Tile"
    Viewport="0.1, 0.1, 0.2, 0.2"
    AlignmentX="Left" AlignmentY="Top" />
```

Die vier Werte vom `Viewport` ergeben zusammen ein Rechteck, mit dem der Versatz und die Größe der Kachel bestimmt werden. Die ersten beiden Werte sind jeweils für den horizontalen und vertikalen Versatz, der beim Legen der ersten Kachel angewendet werden soll. Über den dritten und den vierten Wert werden die Breite und Höhe der Kachel angegeben. Ohne die Angabe von `Viewport` würde der `TileBrush` nicht die Größe der Kachel kennen und das Muster einfach auf die gesamte Fläche zeichnen.

> **!** Zur besseren Orientierung wurde die erste Kachel in den folgenden Bildern hervorgehoben. Dadurch kann besser das Muster der Kachel erkannt werden und wie diese über die Gesamtfläche verlegt wird. ■

Die Werte für `Viewport` beziehen sich in Relation zur Gesamtgröße, sodass der Wert „1.0" somit der Gesamtbreite der Fläche entspricht. Mit „0.1" wurde in diesem Beispiel 1/10 der Gesamtbreite und der Gesamthöhe als Versatz gewählt, und mit „0.2" beträgt die Größe der Kachel rund 1/5 der Gesamtfläche. Wie in Bild 9.8 zu sehen ist, werden dadurch fünf Mal fünf Kacheln ausgegeben.

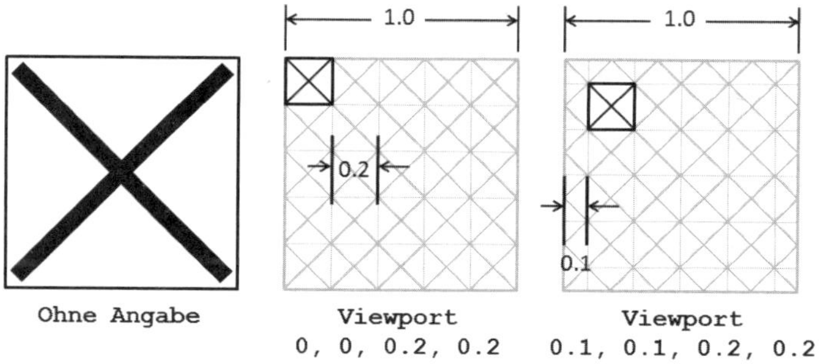

Bild 9.8 Über den Viewport wird festgelegt, wie groß die einzelnen Kacheln sein sollen.

Damit wird vom `TileBrush` immer eine festgelegte Anzahl an Kacheln ausgegeben. Sollte sich allerdings die Größe der Fläche verändern, werden dementsprechend auch die Kacheln gestreckt oder gestaucht, damit auch weiterhin fünf mal fünf Kacheln verlegt werden können.

Soll das Muster unabhängig von den Abmessungen der Gesamtfläche gezeichnet werden, kann mit `ViewportUnits` die Maßeinheit von `RelativeToBoundingBox` auf `Absolute` gesetzt werden. Dadurch können im `Viewport` nun absolute Zahlen für die Breite und die Höhe angegeben werden.

```
<DrawingBrush
    Viewport="0, 0, 20, 20"
    ViewportUnits="Absolute"
    AlignmentX="Left"
    AlignmentY="Top" />
```

Mit den beiden Eigenschaften `AlignmentX` und `AlignmentY` kann zusätzlich die Startposition der ersten Kachel definiert werden. Werden hier „Left" und „Top" angegeben, wird die erste Kachel oben links positioniert. Die weiteren Kacheln werden dann der Reihe nach um diese Kachel gelegt. Werden beide Werte auf „Center" gesetzt, befindet sich die erste Kachel immer genau im Mittelpunkt. Zur besseren Darstellung wurde in diesem Beispiel das Kacheln abgestellt, sodass lediglich eine einzelne Kachel verlegt wird. Das Ergebnis ist in Bild 9.9 zu sehen.

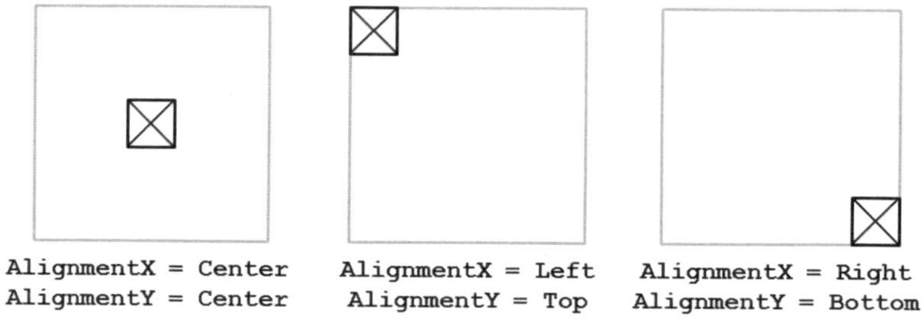

Bild 9.9 Die Position der ersten Kachel kann mit AlignmentX und AlignmentY festgelegt werden.

Über die Eigenschaft TileMode kann nicht nur das Verlegen von Kacheln aktiviert werden - auch die Art und Weise, wie diese verlegt werden sollen, kann hierüber bestimmt werden. Anstelle von „Tile" kann hier beispielsweise „FlipX" oder „FlipY" hinterlegt werden, bei denen die Kacheln entweder horizontal oder vertikal gespiegelt werden. Dadurch ergibt sich aus einer einzelnen Kachel ein interessanteres Gesamtmuster. Mit „FlipXY" steht zudem eine Kombination dieser beiden Modi zur Verfügung. In Bild 9.10 sind die unterschiedlichen Ergebnisse dieser Modi im Vergleich zu sehen.

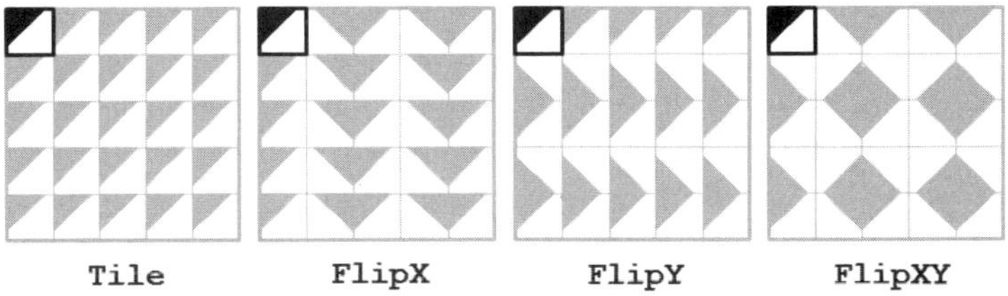

Bild 9.10 Die Kacheln können unterschiedlich verlegt werden.

Diese Angaben haben noch keinen Einfluss auf die Gestaltung des Musters, das auf den einzelnen Kacheln dargestellt werden soll. Die Größe der Kachel wird mit der Eigenschaft Viewport bereits fest vorgegeben. Sollte das Muster für eine Kachel zu klein oder zu groß ausfallen, so wird dieses einfach vom TileBrush auf die richtige Größe gestreckt oder gestaucht. Das kann zu seltsamen Ergebnissen führen, da dieselbe Technik auch bei Viewport verwendet wird, damit eine feste Anzahl an Kacheln auf die Gesamtfläche verteilt werden kann.

Um ein Anpassen des Musters auf die Größe der Kachel zu verhindern, kann mit der Eigenschaft Stretch dieser Modus deaktiviert werden. Das Muster der Kachel wird dadurch unverändert ausgegeben.

```
<DrawingBrush Stretch="None" />
```

Zusätzlich kann mit den Eigenschaften Viewbox und ViewboxUnits aber auch der Inhalt einer Kachel beeinflusst werden. Über Viewbox kann die Grenze der Zeichenfläche für eine Kachel definiert werden, die ansonsten der TileBrush versuchen würde, automatisch zu ermitteln. Eine größere Zeichenfläche zu wählen ist damit ebenso kein Problem, wie hierüber einen Teilbereich auszuwählen.

```
<DrawingBrush
     TileMode="Tile"
     Viewport="0,0,0.2,0.2"
     Stretch="Fill"
     ViewboxUnits="Absolute"
     Viewbox="1,5,18,10" />
```

In diesem Beispiel wurde mit Viewbox nur ein Teilbereich des Musters ausgewählt. Die Gesamtgröße der Kachel betrug 20 x 20 Pixel, sodass mit Viewbox an allen Seiten ein Bereich des Musters abgeschnitten worden ist.

Zudem ist das Muster durch die Angabe von Viewbox nicht mehr quadratisch und passt somit nicht mehr auf die Kacheln. Das Muster wird daher auf die Fläche der Kachel gestreckt, da mit Stretch der Wert „Fill" hinterlegt wurde.

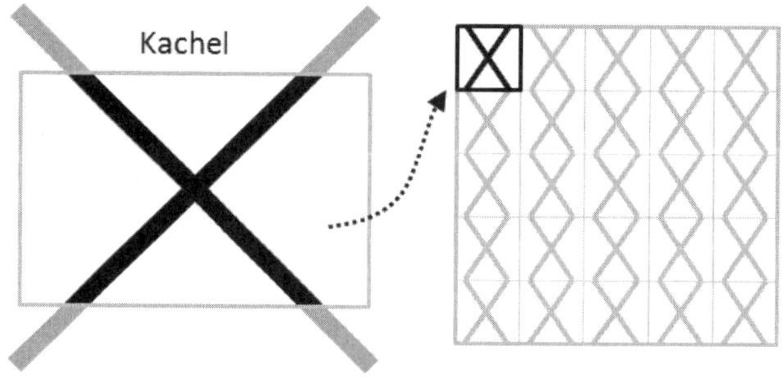

Bild 9.11 Die Viewbox bestimmt die Fläche für das Muster.

> **!** Die Viewbox nimmt keinen Einfluss auf die Größe oder die Anzahl der Kacheln, die auf der gesamten Fläche gezeichnet werden. Mit `Viewbox`, `ViewboxUnits` und `Stretch` wird lediglich das Muster einer einzelnen Kachel bestimmt.

9.2.3.1 DrawingBrush

Der `DrawingBrush` verwendet zum Füllen der Kacheln eine Zeichnung, die man als Vektorzeichnung definieren kann. Man kann daher sehr detailliert Einfluss auf die Zeichnungen nehmen, da über Vektorzeichnungen alle Möglichkeiten zur Verfügung stehen. Der Gestaltung der Farbe und der Form sind daher wenige Grenzen gesetzt. (Zeichnungen werden in Kapitel 10 beschrieben.)

So viel Freiheit und so viel Flexibilität haben aber auch einen Nachteil: Der Schreibaufwand für einen einfachen `DrawingBrush` ist immens. Derartige Pinsel werden aber meist nicht von Hand erstellt, sondern mit entsprechenden Werkzeugen (z. B. mit Blend).

Das nachfolgende Beispiel zeigt, wie ein einfaches „X“ mit zwei Linien auf eine Kachel gezeichnet wird.

Listing 9.14 Ein Zeichnung zum Füllen mit einem Pinsel verwenden

```
<DrawingBrush TileMode="Tile" Viewport="0,0,0.5,0.5">
  <DrawingBrush.Drawing>
    <GeometryDrawing>

      <!-- Die Form definieren -->
      <GeometryDrawing.Geometry>
        <GeometryGroup>
          <LineGeometry StartPoint="0,0" EndPoint="20,20" />
          <LineGeometry StartPoint="20,0" EndPoint="0,20" />
        </GeometryGroup>
      </GeometryDrawing.Geometry>

      <!-- Die Linienstärke definieren -->
      <GeometryDrawing.Pen>
        <Pen Brush="Black" Thickness="2" />
      </GeometryDrawing.Pen>
```

```
      </GeometryDrawing>
    </DrawingBrush.Drawing>
  </DrawingBrush>
```

Ein `DrawingBrush` kann auch sehr gut als Alternative zu einem `ControlTemplate` dienen, indem dieser einfach dem Hintergrund eines Steuerelements zugewiesen wird. Hierbei muss nicht umständlich ein neues Template (mitsamt `TemplateBinding` und Triggern) erstellt werden, nur um die Darstellung anzupassen.

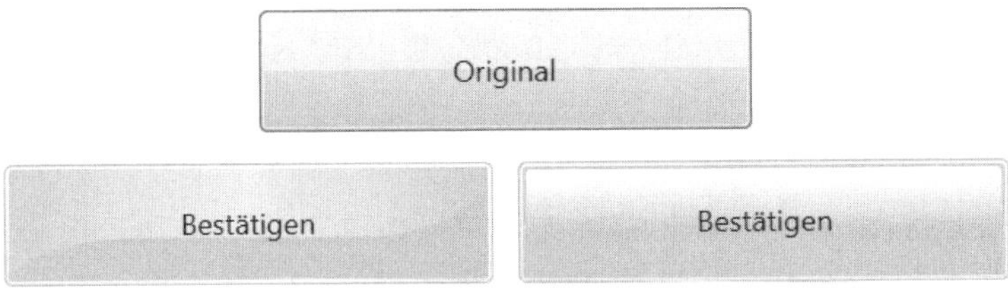

Bild 9.12 Zwei Pinsel, mit denen sich das Aussehen von Schaltflächen auch ohne Template verändert lässt

Mit `DrawingBrush` steht einem die gesamte Palette der Zeichnungen zur Verfügung. So kann in einem Pinsel auch problemlos ein Bild oder ein Video gezeichnet werden.

9.2.3.2 ImageBrush

Über den `ImageBrush` kann ein beliebiges Bild als Pinsel gezeichnet werden. Ohne weitere Angaben zum Kacheln verhält sich der Pinsel daher wie das Steuerelement `Image`. Die Darstellung des Bildes kann mit `Stretch` beeinflusst werden, sodass das Bild an die Gesamtfläche angepasst werden kann.

```
<ImageBrush
    ImageSource="Fireengine.jpg"
    Stretch="UniformToFill" />
```

In diesem Beispiel wird das Bild auf die gesamte Fläche ausgegeben, da weder mit `Viewport` noch mit `Tile` Angaben zum Kacheln erfolgt sind. Das Bild wird hierbei mit der Angabe von `UniformToFill` auf die gesamte Fläche vergrößert, wobei die Proportionen erhalten bleiben. Eventuell können hierbei aber Ränder des Bildes abgeschnitten werden.

Da die Klasse `ImageBrush` von `TileBrush` spezialisiert ist, stehen hier natürlich dieselben Möglichkeiten zur Verfügung, um beispielsweise das Bild mehrfach über Kacheln auszugeben.

Listing 9.15 Ein Bild in mehreren Kacheln ausgeben

```
<ImageBrush
  ImageSource="Fireengine.jpg"
  TileMode="Tile" Viewport="0,0,0.5,0.5"
  Viewbox="160,320,500,248" ViewboxUnits="Absolute" />
```

In diesem Beispiel wird mittels `Viewport` die Fläche auf vier Kacheln aufgeteilt, in denen das Bild dargestellt werden soll. In den Kacheln soll jedoch nicht das gesamte Bild dargestellt werden – vielmehr wird mit der Angabe von `Viewbox` nur ein Teilbereich ausgeschnitten. In Bild 9.13 sind die Ergebnisse beider Beispiele gegenübergestellt.

Bild 9.13 Mit dem ImageBrush können Bilder zum Zeichnen verwendet werden.

9.2.3.3 VisualBrush

Der `VisualBrush` funktioniert in ähnlicher Weise, wie bei `ImageBrush` beschrieben wurde. Die beiden unterscheidet lediglich, dass der Inhalt bei einem `VisualBrush` nicht durch eine Datei bestimmt wird, sondern hierfür die Darstellung eines beliebigen Steuerelementes verwendet werden kann. Der `VisualBrush` „fotografiert" hierfür quasi das Steuerelement ab und verwendet dieses Abbild zum Zeichnen.

```
<VisualBrush Stretch="None">
  <VisualBrush.Visual>
    <Button Content="Ha ha, you can't click me!" />
  </VisualBrush.Visual>
</VisualBrush>
```

In diesem Beispiel wird das Steuerelement unmittelbar unter der Eigenschaft `Visual` des Pinsels abgelegt. Dadurch wird die Schaltfläche ausschließlich zum Zeichnen für den `VisualBrush` benutzt und kann daher nicht anderenorts eingesetzt werden.

Über den Pinsel wird der Inhalt der Schaltfläche zwar dargestellt, sie lässt sich aber nicht bedienen. Lediglich die Darstellung erfolgt über den `VisualBrush` – etwaige Interaktion mit der Schaltfläche ist hierüber nicht möglich. Die Schaltfläche, die auf der linken Seite in Bild 9.14 zu sehen ist, kann daher nicht vom Anwender bedient werden.

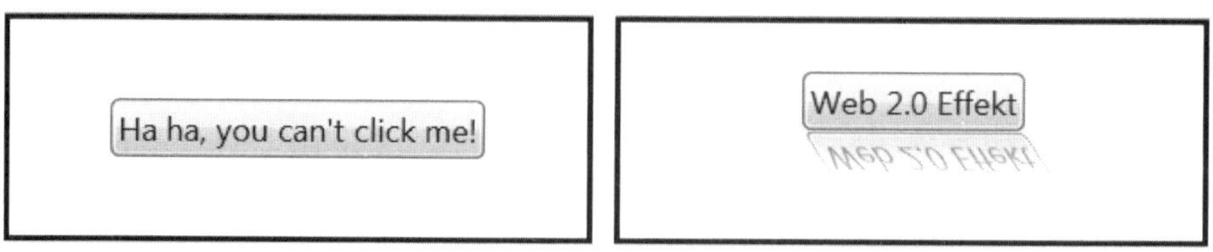

Bild 9.14 Mit VisualBrush kann die Darstellung eines beliebigen Steuerelements zum Zeichnen verwendet werden.

Der `VisualBrush` lässt sich aber vor allem für Effekte nutzen, die im Web 2.0 zurzeit modern sind. Hierbei wird ein beliebiges Steuerelement oder ein Text leicht gespiegelt dargestellt. Damit hierfür kein zweites Steuerelement erstellt werden muss, kann die Darstellung mit einem `VisualBrush` erfolgen. Hierfür muss lediglich für die Eigenschaft `Visual` eine Verknüpfung zum Steuerelement hergestellt werden.

```
<Button Name="Button1" Content="Web 2.0 Effekt" />

<Border>
  <Border.Background>
    <VisualBrush Visual="{Binding ElementName=Button1}" />
  </Border.Background>
</Border>
```

In diesem Beispiel wird ein bereits vorhandenes Steuerelement zur Darstellung verwendet. Die Schaltfläche wird hierfür über eine Datenbindung mit der Eigenschaft `Visual` des Pinsels verknüpft. Der Anwender kann so weiterhin die gewohnte Funktionalität der Schaltfläche erreichen und erhält zusätzlich eine zeitgemäße Darstellung.

Die Darstellung wird vom `VisualBrush` stets aktuell gehalten. Wenn sich der Status der Schaltfläche ändern sollte (beispielsweise wenn die Maus über ihm schwebt), wird dieser Effekt auch in der Spiegelung angezeigt.

Um den Effekt der Spiegelung allerdings vollständig umzusetzen, sind außer dem `VisualBrush` noch einige weitere Angaben erforderlich, wie im nächsten Beispiel zu sehen ist.

Listing 9.16 Eine Schaltfläche mit einer Spiegelung à la „Web 2.0“ erstellen

```
<Grid>
  <!-- die Schaltfläche -->
  <Button
      Name="Button1"
      Content="Web 2.0 Effekt"
      HorizontalAlignment="Center" />

  <Border
      Width="{Binding ElementName=Button1, Path=ActualWidth}"
      Height="{Binding ElementName=Button1, Path=ActualHeight}">

    <!-- Der Hintergrund wird mit dem Steuerelement gezeichnet -->
    <Border.Background>
      <VisualBrush Visual="{Binding ElementName=Button1}" />
    </Border.Background>

    <!-- Spiegeln
        (die Länge des Schattens kann mit ScaleY variiert werden -->
    <Border.LayoutTransform>
      <ScaleTransform ScaleY="-1.0" />
    </Border.LayoutTransform>

    <!-- Anschrägen und nach unten versetzen -->
    <Border.RenderTransform>
      <TransformGroup>
        <SkewTransform AngleX="33" />
        <TranslateTransform X="0"
          Y="{Binding ElementName=Button1, Path=ActualHeight}" />
      </TransformGroup>
    </Border.RenderTransform>

    <!-- Transparenz -->
    <Border.OpacityMask>
      <LinearGradientBrush StartPoint="0,0" EndPoint="0,1">
        <GradientStop Offset="0.00" Color="#00FFFFFF" />
```

```
        <GradientStop Offset="1.00" Color="#66FFFFFF" />
      </LinearGradientBrush>
    </Border.OpacityMask>
  </Border>
</Grid>
```

In diesem Beispiel wird ein Web 2.0-Effekt dargestellt, in dem ein Steuerelement leicht gespiegelt wird. Die Darstellung der Schaltfläche wird mit einem `VisualBrush` in dem Hintergrund einer `Border` dargestellt. Diese wird dann mit unterschiedlichen Techniken aus dem Bereich der Transformation und der Transparenz angepasst, um den Effekt einer Spiegelung zu simulieren (diese Themen werden in Kapitel 10 beschrieben).

Damit die Größe der Spiegelung mit der Größe der Schaltfläche übereinstimmt, werden die Angaben der aktuellen Breite und Höhe über Datenbindungen übernommen.

9.3 Shapes

Die Shapes sind von allen Grafikelementen am einfachsten zu verwenden, da sie sich wie andere Steuerelemente einfach auf der Oberfläche platzieren lassen. Grundlage hierfür bildet die gemeinsame Basisklasse `Shape`, von der die entsprechenden Formen in separaten Klassen definiert worden sind. Wie man in der Klassenhierarchie in Bild 9.15 erkennen kann, stammen die Shapes von der Klasse `Visual` ab. Dadurch erhalten die Shapes dieselben Fähigkeiten, die man auch von herkömmlichen Steuerelementen kennt (wie z. B. bei einer Schaltfläche oder einer `TextBox`).

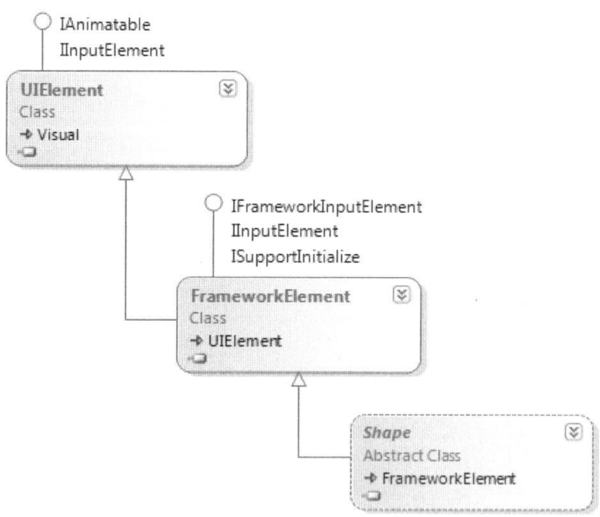

Bild 9.15 Die Shapes haben dieselbe Herkunft wie normale Steuerelemente.

Shapes sind daher sehr schnell und sehr einfach zu verwenden, wenn einfache geometrische Formen benötigt werden. Sie besitzen dank ihrer Vorfahren in der Klassenhierarchie auch die Fähigkeit, sich selbst zu zeichnen und auf Maus- oder Tastatureingaben des Anwenders zu reagieren. Ein Shape ist daher nicht von anderen Steuerelementen abhängig, die für diese Aufgaben zuständig sind. Dafür besitzen die Shapes aber auch einen gewissen Grad an Komplexität, der sich auch dementsprechend im Verbrauch an Speicher und an Systemleistung bemerkbar macht. Größere Zeichnungen sollten daher nicht mit Shapes erfolgen, sondern eher mit geometrischen Formen (die auf den folgenden Seiten beschrieben werden).

Anders als die meisten anderen Steuerelemente können Shapes aber keine weiteren Elemente aufnehmen. Sie dienen ausschließlich zum Zeichnen einfacher Formen und nicht zum Zusammenfassen mehrerer Steuerelemente, wie es beispielsweise bei `Border` oder bei `GroupBox` üblich ist. Sind komplexere Formen gewünscht, die sich aus mehreren Shapes zusammensetzen, wird hierfür meist ein weiteres `Panel` benötigt. Idealerweise eignet sich hierfür ein `Canvas` am besten, da hier die Shapes absolut positioniert werden können und nicht automatisch umgesetzt und ausgerichtet werden, wie es beispielsweise bei einem `DockPanel` oder einem `Grid` der Fall ist.

```
<Canvas>
  <Ellipse
      Canvas.Left="10" Canvas.Top="10"
      Width="100" Height="100"
      Fill="Silver" Stroke="Black" StrokeThickness="2" />
</Canvas>
```

In diesem Beispiel wird eine Ellipse auf einem Canvas platziert. Die Ellipse gehört zu den einfachsten Shapes, da sie selbst fast gar keine eigenen Eigenschaften definiert. Stattdessen verwendet sie zur Positionierung die Eigenschaften von Canvas, wie z. B. `Left` oder `Top` in diesem Beispiel, oder die Höhen- und Breitenangaben, die sie aus ihrer Basisklasse `FrameworkElement` geerbt hat.

Bild 9.16 Eine einfache Ellipse mit Füllung und Linie

Damit ein Shape überhaupt dargestellt werden kann, müssen zuerst die Farben für die Füllung und für die Außenlinie definiert werden. Diese werden über die Eigenschaften `Fill` und `Stroke` bestimmt, die bereits beide in der Klasse `Shape` definiert worden sind und daher in jeder Form zur Verfügung stehen. Die beiden sind auch wieder vom Typ `Brush`, sodass auch hier wieder alle Möglichkeiten der Pinsel angewendet werden können.

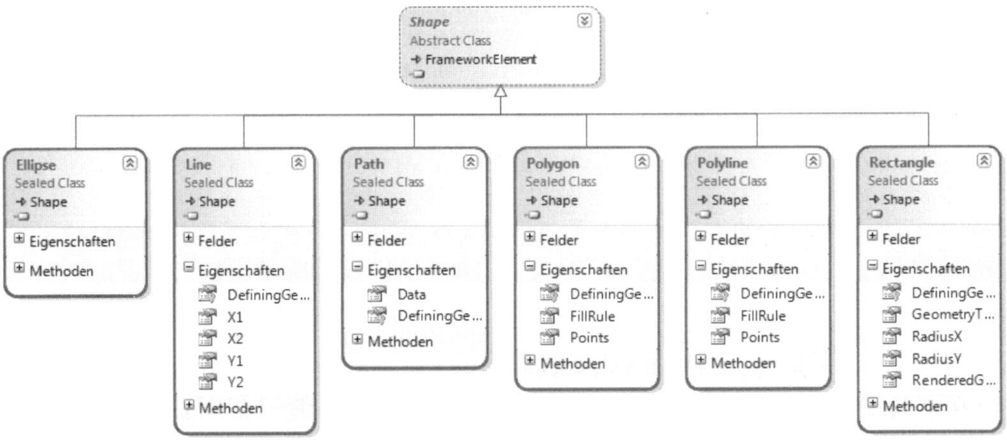

Bild 9.17 Die unterschiedlichen Shapes, die zur Verfügung stehen

Die Klasse `Shape` selbst ist aber nur die Basisklasse und dient als Grundlage für weitere Klassen, die jeweils für die Darstellung der entsprechenden Formen zuständig sind. Daher gibt es mit `Ellipse`, `Line`, `Polygon`, `Polyline` und `Rectangle` fünf weitere Klassen, die jeweils auf ihre Form spezialisiert sind. In Bild 9.17 ist eine Übersicht der angebotenen Klassen zu sehen.

Die Klasse `Rectangle` ist ähnlich wie `Ellipse` sehr minimalistisch aufgebaut. Auch hier werden die Eigenschaften von Canvas zur Positionierung und die Angaben `Width` und `Height` für die Größe genutzt. Zusätzlich kann man mit den beiden Eigenschaften `RadiusX` und `RadiusY` die Ecken abrunden.

Mit dem Shape `Line` kann eine Linie zwischen zwei Punkten dargestellt werden. Die Klasse hebt sich etwas von den restlichen Steuerelementen und Shapes ab, da für die Positionierung der Punkte je zwei neue Eigenschaften definiert werden: für die Startpunkte `X1` und `Y1` und für die Endpunkte `X2` und `Y2`.

```
<Canvas>
  <Line
      X1="10" Y1="10"
      X2="100" Y2="20"
      Stroke="Black" />
</Canvas>
```

Durch die beiden neuen Angaben soll die Verwendung einfacher werden, da die Namen für Start- und Endpunkt ähnlich bezeichnet sind. Sie schließen aber nicht die Werte von Canvas aus – die sogar problemlos kombiniert werden können.

```
<Line
    Canvas.Left="20" X1="10"
    Canvas.Top="20" Y1="10"
    .../>
```

In diesem Beispiel werden die beiden Angaben von `Canvas.Left` und `X1` einfach kumuliert, sodass der Startpunkt der Linie effektiv auf die X-Koordinate „30" gesetzt wird. Der Endpunkt der Linie verschiebt sich parallel dazu mit, sodass auch hier jeweils der Wert „20" hinzuaddiert wird.

Auf diese Weise können gleich mehrere Linien gezeichnet werden. Soll stattdessen eine Linie aber gleich über mehrere Punkte gehen, so bietet sich die Verwendung einer Polyline an. Diese definiert eine Linie nicht über einen einfachen Start- und Endpunkt, sondern gleich über mehrere Punkte, die nacheinander miteinander verbunden werden.

```
<Canvas>
  <Polyline
      Points="10,100 30,90 50,60 70,75 90,80 110,75, 130,40"
      Stroke="Black" />
</Canvas>
```

Die Punkte werden der Reihe nach in einer Collection der Eigenschaft `Points` abgelegt. Die Definition in XAML erfolgt wieder in der üblichen Schreibweise paarweise mit `Double`-Werten. Die einzelnen Werte können entweder mit Leerzeichen oder mit Komma voneinander getrennt werden - je nachdem, was für einen selbst besser zu lesen ist.

Bild 9.18 Die Polyline zeichnet eine Linie über mehrere Punkte.

Die Polyline ist in ihrer Darstellung sehr schnell und eignet sich daher auch für komplexere Linien, die aus mehreren Hunderten oder Tausenden Punkten bestehen können. Diese Schreibweise würde sich natürlich in XAML nicht mehr anbieten, da diese Angaben nur sehr umständlich eingegeben und gepflegt werden müssten. Alternativ können sie aber sehr einfach im Programmcode gesetzt werden - die Werte können dann entweder aus einer Datenbank ausgelesen oder (wie in dem nächsten Beispiel) per Zufallsgenerator generiert werden.

Listing 9.17 Punkte einer Polyline im Programmcode setzen

```
Polyline1.Points.Clear();
Random r = new Random();
int oldValue = 200;
for (int i = 0; i < 650; i++)
{
  Polyline1.Points.Add(new Point(10 + i, 400 - oldValue));
  oldValue += (r.Next(20) - 10);
}
```

In diesem Beispiel werden mit einem Zufallsgenerator mehrere Hundert Punkte zufällig generiert. Damit diese nicht zu weit auseinanderliegen, ist für jeden Punkt lediglich eine Abweichung von maximal fünf Einheiten zugelassen. Das Ergebnis dieses Beispiels ist in Bild 9.19 zu sehen.

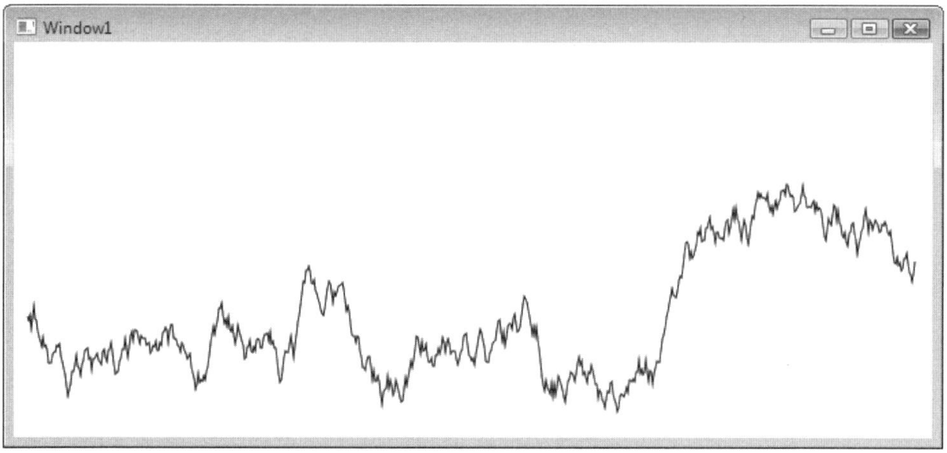

Bild 9.19 Eine komplexere Polyline mit mehreren Hundert Punkten

Das Polygon sieht der Polyline in ihrer Darstellung und in ihrer Definition sehr ähnlich. Beide definieren ihre Form über mehrere Punkte, die über eine Linie miteinander verbunden werden können. Die Polyline dient aber hauptsächlich zum Zeichnen von Linien, während das Polygon eher zum Zeichnen von Flächen gedacht ist.

Handelt es sich bei einem Polygon zudem um eine offene Figur, d. h., liegen Start- und Endpunkt nicht beisammen, wird vom Polygon automatisch diese Verbindung hinzugefügt und die Figur geschlossen.

Listing 9.18 Eine Polyline mit mehreren Punkten definieren

```
<Canvas>
  <Polygon
      Points="50,50 30,70 30,95 70,95 70,70"
      Stroke="Black"
      Fill="Silver" />
</Canvas>
```

In diesem Beispiel wird über diese Punkte eine offene Figur gezeichnet. Die Verbindung zwischen End- und Startpunkt wird daher automatisch von dem Polygon hinzugefügt. Werden dagegen dieselben Punkte mit einer Polyline gezeichnet, bleibt diese selbst dann offen, wenn über `Fill` eine Füllfarbe angegeben wird. Der Vergleich der unterschiedlichen Ergebnisse ist in Bild 9.20 zu sehen.

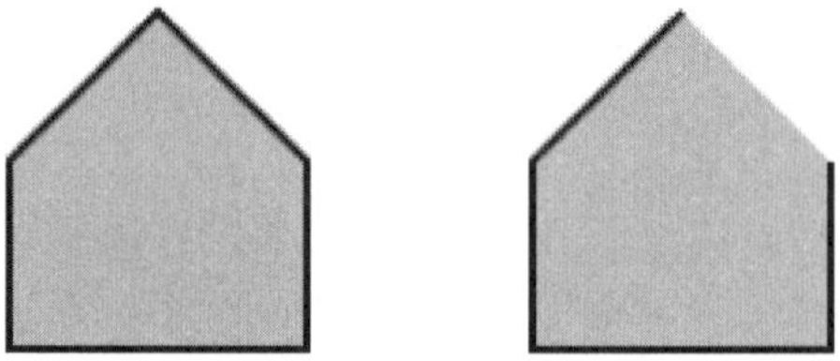

Bild 9.20 Polgon (links) und die Polyline (rechts) im Vergleich

Die Regel, die hinter dem Füllen der Fläche steht, ist allerdings alles andere als trivial und kann mitunter bei komplexeren Formen zu überraschenden Ergebnissen führen. Überkreuzen sich die Linien innerhalb eines Polygons, wird die Figur in weitere Flächen unterteilt, bei denen die WPF nun fallweise entscheiden muss, ob diese noch zur Figur gehören. Dieses Ergebnis ist maßgebend für das Zeichnen der Hintergrundfarbe, da nur Flächen befüllt werden, die nicht von der Figur ausgeschlossen worden sind.

Dieser Mechanismus kann von außen über eine Füllregel beeinflusst werden, von denen die WPF mit `EvenOdd` und `NonZero` gleich zwei anbietet. Bei `EvenOdd` wird nur jede zweite Fläche befüllt und bei `NonZero` jede Fläche der Figur.

In dem folgenden Beispiel wird mit einem Polygon eine Figur gezeichnet, deren Linien sich mehrfach überkreuzen. Dadurch entstehen gleich neun Flächen, die jeweils mit den Regeln `EvenOdd` und `NonZero` befüllt werden.

```
<Polygon
    Points="50,50 50,100 100,100 100,60 60,60 60,110
            110,110 110,70  70,70  70,120 120,120"
    Stroke="Black"
    Fill="Silver"
    FillRule="EvenOdd" />

<Polygon
    Points="50,50 50,100 100,100 100,60 60,60 60,110
            110,110 110,70  70,70  70,120 120,120"
    Stroke="Black"
    Fill="Silver"
    FillRule="NonZero" />
```

In Bild 9.21 ist das Ergebnis der beiden Polygone zu sehen. Wie erwartet, bleibt bei `EvenOdd` jede zweite Fläche des Polygons frei, wohingegen mit `NonZero` eine große geschlossene Fläche entsteht.

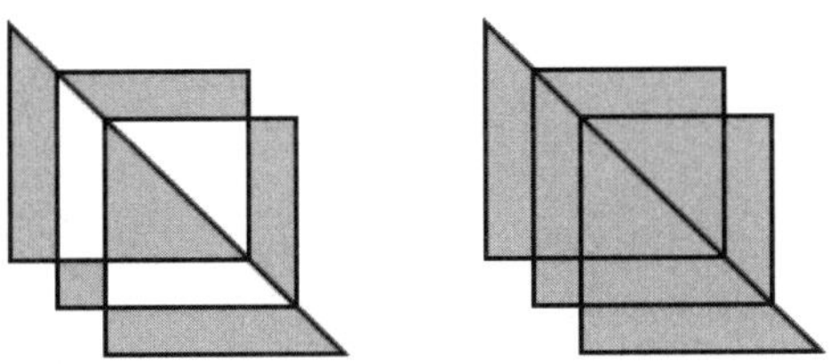

Bild 9.21 Mit der FillRule wird angegeben, wie die Figur mit der Hintergrundfarbe befüllt werden soll.

Ob eine Fläche zu der Figur gehört und damit auch befüllt werden kann, wird anhand eines imaginären Strahls getestet. Der Startpunkt des Strahls liegt dabei in der zu testenden Fläche und zeigt nach außen in die Unendlichkeit. Auf seinem Weg dorthin durchkreuzt der Strahl die verschiedenen Linien der Figur, die als Grundlage der Füllregel dienen.

Bei `EvenOdd` ist das Ergebnis einfach zu errechnen, da hier lediglich die Anzahl der Linien errechnet wird, die der Strahl durchkreuzt. Handelt es sich um eine ungerade Zahl, wird die Fläche gezeichnet; handelt es sich dagegen um eine gerade Zahl, wird die Fläche von der Figur ausgeschlossen und bleibt somit frei. In Bild 9.22 ist auf der linken Seite dieses Prinzip dargestellt.

Bei NonZero ist das Verhalten scheinbar besser vorauszusehen. Wie auf der rechten Seite in Bild 9.22 zu sehen ist, kann aber auch dieser Modus bei manchen Figuren zu unerwarteten Ergebnissen führen. Die beiden Quadrate in der Mitte werden bei EvenOdd noch freigelassen; bei NonZero wird jedoch nur eines der beiden Quadrate befüllt.

Bei NonZero wird das obere Quadrat von der Figur ausgeschlossen, da beim Durchzählen der Linien, die der imaginäre Strahl durchkreuzt, nun zusätzlich noch deren Richtung entscheidend ist. Verläuft die Linie von links nach rechts, wird der Wert eins addiert; verläuft die Linie in die Gegenrichtung, wird dagegen der Wert eins abgezogen. Verfolgt man nun den Strahl in der rechten Figur in Bild 9.22, so sieht man deutlich, dass am Ende eine Null steht. Daher hat die Regel NonZero auch ihren Namen, da nur Flächen befüllt werden, deren Ergebnis nicht null lautet.

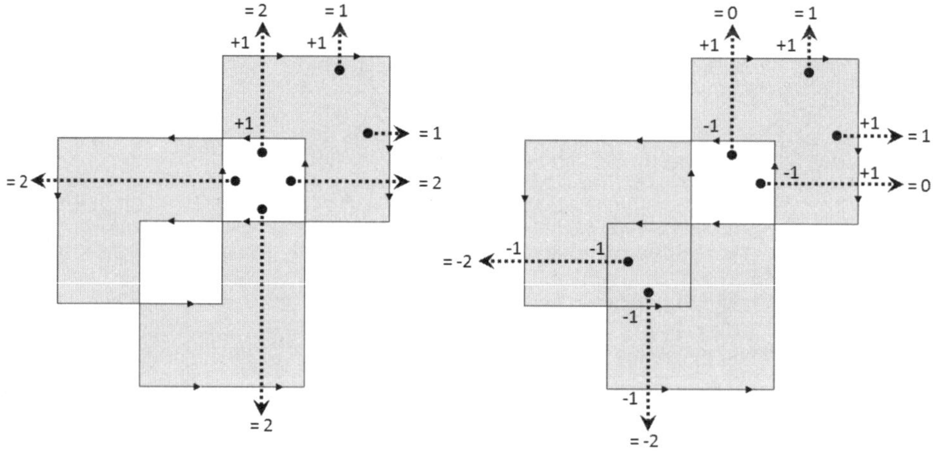

Bild 9.22 Die Füllregeln EvenOdd und NonZero im Vergleich

9.4 Linien

Die Shapes verwenden zum Zeichnen der Figuren einen Stift, der über die Klasse Pen definiert ist. Über diese Klasse kann sehr genau angegeben werden, in welcher Farbe und in welcher Stärke die Linien der Figur gezeichnet werden sollen. Um aber die Komplexität und den Aufwand bei der Verwendung der Shapes zu reduzieren, wird der Pen nur intern verwendet. Man kann aber trotzdem auf jede einzelne Eigenschaft von Pen Einfluss nehmen, da dieselben Eigenschaften auch in Shape definiert wurden. Zur besseren Unterscheidung besitzen die meisten Eigenschaften aber dort das Präfix „Stroke", sodass beispielsweise aus der Eigenschaft Thickness aus Pen, mit der die Stärke des Stiftes angegeben wird, die Bezeichnung StrokeThickness in Shape wird.

Wären diese Eigenschaften nicht in der Klasse Shape definiert, müsste man ansonsten für jeden neuen Shape zusätzlich noch eine neue Instanz eines Pen erstellen und zuweisen. Dieser Aufwand bleibt uns somit erspart, wie man im folgenden Beispiel sieht.

```
<!-- FALSCH: NICHT MÖGLICH -->
<Rectangle>
  <Rectangle.Pen>
    <Pen Brush="Black" Thickness="3" />
  </Rectangle.Pen>
</Rectangle>

<!-- RICHTIG: STATTDESSEN -->
<Rectangle Stroke="Black" StrokeThickness="3" />
```

Der `Pen` bleibt aber auch weiterhin ein Thema, da dieser bei den geometrischen Formen verwendet wird, die später in diesem Kapitel beschrieben werden.

Insgesamt stehen nicht weniger als neun Eigenschaften zur Verfügung, mit denen man die Darstellung der Linien beeinflussen kann. `Stroke` und `StrokeThickness` hat man bereits in Beispielen gesehen. Darüber hinaus gibt es aber noch Eigenschaften, mit denen ein Muster definiert werden kann oder die Art beschrieben wird, wie der Stift beim Zeichnen angesetzt oder wieder abgesetzt werden soll.

Tabelle 9.1 Eigenschaften für Linien in Shape und in Pen im Vergleich

Shape	Pen	Typ
Stroke	Brush	Brush
StrokeThickness	Thickness	Double
StrokeLineJoin	LineJoin	PenLineJoin
StrokeMiterLimit	MiterLimit	Double
StrokeStartLineCap	StartLineCap	PenLineCap
StrokeEndLineCap	EndLineCap	PenLineCap
StrokeDashArray	DashStyle.Dashes	DoubleCollection
StrokeDashCap	DashStyle.Offset	Double
StrokeDashOffset	DashCap	PenLineCap

Über die Eigenschaft `Stroke` wird der Pinsel angegeben, mit dem die Linie gezeichnet werden soll. Standardmäßig ist hier, wie auch schon bei der Hintergrundfarbe, kein Wert hinterlegt, sodass ein `Shape` ohne weitere Angaben nicht gezeichnet wird. Die Breite, in der die Linie gezeichnet werden soll, kann mit `StrokeThickness` definiert werden. Hier ist bereits ein Wert vorgegeben, kann aber mit einem beliebigen Double-Wert überschrieben werden.

Die Darstellung in der WPF erfolgt in sog. geräteunabhängigen Pixeln. Ein Pixel in der WPF entspricht daher nicht dem Pixel auf dem Monitor, sondern kann (je nach Skalierung) größer oder kleiner ausfallen. Das wirkt sich auch auf die Darstellung dünner Linien aus, die bei einer Breite von einem Pixel oft unbewusst auf einer Breite von zwei Pixeln auf dem Bildschirm ausgegeben werden. Die Linie kann dadurch unscharf wirken, da sie für die Darstellung interpoliert worden ist. Diesen Effekt kann man aber mit der Eigenschaft `SnapsToDevicePixel` beheben, die man insbesondere bei Zeichnungen oder dünnen Linien anwenden sollte.

Je dicker die Linien werden, desto unangenehmer können jedoch die Effekte beim Verbinden der einzelnen Linien ausfallen. Bei einer Polyline bleiben beispielsweise die Außenkanten hart und kantig. Das würde bei einer kleineren, dünneren Linie kaum auffallen. Je nach Anwendungszweck können aber abgeschliffene oder abgerundete Kanten besser aussehen. Diese Einstellung kann über die Eigenschaft `StrokeLineJoin` getroffen werden, die mit Werten aus dem Enum `PenLineJoin` gesetzt werden kann. Hier ist standardmäßig der Wert „Miter“ (spitz) hinterlegt, er kann aber auch auf „Bevel“ (abgeschliffen) oder „Round“ (abgerundet) eingestellt werden.

```
<Polyline
    Stroke="Black" StrokeThickness="15"
    Points="10,25 10,10 60,10 60,50 10,50 10,100 60,100 60,85"
    StrokeLineJoin="Round" />
```

Das Ergebnis dieser drei unterschiedlichen Werte sieht man in Bild 9.23.

Bild 9.23 Die verschiedenen Modi von PenLineJoin: Miter, Bevel und Round (v. l. n. r.)

Wie der Stift am Anfang der Linie angesetzt und am Ende wieder abgesetzt werden soll, kann mit den beiden Eigenschaften `StrokeStartLineCap` und `StrokeEndLineCap` angegeben werden. Diese sind jeweils vom Typ `PenLineCap` und standardmäßig auf den Wert „Flat“ gesetzt, d. h., die Linie endet genau am angegebenen Punkt.

Besonders bei dickeren Linien mag das aber mehr ins Gewicht fallen, dass diese nicht genau an den Endpunkten enden, sondern zusätzlich ein Stück weitergehen. Mit dem Wert „Square“ kann daher in Relation zur Stiftbreite die Linie ein kleines Stück weitergezeichnet werden. Dieser Effekt kann sich aber besonders bei kurzen und breiten Linien nachteilig auswirken, wenn diese breiter als lang sein sollten. Mit den zwei weiteren Werten „Round“ und „Triangle“ können die Enden der Linie zudem noch etwas in Form gebracht werden.

```
<Line
    X1="10" Y1="100" X2="10" Y2="10"
    StrokeEndLineCap="Round" />
```

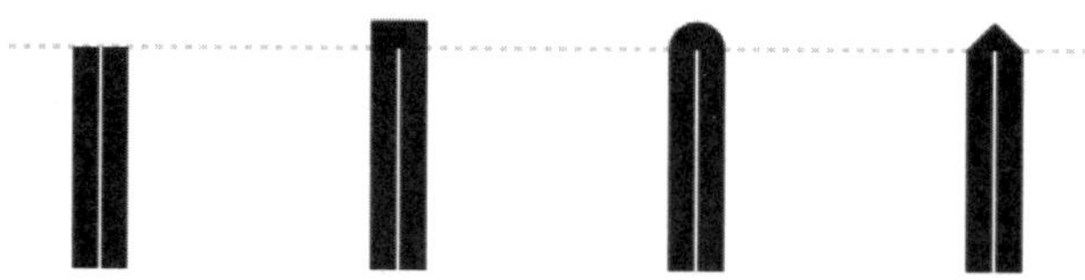

Bild 9.24 Wie eine Linie anfangen oder enden soll, kann mit StrokeBeginLineCap und StrokeEndLineCap bestimmt werden.

In Bild 9.24 ist das Ergebnis der verschiedenen Werte zu sehen. Wie man an der gepunkteten Hilfslinie sieht, gehen aber mit den meisten Angaben die Linien ein ganzes Stück über den Endpunkt hinaus.

Wenn nicht nur eine durchgezogene Linie gezeichnet werden soll, kann mit der Eigenschaft `StrokeDashArray` ein eigenes Muster hinterlegt werden, mit dem die Linie gezeichnet werden soll. Hinter dieser Eigenschaft steht eine `DoubleCollection`, mit der jeweils die Länge der Linien und deren Abstände angegeben werden können. Die beiden Werte „1, 1" geben also an, dass die Linie jeweils in der Länge einer Einheit und mit einem Abstand gezeichnet werden soll. Der Wert wird als Einheit bezeichnet, da er immer in Relation zu der verwendeten Stiftdicke steht und nicht als fester Abstand in Pixel angegeben werden kann. Eine Einheit ist hier also immer genauso breit wie der Stift selbst (`StrokeThickness`). Der Wert eins zeichnet daher einen einzelnen Punkt in Form eines Quadrates.

Mit dieser Collection können aber auch verschiedene Muster zusammengesetzt werden. So steht beispielsweise „2, 2" für einen Strich, und ein Abstand in gleicher Länge oder „2,1,1,1" steht für eine Strich-Punkt-Linie. In Bild 9.25 sind verschiedene Muster beispielhaft zusammengestellt.

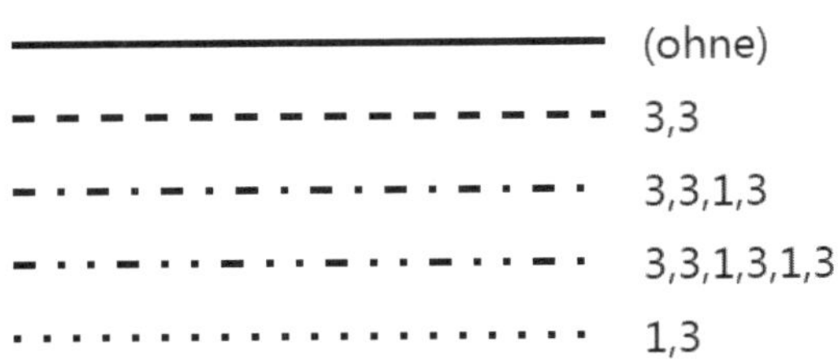

Bild 9.25 Eine Auswahl einiger möglicher Kombinationen, die für die Eigenschaft StrokeDashArray verwendet werden kann

Die Werte müssen dabei nicht zwingend paarweise angegeben werden. Befindet sich in der Liste eine ungerade Zahl an Werten, wird diese einfach ein zweites Mal angewendet. Beim zweiten Durchgang entspräche aber dann der Wert für eine Linie dem eines Abstandes. Mit `StrokeDashOffset` kann zudem ein Versatz angegeben werden, der beim Zeichnen des Musters angewendet werden soll.

Bei `Pen` existieren diese Eigenschaften nicht einzeln, sondern sind in der Klasse `DashStyle` zusammengefasst, so wie in Tabelle 9.1 zu sehen war. Die beiden Eigenschaften `StrokeDashArray` und `StrokeDashOffset` werden dort allerdings als `Dashes` und `Offset` bezeichnet. Das Auslagern in eine eigene Klasse ermöglicht auch das bessere Zusammenfassen von häufig verwendeten Mustern in vordefinierten Konstanten. Diese werden in der Klasse `DashStyles` (Achtung, Plural!) bereitgestellt und können daher ähnlich wie die vordefinierten Pinsel verwendet werden.

```
<Pen DashStyle="DashStyles.Dot" Brush="Black" />
```

In diesem Beispiel wird die Linie aus einer Reihe von Punkten gezeichnet. Die Eigenschaft `Dot` ist eine vordefinierte Instanz von `DashStyle`, die als statisches Mitglied in der Klasse `DashStyles` definiert wurde. Neben `Dot` gibt es dort noch weitere vordefinierte Muster:

- `Solid`: durchgezogene Linie

- Dash: Striche
- DashDot: Strich-Punkt
- DashDotDot: Strick-Punkt-Punkt
- Dot: gepunktete Linie

Diese vordefinierten Werte in DashStyles eignen sich am besten für die Verwendung in einem Pen. Die Darstellung der Werte entspricht der, die man bereits in Bild 9.25 gesehen hat. Leider können diese aber nicht problemlos auf einen Shape angewendet werden. Bei Dot sind beispielsweise hier die Werte „0, 2“ hinterlegt, die bei einem Shape zu einer durchgezogenen Linie (vergleichbar mit Solid) führen würden. Diese Differenzierung liegt in den verschiedenen Zielgruppen dieser beiden Eigenschaften: Bei einem Shape wird man die Werte in DashArray eher selbst angeben. Daher wird man eher zu einer Eins tendieren, um einen Punkt darzustellen, anstatt zu einer Null. Der Grund für diese Unterscheidung liegt in den gesetzten Standardwerten von StrokeDashCap, der beim Pen auf „Square“ gesetzt ist. Dadurch entsteht bei einem Punkt oder einer Linie immer ein gewisser Überhang, wie er schon bei StrokeStartLineCap und StrokeEndLineCap zu sehen war. Um diesen Überhang zu berücksichtigen, wird bei einem Pen der Punkt mit dem Wert null dargestellt und somit alleine durch das Ansetzen und Absetzen gezeichnet. Dieses wird mit der Eigenschaft StrokeDashCap gesetzt.

Das Verhalten kann bei einem Shape einfach nachvollzogen werden, wenn man die Eigenschaft StrokeDashCap auf „Square“ setzt.

```
<!-- Standardvorbelegung wie bei Pen -->
<Shape
    StrokeDashArray="0,2"
    StrokeDashCap="Square" />
```

Die Eigenschaft StrokeDashCap dient zum Beschreiben, wie der Stift beim Zeichnen des Musters ansetzen und wieder absetzen soll. Hier gibt es allerdings nur eine Eigenschaft, die sowohl auf das Ansetzen als auch auf das Absetzen des Stiftes angewendet wird. Sie ist wieder vom Typ PenLineCap, sodass auch hier alle Möglichkeiten zur Verfügung stehen, die weiter oben bei StrokeStartLineCap und StrokeEndLineCap beschrieben worden sind.

Möchte man bei einem Shape ein anderes Muster als „Flat“ hinterlegen, muss spätestens hier die geänderte Größe der Punkte berücksichtigt werden.

9.5 Zeichnungen

Der Bereich Zeichnungen bekommt in der WPF einen hohen Stellenwert zuteil. Da die gesamte Darstellung nunmehr auf Vektoren statt auf Pixeln basiert, werden hier vielfältige Möglichkeiten bereitgestellt, um Oberflächen zu zeichnen. Davon profitieren nicht nur klassische Grafiken oder Diagramme, sondern auch die Steuerelemente selbst.

9.5.1 Geometrische Formen

In der WPF gibt es eine zweite Gruppierung an Klassen, die für Zeichnungen zuständig ist. Neben den Shapes, die bereits auf den vorherigen Seiten beschrieben worden sind, gibt es zusätzlich noch die Geometries. Diese stellen einfache geometrische Figuren dar, die sich im Gegensatz zu den Shapes aber nicht selbst zeichnen und auch nicht auf Maus- oder Tastatureingaben des Anwenders reagieren können. Sie sind daher relativ einfache und leichtgewichtige Klassen, die lediglich die Figuren beschreiben, die gezeichnet werden sollen. Das Zeichnen dieser Figuren muss daher von jemand anderem erfolgen, beispielsweise von einer anderen Klasse oder von einem anderen Steuerelement.

Einige der Formen, die man bereits bei den Shapes gesehen hat, existieren auch als Geometry. Diese Redundanz ist leicht zu erklären: Die Shapes sind zwar als eigenständige Steuerelemente implementiert worden, die schnell und einfach auf der Oberfläche platziert werden sollen, intern verwenden sie aber auch nur Geometries für ihre Darstellung.

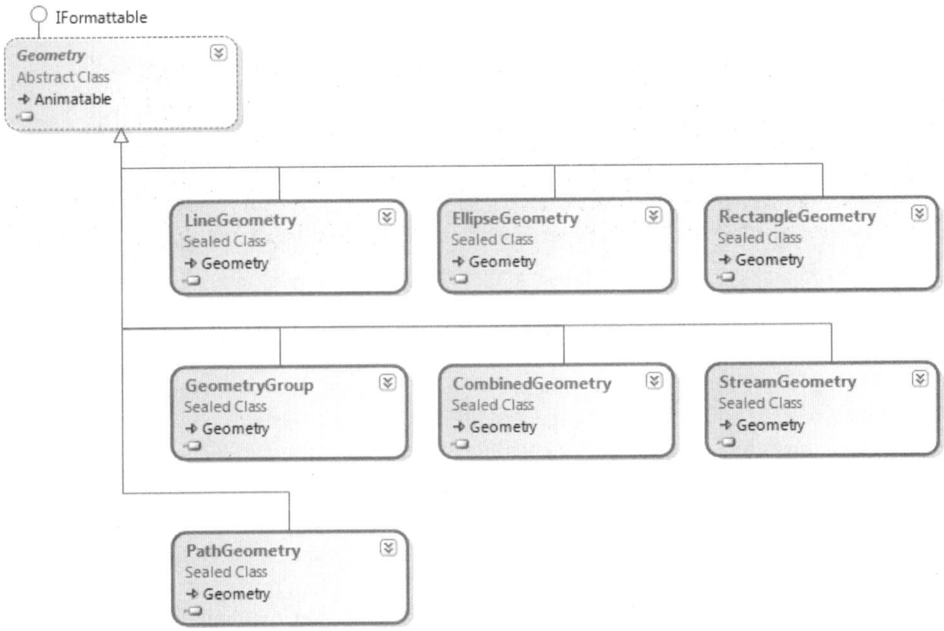

Bild 9.26 Die verschiedenen Geometries werden in je eigenen Klassen abgebildet.

Das wird besonders beim Shape Path deutlich, dessen Beschreibung bislang noch ausstand. Hierbei handelt es sich um eine der komplexesten und wohl auch vielseitigsten Shapes, da man bei Path anstelle einer fest vorgegebenen Form eine eigene Form mittels Geometries hinterlegen kann. Man ist daher nicht mehr auf eine bestimmte Form angewiesen, sondern kann sehr spezifisch im Detail seine gewünschte Form angeben.

Geometries werden in eigenen Klassen implementiert, die jeweils an ihrer Endung „Geometry“ zu erkennen sind. Die Klassen sind von der Basisklasse `Geometry` spezialisiert, wie in Bild 9.26 zu sehen ist.

Obwohl vom Namen her einige Klassen mit den Shapes Ähnlichkeiten haben, fallen ihre Implementierungen im Detail doch sehr unterschiedlich aus. In der Klasse `LineGeometry` werden beispielsweise die Start- und Endpunkte nicht über vier einzelne Eigenschaften definiert, sondern über `StartPoint` und `EndPoint`. Beide sind jeweils vom Datentyp `Point` und definieren die X- und Y-Koordinaten.

```
<Path Stroke="Black" Fill="Silver">
  <Path.Data>
    <LineGeometry
        StartPoint="10,10"
        EndPoint="100,10" />
  </Path.Data>
</Path>
```

In diesem Beispiel wird mit `LineGeometry` eine horizontale Linie von der Koordinate 10/10 nach 100/10 gezogen. Die geometrische Figur wird dabei über den Shape Path dargestellt, der man die Figur über die Eigenschaft `Data` zuweisen kann. In welcher Farbe die Linie gezeichnet werden soll, wird über `Stroke` und `StrokeThickness` im Shape Path angegeben.

> **!** Mit Geometries werden lediglich die Formen der Figuren beschrieben, wie beispielsweise der Start- und der Endpunkt einer Linie. Welche Farbe der Hintergrund haben oder in welcher Art die Linien gezeichnet werden sollen, kann nur mit dem übergeordneten Shape definiert werden. Im vorherigen Beispiel wird daher im `Path` mit der Eigenschaft `Stroke` die Linienfarbe angegeben, mit der die gesamte geometrische Figur gezeichnet wird. ■

Die unterschiedliche Verwendung zwischen Geometries und Shapes wird besonders bei der `EllipseGeometry` deutlich. Beim Shape `Ellipse` konnte man noch die Größe über die Eigenschaften `Width` und `Height` angeben, die beide in der Basisklasse `FrameworkElement` definiert worden sind und daher bei allen Steuerelementen zur Verfügung stehen. Auf diese Eigenschaften kann man bei Geometries aber nicht zurückgreifen, da diese nicht als Steuerelemente definiert sind.

Stattdessen wird der Mittelpunkt der Ellipse mit der Eigenschaft `Center` definiert, die ebenfalls wieder vom Typ `Point` ist. Die Größe der Ellipse kann nun über zwei Radien festgelegt werden, die jeweils mit `RadiusX` für den horizontalen und mit `RadiusY` für den vertikalen Radius existieren.

Listing 9.19 Eine EllipseGeometry definieren

```
<Path Stroke="Black">
  <Path.Data>
    <EllipseGeometry
        Center="100,100"
        RadiusX="10"
        RadiusY="15" />
  </Path.Data>
</Path>
```

In diesem Beispiel wird eine Ellipse gezeichnet, deren Mittelpunkt auf der Koordinate 100/100 liegt. Da die Angaben von horizontalem und vertikalem Radius unterschiedlich sind, wird die Ellipse leicht unförmig (oder in Eiform) ausgegeben.

Auch die Größe eines Rechtecks wird nicht mehr über einzelne Punkte angegeben. Hier wird ausnahmsweise das Rechteck über die einzelne Eigenschaft namens `Rect` angegeben, die auch vom gleichnamigen Datentyp ist. Hierüber werden die Position und die Größe angegeben, mit der das Rechteck gezeichnet werden soll.

Listing 9.20 Ein Rechteck mit RectangleGeometry definieren

```
<Path Stroke="Black">
  <Path.Data>
    <RectangleGeometry
        Rect="10,10,200,50"
        RadiusX="5"
        RadiusY="5" />
  </Path.Data>
</Path>
```

In diesem Beispiel wird das Rechteck an der Position 10/10 mit einer Breite von 200 und einer Höhe von 50 Pixeln ausgegeben. Mit den beiden Eigenschaften `RadiusX` und `RadiusY` können zusätzlich die Kanten des Rechtecks abgerundet werden.

Mit dem Shape Path kann allerdings immer nur eine einzige geometrische Form ausgegeben werden. Sollen mehrere Formen ausgegeben werden, kann man diese über getrennte Shapes ausgeben lassen. Hierdurch würde man auch die Möglichkeit erhalten, für diese Formen getrennte Farben und Linien zu definieren.

Listing 9.21 Mehrere geometrische Formen mit unterschiedlichen Farben darstellen

```
<Path Stroke="Black">
  <Path.Data>
    <LineGeometry StartPoint="10,10" EndPoint="100,100" />
  </Path.Data>
</Path>

<Path Fill="Silver">
  <Path.Data>
    <EllipseGeometry Center="100,100" RadiusX="50" RadiusY="50" />
  </Path.Data>
</Path>
```

Mit der Hilfe entsprechender Hilfsklassen können aber auch mehrere geometrische Formen zusammen in einem Shape ausgegeben oder sogar miteinander kombiniert werden. Diese Methode eignet sich besonders gut, wenn mehrere geometrische Formen mit derselben Hintergrundfarbe und derselben Linienart ausgegeben werden sollen. Diese müssen so nicht mehr in getrennten Shapes definiert werden, sondern können zusammen in einem Shape Platz finden.

Mit der Klasse `GeometryGroup` können gleich mehrere geometrische Formen zusammengefasst werden. Diese werden dann zusammen auf dem Bildschirm ausgegeben.

```
<Path Stroke="Black" StrokeThickness="4" Fill="Silver">
  <GeometryGroup>
```

```
      <EllipseGeometry Center="125,100" RadiusX="50" RadiusY="50"/>
      <EllipseGeometry Center="95,150" RadiusX="50" RadiusY="50"/>
      <EllipseGeometry Center="155,150" RadiusX="50" RadiusY="50"/>
    </GeometryGroup>
  </Path>
```

In diesem Beispiel werden drei Ellipsen mit schwarzen Linien und grauer Hintergrundfarbe ausgegeben. Diese überlappen sich aber gegenseitig, so wie in Bild 9.27 zu sehen ist. Die gemeinsamen Schnittflächen werden daher von der Figur ausgeschlossen und nicht mit der Hintergrundfarbe befüllt.

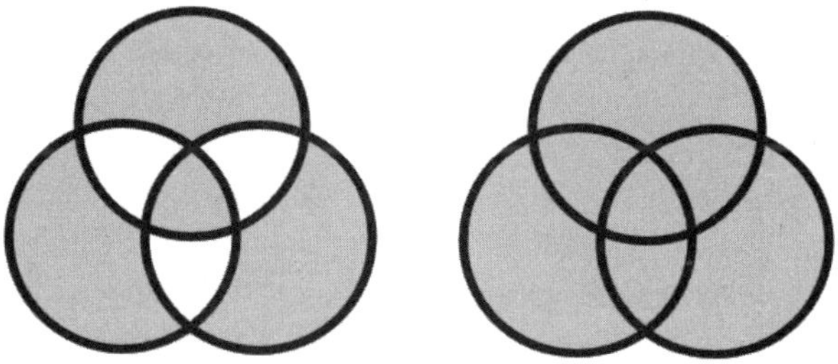

Bild 9.27 Mit GeometryGroup können mehrere Formen ausgegeben werden.

Die Technik, die beim Füllen der geometrischen Formen bei `GeometryGroup` verwendet wird, ist dieselbe, wie sie auch schon beim Shape Polygon verwendet wurde. Sobald die Figur sich selbst überschneidet, wird diese in mehrere Flächen unterteilt, die entweder der Figur zugeordnet oder aussortiert werden.

Diese Füllregel kann auch hier wieder mit der Eigenschaft `FillRule` von außen beeinflusst werden. Der Standardwert ist auf `EvenOdd` gesetzt, bei dem jede zweite Fläche freigelassen wird. Durch das Setzen auf `NonZero` werden alle Flächen mit der Hintergrundfarbe befüllt, so wie bei der rechten Figur in Bild 9.27 zu sehen ist.

```
<GeometryGroup FillRule="EvenOdd">...</GeometryGroup>
<GeometryGroup FillRule="NonZero">...</GeometryGroup>
```

Wie man in dem Bild sieht, wird zwar nun der Hintergrund durchgehend befüllt, die Linien der einzelnen Ellipsen überlagern sich aber auch weiterhin. Die Gruppierung mit `GeometryGroup` eignet sich daher eher zum Zeichnen einheitlicher Flächen und weniger zum Zeichnen von Linien. Hierfür wären tatsächlich eigenständige Shapes sinnvoller.

Alternativ können mit `CombinedGeometry` zwei geometrische Figuren miteinander kombiniert werden. Anders als bei `GroupGeometry` können hier allerdings immer nur zwei Figuren angegeben werden, die miteinander kombiniert werden sollen. Aus dieser Kombination entsteht tatsächlich eine neue eigenständige geometrische Figur, deren Inhalt aus den zwei ursprünglichen Figuren entstanden ist.

```
<Path Stroke="Black" StrokeThickness="4" Fill="Silver">
  <Path.Data>
    <CombinedGeometry GeometryCombineMode="Union">
      <CombinedGeometry.Geometry1>
        <EllipseGeometry
            Center="100,100" RadiusX="50" RadiusY="50" />
```

```
      </CombinedGeometry.Geometry1>
      <CombinedGeometry.Geometry2>
        <EllipseGeometry
            Center="150,100" RadiusX="50" RadiusY="50" />
      </CombinedGeometry.Geometry2>
    </CombinedGeometry>
  </Path.Data>
</Path>
```

In diesem Beispiel werden zwei Ellipsen, die sich gegenseitig überlagern, miteinander kombiniert. Die erste Ellipse wird dabei der Eigenschaft `Geometry1` und die zweite Ellipse der Eigenschaft `Geometry2` zugeordnet. In welcher Weise die beiden geometrischen Formen kombiniert werden sollen, wird mit der Eigenschaft `GeometryCombineMode` definiert. Hier ist `Union` als Standardwert definiert, mit dem die beiden Formen miteinander verbunden werden. Anders als bei `GeometryGroup` wird aber aus der neu entstandenen Fläche eine neue Figur geschaffen, was man besonders an der Umrandung der Außenlinie in Bild 9.28 erkennen kann.

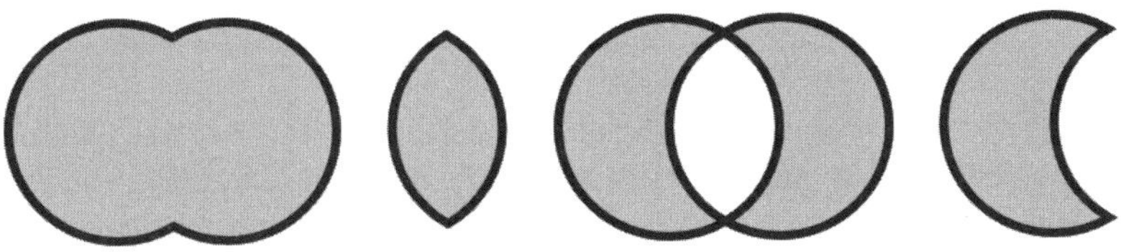

Bild 9.28 Die unterschiedlichen Modi von CombinedGeometry im Vergleich: Union, Intersect, Xor und Exclude (v. l. n. r.)

Neben `Union` kann die Schnittfläche beider Figuren auch mit `Intersect` herausgestellt werden. Mit `Xor` erhält man dagegen ein ähnliches Ergebnis wie bei der `GeometryGroup`, bei der die Schnittfläche von der Figur ausgeschlossen wird. Mit `Exclude` wird die zweite Figur ausschließlich zum Ausstanzen verwendet, sodass nur die restliche Fläche der ersten Figur dargestellt wird. Eine Übersicht aller Modi ist in Bild 9.28 zu sehen.

> **!** Das Kombinieren mehrerer geometrischer Formen erfolgt mit `CombinedGeometry` deutlich langsamer als mit `GeometryGroup`, mit der beispielsweise ein einfacher `Union` besser umzusetzen wäre. `CombinedGeometry` sollte daher nur dann verwendet werden, wenn entweder Speicherplatz wichtiger als Zeit ist oder die Umrandung der neuen Figur wichtiger ist als die neu entstandene Fläche.

Das Kombinieren mehrerer geometrischer Figuren ist auch im Code möglich. Hierfür muss lediglich die statische Methode `Combine()` aus der Klasse `Geometry` aufgerufen werden. Das Ergebnis dieser Methode entspricht exakt dem, was man mit `CombinedGeometry` erhalten würde.

Listing 9.22 Zwei geometrische Figuren zu einer kombinieren

```
Geometry g3 = Geometry.Combine(ellipse1, ellipse2);
```

9.5.2 Pfade und Pfadsegmente

Deutlich mehr Möglichkeiten erhält man dagegen nur noch mit PathGeometry. Ähnlich wie beim Shape Path kann man bei PathGeometry die Form und die Komplexität selber bestimmen. Die Form wird hierbei in mehrere einzelne Figuren unterteilt, deren Linien man Schritt für Schritt selber zusammensetzen kann. Diese Vorgehensweise ist dadurch mit sehr viel Feinarbeit verbunden. Eine etwas einfachere Möglichkeit bietet dagegen die Markup-Syntax, die am Ende dieses Kapitels beschrieben wird.

```
<Path Stroke="Black" StrokeThickness="4">
  <Path.Data>
    <PathGeometry>
      <PathFigure StartPoint="10,10">
        <LineSegment Point="100,10" />
        <LineSegment Point="100,50" />
        <LineSegment Point="10,50" />
      </PathFigure>
    </PathGeometry>
  </Path.Data>
</Path>
```

Ein PathGeometry wird über eine oder mehrere Einträge von PathFigure dargestellt. Jede PathFigure ist dabei eine eigenständige Figur, die in sich geschlossen sein kann. In diesem Beispiel besteht die geometrische Form aber nur aus einer einzigen PathFigure.

Jede Figur wird wiederum über einzelne Liniensegmente dargestellt, die von der Klasse PathSegment dargestellt werden. Sie definieren die Linien und Kurven, die der Reihe nach verbunden werden und somit erst eine Figur ergeben. Der Startpunkt wird dabei von PathFigure selbst gesetzt. Die einzelnen Liniensegmente werden nun nacheinander gezeichnet, wobei der Endpunkt eines Abschnittes immer den Startpunkt für den nächsten bildet. Ein PathSegment besitzt daher keinen Startpunkt mehr, sondern, wie LineSegment in dem Beispiel, meist nur noch eine Eigenschaft für den Endpunkt.

Die vielen Klassen mit ihren unterschiedlichen Herkünften und Beziehungen machen den Einstieg in PathGeometry nicht gerade einfach. Die Bild 9.29 soll daher die Zusammensetzung des Shapes Path verdeutlichen.

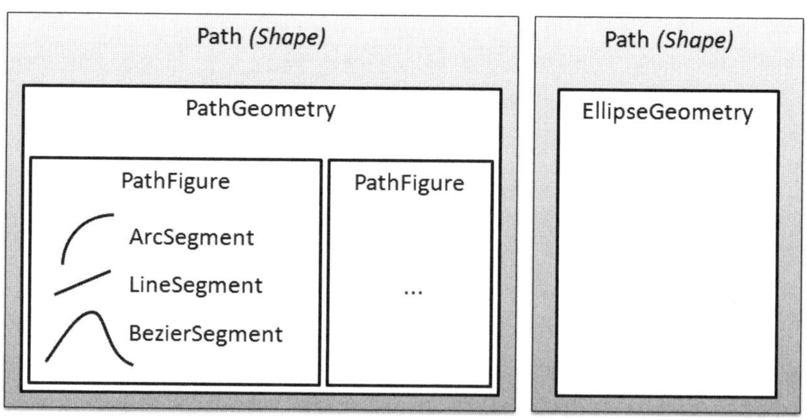

Bild 9.29 Die Anatomie einer Grafik, die mit dem Shape Path dargestellt wird

Wie bereits erwähnt, wird mit `PathFigure` eine einzelne Figur einer `PathGeometry` dargestellt. Standardmäßig wird eine `PathFigure` lediglich durch Linien (und Kurven) dargestellt, die aus einer oder mehreren Instanzen von `PathSegment` definiert worden ist. Soll zusätzlich der Hintergrund gefüllt werden, muss hierfür die Eigenschaft `IsFilled` auf `true` gesetzt werden. Mit `IsClosed` kann zudem das Schließen einer Figur veranlasst werden. Hierbei wird von der WPF eine Linie vom Endpunkt zum Startpunkt gezogen, wenn die Figur noch offen sein sollte.

```
<PathFigure IsClosed="True" IsFilled="True">
```

Wie eine `PathFigure` aussehen soll, wird über die einzelnen `PathSegments` definiert. Die Klasse `PathSegment` bildet hier wieder die Basisklasse für sieben spezialisierte Klassen, mit denen neben Linien vor allem Kurven oder Kreisabschnitte gezeichnet werden können. In Bild 9.30 ist eine Übersicht der verfügbaren Klassen zu sehen.

Bei der Darstellung bilden damit die `PathSegments` die kleinste Einheit, mit der eine Grafik beschrieben werden kann. Mit ihnen kann man daher nur sehr wenig Einfluss auf die Linienart ausüben. Man kann lediglich über die Option `IsStroked` einstellen, dass ein bestimmtes `PathSegment` nicht mehr gezeichnet werden soll.

Listing 9.23 Die Darstellung eines LineSegment unterdrücken

```
<LineSegment IsStroked="False" />
```

> **!** In den folgenden Bildern von `PathSegment` wurden zur besseren Übersicht einige Hilfspunkte und Hilfslinien eingeblendet, damit die Start- und Endpunkte besser zu erkennen sind. ■

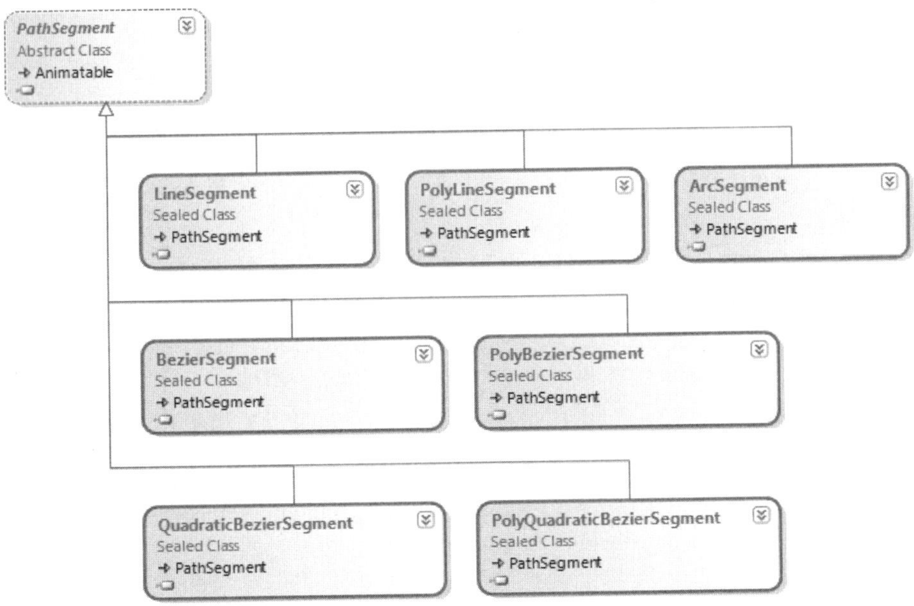

Bild 9.30 Die Klassenübersicht der möglichen PathSegments

Mit der Klasse LineSegment werden einfache Linienabschnitte definiert. Die Klasse besitzt mit Point lediglich eine Eigenschaft, mit welcher der Endpunkt der Linie angegeben wird.

```
<PathGeometry>
  <PathFigure StartPoint="50,100">
    <LineSegment Point="100,50" />
    <LineSegment Point="150,125" />
    <LineSegment Point="200,60" />
  </PathFigure>
</PathGeometry>
```

In diesem Beispiel wird der Startpunkt mit PathFigure auf 50/100 gesetzt und gibt nacheinander drei Linien aus.

Wird gleich eine ganze Reihe an Linien ausgegeben, können diese anstelle von LineSegment auch besser über PolyLineSegment ausgegeben werden. Das Wort „Poly" findet sich in einigen dieser Klassen wieder und deutet darauf hin, dass hier meist mehrere Abschnitte mit einer Instanz angegeben werden können.

```
<PathGeometry>
  <PathFigure StartPoint="50,100">
    <PolyLineSegment Points="100,50 150,125 200,60" />
  </PathFigure>
</PathGeometry>
```

Bei PolyLineSegment werden gleich mehrere Punkte über die Eigenschaft Points der Reihe nach in einer Liste angegeben. Das Ergebnis von PolyLineSegment entspricht damit exakt dem, was man erhalten würde, wenn man mehrere LineSegments nacheinander angibt. Die Angabe erspart so bei längeren Linienabschnitten einiges an Arbeit.

Mit ArcSegment kann ein Bogen definiert werden. Hierfür müssen lediglich der Endpunkt, auf dem der Bogen enden soll, und die Größe des Bogens definiert werden.

```
<PathGeometry>
  <PathFigure StartPoint="100,150">
    <ArcSegment
        Point="200,150"
        Size="50,37"
        SweepDirection="Clockwise" />
  </PathFigure>
</PathGeometry>
```

Der Bogen wird immer nur aus einem Teilstück eines Kreises gebildet. Die Eigenschaft SweepDirection gibt die Richtung an, in welcher der Bogen entlang des Kreises gezeichnet werden soll. Wird hier Clockwise angegeben, wird der Kreis im Uhrzeigersinn gezeichnet und mit CounterClockwise in die entgegengesetzte Richtung.

Die Größe des Kreises wird dabei mit Size angegeben, die damit auch maßgeblich die Form des Bogens beeinflusst: Je größer der Kreis ist, desto flacher wird auch der Bogen gezeichnet. In Bild 9.31 sind im zweiten Bogen Hilfslinien eingetragen, mit denen die Größe des Bogens angegeben wurde. Dabei handelt es sich wieder um einen horizontalen und einen vertikalen Radius, der die Größe des Kreises bestimmt.

Bild 9.31 Darstellung von LineSements/PolyLineSegment und ArcSegments

In diesem Beispiel wurde exakt der Mittelpunkt zwischen Start- und Endpunkt gewählt, sodass ein Halbkreis als Bogen entstanden ist. Werden dagegen größere Werte angegeben, so verlagert sich der Mittelpunkt des Kreises entsprechend nach unten, wodurch auch der Bogen seine Form verändert, wie in Bild 9.32 zu sehen ist.

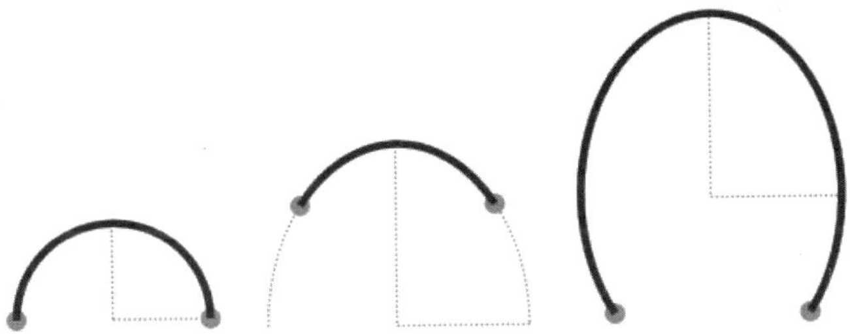

Bild 9.32 Die Form des Bogens kann mit den Radien und IsLargeArc bestimmt werden.

Normalerweise wird immer nur ein kleiner Teil des Kreises für den Bogen verwendet. Nur wenn der Durchmesser des Kreises mit dem Abstand zwischen Start- und Endpunkt übereinstimmt, wird ein Halbkreis als Bogen gezeichnet. Soll stattdessen ein größerer Bogen gezeichnet werden, muss die Eigenschaft `IsLargeArc` auf `true` gesetzt werden.

Mit der Eigenschaft `RotationAngle` kann zudem der Bogen in eine gewünschte Richtung bewegt werden. Der Start- und der Endpunkt sind hiervon aber nicht betroffen – lediglich die Ausrichtung der Kurve wird hierüber beeinflusst.

Soll dagegen ein Abschnitt als Kurve dargestellt werden, sind hierfür *Bézierkurven* deutlich besser geeignet. Diese Art, um Kurven zu beschreiben, wurde in den 1960er-Jahren von Pierre Étienne Bézier für die Gestaltung von Karosserieformen entwickelt. Er suchte damals eine Möglichkeit, Kurven mit nur sehr wenigen Hilfspunkten beschreiben zu können.

Eine Bézierkurve zeichnet sich dadurch aus, dass sie neben einem Start- und einem Endpunkt nur mit zwei zusätzlichen Hilfspunkten auskommt. Diese wirken sich auf die Kurve wie Magnete aus, mit der die ansonsten gerade Linie in die gewünschte Kurvenform gebracht wird.

Bild 9.33 Bézierkurven arbeiten mit zwei Hilfspunkten, die wie Magnete auf die Kurve einwirken.

Eine Bézierkurve wird mit der Klasse BezierSegment dargestellt. Da der Startpunkt auch hier wieder fest vorgegeben ist (entweder durch PathFigure oder durch das vorherige PathSegment), werden für die Kurve lediglich drei weitere Punkte benötigt. Die ersten beiden Punkte definieren dabei die Hilfspunkte und der dritte Punkt den Endpunkt.

```
<PathGeometry>
  <PathFigure StartPoint="100,250">
    <BezierSegment
        Point1="125,175"
        Point2="200,175"
        Point3="200,250" />
  </PathFigure>
  <PathFigure StartPoint="300,225">
    <BezierSegment
        Point1="250,175"
        Point2="500,250"
        Point3="500,200" />
  </PathFigure>
</PathGeometry>
```

In diesem Beispiel werden zwei Bézierkurven gezeichnet, deren Hilfspunkte mit den Eigenschaften Point1 und Point2 gesetzt werden. Die Eigenschaft Point3 definiert den Endpunkt der Kurve.

Etwas einfacher erfolgt die Angabe mit QuadraticBezierSegment, bei dem lediglich ein Hilfspunkt definiert werden muss. Dieser wird gemeinsam vom Start- und vom Endpunkt verwendet, um die Kurve zu beschreiben.

```
<PathGeometry>
  <PathFigure StartPoint="100,50">
    <QuadraticBezierSegment
        Point1="300,100"
        Point2="100,150" />
  </PathFigure>
</PathGeometry>
```

Die Bézierkurve in diesem Beispiel verwendet den Hilfspunkt in Eigenschaft Point1 und endet an dem Punkt, der in Eigenschaft Point2 angegeben wurde. Das Ergebnis dieser Kurve (mit Hilfspunkten und -linien) ist in Bild 9.34 zu sehen.

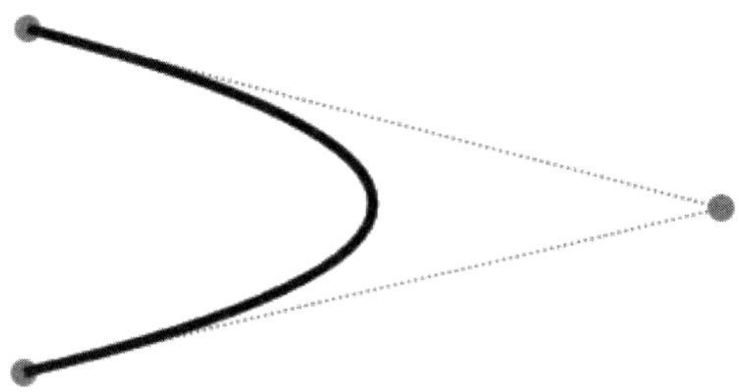

Bild 9.34 Quadratische Bézierkurven besitzen nur einen einzigen Hilfspunkt, mit dem die Kurve berechnet wird.

9.5.3 Die Path-Markup-Sprache

In den Beispielen wurde bisher zum Zeichnen der Pfade und der Pfadsegmente immer die Klasse PathGeometry verwendet. Es gibt mit der Klasse StreamGeometry aber auch eine Alternative, die wesentlich performanter von der WPF ausgeführt werden kann. In der Darstellung der Figuren unterscheiden sich die beiden Klassen in keinster Weise. Es wurden jedoch einige Features entfernt, sodass man ein StreamGeometry nicht mehr für Datenbindungen oder Animationen verwenden kann. Auch das nachträgliche Ändern an der Figur ist damit nicht mehr möglich.

Erreicht wurde dieser Vorteil, indem die Figur intern nicht mehr durch einzelne Objekte aus PathFigure und PathSegment dargestellt wird, sondern durch einen kompakten Byte-Stream. Dadurch wird erheblich an Speicher und an Verwaltung eingespart, die ansonsten für Datenbindungen und Animationen aufgebracht werden müssten.

Das Erstellen von Figuren für StreamGeometry kann allerdings nicht mehr in XAML erfolgen, sondern nur noch im Programmcode (oder alternativ über die eigene Path-Markup-Sprache). Diese Methode eignet sich besonders gut für automatisierte Ausgaben, wie beispielsweise einen Graphen, der Daten aus einer Datenquelle darstellen soll.

```
StreamGeometry geometry = new StreamGeometry();
using (StreamGeometryContext context = geometry.Open())
{
  context.BeginFigure(new Point(10, 10), true, true);
  context.LineTo(new Point(100, 10), true, true);
}
geometry.Freeze();
path1.Data = geometry;

<!-- XAML -->
<Path Name="path1" Stroke="Black" />
```

In diesem Beispiel wird ein Shape Path als Grundlage für die StreamGeometry verwendet. Die Figuren werden mit der Hilfsklasse StreamGeometryContext aufgebaut, über welche die einzelnen Linien, Bögen und Bézierkurven gezeichnet werden können. Die Art, wie diese Daten serialisiert werden, ähnelt nicht ohne Grund der Schnittstelle ISerializable. Ähnlich wie beim Serialisieren von Objekten werden auch hier die getätigten Angaben der Figuren unmittelbar in einen kompakten Byte-Strom serialisiert. Abschließend wird pro forma mit der Methode Freeze() die geometrische Figur abgeschlossen. So wird verhindert, dass durch Animationen oder Datenbindungen nachträglich Änderungen durchgeführt werden.

Ein StreamGeometry kann aber auch in XAML definiert werden. Hierfür können allerdings nicht mehr die einzelnen Klassen direkt verwendet werden, wie sie auf den vorherigen Seiten beschrieben wurden. Stattdessen wird eine neue Path-Markup-Sprache verwendet, mit der die einzelnen Linienabschnitte in einem einzigen kurzen String definiert werden können.

```
<Path Data="M10,10 L100,10Z" Stroke="Black" />
```

In diesem Beispiel wird dieselbe Linie gezeichnet, die noch im vorherigen Beispiel aufwendig über mehrere Zeilen Programmcode erstellt worden ist. Erreicht wird das durch Kurzbefehle, die durch einzelne Buchstaben repräsentiert werden. So steht der Buchstabe „M“

beispielsweise für das Versetzen des Stiftes an eine bestimmte Position. Mit „L“ wird eine Linie zur angegebenen Position gezeichnet.

Der gesamte String wird vom Compiler automatisch in eine geometrische Figur konvertiert. Hierzu wird wieder ein Typkonverter verwendet, der im Hintergrund nichts anderes macht, als wieder die Klasse `StreamGeometryContext` zum Serialisieren zu verwenden.

Tabelle 9.2 Kommandos der Kurzschreibweisen für PathSegments

Kurzbefehl	Beschreibung
F P1	Füllregel, muss als erster Parameter angegeben werden P1 steht für die Füllregel (0 = `EvenOdd`, 1 = `NonZero`)
M X1,Y1	Cursor zum Zeichnen versetzen (eine neue Figur wird erstellt) X1 und Y1 stehen für die neue Position des Cursors.
L X1,Y1	Linie X1 und Y1 stehen für den Endpunkt.
H X1	Horizontale Linie X1 für die neue Position (Y bleibt gleich).
V Y1	Vertikale Linie Y1 für die neue Position (X bleibt gleich).
A RX,RY A I J X1,Y1	Bogen RX und RY stehen für die horizontalen und vertikalen Radien. A gibt den Winkel zum Rotieren an. I definiert, ob großer oder kleiner Bogen (1 = IsLargeArc). J steht für die Richtung (1 = für Clockwise). X1 und Y1 stehen für den Endpunkt.
C X1,Y1 X2,Y2 X3,Y3	Cubic Bezier X1 und Y1 geben den ersten Hilfspunkt an. X2 und Y2 geben den zweiten Hilfspunkt an. X3 und Y3 stehen für den Endpunkt.
S X2,Y2 X3,Y3	Smooth Cubic Bezier X2 und Y2 geben den zweiten Hilfspunkt an. X3 und Y3 stehen für den Endpunkt. X1 und Y1 werden hier nicht für den ersten Hilfspunkt angegeben, da sich diese Position aus der vorherigen Bézierkurve errechnet.
Q X1,Y1 X2,Y2	Quadratic Bezier X1 und Y1 geben den ersten Hilfspunkt an. X2 und Y2 stehen für den Endpunkt.
Z	Figur schließen Hierbei wird eine Linie vom (offenen) Endpunkt zum Startpunkt gezogen. Folgen danach weitere Kommandos, wird daraus eine neue Figur erstellt.

Die Groß- und Kleinschreibung der Kommandos ist von großer Bedeutung beim Serialisieren. Wird das Kommando mit einem Großbuchstaben angegeben, werden beim Positionieren absolute Werte verwendet. Bei der Verwendung von Kleinbuchstaben wird der Cursor aber nur relativ von der letzten Position wegbewegt.

```
M10,10 L100,10    // großes "L" = Horizontale Linie
M10,10 l100,10    // kleines "l" = diagonale Linie (nach 110,20)
```

9.6 Bilder

9.6.1 72 vs. 96 DPI

Für Bilder haben sich mit 72 und 96 zwei gängige DPI-Werte durchgesetzt. Vor allem im Internet werden überwiegend Grafiken mit 72 DPI verwendet; unter Windows gehören dagegen 96 DPI zum Standard. Dieser kleine Unterschied kann bei WPF viel ausmachen, wie in Bild 9.35 zu sehen ist. Dass überhaupt diese unterschiedlichen Werte existieren, liegt an dem Zeitpunkt, an dem man sich für einen Standardwert entschieden hat. Im Vergleich zur heutigen Zeit gab es damals nur wenig Auswahl an Monitoren (damals sogar noch mit Bildschirmröhren). Um nun ein Bild originalgetreu darzustellen, hat man daher einfach ein Maßband zur Hand genommen und nachgemessen, wie viele Pixel man für einen Zoll benötigt. Diese Beschreibung vereinfacht diesen Prozess zwar etwas, doch damit war die Einheit DPI geboren, mit der es einfacher werden sollte, ein Bild auf dem Monitor in immer derselben Größe darzustellen. Seit dieser Zeit ist der Markt für Monitore stetig größer und vielseitiger geworden - anstelle von kleinen Röhrenbildschirmen verwendet man heutzutage moderne LCD-Monitore im Breitbildformat, die zudem auch immer größer zu werden scheinen.

In der heutigen Zeit kann der DPI-Wert in den meisten Bereichen vernachlässigt werden. Ausnahmen gibt es natürlich beim Druck von Fotos und im DTP-Bereich, in denen eine korrekte Umrechnung auf die Endgröße auf dem Papier eine entscheidende Rolle spielt. Da der Computer aber auf Pixeln basiert und so jeder Bildpunkt auf genau einem Pixel des Monitors dargestellt wird, ist der DPI-Wert für das Ergebnis zweitrangig. Ob nun eine Grafik auf einer Webseite mit 72, 96 oder gar mit 300 DPI ausgeliefert wird, ändert nichts an der Darstellung im Browser.

Anders sieht es dagegen bei der WPF aus, denn die Darstellung basiert hier nicht mehr auf Pixeln sondern auf Vektor-Zeichnungen, die sich frei und ohne Qualitätsverlust in ihrer Größe verändern lassen. Hierfür bietet die WPF mit dem geräteunabhängigen Pixel (Device Independent Pixel = DIP) sogar eine eigene Maßeinheit an, die für die Darstellung verwendet wird - soweit also nichts Neues.

Solange ausschließlich mit Vektor-Grafiken gearbeitet wird, stellt dies kein Problem dar. Fallstricke können dann entstehen, wenn mit Bitmap-Grafiken gearbeitet wird. Zahlreiche Dateiformate unterstützen die zusätzliche Angabe eines DPI-Wertes, wie beispielsweise beim Dateiformat PNG (*Portable Network Graphics*). Diese Werte werden auch von der WPF für die Darstellung berücksichtigt. Was nun mit der Darstellung eines Bildes geschieht, wenn dieses fälschlicherweise nur auf 72 DPI eingestellt wurde, ist in Bild 9.35 zu sehen.

Bild 9.35 Zwei Fotos mit denselben Abmessungen - jedoch links mit 96 und rechts mit 72 DPI

In Bild 9.35 ist eine Beispielanwendung zu sehen, in der zwei gleiche Fotos anzeigt werden. Der einzige Unterschied zwischen diesen beiden Fotos besteht im voreingestellten DPI-Wert, der beim linken Foto 96 und beim rechten 72 DPI beträgt. Alle anderen Werte, wie Abmessungen oder Einstellungen im `Image`-Steuerelement, sind bei beiden identisch.

Der Unterschied entsteht dadurch, dass Windows offiziell mit 96 DPI arbeitet. Die WPF ist sich dessen bewusst. Damit nun ein Foto in 72 DPI korrekt auf einem 96 DPI-System angezeigt werden kann, wird dieses kurzerhand umgerechnet - in diesem Fall vergrößert.

9.6.2 Bildquellen

In der WPF können Bilder u.a. mit dem Steuerelement `Image` dargestellt werden. Dieses eignet sich nicht nur dazu, um externe Bitmap-Grafiken anzuzeigen, wie in den bisherigen Beispielen gezeigt worden ist. Vielmehr lassen hierüber auch Vektorzeichnungen darstellen, die in XAML erstellt worden sind.

Intern wird diese Unterscheidung in zwei verschiedenen Klassen vorgenommen. Die typischen Bitmap-Bilder, die in Formaten wie bmp, jpg oder png vorliegen, werden mit der Klasse `BitmapSource` geladen. Diese Klasse wird automatisch von dem Steuerelement `Image` verwendet, sobald eine externe Datei über die Eigenschaft `Source` angegeben wurde.

```
<Window xmlns="..." xmlns:x="...">
  <!-- kurze Fassung -->
  <Image Source="SantaMonica.jpg" />

  <!-- lange, ausführliche Fassung -->
  <Image>
    <Image.Source>
      <BitmapImage UriSource="SantaMonica.jpg" />
    </Image.Source>
  </Image>
</Window>
```

In diesem Beispiel wird in einer ausführlichen Variante gezeigt, wie bei `Image` die Quelle der Bilder angegeben werden kann. Hier wurde mit der Klasse `BitmapImage` explizit das Format Bitmap für die Grafik angegeben.

Neben reinen Bitmap-Bildern sind aber auch Vektorzeichnungen oder sogar Kompositionen aus beiden möglich. In diesem Fall wird die Klasse `Drawing` als Grundlage verwendet, die man sich als eine Art Leinwand vorstellen kann. Diese Leinwand kann verwendet werden, um dort beispielsweise ein Foto oder eine Zeichnung darzustellen.

Damit die Leinwand in dem Steuerelement `Image` angezeigt werden kann, muss diese zuerst über die Klasse `DrawingImage` verpackt werden. Die fungiert ähnlich wie `BitmapImage` und gibt dem Steuerelement das Bild für die Darstellung an. Hierbei wird das Bild allerdings nicht aus einer externen Datei geladen, sondern direkt in XAML definiert.

```
<Window xmlns="..." xmlns:x="...">
  <Image>
    <Image.Source>
      <DrawingImage>
        <DrawingImage.Drawing>

          <GeometryDrawing Brush="Silver">
            <GeometryDrawing.Geometry>
              <EllipseGeoemtry .../>
            </GeometryDrawing.Geometry>
            <GeometryDrawing.Pen>
              <Pen Thickness="2" Brush="Black" />
            </GeometryDrawing.Pen>
          </GeometryDrawing>

        </DrawingImage.Drawing>
      </DrawingImage>
    </Image.Source>
  </Image>
</Window>
```

In diesem Beispiel wird die Klasse `GeometryDrawing` verwendet, um eine eigene Vektorzeichnung als Inhalt für das Steuerelement `Image` zu definieren. Die Verwendung von `GeometryDrawing` erinnert an die Klasse `Path`, die weiter vorne in diesem Kapitel beschrieben worden ist. Auch die Angaben über den verwendeten Stift und die Füllung werden an zentraler Stelle gemacht und auf die gesamte Zeichnung angewendet. Die Zeichnung selbst wird in der Eigenschaft `Geometry` hinterlegt (das Beispiel wurde an dieser Stelle aus Gründen der Übersichtlichkeit wieder etwas gekürzt).

Die neue Instanz von `GeometryDrawing` kann nun in `DrawingImage` verpackt und dem Steuerelement `Image` als Quelle zugewiesen werden. Man muss bei der Verwendung allerdings beachten, dass man bei `DrawingImage` immer nur eine Instanz von `Drawing` angeben kann. In diesem Fall kann daher nur eine einfache geometrische Zeichnung ausgegeben werden. Man muss daher mit `PathGeometry`, `CombinedGeometry` oder `GroupGeometry` arbeiten, um mehrere Figuren ausgeben zu können. Diese werden allerdings alle mit demselben Stift und demselben Hintergrund dargestellt, die in `GeometryDrawing` hinterlegt wurden.

In Bild 9.36 sind die fünf verschiedenen Klassen zu sehen, die als Drawing verwendet werden können. Mit `ImageDrawing` kann eine Bitmap-Grafik geladen und auf der Zeichenfläche ausgegeben werden. Die Klasse eignet sich daher besonders gut, wenn in einem Bild Vektorzeichnungen und Bitmap-Grafiken zusammen kombiniert werden sollen. Mit `GlyphRunDrawing` kann Text und mit `VideoDrawing` kann ein beliebiges Video dargestellt werden.

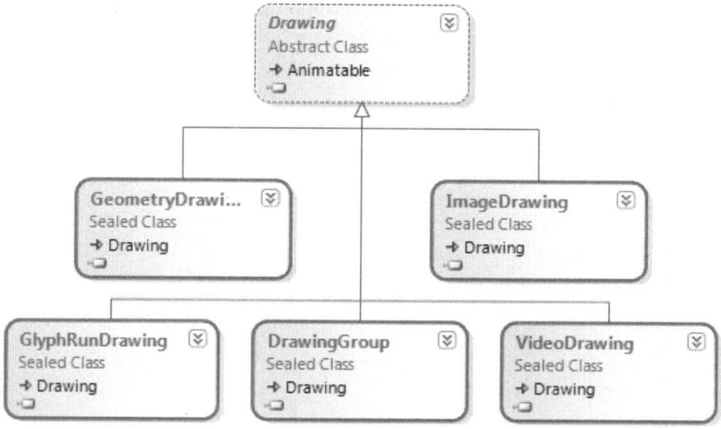

Bild 9.36 Fünf verschiedene Klassen können als Drawing verwendet werden.

Dieser Bereich in der WPF zeigt deutlich, wie schwer es sein kann, einen eindeutigen Namen für eine Klasse zu finden. Die Klasse `ImageDrawing`, die in Bild 9.36 zu sehen ist, darf nicht mit der ähnlich lautenden Klasse `DrawingImage` verwechselt werden. `ImageDrawing` ist nur für die Ausgabe eines Bildes auf einem Drawing zuständig (daher die Endung Drawing). Die Klasse `DrawingImage` dagegen zeichnet ein (beliebiges) Drawing für das Steuerelement `Image` (daher die Endung Image).

Neben den beschriebenen Klassen existiert außerdem noch die Klasse `DrawingGroup`, mit deren Hilfe mehrere Drawings in einem Bild ausgegeben werden können.

```
<Image>
  <Image.Source>
    <DrawingImage>
      <DrawingImage.Drawing>

        <DrawingGroup>
          <GeometryDrawing .../>
          <ImageDrawing
              ImageSource="SantaBarbara.jpg"
              Rect="50,50,200,150" />
          <GeometryDrawing .../>
        </DrawingGroup>

      </DrawingImage.Drawing>
    </DrawingImage>
  </Image.Source>
</Image>
```

Für das Steuerelement `Image` wurden hier zwei Drawings mit `DrawingGroup` zusammengefasst. Dadurch lassen sich neben einer Vektorzeichnung ebenfalls Bitmap-Grafiken ausgeben. Alle der hier enthaltenen Instanzen von `GeometryDrawing` agieren unabhängig voneinander und können unterschiedliche Einstellungen besitzen. Unterschiedliche Linien oder Füllungen sind damit problemlos möglich.

Neben der Ausgabe von Bildern können die Drawing-Klassen auch für Pinsel verwendet werden. Am Anfang dieses Kapitels wurde bereits der DrawingBrush vorgestellt, der für seine Darstellung eine frei definierbare Zeichnung verwenden kann.

```
<DrawingBrush>
  <DrawingBrush.Drawing>
    <GeometryDrawing>
      <!-- siehe oben -->
    </GeometryDrawing>
  </DrawingBrush.Drawing>
</DrawingBrush>
```

Mit den Drawing-Klassen kann man den Pinsel beliebig erweitern oder zusammenstellen. Auch das Füllen mit einem Bild oder einem Video wäre damit in einem Pinsel problemlos möglich.

9.7 Transparenzen

Transparenzen können in der WPF sehr vielseitig eingesetzt werden. Je nach Anwendungsfall können hier sogar mehrere Techniken zur Verfügung stehen. Die Transparenz wird meist über einen sog. Alphakanal gesteuert, der beispielsweise im Datentyp Color oder als Eigenschaft Opacity der Steuerelemente zu finden ist.

9.7.1 Opacity

Mit der Eigenschaft Opacity kann die Transparenz ganzer Steuerelemente gesteuert werden. Die Stärke der Transparenz wird zwischen den Werten „0“ und „1“ festgelegt, wobei mit „0“ das Steuerelement vollkommen transparent ist.

```
<Canvas>
  <!-- Hintergrundbild -->
  <Image
      Canvas.Top="10" Canvas.Left="10"
      Source="LosAngeles.jpg" />

  <!-- Button-Leiste -->
  <StackPanel
      Canvas.Top="120" Canvas.Left="10"
      Orientation="Horizontal"
      Opacity="0.3">
    <Button>Speichern</Button>
    <Button>Öffnen</Button>
    <Button>Schließen</Button>
  </StackPanel>
</Canvas>
```

In diesem Beispiel sollen drei Schaltflächen auf einem Bild platziert werden, die allerdings nur halb transparent erscheinen sollen, damit der Hintergrund an den entsprechenden Stellen leicht durchschimmern kann. Hierfür wurde die Eigenschaft `Opacity` auf „0.3“ gesetzt. Diese Einstellung wurde jedoch im übergeordneten `StackPanel` vorgenommen, wodurch auch die dort enthaltenen Schaltflächen halb transparent wurden, wie in Bild 9.37 zu sehen ist.

Bild 9.37 Mit Opacity schimmert der Hintergrund bei den drei Schaltflächen leicht durch.

Möchte man diesen Effekt nicht auf das gesamte Steuerelement anwenden, sondern nur auf den Hintergrund, so kommt die Eigenschaft `Opacity` hierfür nicht mehr infrage. Wenn nur der Hintergrund auf transparent gesetzt werden soll, sodass die Inhalte (wie beispielsweise eine Beschriftung) weiterhin gut sichtbar bleiben, eignen sich hierfür eher die Transparenzen bei den Pinseln. Wird beispielsweise in einem Textblock oder in einem anderen Steuerelement die Hintergrundfarbe mit einem Pinsel gesetzt, kann über diesen gezielt die Transparenz verändert werden. Dadurch scheint der Hintergrund leicht (oder auf Wunsch auch vollständig) durch, ohne dass dies Auswirkung auf die Inhalte des Steuerelements hat.

```
<TextBlock
    Canvas.Left="5" Canvas.Top="30" Width="300"
    FontSize="18" TextAlignment="Right" Text="Los Angeles, CA">
  <TextBlock.Background>
    <LinearGradientBrush StartPoint="1,0" EndPoint="0,0">
      <GradientStop Offset="0.0" Color="#99FFFFFF" />
      <GradientStop Offset="0.5" Color="#99FFFFFF" />
      <GradientStop Offset="0.7" Color="#00FFFFFF" />
    </LinearGradientBrush>
  </TextBlock.Background>
</TextBlock>
```

In diesem Fall soll ein Textblock auf das Bild aus dem vorherigen Beispiel zur Beschriftung gelegt werden. Damit der Text gut lesbar bleibt, wird der Hintergrund des Textblocks mit einem `LinearGradientBrush` befüllt. Bei dessen Zwischenpunkten wurden jeweils unterschiedliche Transparenzwerte für die Farben angegeben. Hierfür wird die erweiterte Form für die Angabe der Farbwerte verwendet: ARGB. Neben den drei Farbwerten für Rot, Grün und Blau kommt zusätzlich noch die Angabe für den Alphakanal (der Transparenz). In Bild 9.38 ist das Ergebnis des Textblocks zu sehen.

Bild 9.38 Ein LinearGradientBrush wird für Transparenzen verwendet.

Wenn möglich, sollte vorzugsweise der Alphakanal der Pinsel verwendet werden, da dieser performanter ist, als wenn die Transparenz für ein Steuerelement verändert wird. Das kann vor allem bei einfachen Shapes interessant sein, deren Darstellung meist aus einem einzelnen Pinsel besteht.

9.7.2 Maskierungen

Die `OpacityMask` verhält sich ähnlich wie die Eigenschaft `Opacity`, denn auch mit ihr wird die Transparenz für ein gesamtes Steuerelement beeinflusst (mitsamt seinen Inhalten). Anders als bei `Opacity` kann man mit `OpacityMask` allerdings bessere Effekte erzielen, indem beispielsweise nur bestimmte Bereiche ausgeblendet werden.

Hierfür wird eine Kombination aus `Opacity` und Pinsel verwendet, die bereits in den vorherigen Beispielen gezeigt wurden. Die Maskierung für die Transparenz wird dabei von einem Pinsel vorgegeben. Die Farben und das Muster spielen beim Pinsel allerdings eine untergeordnete Rolle. Bei der Maskierung wird lediglich darauf geachtet, an welchen Stellen der Pinsel zeichnet, denn nur an diesen Stellen wird später das Steuerelement dargestellt. Lässt der Pinsel bestimmte Flächen frei oder arbeitet sogar mit dem Alphakanal, bleiben diese später frei, oder das Steuerelement erscheint nur halb transparent.

```
<Canvas>
  <Image
      Canvas.Top="10" Canvas.Left="10"
      Source="LosAngeles.jpg">
    <Image.OpacityMask>
      <LinearGradientBrush StartPoint="0,0" EndPoint="0,1">
        <GradientStop Offset="0.70" Color="Black" />
        <GradientStop Offset="1.00" Color="Transparent" />
```

```
      </LinearGradientBrush>
    </Image.OpacityMask>
  </Image>
</Canvas>
```

Bei dieser Grafik wird ein `LinearGradientBrush` der Eigenschaft `OpacityMask` zugewiesen. Die Farbwerte des Gradienten sind hierfür eher zweitrangig – stattdessen ist die Transparenz des zweiten Zwischenpunktes von entscheidender Bedeutung. Hierdurch wird das Steuerelement nach unten langsam transparent, und der Hintergrund schimmert durch, so wie in Bild 9.39 zu sehen ist.

Bild 9.39 Mit OpacityMask können beliebige Brushes als Maskierung verwendet werden.

9.7.3 Ausstanzungen

Anders als bei der `OpacityMask`, wird beim sog. *Clipping* kein Pinsel, sondern eine geometrische Figur für die Transparenz verwendet. Diese Figur dient als Vorlage für die Transparenz, mit der die WPF regelrecht die überstehenden Bereiche des Steuerelements abschneidet. Dadurch entstehen aber auch relativ scharfe Kanten, da hier kein Alphakanal zur Verfügung steht. Andererseits stehen einem hier aber auch alle Möglichkeiten der Gestaltung zur Verfügung, die man auch beim Zeichnen geometrischer Figuren hatte.

```
<Canvas>
  <Image
      Canvas.Top="10" Canvas.Left="10"
      Source="LosAngeles.jpg"
      Clip="M0,30 a30,30 0 0 1 30,-30 h270
            v70 a70,70 0 0 1 -70,70 h-230 Z" />
</Canvas>
```

Das Bild wird in diesem Fall mit einer geometrischen Figur zurechtgeschnitten, die über die Path-Markup-Sprache definiert worden ist. Da die Eigenschaft Clip vom Typ `Geometry` ist, wird die angegebene Zeichenkette automatisch von einem Typkonverter in eine geometrische Form umgewandelt. Eine lange Fassung über einzelne XML-Knoten, wie sie am Anfang dieses Kapitels gezeigt wurde, ist aber auch hier möglich.

In diesem Fall rundet die Figur die linke obere und die rechte untere Ecke des Bildes unterschiedlich stark ab, wie man in Bild 9.40 erkennen kann.

Bild 9.40 Die Ränder eines Steuerelements können mit Clip verändert werden.

Das Clipping wirkt sich, wie in den anderen Transparenzen auch, nicht auf die Inhalte und auch nicht auf die Funktionswiese der Steuerelemente aus. Es hat lediglich Auswirkung auf die Darstellung, sodass einige Bereiche nicht mehr auf dem Bildschirm ausgegeben werden. Wenn dadurch allerdings Bereiche wegfallen, die für die Verwendung der Steuerelemente notwendig sind, können diese auch nicht mehr vom Anwender erreicht werden.

9.8 Transformationen

Mit Transformationen lassen sich Steuerelemente in der WPF mit geringem Aufwand in ihrem Aussehen oder in ihrer Form verändern, ohne dass dabei das zugrunde liegende Steuerelement selbst verändert werden muss. In der Tat bekommt das Steuerelement sogar von den Transformationen nichts mit, da dieser Vorgang ohne das Wissen des Steuerelements durchgeführt wird. Dadurch, dass sie sich so leicht auf beliebige Steuerelemente anwenden lassen, sind Transformationen auch meist im Zusammenhang mit Animationen anzutreffen. Viele bekannte Effekte, wie beispielsweise das Einblenden von Elementen, lassen sich damit unkompliziert umsetzen.

Jede Transformation ist in einer eigenen Klasse gekapselt, die von der gemeinsamen Basisklasse `Transformation` spezialisiert wurde und allesamt im Namensraum `System.Windows.Media` zu finden sind. In Bild 9.41 ist die Übersicht dieser Klassen zu sehen.

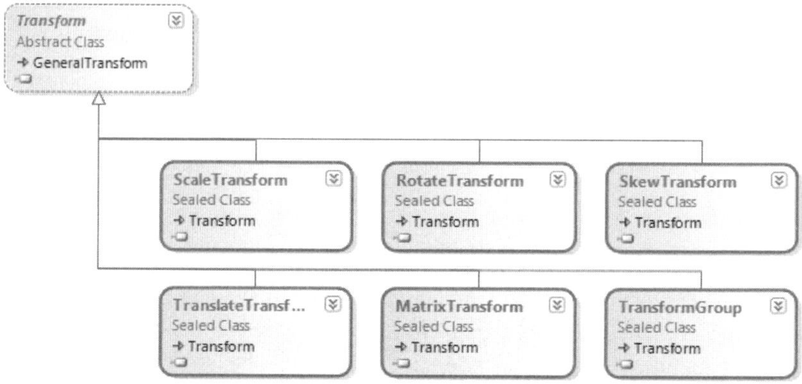

Bild 9.41 Eine Übersicht der Transformationen, die auf Steuerelemente in der WPF angewendet werden können

Eine Transformation kann auf ein einzelnes Steuerelement angewendet werden. Das ist in der Hinsicht ungewöhnlich, da es in anderen Systemen meistens eine übergeordnete Layout-Komponente gab, bei der die Transformation immer auf ihren gesamten Inhalt angewendet wurde. In der WPF kann dagegen jedes Steuerelement einzeln transformiert werden.

Die Steuerelemente besitzen hierfür zwei Eigenschaften, mit denen die gewünschte Transformation angegeben werden kann: `LayoutTransform` und `RenderTransform`. Eine Unterscheidung zwischen den beiden mag auf den ersten Blick schwerfallen, insbesondere da man bei beiden dieselbe Transformation anwenden kann. Der direkte Vergleich beider Techniken ist in Bild 9.42 zu sehen. In der linken Spalte wurden die Steuerelemente mit `LayoutTransform` transformiert und in der rechten Spalte mit `RenderTransform`.

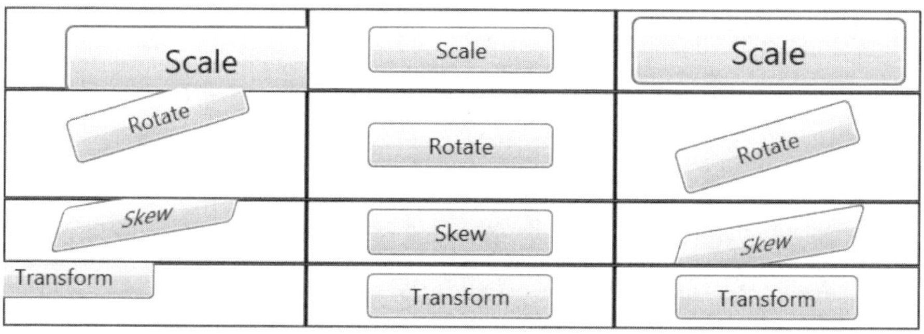

Bild 9.42 Auf der linken Seite die Ergebnisse von RenderTransform, auf der rechten die von LayoutTransform

Im direkten Vergleich ist deutlich zu erkennen, dass bei `RenderTransform` die Steuerelemente scheinbar willkürlich im Raum verteilt werden. Das liegt an der unterschiedlichen Reihenfolge, in der die beiden Transformationen abgearbeitet werden. Die WPF arbeitet nach einer fest vordefinierten Reihenfolge, in der die Steuerelemente ausgemessen und ausgerichtet werden, bevor sie auf dem Bildschirm des Anwenders ausgegeben werden. Bei `RenderTransform` ist bereits der Großteil dieser Schritte abgearbeitet, sodass Position und Größe des Steuerelements feststehen. Erst kurz vor der eigentlichen Darstellung der Steuerelemente wird dann noch die Transformation mit `RenderTransform` ausgeführt. Dadurch kann das Layout-System nicht mehr auf diese Veränderung reagieren und die Steuerelemente umverteilen oder umpositionieren.

Anders dagegen bei `LayoutTransform`, das wesentlich früher von der WPF abgearbeitet wird, wodurch das Layout-System noch ausreichend Zeit hat, auf die veränderten Größen und Positionen der Steuerelemente einzugehen. Wird beispielsweise ein Steuerelement größer skaliert, benötigt es dementsprechend mehr Platz im Layout. Die WPF kann daher frühzeitig mehr Platz schaffen und andere Steuerelemente umpositionieren. Steht nur eine gewisse Größe zur Verfügung, wird nur diese gewährt, und das Steuerelement bleibt entsprechend innerhalb dieser festgelegten Grenzen. Im Ergebnis harmoniert das `LayoutTransform` wesentlich besser mit dem Gesamtlayout der Anwendung.

> **!** `LayoutTransform` und `RenderTransform` können auch problemlos miteinander kombiniert werden. Beide Techniken schließen sich nicht gegenseitig aus, sondern können sich fallweise auch unterstützen. ■

Aufgrund der unterschiedlichen Umsetzungen von `RenderTransform` und `LayoutTransform` lassen sich aber systembedingt nicht alle Transformationen in beiden Systemen nutzen. Da das Layout nach der Anwendung von `LayoutTransform` neu berechnet wird, gehen dadurch auch die geänderten Positionsangaben verloren, wie sie beispielsweise mit `TranslateTransform` umgesetzt werden. Diese Transformation kann daher ausschließlich mit `RenderTransform` sinnvoll eingesetzt werden.

Bei den meisten Transformationen kann zusätzlich mit einem Bezugspunkt gearbeitet werden, der beispielsweise beim Rotieren als Achse verwendet wird. Hierfür sind in der Klasse `Transform` die beiden Eigenschaften `CenterX` und `CenterY` definiert, mit denen sich der Punkt angeben lässt. Beide sind standardmäßig auf „0“ gesetzt, womit der Bezugspunkt in der oberen linken Ecke platziert ist.

Zusätzlich gibt es aber noch in den Steuerelementen selbst die Eigenschaft `RenderTransformOrigin`, die ebenfalls als Bezugspunkt dient – auch wenn diese nur von `RenderTransform` genutzt wird. Diese Angaben scheinen zumindest redundant angelegt worden zu sein. Es gibt aber einige Unterschiede zu beachten:

- Mit `RenderTransformOrigin` wird ein Bezugspunkt angegeben, der auf alle Transformationen gleichermaßen angewendet wird. Mit `CenterX` und `CenterY` kann dagegen der Bezugspunkt für jede Transformation einzeln definiert werden.
- Die Angaben von `CenterX` und `CenterY` arbeiten mit absoluten Werten.
- Bei `RenderTransformOrigin` werden relative Werte verwendet, wobei 0/0 für die linke obere Ecke und 1/1 für die rechte untere Ecke steht.

> **!** Da Transformationen auf alle Steuerelemente angewendet werden können, kann man mit ihnen auch Shapes oder Geometries transformieren. Das ist besonders praktisch, wenn bei Zeichnungen mit absoluten Positionen gearbeitet wird. Mit `TranslateTransform` kann so die Position und mit `ScaleTransform` die Größe, stufenlos und ohne Qualitätsverlust, angepasst werden. ■

9.8.1 Scale

Beim Skalieren können die Steuerelemente in ihrer Darstellung vergrößert werden. Bei Vektorzeichnungen, wie es in der WPF üblich ist, geschieht diese Transformation ohne Qualitätsverlust. Es werden daher alle Elemente stufenlos skaliert, wie beispielsweise die Schriftgröße, die Linienstärke und der innere Abstand zum Inhalt (`Padding`). Lediglich bei Bitmap-Grafiken kann es zu einigen unschönen Effekten kommen, da diese sich nicht ohne Qualitätsverlust skalieren lassen.

> **!** Das `ScaleTransform` ist nicht die einzige Möglichkeit, ein Steuerelement zu vergrößern. Mit einer `Viewbox` kann ein ganzer Bereich automatisch vergrößert werden, sodass dieser optimal an die zur Verfügung stehende Fläche angepasst wird. ■

In der Klasse `ScaleTransform` sind die beiden Eigenschaften `ScaleX` und `ScaleY` definiert, mit denen man jeweils den horizontalen und vertikalen Faktor der Skalierung angeben kann. Der Wert wird immer relativ zur ursprünglichen Größe angegeben, sodass mit dem Wert „1“ das Steuerelement in seiner ursprünglichen Größe belassen wird. Der Wert „2“ entspricht demnach der doppelten und „0.5“ der halben Größe des Steuerelementes.

```
<Button Content="Scaling" Width="100" Height="25">
  <Button.LayoutTransform>
    <ScaleTransform ScaleX="2" ScaleY="2" />
  </Button.LayoutTransform>
</Button>
```

In diesem Beispiel wird die Schaltfläche mit `ScaleTransform` auf die doppelte Größe skaliert und der Eigenschaft `LayoutTransform` zugewiesen. Die Werte für `ScaleX` und `ScaleY` eignen sich aber auch, um beispielsweise das Steuerelement horizontal oder vertikal zu spiegeln. Hierfür müssen lediglich negative Werte für die beiden Eigenschaften verwendet werden. In Bild 9.43 sind hierzu einige Beispiele von `ScaleTransform` zu sehen.

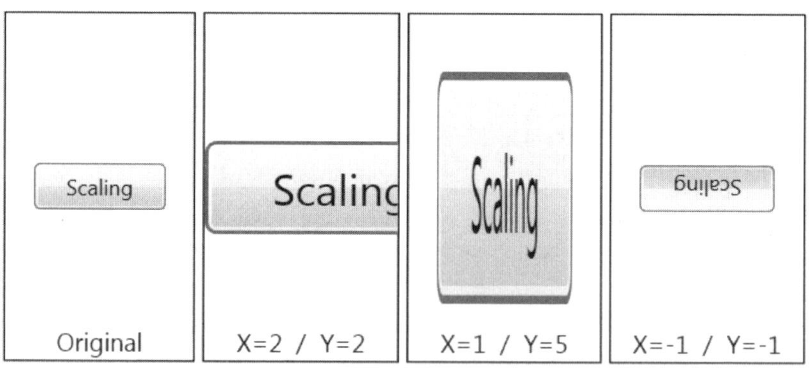

Bild 9.43 Beispiele von Skalierungen

Die Transformation von ScaleTransform kann auch problemlos als RenderTransform verwendet werden. Allerdings werden hierbei nicht mehr die geänderten Größen berücksichtigt, sodass sich die Steuerelemente beim Vergrößern deutlich über das vorhandene Layout hinweglegen.

Bei LayoutTransform kann eine Skalierung stattdessen sehr einfach für den Anwender als Zoom eingerichtet werden, mit dem er sich seine Anwendung auf eine für ihn angemessene Größe bringen kann.

```
<Window xmlns="..." xmlns:x="...">
  <DockPanel>
    <StatusBar DockPanel.Dock="Bottom">
      <Slider
          Width="200" Minimum="0.25" Maximum="4"
          Value="{Binding
              ElementName=ContentGrid,
              Path=LayoutTransform.ScaleX}"
          TickFrequency="0.25" IsSnapToTickEnabled="True" />
    </StatusBar>
    <Grid Name="ContentGrid">
      <Grid.LayoutTransform>
        <ScaleTransform
            ScaleY="{Binding
                RelativeSource={RelativeSource Self},
                Path=ScaleX}" />
      </Grid.LayoutTransform>

      <!-- Inhalte -->
      <Button Width="200" Height="20" Content="Test" />
    </Grid>
  </DockPanel>
</Window>
```

In diesem Beispiel wird ein Slider verwendet, mit dem der Zoom für ein Fenster gesteuert werden kann. Die Größe der Inhalte wird über das LayoutTransform des Grids gesteuert, dessen Wert für ScaleX mit dem Slider verbunden wurde. Damit kein zweiter Slider für ScaleY notwendig ist, wird hierfür einfach der Wert aus der Eigenschaft ScaleX übernommen. In Bild 9.44 ist das Ergebnis dieses Beispiels zu sehen.

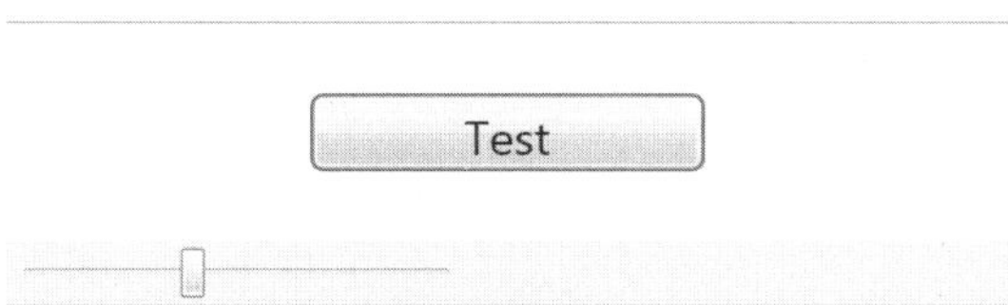

Bild 9.44 Der Zoom-Level kann über Datenbindungen direkt mit einem Slider verändert werden.

Wie eingangs erwähnt, bleibt bei einer Transformation das Steuerelement unberührt. Da sich lediglich ihre Darstellung ändert, bleiben damit auch die Werte ihrer Eigenschaften unberührt. Wird die Größe der Schaltfläche, wie man im vorherigen Beispiel gesehen hat, mit ScaleTransform vergrößert, bleiben beispielsweise die Werte von ActualWidth und ActualHeight auf ihren alten Werten stehen. Auch die Werte aus Margin werden bei der Skalierung nicht verändert, sodass das vergrößerte Steuerelement auch weiterhin mit demselben Außenabstand ausgerichtet wird.

9.8.2 Rotate

Mit der Klasse RotateTransform können Steuerelemente in einem bestimmten Winkel ausgegeben werden. Der gewünschte Winkel kann mit der Eigenschaft Angle angegeben werden.

```
<Button Content="Rotate" Width="100" Height="25">
  <Button.LayoutTransform>
    <RotateTransform Angle="45" />
  </Button.LayoutTransform>
</Button>
```

Hier wurde die Schaltfläche um 45 Grad im Uhrzeigersinn gedreht. Für den Winkel sind aber auch negative Werte oder Werte jenseits von 360 Grad erlaubt. Hierbei wird das Steuerelement einfach mehrfach gedreht, bis es den gewünschten Winkel erreicht hat.

In Bild 9.45 sind einige Beispiele zu sehen, wie Schaltflächen mit verschiedenen Winkeln dargestellt werden können.

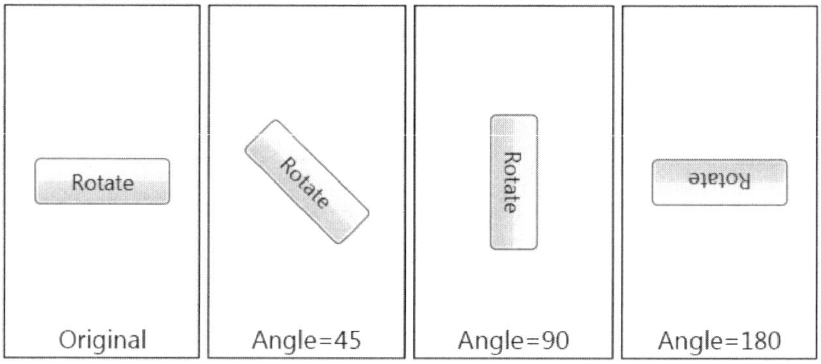

Bild 9.45 Vier Schaltflächen mit unterschiedlichen Winkeln

Neben dem Winkel kann auch der Fluchtpunkt mit CenterX und CenterY zum Drehen angegeben werden. Dieser kann beispielsweise außerhalb oder in die Mitte des Steuerelements gesetzt werden. Bei letzterer Auswahl wird das Steuerelement dann um seine eigene Achse gedreht. Diese Eigenschaften können aber nur bei RenderTransform angewendet werden, da bei LayoutTransform die Position neu berechnet und der Fluchtpunkt daher bedeutungslos wird.

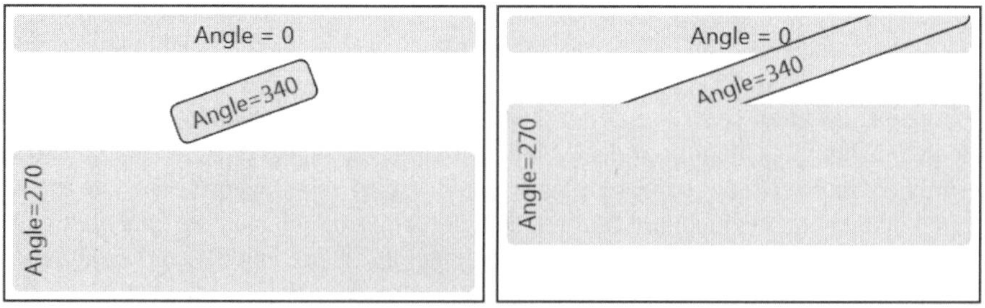

Bild 9.46 Steuerelemente mit „Schieflage“ können dem Layout-System Schwierigkeiten bereiten (links mit LayoutTransform und rechts mit RenderTransform).

Der Winkel hat beim Layout-System einen entscheidenden Einfluss auf die Darstellung. So kann bei einem Winkel, der nicht durch 90 Grad teilbar ist, das Steuerelement nicht mehr auf die gesamte Breite gestreckt werden. Normalerweise setzen Panels, wie beispielsweise das StackPanel, gerne die Breite der Steuerelemente auf das mögliche Maximum.

Bei einem Winkel von 340 Grad ist das aber leider nicht mehr möglich, wie in Bild 9.46 auf der linken Seite zu sehen ist. Erst bei 270 Grad (oder auch 90 Grad) kann die Breite wieder voll ausgenutzt werden - obwohl in diesem speziellen Fall für das Steuerelement die Höhe verändert wird. Wie auf der rechten Seite des Bildes zu sehen ist, tritt das Problem jedoch nur bei LayoutTransform auf. Bei RenderTransform wird das Steuerelement erst nach dem Ausmessen und dem Positionieren gedreht. Daher ist das Steuerelement zwar mit der gesamten Breite zu sehen, es überlappt dafür aber auch andere Steuerelemente.

9.8.3 Skew

Mit SkewTransform werden die Steuerelemente angeschrägt. Auch hier gibt es mit den Eigenschaften AngleX und AngleY wieder die Möglichkeit, für Horizontal und für Vertikal unterschiedliche Werte zu hinterlegen.

```
<Button Content="Skew" Width="100" Height="25">
  <Button.LayoutTransform>
    <SkewTransform AngleX="-10" AngleY="-15" />
  </Button.LayoutTransform>
<Button>
```

Je nach Einstellung erscheinen die Steuerelemente dadurch „windschief", wie in Bild 9.47 zu erkennen ist.

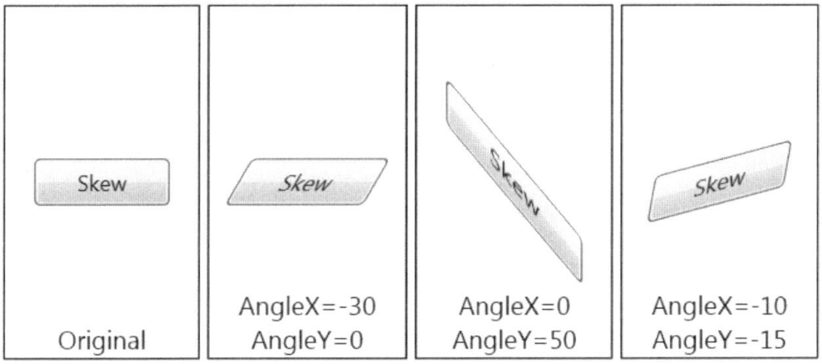

Bild 9.47 Mit SkewTransform lassen sich Steuerelemente schräg ausgeben.

9.8.4 Translate

Beim `TranslateTransform` kann die Position des Steuerelements versetzt werden. Diese Transformation scheint im Vergleich zu den bisher gezeigten eher unscheinbar zu sein. Da in der WPF das Layout-System allerdings meist selbst die Positionierung vornimmt, kann man mit `TranslateTransform` in bestimmten Situationen eingreifen und nachträglich die Position verändern.

```
<Button Content="Translate" Width="100" Height="25">
  <Button.RenderTransform>
    <TranslateTransform X="-25" Y="100" />
  </Button.RenderTransform>
</Button>
```

In diesem Beispiel wird die Position der Schaltfläche um 25 Pixel nach links und 100 Pixel nach unten versetzt. Da bei `TranslateTransform` ausschließlich die Position verändert wird, kann diese Transformation nur mit `RenderTransform` eingesetzt werden. Mit `LayoutTransform` würde die Position nach der Transformation neu berechnet, und die geänderten Werte würden wieder überschrieben. Die Schaltfläche bliebe daher an derselben Position stehen.

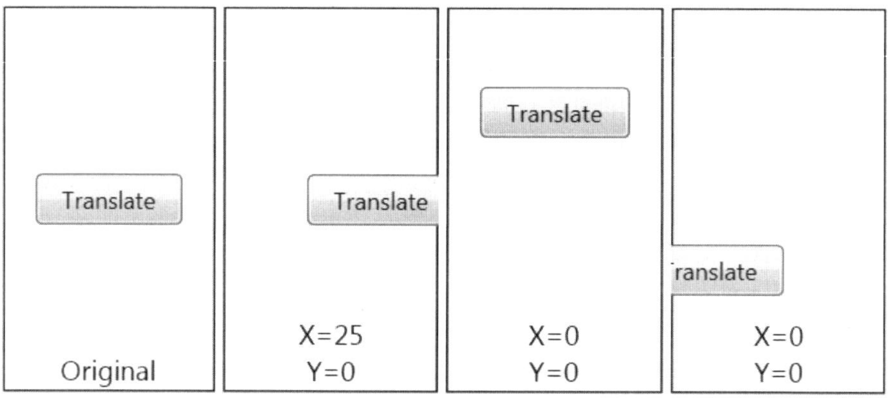

Bild 9.48 TranslateTransform kann die Position des Steuerelementes horizontal und vertikal versetzen.

Dieser Effekt kann sehr gut verwendet werden, um Steuerelemente von außen einfliegen zu lassen. Statt mit einem Canvas und mit absoluten Positionen zu arbeiten, kann die Oberfläche so wie gewohnt mit Panels erstellt werden. Das Einfliegen der Elemente könnte dann problemlos über `TranslateTransform` erfolgen.

9.8.5 TransformGroup

Die beiden Eigenschaften `RenderTransform` und `LayoutTransform` haben leider nur den einen Nachteil, dass man ihnen jeweils nur eine einzige Transformation zuweisen kann. Sollen Steuerelemente mit mehreren Transformationen verändert werden, muss stattdessen die Klasse `TransformGroup` verwendet werden. Diese Klasse ist eine Pseudotransformation, da sie zwar den Eigenschaften RenderTransform und LayoutTransform zugewiesen werden kann, aber selbst keine Transformation durchführt. Stattdessen können ihr beliebige, weitere Transformationen zugewiesen werden, die nacheinander auf dem Steuerelement angewendet werden sollen.

```
<Button Content="TransformGroup" Width="100" Height="25">
  <Button.LayoutTransform>
    <TransformGroup>
      <ScaleTransform ScaleX="1.5" ScaleY="1.5" />
      <RotateTransform Angle="270" />
    </TransformGroup>
  </Button.LayoutTransform>
</Button>
```

Auf dieser Schaltfläche werden mit TransformGroup gleich zwei Transformationen angewendet: ScaleTransform und RotateTransform.

Der Zugriff von außen ist bei TransformGroup allerdings etwas aufwendiger. Wenn eine Transformation beispielsweise in einem Style oder in einer Animation geändert werden soll, muss der exakte Pfad angegeben werden. Zudem ist noch die Position der Transformation innerhalb von TransformGroup entscheidend.

```
<Style TargetType="{x:Type Button}">
  <Setter
      Property="(Button.LayoutTransform).
                (TransformGroup.Children)[1].(RotateTransform.Angle)"
      Value="270" />
</Style>
```

In diesem Beispiel soll der Winkel von RotateTransform geändert werden, der sich zusammen mit anderen Transformationen in einer TransformGroup befindet. Beachten Sie, dass die Angabe hier nicht mehr in eine Zeile passte. Die Zeichenkette für die Eigenschaft Property geht daher in diesem Beispiel über mehrere Zeilen.

9.8.6 MatrixTransform

Alle bisherigen Transformationen können auch über eine einheitliche Matrix dargestellt werden. Die Definition der Matrix, die hierfür als Grundlage dient, ist in der linken oberen Ecke in Bild 9.49 zu sehen. Die Transformation wird hier über neun Werte gesteuert, wobei die Werte in der letzten Spalte vorgegeben sind und nicht verändert werden können.

Tatsächlich wird für die einzelnen Transformationen, die bisher hier vorgestellt worden sind, intern nichts anderes als diese Matrizen verwendet. In den Transformationen steht diese Information sogar über die Eigenschaft Matrix zur Verfügung, über welche die Werte der Transformation abgefragt werden können. Jede Transformation kann daher ebenfalls über eine Matrix dargestellt werden – auch wenn das im Einzelfall vermutlich aufwendiger ist, da manche Werte nicht ohne Berechnung übertragen werden können.

Die einzelnen Positionen, die im Bild zu sehen sind, können nun auf den Datentyp Matrix übertragen werden. Hier müssen die Werte einfach nur in den entsprechenden Eigenschaften eingegeben werden, die denselben Namen besitzen, wie im Bild angegeben ist. Diese

Matrix kann dann der `MatrixTransform` zugewiesen werden, die damit die Transformation durchführt.

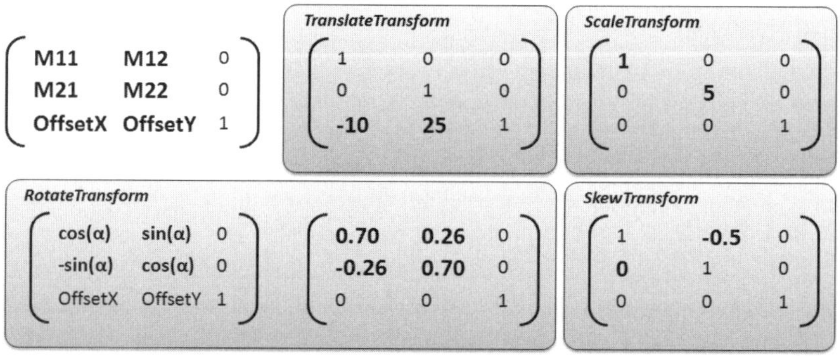

Bild 9.49 Die bisher gezeigten Transformationen lassen sich mit Matrizen abbilden.

```
<!-- lange Schreibweise -->
<Button>
  <Button.RenderTransform>
    <MatrixTransform>
      <MatrixTransform.Matrix>
        <Matrix
            M11="1"         M12="0"
            M21="0"         M22="1"
            OffsetX="-10"   OffsetY="25" />
      </MatrixTransform.Matrix>
    </MatrixTransform>
  </Button.RenderTransform>
</Button>
```

Mit der langen Schreibweise kann man wesentlich besser erkennen, welcher Wert in welche Eigenschaft eingetragen werden muss. In diesem Beispiel wird das Steuerelement mit `OffsetX` und `OffsetY` in seiner Position versetzt – also in derselben Weise, wie es mit `TranslateTransform` durchgeführt werden kann.

Diese Form nimmt dafür aber auch deutlich mehr Platz in Anspruch. Für den Datentyp Matrix gibt es daher wieder einen praktischen Konverter, sodass diese Angabe auch mit einer einfachen und kompakten Zeichenkette angegeben werden kann. Die Zeichenkette muss dabei in dem folgenden Format angegeben werden.

```
<Button>
  <Button.RenderTransform>
    <MatrixTransform Matrix="M11, M12, M21, OffsetX, OffsetY" />
  </Button.RenderTransform>
</Button>
```

Diese Form der Angabe ist bereits ein deutliches Stück kürzer. Die Angabe kann aber noch weiter verkürzt werden, da die Zeichenkette, die in diesem Fall für den Datentyp `Matrix` verwendet wird, auch auf `MatrixTransform` angewendet werden kann. Hier kann unter der Eigenschaft `RenderTransform` (oder auch `LayoutTransform`) die Zeichenkette direkt angegeben werden.

```
<Button RenderTransform="1, 0, 5, 0, 0, 0" />
```

In diesem Beispiel wird die Schaltfläche größer skaliert. In der Horizontalen bleibt die Größe der Schaltfläche erhalten, da M11 auf „1" gesetzt ist. Für M22 ist dagegen der Wert „5" angegeben, sodass die Schaltfläche mit der fünffachen Höhe dargestellt wird.

Die Angabe von RotateTransform ist dagegen etwas schwieriger, da der verwendete Winkel nicht direkt in die Matrix übertragen werden kann. Der Wert wird zuerst mit Cosinus und Sinus umgerechnet, damit nicht nur der Winkel, sondern auch die Größe des Steuerelementes korrekt angepasst wird.

```
<Button RenderTransform="0.70, 0.26, -0.26, 0.70, 0, 0" />
```

In diesem Beispiel wird das Steuerelement in einem Winkel von 15 Grad ausgegeben. Hierfür muss der Winkel für M11 und M22 mit Cosinus und für M12 und M21 mit Sinus umgerechnet werden, was in diesem Fall „0.70" und „0.26" ergibt.

9.9 Bitmap-Effekte

Bitmap-Effekte werden seit dem .NET Framework 4 nicht mehr unterstützt, da sie meistens zu viel Leistung verbraucht haben und damit die Anwendung ausgebremst haben. Sie wurden durch Effekte ersetzt, die direkt auf dem Prozessor der Grafikkarte ausgeführt werden können und dadurch wesentlich leistungsfähiger sind. Diese Effekte werden in Abschnitt 9.10 beschrieben.

9.10 Effekte

Im Laufe der Zeit wurden die Bitmap-Effekte von den sog. Effekten abgelöst. Anders als bei den Bitmap-Effekten werden diese direkt über den Prozessor der Grafikkarte ausgeführt – nur wenn dieser nicht zur Verfügung stehen sollte, werden die Effekte über die Software berechnet. Die Verlagerung der Effekte von der reinen Softwarebearbeitung hin zum Prozessor der Grafikkarte verspricht eine deutliche Leistungssteigerung. Zudem können nun auch eigene Effekte entwickelt werden, was bei Bitmap-Effekten nicht der Fall war.

Aufgrund der zahlreichen Nachteile, sollte man anstelle der Bitmap-Effekte möglichst die neuen und besseren Effekte einsetzen. Bei dem BlurBitmapEffect und dem DropShadowBitmapEffect ist die Umstellung kein Problem, da sie in Form von BlurEffect und DropShadowEffect auch als Effekte zur Verfügung stehen. Bei den übrigen Bitmap-Effekten stehen jedoch noch keine offiziellen Alternativen zur Verfügung.

> **!** Da Effekte als direkter Nachfolger der Bitmap-Effekte gelten, schließen sich beide Techniken auch gegenseitig bei der Verwendung aus. Daher kann auf ein Steuerelement immer nur eine der beiden Techniken angewendet werden.

9.10.1 Blur

Die Verwendung eines Effektes verhält sich analog zu den Bitmap-Effekten, sodass auch eine Umstellung nicht aufwendig ausfallen sollte. In den meisten Fällen ist es ausreichend, lediglich das Wort „Bitmap“ aus den Eigenschaften und den verwendeten Bitmap-Effekten zu entfernen. Entsprechend muss ein `BlurEffect` nun der Eigenschaft `Effect` eines Steuerelementes zugewiesen werden, wie in dem folgenden Beispiel zu sehen ist.

Listing 9.24 BlurEffect auf eine Schaltfläche anwenden

```
<Button Content="Vier" Width="60" Height="40">
  <Button.Effect>
    <BlurEffect Radius="4" />
  </Button.Effect>
</Button>
```

9.10.2 DropShadow

Die Anwendung von `DropShadowEffect` verhält sich ebenfalls parallel zu ihrem Bitmap-Effekt. Hier hat sich allerdings die Verwendung geringfügig geändert. Anstelle von `Softness` muss man nun die Eigenschaft `BlurRadius` einstellen, damit der Schatten weicher dargestellt wird. Die Qualität des Schattens kann nun zusätzlich über die Eigenschaft `RenderingBias` eingestellt werden.

Listing 9.25 BlurEffect auf eine Schaltfläche anwenden

```
<Button Content="Vier" Width="60" Height="40">
  <Button.Effect>
    <BlurEffect Radius="4" />
  </Button.Effect>
</Button>
```

9.10.3 Eigene Effekte entwickeln

Die neuen Effekte haben gegenüber den Bitmap-Effekten den besonderen Vorteil, dass sie sich auch beliebig erweitern lassen. So können problemlos auch eigene Effekte entwickelt werden, die man beispielsweise über soziale Netzwerke und Gemeinschaften im Internet austauschen kann.

> Die Entwicklung eigener Effekte ist allerdings alles andere als trivial. Aus diesem Grund werden an dieser Stelle lediglich die Grundlagen beschrieben, da eine ausreichende Behandlung in aller Tiefe den Rahmen dieses Buches sprengen würde.

Da der Prozessor der Grafikkarte weder den verwalteten Code aus dem .NET Framework noch die Konzepte der WPF versteht, müssen die gewünschten Effekte für ihn separat vorkompiliert werden. Hierbei kommt mit der *High Level Shading Language* (oder abgekürzt HLSL) eine eigene Sprache zum Einsatz, die ähnlich wie im .NET Framework für die Ausführung in Bytecode kompiliert werden muss. Erst wenn der Effekt, der sog. *Pixel Shader*, als Kompilat vorliegt, kann dieser vom Prozessor der Grafikkarte verarbeitet werden. Der hierzu notwendige Compiler liegt allerdings nicht standardmäßig dem .NET Framework, sondern nur dem Software Development Kit von DirectX bei. Dieses muss vorher separat heruntergeladen und installiert werden, bevor man eigene Effekte erstellen kann.

Als Grundlage eigener Effekte dient die abstrakte Basisklasse `ShaderEffect`, die wie `BlurEffect` und `DropShadowEffect` direkt von der Basisklasse `Effect` abgeleitet ist. Hier ist nicht viel an Logik vorhanden, da die Klasse lediglich dazu dient, die Handhabung mit dem kompilierten Bytecode zu erleichtern.

Listing 9.26 Eigene Effekte entwickeln

```
public class GreyscaleEffect : ShaderEffect
{
  private static PixelShader shader;
  public static readonly DependencyProperty InputProperty;

  static GreyscaleEffect()
  {
    shader = new PixelShader();
    shader.UriSource = new Uri(
        "pack://application:,,,/EffectDemo;Component" +
        "/GreyScaleEffect.ps");
    InputProperty = ShaderEffect.RegisterPixelShaderSamplerProperty(
        "Input", typeof(GreyscaleEffect), 0);
  }

  public GreyscaleEffect()
  {
    this.Shader = shader;
    UpdateShaderValue(InputProperty);
  }

  public Brush Input
  {
    get { return (Brush)GetValue(InputProperty); }
    set { SetValue(InputProperty, value); }
  }
}
```

Dieses Beispiel zeigt eine Minimalausführung eines Effektes, welche die Darstellung in Graustufen umrechnen soll. Die Klasse dreht sich hauptsächlich um eine Instanz der Klasse `PixelShader` – diese verwaltet den Zugriff auf den kompilierten Bytecode, der später vom Prozessor der Grafikkarte ausgeführt werden soll. Da die Instanz mehrfach verwendet werden kann, wird sie als statisches Mitglied in der Effektklasse angelegt. Im statischen Konstruktor werden hierfür die Vorbereitungen getroffen, wie beispielsweise das Setzen der URI. Im eigentlichen Konstruktor der Effektklasse muss dann diese Instanz lediglich der Eigenschaft `PixelShader` zugewiesen werden.

Als Weiteres ist ein Dependency Property namens `Input` erforderlich. Über diese Eigenschaft wird das Originalbild angegeben, das durch den Effekt verändert werden soll. Hierfür wird wieder ein einfacher Brush angegeben – was eine höhere Flexibilität verspricht, da man Brushes sowohl für Bilder, Videos oder Zeichnungen einsetzen kann. Bei der Eigenschaft handelt es sich prinzipiell um ein Dependency Property, das allerdings mit zusätzlichen Informationen für den Pixel Shader versehen werden muss. Daher wird hier die Methode `RegisterPixelShaderSamplerProperty()` aus der Klasse `ShaderEffect` verwendet. Die Parameter sind dabei der Methode `Register()` angelehnt, die man bereits in Kapitel 2 bei den Dependency Properties gesehen hat. Sie wurde lediglich um einen weiteren Parameter erweitert, der den Index definiert, mit dem man später aus dem Pixel Shader auf den Wert zugreifen kann. Dort lassen sich die angegebenen Parameter nicht über einen Namen ansprechen, wie man es bei höheren Sprachen wie C# oder Visual Basic gewohnt ist, sondern ausschließlich über den Index. Im Konstruktor der Effekt-Klasse muss zum Schluss das Dependency Property mit der Methode `UpdateShaderValue()` aktualisiert werden, da ansonsten der Standardwert nicht an den Pixel Shader übermittelt wird.

Als nächster Schritt wird der eigentliche Pixel Shader erstellt, der später direkt von dem Prozessor der Grafikkarte ausgeführt werden soll. Die dabei verwendete Sprache HLSL ist an C++ angelehnt und definiert lediglich eine Methode, um einen Pixel zu konvertieren. Die Methode muss also entsprechend oft aufgerufen werden, um eine Grafik zu verarbeiten. Die aktuellen Koordinaten werden über den Parameter `uv` angegeben.

Listing 9.27 Pixel Shader mit HSLS erstellen (Datei Greyscale.fx)

```
sampler2D input : register(s0);

float4 main(float2 uv : TEXCOORD) : COLOR
{
  float4 color = tex2D(input, uv);
  float grey = color.r * 0.3 + color.g * 0.59 + color.b * 0.11;

  float4 result;
  result.r = grey;
  result.g = grey;
  result.b = grey;
  result.a = color.a;
  return result;
}
```

Auffällig ist die Methode `register()`, die direkt zu Beginn aufgerufen wird. Hierüber wird das Originalbild geladen, das durch den Effekt verändert werden soll. Die Methode selbst ist relativ einfach aufgebaut: Mit der Methode `text2D()` wird der Farbwert der aktuellen Koordinate ausgelesen. Danach folgt eine Formel, mit welcher der Farbwert in einen Grauwert umgerechnet wird, mit dem wiederum der Rückgabewert erstellt wird.

Dieser Pixel Shader wird als Datei *Greyscale.fx* abgelegt und muss in einem nächsten Schritt kompiliert werden. Hierzu wird der Compiler *fxc* benötigt, der sich (wie eingangs erwähnt) in dem Software Development Kit von DirectX befindet.

Der Aufruf des Programms erfolgt über die Kommandozeile.

```
fxc.exe /T ps_2_0 /E PS /Greyscale.ps Greyscale.fx
```

Da die WPF lediglich Pixel Shader der Version 2.0 unterstützt, muss mit dem Parameter /T das gewünschte Zielsystem angegeben werden (von DirectX wird aktuell die Version 3.0 unterstützt). Als Ergebnis erstellt der Compiler die Datei *Greyscale.ps*, die man dem Projekt in Visual Studio als Ressource hinzufügen kann.

Mit den Pixel-Shadern sind der eigenen Kreativität kaum Grenzen gesetzt. Dank der neuen Möglichkeiten können nicht nur der Farbwert, der Kontrast oder die Sättigung geändert werden – auch das Versetzen der Pixel ist möglich, um beispielsweise einen Strudel oder eine Bewegungsunschärfe zu erzeugen. Auch das Erstellen neuer Informationen, beispielsweise für fraktale Grafiken, ist möglich. Die Pixel-Shader sind dabei so leistungsstark, dass sie dabei selbst bei Videos angewendet werden können. So lassen sich beispielsweise über einen Pixel-Shader bestimmte Farbwerte auf transparent stellen, um eine Art Blue-Box-Effekt zu ermöglichen (wie man es bei Nachrichtensendungen oder Wetterberichten kennt).

9.11 Multimedia

Die WPF ist eine multimediale Plattform, mit der verschiedene Techniken miteinander vereint worden sind. Dazu zählt auch die Unterstützung für Audio und Video, die mit dem Steuerelement MediaElement abgespielt werden können.

```
<Window xmlns="..." xmlns:x="...">
  <MediaElement Source="mysong.wma" />
</Window>
```

Das Steuerelement MediaElement lässt sich wie ein normales Steuerelement auf der Oberfläche platzieren. Über die Eigenschaft Source kann die gewünschte Datei angegeben werden, die für den Anwender abgespielt werden soll. Hierbei werden alle Dateiformate unterstützt, die auch vom Windows Media Player abgespielt werden können – denn eben jener wird intern für diese Aufgabe verwendet.

Diese Tatsache muss bei der Verwendung von MediaElement im Hinterkopf behalten werden, da dieses zwar äußerlich wie ein natives Steuerelement der WPF aussieht, intern jedoch über Interoperabilität mit nicht verwaltetem Programmcode arbeitet. Dadurch ergeben sich auch einige Nachteile, die bei der Verwendung im Alltag entstehen können.

Das betrifft vor allem die Angabe der Quelle über die Eigenschaft Source. Da der *Windows Media Player* ein externes Programm ist, kann dieser auch nicht auf die internen Ressourcen einer WPF-Anwendung zugreifen. An dieser Stelle können daher ausschließlich externe Dateien und URIs angegeben werden. Ressourcen (sowohl von der WPF als auch Embedded Resources) werden dagegen nicht unterstützt.

Da der Media Player auch Streaming unterstützt, kann über Source ebenfalls der URI zu einem Webstream oder einem Internet-Radiosender angegeben werden. Dagegen ist es aber nicht möglich, dem Media Player selber ein Stream-Objekt (die Klasse Stream aus dem Namensraum System.IO) zu übergeben. Soll beispielsweise ein eigener binärer Stream aus einem geschützten Bereich abgespielt werden, auf den der Media Player keinen unmittelbaren Zugriff hat, muss dieser Datenstrom zuerst in einem öffentlichen Bereich auf der Festplatte zwischengespeichert werden.

Standardmäßig ist das `MediaElement` so eingestellt, dass es mit dem Abspielen der Media-Datei frühestmöglich von selbst beginnt. Die Wiedergabe muss also nicht explizit angestoßen werden. Der gewünschte Modus kann über die Eigenschaft `LoadedBehavior` verändert werden, er ist standardmäßig auf den Wert `Play` gestellt. Mit dieser Einstellung ist aber auch eine Steuerung von außen, wie Pause, Stopp oder Wiedergabe, nicht mehr möglich. In diesem Modus wird die Media-Datei bis zum Ende abgespielt.

Möchte man dem Anwender die Möglichkeit geben, die Wiedergabe selbst über Schaltflächen zu steuern, muss der Modus in der Eigenschaft `LoadedBehavior` auf `Manual` geändert werden. In diesem Fall startet `MediaElement` die Wiedergabe dann aber auch nicht mehr automatisch.

Listing 9.28 Einen Medienplayer für die Wiedergabe von Audiodateien erstellen

```
<Window xmlns="..." xmlns:x="...">
  <DockPanel>
    <ToolBar DockPanel.Dock="Top">
      <Button Content="Wiedergabe" Click="PlayButton_Click" />
      <Button Content="Stop" Click="StopButton_Click" />
    </ToolBar>

    <MediaElement
        Name="MediaElement1"
        LoadedBehavior="Manual"
        Source="MySong.wma" />
  </DockPanel>
</Window>
```

In diesem Beispiel wurde das Verhalten von `MediaElement` geändert, sodass die Media-Datei manuell vom Anwender gestartet werden muss. Hierfür existieren die beiden Schaltflächen, mit denen jeweils die Wiedergabe gestartet und gestoppt werden kann.

```
protected void PlayButton_Click(object sender, RoutedEventArgs e)
{
  MediaElement1.Play();
}

protected void StopButton_Click(object sender, RoutedEventArgs e)
{
  MediaElement1.Stop();
}
```

In der Codebehind-Datei des Fensters muss lediglich das gewünschte Kommando an das Steuerelement weitergereicht werden.

Die Größe von `MediaElement`, die mit den Eigenschaften `ActualWidth` und `ActualHeight` ausgelesen werden kann, beträgt bis zum Öffnen der Datei 0 (null). Bei Audiodateien (und auch bei anderen Formaten, bei denen kein Bild dargestellt werden kann) bleibt die Größe auch während der Wiedergabe auf 0 stehen.

Das Steuerelement `MediaElement` enthält zahlreiche Dependency Properties, die sich von außen in XAML verwenden lassen. So kann beispielsweise die Balance oder die Lautstärke problemlos über eine Datenbindung an einen Slider angebunden werden. In Tabelle 9.3 ist hierzu eine Übersicht der Eigenschaften zu sehen.

Tabelle 9.3 Eigenschaften für das MediaElement

Eigenschaft	Beschreibung
`Balance`	Balance zwischen dem rechten und linken Lautsprecher kann hier eingestellt werden.
`IsMuted`	Ton aus
`LoadedBehavior`	Das Ladeverhalten kann gesteuert werden: Entweder wird mit `Play` die Wiedergabe automatisch gestartet oder mit `Manual` manuell angesteuert.
`SrubbingEnabled`	Gibt an, ob während der Pause das Standbild beim Versetzen der Position aktualisiert werden soll.
`Source`	Gibt die (externe) Quelle der Media-Datei an.
`Stretch`	Die Darstellung vergrößern
`StretchDirection`	In welche Richtung soll vergrößert werden?
`UnloadedBehavior`	Gibt an, was nach Ablauf der Wiedergabe geschehen soll
`Volume`	Lautstärke

Die Eigenschaft `Position` fehlt allerdings in dieser Auflistung, da diese nicht als Dependency Property definiert worden ist. Diese Eigenschaft eignet sich daher nur, um im Programmcode verwendet zu werden. Hierüber kann beispielsweise der Anwender zu einer bestimmten Stelle in der Media-Datei springen. Als Fortschrittsanzeige eignet sich diese Eigenschaft dagegen nicht, da diese nicht über Datenbindungen angesprochen werden kann (eine Alternative wird aber am Ende des Kapitels beschrieben).

> **!** Im Kapitel 5, „Anwendungen“, wurden vordefinierte Kommandos beschrieben, die bereits von der WPF zur Verfügung gestellt werden. Unter anderem wurde auch hier die Klasse `MediaCommands` erwähnt, die bereits fertige Kommandos wie `Play`, `Pause` und `Stop` beinhaltet. Leider lassen sich diese Kommandos aber nicht automatisch über Target auf das `MediaElement` anwenden, so wie es beim Zugriff auf die Zwischenablage der Fall war. ■

Als Fazit kann man zusammenfassen, dass man gerade beim Zugriff auf Multimedia-Dateien einige Fallstricke beachten muss. Es gibt allerdings eine Alternative, mit der sich zahlreiche dieser Nachteile ausbügeln lassen, indem die Steuerung von `MediaElement` ausgelagert wird. In diesem Fall ist nicht mehr das Steuerelement selbst für die zeitliche Abfolge und die Kommandos verantwortlich, sondern eine externe Komponente namens `MediaTimeline`.

Da `MediaTimeline` intern sehr eng mit den Klassen aus dem Bereich der Animationen verwandt ist, wird sie zusammen mit den Storyboards und den Triggern in dem nächsten Kapitel behandelt.

10 3D-Grafik

Die Entwicklung einer 3D-Darstellung gehört in der heutigen Zeit vermutlich zu einem der anspruchvollsten Themen überhaupt. Alleine durch das Hinzufügen der dritten Dimension erhöht sich die Komplexität des Themas. Ein Objekt muss nun neben der X- und der Y-Achse zusätzlich auch noch auf der Z-Achse positioniert werden. Ein einfaches Modell kann alleine dadurch aus einer Vielzahl an Punkten in dem Koordinatensystem bestehen. Im Vergleich zur Darstellung im 2D-Raum, müssen daher in einer dreidimensionalen Welt wesentlich mehr Fallstricke beachtet werden.

Die WPF bietet eine vereinfachte Unterstützung an, mit der man relativ schnell und einfach eine 3D-Oberfläche in der eigenen Anwendung anbieten kann. Der Vorteil dabei ist, dass sich 2D und 3D fast nahtlos integrieren lassen. Wollte man bislang auf eine 3D-Unterstützung zurückgreifen, war hierfür meist zusätzlich der Einsatz von Direct 3D erforderlich. Dieses System wäre aber schnell ein abgekapselter Bereich, der sich von der restlichen Anwendung trennt.

Mit der WPF sind dagegen sowohl 2D- als auch 3D-Welten wesentlich besser mit der Infrastruktur verbunden. So können in beiden Bereichen die Oberflächen komfortabel mit XAML definiert werden – und auch viele Konzepte, wie Datenbindungen, Transformierungen und Animationen, stehen ebenfalls zur Verfügung.

> Die 3D-Technik in der WPF eignet sich gut, um dem Anwender die Sachverhalte besser zu verdeutlichen oder um Transformationen durchzuführen. Sie eignet sich jedoch nicht zur Entwicklung von Spielen oder anderen komplexen Darstellungen – hier ist auch weiterhin der Einsatz des leistungsfähigen DirectX gefordert, um das Maximum an Performance zu erreichen. Bei der WPF stehen dagegen die einfache Umsetzbarkeit und die nahtlose Integration mit dem Gesamtsystem im Vordergrund. Die WPF stellt daher das ideale Mittel dar, um einfache Sachverhalte in 3D darzustellen, ohne sich in die Komplexität von DirectX einarbeiten zu müssen. ■

Solange wir keine Möglichkeit haben eine dreidimensionale Welt darzustellen (beispielsweise über Holographie), müssen die erstellen Welten immer auf einen zweidimensionalen Monitor projiziert werden. Hierfür werden verschiedene Techniken angewendet, um in der Projektion eine dreidimensionale Welt darzustellen.

Als Erstes wird eine Leinwand benötigt, auf der die Darstellung erfolgen soll. Ein Modell kann niemals einzeln dargestellt werden, sondern benötigt hierfür immer eine Leinwand, auf die es projiziert wird. Ein einfaches Hinzufügen in ein Grid oder in ein Canvas ist daher nicht möglich, da diese Steuerelemente keinerlei Information über die Darstellung haben.

Listing 10.1 Darstellen einer 3D-Welt in einem Fenster

```
<Window
    xmlns="..." xmlns:x="...">

  <Viewport3D>

    <!-- Objekte, Einstllungen, etc. -->
    <ModelVisual3D .../>

  </Viewport3D>

</Window>
```

Das Steuerelement `Viewport3D` übernimmt die Funktion einer Leinwand und stellt die Elemente auf dem Bildschirm dar. Jedes Modell wird nun über einen separaten Eintrag zwischen dem öffnenden und dem schließenden Xml-Knoten hinzugefügt. In diesem Beispiel wird mit `ModelVisual3D` ein neues Modell der Leinwand `Viewport3D` hinzugefügt (dazu aber später mehr).

Dank der nahtlosen Integration müssen keine weiteren Einstellungen oder Initialisierungen erfolgen. Stattdessen ist bereits das einfache Verwenden des Steuerelementes `Viewport3D` an dieser Stelle ausreichend, um mit der Darstellung zu beginnen. Allerdings sind noch weitere Angaben erforderlich, um ein optimales Ergebnis zu erzielen – wie beispielsweise die Art und die Anzahl der Objekte, oder auf welche Weise diese dargestellt werden sollen.

> **!** Dank der nahtlosen Integration ist es möglich, das Steuerelement `Viewport3D` auch mehrfach zu verwenden – sogar in Templates für Steuerelemente.

10.1 Konzept

Um den Aufwand bei der Erstellung von 3D-Figuren weitestgehend zu minimieren, wurden die Techniken auf einige wenige Grundelemente reduziert. Während es in der 2D-Welt mit dem Steuerelement Path oder den Geometries noch die Möglichkeit gibt, auch Kurven oder Kreise darzustellen, steht in der 3D-Welt lediglich das Dreieck zur Verfügung. Das Dreieck stellt die einfachste Form dar, die man in einem dreidimensionalen Raum darstellen kann. Stellt man mehrere Dreiecke zusammen, lassen sich damit beliebige Figuren erstellen – selbst solche, die auf den ersten Blick wenig mit einem Dreieck gemein haben. Eine Kugel wird ebenfalls aus einer Vielzahl an Dreiecken zusammengesetzt.

Diese Vorgehensweise unterscheidet sich vom sog. *Raytracing*, wo auch komplexere Figuren erlaubt sind. Das Ergebnis der Darstellung wird errechnet, indem jeder Lichtstrahl einzeln zurückverfolgt wird. Diese Technik führt zwar zu besseren Ergebnissen in der Darstellung, ist jedoch in der Handhabung schwieriger und außerdem viel zu langsam, um beispielsweise Animationen zuzulassen. Das Dreieck ist daher der ideale Kompromiss aus einfacher Handhabung und Leistungsfähigkeit.

10.1.1 Das 3D-Koordinatensystem

Anders als in der herkömmlichen 2D-Welt benötigt man zur Darstellung in einem 3D-Raum zusätzliche Informationen über die Tiefe. Erst dadurch können Körper oder Figuren in einem Raum dargestellt werden. Daher steht neben der X- und der Y-Achse die Z-Achse zur Verfügung, mit der die räumliche Darstellung simuliert wird. Den Mittelpunkt dieses Koordinatensystems bildet der Schnittpunkt aller drei Achsen, der durch den Punkt „0,0,0“ verläuft. Im Gegensatz zum Koordinatensystem aus der 2D-Welt befindet sich dieser Punkt jedoch nicht oben links. Stattdessen werden oberhalb des Null-Punktes auf der Y-Achse die positiven Werte darstellt, wie in Bild 10.1 zu sehen ist.

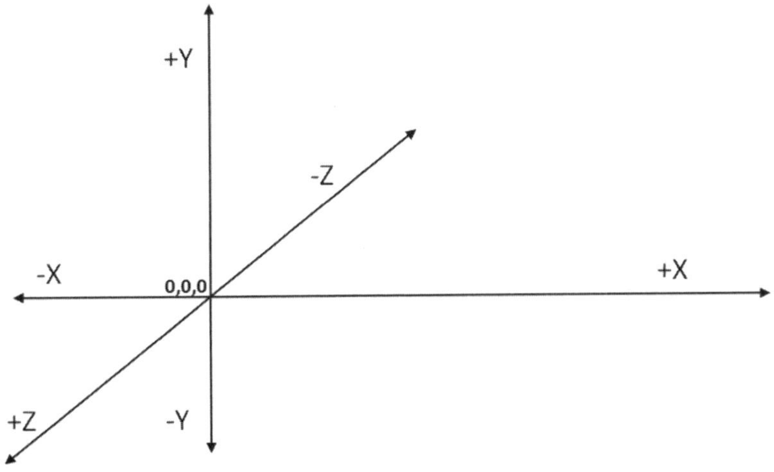

Bild 10.1 Das 3D-Koordinatensystem

Auf der X-Achse wird der Bereich links von der Mitte wie gewohnt mit negativen Werten dargestellt. Auf der Z-Achse, die für die räumliche Tiefe zuständig ist, befinden sich der positive Bereich vor der Mitte und der negative Bereich dahinter. Soll ein Objekt beispielsweise in den Hintergrund verschoben werden, muss dieses auf der Z-Achse in den negativen Bereich bewegt werden.

Zusätzliche Hilfe, wie man sie beispielsweise von Panels kennt, gibt es in der 3D-Welt nicht. Stattdessen müssen die Figuren einzeln in dem Koordinatensystem platziert und ausgerichtet werden.

10.1.2 Kamera

Ein weiteres Mittel, um eine dreidimensionale Welt auf einen zweidimensionalen Monitor dazustellen, ist die Verwendung einer Kamera. Diese soll wie eine Kamera bei einer Filmproduktion die Szene für den Betrachter einfangen, der das fertige Ergebnis später auf einer Leinwand (Viewport3D) zu sehen bekommt. Ohne eine solche Kamera würde der Bildschirm dunkel bleiben, da nicht festgelegt wurde, wie und aus welchem Blickwinkel die Darstellung erfolgen soll.

In der WPF stehen gleich mehrere Kamera-Modelle zur Verfügung:

- `PerspectiveCamera` versucht die Darstellung natürlich wirken zu lassen, indem weit entfernte Objekte kleiner dargestellt werden, als solche, die sich nahe an der Kamera befinden.
- `OrthographicCamera` stellt die Objekte dagegen in ihrer vollen Größe dar - unabhängig von ihrer Entfernung zur Kamera.
- `MatrixCamera` stellt eine Kamera dar, mit der wesentlich mehr Möglichkeiten zur Einstellung vorhanden sind. Diese wird in komplexeren Entwicklungen in Direct 3D verwendet und steht hauptsächlich zur Kompatibilität zur Verfügung.

Die `OrthographicCamera` wird häufig für technische Zeichnungen (wie CAD) verwendet, da Größen und Abstände besser eingeschätzt werden können, auch wenn diese weiter von der Kamera entfernt positioniert sind. Die Darstellung erfolgt allerdings nicht natürlich, so dass manche Figuren eher wie eine optische Täuschung wirken können. Die `OrthographicCamera` versucht dies auszugleichen, indem weit entfernte Objekte einfach verkleinert werden.

Bild 10.2 Die Darstellung von PerspectiveCamera (links) und OrthographicCamery (rechts) im direkten Vergleich

Die zu verwendende Kamera wird der Eigenschaft `Camera` des Steuerelements Viewport3D zugewiesen.

Listing 10.2 Angabe einer Kamera

```
<Window xmlns="..." xmlns:x="...">
  <Viewport3D>
    <Viewport3D.Camera>
      <PerspectiveCamera
          Position="8,8,8"
```

```
            LookDirection="-8,-8,-8"
            FieldOfView="55" />
        </Viewport3D.Camera>
    </Viewport3D>
</Window>
```

In diesem Beispiel wird eine perspektivische Kamera gewählt, die sich an der Position „8,8,8" befindet, d.h. rechts oben und vor dem Mittelpunkt des Koordinatensystems. Für eine Kamera ist aber nicht nur ihre Position entscheidend. Sollte die Kamera in die falsche Richtung blicken, so kann sie ebenfalls nicht die Szene einfangen. Entscheidend ist daher auch die Blickrichtung der Kamera, die mit der Eigenschaft `LookDirection` eingestellt werden kann. Wird dieser Wert nicht gesetzt, kann es passieren, dass die Kamera nicht die gewünschten Objekte darstellt (bzw. sogar nur den leeren Hintergrund). Bei der Blickrichtung ist allerdings weniger der Punkt entscheidend. Vielmehr wird der Punkt sprichwörtlich als Richtung verwendet, der sich beliebig nah oder entfernt von der Kamera befinden kann. Die Entfernung hat auf das Ergebnis der Darstellung keinerlei Einfluss. Lediglich ein Wert von „0,0,0" sollte vermieden werden, da ansonsten die Kamera keine Information über den Blickwinkel hat.

Mit der Eigenschaft `FieldOfView` kann zusätzlich der Betrachtungsbereich eingestellt werden. Dieser wirkt sich wie eine Art Zoom-Faktor auf die Projektion aus. Je kleiner dieser Wert ist, desto näher werden die Objekte herangezoomt und vergrößert. In dem vorherigen Beispiel wurde der Winkel auf 55° eingestellt. Standardmäßig ist hier der Wert auf 45° voreingestellt, der in den meisten Fällen ausreichend sein dürfte.

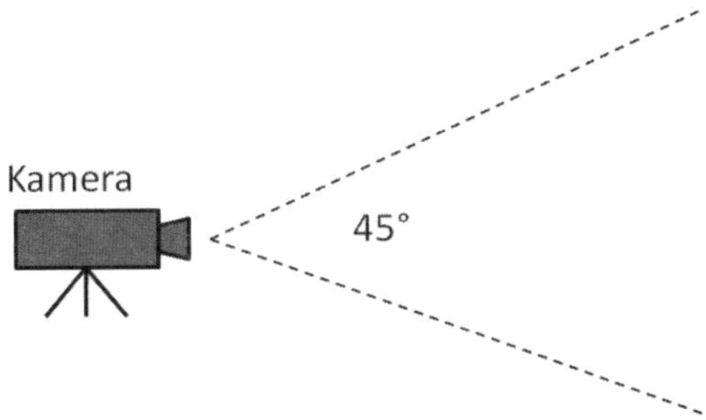

Bild 10.3 Der Betrachtungsbereich legt fest, wie viel von einer Szene eingefangen werden soll

Neben der Position und der Blickrichtung ist auch der Winkel der Kamera von Bedeutung. Nicht immer soll die Kamera gerade auf eine Szene blicken – gerade bei einem virtuellen Rundflug ist es sinnvoll, die Kamera in den Kurven in eine Schräglage zu bringen. Dadurch wirkt die Bewegung realistischer, als wenn diese sich starr verhalten würde. Die Einstellung wird an der Kamera mit der Eigenschaft `UpDirection` vorgenommen. Wie der Name vermuten lässt, wird hier die Richtung angegeben, die für die Kamera die Richtung nach oben angibt. Man kann es auch als virtuelle Verlängerung des Stativs ansehen, das normalerweise unterhalb der Kamera angebracht ist. Ähnlich wie schon bei der Blickrichtung, spielt auch bei der Eigenschaft `UpDirection` nicht der Punkt selbst eine Rolle. Vielmehr wird der Punkt dazu verwendet, um die Richtung zu bestimmen.

Standardmäßig ist hier der Wert „0,1,0" hinterlegt. Der zweite Wert, der für die Y-Achse zuständig ist, liegt direkt oberhalb der Kamera. Dadurch wird die Kamera waagerecht ausgerichtet.

> **!** Eine Kamera hat immer einen bestimmen sichtbaren Bereich, in dem Objekte einwandfrei dargestellt werden können. Werden die Objekte zu nah oder zu weit entfernt von der Kamera positioniert, werden diese u. U. nicht korrekt dargestellt. Zu nahe Objekte werden beispielsweise regelrecht abgeschnitten. Die Werte lassen sich mit den Eigenschaften `FarPlanceDistance` und `NearPlaneDistance` an der Kamera einstellen. ■

10.1.3 Licht

Wie zu einer richtigen Filmproduktion gehört auch zu einer virtuellen 3D-Szene entsprechendes Licht. Ohne eine Lichtquelle würde gar die Szene komplett dunkel bleiben und der Anwender würde nichts von der Szene erkennen können. Die WPF stellt daher gleich mehrere unterschiedliche Lichtquellen zur Verfügung, mit denen die Szenerie ausgeleuchtet werden kann:

- `AmbientLight` sorgt für eine gleichmäßige Ausleuchtung von allen Seiten.
- `DirectionalLight` sorgt für eine Beleuchtung aus einer weit entfernen Quelle, die in eine bestimmte Richtung strahlt (z. B. einer Sonne).
- `SpotLight` leuchtet wie ein Scheinwerfer und erzeugt dabei einen Lichtkegel.
- `PointLight` kann mit einer Glühbirne verglichen werden, die an einer festen Position in alle Richtungen Licht abstrahlt. Anders als bei `AmbientLight` oder `DirectionalLight` ist dieses Licht damit deutlich stärker in der Szenerie eingebunden.

Jede dieser Lichtquellen hat ihre eigenen Vor- und Nachteile, die es bei ihrer Anwendung zu beachten gilt. Bei `AmbientLight` wird zwar die Szenerie gleichmäßig ausgeleuchtet, doch wirken die Modelle dadurch auch weniger plastisch. Normalerweise werfen Objekte in der Realität Schatten und besitzen daher auch einen abgedunkelten Bereich auf ihrer Oberfläche. Diesen Effekt gibt es bei `AmbientLight` nicht. In der Tat ist es sogar schwer, die Umrisse genau zu erkennen, da alle Flächen gleich hell ausgeleuchtet werden.

Listing 10.3 Szenerie mit AmbientLight ausleuchten

```
<Viewport3D>
  <Viewport3D.Children>

    <ModelVisual3D>
      <ModelVisual3D.Content>
        <AmbientLight Color="#FFFFFF" />
      </ModelVisual3D.Content>
    </ModelVisual3D>

  </Viewport3D.Children>
</Viewport3D>
```

In diesem Beispiel wird eine Lichtquelle der vorhandenen Szene hinzugefügt. Wie man gut erkennen kann, wird eine Lichtquelle wie ein normales 3D-Modell behandelt, dass einfach der Eigenschaft `Children` in `Viewport3D` zugewiesen werden kann. Mit der Eigenschaft `Color` kann zusätzlich ein Farbwert angegeben werden. Dadurch kann das Licht beispielsweise anstelle im weißem Tageslicht, rötlich oder gelblich erscheinen. Die Lichtquelle kann auch beliebig gedimmt werden, in dem man hier anstelle einer weißen Farbe einfach einen Grauwert übergibt. Trotz dieser Einstellungen werden jedoch die Modelle von allen Seiten gleich angestrahlt – wodurch sich weder Schattierungen noch ein räumlicher Eindruck erzielen lässt.

Diesen Effekt kann man dagegen mit `DirectionalLight` umgehen. Mit dieser Lichtquelle wird ein weit entferntes Licht simuliert, das gleichmäßig in eine Richtung scheint. Auf diese Weise lässt sich gut das Sonnenlicht imitieren, das gleichmäßig eine Szenerie ausleuchten soll. Da das Licht nicht aus allen Richtungen auf die Szenerie trifft, werden dem Sonnenlicht abgewendete Bereiche auch dunkler dargestellt. Teilweise erscheinen diese sogar so dunkel, dass sie für den Anwender fast schwarz aussehen.

Listing 10.4 Szenerie mit DirectionalLight ausleuchten

```
<Viewport3D>
  <Viewport3D.Children>

    <ModelVisual3D>
      <ModelVisual3D.Content>
        <DirectionalLight Direction="-1,-0.5,0" Color="#FFFFFF" />
      </ModelVisual3D.Content>
    </ModelVisual3D>

  </Viewport3D.Children>
</Viewport3D>
```

In diesem Fall fällt das Licht von rechts auf die Szenerie ein. In der Eigenschaft `Direction` wird die Richtung der Lichtstrahlen festgelegt. In diesem Fall wird mit −1 angegeben, dass das Licht seitlich von rechts kommen soll. Die −0.5 gibt an, dass das Licht zusätzlich leicht nach unten gerichtet wird. Nur auf der Z-Achse wird keine Veränderung vorgenommen.

Diese Lichtquelle zu verwenden, hat allerdings den Nachteil, dass Flächen, die der Lichtquelle abgewendet sind, komplett schwarz dargestellt werden. Das trifft sogar auf Flächen zu, die parallel zu den Lichtstrahlen platziert sind. Mit beiden Lichtquellen ist einzeln kein besonders gutes Ergebnis zu erzielen. Es bietet sich daher an, die beiden vorgestellten Lichtquellen `AmbientLight` und `DirectionalLight` zu kombinieren. Auch das ist mit der WPF problemlos möglich. Hierbei sorgt Lichtquelle `DirectionLight` für einen räumlichen Eindruck, wohingegen das `AmbientLight`, das relativ dunkel eingestellt wird, eher für das Umgebungslicht verantwortlich ist.

Listing 10.5 Szenerie mit DirectionalLight und AmbientLight ausleuchten

```
<Viewport3D>
  <Viewport3D.Children>

    <ModelVisual3D>
      <ModelVisual3D.Content>
        <Model3DGroup>
```

```
        <DirectionalLight Direction="-1,-0.5,0" Color="#FFFFFF" />
        <AmbientLight Color="#FFFFFF" />
      </Model3DGroup>
    </ModelVisual3D.Content>
  </ModelVisual3D>

 </Viewport3D.Children>
</Viewport3D>
```

Da die Lichtquellen wie normale 3D-Modelle hinzugefügt werden, können in einer Szenerie beliebig viele Lichtquellen enthalten sein. Man kann daher die Lichtquellen einzeln mit einer eigenen Instanz von `ModelVisual3D` hinzufügen oder beide Lichtquellen gruppieren und zusammen in einer einzelnen Instanz von `ModelVisual3D` unterbringen. Das Ergebnis bleibt dasselbe und ist in Bild 10.4 zu sehen.

Bild 10.4 Bessere Ergebnisse erzielt man, in dem unterschiedliche Lichtquellen kombiniert werden (v. l. n. r.: AmbientLight, DirectionalLight und die Kombination aus beiden)

Die Umsetzung der beiden Lichtquellen `SpotLight` und `PointLight` ist dagegen nicht ganz so trivial. Im Grunde ähneln sich beide Lichtquellen sehr, da sie einen Lichtkegel auf ein Modell strahlen lassen. Dieser kann mit dem Lichtkegel einer Taschenlampe verglichen werden, der besonders intensiv auf einen Punkt scheint und nach außen hin immer schwächer wird. Vor ihrer Verwendung muss man allerdings wissen, dass man sich allerhand Tricks und Vereinfachungen bedient, damit eine virtuelle 3D-Welt einigermaßen performant dargestellt werden kann. So wird das Licht nicht einzeln in Lichtstrahlen aufgeteilt und berechnet, so wie es beim Raytracing der Fall ist. Stattdessen wird die Intensität des Lichtes an jedem Dreieck berechnet. Das führt dazu, dass ein Dreieck immer gleich ausgeleuchtet wird – unabhängig von seiner Position und der Richtung der Lichtquelle. Das führt zwar nicht zu den guten Ergebnissen, wie man sie mit Raytracing erreichen kann, ist dadurch aber wesentlich schneller.

Ein `SpotLight` oder ein `PointLight` können daher nicht auf Modelle angewendet werden, die nur aus einigen wenigen Dreiecken bestehen. Da das eintreffende Licht nur pro Dreieck berechnet wird, würde es bei einer quadratischen Fläche lediglich zwei Flächen geben, bei denen das Licht berechnet wird. Stattdessen muss das Quadrat in eine Vielzahl an Dreiecken unterteilt werden – je mehr Dreiecke vorhanden sind, desto besser fällt das Ergebnis aus. Um das gewünschte Ergebnis von `SpotLight` oder `PointLight` zu erreichen, sind daher schon mal einige hundert oder einige tausend Dreiecke vonnöten. Diese immense Zahl an Dreiecken lässt sich verständlicherweise nicht mehr manuell pflegen. Hier sind externe Tools gefragt, die bei der Erstellung behilflich sind (dazu später mehr).

Wo Licht ist, ist auch Schatten. Diese alte Weisheit mag auf vielerlei Dinge des Alltags zutreffen, jedoch nicht auf eine virtuelle 3D-Welt. Da hier jeweils nur die Lichtintensität für jedes einzelne Dreieck gemessen wird, entsteht bei diesem Vorgang auch kein Schatten. Auch Reflektionen, die normalerweise durch lichtintensive oder helle Objekte hervorgerufen werden, bleiben bei der Darstellung unberücksichtigt. Möchte man beispielsweise einen Schatten darstellen, der durch eine weit entfernte Lichtquelle mit `DirectionalLight` entsteht, so muss der Schatten selber durch einzelne Dreiecke dargestellt und ausgerichtet werden.

10.2 3D-Modelle

Die Darstellung von Objekten oder Figuren in einem dreidimensionalen Raum ist wesentlich aufwendiger, als dies noch auf einer herkömmlichen 2D-Oberfläche der Fall war. Nachdem Kamera und Beleuchtung ausgewählt worden sind, ist es erforderlich die eigentlichen Modelle zu erstellen, die für den Anwender dargestellt werden sollen. Die einfach zu handhabenden Shapes und Geometries, die bereits in Kapitel 9 vorgestellt worden sind, können leider nicht angewendet werden. Stattdessen muss die Darstellung eines Modells in zahlreiche kleine Dreiecke zerlegt werden.

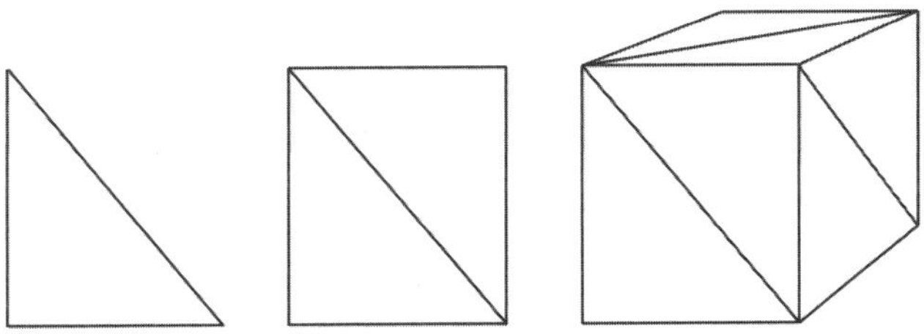

Bild 10.5 Komplexe Modelle entstehen erst durch das Kombinieren mehrerer Dreiecke

Tatsächlich bildet das Dreieck die kleinste und einfachste Einheit, die man in einem dreidimensionalen Raum darstellen kann. Jede weitere Form lässt sich durch eine geschickte Kombination und Anordnung der Dreiecke erreichen. Ein Rechteck besteht beispielsweise aus mindestens zwei Dreiecken, ein Würfel aus mindestens zwölf Dreiecken und ein Kreis oder eine Kugel aus „zahlreichen“ Dreiecken. Gerade bei Rundungen oder Kurven ist es besonders wichtig, das Modell in möglichst viele kleine Dreiecke zu unterteilen. Je mehr Dreiecke verwendet werden, desto weniger Ecken oder Stufen sind für den Anwender zu erkennen.

> **!** Interessanterweise werden gerade Linien nicht direkt zur Darstellung unterstützt, beispielsweise wenn die Konturen eines Modells mit Linien nachgezeichnet werden sollen. Der Grund hierfür ist, dass Linien „zu einfach“ sind. Sie besitzen zwar einen Anfangs- und einen Endpunkt, doch benötigt das System zur Darstellung weitere Informationen, wie beispielsweise die Breite. Eine Linie muss daher aus mehreren kleineren Dreiecken zusammengesetzt werden. ■

Die einzelnen Dreiecke werden mit der Klasse `MeshGeometry3D` definiert. Diese Klasse dient ausschließlich zum Erfassen und Definieren des Modells mittels Dreiecke – sagt aber noch nichts darüber aus, in welcher Farbe dieses beispielsweise dargestellt werden soll. Man kann die Klasse daher eher mit den geometrischen Formen vergleichen, die im Steuerelement Path definiert werden.

Diese Informationen werden von der Klasse `GeometryModel3D` verwendet und mit Informationen über die Farben (sog. *Materialien*) ergänzt. Dank dieser Trennung kann beispielsweise ein Modell mehrfach in einer Szenerie mit unterschiedlichen Materialien dargestellt werden. Die Klasse `GeometryModel3D` kann am ehesten mit `GeometryDrawing` aus dem 2D-Bereich verglichen werden, die ebenfalls für die Füllung und für den Rand die Angaben entgegennimmt.

Die wenigsten Modelle werden jedoch in nur einer einzigen Farbe dargestellt, sondern es werden meistens verschiedene Bereiche farblich hervorgehoben oder gesondert dargestellt. Man könnte diese Bereiche auch separat definieren – allerdings wäre hierfür der Aufwand beim Positionieren und beim Animieren wesentlich höher. Jede Änderung müsste dann auf jedes Modell einzeln angewendet werden, damit keine Unstimmigkeiten bei der Darstellung entstehen. Dieses Problem löst die Klasse `ModelVisual3D`, da sie bei Bedarf eine oder mehrere Instanzen von `GeometryModel3D` aufnehmen kann. Jeder dieser Instanzen kann für sich jeweils ihre eigene Form und eigene Materialien verwenden. Eine Animation kann so geschickt zentral auf `ModelVisual3D` angewendet werden. In Bild 10.6 ist der Aufbau schematisch dargestellt.

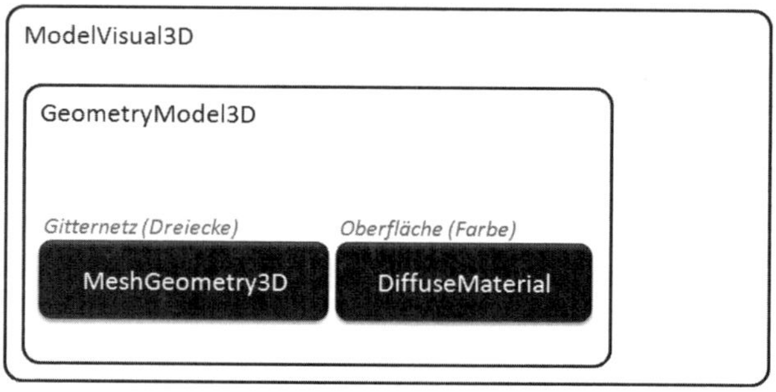

Bild 10.6 Schematischer Aufbau eines 3D-Modells

Zum besseren Verständnis kann man jede dieser Klassen ebenfalls ihrem Pendant aus der 2D-Welt zuordnen. Dieser Vergleich ist in Tabelle 10.1 zu sehen.

Tabelle 10.1 Vergleich der Klassen mit dem 2D-Bereich

3D	2D	Beschreibung
`ModelVisual3D`	`Visual`	Ähnlich wie Visual wird mit ModelVisual3D ein Modell repräsentiert.
`GeometryModel3D`	`GeometryDrawing`	GeometryModel3D definiert, wie ein Modell gezeichnet werden soll – Material und Beschaffenheit werden definiert.
`MeshGeometry3D`	`Geometry`	MeshGeometry3D gibt letztendlich die Form an.

Wie eingangs erwähnt, werden alle Modelle in einem dreidimensionalen Raum über Dreiecke dargestellt. Hierfür muss die Position jede Ecke exakt im Raum positioniert werden, d.h. auf jeder der drei Achsen (X-, Y- und Z-Achse). Diese Angaben erfolgen in der Eigenschaft `Positions` in der Klasse `MeshGeometry3D`.

Listing 10.6 Ein einfaches Dreieck erstellen

```
<ModelVisual3D>
  <GeometryModel3D>
    <GeometryModel3D.Geometry>
      <MeshGeometry3D
          Positions="-1,-1,0 1,-1,0 -1,1,0"
          TriangleIndices="0,1,2" />
    </GeometryModel3D.Geometry>
  </GeometryModel3D>
</ModelVisual3D>
```

In diesem Beispiel wird ein einfaches Dreieck angelegt. Hierfür wurden in der Eigenschaft drei Punkte angegeben, die jeweils durch ein Leerzeichen voneinander getrennt sind. Die Eigenschaft ist vom Typ `Point3DCollection` und erwartet daher die Angaben immer in Dreier-Blöcken. Die Schreibweise wird in diesem Fall auch wieder sehr flexibel gehandhabt. Die Werte können beispielsweise auch mit einem Komma getrennt werden – oder nur mit Leerzeichen.

```
Positions = "-1,-1,0 1,-1,0 -1,1,0"
Positions = "-1,-1,0,1,-1,0,-1,1,0"
Positions = "-1 -1 0 1 -1 0 -1 1 0"
```

Die Kombination aus Komma und Leerzeichen verbessert die Lesbarkeit, so dass die Dreier-Blöcke schneller zu erkennen sind. Das Ergebnis dieser Angaben ist in Bild 10.7 zu sehen.

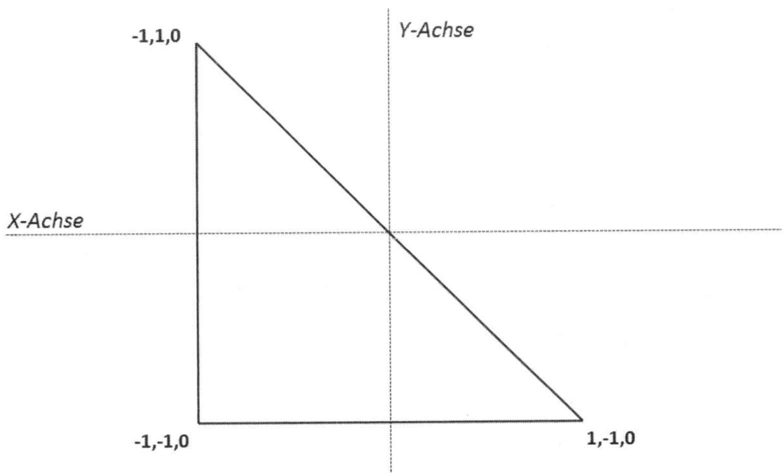

Bild 10.7 Ein einfaches Dreieck erstellen

In dem Beispiel wurde zur Vereinfachung die Z-Achse ignoriert, daher steht der dritte Wert der Punkte jeweils auf 0 (Null). Das ist einerseits besser für die Einarbeitung – und erleichtert zum anderen die Darstellung in diesem Buch.

Mit dem reinen Aufzählen der Punkte ist die Arbeit allerdings noch nicht erledigt. Damit aus einer Ansammlung von Punkten auch ein komplexes Gitternetz entstehen kann, mit dem es erst möglich ist auch komplexere Formen abzubilden, müssen diese miteinander verbunden werden. Diese Aufgabe wird von der Eigenschaft `TriangleIndices` übernommen. Das bringt vor allem den Vorteil, dass einige Punkte auch problemlos von mehreren Dreiecken verwendet werden können.

Listing 10.7 Ein einfaches Rechteck erstellen

```
<ModelVisual3D>
  <GeometryModel3D>
    <GeometryModel3D.Geometry>
      <MeshGeometry3D
          Positions="-1,-1,0 1,-1,0 -1,1,0 1,1,0"
          TriangleIndices="0,1,2 1,2,3" />
    </GeometryModel3D.Geometry>
  </GeometryModel3D>
</ModelVisual3D>
```

Hier wurde das vorherige Beispiel eines Dreiecks erweitert. In der Auflistung `Positions` wurde zwar nur ein weiterer Punkt hinzugefügt, doch reicht dieser aus, um damit ein weiteres Dreieck zu erstellen. In der Eigenschaft `TirangleIndices` ist gut zu erkennen, dass für das zweite Dreieck die bereits vorhandenen Punkte 1 und 2 verwendet wurden und mit dem neuen, dritten Punkt das zweite Dreieck ergeben.

Die Eigenschaften `Positions` und `TriangleIndices` gehen daher Hand in Hand. Beide bilden das Grundgerüst bei der Erstellung eines neuen Gitternetzes – aus dem letztendlich alle Modelle entstehen. Die Position und die Größe, die bei der Erstellung des Modells verwendet werden, spielen dabei eher eine zweitrangige Rolle. Die Position, die Ausrichtung und die Größe können später mit Transformationen oder gar über die Kameraposition verändert werden. In diesem Schritt geht es rein um das Setzen der Punkte, die in Relation zueinander stehen. Daher ist es oft am einfachsten, den absoluten Nullpunkt (0,0,0) als Bezugspunkt zu wählen, wie hier in diesem Beispiel. Die Punkte für das Rechteck liegen so gleichmäßig um den Nullpunkt verteilt, dass dieser die Mitte bildet.

Das mehrfache Verwenden eines Punktes für Dreiecke hat allerdings auch Konsequenzen. Hierzu muss man verstehen, wie die WPF das Gitternetz interpretiert, um ein möglichst gutes Ergebnis zu erzielen. Da bei der verwendeten Technik keine Kurven verwendet werden können, müssen beispielsweise Kugeln oder Röhren aus einer Vielzahl an Dreiecken zusammengesetzt werden. Theoretisch müsste so eine Kugel aus tausenden, wenn nicht sogar Millionen Dreiecken bestehen, damit deren spitze Kanten nicht mehr im Gesamtbild auffallen würden. Um das zu verhindern, werden die Übergänge der Kanten von der WPF weicher gezeichnet. Eine „rundliche Form" erhält man so bereits mit einigen wenigen Dreiecken.

In Bild 10.8 ist das Beispiel gut anhand eines gebogenen Blattes zu sehen. Die WPF versucht eine durchgehende Fläche anhand der Angaben der Positionen in dem Modell zu erkennen. Verwendet ein Modell eine Position mehrfach, wie auf der linken Seite des Bildes zu sehen ist, wird dieser Bereich von der WPF weich gezeichnet. Wurden dagegen die Positionen mehrfach angegeben, so handelt es sich um vollkommen unabhängige Bereiche. Dadurch werden die Kanten zwischen den Dreiecken scharfkantig dargestellt, so wie auf der rechten Seite des Bildes zu sehen ist.

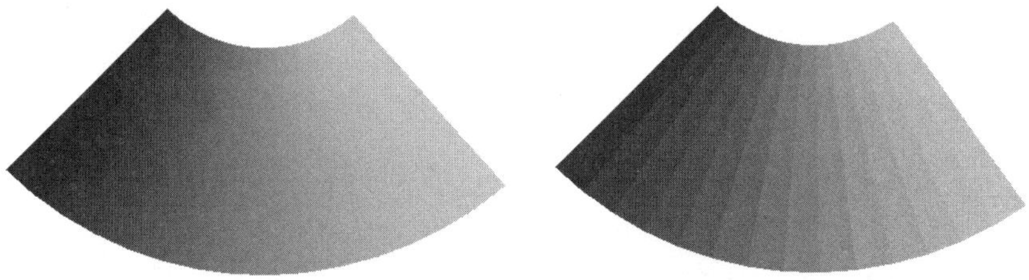

Bild 10.8 Eine zusammenhängende Fläche wird von der WPF weich gezeichnet (links).

Das folgende Beispiel eines Würfels soll das verdeutlichen.

Listing 10.8 Einen scharfkantigen Würfel erstellen

```
<Viewport3D>
  <Viewport3D.Camera>
    <PerspectiveCamera
        Position="4,4,10" LookDirection="-0.3,-0.4,-1" />
  </Viewport3D.Camera>

  <ModelVisual3D>
    <ModelVisual3D.Content>
      <Model3DGroup>
        <DirectionalLight Direction="-1,-0.4,-0.8" Color="#FFFFFF" />
      </Model3DGroup>
    </ModelVisual3D.Content>
  </ModelVisual3D>

  <ModelVisual3D>
    <ModelVisual3D.Content>
      <Model3DGroup>
        <GeometryModel3D>
          <GeometryModel3D.Material>
            <DiffuseMaterial Brush="Silver" />
          </GeometryModel3D.Material>
          <GeometryModel3D.Geometry>
            <MeshGeometry3D
                Positions="-1,-1,1   1,-1,1   1,1,1    -1,1,1
                           1,-1,1   1,-1,-1  1,1,-1    1,1,1
                           -1,1,1   1,1,1    1,1,-1  -1,1,-1"
                TriangleIndices="0,1,2 0,2,3
                                 4,5,6 4,6,7
                                 8,9,10 8,10,11" />
            </GeometryModel3D.Geometry>
          </GeometryModel3D>
        </Model3DGroup>
      </ModelVisual3D.Content>
    </ModelVisual3D>
</Viewport3D>
```

Der Würfel ist hierfür das ideale Beispiel. Naturgemäß soll bei einem Würfel jede der sechs Seiten gleichermaßen „eben" dargestellt werden. Zur Vereinfachung und für die bessere Lesbarkeit wurde das Beispiel auf die drei sichtbaren Seiten des Würfels reduziert. Die Eigenschaften `Positions` und `TriangleIndices` sind dreizeilig aufgebaut, wobei jeweils die erste Zeile die Frontseite angibt, die zweite Zeile die rechte Seite und die dritte Zeile die Oberseite des Würfels.

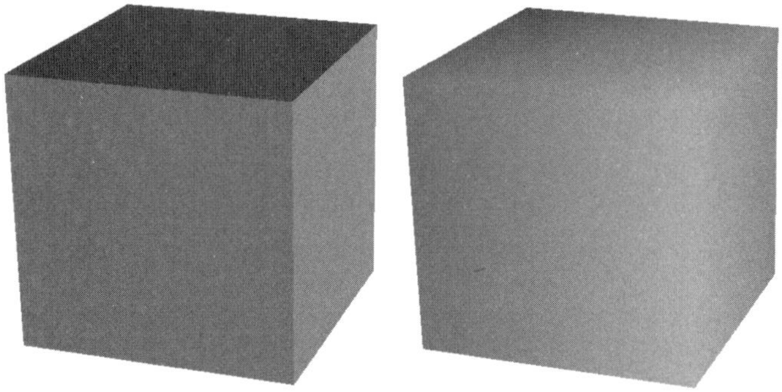

Bild 10.9 Die Kanten des linken Würfels werden schärfer dargestellt, da die Positionsangaben redundant angegeben sind.

Für jede Seite des Würfels sind in der Regel zwei Dreiecke ausreichend, die zusammen eine quadratische Fläche ergeben. Die beiden Dreiecke sollen eine möglichst enge Bindung haben – so eng, dass der Betrachter bei der Darstellung nichts anderes als ein Quadrat sieht. Hierbei ist die Vorgehensweise der WPF behilflich: Für eine Seitenfläche werden nur vier Positionen angegeben, die aber von zwei Dreiecken genutzt werden. So entsteht eine durchgehende Gesamtfläche, in der die einzelnen Dreiecke nicht mehr vom Betrachter zu erkennen sind.

Dieselbe Technik würde allerdings bei der Darstellung der Kanten zu einem gegenteiligen Ergebnis führen. Hier sind anstelle weicher Übergänge eher scharfe Kanten gefordert, damit der Würfel seine nötige Kontur erhält. Aus diesem Grund müssen die definierten Punkte mehrfach vergeben werden – bei einem Würfel verdreifacht sich so die Anzahl der Angaben in der Eigenschaft `Positions`, da jede Seite jeden Punkt aufs neue definieren muss. Dieser Unterschied ist gut in Bild 10.9 zu sehen, wobei der rechte Würfel auf die redundante Angabe der Positionen verzichtet und so weichere Kanten erhält.

> **!** Die redundante Angabe von Positionen hat keinerlei Auswirkung auf die Performance. Die Angaben werden von der WPF genutzt, um intern ein eigenes Modell aufzubauen. Lediglich die Lesbarkeit leidet unter der wiederholten Angabe der Positionen. ■

Je nach Anwendung sind mal weichere, mal schärfere Kanten erwünscht. Eine durchgehende Oberfläche, wie beispielsweise die Haut einer virtuellen Figur oder die Oberfläche einer Landschaft, besitzen in der Regel keine scharfen Kanten.

Dieser Effekt lässt sich jedoch auch von außen beeinflussen, so dass man hier nicht mehr länger vor einer klassischen Entweder-oder-Frage steht. Gesteuert wird das Weichzeichnen der Kanten über sog. *Normals*, die den Grad der Weichzeichnung bestimmen. Normals sind nichts anderes als Vektoren, die bestimmen, in welchem Winkel das einfallende Licht reflektiert wird. Bei einer zusammenhängenden Fläche wird ein Durchschnitt errechnet, damit an den zusammenliegenden Dreiecken keine harten Kanten entstehen.

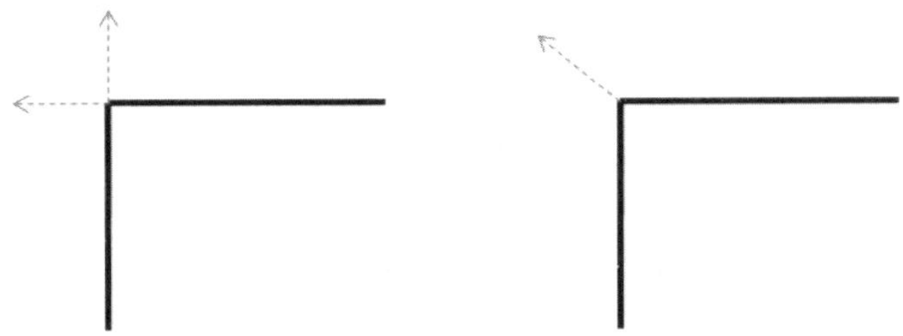

Bild 10.10 Die Normals geben an, wie das einfallende Licht reflektiert werden soll – entsprechend scharf (links) oder weich (rechts) wird die Kante dargestellt.

Die Normals werden normalerweise automatisch von der WPF errechnet und müssen nicht manuell angegeben werden. Durch die manuelle Angabe können zwar einige Angaben für `Positions` entfallen, doch entsteht dagegen erheblicher Mehraufwand bei der Angabe der Normals.

Listing 10.9 Kanten mit Normals

```
<GeometryModel3D>
  <GeometryModel3D.Geometry>
    <MeshGeometry3D
        Positions="-1,-1,1    1,-1,1    1,1,1     -1,1,1
                   1,-1,-1   1,1,-1   -1,1,-1"
        Normals  =" 0,0,-1    0,0,-1    0,0,-1    0,0,-1
                    1,0,0     1,0,0     0,1,0"
        TriangleIndices="0,1,2 0,2,3
                         1,4,5 1,5,2
                         3,2,5 3,5,6" />
  </GeometryModel3D.Geometry>
</GeometryModel3D>
```

Normals werden schrittweise jedem Punkt zugeordnet, der in der Eigenschaft `Positions` angegeben worden ist. Der erste Wert der Normals in diesem Beispiel zeigt auf der Z-Achse nach vorne (in Richtung der Kamera). Dadurch dass die Punkte nun mehrmals verwendet werden können, reduziert sich die Anzahl der Angaben für `Positions` erheblich. Allerdings lassen sich nicht die gleichen grafischen Effekte erzielen, da man für einen Punkt immer nur einen Normal angeben kann. Bei der mehrfachen Angabe der Punkte, wie es in den vorherigen Beispielen der Fall war, konnte man für die Punkte jeder der drei Flächen einzelne Normals definieren – bei drei Flächen machten das immerhin zwölf Normals.

Bei der Erstellung von Modellen wird man allerdings schnell bemerken, dass man es mit einer Vielzahl an Positionsangaben zu tun hat. Für ein relativ einfaches Modell können so schnell mehrere dutzend oder hundert Punkte notwendig sein. Schlimmer sieht es aus, wenn zusätzlich Rundungen erstellt werden sollen, wie beispielsweise bei einer Röhre oder einer Kugel. Ohne zusätzliche Hilfsmittel lassen sich derartige Modelle kaum realisieren.

Es gibt zwei Alternativen, die hierbei behilflich sind:

- Man verwendet separate Anwendungen, die auf die Gestaltung von 3D-Modellen spezialisiert sind, wie beispielsweise ZAM3D oder Blender. Die meisten bieten bereits eine Export-Unterstützung für XAML an, so dass die erstellten Modelle einfach nach WPF übertragen werden können.
- Man erstellt Programmklassen, die einfache geometrische Formen berechnen können. Die Form einer Kugel kann so beispielsweise automatisch anhand verschiedener Parameter berechnet werden, damit diese nicht mehr aufwendig von Hand erstellt werden muss.

Unabhängig für welche Alternative man sich entscheidet, kann ein Blick auf die Umsetzung mit XAML nicht schaden. Man erhält so einen besseren Einblick in die Umsetzung und kann beispielsweise auch nachträglich den Export eines 3D-Modells anpassen.

10.3 Materialien und Texturen

10.3.1 Materialien

Damit die Modelle überhaupt auf der Leinwand dargestellt werden können, ist mehr notwendig als das reine Definieren von Dreiecken. Hier kommen sog. *Materialien* oder *Texturen* ins Spiel, mit denen die Oberflächen der Modelle definiert werden. Ohne diese wären die Modelle transparent und würden sich nicht vom Hintergrund abheben. Anders als im 2D-Bereich sind die Möglichkeiten weitaus vielseitiger, da zusätzlich auch Lichteffekte berücksichtigt werden können.

Die WPF bietet hierfür die folgenden Materialien an:

- `DiffuseMaterial` steht für eine einfarbige und matte Oberfläche.
- `EmissiveMaterial` ist mit einer Art Leuchtstoff zu vergleichen, mit der das Modell selbstständig zum Leuchten gebracht wird.
- `SpecularMaterial` bringt der Oberfläche einen Glanzeffekt, wodurch das eintreffende Licht besser reflektiert wird (wie etwa bei Glas).
- `GroupMaterial` fasst mehrere Materialien zusammen.

Die Klasse `DiffuseMaterial` wurde bereits in den vorherigen Beispielen verwendet. Es stellt die einfachste Form der Materialien dar, um ein Modell grafisch darzustellen. Der Klasse reicht ein einfacher Brush, mit dem das Modell dargestellt werden soll.

Listing 10.10 DiffuseMaterial für ein 3D-Modell einsetzen

```
<GeometryModel3D>
  <GeometryModel3D.Material>
    <DiffuseMaterial Brush="Aqua" />
  </GeometryModel3D.Material>
  <GeometryModel3D.Geometry>
```

```
    <MeshGeometry3D Positions="..." TriangleIndices="..." />
  </GeometryModel3D.Geometry>
</GeometryModel3D>
```

In diesem Beispiel wird die Oberfläche des Modells einheitlich türkis dargestellt. Die weiteren Materialien `EmissiveMaterial` und `SpecularMaterial` können dagegen nicht eigenständig eingesetzt werden. sie können nur über `GroupMaterial` zusammen mit `DiffuseMaterial` kombiniert angewendet werden. `DiffuseMaterial` dient also als eine Art Grundierung, die mit zusätzlichen Effekt-Materialien aufpoliert wird.

Listing 10.11 Mehrere Materialien miteinander kombinieren

```
<GeometryModel3D.Material>
  <MaterialGroup>
    <DiffuseMaterial Brush="Silver" />
    <EmissiveMaterial Brush="Red" />
  </MaterialGroup>
</GeometryModel3D.Material>
```

In diesem Beispiel werden dem Modell gleich zwei Materialien zugeordnet. Mehrere Materialien können allerdings nur mit der Zuhilfenahme der Klasse `MaterialGroup` miteinander kombiniert werden. Mit ihr werden die einzelnen Materialien wie Folien in mehreren Schichten hinter einander auf das Modell aufgezogen. Die Anzahl der Materialien ist dabei nicht begrenzt – es können aber meist nur einige wenige Materialien sinnvoll kombiniert werden, da diese sich ansonsten gegenseitig überdecken würden. Hier wird zuerst mit `DiffuseMaterial` das Modell silbern angestrichen, bevor in einem zweiten Schritt die Leuchtfarbe hinzugefügt wird.

Die Verwendung von `EmissiveMaterial` hat den Vorteil, dass für die Darstellung keine zusätzliche Lichtquelle, wie `DiffuseLight`, erforderlich ist. Das Material (und damit auch das Modell) kann so auch in absoluter Dunkelheit dargestellt werden. Anders als eine der eingangs vorgestellten Lichtquellen hat `EmissiveMaterial` allerdings keinen Einfluss auf die Darstellung umliegender Objekte. Diese benötigen auch weiterhin den Einsatz einer Lichtquelle.

`SpecularMaterial` lässt sich dagegen nur in Kombination mit einer direkten Lichtquelle, wie `DirectionalLight`, am besten einsetzen. Hierbei wird dem Modell ein zusätzlicher Glanz verliehen, der durch die Reflektionen einer Lichtquelle erreicht wird. Die indirekte Beleuchtung von `AmbientLight` zeigt dagegen bei diesem Material keinerlei Wirkung.

Der Effekt kann am besten mit komplexeren Modellen oder besser noch anhand von bewegten Modellen demonstriert werden. Daher wird im folgenden Beispiel das Modell einer Teekanne verwendet, das ebenfalls in den Beispielen des MSDN enthalten ist.

Listing 10.12 Dem Modell einen Glanz-Effekt verleihen

```
<GeometryModel3D.Material>
  <MaterialGroup>
    <DiffuseMaterial Brush="Silver" />
    <SpecularMaterial Brush="White" SpecularPower="30" />
  </MaterialGroup>
</GeometryModel3D.Material>
```

In diesem Beispiel werden wieder zwei Materialien mit MaterialGroup miteinander kombiniert. In diesem Fall wird die Teekanne mit DiffuseMaterial silbern dargestellt. Über dieses Material wird eine Glanzschicht aufgetragen, die weiß reflektieren soll.

Das Ergebnis dieses Beispiels ist auf der rechten Seite in Bild 10.11 zu sehen. Die gewünschte Intensität der Reflektion kann mit der Eigenschaft SpecularPower verändert werden. Je höher der dort eingestellte Wert ist, desto geringer fällt der Effekt aus.

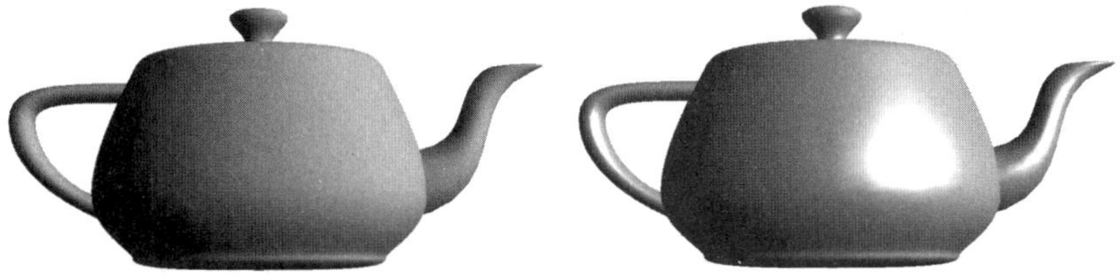

Bild 10.11 Links eine Teekanne mit matter Oberfläche; rechts eine Teekanne, die mit SpecularMaterial aufpoliert wurde

10.3.2 Vorder- und Rückseite

Ein Modell besitzt in der dreidimensionalen Welt immer eine Vorder- und eine Rückseite. Für jede dieser beiden Seiten können unabhängig voneinander Materialien angegeben werden. So kann die Rückseite beispielsweise in rot und die Vorderseite in blau dargestellt werden. Normalerweise wird die Rückseite lediglich transparent dargestellt - das kann auf den Betrachter teils etwas unheimlich oder magisch wirken, wenn dieser hinter das Modell blickt, dass sich daraufhin scheinbar in Luft auflöst.

Dass die Rückseite normalerweise nicht dargestellt wird, hat auch hier wieder den einfachen Grund, dass dies mehr Schnelligkeit bringt. Im Beispiel der Teekanne muss die Rückseite der Dreiecke nicht dargestellt werden, da diese von anderen Dreiecken überlagert werden. Der Anwender hätte also keine Möglichkeit, die Rückseite zu sehen (es sei denn, er könnte die Teekanne öffnen und hineinschauen). Besitzen die Dreiecke keine Rückseite, lässt sich das Modell wesentlich schneller erstellen, da ein Großteil der Dreiecke nicht berücksichtigt werden muss.

Soll in Ausnahmen doch die Rückseite sichtbar werden, muss diese gesondert definiert werden. Das geschieht über die Eigenschaft BackMaterial.

```
<GeometryModel3D>
  <GeometryModel3D.Material>
    <DiffuseMaterial Brush="Aqua" />
  </GeometryModel3D.Material>
  <GeometryModel3D.BackMaterial>
    <DiffuseMaterial Brush="Red" />
  </GeometryModel3D.BackMaterial>
  <GeometryModel3D.Geometry>
    <MeshGeometry3D Positions="..." TriangleIndices="..." />
  </GeometryModel3D.Geometry>
</GeometryModel3D>
```

Hier wird die Vorderseite des Modells in türkis und die Rückseite in rot dargestellt. Durch diesen einfachen Trick lassen sich während der Modellierung und der Entwicklung einfache Fehler in der Darstellung besser erkennen.

In der WPF gibt es eine feste Logik, anhand derer die Vorder- und die Rückseite von Dreiecken erkannt wird. Wohlgemerkt findet diese Überprüfung auf der Ebene der einzelnen Dreiecke statt. Ein komplexeres Modell, wie im vorherigen Beispiel die Teekanne, kann von mehreren Seiten problemlos betrachtet werden und besitzt daher für das System weder eine Vorder- noch eine Rückseite. Dagegen besitzen die Dreiecke, aus denen das Modell geformt wurde, sehr wohl eine Rückseite, sie sind jedoch allesamt in das Innere des Modells gerichtet.

Bei der WPF kommt ein sog. rechtshändiges System zum Einsatz. Hierbei spielt die Reihenfolge der Punkte, mit der das Dreieck definiert worden ist, eine Rolle. In Bild 10.12 ist dieses Prinzip veranschaulicht.

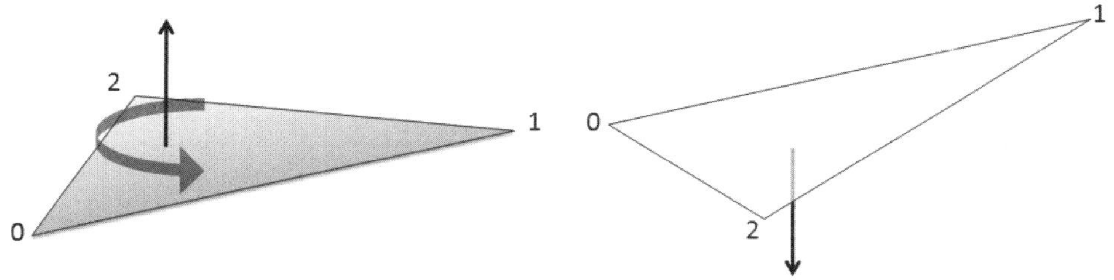

Bild 10.12 Vorder- und Rückseite werden anhand der Reihenfolge der Definition erkannt.

Schaut man auf die Vorderseite eines Dreiecks, so müssen die Punkte immer im Uhrzeigersinn definiert sein. Das linke Dreieck im Bild ist in dieser Form definiert worden (wobei die Zahlen an den Eckpunkten die Reihenfolge der Definition angeben). Auf der Rückseite des Dreiecks erscheint dieselbe Reihenfolge entgegengesetzt dem Uhrzeigersinn.

10.3.3 Texturen

Die zweidimensionale mag scheinbar kaum Gemeinsamkeiten mit der dreidimensionalen Welt teilen. Sobald es allerdings um die Darstellung der Oberflächen geht, werden auch dreidimensionale Modelle flach dargestellt. In diesem Fall kommen wieder die Brushes zum Einsatz, die auch bei der Erstellung geometrischer Figuren oder Steuerelemente verwendet wurden.

Wie man in Kapitel 9 gesehen hat, sind Brushes ungemein flexibel. Mit einer Brush lässt sich eine Fläche entweder uni streichen oder man kann sie als Leinwand zum Abspielen eines Videos nutzen. Das Steuerelement benötigt hierüber keinerlei Kenntnis, da es lediglich die ihm übergebene Brush anwendet. Bei der Darstellung der Modelle in einem dreidimensionalen Raum verhält es sich ähnlich. Auch hier wird die Brush auf das Modell angewendet, ohne das dieses Kenntnis über den Inhalt oder die Art der Darstellung haben muss. Ein linearer Farbverlauf ist daher ebenso einfach anzuwenden, wie eine einfarbige Fläche.

Um beispielsweise einen Farbverlauf anzuwenden, muss lediglich die Brush ausgetauscht werden, die von `DiffuseMaterial` eingesetzt wird.

```
<DiffuseMaterial>
  <DiffuseMaterial.Brush>
    <LinearGradientBrush StartPoint="0,0" EndPoint="0,1">
      <GradientStop Offset="0.000" Color="#FF0000" />
      <GradientStop Offset="1.000" Color="#00FFFF" />
    </LinearGradientBrush>
  </DiffuseMaterial.Brush>
</DiffuseMaterial>
```

Das Ergebnis wird jedoch scheinbar falsch angezeigt, da das Modell komplett in türkis dargestellt wird und nicht mit dem gewünschten Farbverlauf. Der Grund hierfür ist, dass die WPF keine Kenntnis darüber besitzt, wie eine zweidimensionale Brush auf die dreidimensionale Oberfläche des Modells gespannt werden soll. Hier ist ein sog. *Mapping* erforderlich, mit dem angegeben wird, welche Punkte aus der Brush auf die Punkte im 3D-Modell angewendet werden sollen.

Zuerst sollte man aber einen Blick auf die Brushes werfen. In einer zweidimensionalen Darstellung kann eine Brush als eine einfache Fläche dargestellt werden, die beispielsweise eine quadratische Form besitzt. Die Abmessungen einer Brush sind bekanntermaßen nicht absolut, sondern werden immer relativ angegeben. Die linke obere Ecke wird daher mit 0/0 angegeben, die untere rechte Ecke mit 1/1 in dem Koordinatensystem.

Damit die WPF die Brush korrekt auf das Modell anwenden kann, muss die Art und Weise angegeben werden, wie dies geschehen soll. Würde die WPF dies selber versuchen, würde die Brush in den meisten Fällen falsch angewendet werden – wohlmöglich seitenverkehrt oder mit falschen Proportionen. Je komplexer ein Modell wird, desto wichtiger wird die Rolle des Mappings.

Das Mapping der Texturen erfolgt auch hier wieder einzeln für jedes Dreieck. Hierbei wird für jedes Dreieck angegeben, welcher Bereich der Brush zum Befüllen des Dreiecks verwendet werden soll. Man erhält so eine sehr hohe Flexibilität, da man sehr genau den Bereich in der Brush bestimmen kann. Damit ist es problemlos möglich auch bestimmte Bereiche der Brush auszulassen, was gerade bei komplexeren Modellen vorkommen kann. Der Nachteil liegt allerdings in dem erhöhten Aufwand, da das Mapping auf jedes einzelne Dreieck angewendet werden muss.

Die Angaben für das Mapping werden in der Eigenschaft `TextureCoordinates` in der Klasse `GeometryModel3D` angegeben, die vom Typ `PointCollection` ist. Sie nimmt daher nur Punkte aus einem zweidimensionalen Koordinatensystem entgegen. Über diese Angaben werden die Punkte in der Brush definiert, wie auf der linken Seite in Bild 10.13 zu sehen ist.

Das gezeigte Dreieck wird wie folgt definiert.

```
TextureCoordinates="0,0 0,1 1,1"
```

Auch hier ist die Schreibweise der Punkte nicht entscheidend. Man kann diese mit Leerzeichen oder Kommas trennen – oder mit beiden in einer gemischten Form. In der gemischten Form verbessert sich die Lesbarkeit und die Punkte lassen sich einfacher voneinander unterscheiden. Die Reihenfolge der Definition ist in diesem Fall entscheidend, da diese im nächsten Schritt auf die Punkte des Dreiecks angewendet werden.

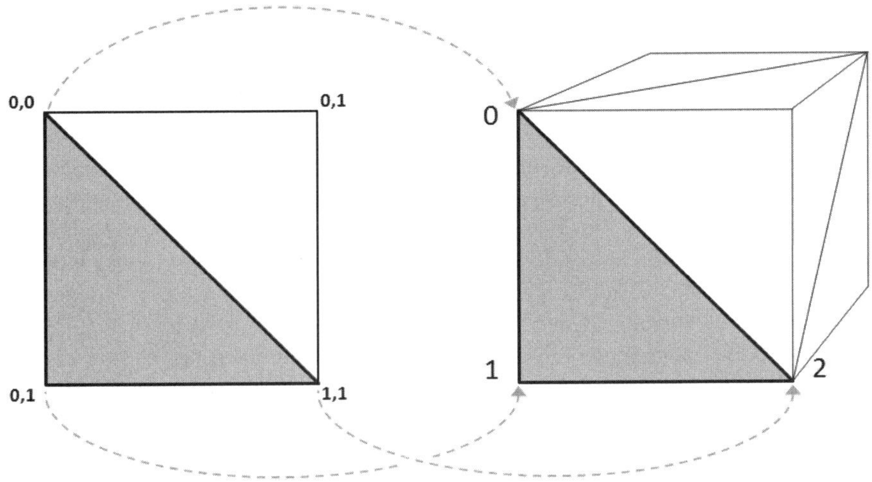

Bild 10.13 Texturen müssen mittels Mapping auf die dreidimensionale Oberfläche übertragen werden.

Mit der Eigenschaft `TriangleIndices` werden die einzeln definierten Punkte eines Modells zu den jeweiligen Dreiecken miteinander verbunden, aus denen erst das Gitternetz entsteht. Auf jeden dieser Punkte werden nun der Reihe nach die Angaben aus der Eigenschaft `TextureCoordinates` angewendet.

```
TriangleIndices    = "0,   1,   2"
TextureCoordinates = "0,0  0,1  1,1"
```

In diesem Fall wird ein Dreieck durch das Verbinden der Punkte 0, 1 und 2 erstellt (die hier nicht näher beschrieben sind). Jeweils in derselben Reihenfolge werden nun die Angaben aus `TextureCoordinates` angewendet, so dass der erste Punkt bei 0,0 beginnt. Die folgenden Dreiecke werden einfach weiter in dieser Form angegeben. Die Anzahl der Punkte bei `TextureCoordinates` sollte so im optimalen Fall identisch mit der Anzahl in `TriangleIndices` sein.

Listing 10.13 Linearen Farbverlauf auf ein Modell anwenden

```
<GeometryModel3D>
  <GeometryModel3D.Material>
    <DiffuseMaterial>
      <DiffuseMaterial.Brush>
        <ImageBrush
            ImageSource="C:\Users\joergw\Pictures\P1060587.jpg" />
      </DiffuseMaterial.Brush>
    </DiffuseMaterial>
  </GeometryModel3D.Material>
  <GeometryModel3D.Geometry>
    <MeshGeometry3D
        Positions="-1,-1,1   1,-1,1   1,1,1    -1,1,1
                   1,-1,1   1,-1,-1  1,1,-1    1,1,1
                   -1,1,1   1,1,1    1,1,-1  -1,1,-1
        TriangleIndices="0,1,2 0,2,3
                         4,5,6 4,6,7
                         8,9,10 8,10,11"
```

```
        TextureCoordinates="0,1 0.5,1 0.5,0 0,0
                            0.5,1 1,1 1,0 0.5,0
                            0,1 1,1 1,0 0,0" />
  </GeometryModel3D.Geometry>
</GeometryModel3D>
```

In diesem Beispiel wird eine `ImageBrush` verwendet, die ein vorhandenes Foto auf der Festplatte zur Darstellung verwendet. Die Oberfläche des (halben) Würfels, der bereits eingangs in diesem Kapitel beschrieben wurde, wird nun mit diesem Foto bespannt. Die erste Zeile gibt dabei wieder die Frontseite und die zweite Zeile die rechte Seite des Würfels an. Auffällig ist, dass in den ersten beiden Zeilen der Eigenschaft `TextureCoordinates` das Mapping nur bis zur Mitte der Brush reicht. Dadurch wird das Foto halbiert, wobei die linke Hälfte auf der Frontseite und die rechte Hälfte auf der rechten Seite des Würfels dargestellt wird. In der dritten Zeile wird dagegen das Foto ein zweites Mal angegeben - dieses Mal allerdings vollständig auf der Oberseite.

Bild 10.14 Texturen können sehr genau auf ein Modell angewendet werden.

Bei der Verwendung der Brushes kann deren gesamte Palette eingesetzt werden. So lassen sich die Grafiken ebenfalls problemlos kacheln oder man verwendet mit der Angabe von `Viewbox` nur einen Ausschnitt der Grafik.

10.4 Transformationen

Wie eingangs beschrieben, sind die Koordinaten in einem dreidimensionalen Raum immer relativ. Die Größe eines Modells kann beispielsweise nicht nur über die Positionen seiner Dreiecke bestimmt werden, sondern auch mit der Entfernung der Kamera beeinflusst werden. Das funktioniert solange gut, bis mehrere Modelle mit unterschiedlichen Größen der Szenerie hinzugefügt werden. In diesem Fall fällt dem Anwender der Trick mit der Z-Achse, bzw. mit der Entfernung der Kamera auf, da beide Modelle unterschiedlich weit entfernt erscheinen. Hier sind sog. *Transformationen* immens hilfreich: Ähnlich wie bei den Transformationen im zweidimensionalen Bereich, können auch hier Modelle in ihrer Größe verändert, rotiert oder versetzt werden. Die vorhandenen Transformationen können allerdings nicht verwendet werden, da diese nicht die zusätzliche dritte Dimension berücksichtigen.

> Anders als im zwei-dimensionalen Bereich gibt es hier keine Unterscheidung zwischen `RenderTransform` und `LayoutTransform`. In der Klasse `GeometryModel3D` existiert nur die Eigenschaft namens `Transform`, mit der die Transformierungen durchgeführt werden können.

Von der WPF werden daher für die wichtigen Funktionen neue Transformationen angeboten:

- `RotateTransform3D` dreht ein Modell.
- `ScaleTransform3D` vergrößert oder verkleinert ein Modell.
- `TranslateTransform3D` versetzt die Position eines Modells.
- `MatrixTransform3D` wendet mehrere Transformationen gleichzeitig an, die in einer Matrix definiert sind.
- `Transform3DGroup` kombiniert mehrere Transformationen.

Die Transformationen funktionieren fast identisch zu ihren Pendants aus dem zweidimensionalen Bereich. Ein Modell kann beispielsweise mittels `ScaleTransform3D` verkleinert werden, indem in seinen Eigenschaften `ScaleX`, `ScaleY` und `ScaleZ` Werte angegeben werden, die zwischen 0 und 1 liegen.

Listing 10.14 Ein Modell in der Größe transformieren

```
<GeometryModel3D>
  <GeometryModel3D.Transform>
    <ScaleTransform3D
        CenterX="-1.0" CenterY="-1.0" CenterZ="1.0"
        ScaleX="0.50"  ScaleY="0.50"  ScaleZ="0.50" />
  </GeometryModel3D.Transform>
</GeometryModel3D>
```

Abgesehen von den zusätzlichen Parametern `ScaleZ` und `CenterZ` für die dritte Dimension, unterscheidet sich die Transformation nicht von `ScaleTransform`. In diesem Beispiel wird das Modell um die Hälfte verkleinert.

Mit `TranslateTransform3D` kann man wiederum die Modelle in ihrer Position versetzen. Das ist besonders hilfreich, wenn diese global als Ressource definiert sind oder automatisch im Programmcode generiert worden sind. Anders als bei `TranslateTransform`, erhielten hier jedoch die Eigenschaften, die für den Versatz zuständig sind, zusätzlich das Präfix `Offset` – sie werden daher `OffsetX`, `OffsetY` und `OffsetZ` genannt.

Listing 10.15 Ein Modell in seiner Position verschieben

```
<GeometryModel3D>
  <GeometryModel3D.Transform>
    <TranslateTransform3D
        OffsetX="0" OffsetY="0" OffsetZ="-2" />
  </GeometryModel3D.Transform>
</GeometryModel3D>
```

In diesem Beispiel wird das Modell mit der Eigenschaft OffsetZ ein ganzes Stück nach hinten versetzt.

Neben Größen- und Positionsänderungen lassen sich Modelle aber auch neigen, bzw. rotieren. In diesem Fall kommt die Transformation RotateTransform3D zum Einsatz. Das Rotieren von Modellen ist allerdings in einem dreidimensionalen Raum alles andere als trivial. Es kann hier insbesondere zu unschönen Seiteneffekten kommen, wenn mehrere Rotationen durchgeführt werden sollen. Für diese Fälle wurde eine eigene Rotation mit sog. *Quaternions* entwickelt. Mit ihnen kann eine mehrfache Rotation besser angegeben werden. Allerdings ist auch ihre Verwendung deutlich komplexer, so dass man ihnen leicht ein eigenes Kapitel widmen könnte.

Damit man sich zwischen diesen beiden Ausprägungen besser entscheiden kann, werden sie in eigenen Klassen gekapselt: AxisAngleRotation3D für die einfache Variante und QuaternionRotation3D für die Rotation mit Quaternion. Die gewünschte Rotation wird dann der Eigenschaft Rotation zugewiesen.

Listing 10.16 Verwendung der Klasse RotateTransform3D

```
<GeometryModel3D.Transform>
  <RotateTransform3D>
    <RotateTransform3D.Rotation>
      <AxisAngleRotation3D />
    </RotateTransform3D.Rotation>
  </RotateTransform3D>
</GeometryModel3D.Transform>
```

In diesem Beispiel ist die Verwendung von AxisAngleRotation3D gut zu sehen und wie die neue Instanz dieser Klasse der Transformation übergeben wird. Leider geht diese Flexibilität auch mit erhöhtem Schreibaufwand einher. Eine Rotation erfordert so deutlich mehr Zeilen XAML im Vergleich zu den übrigen Transformationen.

Um eine Rotation durchzuführen sind immer zwei Punkte notwendig: Die Achse, um die sich das Modell drehen soll, und der Winkel, der den Grad der Rotation bestimmt. Die Achse wird auch hier wieder als Vektor definiert, ähnlich wie es bereits bei der Blickrichtung der Kamera der Fall war. Die Angabe von „0,0,0“ ist daher auch hier nicht zulässig, da die Achse in eine der drei Richtungen verlaufen muss. Die Richtung der Achse spielt dabei keine besondere Rolle. Eine Achse, die mit „1,0,0“ von links nach rechts verläuft, bewirkt daher dasselbe wie eine mit „-1,0,0“ angegebene Achse, die von rechts nach links verläuft.

Listing 10.17 Ein Modell drehen

```
<GeometryModel3D.Transform>
  <RotateTransform3D CenterX="-1" CenterY="-1" CenterZ="-1">
    <RotateTransform3D.Rotation>
      <AxisAngleRotation3D
          Axis="0,1,0"
          Angle="{Binding ElementName=HorzScrollBar, Path=Value}" />
    </RotateTransform3D.Rotation>
  </RotateTransform3D>
</GeometryModel3D.Transform>
```

In diesem Beispiel verläuft die Achse für die Rotation auf der Y-Achse. Zusätzlich wird der Mittelpunkt der Achse mit den Eigenschaften `CenterX`, `CenterY` und `CenterZ` verändert. Auf diese Weise wird die Achse an die hintere Seite des Modell gesetzt, so dass diese wie eine Tür auf- und zuschwenken kann.

Bild 10.15 Die linke Seite des Würfels wird mit der Transformierung RotateTransform3D geöffnet.

11 Animationen

In unserem Alltag begegnet man sehr häufig Animationen. Eine Vielzahl an Anwendungen verwenden Animationen – und selbst in Windows wird für sehr viele Steuerelemente und Oberflächen diese Technik genutzt. Aber was zählt alles als „Animation"?

Eine Animation bedeutet in der WPF, dass etwas in einer bestimmten Zeitspanne von einem Startwert zu einem Zielwert gebracht wird. Diese Definition ist ganz bewusst sehr abstrakt gehalten, da mit Animationen nicht notwendigerweise Bewegungen gemeint sind. Viele assoziieren mit dem Wort „Animation" direkt Bewegungen, wie springende Bälle, hüpfende Schaltflächen oder vielleicht sogar Cartoon-Figuren.

In der WPF ist dieser Begriff allerdings sehr viel tiefer angesetzt und eher auf die Technik fixiert, mit der Animationen realisiert werden können. Zur besseren Veranschaulichung soll erneut eine sich bewegende Schaltfläche dienen: Technisch gesehen muss hierfür nur die Position der Schaltfläche geändert werden. Ist die Schaltfläche in einem Canvas platziert, ist es ausreichend, wenn die Eigenschaften `Canvas.Left` und `Canvas.Top` verändert werden.

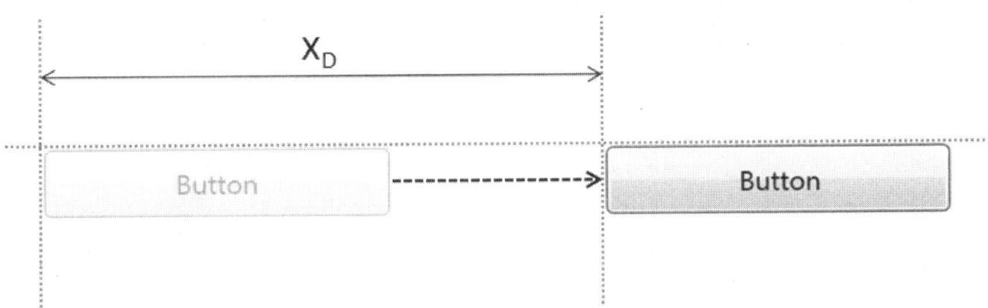

Bild 11.1 Die Position eines Steuerelementes mit einer Animation zu verändern ist ohne Hilfsmittel mit sehr viel Arbeit verbunden.

Diese Aufgabe könnte auch gut von dem `DispatchTimer` übernommen werden, der in regelmäßigen Intervallen einen `Delegate` aufruft, mit dem die Position der Schaltfläche korrigiert wird. Diese Umsetzung wäre aber nur notdürftig, da durch die Intervalle der Schaltfläche nur sprunghaft und in verhältnismäßig großen Schritten umpositioniert wird. Setzt man dagegen die Intervalle kürzer, geht die Animation eher zulasten der Leistung.

Ein Hintergrund-Thread wäre da schon eher in der Lage, eine wesentlich weichere Animation zu erstellen. Der Thread hat nur das Problem, dass er nicht direkt auf die Steuerelemente zugreifen darf und so für jede Änderung den Dispatcher zurate ziehen muss.

Beide Lösungsansätze haben zudem das Problem, dass man den aktuellen Status der Animation anhand der aktuellen Zeit berechnen muss. Dieser Vorgang wird Interpolation genannt. Das ist notwendig, da man nicht einfach die Position mit jedem Aufruf um ein paar Pixel ändern kann. Je leistungsfähiger ein Rechner ist, in desto mehr Einzelschritten kann die Animation unterteilt werden, sodass diese noch flüssiger dargestellt werden kann. Bei einem etwas betagteren Rechner fehlen dagegen einige dieser Schritte – die Animation kann dadurch zwar etwas „ruckelig" wirken. In jedem Fall soll die Animation aber nach einer vordefinierten Zeitspanne enden.

> Die Anzahl dieser Zwischenschritte wird häufig auch als „Frames per second" oder einfach „fps" bezeichnet. Je höher der Wert ist, desto flüssiger wird die Animation dargestellt. Besonders im Spielebereich sind hohe Werte gefragt.

Diese scheinbar einfache Animation ist in der Implementierung bereits sehr umfangreich. Nun sollte man sich eine komplexere Animation vorstellen, in der mehrere Steuerelemente beteiligt sind, die nicht nur ihre Position, sondern auch ihre Farbe oder ihre Transformationen ändern. Ohne zusätzliche Unterstützung wäre diese Aufgabe nicht mehr zu bewältigen.

Unterstützung kommt hier in Form der WPF, die ein Großteil dieser Aufgaben für uns übernimmt. Vereinfacht ausgedrückt, muss man der WPF lediglich den Start- und den Endpunkt der Schaltfläche angeben. Diese koordiniert nun alles Notwendige und errechnet selbstständig die hierfür notwendigen Zwischenschritte, damit aus einer einfachen Umpositionierung eine flüssige Animation wird.

Nun aber zurück zu der eingangs gestellten Frage: Was zählt alles als „Animation"? Animationen bedeuten in der WPF nichts anderes, als dass für eine Eigenschaft der Wert über einen bestimmten Zeitraum kontinuierlich geändert wird. Im Beispiel der Schaltfläche wird einfach die Eigenschaft `Canvas.Left` geändert. Eine Animation kann also prinzipiell auf alle Eigenschaften angewendet werden, wie beispielsweise auf die Breite, die Hintergrundfarbe, die Schriftfarbe, den Rotationswinkel, der Transparenz ... die Liste ließe sich beliebig fortsetzen. Es gibt hierbei nur einige wenige Voraussetzungen, die erfüllt sein müssen:

- Bei der Eigenschaft muss es sich um ein Dependency Property handeln.
- Das Objekt darf nicht eingefroren sein (Klasse `Freezable`).
- Für den Datentyp muss eine Animationsklasse zur Verfügung stehen.

Mit einer Animation wird also nicht nur etwas bewegt – vielmehr verändert sie die Oberfläche. Der Übergang zwischen zwei Zuständen kann dadurch deutlich weicher realisiert werden, damit dieser Effekt auch für den Anwender natürlicher wirkt. Das ist auch oft der Hauptgrund, warum Animationen überhaupt eingesetzt werden sollten. Der Mensch orientiert sich meist an der Natur, um etwas zu verstehen, denn mit dieser ist er sein Leben lang aufgewachsen und ist entsprechend mit den Naturgesetzen vertraut. Die so gesammelten Erfahrungen werden natürlich auch auf den Computer übertragen. Ein Zustand einer Schaltfläche kann zwar technisch gesehen abrupt geändert werden, wirkt dadurch aber äußerst unnatürlich. Ein weicher Übergang wirkt dagegen wesentlich natürlicher, selbst wenn dieser nur den Bruchteil einer Sekunde dauern sollte.

In der WPF ist eine Animation auf das Ändern der Werte fokussiert, die in Dependency Properties stehen. Zusätzliche Werte oder Eigenschaften können mit einer Animation daher nicht berücksichtigt werden.

In welchen Anwendungen Animationen eingesetzt werden sollten und welche Animationen dabei sinnvoll sind, kann selbstverständlich an dieser Stelle nicht pauschal beantwortet werden, sondern muss im Einzelfall entschieden werden.

11.1 Eine einfache Animation erstellen

Die Basis für eine Animation wird durch viele kleine Klassen gebildet, die für die Berechnung der Übergänge zwischen zwei Werten zuständig sind (dem sog. Interpolieren). Für jeden Datentyp wurde hierfür eine eigene Klasse implementiert. Handelt es sich bei einer Eigenschaft beispielsweise um eine vom Typ `Double`, ist so die Klasse `DoubleAnimation` für eine Animation zuständig. Mit ihr gibt es insgesamt 17 solcher Klassen, die jeweils auf einen bestimmten Datentyp spezialisiert sind, wie beispielsweise `Int32Animation` oder `ThicknessAnimation`.

Der Aufbau der Klasse `DoubleAnimation` ist mit einigen wenigen Eigenschaften relativ übersichtlich gehalten. Wesentlich umfangreicher ist dagegen der Aufbau der Klassenhierarchie, wie er in Bild 11.2 zu sehen ist (hier stark vereinfacht dargestellt).

Grundlage für eine Animation ist die Klasse `Timeline`. Sie steht für die Zeitachse, mit der die Veränderungen der Werte geplant werden. Dementsprechend sind hier die Einstellungen zu finden, mit denen die Startzeit, die Dauer und die Geschwindigkeit der Animation geplant werden können. Die nachfolgenden, spezialisierten Klassen beschäftigen sich dagegen mehr mit den Spezifika des jeweiligen Datentyps. In der Klasse `DoubleAnimation` sind beispielsweise die Eigenschaften zu finden, mit denen Start- und Zielwert eingestellt werden. Diese werden zwar auch in anderen Animationsklassen benötigt, wurden aber für den typsicheren Zugriff in jeder Klasse einzeln definiert. In der Klasse `Int32Animation` sind diese Eigenschaften daher auch implementiert, jedoch vom Datentyp `int`.

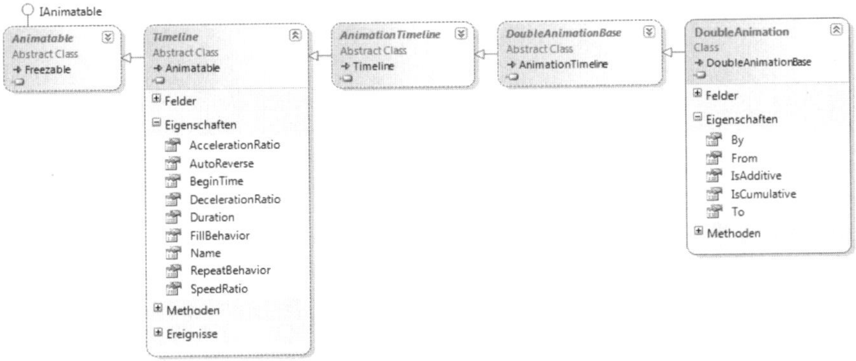

Bild 11.2 Die Klassenhierarchie der Animationsklassen ist umfangreich und sehr fein verästelt.

Den Anfang soll eine einfache Animation machen, bei der die Position einer Schaltfläche verändert wird. Hierzu muss die Position über die Eigenschaften `Canvas.Left` und `Canvas.Top` gesetzt werden, die beide vom Typ `Double` sind. Daher kommt nur eine Animation mit `DoubleAnimation` infrage.

Listing 11.1 Eine einfache Positionsänderung mit einer Animation

```
<Window
    xmlns="..." xmlns:x="..."
    Width="400" Height="100">
  <Canvas>
    <Button
        x:Name="Button1"
        Canvas.Left="10" Canvas.Top="10"
        Width="175" Height="20"
        Content="Animier mich!"
        Click="Button1_Click"/>
  </Canvas>
</Window>


// C#
protected void Button1_Click(object sender, RoutedEventArgs e)
{
  DoubleAnimation xAnimation = new DoubleAnimation();
  xAnimation.From = 10;
  xAnimation.To = 200;
  Button1.BeginAnimation(Canvas.LeftProperty, xAnimation);
}
```

In diesem Beispiel wird in einem Canvas eine Schaltfläche platziert. Die Position der Schaltfläche ist mit den Eigenschaften `Canvas.Left` und `Canvas.Top` fest vorgegeben. Beim Klick auf die Schaltfläche soll allerdings seine Position über eine Animation versetzt werden. Hierfür wird in der Ereignisbehandlung eine neue Instanz von `DoubleAnimation` erstellt, der man mit den Eigenschaften `From` den Startwert und mit `To` den Endwert mitgeteilt hat. Die Animation wird mit der Methode `BeginAnimation()` gestartet, der man die zu ändernde Eigenschaft und die Instanz der Animation mitgibt.

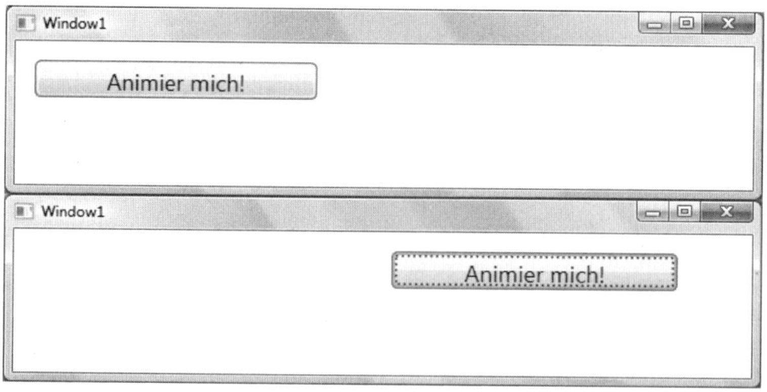

Bild 11.3 Die Position der Schaltfläche wird über eine einfache Animation verändert.

In Bild 11.3 ist zu sehen, wie die Schaltfläche nach dem Klick ihre Position verändert. Diese behält sowohl während der Animation als auch nach ihrer Beendigung ihre volle Funktionalität bei. Bei einer Animation handelt es sich also um keinen grafischen Effekt, der zwischen dem Umpositionieren eingefügt wird.

> **!** Warum gibt es für jeden Datentyp eine eigene Animationsklasse? Wären hierfür Generics nicht viel besser geeignet, wie beispielsweise eine Klasse `Animation<double>` anstelle von `DoubleAnimation`? Leider ist das nicht möglich, da nur eine spezialisierte Klasse die vielen Zwischenschritte berechnen kann. Zudem würden mit einer generischen Klasse auch Datentypen unterstützt, die sich unter Umständen gar nicht für eine Animation eignen. Dazu zählen beispielsweise boolesche Werte oder Zeichenketten, die nicht interpoliert werden können. ■

In dem Beispiel wurde die Animation mit einem fixen Start- und Endwert angegeben. Das kann manchmal zu einem seltsamen Effekt führen, wenn beispielsweise die Schaltfläche ein zweites Mal vom Anwender angeklickt wird. In diesem Fall wird von `DoubleAnimation` die Position wieder zurück auf die X-Koordinate „10“ gesetzt, damit die Animation wie vorgegeben vom Anfangswert „10“ bis zum Endwert „200“ durchlaufen kann.

Dabei muss der Anfangswert für die Animation nicht zwingend angegeben werden. Dieser kann auch automatisch aus der aktuellen Position der Schaltfläche ausgelesen werden. In diesem Fall würde die Animation beim zweiten Klick des Anwenders jedoch keinen Effekt mehr zeigen, da sowohl Start- als auch Endwert identisch wären.

```
DoubleAnimation xAnimation = new DoubleAnimation();
xAnimation.To = 200;
Button1.BeginAnimation(Canvas.LeftProperty, xAnimation);
```

Kennt man dagegen den Startwert oder möchte man den Wert lediglich um einen Schritt erhöhen, kann anstelle einer absoluten Angabe auch mit relativen gearbeitet werden. Hierfür gibt es in der Klasse `DoubleAnimation` die Eigenschaft `By`, mit welcher der Zielwert der Animationsklasse berechnet wird.

```
DoubleAnimation xAnimtion = new DoubleAnimation();
xAnimation.By = 10;
Button1.BeginAnimation(Canvas.LeftProperty, xAnimtion);
```

Bei dieser Animation wird die Schaltfläche immer nur um 10 Pixel nach rechts verschoben. Stünde in der Eigenschaft `By` dagegen ein negativer Wert, würde die Schaltfläche nach links verschoben werden. Mit jedem Klick des Anwenders stupst dieser die Schaltfläche nun ein Stück nach rechts an.

Tabelle 11.1 Verschiedene Möglichkeiten der Kombination für Anfangs- und Endwerte einer Animation

Eigenschaften	Ergebnis
`From`	Die Animation beginnt bei dem Wert, der mit der Eigenschaft `From` angegeben wurde, und endet beim ursprünglichen Ausgangspunkt.
`From + To`	Die Animation wird absolut definiert und beginnt mit dem Wert aus `From` und endet mit dem Wert aus `To`.
`From + By`	Der Anfangswert der Animation wird mit `From` vorgegeben, der Endwert wird mit `By` relativ berechnet.
`To`	Der aktuelle Wert wird als Ausgangswert genommen und zu dem Wert aus `To` gebracht.
`By`	Der aktuelle Wert wird um den Wert in `By` verändert.

Die Dauer der Animation ist nicht fest vorgegeben bzw. ist keinen engen Grenzen unterworfen. Eine Animation dauert in der Regel aber nur wenige Augenblicke oder Sekunden. Soll das Umpositionieren schneller durchgeführt werden, kann mit der Eigenschaft `Duration` einfach die Dauer der Animation verkürzt oder verlängert werden.

```
DoubleAnimation xAnimtion = new DoubleAnimation();
xAnimation.By = 10;
xAnimation.Duration = new Duration(Timespan.Parse("0:0:2"));
Button1.BeginAnimation(Canvas.LeftProperty, xAnimtion);
```

In diesem Beispiel wird die Dauer der Animation auf zwei Sekunden verlängert. Die Animation wird durch das Setzen von `Duration` auch weiterhin vollständig durchgeführt – lediglich die Zeit, in der die Animation ablaufen soll, wird durch diese Angabe verändert.

Beachten Sie, dass die Eigenschaft `Duration` nicht vom Datentyp `TimeSpan` ist. Stattdessen wurde hier eigens der neue Datentyp namens `Duration` bereitgestellt, der neben einer exakten Zeitspanne auch weitere Zustände annehmen kann. So kann man beispielsweise hierüber auch definieren, dass die Dauer einer Animation automatisch berechnet werden oder gar unendlich dauern soll. Diese Werte funktionieren aber nur in Zusammenhang mit `Storyboards`, die auf den folgenden Seiten beschrieben werden.

Bei der Angabe der Dauer ist Vorsicht mit dem Format geboten: Das Format für `TimeSpan` ist ein wenig umfangreicher und kann daher selten mit einer einfachen Zahl dargestellt werden. Der Wert „2“ beispielsweise wird von `TimeSpan` als eine Dauer von zwei Tagen interpretiert. Am besten sollte man daher folgende Notation verwenden:

```
TimeSpan = "Stunden:Minuten:Sekunden.Millisekunden"
```

Die Doppelpunkte trennen jeweils die Stunden, Minuten und Sekunden voneinander, der Punkt trennt Sekunden und Millisekunden. Die Angabe von „0:0:2“ steht daher für zwei Sekunden und „0:0:0.500“ für eine halbe Sekunde bzw. für 500 Millisekunden.

Soll die Animation wieder an ihren Ursprungsort zurückkehren, muss hierfür keine zweite Animation erstellt werden. Hierfür ist es ausreichend, wenn die Eigenschaft AutoReverse auf true gesetzt wird. Die Animation wird dadurch automatisch wieder zurückgespult, sodass auch die Eigenschaft wieder ihren ursprünglichen Wert erhält.

```
xAnimation.AutoReverse = true;
```

Mit der Eigenschaft RepeatBehavior kann außerdem angegeben werden, wie oft die Animation wiederholt werden soll.

```
xAnimation.RepeatBehavior = new RepeatBehavior(2);
```

In diesem Beispiel soll die Animation zwei Mal durchgeführt werden. Das Verhalten ist besonders in Zusammenhang mit AutoReverse interessant, da Vorwärts- und Rückwärtsanimationen als ein Durchlauf für RepeatBehavior gelten. Die Animation würde in diesem Fall daher zwei Mal vorwärts und zwei Mal rückwärts durchgeführt werden.

Die Angabe von RepeatBehavior kann aber auch als Zeitspanne angegeben werden.

```
xAnimation.RepeatBehavior =
    new RepeatBehavior(TimeSpan.Parse("0:0:10"));
```

In diesem Fall wird die Animation so lange durchgeführt, bis die angegebene Zeitspanne von zehn Sekunden abgelaufen ist. Diese Einstellung hat aber nur einen Effekt, wenn mit AutoReverse gearbeitet wird, mit dem die restliche Zeit aufgefüllt werden kann.

Ist die Zeitspanne bei RepeatBehavior dagegen kürzer als die von Duration, wird die Animation bereits nach Ablauf von RepeatBehavior beendet, da diese Einstellung Vorrang hat. Die Dauer kann auch mit dem Wert „Forever“ gesetzt werden – in diesem Fall läuft die Animation entweder so lange, bis man sie beendet oder ein übergeordnetes Storyboard regulär endet.

Das Umpositionieren der Schaltfläche wirkt aber trotz der Verwendung einer Animation immer noch nicht natürlich. Das liegt an der noch ungewöhnlich abrupten Beschleunigung und Abbremsung – selbst der beste Sportwagen der Welt könnte eine Beschleunigung von 0 auf 100 nicht in null Sekunden schaffen. Um dieses natürliche Verhalten auf eine Animationen zu übertragen, kann bei der DoubleAnimation ein Faktor mitgegeben werden, wie lange beschleunigt und wie lange abgebremst werden soll.

```
DoubleAnimation xAnimtion = new DoubleAnimation();
xAnimation.From = 10;
xAnimation.To = 200;
xAnimation.AccelerationRatio = 0.33;
xAnimation.DecelerationRatio = 0.33;
Button1.BeginAnimation(Canvas.LeftProperty, xAnimtion);
```

Mit AccelerationRatio wird die relative Dauer angegeben, welche die Animation für die Beschleunigung nutzen soll. In diesem Fall wird mit dem Wert „0.33“ angegeben, dass die ersten 33 % der Dauer allein für die Beschleunigung genutzt werden sollen. Die Abbremsung wird mit DecelerationRatio angegeben, die ebenfalls auf „0.33“ steht und daher auf die letzten 33 % der Animationsdauer angesetzt wurde. Beide Angaben können selbstverständlich auch unabhängig voneinander angegeben werden.

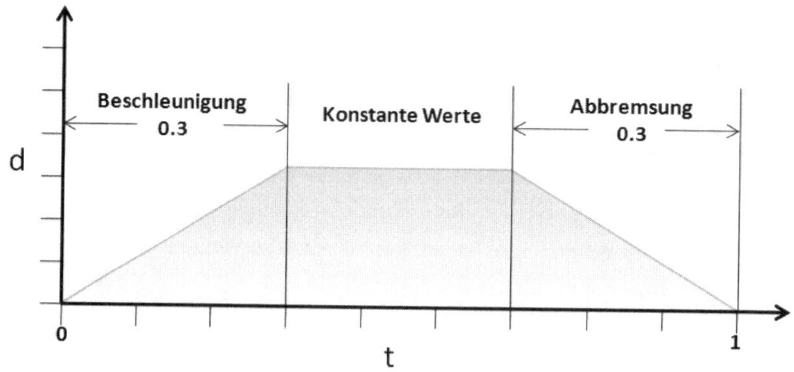

Bild 11.4 Die Veränderung kann mit Acceleration und Deceleration langsam angefahren und sanft abgebremst werden.

In Bild 11.4 ist in einem Graphen dargestellt, in welchen Zeiträumen die Werte durch die Animation verändert werden. Hier sind deutlich die Beschleunigung zu Beginn und das Abbremsen am Ende der Animation zu erkennen.

Bei den Werten sollte man allerdings darauf achten, dass diese zusammen nicht die Gesamtlänge der Animation überschreiten. Das kann leicht überprüft werden, da man für die Dauer relative Angaben verwendet, die zusammen nicht mehr als 1.00 ergeben sollten. Eine Beschleunigung von 2.50 und ein Abbremsen von 5.00 würden daher keinen Sinn ergeben, da die Zeit bei Weitem die Gesamtdauer der Animation überschreiten würde.

In `DoubleAnimation` kann zudem mit der Eigenschaft `IsAdditive` angegeben werden, wie sich der Wert in `From` zum ursprünglichen Wert der Eigenschaft verhält. Weichen beide Werte voneinander ab, wird normalerweise zu Beginn der Animation der Eigenschaft der Wert aus `From` fest zugewiesen. Setzt man dagegen `IsAddtive` auf `true`, wird der Eigenschaft der Wert aus `From` addiert.

```
<DoubleAnimation
    From="100" To="200"
    IsAdditive="True" />
```

Da in diesem Fall die Eigenschaft `IsAdditive` auf `true` gesetzt ist, wird der aktuelle Wert aus der Eigenschaft mit 100 addiert.

Die Eigenschaft `IsCumulative` hört sich ähnlich an, wirkt sich aber bei einer einfachen Animation nicht aus. Erst wenn die Animation mit `RepeatBehavior` mehrfach ausgeführt wird, wird bei dem zweiten Durchgang der Wert nicht wieder auf `From` zurückgesetzt. Stattdessen wird die Animation wie mit `By` ein weiteres Stück in dieselbe Richtung fortgesetzt.

Die Gesamtdauer der Animation wird aber nicht nur mit `Duration` bestimmt. Zusätzlich kann über die Eigenschaft `BeginTime` die Animation auch zeitverzögert ausgeführt werden. Die Dauer wird hier wieder mit einem `TimeSpan` angegeben. Mit `SpeedRatio` kann außerdem angegeben werden, dass die Animation nicht in einer normalen, sondern beispielsweise in doppelter Geschwindigkeit ablaufen soll.

```
xAnimation.BeginTime = TimeSpan.FromSeconds(5);
xAnimation.SpeedRatio = 2.00;
```

Der Zeitpunkt von BeginTime wird von der Angabe von SpeedRatio nicht beeinflusst. Daher wird in diesem Beispiel die Animation exakt nach fünf Sekunden gestartet, obwohl mit SpeedRatio angegeben worden ist, dass diese mit doppelter Geschwindigkeit laufen soll.

Der Wert von BeginTime kann sogar in der Vergangenheit liegen. Wird bei einer Animation, die beispielsweise zehn Sekunden dauert, ein Wert von -5 Sekunden als Startzeit eingetragen, wird diese nicht etwa fünf Sekunden vor dem eigentlichen Start ausgeführt. Stattdessen beginnt die Animation an der Stelle, die sie nach fünf Sekunden normalerweise erreicht hätte. In diesem Fall würde also effektiv die erste Hälfte der Animation übersprungen werden.

Wie man gesehen hat, wird also die Gesamtlänge einer Animation von vielen verschiedenen Faktoren beeinflusst. Neben der Angabe von Duration, spielen vor allem SpeedRatio, AutoReverse, RepeatBehavior und BeginTime eine entscheidende Rolle. In Bild 11.5 ist eine Zeitachse zu sehen, in der all diese Faktoren berücksichtigt worden sind.

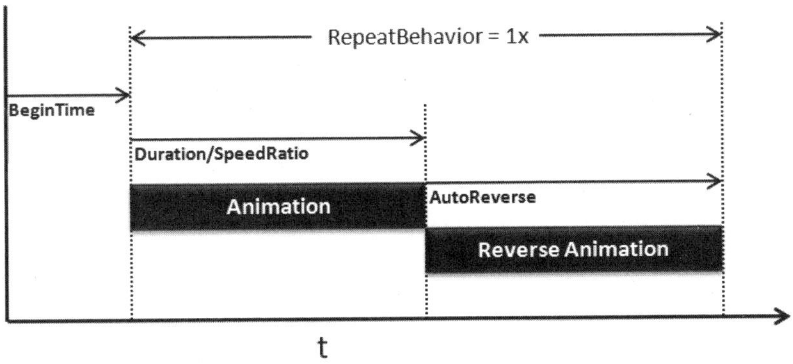

Bild 11.5 Die Gesamtdauer einer Animation wird von verschiedenen Faktoren beeinflusst.

Was nach Ablauf der Animation mit der Eigenschaft geschehen soll, wird mit FillBehavior festgelegt. Diese Eigenschaft ist standardmäßig auf den Wert HoldEnd gesetzt, mit dem der Endwert der Animation beibehalten wird. Mit Stop dagegen erhält die Eigenschaft ihren ursprünglichen Wert, den sie vor der Animation hatte, wieder zurück. Die Änderung aus der Animation wird also quasi rückgängig gemacht.

Neben der Klasse DoubleAnimation gibt es noch 16 weitere Klassen, die auf die jeweiligen Datentypen spezialisiert sind:

- ByteAnimation
- ColorAnimation
- DecimalAnimation
- DoubleAnimation
- Int16Animation
- Int32Animation
- Int64Animation
- Point3DAnimation
- PointAnimation
- QuarternionAnimation

- RectAnimation
- Rotation3DAnimation
- SingleAnimation
- SizeAnimation
- ThicknessAnimation
- Vector3DAnimation
- VectorAnimation

In den meisten Fällen kann die Animationsklasse aus dem Namen des Datentyps abgeleitet werden. Es gibt nur einige Datentypen, die systembedingt nicht unterstützt werden können – dazu gehören u.a. Char, Boolean und String, deren Werte nicht interpoliert werden können.

Beachten sollte man auch, dass es zwar eine Klasse ColorAnimation gibt, aber kein entsprechendes Gegenstück für einen Pinsel. Der Datentyp Color ist ein einfacher struct, dessen Werte für Rot, Grün und Blau recht einfach interpoliert werden können. Ein Pinsel wird über die abstrakte Basisklasse Brush dargestellt, die erst über unterschiedliche Subklassen spezialisiert wird. Ein LinearGradientBrush kann daher nicht einfach in ein DrawingBrush interpoliert werden. Hierfür wären nur zwei separate Steuerelemente sinnvoll, die übereinanderliegen und mit den jeweiligen Brushes befüllt werden. Diese könnten mit der Eigenschaft Opacity in einer Animation gewechselt werden. Soll dagegen nur die Farbe eines Zwischenpunktes auf einen LinearGradientBrush geändert werden, kann hierfür wieder die Klasse ColorAnimation verwendet werden.

11.2 Koordination über Storyboards

Mit den Animationsklassen können simple Effekte oder Bewegungen schnell und einfach umgesetzt werden. Das Erstellen komplexerer Animationen fällt aber auch mit ihnen nicht leicht, insbesondere wenn diese aus mehreren kleineren Animationen bestehen, die zudem auf unterschiedliche Steuerelemente zielen. Diese Art von Animation muss von einer zentralen Stelle koordiniert werden: dem Storyboard.

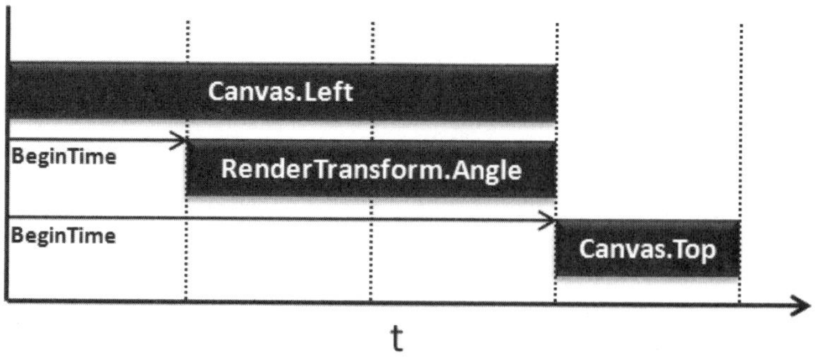

Bild 11.6 Das Storyboard beschreibt bis ins Detail den Ablauf einer komplexen Animation, die aus mehreren Steuerelementen und Eigenschaften bestehen kann.

Das Storyboard kann am besten mit dem Drehbuch aus einer Hollywood-Produktion verglichen werden. Hierüber werden die Bewegungen und die Abläufe verschiedener Akteure für einen Auftritt oder einen Film koordiniert. Bis ins Detail wird hier festgelegt, wann jemand mit seinem Auftritt beginnen und wie lange dieser dauern soll.

In der WPF wird mit einem Storyboard nichts anderes gemacht als in Hollywood. Hierüber werden die einzelnen Akteure (Steuerelemente) bestimmt und wie diese sich zu verhalten haben. Hierfür werden wieder die Animationsklassen verwendet, die auf den vorherigen Seiten beschrieben worden sind. Nur mit dem Unterschied, dass in einem Storyboard mehrere einzelne Animationen zu einem Gesamtwerk koordiniert werden können. So kann beispielsweise mit `BeginTime` festgelegt werden, wann welche Animation starten und mit `Duration`, wie lange ihr Auftritt dauern soll.

Listing 11.2 Eine komplexere Animation über ein zentrales Storyboard steuern

```
<Window xmlns="..." xmlns:x="...">
  <Window.Resources>
    <Storyboard x:Key="SB1" AutoReverse="True">
      <DoubleAnimation
          Storyboard.TargetProperty="(Canvas.Left)"
          BeginTime="0:0:0" Duration="0:0:3"
          From="10" To="200" />
      <DoubleAnimation
          Storyboard.TargetProperty="RenderTransform.Angle"
          BeginTime="0:0:1" Duration="0:0:2"
          From="0" To="180" />
      <DoubleAnimation
          Storyboard.TargetProperty="(Canvas.Top)"
          BeginTime="0:0:3" Duration="0:0:1"
          From="10" To="50" />
    </Storyboard>
  </Window.Resources>
  <Canvas>
    <Button x:Name="Button1" Click="Button1_Click" .../>
  </Canvas>
</Window>
```

In diesem Beispiel wird ein Storyboard als Ressource in einem Fenster definiert. Innerhalb des Storyboards können dann die einzelnen Animationen angegeben werden, die zusammen ausgeführt werden sollen. Die Verwendung der einzelnen Animationsklassen unterscheidet sich in XAML kaum von der Variante, wie man sie im Programmcode gesehen hat. Einzig die Angabe von `Storyboard.TargetProperty` ist auffällig – hierüber wird die Eigenschaft angegeben, die mit der Animation verändert werden soll.

[!] Eine Animationsklasse (wie z. B. `DoubleAnimation`) kann in XAML nicht direkt verwendet werden. Hierfür ist immer die Hilfe eines Storyboards notwendig, mit dem die Animation gesteuert wird. ■

Die Animation kann nun in der Ereignisbehandlung im Programmcode aufgerufen und gestartet werden. Hierfür wird wieder das `Click()`-Ereignis aus dem ersten Beispiel verwendet.

Listing 11.3 Ein Storyboard im Programmcode starten

```
protected void Button1_Click(object sender, RoutedEventArgs e)
{
  Storyboard sb1 = FindResource("SB1") as Storyboard;
  if (sb1 != null)
    sb1.Begin(Button1);
}
```

Die Animation wird in diesem Beispiel mit der Methode `Begin()` gestartet. Als Parameter wird das Steuerelement übergeben, auf das die Animation angewendet werden soll. Es ist also problemlos möglich, dasselbe Storyboard auch auf andere Steuerelemente anzuwenden.

Beim Start der Animation sollte die Methode `Begin()` nicht mit der Methode `BeginAnimation()` verwechselt werden, die ebenfalls in der Klasse `Storyboard` vorhanden ist. Letztere ist aber nur verfügbar, weil diese aus der Basisklasse `UIElement` geerbt wurde und daher in jedem Steuerelement zur Verfügung steht.

Die Methode `Begin()` ist mehrfach überladen. In der Regel kann als Parameter das Steuerelement angegeben werden, auf das die Animation angewendet werden soll. Neben diesem einen Steuerelement können aber auch weitere Steuerelemente in die Animation einbezogen werden. Das Storyboard kann hierfür selbstständig über den Namen auf beliebige Steuerelemente zugreifen (dazu später mehr).

Das Erstellen eines Storyboards in XAML ist nicht nur praktisch und erfolgt in der Regel auch schnell, doch hat es den entscheidenden Nachteil, dass der Ablauf der Animation fest vorgegeben ist. Schließlich haben wir es hier mit einer professionellen Film-Produktion zu tun und nicht mit einer improvisierter Situationscomedy, um bei dem Vergleich mit Hollywood zu bleiben. Noch nicht einmal Datenbindungen sind erlaubt, sobald die Animation einmal gestartet wurde.

Im Einzelfall kann es daher notwendig werden, ein Storyboard auch im Programmcode zu erstellen. Auf die Weise wird man nämlich bei seiner Kreativität nicht eingeschränkt, da sowohl die einzelnen Bestandteile des Storyboards als auch ihre Werte frei zusammengesetzt werden können. Das einzig abschreckende daran ist eigentlich nur der pure Umfang, der bei dem Erstellen eines Storyboards entsteht.

Listing 11.4 Ein Storyboard im Programmcode erstellen

```
Storyboard sb = new Storyboard();

DoubleAnimation leftAnimation =
    new DoubleAnimation(100.0d,
                        new Duration(TimeSpan.FromMilliseconds(500)));
Storyboard.SetTargetProperty(leftAnimation,
                             new PropertyPath("(Canvas.Left)"));
sb.Children.Add(leftAnimation);
```

Spätestens wenn Storyboards im Programmcode erstellt werden, macht sich ein genauer Blick auf die Methode `Begin()` bezahlt. Normalerweise werden Storyboards, einmal gestartet, stur und bis zum bitteren Ende von der WPF abgearbeitet. Möchte man auch während Dreharbeiten am Set eingreifen, muss zusätzlich ein boolescher Parameter übergeben werden: `IsControllable`. Damit wird angegeben, dass auch während des Storyboard dieses angehalten oder gar beendet werden kann.

Normalerweise kann eine Eigenschaft eines Steuerelementes immer nur von einem einzigen Storyboard animiert werden. Würde man in dem vorherigen Beispiel ein zweites Storyboard erstellen, das die Schaltfläche in die entgegengesetzte Richtung bewegen soll, würde dadurch die erste Animation überschrieben werden. Dieses Verhalten kann man aber beim Start des Storyboards beeinflussen, indem man der Methode `Begin()` zusätzlich den Parameter `HandoffBehavior` übergibt. Dies ist eine Enumeration, die die folgenden Werte annehmen kann:

- `SnapshotAndReplace` (Standardwert): Die aktuell laufende Animation wird angehalten und der derzeitige Wert als neuer Startwert der neuen Animation verwendet. Andere Animationen der Storyboards laufen dagegen problemlos weiter.
- `Compose`: Beide Animationen werden zusammen ausgeführt

Handelt es sich um dieselbe Animation, kann ein Storyboard auch problemlos wiederverwendet werden.

Bisher hat ein Storyboard immer nur ein einzelnes Steuerelement animiert. Ein Storyboard kann aber durchaus komplexere Animationen koordinieren, in denen gleich mehrere Steuerelemente mit unterschiedlichen Eigenschaften animiert werden. Hierzu muss lediglich mit dem Attached Property `Storyboard.TargetName` das Steuerelement referenziert werden.

Listing 11.5 In einer Animation auf Steuerelemente und Eigenschaften verweisen

```
<Storyboard>
  <DoubleAnimation
      Storyboard.TargetName="TextBlock1"
      Storyboard.TargetProperty="Opacity"
      From="0.00" To="1.00" Duration="0:0:2.500" />
</Storyboard>
```

Neben dem Attached Property `Storyboard.TargetProperty`, mit dem die gewünschte Eigenschaft angegeben wird, kann mit `Storyboard.TargetName` auch das Steuerelement angegeben werden. In diesem Beispiel bezieht sich die `DoubleAnimation` ausschließlich auf das Steuerelement mit dem Namen „TextBlock1“.

Der Start einer Animation ist mit dem Aufruf der Methode `Begin()` zwar einfach und unkompliziert, es gibt in XAML aber auch einfachere Möglichkeiten, um ohne zusätzlichen Programmcode Storyboards zu steuern (dazu aber später mehr).

Die Klasse `Storyboard` weist nicht ohne Grund erstaunliche Gemeinsamkeiten mit den Animationsklassen auf. Das ist auch kein Wunder, da beide Bereiche von der gemeinsamen Basisklasse `Timeline` spezialisiert worden sind, wie im Klassendiagramm in Bild 11.7 zu sehen ist.

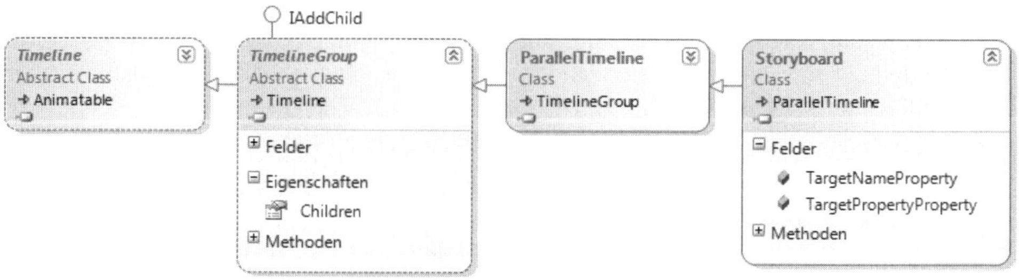

Bild 11.7 Die Klasse Storyboard ist wie DoubleAnimation von Timeline spezialisiert.

Die Klasse `Storyboard` erhält dadurch einen Großteil derselben Fähigkeiten, wie sie bereits auf den vorherigen Seiten für `DoubleAnimation` beschrieben worden sind. Dazu zählen Eigenschaften wie `BeginTime`, `Duration`, `SpeedRatio`, `AccelerationRadio`, `DecelerationRatio` etc. Der einzige Unterschied ist, dass sich diese Einstellungen auf alle Animationen auswirken, die sich in dem Storyboard befinden. Über die Eigenschaft `SpeedRatio` werden also alle Animationen gleichermaßen beschleunigt - und selbst die einzelnen Angaben von `BeginTime` sind dieses Mal davon betroffen, da die Animation ansonsten nicht mehr synchron laufen würde.

Die Koordination einer größeren Animation fällt aber auch mit einem Storyboard schwer. Sollen beispielsweise zahlreiche Animationen zeitverzögert gestartet werden, müssen für alle die Angaben von `BeginTime` einzeln gesetzt werden. Auch die Geschwindigkeit kann mit `SpeedRatio` nur einzeln gesetzt werden. Hier kann die Klasse `ParallelTimeline` zu Hilfe gezogen werden. Diese ist, wie man in Bild 11.7 sehen konnte, die Basisklasse von `Storyboard` und kann quasi als ihr kleiner Bruder angesehen werden, denn auch mit `ParallelTimeline` lassen sich mehrere Animationen zusammenstellen und koordinieren. Allerdings kann diese nicht von außen gestartet und verwaltet und daher nur innerhalb eines Storyboards definiert werden.

Dafür können in `ParallelTimeline` die Einstellungen zentral geändert werden, wie beispielsweise die Startzeit oder die Geschwindigkeit, die sich auf alle enthaltenen Animationen auswirken. Diese Einstellungen müssten so nicht mehr einzeln angegeben werden.

Listing 11.6 Ein Storyboard mit ParallelTimeline weiter unterteilen

```
<Storyboard>
  <ParallelTimeline BeginTime="0:0:2">
    <DoubleAnimation
        Storyboard.TargetProperty="(Canvas.Left)"
        Duration="0:0:3"
        From="10" To="200" />
    <DoubleAnimation
        Storyboard.TargetProperty="RenderTransform.Angle"
        BeginTime="0:0:1" Duration="0:0:2"
        From="0" To="180" />
  </ParallelTimeline>
  <!-- weitere Animationen (DoubleAnimation, etc) -->
</Storyboard>
```

In diesem Beispiel werden zwei Animationen über `ParallelTimeline` zusammengefasst. Die Ausführung wird hierbei mit der Eigenschaft `BeginTime` um zwei Sekunden verzögert - was sich auf beide Animationen gleichermaßen auswirkt. Diese können zwar auch weiterhin einen eigenen Wert mit `BeginTime` angeben, er wird allerdings kumuliert, wodurch die zweite Animation erst nach drei Sekunden gestartet wird.

11.3 Steuerung über Trigger

In diesem Kapitel wurde wieder einmal mehr deutlich, wie viele Aufgaben allein mit XAML gelöst werden können. Animationen können in XAML erstellt und mit Storyboards koordiniert werden.

In Kapitel 6, „Styles", und in Kapitel 7, „Templates", wurde gezeigt, wie man mittels Triggern in Styles und in Templates auf den Anwender reagieren kann. Da ist es nur naheliegend, diese beiden Bereiche miteinander zu verbinden, damit auch Animationen über Trigger gesteuert werden können. Hierfür wird die Klasse `TriggerAction` verwendet, die als Basisklasse für alle weiteren Aktionen dient, mit denen Storyboards gesteuert werden können.

Eine dieser Aktionen ist beispielsweise in der Klasse `BeginAnimation` implementiert - wie ihr Name vermuten lässt, kann man mit ihr eine Animation starten. Hierfür muss lediglich das gewünschte Storyboard angegeben werden.

Listing 11.7 Eine Animation über einen Trigger (ohne Programmcode) starten

```
<Button Content="Play">
  <Button.Trigger>
    <EventTrigger RoutedEvent="Button.Click">
      <BeginAnimation Storyboard="{StaticResource SB1}" />
    </EventTrigger>
  </Button.Trigger>
</Button>
```

In diesem Beispiel wird ein `EventTrigger` auf eine Schaltfläche gesetzt, der auf das Ereignis `Click()` horchen soll. Sobald der Trigger über das Ereignis ausgelöst wird, beginnt der `EventTrigger`, die einzelnen Aktionen abzuarbeiten. In diesem Fall soll als Einziges ein Storyboard gestartet werden, das aus den Ressourcen geladen wird.

Einige Seiten zuvor war ein ganz ähnliches Beispiel abgebildet, das ebenfalls nach einem Mausklick auf eine Schaltfläche eine Animation gestartet hat. In diesem Fall kommt das Beispiel aber gänzlich ohne zusätzlichen Programmcode aus, da die Steuerung der Animation ausschließlich in XAML erfolgt.

Ein Storyboard als Ressource zu definieren, hat zahlreiche Vorteile. So ist die Definition an einer zentralen Stelle platziert und kann zudem von mehreren Triggern verwendet werden. Diese Vorgehensweise ist allerdings keine Pflicht, wie das nächste Beispiel zeigen soll.

```
<EventTrigger RoutedEvent="Button.Click">
  <BeginAnimation>
    <BeginAnimation.Storyboard>
```

```
        <!-- Ein Storyboard direkt in einem Trigger definieren -->
        <Storyboard>
          <DoubleAnimation .../>
        </Storyboard>

      </BeginAnimation.Storyboard>
    </BeginAnimation>
  </EventTrigger >
```

In diesem Beispiel wurde das Storyboard direkt als neue Instanz dem `ActionTrigger` von `BeginAnimation` zugewiesen. Diese Vorgehensweise hat vor allem dann Vorteile, wenn das Storyboard nur einmal benötigt wird, da hierfür nicht extra eine eigene Ressource angelegt werden muss.

Eine solche Animation lässt sich nun auch wunderbar innerhalb eines Styles steuern. In dem folgenden Beispiel sollen in einer `ListBox` die Bilder aus einem Verzeichnis angezeigt werden. Das Vorschaubild, das in jedem Eintrag der Liste angezeigt wird, soll beim Selektieren vergrößert werden. Damit diese Vergrößerung nicht ruckartig umgesetzt wird, werden hierfür wieder Animationen eingesetzt.

```
<Window
    xmlns="..." xmlns:x="..."
    xmlns:sys="clr-namespace:System;assembly=mscorlib"
    xmlns:io="clr-namespace:System.IO;assembly=mscorlib">

  <Window.Resources>
    <!-- Der DataProvider holt die Liste der Dateien -->
    <ObjectDataProvider x:Key="FileDataProvider"
        ObjectType="{x:Type io:DirectoryInfo}"
        MethodName="GetFiles">
      <ObjectDataProvider.ConstructorParameters>
        <sys:String>C:\Bilder\LosAngeles\</sys:String>
      </ObjectDataProvider.ConstructorParameters>
    </ObjectDataProvider>
  </Window.Resources>

  <ListBox ItemsSource="{Binding
      Source={StaticResource FileDataProvider}" />
</Window>
```

In diesem Beispiel wird mit einem `ObjectDataProvider` die Liste der möglichen Dateien erstellt, die sich in einem Verzeichnis befinden. Hierfür wird eine neue Instanz der Klasse `DirectoryInfo` aus dem Namensraum `System.IO` angelegt, mit dessen Methode `GetFiles()` die Dateien abgefragt werden. Aus Gründen der Übersichtlichkeit wird hier allerdings der Pfad des Verzeichnisses fest als Parameter für den Konstruktor angegeben.

Ohne weitere Anpassungen werden in der `ListBox` nun ausschließlich die Dateinamen angezeigt. Damit hier das gewünschte Vorschaubild angezeigt wird, muss zunächst ein neues `DataTemplate` erstellt werden. In diesem Template soll später auch die Animation gesteuert werden, mit der das Vorschaubild vergrößert dargestellt wird.

```
<Window xmlns="..." xmlns:x="..." xmlns:sys="..." xmlns:io="...">
  <Window.Resources>

    <DataTemplate x:Key="FileInfoDataTemplate">
```

```
      <StackPanel Orientation="Horizontal">
        <Image x:Name="Image1" Source="{Binding Path=FullName}">
          <Image.LayoutTransform>
            <ScaleTransform ScaleX="1.0" ScaleY="1.0" />
          </Image.LayoutTransform>
        </Image>
        <TextBlock Text="{Binding Path=Name}" />
      </StackPanel>
      <DataTemplate.Triggers>
        <DataTrigger
            Binding="{Binding
                RelativeSource={RelativeSource TemplatedParent},
                Path=IsSelected}"
            Value="True">
          <DataTriger.EnterActions />
        </DataTrigger>
      </DataTemplate.Triggers>
    </DataTemplate>

    <ObjectDataProvider x:Key="FileDataProvider" .../>
  </Window.Resources>

  <ListBox ItemsSource="..."
      ItemTemplate="{StaticResource FileInfoDataTemplate}" />
</Window>
```

Das `DataTemplate` in diesem Beispiel ist mit den Steuerelementen `Image` und `TextBlock` bewusst sehr einfach gehalten. Das Augenmerk soll stattdessen auf den neuen Trigger gerichtet werden, der im `DataTemplate` angelegt worden ist. Über eine Datenbindung wird hier auf die Eigenschaft `IsSelected` aus dem Steuerelement zurückgegriffen. An dieser Stelle muss wieder mit `RelativeSource` als Datenquelle gearbeitet werden, da der Trigger ansonsten auf das Datenobjekt (in diesem Fall `FileInfo`) zugreifen würde. Sobald die Eigenschaft `IsSelected` `true` ist, wird der Trigger ausgelöst.

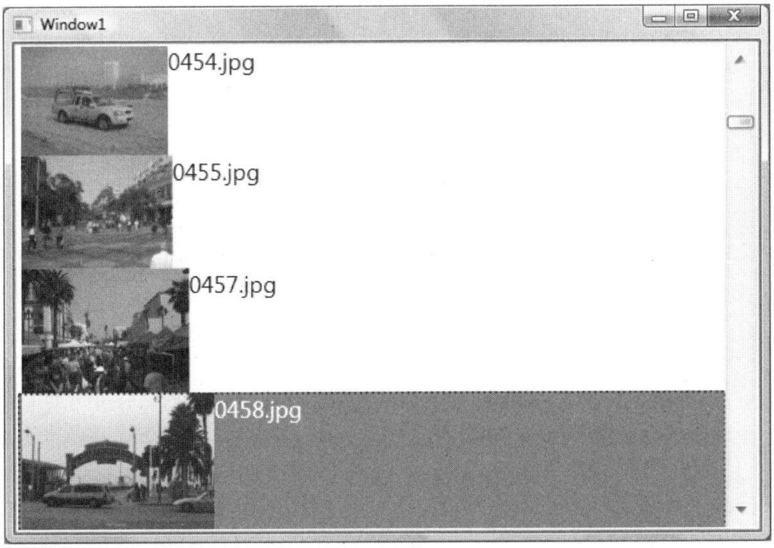

Bild 11.8 Die Animation vergrößert die Vorschaubilder stufenlos auf die doppelte Größe.

Nun müssen lediglich die Aktionen definiert werden, die durch den Trigger abgearbeitet werden sollen. In diesem Fall soll mit `BeginAnimation` eine Animation gestartet werden, mit der das Vorschaubild vergrößert wird, so wie in Bild 11.8 zu sehen ist.

Listing 11.8 Eine Animation in einem DataTemplate starten

```
<DataTrigger ...>
  <DataTrigger.EnterActions>
    <BeginStoryboard>
      <Storyboard>
        <DoubleAnimation
            Storyboard.TargetName="Image1"
            Storyboard.TargetProperty="LayoutTransform.ScaleX"
            To="2.00" Duration="0:0:1" />
      </Storyboard>
    </BeginStoryboard>
  </DataTrigger.EnterActions>
</DataTrigger>
```

In diesem Fall wird die horizontale Skalierung des Vorschaubildes mit der Klasse `DoubleAnimation` auf die doppelte Größe gebracht. Mit `Storyboard.TargetProperty` wurde hierfür auf die Eigenschaft `ScaleX` von `LayoutTransform` zugegriffen – soll parallel dazu auch die vertikale Skalierung geändert werden, wird hierfür entweder eine zweite Animation oder eine weitere Datenbindung erforderlich, mit welcher der Wert aus `ScaleX` übernommen wird.

```
<ScaleTransform ScaleX="1.0" ScaleY="{Binding
    RelativeSource={RelativeSource Self}, Path=ScaleX}" />
```

Beachten Sie, dass hier das Storyboard innerhalb des `DataTemplates` erstellt werden muss. Befindet sich das Storyboard außerhalb (wie beispielsweise in den Ressourcen des Fensters), kann dieses nicht mehr auf die Steuerelemente des `DataTemplates` zugreifen. Das Vergrößern des Vorschaubildes wäre somit nicht mehr möglich.

Damit die Vorschaubilder nicht nur vergrößert, sondern auch wieder verkleinert werden, sobald der Anwender einen anderen Eintrag auswählt, muss eine weitere Animation für `ExitActions` erstellt werden. Hierzu muss einfach mit einer `DoubleAnimation` der Wert wieder zurück auf „1.00" gesetzt werden.

Listing 11.9 Die Änderungen mit einer zweiten Animation wieder rückgängig machen

```
<DataTrigger ...>
  <DataTrigger.EnterActions .../>
  <DataTrigger.ExitActions>
    <BeginStoryboard>
      <Storyboard>
        <DoubleAnimation
            Storyboard.TargetName="Image1"
            Storyboard.TargetProperty="LayoutTransform.ScaleX"
            To="1.00" Duration="0:0:1" />
      </Storyboard>
    </BeginStoryboard>
  </DataTrigger.ExitActions>
</DataTrigger>
```

In diesem Beispiel wird unter ExitActions ein weiteres Storyboard gestartet, mit dessen Animation die Skalierung wieder auf den ursprünglichen Wert von „1.00“ gesetzt wird.

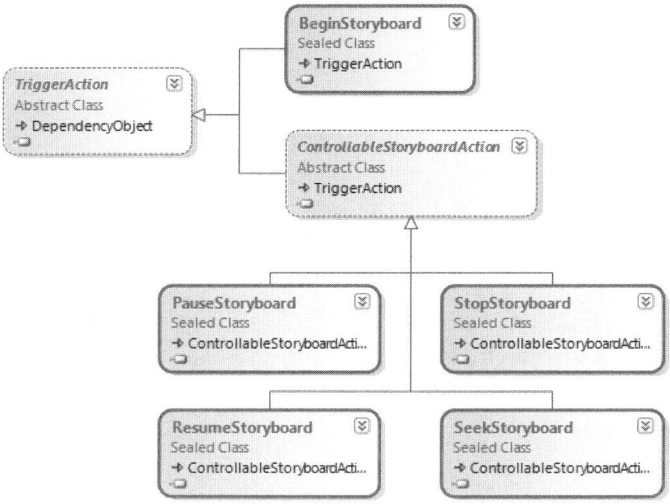

Bild 11.9 Auszug aus der Klassenhierarchie von TriggerAction

Mit der Klasse TriggerAction lassen sich aber nicht nur Animationen starten. Eingangs wurde erwähnt, dass hierüber ebenfalls die Storyboards gesteuert werden können. Jede dieser Aufgaben wurde wieder in eine eigene Klasse implementiert, sodass alleine hierfür insgesamt acht neue Klassen zur Verfügung stehen (abstrakte Klassen nicht einmal mitgezählt).

In Bild 11.9 ist ein Auszug aus der Klassenhierarchie von TriggerAction abgebildet. Die Klasse BeginAnimation hat man bereits auf den vorherigen Seiten gesehen. Im unteren Bereich des Bildes sind die Klassen implementiert, die für die Steuerung der Storyboards verantwortlich sind. Diese werden von der abstrakten Klasse ControllableStoryboard-Action abgeleitet.

Tabelle 11.2 Übersicht der Klassen für die Steuerung von Storyboards

Aktion	Beschreibung
PauseStoryboard	Die Ausführung eines Storyboards wird vorübergebend pausiert.
RemoveStoryboard	Die Instanz eines Storyboards wird in dem Speicher wieder freigegeben.
ResumeStoryboard	Die Ausführung eines pausierten Storyboards wird wieder fortgesetzt.
SeekStoryboard	Sprung an eine bestimmte Stelle des Storyboards
SetStoryboardSpeedRatio	Die Geschwindigkeit des Storyboards wird verändert.
SkipStoryboardToFill	Die Ausführung wird beendet, allerdings werden die geplanten Endwerte direkt gesetzt.
StopStoryboard	Die Ausführung eines Storyboards wird beendet.

Einige Leser dürften sich an dieser Stelle gewundert haben, warum die Klassen aus Tabelle 11.2 von einer anderen Basisklasse abgeleitet worden sind als die Klasse `BeginAnimation`. Auch diese Klasse steuert ein Storyboard, da mit ihr die Animation gestartet wird.

Der Unterschied wird in einem Beispiel deutlicher.

```
<Window xmlns="..." xmlns:x="...">
  <Window.Resources>
    <Storyboard x:Key="SB1" />
  </Window.Resources>

  <DockPanel>
    <ToolBar DockPanel.Dock="Top">
      <Button Content="Start">
        <Buttton.Trigger>
          <EventTrigger RoutedEvenet="Button.Click">
            <BeginStoryboard
                Name="BeginSB1"
                Storyboard="{StaticResource SB1}" />
          </EventTrigger>
        </Buttton.Trigger>
      </Button>
      <Button Content="Pause">
        <Buttton.Trigger>
          <EventTrigger RoutedEvenet="Button.Click">
            <PauseStoryboard
                BeginStoryboardName="BeginSB1" />
          </EventTrigger>
        </Buttton.Trigger>
      </Button>
    </ToolBar>
    <Grid />
  </DockPanel>
</Window>
```

In diesem kurzen Beispiel wird ein Storyboard in den Ressourcen unter dem Schlüssel „SB1“ abgelegt. Zwei Schaltflächen sind in einer `ToolBar` am oberen Seitenrand angedockt, mit denen die Ausführung des Storyboards gesteuert werden kann. Mit der ersten Schaltfläche wird die Ausführung mit `BeginAnimation` wie gewohnt gestartet. Das Storyboard wird hierzu aus den Ressourcen geladen und der Eigenschaft `Storyboard` zugewiesen.

Mit der zweiten Schaltfläche soll dagegen das Storyboard pausiert werden. Hierfür wird im EventTrigger `PauseStoryboard` verwendet – dieses kann allerdings nicht auf das Storyboard selbst zugreifen. Vielmehr wird über die Eigenschaft `BeginStoryboardName` auf den `ActionTrigger` `BeginStoryboard` verwiesen, mit dem die Animation vom Anwender gestartet wurde. Genau das ist der entscheidende Unterschied zwischen der Klasse `BeginStoryboard` und allen übrigen Klassen, die von `ControllableStoryboardAction` abgeleitet sind.

Der Grund für diesen Unterschied liegt in der Verwaltung der Storyboards. In den Ressourcen ist die Animation lediglich als Schema oder als eine Skizze definiert, mit der beschrieben wird, wie die Animation ablaufen soll. Mit `BeginStoryboard` wird für diese Animation eine Uhr (`Clock`) erstellt, mit der die Ausführung der Animation gesteuert wird. Die WPF schaut dabei sprichwörtlich auf die Uhr, um die aktuellen Werte für die Animation zu berechnen. Die Instanz dieser Uhr wird in `BeginAnimation` abgelegt. Das hat vor allem den Vorteil, dass ein Storyboard so auch problemlos zeitgleich für mehrere Steuerelemente gestartet werden kann.

Damit das Storyboard nun von dem `ActionTrigger` gesteuert werden kann, benötigen diese Zugriff auf die Uhr. Aus diesem Grund müssen sie auf die Instanz von `BeginAnimation` verweisen, mit der die Animation gestartet worden ist.

11.4 Schlüsselbildanimationen

Der Begriff einer Schlüsselszene oder einer Schlüsselbildanimation stammte ursprünglich aus dem Bereich der Animationsfilme. Zu Beginn wurde meist vom Regisseur ein Storyboard erstellt, anhand dessen die Zeichner einige wenige Schlüsselszenen (sog. *Key Frames*) erstellt haben. Mit diesen Schlüsselszenen wurde der grobe Ablauf einer Animation oder einer Szene vorgegeben. So konnte der Regisseur frühzeitig einen Eindruck von einer Szene bekommen. Erst danach wurden mit weiteren vielen Zwischenzeichnungen (sog. *Interframes*) die Lücken zwischen den Schlüsselszenen gefüllt, damit für den Betrachter eine fließende Bewegung entsteht.

Diese Technik wurde auch auf Animationen übertragen, die am Computer erstellt werden. Hierfür müssen aber nur noch die Schlüsselszenen angegeben werden, mit denen dann der Computer die notwendigen Zwischenschritte (Interframes) erstellen kann.

In der WPF werden hierfür wieder separate Klassen angeboten, die auf die Verwendung von Schlüsselszenen spezialisiert sind. Diese sind in der Klassenhierarchie eng mit den bisherigen Animationsklassen verwandt. Sie konzentrieren sich daher ebenfalls immer nur auf das Ändern der Werte in einer bestimmten Eigenschaft. Lediglich die Art und Weise, wie die Werte von uns angegeben werden, ändert sich mit den Schlüsselszenen.

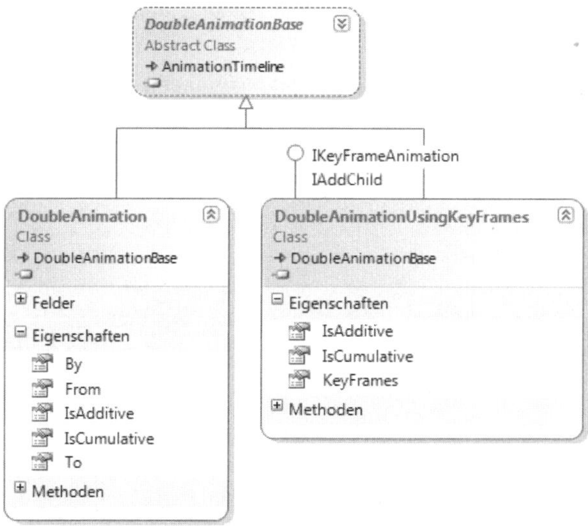

Bild 11.10 Parallel zu den Animationsklassen gibt es Varianten, mit denen sich Schlüsselszenen definieren lassen.

In Bild 11.10 ist zu sehen, wie eng verwandt die Schlüsselszenen mit den bereits vorgestellten Animationsklassen sind. Soll eine Eigenschaft vom Typ `Double` verändert werden, so ist nicht mehr länger die Klasse `DoubleAnimation` zuständig, sondern `DoubleAnimationUsingKeyFrames`. Die Namen der Klassen werden im Bereich Animationen zwar immer länger, sind dafür aber selbstbeschreibend. Alle weiteren Klassen, die jeweils auf eigene Datentypen spezialisiert sind, folgen daher wieder demselben Namensschema.

In der Klasse `DoubleAnimationUsingKeyFrames` ist außer der Eigenschaft `KeyFrames` nicht sonderlich viel definiert, mit dem sich eine Animation erstellen ließe. Die Klasse dient nämlich nur als Container für die Schlüsselszenen – erst mit diesen wird die Animation gesteuert. Im Gegensatz zur Animationsklasse werden daher weder Start- noch Endwerte angegeben, da diese automatisch errechnet werden.

> **!** Das Erstellen und Koordinieren von Schlüsselszenen ist für größere Animationen sehr gut geeignet, da hier nicht mehr jede Animation einzeln angepasst werden muss. Leider ist die Definition in XAML wenig übersichtlich, da sich Schlüsselszenen auch weiterhin an einzelnen Eigenschaften orientieren. Um komplexere Animationen zu erstellen, sind daher Werkzeuge wie Blend unverzichtbar, mit denen Storyboards besser visualisiert werden. ■

Listing 11.10 Eine einfache Animation mit Schlüsselszenen erstellen

```
<Storyboard>
  <DoubleAnimationUsingKeyFrames
        Storyboard.TargetProperty="(Canvas.Left)">
    <LinearDoubleKeyFrame KeyTime="0:0:03" Value="80" />
    <LinearDoubleKeyFrame KeyTime="0:0:06" Value="60" />
    <LinearDoubleKeyFrame KeyTime="0:0:07" Value="60" />
    <LinearDoubleKeyFrame KeyTime="0:0:10" Value="40" />
    <LinearDoubleKeyFrame KeyTime="0:0:16" Value="100" />
  </DoubleAnimationUsingKeyFrames>
</Storyboard>
```

In diesem Storyboard werden gleich fünf Schlüsselszenen definiert, um die horizontale Position eines Steuerelementes zu ändern. Jede Schlüsselszene muss dabei in einem separaten Eintrag definiert werden – wie in diesem Beispiel mit `LinearDoubleKeyFrame` geschehen ist. Der Zeitpunkt des Frames wird mit der Eigenschaft `KeyTime` angegeben und der Wert, der zu diesem Zeitpunkt erreicht sein soll, mit der Eigenschaft `Value`.

Wie in Bild 11.11 zu sehen ist, werden die vielen Zwischenschritte von der WPF automatisch errechnet. Anders als bei `DoubleAnimation` kann eine Animation daher sehr viel genauer erfolgen, da beliebig viele Zwischenschritte angegeben werden können. Die Angabe von `KeyTime` muss dabei keineswegs als fester Zeitpunkt definiert werden, wie es in dem vorherigen Beispiel zu sehen war. Stattdessen kann hier auch mit einem Prozentwert gearbeitet werden, der sich auf die Gesamtlänge der Animation bezieht.

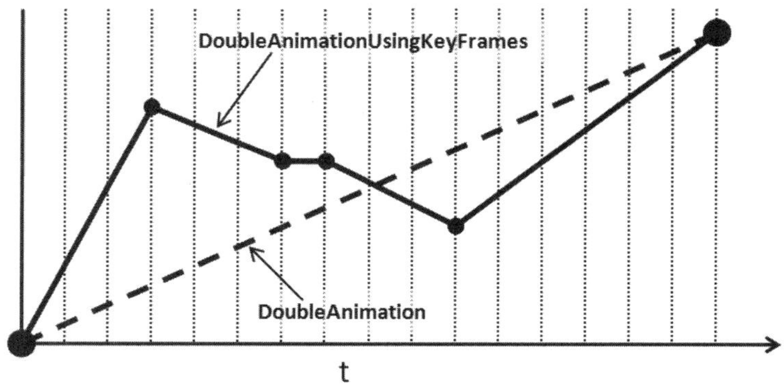

Bild 11.11 Mit Schlüsselszenen lassen sich beliebig viele Zwischenschritte definieren, die in eine flüssige Animation umgewandelt werden.

```
<DoubleAnimationUsingKeyFrames Duration="0:0:10">
  <LinearDoubleKeyFrame KeyTime="25%" Value="25" />
  <LinearDoubleKeyFrame KeyTime="75%" Value="75" />
  <LinearDoubleKeyFrame KeyTime="100%" Value="100" />
</DoubleAnimationUsingKeyFrames>
```

In diesem Beispiel dauert die Animation zehn Sekunden. Diese Gesamtlänge dient als Verhältnis für die prozentuale Verteilung der einzelnen Frames. So ist beim ersten Frame die `KeyTime` mit 25 % angegeben, wodurch dieser effektiv auf der Zeitachse auf die Position 2,5 Sekunden gesetzt wird. Die Verwendung von prozentualen Werten hat daher den Vorteil, dass die Animation beliebig über die Gesamtdauer angepasst werden kann, ohne dass hierfür die einzelnen `KeyFrames` angepasst werden müssten. Es bietet sich daher als Alternative zur `SpeedRatio` an, die zwar denselben Effekt auf die Animation hätte, aber deutlich schlechter zu lesen ist, da die Länge nicht direkt aus den Werten abzulesen ist.

Darüber hinaus kann mit dem Wert „Uniform" angegeben werden, dass die einzelnen Frames gleichmäßig auf der Zeitachse verteilt werden.

```
<DoubleAnimationUsingKeyFrames Duration="0:0:10">
  <LinearDoubleKeyFrame KeyTime="Uniform" Value="50" />
  <LinearDoubleKeyFrame KeyTime="Uniform" Value="100" />
</DoubleAnimationUsingKeyFrames>
```

In diesem Beispiel wird daher der erste Frame effektiv nach fünf Sekunden und der zweite Frame nach zehn Sekunden erreicht. Neben Uniform existiert noch der Wert `Paced`, der ganz ähnlich die einzelnen `KeyFrames` auf der Zeitachse verteilt. Der Unterschied zu `Uniform` ist allerdings, dass der erste `KeyFrame` bereits auf Sekunde 0 der Zeitachse gesetzt wird und damit den Startwert der Animation vorgibt. Sollte der ursprüngliche Wert der Eigenschaft nicht diesem Wert entsprechen, springt dieser „hektisch" an die Anfangsposition der Animation.

Animationen mit Schlüsselszenen eröffnen aber noch weitere Möglichkeiten, um beispielsweise auf die Interpolation Einfluss zu nehmen. Wie im Bild zu sehen war, wurden die Werte zwischen den Schlüsselszenen von der WPF immer linear errechnet. Diese Methode ähnelt daher der von der Klasse `DoubleAnimation`, die ebenfalls nach demselben Schema die Werte errechnet hat.

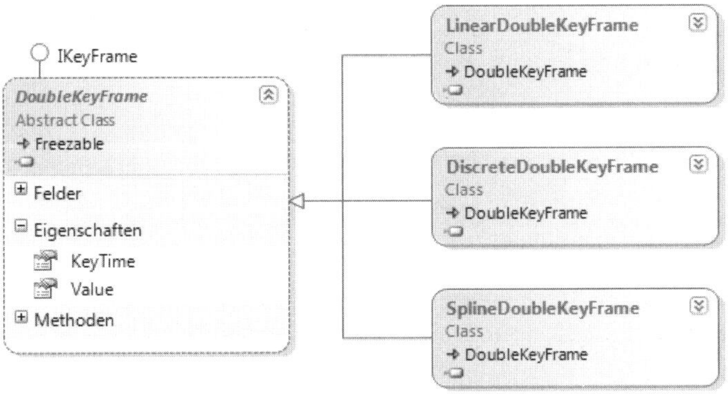

Bild 11.12 Klassenhierarchie von DoubleKeyFrame

In den einzelnen Schlüsselszenen stehen aber weitaus weniger Möglichkeiten zur Verfügung, als in den Animationsklassen angeboten wurden. So kann man beispielsweise keine Beschleunigung oder Abbremsung einstellen. Diese Eigenschaften stehen nur in der Klasse `DoubleAnimationUsingKeyFrames` zur Verfügung, deren Werte dann aber auf die gesamte Animation angewendet werden.

Man kann aber Einfluss nehmen, indem man sich einen passenden Typ einer Schlüsselszene aussucht: Auch hier werden unterschiedliche Verhalten wieder in separaten Klassen angeboten, wie man in Bild 11.12 sehen kann. Hier ist beispielhaft der Aufbau der Klasse `DoubleKeyFrame` aufgezeigt. Wie man sieht, wird diese in drei Unterklassen spezialisiert:

- `LinearDoubleKeyFrame`
- `DiscreteDoubleKeyFrame`
- `SplineDoubleKeyFrame`

Die Namen folgen auch hier wieder einem einheitlichen Namensschema: `Linear`, `Discrete` und `Spline` geben jeweils die Art an, mit der die Werte gesetzt werden sollen. `Double` gibt den Datentyp an, der von dieser Klasse unterstützt wird.

Es werden aber nicht alle Datentypen von allen `KeyFrame`-Typen unterstützt. So kann man bei `Double` zwar auf alle drei `KeyFrame`-Typen zurückgreifen, bei `String` gibt es dagegen nur die Klasse `DiscreteStringKeyFrame` (dazu aber später mehr).

Die Arbeitsweise von `LinearDoubleKeyFrame` hat man bereits in dem letzten Beispiel gesehen. Hierbei werden die Werte einfach linear hochgerechnet, was besonders an Wendepunkten zu unschönen Effekten führen kann (was gut in Bild 11.11 zu sehen ist). Die Klasse `SplineDoubleKeyFrame` eignet sich in solchen Fällen besser, da man mit ihr die Beschleunigung und das Abbremsen der Animation steuern kann. Hierfür werden jedoch nicht die Eigenschaften `AccelerationRatio` und `DecelerationRatio` verwendet. Stattdessen wird hier eine Bézierkurve zurate gezogen, mit der die Animation beschrieben wird.

Listing 11.11 Beschleunigung und Abbremsung mit einer Spline-Animation

```
<Storyboard>
  <DoubleAnimationUsingKeyFrames
        Storyboard.TargetProperty="(Canvas.Left)">
```

```
    <LinearDoubleKeyFrame KeyTime="0:0:01" Value="0" />
    <SplineDoubleKeyFrame
        KeyTime="0:0:11" Value="100"
        KeySpline="0,1 1,0"/>

  </DoubleAnimationUsingKeyFrames>
</Storyboard>
```

Wie man in diesem Beispiel sieht, können auch unterschiedliche Typen von `KeyFrames` in einer Animation verwendet werden. In diesem Fall wird in der ersten Sekunde der Wert auf 0 belassen; erst in den folgenden zehn Sekunden wird der Wert auf 100 erhöht. Hierfür soll keine lineare Interpolierung verwendet werden, sondern eine Bézierkurve, deren Hilfspunkte mit der Eigenschaft `KeySpline` angegeben worden sind.

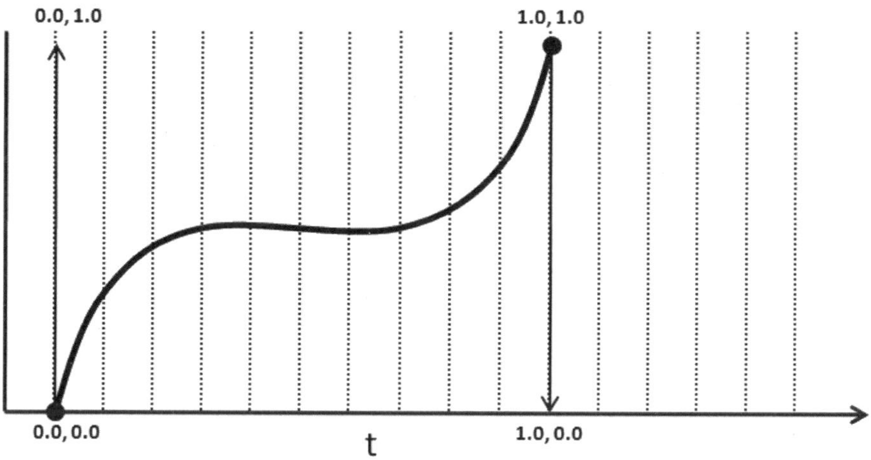

Bild 11.13 Die Spline-Animationen nutzt eine Bézierkurve, um Beschleunigung und Abbremsung umzusetzen.

In Bild 11.13 ist das Ergebnis der Animation zu sehen. Zur besseren Orientierung wurden auch hier wieder Hilfslinien eingefügt, um die Hilfspunkte der Bézierkurve sichtbar zu machen. Das Koordinatensystem, das für die Eigenschaft `KeySpline` verwendet wird, ist hierbei aber etwas gewöhnungsbedürftig. Es müssen zwei Punkte definiert werden, wobei der erste den Hilfspunkt für den Startwert definiert. Anders als bei den geometrischen Formen, handelt es sich dabei um eine Mischung aus der Wert- und Zeitachse.

```
KeySpline="0,1 1,0"
```

Der erste Wert eines Punktes steht normalerweise für die X-Koordinate. In diesem Fall wird hierüber aber die Zeit dargestellt, wobei „0“ für den Anfang und „1“ für das Ende des Frames steht. Der zweite Wert steht für das Delta der Wertveränderung, wobei „0“ auch hier wieder für den Anfang und „1“ für das Ende steht.

Die korrekte Einstellung von `KeySpline` kann am besten durch Ausprobieren getestet werden. In Blend werden zur Unterstützung Hilfslinien eingezeichnet, anhand derer die Animation besser geplant werden kann.

Leider können nicht alle Datentypen interpoliert werden, da man beispielsweise bei einem Boolean keine Zwischenwerte errechnen kann. Trotzdem möchte man bestimmte Werte auch in Schlüsselszenen setzen können. Zu diesem Zweck gibt es neben der Klasse LinearDoubleKeyFrame zusätzlich die Klasse DiscreteDoubleKeyFrame. Diese verhält sich ähnlich wie ein Setter, der in einem Trigger abgearbeitet wird, da hier der Wert direkt und ohne Zwischenwerte gesetzt wird.

Listing 11.12 Das direkte Setzen von Werten (ohne Interpolation)

```
<Storyboard>
  <DoubleAnimationUsingKeyFrames
        Storyboard.TargetProperty="(Canvas.Left)">
    <DiscreteDoubleKeyFrame KeyTime="0:0:05" Value="20" />
    <DiscreteDoubleKeyFrame KeyTime="0:0:11" Value="80" />
  </DoubleAnimationUsingKeyFrames>
</Storyboard>
```

In diesem Beispiel werden die Werte an den gesetzten Zeitpunkten, die in KeyTime angegeben sind, unmittelbar gesetzt. Dadurch entsteht natürlich eine äußerst ruckelige Animation, da hierbei keine Zwischenwerte gesetzt werden.

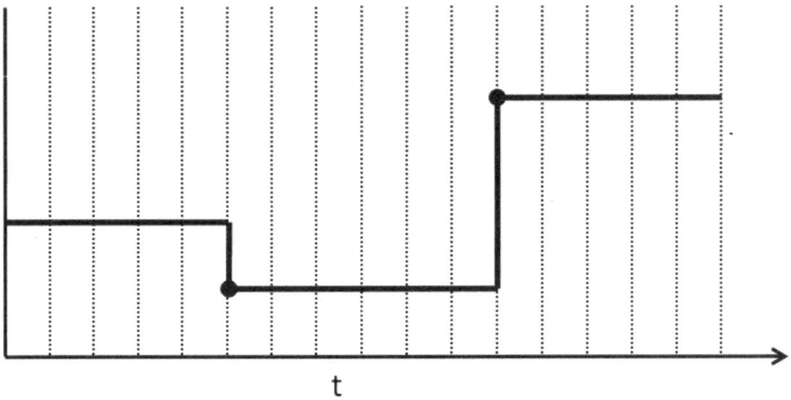

Bild 11.14 Mit einer Discrete-Animation werden keine Zwischenwerte interpoliert.

Diese Methode eignet sich aber besonders, wenn beispielsweise ausgeblendete Objekte auf eine Startposition gebracht werden sollen. Hierfür wäre eine rechenintensive lineare Animation nicht notwendig, da der Anwender davon nichts bemerken würde. Stattdessen kann mit DiscreteDoubleKeyFrame das Objekt direkt an die gewünschte Position (oder in den Zustand) gebracht werden.

Wie eingangs erwähnt, eignen sich diese KeyFrames aber insbesondere für Datentypen, die keine Interpolation möglich machen. Daher gibt es hier eine Reihe von KeyFrames, die bei Linear- und Spline-KeyFrames nicht zu finden sind:

- DiscreteBooleanKeyFrame
- DiscreteCharKeyFrame
- DiscreteObjectKeyFrame
- DiscreteStringKeyFrame

> **!** Leider kann mit einer Animation nicht die Sichtbarkeit eines Steuerelementes verändert werden, da die Eigenschaft `Visibility` nicht vom Typ `boolean`, sondern über einen eigenen Datentyp implementiert worden ist. Hierfür existiert in der WPF noch keine Klasse namens `DiscreteVisibilityKeyFrame`, mit der sich zumindest über Schlüsselbildanimationen der Wert ändern lassen könnte.

Über die Klasse `DiscreteStringKeyFrame` kann so in einer Animation der Inhalt von einem Textblock geändert werden.

Listing 11.13 Zeichenketten mit einer Animation ändern

```
<Storyboard Storyboard.TargetName="TextBlock1">
  <StringAnimationUsingKeyFrames
      BeginTime="0:0:0"
      Storyboard.TargetProperty="Text">
    <DiscreteStringKeyFrame
        KeyTime="0:0:2"
        Value="In a land, where laughter was king..." />
  </StringAnimationUsingKeyFrames>
</Storyboard>
```

In diesem Beispiel wird der Text nach zwei Sekunden durch eine Schlüsselbildanimation ersetzt.

11.5 Animationen mit Pfaden

In diesem Kapitel wurden mit Animationen und Schlüsselbildanimationen zwei unterschiedliche Techniken gezeigt, mit denen Animationen durchgeführt werden können. Mit beiden Techniken ist es jedoch schwierig, beispielsweise ein Objekt in einem Koordinatensystem zu bewegen, da hierfür jeweils für die X- und die Y-Achse eigene Animationen benötigt werden, die zudem beide synchron laufen müssen.

Die WPF bietet hier über sog. Pfad-Animationen Unterstützung an. In diesem Fall wird der Lauf der Animation nicht mit einzelnen Werten angegeben, sondern mit der geometrischen Form `PathGeometry`. Diese stammte ursprünglich aus dem Bereich der 2D-Grafik, die bereits in Kapitel 9 beschrieben wurde. Die WPF macht sich diese Technik zunutze, um bei komplexeren Animationen bis zu drei Werte auf einmal ändern zu können: Neben der X- und Y-Achse kann damit auch optional der Winkel verändert werden.

Es gibt drei Arten von Animationen, die mit der `PathGeometry` als Vorgabe umgehen können:

- `PointAnimationUsingPath`: Zum Animieren eines Punktes im Koordinatensystem (sowohl X-Achse als auch Y-Achse)
- `DoubleAnimationUsingPath`: Zum Animieren eines einzelnen Wertes, z. B. entweder der X-Achse, der Y-Achse oder des Winkels

- MatrixAnimationUsingPath: Zum Animieren einer Matrix-Transformation (X-Achse, Y-Achse und auf Wunsch auch Winkel)

Die PointAnimationUsingPath ist von den drei genannten die einfachste und ähnelt stark der DoubleAnimationUsingPath, jedoch kann mit ihr ein Punkt in einem Koordinatensystem animiert werden – also beispielsweise die X- und die Y-Position eines Steuerelementes. Bei der DoubleAnimationUsingPath muss über die Eigenschaft Source zusätzlich die Quelle angegeben werden, da diese nicht wie bei den anderen implizit ermittelt werden kann. Hier wird ein einfacher Enum erwartet, der die Werte X, Y und Angle annehmen kann – man kann sich also nur für einen dieser Werte entscheiden.

Listing 11.14 Animation mit DoubleAnimationUsingPath umsetzen

```
<Button>
  <Button.RenderTransform>
    <TranslateTransform x:Name="Transformation" />
  </Button.RenderTransform>
  <Button.Triggers>
    <EventTrigger RoutedEvent="Button.Click">
      <BeginStoryboard>
        <Storyboard>

          <DoubleAnimationUsingPath
            Storyboard.TargetName="Transformation"
            Storyboard.TargetProperty="X"
            Source="X"
            Duration="00:00:01.000">
            <DoubleAnimationUsingPath.PathGeometry>
              <PathGeometry Figures="M 10,100
                  C 35,0 135,0 160,100 180,190 285,200 310,100" />
            </DoubleAnimationUsingPath.PathGeometry>
          </DoubleAnimationUsingPath>

        </Storyboard>
      </BeginStoryboard>
    </EventTrigger>
  </Button.Triggers>
</Button>
```

Das Zusammenspiel der Animation und der Transformation ist einfacher, als es in diesem Beispiel vielleicht aussehen mag. In diesem Fall soll eine Schaltfläche animiert werden, die hierfür über eine Transformation verfügt. Über einen Ereignis-Trigger, der beim Klick auf die Schaltfläche ausgelöst wird, soll die gewünschte Pfad-Animation ausgeführt werden. Diese enthält zu einem den Pfad selbst (in Form einer PathGeometry) und zum anderen einen Verweis auf die zu verwendende Instanz der TranslateTransform.

Sobald der Benutzer auf die Schaltfläche drückt, wird die Animation gestartet. Die Animation DoubleAnimationUsingPath fährt nun den vorgegebenen Pfad ab und überträgt die aktuelle Position an die Transformation. Die Strecke des Pfades wird dabei so eingeteilt, dass sie innerhalb der angegebenen Zeitdauer komplett abgefahren wird. Das sorgt dafür, dass die Schaltfläche sich innerhalb einer Sekunde schwungvoll nach rechts bewegt.

Anders sieht es bei der MatrixAnimationUsingPath aus, da hier bis zu drei Animationen in einer zusammengefasst werden können. Hierfür muss das zu animierende Steuerelement lediglich die MatrixTransform enthalten, auf die die Animation angewendet wird.

Diese Art der Transformation ist äußerst vielseitig und bietet mit dem Versetzen und dem Rotieren alle Möglichkeiten, die bei einer Pfad-Animation benötigt werden.

Listing 11.15 Animation mit MatrixAnimationUsingPath umsetzen

```
<Button>
  <Button.RenderTransform>
    <MatrixTransform x:Name="Transformation" />
  </Button.RenderTransform>
  <Button.Triggers>
    <EventTrigger RoutedEvent="Button.Click">
      <BeginStoryboard>
        <Storyboard>

          <MatrixAnimationUsingPath
            Storyboard.TargetName="Transformation"
            Storyboard.TargetProperty="Matrix"
            DoesRotateWithTangent="True">
            <MatrixAnimationUsingPath.PathGeometry>
              <PathGeometry Figures="M 10,100
                  C 35,0 135,0 160,100 180,190 285,200 310,100" />
            </MatrixAnimationUsingPath.PathGeometry>
          </MatrixAnimationUsingPath>

        </Storyboard>
      </BeginStoryboard>
    </EventTrigger>
  </Button.Triggers>
</Button>
```

Dieses Beispiel ähnelt stark dem vorherigen, jedoch wird hier die Schaltfläche über eine Matrix-Transformation bewegt. Dies kann die Schaltfläche nicht nur in ihrer X- und Y-Position verändern, sondern auch in ihrem Winkel. Das sorgt während der Animation für eine bessere und natürlichere Darstellung, da der Button bei einer Kurve auch entsprechend der Steigung angewinkelt wird. Dieses Verhalten kann mit der Eigenschaft `DoesRotateWithTangent` gesteuert werden.

11.6 Easing

Das Easing ist ein Hilfsmittel für Animationen, um diese natürlicher wirken zu lassen. Denselben Effekt kann man im Grunde auch über eine Schlüsselanimation mit Spline-Animationen erreichen, jedoch ist das Definieren und Ausprobieren der korrekten Werte relativ aufwendig. Das Easing dagegen kann auf vorhandene Animationen angewendet werden und erweitert diese um zusätzliche Beschleunigungswerte oder fügt ein Wackeln beim Abstoppen ein.

- `BackEase`: Die Animation wird geringfügig umgekehrt, bevor sie gestartet wird.
- `BounceEase`: Simuliert einen Aufprall, bei dem das Objekt zurückgefedert wird
- `CircleEase`: Beschleunigen und/oder Abbremsen mithilfe einer zirkulären Funktion

- CubicEase: Beschleunigen und/oder Abbremsen mithilfe der Formel f(t) = t3
- ElasticEase: Animation ähnlich einer Feder, die hin- und herschwingt, bis diese zum Stillstand kommt
- ExponentialEase: Beschleunigen und/oder Abbremsen mithilfe einer exponentiellen Formel
- PowerEase: Beschleunigen und/oder Abbremsen mithilfe der Formel f(t) = tP, wobei P ein Platzhalter ist und beliebig ausgetauscht werden kann
- QuadraticEase: Beschleunigen und/oder Abbremsen mithilfe der Formel f(t) = t2
- QuarticEase: Beschleunigen und/oder Abbremsen mithilfe der Formel f(t) = t4
- QuinticEase: Beschleunigen und/oder Abbremsen mithilfe der Formel f(t) = t5
- SineEase: Beschleunigen und/oder Abbremsen mit einer Sinusformel

Die Beschreibung der Funktionen ist leider etwas trocken. Leider lassen sich Animationen schlecht in einem Buch demonstrieren. Folgende Abbildung aus der MSDN (Bild 11.15) soll jedoch das Ergebnis verdeutlichen.

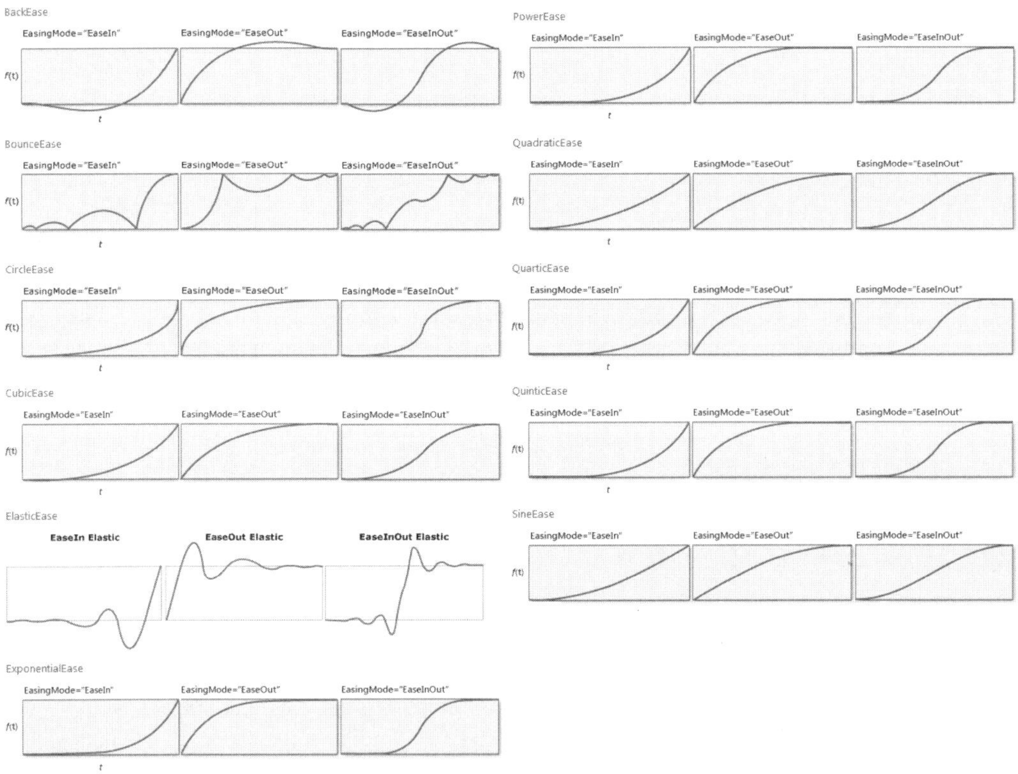

Bild 11.15 Mögliche Easing-Funktionen für Animationen (Quelle: Microsoft)

Wie könnte nun ein praktischer Anwendungsfall aussehen? Wie eingangs erwähnt, erweitern die Easing-Funktionen einfach eine vorhandene Animation. So bietet beispielsweise die DoubleAnimation eine Eigenschaft EasingFunction an, der man die gewünschte Funktion zuweisen kann.

Im XAML-Code sähe das dann wie folgt aus.

Listing 11.16 Easing-Funktion auf Animation anwenden

```
<Storyboard>
  <DoubleAnimation
    Storyboard.TargetName="Rectangle1"
    Storyboard.TargetProperty="Height"
    From="30.0" To="200.0" Duration="00:00:3">
    <DoubleAnimation.EasingFunction>
      <BounceEase
          Bounces="2"
          EasingMode="EaseOut"
          Bounciness="2" />
    </DoubleAnimation.EasingFunction>
  </DoubleAnimation>
</Storyboard>
```

In diesem Beispiel wird `BounceEase` verwendet, der einen Sprungeffekt erzeugen soll. Die `DoubleAnimation` wird weiterhin wie gewohnt deklariert und fängt auch weiterhin beim Startwert (30) an und endet am Endwert (200). Die Easing-Funktion sorgt lediglich dafür, dass die Animation einen kleinen Umweg macht und nicht linear zum Ziel führt.

11.7 Visual State Manager

Der Visual State Manager ist neben den Triggern eine weitere Möglichkeit, um Animationen für Steuerelemente zu koordinieren. Im Gegensatz zu den Triggern wartet der Visual State Manager nicht darauf, dass eine Eigenschaft einen bestimmten Wert annimmt oder ein Ereignis ausgelöst wird (Routed Event). Stattdessen kann für ein Steuerelement ein vordefinierter Zustand (State) definiert werden, in dem es sich gerade befindet. Wird dieser Zustand des Steuerelements geändert, kann hierfür eine Animation ausgelöst werden.

Für eine Schaltfläche sind u.a. die beiden Zustände `Normal` und `MouseOver` definiert. Fährt der Anwender mit der Maus über die Schaltfläche, setzt das Steuerelement intern seinen Zustand automatisch auf `MouseOver` um. Der Visual State Manager kann darauf reagieren und eine entsprechende Animation auslösen.

Die Zustände werden wiederum in Gruppen zusammengefasst – die beiden Zustände `Normal` und `MouseOver` sind beispielsweise der Gruppe `CommonStates` zugeordnet.

Das folgende Beispiel soll die Verwendung des Visual State Managers in einem Template für eine Schaltfläche demonstrieren. Der Hintergrund der Schaltfläche soll beim Überfahren mit der Maus rot dargestellt werden.

Listing 11.17 Visual States in einem Control Template definieren

```
<Window xmlns="..." xmlns:x="...">
  <Window.Resources>
    <Style TargetType="{x:Type Button}">
      <Setter Property="Template">
        <Setter.Value>
```

```
        <ControlTemplate TargetType="{x:Type Button}">
          <Grid Background="{TemplateBinding Background}">

            <VisualStateManager.VisualStateGroups>
              <VisualStateGroup Name="CommonStates">
                <VisualState Name="Normal" />
                <VisualState Name="MouseOver">
                  <Storyboard>
                    <DoubleAnimation
                       Storyboard.TargetName="MouseOverBorder"
                       Storyboard.TargetProperty="Opacity"
                       From="0.0" To="1.0" />
                  </Storyboard>
                </VisualState>
              </VisualStateGroup>
            </VisualStateManager.VisualStateGroups>

            <Border
              Name="MouseOverBorder"
              Opacity="0.0"
              Background="Red" />
            <ContentPresenter />
          </Grid>
        </ControlTemplate>
      </Setter.Value>
    </Setter>
  </Style>
</Window.Resources>

<Button
  Width="100" Height="50"
  Content="Button mit Visual State" />

</Window>
```

Abgesehen vom zusätzlichen Block mit dem Namen VisualStateGroups handelt es sich hierbei um einen gewöhnlichen impliziten Style für Schaltflächen. Das Template ist bewusst kurz gehalten und enthält lediglich den ContentPresenter und zusätzlich eine Border, die beim Überfahren mit der Maus eingeblendet werden soll.

Der Visual State Manager wird nicht direkt aufgerufen oder angesprochen. Stattdessen wird dem Hauptelement des Templates (in diesem Fall Grid) ein Attached Property namens VisualStateGroups zugewiesen. Der Wert dieser Eigenschaft wird vom Visual State Manager automatisch ausgewertet. Die Position ist fest vorgegeben und kann nicht variiert werden. Auch das Anfügen der Gruppen für den Visual State kann nicht an einem anderen Element erfolgen.

Im Beispiel erkennt man gut die Einteilung der Visual States in ihre entsprechenden Gruppen. Zuerst werden die Gruppen mit dem Knoten VisualStateGroup definiert, die jeweils die Knoten VisualState für ihre Zustände enthalten. Die Angabe des Namens über die Name-Notatation ist in diesem Fall nicht optional: Bislang benötigte man diese Angabe meist nur, um später über eine Datenbindung oder über den Programmcode auf das Element zuzugreifen. Der Visual State Manager dagegen nimmt über die Angabe des Namens die Zuordnung der Zustände und Gruppen vor.

Innerhalb der jeweiligen Zustände werden die Animationen mithilfe eines Storyboards definiert. Die Deklaration der Animation unterscheidet sich in diesem Punkt nicht von denen außerhalb des Visual State Managers. So können beliebig viele Animationen auf unterschiedliche Ziel-Eigenschaften angegeben werden. In diesem Beispiel wird lediglich die Deckkraft des Hintergrundes geändert, so dass dieser beim Überfahren mit der Maus langsam eingeblendet wird.

Das Prinzip des Visual State Managers ähnelt auf dem ersten Blick den Triggern, die ebenfalls Animationen auslösen können. Der Visual State Manager unterscheidet sich allerdings in folgenden Punkten:

- Zustände werden über einfache Zeichenketten definiert. Trigger benötigen entweder ein Dependency Property oder ein Datenmodell.
- Zustände müssen in Gruppen zusammengefasst werden. Trigger benötigen dagegen keine Gruppen, da ein Dependency Property immer nur ein Wert annehmen kann.
- Ein Steuerelement kann mehrere Zustände zur selben Zeit annehmen, jedoch immer nur einen Zustand aus einer Gruppe. So kann beispielsweise eine Schaltfläche (`ToggleButton`) sich gleichzeitig im `CheckedState` und im `MouseOverState` befinden.
- Es können Animationen angegeben werden, die nur zwischen dem Wechsel zweier bestimmten Zustände ausgeführt werden sollen. Dadurch lassen sich besser abgestimmte Animationen zwischen zwei Zuständen definieren. Diese Möglichkeit besteht bei Triggern nicht.
- Animationen müssen nicht länger im Control Template definiert werden, sondern können auch direkt im Fenster oder in einem benutzerdefinierten Steuerelement platziert werden. Trigger können dagegen nur in Styles und Control Templates definiert werden.

Möchte man eine Animation zwischen zwei Zuständen angeben, muss mit einer sog. *Transition* gearbeitet werden. Bei dieser werden als Bedingungen der ursprüngliche Status und der neue Status des Steuerelementes angegeben, zwischen denen die Animation durchgeführt wird. Im folgenden Beispiel soll immer dann eine Animation durchgeführt werden, wenn der Status von `Normal` auf `MouseOver` wechselt.

Listing 11.18 Visual States in einem Control Template definieren

```
<Window xmlns="..." xmlns:x="...">
  <Window.Resources>
    <Style TargetType="{x:Type Button}">
      <Setter Property="Template">
        <Setter.Value>
          <ControlTemplate TargetType="{x:Type Button}">
            <Grid Background="{TemplateBinding Background}">

              <VisualStateManager.VisualStateGroups>
                <VisualStateGroup Name="CommonStates">
                  <VisualState Name="Normal" />
                  <VisualState Name="MouseOver">
                    <Storyboard>
                      <DoubleAnimationUsingKeyFrames
                        Storyboard.TargetName="MouseOverBorder"
                        Storyboard.TargetProperty="Opacity">
                        <DiscreteDoubleKeyFrame Value="1.0" />
                      </DoubleAnimationUsingKeyFrames>
                    </Storyboard>
```

```
                    </VisualState>
                    <VisualStateGroup.Transitions>
                      <VisualTransition From="Normal" To="MouseOver">
                        <Storyboard>
                          <DoubleAnimation
                             Storyboard.TargetName="MouseOverBorder"
                             Storyboard.TargetProperty="Opacity"
                             From="0.0" To="1.0" />
                        </Storyboard>
                      </VisualTransition>
                    </VisualStateGroup.Transitions>
                  </VisualStateGroup>
                </VisualStateManager.VisualStateGroups>

                <Border
                  Name="MouseOverBorder"
                  Opacity="0.0"
                  Background="Red" />
                <ContentPresenter />
              </Grid>
            </ControlTemplate>
          </Setter.Value>
        </Setter>
      </Style>
    </Window.Resources>

    <Button
      Width="100" Height="50"
      Content="Button mit Visual State" />

  </Window>
```

In diesem Beispiel wird neben der üblichen Animation zusätzlich eine Animation für eine Transition angegeben. Diese wird nur dann ausgeführt, wenn der Visual State von MouseOver auf Normal wechselt. In diesem Fall wird eine einfache Animation durchgeführt, die die Deckkraft des Hintergrundes ändern soll. Das Beispiel ähnelt dem vorherigen in dieser Hinsicht stark, man muss aber berücksichtigen, dass diese Animation nur zwischen dem fest vorgegebenen Wechsel stattfindet. Außerdem wird im Anschluss die reguläre Animation des Visual States ausgeführt. Aus diesem Grund befindet sich im Visual State `MouseOver` eine zusätzliche Animation, die lediglich die Deckkraft für den Hintergrund fix setzt. Ohne diese Angabe würde der Wert für die Deckkraft wieder auf den ursprünglichen Wert zurückgesetzt werden.

Wie man in den Beispielen erkennen konnte, handelt es sich bei den Visual States nicht um gewöhnliches Eigenschaften und Werte eines Steuerelements. Es handelt sich vielmehr um Meta-Informationen; also zusätzliche beschreibende Informationen über das Steuerelement. Diese Informationen werden daher auch getrennt im `VisualStateManager` verwaltet. Soll beispielsweise der Zustand eines Steuerelements geändert werden, muss dieser Wechsel lediglich dem `VisualStateManager` bekannt gemacht werden.

Listing 11.19 Visual State im Programmcode setzen

```
if (IsMouseOver) {
  VisualStateManager.GoToElementState(this, "MouseEnter", true);
} else {
  VisualStateManager.GoToElementState(this, "MouseLeave", true);
}
```

In diesem Beispiel wird überprüft, ob sich die Maus über dem aktuellen Steuerelement befindet, um daraufhin den Zustand im `VisualStateManager` zu setzen. Das Ändern des Status erfolgt relativ einfach mit der Methode `GoToElementState()` – hier müssen lediglich drei Parameter angegeben werden, die das betreffende Steuerelement angeben, den gewünschten Status und ob eine (möglicherweise vorhandene) Transformation ausgeführt werden soll.

Leider besitzt der Visual State Manager aufgrund seiner etwas „lockeren" Umgangsweise aber auch einige Nachteile:

- Die möglichen Zustände eines Steuerelements sind bislang nur unzureichend dokumentiert. Es gibt keine Meta-Informationen oder Attribute, die man aus einer DLL auslesen könnte.
- Die Zustände können nicht nur vom Steuerelement selbst, sondern auch von außen gesetzt werden. Anders als bei Dependency Properties, deren Änderungen validiert werden können, verliert damit das Steuerelement die Hoheit über seinen eigenen Status.
- Die Zustände sind als einfache Zeichenketten angegeben, die trotz Zuweisung einer Gruppe innerhalb eines Steuerelements eindeutig sein müssen. Für eine Schaltfläche (`Button` oder davon abgeleitete Klasse) kann man den Zustand mit dem Namen `Normal` daher nicht in einem anderen Zusammenhang verwenden.

11.8 Steuerung von Multimedia-Elementen

Die Wiedergabe von Multimedia-Dateien wurde bereits in Kapitel 10 beschrieben. Die ausschließliche Verwendung von `MediaElement` hat allerdings den Nachteil, dass die Steuerung der Wiedergabe nur aus dem Programmcode erfolgen kann. Eine direkte Anbindung in XAML, wie es beispielsweise mit Kommandos möglich wäre, steht damit nicht zur Verfügung.

Alternativ kann die Kontrolle der Wiedergabe durch ein Storyboard übernommen werden. In diesem Fall obliegt die Steuerung der Wiedergabe nicht mehr länger dem `MediaElement` selbst, denn dieses wird nunmehr von außen gesteuert. Hierfür gibt es mit der Klasse `MediaTimeline` eine separate Animationsklasse, die auf diese Aufgabe spezialisiert ist.

Listing 11.20 Die Wiedergabe von Medien über ein Storyboard steuern

```
<Window xmls="..." xmlns:x="...">
  <Window.Resources>
    <Storyboard x:Key="MediaStoryboard1">
      <MediaTimeline
          Storyboard.TargetName="MediaElement1"
          Source="santabarbara.wmv" />
    </Storyboard>
  </Window.Resources>

  <DockPanel>
    <ToolBar DockPanel.Dock="Top">
    <Button Content="Wiedergabe">
      <Button.Triggers>
```

```
        <EventTrigger RoutedEvent="Button.Click">
          <BeginStoryboard
              Name="BSB1"
              Storyboard="{StaticResource MediaStoryboard1}" />
        </EventTrigger>
      </Button.Triggers>
    </Button>
    </ToolBar>
    <MediaElement
        Name="MediaElement1"
        LoadedBehavior="Manual" />
  </DockPanel>
</Window>
```

In diesem Beispiel wird ein zentrales Storyboard in den Ressourcen des Fensters erstellt. In diesem Storyboard ist die Animation `MediaTimeline` enthalten, die zum einen das Ziel für die Darstellung über die Angabe von `Storyboard.TargetName` benötigt und zum anderen die Datei, die wiedergegeben werden soll.

> **!** Die Angabe der Datei erfolgt zwar nicht mehr im `MediaElement` selbst, trotzdem unterliegt sie denselben Einschränkungen. Auch diese Datei darf nicht in den Ressourcen in der Anwendung liegen, sondern muss über den externen Windows Media Player erreichbar sein.

Die Darstellung der Wiedergabe erfolgt weiterhin über das Steuerelement `MediaElement`. Da die Steuerung aber nun von außen erfolgt, dient es aber nur noch als Leinwand, um beispielsweise Videos darzustellen. Das Storyboard wird über einen `EventTrigger` gestartet, der auf eine Schaltfläche gesetzt worden ist. Hier wird mit `BeginStoryboard` die Wiedergabe eines Videos begonnen.

Das Laden eines Videos kann allerdings zu einer merklichen Verzögerung führen. Das kann durch den relativ aufwendigen Ladeprozess verursacht werden, der vom Media Player ausgeführt werden muss. Dies kann negative Auswirkungen haben, wenn `MediaTimeline` zusammen mit anderen Storyboards und Animationen gestartet wird. Durch die Verzögerungen kann es passieren, dass diese nicht mehr synchron zueinander laufen und ein Versatz entsteht. Das Verhalten kann aber mit `SlipBehavior` im Storyboard gesteuert werden.

```
<Storyboard SlipBehavior="Slip">
  <MediaTimeline .../>
</Storyboard>
```

Mit der Einstellung `Slip` wartet das Storyboard so lange mit der Durchführung der Animation, bis alle Animationen initialisiert und geladen sind.

Alternativ kann eine Sound-Datei aber auch unmittelbar in einem Trigger abgespielt werden. Soll beispielsweise beim Klick auf eine Schaltfläche ein kurzer Sound oder ein Geräusch abgespielt werden, ist hierfür keine aufwendige Deklaration eines neuen Storyboards erforderlich. Stattdessen kann über einen eigenen `ActionTrigger` direkt eine WAV-Datei abgespielt werden.

Listing 11.21 Audio-Dateien über einen EventTrigger abspielen

```
<Button Content="Klick mit Sound">
  <Button.Triggers>
    <EventTrigger RoutedEvent="Button.Click">
      <SoundPlayerAction Source="clicksound.wav" />
    </EventTrigger>
  </Button.Triggers>
</Button>
```

In diesem Beispiel wird die Datei *clicksound.wav* abgespielt, sobald der Anwender die Schaltfläche anklickt. Die WAV-Datei kann entweder als Ressource in das Projekt eingebunden werden oder sich lokal im Anwendungsverzeichnis auf der Festplatte befinden. Bei letzterer Möglichkeit muss mit der URL-Syntax „siteOfOrigin" gearbeitet werden, damit die WPF die unterschiedliche Datenquelle erkennen kann.

Die Einschränkungen von `MediaElement` und `MediaTimeline` bleiben dagegen auch in der neuen Version bestehen.

12 Eigene Steuerelemente und XAML-Erweiterungen

Das Thema „Customizing“ kann sehr weit umfasst sein. Abhängig davon, wen man zu diesem Thema befragt, kann damit beispielsweise die individuelle Anpassung der Oberfläche gemeint sein, die der Anwender für sich selbst vornehmen kann. In diesem Kapitel wird das Augenmerk ausschließlich auf die Entwicklung der Anwendung gelegt.

Die meisten alltäglichen Aufgaben sollten sich mit den reinen Bordmitteln der WPF lösen lassen. Es gibt aber immer wieder Fälle, in denen es entweder zu aufwendig ist oder man wiederholt dieselben Arbeiten durchführen muss. In solchen Fällen wäre es einfacher, wenn diese Arbeitsschritte verkürzt werden könnten, damit einerseits weniger redundanter Code entsteht und andererseits die Arbeit zügiger voranschreitet.

Unter diesem Aspekt gehören zum Thema Customizing die folgenden Bereiche:

- Styles
- Templates
- Eigene Steuerelemente

Styles und Templates würden also auch unter dieses Thema fallen. Bevor man sich an die Entwicklung neuer Steuerelemente begibt, sollte man jedoch prüfen, ob nicht bereits vorhandene Steuerelemente mit Styles und Templates angepasst werden können. Ein neues Steuerelement sollte man nur dann entwickeln, wenn die Funktionalität nicht ausreichend ist und beispielsweise neue Eigenschaften oder Methoden implementiert werden müssen. Die Darstellung eines Steuerelementes ist davon unabhängig und kann über Styles und Templates vollständig ausgetauscht werden, wie es in Kapitel 6 und Kapitel 7 beschrieben wurde.

12.1 Benutzerdefinierte Steuerelemente

Ein benutzerdefiniertes Steuerelement stellt die schnellste und einfachste Möglichkeit dar, um ein eigenes Steuerelement zu erstellen. Diese Technik gab es bereits in ähnlicher Form in Windows Forms und ASP.NET, bei der auch meist die volle visuelle Unterstützung des Designers zur Verfügung stand. Ein benutzerdefiniertes Steuerelement lässt sich daher in der WPF so einfach wie ein neues Fenster oder eine neue Seite entwickeln. Es bietet deshalb die ideale Grundlage, um mit dem Thema zu beginnen, da hier auch Techniken wie Dependency Properties oder Routed Events verwendet werden können.

Um dem aktuellen Projekt ein neues benutzerdefiniertes Steuerelement hinzuzufügen, klicken Sie im Menü auf PROJEKT | ADD USER CONTROL und geben im Dialogfenster den Namen für die neue Datei an. Darauf folgend werden dem Projekt eine XAML- und eine Codebehind-Datei hinzugefügt, mit denen sich das neue Steuerelement implementieren lässt.

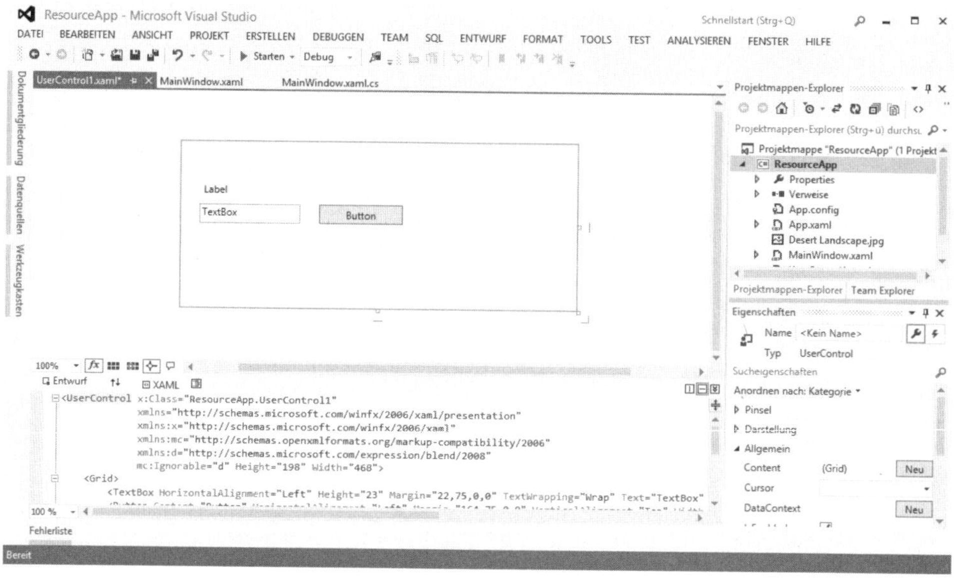

Bild 12.1 Unterstützung in Visual Studio

Wie in Bild 12.1 zu sehen ist, kann mit dem Designer die Oberfläche in ähnlicher Weise erstellt werden, wie man es bereits für Anwendungen gesehen hat. Hierbei können die gewünschten Steuerelemente auf der Oberfläche platziert und ausgerichtet werden. In diesem Beispiel wurden ein Eingabefeld und eine Schaltfläche verwendet, die zusammen häufiger in der Anwendung verwendet worden sind. Durch die Zusammenstellung dieser Steuerelemente wird in der Anwendung später nur noch das benutzerdefinierte Steuerelement benötigt.

Die Darstellung der benutzerdefinierten Steuerelemente wird ausschließlich durch ihre XAML-Datei vorgegeben. Eine nachträgliche Anpassung über `ControlTemplates` oder `DataTemplates` ist nicht möglich (das betrifft nicht die verwendeten Steuerelemente). Ein benutzerdefiniertes Steuerelement ist daher für die Verwendung innerhalb des eigenen Projektes und weniger für einen projektübergreifenden Einsatz gedacht.

Um das neue Steuerelement zu verwenden, muss zuerst der eigene Namensraum in XAML registriert werden. Danach kann das Steuerelement auf der Oberfläche auf dieselbe Weise platziert werden, wie man es von denen aus der WPF gewohnt ist.

Listing 12.1 Ein benutzerdefiniertes Steuerelement in einem Fenster verwenden

```
<Window
    xmlns="..." xmlns:x="..."
    xmlns:local="clr-namespace:CustomizingApplication">
  <Grid>
    <local:CustomerDetails />
  </Grid>
</Window>
```

In diesem Beispiel wird der lokale Namensraum `CustomizingApplication` in XAML registriert. Dadurch kann im Grid das neue Steuerelement mit dem Namen `CustomerDetails` platziert werden. Bitte beachten Sie, dass hierfür immer das Präfix des registrierten Namensraumes angegeben sein muss.

Ein benutzerdefiniertes Steuerelement sollte keine expliziten Breiten- und Höhenangaben besitzen. Diese werden in der Vorlage in Visual Studio automatisch eingefügt, damit auf der so entstandenen Fläche besser mit der Maus gearbeitet werden kann. Bei der Verwendung können diese Eigenschaften aber eher hinderlich sein, da sich das Steuerelement nicht in das vorhandene Layout einpasst. Ein gutes Steuerelement sollte auf seine Umgebung achten, in der es platziert wird, und sich entsprechend durch das Layout-System anpassen lassen.

Die Verwendung eines neuen benutzerdefinierten Steuerelementes ist daher die geeignete Methode,

- wenn das Steuerelement innerhalb des eigenen Projektes verwendet wird,
- wenn es auf eine schnelle und einfache Erstellung ankommt, da hierbei dieselbe Unterstützung des Designers zur Verfügung steht,
- wenn es sich um eine Zusammenstellung vorhandener Steuerelemente handelt (wie im Beispiel mit einem Eingabefeld und einer Schaltfläche gezeigt wurde, die in dieser Konstellation öfter in einer Anwendung verwendet werden können) oder
- wenn die Unterstützung von Templates nicht unbedingt erforderlich ist.

Im gezeigten Beispiel agiert das benutzerdefinierte Steuerelement allerdings vollkommen autonom, d. h., es kann weder von außen angepasst werden, noch wirft es Ereignisse, auf die man reagieren könnte. Auf den folgenden Seiten werden daher Techniken beschrieben, mit denen sich das Steuerelement u. a. durch Dependency Properties und Routed Events erweitern lässt.

12.2 Eigenschaften und Ereignisse

In der WPF haben Eigenschaften und Ereignisse in Form von Dependency Properties und Routed Events einen hohen Stellenwert. Seien es Datenbindungen, Styles oder Animationen – in vielen Bereichen der WPF werden diese beiden Techniken benötigt, um Daten zu setzen oder um Änderungen bekannt zu geben. Das Erstellen neuer Dependency Properties und Routed Events unterscheidet sich allerdings deutlich von ihren einfachen Vorgängern aus der CLR. Auf den folgenden Seiten wird daher im Detail beschrieben, wie man selber diese Techniken bei der Entwicklung eigener Steuerelemente anwenden kann.

12.2.1 Dependency Properties erstellen

Dependency Properties haben gegenüber herkömmlichen Eigenschaften, die aus der Welt der CLR stammen, einige wesentliche Vorteile. Sie können beispielsweise über Styles und Datenbindungen gesetzt werden, können mittels `DynamicResource` und `StaticResource` auf Ressourcen zugreifen und lassen sich zudem über Animationen ansteuern (abhängig vom verwendeten Datentyp).

Die Deklaration eines neuen Dependency Propertys ist allerdings kein bloßer Aufsatz oder keine Erweiterung, die für eine vorhandene Eigenschaft erstellt werden muss. Das Konzept der Dependency Properties ist sehr viel tiefer im System verankert und basiert zum größten Teil auf der Basisklasse `DependencyObject`. Nur Klassen, die von dieser Basisklasse spezialisiert sind (direkt oder indirekt), können eigene Dependency Properties erstellen. Steuerelemente sind aber bereits von Haus aus von dieser Klasse spezialisiert.

Der zentrale Dreh- und Angelpunkt eines Dependency Propertys sind seine Metadaten, die als statisches Mitglied in der Klasse definiert sein müssen. Hierfür wird die Klasse `DependencyProperty` verwendet, die dem System Auskunft erteilt und die zudem als Referenz verwendet werden kann.

Listing 12.2 Ein neues Dependency Property erstellen

```
public class CustomerDetails : UserControl
{
  public static readonly DependencyProperty PositionProperty =
      DependencyProperty.Register(
          "Position",
          typeof(Int32),
          typeof(CustomerDetails),
          new PropertyMetadata(0),
          new ValidateValueCallback(IsValidPosition));

  public int Position
  {
    get { return (int)GetValue(PositionProperty); }
    set { SetValue(PositionProperty, value); }
  }

  // Definitionen analog zu PositionProperty
  public static readonly DependencyProperty MinimumProperty...;
  public static readonly DependencyProperty MaximumProperty...;
}
```

In diesem Beispiel werden in einem benutzerdefinierten Steuerelement drei neue Dependency Properties erstellt (zur besseren Übersicht wurde das Beispiel wieder etwas verkürzt dargestellt). Das erste Dependency Property soll auf den Namen `Position` hören – die hierzu notwendige Deklaration muss daher `PositionProperty` lauten. Das verwendete Suffix `Property` ist bei der Namenskonvention Pflicht, da von der WPF die Zuordnung von Eigenschaft und Dependency Property nur anhand des Namens vorgenommen werden kann. Die Deklaration muss zwingend als statisches Feld erfolgen, da diese übergreifend für alle Instanzen des benutzerdefinierten Steuerelements gilt. Zudem sollte das Feld als `readonly` markiert werden, damit eine spätere Änderung der Werte nicht mehr möglich ist.

Die Registrierung erfolgt über die statische Methode `Register()` aus der Klasse `DependencyProperty`. Sie gibt die notwendige Instanz von `DependencyProperty` zurück, die als statisches Feld in der Klasse bereitgestellt werden muss. Die Deklaration muss nicht notwendigerweise bei der Definition selbst erfolgen, sondern kann ebenfalls in den statischen Konstruktor der Klasse verlagert werden. Je nach Umfang an Dependency Properties kann das besser zur Übersicht beitragen.

Die Methode `Register()` ist mehrfach überladen – in diesem Beispiel ist sie im vollen Umfang zu sehen, wobei nur die ersten drei Parameter für eine Registrierung notwendig sind. Mit den ersten beiden Parametern werden der verwendete Name und der Datentyp der Eigenschaft angegeben; der dritte Parameter gibt die Klasse an, die als Eigentümer der Eigenschaft dienen soll. In den meisten Fällen ist es ausreichend, wenn hier die Klasse des Steuerelementes eingetragen wird.

Die Angaben von `PropertyMetadata` und `ValidateValueCallback` ist optional. Es sollten aber zumindest Metadaten angegeben werden, um für die Eigenschaft einen Standardwert zu setzen. In diesem Beispiel wird mit dem Konstruktor der Klasse der gewünschte Standardwert angegeben. Da dieser vom Typ `object` ist, ist man nicht auf die Verwendung eines bestimmten Datentyps fixiert, sondern kann hier einen beliebigen Wert hinterlegen, der mit dem Datentyp der Eigenschaft kompatibel ist. Sollte das nicht der Fall sein, wird erst zur Laufzeit ein Fehler von der WPF geworfen, mit dem Hinweis, dass die Initialisierung fehlgeschlagen ist. (Auf die beiden Parameter wird gleich zurückgekommen.)

Damit ein Dependency Property ebenfalls in dem eigenen Programmcode verwendet werden kann, muss zusätzlich eine CLR-Eigenschaft erstellt werden. Der Name muss dabei zwingend der Namenskonvention folgen, wie sie bei der Registrierung beschrieben wurde.

Listing 12.3 Ein Dependency Property über Programmcode zugänglich machen

```
public class CustomerDetails : UserControl
{
  // Deklaration siehe oben
  public static readonly DependencyProperty PositionProperty;

  public string Position
  {
    get { return (string)GetValue(PositionProperty); }
    set { SetValue(PositionProperty, value); }
  }

  // Weitere Dependency Properties
  public static readonly DependencyProperty MinimumProperty;
  public static readonly DependencyProperty MaximumProperty;
}
```

Die Eigenschaft dient lediglich für den typsicheren Zugriff aus dem Programmcode und darf, abgesehen von dem Aufruf der Methoden `GetValue()` und `SetValue()`, keine weitere Logik beinhalten. Dadurch fungiert die Eigenschaft lediglich als eine Art Wrapper, denn die Werte werden nicht wie gewohnt in privaten Variablen der Klasse gespeichert, sondern in dem internen Speicher der Klasse `DependencyProperty`. Beim Zugriff auf das Dependency Property greift daher die WPF auch ausschließlich auf diesen internen Speicher zu. Dieser Zugriff verläuft dadurch erheblich performanter, als wenn die Werte für die CLR-Eigenschaft mittels Reflection ausgelesen oder gesetzt werden müssten.

Ein Dependency Property kann auch als „nur lesend" registriert werden. Hierfür muss bei der Registrierung anstelle von Register die Methode RegisterReadOnly() verwendet werden. Das Dependency Property wird automatisch als „nur lesend" registriert, wenn in der CLR-Eigenschaft kein Setter definiert worden ist.

Listing 12.4 Ein Dependency Property als „nur lesend" registrieren

```
public class CustomerDetails
{
  static CustomerDetails()
  {
    PositionPropertyKey =
        DependencyProperty.RegisterReadOnly(
          "Position",
          typeof(Int32),
          typeof(CustomerDetails));
    PositionProperty = PositionPropertyKey.DependencyProperty;
  }

  private static readonly PositionPropertyKey;
  public static readonly PositionProperty;

  public int Position
  {
    get { return (int)GetValue(PositionProperty); }
    private set { SetValue(PositionProperty, value); }
  }
}
```

Die Methode RegisterReadOnly() gibt allerdings nicht unmittelbar das Dependency Property zurück. Stattdessen wird ein Schlüssel in Form eines DependencyPropertyKey zurückgegeben, mit dessen Hilfe man auch intern den Wert setzen kann. Dieser Schlüssel enthält ebenfalls die öffentlichen Informationen für das Dependency Property, wie im statischen Konstruktor im Beispiel zu sehen ist. Damit die Werte im Programmcode komfortabel gesetzt werden können, kann der Setter der Eigenschaft mittels private oder internal weiter eingeschränkt werden. Dadurch kann beispielsweise der initiale Wert problemlos gesetzt werden.

Mit der Klasse PropertyMetadata können bei Registrierung, neben dem bisher gezeigten Standardwert, aber auch noch weitere Informationen angegeben werden. Die Klasse bietet hierfür einen überladenen Konstruktor, der in seinem vollen Umfang wie folgt aufgerufen werden kann.

```
new PropertyMetadata(
    0,
    FrameworkPropertyMetadataOptions.None,
    new PropertyChangedCallback(OnPositionChanged),
    new CoerceValueCallback(CoercePosition));
```

Der erste Parameter definiert, wie auch schon im ersten Beispiel, wieder den Standardwert, mit dem das Dependency Property vorbelegt werden soll. Diese Angabe ist notwendig, da es kein privates Feld für die Eigenschaft gibt, dem der Standardwert zugewiesen werden könnte.

Mit dem zweiten Parameter können dem Layout-System einige zusätzliche Informationen mitgegeben werden, wie sich eine Änderung der Werte auf das Steuerelement auswirkt.

Hier ist eine Kombination mehrerer Optionen möglich, die in Tabelle 12.1 im Detail aufgelistet sind.

Tabelle 12.1 Eine Übersicht der möglichen Optionen für Dependency Properties

Wert	Beschreibung
`None`	Eine Änderung des Wertes hat keine Auswirkung auf die Darstellung.
`AffectsMeasure`	Nach einer Änderung werden die Abmessungen des Steuerelementes neu berechnet.
`AffectsArrange`	Nach einer Änderung wird die Anordnung der enthaltenen Steuerelemente neu berechnet.
`AffectsParentMeasure`	Nach einer Änderung wird die Abmessung des übergeordneten Steuerelementes neu berechnet.
`AffectsParentArrange`	Nach einer Änderung wird die Anordnung der enthaltenen Steuerelemente im übergeordneten Steuerelement neu berechnet.
`AffectsRender`	Das Steuerelement wird neu gerendert.
`Inherits`	Angaben können über den Visual Tree vererbt werden.
`NotDataBindable`	Eine Datenbindung ist auf dieses Dependency Property nicht erlaubt.
`BindsTwoWayByDefault`	Eine zweiseitige Datenbindung soll standardmäßig verwendet werden.
`Journal`	Der Wert des Dependency Propertys soll bei einer navigierbaren Anwendung im Journal gespeichert werden, damit dieser beim Zurücknavigieren erhalten bleibt.
`SubPropertiesDo-NotAffectRender`	Eigenschaften des Wertes können problemlos geändert werden, ohne dass das Steuerelement neu gezeichnet werden muss.

Für ein Dependency Property, das in einem benutzerdefiniertem Steuerelement erstellt wird, ist normalerweise die Angabe von `None` vollkommen ausreichend. Die Einstellungen, die sich auf die Abmessungen, Anordnung und Darstellung beziehen, werden in der Regel nur von Custom Controls benötigt, die später in diesem Kapitel beschrieben werden.

Im Konstruktor von `PropertyMetadata` können des Weiteren noch zwei Delegates übergeben werden, die beim Setzen neuer Werte aufgerufen werden. Der erste Delegate `PropertyChangedCallback` wird immer dann aufgerufen, sobald der Wert des Dependency Propertys gesetzt wird. An dieser Stelle kann der neue Wert weiterverarbeitet oder auch in untergeordneten Steuerelementen angezeigt werden.

Eine Überprüfung, ob es sich um einen gültigen Wert handelt, darf aber auch hier nicht durchgeführt werden. Hierfür kann u. a. der zweite Delegate `CoerceValueCallback` verwendet werden.

> Alle Informationen über Dependency Properties werden in der Klasse als statische Mitglieder deklariert, da diese instanzübergreifend verwendet werden. Daher müssen auch die Delegates als statische Mitglieder in der Klasse definiert werden.

Dependency Properties können auch Abhängigkeiten untereinander besitzen. In unserem Beispiel wird mit `Position` ein Integer-Wert angegeben, der sich zwischen den Werten der Dependency Properties `Minimum` und `Maximum` bewegen muss. Gibt der Anwender einen höheren Wert an oder ändern sich die Vorgaben von `Minimum` und `Maximum`, muss der Wert für Position erneut überprüft werden. Diese Aktion kann innerhalb des Delegates `PropertyChangedCallback` angestoßen werden.

```
private static void OnMinimumChanged(
    DependencyObject d, DependencyPropertyChangedEventArgs e)
{
  // Der Wert für „Minimum" wurde geändert
  // abhängiges Property muss überprüft werden
  d.CoerceValue(PositionProperty);
}

private static void OnMaximumChanged(
    DependencyObject d, DependencyPropertyChangedEventArgs e)
{
  // Der Wert für „Maximum" wurde geändert
  // abhängiges Property muss überprüft werden
  d.CoerceValue(PositionProperty);
}
```

In den Delegates der Eigenschaften `Minimum` und `Maximum` wurde in diesem Beispiel die Methode `CoerceValue()` aus der Klasse `DependencyObject` aufgerufen. Hierdurch wird erreicht, dass der gespeicherte Wert des angegebenen Dependency Propertys Position erneut überprüft wird.

Normalerweise wird der Wert automatisch beim Setzen des Wertes überprüft. In diesem Fall haben aber auch die Dependency Properties `Minimum` und `Maximum` Einfluss auf die Gültigkeit von Position und können seinen Wert nachträglich ungültig werden lassen. Diese Abhängigkeit wird über `CoerceValue` angegeben.

In dem Delegate `CoerceCallback` kann nun die Überprüfung des Wertes für Position vorgenommen werden. In diesem Fall ist deutlich der Einfluss von `Minimum` und `Maximum` zu sehen.

Listing 12.5 Abhängigkeiten zwischen mehreren Dependency Properties überprüfen

```
private static object CoerceMinimum(
    DependencyObject d, object value)
{
  int maximum = (int)d.GetValue(MaximumProperty);
  int newMinimum = (int)value;
  if (newMinimum > maximum)
    return maximum;
  return newMinimum;
}

private static object CoerceMaximum(
    DependencyObject d, object value)
{
  int minimum = (int)d.GetValue(MinimumProperty);
  int newMaximum = (int)value;
  if (newMaximum < minimum)
    return minimum;
```

```
    return newMaximum;
}

private static object CoercePosition(
    DependencyObject d, object value)
{
    int minimum = (int)d.GetValue(MinimumProperty);
    int maximum = (int)d.GetValue(MaximumProperty);
    int newPosition = (int)value;

    if (newPosition < minimum)
        newPosition = minimum;
    if (newPosition > maximum)
        newPosition = maximum;
    return newPosition;
}
```

Über den ersten Parameter der Methode kann man auf die Instanz des Objektes zugreifen. Allerdings ist dieser nur vom Typ `DependencyObject` definiert, sodass hier kein typsicherer Zugriff erfolgen kann. Auf die Werte der Dependency Properties kann man aber auch alternativ über die Methode `GetValue()` zugreifen. Dieser Umweg ist leider notwendig, da auch die Delegates als statisches Mitglied definiert werden müssen und so nicht über das Schlüsselwort `this` auf die Instanz zugreifen können.

Der neue Wert für das Dependency Property wird über den Parameter `value` übergeben. In diesem Beispiel wird in der Methode `CoercePosition()` anhand der aktuellen Werte von `Minimum` und `Maximum` überprüft, ob der neue Wert für Position gültig ist. Der gültige Wert wird für das Dependency Property als Rückgabewert zurückgegeben.

> **!** Interessant ist das Verhalten der WPF, wenn der Wert in den Delegates verändert werden sollte: Liegt beispielsweise der neue Wert für `Position` über dem `Maximum`, wird zwar der niedrigere Wert aus dem Delegate `CoerceValue` gespeichert, intern behält die WPF aber auch den ursprünglichen Wert. Dieser „Wunschwert" wird dann automatisch von der WPF gesetzt, sobald der Wert für `Maximum` nach oben gesetzt und dadurch wieder gültig wird. ■

Man sollte die gegenseitigen Abhängigkeiten sparsam einsetzen, da dadurch verstärkt mit Callbacks gearbeitet werden muss, über welche die Werte überprüft werden. Auch zirkuläre Rekursionen können so schnell entstehen, wenn beispielsweise zwei Dependency Properties voneinander abhängig sind.

Das Setzen des Wertes muss auch nicht zwingend durch den Anwender selbst erfolgen. Der Wert kann beispielsweise auch von der WPF über Styles, Trigger oder Datenbindungen gesetzt werden.

Neben den beiden Callbacks `PropertyChanged` und `CoercedValue`, die über die Metadaten bei der Registrierung angegeben werden können, existiert noch ein weiterer Callback namens `ValidateValue`. Hierüber kann der Wert für eine Eigenschaft überprüft werden. Diese Logik würde sich normalerweise innerhalb des Setters der Eigenschaft befinden. Damit auch die WPF diese Überprüfung vornehmen kann, muss diese über einen Delegate bereitgestellt werden.

Listing 12.6 Werte für ein Dependency Property überprüfen

```
public class CustomerDetails : UserControl
{
   // Metadaten
   public static readonly DependencyProperty PositionProperty =
         DependencyProperty.Register(
              "Position",
              typeof(Int32), typeof(CustomerDetails),
              new PropertyMetadata(0),
              new ValidateValueCallback(IsValidPosition));

   // CLR-Eigenschaft
   public int Position { ... }

   private static void IsValidPosition(object value)
   {
      int position = (int)value;
      return (position >= 0);
   }
}
```

In diesem Beispiel ist noch mal der grobe Aufbau eines Dependency Propertys zu sehen. Bei der Registrierung kann als Parameter ein Delegate angegeben werden, mit dem die Überprüfung vorgenommen werden kann.

Diese Überprüfung erfolgt jedoch nur auf den Wert selbst. Man hat mit dem Delegate keine Möglichkeit, auf die Instanz der Klasse zuzugreifen (in diesem Fall `CustomerDetails`). Der mit dem Parameter `value` übergebene Wert kann daher nur grundsätzlich geprüft werden, beispielsweise ob es sich um einen positiven Wert handelt. Eine Überprüfung in Abhängigkeit zu anderen gesetzten Werten (wie es oben mit `Minimum` und `Maximum` zu sehen war) kann dagegen nicht erfolgen.

Der große Unterschied zwischen der Überprüfung und `Coerce` ist, dass nach einer fehlgeschlagenen Überprüfung eine Ausnahme erzeugt wird. Die WPF erwartet nun vom Entwickler, dass er diese auch in adäquater Weise abfängt, da ansonsten die gesamte Anwendung nach unten gezogen wird.

`Coerce` eignet sich daher auch deutlich besser für eine Design-Time-Unterstützung. Beim Entwerfen von Oberflächen kann es eher zu der Situation kommen, dass Werte in der falschen Reihenfolge gesetzt werden. Wird `Minimum` auf einen Wert gesetzt, der über dem von `Maximum` liegt, würde das mit einer Überprüfung bereits eine Ausnahme erzeugen. Dabei kann es sein, dass erst in einem zweiten Schritt der Wert für `Maximum` korrekt gesetzt wird. Das liegt u. a. auch an der fehlenden Composing-Infrastruktur, mit der das Setzen mehrerer Werte mit der Methode `BeginInit()` eingeleitet und mit `EndInit()` abgeschlossen werden konnte. Zwischen diesen Aufrufen konnte das Steuerelement sich auch vorübergehend in einem nicht korrekten Zustand befinden. In der WPF können daher etwas schneller ungültige „Zwischenzustände" entstehen, die nicht direkt Fehler werfen sollten.

12.2.2 Attached Properties erstellen

Ein Attached Property fungiert in ähnlicher Weise wie ein Dependency Property. In den vorherigen Kapiteln hat man bereits gesehen, wie man Attached Properties bei einem `Grid` oder bei einem `DockPanel` verwendet. Hierbei wird der Wert der Eigenschaft nicht in dem `Grid` selbst abgelegt, sondern an die entsprechenden Steuerelemente angeheftet. Auch hierfür wird wieder derselbe interne Speicher der Steuerelemente verwendet, der auch schon bei den Dependency Properties zum Einsatz kam.

Die Definition eines neuen Attached Propertys ist vom Aufbau her einem Dependency Property sehr ähnlich. Auch hier muss ein statisches Feld definiert werden, mit dem die Informationen über das Attached Property bereitgestellt werden. Allerdings wird hierfür die Methode `RegisterAttached()` aus der Klasse `DependencyProperty` verwendet.

Listing 12.7 Ein Attached Property erstellen

```
public class CustomerDetails : UserControl
{
  public static readonly DependencyProperty HintProperty =
      DepdendencyProperty.RegisterAttached(
          "HintProperty",
          typeof(String),
          typeof(CustomerDetails));

  public static string GetHint(UIElement element)
  {
    (string)element.GetValue(HintProperty);
  }

  public static void SetHint(UIElement element, string value)
  {
    element.SetValue(HintProperty, value);
  }
}
```

In diesem Beispiel wird im benutzerdefinierten Steuerelement ein Attached Property namens `Hint` hinzugefügt. Die Parameter der Methode `RegisterAttached()` sind dieselben, wie sie auch schon zum Registrieren von Dependency Properties verwendet worden sind. Der Name und der Typ der Eigenschaft werden mit den ersten beiden Parametern angegeben; der dritte Parameter gibt die Klasse an, zu der das Attached Property gehört.

Für ein Attached Property muss allerdings keine CLR-Eigenschaft definiert werden, da diese immer nur fest mit einer Instanz verbunden wäre. Auch können auf die Weise keine fremden Klassen erweitert werden, bei denen der Wert eigentlich hinterlegt werden soll. Stattdessen erfolgen das Abfragen und das Zuweisen der Werte über zwei statische Methoden: in diesem Beispiel mit `GetHint()` und `SetHint()`. Ähnlich wie bei der CLR-Eigenschaft aus den Dependency Properties fungieren diese beiden auch nur als Wrapper, da sie den Wert mit den Methoden `GetValue()` und `SetValue()` an das Steuerelement durchschleusen.

Sowohl die verwendeten Namen als auch die angegebenen Parameter müssen dabei einem bestimmten Schema folgen. So muss der Name immer mit „Set" und „Get" beginnen und den Namen der Eigenschaft tragen (in diesem Beispiel also `GetHint` und `SetHint` für die

Eigenschaft Hint). Die Methode GetHint() muss einen Parameter definieren, mit dem das gewünschte UIElement übergeben wird, das den gewünschten Wert enthält. Die Methode SetHint() muss außerdem mit einem zweiten Parameter den Wert annehmen, der für die Eigenschaft gesetzt werden soll.

Wie auch schon bei anderen Informationen und Delegates, die in Zusammenhang mit Dependency Properties und Attached Properties gezeigt wurden, müssen diese beiden Methoden zwingend als statische Mitglieder definiert sein.

Handelt es sich bei dem Attached Property um eine schreibgeschützte Eigenschaft, kann anstelle von RegisterAttached() die Methode RegisterAttachedReadOnly() verwendet werden.

Wie ein Dependency Property wird mit der Implementierung eines Attached Properties aber noch keine Funktionalität implementiert. Es handelt sich hierbei nur um einen Wert, der in einem Steuerelement gespeichert wird. Wie mit diesem Wert umgegangen wird oder was für Auswirkungen dieser hat, muss mit der eigenen Programmlogik übernommen werden.

Das Attached Property kann nun im eigenen Programm verwenden werden.

Listing 12.8 Das neue Attached Property in XAML verwenden

```
<Window
    xmlns="..." xmlns:x="..."
    xmlns:local="clr-namespace:CustomizingApplication">
  <DockPanel>
    <ToolBar DockPanel.Dock="Top">
      <Button
          Content="Übernehmen"
          local:CustomerDetails.Hint="Hiermit werden die
              Kundendaten übernommen" />
    </ToolBar>
  </DockPanel>
  <Grid>
    <local:CustomerDetails />
  </Grid>
</Window>
```

In diesem Beispiel wird mit dem Attached Property CustomerDetails.Hint der Wert in einer Schaltfläche gesetzt, der sich in der ToolBar des Fensters befindet. Da sich die Klasse in einem eigenen Namensraum befindet, muss zuerst in der Kopfzeile von XAML die Registrierung erfolgen. Auch das Präfix muss vor der Klasse CustomerDetails angegeben sein, damit diese eindeutig dem Namensraum zugeordnet werden kann.

Beachten Sie, dass ein Attached Property grundsätzlich auf jedes Steuerelement angewendet werden kann. Soll die Verwendung auf einige bestimmte Steuerelemente eingeschränkt werden, kann dies zusätzlich mit Attributen angegeben werden.

Hierfür steht eine ganze Reihe von Attributen bereit:

- AttachedPropertyBrowsable
- AttachedPropertyBrowsableForChildren
- AttachedPropertyBrowsableForType
- AttachedPropertyBrowsableWhenAttributePresent

Hierüber wird aber nur die Sichtbarkeit im Designer beeinflusst, damit der Anwender in Visual Studio oder Blend nicht unnötig mit einer Vielzahl an Attached Properties konfrontiert wird, von denen die meisten im aktuellen Kontext gar nicht zu verwenden sind. Man wird dadurch nicht von einer expliziten Verwendung (z. B. im Programmcode) abgehalten.

12.2.3 Routed Events erstellen

Für den Entwickler hat ein Routed Event gegenüber einem normalen CLR-Ereignis mehrere Vorteile. Routed Events werden über den Visual Tree veröffentlicht und können so an einer zentraleren Stelle gesammelt abgefangen werden. Auch das Setzen von Ereignisbehandlungen über einen EventSetter ist so in einem Style möglich. Nicht zuletzt können Routed Events auch Trigger auslösen, mit denen sich Storyboards steuern lassen.

Für das Erstellen eines neuen Routed Events ist die Klasse `EventManager` zuständig. Über sie wird, ähnlich wie bei einem Dependency Property oder Attached Property, das Ereignis für die WPF registriert.

Listing 12.9 Ein neues Routed Event erstellen

```
public class CustomerDetails : UserControl
{
  public static readonly RoutedEvent PositionChangedEvent =
      EventManager.RegisterRoutedEvent(
          "PositionChanged",
          RoutingStrategy.Bubble,
          typeof(RoutedPropertyChangedEventHandler<int>),
          typeof(CustomerDetails);
}
```

In diesem Beispiel wird ein neues Ereignis mit dem Namen `PositionChanged()` registriert, der mit dem ersten Parameter der Methode angegeben wird. Der zweite Parameter gibt die Routing-Strategie an, die beim Veröffentlichen im Visual Tree angewendet wird. Normale Ereignisse werden hierbei als „Bubble" deklariert, wobei das Ereignis vom Ursprung durch den Visual Tree nach oben geroutet wird (und steigt dabei wie eine Luftblase im Wasser nach oben). Der dritte Parameter gibt den Typ des Delegates an, der für das CLR-Ereignis verwendet werden soll – denn intern wird für die Umsetzung nichts anderes als die bekannten CLR-Ereignisse verwendet. Der vierte Parameter gibt wieder die Klasse an, die als Eigentümer des Ereignisses dient.

Ähnlich wie bei einem Dependency Property muss auch hier ein kleiner Wrapper erstellt werden, damit der Zugriff aus dem Programmcode typsicher erfolgen kann.

```
public class CustomerDetails : UserControl
{
  // Deklaration siehe oben
  public static readonly RoutedEvent PositionChangedEvent;

  public event
      RoutedPropertyChangedEventHandler<int> PositionChanged
  {
    add { AddHandler(PositionChangedEvent, value); }
```

```
        remove { RemoveHandler(PositionChangedEvent, value); }
    }

    protected void OnPositionChanged(int oldPosition,
        int newPosition)
    {
        RoutedPropertyChangedEventArgs<int> e =
            new RoutedPropertyChangedEventArgs(
                oldPosition, newPosition, PositionChangedEvent);
        RaiseEvent(e);
    }
}
```

In diesem Beispiel wird der Wrapper für den typischeren Zugriff angelegt. Hierfür muss, ähnlich wie bei einer Eigenschaft, die Implementierung von Hand durchgeschleust werden. Im Falle eines Ereignisses müssen `add` und `remove` verwendet werden, die das Ereignis mit den Methoden `AddHandler()` oder `RemoveHandler()` an die Basisklasse weiterleiten.

Das Erzeugen eines neuen Ereignisses ist auch etwas umständlicher, da hier zusätzlich noch weitere Informationen für das Routing angegeben werden müssen. In diesem Fall muss in der Klasse `RoutedPropertyChangedEventArgs` zusätzlich das Ereignis angegeben werden, welches das Ereignis (ursprünglich) ausgelöst hat. Das ist notwendig, da beim Routing durch den Visual Tree das Ereignis an mehreren Steuerelementen geworfen wird und es ansonsten nicht mehr nachvollziehbar wäre, um welches Ereignis es sich dabei handelt.

Soll darüber hinaus eine Vorschau auf das Ereignis gegeben werden, muss hierfür ein separates Vorschauereignis implementiert werden. Eine Vorschau auf ein Ereignis ist daher weniger ein Feature eines gerouteten Ereignisses - es handelt sich vielmehr um ein separates Ereignis, das lediglich über seinen Namen zu erkennen ist. Alle Vorschauereignisse sollten daher mit `Preview` im Namen beginnen.

Listing 12.10 Eine Vorschau auf ein kommendes Ereignis gewähren

```
public static readonly RoutedEvent PreviewPositionChangedEvent =
    EventManager.RegisterRoutedEvent(
        "PreviewPositionChanged",
        RoutingStrategy.Tunnel,
        typeof(RoutedPropertyChangedEventHandler<int>),
        typeof(CustomerDetails);
```

In diesem Beispiel wird ein Vorschauereignis für das Ereignis `PositionChanged` erstellt. Der Name des Vorschauereignisses lautet daher `PreviewPositionChanged`.

Sinnvoll ist eine Vorschau jedoch nur bei einer Handvoll von Ereignissen, bei denen die übergeordneten Steuerelemente die Möglichkeit haben sollen, das Ereignis rechtzeitig abzufangen. Das Ereignis `LeftMouseButtonDown` ist hierfür ein gutes Beispiel, da die Klasse `Button` dieses Ereignis abfängt, um damit ihren Klick durchzuführen. So hat man nur mit dem Vorschauereignis `PreviewLeftMouseButton` die Möglichkeit, innerhalb der Schaltfläche darauf zu reagieren.

12.3 Custom Controls

Alternativ zu einem benutzerdefinierten Steuerelement kann auch ein Custom Control entwickelt werden. Ein Custom Control wird meist an zentraler Stelle erstellt, um danach projektübergreifend eingesetzt zu werden. Es muss daher spezifisch eine bestimmte Aufgabe lösen, für die ein bereits vorhandenes Steuerelement der WPF nicht ausreichend war. Trotzdem muss es allgemein genug gehalten bleiben, damit es möglichst oft und in verschiedenen Situationen eingesetzt werden kann. Diesen Spagat zu bewältigen, ist keine leichte Aufgabe. Man sollte daher vor Beginn der Entwicklung die Funktionsweise und die Aufgabe des neuen Custom Controls skizzieren.

Für die Entwicklung eines Custom Controls steht leider kein schicker visueller Designer zur Verfügung, wie man ihn bei den benutzerdefinierten Steuerelementen gesehen hat. Stattdessen wird ein neues Custom Control meist in Handarbeit in einer neuen Klasse erstellt, die von einer vorhandenen Basisklasse abgeleitet wird. Die Wahl der richtigen Basisklasse ist dabei von entscheidender Bedeutung: Je besser diese Wahl ist, desto mehr kann auf vorhandene Logik aufgebaut werden und dementsprechend weniger muss an Arbeit investiert werden.

In Bild 12.2 ist ein Auszug aus der Klassenhierarchie der WPF zu sehen, mit der man einen groben Überblick über die Struktur erhält. Wie man sieht, handelt es sich in der WPF um eine sehr komplexe Klassenhierarchie, mit deren Klassen die einzelnen Aufgaben sehr eng umfasst worden sind. Die Klasse `FrameworkElement` bildet für die Steuerelemente die zentrale Grundlage, die in den weiteren Klassen spezialisiert wird.

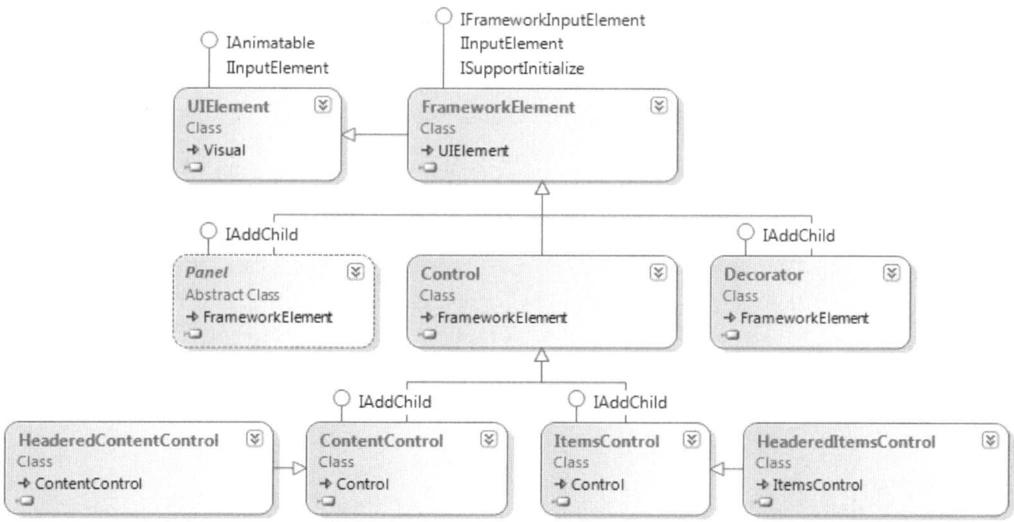

Bild 12.2 Klassenhierarchie

Mit der Klasse `FrameworkElement` lassen sich kleinere, kompaktere Steuerelemente entwickeln, die normalerweise keine Eingabe oder keinen Fokus besitzen. Die Darstellung erfolgt nicht über `ControlTemplates`, sondern wird im Programmcode fest definiert.

Dadurch kann bei der Verwendung des Steuerelementes die Darstellung auch nicht nachträglich geändert werden.

Die Klasse `Control` bietet dagegen etwas mehr Komfort, da hier lediglich die Programmlogik implementiert werden muss. Die Darstellung ist vom Programmcode mit einem `ControlTemplate` getrennt, sodass es unabhängig von der Entwicklung entworfen werden kann. Die Darstellung kann so auch nach Bedarf bei der Verwendung in der Anwendung angepasst werden.

Zudem sind in der Klasse `Control` zahlreiche nützliche Eigenschaften definiert, mit denen die Entwicklung vereinfacht wird: Neben der Hintergrund- und Vordergrundfarbe können hier auch Rahmen, Schriftart und Schriftstile angegeben werden. Allerdings sind auch Eigenschaften definiert, die eher auf die Ausrichtung von Inhalten spezialisiert sind, wie beispielsweise `Padding`, `HorizontalContentAlignment` und `VerticalContentAlignment`. Da nicht jedes Steuerelement für die Darstellung eines Inhaltes ausgelegt ist, sind diese Einstellungen auch nicht immer erforderlich.

> Steuerelemente, die von der Klasse `FrameworkElement` spezialisiert sind, unterstützen ebenfalls einen Fokus. Dieser ist standardmäßig auf `False` gesetzt, da diese Steuerelemente eher einfacher Natur sind und meist keinen Fokus benötigen. Bei Bedarf kann diese Einstellung aber überschrieben werden, so wie es in der Klasse `Control` bereits geschehen ist.

12.3.1 FrameworkElement als Basisklasse

Das Erstellen eines neuen Steuerelementes, das von der Basisklasse `FrameworkElement` abgeleitet wird, konzentriert sich hauptsächlich auf die Methode `OnRender()`. In dieser Methode wird das Steuerelement über einen `DrawingContext` dargestellt. Das Arbeiten erfordert dadurch ein wenig Handarbeit und Fingerfertigkeit, da die geometrischen Figuren hier von Hand gezeichnet werden müssen.

Listing 12.11 Ein neues Steuerelement mit FrameworkElement erstellen

```
public class RoundedRectangle : FrameworkElement
{
  public static readonly FillProperty =
      DependencyProperty.Register(
          "Fill",
          typeof(Brush),
          typeof(RoundedRectangle));

  public Brush Fill
  {
    get { return (Brush)GetValue(FillProperty); }
    set { SetValue(FillProperty, value); }
  }

  public static readonly  PenProperty =
      DependencyProperty.Register(
```

```
            "Pen",
            typeof(Pen),
            typeof(RoundedRectangle));

    public Pen Pen
    {
      get { return (Pen)GetValue(PenProperty); }
      set { SetValue(PenProperty, value); }
    }

    protected override void OnRender(DrawingContext drawingContext)
    {
      drawingContext.DrawRoundedRectangle(
          Fill, Pen,
          new Rect(new Point(0, 0), RenderSize),
          10, 10);
    }
  }
```

In diesem Beispiel wird ein einfaches Steuerelement erstellt, in dem die beiden Dependency Properties `Fill` und `Pen` definiert werden. Mit ihnen können jeweils die Hintergrundfarbe und der Stift angegeben werden, mit denen das Steuerelement gezeichnet werden soll.

In der Methode `OnRender()` wird mit `DrawRoundedRectangle` ein Rechteck ausgegeben, dessen Ecken leicht abgerundet sind. Mit den ersten beiden Werten werden die Hintergrundfarbe und der zu verwendende Stift angegeben; der dritte Parameter gibt die Position und die Größe des Rechteckes über ein `Rect` an. Hierfür wird die Größe aus der Eigenschaft `RenderSize` angegeben, in der die aktuelle Gesamtgröße des Steuerelementes angegeben ist. Mit den letzten beiden Parametern werden die Ecken des Rechteckes um jeweils zehn Pixel abgerundet.

Die Verwendung eines Custom Controls unterscheidet sich nicht sonderlich von der, die man bei den benutzerdefinierten Steuerelementen gesehen hat. Auch hier muss als Erstes der zu verwendende Namensraum registriert werden, über den auf die Klassen (und Steuerelemente) zugegriffen werden kann.

Listing 12.12 Das neue Steuerelement in XAML verwenden

```
<Window
    xmlns="..." xmlns:x="..."
    xmlns:local="clr-namespace=CustomizingApplication">
  <Grid>

    <local:RoundedRectangle Fill="Silver" Margin="10">
      <local:RoundedRectangle.Pen>
        <Pen Brush="Black" Thickness="2" />
      </local:RoundedRectangle.Pen>
    </local:RoundedRectangle>

  </Grid>
</Window>
```

Hier wird das Steuerelement in einem Grid platziert. Der Hintergrund wird mit dem neuen Dependency Property `Fill` auf „Silver“ gesetzt und der Abstand mit der Eigenschaft `Margin` angegeben. Der Stift, der zum Zeichnen der Außenlinie verwendet werden soll, wird über ein Element Property angegeben – in diesem Fall eine schwarze Linie mit einer Stärke von zwei Pixeln.

Auf der linken Seite in Bild 12.3 ist das Ergebnis des neuen Steuerelementes zu sehen. Zugegeben erfüllt dieses Steuerelement nicht gerade die Kriterien, mit denen der Aufwand eines Custom Controls zu rechtfertigen wäre, denn schließlich wird diese Art der Darstellung bereits vom Steuerelement `Border` implementiert. Dafür erfolgt die Darstellung des Custom Controls auch noch nicht ordnungsgemäß. Auf der rechten Seite im selben Bild befindet sich das neue Steuerelement zusammen mit zwei Schaltflächen in einem `StackPanel`.

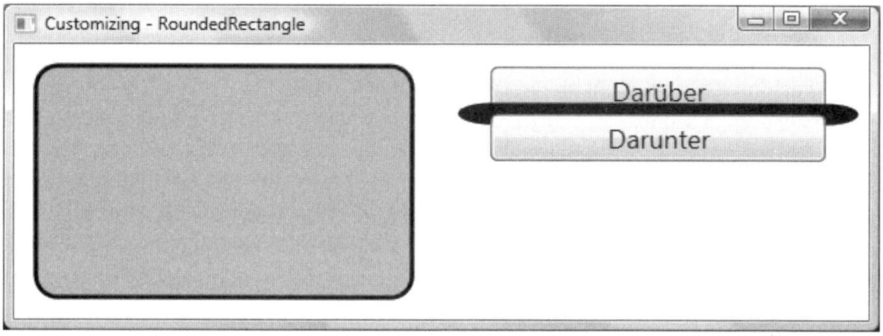

Bild 12.3 Das Ergebnis des neuen Steuerelements RoundedRectangle

Anders als in einem Grid, wird die Größe des Steuerelementes dadurch nicht automatisch in alle Richtungen vergrößert. In diesem Fall besitzt das Steuerelement eine Höhe von null Pixel. Zusätzlich wurde die Stiftbreite auf den extremen Wert von zehn Pixeln gesetzt, um das Verhalten besser darstellen zu können – denn obwohl das Steuerelement keine ausreichende Höhe besitzt, wird trotzdem ein Rectangle ausgegeben. In diesem Fall wird dieses allerdings eher als Linie dargestellt, da sowohl die Ober- als auch die Unterkante des Rechteckes zusammenliegen.

Dieser Fehler ist bereits beim Zeichnen in der Methode `OnRender()` passiert. Hier wurde die verwendete Stiftbreite nicht beachtet, die für die Ausgabe des Rechteckes mit `DrawRoundedRectangle()` verwendet wurde. Diese Methode setzt beim Zeichnen den Mittelpunkt des Stiftes immer genau an die Position, die man ihr zum Zeichnen angegeben hat. Handelt es sich, wie in diesem Beispiel gezeigt, um einen Stift mit einer Breite von zehn Pixeln, wird dadurch die Linie bereits mit fünf Pixeln über die Außengrenzen des Steuerelementes gezeichnet.

Um die Darstellung zu korrigieren, muss in der Methode `OnRender()` die Stiftbreite zum Zeichnen berücksichtigt werden.

```
protected override void OnRender(DrawingContext drawingContext)
{
  Rect rect = new Rect(new Point(0, 0), RenderSize);
  if (Pen != null)
  {
    rect.Width = Math.Max(0, rect.Width - Pen.Thickness);
    rect.Height = Math.Max(0, rect.Height - Pen.Thickness);
    rect.Left = Pen.Thickness / 2;
```

```
        rect.Top = Pen.Thickness / 2;
    }
    drawingContext.DrawRoundedRectangle(Fill, Pen, rect, 10, 10);
}
```

In der Methode wird zu Beginn ein `Rect` erstellt, das auf die Größe des Steuerelements gesetzt wird. Erst wenn dem Steuerelement ein Stift zugewiesen worden ist, wird dessen Stiftdicke für einen zusätzlichen Abstand berechnet. In der Breite und in der Höhe muss hierfür die vollständige Stiftdicke subtrahiert werden (1/2 Wert je auf der linken und auf der rechten Seite). Erst durch diese Korrektur wird das Rechteck innerhalb seiner Außengrenzen gezeichnet.

Trotzdem bleibt die Darstellung mit einer Höhe (oder auch einer Breite) von null Pixeln ein Sonderfall, da hierbei die Linie immer noch die Außengrenze überschreitet. Um diesen Effekt zu verhindern, kann beispielsweise die Eigenschaft `ClipToBounds` auf `true` gesetzt werden. Hierbei wird alles, was über das Steuerelement hinaus gezeichnet wird, rigoros ignoriert. Besser wäre es hingegen, wenn das Steuerelement der WPF mitteilen könnte, dass es durch den verwendeten Stift eine gewisse Mindestgröße für seine Darstellung benötigt.

Um die Größe des Steuerelementes zu beeinflussen, dürfen nicht die Eigenschaften `Width` und `Height` (oder auch `MinWidth`, `MaxWidth`, `MinHeight` und `MaxHeight`) verwendet werden. Mit diesen Angaben werden die Werte von außen in das Innere des Steuerelements getragen. Innerhalb des Steuerelementes dürfen diese auf keinen Fall verwendet werden.

Bevor das Layout-System der WPF die Steuerelemente über den Bildschirm verteilt, fragt es zuvor bei jedem einzeln nach, ob es eine bestimmte Mindestgröße zu beachten gibt. Diese Angaben können vom Layout-System beim Ausrichten und Positionieren des Steuerelementes berücksichtigt werden. Um die Mindestgröße anzugeben, muss die Methode `MeasureOverride()` überschrieben werden.

```
protected override Size MeasureOverride(Size availableSize)
{
    Size desiredSize = new Size(0, 0);
    if (Pen != null)
    {
        desiredSize.Width = Pen.Thickness * 2;
        desiredSize.Height = Pen.Thickness * 2;
    }
    return desiredSize;
}
```

In diesem Beispiel prüft die Methode nach, ob für das Steuerelement ein Stift gesetzt worden ist. Die Mindestbreite wird in diesem Fall auf die doppelte Größe der Stiftdicke gesetzt. Wird die Methode nicht von uns überschrieben, wird hier von einer Mindestgröße von null ausgegangen. Das bedeutet nicht, dass das Steuerelement nicht dargestellt wird, da es in den meisten Fällen mit `HorizontalAlignment` und `VerticalAlignment` auf eine passende Größe gebracht wird.

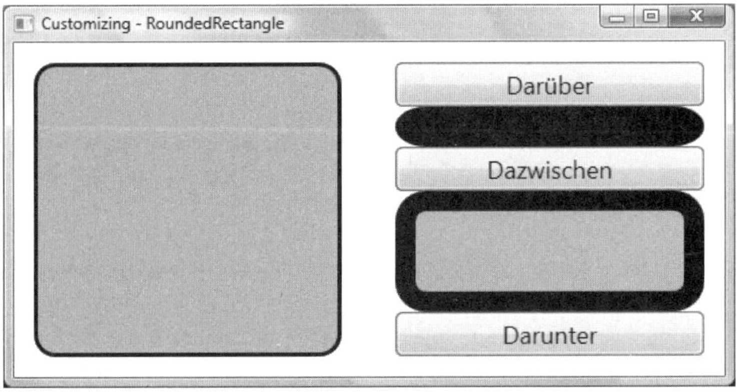

Bild 12.4 In der verbesserten Variante gibt das Steuerelement eine Mindestgröße vor, sodass die Außenlinie korrekt gezeichnet wird.

In Bild 12.4 ist die verbesserte Variante zu sehen, wobei auf der rechten Seite wieder die Stiftdicke auf zehn gesetzt worden ist. Durch die beiden Korrekturen bleibt die Linie nun innerhalb der Außengrenzen des Steuerelementes. Zudem wurde dem Layout-System eine benötigte Mindestgröße für die Darstellung angegeben, sodass selbst im `StackPanel` eine Größe von 20 Pixel erreicht wird.

Je nachdem, in welchem Layout-System das Steuerelement verwendet wird, können in der Methode `MeasureOverride()` recht unterschiedliche Werte mit dem Parameter `availableSize` angegeben werden. Handelt es sich um eine feste Größe, wie beispielsweise bei der Breite des `StackPanels`, wird auch exakt diese mit `Width` in `availableSize` angegeben. Dagegen ist die Höhe bei einem `StackPanel` nicht fest vorgegeben, denn hier werden die Steuerelemente einfach der Reihe nach aufgelistet. Die Eigenschaft `Height` ist daher in `availableSize` auf „`NaN`" (Not a Number) gesetzt. Sobald das Steuerelement allerdings mit der Eigenschaft `Height` auf eine feste Höhe gesetzt wird, wird dieser Wert hier übernommen.

Bei `Grid` sieht die Handhabung ähnlich aus. Sobald die Breite der einzelnen Zellen nicht fest definiert ist, sondern auf dem Wert „Auto" steht, wird über `availableSize` wieder der Wert „NaN" angegeben. Dadurch schrumpft die Größe der Steuerelemente wieder auf das mögliche Minimum, das mit der Methode `MeasureOverride()` angegeben wird.

Im Steuerelement folgen die Methoden einer gewissen Namenskonvention. So werden die Methoden, die von spezialisierten Klassen überschrieben werden können und nur intern verwendet werden, mit dem Suffix `Override` gekennzeichnet. Das Suffix `Core` dagegen bedeutet, dass es sich um eine Kernfunktionalität der WPF handelt, die nicht überschrieben werden kann.

Solange die beiden Dependency Properties `Fill` und `Pen` des Steuerelementes nicht geändert werden, funktioniert die Anwendung einwandfrei. Weist man allerdings eine neue Brush für die Hintergrundfarbe zu, wirkt sich diese Änderung nicht auf die Darstellung aus. Das liegt daran, dass für die beiden Dependency Properties keine Metadaten hinterlegt worden sind. Erst mit diesen könnte die WPF wissen, wie sich eine Änderung der Werte auswirkt.

Im Falle der Hintergrundfarbe wirkt sich eine Änderung auf die Darstellung aus. Daher muss hier zumindest AffectsRender als Wert hinterlegt werden.

```
public static readonly FillProperty =
    DependencyProperty.Register(
        "Fill",
        typeof(Brush),
        typeof(RoundedRectangle),
        new FrameworkPropertyMetaData(null,
            FrameworkPropertyMetaDataOptions.AffectsRender));
```

In diesem Beispiel wird das Dependency Property um weitere Metadaten erweitert. Der erste Parameter des Konstruktors gibt wieder den Standardwert an. Über den zweiten Parameter wird gesteuert, wie sich eine Änderung an dem Wert auswirkt. In diesem Fall wird nach einer Änderung die Methode InvalidateVisual() aufgerufen, die mit OnRender() dafür Sorge trägt, dass die Darstellung des Steuerelementes erneuert wird.

Bei der Änderung des Stiftes reicht die Angabe von AffectsRender dagegen nicht aus. In diesem Fall wird der Stift auch dazu verwendet, um die Mindestgröße des Steuerelementes zu berechnen. Sollte hier ein dickerer Stift hinterlegt werden, würde zwar die Darstellung aktualisiert werden, doch die Linie des Rechteckes eine geänderte Größe benötigen.

```
public static readonly PenProperty =
    DependencyProperty.Register(
        "Pen",
        typeof(Pen),
        typeof(RoundedRectangle),
        new FrameworkPropertyMetaData(null,
            FrameworkPropertyMetaDataOptions.AffectsRender |
            FrameworkPropertyMetaDataOptions.AffectsMeasure));
```

In diesem Fall werden mit einem | (Pipe) die beiden Angaben AffectsRender und AffectsMeasure miteinander kombiniert.

12.3.2 Control als Basisklasse

Das Verwenden der Klasse Control hat den Vorteil, dass die Darstellung nicht wie in FrameworkElement im Programmcode erfolgt, sondern sauber davon getrennt entworfen werden kann, da die Möglichkeiten der ControlTemplates erst ab dieser Klasse zur Verfügung stehen. Die Definition eines neuen Custom Controls sieht daher entsprechend übersichtlich aus.

```
public class GridForm : Control
{
  static GridForm()
  {
    FrameworkElement.DefaultStyleKeyProperty.OverrideMetadata(
        typeof(GridForm),
        new FrameworkPropertyMetadata(typeof(GridForm)));
  }
}
```

In diesem Beispiel wird das neue Steuerelement namens `GridForm` erstellt, indem es von der Basisklasse `Control` abgeleitet wird. Da die Darstellung nicht im Programmcode erfolgt, ist hier das Überschreiben der Methoden `MeasureOverride()` und `OnRender()` nicht erforderlich. Stattdessen muss lediglich im statischen Konstruktor angegeben werden, welcher Style standardmäßig für dieses Steuerelement verwendet werden soll.

Die Angabe des Standard-Styles wird in der Klasse `FrameworkElement` mit einem Dependency Property definiert. Mit der Methode `OverrideMetadata()` müssen nachträglich die Metadaten geändert werden, sodass der Standardwert für den Ressourcenschlüssel mit `typeof` auf den Datentyp von `GridForm` gesetzt wird. In diesem Fall sucht die WPF nach einem implizit erstellten Style für den Typ `GridForm` (implizite Styles werden in Kapitel 6 beschrieben).

Für die neuen Steuerelemente müssen nun Standard-Styles und Templates definiert werden. Diese können in derselben Assembly erstellt und hinterlegt werden. Man muss lediglich der WPF mit einem Attribut mitteilen, wo diese zu finden sind. Beispielsweise können in der Datei *AssemblyInfo.cs* die folgenden Zeilen eingefügt werden.

```
[assembly:ThemeInfo(
    ResourceDictionaryLocation.None,
    ResourceDictionaryLocation.SourceAssembly)]
```

Hierüber wird bekannt gegeben, dass die sog. *Themes* sich innerhalb des Assemblies befinden. Verschiedene Styles und Templates können in Themes zusammengefasst werden, sodass beispielsweise die Darstellung unter Windows XP anders erfolgen kann als unter Windows Vista.

Als Nächstes muss dem Projekt ein neues `ResourceDictionary` hinzugefügt werden. In diesem werden die expliziten Styles und die Templates für die Steuerelemente angelegt. Der Name und der Ort des `ResourceDicionarys` müssen dabei strengen Regeln folgen. So muss der Name der Datei *generic.xaml* lauten und sich im Unterverzeichnis *themes* befinden.

Dem Inhalt und dem Aufbau der Datei sind dagegen keine Grenzen gesetzt. Hier können Styles, Templates oder Brushes definiert werden, die in gewohnter Weise für die neuen Custom Controls verwendet werden können.

Listing 12.13 Die Darstellung des neuen Steuerelements über ein Template definieren

```
<ResourceDictionary
    xmlns="..." xmlns:x="..."
    xmlns:local="clr-namespace:CustomizingApplication">

  <Style TargetType="{x:Type local:GridForm}">
    <Setter Property="Template">
      <Setter.Value>
        <ControlTemplate ControlType="{x:Type local:GridForm}">
          <Border Background="{TemplateBinding Background}">
            <ContenPresenter />
          </Border>
        </ControlTemplate>
      </Setter.Value>
    </Setter>
  </Style>
</ResourceDictionary>
```

In dieser Ressource-Datei wird ein impliziter Style erstellt, in dem das ControlTemplate des Steuerelements gesetzt wird. Um das Beispiel kurz zu halten, wird in diesem Fall lediglich eine einfache Border gesetzt.

Aufgrund der sauberen Trennung zwischen Code und Darstellung muss nun aber Aufwand betrieben werden, damit diese beiden Welten zusammenarbeiten können. In den wenigsten Fällen wird ein einfaches statisches Template ausreichend sein, wie es in diesem Beispiel zu sehen war. Vielmehr benötigt man im Template zahlreiche Informationen über den Status des Steuerelementes, die am besten über Dependency Properties bereitgestellt werden.

Andersherum kann es aber auch sein, dass das Steuerelement auf die Unterstützung des Templates angewiesen ist. Wird beispielsweise eine Schaltfläche oder ein Popup benötigt, damit das Steuerelement korrekt funktionieren kann, muss man es über einen vordefinierten Namen aus dem Template heraussuchen können. Daher sollten diese einheitlich benannt werden und das Präfix PART_ enthalten, damit diese der einheitlichen Namenskonvention folgen.

```
<ControlTemplate>
  <Button x:Name="PART_Browse" Content="Durchsuchen" />
</ControlTemplate>
```

Im Template muss das Steuerelement über die Eigenschaft Name oder über x:Name eindeutig benannt werden. In diesem Beispiel bekommt die Schaltfläche den Namen PART_Browse, der später über diesen Namen wiedergefunden werden kann.

Damit man als Gestalter des Templates weiß, welche Steuerelemente mit welchen Namen vorausgesetzt werden, kann das Steuerelement mit dem Attribut TemplatePart gekennzeichnet werden.

```
[TemplatePart("Name="PART_Browse", typeof(Button))]
public class GridForm : Control
{
  private Button browseButtonElement;
  public Button BrowseButtonElement
  {
    get { return browseButtonElement; }
    set { browseButtonElement = value; }
  }

  protected override void OnApplyTemplate()
  {
    base.OnApplyTemplate();
    BrowseButtonElement = GetTemplateChild("PART_Browse") as Button;
  }
}
```

Mit dem Attribut TemplatePart wird die Klasse des Steuerelementes gekennzeichnet. Als Parameter können der Name und der Typ des benötigten Steuerelementes angegeben werden. Diese Informationen können später als zusätzliche Unterstützung ausgelesen werden, wenn ein neues Template erstellt wird.

Zusätzlich wurde in dieser Klasse eine neue Eigenschaft namens BrowseButtonElement hinzugefügt, die als Unterstützung dienen soll, um das Steuerelement aus dem Template abzufragen. Sobald das Template für das Steuerelement angewendet wurde, wird die

Methode `OnApplyTemplate()` aufgerufen. Hier kann das Steuerelement anhand der Methode `GetTemplateChild()` abgerufen werden. Als Parameter wird hier einfach der Name des gesuchten Steuerelementes übergeben.

Ist das Steuerelement nicht im Template vorhanden, wird von der Methode der Wert `NULL` zurückgegeben. Man sollte allerdings nicht auf dem Vorhandensein bestimmter Steuerelemente bestehen und bei ihrem Fehlen gleich eine Ausnahme erzeugen. Stattdessen ist es ausreichend, die Funktionalität entsprechend einzuschränken, sodass mit dem vorhandenen Template weitergearbeitet werden kann.

> Die Abhängigkeiten zwischen Klasse und Template sollten so gering wie möglich gehalten werden. Das Benennen von Pflicht-Steuerelementen schränkt einerseits die Gestaltung der Templates stark ein und kann andererseits als Quelle zusätzlicher Fehler dienen, wenn beispielsweise die Steuerelemente nicht in ausreichender Form überprüft worden sind.

Als Alternative können auch hier wieder Kommandos helfen, um die Abhängigkeiten zu minimieren und um die Kommunikation zwischen dem Template und dem Steuerelement zu verbessern. Soll mit der Schaltfläche eine bestimmte Aktion oder eine Methode aufgerufen werden, ist das mit normalen Mitteln, wie Ereignisbehandlungen, nicht möglich. Hierfür müsste das Steuerelement im Template nachträglich mit einer Ereignisbehandlung ausgestattet werden.

Die enge Bindung, wie sie vorhin gezeigt worden ist, hat man bei Kommandos hingegen nicht. Hier hat man mehr Möglichkeiten, eine lockere Beziehung zu führen, denn das Steuerelement kann zahlreiche Kommandos implementieren, von denen man sich im Template einfach bei Bedarf bedienen kann.

```
public class GridForm : Control
{
  static GridForm()
  {
    browse = new RoutedCommand("Browse", typeof(GridForm));
    CommandBinding commandBinding = new CommandBinding(
        browse,
        new ExecutedRoutedEventHandler(BrowseExecute));
    CommandManager.RegisterClassCommandBinding(
        typeof(GridForm),
        commandBinding);
  }

  private static RoutedCommand browse;
  public static RoutedCommand Browse
  {
    get { return browse; }
  }

  protected static void Browse_Executed(object sender,
      ExecutedEventArgs e)
  {
    GridForm gridForm = sender as GridForm;
    if (gridForm == null)
```

```
        return;
      // ...hier die weitere Implementierung des Kommandos
    }
  }
```

In diesem Beispiel wird das neue Steuerelement um ein neues einfaches Kommando erweitert. Hierfür wird die simple Klasse `RoutedCommand` verwendet, die als statische Eigenschaft in die Klasse hinzugefügt wird. Beachten Sie, dass diese hier als schreibgeschützt deklariert wurde, sodass Änderungen von außen an dem Kommando nicht möglich sind. Damit nicht für jede Instanz ein separates `CommandBinding` erstellt werden muss, wird hier eine statische Ereignisbehandlung verwendet, um das Kommando auszuführen.

Das komfortable Hinzufügen einer Ereignisbehandlung in XAML, so wie man es in Kapitel 5, „Anwendungen“, gesehen hat, ist hier leider nicht möglich. Stattdessen muss im statischen Konstruktor das `CommandBinding` manuell erstellt werden. Hierzu ist einerseits eine neue Instanz der Klasse `CommandBinding` erforderlich, in welcher der Delegate zum Ausführen des Kommandos eingetragen wird, und andererseits die Klasse `CommandManager`. Mit dieser wird das `CommandBinding` registriert, sodass man im `ControlTemplate` darauf zurückgreifen kann. Hierfür muss lediglich auf die Klasse `GridForm` und auf die statische Eigenschaft `Browse` verwiesen werden.

```
<ControlTemplate>
  <Button Command="local:GridForm.Browse" Content="Durchsuchen" />
</ControlTemplate>
```

Durch die Verwendung eines Kommandos konnte man hier die enge Koppelung zwischen `ControlTemplate` und der Klasse des Steuerelementes lösen. Im `ControlTemplate` kann man nun bei Bedarf auf die Kommandos zurückgreifen, da man nicht länger gezwungen ist, alle Funktionen von Anfang an zu unterstützen. Auch das verwendete Steuerelement ist nicht länger auf einen bestimmten Typ angewiesen. Das Kommando kann sowohl von einer Schaltfläche als auch von einem Hyperlink ausgelöst werden.

Um die Komplexität eines neuen Steuerelementes zu reduzieren, kann seine Aufgabe auch auf mehrere kleinere Steuerelemente verteilt werden, die sich miteinander kombinieren lassen. Das ist auch die übliche Vorgehensweise bei den Steuerelementen in der WPF, die teilweise aus einer Vielzahl an Steuerelementen zusammengestellt sind. Ein Expander verwendet beispielsweise für den Klick in seiner Kopfzeile einen `ToggleButton`. Die Funktionalität muss so nicht ein weiteres Mal umständlich implementiert werden.

Eine solche Infrastruktur kann unterschiedlich aufgebaut werden:

- *Offensichtlich:* Neben dem Haupt-Steuerelement gibt es zahlreiche kleinere Steuerelemente, mit denen das Haupt-Steuerelement erweitert werden kann. Ein Beispiel hierfür ist `TabPanel`, mit dem man die einzelnen Tabs in einem `TabControl` definiert. Hier kommt der Entwickler (oder der Konsument des Steuerelementes) direkt mit den Hilfsklassen in Kontakt.
- *Zurückhaltend:* Die Hilfsklassen werden nur im `ControlTemplate` verwendet, sodass man bei der normalen Verwendung nicht mit den Hilfsklassen in Kontakt gerät. Das kann hilfreich sein, um Fehlplatzierungen oder Fehlkonfigurationen zu vermeiden, schränkt dafür aber auch die Flexibilität ein. In diesem Fall kommt man nur als Gestalter neuer `ControlTemplates` in Kontakt mit der Infrastruktur.

- *Versteckt:* Das Steuerelement verwendet keine Templates, sondern erstellt selber die notwendigen Steuerelemente, die für seine Darstellung erforderlich sind. Eine Anpassung über `ControlTemplates` ist dadurch aber nicht mehr möglich.

Die Idee, das Steuerelement in weitere Hilfsklassen zu unterteilen, soll anhand des Beispiels von `GridForm` verdeutlicht werden. Das Steuerelement soll dazu genutzt werden, um die Oberfläche von Eingabeformularen zu standardisieren. Mit der Hilfe von weiteren Hilfsklassen sollen der Reihe nach die Eingabefelder mit `GridForm` dargestellt werden. Das Prinzip ähnelt dabei einem `StackPanel`.

Listing 12.14 Alternative Basisklasse für GridForm verwenden

```
public class GridForm : ItemsControl { }
public class GridFormItem : HeaderedContentControl { }
```

Hierfür wurde die Basisklasse des Steuerelements `GridForm` auf `ItemsControl` geändert. Dadurch soll das Steuerelement mehrere Instanzen der neuen Hilfsklasse `GridFormItem` aufnehmen können, mit der ein einzelner Eintrag im Formular dargestellt werden soll.

Als Nächstes muss das Template für das neue Steuerelement vorbereitet werden. Da es sich um eine Auflistung handelt, ist hier auch die Angabe von `ItemsPanel` erforderlich. Hierüber wird einfach nur das Panel angegeben, mit dem die Einträge ausgerichtet werden sollen.

Listing 12.15 Neues Template für das geänderte Steuerelement hinterlegen

```
<Style TargetType="{x:Type GridForm}">
  <Setter Property="Template">
    <Setter.Value>
      <ControlTemplate>
        <Border Background="{TemplateBinding Background}">
          <ItemsPresenter />
        </Border>
      </ControlTemplate>
    </Setter.Value>
  </Setter>
  <Setter Property="ItemsPanel">
    <Setter.Value>
      <ItemsPanelTemplate>
        <StackPanel />
      </ItemsPanelTemplate>
    </Setter.Value>
  </Setter>
</Style>
```

Auf diese Weise kann man dem Steuerelement `GridForm` nun beliebig viele Instanzen von `GridFormItem` zuweisen. Diese werden über das `StackPanel`, das in der Eigenschaft `ItemsPanel` hinterlegt worden ist, angezeigt.

```
<Window
    xmlns="..." xmlns:x="..."
    xmlns:local="clr-namespace:CustomizingApplication">

  <local:GridForm>
    <local:GridFormItem Header="Vorname">
```

```
      <TextBox />
    </local.GridFormItem>
    <TextBox />
  </local:GridForm>

</Window>
```

In diesem Beispiel werden dem Steuerelement `GridForm` zwei Einträge zugewiesen. Der erste Eintrag erfolgt noch korrekt, da hier die Hilfsklasse `GridFormItem` verwendet worden ist. Die Beschriftung des Eintrages wird mit der Eigenschaft `Header` und der Inhalt (in diesem Fall eine Textbox) mit `Content` angegeben.

Als zweiter Eintrag wurde einfach eine weitere Textbox hinzugefügt. Die Darstellung erfolgt in diesem Fall nicht korrekt, da als Inhalt eigentlich nur Instanzen von `GridViewItem` zugelassen sind. Aber auch andere Steuerelemente lassen das Zuweisen von „falschen" Steuerelementen zu. So können beispielsweise in einer ListBox auch Bilder oder Schaltflächen hinzugefügt werden, die automatisch in eine Instanz von `ListBoxItem` gekapselt werden.

Dieser Vorgang ist bereits fest in den Klassen eingebaut – man muss hierfür nur zwei Methoden überschreiben, mit denen dieser Vorgang für `GridForm` und `GridFormItem` angepasst werden kann.

```
public class GridForm : ItemsControl
{
  static GridForm()
  {
    FrameworkElement.DefaultStyleKeyProperty.OverrideMetadata(
        typeof(GridForm),
        new FrameworkPropertyMetadata(typeof(GridForm));
  }

  protected override bool IsItemIsOwnContainerOverride(
      object item)
  {
    return (item is GridFormItem);
  }

  protected override DependencyProperty
      GetContainerForItemOverride()
  {
    return new GridFormItem();
  }
}
```

In diesem Beispiel gibt die erste Methode `IsItemIsOwnContainerOverride()` zurück, ob es sich bei dem Objekt um eine korrekte Instanz von `GridFormItem` handelt. Ist das nicht der Fall, wird mit der zweiten Methode `GetContainerForItemOverride()` eine neue Instanz erstellt, in die das Objekt gepackt wird.

12.4 XAML-Erweiterungen

In Kapitel 2 hat man bereits gesehen, wie sehr die ursprüngliche XML-Syntax um nützliche Funktionen erweitert worden ist. So sind beispielsweise manche Angaben dank der Markup Extensions deutlich kürzer, da diese einfach als Attribut angegeben werden können, wo ansonsten mehrere XML-Knoten notwendig wären. Natürlich bietet die WPF auch hier die Möglichkeit an, selber Erweiterungen zu erstellen, um eigene Arbeiten zu verkürzen.

12.4.1 Namensräume

Bisher wurden in den Beispielen die eigenen Namensräume des Projektes über die Syntax `clr-namespace` registriert. Erst durch diese Registrierung konnte man in XAML auf die eigenen Klassen und Steuerelemente zugreifen. Diese Methode ist schnell und einfach, da lediglich ein einzelner Verweis erforderlich ist, um die Inhalte aus dem Namensraum von der CLR nach XAML zu transportieren.

```
<Window
 xmlns="http://schemas.microsoft.com/winfx/2006/xaml/presentation"
 xmlns:x="http://schemas.microsoft.com/winfx/2006/xaml"
 xmlns:local="clr-namespace:JoergWegener;assembly:WPFBuch">
</Window>
```

In diesem Beispiel wurde der Namensraum `JoergWegener` registriert, der sich in der Assembly `WPFBuch.dll` befindet. Mit dieser Registrierung stehen nun alle öffentlichen Klassen aus diesem Namensraum in XAML zur Verfügung. Dank der besseren Unterstützung in Visual Studio zeigt selbst die IntelliSense-Unterstützung diese Klassen an.

Die Verwendung dieser „schnellen" Registrierung kann aber auch ins Negative umkippen. Folgende Nachteile können daher entstehen:

- Für jeden verwendeten Namensraum muss eine neue Registrierung erfolgen. Nicht nur größere Projekte werden schnell in mehrere Namensräume unterteilt, damit dort die Aufgaben logisch zusammengefasst werden können. Für jeden neuen Namensraum wäre damit aber eine eigene Registrierung in XAML erforderlich.
- Die Registrierung bezieht sich immer nur auf eine einzelne Assembly. Wird die Assembly nicht angegeben, wird standardmäßig die eigene Assembly verwendet. Verteilt sich ein Namensraum nun über mehrere Assemblies, so muss dieser für jede Assembly einzeln in XAML registriert werden.

Durch diese Nachteile können sich im Kopfbereich der XAML-Dateien zahlreiche Registrierungen für neue Namensräume ansammeln. Für jeden dieser registrierten Namensräume muss zudem ein eindeutiges Präfix angegeben werden.

Besser wäre es dagegen, wenn man auf die eigenen Klassen und Namensräume in der Weise zugreifen könnte, wie man es mit denen von Microsoft und der Windows Presentation Foundation macht. Die obligatorische Registrierung der beiden Namensräume, mit denen die Namensräume der WPF eingebunden werden, ist keineswegs hart eincodiert. Diese Zuweisung erfolgt mit dem Attribut `XmlnsDefinition`, das in den Assemblies platziert werden kann.

```
[assembly:XmlnsDefinition(
    "http://schemas.joerg-wegener.de/wpfbuch/2008",
    "JoergWegener")]
[assembly:XmlnsDefinition(
    "http://schemas.joerg-wegener.de/wpfbuch/2008",
    "JoergWegener.CustomControls")]
[assembly:XmlnsDefinition(
    "http://schemas.joerg-wegener.de/wpfbuch/2008",
    "JoergWegener.Converter")]
```

In diesem Beispiel wurden gleich drei verschiedene Namensräume aus der CLR für XAML registriert. Der Compiler durchsucht die Assemblies automatisch nach diesen Attributen ab und nimmt die Registrierung vor.

Die Angabe kann in mehreren Assemblies erfolgen, in denen beispielsweise Steuerelemente, Ressourcen oder Hilfsklassen ausgelagert worden sind. Auch das empfohlene Präfix kann angegeben werden, das bei Designern oder anderen Programmen verwendet werden soll. Hierfür muss nur mit dem Attribut `XmlnsPrefix` der Namensraum mit dem gewünschten Präfix angegeben werden.

```
[assemby:XmlnsPrefix(
    "http://schemas.joerg-wegener.de/wpfbuch/2008",
    "jw")]
```

In diesem Fall wird vorgeschlagen, dass der Namensraum das Präfix `jw` tragen soll. Durch die Verwendung der Attribute `XmlnsDefinition` und `XmlnsPrefix` muss man nun in XAML nicht mehr die lästigen Namensräume registrieren. Hier ist es ausreichend, wenn nur noch der eine „öffentliche" Namensraum definiert wird.

```
<Window
 xmlns="http://schemas.microsoft.com/winfx/2006/xaml/presentation"
 xmlns:x="http://schemas.microsoft.com/winfx/2006/xaml"
 xmlns:jw="http://schemas.joerg-wegener.de/wpfbuch/2008">
  <jw:MeinNeuesControl />
</Window>
```

In diesem Beispiel wird mit der einfachen Angabe der URL die Registrierung der Namensräume erledigt. Theoretisch können mit dieser einen Registrierung beliebig viele Namensräume aus beliebig vielen Assemblies registriert werden. Diese Methode ist daher besonders bei größeren Projekten zu empfehlen.

> **[!]** Die Registrierung mit den Attributen hat nur einen Nachteil: Diese Technik funktioniert nur für externe Assemblies. Der Grund hierfür liegt in der Reihenfolge, in der das Projekt erstellt wird. Zuerst wird der XAML-Compiler ausgeführt – und erst danach der C#-Compiler. Der C#-Compiler erzeugt aber mit dem Attribut erst die notwendige Registrierung, die von dem XAML-Compiler benötigt wird.

12.4.2 Markup Extensions

In XAML dienen Markup Extension als schnelle kleine Helfer, mit denen beispielsweise die Definition von Datenbindungen erheblich aufwendiger ausfallen würde. Markup Extensions sind dabei als kleine Klassen implementiert, die von der gemeinsamen Basisklasse `MarkupExtension` abgeleitet worden sind.

Das Implementieren einer eigenen neuen Markup Extension ist mit der Grundlage dieser Basisklasse kein großes Problem. So kann beispielsweise eine neue Markup Extension dazu verwendet werden, neben den dynamischen und statischen Ressourcen auch eingebettete Ressourcen zu unterstützen. Da die WPF ein vollständig neues Modell für Ressourcen eingeführt hat, macht das den Umstieg von vorhandenen (alten) Projekten nicht gerade einfacher. Wenn diese parallel mit Windows Forms implementiert sind, ist die Wahrscheinlichkeit hoch, dass noch die typischen eingebetteten Ressourcen verwendet worden sind.

Die WPF kann zwar von Haus aus nicht auf eingebettete Ressourcen zugreifen, wer sagt aber, dass man dieses Feature nicht hinzufügen kann? Die Implementierung soll daher in einer Klasse namens `EmbeddedResourceExtension` stattfinden. Das Suffix `Extension` darf an dieser Stelle nicht fehlen, da darüber der XAML-Compiler die Markup Extension sucht.

Listing 12.16 Grundstruktur für die neue Markup Extension

```
public class EmbeddedResourceExtension : MarkupExtension
{
  public EmbeddedResourceExtension() { }

  public EmbeddedResourceExtension(string resourceKey)
  {
    this.resourceKey = resourceKey;
  }

  private string resourceKey;
  public string ResourceKey {
    get { return resourceKey; }
    set { resourceKey = value; }
  }

  public override object ProvideValue(
      IServiceProvider serviceProvider)
  { }
}
```

In diesem Beispiel wird der Rumpf der neuen Klasse für die Markup Extension erstellt. Die Klasse hat zwei Konstruktoren – einen parameterlosen und einen, mit dem der Schlüssel der eingebetteten Ressource direkt angegeben werden kann. Dadurch wird es möglich, dass man nachher in XAML den Namen der Ressource ohne zusätzliche Parameter angeben kann. Der Name der Ressource kann aber auch alternativ über die Eigenschaft `ResourceKey` gesetzt werden.

In der Klasse muss als Einziges die Methode `ProvideValue()` überschrieben werden, die in diesem Fall den Inhalt der Ressource zurückgeben soll. Die Klasse `NullExtension`, die über {x:Null} aufgerufen wird, besitzt an dieser Stelle vermutlich die einfachste Implementierung, da diese lediglich den Wert NULL als Rückgabewert zurückgibt. Ganz so einfach wird die Implementierung in unserem Beispiel allerdings nicht, da hier verstärkt mit Interoperabilität gearbeitet werden muss.

Listing 12.17 Zugriff auf eine eingebettete Ressource

```
public override object ProvideValue(
    IServiceProvider serviceProvider)
{
  Assembly assembly = Assembly.GetExecutingAssembly();
  Stream stream = assembly.GetManifestResourceStream(resourceKey);
  if (stream == null)
    return null;

  IProvideValueTarget service = serviceProvider.GetService(
      typeof(IProvideValueTarget)) as IProvideValueTarget;

  if (service.TargetProperty is DependencyProperty)
  {
    DependencyProperty dp = service.TargetProperty
        as DependencyProperty;
    if (dp.PropertyType == typeof(ImageSource))
    {
      Drawing.Bitmap bmp = new Drawing.Bitmap(stream);
      BitmapSource source =
        Interop.Imaging.CreateBitmapSourceFromHBitmap(
            bmp.GetHBitmap(), IntPtr.Zero, Int32Rect.Empty,
            BitmapSizeOptions.FromEmptyOptions());
      return source;
    }
  }
  return null;
}
```

Dieses Beispiel beschränkt sich darauf, nur die Embedded Resources zu unterstützen, die sich in der aktuellen Assembly befinden. Die Ressource wird mit der Methode GetManifestResourceStream() angefordert. Sollte das Ergebnis NULL sein, so konnte keine Ressource unter diesem Namen gefunden werden, und die Verarbeitung wird abgebrochen.

Im nächsten Schritt wird die Schnittstelle IProvideValueTarget aufgerufen, die von ServiceProvider abgefragt werden kann. Über diese Schnittstelle können Informationen über das Ziel erfragt werden – beispielsweise ob es sich dabei um ein Dependency Property handelt und welchen Datentyp dieses besitzt. Sollte es sich um ein ImageSource handeln, wird die Ressource als BitmapSource zurückgegeben.

Die Klasse BitmapSource kann ihren Inhalt allerdings nicht aus einem Stream auslesen. Daher muss in diesem Beispiel der Stream erst von einer Bitmap eingelesen werden, die aus dem Namensraum System.Drawing stammte (hier mit Drawing abgekürzt). Über den Namensraum System.Windows.Interop kann diese Bitmap dann mit der Klasse Imaging in eine BitmapSource konvertiert werden, die als Ergebnis zurückgegeben werden kann.

Die Verwendung der neuen Markup Extension kann nun einfacher nicht mehr sein.

Listing 12.18 Die neue Markup Extension in XAML verwenden

```
<Window
    xmlns="..." xmlns:x="..."
    xmlns:jw="http://schemas.joerg-wegener.de/wpfbuch/2008">
  <Image Source="{jw:EmbeddedResource CustomizingApp.4711.jpg}" />
</Window>
```

In diesem Beispiel wird auf eine eingebettete Ressource zugegriffen, die unter dem Namen *4711.jpg* im Hauptverzeichnis des Projektes *CustomizingApp* abgelegt worden ist. Der Aufwand, der bei dem Zugriff und dem Laden einer eingebetteten Ressource entsteht, kann so mit einer einzigen Markup Extension minimiert werden. Abhängig vom Datentyp des Dependency Propertys können natürlich auch andere Daten unterstützt werden.

Die vollständige Syntax würde für dieses Beispiel wie folgt aussehen.

```
{jw:EmbeddedResource ResourceKey=CustomizingApp.4711.jpg}
```

Eine Markup Extension sollte als kleiner Helfer implementiert werden. Ihre Aufgaben sollten daher eng umfasst sein und nicht zu viele Abhängigkeiten besitzen. Komplexere Aufgaben, wie Datenbankabfragen oder andere externe Zugriffe, sollten hierüber eher nicht erfolgen.

13 Eingabesteuerung

Eine Anwendung, die nur gut aussieht, kann heutzutage als bessere Werbefläche dienen. Die Benutzerschnittstelle muss in beide Richtungen gut funktionieren. Wie Informationen aufbereitet und dargestellt werden können, haben wir bereits im vorangegangen Kapitel gesehen. Wie aber sieht es in der Gegenrichtung aus? Wie bedient man Anwendungen heutzutage?

Neben der Tastatur- und der Maussteuerung setzt sich in der heutigen Zeit immer mehr die Bedienung mit berührungsempfindlichen Monitoren, sog. Touchscreens, durch. Sie bringen die Bedienung und das Bedienerlebnis auf eine neue Ebene. Steuerte man den Computer lange Zeit nur indirekt über eine Maus, hat man heutzutage beim Berühren mit den Fingern einen wesentlich direkteren Bezug. Der Mensch hat in seiner Jahrtausende alten Evolution viel mit seinen Händen und durch seine Fingerfertigkeit erlernt und erreicht. Wir bauen deshalb einen ganz anderen Bezug zu den Dingen auf, die wir haptisch erleben. Dasselbe gilt auch für die Bedienung von Computern. Die gute Nachricht ist, dass Windows uns hierbei die meiste Arbeit abnimmt. Die Bedienung mit den Fingern kann in vielen Fällen vom Betriebssystem so umgerechnet werden, als wäre die Aktion mit der Maus durchgeführt worden.

In diesem Kapitel soll die Eingabesteuerung näher erläutert werden. Neben den neuen und aufregenden Bedienerlebnissen darf natürlich auch nicht vergessen werden, eine gute Maus- und Tastaturunterstützung anzubieten. Die meisten Computer werden heutzutage mit diesen beiden Eingabegeräten bedient – und gerade im geschäftlichen Umfeld ist ein schnelles und effizientes Arbeiten meist nur mit Tastatur oder sogar Tastenkürzeln möglich.

13.1 Tastatur

13.1.1 Tastaturfokus

Der Tastaturfokus bestimmt, welches Steuerelement die Tastatureingaben des Anwenders erhalten soll. Dadurch erhält zum Beispiel eine TextBox nur dann die Eingaben, wenn sie auch den Tastaturfokus erhalten hat. Die WPF steuert den Tastaturfokus selbstständig, d. h., ein Eingreifen ist in aller Regel nicht notwendig.

> **!** Neben dem Tastaturfokus gibt es in der WPF zusätzlich noch den logischen Tastaturfokus, der die Anwendung in mehrere Bereiche unterteilen kann. So besitzt das Fenster einen eigenen logischen Fokusbereich ebenso wie das Steuerelement `Menu`. In der Regel kommen Sie aber nicht mit dem logischen Tastaturfokus in Kontakt. ■

Der Tastaturfokus wird normalerweise automatisch gesetzt, sobald der Anwender das Steuerelement mit der Maus anklickt (auch hier gibt es Ausnahmen, wie später erklärt wird). Alternativ kann der Fokus auch mit der Tabulator-Taste auf der Tastatur gesetzt werden. Innerhalb der Anwendung kann immer nur ein Steuerelement den Tastaturfokus besitzen.

Ob ein Steuerelement den aktuellen Fokus besitzt, kann auf unterschiedliche Art ausgelesen werden, und zwar mithilfe folgender Eigenschaften und Ereignisse:

- Über die Eigenschaft `IsKeyboardFocused` (definiert in der Basisklasse `UIElement`)
- Über die ie Ereignisse `GotKeyboardFocus()` und `LostKeyboardFocus()` (ebenfalls in der Basisklasse `UIElement` definiert)
- Über die statische Eigenschaft `Keyboard.FocusedElement`

Die ersten beiden Möglichkeiten beziehen sich auf das Steuerelement selbst und können daher sowohl bequem im Programmcode als auch mittels Trigger in Styles verwendet werden, wie das folgende Beispiel demonstriert.

Listing 13.1 Fokus-Ereignis für Trigger verwenden

```
<Window xmlns="..." xmlns:x="...">
  <Window.Resources>

    <Style TargetType="{x:Type Button}">
      <Style.Trigger>
        <Trigger Property="IsKeyboardFocused" Value="True">
          <Setter Property="Foreground" Value="Red" />
        </Trigger>
      </Style.Trigger>
    </Style>

  </Window.Resources>
</Window>
```

In diesem Fall soll die Schriftfarbe der Schaltflächen auf Rot umgeschaltet werden, sobald diese den Tastaturfokus erhält. Diese Aktion wird nach Verlassen des Fokus automatisch wieder rückgängig gemacht.

> **!** Diese Möglichkeiten sollten sehr bedacht eingesetzt werden. Wenn es um die Darstellung eines Tastaturfokus geht, ist der `FocusVisualAdorner` zuständig, der später in diesem Kapitel beschrieben wird. ■

Die Eigenschaft `IsKeyboardFocused` eignet sich gut, um herauszufinden, ob ein bestimmtes Steuerelement den Tastaturfokus besitzt. Dagegen kann die statische Eigenschaft `FocusedElement` aus der Klasse `Keyboard` verwendet werden, um eben dieses Steuerelement herauszufinden.

Listing 13.2 Das aktuell fokussierte Steuerelement auslesen

```
UIElement element = Keyboard.FocusedElement as UIElement;
if (element != null)
{
  // Element gefunden
}
```

Die Eigenschaft ist vom Typ `IInputElement` – eine Schnittstelle, die beispielsweise auch von `UIElement` implementiert wird. Durch diese zusätzliche Abstraktion ist es außerdem möglich, an dieser Stelle Steuerelemente abzufragen, die nicht von `UIElement` abgeleitet worden sind, wie es bei `UIElement3D` (dem Pendant aus der 3D-Welt) und `ContentElement` (aus der Welt der Dokumente) der Fall ist.

Ob ein Steuerelement überhaupt den Tastaturfokus erhalten kann, hängt in erster Linie von zwei Faktoren ab:

- `Focusable` auf „True"
- `IsVisible` auf „True"

Die Eigenschaft `Focusable` kann von uns gesetzt werden und hat direkten Einfluss auf das Verhalten des Tastaturfokus. Wird hier der Wert „False" gesetzt, kann der Tastaturfokus nicht auf das Steuerelement gesetzt werden.

> [!] Die Eigenschaft `Focusable` wird bereits in der Klasse `UIElement` definiert, ist jedoch standardmäßig auf „False" gesetzt. Daher können die meisten einfachen Steuerelemente, wie `TextBlock`, nicht fokussiert werden. Erst in der Basisklasse `Control` wird dieser Standardwert auf „True" umgestellt, da diese meist komplexere Steuerelemente repräsentiert, die ebenfalls den Tastaturfokus unterstützen. ■

Die Eigenschaft `IsVisible` hingegen kann nicht direkt verändert werden, sondern nur über die Eigenschaft `Visibility`. Erst wenn hier der Wert entweder auf „Hidden" oder „Collapsed" gestellt ist, gilt das Steuerelement als nicht mehr sichtbar und kann nicht mehr fokussiert werden. Dies gilt jedoch nicht für die Eigenschaft `Opacity`. Wird die Deckkraft des Steuerelementes mit `Opacity` auf 0 (`Null`, d. h. auf transparent) gestellt, hat das keinen Einfluss auf `IsVisible` und das Steuerelement ist weiterhin fokussierbar. Werden beispielsweise Steuerelemente über eine Animation langsam ausgeblendet, sollten diese im Anschluss zusätzlich über `Visibility` unsichtbar gemacht werden.

Neben den Eigenschaften `Focusable` und `IsVisible` hat natürlich auch `IsTabStop` Einfluss auf die Steuerung des Tastaturfokus. Nur wenn hier der Wert „True" gesetzt ist, kann das Steuerelement auch mittels Tastatur (über die Tabulator-Taste) angesprungen werden. Das Setzen des Tastaturfokus mit der Maus wäre aber natürlich auch weiterhin möglich.

Listing 13.3 Eigenschaften zur Tastatursteuerung im Überblick

```
<!-- Kann niemals den Fokus bekommen -->
<Button Focusable="False" />

<!-- Kann nur mittels Mausklick den Fokus bekommen -->
<Button IsTabStop="False" />

<!-- Kann mit Maus und Tabulator fokussiert werden -->
<Button />
```

Wie eingangs erwähnt, sollte der Tastaturfokus nicht in den Styles oder Control Templates der Steuerelemente berücksichtigt werden. Stattdessen bietet die WPF mit dem sog. *Focus Visual Adorner* eine eigene Technik an, mit der der Tastaturfokus visualisiert wird. Der Adorner hat die Aufgabe, dem Anwender die Navigation mit der Tastatur zu vereinfachen. Aus diesem Grund wird der Adorner auch nur dann angezeigt, wenn mittels Tabulator-Taste navigiert wird; er ist weder beim Start noch bei der Bedienung mittels Maus sichtbar.

Wie man am Namen erkennen kann, wird der Tastaturfokus mittels Adorner dargestellt. Der Inhalt des Adorners wird also in einem separaten Layer dargestellt, der keinen Einfluss auf das Layout des Fensters nimmt. Des Weiteren übernimmt die WPF sowohl die Positionierung als auch die Größe des Adorners, damit dieser exakt über das zu fokussierende Steuerelement platziert werden kann.

Listing 13.4 Den FocusVisualStyle definieren

```
<Application xmlns="..." xmlns:x="...">
  <Style x:Key="RedFocus" TargetType="{x:Type Control}">
    <Setter Property="Template">
      <Setter.Value>
        <ControlTemplate TargetType="{x:Type Control}">
          <Border BorderBrush="Red" BorderThickness="2" />
        </ControlTemplate>
      </Setter.Value>
    </Setter>
  </Style>

  <Style TargetType="{x:Type Button}">
    <Setter
        Property="FocusVisualStyle"
        Value="{StaticResource RedFocus}" />
  </Style>
</Application>
```

Hier wurde zuerst mit einem Style ein roter Rahmen für den Focus Visual Adorner erstellt, der in einem zweiten Schritt durch einen impliziten Style allen Schaltflächen zugeordnet worden ist. Da die Klasse `FocusVisualAdorner` leider nicht öffentlich ist, kann diese sowohl im Style als auch im Control Template nicht als Datentyp angegeben werden. Stattdessen kann man hier aber mit der Angabe der Basisklasse `Control` arbeiten.

Es empfiehlt sich, innerhalb der Anwendung bei einem Stil für den Tastaturfokus zu bleiben, auch wenn die Unterschiede zwischen den Steuerelementen zu groß zu sein scheinen. Der Anwender soll auf Anhieb den Tastaturfokus wiedererkennen können, auch wenn dieser vom Standard abweichen sollte. Der `FocusVisualStyle` sollte daher eher global sein und weniger auf das Aussehen eines einzelnen Steuerelementes optimiert werden.

13.1.2 Fokussteuerung

Die Reihenfolge, in der die Steuerelemente mit der Tabulator-Taste angesprungen werden, stimmt normalerweise mit der Reihenfolge im XAML-Code überein. Es kann aber Ausnahmen geben, da beispielsweise die Reihenfolge im DockPanel Einfluss auf die Positionierung am Seitenrand hat und diese nicht gezwungenermaßen auch mit der Reihenfolge des Tastaturfokus übereinstimmen muss.

Die Reihenfolge kann daher mit der Eigenschaft `TabIndex` festgelegt werden.

Listing 13.5 Reihenfolge des Tastaturfokus ändern

```
<StackPanel>
  <Button Content="A" TabIndex="3" />
  <Button Content="B" TabIndex="2" />
  <Button Content="C" TabIndex="1" />
</StackPanel>
```

In diesem Beispiel wurde die Reihenfolge der Fokussteuerung umgekehrt. Die Eigenschaft `TabIndex` ist allerdings erst in der Basisklasse `Control` definiert, sodass nicht alle Elemente davon Gebrauch machen können.

Diese Einstellung sollte in den meisten Fällen ausreichend sein. In besonderen Fällen kann mit zusätzlichen Eigenschaften noch weiter auf das Verhalten Einfluss genommen werden. So existieren in der Klasse `KeyboardNavigation` die folgenden drei Attached Properties:

- `DirectionalNavigation`: regelt die Steuerung mittels Pfeiltasten
- `TabNavigation`: regelt die Steuerung mittels Tabulator-Taste
- `ControlTabNavigation`: regelt die Steuerung mittels einer Kombination aus Strg- und Tabulator-Taste

Für jeden dieser Bereiche kann nun einzeln festgelegt werden, wie die Steuerung des Tastaturfokus erfolgen soll. Alle drei Eigenschaften sind vom Typ `KeyboardNavigationMode`, einer Enumeration, die die folgenden Werte annehmen kann:

- `Continue`: Jedes Element erhält der Reihe nach den Fokus; am Rand kann der Fokus den Bereich verlassen.
- `Once`: Der gesamte Bereich kann nur einmal den Fokus erhalten (je nach Richtung entweder das erste oder das letzte Steuerelement). Etwaige weitere Steuerelemente im Bereich werden dadurch übersprungen.
- `Cycle`: Nachdem der Bereich den Fokus erhalten hat, kann dieser nicht mehr verlassen werden, da die Fokussierung wieder von vorne beginnt.
- `None`: Eine Navigation im Bereich ist nicht möglich.
- `Contained`: Nachdem der Bereich den Fokus erhalten hat, kann dieser nicht mehr verlassen werden. Am ersten oder letzten Steuerelement kann die Grenze des Bereiches nicht überschritten werden und der Fokus bleibt stehen.
- `Local`: Die Eigenschaft `TabIndex` wird lokal berücksichtigt und verhält sich ansonsten wie `Continue`.

Um die Steuerung für einen Bereich über Pfeiltasten abzuändern, muss lediglich das Attached Property `KeyboardNavigation.DirectionalNavigation` gesetzt werden. Das folgende Beispiel soll das anhand eines StackPanels demonstrieren.

Listing 13.6 Navigation über die Pfeiltasten beeinflussen

```
<StackPanel Orientation="Horizontal">
  <Button Content="A" />

  <StackPanel
      Orientation="Horizontal"
      KeyboardNavigation.DirectionalNavigation="Contained">
    <Button Content="B" />
    <Button Content="C" />
  </StackPanel>

  <Button Content="D" />
</StackPanel>
```

In diesem Beispiel sind vier Schaltflächen zu sehen, wobei die mittleren beiden in einem zusätzlichen StackPanel definiert sind, für das auch die Steuerung des Tastaturfokus geändert wurde. Sobald der Tastaturfokus auf die Schaltfläche B oder C gesetzt wird, kann der Anwender alleine mittels Pfeiltasten diesen Bereich nicht mehr verlassen.

Selbstverständlich kann der Tastaturfokus auch explizit auf ein gewünschtes Steuerelement gesetzt werden. Hierfür muss lediglich die Methode `Focus()` des gewünschten Steuerelementes aufgerufen werden.

```
bool result = ButtonC.Focus();
```

Die Methode `Focus()` hat einen booleschen Rückgabewert, der den Erfolg zurückmeldet. Das Setzen des Tastaturfokus kann beispielsweise verhindert werden, wenn das Steuerelement nicht sichtbar, deaktiviert oder nicht fokussierbar ist.

Des Weiteren wird in der Klasse `Keyboard` die statische Methode `Focus()` angeboten, die als Parameter das zu fokussierende Steuerelement erwartet.

```
IInputElement result = Keyboard.Focus(ButtonC);
```

Auch hier gibt es wieder einen Rückgabewert, der in diesem Fall aber die Instanz des fokussierten Steuerelements enthält. War das Umsetzen des Tastaturfokus erfolgreich, sollte der Rückgabewert dem zuvor übergebenen Parameter entsprechen.

> **!** Beide Methoden haben keinen Einfluss auf die Darstellung des `FocusVisualAdoner`. Dieser wird nur dann angezeigt, wenn der Anwender den Tastaturfokus mittels Tabulator-Taste ändert. ■

Beide Methoden eignen sich gut, wenn ein einzelnes und bekanntes Steuerelement fokussiert werden soll. In manchen Fällen soll aber lediglich das nächste oder das vorherige Steuerelement fokussiert werden. Eine schwierige Aufgabe, wenn man nicht mit einer fest vorgegebenen Reihenfolge an Steuerelementen arbeiten möchte. Sinnvoller wäre es, diese Aufgabe einfach der WPF zu übergeben.

Listing 13.7 Tastaturfokus steuern

```
TraversalRequest request =
  new TraversalRequest(FocusNavigationDirection.Next);

UIElement focusedElement = Keyboard.FocusedElement as UIElement;
if (focusedElement != null)
{
  bool result = focusedElement.MoveFocus(request);
}
```

Die Methode `MoveFocus()` gibt als Ergebnis einen booleschen Wert zurück, der angibt, ob das Setzen des Tastaturfokus erfolgreich war. In diesem Fall wird von der WPF verlangt, das nächste Steuerelement zu fokussieren. Das Ergebnis würde also mit dem Drücken der Tabulator-Taste übereinstimmen – mit dem einzigen Unterschied, dass hierbei auch weiterhin nicht der Focus Visual Adorner angezeigt wird. Dieser wird ausschließlich mit der Steuerung über die Tastatur sichtbar.

13.1.3 Eingaben

Um Tastatureingaben des Anwenders abzufangen, stehen die folgenden drei Ereignisse zur Verfügung:

- `KeyDown()`: wenn die Taste gedrückt wurde
- `TextInput()`: wenn Text eingegeben wurde
- `KeyUp()`: wenn die Taste losgelassen wurde

Die Ereignisse werden auch in der Reihenfolge ausgelöst, in der sie hier genannt sind. Drückt der Anwender also eine Taste, wie z. B. die Taste „A“, wird zuerst das `KeyDown()`-, dann das `TextInput()`- und zum Schluss, wenn die Taste wieder losgelassen wird, das `KeyUp()`-Ereignis ausgelöst.

Das Ereignis `TextInput()` wird jedoch nur dann ausgelöst, wenn die entsprechende Taste eine Texteingabe auslöst. Das bloße Drücken der Umschalt- oder der Steuerungstaste löst nur die beiden Ereignisse `KeyDown()`- und `KeyUp()` aus – nicht `TextInput()`. Des Weiteren kann es vorkommen, dass mehrere Tastenanschläge im Ereignis `TextInput()` von der WPF zusammengefasst werden.

> Das Ereignis `TextInput()` muss nicht notwendigerweise über eine Tastatur ausgelöst werden. Es wird genutzt, wann immer durch den Anwender Text eingegeben wird – das kann in der heutigen Zeit auch durch moderne Eingabegeräte wie die Sprachsteuerung oder die Handschriftenerkennung erfolgen.

Das Steuerelement TextBox nutzt das Ereignis `TextInput()` bereits für sich, um damit seinen Inhalt zu bearbeiten. Daher wird dieses Ereignis von der TextBox nicht weitergereicht.

13.1.4 Kommandos

Über die Tastatur können auch Kommandos aufgerufen werden. So kann eine bestimmte Funktionstaste oder Tastaturkombination ein Kommando starten wie eine Aktualisierung mit der F5- oder den Abbruch einer Aktion mit der Escape-Taste.

Listing 13.8 Tastenkürzel mit Kommandos verbinden

```
<Window xmlns="..." xmlns:x="...">
  <Window.InputBindings>
    <KeyBinding Key="F5" Command="NavigationCommands.Refresh" />
  </Window.InputBindings>
</Window>
```

Kommandos und der Aufruf über die Tastatur werden in Kapitel 5 beschrieben.

13.2 Maus

13.2.1 Mauszeiger

Der Mauszeiger stellt in vielen Fällen die erste Wahl dar, wenn es darum geht, den Anwender über den aktuellen Status einer Aktion zu informieren. Ein klassischer (wenn auch von den meisten Anwendern nicht gern gesehener) Fall ist die Sanduhr (oder in der etwas moderneren Variante der kreisende Donut).

Die Darstellung des Mauszeigers erfolgt mithilfe der Klasse `Cursor` – für jeden unterschiedlichen Mauszeiger muss also eine neue Instanz angelegt werden. Zum Glück bietet die WPF bereits zahlreiche fertige Mauszeiger an, die als statische Variablen in der Klasse `Cursors` (Achtung: Plural) angeboten werden.

Listing 13.9 Mauszeiger in der Anwendung ändern

```
public void Button1_Click(object sender, RoutedEventArgs e)
{
  Application.Current.MainWindow.Cursor = Cursors.Wait;
}
```

In diesem Beispiel soll der Anwender mit einem Mauszeiger über den Zustand einer lang andauernden Aktion informiert werden. Hierfür wird der Mauszeiger für das gesamte Hauptfenster auf den vordefinierten Mauszeiger `Wait` gesetzt. Unter Windows wird dann anstelle des Mauspfeils ein kreisender Donut angezeigt. Da dies rein kosmetischer Natur ist, kann der Anwender auch weiterhin jedes Steuerelement bedienen und anklicken. In diesem Beispiel könnten Sie zusätzlich die Steuerelemente deaktivieren, damit keine konkurrierende Operation ausgeführt werden kann. Das Ändern des Mauszeigers sollte daher nur als Kür gesehen werden, mit welcher der Anwender darüber informiert wird, dass die Anwendung noch am Laufen und Arbeiten ist.

In der Klasse `Cursors` stehen die folgenden vordefinierten Mauszeiger bereit:

- `AppStarting`: Normaler Mauspfeil, zusätzlich mit einem kleinen kreisenden Donut versehen
- `Arrow`: Normaler Mauspfeil
- `ArrowCD`: Normaler Mauspfeil, zusätzlich mit einer kleinen CD-ROM ausgestattet
- `Cross`: Fadenkreuz
- `Hand`: Hand mit Zeigefinger
- `Help`: Normaler Mauspfeil; zusätzlich mit einem kleinen Fragezeichen versehen
- `IBeam`: Strahl, der beim Bearbeiten von Texten verwendet wird
- `No`: Verbotsschild
- `None`: Unsichtbar (es wird kein Mauszeiger angezeigt)
- `Pen`: Stift
- `ScrollAll`, `ScrollE`, `ScrollN`, `ScrollNE`, `ScrollNS`, `ScrollNW`, `ScrollS`, `ScrollSE`, `ScrollSW`, `ScrollW`, `ScrollWE`: Punkt (für den Ausgangspunkt) und ein Pfeil mit unterschiedlichen Richtungen
- `SizeAll`, `SizeNESW`, `SizeNS`, `SizeNWSE`, `SizeWE`: Doppelpfeile in unterschiedliche Richtungen
- `UpArrow`: Pfeil nach oben
- `Wait`: Kreisender Donut

Sollte diese Auswahl nicht genügen, können Sie selbstverständlich auch einen eigenen Mauszeiger verwenden. Hierzu ist lediglich eine Datei im CUR- oder ANI-Format notwendig – beides sind im Prinzip animierte Grafiken, die zusätzlich einen Hotspot definieren, an dem die Interaktion erfolgen soll. Beim Mauspfeil ist dies beispielsweise die Pfeilspitze. In Visual Studio ist ein einfacher Designer eingebaut, mit dem sich solche Dateien bearbeiten lassen – komfortabel ist dieser allerdings nicht, da die Handhabung eher an das Programm Paint aus den Anfangszeiten von Windows erinnert.

Sobald die CUR-Datei in die Projektstruktur als Ressource aufgenommen wurde, kann darauf in XAML zugegriffen werden.

Listing 13.10 Individuellen Mauszeiger verwenden

```
<Window
  xmlns="..." xmlns:x="..."
  Cursor="MyCursor.cur">

</Window>
```

In diesem Beispiel befindet sich die Datei des Mauszeigers in der Projektdatei in demselben Verzeichnis wie das Fenster selbst. Mit der Eigenschaft `Cursor` kann nun auf die Datei des Mauszeigers verwiesen werden. Diese Datei muss nicht als lokale Ressource in der Anwendung deklariert sein, sondern kann auch eine beliebige Datei aus dem Dateisystem sein. Bei letzterer Variante muss allerdings die Datei über einen absoluten Pfad angegeben werden.

Soll der Mauszeiger im Programmcode geändert werden, ist man bei der Wahl der Quelle dagegen deutlich flexibler.

Listing 13.11 Mauszeiger im Programmcode zuweisen

```
// Ressource auslesen
StreamResourceInfo streamResource = Application.GetResourceStream(
    new Uri("MyCursor.cur", UriKind.Relative));

// Anhand des Streams einen neuen Cursor erstellen
Cursor cursor = new Cursor(resourceInfo.Stream);
Application.Current.MainWindow.Cursor = cursor;
```

Der Konstruktor der Klasse `Cursor` ist zwar überladen, bietet aber lediglich die Möglichkeit an, eine Mauszeiger-Datei anhand eines Dateinamens von der Festplatte oder anhand eines Datenstroms (*Stream*) zu erstellen. Eine direkte Angabe einer URL, mit der eine lokale Ressource geladen werden kann, ist hier nicht möglich. Daher muss, wie im Beispiel zu sehen ist, das Laden der Datei manuell erfolgen.

Zudem ist es empfehlenswert, nicht bei jeder Änderung eine neue Instanz des Mauszeigers zu erstellen. Vielmehr ist es naheliegend, diese, ähnlich wie es in der Klasse `Cursors` der Fall ist, als statische Variable anzulegen, damit man sie bei Bedarf verwenden kann. So werden bei mehreren Szenarien, wie beispielsweise beim Drag & Drop, innerhalb kürzester Zeit sehr viele Ereignisse aufgerufen. Würde man den Mauszeiger jedes Mal nachladen, würde die Leistung der Anwendung drastisch leiden.

13.2.2 Eingaben

Von der WPF werden zahlreiche Ereignisse angeboten, um Mausaktionen des Anwenders abzufangen:

- `MouseDown()`: Eine beliebige Maustaste wurde gedrückt.
- `MouseLeftButtonDown()`: Die linke Maustaste wurde gedrückt.
- `MouseRightButtonDown()`: Die rechte Maustaste wurde gedrückt.
- `MouseUp()`: Eine beliebige Maustaste wurde losgelassen.
- `MouseLeftButtonUp()`: Die linke Maustaste wurde losgelassen.
- `MouseRightButtonUp()`: Die rechte Maustaste wurde losgelassen.
- `MouseEnter()`: Die Maus trat in den Bereich des Steuerelementes.
- `MouseMove()`: Die Maus wurde über das Steuerelement bewegt.
- `MouseLeave()`: Die Maus hat den Bereich des Steuerelementes verlassen.
- `MouseWheel()`: Das Mausrad wurde über dem Steuerelement gedreht.

Mit Ausnahme von `MouseEnter()` und `MouseMove()` sind alle hier aufgeführten Ereignisse auch als Vorschau-Ereignis (z. B. `PreviewMouseDown()`) verfügbar. Bei den Ereignissen rund um das Loslassen einer Maustaste (u. a. `MouseUp()`) sollte man berücksichtigen, dass diese nach dem Drücken einer Maustaste nicht zwangsläufig aufgerufen werden. Bewegt der Anwender den Mauszeiger mit gedrückter Maustaste außerhalb des Steuerelementes, so wird lediglich noch das Ereignis `MouseLeave()` aufgerufen.

Mit diesen Ereignissen ausgestattet, kann man in der Regel auf die meisten Aktionen des Anwenders reagieren. Zusätzlich wird die Eigenschaft `IsMouseOver` angeboten, mit der

der aktuelle Zustand abgefragt werden kann. Diese eignet sich insbesondere zum Auslösen von Triggern innerhalb von Styles oder Control Templates.

13.2.3 Hit-Testing

Bevor die vorangehend beschriebenen Ereignisse ausgelöst werden können, muss zuerst vom System ermittelt werden, welches Steuerelement sich überhaupt unterhalb des Mauszeigers befindet. Dieser Vorgang wird in der WPF als Hit-Testing bezeichnet.

Den Vorgang des Hit-Testings kann man auch manuell durchführen. Hierfür ist lediglich die Zuhilfenahme der Klasse `VisualTreeHelper` notwendig, wie in dem folgenden Beispiel zu sehen ist.

Listing 13.12 Einen Hit-Test manuell durchführen

```
private void Canvas_MouseLeftButtonDown(object sender,
    MouseButtonEventArgs e)
{
  Point point = e.GetPosition(TestCanvas);
  HitTestResult result = VisualTreeHelper.HitTest(TestCanvas,
      point);

  if (result != null)
  {
    var selectedElement = result.VisualHit;
    // ...mit ausgewähltem Element weiterarbeiten
  }
}
```

Die Methode `HitTest()` erfordert zwei Parameter: zum einen das Steuerelement, auf dem der Hit-Test durchgeführt werden soll, und zum anderen die Position (wie die des Mauszeigers). Das Steuerelement selbst kann wiederum aus einer Vielzahl weiterer Steuerelemente bestehen, auf die der Hit-Test angewendet werden kann. In diesem Beispiel wird ein Canvas als Grundlage verwendet, auf dem beliebig viele Steuerelemente platziert sein können.

Auch diese Methode ist wieder mehrfach überladen, so kann u.a. eine Callback-Methode angegeben werden, die beim Testen einzelner Steuerelemente aufgerufen wird.

Hinter den Kulissen fällt der Vorgang des Hit-Testings etwas aufwendiger aus, da es nicht ausreichend wäre, einfach das nächstliegende Steuerelement zu wählen. So besitzen zwar alle Steuerelemente einen rechteckigen Bereich, doch muss hier nicht unbedingt die gesamte Fläche gezeichnet sein. Bei einem Kreis kann man dies ganz gut verdeutlichen, denn der nicht gezeichnete Bereich außerhalb des Kreises darf nicht mehr aktiv sein. Der Mausklick des Anwenders in den rechten unteren Bereich darf daher nicht vom Kreis entgegengenommen werden, obwohl dieser sich aufgrund der offiziellen Außenmaße unmittelbar unterhalb des Mauszeigers befindet. Stattdessen muss das darunter liegende Steuerelement, die Border, das Ereignis über den Mauszustand erhalten.

Um das Hit-Testing adäquat umzusetzen, muss das Steuerelement selbst zurate gezogen werden – denn dieses kennt seinen eigenen Inhalt und seine Darstellung besser, als es das System von „außen" ermitteln könnte. Dieser Vorgang ist bereits in den Basisklassen der WPF implementiert und muss nur in den seltensten Fällen angepasst werden. Hauptbestandteil ist die Methode `HitTestCore()`, die in jedem Steuerelement vorhanden ist und bei einem möglichen Hit-Test zurate gezogen wird. In der WPF überschreibt lediglich der TextBlock diese Methode, damit ein Hit-Test grundsätzlich einen Treffer erzielt – selbst wenn der Mauszeiger nicht exakt auf dem Text, sondern zwischen zwei Buchstaben liegen sollte.

13.2.4 Kommandos

Mausaktionen können auch Kommandos auslösen. So kann der einfache Mausklick oder ein Doppelklick ein bestimmtes Kommando starten, wie beispielsweise das Öffnen eines Dokumentes oder das Starten einer Operation. Kommandos und der Start über Mausaktionen sind in Kapitel 5 beschrieben.

13.3 Drag & Drop

Das Ziehen und Fallenlassen (Drag & Drop) ist eine weit verbreitete und gängige Funktionsweise in Anwendungen. Je nach Anwendungsfall kann Drag & Drop für den Anwender intuitiver sein, als entsprechende Schaltflächen, Kommandos oder Ähnliches auszuführen. Das Verschieben, Gruppieren oder Umsortieren von Daten gehört zweifelsohne in diese Kategorie. Trotz allem ist Drag & Drop bis heute keine Selbstverständlichkeit – und das, obwohl die Umsetzung viel einfacher geworden ist.

Den Vorgang Drag & Drop kann man auf der Zeitachse in drei Bereiche aufteilen:

- Maustaste wird gedrückt: Das Start-Steuerelement muss nun selber beurteilen, ob und wann der Vorgang gestartet werden soll.
- Während des Ziehens (Drag): Ist der Vorgang gestartet, müssen die Steuerelemente unterhalb des Mauszeigers beurteilen, ob sie als Ziel infrage kommen.
- Fallenlassen (Drop): Das neue Steuerelement unterhalb des Mauszeigers muss die Aktion durchführen.

Der meiste Aufwand fällt leider immer noch bei dem ersten Punkt an, der sich mit dem Starten des Drag & Drop-Vorgangs beschäftigt – obwohl dies bei Weitem keine Raketenwissenschaft ist. Es fallen lediglich ein paar Zeilen mehr an Quellcode an, als dies bei den beiden anderen Punkten der Fall ist.

Der Start eines Drag & Drop-Vorgangs wird in der Regel durch das Drücken der linken Maustaste ausgelöst. Der Drag-Vorgang sollte nicht sofort gestartet werden, sondern erst nachdem der Anwender die Maus einige Pixel bewegt hat. Dieser Schwellwert verhindert, dass nicht schon bei einem einfachen Mausklick (wie auf einer Schaltfläche) der Drag-Vorgang versehentlich zu früh gestartet wird. Aus diesem Grund sollte man beim Ereignis `MouseLeftButtonDown()` nicht den Drag-Vorgang selbst starten, sondern sich lediglich die aktuelle Position des Mauszeigers zwischenspeichern. Erst bei einer Bewegung des Mauszeigers wird dann in einem zweiten Schritt der eigentliche Drag-Vorgang gestartet. Das folgende

Beispiel zeigt den Zusammenhang zwischen dem Drücken, dem Bewegen und dem Loslassen der linken Maustaste.

Listing 13.13 Einen Drag-Vorgang des Anwenders erkennen

```
private Point? dragStartPosition = null;

private void DragButton_PreviewMouseLeftButtonDown(object sender,
    MouseButtonEventArgs e)
{
    dragStartPosition = e.GetPosition(DragButton);
}

private void DragButton_PreviewMouseLeftButtonUp(object sender,
   MouseButtonEventArgs e)
{
    dragStartPosition = null;
}

private void DragButton_MouseMove(object sender, MouseEventArgs e)
{
    if (dragStartPosition != null)
    {
        var position = e.GetPosition(DragButton);
        if (Math.Abs(dragStartPosition.Value.X - position.X) >
                SystemParameters.MinimumHorizontalDragDistance ||
            Math.Abs(dragStartPosition.Value.Y - position.Y) >
                SystemParameters.MinimumVerticalDragDistance)
        {
            dragStartPosition = null;
            StartDrag();
        }
    }
}

private void DragButton_MouseLeave(object sender, MouseEventArgs e)
{
    dragStartPosition = null;
}

private void StartDrag()
{
    // wird gleich beschrieben...
}
```

In diesem Beispiel soll eine Schaltfläche als Ausgangspunkt für Drag & Drop dienen. Auf dieser wurden die folgenden vier Ereignisse registriert: `PreviewMouseLeftButtonDown()`, `PreviewMouseLeftButtonUp()`, `MouseMove()` und `MouseLeave()`. Die ersten beiden Ereignisse wurden als Vorschau-Ereignis (Preview) registriert, da viele Steuerelemente selber auf die Klicks der Maus reagieren und das Ausführen der Ereignisse verhindern. Vor dem Start des Drag-Vorgangs sollten sich die Ereignisbehandlungen so unauffällig wie möglich verhalten, um den normalen Programmablauf nicht zu beeinflussen. Aus diesem Grund sollte die Eigenschaft `Handled` der Ereignisargumente in der Ereignisbehandlung nicht auf „True“ gesetzt werden, da dies die weitere Ausführung der Schaltfläche verhindern würde. Auch die Auswahl in einer ListBox benötigt die weitere Ausführung der Mausklick-Ereignisse.

Der Dreh- und Angelpunkt aller Ereignisbehandlungen ist die Variable `dragStartPosition` vom Typ `Point`, die standardmäßig auf `NULL` gesetzt ist. Beim Drücken der linken Maustaste wird hier die aktuelle Position gespeichert, beim Loslassen der Maustaste oder beim Verlassen des Steuerelementes wird die Variable wieder zurück auf `NULL` gesetzt. Die mit zwei If-Anweisungen einigermaßen komplexe Logik befindet sich dann in der Ereignisbehandlung für `MouseMove()`. Dort wird zuerst überprüft, ob die Variable `dragStartPosition` gesetzt ist. Dadurch kann implizit davon ausgegangen werden, dass vom Anwender die linke Maustaste gedrückt worden ist. Als Nächstes wird der Abstand zur ursprünglichen Position des Mauszeigers gemessen bzw. ob der Schwellwert zum Starten des Drag-Vorgangs überschritten worden ist. Hier kann entweder ein eigener Wert definiert werden oder man greift auf die Systemwerte von Windows zurück, die in der Klasse `SystemParameters` zu finden sind.

Der bisherige Programmcode hat sich im Grunde noch gar nicht mit Drag & Drop beschäftigt, sondern vielmehr damit, ob und wann dieser Vorgang gestartet werden soll. Hierfür wurden die Aktivitäten der Maus überprüft und, falls ein vordefinierter Schwellwert der Mausbewegung überschritten wurde, der Drag-Vorgang mit der Methode `StartDrag()` gestartet. Diese Methode soll im Folgenden näher betrachtet werden.

Listing 13.14 Einen Drag-Vorgang starten

```
private void StartDrag()
{
    // Bereich definieren, auf dem der Drag-Vorgang gültig ist
    var dragScope = this.Content as FrameworkElement;

    // Container für Nutzdaten (hier String)
    var dragData = new DataObject(typeof(String), "Hello Drag!");

    // Drag-Vorgang starten
    DragDrop.DoDragDrop(dragScope, dragData, DragDropEffects.Move);
}
```

Der Drag-Vorgang wird von der WPF bereits so gut gekapselt, dass man als Entwickler lediglich die Methode `DoDragDrop()` aus der Klasse `DragDrop` aufrufen muss. Diese nimmt drei Parameter entgegen: den sog. *DragScope*, der den Bereich angibt, auf dem der Drag-Vorgang gültig ist. Dieser kann natürlich eingeschränkt werden, sodass beispielsweise nur innerhalb einer ListBox oder einer Page der Drag-Vorgang erlaubt ist. In diesem Beispiel wurde allerdings der gesamte Inhalt des aktuellen Fensters definiert. Als Zweites müssen die Nutzdaten definiert werden, die beim Drag-Vorgang übertragen werden sollen. Das wird in der Regel eine Instanz des Datenmodells sein (also beispielsweise `Customer` oder `Address`), das mittels Drag & Drop verschoben, kopiert oder verknüpft werden soll. Diese Information kann später vom Ziel-Steuerelement ausgewertet werden (dazu gleich mehr). Als dritter Parameter wird der Effekt für den Drag-Vorgang angegeben. Dies hat eher informativen Charakter, da damit lediglich der Mauszeiger angepasst wird. Was nun tatsächlich mit den Daten geschieht (z. B. kopieren oder verschieben), ist natürlich weiterhin Aufgabe der eigenen Anwendungslogik.

Als letzter Schritt muss nun noch der Empfänger des Drag-Vorgangs vorbereitet werden. Dieser wird allgemein als Drop-Ziel (oder auch *Drop-Target*) bezeichnet, da auf diesem

Steuerelement das gezogene Element fallen gelassen wird. Bevor dies geschieht, bedarf es aber noch zwei kleiner Vorbereitungen.

Erstens muss das Fallenlassen (*Droppen*) für das Steuerelement explizit zugelassen werden.

```
<ListBox
  Name="DropTargetListBox"
  AllowDrop="True"
  DragOver="DropTargetListBox_DropOver"
  Drop="DropTargetListBox_Drop" />
```

Standardmäßig wird von der WPF die Erlaubnis zum Fallenlassen von Daten verweigert. Die Einstellung kann aber auch an zentraler Stelle, wie beispielsweise dem Fenster, angegeben werden, da dieser Wert automatisch auf alle untergeordneten Steuerelemente angewendet wird.

Des Weiteren sollte man vor dem Fallenlassen prüfen, ob die Daten überhaupt akzeptiert werden können. Diese Überprüfung sollte zum guten Ton gehören, da nicht alle Daten akzeptiert werden können. Überall dort, wo die Daten nicht fallen gelassen werden können, ändert sich nämlich der Mauszeiger in ein kleines Verbotsschild. Diese Überprüfung findet über das Ereignis `DragOver()` statt.

Listing 13.15 Sich als Drop-Empfänger ausgeben

```
private void DropTargetListBox_DragOver(object sender,
    DragEventArgs e)
{
    string data = e.Data.GetData(typeof(String)) as String;
    if (data != null) {
        e.Effects = DragDropEffects.Copy;
    } else {
        e.Effects = DragDropEffetcs.None;
    }
}
```

In dieser Ereignisbehandlung sind vor allem die Nutzdaten interessant, die vom Anwender über den Drag-Vorgang gezogen wurden. Diese können über die Eigenschaft `Data` in den Ereignisargumenten abfragt werden. Prinzipiell können hier komplexere Datentypen hinterlegt sein, die sogar aus externen Anwendungen stammen. In diesem Beispiel werden jedoch nur Daten vom Typ `String` entgegengenommen, den man als Parameter der Methode `GetData()` angeben muss.

Ist diese Ereignisbehandlung nicht implementiert, wird von der WPF standardmäßig davon ausgegangen, dass das Steuerelement nicht als Ziel des Drag-Vorgangs geeignet ist. Aus diesem Grund kann man auch an globaler Stelle das Fallenlassen über die Eigenschaft `AllowDrop` aktivieren, auch wenn dadurch potenziell nicht geeignete Steuerelemente als Ziel infrage kämen.

Das eigentliche Annehmen der Daten kann nun mit dem Ereignis `Drop()` erfolgen. Ähnlich wie bei der vorherigen Ereignisbehandlung müssen auch hier wieder die Daten abgefragt werden, nur dass diese jetzt „verarbeitet" werden. Dieser Schritt soll durch das simple Hinzufügen in der ListBox dargestellt werden, wie im folgenden Beispiel zu sehen ist.

Listing 13.16 Daten beim Drop entgegennehmen

```
private void DropTargetListBox_Drop(object sender, DragEventArgs e)
{
    object data = e.Data.GetData(typeof(String));
    DropTargetListBox.Items.Add(data);
}
```

Drag & Drop ist mit der WPF keine hohe Kunst mehr - die meisten Techniken sind so gut vom Entwickler gekapselt, dass der gesamte Vorgang auf das Auslösen des Drag-Vorgangs und das Implementieren einiger Ereignisbehandlungen reduziert werden kann.

13.4 Touchscreen

Die Steuerung über einen Touchscreen ermöglicht ganz neue Möglichkeiten im Alltag. Vor wenigen Jahren existierte noch das Vorurteil, dass man Computer nur auf sehr umständliche Weise mit Maus und Tastatur bedienen kann. Mit dem Aufkommen neuer Geräte wie Smartphones und Tablet-Computern änderte sich diese Sichtweise. Diese Art von Geräten ist beinahe schon allgegenwärtig und wir nehmen sie als selbstverständlich wahr. Wir nutzen sie nebenläufig, wenn wir auf den Bus warten oder im Biergarten mal eben die Ergebnisse des letzten Fußballspiels wissen möchten. Wie einschränkend und behäbig erscheint dagegen die Bedienung an einem stationären Computer. Die Bedienung mit den Fingern wird sich sicherlich auch in vielen anderen Bereichen weiter durchsetzen - auch oder insbesondere im geschäftlichen Umfeld. Viele Benutzer kennen diese Art der Bedienung aus ihrem privaten Umfeld und wissen auch um ihre Vorteile. Dementsprechend wird sich auch die Erwartungshaltung im geschäftlichen Umfeld zwangsläufig ändern.

Die eigene Anwendung kann für die Bedienung mit den Fingern (Touch) vorbereitet werden. Windows kann bereits von Haus aus mit Touch umgehen und rechnet die Fingersteuerung in vielen Fällen in eine Mausbewegung um. Auch ein Tippen mit dem Mausfinger wird bereits als Mausklick ausgewertet.

Ist eine Anwendung damit per se schon für Touch geeignet? Die Antwort ist ein klares Jein:

- Ja, denn ist ein entsprechender Touchscreen vorhanden, wird die Eingabemöglichkeit von Windows unterstützt, wovon auch die eigene WPF-Anwendung profitiert.
- Nein, denn eine gute und intuitive Bedienung geht weit über ein einfaches Antippen mit dem Finger hinaus. Erst mit sog. Gesten, wie dem Ändern der Zoom-Stufe durch das Zusammenkneifen von Zeigefinger und Daumen, ist eine Anwendung wirklich für Touchscreens vorbereitet. Apple hat hier Standards gesetzt, die von vielen Benutzern als selbstverständlich angesehen werden.

Die gute Nachricht ist auch hier wieder: Microsoft hat an diesen Fall gedacht und eine entsprechende API in der WPF vorgesehen. Mit wenig Aufwand lassen sich damit auch Gesten mit mehreren Fingern umsetzen.

13.4.1 Manipulation

Der Begriff Manipulation ist tendenziell eher negativ behaftet. In der WPF geht es hier darum, Objekte mittels direkter Touch-Steuerung zu manipulieren. Berührt man ein Foto mit den Fingern, erwartet man regelrecht, dass man es auch bewegen, drehen oder vergrößern kann. Mit diesen Aktionen manipuliert man das Foto in seiner Größe und Position.

Manipulationen sind optional und müssen in der WPF erst aktiviert werden. Das kann direkt deklarativ im XAML-Code erfolgen, denn hier muss für das gewünschte Element lediglich die Eigenschaft `IsManipulationEnabled` auf „True“ gesetzt werden.

Listing 13.17 Ein Steuerelement für Touch-Manipulation vorbereiten

```
<Window
  ManipulationStarting="Window_ManipulationStarting"
  ManipulationDelta="Window_ManipulationDelta">

  <Grid>
    <Border
        Background="Aqua"
        IsManipulationEnabled="True"
        RenderTransform="0.75 0 0 0.75 50 25" />
  </Grid>
</Window>
```

Hier in diesem Beispiel ist eine einfache Border mit türkisfarbenem Hintergrund platziert. Die Border soll mittels Gestensteuerung in Größe, Position und Rotation manipuliert werden. Hierzu eignet sich eine `MatrixTransformation` besonders, die mit der Kurzschreibweise der Eigenschaft `RenderTransform` zugewiesen wird.

Damit die Manipulation des Steuerelementes aktiviert wird, muss zudem die Eigenschaft `IsManipulationEnabled` auf „True“ gesetzt werden. Die Ereignisse, die daraufhin von der WPF ausgelöst werden, können mit `ManipulationStarting` und `ManipulationDelta` im Fenster abgefangen werden. Das ist eine recht zentrale Stelle und eignet sich besonders gut, wenn mehrere Objekte auf dem Bildschirm platziert werden sollen.

Listing 13.18 Objekt mittels Touch-Steuerung manipulieren

```
private void Window_ManipulationStarting(object sender,
    ManipulationStartingEventArgs e)
{
  e.ManipulationContainer = this;
  e.Handled = true;
}

private void Window_ManipulationDelta(object sender,
    ManipulationDeltaEventArgs e)
{
  // Änderung (delta) und Ursprung abfragen
  var delta = e.DeltaManipulation;
  var center = e.ManipulationOrigin;

  // Element und Transformation aus EventArgs holen
  var element = e.Source as UIElement;
  var transform = element.RenderTransform as MatrixTransform;
```

```
    var matrix = transform.Matrix;

    // Gestik auf Transformation anwenden
    matrix.ScaleAt(delta.Scale.X, delta.Scale.Y, center.X, center.Y);
    matrix.RotateAt(delta.Rotation, center.X, center.Y);
    matrix.Translate(delta.Translation.X, delta.Translation.Y);

    transform.Matrix = matrix;
    e.Handled = true;
}
```

Die Ereignisbehandlung für `ManipulationStarting` wird zu Beginn der Manipulation aufgerufen. Hier muss lediglich der Container bekannt gemacht werden, der für Steuerung zuständig ist.

Die Ereignisbehandlung für `ManipulationDelta` kümmert sich nun um das Anwenden der Manipulation auf die Oberfläche. Die hierfür notwendigen Daten werden bereits über die Ereignisargumente mitgeliefert, die nun nur noch der Matrix-Transformation der Reihe nach übergeben werden müssen. Diese Ereignisbehandlung wird während der Manipulation sehr oft aufgerufen. Je öfter sie aufgerufen wird, desto schneller und flüssiger wirkt die Manipulation für den Benutzer. Benötigt die Ereignisbehandlung dagegen zu lange, entsteht ein Versatz, der die Anwendung unter Umständen langsam und behäbig wirken lassen kann.

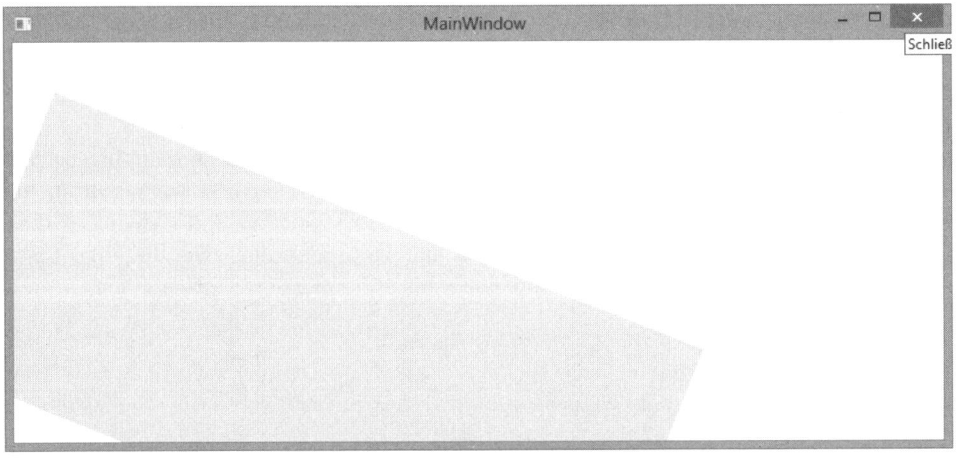

Bild 13.1 Die Border kann mit den Fingern beliebig bewegt werden.

Diese Implementierung ist recht schnell und einfach umgesetzt. Mit ihr müssen nicht unbedingt Bilder oder andere Elemente über den Bildschirm „geschubst" werden. Mit den empfangenen Daten lassen sich auch andere Informationen manipulieren, wie die Steuerung von Kartenmaterial oder Elemente für ein Flowchart.

Daneben stellt die WPF eine weitere API zur Verfügung. Sie ist etwas schwieriger anzuwenden, da hier die einzelnen Ereignisse wie `TouchDown`, `TouchMove`, `TouchUp`, `TouchEnter` und `TouchLeave` einzeln abgefangen und ausgewertet werden müssen.

13.4.2 Fallstricke

Wird aus jeder Anwendung, die Manipulationen vom Benutzer zulässt, eine gute Touchscreen-Anwendung? Die Bedienung einer Anwendung auf einem Touchscreen stellt die Entwicklung und vor allem die Gestaltung vor ganz neue Herausforderungen. Das prominenteste Beispiel wurde mit Windows 8 vorgestellt. Viele Elemente wirken aufgrund der Optimierung auf Touchscreens auf einmal wesentlich größer.

Bei der Gestaltung von Anwendungen sollte man daher folgende Punkte beachten:

- Ein Touchscreen kennt kein Mouseover. Blendet ein Steuerelement wichtige Bestandteile erst bei Mouseover ein, kann dies bei einer reinen Touch-Bedienung nicht mehr funktionieren. Auch die sonst üblichen Tooltipps sind auf einem Touchscreen nutzlos.
- Bedienelemente, wie Schaltflächen oder Checkboxen, müssen größer dimensioniert sein, damit diese auch komfortabel auf einem Touchscreen bedient werden können.
- Die Unterscheidung zwischen Links- und Rechtshänder muss stärker berücksichtigt werden. Während der Bedienung mit der Hand können wichtige Bestandteile auf dem Bildschirm verdeckt werden. Eine alternative Darstellung sollte daher zumindest berücksichtigt werden.

14 Interoperabilität

Selten wird in einem Projekt eine einzelne Technologie verwendet – meistens handelt es sich um eine Mischung verschiedener neuer und bestehender Technologien. Das kann selbst bei Projekten vorkommen, die von Grund auf neu entwickelt werden, wenn man beispielsweise auf einige vorhandene Steuerelemente zurückgreifen möchte.

Im Falle der WPF werden vermutlich eine Menge Entwickler mit dem Umstieg von Windows Forms beschäftigt sein. Hierbei müssen nicht nur die Oberflächen, sondern auch die vorhandene Programmlogik überprüft und ggf. auf die neuen Techniken angepasst werden. Früher oder später wird es allerdings die Situation geben, bei der man beispielsweise auf Steuerelemente aus Windows Forms zurückgreifen muss.

> Die Trennung zwischen WPF und Windows Forms fängt bereits bei den unterschiedlichen Techniken für Ressourcen an. Die WPF führt hier ein neues Konzept ein und kann daher von Haus aus nicht mehr auf Embedded Resources zugreifen. In Kapitel 12, „Customizing", wurde jedoch eine Markup Extension gezeigt, mit welcher der Zugriff auf „alte" Ressourcen aus Windows Forms vereinfacht werden kann.

Das Mischen von Windows Forms und der WPF war alles andere als trivial, da hier wahrhaftig zwei Welten aufeinandertreffen: auf der einen Seite die pixelorientierte Darstellung der GDI und auf der anderen Seite die vektorbasierte Darstellung mit DirectX und Hardwarebeschleunigung. Aus diesem Grund mussten auch einige Kompromisse eingegangen werden, um diese beiden miteinander verbinden zu können.

Eine Ursache, die aus der Kombination beider Welten entsteht, ist der sog. „Luftraum" (oder auch *Airspace* genannt). Damit ist der Bereich gemeint, der sich über den Steuerelementen befindet und auf dem Monitor dargestellt wird. Jede Welt beansprucht für ihren „Luftraum" das Hoheitsrecht und lässt ein Eindringen von außen nicht zu. Im Fall einer WPF-Anwendung kann zwar ein Bereich für Steuerelemente aus Windows Forms reserviert werden, doch eine „echte" Interaktion oder ein Austausch beider ist nicht möglich. Ein Element aus der WPF kann daher nicht in den „Luftraum" der Windows Forms eindringen.

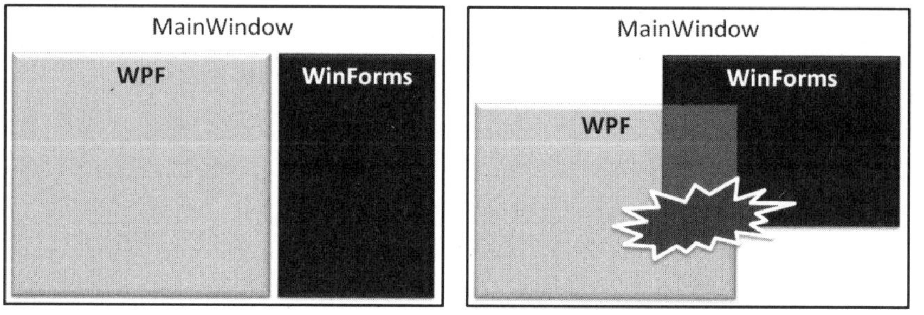

Bild 14.1 Der Luftraum der beiden Systeme darf nicht verletzt werden.

Diese Trennung muss nicht zwingend in zwei voneinander abgetrennten Bereichen stattfinden, so wie es in Bild 14.1 zu sehen ist. Eine Komponente aus Windows Forms kann ebenfalls in einem Bereich der WPF liegen, der jedoch nicht von Elementen der WPF überlappt werden darf. Der gesamte sichtbare Bereich der Windows Forms-Komponente muss für den Anwender sichtbar bleiben – der Luftraum darf also nicht verletzt werden.

Diese Trennung zieht sich aber noch weiter durch das System: Tastatur- und Mauseingaben funktionieren mit beiden Technologien in einem Fenster gut zusammen. Details bei der Umsetzung müssen aber auch hier beachtet werden, denn beide Systeme arbeiten unabhängig voneinander.

14.1 WPF mit Windows Forms

Während der Entwicklung einer neuen WPF-Anwendung wird man zu Beginn vermutlich häufiger in die Verlegenheit kommen, Steuerelemente aus Windows Forms zu verwenden. Das kann notwendig sein, wenn einzelne Steuerelemente benötigt werden oder wenn gar ganze Bereiche übernommen werden sollen. Nicht in jedem Fall mag eine vollständige Überarbeitung aller Bereiche in einer Anwendung möglich sein, sodass bereits komplexere und ausgereifte Oberflächen besser übernommen werden können.

> **!** Das Einbetten von Windows Forms in einer WPF-Anwendung funktioniert in den meisten Fällen problemlos. Trotzdem können Probleme im Detail entstehen, je nachdem, welche Steuerelemente oder welche Techniken verwendet worden sind. Gerade bei komplexeren Komponenten oder bei solchen von Drittherstellern können hier ungewollte Nebeneffekte auftreten. Ausreichende Tests und Recherche in den Dokumentationen sind daher zu empfehlen. ■

Die Integration von Windows Forms macht es erforderlich, dass zwei weitere Assemblies dem Projekt hinzugefügt werden müssen:

- *System.Windows.Forms.dll*
- *WindowsFormsIntegration.dll*

Die erste Assembly wird benötigt, um überhaupt auf die Klassen und Ressourcen der Windows Forms zugreifen zu können. Die zweite Assembly beschäftigt sich mit der Integration beider Welten, indem hier ein neues Steuerelement hinzugefügt wird. Der Bereich Interop zieht sich zwar grundsätzlich wie ein roter Faden durch alle Assemblies der WPF, doch nur in dieser stehen die Steuerelemente zur Integration bereit.

Als Erstes muss der Namensraum `System.Windows.Forms` in XAML registriert werden, damit später auf die Steuerelemente zugegriffen werden kann.

Listing 14.1 Zugriff auf ein Windows Forms-Steuerelement in XAML

```
<Window
    xmlns="..." xmlns:x="..."
    xmlns:winforms="clr-namespace:System.Windows.Forms;
        assembly=System.Windows.Forms">

  <Grid>
    <WindowsFormsHost>
      <winforms:Button />
    </WindowsFormsHost>
  </Grid>

</Window>
```

In diesem Beispiel wird der Namensraum mit dem Präfix `winforms` registriert. Für die Integration von Windows Forms ist das Steuerelement `WindowsFormsHost` notwendig, das in diesem Fall die gesamte Fläche des Fensters einnimmt.

Hier verläuft exakt die Grenze zwischen den beiden Welten. Alle Elemente, die nun innerhalb von `WindowsFormsHost` definiert werden, gehören in die Welt von Windows Forms. In diesem Beispiel ist zu sehen, wie eine neue Schaltfläche auf der Oberfläche platziert wird.

Das Steuerelement `WindowsFormsHost` nimmt jedoch nur ein einziges Steuerelement zur Darstellung an. In diesem Fall kann außer einer Schaltfläche kein weiteres Steuerelement platziert werden.

Wie weit die Unterstützung in XAML reicht, soll das nächste Beispiel demonstrieren. Hier soll ein `DataGridView` eingebunden werden, das Daten anzeigen soll, die als Ressourcen in XAML definiert worden sind. Außerdem wird die Darstellung des Grids mit der Angabe eigener Spalten angepasst – die (natürlich) auch direkt in XAML angegeben werden können. Dadurch wird wieder einmal bewiesen, wie gut sich XAML zum Serialisieren von Objekten eignet.

Listing 14.2 Daten in einem Windows Form-Steuerelement anzeigen

```
<Window
    xmlns="..." xmlns:x="..."
    xmlns:winforms="..." xmlns:local="...">
  <Window.Resources>
    <x:Array x:Key="Data1" Type="{x:Type local:Customer}">
      <local:Customer Firstname="Jörg" Lastname="Wegener" />
    </x:Array>
  </Window.Resources>
  <Grid>
```

```
    <WindowsFormsHost>
      <winforms:DataGridView DataSource="{StaticResource Data1}">
        <winforms:Columns>
          <winforms:DataGridViewTextBlockColumn
              HeaderText="Vorname"
              DataPropertyName="Firstname" />
          <winforms:DataGridViewTextBlockColumn
              HeaderText="Nachname"
              DataPropertyName="Lastname" />
        </winforms:Columns>
      </winforms:DataGridView>
    </WindowsFormsHost>
  </Grid>
</Window>
```

In diesem Beispiel wird ein neues Objekt der Klasse `Customer` als Ressource im Fenster abgelegt. Auf diese Ressourcen kann auch innerhalb von `WindowsFormsHost` zugegriffen werden, sodass man in gewohnter Weise mit `StaticResource` die Daten der Eigenschaft `DataSource` von `DataGridView` zuweisen kann. Datenbindungen oder Trigger können aber verständlicherweise hier nicht unterstützt werden.

In Bild 14.2 ist das Ergebnis dieses Beispiels zu sehen. Hier wurden für einen besseren Vergleich die Daten parallel dazu einer ListView in der WPF zugewiesen.

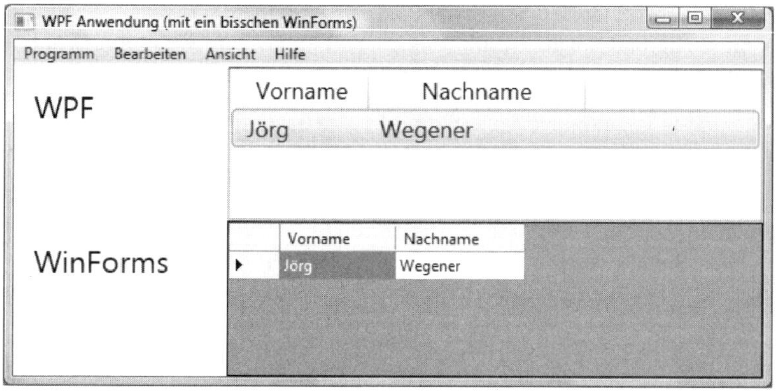

Bild 14.2 Eine WPF-Anwendung zeigt über Interop ein DataGridView aus Windows Forms an.

Da `WindowsFormsHost` immer nur ein Steuerelement aufnehmen kann, ist es empfehlenswert, in dem Projekt ein neues benutzerdefiniertes Steuerelement (`UserControl`) für Windows Forms hinzuzufügen. Hier steht dann auch der gewohnte Designer zur Verfügung, mit dem sich die Oberfläche besser als in XAML gestalten lässt. Auch die Verwendung des Steuerelements erfolgt in XAML sehr viel einfacher und wird sogar von der IntelliSense-Hilfe unterstützt, denn die listet alle verfügbaren benutzerdefinierten Steuerelemente auf, die sich in dem Projekt befinden.

```
<WindowsFormsHost>
  <local:UserControl1 />
</WindowsFormsHost>
```

Erwähnenswert ist außerdem noch die Übernahme von diversen Eigenschaften, die von WPF nach Windows Forms übertragen werden. So kann man im `WindowsFormsHost` (WPF) die Hintergrundfarbe ändern, was sich auf das dort enthaltende Steuerelement (Windows Forms) auswirkt.

```
<WindowsFormsHost Background="White">
```

Das Übertragen von diversen Einstellungen wird im `WindowsFormsHost` über ein sog. *Mapping* durchgeführt, das mit der Eigenschaft `PropertyMap` abgerufen werden kann. Hier kann mit einzelnen „Übersetzern" eingestellt werden, welche Eigenschaften nach Windows Forms übertragen werden sollen – und vor allem, wie dies geschehen soll. Denn im Fall der Hintergrundfarbe arbeitet man in der WPF mit Pinseln, wie beispielsweise einem `SolidColorBrush` oder auch mit einen `LinearGradientBrush`. Die Übernahme einer einfarbigen Fläche fällt hier besonders leicht. Bei komplexeren Pinseln muss jedoch daraus intern eine Bitmap-Grafik generiert werden, die als Hintergrundbild in dem Steuerelement angezeigt wird. Bei Schriften sieht das Problem ähnlich aus, da die WPF hier andere Datentypen verwendet und diese so in beide Richtungen konvertiert werden müssen.

Die Verwendung von Windows Forms in einer WPF-Anwendung hat allerdings auch einige negative Auswirkungen:

- Steuerelemente aus Windows Forms können nicht von anderen Steuerelementen der WPF überlagert werden (nur die Verwendung von Popup in ComboBox und Menü bildet hier eine Ausnahme, da hierfür intern ein neues Fenster verwendet wird).
- Transformierungen und Bitmap-Effekte können nicht angewendet werden (z. B. Rotieren oder Skalieren).
- Transparenzen und Clippings sind nicht möglich (Opacity muss immer auf „1.0" stehen).
- Wenn der Fokus innerhalb von `WindowsFormsHost` liegt, erhält man in der WPF-Anwendung keine Ereignisse über Tastenanschläge.
- Mausereignisse werden von Windows Forms abgefangen, wenn diese sich im Luftraum von `WindowsFormsHost` befinden.

14.2 Windows Forms mit WPF

Eine Integration in die Gegenrichtung wird ebenfalls angeboten. In diesem Fall kann eine klassische Windows Forms-Anwendung mit Elementen der WPF erweitert werden. Hierfür wird mit `ElementHost` wieder ein eigenes Steuerelement verwendet, das als Container für die WPF dienen soll.

Für das Arbeiten mit der WPF müssen zuvor noch die benötigten Assemblies im Windows Forms-Projekt registriert werden. In diesem Fall sind das die folgenden:

- *WindowsBase.dll*
- *PresentationCore.dll*
- *PresentationFramework.dll*
- *WindowsFormsIntegration.dll*

Die Assemblies sind allesamt im Global Assembly Cache zu finden. Durch die Registrierung der Assemblies muss allerdings mindestens .NET Framework 3.0 auf den Clients installiert sein, auf denen später die Anwendung gestartet werden soll. Für die Integration werden keine einzelnen Elemente aus der WPF in Windows Forms angezeigt. Stattdessen wird im Hintergrund eine neue Instanz der WPF gestartet und im Bereich von `ElementHost` angezeigt. Windows Forms und WPF arbeiten daher parallel zusammen.

Ein prominentes Beispiel für diese Interop-Technik, das einem bei der Entwicklung vermutlich häufiger begegnen wird, ist die Entwicklungsumgebung Visual Studio. Hier wurden mehrere Werkzeugfenster und Designer bereits mit der neuen Technik von WPF umgesetzt, die sich aber weiterhin in einer klassischen Win32-Anwendung befinden.

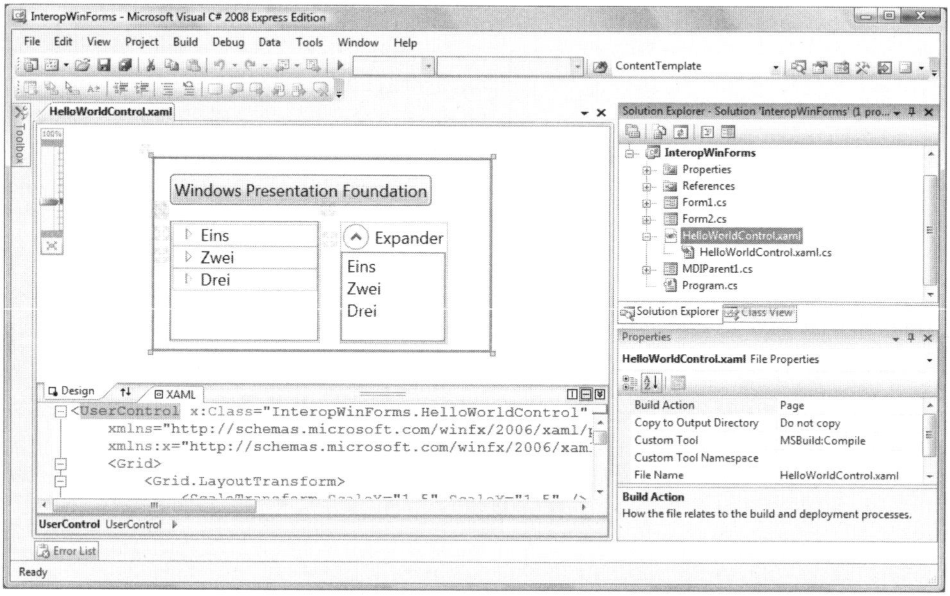

Bild 14.3 Mit benutzerdefinierten Steuerelementen kann die Oberfläche der WPF komfortabel erstellt werden.

Die Entwicklung von Windows Forms und WPF konnte nicht nahtlos mit demselben Designer unterstützt werden. Daher empfiehlt es sich auch hier wieder, die Oberflächen der WPF in einem separaten benutzerdefinierten Steuerelement zu entwerfen, wie in Bild 14.3 zu sehen ist. Bei der Entwicklung steht damit auch wieder die volle Unterstützung des Designers zur Verfügung.

Das neue benutzerdefinierte Steuerelement kann nun vom Steuerelement `ElementHost` in Windows Forms angezeigt werden. Nachdem man es in einem Fenster platziert hat, kann über einen Assistenten das benutzerdefinierte Steuerelement ausgewählt werden, das innerhalb des Containers angezeigt werden soll.

In Bild 14.4 ist zu sehen, wie einfach die Integration verlaufen kann. Der Designer in Visual Studio gibt bei der Zuweisung der Inhalte sehr gute Unterstützung. In diesem Fall wird der Inhalt des WPF-Steuerelements direkt im Fenster von Windows Form angezeigt.

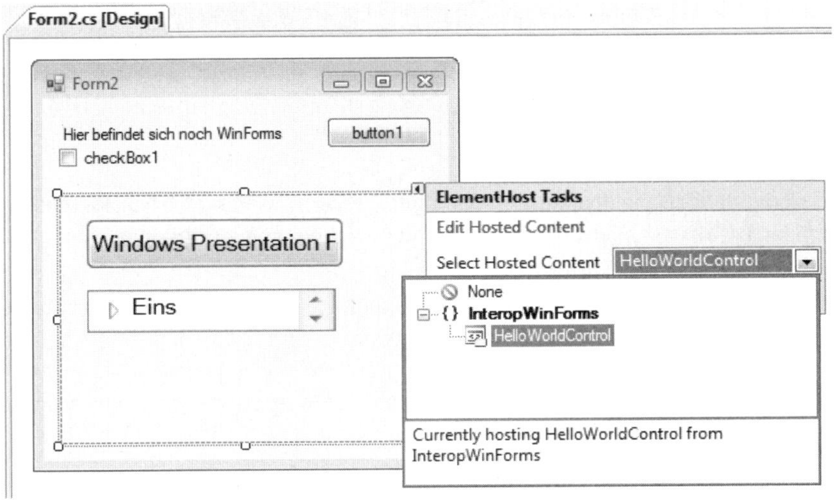

Bild 14.4 Ein neuer Assistent erleichtert die Einbindung vorhandener benutzerdefinierter Steuerelemente, die sich in dem aktuellen Projekt befinden.

Bei der Einbettung von WPF wird wieder dasselbe Mapping verwendet, das auch schon bei `WindowsFormsHost` verwendet wurde. Zahlreiche Eigenschaften, wie die Hintergrundfarbe oder die verwendeten Schriften, können so von Windows Forms auf die Inhalte von `ElementHost` angewendet werden.

Da die WPF keine MDI-Fenster unterstützt, können dank der Interop-Technik die Fenster mit Windows Forms erstellt werden, die intern mit dem Steuerelement `ElementHost` auf WPF zugreifen können.

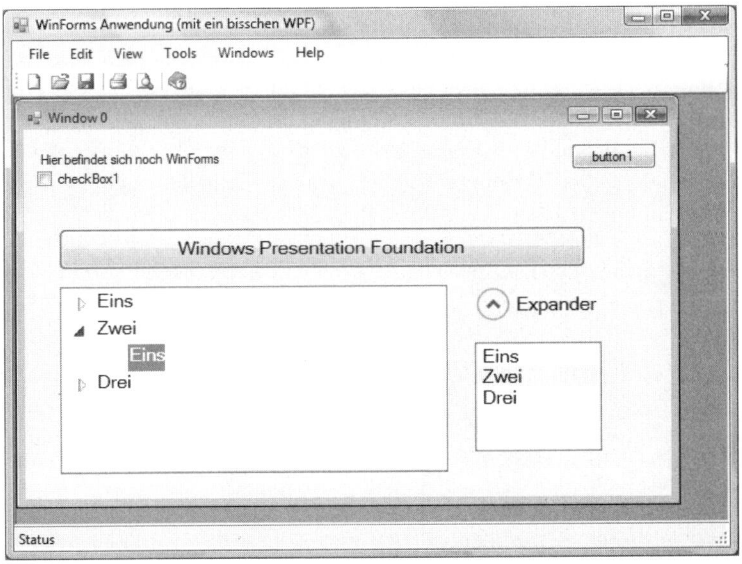

Bild 14.5 Dank Interop ist auch mit WPF eine MDI-Anwendung möglich.

14.3 Fenster und ihre Eigentümer

Am einfachsten ist eine saubere Trennung beider Technologien zu erreichen, wenn man sich in jedem Fenster entweder für die WPF oder für Windows Forms entscheidet. Bei dieser Art der Trennung müssen nicht beide Technologien zeitgleich in einem Fenster dargestellt werden, wodurch auch mögliche Komplikationen bei der Zusammenarbeit vermieden werden können. Der Einsatz beider Technologien in einem Projekt ist problemlos möglich.

Dennoch gibt es selbst hier Berührungspunkte, die man beachten sollte. So ist das Aufrufen von Dialogfenstern aus der jeweils anderen Technologie nicht kompatibel. Der Aufruf der Methode `ShowDialog()` verläuft zwar reibungslos, doch kann dem neuen Dialogfenster kein übergeordnetes Fenster (*Owner*) übergeben werden. Das Dialogfenster kann so, obwohl es modal angezeigt wird, durch den Anwender in den Hintergrund gebracht werden, wo es nicht ohne Weiteres erreichbar ist.

14.3.1 WPF öffnet WinForm-Fenster

Soll aus einer WPF-Anwendung ein Windows Forms-Dialog aufgerufen werden, wird einfach die Methode `ShowDialog()` verwendet. Diese ist überladen und bietet neben einem parameterlosen Aufruf auch die Möglichkeit, einen Besitzer zu übergeben. Dieser Parameter verwendet allerdings die Schnittstelle `IWin32Window`, mit der die „alten" Window-Handles abgerufen werden können. Diese Schnittstelle ist in der Assembly `System.Windows.Forms` implementiert – vermutlich implementieren aus diesem Grund die neuen Fenster in der WPF diese Schnittstelle nicht, da dadurch eine Abhängigkeit zu Windows Forms entstehen würde.

Alternativ kann die Schnittstelle `IWin32Window` aber auch selbst in einer kleinen Hilfsklasse implementiert werden. Diese muss lediglich das Handle des WPF-Fensters auslesen, damit es als Besitzer für das WinForm-Fenster übergeben werden kann. Hier gibt es aber den nächsten Fallstrick, denn das Handle kann nicht öffentlich ausgelesen werden. Hierfür gibt es im Interop-Bereich aber die Klasse `WindowInteropHelper`, die genau dies für uns macht. Da diese in derselben Assembly liegt, kann sie auch die internen Eigenschaften (und damit auch das Handle) auslesen.

Listing 14.3 Hilfsklasse für eine einheitliche Fensterverwaltung erstellen

```
public class WindowHandle : IWin32Window
{
  public WindowHandler(Window window)
  {
    WindowInteropHelper interop = new WindowInteropHelper(this);
    this.handle = interop.Handle;
  }

  private IntPtr handle;
  public IntPtr
  {
    get { return handle; }
  }
}
```

In diesem Beispiel wird die Hilfsklasse `WindowHandle` erstellt, welche die Schnittstelle `IWin32Window` implementiert. Die Schnittstelle muss als Einziges eine Eigenschaft namens `Handle` implementieren, die vom Typ `IntPtr` ist. Dieser Datentyp wird insbesondere dann benötigt, wenn man auf die interne Windows API zugreifen möchte. In diesem Fall wird hierüber das Handle eines Fensters bestimmt. Ein einfacher Getter der Eigenschaft ist ausreichend, dessen Inhalt über den Konstruktor der Klasse befüllt wird. An dieser Stelle wird die Hilfsklasse `WindowInteropHelper` verwendet, der das WPF-Fenster als Parameter im Konstruktor übergeben werden muss. Das Handle kann danach einfach über eine Eigenschaft ausgelesen werden.

Beim Aufruf eines WinForm-Dialogfensters muss nun nur die neue Hilfsklasse `WindowHandle` angelegt und als Parameter übergeben werden.

Listing 14.4 Fensterverwaltung mit der neuen Hilfsklasse

```
// WPF-Fenster
public class MainWindow : Window
{
  protected void Button_Click(object sender, RoutedEventArgs e)
  {
    // Windows Forms Fenster öffnen
    Form dialog = new WindowsFormsDialog();
    WindowHandle handle = new WindowHandle(this);
    DialogResult result = dialog.ShowDialog(handle);
  }
}
```

In diesem Beispiel wird das fiktive WinForm-Fenster `WindowsFormsDialog` erstellt. Der Methode `ShowDialog()` wird eine neue Instanz von `WindowHandle` übergeben.

14.3.2 WinForms öffnet WPF-Fenster

In die Gegenrichtung funktioniert der Zugriff ähnlich, nur dass hier im Fenster der WPF der Besitzer gesetzt werden muss. In diesem Fall muss also das Handle des WinForm-Fensters ausgelesen und dem WPF-Fenster zugewiesen werden. Dieses hat aber auch hierfür keine öffentliche Eigenschaft, mit der man das Handle speichern könnte. Stattdessen muss wieder der Umweg über die Hilfsklasse `WindowInteropHelper` gegangen werden, welche die internen Möglichkeiten besser ausschöpfen kann.

```
// WinForm-Fenster
public class MainForm : Form
{
  protected void Button_Click(object sender, EventArgs e)
  {
    // WPF-Fenster öffnen
    Window win = new WpfDialog();
    WindowInteropHelper helper = new WindowInteropHelper(win);
    helper.Owner = this.Handle;
    if (win.ShowDialog() == true)
    { ... }
  }
}
```

In diesem Beispiel kann man ohne weitere Umwege auf das Handle des WinForm-Fensters zugreifen, denn dieses ermöglicht das Auslesen über die Eigenschaft `Handle`. Dieser Wert muss nun wiederum über die Klasse `WindowInteropHelper` dem WPF-Fenster als Eigentümer zugewiesen werden. In diesem Fall wird hier die Eigenschaft `Owner` der Hilfsklasse verwendet.

15 Dokumente und Drucken

Die WPF ist ein komplexes und vielseitiges System, das aus mehreren Bausteinen besteht. Mit ihr lassen sich nicht nur Oberflächen und Animationen erstellen, sondern auch Dokumente schreiben oder Drucke erstellen. In diesem Kapitel sollen daher die Techniken beschrieben werden, mit denen sich Dokumente strukturieren und Ausdrucke produzieren lassen.

15.1 Dokumente

Es gibt heutzutage eine Vielzahl verschiedener Formate, um Dokumente technisch aufzubauen und zu strukturieren. Das Format HTML ist ein sehr gutes Beispiel, da es quelloffen ist und man die Struktur gut anhand der einzeln verwendeten Tags erkennen kann. So werden beispielsweise Überschriften mit „H1" gesondert von dem restlichen Inhalt hervorgehoben. Andere Formate, wie Microsoft Word oder RTF, ermöglichen dagegen kaum Einblicke, da diese im binären Format vorliegen oder ihre Spezifikation zu umfangreich ist.

Mit der WPF wird ein neues Format eingeführt, mit dem Dokumente aufgebaut und strukturiert werden können. Hierfür wird nichts anderes als XAML verwendet, um die Strukturierung zu definieren. Durch die enge Integration mit der WPF erfolgt die gesamte Handhabung, von der Erstellung bis hin zur Darstellung der Dokumente, wesentlich nahtloser. Dokumente sind nicht länger ein externes, schemenhaftes Gebilde, das nur über eingebettete Komponenten angezeigt werden kann. Sie sind ein fester Bestandteil des Systems - und diesen Vorteil lernt man im Umgang mit ihnen wirklich zu schätzen.

Dokumente werden in der WPF in zwei Kategorien eingeteilt:

- Dynamische Dokumente in Form der Klasse `FlowDocument`
- Statische Dokumente in Form der Klasse `FixedDocument`

Die beiden Dokumenttypen unterscheiden sich hauptsächlich in der Art, in der sie dargestellt werden können. Ein `FlowDocument` kann eher mit einem Fließtext verglichen werden, der an die Gegebenheiten der Darstellung angepasst werden kann. Ist in der Breite nicht ausreichend Platz, wird der Text an einer geeigneten Stelle umbrochen. Dadurch wird der Text auf dem Bildschirm immer optimal dargestellt. Bei einem `FixedDocument` hingegen ist die Darstellung fest vorgeschrieben. Der Text hat eine feste Größe und Position, und auch Grafiken können nicht versetzt werden. Dieses Format eignet sich daher eher für Ausdrucke und kann mit Formaten wie dem Adobe Portable Document Format (PDF) verglichen werden.

Man kann die Formate für Dokumente grob in zwei verschiedene Kategorien einsortieren: Layout und Dokumentstruktur. Bei der Dokumentstruktur stehen die Daten im Vordergrund, wie es beispielsweise bei XML der Fall ist. Hier spielt die Darstellung eine weniger gewichtige Rolle, da diese entweder durch Transformierungen oder Stylesheets erfolgt. Bei Dokumenten, die eher layoutorientiert sind, wie beispielsweise bei der WPF, stehen dagegen eher Formatierungen und Darstellung im Vordergrund.

15.1.1 FlowDocument

Ein `FlowDocument` stellt die einfachste Art eines Dokumentes in der WPF dar. In seiner Darstellung und im Layout ist es mit Techniken wie HTML- oder Word-Dokumenten zu vergleichen. Der Aufbau und die Strukturen ähneln daher den beiden Systemen. Die (vielen) Unterschiede bei der Umsetzung liegen dagegen wieder im Detail. Ein typisches `FlowDocument` sieht wie folgt aus.

Listing 15.1 Dokumente mit XAML aufbauen

```
<Window xmlns="..." xmlns:x="...">
  <FlowDocumentReader>

    <FlowDocument>
      <Paragraph>
        <Bold>Lorem ipsum</Bold>
        <LineBreak />
        dolor sit amet, consectetuer sadipscing elitr.
      </Paragraph>
    </FlowDocument>

  </FlowDocumentReader>
</Window>
```

In diesem kurzen Beispiel sind bereits die wichtigsten Konzepte der Dokumente enthalten, die auf den folgenden Seiten dieses Kapitels beschrieben werden. Für die Anzeige wird hier das Steuerelement `FlowDocumentReader` verwendet. Neben ihm gibt es aber noch weitere Steuerelemente, die mit einem `FlowDocument` umgehen können. Das Dokument wird hier direkt unterhalb des Steuerelements mit `FlowDocument` definiert (und dadurch implizit der Eigenschaft `Document` zugewiesen). Das ist die einfachste und unkomplizierteste Art, um ein Dokument auf der Oberfläche anzuzeigen.

In Bild 15.1 ist das Ergebnis dieses Beispiels zu sehen. Wie man sieht, handelt es sich beim `FlowDocumentReader` um ein komplexes Steuerelement, das wiederum aus zahlreichen weiteren Steuerelementen besteht. Im unteren Bereich ist ein Navigationsbereich eingeblendet, mit dem der Anwender beispielsweise seitenweise vor- oder zurückblättern kann. Auch ein Zoom-Slider ist auf der rechten Seite vorhanden, sodass die Ansicht bei Bedarf vergrößert werden kann.

Bild 15.1 Vorhandene Viewer erleichtern die Darstellung der Dokumente.

Das Dokument, das vorhin im Beispiel definiert wurde, wird im oberen Bereich des Steuerelementes angezeigt. In diesem Fall handelt es sich um zwei unscheinbare Zeilen Text, die ausgegeben werden. Trotzdem kann man hier bereits eine Unterscheidung zwischen zwei Arten von Klassen herausstellen: `Block` und `Inline`. Die Klasse `Block` repräsentiert die Art von Element, welche die gesamte Breite eines Dokumentes für ihre Darstellung benötigt. Die Klasse `Paragraph` ist ein Beispiel dieser Klasse, da mit ihr ein neuer Absatz erstellt wird.

```
<Paragraph>
  <Bold>Lorem ipsum</Bold>
</Paragraph>
```

Die Klasse `Inline` dient dagegen als Basisklasse für alle Elemente, die innerhalb einer Zeile definiert werden können. Es handelt sich damit eher um Formatierungen im Fließtext, die nicht die gesamte Seitenbreite in Anspruch nehmen. Im vorangegangenen Beispiel ist die Klasse `Bold` zu sehen, die indirekt von `Inline` spezialisiert wurde.

In Bild 15.2 sind die beiden Klassen abgebildet, mit denen Block- und Inline-Elemente in den Dokumenten dargestellt werden. Wie man erkennen kann, besitzt die Klasse `Block` zahlreiche Eigenschaften, mit denen sich Seitenfluss, Abstand und der Rahmen verändern lassen. Diese Möglichkeiten stehen bei Inline-Elementen nicht zur Verfügung, da diese sich nach den Gegebenheiten der Zeile richten müssen, in der sie sich befinden. Daher gibt es hier nur sehr eingeschränkte Möglichkeiten, die zudem eher in spezialisierten Klassen implementiert werden.

Das Erstellen eines Dokumentes muss bei einem `FlowDocument` etwas präziser erfolgen, als es beispielsweise bei HTML der Fall war. Ein implizites Erstellen von neuen Absätzen ist hier nicht möglich, da als Inhalt der Klasse `FlowDocument` nur Instanzen vom Typ `Block` erlaubt sind. Ein normaler Text oder eine andere Instanz von `Inline` kann nicht direkt als Inhalt definiert werden. In den Beispielen wurde daher hierfür immer eine neue Instanz von `Paragraph` erzeugt, in welcher der Text platziert worden ist, da diese nicht automatisch angelegt wird.

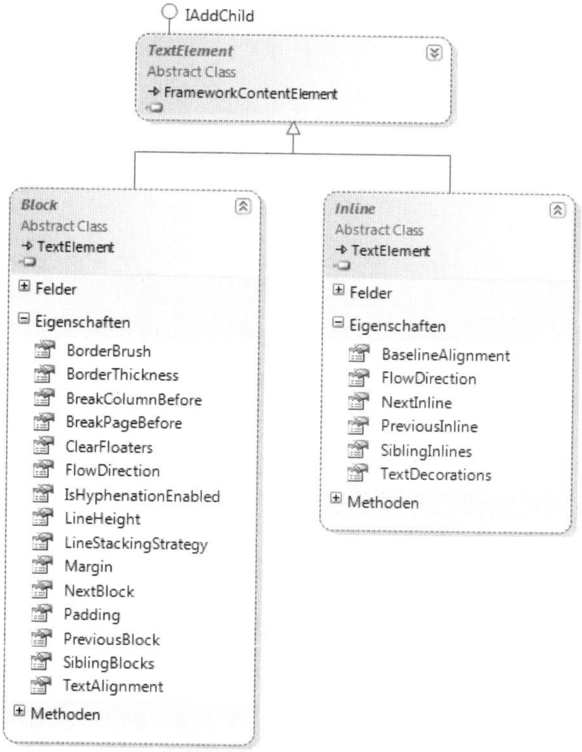

Bild 15.2 In der WPF gibt es zwei Arten von Elementen, die mit den Klassen Block und Inline dargestellt werden.

Es gibt verschiedene Ausprägungen von Block, die als Inhalt verwendet werden können. Die Klasse `Paragraph` ist nur eine davon, wie man in Bild 15.3 sehen kann. Das Element `Paragraph` hat man bereits im ersten Beispiel gesehen, mit dem sich das Dokument in einzelne Absätze unterteilen lässt. Hierfür wird ein deutlicher Abstand zwischen zwei Absätzen eingefügt, um die beiden voneinander zu trennen.

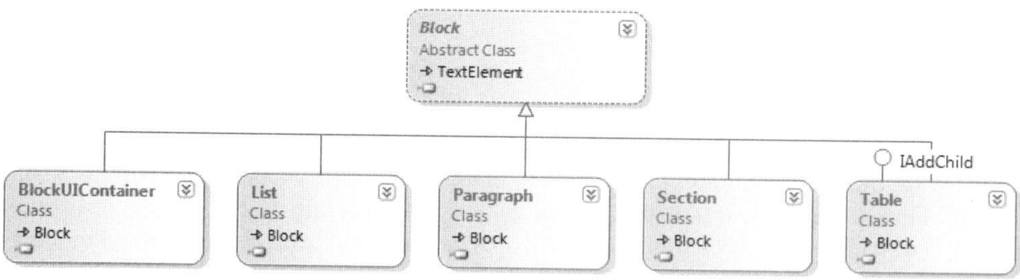

Bild 15.3 Die Klassenhierarchie von Block

Die Klasse bietet aber noch weitere Möglichkeiten zur Ausrichtung. So kann mit der Eigenschaft `TextIndent` der Einzug des Absatzes verändert werden. Je größer der Wert hier ist, desto weiter nach rechts wird die erste Zeile positioniert. Zusammen mit `Margin` kann auch ein Einzug in die Gegenrichtung erreicht werden. Hierfür muss `TextIndent` auf einen negativen Wert gesetzt werden und der linke Abstand in `Margin` auf den gleichen, jedoch positiven Wert.

Listing 15.2 Texteinzug mit TextIndent und Margin einstellen

```
<Window xmlns="..." xmlns:x="...">
  <FlowDocumentReader>

    <FlowDocument>
      <Paragraph TextIndent="30">
        Einzug für die erste Zeile
      </Paragraph>
      <Paragraph TextIndent="-30" Margin="30 0 0 0">
        Einzug für alle übrigen Zeilen
      </Paragraph>
    </FlowDocument>

  </FlowDocumentReader>
</Window>
```

Soll ein Absatz auf jeden Fall zusammenhängend dargestellt werden, kann dieser mit `KeepTogether` markiert werden. Hierbei versucht das Steuerelement, diesen Absatz möglichst im Ganzen darzustellen und ihn nicht durch einen Spalten- oder Seitenumbruch zu trennen. Das mag nicht immer gelingen, insbesondere wenn der Absatz länger als die zur Verfügung stehende Spalte sein sollte. In diesem Fall wird der Absatz sogar erst auf der nächsten Seite platziert - selbst dann, wenn dort auch nur dieselbe Spaltengröße zur Verfügung steht. Mit `KeepWithNext` können zwei Absätze miteinander verbunden werden. Die Darstellung dieser beiden Absätze verhält sich danach ähnlich, wie man es bei der Eigenschaft `KeepTogether` gesehen hat.

Mit der Eigenschaft `MinOrphanLines` wird angegeben, wie viele Zeilen vor einem Spalten- oder Seitenumbruch mindestens übrig bleiben müssen. Hier ist standardmäßig der Wert „0" hinterlegt, sodass von keinem Mindestwert ausgegangen wird. Gibt man hier beispielsweise „3" ein, müssen vor einem Umbruch mindestens drei Zeilen stehen bleiben. Steht für diese nicht ausreichend Patz zur Verfügung, wird stattdessen der komplette Absatz versetzt. Mit `MinWidowLines` wird dagegen angegeben, wie viele Zeilen nach einem Umbruch übrig bleiben müssen. Dadurch kann verhindert werden, dass auf der nächsten Seite lediglich eine halbe Zeile übrig bleibt. Der Standardwert ist auch hier wieder auf „0" gesetzt.

Mit einer `Section` können beliebig viele Blockelemente in einem logischen Abschnitt zusammengefasst werden. Dadurch lassen sich beispielsweise mehrere Absatzelemente in einer `Section` zusammenfassen, die thematisch zusammengehören. Die Klasse lässt sich am einfachsten mit einem Abschnitt in Word vergleichen, der mehrere Absätze logisch zusammenfassen kann. Eine `Section` wirkt sich ohne weitere Angaben jedoch nicht auf die Darstellung aus. Erst wenn beispielsweise mit der Eigenschaft `BreakPageBefore` gearbeitet wird, kann ein Seitenwechsel erzwungen werden.

Da eine `Section` selbst auch ein Blockelement ist, kann dieses ebenfalls mit `Section` in weitere Abschnitte unterteilt werden. Sie kann daher sowohl `Paragraph` als auch `Section` als Unterelemente enthalten.

Listing 15.3 Manuellen Seitenumbruch festlegen

```
<FlowDocument>
  <Paragraph>Erste Seite</Paragraph>
  <Section BreakPageBefore="True">
    <Paragraph>Zweite Seite</Paragraph>
  </Section>
</FlowDocument>
```

Mit der Klasse `List` kann eine Aufzählung umgesetzt werden, deren Einträge mit Instanzen vom Typ `ListItem` definiert werden können. Die Art der Auflistung kann mit der Eigenschaft `MarkerStyle` beeinflusst werden. Hier sind Werte wie `Box`, `Circle`, `Decimal` oder `UpperRoman` möglich. Der Abstand vom Text kann mit `MarkerOffset` beeinflusst werden. Die Einrückung des Textes wird dadurch nicht beeinflusst. Sollte die Aufzählung zu weit nach links verschoben werden, verschwindet diese einfach am linken Seitenrand. Mit `StartIndex` kann zudem der Startwert bei einer Aufzählung vorgegeben werden.

Listing 15.4 Auflistungen erstellen

```
<FlowDocument>
  <Paragraph />
  <List MarkerStyle="LowerRoman" StartIndex="1997">
    <ListItem>
      <Paragraph>
        Der Inhalt eines ListItems wird ebenfalls
        über Blocks gesteuert.
      </Paragraph>
    </ListItem>
  </List>
</FlowDocument>
```

Die Klasse `ListItem` ist insofern etwas Besonderes, da sie zu keiner der beiden Gruppierungen von `Block` oder `Inline` gehört. Vielmehr wird sie direkt von der übergeordneten Klasse `TextElement` spezialisiert und definiert daher einige der Eigenschaften selbst, die in der Klasse `Block` zu sehen waren (z. B. für Abstände oder Rahmen). Der Inhalt von `ListItem` wird wieder über ein oder mehrere `Block`-Elemente angegeben.

Als `Block`-Element können darüber hinaus auch Tabellen erstellt werden. Bei der Definition werden jedoch zahlreiche Hilfsklassen zurate gezogen, mit denen die Spalten und Zeilen der Tabelle definiert werden können.

Listing 15.5 Tabellen definieren

```
<FlowDocument>
  <Table>
    <TableRowGroup>
      <TableRow>
        <TableCell>
          <Paragraph>Linke Zelle</Paragraph>
        </TableCell>
        <TableCell>
          <Paragraph>Rechte Zelle</Paragraph>
        </TableCell>
      </TableRow>
```

```
    </TableRowGroup>
  </Table>
</FlowDocument>
```

Über die Klasse `TableCell` wird eine einzelne Zelle einer Tabelle beschrieben. Sie selbst kann ihren Inhalt über einen oder mehrere `Block`-Elemente darstellen. Daher musste in diesem Beispiel innerhalb von `TableCell` ein weiterer Absatz mit `Paragraph` hinzugefügt werden, über den der Inhalt angezeigt werden kann.

Mehrere einzelne Tabellenzellen werden in einer Zeile mit `TableRow` zusammengefasst – und mehrere Zeilen werden in Gruppen von `TableRowGroup` zusammengefasst, um der Tabelle zugeordnet zu werden. Das direkte Zuweisen von Zeilen an die Tabelle ist nicht möglich. Eine Tabelle muss daher zwingend aus mindestens einer Instanz von `TableRowGroup` bestehen.

Die Größe einer Zelle kann sich über mehrere Spalten oder auch über mehrere Zeilen erstrecken. Hierfür können in der gewünschten Zelle die Eigenschaften `ColumnSpan` und `RowSpan` gesetzt werden. Die nächste Zelle, die den nun zusätzlich belegten Platz einnehmen sollte, wird dadurch um eine Position verschoben.

```
<TableCell ColumnSpan="2">
  <Paragraph>ColumnSpan</Paragraph>
</TableCell>
<TableCell RowSpan="2">
  <Paragraph>RowSpan</Paragraph>
</TableCell>
```

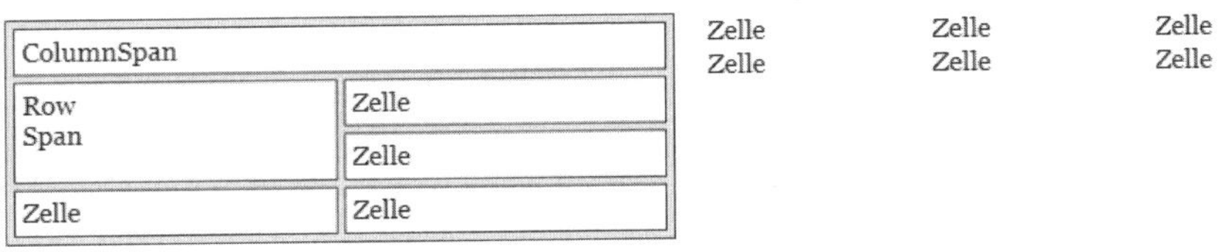

Bild 15.4 Zwei Tabellen – eine mit eigener Formatierung und eine im Standardlayout der WPF

Die Ausrichtung der Spalten kann mit `TableColumn` etwas verfeinert werden. In der Klasse `Table` gibt es die Eigenschaft `Columns`, mit der man die einzelnen Spalten zusätzlich formatieren kann. Es besteht jedoch keine Pflicht, für jede Spalte eine Definition mit `TableColumn` anzugeben. Auch die Anzahl dieser Definitionen hat auf die Darstellung der Tabelle keinerlei Einfluss. Fehlt ein Eintrag von `TableColumn`, werden für die zusätzlichen Spalten einfach die Standardwerte verwendet.

```
<Table>
  <Table.Columns>
    <TableColumn Width="100" Background="Silver" />
    <TableColumn Width="200" />
  <Table.Columns>
  <TableRowGroup .../>
</Table>
```

Bei der Definition der einzelnen Spalten können für alle enthaltenen Zellen die Breite und die Hintergrundfarbe mit den Eigenschaften `Width` und `Background` vorgegeben werden. Die Eigenschaft `Width` ist interessanterweise vom Datentyp `GridLength` und unterstützt daher, neben der Angabe absoluter Werte, auch relative Angaben. Diese Art der Größenangabe ist normalerweise nur beim Panel Grid zu finden, bei dem jeder Bereich mit relativen Größenangaben belegt werden kann, die im Verhältnis zur Gesamtgröße des Panels stehen.

```
<Table.Columns>
  <TableColumn Width="3*" />
  <TableColumn Width="1*" />
  <TableColumn Width="1*" />
<Table.Columns>
```

In diesem Beispiel werden die Spalten mit relativen Angaben ausgestattet, sodass diese sich an den angebotenen Platz im Dokument anpassen können. Beachten Sie, dass an dieser Stelle keine Mischung aus absoluten und relativen Angaben erlaubt ist, so wie man es beim Grid gewohnt ist.

Bild 15.5 Mit einem BlockUIContainer können Steuerelemente in Dokumente eingebettet werden.

Ein BlockUIContainer kann verwendet werden, wenn innerhalb des Dokumentes neben Text auch Steuerelemente eingebettet werden sollen. Diese können dem Dokument nicht direkt hinzugefügt werden, da hier nur Blockelemente erlaubt sind. Die Klasse BlockUIContainer bietet aber Platz, um beliebige Steuerelemente der WPF aufzunehmen, wie beispielsweise eine Schaltfläche.

```
<FlowDocument>
  <Paragraph>Installationsanleitung</Paragraph>
  <Paragraph>
    Mit der folgenden Schaltfläche starten Sie die Installation:
  </Paragraph>
  <BlockUIContainer>
    <Button Content="Installation starten" />
  </BlockUIContainer>
  <Paragraph>
    Bei Fragen wenden Sie sich bitte an den Support.
  </Paragraph>
</FlowDocument>
```

Beachten Sie, dass sich der BlockUIContainer wie jedes andere Block-Element über die gesamte Breite erstreckt. Aus diesem Grund wird die hier enthaltene Schaltfläche über die gesamte Breite dargestellt. Als Inhalt kann BlockUIContainer nur ein einziges Element aufnehmen. Das Hinterlegen mehrerer Steuerelemente ist aber mit der Hilfe von Panels, wie einem Grid oder einem StackPanel, möglich.

Neben „echten“ Steuerelementen, mit denen der Anwender interagieren kann, können hierüber auch Bilder mit dem Steuerelement `Image` angezeigt werden. Dieser Zwischenschritt ist notwendig, da es kein natives `Inline`- oder `Block`-Element gibt, mit dem ein Bild angezeigt werden könnte.

Der zweite Bereich, mit dem neben den `Block`-Elementen Dokumente aufgebaut werden können, wird aus den `Inline`-Elementen gebildet, deren Klassenhierarchie auszugsweise in Bild 15.6 zu sehen ist. Mit ihnen werden Strukturen definiert, die sich auf den Inhalt einer einzelnen Zeile auswirken. Neben `LineBreak` sind die bekanntesten `Inline`-Elemente vermutlich `Bold`, `Italic` und `Underline`, mit denen die Formatierung von Texten vorgenommen werden kann.

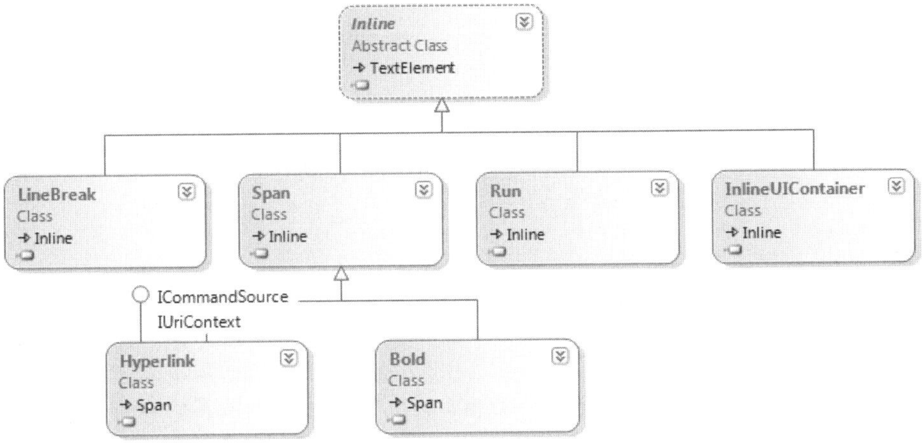

Bild 15.6 Auszug aus der Klassenhierarchie von Inline

Listing 15.6 Dokumente mit unterschiedlichen Formatierungen hervorheben

```
<FlowDocument>
  <Paragraph>
    <Bold><Underline>Lorem Ipsum</Underline><LineBreak />
    dolor sit amet, <Italic>consectetuer</Italic>
    sadipscing elitr.</Bold>
  </Paragraph>
</FlowDocument>
```

`Inline`-Elemente lassen sich sehr flexibel einsetzen und sogar miteinander kombinieren. In diesem Beispiel wird daher verstärkt davon Gebrauch gemacht, um den Text fett, unterstrichen und kursiv zu formatieren.

Diese drei Klassen werden über die gemeinsame Basisklasse `Span` zusammengefasst. Neben den Möglichkeiten zur Formatierung gibt es im Bereich von `Span` mit `Hyperlink` aber noch eine weitere Klasse, die sich von den übrigen dreien etwas abhebt. Dieses Element, das sich auch zur Ausführung von Kommandos nutzen ließ, haben Sie bereits in Kapitel 5, „Anwendungen“, gesehen.

Listing 15.7 Hyperlinks mit Kommandos setzen

```
<FlowDocument>
  <Paragraph>
    Mit dem Kommando
    <Hyperlink Command="ApplicationCommands.Open">
      Datei öffnen
    </Hyperlink>
    wird ein Dialogfenster geöffnet.
    <Hyperlink NavigateUri="Help.xaml">Hilfe hierzu?</Hyperlink>
  </Paragraph>
</FlowDocument>
```

In diesem Beispiel werden zwei Hyperlinks verwendet: Beim ersten wird das Kommando ApplicationCommands.Open aufgerufen. Kommandos können bei Dokumenten sehr hilfreich sein, da sie keine enge Bindung zum Programmcode haben, wie es beispielsweise bei einem Ereignis-Handler der Fall ist. Für das Dokument kann eine Reihe von Standardkommandos implementiert werden, die dann nur bei Bedarf verwendet werden können.

Der zweite Hyperlink im Beispiel verwendet anstelle eines Kommandos die Eigenschaft NavigateUri. Hierüber kann eine Adresse angegeben werden, zu welcher der Anwender navigieren kann. Befindet sich das Dokument allerdings nicht in einem Frame oder in einem navigierbaren Fenster, läuft diese Anfrage ins Leere. Stattdessen müssen derartige Anfragen über das Ereignis RequestNavigate selbst implementiert werden.

> Der Inhalt von Inline-Elementen kann nicht über Eigenschaften gesetzt werden. Hier unterscheiden sie sich deutlich von den übrigen Steuerelementen für die UI, bei denen man den Inhalt auch über Datenbindungen setzen konnte. Im Falle von Bold oder auch von Hyperlink gibt es keine Eigenschaft Text oder Content, die man zum Setzen des Inhaltes verwenden könnte.

Neben dem Element Span gibt es zudem noch Run, das ganz ähnliche Eigenschaften oder Verhalten aufweist. Es ist allerdings wesentlich kompakter aufgebaut und kann auch keine weiteren Inline-Elemente enthalten; stattdessen ist es ausschließlich auf die Darstellung und Formatierung von Text ausgelegt.

```
<Paragraph>
  <Run FontSize="10" Foreground="Red">Hilfe</Run>
</Paragraph>
```

Das Element Run eignet sich durch seine kompakte Bauweise besonders bei häufigen Änderungen der Formatierung. In solchen Fällen ist es ratsamer, eher auf Run als auf Bold, Underline oder Span zurückzugreifen, die zwar prinzipiell auch diese Funktionalität bieten, aber nicht so kompakt gehalten sind.

Das Element Figure ist eine Mischung aus einem Inline- und einem Block-Element, da es beide Welten miteinander kombiniert. Hierüber wird ein Block-Element angezeigt, das sich außerhalb der Absätze und Zeilen bewegen kann. Dadurch wird auch eine Platzierung zwischen zwei Spalten möglich, bei denen der Text an die Grafik anpasst wird. Damit die WPF jedoch die Stelle kennt, an der auf diese Grafik Bezug genommen wird, wird mit einem Inline-Element ein Anker im Text gelegt, der mit dem Block-Element verbunden wird.

Ein `Figure` eignet sich besonders, um hierüber Bilder darzustellen, da diese sich besser im Fließtext positionieren lassen. Der Inhalt kann aber über Blockelemente frei definiert werden, sodass man nicht an einen spezifischen Typ gebunden ist.

Listing 15.8 Eine Grafik in einem Dokument anzeigen

```
<Paragraph>...</Paragraph>
<Figure>
  <BlockUIContainer>
    <Image Source="ConventionCenter.jpg" />
  </BlockUIContainer>
  <Paragraph>
    <Italic>Los Angeles Convention Center</Italic>
  </Paragraph>
</Figure>
```

Die Ausrichtung und Platzierung kann mit den Eigenschaften `HorizontalAnchor` und `VerticalAnchor` bestimmt werden. Sie bieten die Möglichkeit, das `Figure` entweder innerhalb der Spalte zu platzieren oder innerhalb der Seite auszurichten. Bei letzterer Wahl wird weniger Rücksicht auf die Spalten genommen, sodass ein Bild auch zwischen zwei Spalten positioniert werden kann.

Lorem ipsum

von Jörg Wegener

Dolor sit amet, consectetuer sadipscing elitr, sed diam nonumy eirmod tempor invidunt ut labore et dolore magna aliquyam erat, sed diam voluptua.

At vero eos et accusam et justo duo dolores et ea rebum. Stet clita kasd gubergren, no sea takimata sanctus est Lorem ipsum dolor sit amet. Lorem ipsum dolor sit amet, consetetur sadipscing elitr, sed diam nonumy eirmod tempor invidunt ut labore et dolore magna aliquyam erat, sed diam voluptua. At vero eos et accusam et justo duo dolores et ea rebum. Stet clita kasd gubergren, no sea takimata sanctus est Lorem ipsum dolor sit amet. Lorem ipsum dolor sit amet, consetetur sadipscing elitr, sed diam nonumy eirmod tempor invidunt ut labore et dolore magna aliquyam erat, sed diam voluptua. At vero eos et accusam et justo duo dolores et ea rebum. Stet clita kasd gubergren, no sea takimata sanctus est Lorem ipsum dolor sit amet. Duis autem vel eum iriure dolor in hendrerit in vulputate velit esse molestie consequat, vel illum dolore eu feugiat nulla facilisis at vero eros et accumsan et iusto odio dignissim qui blandit praesent luptatum zzril delenit augue duis dolore te feugait nulla facilisi. Lorem ipsum dolor sit amet, consectetuer adipiscing elit, sed diam nonummy nibh euismod tincidunt ut laoreet dolore magna aliquam erat volutpat.

Los Angeles Convention Center

Ut wisi enim ad minim veniam, quis nostrud exerci tation ullamcorper suscipit lobortis nisl ut aliquip ex ea commodo consequat. Duis autem vel

1 von 2

Bild 15.7 Mit der Ausrichtung PageCenter wird das Bild exakt in die Mitte gesetzt.

Die Eigenschaft `HorizontalAnchor` kann folgende Werte annehmen:

- `ColumnCenter`
- `ColumnLeft`
- `ColumnRight`
- `ContentCenter`
- `ContentLeft`
- `ContentRight`
- `PageCenter`

- `PageLeft`
- `PageRight`

Die Eigenschaft `VerticalAnchor` kann folgende Werte annehmen:

- `ContentBottom`
- `ContentCenter`
- `ContentTop`
- `PageBottom`
- `PageCenter`
- `PageTop`
- `ParagraphTop`

Lorem ipsum
von Jörg Wegener

Dolor sit amet, consectetuer sadipscing elitr, sed diam nonumy eirmod tempor invidunt ut labore et dolore magna aliquyam erat, sed diam voluptua.

At vero eos et accusam et justo duo dolores et ea rebum. Stet clita kasd gubergren, no sea takimata sanctus est Lorem ipsum dolor sit amet. Lorem ipsum dolor sit amet, consetetur sadipscing elitr, sed diam nonumy eirmod tempor invidunt ut labore et dolore magna aliquyam erat, sed diam voluptua. At vero eos et accusam et justo duo dolores et ea rebum. Stet clita kasd gubergren, no sea takimata sanctus est Lorem ipsum dolor sit amet. Lorem ipsum dolor sit amet, consetetur sadipscing elitr, sed diam nonumy eirmod tempor invidunt ut labore et dolore magna aliquyam erat, sed diam voluptua. At vero eos et accusam et justo duo dolores et ea rebum. Stet clita kasd gubergren, no sea takimata sanctus est Lorem ipsum dolor sit amet. Duis autem vel eum iriure dolor in hendrerit in vulputate velit esse molestie consequat, vel illum dolore eu feugiat nulla facilisis at vero eros et accumsan et iusto odio dignissim qui blandit praesent luptatum zzril delenit augue duis dolore te feugait nulla facilisi. Lorem ipsum dolor sit amet, consectetuer adipiscing elit, sed diam nonummy nibh euismod tincidunt ut laoreet dolore magna aliquam erat volutpat.

Los Angeles Convention Center

Ut wisi enim ad minim veniam, quis nostrud exerci tation ullamcorper suscipit lobortis nisl ut aliquip ex ea

1 von 2

Bild 15.8 Ein Figure, dessen Breite auf 2/3 der Spaltenbreite und Ausrichtung auf ColumnRight gesetzt worden ist.

Die Größe von `Figure` kann mit den Eigenschaften `Width` und `Height` angegeben werden. Neben absoluten Angaben in Pixel sind hier auch relative Werte möglich, die sich auf die Spaltenbreite oder Seitenbreite beziehen. Man kann mit der Angabe von „2 Column“ das Bild auf die Breite von zwei Spalten oder mit „0.25 Page“ auf ein Viertel der Seitenbreite setzen.

```
<Figure Width="2 Column">
```

Bei der Angabe von „Page“ oder „Content“ sind größere Werte jenseits von „1.0“ aber nicht mehr möglich, da ein Bild immer kleiner als die Seite sein muss. Die Angabe der Höhe und Breite wird über den Datentyp `FigureUnitType` bestimmt, der entweder auf „Pixel“, „Column“, „Content“ und „Page“ gesetzt werden kann.

Normalerweise versucht die WPF, die Darstellung zu optimieren, sodass der Text optimal angezeigt werden kann. Hierfür umfließt der Text meist das Bild, wenn noch ausreichend Platz vorhanden sein sollte. Dieses Verhalten kann jedoch mit der Eigenschaft `WrapDirec-`

tion beeinflusst werden. Mit dem Wert Both kann der Text an beiden Seiten umflossen werden, mit Left und Right jeweils an nur einer Seite, und mit None wird diese Funktion ganz deaktiviert.

Die WPF versucht, ein Figure immer im Ganzen darzustellen und nicht über mehrere Spalten zu umbrechen. Eine etwaige Bildunterschrift bleibt so fest unterhalb des Bildes stehen und wird nicht von ihm losgerissen. Sollte der Platz für eine Darstellung nicht ausreichend sein, kann es aber passieren, dass das Bild eine ganze Spalte weiter nach rechts versetzt wird. Dafür wird der nachfolgende Text nach vorne gezogen, mit dem dann die so entstandene Lücke aufgefüllt wird. Dadurch können Bilder aus dem Kontext gerissen werden, da nun zwischen dem Verweis und dem Bild zusätzlicher Inhalt steht. Dieser Modus kann mit der Eigenschaft CanDelayPlacement deaktiviert werden.

Das Element Floater verhält sich ganz ähnlich wie ein Figure, da auch hier Blockelemente über einen Anker im Fließtext positioniert werden können. Allerdings sind die Möglichkeiten bei einem Floater sehr viel begrenzter. So lässt er sich beispielsweise nicht über mehrere Spalten hinweg ausrichten. Auch kann es passieren, dass der Inhalt über mehrere Spalten umbrochen werden kann. Es eignet sich daher besonders für strukturierte Inhalte, wie beispielsweise Tabellen oder Listen.

Der InlineUIContainer ist das Gegenstück zum BlockUIContainer. Hierüber lassen sich wieder beliebige Steuerelemente einbinden, die allerdings nicht auf die gesamte Breite des Fließtextes gezogen werden. Stattdessen wird die Mindestbreite für die Darstellung verwendet, sodass beispielsweise eine Schaltfläche so klein wie möglich dargestellt wird.

Listing 15.9 Steuerelemente in ein Dokument einbetten

```
<Paragraph>
  Mit dem Button
  <InlineUIContainer>
    <Image Source="EditButton.png" />
  </InlineUIContainer>
  kann das Bearbeiten gestartet werden.
</Paragraph>
```

Die Formatierung der Texte kann sowohl mit Block- als auch mit Inline-Elementen verändert werden, da die hierfür notwendigen Eigenschaften in der übergeordneten Klasse TextElement definiert sind.

Die folgenden Eigenschaften stehen zur Verfügung:

- Background
- FontFamily
- FontSize
- FontStretch
- FontWeight
- Foreground
- TextEffects

Die Formatierungen werden für untergeordnete Elemente automatisch übernommen. Das Ändern der Schriftfarbe in einem Block-Element wirkt sich also auch auf die dort enthaltenen `Inline`-Elemente aus – solange bei ihnen keine abweichende Schriftfarbe angegeben worden ist.

> **!** In der WPF gibt es derzeit keine Möglichkeit, explizit eine Überschrift zu definieren. Diese muss als Paragraph erstellt werden, deren Formatierung sich vom übrigen Text abhebt. Mit explizit erstellten Styles kann dieser Schritt aber vereinfacht werden, da so nur noch der gewünschte Style zugewiesen werden muss. ■

Damit diese Formatierungen nicht für jedes Element manuell angegeben werden müssen, empfiehlt sich der Einsatz impliziter oder expliziter Styles. Das kann den Aufbau eines größeren Dokumentes vereinfachen, da man einfach auf die vordefinierten Styles zurückgreifen kann.

Listing 15.10 Styles für die einheitliche Formatierung von Dokumenten verwenden

```
<Window xmlns="..." xmlns:x="...">

  <Window.Resources>
    <Style TargetType="{x:Type FlowDocument}">
      <Setter Property="FontFamily" Value="Arial" />
    </Style>
    <Style TargetType="{x:Type Paragraph}">
      <Setter Property="Margin" Value="0 10 0 10" />
    </Style>
  </Window.Resources>

  <FlowDocumentReader>
    <FlowDocument>
      <Paragraph>Lorem ipsum</Paragraph>
    </FlowDocument>
  </FlowDocumentReader>
</Window>
```

In diesem Beispiel wurden zwei Styles implizit erstellt: Der erste wirkt sich direkt auf das `FlowDocument` aus, dessen Schrift hier auf „Arial" geändert wird. Der zweite Style soll den `Paragraph` umgestalten, indem der Abstand oberhalb und unterhalb der Absätze auf 10 Pixel gesetzt wird. Beachten Sie, dass der Abstand zwischen zwei Absätzen nicht einfach kumuliert wird, so wie man es von normalen Steuerelementen kennt. Vielmehr wird von den beiden Werten der größere als Abstand gewählt. Wurde im ersten Absatz ein Abstand von 10 Pixeln und im zweiten ein Abstand von 12 Pixeln eingestellt, so ergibt das demnach nicht den Abstand von insgesamt 22 Pixeln zwischen beiden, sondern lediglich von 12 Pixeln. Man kann den Wert daher eher als Mindestabstand betrachten.

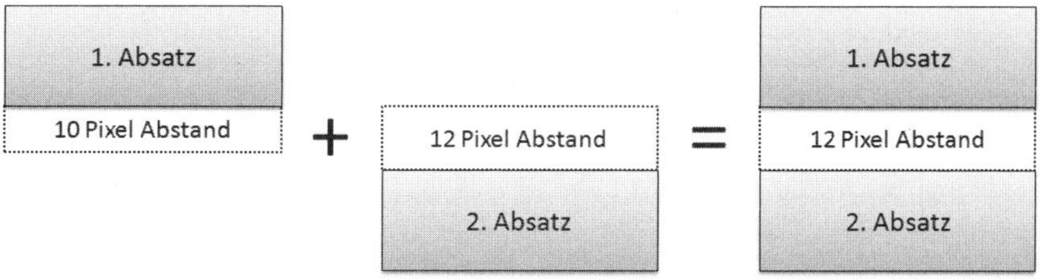

Bild 15.9 Abstände werden bei Absätzen etwas anders von der WPF berechnet.

Neben impliziten Styles lassen sich aber auch explizite Styles problemlos erstellen und bei Bedarf einzelnen Elementen zuweisen.

Listing 15.11 Expliziten Style für die Formatierung verwenden

```
<Window xmlns="..." xmlns:x="...">

  <Window.Resources>
    <Style x:Key="Heading1" TargetType="{x:Type Paragraph}">
      <Setter Property="FontSize" Value="28" />
      <Setter Property="FontWeight" Value="Bold" />
    </Style>
  </Window.Resources>

  <FlowDocument>
    <Paragraph Style="{StaticResource Heading1}">
      Lorem ipsum
    </Paragraph>
    <Paragraph>Hier kommt der Fließtext...</Paragraph>
  </FlowDocument>
</Window>
```

In diesem Beispiel wird für eine Übersicht ein expliziter Style definiert, der auf einen `Paragraph` angewendet werden kann. Im Style werden lediglich die Schriftgröße und die Formatierung geändert, damit sich die Überschrift besser vom restlichen Fließtext abheben kann. Ein expliziter Style muss jedoch den Elementen immer einzeln zugewiesen werden. Dies geschieht auch hier wieder über die Eigenschaft `Style`, der man den neuen Style zuweisen kann.

15.1.2 FixedDocument

Neben dem dynamischen `FlowDocument` gibt es als Alternative noch das sog. `FixedDocument`. Anders als beim `FlowDocument` ist bei dieser Art von Dokumenten das Layout fest vorgegeben. Ein automatischer Umbruch oder ein Fließtext ist daher hier nicht möglich. Stattdessen müssen sowohl die Seiten des Dokumentes als auch ihre Inhalte einzeln definiert werden. Ein `FixedDocument` eignet sich daher eher als Druckvorlage, da hier das Ergebnis exakt mit dem übereinstimmt, wie es vom Autor des Dokumentes vorgesehen war. Diese Art wird allgemein auch als WYSIWYG („What you see is what you get") bezeichnet.

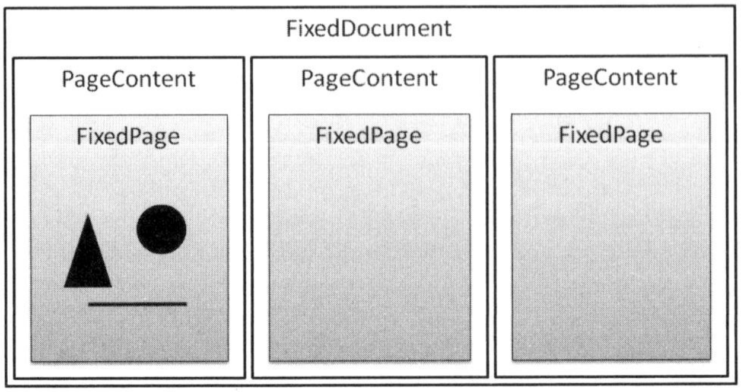

Bild 15.10 Ein FixedDocument wird in mehrere Instanzen von PageContent aufgeteilt, deren Inhalt über FixedPage definiert wird.

Ein `FixedDocument` kann aus mehreren Seiten bestehen, die jeweils mit einer Instanz der Klasse `PageContent` definiert werden. `PageContent` wiederum stellt den Inhalt der Seite nicht selber dar, sondern verwendet hierfür die Klasse `FixedContent`. Diese Verschachtelung verschiedener Klassen macht das Erstellen eines Dokumentes in der Praxis nicht gerade einfacher.

Listing 15.12 Struktur eines FixedDocuments

```
<!-- Dokument -->
<FixedDocument>

  <PageContent>    <!-- Seite 1 -->
    <FixedPage>    <!-- Inhalt für Seite 1 -->

    </FixedPage>
  </PageContent>
</FixedDocument>
```

Die Struktur, die dabei entsteht, ist in Bild 15.10 zu sehen. Die drei geometrischen Figuren auf der ersten Seite sollen den Inhalt darstellen, der innerhalb von `FixedPage` platziert werden kann.

Da der Inhalt von einem `FixedDocument` statisch ist, müssen die dort enthaltenen Elemente absolut ausgerichtet werden. Ein einfaches Hinzufügen eines Textes oder eines Bildes, so wie es in einem `FlowDocument` der Fall war, ist hier nicht mehr möglich. Alle Elemente müssen explizit in einem Koordinatensystem positioniert werden. Das geschieht ähnlich wie in einem `Canvas` - hierzu definiert die Klasse `FixedPage` vier Attached Properties, mit denen man den linken, oberen, rechten und unteren Abstand zur Seite festlegen kann.

Listing 15.13 Textblock auf einer FixedPage darstellen

```
<Window xmlns="..." xmlns:x="...">
  <DocumentViewer>
    <FixedDocument>
      <PageContent>

        <FixedPage>
```

```
            <TextBlock
                FixedPage.Left="10" FixedPage.Top="10"
                Text="Hurra, ein statisches Dokument"
                FontSize="40" />
          </FixedPage>

        </PageContent>
      </FixedDocument>
    </DocumentViewer>
  </Window>
```

In diesem Beispiel wird ein neues `FixedDocument` erstellt, das aus einer einzelnen Seite besteht. Auf dieser Seite wird ein simpler Text über das Steuerelement `TextBlock` ausgegeben, dessen Position über die Attached Properties `FixedPage.Left` und `FixedPage.Top` festgelegt worden ist. Zur Darstellung des Dokumentes wird das Steuerelement `DocumentViewer` verwendet, das auf die gesamte Größe des Fensters gelegt wird.

Bild 15.11 Ein FixedDocument wird in einem Viewer angezeigt.

Ein `FixedDocument` eignet sich daher hauptsächlich für statische Inhalte, deren Größe und Positionierung beim Erstellen bereits feststehen. Dynamische Inhalte erfordern dagegen einen höheren Aufwand, da bei ihnen der Platzbedarf erst errechnet werden muss. Bei einem Fließtext oder einer tabellarischen Auflistung muss zudem das Seitenende errechnet werden, da der Seitenumbruch nicht automatisch erfolgt.

Die Seitengröße kann mit den Eigenschaften `Width` und `Height` in der Klasse `FixedPage` angegeben werden. Da die Angabe hier über Pixel erfolgt, muss man bei der Verwendung von Zentimetern die Werte zuerst umrechnen. Da die WPF intern Inches als Berechnungsgrundlage verwendet, muss der Wert zuvor aber noch in das amerikanische Format umgewandelt werden.

Breite = 21,0 cm/2,54 * 96 dpi = **794**

Höhe = 29,7 cm/2,54 * 96 dpi = **1.123**

Mit dieser einfachen Formel können Zentimeter in Pixel umgerechnet werden. Hierbei wird von einer Qualität von 96 dpi ausgegangen, von der die WPF beim Drucken standardmäßig ausgeht. Zum Glück gibt es einen Konverter, der uns bei der Eingabe verschiedener Formate unterstützt, sodass man sich weder diese Werte noch die Formel merken muss. Stattdessen ist es ausreichend, für eine DIN-A4-Seite die folgenden Höhen und Breiten in Zentimetern anzugeben.

```
<PageContent>
  <FixedPage Width="21.0cm" Height="29.7cm" />
</PageContent>
```

In der Klasse `FixedPage` ist zudem die Eigenschaft `ContentBox` enthalten, mit der die Position des Inhalts angegeben werden kann. Dieser Bereich wird beim Anzeigen und beim Drucken besonders berücksichtigt, wenn etwa der Ausdruck auf einem anderen Seitenformat erfolgt. Darüber hinaus kann mit `BleedBox` ein Bereich angegeben werden, der sich außerhalb der Seite befindet, auf dem aber trotzdem gezeichnet wurde. Dieser Bereich wird meist für Schnittmarken verwendet, die beim Druck benötigt werden, jedoch nicht auf dem Bildschirm angezeigt werden. Leider erfolgt die Angabe der beiden Eigenschaften nicht ganz so komfortabel, wie man es bei der Seitengröße gesehen hat. Hier können weder Inches noch Zentimeter verwendet werden, sondern nur exakte Pixel, so dass spätestens hier die eingangs genannte Formel zur Umrechnung anwendet werden muss.

Auf der gesamten Seite kann außerdem mit der Eigenschaft `NavigateUri` ein Hyperlink gesetzt werden. Der Anwender braucht so nur in einen beliebigen Bereich der Seite zu klicken, um unmittelbar danach auf die angegebene Adresse weitergeleitet zu werden. Diese Funktion eignet sich eher für kurze Dokumente oder für grafische Präsentationen.

Das Erstellen eines neuen `FixedDocument` kann auch dynamisch im Programmcode erfolgen. In diesem Fall müssen die Schritte, die vorangehend beschrieben wurden, einfach in die entsprechenden Anweisungen umformuliert werden.

Listing 15.14 Ein FixedDocument im Programmcode erstellen

```
// Neues Dokument erstellen
FixedDocument document = new FixedDocument();

// Neue Seite erstellen
PageContent pageContent = new PageContent();
FixedPage fixedPage = new FixedPage();
fixedPage.Width = 794;
fixedPage.Height = 1123;
((IAddChild)pageContent).AddChild(fixedPage);

document.Pages.Add(pageContent);
```

Das Erstellen von Dokumenten hat im Programmcode allerdings einen kleinen Makel: Das Verbinden von `FixedPage` und `PageContent` erfolgt nur sehr mühsam über eine Typkonvertierung. In der Klasse `PageContent` ist leider keine öffentliche Methode definiert, mit der eine Instanz von `FixedPage` hinzugefügt werden kann. Lediglich über die Schnittstelle `IAddChild`, die auch intern von XAML verwendet wird, kann eine Instanz von `FixedPage` hinzugefügt werden. Das ist vermutlich auch der Grund, dass diese Methode explizit implementiert worden ist und man daher eine Konvertierung durchführen muss.

Ein `FixedDocument` kann dagegen sehr einfach als XPS-Dokument gespeichert und weitergereicht werden. Diese Datei fungiert ähnlich wie das Portable Document Format (PDF) und kann mit einem entsprechenden Viewer auf dem Computer dargestellt werden. Unter Windows Vista ist dieser Viewer bereits standardmäßig installiert. Für andere Betriebssysteme kann ein entsprechender Viewer nachinstalliert werden.

Listing 15.15 Ein FixedDocument als Datei abspeichern

```
FixedDocument document = new FixedDocument();
// ...Dokument erstellen

XpsDocument xpsDocument =
    new XpsDocument(@"C:\Test.xps", FileAccess.ReadWrite);
XpsDocumentWriter writer =
    XpsDocument.CreateXpsDocumentWriter(xpsDocument);

writer.Write(doc);
xpsDocument.Close();
```

15.1.3 Steuerelemente

Es gibt vier unterschiedliche Arten von Steuerelementen, die zur Anzeige auf dem Bildschirm genutzt werden können:

- `FlowDocumentScrollViewer`
- `FlowDocumentPageViewer`
- `FlowDocumentReader`
- `DocumentViewer`

Da die Dokumente ausschließlich mit den Bordmitteln der WPF erstellt werden, müssen für ihre Darstellung auch keine externen Komponenten eingebunden werden. Stattdessen kann auf native Steuerelemente der WPF zurückgegriffen werden. Ein Vorteil, den man bei der Entwicklung und beim Lesen bemerkt.

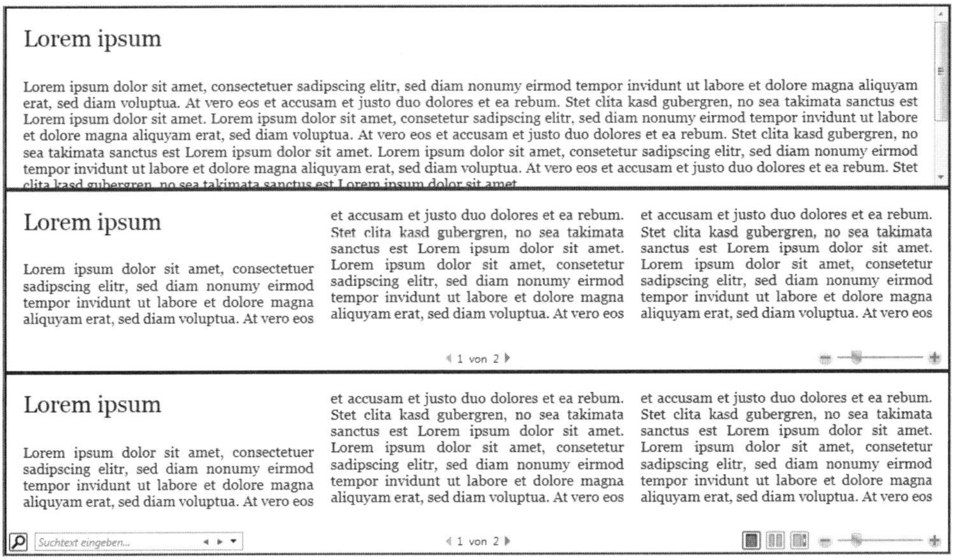

Bild 15.12 Die drei Steuerelemente im Vergleich: FlowDocumentScrollViewer (oben), FowDocumentPageViewer (Mitte), FlowDocumentReader (unten)

Die ersten drei Steuerelemente sind ausschließlich zur Anzeige von einem `FlowDocument` geeignet. Der `FlowDocumentScrollViewer` ist die einfachste Art, um Dokumente anzuzeigen, da er den Inhalt auf seiner gesamten Breite darstellt. Sollte der Platz nicht ausreichend sein, wird einfach ein vertikaler Scrollbalken verwendet, mit dem der Anwender durch längere Textpassagen navigieren kann.

Der `FlowDocumentPageViewer` dagegen versucht den verfügbaren Platz sinnvoll einzuteilen, sodass die Zeilen des Textes nicht unübersichtlich lang werden. Je nach Größe wird daher der Lesebereich in unterschiedliche Anzahl an Spalten eingeteilt, da das Lesen einer kurzen Zeile für den Anwender wesentlich einfacher ist. Sollte der Platz nicht ausreichend sein, wird der Text auf mehrere Seiten verteilt, durch die man im unteren Bereich navigieren kann. Auch die Größe der Darstellung lässt sich über einen Zoom-Slider steuern.

Der `FlowDocumentReader` fasst diese beiden Steuerelemente zusammen, denn der Anwender kann hier selbst die Art der Darstellung beeinflussen. Im unteren Bereich befinden sich drei Schaltflächen, mit denen die Ansicht umgestellt werden kann. Hier befindet sich auch zusätzlich eine Suchbox, mit welcher der Inhalt des Dokumentes nach Stichwörtern durchsucht werden kann. Nur zur Erinnerung: Die gezeigten Funktionen stehen bereits in den Steuerelementen zur Verfügung und müssen nicht zusätzlich entwickelt werden.

Um ein `FixedDocument` darzustellen, wird dagegen ein `DocumentViewer` benötigt. Dieser zeigt, ähnlich wie in einer Druckvorschau, die einzelnen Seiten des Dokumentes an, durch die man navigieren kann. Eine Anpassung der Darstellung wird hier nicht vorgenommen – lediglich die Stärke des Zooms kann beeinflusst werden. Ein automatischer Umbruch oder eine Einteilung in mehrere Spalten kann aufgrund der Natur der statischen Inhalte nicht erfolgen.

Bild 15.13 Ein FixedDocument wird mit einem DocumentViewer dargestellt.

Damit auch der Anwender die Möglichkeit erhält, Dokumente zu erstellen oder zu bearbeiten, kann mit der `RichTextBox` gearbeitet werden. Diese mag auf den ersten Blick an ihr Pendant aus Windows Forms erinnern, denn auch sie bietet neben der reinen Bearbeitung der Texte zusätzliche Funktionen zur Formatierung an. In der WPF handelt es sich jedoch um eine vollständig neu entwickelte Version der `RichTextBox`, die mit ihren Vorgängern kaum etwas gemein hat. Als Speicherformat wird beispielsweise auf das hauseigene `FlowDocument` zurückgegriffen. Ältere Formate wie RTF werden zwar auch weiterhin unterstützt, werden allerdings automatisch in ein `FlowDocument` konvertiert.

Soll ein Dokument vom Anwender geöffnet werden, wird zuerst die Klasse TextRange benötigt. Mit dieser wird normalerweise ein Textbereich im Dokument bestimmt, indem man Start- und Endposition angibt.

Listing 15.16 Laden eines Dokuments

```
private void LoadFile(string filename)
{
  string format = DataFormats.Text;
  if (Path.GetExtension(filename) == ".xaml")
    format = DataFormats.Xaml;
  else if (Path.GetExtension(filename) == ".rtf")
    format = DataFormats.Rtf;

  TextRange textRange = new TextRange(
      RichTextBox1.Document.ContentStart,
      RichTextBox1.Document.ContentEnd);
  using (FileStream stream = File.Open(filename, FileMode.Open))
  {
    textRange.Load(stream, format);
  }
}
```

Die Verwendung von TextRange zum Laden einer Datei mag auf den ersten Blick fremdartig erscheinen. Vielmehr hätte man vermutet, dass das Dokument oder das Steuerelement selbst eine Methode zum Laden anbietet. Der Weg über TextRange bietet aber mehr Flexibilität, da mit ihr auch Dateien in ein vorhandenes Dokument eingefügt werden können. Hierfür muss lediglich die Position mit TextRange nicht auf den Anfang und das Ende des Dokuments gesetzt werden, sondern an die vom Anwender gewünschte Position.

Wichtig ist außerdem das verwendete Dateiformat. Zurzeit werden von der WPF ausschließlich die folgenden vier Dateiformate unterstützt:

- Text
- Xaml
- XamlPackage
- Rtf

Sollte das Dateiformat nicht korrekt angegeben sein, kann es beim Laden zu einer Ausnahme kommen. Im vorherigen Beispiel war zu sehen, dass das Format anhand der Dateiendung erkannt wurde. Hier wurden allerdings nur Text, RTF und XAML unterstützt. Das Format XamlPackage basiert ebenfalls auf XAML, kann zusätzlich aber noch binäre Daten (z. B. für Bilder) enthalten. Dieses Format ist allerdings ein WPF-internes Format und ist weder standardisiert noch wird es derzeit von anderen Programmen unterstützt. Es soll lediglich dem Entwickler den Komfort bieten, schnell und einfach auch umfangreichere Dokumente zu speichern, ohne dass man größeren Aufwand für Dateiformate oder Strukturen hat.

Das Speichern eines Dokumentes funktioniert ebenso einfach über die Klasse TextRange, nur dass in diesem Fall die Methode Save() aufgerufen werden muss.

Listing 15.17 Speichern eines Dokuments

```
private void SaveFile(string filename)
{
```

```
  string format = DataFormats.Text;
  if (Path.GetExtension(filename) == ".xaml")
    format = DataFormats.Xaml;
  else if (Path.GetExtension(filename) == ".rtf")
    format = DataFormats.Rtf;

  TextRange textRange = new TextRange(
      RichTextBox1.Document.ContentStart,
      RichTextBox1.Document.ContentEnd);
  using (FileStream stream = File.Create(filename))
  {
    textRange.Save(stream, format);
  }
}
```

Auch in diesem Beispiel wird wieder über den Dateinamen ermittelt, in welchem Format das Dokument abgespeichert werden soll. Das Speichern erfolgt über die Methode `Save()`, mit der ebenfalls das Format angegeben wird.

Ohne zusätzliche Steuerelemente oder Funktionen würde der Anwender von einer `RichTextBox` allerdings so viel Nutzen haben wie bei einer gewöhnlichen TextBox. Der Vorteil liegt vor allem in der einfachen Gestaltung und Formatierung der Texte. Damit der Anwender seine Textpassagen formatieren kann, sind zusätzliche Schaltflächen erforderlich. Anders als beispielsweise beim `FlowDocumentScrollViewer` sind diese Elemente nicht Bestandteil der `RichTextBox` und müssen separat hinzugefügt werden.

Listing 15.18 Schaltflächen für Formatierungen hinzufügen

```
<DockPanel>
  <ToolBar
      DockPanel.Dock="Top"
      FontFamily="Times New Roman" FontSize="16">
    <Button Width="22" Command="EditingCommands.ToggleBold">
      <TextBlock Text="B" FontWeight="Bold" />
    </Button>
    <Button Width="22" Command="EditingCommands.ToggleItalic">
      <TextBlock Text="I" FontStyle="Italic" />
    </Button>
    <Button Width="22" Command="EditingCommands.ToggleUnderline">
      <TextBlock Text="U" TextDecorations="Underline" />
    </Button>
  </ToolBar>

  <RichTextBox />
</DockPanel>
```

Die `RichTextBox` unterstützt die Kommandos, die in der Klasse `EditingCommands` zu finden sind. Dadurch fällt der Aufwand bei der Unterstützung deutlich geringer aus, da lediglich die Schaltflächen mit den Kommandos verknüpft werden müssen. Zusätzlicher Programmcode ist somit nicht mehr erforderlich.

Allerdings bieten die Kommandos auch weniger Funktionalität an. Die Schaltflächen für *Fett*, *Kursiv* und *Unterstrichen* werden beispielsweise nicht hervorgehoben, wenn der Anwender einen entsprechend formatierten Textabschnitt markiert. Man erhält so keinen Hinweis, wie der Text formatiert ist. Dieses Manko liegt allerdings in der Natur der Kommandos begründet, die lediglich zum Aufrufen von bestimmten Aktionen dienen und keine Möglichkeit für Feedback oder Statusanzeige bieten.

Etwas aufwendiger ist es dagegen, die Formatierungen im Programmcode umzusetzen. Aber auch diese Aufgabe ist mit einigen wenigen Zeilen schnell erledigt. Hierfür wird die Methode `ApplyPropertyValue()` angeboten, mit der Werte für Dependency Properties gesetzt werden können. Man übergibt einfach die gewünschte Eigenschaft mit ihrem Wert, und die `RichTextBox` formatiert für uns den markierten Abschnitt.

```
RichTextBox1.Selection.ApplyPropertyValue(
    TextElement.FontWeightProperty,
    FontWeights.Bold);
```

Markiert der Anwender einen Absatz, wird dieser mit dem entsprechenden Attribut versehen. Wird dagegen nur ein Teil eines Absatzes markiert, wird von der WPF automatisch ein Run-Element eingefügt, mit dem die entsprechende Formatierung umgesetzt wird.

Mit der Methode `GetPropertyValue()` können die Werte wieder ausgelesen werden. Das Auslesen fällt jedoch etwas schwieriger aus – was aber an der Natur der Sache liegt: Sobald der Anwender einen Abschnitt markiert, kann dort sowohl fett als auch normal formatierter Text enthalten sein. Wenn der Wert nicht eindeutig bestimmt werden kann, wird von `GetPropertyValue` der Wert `UnsetValue` aus der Klasse `DependencyProperty` zurückgegeben. Die Entscheidung, wie in einem solchen Fall vorgegangen werden soll, liegt nun ganz beim Entwickler.

Listing 15.19 Formatierung über Programmcode auslesen

```
object val = RichTextBox1.Selection.GetPropertyValue(
    TextElement.FontWeightProperty);

// Fett- und Normalformatierung im markierten Abschnitt vorhanden
if (val == DependencyProperty.UnsetValue)
{
  // Das erste Zeichen des markierten Abschnittes wählen
  TextRange textRange = new TextRange(
      RichTextBox1.Selection.Start,
      RichTextBox1.Selection.Start);
  val = textRange.GetPropertyValue(TextElement.FontWeightProperty);
}

FontWeight fontWeight = (FontWeight)val;
```

In diesem Beispiel wird der Wert über `GetPropertyValue` ausgelesen. Sollte dieser nicht ermittelt werden können, wird einfach der erste Buchstabe aus dem markierten Abschnitt als Referenz genommen. Hierfür wird nur eine neue Instanz der Klasse `TextRange` erstellt, die bei `Start` beginnt und bei `Start` endet. Da ein einzelnes Zeichen immer nur entweder fett oder normal formatiert sein kann, muss die Methode `GetPropertyValue()` einen gültigen Wert zurückgeben.

Anders als die vorherigen Steuerelemente kann eine `RichTextBox` das zu bearbeitende Dokument nicht seitenweise oder mehrspaltig anzeigen. Auch eine Such- oder eine Zoom-Funktion sind nicht vorhanden. Als wären das nicht bereits Einschränkungen genug, kann die `RichTextBox` zudem nicht performant mit größeren Dokumenten umgehen. Kleine bis mittelgroße Dokumente stellen aber kein Problem dar.

> **!** Steuerelemente, wie beispielsweise Schaltflächen, können zwar auch mit der `RichTextBox` bearbeitet werden, sie werden allerdings automatisch deaktiviert. Es wird jedoch eine Eigenschaft namens `IsDocumentEnabled` angeboten, mit der die Steuerelemente standardmäßig aktiviert bleiben. Allerdings ist bei der Verwendung eingebetteter Steuerelemente Vorsicht geboten. So gehen beim Löschen und Wiederherstellen (Strg + Z) von Steuerelementen die gesetzten Ereignis-Handler verloren.

15.2 Dokumente mit Anmerkungen versehen

Die Darstellung und Bearbeitung von Dokumenten ist in der WPF sehr umfangreich. Sie lassen sich nicht nur mit den zur Verfügung stehenden Bordmitteln sehr einfach erstellen und anzeigen, sondern können darüber hinaus um Anmerkungen (sog. *Annotations*) erweitert werden. Ein solches Feature ist bereits seit Längerem in Word enthalten. Hier wird es genutzt, um ein Dokument von verschiedenen Personen gegenlesen zu lassen, die ihre Anmerkungen direkt an den entsprechenden Stellen des Dokumentes hinterlegen können. Man muss hierfür also keine separate Datei oder eine E-Mail erstellen, um dem Autor Feedback zu geben, sondern kann das Dokument selbst hierfür verwenden.

Der Annotationsdienst in der WPF ist sehr ähnlich aufgebaut. Wie die meisten Dienste in der WPF oder auch im .NET Framework dient er aber nur als Grundlage für eine weitere Implementierung, die durch den Entwickler erfolgen muss.

Der Funktionsumfang ist trotzdem sehr beachtlich:

- Textabschnitte lassen sich hervorheben (z. B. gelb hinterlegen).
- Auf einen Textabschnitt lassen sich Notizen hinzufügen, die entweder mit Text oder mit Ink (Tablet-PC) erstellt werden können.
- Anmerkungen lassen sich nachträglich bearbeiten oder löschen.

Eine Review-Funktion, mit der man die Änderungen an dem Dokument protokollieren könnte, ist dagegen nicht enthalten. Für die Speicherung der Anmerkungen ist man als Entwickler selbst verantwortlich, da das zugrunde liegende Dokument hierfür nicht verändert wird. Diese Informationen müssen separat vom Dokument abgelegt werden, wie beispielsweise in einer eigenen Datei. Hierfür existieren aber bereits fertige Klassen, die das Speichern und Auslesen für uns automatisieren. Man muss ihnen lediglich den Handle der neuen Datei übergeben, in der die Anmerkungen gespeichert werden sollen.

In Bild 15.14 ist ein Beispiel für Anmerkungen aus der MSDN zu sehen. Die Notizen werden als „Sticky Notes" bezeichnet, die über dem Dokument schweben und vom Anwender frei positioniert und auch ein- oder ausgeblendet werden können. Sowohl die Hervorhebungen als auch die Notizen sind an einen festen Abschnitt des Textes gebunden. Sollte der Text auf die nächste Spalte oder Seite umbrochen werden, so wie es beispielsweise bei einem `FlowDocument` üblich ist, bleibt die Anmerkung auf demselben Textabschnitt verankert.

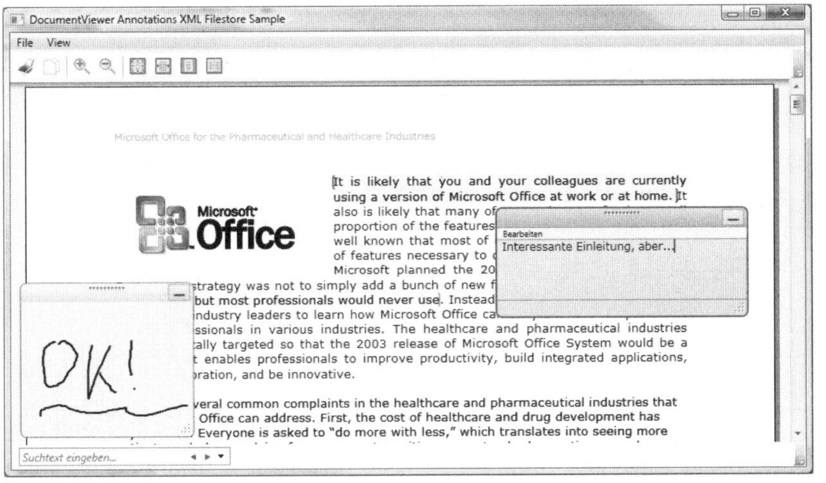

Bild 15.14 Ein Dokument kann vom Anwender mit Anmerkungen versehen werden.

Dieser Dienst wird vom `AnnotationService` bereitgestellt, der auf das Dokument angewendet werden muss. Er befindet sich zwar in derselben Assembly der WPF, der entsprechende Namensraum muss trotzdem manuell in XAML registriert werden.

Listing 15.20 Anmerkungen für Dokumente hinzufügen

```
<Window
    xmlns="..." xmlns:x="..."
    xmlns:annotation="clr-namespace:System.Windows.Annotations;
        assembly=PresentationFramework">
  <DockPanel>
    <ToolBar DockPanel.Dock="Top">
      <Button
        Content="Notiz erstellen"
        Command="{x:Static
            annotation:AnnotationService.CreateTextStickyNoteCommand}"
        CommandParameter="{x:Static Brushes.Yellow}"
        CommandTarget="DocumentReader1" />
    </ToolBar>
    <FlowDocumentReader x:Name="DocumentReader1" />
  </DockPanel>
</Window>
```

In diesem Beispiel wird der grundlegende Aufbau des Fensters dargestellt. Hier wird ein `FlowDocumentReader` verwendet, mit dem der Anwender seine Anmerkungen oder Hervorhebungen hinterlegen kann. Zuvor muss jedoch in der Kopfzeile der Namensraum `System.Windows.Annotations` registriert werden.

Um Textabschnitte hervorzuheben oder Anmerkungen zu hinterlegen, müssen bestimmte Funktionen von `AnnotationService` aufgerufen werden. Hierfür werden mehrere Kommandos angeboten, die einfach auf den entsprechenden Schaltflächen oder Menüeinträgen hinterlegt werden können. In Tabelle 15.1 ist eine Übersicht der möglichen Kommandos zu sehen. Beachten Sie, dass sich diese immer nur auf den Textabschnitt beziehen, der vom Anwender ausgewählt wurde.

Tabelle 15.1 Vordefinierte Kommandos in der Klasse AnnotationService

Kommando	Beschreibung
`CreateHighlightCommand`	Der ausgewählte Textabschnitt wird farblich hervorgehoben.
`ClearHighlightsCommand`	Die Hervorhebungen werden entfernt.
`CreateTextStickyNoteCommand`	Eine Anmerkung wird hinzugefügt, in der Text hinterlegt werden kann.
`CreateInkStickNoteCommand`	Eine Anmerkung wird hinzugefügt, in der handschriftlich mit `Ink` eine Notiz hinterlegt werden kann.
`DeleteStickyNotesCommand`	Die Anmerkungen werden entfernt.
`DeleteAnnotationsCommand`	Hervorhebungen und Anmerkungen werden entfernt.

Die Kommandos stehen als statisches Feld in der Klasse `AnnotationService` zur Verfügung. In der Symbolleiste im vorherigen Beispiel müssen nur noch die dort enthaltenen Schaltflächen auf diese Kommandos verweisen. Die dort enthaltene Schaltfläche verwendet hierfür das Kommando `CreateTextStickyNoteCommand`. Die Angabe der Eigenschaft `CommandParameter` ist optional und kann genutzt werden, um die Hervorhebungen und Notizen mit unterschiedlichen Farben auszustatten. Jede Notiz kann so fallweise mit einem anderen Pinsel dargestellt werden. Beachten Sie, dass hier die üblichen Konverter nicht funktionieren, da `CommandParameter` nur vom Typ `object` ist. Der Pinsel muss daher zwingend mit `x:Static` angegeben werden. Die Angabe von `CommandTarget` ist dagegen nicht optional, da das Kommando mit dem Dokument verbunden werden muss. Die `ToolBar` kann zwar diese Verbindung von `CommandTarget` auch automatisch vornehmen, eine explizite Zuweisung ist in diesem Fall aber eindeutiger und weniger fehleranfällig.

Durch die Verwendung der Kommandos lassen sich aber noch keine Notizen hinterlegen, und so bleiben die Schaltflächen nach dem Start allesamt deaktiviert. Hierfür muss zuerst ein Dienst gestartet und ein Speicher definiert werden, in dem die Anmerkungen gespeichert werden sollen. Dazu wird die Klasse `AnnotationService` verwendet, mit deren statischer Methode `GetService()` man den Dienst des Steuerelementes abfragen kann. In diesem Beispiel muss der Dienst auf das Steuerelement `DocumentReader1` gesetzt werden.

Listing 15.21 Dienst für die Anmerkungen starten

```
AnnotationService service;

service = AnnotationService.GetService(DocumentReader1);
if (service == null)
{
  // Dienst für Anmerkungen erstellen
  service = new AnnotationService(DocumentReader1);

  // Speicher definieren, in dem die Anmerkungen abgelegt werden
  stream = new FileStream("annotations.xml",
      FileMode.OpenOrCreate);
  AnnotationStore store = new XmlStreamStore(stream);
  store.AutoFlush = true;

  // Anmerkungen aktivieren
  service.Enable(store);
}
```

Damit der Dienst nicht mehrmals gestartet wird, muss zu Beginn abgefragt werden, ob für das Steuerelement `DocumentReader1` bereits eine Instanz erstellt wurde. Daher wird in diesem Beispiel der Dienst zuerst abgefragt und nur bei Bedarf erstellt. Hierfür ist es ausreichend, eine neue Instanz der Klasse `AnnotationService` zu erstellen, an deren Konstruktor man das verwendete Steuerelement übergibt.

Dieser Dienst benötigt allerdings einen Speicher, in dem er die Anmerkungen ablegen kann. Hier kann ein beliebiger `Stream` verwendet werden, der beispielsweise im Arbeitsspeicher, auf der Festplatte oder in einen Datenbankeintrag abgelegt werden kann. Für die Datenhaltung der Anmerkungen ist man als Entwickler selbst verantwortlich, da die WPF hier nur als Grundlage dient. Unterstützung bekommt man dafür in Form der abstrakten Klasse `AnnotationStore`, mit deren unterschiedlichen Implementierungen das Format definiert werden kann, in dem die Anmerkungen gespeichert werden sollen. Zurzeit gibt es mit der Klasse `XmlStreamStore` aber nur eine fertige Implementierung. Anhand der Basisklasse lässt sich aber auch selbst ein eigener Speicher implementieren.

Dieser Vorgang darf für jedes Dokument nur einmal durchgeführt werden. Am besten eignet sich dafür der Zeitpunkt, nach dem das Dokument vom Anwender geöffnet worden ist oder die Funktion für Anmerkungen explizit angefordert wird. Aus diesem Grund befindet sich am Anfang des Codes auch eine Abfrage, ob für dieses Dokument bereits ein `AnnotationService` existiert. Dieser muss auch explizit beendet und geschlossen werden, sobald das Dokument geschlossen oder die Anwendung beendet wird.

Listing 15.22 Den Dienst für die Anmerkungen beenden

```
AnnotationService service;

service = AnnotationService.GetService(DocumentReader1);
if (service != null && service.IsEnabled)
{
  // Den Dienst schließen und beenden
  service.Disable();
  stream.Close();
}
```

Hierfür muss einfach der `AnnotationService` mit der Methode `Disable()` deaktiviert werden. Der `Stream`, mit dem die Anmerkungen gespeichert wurden, muss danach ebenfalls geschlossen werden. Ein Aufruf der Methode `Flush()`, mit der die restlichen gepufferten Daten in den `Stream` geschrieben werden, ist an dieser Stelle nicht mehr notwendig, da zu Beginn der `AutoFlush` aktiviert worden ist.

15.3 Drucken

Die Druckumgebung und die Infrastruktur haben sich mit Windows Vista und der WPF entscheidend geändert. Insbesondere die Druckerwarteschlange in Windows Vista wurde von Grund auf überarbeitet, damit durchgängig von der Anwendung bis hin zum Drucker im XPS-Format gearbeitet werden kann.

Dieser Aufwand wurde betrieben, um die zahlreichen Zwischenschritte und Konvertierungen in andere Formate zu vermeiden. Hat beispielsweise eine Anwendung ihren Druck aus einem RTF- oder Word-Dokument an den Druckertreiber von Windows geschickt, musste dieser Druckauftrag zuerst in das interne WMF (Windows Meta File) konvertiert werden. Die meisten Drucker werden jedoch über PS (PostScript) oder PCL (Printer Command Language) angesprochen, sodass eine weitere Konvertierung durchgeführt werden musste. Mit XPS soll dieser Pfad drastisch vereinheitlicht werden, da von Anfang bis Ende ein einheitliches Format verwendet wird. In diesem Fall soll von der Verarbeitung in der Anwendung über die Windows-Druckertreiber bis hin zum Drucker selbst das einheitliche XPS-Format genutzt werden. Leider ist die Unterstützung der Druckerhersteller bei Weitem noch nicht so weit, sodass in vielen Fällen trotzdem eine Konvertierung in dem Druckertreiber vorgenommen werden muss.

Die Druckunterstützung in der WPF wurde wesentlich erweitert. Auf zahlreiche Funktionen oder Features hatte man ansonsten nur über die Windows Management Instrumentation (WMI) Zugriff. Mittlerweile existieren hier zahlreiche Klassen und Methoden, um nicht nur Ausdrucke zu erstellen, sondern auch um Druckerwarteschlangen oder Druckaufträge zu bearbeiten. Das Thema kann an dieser Stelle daher unmöglich in aller Tiefe behandelt werden, sodass auf den folgenden Seiten ausschließlich das Erstellen eines Ausdrucks behandeln wird.

In den meisten Fällen beginnt der Druck in einer Anwendung mit einem Dialogfenster. Damit soll der Anwender die Möglichkeit erhalten, zusätzliche Einstellungen vorzunehmen, wie beispielsweise die Anzahl der Kopien oder das verwendete Seitenformat. Dieses Dialogfenster wird in der WPF mit der Klasse `PrintDialog` angeboten, das ähnlich wie ein Fenster mit der Methode `ShowDialog()` aufgerufen werden kann.

Listing 15.23 Dialogfenster zum Drucken anzeigen

```
PrintDialog dialog = new PrintDialog();
if (dialog.ShowDialog() == true)
{
  // Druck starten
}
```

Die Klasse `PrintDialog` dient aber für weitaus mehr, als nur ein Fenster für die Einstellungen aufzurufen. Sie bietet mit zwei Methoden auch direkt die Möglichkeit des Ausdrucks an:

- `PrintVisual()` druckt ein einzelnes Steuerelement.
- `PrintDocument()` druckt seitenweise Dokumente.

15.3.1 Visuals drucken

Mit der Methode `PrintVisual()` kann ein beliebiges Objekt vom Typ `Visual` zum Druck verwendet werden. Da in der Regel alle Steuerelemente der WPF von `Visual` spezialisiert sind, kann auf die Weise ein schneller Bildschirmausdruck realisiert werden. Hierfür muss lediglich das gewünschte Objekt, wie beispielsweise das verwendete Fenster, an die Methode übergeben werden.

```
PrintDialog dialog = new PrintDialog();
if (dialog.ShwoDialog() == true)
{
  dialog.Print(this, "WPF Anwendungsfenster");
}
```

In diesem Fall wird der Inhalt des aktuellen Fensters ausgedruckt (ohne Fensterrahmen). Der erste Parameter gibt dabei das Objekt an, das ausgedruckt werden soll. Der zweite Parameter gibt den Titel des Ausdrucks an, der beispielsweise in der Druckerwarteschlange in Windows angezeigt wird. Beachten Sie bei der Verwendung dieser Methode, dass man weder die Größe noch die Position des Steuerelementes auf der Seite bestimmen kann. Die Grafik wird daher in die linke obere Ecke des Fensters platziert und kann damit auch über den bedruckbaren Bereich hinaus gehen.

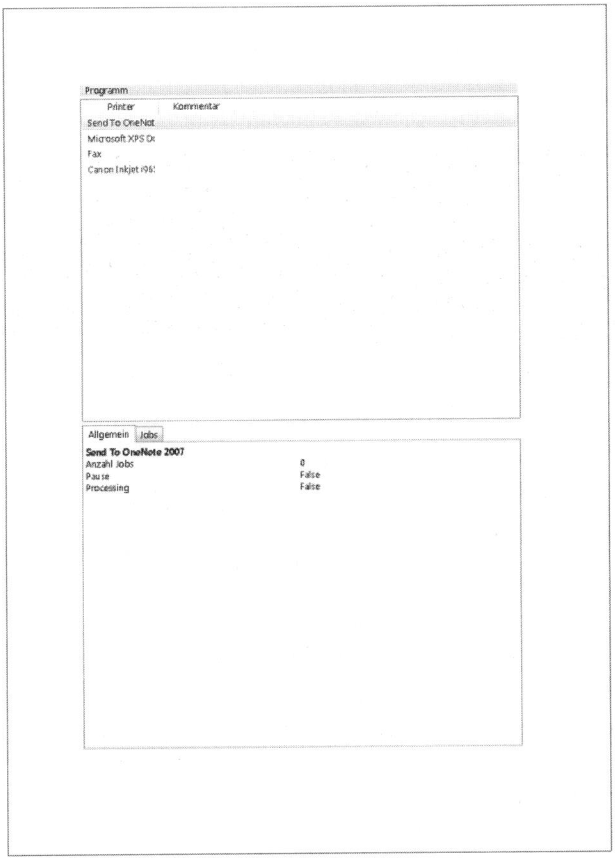

Bild 15.15 Vorschau auf einen Druck

Sowohl die Größe als auch die Position des Steuerelementes werden anhand der bereits vorhandenen Werte und Berechnungen durchgeführt. In diesem Fall hat das Fenster den Inhalt seiner Darstellung anhand seiner Größe festgelegt. Die Position des Inhaltes ist mit 0/0 in die obere linke Ecke positioniert. Diese Angaben sind für die Darstellung auf dem Bildschirm berechnet worden und für diese Darstellung vollkommen korrekt. Leider werden diese Einstellungen aber auch für den Ausdruck übernommen.

Damit der Ausdruck an der richtigen Position und mit der korrekten Größe erfolgt, muss man die gewünschte Größe selber bestimmen. In diesem Fall muss das Verhalten des Layout-Systems der WPF nachempfunden werden, die normalerweise die Positionierung und das Ausrichten auf eine verfügbare Fläche vornimmt. Dieser Vorgang lässt sich aber auf den einfachen Aufruf der Methoden `Measure()` und `Arrange()` begrenzen.

Listing 15.24 Die Position und die Größe des Ausdrucks verbessern

```
if (dialog.ShowDialog() == true)
{
  Size size = new Size(
      dialog.PrintableAreaWidth - 200,
      dialog.PrintableAreaHeight - 200);
  Point position = new Point(
      (dialog.PrintableAreaWidth - size.Width) / 2,
      (dialog.PrintableAreaHeight - size.Height) / 2);

  // Größe und Position für den Ausdruck neu berechnen
  this.Measure(size);
  this.Arrange(new Rect(position, size));

  dialog.Print(this, "Anwendungsfenster");
}
```

In diesem Beispiel wird die Seitengröße als Maß genommen, um das Steuerelement darauf zu platzieren. Das Ergebnis dieser Anweisungen ist in Bild 15.15 zu sehen.

Die beiden Eigenschaften `PrintableAreaHeight` und `PrintableAreaWidth` geben über die Abmessungen der Seite Auskunft. Beachten Sie, dass diese nicht nur den Druckbereich einer Seite angeben, sondern auch den nicht druckbaren Rand eines Druckers beinhalten. Daher wird pauschal ein Seitenrand von 100 Pixeln eingerechnet.

Mit der zweiten Anweisung wird die Position des Steuerelementes berechnet. In diesem Fall wird mithilfe der Seitengröße und der Wunschgröße die Mitte berechnet. Mit der dritten Anweisung wird mittels `Arrange` dem Steuerelement seine neue Position und Größe mitgeteilt. Hierfür wird ein neues `Rect` erstellt, das Position und Größe des Bereiches beinhaltet.

Der Ausdruck erfolgt nun wie erwartet korrekt: Das Steuerelement befindet sich zentriert in der Mitte der Seite und wurde auf eine gut lesbare Größe gebracht. Diese Methode hat allerdings zwei Nachteile, die es zu beachten gilt: Das erneute Ausrichten funktioniert nur mit Steuerelementen, die sich auf die gewünschte Größe ziehen lassen. Sollen Grafiken oder Steuerelemente mit festen Größen ausgegeben werden, funktioniert dieser Vorgang nicht mehr ganz so gut. Außerdem wird durch den Aufruf der Methode `Arrange()` auch die Darstellung auf dem Bildschirm beeinflusst, sodass hier ein zweites Mal die Position und die Größe für den Bildschirm ermittelt werden müssen.

Ein weiterer Nachteil ist, dass man mit der Methode `PrintVisual()` nur einseitige Ausdrucke erstellen kann. Sollen mehrere Seiten ausgedruckt werden, müssen hierfür gleich mehrere Druckaufträge erstellt werden.

15.3.2 Dokumente drucken

Als Alternative steht in der Klasse PrintDialog zusätzlich die Methode PrintDocument() zur Verfügung. Ein Dokument kann wesentlich komplexer aufgebaut sein, da es neben Texten auch Tabellen und Grafiken enthalten kann. Man erhält dadurch wesentlich umfangreichere Möglichkeiten zur Gestaltung, als dies beim Druck eines einfachen Visuals der Fall war. Kurioserweise nimmt die Methode PrintDocument() jedoch kein Objekt vom Typ FlowDocument oder StaticDocument an. Stattdessen wird hier ein Objekt namens DocumentPaginator erwartet, das die Aufgabe des seitenweisen Druckens übernimmt. Die Klasse definiert u.a. die Methode GetPage(), mit der eine spezifische Seite eines Dokumentes zum Druck angefordert wird. Im Grunde ähnelt diese Art des Druckens der Methode PrintVisual(), nur mit der Ausnahme, dass hierbei gleich mehrere Visuals in Form von einzelnen Seiten ausgegeben werden können.

Listing 15.25 Ein mehrseitiges Dokument ausdrucken

```
PrintDialog dialog = new PrintDialog();
if (dialog.ShowDialog() == true)
{
  IDocumentPaginatorSource paginator =
      document as IDocumentPaginatorSource;

  dialog.PrintDocument(
      paginator.DocumentPaginator,
      "Ein mehrseitiges Dokument");
}
```

Glücklicherweise ist in einem FlowDocument bereits eine Instanz eines DocumentPaginators enthalten, sodass an dieser Stelle kein zusätzlicher Aufwand für uns entsteht. Allerdings ist diese Instanz nicht unmittelbar öffentlich zugänglich, sondern kann erst über die Schnittstelle IDocumentPaginatorSource erreicht werden. Daher muss das FlowDocument zuerst auf diese Schnittstelle konvertiert werden, damit das Dokument über die Eigenschaft DocumentPaginator seitenweise gedruckt werden kann.

Befindet sich das Dokument direkt im Speicher oder wird dieses im Steuerelement FlowDocumentScrollViewer angezeigt, wird es tadellos ausgedruckt. Dagegen sieht das Druckergebnis aus einem FlowDocumentReader weniger gut aus, da das Steuerelement intern selber den DocumentPaginator für die Darstellung nutzt. Daher werden die Abmessungen, die für die Ausgabe auf dem Bildschirm verwendet werden, ebenfalls auf den Druck übertragen. In der Regel wird deshalb eine nicht unwesentliche Fläche der Seiten freigelassen, wodurch sich auch der Druckumfang erheblich steigert.

Um die Ausgabe für den Druck zu optimieren, müssen die Einstellungen für die Seitengröße geändert werden. Normalerweise sind diese Angaben nicht gesetzt und stehen auf NaN (Not a Number). Hier ist es ausreichend, wenn einfach die Größe der Seite aus der Klasse PageDialog übernommen wird. Da der FlowDocumentReader diese Einstellungen auch für die Ausgabe auf dem Bildschirm verwendet, müssen die vorherigen Werte auf jeden Fall wiederhergestellt werden. Ansonsten würde der Anwender nach dem Druck keine optimale Darstellung mehr erhalten.

Listing 15.26 Drucken mit Angabe der Seitengröße

```
// Vorherige Werte speichern
double oldPageWidth = document.PageWidth;
double oldPageHeight = document.PageHeight;
Thickness oldPagePadding = document.PagePadding;

// Werte für den Druck setzen
document.PageHeight = dialog.PrintableAreaHeight;
document.PageWidth = dialog.PrintableAreaWidth;
document.PagePadding = new Thickness(25);

IDocumentPaginatorSource paginator =
      document as IDocumentPaginatorSource;
dialog.PrintDocument(paginator, "Ein mehrseitiges Dokument");

// Vorherige Werte wieder setzen
document.PageWidth = oldPageWidth;
document.PageHeight = oldPageHeight;
document.PagePadding = oldPagePadding;
```

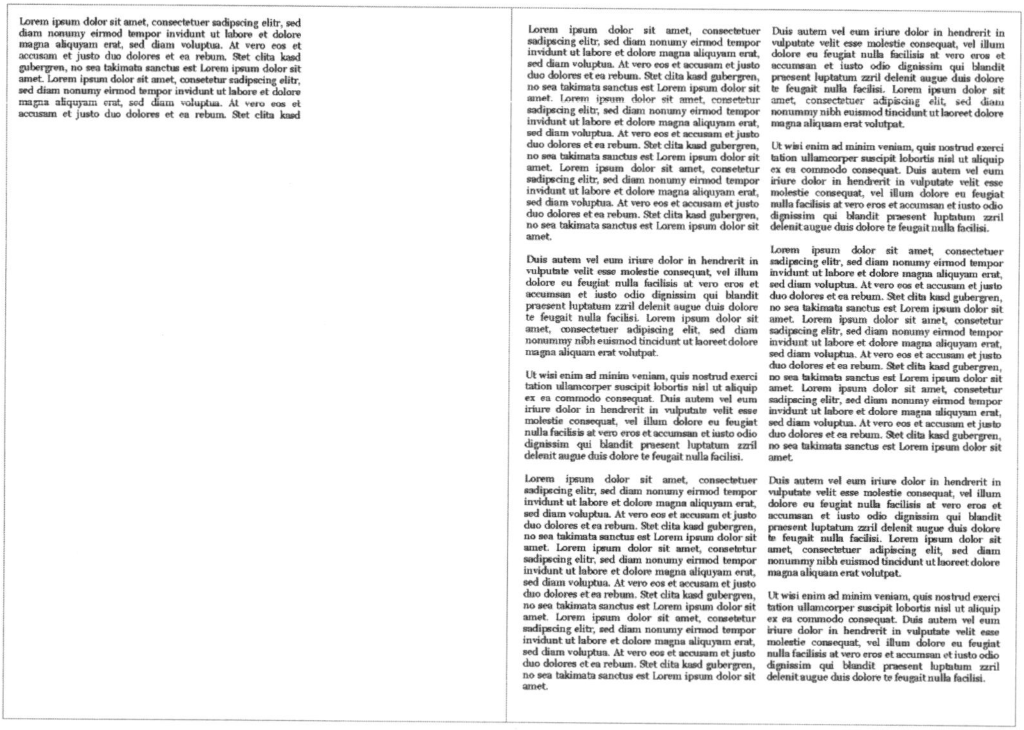

Bild 15.16 Der Vergleich: links ohne Anpassung und rechts mit Anpassung der Seitengröße

In diesem Beispiel werden die Werte aus den Eigenschaften `PageWidth`, `PageHeight` und `PagePadding` verwendet. Die Höhe und die Breite der Seite können problemlos aus der Klasse `PrintDialog` übernommen werden. Neben diesen Eigenschaften kann man mit `ColumnWidth` und `ColumnGap` auch die Darstellung der Spalten beeinflussen. Soll der

Druck beispielsweise nicht über mehrere Spalten erfolgen, kann `ColumnWidth` einfach auf die Seitenbreite (abzüglich Seitenabstand) gesetzt werden.

Das Drucken mit der Methode `PrintDocument()` bietet wesentlich mehr Möglichkeiten, das Aussehen des Drucks zu bestimmen. Allerdings sind diese mit dem Funktionsumfang, den die Dokumente bieten, begrenzt. Hierüber lassen sich beispielsweise nicht problemlos Seitenzahlen am Seitenrand ausgeben, da dieses Feature für Dokumente nicht vorgehen ist.

Auf den vorherigen Seiten wurde beschrieben, wie Dokumente dargestellt und vom Anwender um Anmerkungen ergänzt werden können. Dieses Feature kann mit den mitgelieferten Komponenten aus der WPF sehr einfach und komfortabel zu einer Anwendung hinzugefügt werden. Die so erstellten Anmerkungen werden jedoch nicht automatisch über den Paginator ausgedruckt. Vielmehr muss explizit angegeben werden, mit welchem Paginator man drucken möchte: mit dem Standard-Paginator, der lediglich das Dokument selbst ausdruckt, oder dem erweiterten Paginator, der das Dokument mitsamt allen Hervorhebungen und Anmerkungen ausdruckt.

Listing 15.27 Dokument mit Annotations ausdrucken

```
FlowDocument document = DocumentReader1.Document;
IDocumentPaginatorSource documentPaginator =
      document as IDocumentPaginatorSource;
AnnotationService service =
      AnnotationService.GetService(DocumentReader1);
AnnotationDocumentPaginator annotationPaginator =
      new AnnotationDocumentPaginator(documentPaginator, service.Store);
dialog.PrintDocument(annotationPaginator);
```

In diesem Beispiel wird zuerst wie gewohnt der Paginator für das Dokument erstellt. Dieser Paginator wird jedoch nicht direkt zum Drucken verwendet. Stattdessen wird zuerst in einem zweiten Schritt der zuständige Dienst für die Anmerkungen geladen. Im dritten Schritt kann dann ein neuer Paginator erstellt werden, der einerseits auf den Paginator des Dokumentes und anderseits auf dem Dienst für die Anmerkungen beruht. Diese Klasse führt im Prinzip beide Dienste zusammen, sodass das Dokument mitsamt seinen Anmerkungen ausgedruckt werden kann.

Die Anmerkungen unterscheiden sich nach ihrem Ausdruck nicht von ihrer Darstellung auf dem Bildschirm. Sowohl die ausgewählten Farben als auch ihre Positionen werden für den Ausdruck übernommen. Das kann insbesondere bei komplexeren Dokumenten störend wirken, da die Anmerkungen über das Dokument gedruckt und nicht sauber an den rechten Seitenrand positioniert werden, so wie man es beispielsweise von Word kennt.

15.3.3 Seitenweise drucken

Man hat auf den vorherigen Seiten gesehen, wie Dokumente dank eines Paginators recht komfortabel ausgedruckt werden können. Die hierfür verwendeten Klassen `FlowDocumentPaginator` und `FixedDocumentPaginator` sind jedoch beide nicht öffentlich zugänglich, sondern können nur über die angebotene Schnittstelle abgefragt werden. Ein solcher Paginator kann aber auch selbst erstellt werden, um Informationen seitenweise zu drucken. Diese Methode hat den Vorteil, dass man sehr genau bestimmen kann, wie jede einzelne Seite im Detail aufgebaut sein soll. Der Nachteil ist, dass man dabei ganz auf sich allein gestellt ist. Es gibt keine WPF-Features oder Steuerelemente, die das Erstellen eines Paginators vereinfachen. Stattdessen beginnt man auf einer leeren Seite, auf der die Position und die Ausrichtung alle Elemente vorgenommen werden müssen. Bei einfachen Inhalten, wie beispielsweise einer Tabelle, mag dies noch relativ einfach sein. Bei komplexeren Inhalten, wie einem Fließtext, muss man dagegen Wort für Wort vorgehen, um selber den Zeilenumbruch und den Seitenumbruch umzusetzen. Zusätzliche Features, wie Blocksatz oder eingebettete Grafiken, steigern die Komplexität nochmals deutlich.

Ähnlich wie die bisher gezeigten Paginatoren lassen sich neue Paginatoren auch für eigene Klasse erstellen. So kann man anstatt für ein `FlowDocument` auch einen Paginator für eine Bestell- oder ein Kundenobjekt erstellen. Dieser Paginator kann so wesentlich besser auf die Inhalte und Eigenheiten des Objektes eingehen.

Listing 15.28 Einen eigenen Paginator erstellen

```
using System.Windows.Documents;

public class OrderDocumentPaginator : DocumentPaginator
{
  public OrderDocumentPaginator(Order order, Size pageSize,
    Thickness pageMargin)
  {
    this.order = order;
    this.pageSize = pageSize;
    this.pageMargin = pageMargin;
    CheckPageCount();
  }

  private Order order;

  private int pageCount = 1;
  public override int PageCount
  {
    get { return pageCount; }
  }

  public override bool IsPageCountValid
  {
    get { return true; }
  }

  private Size pageSize;
  public override Size PageSize
  {
    get { return pageSize; }
  }

  private void CheckPageCount()
  {
    // Daten überprüfen, Anzahl der Seiten berechnen
    pageCount = 1;
  }

  private Thickness pageMargin = new Thickness(25);
```

```
  public Thickness PageMargin
  {
    get { return pageMargin; }
  }

  public override IDocumentPaginatorSource Source
  {
    get { return null; }
  }

  public override DocumentPage GetPage(int pageNumber)
  {
    // Seite erstellen
  }
}
```

Hier wurde eine neue Klasse `OrderDocumentPaginator` erstellt, die den Druck für eine Bestellung erstellen soll. Diese wird über die Klasse `Order` dargestellt, die hier nicht weiter beschrieben werden soll. Die Klasse des Paginators wird von der Basisklasse `DocumentPaginator` abgeleitet. In dieser Klasse wird eine Reihe Eigenschaften definiert, die in der eigenen Implementierung überschrieben werden müssen. Dazu gehören u.a. mit `PageCount` die Anzahl der Seiten und mit `PageSize` die Größe der Seiten. Mit der Eigenschaft `IsPageCountValid` soll abgefragt werden, ob die aktuell angegebene Seitenzahl auch weiterhin gültig ist. Damit das Druckergebnis einigermaßen leserlich wird, wurde zusätzlich die Eigenschaft `PageMargin` definiert, mit der ein Seitenrand angegeben werden kann. Die Eigenschaft `Source` ist nur relevant, wenn der Paginator zum Kapseln einer anderen Quelle verwendet wird, wie beispielsweise ein Dokument. In diesem Fall kann daher bedenkenlos der Wert `null` zurückgegeben werden.

Mit der Methode `CheckPageCount()` kann die Anzahl der Seiten ermittelt werden. Dies ist notwendig, damit die WPF direkt zu Beginn weiß, wie viele Seiten das Dokument umfasst. An dieser Stelle ist daher eine eigene Implementierung erforderlich, mit der man den Umfang und die Aufteilung der Inhalte über die Seiten errechnet. In diesem Beispiel wird immer nur eine einzige Seite ausgegeben. Da auch die Seitengröße und die Seitenränder Einfluss auf die Anzahl der Seiten haben, müsste nach einer Änderung an diesen Werten die Methode `CheckPageCount()` erneut aufgerufen werden. Damit das nicht erforderlich ist, können in diesem Fall die Werte bereits im Konstruktor angegeben werden, sodass die Methode lediglich einmal aufgerufen werden muss.

Interessanter wird es nun mit der Methode `GetPage()`, da hier die eigentliche Logik zum Drucken enthalten ist. Als Parameter wird immer die Seitennummer angegeben, die gerade von der WPF zum Druck angefordert wird. Da in diesem Fall der Druck aus nur einer Seite besteht, wird dieser Parameter aber ignoriert.

Listing 15.29 Inhalt der Seite erstellen

```
public override DocumentPage GetPage(int pageNumber)
{
  DrawingVisual visual = new DrawingVisual();

  using (DrawingContext context = visual.RenderOpen())
  {
    Point position = new Point(pageMargin.Left, pageMargin.Top);
```

```
        Typeface headerTypeface = new Typeface(new FontFamily("Verdana"),
            FontStyles.Normal, FontWeights.Bold, FontStretches.Normal);
        FormattedText text = new FormattedText("Bestellung " + order.OrderNo,
            CultureInfo.CurrentCulture, FlowDirection.LeftToRight,
            headerTypeFace, 24, Brushes.Black);
        context.DrawText(text, position);
        position.Y += text.Height;

        context.DrawLine(new Pen(Brushes.Black, 4), position,
            new Point(pageSize.Width - pageMargin.Left - pageMargin.Right,
            position.Y));
    }
}
```

In diesem Beispiel wird ein einfacher Text ausgegeben. Hierfür muss zuerst die Formatierung definiert werden, z. B. die Schriftart und ob diese fett ausgegeben werden soll. Hierfür ist die Klasse `Typeface` zuständig, welche die notwendigen Parameter bereits im Konstruktor aufnehmen kann. Die Klasse `FormattedText` kapselt neben Schriftgröße und Schriftfarbe zusätzlich die sprachspezifischen Einstellungen. Hierzu gehört insbesondere die Schreibrichtung (z. B. von links nach rechts). Erst mit diesen beiden Informationen kann der Text mit der Methode `DrawText()` ausgegeben werden. Sinnvollerweise sollte man das Erstellen und Konfigurieren von `Typeface` und `FormattedText` in eine separate Methode auslagern, da ansonsten der Programmcode zu unübersichtlich wird.

16 Mehrsprachigkeit

Einen nicht zu unterschätzenden Einfluss auf das Marktpotenzial hat die verwendete Sprache, mit der beispielsweise die Texte und Informationen auf den Oberflächen ausgegeben werden. Ist die Anwendung ausschließlich in deutscher Sprache erhältlich, so beschränkt sich der Markt auch hauptsächlich auf die drei deutschsprachigen Länder Deutschland, Österreich und Schweiz. Über die englische Sprache erreichen Sie zwar wesentlich mehr potenzielle Kunden weltweit, es gibt aber eine Vielzahl an Benutzern, die Anwendungen in ihrer eigenen Muttersprache bevorzugen. Anwendungen mit englischer Benutzeroberfläche werden zwar auch akzeptiert, doch haben diese einen deutlichen Wettbewerbsnachteil.

Die meisten Anwendungen lassen sich auch problemlos in anderen Ländern vertreiben. Es gibt mit Buchhaltungs- oder Lohnprogrammen nur wenige Ausnahmen, da sich diese stark an den lokalen Gesetzen und Vorschriften orientieren müssen. Eine französische Ausgabe eines britischen Lohnprogramms wäre daher beispielsweise weniger sinnvoll, da diese nur einen sehr eng umgrenzten Markt anspricht. Hier gibt es mit einigen „Global Playern" der Software-Branche nur wenige Ausnahmen, bei denen sich der Aufwand lohnt (wie z.B. SAP). Die meisten anderen Anwendungen lassen sich dagegen mit geringem Aufwand länderübergreifend vertreiben, da die Algorithmen und Szenarien meist identisch sind. Lediglich die Benutzeroberfläche stellt eine Hürde dar, da diese meist nur einsprachig entwickelt wird. Doch die Anpassung kann sich lohnen, da in der Regel der meiste Aufwand in die Programmlogik investiert wird, die auf diese Weise problemlos wiederverwendet werden kann.

Die WPF stellt aber auch Techniken zur Verfügung, um Anwendungen an unterschiedliche Sprachen und Kulturen anzupassen. Eine Anwendung kann so problemlos zwischen mehreren Sprachen wechseln, ohne dass hierfür die Programmlogik angepasst werden müsste. Das hat den Vorteil, dass die Anwendung nicht erneut entwickelt und getestet werden muss, da sich an der Funktionalität nichts geändert hat. Stattdessen wird lediglich der Text für den Anwender ausgetauscht, der statt auf Deutsch nun in seiner Landessprache begrüßt werden kann. Um dieses Ziel zu erreichen, sind die beiden Techniken Globalisierung und Lokalisierung notwendig, auf die ich in Abschnitt 16.1 näher eingehe.

16.1 Globalisierung vs. Lokalisierung

16.1.1 Globalisierung

Unter *Globalisierung* versteht man, dass eine Anwendung mit den globalen Gegebenheiten umgehen und auch die unterschiedlichen Formatierungen und Schriftzeichen darstellen kann. Dies sind keine WPF-spezifischen Themen, da hier bereits das .NET Framework eine ideale Grundlage bietet, indem es beispielsweise die Zeichenketten grundsätzlich als Unicode speichert. Auf diese Weise können neben den in der westlichen Welt vertretenen lateinischen Schriftzeichen auch arabische oder chinesische Schriftzeichen verwendet werden - unabhängig davon, ob man nun mit Windows Forms, ASP.NET oder eben der WPF arbeitet.

Im Namensraum `System.Globalization` sind zum Zwecke der Globalisierung einige Klassen definiert, mit denen man auf die Unterschiede einzelner Kulturen eingehen kann. Neben der Sprache betrifft das vor allem die unterschiedliche Formatierung von Zahlen, Währungen oder Daten. Selbst die Sortierreihenfolgen von Zeichenketten sind hier sprachabhängig definiert. Nicht zu vergessen ist, dass in manchen Kulturkreisen sogar unterschiedliche Kalender verwendet werden, die es ebenfalls zu berücksichtigen gilt.

Bei Operationen mit „globalen“ Datentypen, wie es beispielsweise bei `DateTime` der Fall ist, sollten Sie daher besondere Vorsicht walten lassen. Soll eine Eingabe des Anwenders als Datum eingelesen werden, kann diese in unterschiedlichen Formaten angegeben werden. Je nach Sprache oder Nationalität unterscheidet sich das Format des Datums immens. In Deutschland ist die Reihenfolge „Tag . Monat . Jahr“ fest etabliert, wohingegen in Amerika das Format „Monat/Tag/Jahr“ verwendet wird. Die unterschiedliche Verwendung des Datumsformates kann daher beim Einlesen zu falschen Ergebnissen führen, sollte dieser Unterschied nicht berücksichtigt werden.

Listing 16.1 Unterschiedliche Datumsformate berücksichtigen

```
string usString = "01/10/2009";
CultureInfo usCulture = CultureInfo.CreateSpecificCulture("en-US");
DateTime usDate = DateTime.Parse(usString, usCulture);

string deString = "10.01.2009";
CultureInfo deCulture = CultureInfo.CreateSpecificCulture("de-DE");
DateTime deDate = DateTime.Parse(deString, deCulture);
```

In diesem kurzen Beispiel wird jeweils dasselbe Datum (der 10. Januar 2009) im amerikanischen und im deutschen Format eingelesen. Sollte das Format nicht angegeben sein, kann es hier schnell zu Verwechselungen kommen: Aus dem 10. Januar kann so schnell der 1. Oktober werden.

Diese kulturellen Unterschiede werden mit der Klasse `CultureInfo` erfasst. Hier sind die Informationen über das Datumsformat, aber auch für die Formatierung von Währungen oder Zahlen enthalten. Damit nicht bei jedem Einlesen oder beim Sortieren von Daten eine neue Instanz von `CultureInfo` erstellt werden muss, ist es sinnvoll, hierfür einen globalen und vordefinierten Wert zu nehmen.

Listing 16.2 Einstellungen aus dem aktuellen Thread auslesen

```
DateTime.Parse(s, Thread.CurrentThread.CurrentCulture);
```

Der Wert von `CurrentCulture` kann in der Anwendung genutzt werden, wann immer kulturelle Unterschiede berücksichtigt werden müssen.

Neben unterschiedlichen Formaten beim Datum oder bei Zahlen verläuft auch die Schrift in einigen Kulturen nicht von links nach rechts, sondern von rechts nach links. Die WPF bietet auch hierfür Unterstützung an. Hierzu muss lediglich das Attribut `FlowDirection` für den Text gesetzt werden.

Listing 16.3 FlowDirection für einen Textblock festlegen

```
<StackPanel>
  <TextBlock>
    Links nach rechts
  </TextBlock>
  <TextBlock FlowDirection="RightToLeft">
    Rechts nach links
  </TextBlock>
</StackPanel>
```

In diesem Fall wird beim zweiten Textblock die Schreibrichtung auf rechts nach links geändert. Das Attribut wird ebenfalls als Attached Property angeboten, sodass diese Einstellung auch komfortabel in einem zentralen Element definiert werden kann.

```
<Window
    xmlns="..." xmlns:x="..."
    TextElement.FlowDirection="RightToLeft">
  ...
</Window>
```

Da die WPF ausschließlich mit Unicode arbeitet, können so beispielsweise auch arabische Texte problemlos angezeigt werden. Jedes Zeichen wird dabei nicht wie sonst üblich von einem einzelnen Byte, sondern gleich von zwei Bytes dargestellt. Dadurch ergeben sich weitaus mehr Kombinationen, um weltweite Schriftzeichen zu unterstützen, als dies mit einem einfachen Byte möglich wäre. Diese Unterstützung bezieht sich allerdings nur auf Texte, die unmittelbar mit den richtigen Zeichen eingegeben worden sind. Sollen beispielsweise Zahlen ausgegeben werden, müssen die Ziffern ebenfalls korrekt umgesetzt werden. In einem `FlowDocument` können diese Ziffern entsprechend der eingestellten Sprache automatisch von der WPF umgesetzt werden. Hierfür muss lediglich die Sprache beim `FlowDocument` gesetzt werden.

Listing 16.4 Sprache für ein FlowDocument setzen

```
<Window
    xmlns="..." xmlns:x="..."
    TextElement.FlowDirection="RightToLeft"
    xml:lang="ar-SA">

  <FlowDocumentScrollViewer>
    <FlowDocument>
      <Paragraph>
```

```
        106.5=100.0+6.5 :مرحبا عالم
      </Paragraph>
    </FlowDocument>
  </FlowDocumentScrollViewer>
</Window>
```

In diesem Beispiel wurde die Sprache direkt für das gesamte Fenster auf Arabisch geändert. Dadurch werden die Zahlen, die zusammen mit dem arabischen Text angegeben sind, automatisch konvertiert. Der Vergleich dieser Einstellung ist in Bild 16.1 zu sehen.

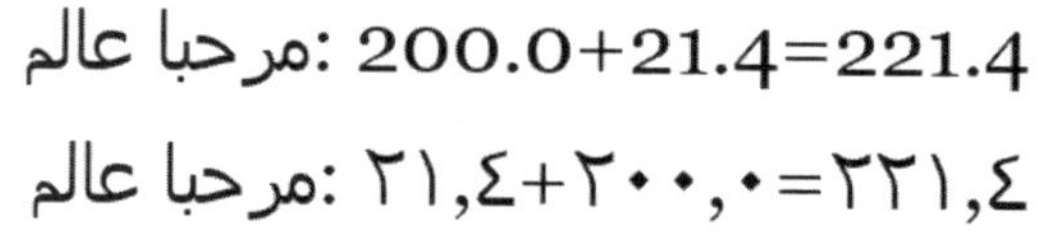

Bild 16.1 Mit eingestellter Sprache werden auch die Ziffern in einem FlowDocument korrekt angezeigt.

Die Sprache kann auch gezielt für einzelne Absätze angegeben werden. Hier steht das etwas lesbarere Attribut `Language` zur Verfügung. Die Arbeitsweise ist mit dem Attribut `x:lang` identisch.

16.1.2 Lokalisierung

Das Lokalisieren hat den Vorteil, dass die Entwicklung und die Geschäftslogik im Grunde sprachneutral sind (abgesehen von nationalen Gegebenheiten, die durch den Gesetzgeber vorgeschrieben sind). In den meisten Fällen können Anwendungen daher problemlos in unterschiedlichen Sprachen angeboten werden, da man „lediglich" die Darstellung auf dem Bildschirm anpassen muss.

Obwohl bei der Lokalisierung nur die Oberfläche umgestellt werden muss, ist die Umsetzung alles andere als trivial. Das liegt darin begründet, dass sich die Umstellung durch das gesamte System zieht:

- Alle Texte (oder sonstigen Sprachelemente) müssen auf der Oberfläche austauschbar sein, sodass sie beispielsweise durch englische oder spanische Texte ersetzt werden können.
- Während der Entwicklung dürfen an keiner Stelle im Programmcode Texte statisch hinterlegt werden. Insbesondere Fehlermeldungen oder Textausgaben werden schon mal gerne hart im Programmcode eingegeben, die sich so aber nicht mehr nachträglich an unterschiedliche Sprachen anpassen lassen.
- Die Oberfläche muss mit dem unterschiedlichen Platzbedarf von Texten umgehen können. Dieselbe Beschriftung kann in unterschiedlichen Sprachen unterschiedlich lang ausfallen.

Man bemerkt schnell, wie viel Aufwand bei der Lokalisierung einer Anwendung betrieben werden muss. Neben der reinen Übersetzungsarbeit müssen auch Routinen im Hintergrund überprüft werden, um sicherzugehen, dass diese mit den unterschiedlichen Kulturen zurechtkommen und keine Fehlermeldungen fest einkompiliert sind.

16.2 Layout vorbereiten

Beginnen wir zuallererst mit der Vorbereitung der Oberfläche, sodass auf dieser unterschiedliche Sprachen dargestellt werden können. Das betrifft im Wesentlichen auch die Positionierungen und die Größen der Steuerelemente. Werden diese beispielsweise an einer festen Position und mit einer festen Größe angegeben, so können sie sich nicht dem unterschiedlichen Platzbedarf der Texte anpassen. Eine deutsche Beschriftung benötigt tendenziell mehr Platz als eine englische. Das kann dazu führen, dass Texte teilweise abgeschnitten und schlecht lesbar werden, da diese über die Grenzen des Steuerelementes reichen. Oder man bemisst die Größen der Steuerelemente etwas großzügiger und riskiert damit, dass bei kürzeren Texten Lücken entstehen können. Beide Lösungen sind alles andere als ideal, waren aber oftmals die einzigen Alternativen bei der Umsetzung des Layouts. Die WPF hingegen bietet ein flexibles Layout-System an, das sich an dem Platzbedarf ihrer Inhalte orientieren kann. Benötigt eine Schaltfläche für ihre Beschriftung mehr Platz, kann ihr das Layout-System mehr Platz zur Verfügung stellen. Hierfür sind hauptsächlich die Panels verantwortlich, wie beispielsweise das `StackPanel` oder das `Grid`, die für die Umsetzung des Layouts zuständig sind.

Die meisten Panels orientieren sich automatisch am Platzbedarf ihrer enthaltenen Steuerelemente. Das Canvas ist das einzige Panel, das hier eine Ausnahme macht, da es ausschließlich zum festen Positionieren von Elementen gedacht ist.

Listing 16.5 Steuerelemente mit festen Größenangaben

```
<Grid>
  <Button
    HorizontalAlignment="Right" VerticalAlignment="Bottom"
    Margin="0 0 110 10" Width="50" Height="22" Content="Cancel" />
  <Button
    HorizontalAlignment="Right" VerticalAlignment="Bottom"
    Margin="0 0 50 10" Width="50" Height="22" Content="Apply" />
</Grid>
```

In diesem Beispiel werden zwei Schaltflächen auf einem Grid dargestellt. Zur Positionierung kommen die Eigenschaften `HorizontalAlignment`, `VerticalAlignment`, `Width` und `Height` zum Einsatz. Mit ihnen werden die Schaltflächen an die rechte untere Ecke des Grids positioniert. Diese Art der Positionierung ist leider auch häufig das Ergebnis von visuellen Designwerkzeugen.

Sie bringt vor allem bei der Übersetzung zahlreiche Nachteile mit sich:

- Der Platzbedarf der Beschriftungen wird nicht berücksichtigt – stattdessen wird den Schaltflächen eine feste Größe zugewiesen.
- Soll nur eine Schaltfläche in Größe oder Position verändert werden, so müssen auch alle übrigen Schaltflächen in ihrer Position und Größe überprüft werden, da diese nicht automatisch korrigiert werden.

Die Auswirkungen sind gut in Bild 16.2 zu sehen, in dem die beiden Schaltflächen einmal mit englischer und einmal mit deutscher Beschriftung zu sehen sind. Wie man erkennt, nimmt die Beschriftung in Deutsch wesentlich mehr Platz in Anspruch und kann daher in dem zu eng bemessenen Raum der Schaltflächen nicht mehr dargestellt werden.

Bild 16.2 Steuerelemente mit festen Größenangaben eignen sich schlecht für Übersetzungen.

Besser wäre es dagegen, wenn sowohl die Positionierung als auch die Größe der Schaltflächen automatisch vom System vorgenommen werden kann. Beim Platzieren der Schaltflächen in einem visuellen Designer ist man meist darauf bedacht, dass diese eine angemessene Größe besitzen, sodass die (aktuell dargestellte) Beschriftung mit ausreichend Abstand zum Rand dargestellt werden kann. Diese Angabe kann sehr gut von der Eigenschaft `Padding` übernommen werden, da sie für den Innenabstand zuständig ist.

> Legen Sie sich einen zentralen Style für Schaltflächen an, in dem die wichtigsten Einstellungen hinterlegt sind. Werte für `Padding` oder `Margin` ändern sich meist innerhalb einer Anwendung nicht und können problemlos zentral definiert werden. ■

Die Einstellung mit `Padding` kann allerdings nur Wirkung zeigen, wenn zeitgleich auch die Angaben für Breite und Höhe entfernt werden. Erst dann kann sich das Steuerelement am Platzbedarf seiner Inhalte orientieren.

Schwieriger wird es hingegen, die Schaltflächen automatisch zu positionieren. Sobald die rechte Schaltfläche mehr Platz beansprucht, soll die linke Schaltfläche dementsprechend ein Stück nach links rücken. Hier kommt es darauf an, welches Ziel man bei der Darstellung verfolgt. Sollen die Schaltflächen einfach der Reihe nach angezeigt werden, ist ein `StackPanel` vollkommen ausreichend.

Listing 16.6 Ein StackPanel für die Positionierung der Schaltflächen verwenden

```
<Grid>
  <StackPanel
      HorizontalAlignment="Right" VerticalAlignment="Bottom"
      Orientation="Horizontal" Margin="0 0 10 10">
    <Button Margin="10 0 0 0" Content="Cancel" />
    <Button Margin="10 0 0 0" Content="Apply" />
  </StackPanel>
</Grid>
```

Mit diesem einfachen Trick werden die Schaltflächen mit dem `StackPanel` automatisch aufgereiht. Sobald eine Schaltfläche mehr Platz für ihre Darstellung benötigt, werden die restlichen Schaltflächen entsprechend verschoben.

Ein `StackPanel` eignet sich dagegen nicht, wenn alle Schaltflächen eine einheitliche Größe besitzen sollen. Das kann in diesem Beispiel schnell geschehen, wenn ein relativ kurzes Wort wie Ok verwendet wird. Die Schaltfläche Abbrechen wirkt dadurch wesentlich größer und dominierender als die kleinere Schaltfläche zum Bestätigen. Um hier mehr „Gleichberechtigung" zu erreichen, kann statt des `StackPanels` ein `Grid` verwendet werden.

Listing 16.7 Ein Grid für die Positionierung der Schaltflächen verwenden

```
<Grid>
  <Grid
      HorizontalAlignment="Right" VerticalAlignment="Bottom"
      Margin="0 0 10 10" IsSharedSizeScope="True">
    <Grid.ColumnDefinitions>
      <ColumnDefinition SharedSizeGroup="Buttons" />
      <ColumnDefinition SharedSizeGroup="Buttons" />
    </Grid.ColumnDefinitions>

    <Button Grid.Column="0"
        Margin="10 0 0 0" Padding="10 2" Content="Abbrechen" />
    <Button Grid.Column="1"
        Margin="10 0 0 0" Padding="10 2" Content="OK" />
  </Grid>
</Grid>
```

Zugegebenermaßen fällt das Beispiel mit der Verwendung eines `Grid` etwas aufwendiger aus. Hier muss der zusätzlichen Deklaration von Spalten (und eventuell auch Zeilen) Rechnung getragen werden. Allerdings bietet das `Grid` mit der Option `SharedSizeGroup` die Möglichkeit an, die verwendeten Spalten auf eine einheitliche Größe zu bringen. In diesem Beispiel erhalten die beiden Spalten den Gruppennamen `Buttons`. Das `Grid` orientiert sich dabei an der breitesten Spalte und setzt entsprechend auch die übrigen Spalten auf diese Größe. Dadurch werden beide Schaltflächen gleich groß dargestellt, wie man in Bild 16.3 sehen kann.

Bild 16.3 Steuerelemente ohne feste Größen- und Positionsangaben lassen sich wesentlich einfacher übersetzen.

Dank der Angabe von `SharedSizeGroup` werden nun beide Schaltflächen mit der gleichen Breite dargestellt. Bei der Verwendung dieser Option sollte man allerdings beachten, dass sie etwas mehr an Leistung benötigt und daher explizit mit `IsSharedSizeScope` im `Grid` aktiviert werden muss. Bei Bedarf kann zusätzlich noch mit den Angaben von `MinWidth` oder `MinHeight` gearbeitet werden, um eine Mindestgröße für die Schaltflächen zu definieren.

16.3 Oberflächen lokalisieren

Da die Anwendung nicht mehr die Texte beinhaltet, sondern wie eingangs erwähnt hierfür nur noch Platzhalter definiert, müssen diese in der benötigten Sprache nachgeladen werden. Im Prinzip handelt es sich hierbei um eine kleine Datenbank, die anhand eines Schlüssels und der angegebenen Sprache den Text zurückgibt. Diese allgemein gehaltene Formulierung beschreibt in etwa den Vorgang, der bei der Lokalisierung abgearbeitet wird.

Für WPF-Anwendungen stehen hierfür mehrere Techniken zur Verfügung:

- `LocBaml`: Eine neue Technik, die speziell für die WPF entwickelt wurde, jedoch wenig ausgereift ist
- Ressource-Dateien (RESX): Etablierte Technik aus dem .NET Framework
- Werkzeuge, wie die Localization Extension, die den Umgang mit Ressource-Dateien in XAML vereinfachen

Als Entwickler einer WPF-Anwendung erhält man auf diese Weise gleich mehrere Techniken zur Auswahl, mit denen sich Oberflächen auf mehrere Sprachen anpassen lassen. Die Ressource-Dateien gehören bereits seit langer Zeit zum festen Bestandteil des .NET Frameworks. Dementsprechend ließen sich nicht nur Windows Forms-Anwendungen und ASP.NET-Webseiten lokalisieren, sondern auch einfache Konsolenanwendungen. Dennoch hat man sich bei Microsoft bei der Entwicklung der WPF für eine komplett neue Technik entschieden, die in diesem Buch als `LocBaml` bezeichnet wird. `LocBaml` ist streng genommen nur ein Werkzeug von mehreren, die bei der Umsetzung erforderlich sind. In der Entwicklergemeinde setzte sich dieser Begriff aber schnell als Oberbegriff durch, sodass dies hier beibehalten wird.

Für die Umsetzung mit `LocBaml` sind mehrere Schritte erforderlich, die nachfolgend skizziert werden.

- In der Projektdatei muss die Standardsprache hinterlegt werden, die als Fallback verwendet wird, falls kein entsprechender Eintrag zu einer Sprache gefunden werden konnte.
- Die Steuerelemente müssen in XAML in einem zusätzlichen Attribut namens `Uid` hinterlegt werden. Das Attribut kann auch automatisch mit MSBuild hinzugefügt werden. Das Tool öffnet alle XAML-Dateien und erweitert die Steuerelemente automatisch mit dem neuen Attribut. Die Dateien werden durch diesen Vorgang aber auch sehr verunreinigt, da hier wesentlich mehr Steuerelemente als notwendig verändert werden. Erschwerend kommt hinzu, dass hier keine aussagekräftigen Bezeichnungen vergeben werden, sondern lediglich durchnummeriert wird.
- Nach dem Kompilieren der Anwendung kann man mit dem Werkzeug `LocBaml` die gesetzten Uids aus den jeweiligen Assemblies extrahieren. Hierbei wird eine einfache CSV-Datei generiert, die sämtliche gefundene Uids der ausgewählten Assembly enthält. Entsprechend groß und unübersichtlich kann diese Datei ausfallen.
- Die erstellten CSV-Dateien können nun mit Excel oder einem anderen Programm Ihrer Wahl bearbeitet werden. Sobald man sich in der Struktur der Datei einigermaßen zurechtgefunden hat, ist das Bearbeiten relativ einfach. Zum Lokalisieren muss lediglich eine der hierfür vorgesehenen Spalten ausgefüllt werden.
- Nach dem Übersetzen der Oberfläche mittels Excel kann nun eine neue Sprachversion der Anwendung erstellt werden. Hierfür muss die CSV-Datei wieder mit der ursprünglichen Assembly zusammengeführt werden. Auch hier wird wieder das Werkzeug `LocBaml` verwendet, das das Ergebnis in einer neuen Datei ablegt.

Leider ist die Umsetzung mit `LocBaml` nicht ausgereift, sodass man die Verwendung kaum empfehlen kann. Das Übersetzen der Texte mittels Excel ist nicht zu empfehlen, da die Dateien in der Regel zu unübersichtlich sind und zu viele unnötige Einträge enthalten. Außerdem wird die Datei nicht im Laufe der Entwicklung aktualisiert – sollte die Anwendung neue Steuerelemente erhalten, muss die CSV mit `LocBaml` neu generiert werden. Dadurch werden allerdings auch bereits vorhandene Werte wieder überschrieben. Die CSV-Datei sollte daher nur als Vorstufe eines Prozesses gesehen werden, bei dem die Datei mit einer Datenbank synchronisiert wird, die die eigentlich übersetzten Texte beinhaltet. Hierfür bietet aber weder das .NET Framework noch Microsoft in Form eines SDK Hilfe an. Und zu guter Letzt lassen sich mit `LocBaml` ausschließlich Texte übersetzen. Komplexere Datentypen (wie `DateTime`) oder gar binäre Daten werden nicht unterstützt.

Eine Anwendung mit `LocBaml` zu lokalisieren, kann daher deutlich aufwendiger ausfallen, als es beispielsweise mit den klassischen Ressource-Dateien der Fall ist. Diese gehören bei .NET-Anwendungen seit Jahren zum Standard und sind entsprechend ausgereift und etabliert. Auch in Visual Studio gibt es entsprechende Designer, die das Bearbeiten der Dateien vereinfachen. Daher wird nachfolgend die Lokalisierung ausschließlich anhand der Ressource-Dateien beschrieben.

16.3.1 Standardsprache für das Projekt setzen

Als Erstes muss die Sprache definiert werden, mit der das Projekt umgesetzt werden soll. Wird das Projekt zuerst auf Deutsch entwickelt, das danach in die verschiedenen Sprachen übersetzt werden soll, muss in der Projektdatei als Wert „Deutsch" hinterlegt werden. Dadurch kann der Compiler erkennen, dass es sich um ein sprachabhängiges Projekt handelt.

Leider gibt es hierfür weder einen Dialog noch ein Werkzeug, mit dem sich dieser Wert eintragen ließe. Daher ist die Zuhilfenahme eines alternativen Text-Editors (wie beispielsweise Notepad) erforderlich, mit dem der Eintrag eingepflegt werden kann. Da die Projektdatei von Visual Studio in einem gut lesbaren XML-Format aufgebaut ist, sollte das manuelle Bearbeiten kein Problem darstellen.

In der Projektdatei muss der Knoten `UICulture` unterhalb des Knotens `ProjectGroup` hinzugefügt werden. Er enthält die Sprache, mit der das Projekt erstellt worden ist. Diese muss im ISO-Format angegeben werden, wie beispielsweise *de-DE* für Deutsch oder *en-US* für Englisch. Der Eintrag darf aber immer nur einmal in der gesamten Projektdatei vorkommen.

Listing 16.8 Die Sprache in der Visual Studio-Projektdatei einpflegen

```
<?xml version="1.0" encoding="utf-8"?>

<Project>
  <PropertyGroup>
    ...
    <UICulture>de-DE</UICulture>
    ...
  </PropertyGroup>
</Project>
```

Mit dieser Einstellung kann der Compiler nun erkennen, dass es sich um ein sprachabhängiges Projekt handelt. Alleine durch diese Einstellung wird bereits das Verhalten des Compilers geändert. Dieser erstellt beim Kompilieren eine sprachunabhängige Version und eine sprachabhängige Version der Assembly. Die sprachunabhängige Version wird wie gewohnt in dem Verzeichnis *Debug* oder *Release* erstellt. Hier wird jedoch auch ein zusätzliches

Unterverzeichnis für die eingestellte Sprache angelegt. Wurde in der Projektdatei die Sprache *Deutsch* festgelegt, so ist hier ein Unterverzeichnis namens de-DE zu finden, in dem sich die sprachabhängigen Dateien befinden.

Für die Lokalisierung werden grundsätzlich alle Ressourcen in den Sprachverzeichnissen abgelegt – auch solche, die sprachunabhängig sind. Der Compiler macht hier keine Unterscheidung und extrahiert nicht gesondert die zu übersetzenden Texte, sondern kopiert lediglich die Ressource. Das kann gerade bei größeren binären Ressourcen, wie beispielsweise bei Bildern oder Multimedia-Dateien, recht unangenehm beim Speicherverbrauch auffallen. Derartige Dateien sollten daher besser in einem gesonderten Projekt ausgelagert werden, in dem sich ausschließlich sprachunabhängige Ressourcen befinden.

16.3.2 Attribut setzen

Unabhängig von der Sprache, mit der das Projekt erstellt wird, kann außerdem eine Standardsprache hinterlegt werden. Diese beiden Sprachen müssen nicht zwingend übereinstimmen. Ein Projekt kann beispielsweise in deutscher Sprache erstellt worden sein, aber als Standardsprache Englisch verwenden. Sollte die WPF für die ausgewählte Sprache des Anwenders keine lokalisierten Ressourcen vorfinden, wird stattdessen die vordefinierte Standardsprache verwendet.

Diese Information ist als Attribut in dem Projekt hinterlegt. Man sollte das Attribut möglichst zentral definieren, um es schnell und einfach wiederzufinden. Die Datei *assembly.cs* bietet sich daher in den meisten Fällen an, da hier bereits andere globale Einstellungen der Assembly hinterlegt sind.

```
[assembly: NeutralResourcesLanguage("de-DE")]
```

Das Attribut nimmt in dem Konstruktor als ersten Parameter die Sprache entgegen, die als Standard für die Assembly hinterlegt werden soll. Des Weiteren kann mit einem zweiten Konstruktor angegeben werden, wo die WPF die benötigten Ressourcen findet. Diese können sich entweder in der Haupt-Assembly oder in einer der lokalisierten Ressourcen befinden. Um den Suchvorgang in solchen Fällen zu beschleunigen, kann als zweiter Parameter der Ort der Ressourcen bestimmt werden.

```
[assembly: NeutralResourcesLanguage("de-DE",
    UltimateResourceFallbackLocation.Satellite)]
```

Der Ort der Ressourcen wird über den Enum `UltimateResourceFallLocation` angegeben. Hier sind die Werte `Satellite` und `MainAssembly` möglich, wobei Letzteres als Standardwert verwendet wird, sollte der Parameter nicht angegeben werden.

16.3.3 Ressource-Dateien anlegen

Ressource-Dateien unterscheiden sich nicht groß von anderen Dateien, wie Quellcode- oder XAML-Dateien, die sich üblicherweise in einer Projektdatei befinden. Man kann auch mehrere Ressource-Dateien hinzufügen (was aus Gründen der Übersichtlichkeit sogar zu empfehlen ist), da jede Datei in sich geschlossen ist und keine Konflikte mit anderen Ressource-Dateien entstehen können.

Eine neue Ressource-Datei wird angelegt, indem man den gewünschten Ordner mit der rechten Maustaste anklickt und im Kontextmenü auf HINZUFÜGEN klickt. In dem sich dann öffnenden Dialogfenster wählen Sie nun, wie in Bild 16.4 zu sehen, die entsprechende Vorlage für eine Ressource-Datei aus.

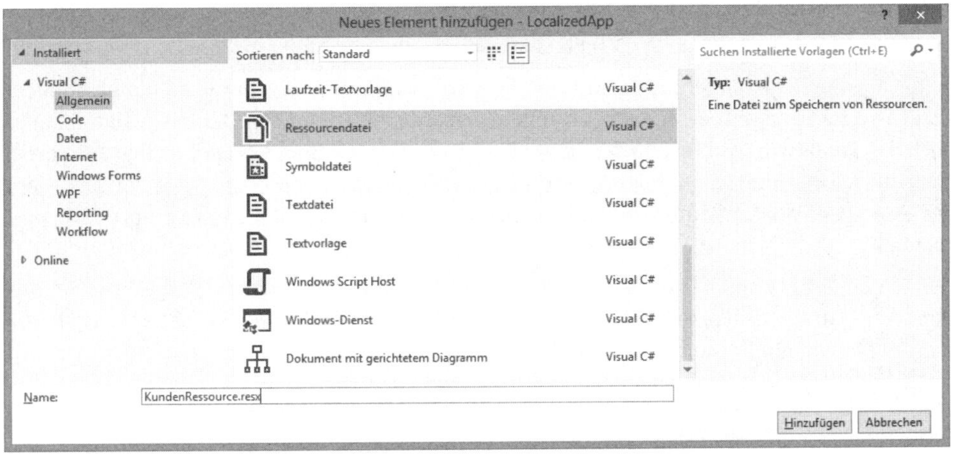

Bild 16.4 Eine neue Ressource anlegen

Ressource-Dateien können am ehesten mit einem Dictionary oder einer Hashtable verglichen werden, in denen die Werte anhand eines Schlüssels eingetragen werden. Innerhalb einer Datei müssen die vergebenen Schlüssel daher immer eindeutig sein. Der Schlüssel sollte möglichst selbsterklärend sein, damit es bei der späteren Verwendung zu keinen Missverständnissen kommen kann. Zusätzlich gibt es aber noch eine Kommentarspalte, die für zusätzliche Anmerkungen genutzt werden kann.

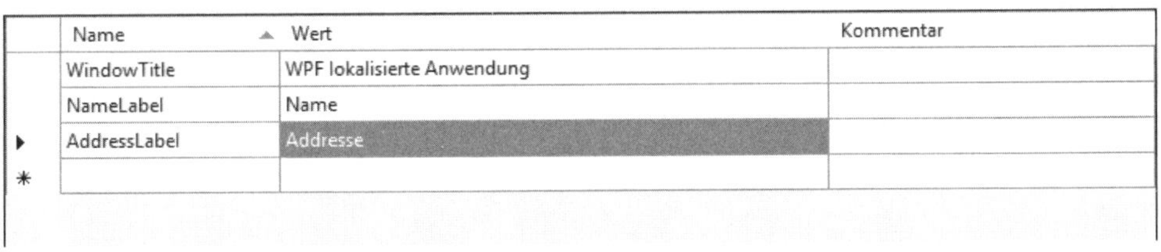

	Name	Wert	Kommentar
	WindowTitle	WPF lokalisierte Anwendung	
	NameLabel	Name	
▸	AddressLabel	Addresse	
*			

Bild 16.5 Lokalisierte Ressource bearbeiten

In Bild 16.5 ist zu sehen, wie einfach die Einträge hinzugefügt oder bearbeitet werden können. Die Einträge werden zwar nicht automatisch angelegt, wie es bei `LocBaml` der Fall ist, wodurch aber erheblich die Übersichtlichkeit gesteigert wird – denn immerhin sind nur die Einträge enthalten, die von der Anwendung benötigt werden.

> Damit auch in XAML auf die Ressource-Dateien zugegriffen werden kann, müssen diese von *Internal* auf *Public* umgestellt werden.

Soll nun eine weitere Sprache unterstützt werden, muss lediglich eine weitere Ressource-Datei angelegt werden. Hierbei ist die Bezeichnung der Dateien von entscheidender Bedeutung, damit das .NET Framework die Sprache erkennen kann. Wurde die Ressource-Datei beispielsweise *KundenRessource.resx* genannt, muss für die englische Variante der Dateiname lediglich *en* im Suffix enthalten sein:

- *KundenRessource.resx*: Standardsprache
- *KundenRessource.de.resx*: Deutsche Sprache
- *KundenRessource.en.resx*: Englische Übersetzung

Sollte die Datei nicht gefunden werden, so wird standardmäßig die Hauptdatei *KundenRessource.resx* verwendet. Neben der reinen Sprache (wie Englisch) kann im Dateinamen auch das Land (wie Großbritannien oder USA) hinterlegt werden. Man sollte aber beachten, dass diese Datei nur geladen wird, wenn sowohl Sprache als auch Land mit der bzw. dem des Benutzers übereinstimmen. Andernfalls wird automatisch die nächste Sprachversion geladen.

Das folgende Beispiel soll die Vorgehensweise verdeutlichen. Hierbei ist die Sprache des Benutzers auf britisches Englisch eingestellt. Das .NET Framework versucht nun der Reihe nach die folgenden Dateien zu laden:

- *KundenRessource.en-gb.resx*
- *KundenRessource.en.resx*
- *KundenRessource.resx*

Da in unserem Beispiel der Benutzer auf britisches Englisch eingestellt ist, wurde von dem .NET Framework nur die Datei *KundenRessource.en-gb.resx* geladen. Nur wenn diese nicht existieren würde, hätte das .NET Framework versucht, die nächste Datei *KundenRessource.en.resx* zu laden.

Dieser Vorgang wird automatisch von dem .NET Framework übernommen. Als Entwickler muss man lediglich dafür Sorge tragen, dass für die unterstützten Sprachen die notwendigen Ressource-Dateien vorhanden sind. Je spezifischer diese aber ausgelegt sind (wie in diesem Beispiel mit *en-gb*), desto aufwendiger fällt die Übersetzung aus. In den meisten Fällen ist eine einfache Unterscheidung nach der Sprache ausreichend, da es meist nur geringe Unterschiede zwischen den Ländern gibt. Ausnahmen bilden nur Sprachen oder Dialekte, wie beispielsweise Schweizerdeutsch, das sich vom regulären Deutsch erheblich unterscheidet.

16.3.4 Oberfläche anpassen

Die XAML-Dateien dürfen bei einer lokalisierten Fassung der Anwendung keine statischen Texte beinhalten. Alle Texte, die zur Beschriftung oder für die Ausgabe des Anwenders benötigt werden, müssen durch Platzhalter ersetzt werden. Diese Arbeit ist eine der aufwendigsten, wenn sie nachträglich durchgeführt wird. Wenn es absehbar ist, dass die Anwendung auch in anderen Sprachen angeboten werden soll, ist es am sinnvollsten, dies bereits von Beginn der Entwicklung an umzusetzen.

Damit aus XAML auf die Ressource-Datei zugegriffen werden kann, muss als Erstes wieder der Namensraum deklariert werden (wenn dies noch nicht der Fall sein sollte). In dem folgenden Beispiel wird ein neuer Namensraum namens `lang` definiert.

Listing 16.9 Zugriff auf Ressource-Dateien

```
<Window
    xmlns="..." xmlns:x="..."
    xmlns:lang="clr-namespace:JoergWegener.Resources">

  <TextBlock Text="{x:Static lang:KundenRessource.Beschreibungstext}" />
</Window>
```

Nun müssen lediglich die Stellen, an denen die lokalisierten Texte ausgegeben werden sollen, durch Verweise auf die Ressource-Datei ersetzt werden. Hierfür eignet sich die Markup Expression `x:Static`, da man hiermit auf statische Eigenschaften von Klassen zugreifen kann. Als Schlüssel müssen nur die verwendete Klasse (in diesem Fall der Name der Ressource-Datei ohne Angabe der Sprache oder des Landes) und der Name der Eigenschaft (der Name des Schlüssels) angegeben werden. Da sich die Klasse meist in einem eigenen Namensraum befindet, darf auch diese obligatorische Angabe nicht fehlen.

Die Verwendung von Ressource-Dateien hat daher im Vergleich zu `LocBaml` gleich mehrere Vorteile. Zum einen bleiben die XAML-Dateien kurz und lesbar, da diese nicht unnötigerweise durch `Uid`-Attribute verschmutzt werden. In den Dateien wird nur punktuell an den benötigten Stellen auf die Lokalisierung zurückgegriffen. Zum anderen erfolgt bereits durch den Compiler eine Prüfung – sollte ein Schlüssel nicht existieren oder sich ein Tippfehler eingeschlichen haben, lässt sich die Anwendung nicht mehr kompilieren. Das bringt zusätzliche Sicherheit. Allerdings werden die Schlüssel nur gegen die Standard-Ressource-Datei geprüft; sollten in den anderen Sprachvarianten der Ressource Schlüssel fehlen, würde dies unbemerkt bleiben.

Die Verwendung von `x:Static` hat nur zwei Nachteile:

- Die gezeigte Lösung funktioniert nur mit C#, da hier für Ressource-Dateien eigene Klassen angelegt werden.
- Es gibt zwar Unterstützung zur Design-Time, allerdings kann nicht die Sprache gewechselt werden, um die Darstellung in unterschiedlichen Sprachen zu kontrollieren.

Wer besonderen Wert auf beide Punkte legt, sollte sich das Projekt *Localization Extension* anschauen. Hierüber werden zusätzliche Markup Extensions bereitgestellt, die eine bessere Unterstützung zur Design-Time versprechen.

Die Localization Extension ist unter folgender Adresse verfügbar:

http://wpflocalizeextension.codeplex.com/

Der Zugriff auf die übersetzten Texte erfolgt mittels `LocText` ganz ähnlich, wie es bereits beim vorherigen Beispiel zu sehen war. Der Schlüssel ist hier jedoch zusammengesetzt aus dem Namen der Assembly, dem Namensraum und dem Name der Ressource-Datei, die durch einen Doppelpunkt voneinander getrennt werden.

Listing 16.10 Sprache manuell setzen

```
<Window
  xmlns="..." xmlns:x="..."
  xmlns:lex="http://schemas.root-project.org/xaml/presentation"
  FlowDirection="{lex:LocFlowDirection Shell:Standard:FlowDirection}">

  <TextBlock Text="{lex:LocText Shell:Standard:HelloWorld}" />
</Window>
```

In diesem Fenster wurde ein einfacher `TextBlock` lokalisiert. Damit auf die Markup Extension zugegriffen werden kann, muss als Erstes der Namensraum importiert werden (in diesem Fall `lex`).

Durch die Kombination mehrerer Daten wirkt der Schlüssel recht kryptisch. In der Regel ändert sich in einem Bereich aber nur der letzte Teil, da in der Regel nur Schlüssel aus derselben Ressource-Datei aus derselben Assembly verwendet werden. In diesem Fall wurde der Schlüssel „HelloWorld" aus der Ressource-Datei *Standard.resx* verwendet, die sich wiederum in der Assembly *Shell* befindet.

Zusätzlich zu LocText wird eine weitere Markup Extension namens `LocFlowDirection` angeboten. Hierüber kann die Richtung des Textes bestimmt werden, z. B. auf „Rechts Nach Links" (engl. *Right To Left*, bzw. *RTL*). In diesem Beispiel wurde die Richtung direkt im Hauptfenster gesetzt.

Die Markup Extension hat jedoch den Nachteil, dass der verwendete Schlüssel nicht vom Kompilierer überprüft werden kann. Anders als bei `x:Static` handelt es sich hierbei lediglich um eine einfache Zeichenkette, die nicht vom Kompilierer erkannt wird. Man muss daher wieder abwägen, was für einen wichtiger ist: Design-Time-Unterstützung oder Sicherheit beim Kompilieren.

16.3.5 Sprache auswählen

Der Aufwand der Lokalisierung lohnt sich nicht, wenn das Programm nicht auf die neuen lokalisierten Ressourcen zugreift. Am einfachsten ist der Test, in dem die aktuelle Sprache beim Start des Programms verändert wird.

Listing 16.11 Sprache manuell setzen

```
Thread.CurrentThread.CurrentCulture = new CultureInfo("en-US");
Thread.CurrentThread.CurrentUICulture = new CultureInfo("en-US");
```

16.4 Programmcode lokalisieren

Neben XAML muss in der Regel auch der Programmcode übersetzt werden. Da XAML weitestgehend für die Beschreibung der Oberflächen zuständig ist, sollte der Anteil im Programmcode eher gering ausfallen. In der Regel handelt es sich daher meist um Dialoge oder Textpassagen, die dynamisch zusammengestellt werden und sich nicht über XAML abbilden lassen.

Listing 16.12 Im Programmcode auf lokalisierte Texte zugreifen

```
var dialogTitle = SR.WelcomeDialogTitle;
var dialogMessage = SR.WelcomeDialogMessage;

MessageBox.Show(dialogTitle, dialogMessage);
```

In diesem Beispiel wurde dem Projekt eine Ressource-Datei namens *SR.resx* hinzugefügt. Der Zugriff erfolgt über eine automatisch generierte Klasse, die für die jeweiligen Schlüssel statische Eigenschaften beinhaltet. Ein explizites Setzen der Sprache ist an dieser Stelle nicht notwendig, da die Klasse selber auf die gesetzte Sprache des aktuellen Threads achtet.

16.5 Enumerationen übersetzen

Enumerationen (oder auch kurz Enums genannt) sind in C# eine gern genutzte Möglichkeit, um Konstanten abzubilden. Ein Enum kann beispielsweise aus mehreren Werten bestehen, denen jeweils ein eindeutiger beschreibender Name zugewiesen wird. Das Arbeiten mit Enums ist daher einfacher, da man im Programmcode ausschließlich mit den beschreibenden Namen arbeitet, deren korrekte Schreibweise zudem vom Compiler überprüft wird. Tippfehler oder Fehler durch Refaktorisierungen können so schneller erkannt und behoben werden.

Die Bezeichnungen von Enums fallen allerdings meist sehr technisch aus und sind zudem nur in einer Sprache verfügbar. Mit einem kleinen Converter lassen sich Enums jedoch auch für die Anzeige des Benutzers übersetzen. Dieser muss lediglich den Wert des Enums in einer Ressource-Datei nachschlagen und die jeweils passende Übersetzung zurückgeben.

Listing 16.13 Ein einfaches Enum und ein dazu passender Converter

```
public enum UserState
{
  New,
  Modified,
  Deleted
}

public class EnumToTextConverter : IValueConverter
{
  public object Convert(object value, Type targetType,
                        object parameter, CultureInfo culture)
  {
    if (value is Enum)
    {
      Type enumType = value.GetType();
      string enumValue = value.ToString();

      string resourceKey = enumType + "_" + enumValue;
      SR.ResourceManager.GetString(resourceKey);
    }

    // Fallback
    return value;
  }

  public object ConvertBack(object value, Type targetType,
                            object parameter, CultureInfo culture)
  {
```

```
        throw new NotImplementedException();
    }
}
```

Hier ist ein einfacher Converter implementiert, der prinzipiell mit allen Enumerationen zurechtkommt. Er überprüft als Erstes, ob es sich wirklich um ein Enum handelt. Trifft dies zu, werden der Typ und der gesetzte Wert des Enums ausgelesen. Aus diesen beiden Werten wird der Schlüssel für die Ressource-Datei erzeugt, indem beide mit einem Unterstrich miteinander verbunden werden. Der Wert `Modified` aus dem Enum UserState würde auf diese Weise den Schlüssel `UserState_Modified` erhalten.

Im nächsten Schritt müssen die Werte nur noch in den Ressource-Dateien der gewünschten Sprachen eingetragen werden.

17 Browseranwendungen

Neben „echten" Rich-Client-Anwendungen werden von der WPF auch zusätzlich sog. Browseranwendungen angeboten, die man gemeinhin auch als XBAP-Anwendungen bezeichnet. Die Abkürzung steht für „XAML Browser Application", die ebenfalls in der Dateierweiterung der Anwendung zu finden ist. Das Konzept dieser Browseranwendung ist eine Art Mischung vom Besten aus beiden Welten: Die Vorteile der Browseranwendungen werden mit denen der Desktop-Anwendungen kombiniert. Heraus kommt eine leicht zu pflegende Internetanwendung, die aber die volle Leistungsfähigkeit des lokalen Computers nutzen kann. Es handelt sich also um eine echte WPF-Anwendung, die jedoch ohne HTML, Ajax oder JavaScript auskommt, die ansonsten bei Webanwendungen üblich sind.

Grundsätzlich handelt es sich bei XBAP-Anwendungen um normale WPF-Anwendungen, die mit *ClickOnce* verteilt werden. ClickOnce ist eine Technik zur Verteilung und Aktualisierung von Anwendungen, die mit dem .NET Framework 2.0 erstmalig eingeführt wurde. Hierbei muss, im Gegensatz zu einer traditionellen Desktop-Anwendung, für den ersten Start kein separates Installationsprogramm ausgeführt werden. Das bringt zahlreiche Vorteile mit sich: So benötigt der Anwender nicht mehr die Rechte eines Administrators, um die Anwendung zu installieren oder zu aktualisieren. Stattdessen wird die Anwendung in dem lokalen Profil des Anwenders gespeichert. Bei einer Browseranwendung lässt sich diese, wie es bei einer Anwendung im Internet üblich ist, über einen Link oder eine URL aufgerufen. Da die Anwendung selbst ebenfalls nicht in dem Sicherheitskontext eines Administrators ausgeführt wird, kann dem System auch keinen Schaden zugefügt werden. Diese Vorteile und der Komfort gehen allerdings auch mit einigen Einschränkungen einher: So kann weder ein komfortabler Eintrag im Startmenü erstellt werden, noch kann man aufgrund der erhöhten Sicherheitsmaßnahmen auf lokale Ressourcen zugreifen.

Es sind mehrere Voraussetzungen zu erfüllen, damit Browseranwendungen auf dem lokalen Computer gestartet werden können. Diese lassen sich wie folgt umreißen:

- .NET Framework 3.0 oder höher
- Windows XP, Windows Vista, Windows Server 2003 (oder höher)
- Internet Explorer 6 (empfehlenswert ist der Internet Explorer 7 oder höher) oder Firefox 2

■ 17.1 Eine XBAP-Anwendung erstellen

Um eine XBAP-Anwendung zu erstellen, ist ein neues Projekt erforderlich. Eine normale WPF-Anwendung kann aufgrund der unterschiedlichen Einstellungen in der Projektdatei nicht einfach in eine XBAP-Anwendung konvertiert werden. In Visual Studio steht daher eine eigene Projektvorlage zur Verfügung, die bereits alle notwendigen Einstellungen und Vorkehrungen für eine XBAP-Anwendung bereitstellt.

Klicken Sie hierfür auf Datei | Projekt..., und wählen Sie als Projektvorlage *WPF Browser Application* aus, so wie in Bild 17.1 zu sehen ist.

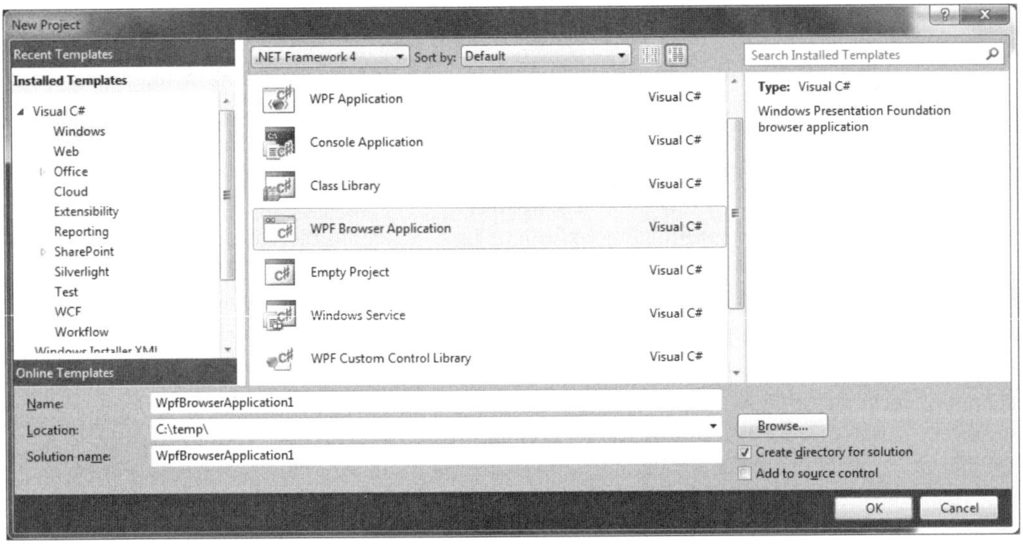

Bild 17.1 Für XBAP-Anwendungen gibt es eine eigene Projektvorlage.

Die Unterschiede zu einer normalen WPF-Anwendung liegen zwar nur im Detail der Projektdatei von Visual Studio, doch müssten diese manuell über einen Text-Editor geändert werden. Ein Umstellen oder Konvertieren ist mit Visual Studio nicht möglich.

Praktischer wäre es, wenn man in den Projekteigenschaften die Zielplattform der Anwendung auswählen könnte. So kann eine Anwendung immer nur für eine Plattform entwickelt werden.

Öffnet man die Projektdatei mit einem Text-Editor, kann man die Unterschiede gut an den vier folgenden Einträgen erkennen.

```
<HostInBrowser>True</HostInBrowser>
<Install>False</Install>
<ApplicationExtension>.xbap</ApplicationExtension>
<TargetZone>Internet</TargetZone>
```

Mit diesen Angaben wird hauptsächlich erreicht, dass die Anwendung in einem Browser startet und nicht lokal auf dem Computer installiert wird. Die `TargetZone` gibt zudem die Sicherheitsstufe an, mit der das Projekt erstellt wird.

Die Inhalte des neuen Projektes sind dagegen übersichtlich aufgebaut. Neben der obligatorischen Datei *app.xaml* existiert des Weiteren noch eine Seite namens *Page1.xaml*. Außerdem befindet sich dort eine Datei mit dem Namen *MyXBAPApplication_TemporaryKey.pfx*, die ein Zertifikat zum Signieren der Anwendung enthält (dazu aber später mehr).

> Beim Debuggen einer XBAP-Anwendung sollte man beachten, dass der Pfad der Anwendung fest in der Projektdatei eingetragen ist. Wird das Verzeichnis, in dem sich das Visual Studio Projekt befindet, umbenannt oder verschoben, muss dieser Pfad nachträglich angepasst werden. Gehen Sie hierzu in den Projekteigenschaften in den Karteireiter *Debug*.

Bild 17.2 Eine einfache Browseranwendung im Internet Explorer

Wie jede andere Webanwendung auch wird eine XBAP-Anwendung im Browser gestartet. Hierfür ist mindestens der Internet Explorer 6 oder der Firefox 2 notwendig, damit diese über ein Plugin (dem sog. `PresentationHost`) die Inhalte der WPF darstellen können. Die Darstellung der Anwendung erfolgt also nicht unmittelbar im Browser selbst, sondern über ein eingebettetes ActiveX-Objekt (bzw. ein Plugin bei Firefox).

Die Browseranwendung kann komfortabel über einen Link oder eine URL von einem Webserver gestartet werden. Im Gegensatz zu einer klassischen Webanwendung wird diese allerdings nicht auf dem Server, sondern ausschließlich auf dem Client ausgeführt. Dieses Prinzip wäre mit statischen HTML-Seiten vergleichbar, die mit JavaScript angereichert sind und ebenfalls autonom auf dem Client ausgeführt werden. Eine Kommunikation zwischen dem Client und dem Server wird daher in diesem Schritt noch nicht vorausgesetzt, sondern muss in einem separaten Schritt betrachtet werden.

Da eine XBAP-Anwendung vollständig auf dem Client-Computer ausgeführt wird, erhöhen sich auch die Voraussetzungen. So muss der Client zwingend über das .NET Framework 3.0 verfügen, damit überhaupt mit der WPF gearbeitet werden kann. Dadurch scheiden aber bereits zahlreiche Betriebssysteme kategorisch aus, da man beispielsweise auf Linux oder Mac OS das .NET Framework nicht installieren kann. Selbst die große Alternative namens Mono, die bereits in vielen Bereichen sehr gute Kompatibilität mit dem .NET Framework besitzt, kann leider nicht als Ersatz fungieren, da die neuen Bereiche aus dem .NET Framework, wie die Windows Presentation Foundation, die Windows Communication Foundation oder die Windows Workflow Foundation, derzeit noch nicht ausreichend implementiert sind.

17.2 Verteilung

Eine Browseranwendung hat insbesondere bei der Verteilung einen unschlagbaren Vorteil gegenüber einer klassischen Desktop-Anwendung. Da sie nicht lokal auf jedem Rechner manuell installiert werden muss, geht der Aufwand bei der Verteilung gegen null. Die Anwender erreichen die Anwendung stattdessen komfortabel über einen Link.

Trotzdem sollte man bei der Entwicklung einige Fallstricke beachten. Wie auch bei einer HTML-basierten Webanwendung wird für die Ausführung einer XBAP-Anwendung eine lokale Kopie auf dem Client-Computer gespeichert. Hierbei kommt keine andere Technologie zum Einsatz als ClickOnce. Sogar bei der XBAP-Datei handelt es sich um nichts anderes als eine von ClickOnce erstellte Application-Datei. Diese enthält ein Manifest, in dem beispielsweise angegeben wird, dass die Anwendung in das lokale Anwenderverzeichnis des Benutzers kopiert werden soll.

Dank des Einsatzes von ClickOnce muss die Anwendung nicht bei jedem Start vollständig vom Webserver heruntergeladen werden, sondern wird lokal auf der Festplatte zwischengespeichert. Erst wenn auf dem Server eine neue Version veröffentlicht worden ist, wird der Ladevorgang wiederholt. Es handelt sich daher prinzipiell um nichts anderes als eine ClickOnce-Anwendung, die immer online sein muss.

Damit dieser Vorgang aber reibungslos funktioniert, darf die fertige Anwendung nicht einfach auf den Webserver kopiert werden. In den Verzeichnissen „Debug" oder „Release" fehlen nämlich die Informationen, die für ClickOnce erforderlich sind. Eine spätere Aktualisierung der Anwendung wäre somit nicht mehr möglich. Stattdessen sollte die Anwendung über den Veröffentlichungs-Assistenten von Visual Studio vorbereitet werden. Hier werden entsprechende Meta-Informationen, die beispielsweise zur Versionierung erforderlich sind, angelegt. Welche Version aktuell eingestellt ist, kann in den Projekteigenschaften im Karteireiter *Veröffentlichen* nachgesehen werden. Beim Veröffentlichen wird hier die Versionsnummer automatisch hochgezählt. Erst dadurch können die Clients eine neue Version auf dem Webserver erkennen.

> Bei der Versionierung wird nicht die Versionsnummer der Assemblys berücksichtigt. Diese spielt bei der Veröffentlichung mit ClickOnce keine Rolle. Stattdessen wird ausschließlich die übergeordnete Versionsnummer verwendet, die in den Projekteigenschaften hinterlegt ist.

In der Tat entstehen die meisten Probleme bei Browseranwendungen erst bei der Veröffentlichung bzw. bei der Versionierung. Daher ist gerade beim Prozess des Veröffentlichens Vorsicht geboten.

17.3 Navigation

Der Aufbau einer XBAP-Anwendung ähnelt stark einer navigierbaren Anwendung, wie sie bereits in Kapitel 5 beschrieben wurde. Hierbei werden die Inhalte über Seiten dargestellt, die beispielsweise mit Hyperlinks miteinander verknüpft sind. Für die Darstellung der Anwendung wird allerdings der Internet Explorer verwendet. Ein neues Fenster aufzurufen ist aufgrund der erhöhten Sicherheitsmaßnahmen nicht erlaubt. Das unterscheidet eine XBAP-Anwendung immens von einer „echten" Desktop-Anwendung, da hier die Navigation und die Verwendung von Seiten optional sind. Selbst das obligatorische Hauptfenster einer Anwendung wird in diesem Fall nicht mehr benötigt, da diese Aufgabe vom Internet-Browser selbst übernommen wird.

Das Arbeiten ab dem Internet Explorer 7 fällt gegenüber den übrigen Browsern wesentlich komfortabler aus. Die Anwendung integriert sich hier wesentlich besser in die Steuerung des Browsers. Normalerweise wird eine XBAP-Anwendung vom Browser als geschlossene Einheit betrachtet, der keine Kenntnis über die Interna hat. Drückt der Anwender beispielsweise auf die Schaltfläche ZURÜCK des Browsers, kehrt dieser grundsätzlich zur vorherigen Seite zurück und beendet damit die XBAP-Anwendung. Der Internet Explorer bemerkt dagegen, wenn der Anwender auch innerhalb der XBAP-Anwendung auf eine andere Seite navigiert. Klickt der Anwender hier auf die Schaltfläche ZURÜCK, wird der Befehl an die XBAP-Anwendung weitergegeben. Das Zusammenarbeiten zwischen Browser und Anwendung verläuft hier wesentlich besser und komfortabler für den Anwender, der nicht mehr versehentlich die Anwendung beenden kann.

Beim Internet Explorer 6 und beim Firefox Browser sieht die Integration allerdings noch nicht so nahtlos aus, da von der Komponente `PresentationHost` eine zusätzliche Navigationsleiste eingeblendet werden muss. Der Anwender hat also die Wahl, ob er im Browser zurücknavigiert und damit die Anwendung verlässt oder ob er die WPF-Navigationsleiste verwendet und innerhalb der XBAP-Anwendung navigiert.

Bei Bedarf kann aber die zusätzliche Navigationsleiste ausgeblendet werden. Hierzu muss lediglich folgender Eintrag hinzugefügt werden.

Listing 17.1 Navigationsleisten für XBAP-Anwendungen ausblenden

```
<Page
    xmlns="..." xmlns:x="..."
    ShowNavigationUI="False">

  <TextBlock>Auf dieser Seite ist die Navigation ausgeblendet</TextBlock>
</Page>
```

Da es sich bei einer XBAP-Anwendung eigentlich um eine reine WPF-Anwendung handelt, kann für die Darstellung auf das gesamte Repertoire der WPF zugegriffen werden. Es gibt lediglich einige Einschränkungen, die es aufgrund der erhöhten Sicherheitsrichtlinien zu beachten gilt. Dazu gehören vor allem Techniken, mit denen sich systemkritische Funktionen ausführen lassen oder auch Systemdialoge nachbilden ließen. Aus diesem Grund darf eine XBAP-Anwendung den Darstellungsbereich des Browsers nicht verlassen, wie es beispielsweise mit einem neuen Fenster der Fall wäre. Alternativ kann man aber auf Popups zurückgreifen, mit denen sich Dialogfenster oder auch Eingabeaufforderungen nachbilden lassen.

Listing 17.2 Popups für Dialogfenster verwenden

```
<Page xmlns="..." xmlns:x="...">
  <Grid>
    <Grid.ColumnDefinitions>
      <ColumnDefinition />
      <ColumnDefinition />
    </Grid.ColumnDefinitions>
    <TextBlock Name="ValueTextBlock" Grid.Column="0" />
    <Button Grid.Column="1" Content="Auswahl" Click="Button_Click" />

    <Popup Name="EditValuePopup" Placement="Center">
      <Border
          Background="White"
          BorderBrush="Silver" BorderThickness="2"
          Width="300" Height="300">
        <Grid>
          <Grid.ColumnDefinitions>
            <ColumnDefinition />
            <ColumnDefinition />
          </Grid.ColumnDefinitions>
          <Grid.RowDefinitions>
            <RowDefinition Height="Auto" />
            <RowDefinition />
            <RowDefinition Height="Auto" />
          </Grid.RowDefinitions>
          <TextBlock
              Grid.Column="0" Grid.Row="0" Grid.ColumnSpan="2"
              Background="Silver" FontSize="16" Text="Popup" />
          <TextBlock
              Grid.Column="0" Grid.Row="1"
              VerticalAlignment="Center" Text="Wert" />
          <TextBox
              Name="ValueTextBox"
              Grid.Column="1" Grid.Row="1" VerticalAlignment="Center" />
          <Button
              Grid.Column="0" Grid.Row="2" Grid.ColumnSpan="2"
              Content="OK" Click="OkButton_Click" />
        </Grid>
      </Border>
    </Popup>
  </Grid>
</Page>

private void Button_Click(object sender, RoutedEventArgs e)
{
```

```
    this.IsEnabled = false;
    EditValuePopup.IsOpen = true;
}

private void OkButton_Click(object sender, RoutedEventArgs e)
{
    ValueTextBlock.Text = ValueTextBox.Text;
    EditValuePopup.IsOpen = false;
    this.IsEnabled = true;
}
```

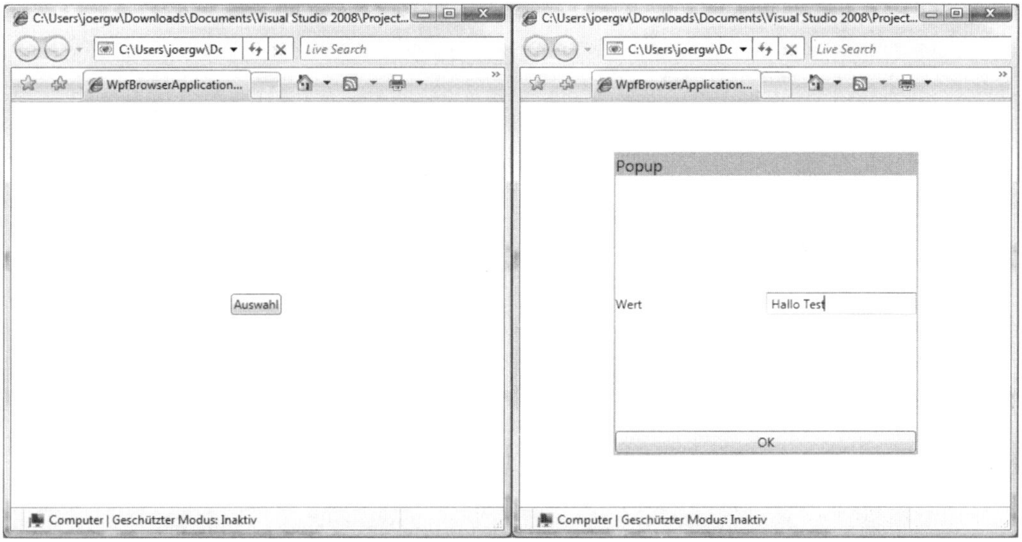

Bild 17.3 Ein einfaches Popup dient als Ersatz für ein Fenster.

In diesem Beispiel wird über eine Schaltfläche ein Popup für den Anwender geöffnet. In diesem befinden sich eine einfache TextBox und eine Schaltfläche, mit der das Popup wieder geschlossen werden kann. Damit nicht parallel die übrigen Steuerelemente oder Hyperlinks bedient werden können, die sich außerhalb des Popups befinden, kann mit `IsEnabled` die Seite vor dem Öffnen für den Anwender deaktiviert werden.

Allerdings sollte man bei der Umsetzung beachten, dass selbst ein Popup die Grenzen der Komponente `PresentationHost` nicht verlassen darf. Die Größe des Popups wird daher automatisch auf die Außenmaße von `PresentationHost` begrenzt. Auch ein automatisches Umpositionieren wird nicht durchgeführt, wenn beispielsweise die Größe des Internet-Browsers durch den Anwender geändert wird. In diesem Fall kann es sogar passieren, dass das Popup in einen nicht sichtbaren Bereich verschwindet.

Ein Browseranwendung unterscheidet sich aber nicht nur durch die Navigation und die Art der Darstellung von einer Desktop-Anwendung – auch die Art des Aufrufs über eine Webadresse (URI) bringt Konsequenzen mit sich. Während man einer Desktop-Anwendung zusätzliche Parameter beim Start mitgeben kann, ist dies bei einer Browseranwendung etwas schwieriger. Standardmäßig ist diese Funktion von Visual Studio aus Sicherheitsaspekten sogar deaktiviert. Damit die Anwendung beim Start die gewünschten Parameter auswerten kann, muss zuerst in den Projekteigenschaften im Karteireiter *Veröffentlichen* das Dialogfenster *Optionen* aufgerufen werden. Dort muss ein Häkchen für „Allow URL parameters to be passed to application“ gesetzt sein.

Die Übergabe von Parametern über das Web unterscheidet sich grundlegend von lokal installierten Anwendungen. Daher muss in der Anwendung eine Fallunterscheidung getroffen werden, die zu Beginn prüft, um welche Art von Anwendung es sich handelt. Diese Unterscheidung muss selbst dann gemacht werden, wenn es sich um eine reine XBAP-Anwendung handelt, da Visual Studio die Anwendung beim Debuggen wie eine lokale Anwendung startet.

Listing 17.3 Parameter beim Start der Anwendung auslesen

```
if (ApplicationDeployment.IsNetworkDeployed)
{
  Uri uri = ApplicationDeployment.CurrentDeployment.ActivationUri;
  string[] parameters = uri.Query.Split('&');
  foreach(string parameter in parameters)
  {
    string[] t = parameter.Split('=');

  }
}
```

In diesem Beispiel wird zuerst mit der Eigenschaft `IsNetwordDeployed` überprüft, ob es sich um eine „echte“ Browseranwendung handelt. Erst in diesem Fall können Parameter über eine URL angegeben werden. Die URL kann über die Eigenschaft `ActivationUri` abgefragt werden, die unter `ApplicationDeployment.CurrentDeployment` zu finden ist.

Leider können die Parameter nicht so einfach ausgelesen werden, wie diese beim Start einer Desktop-Anwendung angeboten werden. Aus diesem Grund muss das Parsen der einzelnen Parameter an dieser Stelle von Hand erfolgen. Dieser Vorgang kann mit der Methode `Split()` jedoch einfach umgesetzt werden.

17.4 Sicherheit

Die größten Herausforderungen bei der Entwicklung einer XBAP-Anwendung entstehen aber weder bei der Navigation noch beim Start der Anwendung. Vielmehr müssen die zahlreichen Einschränkungen beachtet werden, die mit den erhöhten Sicherheitsmaßnahmen einhergehen. Man muss in vielen Bereichen Abstriche machen, um den Komfort einer Browseranwendung zu erreichen. Damit der Anwender die Anwendung auch ohne die Rechte eines Administrators starten kann, handelt es sich hierbei weder um eine vollwertige Installation, noch erhält man direkten Zugriff auf lokale Ressourcen.

Bei der WPF gibt es dagegen die wenigsten Einschränkungen. Hier lassen sich die meisten Features problemlos auch in Browseranwendungen verwenden. Die folgende Auflistung soll einen Einblick in die Einschränkungen geben, mit denen man zu rechnen hat:

- Der Aufruf von Unmanaged Code ist nicht erlaubt (z. B. über Win32-Interoperabilität oder COM-Objekte).

- Das Einbetten von Windows Forms-Komponenten ist nicht erlaubt (da dies ebenfalls über Interoperabilität geschieht).
- Das Öffnen von `SaveFileDialog` ist nicht erlaubt – das Öffnen von `OpenFileDialog` ist dagegen erlaubt.
- Der Zugriff auf das lokale Dateisystem ist nicht erlaubt (alternativ kann der Isolated Storage verwendet werden).
- Der Zugriff auf die Registry ist nicht erlaubt.
- Drag & Drop mit externen Anwendungen ist nicht möglich (das „Simulieren" von Drag & Drop innerhalb der Anwendung funktioniert dagegen problemlos).
- ASMX-Webservices und die Windows Communication Foundation (WCF) sind nur mit starken Einschränkungen erlaubt (siehe folgende Seiten).
- Bitmap-Effekte können nicht verwendet werden.
- Der Zugriff auf das Hauptfenster (in diesem Fall das Fenster des Internet-Browsers) ist nicht möglich.

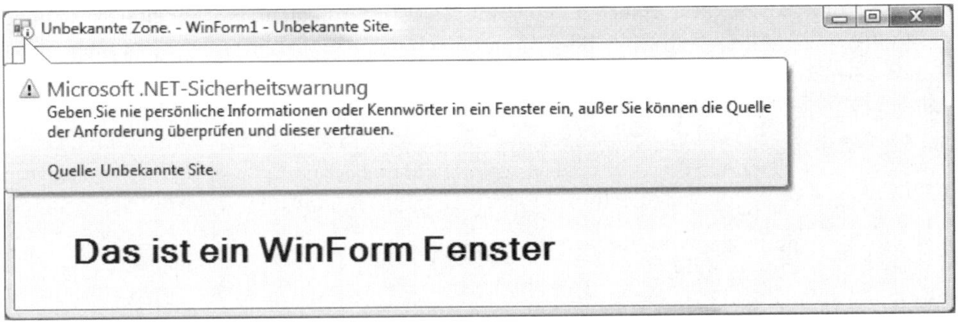

Bild 17.4 Ein neues WinForm lässt sich trotz hoher Sicherheitsstufe öffnen, allerdings nur mit entsprechender Sicherheitswarnung.

Seltsamerweise fiel das Öffnen eines neuen Fensters mit der WPF den hohen Sicherheitsanforderungen zum Opfer. Ein Fenster, das dagegen mit Windows Forms erstellt wurde, lässt sich problemlos öffnen. Hier wurden scheinbar die Sicherheitsrichtlinien mit unterschiedlichem Maß angewandt. Eine Einschränkung muss jedoch beachtet werden: Damit das Windows Forms-Fenster nicht als Systemdialog gedeutet werden kann, wird von dem .NET Framework standardmäßig eine Warnung eingeblendet. Dank dieser störenden Einschränkung, wie sie in Bild 17.4 gut zu sehen ist, kann das Fenster vermutlich bei den meisten Anwendungen nicht angewendet werden.

Auf eine Browseranwendung wird eine ganze Reihe von Sicherheitsmaßnahmen angewendet. Bevor diese vom Anwender ausgeführt werden kann, müssen zuerst die Sicherheitsrichtlinien des Betriebssystems, des Internet Explorers und des .NET Frameworks überwunden werden. Diese dreifache Absicherung soll die nötige Sicherheit gewährleisten, damit auch Browseranwendungen von Dritten über das Internet bedenkenlos gestartet werden können. Sollte auch nur in einer dieser drei Schichten ein Problem auftauchen, tragen die restriktiven Einstellungen der übrigen Schichten zur Gesamtsicherheit bei.

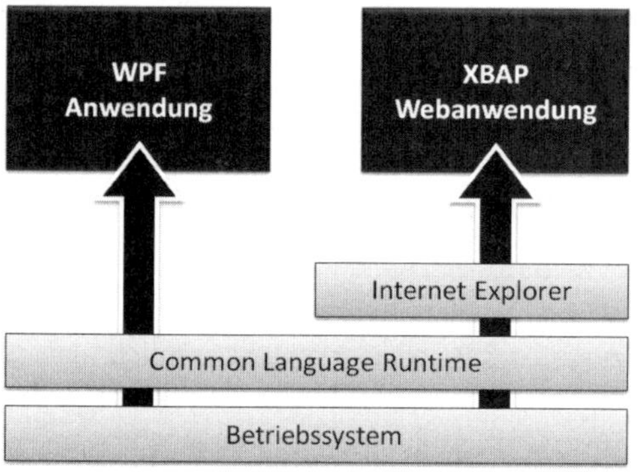

Bild 17.5 Die Sicherheitsstufen einer XBAP-Anwendung im Vergleich zu einer herkömmlichen WPF-Anwendung

Die Sicherheitseinstellungen des Internet Explorers sind nicht zu vernachlässigen. Dieser organisiert die Sicherheit über sog. *Zonen*. Jede aufgerufene Datei wird aufgrund ihrer Herkunft in eine von vier vordefinierten Zonen eingestuft. Wird beispielsweise eine Datei über das Internet angefordert, so wird diese automatisch der Zone „Internet" zugeordnet. Diese ist mit verhältnismäßig wenigen Rechten ausgestattet und bietet daher kaum Funktionalität.

Die folgenden Zonen stehen zur Verfügung:

- Internet
- Lokales Intranet
- Vertrauenswürdige Sites
- Eingeschränkte Sites

Möchte man im firmeneigenen Netzwerk eine XBAP-Anwendung veröffentlichen, ist es wichtig, die Zuordnung der Zone zu überprüfen. Wird vom Internet Explorer fälschlicherweise die interne Website als eine fremde, externe Internetseite erkannt, wird sie ebenfalls in die Zone „Internet" eingestuft. Die Anwendung kann so nur mit niedrigeren Rechten ausgeführt werden.

Unter dem Menüpunkt EINSTELLUNGEN | INTERNET OPTIONEN können unter dem Karteireiter *Sicherheit* die Zonen nachträglich angepasst werden. Hier können auch die Einstellungen für die jeweiligen Features der WPF aktiviert oder deaktiviert werden. Beispielsweise kann so auch gezielt die Darstellung von losen XAML-Dateien verhindert werden.

Folgende Features der WPF lassen sich hier konfigurieren:

- Loose XAML
- XAML-Browseranwendungen
- XPS-Dokumente

Damit eine Anwendung im firmeneigenen Intranet mehr Rechte als eine Internetseite erhält, muss diese in die Zone des Internet Explorers eingetragen werden. Wählen Sie hierfür die Zone *Lokales Intranet* aus, und klicken Sie auf die Schaltfläche SITES. In der erweiterten Darstellung dieses Fensters können Sie die Adresse Ihres lokalen Intranets einpflegen.

Wie eingangs erwähnt, verhindern die erhöhten Sicherheitseinstellungen die Ausführung bestimmter Funktionen bzw. den Zugriff auf lokale Ressourcen des Computers. Im folgenden Beispiel sollen die Auswirkungen dieser erhöhten Sicherheitseinstellungen an dem Zugriff auf das lokale Dateisystem demonstriert werden.

Listing 17.4 Zugriff auf das lokale Dateisystem

```
try
{
  using (StreamWriter writer = File.CreateText(@"c:\temp\test.dat"))
  {
    writer.WriteLine("Das ist ein Test");
  }
}
catch(Exception exception)
{
  MessageBox.Show(exception.Message);
}
```

Beim Aufruf dieses Codeabschnittes, soll eine neue temporäre Datei angelegt werden. Aus Gründen der Übersichtlichkeit sind hier sowohl Dateiname als auch Dateiinhalt fest vorgegeben. Wird die Methode von der Anwendung gestartet, wird wie erwartet die Ausnahme `FileIOPermission` geworfen (siehe Bild 17.6). Das ist nicht weiter überraschend, da standardmäßig einer Browseranwendung der Zugriff auf das lokale Dateisystem verwehrt ist.

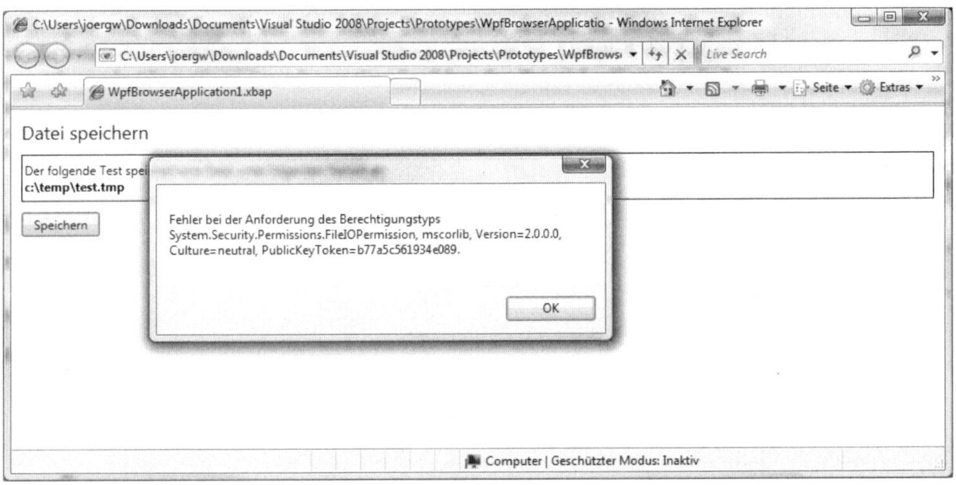

Bild 17.6 Die Sicherheitsrichtlinien verhindern den Zugriff auf das lokale Dateisystem.

Allerdings kann man beim Sicherheitssystem des .NET Frameworks die benötigten Berechtigungen anfordern. Diese Einstellungen sind in den Projekteigenschaften im Karteireiter *Sicherheit* zu finden. Hier lässt sich beispielsweise einstellen, ob es sich um eine sog. „Full Trust"-Anwendung handelt, die wie eine lokal installierte Anwendung mit allen Rechten ausgestattet ist, oder um eine „Partial Trust"-Anwendung, wie es bei einer Browseranwendung voreingestellt ist. Sicherlich hat man mit der Einstellung „Full Trust" den geringsten Aufwand, da man mit dieser Einstellung grundsätzlich alle Funktionen ausführen darf. Die beste Wahl ist es jedoch nicht – würde man diese Vorgehensweise auf ein Netzwerk übertragen, wären heutzutage alle Benutzer mit Rechten eines Domain-Administrators ausgestattet. Es vereinfacht zwar vieles, da man weniger mit Sicherheitsabfragen und Einschränkungen zu tun hat, doch sollte eine Anwendung aus Sicherheitsgründen immer nur so viele Rechte erhalten, wie gerade für die tägliche Arbeit notwendig sind.

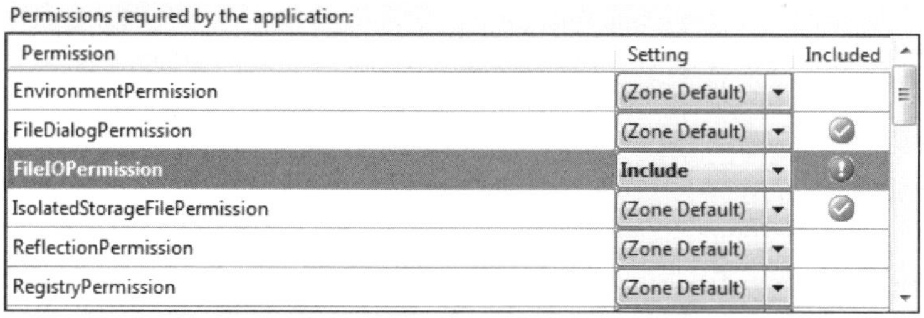

Bild 17.7 Die benötigten Rechte können bei Bedarf einzeln angefordert werden.

In diesem Beispiel wird daher die Einstellung „Partial Trust" verwendet, da mit dieser Einstellung die jeweils benötigten Rechte einzeln angefordert werden können. Unterhalb von dieser Auswahl ist eine Auflistung mit den angebotenen Rechten zu finden. Das grüne Häkchen in der rechten Spalte gibt an, ob dieses Recht standardmäßig gewährt wird. Hier ist beispielsweise zu sehen, dass man mit *IsolatedStorageFilePermission* bereits Zugriff auf den Isolated Storage besitzt. Dagegen ist der Eintrag *FileIOPermission* nicht gesetzt.

Das Recht kann hinzugefügt werden, indem in der Spalte *Setting* der Wert *Include* eingestellt wird. Mit dieser Einstellung hat man bereits höhere Rechte angefordert, mit der die Anwendung nun funktionieren sollte. Mit der Schaltfläche PROPERTIES können die Einstellungen noch feiner gesetzt werden. Bei Bedarf können hier anstelle einer globalen Berechtigung, mit der man Zugriff auf das gesamte Dateisystem erhält, auch nur punktuell einzelne Dateien freigegeben werden.

Wird die Anwendung ein weiteres Mal gestartet, wird die Funktion nun mit den angeforderten Rechten problemlos ausgeführt (siehe Bild 17.8). Da die Anwendung erfolgreich die benötigten Rechte anfordern konnte, wurde die Datei ohne Fehlermeldung erstellt.

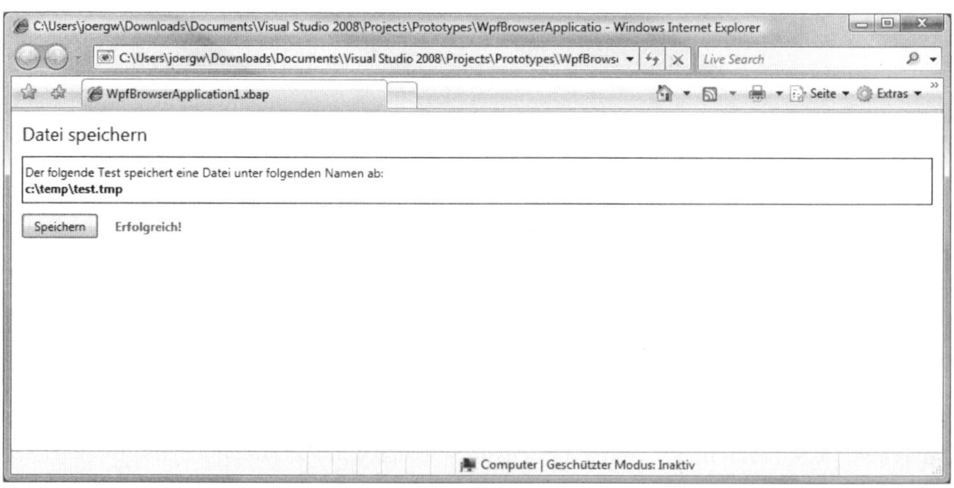

Bild 17.8 Dank erhöhter Rechte kann die Datei problemlos geschrieben werden.

Nun könnte man natürlich infrage stellen, was ein Sicherheitssystem wert sei, wenn man einfach nach Belieben höhere Rechte anfordern kann. Hierbei muss man beachten, dass im vorherigen Beispiel die Anwendung mit Visual Studio gestartet wurde. Da sich die Anwendung lokal auf der Festplatte befindet, können damit auch problemlos höhere Rechte angefordert werden. Eine lokal installierte Browseranwendung könnte also problemlos sogar mit den vollen Rechten einer normalen Desktop-Anwendung ausgestattet werden, ohne dass weitere Einschränkungen oder Fehlermeldungen erscheinen würden. Eine Browseranwendung auf diese Weise zu verteilen, macht aber vermutlich keinen Sinn. In den meisten Fällen werden diese Anwendungen doch eher von einem entfernten Webserver heruntergeladen und ausgeführt.

Um auch dieses Szenario zu testen, wurde für das folgende Beispiel auf dem lokalen System ein Webserver installiert. In dessen Verzeichnis kann nun die Anwendung kopiert werden. Hierbei ist nur zu beachten, dass man nicht einfach die Inhalte der Ordner *Release* oder *Debug* kopiert. Stattdessen muss die Anwendung mit ClickOnce veröffentlicht werden, damit auch die Versionierung einwandfrei funktioniert. Ansonsten könnte das System keine neueren Versionen der Anwendung erkennen und würde somit immer den ursprünglichen Stand der Version 1.0 anzeigen.

Die Anwendung kann nun in ähnlicher Weise über eine URL aufgerufen werden, als würde diese von einem entfernten Webserver heruntergeladen werden.

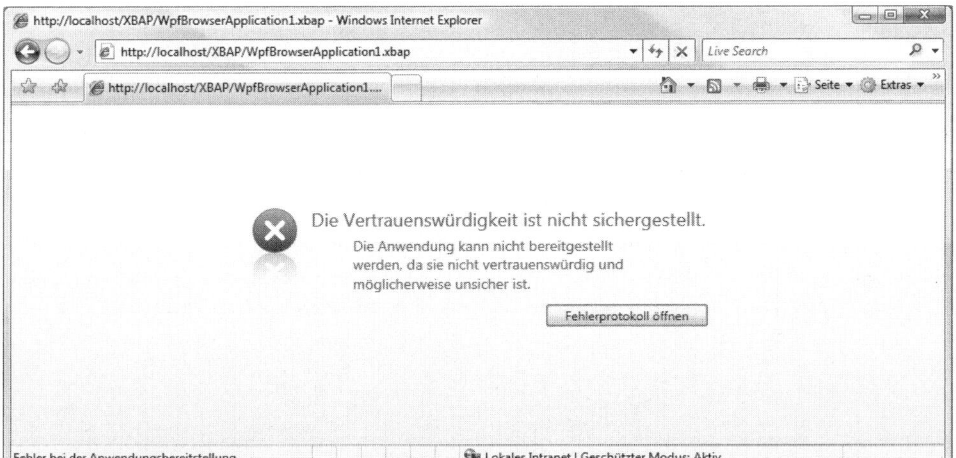

Bild 17.9 Wegen der erhöhten Rechte kann die Anwendung nun nicht mehr von einem Webserver gestartet werden.

Schon beim Aufruf der Anwendung erscheint hier die Fehlermeldung, dass die Vertrauenswürdigkeit nicht sichergestellt werden konnte. Das liegt an den erhöhten Rechten, die direkt zu Beginn der Anwendung angefordert werden. Da in den Projekteigenschaften die höheren Rechte eingetragen wurden, kann das .NET Framework nun direkt beim Start prüfen, ob die Anwendung problemlos gestartet werden kann. Andernfalls würde erst beim eigentlichen Zugriff auf das lokale Dateisystem die Ausnahme geworfen werden.

> **!** Eine Browseranwendung mit weiteren Rechten auszustatten ist leider immer mit Aufwand verbunden. Im Folgenden müssen nun Zertifikate erstellt und installiert werden, damit die Anwendung und der Herausgeber als vertrauenswürdig eingestuft werden. Dieser Aufwand macht sicherlich nur bei firmeninternen Anwendungen Sinn, da man hier wesentlich einfacher Zertifikate auf den Zielrechnern installieren kann. Im Internet sieht das dagegen anders aus: Hier sollte man besser auf das Anfordern höherer Rechte verzichten, bevor man den Anwendern die Installation von Zertifikaten zumutet. ■

Eine Möglichkeit, die Anwendung trotz erhöhter Sicherheitseinstellungen zu starten, ist die Verwendung von Zertifikaten. Jede Browseranwendung wird standardmäßig mit einem Zertifikat signiert. Nach der Verteilung kann so einwandfrei festgestellt werden, mit welchem Zertifikat und von welchem Hersteller die Anwendung herausgegeben worden ist. Standardmäßig wird von Visual Studio aber nur ein temporäres Zertifikat erstellt, das sich lediglich zu Testzwecken eignet. Dieses Zertifikat ist an der Dateiendung „pfx" zu erkennen.

Normalerweise besteht ein Zertifikat immer aus zwei Schlüsseln: einem privaten Schlüssel, mit dem die Anwendung signiert wird, und einem öffentlichen Schlüssel, mit dem die Anwender die Signierung prüfen können. Der private Schlüssel darf daher niemals in fremde Hände geraten, da damit problemlos weitere Anwendungen signiert werden können. Der öffentliche Schlüssel hingegen ist sicher, da sich dieser lediglich zum Überprüfen eignet, und kann daher problemlos weitergereicht werden. Leider ist deswegen die Wahl der pfx-Datei schlecht, da sie sowohl den öffentlichen als auch den privaten Schlüssel enthält. Sie eignet sich daher nur für die Entwicklung oder für interne Tests.

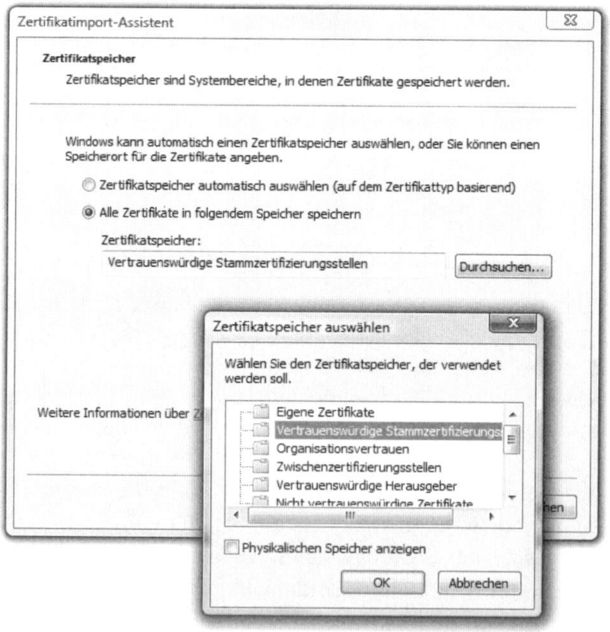

Bild 17.10 Dank des Assistenten kann das Zertifikat mit wenigen Mausklicks installiert werden.

Ein Zertifikat besteht normalerweise aus einer ganzen Reihe an einzelnen Zertifikaten. An oberster Stelle steht das sog. *Stammzertifikat*, das beispielsweise von Thawte oder Verisign ausgestellt worden ist. Einige dieser Zertifikate sind bereits unter Windows vorinstalliert. Nur Zertifikate, die von einer vertrauenswürdigen Stammzertifizierungsstelle ausgestellt worden sind, werden akzeptiert. Daher muss auch der pfx-Schlüssel als Erstes hier eingetragen werden.

Um das Zertifikat lokal zu installieren, muss es im Windows Explorer doppelt angeklickt werden. Hier öffnet sich automatisch ein Assistent, mit dem das Zertifikat lokal installiert werden kann. Hierbei muss nur beachtet werden, dass der Assistent nicht automatisch den sog. Zertifikatsspeicher wählt. Stattdessen muss explizit angegeben werden, dass das Zertifikat in den Speicher für *Vertrauenswürdige Stammzertifizierungsstellen* eingetragen wird.

Normalerweise gibt eine vertrauenswürdige Stammzertifizierungsstelle neue Zertifikate heraus. Mit diesen können dann auch weitere Unterzertifikate erstellt werden, wodurch eine Kette oder auch eine Hierarchie an Zertifikaten entsteht. Wird dem obersten Zertifikat vertraut, werden automatisch auch allen weiteren Unterzertifikaten vertraut. Fehlt allerdings dieses Vertrauen, sind auch die weiteren Unterzertifikate nutzlos.

In diesem Beispiel existiert nur ein einzelnes Zertifikat, das sich in der pfx-Datei befindet. Diese muss nun ein zweites Mal importiert werden – dieses Mal jedoch in den Speicher für *Vertrauenswürdige Herausgeber*. Im Gegensatz zum ersten Schritt befinden sich hier noch keine Zertifikate.

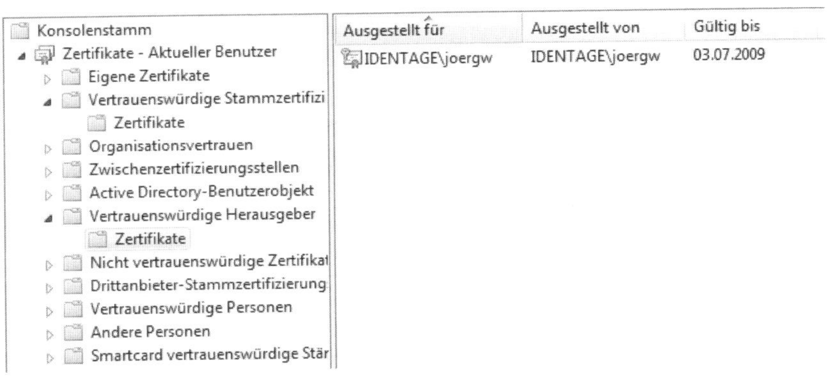

Bild 17.11 Im Zertifikatsspeicher können die installierten Zertifikate aufgelistet werden.

Um die Installation der Zertifikate zu überprüfen, kann die Management Console verwendet werden. Starten Sie hierfür das Programm „mmc" in der Eingabeaufforderung, und fügen Sie das Snap-In namens *Zertifikate* hinzu. Das installierte Zertifikat müsste nun in den Speichern *Vertrauenswürdige Stammzertifizierungsstellen* und *Vertrauenswürdige Herausgeber* zu finden sein.

Mit diesen Voraussetzungen kann die Anwendung ein weiteres Mal gestartet werden. Dank des installierten Zertifikates wird der Anwendung nun mehr vertraut: Die angeforderten Rechte werden beim Start der Anwendung problemlos gewährt. Das ist nur möglich, da die Anwendung mit einem Zertifikat signiert wurde, das als „vertrauenswürdiger Herausgeber" bekannt ist. Durch diese Einstellung ist auch der Zugriff auf das lokale Dateisystem nun kein Problem mehr, wie in Bild 17.12 zu sehen ist.

Wer nicht mit Zertifikaten arbeiten möchte, kann alternativ die kritischen Funktionen in eine eigene Assembly packen. Diese muss auf den Clients, auf denen die Browseranwendung gestartet werden soll, in den Global Assembly Cache (GAC) installiert werden. Die Anwendung selbst kann so normal mit den hohen Sicherheitseinstellungen laufen und beispielsweise über die installierte Assembly trotzdem auf das lokale Dateisystem zugreifen. Hierfür muss allerdings die Assembly zuerst auf den Clients installiert werden. Dieser Aufwand kann sogar deutlich höher ausfallen, als dies bei der Veröffentlichung mit Zertifikaten der Fall war. Daher eignet sich diese Methode eher für interne Anwendungen innerhalb eines Unternehmens bzw. in einem Extranet, bei dem die Benutzerzahl überschaubar ist.

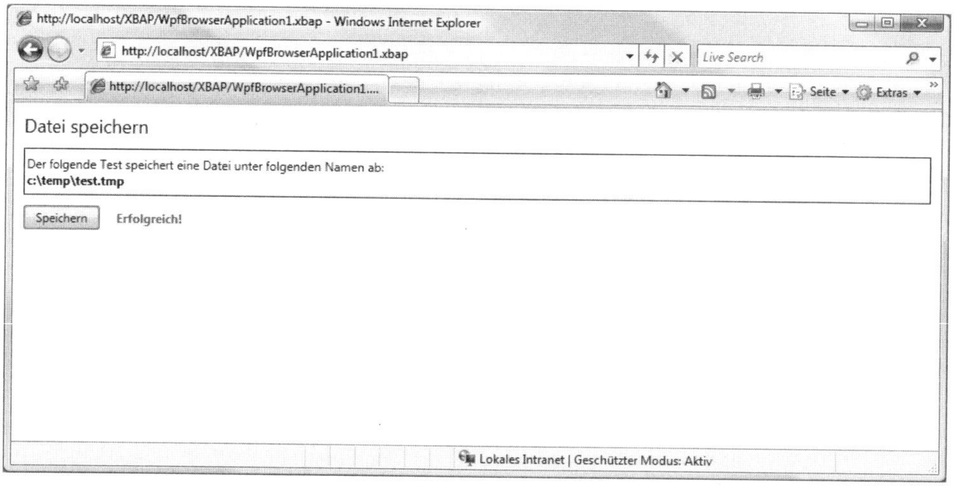

Bild 17.12 Dank Zertifikaten können auch Browseranwendungen auf das lokale Dateisystem zugreifen.

Ein weiteres Manko dieser Lösung ist, dass die Assembly mit dem Attribut `AllowPartiallyTrustedCallers` gekennzeichnet werden muss, das im Namensraum `System.Security` zu finden ist. Erst dadurch können die Funktionen auch von einer Browseranwendung aufgerufen werden, die nur mit Partial Trust läuft. Andernfalls würden nur Anwendungen von der Assembly Gebrauch machen können, die mit Full Trust ausgestattet wären. Potenziell können aber auch andere Anwendungen auf diese Assembly zugreifen. Entscheidet man sich für diese Lösung, sollte man sehr genau die angebotenen Funktionen definieren bzw. diese auf ein Minimum eingrenzen. So sollte beispielsweise der Zugriff nicht auf das gesamte lokale Dateisystem ermöglicht werden. Dateinamen und Pfade sollten daher intern verarbeitet werden, sodass von außen keine sicherheitskritischen Dateien überschrieben werden können.

Müssen dagegen nur kleinere Datenmengen gespeichert werden, wie beispielsweise die Einstellungen des Anwenders, so sind diese Daten im Isolated Storage vermutlich besser aufgehoben. Dies ist ein abgegrenzter Bereich auf der Festplatte, der über das .NET Framework zur Verfügung gestellt wird. Der Anwendung steht damit ein kleiner Bereich von gerade mal 512 KB zur Verfügung, um lokal Informationen abzulegen. Das hört sich im ersten Moment wenig an, sollte jedoch in den meisten Fällen ausreichend sein. Die Technik kann man mit den Cookies vergleichen, mit denen ebenfalls kleine Informationen auf dem

Client abgelegt werden können. Im Gegensatz zu den Cookies erfolgt der Zugriff auf den Isolated Storage jedoch fast so komfortabel wie auf ein normales Dateisystem. So können einzelne Dateien und auch Unterverzeichnisse angelegt werden.

Listing 17.5 Dateien im Isolated Storage anlegen

```
IsolatedStorageFile store;
store = IsolatedStorageFile.GetUserStoreForApplication();

using(Stream s = new IsolatedStorageFileStream(
    "settings.txt", FileMode.Create, store))
{
  StreamWriter writer = new StreamWriter(s);
  // Informationen in den Stream schreiben
}
```

Anders als beim „normalen“ Zugriff auf das Dateisystem erfolgt der Zugriff beim Isolated Storage immer über die Klasse `IsolatedStorageFile`. Hier muss zuerst der entsprechende Bereich (Storage) ausgesucht werden, in dem die Datei abgelegt werden soll. Erst danach kann mit der Klasse `IsolatedStorageFileStream` ein Stream für eine neue Datei erzeugt werden.

Beim Isolated Storage werden mehrere Bereiche angeboten:

- *Lokaler Benutzerspeicher:* Informationen werden lokal für einen einzelnen Benutzer abgelegt.
- *Roaming Benutzerspeicher:* Informationen werden im Roaming-Profil des Anwenders gespeichert. Sollte es sich um ein lokales Benutzerprofil handeln, verbleiben die Informationen allerdings lokal auf dem Client.
- *Computerspeicher:* Die Informationen werden benutzerübergreifend auf dem lokalen Client abgelegt. Dadurch können auch andere Anwender auf diese Informationen zugreifen.

Zur Administration eignet sich das Werkzeug `storeadm`, das mit dem .NET Framework ausgeliefert wird. Hierüber lassen sich die Informationen vom Isolated Storage abrufen und verwalten.

Wenn man nicht sicher ist, in welchen Umgebungen die Anwendung genutzt wird, kann man kritische Aufrufe auch mit einem try-catch-Block versehen (wie anfangs gezeigt). Sollte der Aufruf nicht funktionieren, kann beispielsweise der Isolated Storage als Alternative verwendet werden, oder man informiert den Anwender über den eingeschränkten Betrieb. Dadurch lassen sich viele Anfragen reduzieren, da die Sicherheitsmeldungen vom .NET Framework meist keine Aussagekraft für den Anwender haben.

17.5 Zugriff auf Ressourcen

Eine Browseranwendung besteht in der Regel aus mehreren Seiten, die auf unterschiedliche Ressourcen angewiesen sind. Das können neben dem Corporate Logo auch Konfigurationsdateien oder XML-Daten sein. Die WPF bietet hier ein sehr intelligentes Konzept an, um Ressourcen innerhalb der Anwendung zu verwalten. So lassen sich diese über eine einfache URI referenzieren, ohne dass umständlich eingebettete Streams gelesen und geladen werden müssen, wie es bei Windows Forms noch der Fall war.

Der Zugriff auf Ressourcen funktioniert auch in Browseranwendungen auf dieselbe Weise, wie man es von Desktop-Anwendungen gewohnt ist.

Listing 17.6 Zugriff auf lokale Ressourcen

```
<Page xmlns="..." xmlns:x="...">
  <Image
      Source="Images/CorporateLogo.png" />
</Page>
```

Bei einer Browseranwendung gibt es nur einen entscheidenden Unterschied: Da die Ressourcen in der Assembly einkompiliert sind, steigt dadurch auch der Speicherbedarf der Anwendung an. Bei der erstmaligen Installation der Anwendung müssen so zuerst sämtliche Ressourcen auf den Computer heruntergeladen werden. Dieser Vorgang kann den Start der Anwendung unnötig in die Länge ziehen. Das ist insbesondere dann ärgerlich, wenn diese Ressourcen nur selten verwendet werden sollten. Handelt es sich um größere Ressourcen, ist es dagegen vorteilhafter, wenn diese erst bei Bedarf vom Server nachgeladen werden. Der erste Start einer Anwendung kann so drastisch beschleunigt werden, da die Installationsdateien auf ein Minimum reduziert sind.

Es gibt zwei verschiedene Lösungen, Ressourcen nachträglich vom Server anzufordern. Die erste funktioniert relativ problemlos über die URI. Mit der Angabe von `siteOfOrigin` können Dateien problemlos vom Server nachgeladen werden, die sich im selben Verzeichnis der Anwendung befinden (bzw. in einem Unterverzeichnis).

Listing 17.7 Ressourcen nachträglich vom Server anfordern

```
<Page xmlns="..." xmlns:x="...">
  <Image
      Source="pack://siteOfOrigin:,,,/ConventionCenter.png" />
</Page>
```

Fordert man wie in diesem Beispiel ein Bild nachträglich vom Server an, erfolgt der Zugriff aber in jedem Fall synchron. Das bedeutet, dass die aufgerufene Seite erst dann angezeigt wird, wenn alle Ressourcen vollständig auf den Client heruntergeladen worden sind. Je nach Art und Umfang der Datei kann die Anwendung mit dieser Lösung schon mal ins Stocken geraten. Selbst beim wiederholten Aufruf der Seite müssen diese Ressourcen aufs Neue angefordert werden, da hier das Caching nicht greift. Der Vorteil dieser Lösung ist allerdings, dass diese Dateien dadurch auch sehr schnell und unproblematisch auf dem Server ausgetauscht werden können, ohne dass von der XBAP-Anwendung eine neue Version kompiliert und veröffentlicht werden muss.

Hierfür ist es ausreichend, wenn in der Projektmappe in Visual Studio das gewünschte Bild wie eine herkömmliche Datei hinzugefügt wird. In diesem Fall wird sie jedoch standardmäßig von Visual Studio als *Ressource* gekennzeichnet, wodurch sie in die Assembly eingebettet wird. Damit sie stattdessen außerhalb der Assembly ausgeliefert wird, muss in den Eigenschaften der Eintrag *Buildvorgang* auf *Inhalt* geändert werden. Außerdem muss *Kopieren, wenn neuer* oder *Immer kopieren* unter der Einstellung *In Ausgabeverzeichnis kopieren* gesetzt werden, damit die Datei in das Zielverzeichnis kopiert wird. Andernfalls wüsste Visual Studio nicht, was nach dem Kompilieren mit der Datei passieren soll, und würde sie daher schlicht ignorieren.

Diese Methode eignet sich besonders gut für mehrere kleinere Ressourcen. Möchte man dagegen größere Ressourcen nachladen, so wirkt sich diese Methode nachteilig auf die Leistung der Anwendung aus. Diese wird durch das Nachladen der Dateien blockiert und kann nicht mehr auf die Anfragen des Benutzers reagieren. Besser wäre es, wenn die Ressourcen unbemerkt im Hintergrund nachgeladen werden könnten. Durch diesen asynchronen Prozess kann der Anwender weiter mit der Anwendung arbeiten.

Der Aufwand hierfür ist sogar überschaubar, da man auf die fertigen Funktionen von ClickOnce zurückgreifen kann. Mit ClickOnce lassen sich nicht nur vollständige Anwendungen verteilen bzw. aktualisieren. Es stehen außerdem mehrere Klassen zur Verfügung, mit denen man selber auf die Funktionalitäten von ClickOnce zugreifen kann. So lassen sich beispielweise Updates auch selber ermitteln und installieren.

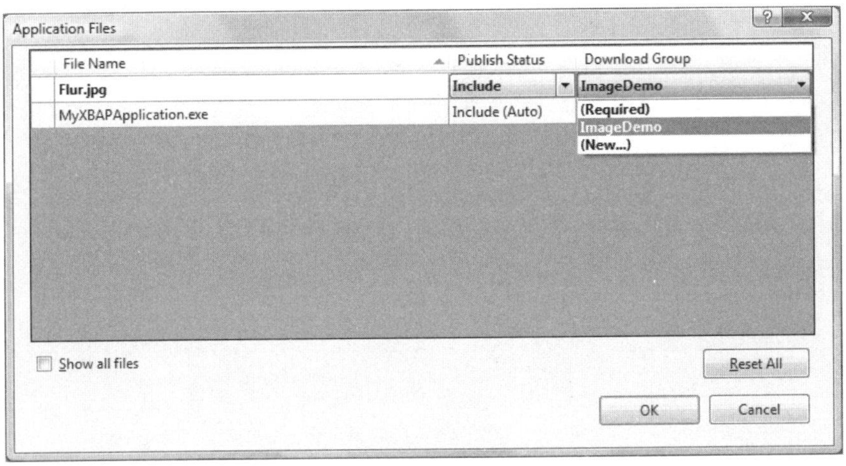

Bild 17.13 Ressourcen können in Dateigruppen zusammengefasst werden.

Neben vollständigen Updates gibt es auch die Möglichkeit, eine Anwendung in mehrere Dateigruppen einzuteilen. Eine Dateigruppe kann so nachträglich bei Bedarf nachgeladen werden. Das hat den Vorteil, dass nicht das gesamte Installationspaket direkt bei der Erstinstallation heruntergeladen werden muss, was den ersten Startvorgang immens verkürzen kann.

Die gewünschten Dateien müssen hierfür als Erstes vorbereitet werden. Auch hier müssen die Einstellungen *Buildvorgang* und *In Ausgabeverzeichnis kopieren* gesetzt werden, so wie es beim synchronen Nachladen der Fall war. Als Nächstes wird nun eine neue Dateigruppe definiert, in der diese Dateien aufgenommen werden. Hierfür muss man in die Projekteigenschaften in den Karteireiter *Veröffentlichen* wechseln. Dort kann man unter der Schaltfläche ANWENDUNGSDATEIEN alle Dateien auflisten, die zum aktuellen Projekt gehören.

Wichtig hierbei ist, dass für die gewünschte Datei der Status auf *Einschließen* steht, da ansonsten die Datei nicht Teil der veröffentlichten Anwendung wäre. In der dritten Spalte kann nun mit dem letzten Eintrag NEU... eine neue Dateigruppe definiert werden. Sollte sich nur eine Datei in der Gruppe befinden, ist es empfehlenswert, die Gruppe nach dem Dateinamen zu benennen. Dadurch kann es zu weniger Missverständnissen beim späteren Zugriff kommen.

Mit diesem Schritt sind die Ressourcen so weit vorbereitet. Im nächsten Schritt muss lediglich der Zugriff bzw. das asynchrone Anfordern der Ressourcen implementiert werden. Wie eingangs erwähnt, stehen hier fertige Funktionalitäten von ClickOnce zur Verfügung, sodass sich der Aufwand auf einige wenige Zeilen beschränkt.

Listing 17.8 Asynchron Ressourcen vom Server anfordern

```
private void LoadImageButton_Click(object sender, RoutedEventArgs e)
{
  if (ApplicationDeployment.IsNetworkDeployed)
  {
    ApplicationDeployment depolyment =
        ApplicationDeployment.CurrentDeployment;

    if (!depolyment.IsFileGroupDownloaded("ImageDemo"))
    {
      StatusMessageRun.Text = "Datei wird heruntergeladen";
      depolyment.DownloadFileGroup("ImageDemo");
    }
    else
    {
      StatusMessageRun.Text = "Datei war im Cache";
    }
  }
  else
  {
    StatusMessageRun.Text = "(Kein ClickOnce)";
  }

  Image3.Source = new BitmapImage(new Uri("Flur.jpg", UriKind.Relative));
}
```

In diesem Beispiel wird die Dateigruppe namens `ImageDemo` mit dem Klick auf eine Schaltfläche nachgeladen. Als Erstes muss mit der Methode `IsFileGroupDownloaded()` überprüft werden, ob sich die Datei bereits lokal in dem Cache des Computers befindet. Ist das nicht der Fall, wird mit der Methode `DownloadFileGroup()` das asynchrone Herunterladen der Datei angestoßen. Die Betonung liegt hierbei auf „asynchron", da unmittelbar nach dem Aufruf der Methode die Ressourcen noch nicht zur Verfügung stehen. Man kann zu diesem Zeitpunkt aber problemlos die URI der Ressource verwenden. In diesem Fall wird die Adresse des Bildes als Quelle für das Steuerelement `Image` verwendet. Sobald das Bild vollständig heruntergeladen wurde, wird es vom Steuerelement automatisch angezeigt.

Diese Methode funktioniert allerdings nur bei Anwendungen, die auf einem Webserver mit ClickOnce veröffentlicht wurden. Wird stattdessen die Anwendung lokal auf dem eigenen Computer gestartet (beispielsweise beim Debugging mit Visual Studio), funktioniert der Zugriff auf die Methoden von ClickOnce nicht. Stattdessen wird der Versuch sogar mit einer Ausnahme abgestraft. Daher muss zu Beginn mit der Eigenschaft `IsNetworkDeployed` aus der Klasse `ApplicationDeployment` überprüft werden, ob es sich um eine ClickOnce-Anwendung handelt.

Sollen die angeforderten Ressourcen nicht über Steuerelemente der WPF angezeigt werden, kann man über zwei Ereignisse über den Fortschritt und das vollständige Herunterladen informiert werden. Die beiden Ereignisse lauten `DownloadFileGroupProgressChanged` und `DownloadFileGroupCompleted` und sind in der Klasse `ApplicationDeployment` zu finden. Da sich mit dem Nachinstallieren mit ClickOnce der Speicherort der Ressourcen nicht ändert, können diese wie gewohnt im Programmcode verwendet werden.

Bild 17.14 Das erste Bild wurde synchron vom Server nachgeladen, das zweite asynchron über ClickOnce angefordert.

17.6 Webservices

In früheren Versionen des .NET Frameworks waren die Einschränkungen bei der Entwicklung einer Browseranwendung noch wesentlich restriktiver. Man hatte zwar den Vorteil, eine Anwendung relativ schnell und unproblematisch ohne mühsame Installation zu verteilen – doch blieb die Anwendung im Grunde isoliert. Grund hierfür sind die strengen Sicherheitsvorkehrungen, die dafür sorgten, dass man weder auf lokale Ressourcen noch auf entfernte Webservices zugreifen konnte.

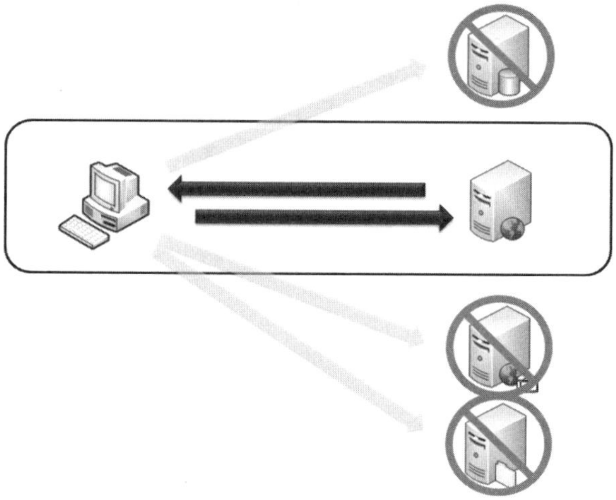

Bild 17.15 Nur Anfragen zum eigenen Webserver, von wo aus die Anwendung gestartet wurde, sind im Sicherheitsmodell erlaubt.

Als Alternative zu den Webservices konnte man lediglich einfache Abfragen über die Klasse `WebRequest` durchführen – was kaum einen Vergleich zu den heutigen Techniken im Bereich der Webservices darstellt. Hierüber lassen sich lediglich einfache Dateien über das HTTP-Protokoll anfragen, wie beispielsweise HTML- oder XML-Dateien, die danach jedoch selber ausgewertet werden mussten. Durch diese Einschränkungen handelte es sich bei einer Browseranwendung um eine regelrecht isolierte Umgebung, in der man weder auf lokale noch auf entfernte Ressourcen zugreifen konnte.

Listing 17.9 Daten vom Server mittels WebRequest abfragen

```
WebRequest request = WebRequest.Create(
    "http://localhost/MyXBAP/kurse.xml");
HttpWebResponse response = (HttpWebResponse)request.GetResponse();
Stream stream = response.GetResponseStream();

// Stream zum Einlesen von XML verwenden
XmlDocument document = new XmlDocument();
document.Load(stream);
```

Mit dieser Methode lassen sich einfache Dateien vom Server nachträglich anfordern. Hier wurde eine einfache Anfrage an den Server gestellt, mit der eine XML-Datei mit aktuellen Kursen angefordert wird. Da die Klasse `WebRequest` nicht nur für HTTP-Anfragen gedacht ist, wurde diese bei ihrer Implementierung sehr allgemein gehalten. Daher muss im nächsten Schritt die Antwort des Servers explizit in ein Objekt des Typs `HttpWebResponse` konvertiert werden. Erst danach kann man auf den Stream, der die Antwort des Servers enthält, zugreifen.

Mit der Klasse `WebRequest` dürfen allerdings nur Ressourcen angesprochen werden, die sich im selben Verzeichnis befinden, von dem auch die Anwendung gestartet wurde. Ein Aufruf außerhalb von diesem Verzeichnis, auch wenn dieser an denselben Server gerichtet wird, ist nicht erlaubt. Allerdings geht mit dieser Methode auch der Komfort verloren, den man mit dem Aufruf entfernter Methoden von Webservices her kennt. Das Anfordern und

Auslesen von XML-Dokumenten ist auf diese Weise ein fast unzumutbarer Overhead für eine verteilte Anwendung.

Mit dem .NET Framework 4 wurde die Situation erheblich verbessert. Die WCF wurde so weit angepasst und abgesichert, dass man mit ihr auch einfache Dienste über die BasicHttp-Bindung abrufen kann. Erst dank dieser Erweiterung handelt es sich nicht mehr länger um eine isolierte Anwendung, sondern um eine vollwertige Alternative zu einer Desktop-Anwendung. Dadurch wird nicht nur der Zugriff auf die Ressourcen des Servers erleichtert – auch der Datenaustausch mit anderen Anwendern wird so vereinfacht.

> Die WCF ist ein sehr komplexes Thema, mit dem sich alleine ganze Bücher füllen lassen. Daher wurde das folgende Beispiel stark vereinfacht und der Fokus auf die Clientseite gelegt.

Ein Dienst besteht in der WCF immer aus den Bereichen „ABC" – Address, Binding und Contract. Ein neuer Dienst beginnt meist mit der Erstellung eines neuen Vertrages (Contract), der idealerweise mit einer Schnittstelle implementiert wird.

Listing 17.10 Öffentliche Schnittstelle des neuen Dienstes

```
[ServiceContract]
public interface IStockPriceService
{
  [OperationContract]
  double GetStockPrice(string name);
}
```

Die Schnittstelle dient sowohl dem Server als auch dem Client als Vertrag und definiert, welche Dienste mit welchen Parametern aufgerufen werden können. In diesem Fall wird eine Methode namens `GetStockPrice()` definiert, die einen einfachen `Double`-Wert als Ergebnis zurückliefert.

Dieser Dienst muss nun auf der Clientseite konfiguriert werden. Mit der WCF können die meisten Einstellungen bereits mit der Konfigurationsdatei abgebildet werden. Dadurch fällt nicht nur der Aufwand bei der Entwicklung geringer aus, sondern man erreicht außerdem noch eine höhere Flexibilität, da sich die Einstellungen schneller ändern lassen.

Listing 17.11 Konfiguration des Webservices

```
<configuration>
  <system.serviceModel>
    <client
        address="http://localhost/MyXBAP/StockPriceService.svc"
        binding="basicHttpBinding"
        contract="MyXBAP.IStockPriceService" />
  </system.serviceModel>
</configuration>
```

In dieser Konfigurationsdatei sind wieder deutlich die einzelnen Bereiche der ABC-Konfiguration zu sehen, die jeweils für die Anfangsbuchstaben von Address, Binding und Contract stehen. Als Adresse wurde mit „localhost" zu Testzwecken ein Pfad auf den lokalen Rechner eingetragen. Hier darf aber nur wieder der Server angesprochen werden, von dem auch die

Anwendung gestartet wurde. Der Zugriff auf einen „fremden" Drittserver ist auch in diesem Fall nicht möglich. Mit dem Attribut `contract` wird die Schnittstelle angegeben, die als Vertrag zwischen dem Client und dem Server dient.

Auf der Clientseite kann nun der Dienst aufgerufen werden. Hierfür kann entweder mit dem Werkzeug SvcUtil eine eigenständige Proxy-Klasse generiert werden, oder man verwendet die Klasse `ChannelFactory`, um diese dynamisch zur Laufzeit zu generieren.

Listing 17.12 Aufruf des Webservice mit der WCF

```
public class StockPriceProxy
{
  public double GetStockPrice(string name)
  {
    factory = new ChannelFactory<IStockPriceService>();
    try
    {
      IStockPriceService service = factory.CreateChannel();
      double stockPrice = service.GetStockPrice("MSFT");
      factory.Close();
      return stockPrice;
    }
    catch
    {
      factory.Abort();
      throw;
    }
  }
}
```

Der Aufruf des Dienstes erfolgt im Grunde in drei Zeilen. In der ersten Zeile wird mit der Klasse `ChannelFactory` ein Proxy für den Dienst generiert. In der zweiten Zeile wird mit diesem Proxy ein neuer Kanal geöffnet, mit dem in der dritten Zeile der Dienst abgerufen wird. Die restlichen Zeilen sind für die Fehlerbehandlung zuständig, damit der Kanal selbst bei einer Ausnahme noch ordnungsgemäß geschlossen wird.

Auch wenn mit BasicHttp nur eine einfache Bindung angeboten wird, stehen mit der WCF nun deutlich bessere Möglichkeiten zum Datenaustausch zur Verfügung. Weitere Bindungen und Einstellungen (wie Signierung und Verschlüsselung) sind dagegen weiterhin nicht zugelassen. Auch die unter den WS-Spezifikationen bekannten Erweiterungen stehen nicht zur Verfügung. Wer trotzdem zusätzliche Sicherheit benötigt, kann den Transportweg mittels SSL (HTTPS) absichern.

17.7 Alternativen

Nicht für alle Szenarien ist unbedingt eine XBAP-Anwendung erforderlich. Als Alternative kann beispielsweise auch Silverlight eingesetzt werden, um die Darstellung im Browser zu verbessern. Anders als bei einer XBAP-Anwendung wird bei Silverlight nicht das .NET Framework auf dem lokalen Computer vorausgesetzt. Daher ist diese Technik auch ebenso gut auf Mac OS verfügbar – unter Linux wird mit Moonlight eine freie Alternative vorbereitet. Bei Silverlight handelt es sich jedoch um eine stark abgespeckte Version der WPF und des .NET Frameworks. Außerdem erfolgt die Weiterentwicklung parallel zur WPF, was bereits in den frühen Versionen zu Unterschieden geführt hat. Diese waren zwar häufig im Detail zu finden. Eine gemeinsame Codebasis ist zwar möglich, doch erschweren gerade diese Unterschiede eine einfache Umsetzung.

Ein weiterer Vorteil einer Browseranwendung besteht darin, dass diese in ihrem eigenen Prozess läuft. Ein ActiveX-Plugin oder eine Silverlight-Anwendung werden dagegen immer im Prozess des Internet Explorers ausgeführt.

Auf dem Server sind dagegen keine weiteren Voraussetzungen zu erfüllen, da die Inhalte über das Standardprotokoll HTTP angefordert werden. Es werden also lediglich die benötigten Dateien heruntergeladen und auf dem Client-Computer gestartet. Ist keine weitere Kommunikation mit dem Server vorgesehen, sind hier auch keine weiteren Voraussetzungen zu erfüllen. Sollte es sich bei dem Server nicht um einen IIS handeln, sollte man lediglich darauf achten, dass die benötigten Dateitypen (wie z. B. xbap) angefordert werden können.

Der Marktanteil von Silverlight lag in den letzten Jahren leider immer hinter den Erwartungen zurück. In Zukunft werden Anwendungen im Internet wohl wesentlich stärker auf offenen Standards wie HTML5 oder CSS3 basieren, als dies heute noch der Fall ist. Aus diesem Grunde sollte man neben XBAP und Silverlight auch die neuen Möglichkeiten einer reinen HTML-basierten Anwendung in Betracht ziehen, da die potentiell auf einer wesentlich breiteren Benutzergemeinde unterstützt wird – angefangen vom vollwertigen Desktop-Computer, über Tablet-Computer bis hin zum Smartphone. Selbst wenn nicht alle Browser HTML5 beherrschen sollten, so ist eine alternative Anzeige mittels HTML4 problemloser möglich, als es mit Silverlight oder XBAP der Fall wäre. Hier käme eine alternative Oberfläche einer Neuentwicklung gleich.

18 Model-View-ViewModel-(MVVM-)Entwurfsmuster

Entwurfsmuster teilen die Entwicklergemeinde meist in zwei Lager: in Befürworter und in Gegner. Ein etabliertes und ausgereiftes Entwurfsmuster kann ungemein bei der täglichen Arbeit helfen – denn meist ist man nicht der Erste, der für ein bestimmtes Problem eine Lösung sucht. So existieren bereits zahlreiche etablierte Entwurfsmuster, die sich bei der Entwicklung von großen und modernen Anwendungen als enorm hilfreich erwiesen haben. Von dieser Vorarbeit kann jeder Entwickler profitieren, sodass das Rad nicht jeden Tag neu erfunden werden muss.

Das Model-View-ViewModel-Entwurfsmuster (oder auch kurz MVVM genannt) wurde von Microsoft entwickelt und speziell für die Verwendung von WPF und Silverlight optimiert. Da es sich so gut in das Gesamtkonzept einfügt, kommen die meisten Entwickler auch schnell mit der Umsetzung zurecht. Allerdings ist das Entwurfsmuster noch relativ neu und wurde zudem noch nicht von einem offiziellen Gremium oder einer Organisation standardisiert. Aus diesem Grund herrscht zuweilen Uneinigkeit zwischen Entwicklern über die Umsetzung einiger Details (auf diese wird im Laufe dieses Kapitels weiter eingegangen). Außerdem macht MVVM in vielen Bereichen die Arbeit leichter, da nur ein überschaubarer Teil an Funktionalität der WPF benötigt wird.

18.1 Die Mitspieler

Wäre MVVM ein Team, würde es aus den folgenden drei Mitspielern bestehen:

- Das *Model* (bzw. auch das Datenmodell genannt): Eine einfache Klasse, die zum Datenaustausch zwischen den einzelnen Schichten dient. Die Klassen enthalten keine (oder nur sehr geringe) Logik, da sie hauptsächlich als Daten-Container dienen.
- Die *View:* Besteht hauptsächlich aus XAML-Code und definiert, wie etwas auszusehen hat. Das kann entweder eine Eingabemaske sein, eine Übersichtsliste oder eine Auswertung.
- Das *ViewModel:* Kann als „erweitertes" Datenmodell angesehen werden, das aber zur Unterstützung für genau eine View abgestimmt ist. Anstelle der Nutzdaten enthält es allerdings Informationen über den Zustand der View.

In Bild 18.1 soll exemplarisch der Aufbau des Entwurfsmusters dargestellt werden. Jeder Teilbereich einer Anwendung wird dabei über ein eigenes Paar an View und ViewModel abgebildet. Was genau unter „Teilbereich" zu verstehen ist, bleibt der Kreativität und dem Geschick jedes Einzelnen überlassen. Es sollte in der Regel ein in sich geschlossener Bereich sein, der einen spezifischen Anwendungsfall abdeckt und der sich im Idealfall sogar wiederverwenden lässt. Das kann beispielsweise eine Eingabemaske sein, die Darstellung von Detailinformationen eines Datensatzes oder ein gesamter Dialog, aber auch das Zusammenstellen mehrerer kleinerer Views ist möglich.

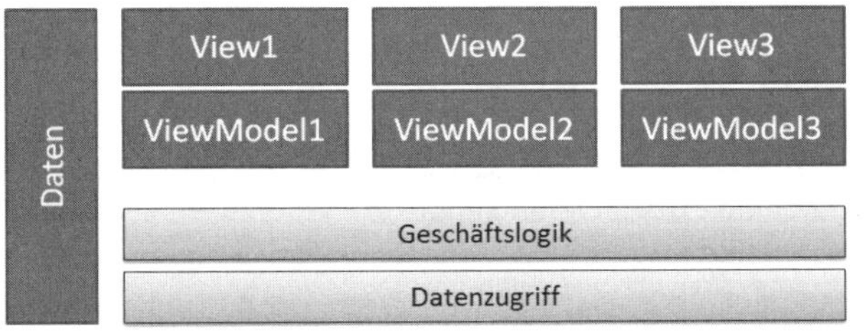

Bild 18.1 Struktur des Entwurfsmusters

Ein ViewModel hat im Grunde nur eine Aufgabe: Es bildet die Schnittstelle zwischen der UI und der Geschäftslogik ab. Hierfür bereitet es Informationen auf, indem es Daten von der Geschäftslogik abruft und diese zur Darstellung anbietet, neu zusammenstellt oder gar in ein geeignetes Format konvertiert. Aus diesem Grund sollte das ViewModel auch nicht zu viel eigene Logik beinhalten, da ansonsten die Gefahr besteht, dass in der Anwendung die Geschäftslogik redundant enthalten ist. In dem Bild ist deshalb explizit ein Bereich für Geschäftslogik und Datenzugriff zu sehen, die durch das MVVM-Entwurfsmuster ergänzt, aber nicht ersetzt werden sollten. Das ViewModel sollte als ergänzende Unterstützung dienen, um die Oberflächen (also die Views) mit Informationen zu versorgen.

Der Vorteil bei diesem Entwurfsmuster ist, dass man sich nicht verpflichtet, es exklusiv einzusetzen. So kann man es beispielsweise Schritt für Schritt in eine vorhandene Anwendung integrieren oder man verwendet in einigen Bereichen bewusst ein anderes Entwurfsmuster, wenn es sich für einen bestimmten Anwendungsfall besser eignen sollte.

Bevor dieses Kapitel zu theoretisch wird, soll an dieser Stelle ein kleines Beispiel folgen. Das Beispiel deckt ein einfaches Formular zur Bearbeitung von Kundendaten ab. Das folgende Datenmodell soll dazu als Grundlage dienen.

Listing 18.1 Das Data-Model

```
public class Customer
{
    public Guid CustomerId { get; set; }
    public string Firstname { get; set; }
    public string Lastname { get; set; }
}
```

Wie eingangs erwähnt, enthält das Model lediglich reine Nutzdaten und wird hauptsächlich für den Transport zwischen den einzelnen Schichten der Anwendung genutzt. Das kann beispielsweise der Austausch zwischen der Datenbank, der Geschäftslogik und der Oberfläche sein. Das Model kann zusätzlich die Schnittstelle `INotifyPropertyChanged` implementieren, was allerdings keine Voraussetzung für das Entwurfsmuster ist. Da man in der Regel nur wenig bis gar keinen Einfluss auf das Datenmodell hat, so ist die Implementierung einer weiteren Schnittstelle nicht selten mit Schwierigkeiten verbunden.

Als Nächstes betrachten wir das ViewModel etwas näher. Es soll die Oberfläche der Anwendung steuern und enthält daher deutlich mehr Logik. In diesem Beispiel soll es sich um ein Formular zum Bearbeiten von Kundendaten handeln.

Listing 18.2 Das ViewModel

```
public class CustomerEditorViewModel : INotifyPropertyChanged
{
  public CustomerEditorViewModel(Customer customer)
  {
    this.customerId = customer.CustomerId;
    this.firstname = customer.Firstname;
    this.lastname = customer.Lastname;
  }

  private Guid customerId;

  private string firstname;
  public string Firstname
  {
    get { return firstname; }
    set
    {
      if (value != firstname)
      {
        firstname = value;
        RaisePropertyChanged("Firstname");
      }
    }
  }

  private string lastname;
  public string Lastname
  {
    get { return lastname; }
    set
    {
      if (value != lastname)
      {
        lastname = value;
        RaisePropertyChanged("Lastname");
      }
    }
  }

  public event EventHandler PropertyChanged;

  protected void RaisePropertyChanged(string name)
  {
    if (PropertyChanged != null)
      PropertyChanged(this, new PropertyChangedEventArgs(name));
  }
}
```

Dieses Beispiel ist noch nicht vollständig und dient lediglich als Grundgerüst für das spätere ViewModel – es enthält daher in diesem Schritt nur die Informationen über den Kunden, die zur Bearbeitung notwendig sind. Man kann in diesem Beispiel jedoch gut den Unterschied zum vorherigen Datenmodell erkennen – obwohl es fast dieselben Informationen beherbergt, ist das ViewModel deutlich umfangreicher. Das liegt unter anderem daran, dass weite Teile der WPF nur dann korrekt funktionieren, wenn die Eigenschaften bei Änderungen das `PropertyChanged`-Ereignis werfen.

> Das ViewModel dient auch zur Abstrahierung, denn nicht immer handelt es sich um eine direkte 1:1-Verbindung zwischen Datenmodell und ViewModel. Vielmehr kann das ViewModel die Daten so zusammenstellen und aufbereiten, wie es für die Anzeige benötigt wird. Und falls hierfür unterschiedliche Datenmodelle erforderlich sind, können diese hierüber zusammengestellt werden. Ein ViewModel kann am ehesten mit einer Sicht (View) in einer Datenbank verglichen werden, die ebenfalls Daten aus unterschiedlichen Tabellen zusammenstellen und neu aufbereiten kann. ■

Die View hat es bei diesem Entwurfsmuster am einfachsten, da sie lediglich den Zustand und die Inhalte des ViewModels darstellen soll. Hierfür werden wie gewohnt Datenbindungen verwendet, mit denen man die Werte des ViewModels abrufen kann.

Listing 18.3 Die View

```
<Window
  xmlns="..." xmlns:x="..."
  xmlns:local="clr-namespace:MvvmDemo"
  x:Class="MvvmDemo.CustomerEditorView">

  <Grid VerticalAlignment="Top">
    <Grid.ColumnDefinitions>
      <ColumnDefinition Width="1*" />
      <ColumnDefinition Width="12" />
      <ColumnDefinition Width="2*" />
    </Grid.ColumnDefinitions>
    <Grid.RowDefinitions>
      <RowDefinition />
      <RowDefinition />
      <RowDefinition />
    </Grid.RowDefinitions>

    <TextBlock Grid.Column="0" Grid.Row="0" Text="Vorname" />
    <TextBox
      Grid.Column="2" Grid.Row="0"
      Text="{Binding Path=Firstname}" />

    <TextBlock Grid.Column="0" Grid.Row="1" Text="Nachname" />
    <TextBox
      Grid.Column="2" Grid.Row="1"
      Text="{Binding Path=Lastname}" />

    <Button
      Grid.Column="2" Grid.Row="2"
```

```
        Content="Speichern" />
    </Grid>
</Window>
```

Die View würde sicherlich keinen Preis für das beste Design erhalten – Schwerpunkt sind hier nämlich die wahren Werte von MVVM: die Datenbindungen. Erst die Datenbindungen bilden die Verknüpfung zwischen der View und dem ViewModel und hauchen der Oberfläche Leben ein. Das ViewModel stellt hierfür alle notwendigen Informationen bereit (in diesem Fall die Eigenschaften `Firstname` und `Lastname`) und gibt seine Änderungen dank des Ereignisses `PropertyChanged()` der View bekannt.

Im letzten Schritt müssen nur noch View und ViewModel zueinanderfinden:

Listing 18.4 Die Codebehind-Datei der View

```
public class CustomerEditorView : Window
{
  public CustomerEditorView(Customer customer)
  {
    this.DataContext = new CustomerEditorViewModel(customer);
  }
}
```

In der Codebehind-Datei der View kann das ViewModel erstellt werden. Hier wird lediglich das Datenmodell entgegengenommen und in das gewünschte ViewModel eingetütet. Dieses wird der View danach über den allgemein zugänglichen Datenkontext zur Verfügung gestellt, sodass dieses über Datenbindungen auf die Informationen zugreifen kann.

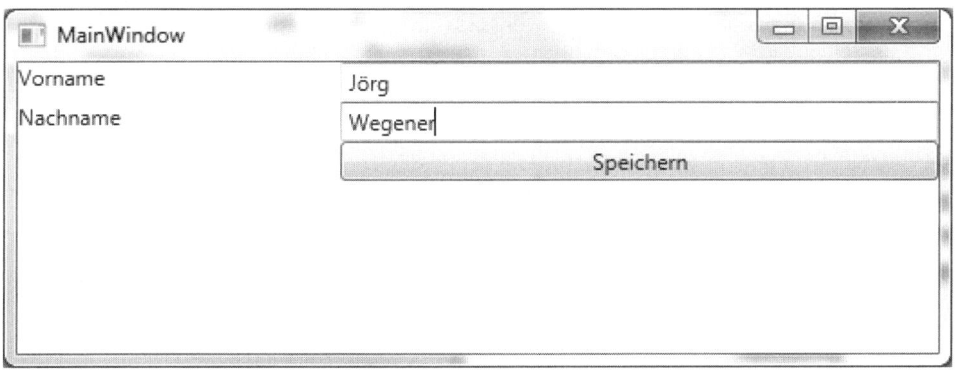

Bild 18.2 Eine einfache Anwendung mittels MVVM

Diese Lösung funktioniert bereits ganz gut und ist gerade für neue Fenster ideal. Allerdings ist die Verknüpfung zwischen View und ViewModel hier fest im Programmcode verdrahtet. Im Laufe dieses Kapitels werden noch einige Alternativen genannt, die ohne Codebehind auskommen werden.

Dank dieser Aufteilung kann nun die Programmlogik von der Darstellung wunderbar isoliert betrachtet werden. Das Wort „isoliert" sollte an dieser Stelle sogar extra unterstrichen werden, da die Anwendung dank dieser Isolation überhaupt erst testbar wird. So können Unit-Tests problemlos auf Funktionen und Eigenschaften des ViewModels zugreifen und ihre korrekte Implementierung testen, ohne dass auch nur ein einziges Fenster der Anwendung geöffnet werden muss. Ohne diese Trennung wäre dagegen der Programmcode eng mit der Oberfläche verzahnt, was bei automatisierten Tests der Anwendung zu enormen Problemen führen würde.

> Sollte das Datenmodell ebenfalls die Schnittstelle `INotifyPropertyChanged` implementieren, kann in Erwägung gezogen werden, anstelle einzelner Eigenschaften direkt das gesamte Datenmodell über eine einzige Eigenschaft anzubieten. Das spart eine Menge Tipparbeit, da die benötigten Eigenschaften nicht zweimal vorhanden sein müssen. Allerdings erhöht man dadurch auch die direkte Abhängigkeit zum Datenmodell – sollte sich nämlich dieses in seiner Struktur ändern, müssen auch alle betroffenen ViewModels und Views angepasst werden.

Das Öffnen des neuen Fensters unterscheidet sich nicht groß von anderen Fenstern. In diesem Fall muss dem Konstrukteur lediglich ein Kundenobjekt als Parameter übergeben werden.

Listing 18.5 Die neue View wird geöffnet.

```
private void Button_Click(object sender, RoutedEventArgs e)
{
  // Kundendaten laden
  Customer customer = CustomerListBox.SelectedItem as Customer;

  // View anzeigen
  var view = new CustomerEditView(customer);
  view.ShowDialog();
}
```

Das gewünschte Kundenobjekt konnte der Benutzer in diesem Fall aus einer hier nicht weiter beschriebenen Liste auswählen. Interessanterweise bemerkt man von außen nichts von dem verwendeten Entwurfsmuster, da das Öffnen des Fensters wie gewohnt erfolgt.

18.2 Funktionalität mittels Kommandos

In der hier gezeigten Beispielanwendung wurden bislang nur Daten zur Bearbeitung angezeigt – eine Interaktion mit dem Benutzer war noch nicht gegeben. Die Anwendung soll nun dahingehend erweitert werden, dass zumindest das Speichern der Daten ermöglicht werden soll. Hierfür soll dem Benutzer eine einfache Schaltfläche zur Verfügung gestellt werden.

Vor den Zeiten von MVVM hätte man vermutlich einfach einen Button platziert, ihn *Speichern* genannt und sich mit einer Ereignisbehandlung auf das Klick-Ereignis registriert. Das würde zwar schnell gehen – man hätte allerdings auch wieder unliebsamen Programmcode in seiner Codebehind-Datei, den es mit MVVM weitestgehend zu vermeiden gilt. Er lässt sich zwar trotz MVVM nicht gänzlich vermeiden, doch für alltägliche Szenarien, wie das Ausführen einer Aktion, sollte der direkte Weg über das ViewModel bevorzugt werden.

Hier zeigt sich aber leider eine kleine Schwachstelle im Entwurfsmuster. Da MVVM für die WPF entwickelt wurde und nicht umgekehrt, fehlen für das Entwurfsmuster leider einige benötigte Klassen, die erst durch Eigenleistung entwickelt werden müssen. Alternativ hierzu kann man aber auch den Einsatz einer fertigen Bibliothek in Erwägung ziehen, die neben diesen Basisklassen meist noch in anderen Bereichen Unterstützung bieten.

Die Schaltfläche `Button` beinhaltet unter anderem die beiden Eigenschaften `Command` und `CommandParameter`, die alternativ zum Klick-Ereignis zur Ausführung genutzt werden können. In Kapitel 5 wurde beschrieben, wie beispielsweise vordefinierte Kommandos in Form der Klassen `RoutedCommand` und `RoutedUICommand` aus der WPF genutzt werden können. Für MVVM sind diese beiden Klassen jedoch unbrauchbar und können nicht verwendet werden – eine neue, eigene Implementierung muss her.

Der Vorteil hierbei ist, dass die WPF nicht strikt die Verwendung dieser beiden Klassen vorschreibt, sondern sich stattdessen auf die allgemein gehaltene Schnittstelle `ICommand` beruft. Sowohl die Eigenschaft `Command` der Schaltfläche als auch die Klasse `RoutedCommand` (und damit auch `RoutedUICommand`) basieren auf dieser Schnittstelle. Dadurch kann mit wenig Aufwand auch eine eigene Implementierung des Kommandos verwendet werden – einer Implementierung, die besser auf das Entwurfsmuster eingehen kann.

Listing 18.6 Eigenes Kommando implementieren

```
public class DelegateCommand : ICommand
{
  public DelegateCommand(Action<object> execute,
                         Func<object, bool> canExecute)
  {
    this.execute = execute;
    this.canExecute = canExecute;
  }

  private Action<object> execute;
  private Func<object, bool> canExecute;

  public void Execute(object parameter)
  {
    Execute(parameter);
  }

  public bool CanExecute(object parameter)
  {
    // Kein Delegate gesetzt? Dann immer TRUE
    if (CanExecute == null)
      return true;

    return CanExecute(parameter);
  }
}
```

Die Klasse `DelegateCommand` in diesem Beispiel soll für die weiteren Beispiele als Verknüpfung zwischen der View und den Methoden dienen, die im ViewModel implementiert sind. Hierfür werden der Klasse zwei Delegaten übergeben – einer überprüft, ob das Kommando überhaupt ausgeführt werden kann, und einer führt das Kommando letztendlich aus. Im Grunde handelt es sich lediglich um einen Container für diese zwei Delegates, die über die Schnittstelle `ICommand` der WPF zur Verfügung gestellt werden. In den hier definierten Methoden `Execute()` und `CanExecute()` werden diese beiden Delegaten verwendet, um das Ergebnis der WPF zurückzuliefern.

In den meisten Bibliotheken für MVVM ist bereits eine solche Implementierung vorhanden und unter dem Namen `DelegateCommand` oder `RelayCommand` zu finden. ■

Mit dieser Klasse ausgestattet kann als Nächstes das ViewModel erweitert werden. Hier soll ein Kommando implementiert werden, mit dem die vorgenommenen Änderungen wieder in der Datenbank gespeichert werden können.

Listing 18.7 Das ViewModel mit Kommandos erweitern

```
public class CustomerEditorViewModel : INotifyPropertyChanged
{
  public CustomerEditorViewModel(Customer customer)
  {
    this.customerId = customer.CustomerId;
    this.firstname = customer.Firstname;
    this.lastname = customer.Lastname;

    this.saveCommand = new DelegateCommand(SaveCommand_Execute,
                                           SaveCommand_CanExecute);
  }

  private DelegateCommand saveCommand;
  public DelegateCommand SaveCommand
  {
    get { return saveCommand; }
  }

  private bool SaveCommand_CanExecute(object argument)
  {
    // Eine Validierung kann hier erfolgen
    if (String.IsNullOrWhitespace(Firstname))
      return false;
    if (String.IsNullOrWhitespace(Lastname))
      return false;

    return true;
  }

  private void SaveCommand_Execute(object argument)
  {
    // Webservice, Datenbank etc.
  }

  // Properties Firstname, Lastname (siehe oben...)
}
```

Im Konstruktor des ViewModels kann das Kommando instanziiert werden. Hierbei müssen lediglich als Parameter die beiden Delegaten übergeben werden, die zum Überprüfen und zum Ausführen des Kommandos benötigt werden. Das Kommando selbst wird als Eigenschaft öffentlich zugänglich gemacht, damit darauf später in der View mittels Datenbindung zugegriffen werden kann. Des Weiteren befinden sich noch zwei Methoden in dem ViewModel, die die entsprechende Logik für die Überprüfung und das Ausführen des Kommandos beinhalten.

Listing 18.8 Die View

```
<Window
  xmlns="..." xmlns:x="..."
  xmlns:local="clr-namespace:MvvmDemo"
  x:Class="MvvmDemo.CustomerEditorView">

  <Grid VerticalAlignment="Top">
    <Grid.ColumnDefinitions>
      <ColumnDefinition Width="1*" />
      <ColumnDefinition Width="12" />
      <ColumnDefinition Width="2*" />
    </Grid.ColumnDefinitions>
    <Grid.RowDefinitions>
      <RowDefinition />
      <RowDefinition />
      <RowDefinition />
    </Grid.RowDefinitions>

    <TextBlock Grid.Column="0" Grid.Row="0" Text="Vorname" />
    <TextBox
      Grid.Column="2" Grid.Row="0"
      Text="{Binding Path=Firstname}" />

    <TextBlock Grid.Column="0" Grid.Row="1" Text="Nachname" />
    <TextBox
      Grid.Column="2" Grid.Row="1"
      Text="{Binding Path=Lastname}" />

    <Button
      Grid.Column="2" Grid.Row="2"
      Content="Speichern"
      Command="{Binding Path=SaveCommand}" />
  </Grid>
</Window>
```

Die beiden Eigenschaften `Command` und `CommandParameter` lassen sich in der View auch über Datenbindungen aus dem ViewModel füllen. Wenn `CommandParameter` wie in diesem Beispiel nicht gesetzt wurde, wird beim Aufruf des Kommandos lediglich `NULL` übergeben. Fallweise können so weitere Parameter oder Datenobjekte übergeben werden.

Über Datenbindungen können so nicht nur die Daten selbst, sondern auch die dazugehörigen Aktionen bereitgestellt werden. Damit befindet sich neben den Daten auch die notwendige Logik im ViewModel, das damit zum Motor der Anwendung wird. Öffnet der Benutzer das Fenster, wird das entsprechende ViewModel erstellt und die Daten, die der Benutzer ändern kann, werden bereitgestellt. Sollen die Änderungen gespeichert werden, wird über die Schaltfläche SPEICHERN das Kommando `SaveCommand` aufgerufen. Hier geschieht nichts weiter, als dass ein Delegat aufgerufen wird, der beim Erstellen des ViewModels angegeben worden ist – und zwar die Methode `SaveCommand_Execute()`.

Die Klasse `DelegateCommand` könnte für den Praxisalltag noch weiter ausgebaut werden – so wäre beispielsweise eine generische Version möglich, die über den Delegate bereits typsicher den Kommando-Parameter übergibt. Eine nichtgenerische Version der Klasse könnte dagegen für Kommandos verwendet werden, die keinen Kommando-Parameter unterstützen. Diese und andere Klassen wären gut in einer eigenen zentralen Bibliothek aufgehoben, da sie problemlos projektübergreifend wiederverwendet werden können. Oder Sie verwenden alternativ eine externe Bibliothek – eine kleine Auswahl hierzu wurde am Ende dieses Kapitels zusammengestellt.

18.3 Multithreading im ViewModel

Das ViewModel in unserem Beispiel arbeitet nun vollkommen unabhängig von der View und damit von der Oberfläche. Die hier ausgeführten Arbeiten laufen aber trotz dieser Trennung immer noch im Thread der UI und können gerade bei lang andauernden Arbeiten auch die UI zum Einfrieren bringen. Vom *Einfrieren* einer Anwendung spricht man, wenn diese für den Benutzer augenscheinlich stehen geblieben ist, da sie auf typische Interaktionen nicht mehr reagiert. Die nächstliegenden Symptome sind meist, dass beim Überfahren mit der Maus über unterschiedliche Steuerelemente diese kein Feedback mehr geben (kein Mouseover-Effekt) oder die Anwendung auf Mausklicks nicht mehr reagiert. Eine solche Anwendung ist nicht mehr reaktiv und erweckt beim Benutzer einen trägen Eindruck.

Um diesen Eindruck zu vermeiden und um eine sehr reaktive Anwendung zu erhalten, kommt man um den Einsatz mehrerer Threads zur Verarbeitung nicht herum. Diese wurden bereits in Kapitel 5 vorgestellt, sollen hier aber nochmals im Zusammenhang mit dem MVVM-Entwurfsmuster kurz angerissen werden.

Listing 18.9 Das ViewModel mit Kommandos erweitern

```
public class CustomerEditorViewModel : INotifyPropertyChanged
{
  public CustomerEditorViewModel(Customer customer)
  {
    // TaskScheduler für den aktuelle UI-Thread holen
    this.uiContext = TaskScheduler.FromCurrentSynchronizationContext();

    // Eingaben für den Benutzer aktivieren
    this.isEnbaled = true;

    this.customerId = customer.CustomerId;
    this.firstname = customer.Firstname;
    this.lastname = customer.Lastname;

    this.saveCommand = new DelegateCommand(SaveCommand_Execute,
                                          SaveCommand_CanExecute);
  }

  private TaskScheduler uiContext;

  private DelegateCommand saveCommand;
```

```
  public DelegateCommand SaveCommand
  {
    get { return saveCommand; }
  }

  private bool isEnabled;
  public bool IsEnabled
  {
    get { return isEnabled; }
    private set
    {
      if (value != isEnabled)
      {
        isEnabled = value;
        RaisePropertyChanged("IsEnabled");
      }
    }
  }

  private bool SaveCommand_CanExecute(object argument)
  {
    // Eine Validierung kann hier erfolgen
    if (String.IsNullOrWhitespace(Firstname))
      return false;
    if (String.IsNullOrWhitespace(Lastname))
      return false;

    return true;
  }

  private void SaveCommand_Execute(object argument)
  {
    // Benutzereingaben während des Speicherns unterbinden
    IsEnabled = false;

    Task.Factory.StartsNew(() =>
    {

      // Hintergrund-Thread
      // Aufruf für Webservice, Datenbank etc. (wie gewohnt)

      // Falsch: Hier NICHT die Benutzereingaben aktivieren!
      // IsEnabled = true;

    }).ContinuesWith((t) =>
    {

      // UI-Thread
      // Benutzereingaben können wieder ermöglicht werden
      IsEnabled = true;

    }, uiContext);

    // Falsch: Hier auch NICHT die Benutzereingaben aktivieren!
    // IsEnabled = true;
  }

  // Properties Firstname, Lastname (siehe oben...)
}
```

Hier wurde das eingehende Beispiel mit der sog. *Task Parallel Library* (oder kurz TPL) erweitert, die eine der spannenden Neuerungen des .NET Frameworks 4 darstellt. Die umfangreichste Erweiterung hat die Methode `SaveCommand_Execute()` erfahren. Da in dieser Methode ein entfernter Webservice aufgerufen wird, kann die Dauer der Methode nicht zuverlässig eingeschätzt werden. Derartige Aufrufe können mit der TPL jedoch mit wenig Aufwand von einem Hintergrund-Thread abgearbeitet werden. Die Methode `StartsNew()` ist hierfür eine willkommene Abkürzung, da sie nicht nur eine neue Instanz eines Tasks erstellt, sondern diese auch direkt startet. Das Erstellen eines neuen Hintergrund-Threads schrumpft dank dieser Methode auf eine Zeile zusammen.

Zusätzlich wurde das Beispiel aber auch dahingehend erweitert, dass die Oberfläche für den Benutzer in der Zeit während des Speicherns deaktiviert werden soll. Das soll ein versehentliches Mehrfachauslösen des Kommandos oder Eingaben während des Speicherns verhindern. Die Eigenschaft `IsEnabled` wurde hierfür hinzugefügt, die standardmäßig im Konstruktor auf `True` gesetzt wird.

In der Methode `SaveCommand_Execute()` muss diese Eigenschaft aber nun mit Bedacht gesetzt werden. Selbstverständlich muss noch vor dem Aufruf des Webservice die Eigenschaft `IsEnabled` auf `False` gesetzt werden. Doch die Frage ist, wann diese wieder zurück auf `True` gesetzt werden soll? Auf keinen Fall darf diese nach der Deklaration des Tasks erfolgen, wie es oben in dem Beispiel explizit am Ende der Methode erwähnt worden ist. Zu diesem Zeitpunkt ist der Task lediglich von uns definiert und keineswegs abgearbeitet worden. Würde man an dieser Stelle die Oberfläche wieder aktivieren, würde diese damit auch während des Speichervorgangs aktiviert bleiben. Verschiebt man diese Anweisung allerdings unmittelbar hinter den eigentlichen Speichervorgang in den Task, befindet man sich zwar an dem korrekten Zeitpunkt, doch leider nicht mehr im UI-Thread. Mit dieser Eigenschaft wird über eine Datenbindung die Oberfläche verändert, was die WPF nur aus dem UI-Thread zulässt. Um die WPF vom Werfen einer Ausnahme abzubringen, muss diese Anweisung also wieder in den UI-Thread erfolgen.

Die Lösung besteht aus der Deklaration eines zweiten Tasks, der im Anschluss ausgeführt werden soll. Hierfür muss im Anschluss der ersten Task lediglich die Methode `ContinuesWith()` verwendet werden, damit für diese eine Folge-Aufgabe angegeben werden kann. Um allerdings nicht einen zweiten Hintergrund-Thread zu erhalten, muss für diese Task explizit ein `TaskScheduler` als zusätzlicher Parameter angegeben werden. Mit diesem legen Sie fest, in welchem Thread das .NET Framework den Task ausführen soll.

In diesem Beispiel wurde der hierfür notwendige `TaskScheduler` als *uiContext* bezeichnet. Dieser kann zentral im Konstruktor erstellt werden, da bei größeren ViewModels dieser häufiger benötigt wird. Hierfür müssen Sie die Methode `FromCurrentSynchronizationContext()` der Klasse `TaskScheduler` aufrufen – diese erstellt einen neuen `TaskScheduler`, der mit dem aktuellen Thread verbunden ist. Es ist daher wichtig, dass der Konstruktor (und damit das Erstellen des `TaskSchedulers`) im UI-Thread erfolgt.

Als Nächstes muss die Oberfläche für den Benutzer deaktiviert werden, wenn das ViewModel mit dem Speichern beschäftigt ist. Hierfür binden Sie an möglichst zentraler Stelle die Eigenschaft `IsEnabled` ein.

Listing 18.10 Die View

```
<Window
  xmlns="..." xmlns:x="..."
  xmlns:local="clr-namespace:MvvmDemo"
  x:Class="MvvmDemo.CustomerEditorView">

  <Grid VerticalAlignment="Top"
        IsEnabled="{Binding Path=IsEnabled}">
    <!-- Eingabemaske (siehe oben) -->
  </Grid>
</Window>
```

18.4 Das Henne-Ei-Problem: View oder ViewModel?

Mit dem Henne-Ei-Problem ist in diesem Fall das Verhältnis zwischen View und ViewModel gemeint. Da beide nur zusammen auftreten, stellt sich die Frage, wer von den beiden zuerst erstellt werden soll. Aus dieser scheinbar einfachen Entscheidung der Reihenfolge ergeben sich nämlich zwangsläufig weitreichende Konsequenzen über die weitere Entwicklung. Die einfache Antwort aber vorweg: Es können problemlos auch beide Techniken kombiniert werden.

18.4.1 Zuerst die View

Betrachten wir die Herausforderung als Erstes aus der Sicht der Views – nimmt man sie als führend, so wird die Oberfläche hauptsächlich in den XAML-Dateien definiert. So können Benutzersteuerelemente beispielsweise für Navigation, Listen oder Formulare existieren, die bei Bedarf in eine übergeordneten View der Anwendung zusammengefasst werden. Im nachfolgenden Beispiel werden die einzelnen Views direkt im Hauptfenster erstellt und dort in einem `DockPanel` positioniert.

Listing 18.11 Hauptfenster mit fester Zuweisung des ViewModels

```
<Window
  xmlns="..." xmlns:x="..."
  xmlns:local="clr-namespace=MvvmDemo"
  x:Class="MvvmDemo.MainView">

  <DockPanel>
    <local:StatusBarView DockPanel.Dock="Bottom" />
    <local:ToolBarView DockPanel.Dock="Top" />
    <local:NavigationView DockPanel.Dock="Left" />
    <local:WorkspaceView />
  </DockPanel>
</Window>
```

Jede dieser Views bringt ihr eigenes ViewModel und dementsprechend auch ihre eigene Logik mit. Diese wird jedoch nicht an dieser Stelle angegeben, sondern vielmehr in den jeweiligen Views selber, wie in dem nachfolgenden Beispiel zu sehen ist.

Listing 18.12 Views

```
<UserControl
  xmlns="..." xmlns:x="..."
  xmlns:local="clr-namespace=MvvmDemo"
  x:Class="MvvmDemo.NavigationView">

  <UserControl.DataContext>
    <local:NavigationViewModel />
  </UserControl.DataContext>

  <Grid>
    <!-- Hier Inhalt und Datenbindungen -->
    <TextBlock Text="{Binding Path=AktuellerSeitenTitel}" />
  </Grid>
</UserControl>
```

In dieser View wird das ViewModel nicht in der Codebehind-Datei erzeugt, sondern direkt im XAML-Code selbst. Dadurch kann die Codebehind-Datei weiter ausgedünnt werden und alle wichtigen Angaben befinden sich so direkt im XAML-Code. Das hat allerdings auch Konsequenzen während der Entwicklung, da der Designer von Visual Studio zur Anzeige die View instanziiert und damit auch das ViewModel. Beachten Sie das nicht und versuchen, im Programmcode des ViewModels Datenbankverbindungen oder Webservices aufzurufen, können hier schnell Ausnahmen geworfen werden.

Beim Zusammenstellen der Anwendung ist bei dieser Vorgehensweise nicht viel Aufwand erforderlich, da sie wie ein Baukasten regelrecht „zusammengestöpselt" wird. Dieser Ansatz eignet sich besonders gut, wenn neue (Dialog-)Fenster geöffnet werden müssen, wie beispielsweise für Formulare oder sogar das Hauptfenster der Anwendung. Letzteres wird automatisch von der zentralen Anwendungsklasse erstellt und kann sich über XAML sein eigenes ViewModel zuweisen.

Listing 18.13 Hauptfenster mit fester Zuweisung des ViewModels

```
<Window
  xmlns="..." xmlns:x="..."
  xmlns:local="clr-namespace=MvvmDemo"
  x:Class="MvvmDemo.MainView">

  <Window.DataContext>
    <local:MainViewModel />
  </Window.DataContext>

  <DockPanel>
    <!-- Inhalt der Anwendung -->
  </DockPanel>
</Window>
```

Diese Vorgehensweise hat den Vorteil, dass das Fenster vom Verwender wie gewohnt geöffnet und geschlossen werden kann. Das zu verwendende ViewModel wird hierbei entweder deklarativ in XAML (wie hier in diesem Beispiel zu sehen) oder in der Codebehind-Datei erstellt, sodass ein manuelles Zuweisen von außen entfällt.

Diese Methode eignet sich besonders, wenn die Anwendung aus mehreren einzelnen Fenstern besteht.

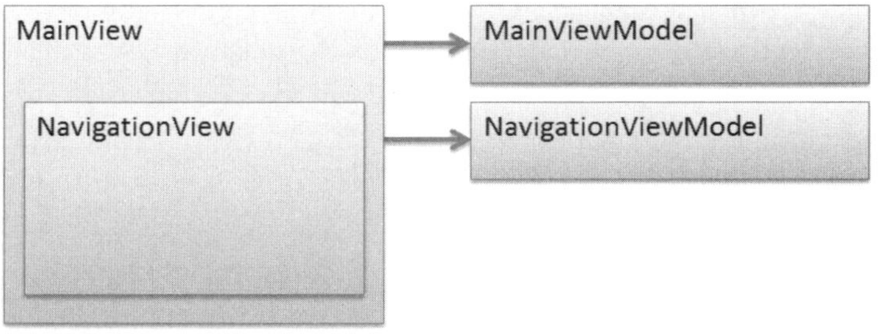

Bild 18.3 Die Views laden ihre fest hinterlegten ViewModels.

Allerdings wird dadurch die direkte Zusammenarbeit der einzelnen Views bzw. ihrer ViewModels erschwert. Es gibt nämlich keine direkte Schnittstelle, über die sich die einzelnen Bestandteile der Anwendung austauschen können. Fällt die Wahl auf diese Vorgehensweise, ist daher meist noch ein übergeordnetes System zur Kommunikation erforderlich. Auch bei der Abstimmung zwischen dem Fenster und dem ViewModel ist Handarbeit gefragt. Soll beispielsweise vor dem Schließen des Fensters der Anwender gefragt werden, ob er die Änderungen speichern oder verwerfen möchte, so müssen zuvor mehrere Ereignisse aus der Codebehind-Datei abgefangen und dem ViewModel zugeführt werden. Solche Fälle lassen sich mit MVVM nie ganz verhindern - Codebehind ist schließlich nicht gänzlich verboten, sollte aber trotz allem auf ein Minimum begrenzt werden.

18.4.2 Zuerst das ViewModel

Bei dieser Methode stehen die ViewModels im Mittelpunkt: Sie werden als Erstes erstellt und dienen auch als Grundgerüst der Anwendung. Die Views, die für eine Anwendung nicht weniger wichtig sind, kommen hier jedoch erst an zweiter Stelle. Sie können von der WPF fast automatisch herausgesucht und angezeigt werden, sodass hier kaum zusätzlicher Aufwand entsteht (dazu aber gleich mehr).

Betrachten wir die Vorgehensweise anhand eines Beispiels für die Navigation.

Listing 18.14 Haupt-ViewModel

```
public class MainViewModel
{
  public MainViewModel()
  {
    NavigationViewModel = new NavigationViewModel();
  }

  public NavigationViewModel Navigation { get; private set; }
}
```

In diesem Beispiel soll zusätzlich zum bestehenden Hauptfenster ein Bereich zur Navigation eingeblendet werden. Hierfür wird in dem ViewModel des Hauptfensters ein zusätzliches ViewModel namens `NavigationViewModel` erstellt, das die Logik für den Navigationsbereich enthält. Mehr muss das ViewModel für diese Aufgabe nicht wissen, da die weitere Verantwortung über die Navigation dem `NavigationViewModel` obliegt. Auch die Frage, wo die Navigation angezeigt wird, wird erst von der View beantwortet. Das ViewModel bestimmt im Grunde nur, *was* und *wann* etwas angezeigt wird, aber nicht das *Wo* und das *Wie*.

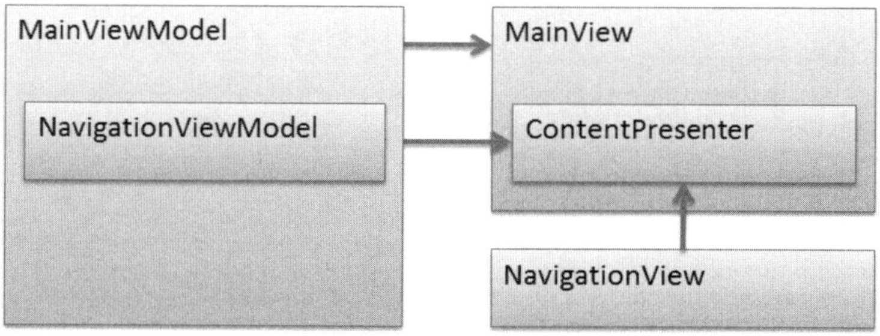

Bild 18.4 Die ViewModels bestimmen die Struktur – die Views bilden diese ab.

Das ViewModel muss lediglich die benötigten Informationen über eine öffentlich zugängliche Eigenschaft bereitstellen, damit diese von der View ausgelesen werden können. In diesem Beispiel handelt es sich nicht nur um einfache Datentypen, wie `String` oder `Int32`, sondern um einen komplexen Datentyp. Das Prinzip ändert sich dadurch aber nicht, denn auch diese Eigenschaften können in der View per Datenbindung angesteuert werden.

In einem zweiten Schritt muss in der View des Hauptfensters definiert werden, an welcher Stelle die Navigation angezeigt werden soll. Hierfür ist lediglich ein Platzhalter in Form eines `ContentControls` notwendig:

Listing 18.15 Haupt-View

```
<Window
  xmlns="..." xmlns:x="..."
  xmlns:local="clr-namespace=MvvmDemo">

  <Window.DataContext>
    <local:MainViewModel />
  </Window.DataContext>

  <DockPanel>

    <ContentControl
      DockPanel.Dock="Left"
      Content="{Binding Path=Navigation}" />

    <!-- weiterer Inhalt des Hauptfensters an dieser Stelle -->
    <Border />
  </DockPanel>
</Window>
```

In dieser View wird definiert, an welcher Stelle im Hauptfenster die Navigation erscheinen soll. Hierfür wird der `ContentPresenter` verwendet, der über ein DockPanel an die rechte Seite angedockt wird. Als Inhalt wird hier der Inhalt der Eigenschaft `Navigation` aus dem Haupt-ViewModel zugewiesen – also eine Instanz der Klasse `NavigationViewModel`.

Der Vorteil von diesem Ansatz ist, dass jeder Bereich sehr schlank und sehr übersichtlich bleibt, da jeder Bereich nur wirklich das beinhaltet, was für seine Aufgabe notwendig ist. So enthalten die ViewModels hauptsächlich nur Programmcode, den sie für die Bereitstellung und die Verarbeitung der Informationen benötigen; die Views enthalten lediglich die Darstellung dieser Informationen.

Allerdings fehlt in diesem Beispiel noch ein wichtiges Puzzlestück: Woher weiß die WPF, welche View für die Darstellung der Navigation erforderlich ist? Bislang wurde nur mit dem `NavigationViewModel` hantiert – die hierzu korrespondierende `NavigationView` wurde noch nicht einmal erwähnt. Ohne diese Information würde die WPF stur den Klassennamen des ViewModels ausgeben – und nicht wie gewünscht die View. Hierfür ist noch eine Art Zuordnung oder Zuweisung notwendig, die entweder in der Datei *app.xaml* oder in ausgelagerten Hilfsprojekten in der Datei *Themes/Generic.xaml* erfolgen kann. Diese Zuweisung erfolgt mit der Hilfe impliziter Data Templates.

Listing 18.16 View mit einem impliziten DataTemplate veröffentlichen

```
<ResourceDictionary
  xmlns="..." xmlns:x="..."
  xmlns:local="clr-namespace=MvvmDemo">

  <DataTemplate DataType="{x:Type local:NavigationViewModel}">
    <local:NavigationView />
  </DataTemplate>

</Window>
```

In diesem Beispiel wird in der Ressource-Datei *Generic.xaml* ein neues implizites `DataTemplate` angelegt. Der einzige Inhalt dieses `DataTemplate` ist die Darstellung der View für die Navigation.

Wie genau geht die WPF nun vor? In unserem Hauptfenster wurde zu Beginn lediglich eine neue Instanz von `NavigationViewModel` erzeugt. Für die WPF ist diese Klasse jedoch nichts Besonderes – im Grunde genommen sogar eine Datenklasse wie jede andere. In der View des Hauptfensters wurde diese Klasse dann als Inhalt eines `ContentControl` zugewiesen. Da kein explizites `DataTemplate` zugewiesen worden ist, versucht das Steuerelement, für die Darstellung ein implizites `DataTemplate` zu finden – das im letzten Schritt hinterlegt worden ist. So nutzt man für das Laden der Views den cleveren Algorithmus der WPF, da ansonsten das Laden und Zuweisen manuell erfolgen müsste.

In der Datei *Generic.xaml* könnte theoretisch der gesamte Inhalt der Views definiert sein. Für eine übersichtlichere Struktur bietet es sich aber an, diesen Ort lediglich als Verknüpfung zwischen ViewModel und View zu verwenden, da die Datei ansonsten schnell unüberschaubar groß anwachsen würde.

Diese Vorgehensweise, bei der die ViewModels eine führende Rolle spielen, eignet sich besonders für Anwendungen, die aus einigen wenigen Fenstern bestehen, deren Inhalt aber entweder oft ausgetauscht wird oder aus mehreren verschiedenen ViewModels besteht. Da außerdem der Programmcode eine führende Rolle einnimmt, lassen sich die einzelnen ViewModels wesentlich besser miteinander verbinden. Auf diese Weise können über öffentliche Eigenschaften oder Ereignisse einfacher wichtige Informationen ausgetauscht werden.

18.5 Orientierungshilfe

Wie eingangs erwähnt, handelt es sich bei diesem Entwurfsmuster noch um ein verhältnismäßig junges. Aus diesem Grund haben sich noch keine harten Fakten etabliert, die das Entwurfsmuster genau beschreiben. In der Praxis und im Internet haben sich allerdings einige Richtlinien etabliert, die wie folgt beschrieben werden sollen. Wie immer handelt es sich hierbei um keine Gesetze, die es zwingend zu befolgen gilt, sondern vielmehr um Empfehlungen.

- MVVM = WPF *Light*
  Die WPF enthält viele Techniken, die bei MVVM keine oder nur eine untergeordnete Rolle spielen. Der Schwerpunkt und die Verantwortung liegen bei MVVM deutlich im Bereich der ViewModels und damit wieder beim traditionellen Programmcode. Viele Bibliotheken, die Unterstützung für MVVM anbieten, enthalten daher Klassen und Methoden, um die Umsetzung der ViewModels zu vereinfachen. Viele Funktionen aus dem Datenbereich der WPF, wie Data Provider, asynchrone Datenbindungen oder das Sortieren und Filtern über die Collection View, dürften in einer MVVM-Anwendung daher nur von geringer Bedeutung sein, wohingegen die klassische Datenbindung dagegen das wichtigste Utensil ist.
- Codebehind sollte gemieden werden – ist aber auch nicht verboten.
  Da das MVVM-Entwurfsmuster für die WPF entwickelt worden ist und nicht umgekehrt, wird es immer Ausnahmen geben, in denen man auf Codebehind-Dateien zurückgreifen muss. Sie können allerdings versuchen, diesen Anteil so gering wie möglich zu halten, indem Sie die Zuständigkeit ins ViewModel verlagern und die Aufrufe im Codebehind so kurz wir möglich halten.
- ViewModel dient zur Unterstützung der UI – enthält selbst aber keine UI.
  Die ViewModels enthalten nur Informationen über die aktuelle Darstellung der UI – aber nicht die UI selbst. Sie sollten sich daher nach Möglichkeit darauf beschränken, einfache Datentypen zu verwenden, wie `String` oder `Boolean`. Komplexere Datentypen oder gar Steuerelemente sollten Sie dagegen vermeiden. Zwischen View und ViewModel sollte eine unsichtbare Trennlinie existieren, die die Darstellung und ihre Logik voneinander trennt. Umgekehrt sollte die View natürlich auch keine Logik enthalten.
- Achten Sie auf klare Zuständigkeiten.
  Die ViewModels bilden meist den Motor einer Anwendung – da sie an vorderster Front stehen und als Erstes die Aktivitäten des Benutzers erhalten, starten und steuern sie die verschiedenen Prozesse, die im Laufe der Anwendung notwendig sind. Neben der reinen Darstellung sollten aber auch weitere Aspekte nicht außer Acht gelassen werden, wie z. B. die Zuständigkeit zur Behandlung von Ausnahmen. Sollte es einen zentralen Ort dafür geben oder sollte man Ausnahmen dort abfangen, wo sie entstehen? Für das ViewModel

wäre es besser, wenn es zumindest Kenntnis über einen entstandenen Fehler erhält, damit es in adäquater Weise darauf reagieren kann. Andere Layer (wie die für den Datenzugriff oder für den Webservice) sind meist nicht in der Lage, eine Entscheidung zu treffen, was im Falle eines Fehlers geschehen soll. Das ViewModel kann dagegen den Benutzer darüber informieren und ggf. sogar Teile der Oberfläche zeitweise deaktivieren.

- Multithreading
  Ein weiteres Thema betrifft das Multithreading bzw. den asynchronen Zugriff auf den Datenspeicher. Beim Zugriff auf entfernte Dienste sollte das Einfrieren der Oberfläche vermieden werden. Man sollte sich daher für einen Layer entscheiden, der alleine für den asynchronen Zugriff verantwortlich ist.
- MVVM steht nicht für OOP oder Wiederverwendbarkeit
  Anders als bei der objektorientierten Programmierung (OOP) spielen nicht die Wiederverwendbarkeit und die geschickteste Vererbung die wichtigste Rolle, sondern ein optimales Zusammenspiel zwischen View und ViewModel.
- Darf die View das Data-Model kennen?
  Sobald die View nicht nur das ViewModel kennt, sondern darüber hinaus auch das dort verwendete Datenmodell, erhöhen sich dadurch auch die Abhängigkeiten. Das passiert, wenn das ViewModel nicht nur einzelne Informationen, sondern gleich das gesamte Datenmodell über eine Eigenschaft veröffentlicht. Eine Änderung oder Umstrukturierung des Datenmodells wird dadurch erschwert, da die meisten Werkzeuge zur Refaktorisierung keine Datenbindungen erkennen können. Benennt man beispielsweise nur eine Eigenschaft im Datenmodell um, können zahlreiche Datenbindungen danach ins Leere laufen.
- View und ViewModel sind wie siamesische Zwillinge.
  Das ViewModel existiert eigentlich nur aus einem einzigen Grund – es bildet die Grundlage für die View. Die beiden tauchen daher fast wie siamesische Zwillinge nur als Paar auf und sind auch nur als Paar zu gebrauchen. Es ist nicht vorgesehen, dass ein ViewModel für eine andere View eingesetzt werden kann, da es wieder unnötig viele Abhängigkeiten zwischen den beiden Views schaffen würde, die die Entwicklung nachteilig beeinflussen können.
- Das View kennt das ViewModel – das ViewModel allerdings nicht die View.
  Die View greift passiv über Datenbindungen (und in Ausnahmen über ihre Codebehind-Datei) auf das ViewModel zu. Hierfür muss es natürlich die Instanz des ViewModels kennen, die im Datenkontext der View hinterlegt wird. Im Gegenzug sollte das ViewModel allerdings nicht die View kennen.
- ViewModels ersetzen keine Geschäftslogik.
  Die Geschäftslogik sollte weiterhin in einem von der UI getrennten Bereich bleiben. Je unabhängiger dieser Bereich von der UI oder gar von einzelnen Anwendungsfällen ist, desto einfacher lässt sich dieser erweitern, pflegen oder für andere Anwendungen wiederverwenden.

18.6 Design-Time-Unterstützung

Wenn Daten und Darstellung so sauber voneinander getrennt werden, wie es bei dem MVVM-Entwurfsmuster der Fall ist, wird es für Visual Studio und Blend zur Entwicklungszeit schwieriger, die Views korrekt darzustellen. In der Regel werden nämlich View und ViewModel erst zur Laufzeit zueinander geführt. Am einfachsten haben es die Designer noch, wenn es sich lediglich um einfache Steuerelemente handelt, da die unabhängig von den Daten im .NET Framework zur Verfügung stehen.

Da aber keine Instanz des ViewModels vorhanden ist, laufen in der View die Datenbindungen ins Leere. Fehlerhafte Datenbindungen oder eine originalgetreue Darstellung würde man auf diese Weise erst zur Laufzeit erfahren. Schwieriger wird es sogar, wenn es sich um eine Zusammenstellung mehrerer Views handelt. Da die zusätzlichen Views über ein `ContentControl` dargestellt werden, die sich ebenfalls auf ein nicht vorhandenes ViewModel beziehen, können diese ebenfalls nicht befüllt werden.

Eine Unterstützung zur Design-Time (d. h. zur Entwicklungszeit) hat unschätzbare Vorteile, da Änderungen direkt sichtbar werden und nicht erst viel später zur Laufzeit. Das ist besonders von Vorteil, je größer und komplexer eine Anwendung wird. Derartige Anwendungen benötigen meist eine längere Zeit zum Kompilieren und Starten oder setzen eine Anmeldung voraus oder bestehen aus mehreren Screens, durch die man sich erst „durchklicken“ muss.

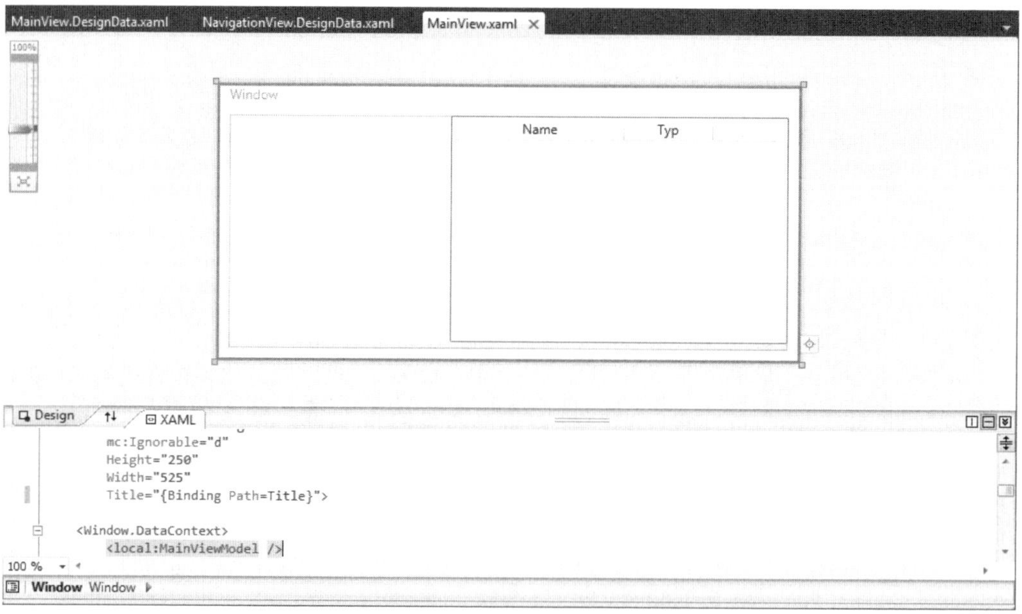

Bild 18.5 Visual Studio ohne ausreichende Design-Time-Unterstützung

In Bild 18.5 ist eine View zu sehen, in der keine Design-Time-Unterstützung angeboten wird. Die Datenbindungen sind nicht zu erkennen und auch verwendete Views bleiben leer. Man benötigt einige Vorstellungskraft, um aus diesen Informationen das fertige Endprodukt erkennen zu können.

Um zur Design-Time eine Unterstützung zu erhalten, wird lediglich ein einfaches Datenobjekt benötigt. An dieses werden jedoch einige Anforderungen gestellt, von denen einige wie folgt aussehen:

- Das Objekt muss dieselben Eigenschaften wie das ViewModel aufweisen, damit Datenbindungen getestet werden können.
- Die Eigenschaften sollten mit Test-Daten gefüllt sein, damit die Darstellungen in der View überprüft werden können.
- Komplexere Daten, wie beispielsweise ViewModels, sollten ebenfalls unterstützt werden, damit auch diese in den Views angezeigt werden können.
- Die Testdaten sollten nur sehr wenig oder gänzlich ohne Programmcode auskommen, um Abhängigkeiten zu externen Programmteilen zu vermeiden.
- Testdaten sollten nach Möglichkeit nicht in dem Endprodukt enthalten sein.

Hierfür ist es nicht ausreichend, einfach in der XAML-Datei ein Testobjekt dem aktuellen Datenkontext zuzuweisen. Diese Zuweisung würde auch zur Laufzeit bestehen bleiben und damit ungewollte Nebeneffekte zur Folge haben. Mit ein wenig Geschick lassen sich diese Anforderungen sicherlich mit einigen Zeilen Programmcode und einigen Prüfroutinen abbilden. Seit Visual Studio 2010 wird hierfür aber mit sog. Design-Time-Daten auch von Haus aus Unterstützung angeboten.

Grundlage hierfür ist der XAML-Kompilierer, der zum Serialisieren von Testdaten verwendet wird. Jedes Testobjekt wird hierfür in eine eigene Datei gespeichert. Um Design-Time-Unterstützung für eine View zu erhalten, muss daher eine neue Datei angelegt werden, die die entsprechenden Testdaten enthalten soll.

Die Bezeichnung der Dateien ist nicht festgeschrieben. Ich bevorzuge jedoch folgende Namenskonvention, die in Tabelle 18.1 zu sehen ist.

Tabelle 18.1 Beispiel für eine Namenskonvention für Testdaten

Dateiname	Bemerkung
___*View.xaml*	XAML-Datei der View
___*View.xaml.cs*	Codebehind-Datei der View
___*ViewModel.cs*	Programmlogik (ViewModel)
___*View.DesignData.xaml*	Testdaten zur Design-Time-Unterstützung

Obwohl die Unterstützung für Testdaten in Visual Studio vorhanden ist, gibt es noch keine Vorlage, mit der diese Datei angelegt werden kann. Man ist daher gezwungen, entweder ein `ResourceDictionary` oder ein einfaches XML-Dokument anzulegen, um danach die notwendigen Änderungen durchzuführen.

- Die Build Action der Datei muss entweder auf *DesignData* oder auf *DesignDataWithDesignTimeCreatableTypes* gestellt werden. Bei *DesignData* kann die WPF auf Proxy-Klassen zurückgreifen, die zwar dieselben Eigenschaften aufweisen, doch einen anderen Klassennamen besitzen. Das kann gerade bei der Zuweisung von impliziten Data Templates hinderlich sein, was Sie umgehen können, wenn Sie die Option *DesignDataWithDesignTimeCreatableType* wählen.

- Eine Dateiendung mit *xaml* ist empfohlen, da dadurch das Bearbeiten der Testdaten in Visual Studio besser unterstützt wird.
- Einstellungen für *Custom Tool* oder für das Kopieren in das Ausgabeverzeichnis müssen nicht gesetzt sein.

Mit diesen Voraussetzungen kann man nun beginnen, die Datei mit Leben zu füllen. In diesem Beispiel soll eine Test-Instanz für ein ViewModel erstellt werden, das sich im Namensraum `MvvmDesignTime` befindet.

Listing 18.17 Testdaten für ein ViewModel

```
<MainViewModel
  xmlns="clr-namespace:MvvmDesignTime"
  Title="MVVM DesignTime Demo"
  StatusText="Design">

  <MainViewModel.Navigation>
    <NavigationViewModel Text="NavigationViewModel DesignTime" />
  </MainViewModel.Navigation>

  <MainViewModel.Liste>
    <Eintrag Name="Lorem" ItemType="Kunde" />
    <Eintrag Name="Ipsum" ItemType="Kunde" />
  </MainViewModel.Liste>
</MainViewModel>
```

In diesem Beispiel ist zu sehen, wie als Erstes der verwendete Namensraum importiert werden muss. Die weitere Verwendung des Objektes geschieht wie in einer regulären XAML-Datei, in der Eigenschaften entweder über die Attribute (wie `Title` und `StatusText`) oder über XML-Knoten zugewiesen werden können (wie `Navigation` und `Liste`). Bei `Navigation` handelt es sich um eine Eigenschaft für ein weiteres ViewModel, das ebenfalls an dieser Stelle instanziiert werden kann. Bei `Items` handelt es sich um eine einfache Auflistung an Objekten – hier eine `ObservableCollection`, die Einträge der Klasse `Eintrag` aufnimmt.

Dank des mächtigen XAML-Kompilierers fällt das Erstellen von Testdaten nicht schwer. Im nächsten Schritt müssen diese Daten nur noch im Designer von Visual Studio angezeigt werden.

Listing 18.18 Testdaten verwenden

```
<Window
  xmlns="http://schemas.microsoft.com/winfx/2006/xaml/presentation"
  xmlns:x="http://schemas.microsoft.com/winfx/2006/xaml"
  xmlns:mc="http://schemas.openxmlformats.org/markup-compatibility/2006"
  xmlns:d="http://schemas.microsoft.com/expression/blend/2008"
  xmlns:local="clr-namespace:MvvmDesignTime"
  x:Class="MvvmDesignTime.MainView"
  mc:Ignorable="d"
  Width="525"
  Height="250"
  Title="{Binding Path=Title}"
  d:DataContext="{d:DesignData Source=MainView.DesignData.xaml}">

  <Window.DataContext>
```

```
    <local:MainViewModel />
  </Window.DataContext>

  <DockPanel>
    <StatusBar DockPanel.Dock="Bottom">
      <StatusBarItem Content="{Binding Path=StatusText}" />
    </StatusBar>
    <ContentControl
      DockPanel.Dock="Left" Width="200"
      Content="{Binding Path=Navigation}" />

    <ListView ItemsSource="{Binding Path=Liste}">
      <ListView.View>
        <GridView>
          <GridViewColumn
            Header="Name" Width="150"
            DisplayMemberBinding="{Binding Path=Name}" />
          <GridViewColumn
            Header="Typ" Width="80"
            DisplayMemberBinding="{Binding Path=ItemType}" />
        </GridView>
      </ListView.View>
    </ListView>
  </DockPanel>
</Window>
```

Grundlage für die Design-Time-Unterstützung ist der Namensraum von Blend, der nebenbei bemerkt auch von Visual Studio unterstützt wird. In diesem Beispiel wird er wie üblich mit dem XML-Präfix „d" importiert. Bei benutzerdefinierten Steuerelementen ist dieser Import bereits enthalten; für Fenster muss dies noch nachträglich angegeben werden. Über diesen Namensraum kann ein Attribut namens `DataContext` verwendet werden, das zwar ähnlich wie der sonst übliche `DataContext` funktioniert, jedoch nur zur Entwurfszeit in Visual Studio und in Blend ausgewertet wird.

```
d:DataContext="{d:DesignData Source=MainView.DesignData.xaml}"
```

An dieser Stelle könnten Sie dem Datenkontext in gewohnter Weise neue Objekte zuweisen. Damit dieser jedoch auf die vordefinierten Testdaten zugreift, gibt es im selben Namensraum eine Markup Extension namens `DesignData`, mit deren Hilfe Sie auf die Datei mit den Testdaten verweisen können. Hier muss mit dem Attribut `Source` der Pfad zu der Datei angegeben werden. Diese muss sich nicht zwangsläufig im selben Verzeichnis befinden – denkbar wäre auch, dass die Testdaten in ein gesondertes Verzeichnis ausgelagert werden.

Ein zweiter Aspekt wird in dem oben gezeigten XAML-Dokument ebenfalls berücksichtigt: Die Testdaten sollen zur Laufzeit keinen Einfluss auf das Programm nehmen. Hierfür wird aus dem Namensraum `Markup Compatibility` das Attribut `Ignorable` verwendet. Hierüber können die XML-Präfixe angegeben werden, die zur Kompilierung ignoriert werden sollen. In diesem Fall soll der gesamte Namensbereich ignoriert werden, der für die Unterstützung der Design-Time zuständig ist.

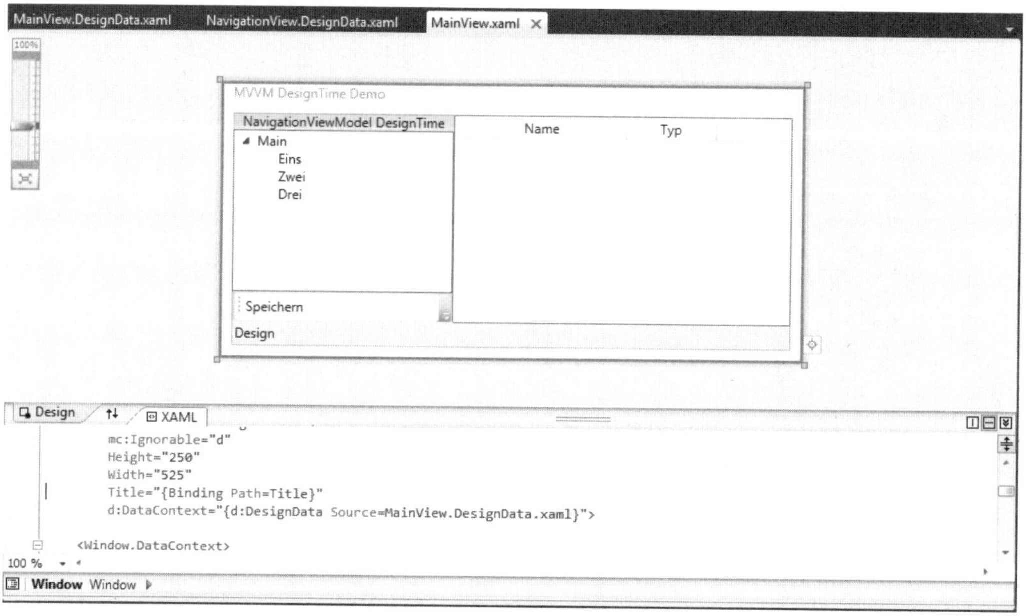

Bild 18.6 Visual Studio mit verbesserter Design-Time-Unterstützung

Wie man in Bild 18.6 sehen kann, ist die Darstellung in Visual Studio dank der Unterstützung der Testdaten wesentlich verbessert worden.

18.7 Grenzen und Nachteile von MVVM

Auch MVVM hat bestimmte Grenzen, in denen es effektiv eingesetzt werden kann. Mit diesem Entwurfsmuster lassen sich die meisten Standardfälle gut abdecken, die bei einer durchschnittlichen Anwendung auftreten können. Die Grenzbereiche fangen jedoch bereits bei Animationen an, die mit MVVM noch einigermaßen gut abgedeckt werden können. Das Starten der Animation funktioniert über einen einfachen Daten-Trigger. Hierfür muss das ViewModel lediglich eine Eigenschaft bereitstellen, auf die der Trigger horchen muss. Ändert sich der Wert der Eigenschaft, wird der Trigger ausgelöst und die Animation kann gestartet werden. Allerdings gibt es danach nur noch sehr wenige Möglichkeiten, die Animation zu steuern oder auf das Ende der Animation zu horchen. Hier ist meist zusätzlicher Programmcode in der Codebehind-Datei erforderlich.

Listing 18.19 Trigger für Animationen verwenden

```
<ContentControl Content="{Binding}">
  <ContentControl.ContentTemplate>
    <DataTemplate>
      <TextBlock x:Name="TB1" Text="Einblenden" />

      <DataTemplate.Triggers>
```

```
        <DataTrigger Binding="{Binding Path=IsEnabked}">
          <DataTrigger.EnterActions>
            <BeginStoryboard Storyboard="{StaticResource Animation1}" />
          </DataTrigger.EnterActions>
          <DataTrigger.ExitActions>
            <BeginStoryboard Storyboard="{StaticResource Animation2}" />
          </DataTrigger.ExitActions>
        </DataTrigger>
      </DataTemplate.Triggers>
    </DataTemplate>
  </ContentControl.ContentTemplate>
</ContentControl>
```

Ein anderer großer Bereich betrifft alles, was über Ereignisse gesteuert wird. Das können Tastatureingaben, Gesten über Touchscreens oder Mausereignisse sein. Einfache Ereignisse lassen sich noch über die sog. *InputBindings* an Kommandos binden. So kann beim Drücken der `ENTER`-Taste oder der Maustaste automatisch ein bestimmtes Kommando aufgerufen werden. Das trifft allerdings nicht auf Doppelklick-Ereignisse zu, da Sie hierfür kein Kommando zuweisen können.

Um die Lücken von MVVM zu füllen, haben sich mittlerweile einige öffentliche Bibliotheken etabliert, die beispielsweise die Navigation zwischen den einzelnen ViewModels verbessern sollen. Wer zuerst mit Bordmitteln der WPF arbeiten möchte, sollte zumindest das Erstellen einer eigenen Bibliothek in Betracht ziehen, damit zentrale Klassen für Kommandos oder ViewModels projektübergreifend wiederverwendet werden können. Eine solche Bibliothek zu erstellen, muss nicht aufwendig sein, da diese nur aus einigen wenigen Klassen bestehen muss, die die WPF (noch) nicht zur Verfügung stellt.

Die folgenden Bibliotheken können bei der Verwendung des MVVM-Entwurfsmusters behilflich sein:

- MVVM Light Toolkit von Laurent Bugnion: *http://mvvmlight.codeplex.com*
- WPF Application Framework (WAF): *http://waf.codeplex.com*
- Caliburn: *http://caliburn.codeplex.com*

18.8 Weitere Schritte

In den Beispielen, die bisher in diesem Kapitel zu sehen waren, war die Programmlogik hauptsächlich in den ViewModels zu finden. Das Prinzip funktioniert bei einigen wenigen Views noch ganz ordentlich. Je größer allerdings eine Anwendung wird, desto höher wird die Gefahr, dass es zwischen den Views zu Überschneidungen kommt und dadurch Programmcode redundant gehalten wird.

Im nächsten Schritt, der allerdings nichts mehr mit dem Entwurfsmuster MVVM zu tun hat, sollte der redundante Programmcode in zentralere Klassen ausgelagert werden. Das können sog. Manager- oder Controller-Klassen sein, die entweder passiv vom ViewModel aus angesteuert werden oder sogar aktiv an der Steuerung der Anwendung beteiligt sind.

Des Weiteren eignet sich MVVM auch ideal, um die Anwendung lose zu koppeln. Bei dieser Technik werden Klassen, wie die der ViewModels, nicht mehr direkt instanziiert, sondern beispielsweise durch sog. *Dependency Injection* (DI) oder einen *Service Locator* bereitgestellt. Beide Themen sind leider zu umfangreich, als dass sie hier in der notwendigen Tiefe behandelt werden könnten. Das Prinzip hinter beiden Methoden ist jedoch das gleiche: Man instanziiert und arbeitet nicht mehr direkt mit den Klassen, sondern nur noch über ihre Schnittstellen oder in einer abstrakten Basisklasse. Mit einer Schnittstelle wird definiert, welche Methoden und Eigenschaften eine Klasse implementieren muss. Um welche Klasse es sich in Wahrheit handelt, ist für die Implementierung uninteressant.

> Das Verwenden von Schnittstellen bringt den zusätzlichen Vorteil, dass die Objekte auch problemlos durch sog. *Mocks* ausgetauscht werden können. Mocks sind Pseudo-Implementierungen, die hauptsächlich bei Unit Testing zum Einsatz kommen. Mit ihrer Hilfe können Funktionalitäten vorgetäuscht werden, die für eine Methode oder eine Klasse benötigt werden. Damit kann ein Unit-Test lokal auf eine Klasse beschränkt und nicht zum Integrationstest werden, der im schlimmsten Fall bis zur Datenbank reicht.

Ein einfaches Beispiel, in dem das *Managed Extensibility Framework* (MEF) verwendet wird, soll das Potenzial verdeutlichen.

Listing 18.20 View mit einem implizitem DataTemplate veröffentlichen

```
public class MainViewModel
{
  [ImportMany]
  public IEnumerable<IUseCaseViewModel> UseCases
  {
    get;
    private set;
  }
}

[Export(typeof(IUseCaseViewModel))]
public class AddCustomerUseCase : IUseCaseViewModel
{
}
```

In der ersten Klasse `MainViewModel` wird die Eigenschaft `UseCases` definiert, die weitere Unter-View-Modelle bereitstellen soll. Dank MEF ist es nicht wichtig, welche View-Modelle hier geladen werden, sondern nur, dass sie alle die gemeinsame Schnittstelle `IUseCaseViewModel` implementieren. Mit dem Attribut `[Export]` werden die jeweiligen Klassen für MEF veröffentlicht, wie es hier bei der zweiten Klasse der Fall ist. Bei dieser muss lediglich als Parameter im Attribut der Typ angegeben werden, der beim Import übereinstimmen muss.

> Zum Starten von MEF ist darüber hinaus noch ein Container und ein Katalog erforderlich, in dem alle Informationen über Exporte und Importe verwaltet werden. Dieses Beispiel soll nicht MEF selbst, sondern nur das Zusammenspiel mit MVVM verdeutlichen.

Wenn MEF korrekt geladen wurde, wird beim Erstellen der Klasse `MainViewModel` die Eigenschaft `UseCases` automatisch mit Instanzen der gefundenen Klassen gefüllt. In diesem Fall betrifft es also mindestens eine Instanz der Klasse `AddCustomerUseCase`. Die neuen ViewModels können nun in der View veröffentlicht werden – am einfachsten über ein ItemsControl oder ein TabControl:

```
<TabControl Items="{Binding Path=UseCases}" />
```

MEF eignet sich besonders gut, wenn es darum geht, eine unbekannte Anzahl an Erweiterungen zu laden. In dem vorherigen Beispiel war zu sehen, dass eine Liste an Use Cases von MEF importiert werden soll, die zur Anzeige in einem `TabControl` verwendet wird. Trotzdem handelt es sich bei MEF nicht um einen „echten" Dependency Injector, da der Fokus hier auf Erweiterungen und Komposition gelegt wurde.

Ein weiteres verbreitetes Werkzeug ist *Ninject*. Anders als MEF handelt es sich bei Ninject um einen reinen Dependency Injector, der darauf spezialisiert ist, über einen bestimmten Schlüssel eine Instanz zu liefern. Ein Schlüssel ist in der Regel eine Schnittstelle, die von der gewünschten Instanz implementiert sein muss. Dadurch muss das Programm nicht direkt die Instanz kennen, sondern nur die Möglichkeit, wie es an diese herankommt.

Listing 18.21 View mit einem impliziten DataTemplate veröffentlichen

```
public class MainViewModel
{
  public MainViewModel(INavigationViewModel navigation)
  {
    this.Navigation = navigation;
  }

  public INavigationViewModel Navigation
  {
    get;
    private set;
  }
}
```

Diese Technik eignet sich besonders gut, wenn beispielsweise Teilbereiche nach Kundenbedürfnissen ausgetauscht werden sollen. In diesem Fall implementiert man eine einheitliche Schnittstelle, die von den jeweiligen Implementierungen unterstützt wird. Je nach Anwendungsfall oder Kunden kann die Implementierung ausgetauscht werden. Da auf diese Weise nicht nur einfach Klassen ausgetauscht werden, sondern genauso gut auch ViewModels, kann auf diese Weise auch sehr einfach die Oberfläche angepasst werden.

19 Anwendungen für Windows 8

Windows 8 ist die neueste Ausgabe des Betriebssystems von Microsoft und wurde speziell für Tablets mit Touch-Steuerung optimiert. Laut Aussage von Microsoft handelt es sich bei Windows 8 um die größte Änderung seit Windows 95. Dieser Vergleich ist sicherlich nicht untertrieben, wenn man die Änderungen betrachtet: Sowohl die Oberfläche mit der sog. „Modern UI" als auch die API, die WinRT genannt wird, sind grundlegend geändert worden. Streng genommen passt sogar der Produktname „Windows" nicht mehr zu dem Betriebssystem, da in der Oberfläche keine Fenster mehr zu sehen sind. Stattdessen werden die Anwendungen im Vollbild ausgeführt, und selbst dort hat man von den klassischen Elementen wie Menüleiste, Symbolleiste und Dialogen Abstand genommen. Das Konzept ist besonders auf berührungsempfindliche Bildschirme (sog. Touchscreens) und für Endkunden (sog. Consumer) ausgelegt, soll sich jedoch auch für den Unternehmenseinsatz eignen.

Dieses Kapitel soll einen kleinen Einblick in die Entwicklung von neuen Anwendungen für Windows 8 geben. Die hierfür notwendigen Techniken stammen zu großen Teilen aus der WPF – so wird beispielsweise XAML für die Beschreibung von Oberflächen verwendet –, tatsächlich handelt es sich aber nicht um die WPF. Vorhandene Kenntnisse lassen sich aber dennoch recht einfach auf Windows 8-Anwendungen übertragen. Das war von Microsoft auch so beabsichtigt, um (neben HTML) eine weitere große Gemeinde für die Entwicklung neuer Anwendungen zu gewinnen.

Bereits nach dem Start wird man vom neuen Startmenü begrüßt. Dieses befindet sich nicht mehr unten rechts an der Taskleiste, sondern wird nun bildschirmfüllend dargestellt. Anstelle von Menüeinträgen erscheinen sogenannte Kachel, über die die Anwendungen auch Informationen anzeigen können.

In der Brust von Windows 8 schlagen zwei Herzen: Neben der neuen Oberfläche existiert auch weiterhin der klassische Desktop. In dieser Welt werden gewohnte Anwendungen wie der Windows Explorer, Word oder Photoshop gestartet. Diese Anwendungen finden Sie wohl auch in absehbarer Zeit nicht in der neuen Oberfläche.

Modern UI bedeutet mehr, als dass bekannte Inhalte in neuen Kacheln angezeigt werden. Es steht für die Vereinfachung und Reduzierung der Darstellung, sodass die eigentliche Information wieder in den Vordergrund gestellt wird. Der Trend von Schattierungen, Farbverläufen und bunten Oberflächen scheint demnach erst einmal der Vergangenheit anzugehören. Klare, einfache Formen mit hohem Kontrast sind nun wieder in Mode.

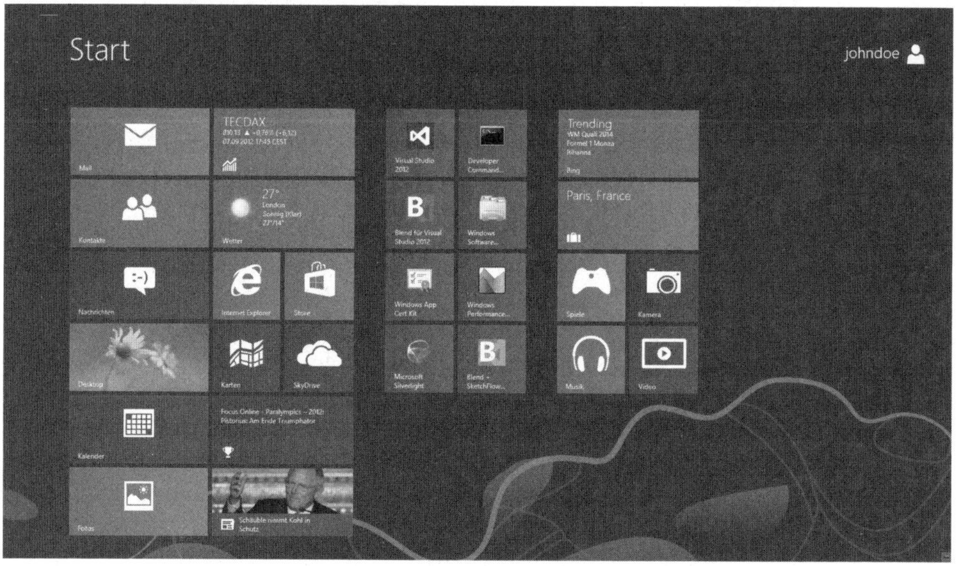

Bild 19.1 Der neue Startbildschirm von Windows 8

Obwohl die Anwendungen im Vollbild laufen, muss der Benutzer auch weiterhin die Möglichkeit haben, wichtige Funktionen von Windows aufzurufen. Aus diesem Grund sind die Ränder des Bildschirms für unterschiedliche Bereiche reserviert: Fährt man mit der Maus an den rechten Rand, erscheinen die sog. Windows Charms, mit denen man u. a. die Einstellungen oder das Startmenü erreichen kann. Der linke Bereich ist für das Wechseln zwischen Anwendungen gedacht und soll die Taskbar ersetzen. Der obere und untere Bereich ist für die Anwendung reserviert, worüber man beispielsweise eine Art vereinfachte Toolbar einblenden kann.

Grundlage zum Erstellen von Windows 8-Anwendungen ist die sog. Windows Runtime, die auch kurz WinRT genannt wird. WinRT ist eine API, die die in die Jahre gekommene Win32 API ablösen soll. Sie basiert jedoch nicht auf Managed Code, sondern ist wieder eine reine Implementierung mit C++ und COM. Die WinRT wird es nur für Windows 8 geben – ältere Windows-Versionen werden nicht unterstützt.

Windows 8 wurde auf Leistung und auf Stromsparen optimiert, da der Kernel ebenfalls für Mobiltelefone eingesetzt werden soll, auf denen bekanntermaßen immer noch jedes Watt und jedes Kilobyte zählt. Eine Windows 8-Anwendung wird daher nur ausgeführt, wenn sie sich im Vordergrund befindet. Wechselt der Benutzer zu einer anderen Anwendung, wird diese automatisch schlafen gelegt, sodass keine zusätzliche CPU-Zeit verbraucht wird. Bei Microsoft möchte man damit verhindern, dass Anwendungen, die nicht aktiv genutzt werden, weiterhin Leistung verbrauchen, die für andere Anwendungen benötigt würde, oder gar die Leistung des Akkus beeinträchtigen. Die Funktion des Schlafenlegens wurde in Windows 8 hinzugefügt. Sie stellt Entwickler aber auch vor ganz neue Herausforderungen, da manche Aufgaben sinnvollerweise im Hintergrund ausgeführt werden sollen, wie das Herunterladen einer großen Datei. Hierfür stehen in der WinRT wieder spezielle Klassen zur Verfügung, um Hintergrundaufgaben dieser Art durchzuführen.

Microsoft hat sich einiges einfallen lassen, um die Produktivität auch von Windows 8-Anwendungen zu erhöhen. So ganz wollte man die Vorteile von Fenstern wiederum nicht aufgeben, da sich dieses Konzept besonders dann als vorteilhaft erweist, wenn Informationen von einem Fenster in das nächste übertragen werden sollen. Hierfür gibt es den sog. „Snapped“-Modus, bei dem die erste Anwendung schmal am linken Seitenrand angedockt ist, während die zweite Anwendung den übrigen zur Verfügung stehenden Bereich erhält. Dieser Modus ist aber nur möglich, wenn die horizontale Bildschirmgröße mindestens 1366 Pixel beträgt.

Das neue Herz von Windows lautet also WinRT. Sie ist die neue API, die für alle Windows 8-Anwendungen mit Modern UI genutzt wird. Eine Alternative gibt es nicht, da die „alte“ Windows API abgeklemmt ist. WinRT basiert zwar auf COM, hat aber dennoch viel aus dem .NET Framework gelernt, sodass einem durchaus einige Bereiche oder Techniken bekannt vorkommen können.

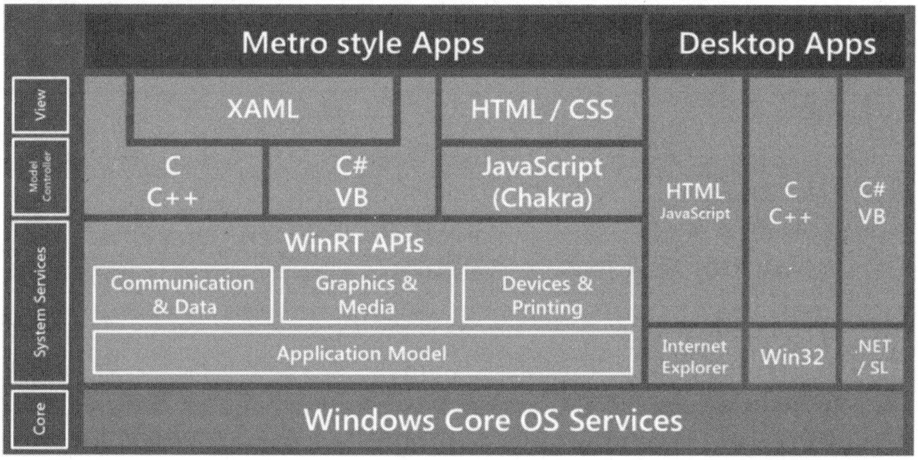

Bild 19.2 Aufbau der Windows 8-Anwendungen im Vergleich zu den herkömmlichen Desktop-Anwendungen (Quelle: Microsoft)

19.1 Erste Schritte

Es gibt mehrere Möglichkeiten, um eine Windows 8-Anwendung zu entwickeln. Grundsätzlich kann man zwischen den zwei folgenden Bereichen unterscheiden:

- Oberflächengestaltung mit HTML und Programmierung mit JavaScript
- Oberflächengestaltung mit XAML und Programmierung mit C++, Visual Basic oder C#

Für die Darstellung von HTML-Oberflächen wird intern von Windows der Internet Explorer 10 verwendet. Es handelt sich aber dennoch nicht um eine klassische Webanwendung: Auch diese Anwendung besitzt ihren eigenen Prozess und verwaltet ihre eigenen Ressourcen. In diesem Kapitel wird der Fokus auch weiterhin auf XAML und C# gesetzt, da dies für einen WPF-Entwickler typischerweise die erste Wahl sein sollte.

19.1.1 Projektvorlagen

In Visual Studio werden im Bereich *Windows Store* mehrere Projekttypen für Windows 8-Anwendungen angeboten:

- Leere App: Erzeugt ein Projekt ohne Basisklassen oder Steuerelemente. Lediglich ein Ordner für die benötigten Programm-Icons und ein Resource Dictionary mit Standard Styles werden hinzugefügt.
- Raster App: Eine Anwendung mit drei Seiten, wobei einzelne Elemente in einem Raster (Grid) angeordnet sind
- Geteilte App: Enthält wie die Grid-App ebenfalls Basisklassen und Steuerelemente, die als Grundlage dienen. Die Anwendung hat zwei Seitenlayouts: eine Liste mit großen Kacheln und eine zweigeteilte Ansicht, mit einer Liste auf der linken und einer Detailansicht auf der rechten Seite.
- Klassenbibliothek: Eine Klassenbibliothek, um gemeinsam genutzte Programmlogiken und Ressourcen als DLL zur Verfügung zu stellen
- Komponente für Windows Runtime: Im Prinzip handelt es sich hierbei ebenfalls um eine Klassenbibliothek, die man allerdings auch aus JavaScript oder C++ verwenden kann. Hier sind jedoch die Restriktionen sehr hoch, daher empfiehlt es sich, diese Projektvorlage nur zu verwenden, wenn es wirklich notwendig ist.
- Komponententestbibliothek: Eine Projektvorlage, um Unit-Tests zu schreiben

Für die weiteren Beispiele in diesem Kapitel dient die „geteilte App“ als Vorlage.

19.1.2 Projektrundflug

Die Projektvorlage enthält zahlreiche Vorbereitungen. So sind bereits Verweise auf die folgenden Assemblies gesetzt:

- .NET for Windows Store apps
- Windows

Weitere Assemblies müssen nicht mehr hinzugefügt werden, da das bereits das gesamte Repertoire darstellt. Microsoft hat gut Arbeit geleistet und mit dem Wirrwarr um Namensräume, die auf unzählige Assemblies verstreut sind, aufgeräumt. Mit diesen beiden Assemblies stehen bereits alle Funktionen zur Verfügung, die man für die Entwicklung einer Windows 8-Anwendung benötigt. Sie sollten aber auch nicht außer Acht lassen, dass viele Funktionen nicht mehr zur Verfügung stehen, die beispielsweise in einer Windows 8-Anwendung nicht mehr sinnvoll sind (dazu später mehr).

Microsoft hat einiges an Vorarbeit geleistet und die Projektvorlagen mit etwas mehr Leben ausgestattet. Das hilft einerseits beim Start, da viele grundlegende Elemente nicht neu entwickelt werden müssen, die Anwendungen erscheinen andererseits dennoch im typischen Modern UI.

Schaut man sich zuerst die Verzeichnisse im Solution Explorer an, so entdeckt man folgende Vorleistungen:

- */Assets:* In diesem Ordner befinden sich die Beispiel-Icons in den verschiedenen Ausprägungen und Themen, die für die Anwendung notwendig sind. Hierzu gehören u. a. Icons für den Splash Screen, den Windows Store und für die Kachel auf dem Windows-Startbildschirm.
- */Common:* Hier befinden sich einige Hilfsklassen, die zwar nicht den Weg ins .NET Framework geschafft haben, die für die Entwicklung von Anwendungen dennoch durchaus hilfreich sein können. Dazu gehört u. a. die Klasse `BindableBase`, die bereits die Schnittstelle `INotifyPropertyChanged` implementiert und sich daher auch als Basisklasse für ViewModels eignet, die Klasse `LayoutAwarePage`, die als Basis neuer Seiten dient, sowie Klassen für eine bessere Unterstützung zur Navigation, für Maus- und Tastatursteuerung, zum Status-Management.
- */DataModel:* In diesem Bereich befindet sich eine Klasse mit Beispieldaten, damit beim ersten Start der Anwendung der Bildschirm exemplarisch vorbefüllt ist. Dabei handelt es sich um eine einfache Auflistung an Daten, die zusätzlich in mehrere Gruppen aufgeteilt worden ist.

Geht man im Solution Explorer weiter nach unten, so entdeckt man die folgenden Dateien im Hauptverzeichnis:

- *App.xaml:* Die *globale Anwendungsdatei*
- *ItemsPage.xaml:* Die Startseite der Anwendung, welche die Gruppen der zur Verfügung gestellten Beispieldaten anzeigt
- *SplitPage.xaml:* Diese Seite ist zweigeteilt und zeigt auf der linken Seite eine Auflistung von Einträgen an und auf der rechten Seite die Details zum jeweils ausgewählten Eintrag. Es handelt sich also um eine klassische Master-Detail-Ansicht.
- *Package.appxmanifest:* Das Manifest der Anwendung, das die Einstellungen und die Berechtigungen beherbergt, die die Anwendung für den Betrieb benötigt (dazu später mehr)

19.1.3 Entwicklerlizenz

Beim ersten Start der Anwendung erscheint zunächst ein Dialogfenster, das einen dazu auffordert, zuallererst eine sog. Entwicklerlizenz zu erwerben. Normalerweise dürfen unter Windows 8 nur Anwendungen installiert werden, die offiziell aus dem Microsoft Store stammen und damit zertifiziert sind. Anwendungen, die nicht aus dem Windows Store stammen, sind „sideloaded".

Eine Entwicklerlizenz kann kostenlos angefordert werden. Das ist direkt und ohne Umwege auch mit der Oberfläche von Visual Studio möglich. Hierzu müssen Sie sich lediglich mit Ihrer Microsoft ID (ehemals Windows Live ID) anmelden. Weitere Voraussetzungen sind nicht notwendig. Ein Windows Store Account beispielsweise ist nicht Voraussetzung, man erhält damit aber eine länger nutzbare Entwicklerlizenz.

Bild 19.3 Zum Ausführen von sideloaded-Anwendungen muss eine Entwicklerlizenz angefordert werden.

Ist erst einmal eine Entwicklerlizenz auf der Maschine installiert, können damit alle sideloaded-Anwendungen auf dem Computer ausgeführt werden – auch solche, die man nicht selber entwickelt hat. Nach der fest hinterlegten Laufzeit von 30 Tagen muss wieder eine neue Lizenz angefordert werden.

Eine Entwicklerlizenz kann auch manuell angefordert werden. In Visual Studio unter dem Menüpunkt PROJEKT > STORE > ENTWICKLERLIZENZ ABRUFEN kann beispielsweise eine neue Lizenz angefordert werden. Darüber hinaus gibt es auch drei PowerShell-Kommandos, mit denen auch ohne UI eine Lizenz angefordert werden kann.

19.1.4 Bedienung

Mit einer eigenen Entwicklerlizenz ausgestattet kann die Anwendung nun endlich gestartet werden. Anders als bei einer Desktop-Anwendung wird die Anwendung jedoch lokal veröffentlicht, d. h., sie steht danach zusätzlich auch auf dem Startfenster von Windows 8 zur Verfügung.

Das Erste, was man zu sehen bekommt, ist der sog. *Splash Screen* (bzw. Startbildschirm) der Anwendung. Jede Windows 8-Anwendung besitzt einen Splash Screen, der automatisch von Windows eingeblendet wird. Das zu verwendende Icon wird dabei im sog. *Manifest* der Anwendung hinterlegt. Auf diese Weise kann der Splash Screen bereits sehr früh angezeigt werden, selbst wenn die Anwendung im Hintergrund erst noch geladen und gestartet wird. Im Anschluss kann die Anwendung nach eigenem Ermessen auch einen eigenen Splash Screen anzeigen, wenn diese beispielsweise eine länger andauernde Initialisierung benötigt oder Daten aus dem Internet nachladen muss. Dieser wird jedoch immer erst nach dem Standard-Splash-Screen von Windows angezeigt.

Bild 19.4 Der Splash Screen der Anwendung mit Standard-Icon

Ist die Anwendung gestartet, erscheint als Erstes der Startbildschirm. Auf diesem sind nun einige in Gruppen aufgeteilte Testdaten zu sehen, die automatisch in der Projektvorlage vorgeneriert werden. Die Liste lässt sich entweder per Mausrad oder (entsprechende Hardware vorausgesetzt) mit dem Finger verschieben.

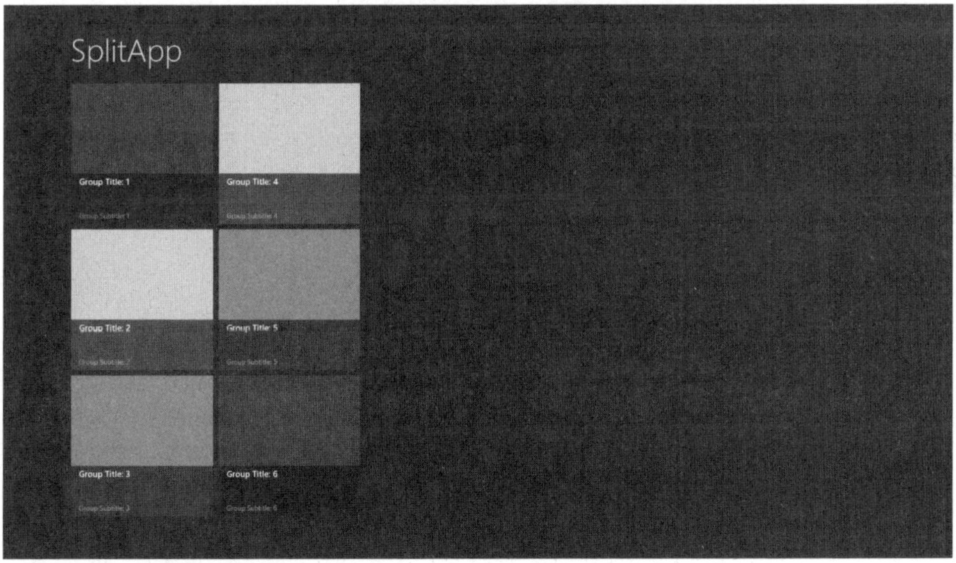

Bild 19.5 Die Startseite der Anwendung mit gruppierten Testdaten

Jeder Testdatensatz wird in Form einer Kachel dargestellt, die angeklickt werden kann, um weitere Detailinformation darzustellen. Die Projektvorlage geht in diesem Fall von einem Artikel mit Bild und Fließtext aus. Für die Testdaten wurden einige längere Texte generiert, um die Handhabung mit größeren Detailseiten zu zeigen. In diesem Fall verschwindet der Inhalt, der nicht mehr angezeigt werden kann, rechts aus dem Bildschirm.

Links von der Überschrift ist der Button zum Zurücknavigieren platziert, der Sie wieder zurück auf die Startseite führen soll.

Eine Windows 8-Anwendung ist prinzipiell wie eine Website aufgebaut. Die Anwendung besteht aus mehreren Seiten, die miteinander verlinkt sind und die man nacheinander aufrufen kann. Lediglich die Steuerung zum Vor- und Zurücknavigieren ist Bestandteil der Anwendung bzw. sie sollte es sein, da es keinen Browser gibt, der diese Funktion übernehmen könnte. Wer bereits mit Seiten (Pages) und navigierbaren Anwendungen in Desktop- oder XBAP-Anwendungen Erfahrungen gesammelt hat, wird sich daher bei Windows 8-Anwendungen schnell zurechtfinden.

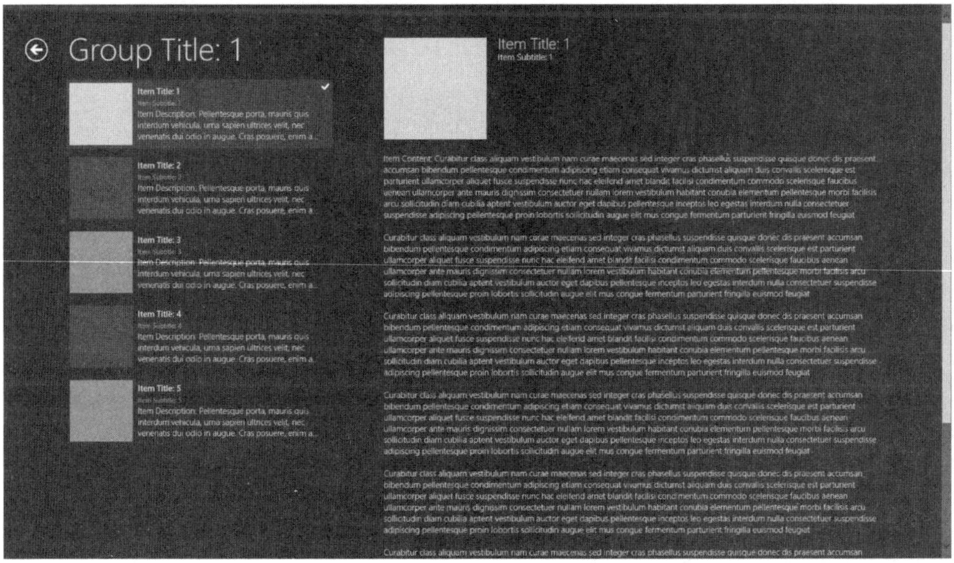

Bild 19.6 Die Detailseite der Anwendung

Normalerweise läuft eine Windows 8-Anwendung im Vollbildschirm-Modus (Fullscreen), d. h., die gesamte Fläche des Bildschirms steht der Anwendung (fast) uneingeschränkt zur Verfügung. Lediglich ein dünner, 1 Pixel breiter Rand umrandet fast unsichtbar die Anwendung, der für die Gestensteuerung des Systems verwendet wird.

Es gibt weitere Modi, in denen die Anwendung dargestellt werden kann, wie beispielsweise die angedockte Ansicht (Snap View). In diesem Fall wird der Anwendung lediglich ein schmaler Streifen auf der linken oder auf der rechten Seite der Anwendung zur Verfügung gestellt, wie in Bild 19.7 zu sehen ist. In dieser Abbildung ist zusätzlich die Nachrichten-Anwendung zu sehen, auf der linken Seite unsere Testanwendung. Windows kann jede Windows 8-Anwendung an den seitlichen Rand andocken – es obliegt der Anwendung, entsprechend darauf zu reagieren, um den nun sehr begrenzten Platz optimal auszunutzen. Wie man in der Abbildung erkennen kann, erscheint der Startbildschirm der Anwendung nun deutlich kleiner. Die Kacheln werden kleiner dargestellt und die Liste ist vertikal anstatt horizontal aufgebaut.

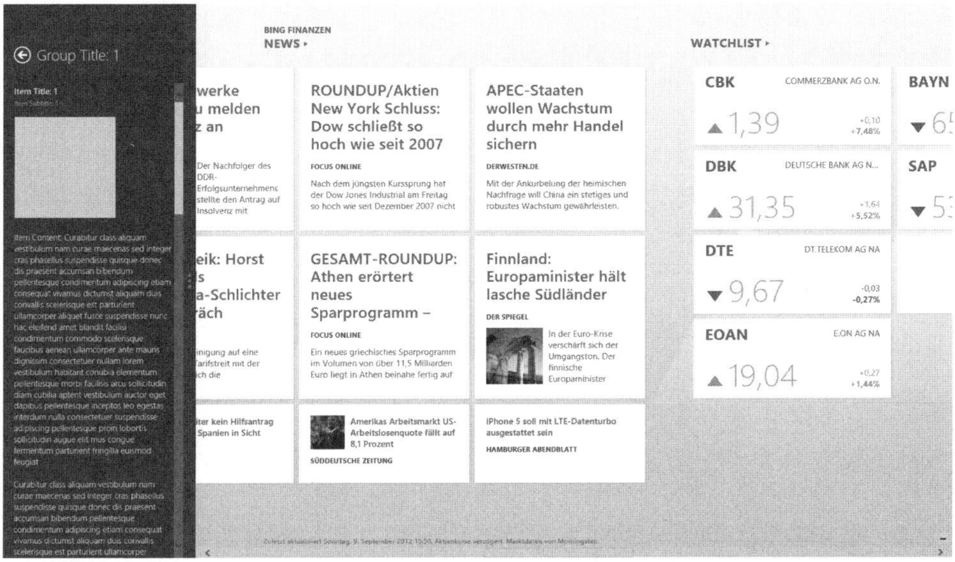

Bild 19.7 Die Anwendung im „Snapped"-Modus auf der linken Seite

19.1.5 Blick hinter die Kulissen

Werfen wir nun wieder einen Blick hinter die Kulissen und beenden dafür die Anwendung klassisch mit ALT+F4. Das ist in der Tat die einfachste und die schnellste Variante, um eine Windows 8-Anwendungen zu beenden (tatsächlich ist ein explizites Beenden dieser Anwendungen auch gar nicht mehr vorgesehen).

Die Startseite der Anwendung wird mit der Datei *GroupDetailPage.xaml* dargestellt. Der Blick in den XAML-Code sollte für einen WPF-Entwickler auf den ersten Blick kaum für Überraschungen sorgen. Es handelt sich um relativ überschaubaren Code, der dank der strikten Trennung der Styles gut strukturiert ist. Der wohl auffälligste Unterschied beginnt jedoch schon in der ersten Zeile, denn statt einer der bekannteren Basisklassen wie `Page` oder `Window` wird hier eine Klasse namens `LayoutAwarePage` verwendet. Es handelt sich hierbei nicht um eine neue Klasse aus dem .NET Framework, sondern vielmehr um eine eigene Hilfsklasse aus dem Projekt, die im Verzeichnis */Common* zu finden ist. Sie bietet einige Grundfunktionalitäten, die besonders beim Drehen bei Tablet-Computern von Vorteil sind.

Scrollt man etwas weiter, begegnet man als Erstes einem `GridView` und ein wenig später einem `ListView`. Beide Steuerelemente sind für die Darstellung der Startseite zuständig – werden jedoch abhängig davon angezeigt, ob die Anwendung am Seitenrand angedockt ist oder im Vollbildschirm-Modus angezeigt wird. Diese Logik wird u.a. von der Basisklasse `LayoutAwarePage` übernommen, die bei jeder Änderung der Größe automatisch die entsprechenden Visual States setzt. Scrollt man in dem XAML-Code etwas weiter, sieht man ein wenig später die dazugehörigen Deklarationen der Visual States, die jeweils das gewünschte Steuerelement ein- oder ausblenden.

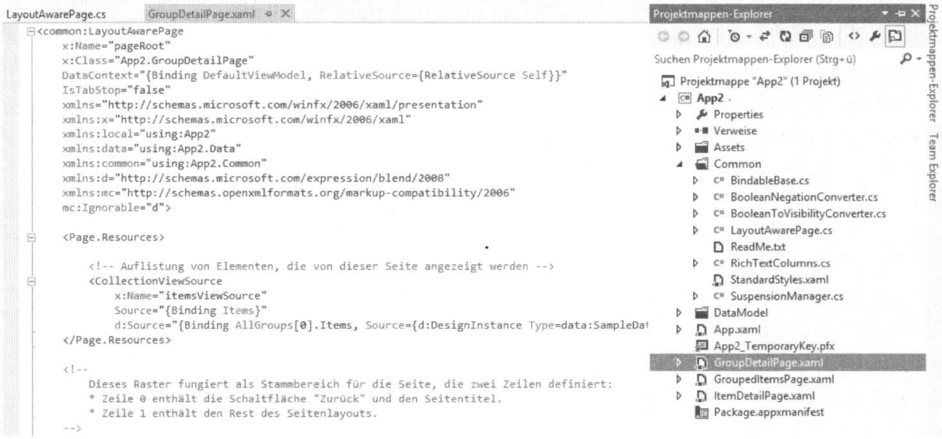

Bild 19.8 Verzeichnisstruktur des Beispielprojektes

Die zweite Seite, die für die Anzeige der Detailinformationen zuständig ist, wird mit der Datei *ItemDetailPage.xml* abgebildet. Auch diese Datei ist vom Grundaufbau ähnlich der Startseite: Sie ist von der Basisklasse `LayoutAwarePage` abgeleitet und kann von Haus aus mit der angedockten Ansicht umgehen.

19.2 Unterschiede

Auf den ersten Blick scheinen die Unterschiede zwischen einer regulären Desktop- und einer Windows 8-Anwendung gar nicht so groß zu sein. Diese fallen erst auf den zweiten Blick auf: Zum Beispiel arbeitet man bei Windows 8-Anwendungen zwar mit Managed Code, jedoch nicht mehr mit dem originären .NET Framework. Vielmehr handelt es sich um ein Subset, das mehr Ähnlichkeiten mit Silverlight als mit dem ausgewachsenen .NET Framework hat. Das hat zwar den Vorteil, dass viele Bereiche entschlackt worden sind, die für Windows 8-Anwendungen auch nicht zwingend notwendig sind. Es kann aber gerade im Alltag zu Irritationen führen, wenn gewohnte Techniken nicht mehr zur Verfügung stehen.

Daher folgt an dieser Stelle ein kleiner Rundflug, der die wichtigsten Unterschiede zwischen Windows 8-Anwendungen und den klassischen Desktop-Anwendungen hervorheben soll:

- Es fehlen Klassen, mit denen Konsolenanwendungen oder Webanwendungen erstellt werden können.
- Veraltete oder überholte Klassen wurden konsequent entfernt.
- Typen, die bereits in der Windows Runtime vorhanden sind, wurden entfernt.
- Typen, die lediglich Funktionalitäten des Betriebssystems gekapselt haben (z. B. Zugriff auf das Ereignisprotokoll oder Leistungsindikatoren), wurden entfernt.
- Methoden, die eher zur allgemeinen Verwirrung beigetragen haben (z. B. die Methoden `Close()` und `Dispose()` in Streams), sind nicht mehr vorhanden.

Andere Techniken dagegen, wie der Isolated Storage, sind zwar prinzipiell vorhanden, wurden aber mit Application Data Container anders implementiert. Des Weiteren sollte man sich darüber im Klaren sein, dass die API Windows RT ausschließlich in COM programmiert ist, mit entsprechenden Konsequenzen. Die Unterschiede werden mit ein wenig Code aus der Praxis etwas deutlicher, daher folgen nun einige Szenarien aus dem Alltag.

19.2.1 Eine Datei auslesen

In diesem Szenario soll mit der Anwendung eine einfache Textdatei ausgeliefert werden. In einer klassischen Desktop-Anwendung hätte man diese Datei einfach in die auszuliefernde Assembly eingebettet (als sog. embedded-Ressource). Bei Windows 8-Anwendungen ist es ausreichend, diese Datei einfach als *Inhalt* zu definieren (was bereits die Standardeinstellung sein sollte) und als Aktion *Kopieren, wenn neuer* einzustellen. Damit wird die Datei zusammen mit der Anwendung in das Bereitstellungspaket abgelegt.

Als Nächstes soll die Datei ausgelesen und in einem Dialogfenster angezeigt werden. Damit die Anwendung schnell und flüssig bleibt, sind die meisten Methoden, die in der Regel länger als 50 Millisekunden benötigen, asynchron ausgelegt. Das betrifft auch das Dateisystem, das trotz der heutigen schnellen Solid State Disks (SSD) immer noch langsamer ist als die Verarbeitung der Daten im Arbeitsspeicher.

Listing 19.1 Datei asynchron auslesen und anzeigen

```
private async void Button_Click(object sender, RoutedEventArgs e)
{
  string content;

  var currentPage = Windows.ApplicationModel.Package.Current;
  var file = await currentPage.InstalledLocation.GetFileAsync(
      @"folder\test.txt");
  using (var stream = await file.OpenStreamForReadAsync())
  {
    var reader = new StreamReader(stream);
    content = await reader.ReaderToEndAsync();
  }

  var dialog = new MessageDialog(content);
  await dialog.ShowAsync();
}
```

In dieser Ereignisbehandlung eines Buttons soll die Datei *test.txt* aus dem Verzeichnis *folder* ausgelesen und angezeigt werden. Wie man unschwer erkennen kann, wurde hier stark das neue Merkmal von C# zur asynchronen Programmierung verwendet: die Schlüsselwörter `async` und `await`. Gerade bei der asynchronen Programmierung sind diese beiden Schlüsselwörter eine Erleichterung, da sie den Programmfluss nicht unterbrechen und der Quellcode lesbar bleibt.

Als Erstes wird in diesem Beispiel über die Klasse `ApplicationModel` das aktuelle Verzeichnis der Anwendung abgefragt. Das ist der einzige Bereich, auf den die Anwendung problemlos zugreifen kann, da für alle anderen Bereiche zusätzliche Rechte angefordert werden müssen. Mit der Methode `GetFileAsync()` kann als Nächstes auf die gewünschte

Datei zugegriffen werden. Die Methode liefert eine Instanz der Klasse `StorageFile` zurück, die die neuen Funktionen für WinRT implementiert. Dazu gehört neben dem Öffnen, Löschen, Umbenennen und Verschieben auch das Erzeugen von Miniaturansichten (Thumbnail). In diesem Beispiel wird die Erweiterungsmethode `OpenFileStreamForReadAsync()` verwendet, die direkt den richtigen Stream der Datei zurückgibt. Das hat mit dem Umstand zu tun, dass WinRT im Allgemeinen und die Klasse `StorageFile` im Speziellen nicht mit dem für .NET üblichen Stream arbeitet, sondern mit den Schnittstelle `IRandomAccessStream` oder `IRandomAccessStreamWithContentType`.

Wer die Erweiterungsmethode nicht nutzen möchte, kann auch folgenden Weg gehen:

```
var winrtStream = file.OpenReadAsync();
var netStream = winrtStream.AsStreamForRead();
```

Am Ende des Beispiels wird mit der Klasse `StreamReader` der Inhalt der Datei ausgelesen. Dieser Teil sollte einem .NET-Entwickler wieder bekannt vorkommen. Zu guter Letzt wird der eingelesene Inhalt der Datei in einem Dialogfenster angezeigt. Die Klasse `MessageDialog` kümmert sich um diese Aufgabe, die natürlich auch wieder nur asynchron angesteuert werden kann.

Betrachtet man das Beispiel in Gänze, fällt auf, dass viele Methoden ausschließlich asynchron angesprochen werden können, und dazu gehört auch das Auslesen von Dateien. Selbst wenn man möchte, gibt es keine Möglichkeit mehr, eine Datei mit synchronen Methoden zu öffnen oder zu speichern. In unserem Beispiel handelt es sich, abgesehen von der Anzeige des Dialogfensters, um einen durchgängigen Codeblock, der auch als gesamter Block asynchron hätte ablaufen könnte. In einer klassischen Desktop-Anwendung hätte man diesen Bereich beispielsweise in einen eigenen Thread oder Task gelegt und die darin enthaltenen Methodenaufrufe synchron aufgerufen. Bei Microsoft hat man sich allerdings dagegen entschieden - vermutlich damit man garantiert keine Möglichkeit erhält, diese Aufrufe nicht doch noch synchron im UI-Thread durchzuführen, was wiederum zu langsamen und behäbigen Anwendungen führen könnte. Dank der neuen Sprachmerkmale von C# bleibt der Programmcode aber trotz dieses Umstandes kompakt und lesbar.

19.3 Steuerelemente

Zahlreiche Steuerelemente aus dem Desktop stehen bereit. Einige haben bereits ein anderes Aussehen (Templates), um besser in das Gesamtbild von Windows zu passen.

19.3.1 FlipView

Das `FlipView` nimmt eine Liste mit Steuerelementen auf, von denen aber immer nur eines sichtbar ist. Der Benutzer kann in dieser Auflistung entweder mit einer Wischbewegung oder mit zwei Schaltflächen vor und zurück navigieren.

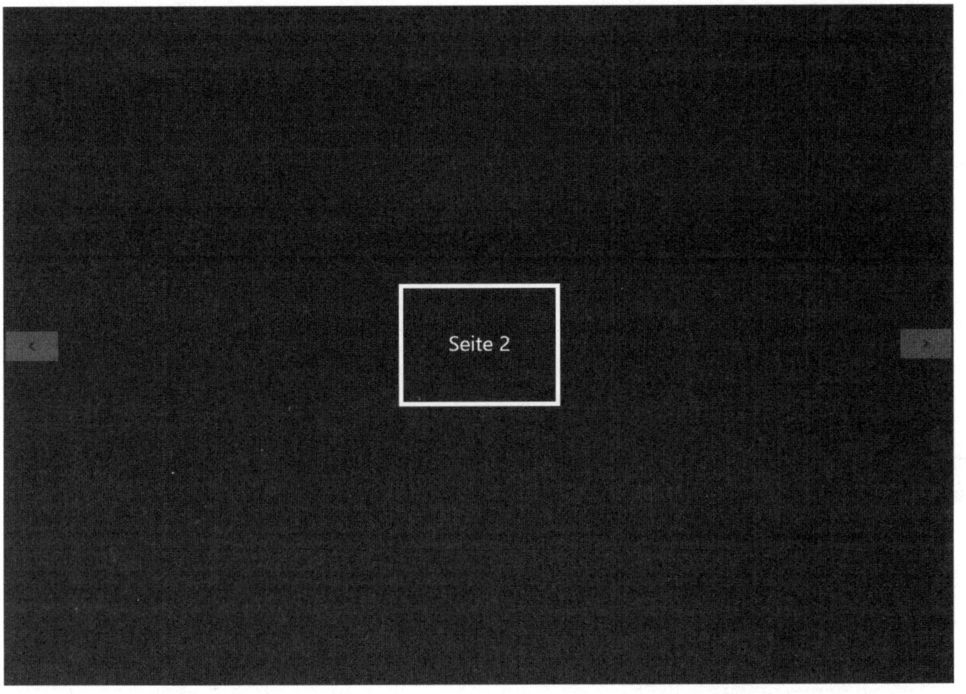

Bild 19.9 Mit einem FlipView können mehrere Inhalte seitenweise angezeigt werden.

Die Inhalte werden im `FlipView` normalerweise vollflächig angezeigt. In diesem Beispiel wurde der Inhalt bewusst in der Mitte des Bildschirms zentriert. Rechts und links befinden sich die Schaltflächen zur Vor- und Zurücknavigation.

Listing 19.2 Verwendung eines FlipView

```
<FlipView>
  <Border
      BorderBrush="White" BorderThickness="6" Padding="60"
      HorizontalAlignment="Center" VerticalAlignment="Center">
    <TextBlock FontSize="28" Text="Seite 1" />
  </Border>
  <Border
      BorderBrush="White" BorderThickness="6" Padding="60"
      HorizontalAlignment="Center" VerticalAlignment="Center">
    <TextBlock FontSize="28" Text="Seite 2" />
  </Border>
  <Border
      BorderBrush="White" BorderThickness="6" Padding="60"
      HorizontalAlignment="Center" VerticalAlignment="Center">
    <TextBlock FontSize="28" Text="Seite 3" />
  </Border>
</FlipView>
```

In Listing 19.2 ist zu sehen, wie das `FlipView` mit einer Reihe von Borders versehen wird, damit der Benutzer sieht, welches Element er gerade ausgewählt hat.

Microsoft empfiehlt, das `FlipView` nicht für große Auflistungen zu verwenden.

19.3.2 ProgressRing

Der `ProgressRing` ist eine neue Darstellung, um den Benutzer darüber zu informieren, dass eine Verarbeitung im Gange ist, deren zeitliche Dauer nicht vorausgesehen werden kann. Hierfür muss lediglich die Eigenschaft `IsActive` auf `True` gesetzt werden.

Listing 19.3 ProgressRing verwenden

```
<ProgressRing IsActive="True" Width="80" Height="80" />
```

Wird der `ProgressRing` bei Nichtverwendung ausgeblendet, sollte man darauf achten, dass dieser wieder deaktiviert wird. Obwohl das Steuerelement nicht mehr sichtbar ist, würde die Animation im Hintergrund weiterlaufen und weiter Ressourcen verbrauchen. Es handelt sich zwar nur um eine kleine Animation, doch diese erzeugt auf dem System eine konstante Grundlast.

19.3.3 ToggleSwitch

Der `ToggleSwitch` ist eine weitere Ausprägung der Familie, in der sich bereits `RadioButton` und `CheckBox` einreihen. Der Benutzer kann eine Option aktivieren, wobei optisch ein Schalter umgelegt wird. Des Weiteren befindet sich die Beschriftung nicht neben dem Steuerelement, sondern wird darüber angeordnet, wie in Bild 19.10 zu sehen ist.

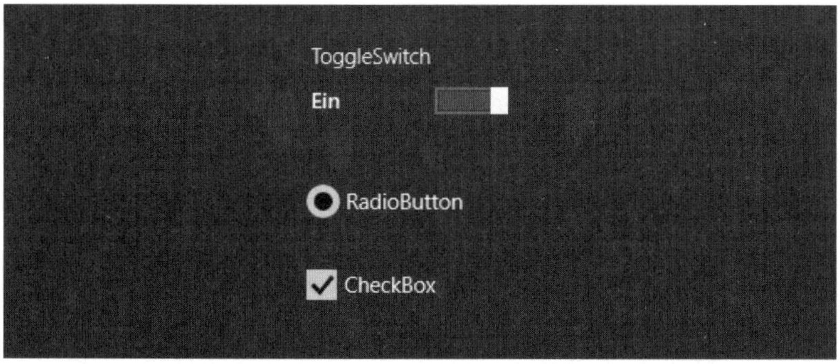

Bild 19.10 Ein ToggleSwitch im Vergleich zu einem RadioButton und einer CheckBox

19.4 Anwendungsleisten

Die AppBars (oder zu Deutsch Anwendungsleisten) sind entweder am oberen oder am unteren Seitenrand positioniert (Zur Erinnerung: Der rechte und linke Bereich ist für Windows vorgesehen). Eine Windows 8-Anwendung sollte per se keine Menüs, Symbolleisten oder Ribbons anzeigen, sondern den Platz ausschließlich für die Darstellung der Inhalte verwenden. Kontextabhängige Funktionen können zusätzlich auf Wunsch des Anwenders eingeblendet werden. Hierfür gibt es die vereinheitlichten AppBars, die in jeder Windows 8-Anwendung mit einem Wischen am unteren Seitenrand oder alternativ mit Klick auf die rechte Maustaste geöffnet werden können. Da die rechte Maustaste bei Windows 8-Anwendungen nur noch eine untergeordnete Rolle spielt, ist diese Funktion unabhängig von der Position des Mauszeigers.

Listing 19.4 Einfache AppBar am unteren Seitenrand

```
<Page.BottomAppBar>
  <AppBar x:Name="bottomAppBar" Padding="10,0,10,0">
    <Grid>
      <StackPanel Orientation="Horizontal"
                  HorizontalAlignment="Left">
        <Button Style="{StaticResource EditAppBarButtonStyle}"
                Click="Button_Click"/>
        <Button Style="{StaticResource RemoveAppBarButtonStyle}"
                Click="Button_Click"/>
        <Button Style="{StaticResource AddAppBarButtonStyle}"
                Click="Button_Click"/>
      </StackPanel>
      <StackPanel Orientation="Horizontal"
                  HorizontalAlignment="Right">
        <Button Style="{StaticResource RefreshAppBarButtonStyle}"
                Click="Button_Click"/>
        <Button Style="{StaticResource HelpAppBarButtonStyle}"
                Click="Button_Click"/>
      </StackPanel>
    </Grid>
  </AppBar>
</Page.BottomAppBar>
```

Die AppBar ist als Eigenschaft in der Klasse `Page` definiert. Hier gibt es mit `TopAppBar` und `BottomAppBar` jeweils eine Eigenschaft für die obere und untere AppBar. Ihr weist man lediglich die Steuerelemente zu, die in der AppBar zu sehen sein sollen.

19.5 Animationen

Animationen lassen auch Anwendungen unter Windows 8 natürlicher erscheinen. Sie sollten jedoch auch unter Windows 8 sparsam eingesetzt werden und dem Bedienfluss des Benutzers nicht im Wege stehen. Sie sollten daher eher kurze und prägnante Animationen verwenden statt lang andauernde und ausufernde.

Grundsätzlich können Animationen aus einer WPF Desktop-Anwendung auch in Windows 8-Anwendungen umgesetzt werden. Microsoft hat aber ein sehr genaues Auge auf die Leistung des Systems geworfen - gerade beim Thema Animationen, da diese recht ressourcenintensiv sind (unabhängig davon, ob diese nun mit oder ohne Hardware beschleunigt werden). Die Unterstützung für einige ressourcenintensive Animationen muss daher erst explizit freigeschaltet werden (dazu später mehr). Es werden Transitions, aber auch einige Standardanimationen angeboten, die schnell und einfach verwendet werden können, für ein einheitliches Bedienerlebnis (das sog. *Look and Feel*) sorgen und zudem ressourcenschonend ausgelegt sind.

Bei Microsoft spricht man immer von „fast and fluid" (schnell und flüssig soll alles sein). Wer an der Build-Konferenz teilnehmen konnte oder sich nachträglich die Aufzeichnungen ansieht, bemerkt schnell, dass in vielen Sessions mehrmals dieses Mantra genannt wurde. Das zeigt den relativ hohen Stellenwert für Microsoft, den es einnimmt, und dessen Auswirkungen man im Alltag nicht unterschätzen sollte. Die meisten Animationen werden deshalb nicht nur mittels Grafikkarten-Hardware beschleunigt, sondern laufen neuerdings auch nicht mal mehr im UI-Thread der Anwendung (mit Ausnahmen). Das soll den UI-Thread weiter entlasten, sodass die Anwendung schnell und flüssig arbeiten und die Oberfläche aktualisieren kann. Sie soll keineswegs mit dem Ausführen von Animationen ausgebremst werden.

Die Animationen unter Windows 8 können in drei Bereiche unterteilt werden:

- Eingebaute Animationen: Zahlreiche Steuerelemente, wie das `GridView`, verwenden bereits von Haus aus Animationen und müssen nicht explizit angegeben werden.
- Eigene Animationen: Analog zur Desktop-Anwendung können Animationen und Storyboards erstellt werden, die entweder über Trigger oder über den Visual State Manager gestartet werden.
- Animationsbibliothek (*Animations Library*): Eine Auswahl an vorgefertigten Animationen, die schnell und einfach zu verwenden sind und für ein einheitliches und konsistentes Bedienerlebnis sorgen.

19.5.1 Animationsbibliothek

Microsoft hat großen Wert auf die Entwicklung und Gestaltung dieser Bibliothek gelegt. Sogar die Animationen der Oberfläche von Windows selbst werden mit dieser Bibliothek umgesetzt. Bevor man eigene Animationen entwickelt, sollte man daher zuvor einen Blick hier hinein werfen. Sicherlich passen diese Animationen nicht unbedingt auf jedes Szenario, doch gibt es eine große Auswahl an fertigen Animationen, die zudem mit der Oberfläche von Windows 8 konsistent sind.

In der Animationsbibliothek wird zwischen zwei Arten von Animationen unterschieden:

- Theme Transition: wird automatisch gestartet
- Theme Animation: muss explizit gestartet werden

Eine Transition ist vermutlich die einfachste und schnellste Möglichkeit, um die eigene Anwendung mit Animationen auszustatten. Hierbei kann man Steuerelemente mit vorgefertigten Transitionen dekorieren, die zur Laufzeit automatisch ausgeführt werden. Als Entwickler muss man daher nicht mehr explizit einen Trigger feuern oder einen Visual State setzen, was die Handhabung der Transition extrem vereinfacht. Das folgende Beispiel soll die Verwendung einer Transition demonstrieren.

Listing 19.5 Einfache Animation beim Betreten einer Seite

```
<Page>
  <Grid>
    <Grid.ChildTransitions>
      <TransientCollection>
        <EntranceThemeTransition FromHorizontalOffset="400" />
      </TransientCollection>
    </Grid.ChildTransitions>
    <Button Content="Hallo Welt" Width="400" Height="80" />
  </Grid>
</Page>
```

Auf dieser Seite ist ein `Grid` mit einer Transition platziert, das zurzeit lediglich eine einfache Schaltfläche mit einer festen Größe enthält. Würde man die Transition weglassen, würde die Schaltfläche direkt und ohne Animation erscheinen. Durch das Zuweisen der Transition werden jedoch die Steuerelemente des `Grids` über eine Animation eingeblendet. Die `EntranceThemeTransition` fährt hierzu die Steuerelemente von rechts ein und blendet diese währenddessen zusätzlich ein. Die Animation ist mit ca. 800 Millisekunden recht kurz, sorgt aber für einen angenehmen Effekt beim Wechsel der Seite, da die einzelnen Steuerelemente nicht direkt erscheinen, sondern eingeblendet werden. Zusätzlich kann mit der Eigenschaft `FromHorizontalOffset` der Abstand in Pixeln angegeben werden, von dem die Animation gestartet werden soll. In diesem Fall werden die Steuerelemente zuerst 400 Pixel nach rechts verschoben, bevor sie eingeblendet und an ihre ursprüngliche Position gefahren werden.

> **!** In der Release Preview gab es noch ein Problem mit dem Steuerelement `Image`: Dieses wird nicht durch die Transition animiert, wenn es sich unmittelbar im `Grid` befindet. Es funktioniert allerdings problemlos, wenn man das `Image` in ein zusätzliches `Grid` packt. ■

In der Animationsbibliothek wird nur eine Handvoll Transitionen angeboten. Microsoft war hier nicht sparsam, sondern hat für jedes wichtige Szenario eine Transition erstellt: das initiale Anzeigen einer Seite, das Hinzufügen oder Entfernen von Elementen und das Ändern von Reihenfolgen einer Liste. Tabelle 19.1 gibt einen kleinen Überblick über die Transitionen.

Tabelle 19.1 Auswahl einiger Transitionen

ThemeTransition	Beschreibung
`Entrance`	Beim initialen Anzeigen (z. B. der Seite) werden die Elemente eingeblendet.
`Content`	Beim initialen Anzeigen oder beim Austauschen des Inhaltes (z. B. beim `ContentControl`) wird der neue Inhalt animiert.
`Reposition`	Wird die Reihenfolge einer Auflistung geändert, werden die Elemente entsprechend an ihrer neuen Position animiert.
`AddDelete`	Wird ein neues Element in einer Auflistung hinzugefügt oder eines entfernt, werden die restlichen an ihrer neuen Position animiert.

Die übrigen Transitionen lassen sich ebenso einfach verwenden. Werden in einer Auflistung Einträge entfernt oder wieder hinzugefügt (oder alternativ aus- und wieder eingeblendet), so kann dieser Vorgang mit der Hilfe der `RepositionThemeTransition` dargestellt werden.

Listing 19.6 Umsortieren von Elementen animieren

```
<StackPanel>
  <StackPanel.ChildTransisitions>
    <RepositionThemeTransition />
  </StackPanel.ChildTransisitions>
  <Button Content="Eins" />
  <Button Content="Zwei" />
  <Button Content="Drei" />
</StackPanel>
```

In diesem Beispiel werden die Elemente direkt dem `StackPanel` zugeordnet. Dieses könnte sich jedoch auch innerhalb einer ListBox befinden.

Im Gegensatz dazu müssen die Theme Animations manuell gestartet werden. Hier weiß die WPF nicht, wann und bei welchen Elementen die Animation gestartet werden soll.

Listing 19.7 Eine Theme Animation verwenden

```
<Storyboard>
  <PopInThemeAnimation
      Storyboard.TargetName="Border1"
      FromHorizontalOffset="800" />
</Storyboard>
```

Hier wird die `PopInThemeAnimation` in ein Storyboard gelegt. Wann immer das Storyboard ausgeführt wird, wird auch diese Theme Animation ausgeführt. Ein Storyboard muss allerdings explizit gestartet werden. Das kann beispielsweise manuell im Code erfolgen.

Die folgenden vorgefertigten Theme Animations werden uns angeboten:

- `RepositionThemeAnimation`
- `PopInThemeAnimation`
- `PopOutThemeAnimation`
- `FadeInThemeAnimation`
- `FadeOutThemeAnimation`
- `TapUpThemeAnimation`
- `TapDownThemeAnimation`
- `SplitOpenThemeAnimation`
- `SplitCloseThemeAnimation`
- `DragItemThemeAnimation`
- `DropTargetItemThemeAnimation`
- `DragOverThemeAnimation`

19.5.2 Eigene Animationen

Wie eigene Animationen erstellt werden, wurde bereits in Abschnitt 11 beschrieben. Das ist prinzipiell auch bei Windows 8-Anwendungen möglich. Es gibt jedoch einige Punkte zu beachten. Da das Gesamtsystem stärker auf Leistung optimiert worden ist, blieb auch der Bereich der Animationen davon nicht unberührt. Die folgenden Einschränkungen gelten aber nur für die neuen Windows 8-Anwendungen (Modern UI) – nicht für klassische Desktop-Anwendungen.

Grundsätzlich unterscheidet man zwischen unabhängigen Animationen (*independent animations*), die unabhängig vom UI-Thread schnell und flüssig ausgeführt werden, und abhängigen Animationen (*dependent animations*), die abhängig vom UI-Thread und (nun ja) weniger schnell und flüssig ausgeführt werden.

In welche Kategorie die eigene Animation fällt, hängt davon ab, welche Eigenschaften man verwendet. Solange nämlich das Layout nicht von der Animation verändert wird, kann die Animation unabhängig vom UI-Thread durchgeführt werden. Sobald jedoch beispielsweise die Größe eines Elementes verändert wird, muss die WPF dementsprechend auch das Layout der Steuerelemente neu berechnen. Das funktioniert nur mit der Hilfe des UI-Threads.

Wer ausschließlich unabhängige Animationen verwenden möchte, sollte daher nur die folgenden Eigenschaften verwenden:

- Positionierung auf einem Canvas
- Opacity
- Render-Transformationen
- Projektionen
- Clipping
- Color

Wer dennoch andere Eigenschaften verwendet, riskiert, dass seine Animationen flackern können. „Zum Glück“ bewahrt uns die WPF davor, unbewusst abhängige Animationen auszuführen: Diese sind nämlich standardmäßig deaktiviert.

Listing 19.8 Ausführen abhängiger Animationen erlauben

```
<!-- XAML -->
<Storyboard>
  <DoubleAnimation EnableDependentAnimation="true" />
<Storyboard>

// C#
// Global für die gesamte Anwendung
Timeline.AllowDependentAnimations = true;
```

19.6 Kachel-Informationen

19.6.1 Der Startbildschirm

Der neu entwickelte Startbildschirm von Windows ist die wohl erste und größte Änderung, die bei einem direkten Vergleich auffällt. Anstelle von Icons und Programmmenü erscheinen die installierten Programme als Kacheln (sog. *tiles*), die, je nach Anwendungsfall, weitere Informationen anzeigen können. Das kann bei einem E-Mail-Programm die Anzahl der neuen Nachrichten sein oder bei einer Wetter-Anwendung die aktuelle Temperatur. Der Benutzer kann so bereits Informationen erhalten, ohne die Anwendung extra starten zu müssen.

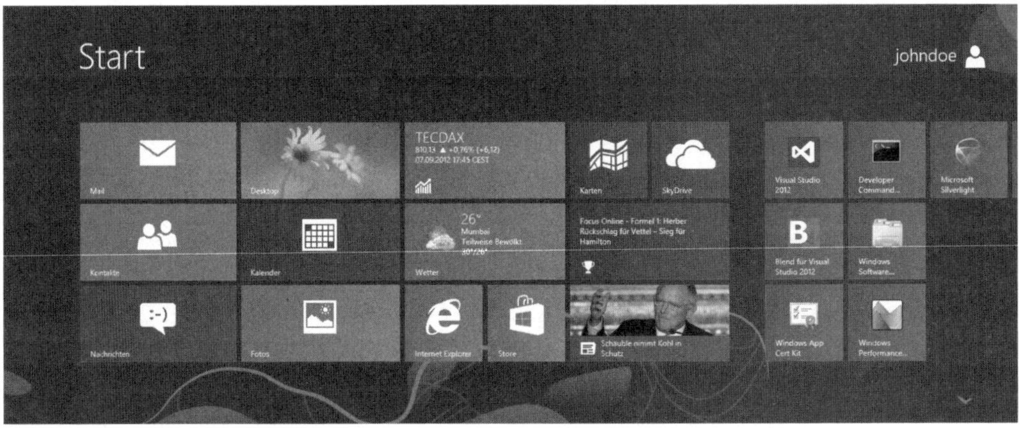

Bild 19.11 Informationen der Anwendungen werden bereits auf dem Startbildschirm angezeigt.

Die Kacheln auf dem Startbildschirm können vom Benutzer konfiguriert werden. Klickt man mit der rechten Maustaste auf eine Kachel oder wischt kurz mit dem Finger (von oben nach unten) über eine Kachel, erscheint am unteren Seitenrand die Anwendungsleiste von Windows, mit der man u.a. die ausgewählte Kachel vom Startbildschirm entfernen oder die Anwendung deinstallieren kann. Entfernt man die Kachel vom Startbildschirm, wird diese lediglich ausgeblendet. Die Anwendung ist weiterhin installiert, sie lässt sich danach aber nur noch direkt aufrufen, indem man den Namen auf dem Startbildschirm eintippt oder auf *Alle Anwendungen* rechts in der Anwendungsleiste klickt.

Des Weiteren kann auch die Größe der Kacheln verändert werden. Es werden von Haus aus zwei Größen angeboten: eine kleine, quadratische und eine größere, rechteckige Form, die etwas mehr als die doppelte Größe hat. Diesen Unterschied sollten Sie bei der Entwicklung berücksichtigen, da Sie idealerweise beide Größen unterstützen sollten. Als Benutzer kann man das Aktualisieren der Kachel mit Informationen auch unterbinden. Das ist insbesondere bei kleineren Geräten mit eingeschränkter Akku-Leistung hilfreich, um die Laufzeit des Gerätes zu verbessern.

Tabelle 19.2 Möglichkeiten zur Aktualisierung der Kachel

Wert	Beschreibung
Lokal	Zur Laufzeit der Anwendung kann diese über die API der Windows Runtime den Inhalt der Kachel austauschen. Diese Methode eignet sich besonders dann, wenn die Anwendung aktuelle Informationen anzeigen möchte, wie den neuesten Highscore.
Geplant	Die Anwendung kann über die API im Vorfeld den Inhalt der Kachel bestimmen, der dann zum festgelegten Zeitpunkt von Windows angezeigt wird. Dies ist besonders für Termine interessant, da diese meist längere Zeit im Voraus bekannt sind. Dieser Vorgang läuft unabhängig davon, ob die Anwendung gerade aktiv ist oder nicht.
Periodisch	In diesem Fall wird der Inhalt der Kachel nicht von der Anwendung selbst definiert, sondern von einer Ressource aus dem Internet. Die Anwendung konfiguriert lediglich, wann die Kachel aktualisiert und unter welcher Adresse (URL) das XML-Dokument der Kachel abgefragt werden soll. Dieser Vorgang wird dann ebenfalls automatisch von Windows durchgeführt und eignet sich besonders für Informationen wie für Wetter oder Nachrichten, die nur stündlich abgefragt werden.
Push	Hierbei wird aktiv von einem Server eine Nachricht zum Client geschickt. Das kann beispielsweise eine aktuelle Nachrichtenmeldung sein oder die Info, dass gerade ein bestelltes Paket verschickt worden ist. In diesem Fall ist der Zeitpunkt weder für die Anwendung noch für Windows vorhersehbar, sondern kann nur von außen angestoßen werden.

Der wohl wichtigste Unterschied zwischen den hier vorgestellten Methoden besteht darin, dass die Aktualisierung nur bei der ersten Methode aktiv von Seiten der Anwendung erfolgt. Bei den übrigen dreien übernimmt Windows die Aktualisierung, d. h., die Anwendung muss währenddessen nicht aktiv sein.

Alleine mit der Beschreibung jeder dieser Möglichkeiten könnte man gut ein eigenes Kapitel füllen. Im Folgenden möchte ich daher nur kurz beschreiben, wie eine Kachel lokal in der Anwendung und alternativ periodisch anhand einer externen Ressource (z. B. einer Website) aktualisiert werden kann.

19.6.2 Kachel-Information erstellen

Der einfachste Weg, den Inhalt der eigenen Kachel auszutauschen, ist es, dies in der Anwendung selbst durchzuführen. Um die Kachel direkt zu aktualisieren, müssen Sie die API der Windows Runtime aufrufen. Hierbei spricht man von der sog. lokalen Aktualisierung, da die Information der Kachel aktiv von der laufenden Anwendung veröffentlicht wird. Bei den anderen drei Methoden (wie bei zeitgesteuerten Aktualisierungen) übernimmt Windows selbst den Aufruf.

Sowohl das Design als auch das Layout der Kacheln sind stark begrenzt. Microsoft möchte den Startbildschirm möglichst harmonisch gestalten und lässt aus diesem Grund nur wenig Spielraum zu. Sogar die Animationen werden von Windows selbst vorgenommen, damit der Startbildschirm nicht zu unruhig wirkt. Es werden aber zahlreiche Vorlagen zur Verfügung gestellt, aus denen man auswählen kann. Bei näherer Betrachtung werden Sie allerdings bemerken, dass sich diese etwas wiederholen. Grundsätzlich unterscheiden sich die Vorlagen in ihrer Größe (klein oder groß), in der Textmenge und -größe und in der Anzahl der Bilder.

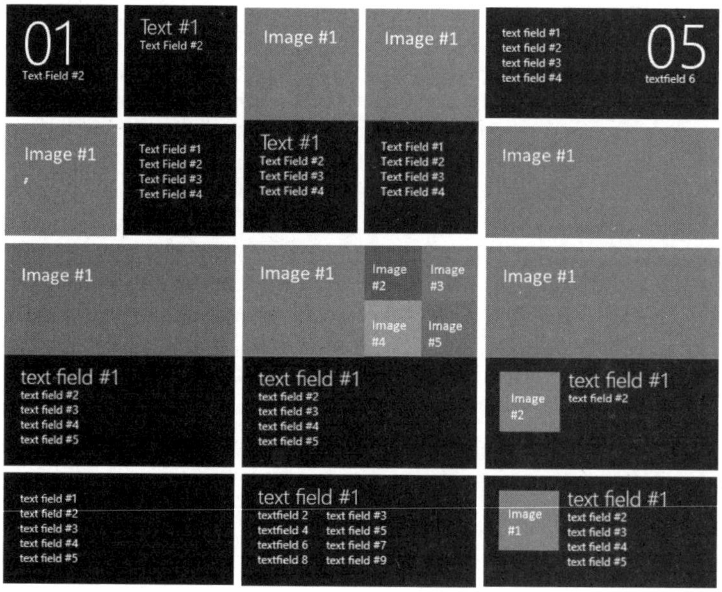

Bild 19.12 Eine Auswahl der angebotenen Vorlagen für Kacheln

Jede Kachel-Information wird als XML-Dokument beschrieben. Die Platzhalter für Text und Bild sind durchnummeriert, sodass diese im XML eindeutig angesprochen werden können. Wie ein solches Dokument aussieht, kann man im folgenden Beispiel sehen.

Listing 19.9 Beschreibung für den Inhalt einer Kachel

```
<?xml version="1.0" encoding="utf-8" ?>
<tile>
  <visual>
    <binding template="TileWideImageAndText02">
      <image id="1" src="http://www.example.org/wide.png"/>
      <text id="1">Test</text>
      <text id="1">Test</text>
    </binding>
    <binding template="TileSquarePeekImageAndText04">
      <image id="1" src=" http://www.example.org/small.png"/>
      <text id="1">Test</text>
    </binding>
  </visual>
</tile>
```

In diesem Beispiel werden zwei Vorlagen verwendet: `TileWideImageAndText02` und `TileSquarePeekImageAndText04`. Erstere wird von Windows immer dann angezeigt, wenn die Kachel in der kleinen, quadratischen Größe angezeigt wird, und Letztere immer dann, wenn die Kachel in der größeren, rechteckigen Größe angezeigt wird. Man sollte in der Regel immer beide Größen angeben, da der Benutzer selber die Größe der Kachel beeinflussen kann.

Sie sollten an dieser Stelle nicht nur ein kleineres Layout wählen, sondern die Möglichkeit nutzen, um auch die Information weiter zu komprimieren. So kann beispielsweise ein E-Mail-Programm in der großen Ansicht den Titel der neuesten Nachricht anzeigen, in der kleinen Variante vielleicht nur die Anzahl der ungelesenen Nachrichten. ■

Der Zugriff und die Steuerung zum Aktualisieren der Kachel erfolgen über die Klasse `TileUpdater`. Diese Klasse wird nicht selbst erstellt, sondern von der Methode `CreateTileUpdaterForApplication()` aus der Klasse `TileUpdateManager` zurückgegeben. In dieser Klasse kann man auch mit der Methode `GetTemplateContent()` ein leeres XML-Dokument erstellen lassen, das als Vorlage für Kachel-Informationen verwendet werden kann. Hierbei muss lediglich der gewünschte Typ der Vorlage als Parameter übergeben werden. Er erhält ein fertiges XML, das nur noch mit den entsprechenden Werten befüllt werden muss. Leider kann mit dieser Methode immer nur ein Eintrag erzeugt werden – mehrere Einträge in verschiedenen Größen sind damit noch nicht möglich.

Im folgenden Beispiel soll das Zusammenspiel der Klassen `TileUpdater` und `TileUpdateManager` demonstriert werden.

Listing 19.10 Inhalt der Kachel austauschen

```
// Xml-Dokument anhand Template erstellen
var templateType = TemplateType.TileWideImageAndText02;
var tileXml = TileUpdateManager.GetTemplateContent(templateType);

// Xml-Dokument mit Werten befüllen
var text1 = tileXml.SelectSingleNode(
                "/tile/visual/binding[1]/text[@id='1']");
text1.AppendChild(tileXml.CreateTextNode("hallo"));
var text2 = tileXml.SelectSingleNode(
                "/tile/visual/binding[1]/text[@id='2']");
text2.AppendChild(tileXml.CreateTextNode("welt"));

// Notification aus Xml-Dokument erstellen und Kachel aktualisieren
var tileNotification = new TileNotification(tileXml);
var updater = TileUpdateManager.CreateTileUpdaterForApplication();
updater.Update(tileNotification);
```

In diesem Beispiel ist die Aktualisierung für eine große Kachel zu sehen. Im ersten Teil des Beispiels wird die Vorlage für die Kachel angefordert, im zweiten wird die Vorlage mit entsprechenden Werten befüllt. Im dritten und letzten Bereich wird dann mithilfe der Klasse `TileUpdateManager` eine Instanz von `TileUpdater` angefordert, mit der die Information für die eigene Kachel aktualisiert werden kann.

In der Kachel können auch Bilder angezeigt werden. Damit diese nicht umständlich serialisiert und in das XML-Dokument eingebettet werden müssen, werden diese lediglich mit ihrer URL angegeben. Die Bilder müssen daher entweder im Verzeichnis der Anwendung abgelegt oder frei im Internet verfügbar sein.

Für ein lokal abgelegtes Bild wird folgende Syntax verwendet:

`ms-appx:///bilder/grossesWeitesBild.png`

Für ein über das Internet erreichbares Bild wird folgende Syntax verwendet:

http://www.example.org/bilder/grossesWeitesBild.png

Ein Bild kann entweder in den Formaten PNG, JPG oder GIF vorliegen und darf nicht größer als 200 Kilobytes sein. Damit eine Kachel mit externen Ressourcen aus dem Internet aktualisiert werden kann, muss zudem im Manifest der Anwendung das Recht „Internet" angefordert worden sein. Außerdem kann das Aktualisieren der Kachel, wie eingangs beschrieben, vom Benutzer oder vom Administrator unterbunden werden. Das muss in der Regel nicht vorher abgefragt werden, da der Aufruf keinen Fehler auslöst – Windows ignoriert lediglich die Aktualisierung. Wer diese Information dennoch abfragen möchte, findet im folgenden Beispiel den hierfür notwendigen Code.

Listing 19.11 Abfragen, ob die Kachel aktualisiert werden kann

```
var updater = TileUpdateManager.CreateTileUpdaterForApplication();
if (updater.Setting != NotificationSetting.Enabled) return;
```

Die Eigenschaft `Setting` ist eine Enumeration, mit der der Grund ermittelt werden kann, warum eine Aktualisierung nicht möglich ist. Tabelle 19.3 zeigt eine Übersicht hierzu.

Tabelle 19.3 Mögliche Einstellungen der Kachel-Aktualisierung

Wert	Beschreibung
`Enabled`	Eingeschaltet
`DisabledForApplication`	Der Benutzer hat für diese Anwendung das Aktualisieren der Kachel deaktiviert.
`DisabledForUser`	Der Benutzer oder der Administrator hat für alle Anwendungen das Aktualisieren deaktiviert.
`DisabledByGroupPolicy`	Der Administrator hat mit einer Group Policy für einen oder mehrere Computer das Aktualisieren deaktiviert.
`DisabledByManifest`	Für die Anwendung wurde keine Einstellung im Manifest vorgenommen, die das Aktualisieren der Kachel anfordert.

Kacheln sind für zahlreiche Anwendungsfälle sehr nützlich. Selbstredend ist auch hier, dass dieses Feature nur bedacht eingesetzt und nur Informationen von Interesse angezeigt werden sollten. Wäre der Startbildschirm mit den bereits installierten Programmen nicht befüllt genug, könnten Anwendungen auch beliebig weitere Kacheln hinzufügen – sog. *Secondary Tiles*. Der Zugriff und die Aktualisierung erfolgen ähnlich zu der primären Kachel – es muss in der Klasse `TileUpdateManager` lediglich die Methode `CreateTileUpdaterForSecondaryTile()` aufgerufen werden. Diese verlangt zusätzlich eine ID für die Kachel, um diese eindeutig zu referenzieren.

19.6.3 Badges

Eine weitere Möglichkeit, eine kurze, standardisierte Meldung auszugeben, sind die sog. *Badges* (in der deutschen Dokumentation ist von „Signal“ die Rede, was ich aber als etwas missglückt ausgedrückt empfinde). Ein Badge ist eine sehr kurze Information, die den aktuellen Status der Anwendung repräsentieren soll. Das kann die Information sein, dass eine Anwendung zurzeit beschäftigt ist (activity), nicht mit einer externen Ressource verbunden ist (offline), oder es kann einfach die Anzahl der ungelesenen Nachrichten sein. Die Vorgaben für Badges sind noch restriktiver als für Kachel-Informationen. Es wird eine kleine Auswahl an elf Icons angeboten, unter denen man eines auswählen kann, oder man kann sich eine einfache Zahl zwischen 1 und 99 anzeigen lassen. Dieses Feature kann als Alternative zum bisherigen Task-Tray genutzt werden, der auf dem Desktop neben der Uhr angezeigt wurde.

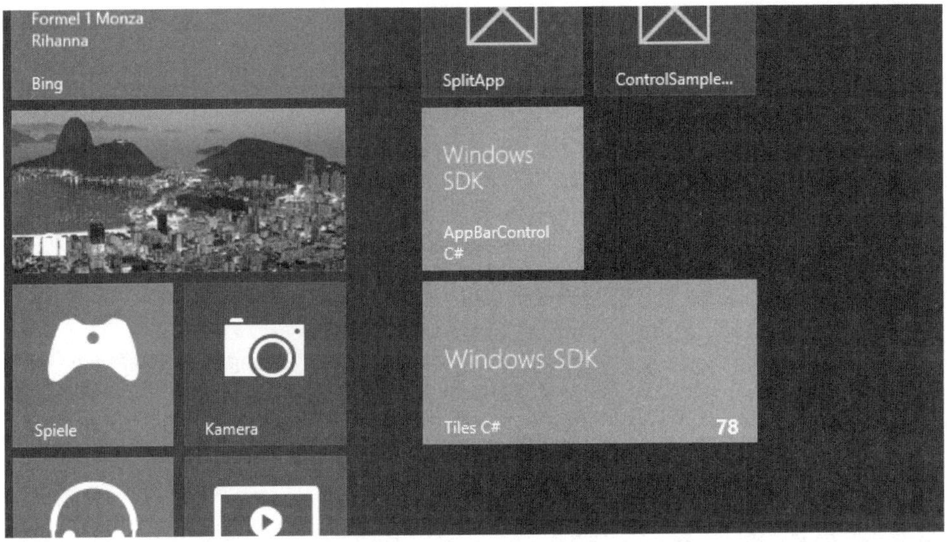

Bild 19.13 Kachel mit der Zahl „78“ als Badge

Badges werden ähnlich wie Kachel-Informationen über ein kurzes XML-Dokument beschrieben. Aufgrund des übersichtlichen Funktionsumfangs ist dieses aber ungleich übersichtlicher, wie Sie im folgenden Beispiel erkennen können.

Listing 19.12 Beschreibung für den Inhalt eines Badges

```
<?xml version="1.0" encoding="utf-8" ?>
<badge version="1" value="42" />
```

Ähnlich wie schon für die Kachel-Informationen wird hier eine Klasse namens `BadgeUpdateManager` angeboten, über die man entweder mit der Methode `GetTemplateContent()` eine Vorlage erstellen oder mit `CreateBadgeUpdaterForApplication()` eine Instanz der Klasse `BadgeUpdater` anfordern kann. Mit Letzterer erhält man dann Zugriff, um den Badge auf der eigenen Kachel zu aktualisieren.

Das folgende Beispiel soll zeigen, wie man das Badge auf der Kachel in eine Zahl oder ein Icon ändern kann.

Listing 19.13 Ein Icon oder eine Zahl für ein Badge verwenden

```
// Xml-Dokument anhand Template erstellen
var templateType = BadgeTemplateType.BadgeGlyph;
var badgeXml = BadgeUpdateManager.GetTemplateContent(templateType);

// Xml-Dokument mit Werten befüllen
var badgeNode = badgeXml.SelectSingleNode("/badge");
var valueAttribute = badgeNode.Attributes.First(
                    a => a.NodeName == "value");
valueAttribute.NodeValue = "42";     // oder "alert" für ein Icon

// Notification aus Xml-Dokument erstellen und Kachel aktualisieren
var badgeNotification = new BadgeNotification(badgeXml);
var updater = BadgeUpdateManager.CreateBadgeUpdaterForApplication();
updater.Update(badgeNotification);
```

Dieses Beispiel ist in drei Bereiche aufgeteilt: Im ersten wird die Vorlage für das Badge angefordert. Man kann alternativ das XML auch selbst erstellen, was in diesem Fall sogar kürzer ausfallen sollte als die Verwendung der offiziellen API. Im zweiten Bereich wird dann das XML konfiguriert – in diesem Fall soll die Zahl 42 ausgegeben werden. Windows lässt nur einen Bereich zwischen 1 und 99 zu. Größere Zahlen werden auch akzeptiert, es wird dann aber weiterhin nur 99 angezeigt. Alternativ kann auch ein Icon angezeigt werden, das an dieser Stelle im Beispiel als Kommentarzeile zu sehen ist. Im dritten und letzten Bereich wird das XML in die Klasse `BadgeNotification` gekapselt und über den `BadgeUpdater` aktualisiert.

Sowohl der nummerische Wert als auch das Icon werden über dasselbe Attribut namens `value` angegeben. Welche Ausprägungen das Icon haben kann, ist in Tabelle 19.4 zu sehen.

Tabelle 19.4 Mögliche Werte für das Badge-Icon

Wert	Beschreibung
`none`	Leer – es soll kein Badge angezeigt werden.
`activity`	Zwei Pfeile, die kreisförmig angeordnet sind, zeigen, dass die Anwendung zurzeit beschäftigt ist.
`alert`	Ein Sternchen soll den Benutzer über einen Alarm informieren.
`available`	Ein grüner Kreis zeigt, dass der Status auf „verfügbar“ steht (z. B. bei einem Chat-Programm).
`away`	Ein orangefarbener Kreis zeigt, dass der Status auf „abwesend“ steht.
`busy`	Ein roter Kreis zeigt, dass der Status auf „beschäftigt“ steht.
`newMessage`	Ein Briefumschlag informiert den Benutzer, dass eine neue, ungelesene Nachricht vorliegt.
`paused`	Das Pausenzeichen: Die Anwendung oder ein Teil davon pausiert zurzeit (z. B. die Wiedergabe eines Musikstücks).
`playing`	Das Wiedergabezeichen. Die Anwendung spielt gerade etwas ab (z. B. ein Musikstück).

Wert	Beschreibung
`unavailable`	Ein grauer Kreis zeigt, dass der Status auf „nicht verfügbar" steht.
`error`	Ein „X", das anzeigen soll, dass ein Fehler aufgetreten ist
`attention`	Ein Ausrufezeichen, das die Aufmerksamkeit des Benutzers auf die Anwendung lenken soll

Wie schon bei der Kachel-Information zu sehen war, kann ein Badge auch über eine externe Ressource aktualisiert werden. In diesem Fall muss der Server das XML für das Badge zurückgeben.

Listing 19.14 Ein Badge periodisch mit einer externen Ressource aktualisieren

```
Uri uri = new Uri("http://www.example.org/badge.xml?user=johndoe");
var recurrence = PeriodicUpdateRecurrence.Hour;
var updater = TileUpdateManager.CreateTileUpdaterForApplication();
updater.StartPeriodicUpdate(uri, recurrence);
```

In diesem Beispiel wird das Badge über die angegebene URL aktualisiert. Windows übernimmt auch hierfür wieder die Steuerung und fragt periodisch die Ressource selbstständig ab, ohne dass die Anwendung aktiv sein muss. Wie auch bei der Kachel-Aktualisierung sind aber nur die vorgegebenen Werte halbstündlich (HalfHour), stündlich (Hour), viermal täglich (SixHours), halbtäglich (TwelveHours) und täglich (Daily) möglich.

Damit ein Badge nicht mehr angezeigt werden soll, kann entweder als Wert `none` übergeben werden, oder Sie rufen aus der Anwendung explizit die Methode `Clear()` auf.

Listing 19.15 Ein Badge entfernen

```
var updater = BadgeUpdateManager.CreateBadgeUpdaterForApplication();
updater.Clear();
```

19.7 Hintergrundaufgaben

Es gibt Szenarien, in denen die Anwendung im Hintergrund Routineaufgaben erledigen muss. Eine Anwendung für Kurznachrichten muss im Hintergrund aktiv sein, um eingehende Kurzmitteilungen anzeigen zu können; eine andere Anwendung überprüft regelmäßig den Posteingang und die nächste Anwendung überwacht die Börsenwerte. Würden alle Anwendungen im Hintergrund uneingeschränkt und unkoordiniert ihre Arbeit verrichten, würden erheblich mehr Systemressourcen verbraucht als unbedingt notwendig. Systemressourcen sind ein knappes Gut – insbesondere dann, wenn das Gerät im Batteriemodus läuft.

Unter Windows 8 werden aus diesem Grund nicht nur die nicht mehr benötigten Anwendungen schlafen gelegt; zudem wird auch die Verwendung von Hintergrundaufgaben drastisch eingeschränkt. Eine Anwendung kann nicht per se mehr Ressourcen anfordern und diese im Hintergrund binden. Die Ressourcen werden nun von Windows 8 überwacht und entsprechend zugeteilt.

19.7.1 Eine Hintergrundaufgabe erstellen

Eine Hintergrundaufgabe zu implementieren ist recht einfach. Hierfür muss lediglich eine Klasse von der Schnittstelle `IBackgroundTask` abgeleitet werden, die wiederum nur eine Methode namens `Run()` vorgibt.

Listing 19.16 Eine Hintergrundaufgabe erstellen

```
public sealed class DasIstEinBackgroundTask : IBackgroundTask
{
  public async void Run(IBackgroundTaskInstance taskInstance)
  {
    // Hintergrundaufgabe kann abgebrochen werden
    taskInstance.Canceled += taskInstance_Canceled;

    // werden asynchrone Methoden aufgerufen,
    // ist ein Deferral notwendig
    var deferral = taskInstance.GetDeferral();

    // Hintergrundaufgabe durchführen
    await LangandauerndeAufgabe();

    // mitteilen
    deferral.Complete();
  }

  private async void LangandauerndeAufgabe()
  {
    // z.B. Daten aus dem Internet laden
    // und auf Kachel anzeigen
  }

  private void taskInstance_Canceled(IBackgroundTaskInstance sender,
      BackgroundTaskCancellationReason reason)
  {
    // Hintergrundaufgabe wurde abgebrochen
    // z.B. weil Computer nicht mehr am Stromnetz ist
  }
}
```

In diesem Beispiel sieht man die Basisimplementierung einer Hintergrundaufgabe. Die Methode `Run()` wird immer dann von Windows aufgerufen, wenn der Trigger gefeuert wird und genügend Ressourcen zur Verfügung stehen. Als Eingangsparameter wird ein Objekt übergeben, mit dem in Windows die Instanz der eigenen Hintergrundaufgabe verwaltet wird. Es wird über die Schnittstelle `IBackgroundTaskInstance` dargestellt und gibt Auskunft über einige wenige Details.

Sobald innerhalb der Verarbeitung asynchrone Methoden aufgerufen werden (wie in diesem Beispiel demonstriert), muss mit dem `Deferral` gearbeitet werden. Dieser kann über den eben erwähnten Eingangsparameter angefordert werden. Andernfalls würde die Methode frühzeitig beendet werden und die Hintergrundaufgabe damit als erfolgreich abgearbeitet gelten, obwohl z. B. erst Daten aus dem Internet angefordert wurden.

Ebenfalls wichtig kann die Information sein, dass Windows die Hintergrundaufgabe abbrechen muss, beispielsweise wenn der Benutzer das Gerät vom Stromnetz trennt. In diesem

Fall versucht das System, die eigenen Ressourcen zu schonen, und beginnt damit, die Hintergrundaufgaben zu reduzieren.

Mit der eben gezeigten Implementierung wird die Hintergrundaufgabe noch nicht gestartet. Diese muss vorher noch im System registriert werden.

Listing 19.17 Eine Hintergrundaufgabe registrieren

```
var builder = new BackgroundTaskBuilder();
builder.Name = "MeineAufgabe";
builder.TaskEntryPoint = "MeineApp.MeineHintergrundAufgabe";

// Trigger definieren, der die Hintergrundaufgabe starten soll
IBackgroundTrigger trigger = new MaintenanceTrigger(480, false);
builder.SetTrigger(trigger);

BackgroundTaskRegistration task = builder.Register();
```

Die Registrierung wird von der Klasse `BackgroundTaskBuilder` übernommen. Die Eigenschaft `Name` ist ein beschreibendes Feld und keinen besonderen Restriktionen unterworfen. Man sollte den Namen dennoch bedacht wählen, damit man später die Hintergrundaufgabe einfacher wiederfinden kann (dazu gleich mehr). Die Eigenschaft `TaskEntryPoint` dagegen gibt die exakte Bezeichnung der Klasse an, die die Schnittstelle `IBackgroundTask` implementiert. Des Weiteren muss noch ein Trigger registriert werden, damit die Hintergrundaufgabe überhaupt gestartet wird. In diesem Fall wird der `MaintenanceTrigger` verwendet, der unsere Hintergrundaufgabe in bestimmten Zeitintervallen aufrufen kann. Die Zeitangabe erfolgt in Minuten (also hier acht Stunden) und sollte eher relativ betrachtet werden. Windows kann die Ausführung durchaus verzögern oder auslassen, sollten die Ressourcen knapp werden. In der Dokumentation ist außerdem zu lesen, dass nach Ablauf der angegebenen Frist die Hintergrundaufgabe innerhalb von 15 Minuten gestartet wird. Der zweite Parameter des Triggers gibt an, ob es sich um eine einmalige Aktion handelt (in diesem Fall soll die Hintergrundaufgabe regelmäßig ausgeführt werden).

Zu guter Letzt muss nur noch die Methode `Register()` aufgerufen werden, die im Erfolgsfall eine Instanz von `BackgroundTaskRegistration` zurückgibt. Dieses Objekt repräsentiert unsere Hintergrundaufgabe, mit der der Fortschritt abgefragt werden kann oder auch, ob diese bereits fertig ist.

> Die Registrierung der Hintergrundaufgabe sollte nur einmal erfolgen, da diese ansonsten mehrfach gestartet wird. ■

Damit das Registrieren einer Hintergrundaufgabe nicht versehentlich zweimal durchgeführt wird, sollte man das vorher überprüfen. Die Klasse `BackgroundTaskRegistration`, die bereits für die Registrierung verwendet worden ist, kann genutzt werden, um alle zurzeit registrierten Hintergrundaufgaben abzufragen. Der zuvor gewählte Name unserer Hintergrundaufgabe ist hierbei entscheidend, da man ansonsten kaum Anhaltspunkte hat.

Listing 19.18 Die registrierten Hintergrundaufgaben abfragen

```
foreach (var task in BackgroundTaskRegistration.AllTasks) {
  if (task.Name == "MeineAufgabe") {
    // Ja: Hintergrundaufgabe ist bereits registriert
  }
}
```

Die Klasse `BackgroundTaskRegistration` bietet mit `AllTasks` eine statische Eigenschaft an, mit der lesend eine Auflistung aller bereits registrierter Hintergrundaufgaben abgefragt werden kann. Der Name der jeweiligen Hintergrundaufgabe kann dazu genutzt werden, um diese eindeutig zu erkennen.

Damit wäre die Hintergrundaufgabe schon beinahe einsatzbereit – wäre da nicht noch die Kleinigkeit mit dem Manifest. Sobald eine Anwendung mehr Rechte einfordert, und dazu gehören zweifelsohne auch Hintergrundaufgaben, muss dies im Manifest der Anwendung angegeben sein. Ist dies nicht der Fall, so wird die Hintergrundaufgabe schlichtweg nicht ausgeführt.

In Visual Studio muss hierfür das Manifest mit einem Doppelklick geöffnet werden. Im Karteireiter DEKLARATIONEN kann nun eine Hintergrundaufgabe angegeben werden. Hierfür müssen Sie in der Auswahlbox *Verfügbare Deklarationen* den Eintrag *Hintergrundaufgaben* auswählen und mit der Schaltfläche HINZUFÜGEN bestätigen. Sie können hier beliebig viele Hintergrundaufgaben konfigurieren. Auf der rechten Seite kann der nun erstellte Eintrag konfiguriert werden. Für die Hintergrundaufgabe in unserem Beispiel ist lediglich die Angabe des Einstiegspunktes wichtig: Hier müssen wieder der Namensraum und die Klasse der Hintergrundaufgabe angegeben werden, wie schon zuvor in der Eigenschaft `TaskEntryType`.

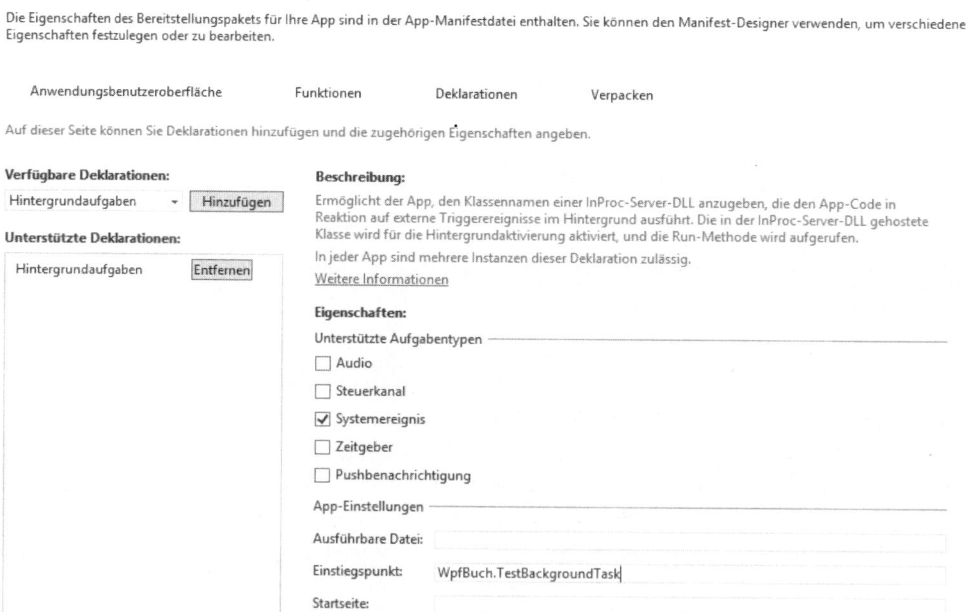

Bild 19.14 Die Hintergrundaufgaben müssen im Manifest angegeben werden.

Außerdem muss unter *Unterstützte Aufgabentypen* der Typ der Hintergrundaufgabe angegeben werden. In unserem Fall muss lediglich ein Häkchen für *Systemereignis* gesetzt werden. Diese Einteilung ist leider auf den ersten Blick nicht ganz nachvollziehbar, da sie sich zwar an den verwendeten Triggern orientiert, die die Hintergrundaufgabe starten sollen, jedoch nicht immer übertragbar sind. Tabelle 19.5 soll diese Zuordnung zeigen.

Tabelle 19.5 Mögliche Werte für das Badge-Icon

Klasse	Angabe im Manifest
`TimeTrigger`	Zeitgeber
`SystemTrigger`	Systemereignis
`MaintenanceTrigger`	Systemereignis
`PushNotificationTrigger`	Pushbenachrichtigung
`ControlChannelTrigger`	Steuerkanal

Wie eingangs erwähnt, stehen die Ressourcen für Hintergrundaufgaben in nur sehr begrenztem Umfang zur Verfügung. Die schonendste Form ist aber immer noch die, eine Ressource nur dann zu verwenden, wenn sie auch benötigt wird. Eine Hintergrundaufgabe, die aktuelle Informationen über das Internet beziehen soll, kann selbstverständlich nur dann ihrer Arbeit nachgehen, wenn eine Verbindung zum Internet besteht. Ansonsten würde sie lediglich unnötige Ressourcen verschwenden. Diese Bedingungen kann man der Klasse `BackgroundTaskBuilder` bei der Registrierung mitgeben.

Listing 19.19 Eine Hintergrundaufgabe mit Vorbedingungen registrieren

```
var builder = new BackgroundTaskBuilder();
builder.Name = "MeineAufgabe";
builder.TaskEntryPoint = "MeineApp.MeineHintergrundAufgabe";

// Trigger definieren, der die Hintergrundaufgabe starten soll
IBackgroundTrigger trigger = new MaintenanceTrigger(480, false);
builder.SetTrigger(trigger);

// Vorbedingung Internet hinzufügen
IBackgroundCondition condition = new SystemCondition(
    SystemConditionType.InternetAvailable);
Builder.AddCondition(condition);

BackgroundTaskRegistration task = builder.Register();
```

In diesem Fall wird das vorherige Beispiel um das Hinzufügen einer Bedingung erweitert. Die Hintergrundaufgabe wird nur dann ausgeführt, wenn eine Verbindung zum Internet besteht. Die Methode `AddCondition()` akzeptiert die recht allgemein gehaltene Schnittstelle `IBackgroundCondition` – von dieser gibt es zurzeit mit `SystemCondition` aber nur eine Ausprägung. Ihrem Konstruktor wiederum kann man die Art der Bedingung angeben.

Tabelle 19.6 Mögliche Bedingungen für eine Hintergrundaufgabe

Wert	Beschreibung
UserPresent	Der Benutzer muss anwesend sein.
UserNotPresent	Der Benutzer darf nicht anwesend sein.
InternetAvailable	Die Verbindung zum Internet muss hergestellt sein.
InternetNotAvailable	Es darf keine Verbindung zum Internet bestehen.
SessionConnected	Die Sitzung des Benutzers muss verbunden sein.
SessionNotConnected	Die Sitzung des Benutzers darf nicht verbunden sein.

Eingangs wurde erwähnt, dass Ressourcen knapp sind (für das System im Allgemeinen und für Hintergrundaufgaben im Speziellen). Microsoft hat dies mit Zahlen unterstrichen und für herkömmliche Hintergrundaufgaben Folgendes festgelegt.

Eine Hintergrundaufgabe

- erhält alle zwei Stunden
- bis zu eine CPU-Sekunde.

Mit CPU-Sekunden ist die reine Rechenzeit der Anwendung gemeint und nicht die Echtzeit. Sollte die Anwendung auf Antwort von einem Server aus dem Internet warten, so verbraucht dies auch keine CPU-Zeit.

19.7.2 Anwendungen auf dem Sperrbildschirm

Anwendungen, die sich auf dem Sperrbildschirm befinden, werden etwas geringeren Restriktionen unterworfen. Man kann ein kleines Icon auf dem Sperrbildschirm darstellen, um dem Benutzer bereits vor dem Start einen (wichtigen) Status mitzuteilen. Dass kann zum Beispiel die Information sein, dass neue Nachrichten eingegangen ist. In Bild 19.15 ist ein Beispiel zu sehen, wie solche Anwendungen auf dem Sperrbildschirm dargestellt werden.

Bild 19.15 Der Sperrbildschirm des Benutzers mit zwei Informationen

Die Darstellung des Icons ist jedoch unabhängig von den Hintergrundaufgaben. Vielmehr handelt es sich um eine Einstufung der gesamten Anwendung: Sobald diese sich auf dem Sperrbildschirm befindet, erhält sie automatisch mehr Rechte und mehr Ressourcen. Hierbei gilt aber auch die Prämisse des Gebens und des Nehmens. Der Benutzer soll von der Anwendung hilfreiche und nützliche Informationen erhalten. Dafür erhält die Anwendung entsprechend mehr Ressourcen zur Verfügung gestellt. Allerdings ist die Anzahl der Anwendungen auf dem Sperrbildschirm auf maximal sieben beschränkt. Ob und welche Anwendungen dazugehören, kann der Benutzer individuell für jede Anwendung selbst bestimmen. Die Anwendung kann diese Möglichkeit lediglich zur Verfügung stellen, muss aber zuerst den Benutzer um Erlaubnis fragen. In Bild 19.16 ist zu sehen, wie Sie in den Systemeinstellungen von Windows Anwendungen auf den Sperrbildschirm hinzufügen oder wieder entfernen können.

Bild 19.16 In der Systemsteuerung kann der Benutzer nachträglich die Einstellungen für den Sperrbildschirm ändern.

Das folgende Beispiel soll nun zeigen, wie eine Hintergrundaufgabe erstellt wird, die dank des Sperrbildschirms mehr Rechte und mehr Ressourcen erhält.

Listing 19.20 Hintergrundaufgabe in einer Anwendung für den Sperrbildschirm erstellen

```
BackgroundTaskBuilder builder = new BackgroundTaskBuilder();
builder.Name = "Aktienkurs Überprüfung";
builder.TaskEntryPoint = "StockClient.StockBackgroundTask";

// Alle 15 Minuten soll überprüft werden
IBackgroundTrigger trigger = new TimeTrigger(15, false);
builder.SetTrigger(trigger);

// nur starten, wenn auch das Internet zur Verfügung steht
IBackgroundCondition condition =
```

```
    new SystemCondition(SystemConditionType.InternetAvailable);
builder.AddCondition(condition);

IBackgroundTaskRegistration task = builder.Register();
```

In diesem Beispiel wird mit der Klasse BackgroundTaskBuilder eine Hintergrundaufgabe im System registriert. Es wird mit dem Trigger TimeTrigger gearbeitet, der die Hintergrundaufgabe alle 15 Minuten starten soll. Die Verwendung eines zeitgesteuerten Triggers (TimeTrigger) ist nur auf dem Sperrbildschirm möglich. Fehlen der Anwendung die Rechte, wird die Hintergrundaufgabe nicht ausgeführt.

Wann wird aber eine Anwendung zur einer „privilegierteren" Sperrbildschirmanwendung? Bei Microsoft hat man sich entschieden, diese Einstellung nicht fest in der Anwendung zu hinterlegen (z. B. im Manifest). Das hätte zur Folge, dass der Benutzer bei der Installation oder direkt beim ersten Start entscheiden müsste, ob er die Anwendung auf dem Sperrbildschirm sehen möchte. Stattdessen soll die Anwendung selbst zur Laufzeit entscheiden, ob es sinnvoll wäre, dem Benutzer diese Option anzubieten.

Listing 19.21 Benutzer um Erlaubnis für den Sperrbildschirm bitten

```
// Erlaubnis für Sperrbildschirm beim Benutzer anfordern
BackgroundAccessStatus status =
    await BackgroundExecutionManager.RequestAccessAsync();

if (status == BackgroundAccessStatus.Denied ||
    status == BackgroundAccessStatus.Unspecified)
{
  // Keine Berechtigung für Sperrbildschirm erhalten
}
```

Mit der Methode RequestAccessAsync() aus der Klasse BackgroundExecutionManager kann man das System bitten, den Benutzer zu fragen, ob die Anwendung auf dem Sperrbildschirm platziert werden kann. Diese Abfrage kann von der Anwendung sogar mehrfach aufgerufen werden. Der Benutzer wird jedoch nur ein einziges Mal gefragt, damit dieser nicht durch eventuell störendes oder wiederholtes Nachfragen doch noch irgendwann akzeptiert. Sollte der Benutzer nicht zustimmen, kann er nur nachträglich der Aktion zustimmen, indem er dies in den Systemeinstellungen von Windows ändert.

Der Rückgabewert der Methode RequestAccessAsync() gibt Auskunft darüber, wie sich der Benutzer entschieden hat.

Tabelle 19.7 Mögliche Rückgabewerte

Wert	Beschreibung
Unspecified	Der Benutzer hat weder explizit zugestimmt noch abgelehnt. Das Ausführen von Hintergrundaufgaben ist damit nicht möglich.
AllowedWithAlwaysOnRealTimeConnectivity	Der Benutzer hat zugestimmt. Des Weiteren kann die Anwendung den Real-Time-Connectivity Brokers (RTC) verwenden.
AllowedMayUseActiveRealTimeConnectivity	Der Benutzer hat zugestimmt. Die Verwendung des Real-Time-Connectivity Brokers (RTC) ist jedoch nicht möglich.
Denied	Der Benutzer hat die Anfrage abgelehnt.

Für die Ausführung von Hintergrundaufgaben ist es wichtig, dass sich der Benutzer entschieden hat (also nicht der Wert `unspecifed` zurückkommt) und dass er sich nicht gegen die Platzierung auf dem Sperrbildschirm entschieden hat (`Denied`). Wird die Erlaubnis nicht vom Benutzer gewährt, wird damit auch die Hintergrundaufgabe nicht von Windows ausgeführt. Der Programmteil muss dann mit regulären Hintergrundaufgaben (mit entsprechend geringeren Ressourcen) oder im Hintergrund der laufenden Anwendung durchgeführt werden. Die beiden Rückgabewerte, die der Platzierung auf dem Sperrbildschirm zustimmen, unterscheiden sich lediglich in der Verwendung des Real-Time-Connectivity Brokers (RTC). Mit ihnen kann die Anwendung auch im Stand-by-Modus des Systems Daten aktualisieren.

Im letzten Beispiel wurde mit `TimeTrigger` eine zeitgesteuerte Hintergrundaufgabe erstellt. Das ist nur für Anwendungen möglich, die sich auf dem Sperrbildschirm des Benutzers befinden. Das System bietet eine Reihe weiterer Trigger an – die meisten von ihnen erfordern jedoch, dass die Anwendung auf dem Sperrbildschirm platziert ist.

Tabelle 19.8 Mögliche Rückgabewerte

Trigger	Sperrbildschirm notwendig
`TimeTrigger`	Ja
`PushNotificationTrigger`	Ja
`ControlChannelTrigger`	Ja
`SystemTrigger`	Nein Ja bei Verwendung von `SessionConnected`, `UserPresent`, `UserAway` und `ControlChannelReset`
`MaintenanceTrigger`	Nein

Wie bereits erwähnt, gewährt das System Anwendungen auf dem Sperrbildschirm etwas mehr Ressourcen. Microsoft hat auch das wieder mit Zahlen unterstrichen.

Eine Anwendung auf dem Sperrbildschirm

- erhält alle 15 Minuten
- bis zu 2 CPU-Sekunden.

19.7.3 Allgemeines

In den vorherigen Beispielen wurden Hintergrundaufgaben verwendet, um individuellen Programmcode auszuführen. Microsoft hat aber für zahlreiche Standardaufgaben Lösungen bereitgestellt, die einfacher zu verwenden sind, auch wenn die Anwendung schlafen gelegt wird (*suspended*). So gibt es beispielsweise Angebote zum Abspielen von Audiodateien oder einen Dateitransfer (Up- oder Download) im Hintergrund. Darüber hinaus wird mit dem Windows Push Notification Service (WNS) ein cloud-basierter Dienst angeboten, mit dem man Benachrichtigungen an das System des Benutzers schicken kann. Dadurch kann beispielsweise die Kachel oder das Badge aktualisiert werden, ohne dass hierfür die Anwendung aktiv laufen muss. Die Anwendung sieht dadurch für den Anwender aktuell und aktiv aus, obwohl diese lokal auf dem System keine (oder nur sehr geringe) Ressourcen verbraucht.

19.8 Status der Anwendung speichern

Windows 8 und seine Anwendungen wurden von Anfang an auf Leistung optimiert. Aus diesem Grund werden Windows 8-Anwendungen, die nicht mehr aktiv vom Benutzer verwendet werden, schlafen gelegt. Das ist so weit in Ordnung und stellt für den Entwickler noch keine Herausforderung dar, da dieser Vorgang unabhängig von Windows durchgeführt wird. Sobald der Anwender wieder zu der Anwendung zurückwechselt, wird diese reaktiviert. Sollte der Arbeitsspeicher jedoch für andere Anwendungen benötigt werden, wird die zuvor schlafen gelegte Anwendung kurzerhand geschlossen. In diesem Fall würden die vom Benutzer eingegebenen Daten und der aktuelle Zustand der Anwendung verloren gehen. Der Benutzer kann auch nicht mehr zur Anwendung wechseln, sondern muss diese explizit vom Startbildschirm starten. Ohne jedes weitere Zutun des Entwicklers würde die Anwendung wieder am Anfang starten - die zuletzt gesehene Seite oder im schlimmsten Fall die getätigten und noch ungespeicherten Eingaben des Benutzers wären verloren. In Bild 19.17 sind die möglichen Zustände zu sehen, die eine Anwendung durchlaufen kann.

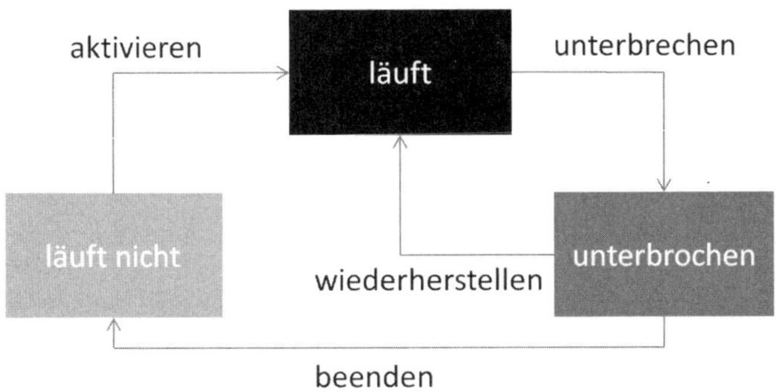

Bild 19.17 Der Lebenszyklus einer Windows 8-Anwendung

Optimal wäre es, wenn diese Informationen über den aktuellen Zustand gesichert und beim Reaktivieren der Anwendung für die Anzeige genutzt werden könnten. In diesem Fall würde der Benutzer keinen Unterschied zwischen dem einfachen Wechsel und dem Reaktivieren einer Anwendung bemerken. Die einzige Möglichkeit, dies zu realisieren, ist kurz vor dem Schlafenlegen der Anwendung. Befindet sich die Anwendung erst einmal im Schlafmodus (*suspended*), kann kein Programmcode ausgeführt und damit können auch keine Zustände der Oberfläche gespeichert werden.

In der globalen Anwendungsklasse, die in der Datei *app.xaml* zu finden ist, kann man sich für das Ereignis `Suspending()` registrieren, das immer kurz vor dem Schlafenlegen der Anwendung gefeuert wird. Im folgenden Beispiel, das teilweise an das Beispiel aus dem Blog von Arun angelehnt ist (*http://bit.ly/GZLbax*), ist die Verwendung zu sehen.

Listing 19.22 Ereignis zum Schlafenlegen der Anwendung registrieren

```
partial class App
{
  public App()
  {
    InitializeComponent();
```

```
    this.Suspending += App_Suspending;
  }

  private async void App_Suspending(object sender,
      SuspendingEventArgs e)
  {
    // Mit dem Deferrel das Schlafenlegen verzögern
    var deferral = e.SuspendingOperation.GetDeferral();

    // Den Zustand sichern (nächstes Beispiel)
    await SaveStateAsync();

    // Dem System mitteilen, dass Verarbeitung fertig ist
    deferral.Complete();
  }
}
```

In diesem Beispiel ist zu sehen, wie man sich in der Anwendungsklasse für das Ereignis registriert. Obwohl das Zwischenspeichern der Anwendung auf der lokalen Festplatte stattfindet, sind all diese Operationen nur über asynchrone Aufrufe zu benutzen, d.h., sie werden in einem separaten Thread gestartet. Dadurch wird die Methode frühzeitig verlassen, obwohl das Speichern des Anwendungszustandes noch gar nicht abgeschlossen ist. Mit dem Deferral müssen Sie dem System vorher mitteilen, dass das Speichern noch weiter andauert. Nach erfolgreichem Speichern kann mit der Methode `Complete()` das Signal an das System gegeben werden, dass das Speichern abgeschlossen ist.

Listing 19.23 Anwendungszustand im Verzeichnis der Anwendung speichern

```
public static async Task SaveStateAsync()
{
  // Datei im Verzeichnis der Anwendung erstellen
  var localFolder = ApplicationData.Current.LocalFolder;
  var file = await localFolder.CreateFileAsync(
      filename, CreationCollisionOption.ReplaceExisting);
  IRandomAccessStream raStream =
      await file.OpenAsync(FileAccessMode.ReadWrite);
  using (IOutputStream outStream = raStream.GetOutputStreamAt(0))
  {
    // Mit einem Serializer den Zustand speichern
    DataContractSerializer serializer =
        new DataContractSerializer(typeof(Statistics));
    serializer.WriteObject(outStream.AsStreamForWrite(), Status);
    await outStream.FlushAsync();
  }
}
```

In diesem Beispiel wird im Verzeichnis der Anwendung eine Datei erstellt, in der der Zustand der Anwendung abgelegt werden soll. Das Objekt namens „Status" beinhaltet zu diesem Zweck alle notwendigen Informationen.

Das System gibt der Anwendung lediglich fünf Sekunden Zeit, um ihren Anwendungszustand zu speichern. Das sollte in aller Regel mehr als ausreichend sein. Nach Ablauf dieser Frist wird die Anwendung in jedem Falle schlafen gelegt, selbst wenn mit dem `Deferral` gearbeitet wird.

Zum Speichern muss dieses Objekt jedoch erst serialisiert werden. Hierfür wird der DataContractSerializer verwendet, der ursprünglich von der Windows Communication Foundation (WCF) genutzt wurde. Alternativ können selbstverständlich auch andere Serialisierer eingesetzt werden. Der DataContractSerializer in diesem Beispiel setzt jedoch voraus, dass das Objekt zusätzlich mit den Attributen DataContract und DataMember ausgestattet ist. Das folgende Beispiel soll dies kurz anreißen.

Listing 19.24 Klasse zum Speichern des Anwendungszustandes

```
using System.Runtime.Serialization;

[DataContract]
public class ApplicationStatus
{
  [DataMember]
  public string Searchtext { get; set; }
}
```

Der DataContractSerializer speichert nur genau die Eigenschaften, die explizit mit dem Attribut DataMember ausgestattet worden sind. Fehlt dieses Attribut, so geht auch die hier gespeicherte Information verloren. Verwenden Sie statt einfachen Datentypen (wie String oder DateTime) eigene Klassen, so müssen auch diese mit einem DataContract-Attribut ausgestattet werden.

Das Speichern des Anwendungszustandes ist jedoch nur der erste Teil. Damit der Benutzer nach dem Beenden und dem erneuten Start der Anwendung an derselben Stelle weitermachen kann, muss diese Information wieder ausgelesen werden. Auch hier kann man sich mit der Methode OnLaunched() in der zentralen Anwendungsklasse beim Start einklinken.

Listing 19.25 Anwendungszustand beim Start der Anwendung auslesen

```
protected override async void OnLaunched(
    LaunchActivatedEventArgs args)
{
  // Vorherigen Zustand der Anwendung abfragen
  if (args.PreviousExecutionState ==
          ApplicationExecutionState.Terminated
      || args.PreviousExecutionState ==
          ApplicationExecutionState.Suspended
      || args.PreviousExecutionState ==
          ApplicationExecutionState.ClosedByUser)
  {
    // Zustand der Anwendung wiederherstellen
    await RestoreStateAsync();
  }

  // Hier geht es mit dem normalen Start weiter...
  var rootFrame = new Frame();
  rootFrame.Navigate(typeof(BlankPage));
  Window.Current.Content = rootFrame;
  Window.Current.Activate();
}
```

Die Methode OnLaunched() wird in der Regel bereits in der Projektvorlage überschrieben. Hier wird die Anwendung initialisiert und die Startseite angezeigt. Dieser Einstiegspunkt wird auch durchlaufen, wenn die Anwendung erneut nach dem Schlafenlegen gestartet wird. In welchem Zustand sich die Anwendung zuvor befunden hat, wird ebenfalls vom System in den Ereignisargumenten mitgegeben. Sobald hier der Status Terminated, Suspended oder ClosedByUser steht, sollte der Anwendungszustand wiederhergestellt werden.

Listing 19.26 Gespeicherten Anwendungszustand laden

```
public static async Task RestoreStateAsync()
{
  try
  {
    // Datei öffnen, falls vorhanden
    StorageFile file = await
        ApplicationData.Current.LocalFolder.GetFileAsync(filename);
    if (file == null) return;

    // Anwendungszustand deserialisieren
    IInputStream inStream = await file.OpenSequentialReadAsync();
    DataContractSerializer serializer =
        new DataContractSerializer(typeof(Statistics));
    Stats = (Statistics)serializer.ReadObject(
        inStream.AsStreamForRead());
  }
  catch (Exception)
  {
    // im Fehlerfall sollte zumindest die Anwendung normal starten
  }
}
```

Auch beim Auslesen des Anwendungszustandes wird wieder der DataContractSerializer verwendet. Zuvor sollte jedoch überprüft werden, ob die Datei wirklich auf der Festplatte existiert. Die gesamte Logik ist hier mit einem Try-Catch-Block umschlossen, der alle eventuell entstehenden Fehler abfangen soll. Im schlimmsten Fall, falls das Deserialisieren einen Fehler werfen sollte, erhält der Benutzer eine neue leere Anwendungssitzung. Das ist immerhin besser, als wenn sich die Anwendung wegen eines fehlgeschlagenen Wiederherstellens nicht mehr starten ließe.

Bleibt abschließend nur noch die Frage zu klären, wie die Implementierung getestet werden kann. Wechselt man zur Laufzeit die Anwendung, wird die Anwendung wie gewohnt nach fünf Sekunden schlafen gelegt. Startet man die Anwendung allerdings in Visual Studio, so ist dieser Mechanismus ausgehebelt. Vermutlich hat man sich dazu entschieden, damit der Entwickler in Ruhe debuggen kann, ohne dass das System die Anwendung versehentlich schlafen legt. Damit dieses Szenario trotzdem getestet werden kann, können Sie das Schlafenlegen simulieren. Hierzu müssen Sie zuerst die Symbolleiste *Debugspeicherort* anzeigen. In dieser gibt es eine Schaltfläche mit der Beschriftung ANHALTEN (die zwar auch eine Pausentaste als Icon enthält, jedoch nicht mit dem UNTERBRECHEN der Anwendung verwechselt werden sollte). Klickt man auf diese Schaltfläche, wird das Ereignis Suspending() gefeuert und unsere Logik sollte wie geplant abgearbeitet werden. Die Anwendung wird danach aber nicht wirklich schlafen gelegt, da dies nur eine Simulation war, und läuft daher unverdrossen weiter.

19.9 Komponenten

Das Erstellen von gemeinsam genutzten Bibliotheken (sog. *Shared Libaries*) ist prinzipiell möglich. Jede Anwendung wird zwar isoliert von den anderen Anwendungen installiert, das hindert aber trotzdem nicht daran, eine gemeinsame Bibliothek für jede zu entwickeln. Heikel wird die Sache erst bei der Unterstützung von mehreren Plattformen. Unter .NET Framework konnte man sich an der CLS-Konformität orientieren, die alle Sprachen unterstützen musste. Gab es Sprachmerkmale, die nicht CLS-konform waren, konnte man dieses Feature nicht mehr uneingeschränkt in anderen Programmiersprachen verwenden.

Mit Windows 8 wird die Umsetzung deutlich schwieriger, da mit COM, C#, C++ und JavaScript regelrecht Welten aufeinanderprallen. Wer eine gemeinsame Bibliothek für alle drei Plattformen anbieten möchte, muss sich zwangsläufig am kleinsten gemeinsamen Nenner orientieren und eine sog. Komponente für die Windows Runtime entwickeln.

Da Windows 8-Anwendungen auf COM basieren, handelt es sich bei einer Bibliothek im Grunde auch um nichts anderes. Damit wird keine Objektvererbung unterstützt (Klassen müssen als `sealed` gekennzeichnet sein und virtuelle Methoden sind nicht erlaubt), komplexere Rückgabewerte müssen als `struct` angegeben werden (die wiederum außer reinen Daten keine Programmlogik enthalten dürfen) und generische Methoden sind gänzlich verboten. Die meisten dieser genannten Techniken stehen in COM nicht zur Verfügung und können deswegen nicht genutzt werden. Des Weiteren müssen Sie mit den verwendeten Eingabeparametern und Rückgabewerten umgehen – diese werden zu den entsprechenden Pendants aus WinRT übersetzt. Ein Datentyp, der nur in der Base Class Library des .NET Frameworks zur Verfügung steht, kann nicht verwendet werden.

20 Installation und Verteilung

Die Installation ist meist das Erste, was ein Benutzer von einer Anwendung zu Gesicht bekommt. Die Anforderungen an eine gute Installation sind dabei nicht zu unterschätzen: Der Benutzer soll mit nur wenigen Klicks und möglichst kurzen Texten (die trotz ihrer Kürze vermutlich immer noch nur die wenigsten lesen werden) auch durch umfangreiche Installationsprozesse, mitsamt der Auswahl an Komponenten mit all ihren Abhängigkeiten, geführt werden. Nicht zu vergessen: Die Installation soll natürlich auch optisch einen professionellen Eindruck hinterlassen. Es ist daher einleuchtend, dass das Erstellen des Installationsprogramms keine dankbare Aufgabe ist. Zum Glück gibt es hierfür eine breite Palette an hilfreichen Werkzeugen.

Trotz der guten Unterstützung sollten Sie sich Ihrer Aufgabe und der damit verbundenen Verantwortung bewusst sein. Eine Anwendung soll sich nicht nur einfach installieren lassen, auch Themen wie regelmäßige Aktualisierungen oder die Deinstallation sollten beachtet werden. In den meisten Fällen kommt als Grundlage der Windows Installer zum Einsatz, der eine Art Grundgerüst oder Framework für die Installationspakete bietet. Ob dieser genutzt wird oder nicht, hängt allerdings ganz von der Wahl der Technologie ab. So versucht man, mit dem Windows Installer XML so nah und gut wie möglich das Spektrum des Windows Installers abzubilden. Man könnte aber ebenso gut auf diese Unterstützung verzichten und eine reine XCopy-Installation vornehmen.

Arbeitsgrundlage des Windows Installers sind die MSI-Pakete, in denen die zu installierende Software enthalten ist. Im Grunde kann man sich unter einer MSI-Datei eine kleine Datenbank vorstellen. Diese enthält Dateien anstelle von Datensätzen, die wiederum vom Windows Installer innerhalb einer Transaktion auf das Zielsystem kopiert werden. Sollte etwas bei der Installation schieflaufen, wird nicht nur die Installation abgebrochen, sondern es werden auch bereits kopierte Dateien wieder entfernt. Erst so kann man sicherstellen, dass sich das System wieder im lauffähigen und konsistenten Zustand befindet.

So hilfreich der Windows Installer bei dieser Aufgabe auch sein mag, Tatsache ist allerdings auch, dass dieser bereits deutlich in die Jahre gekommen ist. Seit seinem Erscheinen vor gut elf Jahren hat er zwar mehrere Aktualisierungen erfahren, doch ist die zugrunde liegende Technologie bereits merklich in die Jahre gekommen. Das bekommt man besonders dann zu spüren, wenn neben dem Kopieren von Dateien auch eigener Programmcode ausgeführt werden soll. Das ist beispielsweise dann notwendig, wenn auf vorhandene Installationen geprüft oder ein Lizenz-Server im Internet kontaktiert werden soll. Dieser Programmcode darf ursprünglich nur in reinem (unmanaged) C++ geschrieben werden, was im Grunde die

Entwicklung mit C# und dem .NET Framework ausschließt. Damit dies trotzdem möglich ist, musste eine Art Wrapper zur Interoperabilität geschaffen werden.

In diesem Kapitel werden einige bekannte Werkzeuge vorgestellt, mit denen Sie Installationsprogramme erstellen können. Die Liste hat keinen Anspruch auf Vollständigkeit und soll nur einen Einblick in die Vielfalt der Werkzeuge geben und die eigenen Recherchen ergänzen.

20.1 XCopy

Das Verteilen von Anwendungen mittels XCopy wurde seit der ersten Version des .NET Frameworks von Microsoft forciert. Hierbei besteht eine Anwendung lediglich aus einer Sammlung aus Dateien, die im Idealfall mit einem einzigen Kommando in der Eingabeaufforderung auf die Festplatte kopiert werden können. Eine Registrierung oder gar das Ausführen eigener Programmcodes zur Installation ist dabei nicht erlaubt. Das erlaubt es dem Benutzer, auch ohne Administrationsrechte eine Anwendung zu installieren.

In der Praxis besitzt XCopy allerdings keinen Stellenwert, da man einem Benutzer wohl kaum das Kopieren von Dateien zumuten möchte. Heutzutage sollte man unter dem Begriff XCopy-Verteilung eher noch die Intention dahinter verfolgen – nämlich eine Anwendung zu erstellen, die ohne Einstellungen in der Registry, eine Aktivierung über das Internet oder ähnliche Abhängigkeiten auskommt.

Um die Installationserfahrung weiter zu verbessern, hat man bei Microsoft für die Version 2 des .NET Frameworks mit der sog. ClickOnce-Technologie nachgebessert.

20.2 ClickOnce

ClickOnce gehört streng genommen nicht in die Liste der klassischen Installer. Es wird mit ClickOnce aber eine Reihe an Vorteilen angeboten, die mit den übrigen Installern in diesem Kapitel nur mit Mehraufwand möglich wären. ClickOnce bietet sich daher als schlanke Alternative an.

Die Verteilung einer Anwendung mittels ClickOnce wurde bereits kurz im Zusammenhang mit XBAP-Anwendungen angesprochen. Diese Technik lässt sich aber nicht nur für Webanwendungen nutzen, sondern auch für klassische Desktop-Anwendungen. ClickOnce hat den Vorteil, dass eine Anwendung sprichwörtlich mit einem Klick installiert werden kann. Anders als bei einer XBAP-Anwendung steht die Anwendung danach auch wie eine klassisch installierte Anwendung im Startmenü zur Verfügung. Damit soll der lästige Installationsprozess der Vergangenheit angehören – und selbst eine Anmeldung als Administrator ist hierfür nicht mehr erforderlich. Letzteres funktioniert allerdings nur, weil die Software nicht für alle Benutzer des Computers installiert wird, sondern nur für den gerade angemeldeten. Ein mit ClickOnce installiertes Programm kann daher niemals von mehreren Benutzern verwendet werden, sondern muss für jeden Benutzer einzeln installiert werden. Diesen Aspekt bezeichnet man auch als Isolierung, weil eine mit ClickOnce verteilte Anwendung immer isoliert von anderen Benutzern und anderen Anwendungen verwaltet wird. Die Gefahr von Versionskonflikten wird dadurch dramatisch reduziert, da es außer dem Global Assembly Cache keine gemeinsam genutzten Bereiche gibt.

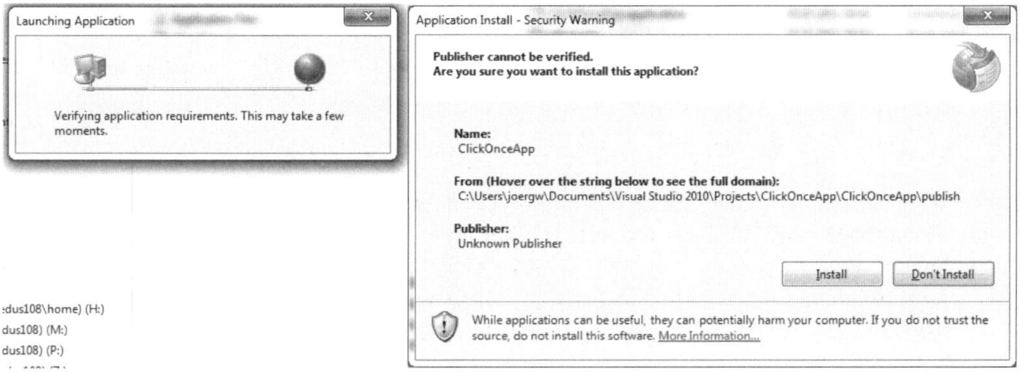

Bild 20.1 ClickOnce erleichtert sowohl die Verteilung als auch die Aktualisierung.

ClickOnce unterstützt verschiedene Medien zur Verteilung – angefangen vom Internet/Intranet, einem Netzwerk-Laufwerk bis hin zum traditionellen Datenträger in Form einer CD-ROM. Unabhängig vom gewählten Medium existiert aber immer eine einfache Installationsdatei, über die der Prozess angestoßen wird. In Bild 20.1 sind zwei der wenigen Dialoge abgebildet, die der Benutzer während der Installation zu sehen bekommt.

Mit sprichwörtlich nur einem Klick ist die Anwendung installiert. Aber nicht nur die Installation selbst, auch das regelmäßige Aktualisieren wird mit ClickOnce vereinfacht. Wahlweise können Sie einstellen, ob während oder sogar vor dem Start der Anwendung auf eine neue Version überprüft werden soll. Letztere Option verkürzt die Startdauer der Anwendung erheblich, da das zeitaufwendige Laden und Vergleichen der neuesten Versionsinformationen zur Laufzeit vorgenommen werden. Sollte eine neue Version vorliegen, wird die Anwendung von ClickOnce beim nächsten Start automatisch aktualisiert. Das hat allerdings zur Folge, dass zwischenzeitlich ältere Versionen der Anwendung in Betrieb gehen können. Gerade bei Zugriffen auf Datenbanken oder Webservices muss so mehr auf Abwärtskompatibilität geachtet werden.

Das Erstellen und Verteilen einer Anwendung mittels ClickOnce ist ebenfalls sehr einfach gehalten. Routineaufgaben wurden auf ein Minimum reduziert, sodass sich die Dauer der Veröffentlichung auf wenige Minuten und einige wenige Mausklicks reduziert. Der Haupteinstiegspunkt zur Verteilung befindet sich unter den Projekteigenschaften im Karteireiter *Veröffentlichung*. In diesem Bereich können alle notwendigen Informationen über die Inhalte, die Voraussetzungen und die spätere Aktualisierung angegeben werden. Etwas schneller geht es mit dem Assistenten, der auf die Angaben reduziert wurde, die für eine Veröffentlichung notwendig sind.

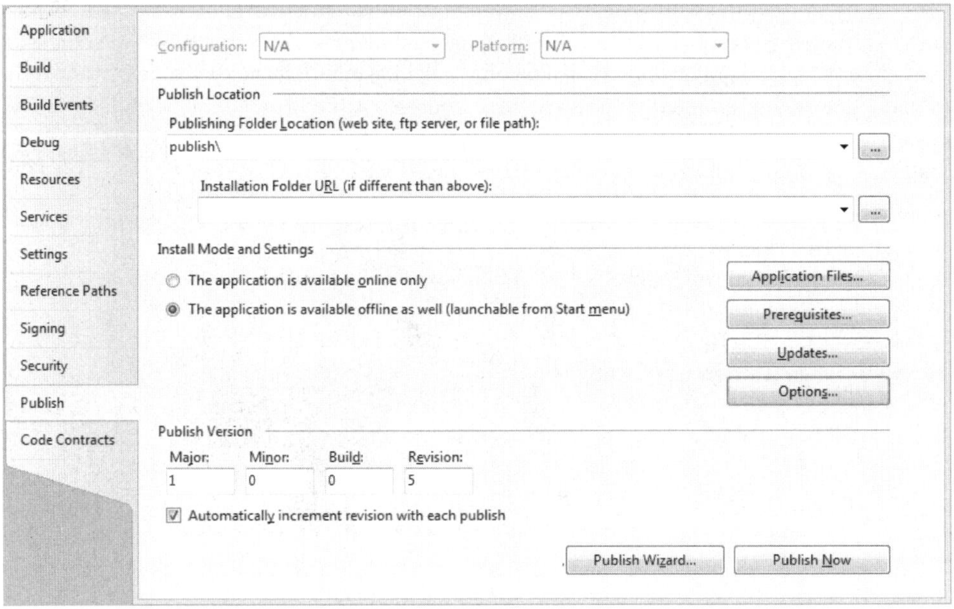

Bild 20.2 Einstellungen für ClickOnce

Die Verteilung mit ClickOnce hat allerdings den Nachteil, dass sich das .NET Framework bereits auf dem Computer des Benutzers befinden muss. ClickOnce ist kein unabhängiges Werkzeug, wie es beispielsweise der Windows Installer ist, sondern ein fester Bestandteil des .NET Frameworks und seit Version 2.0 verfügbar. Soll die Installation über das Internet oder im Intranet angeboten werden, so werden zurzeit offiziell nur die Browser Internet Explorer und Firefox unterstützt. Bei Letzterem sorgt eine Erweiterung (Plug-in) für die notwendige Unterstützung, die zusammen mit dem .NET Framework installiert wird. Für Google Chrome wird zwar keine offizielle Unterstützung angeboten, doch auch hier gibt es eine kostenlose Erweiterung. Ohne solche Erweiterungen würde der Browser, anstatt die Installation zu starten, lediglich eine relativ kryptische XML-Datei herunterladen, die die Informationen zur Verteilung beinhaltet.

Des Weiteren besitzt eine mit ClickOnce verteilte Anwendung nur eingeschränkte Rechte auf dem Computer, da bei der Installation keine Administratorrechte erforderlich sind. Der Anwendung kann also per se nicht das volle Vertrauen entgegengebracht werden. In Tabelle 20.1 ist die voreingestellte Sicherheitsrichtlinie zu sehen, die abhängig vom Installationsort von ClickOnce automatisch gewählt wird. Lediglich die Installation von einem lokalen Medium, wie einer CD oder DVD, garantiert volle Zugriffsrechte.

Tabelle 20.1 Sicherheitsrichtlinien in Abhängigkeit zur Installation

Installationsort	Sicherheit
Start aus dem Internet	Internet Zone
Installation aus dem Internet	Internet Zone
Installation von einem Netzwerk-Laufwerk	Local Intranet Zone
Installation von einer CD-ROM	Full Trust

Die Sicherheitsrichtlinie kann allerdings auch nachträglich angepasst werden, sodass eine aus dem Internet installierte Anwendung mit höheren Rechten ausgestattet werden kann. Hierfür ist es allerdings erforderlich, dass die Anwendung von einem vertrauenswürdigen Herausgeber zertifiziert worden ist. Dieses besagte Zertifikat muss verständlicherweise auch auf dem Computer des Anwenders installiert sein, damit es mit dem Zertifikat der Anwendung verglichen werden kann. Das Verfahren ist mit dem Veröffentlichen von XBAP-Anwendungen identisch, das in Abschnitt 17.4 beschrieben ist.

Mit dem .NET Framework 4 ist auch die Möglichkeit hinzugekommen, Dateierweiterungen auf dem Computer zu registrieren. Das ermöglicht eine einfachere Handhabung mit Dateien im Windows Explorer, da diese über einen Doppelklick direkt mit der richtigen Anwendung geöffnet werden. Die Dateierweiterungen können in den Projekteigenschaften unter `Optionen` hinterlegt werden. Die zu öffnende Datei wird allerdings nicht wie gewohnt als Kommandozeilen-Argument übergeben, sondern befindet sich als `SetupInformation` getarnt in der aktuellen `AppDomain`.

Listing 20.1 Den Namen einer mit Doppelklick geöffneten Datei abfragen

```
var setupInfo = AppDomain.CurrentDomain.SetupInformation;
var arguments = setupInfo.ActivationArguments.ActivationData;
foreach (var argument in arguments)
{
  // argument enthält Dateiname
}
```

Die Eigenschaft `ActivationData` ist ein Array vom Typ `String`, die alle Argumente enthält, die man normalerweise von der Kommandozeile erwarten würde. Die Information ist allerdings etwas versteckt, sodass man erst von der aktuellen `AppDomain` über `SetupInformation` und `ActivationArguments` an die gewünschte Auflistung kommt.

Das Arbeiten mit Dateierweiterungen unterliegt auch einigen Einschränkungen:

- Die Anwendung muss als Desktop-Anwendung installiert sein. Browseranwendungen (XBAP) werden nicht unterstützt.
- Die Anwendung muss als „Full Trust“ laufen.

Etwas herausfordernder wird die Verteilung von Anwendungen, die aus lose gekoppelten Dateien besteht. Das ist insbesondere bei Anwendungen der Fall, die beispielsweise mit Microsoft PRISM oder dem Managed Extensibility Framework (MEF) erstellt worden sind. Hier sind die einzelnen Projekte nicht fest miteinander referenziert, sondern liegen lose im selben Verzeichnis der Anwendung. ClickOnce hat keine Möglichkeit, einen Zusammenhang festzustellen, und kann sich daher nur auf die Projekte beziehen, die als feste Referenz hinterlegt worden sind. Um dennoch zusätzliche Dateien anzugeben, muss nachträglich die Manifest-Datei, die zur Verteilung als Grundlage dient, angepasst werden. Hier werden alle notwendigen Dateien aufgelistet, die bei der Installation auf das Zielsystem kopiert werden sollen. Diese Liste kann theoretisch nach Belieben erweitert werden. Nach jeder Veränderung muss jedoch die Datei mit dem ursprünglichen Zertifikat erneut signiert werden, um Manipulationen durch Dritte auszuschließen.

Ein Werkzeug, mit dem das Manifest bearbeitet und signiert werden kann, ist die Manifest Manager Utility, die unter folgender Adresse bei Codeplex bezogen werden kann:

http://compositewpf.codeplex.com/releases/view/14771

Die Verteilung mittels ClickOnce bietet unterm Strich deutliche Vorteile, da sowohl Installation als auch Aktualisierung erheblich vereinfacht worden sind. In den meisten Bereichen ist eine mit ClickOnce installierte Anwendung nicht von einer traditionellen Installation zu unterscheiden, da auch hier Verknüpfungen im Startmenü und auf dem Desktop erstellt werden, eine Deinstallation in der Systemsteuerung angeboten wird und Daten oder benutzerdefinierte Einstellungen lokal gespeichert werden können. Trotzdem steht und fällt die Entscheidung meist mit der Installation von Komponenten von Drittherstellern. Wenn diese in Systemverzeichnisse kopiert werden müssen oder eine Registrierung erforderlich ist, kommt eine Verteilung mittels ClickOnce nicht mehr infrage.

20.3 Windows Installer XML (WiX)

WiX (was wie Wicks ausgesprochen wird und im Englischen für Kerzendocht steht) wurde von Microsoft entwickelt und als Open Source der Öffentlichkeit zur Verfügung gestellt. Es kann als Projekt mit in die Solution von Visual Studio aufgenommen werden. WiX versucht jedoch, die umfassenden Möglichkeiten des Windows Installers abzubilden, sodass nicht nur MSI-Pakete, sondern auch Merge-Module (MSM), Patches (MSP) und Transformationen (MST) möglich sind.

Das Projekt steht bei Sourceforge unter folgender Adresse zur Verfügung:

http://wix.sourceforge.net

Der Name des Projektes ist Programm: Das gesamte Installationspaket wird deklarativ über eine XML-Datei beschrieben, die das fertig installierte Endergebnis auf der Festplatte beschreibt. Anders als beispielsweise bei NSIS wird also der Installationsprozess nicht mittels Kommandos beschrieben. Dieser Unterschied kann gerade für die Einarbeitung sehr wichtig sein, da hier keine klassischen Kopier-Befehle für Dateien zu finden sind. Stattdessen werden Komponenten und ihre dazu notwendigen Dateien aufgezählt, wie sie später auf dem Zielsystem vorzufinden sein sollen.

WiX besteht aus einer Vielzahl an Werkzeugen, deren Namen sich aus einem Wortspiel mit Kerzendocht (Wicks) herleiten lassen.

Einige Werkzeuge von WiX sind:

- *Candle* (Kerze) ist der Kompilierer, der die XML-Dokumente zu Objektdateien kompiliert.
- *Light* (Licht) ist der Linker, der die vorgefertigten Objektdateien und die Binärdateien miteinander verbindet und die fertige Setup-Datei (z. B. MSI) erstellt.
- *Lit* (beleuchtet) ist ein optionales Bibliothekswerkzeug.
- *Dark* (Dunkelheit) ist der Dekompilierer.
- *Tallow* (Hitze) ist ein Werkzeug, mit dem initial eine WiX-Datei anhand einer fertigen Verzeichnisstruktur erzeugt werden kann.
- *Votive* (Bezeichnung für eine religiöse Kerze) ist eine Erweiterung für Visual Studio, das neben Projektvorlagen auch Unterstützung für den Build-Prozess und IntelliSense mitbringt.

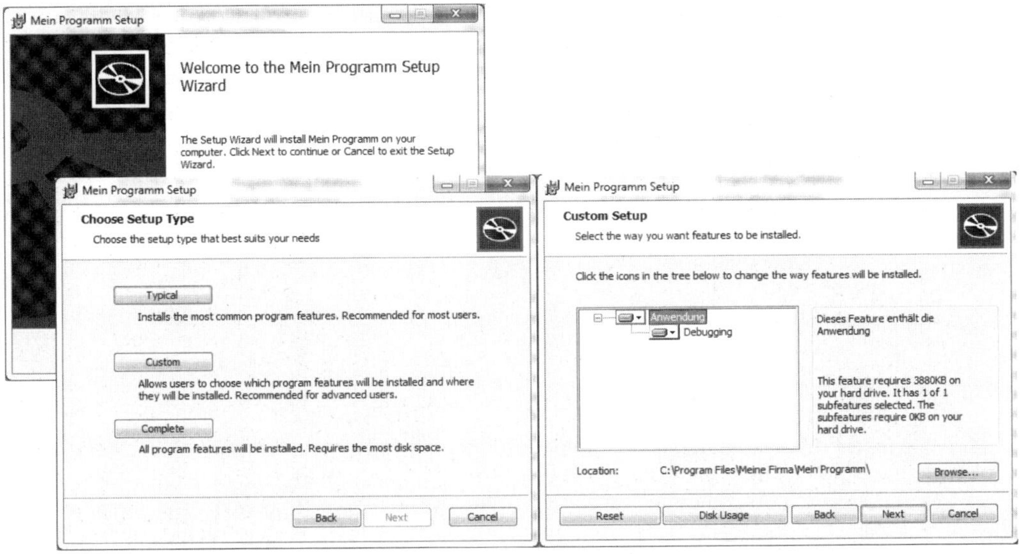

Bild 20.3 Eine fertige Installation mit dem Windows Installer XML

Auf der Projektseite von WiX steht ein Setup bereit, mit dem sich alle Werkzeuge komfortabel installieren lassen. Gerade Votive ist eine wahre Erleichterung, da Setup-Projekte sowie andere Projekte auch nahtlos mit Visual Studio entwickelt werden können.

Eine neue WiX-Projektdatei sieht relativ überschaubar aus – neben einem leeren Ordner für Referenzen wird standardmäßig eine Datei namens *Product.wxs* angelegt. Letztere enthält bereits exemplarisch einen groben Aufbau, der den Start in ein neues Projekt erleichtern soll.

Listing 20.2 Eine Beispielinstallation ohne UI

```
<Wix xmlns="http://schemas.microsoft.com/wix/2006/wi">

  <Product Id="8dd3a710-e23a-4e35-88ae-bed30e49d17e"
           Name="Mein Produkt"
           Language="1033"
           Version="0.95.0"
           Manufacturer="Ich AG"
           UpgradeCode="1b769a77-0e8a-40f6-a864-27c1aae9a280">
  <Package Id="*"
           Platform="x64"
           InstallerVersion="200"
           Compressed="yes"
           InstallScope="perMachine"
           Manufacturer="Ich AG"
           InstallPrivileges="elevated"
           Description="Die Software von mir" />
  <Media Id="1"
         Cabinet="media1.cab"
         EmbedCab="yes" />

  <Directory Id="TARGETDIR"
             Name="SourceDir">
```

```
    <Directory Id="ProgramFiles64Folder">
      <Directory Id="IchAGFolder"
                 Name="Ich AG">
        <Directory Id="INSTALLDIR"
                   Name="Meine Software">
          <Component Id="Anwendung"
                     Guid="6BF41478-A61B-415A-951B-B242D982506F"
                     Win64="yes">
            <File Source="..\..\Build\Release\MeinProdukt.exe" />
          </Component>
        </Directory>
      </Directory>
    </Directory>
  </Directory>

</Wix>
```

Jedes WiX-Projekt enthält in der Regel dieselben obligatorischen Bestandteile. Dazu gehören die Informationen über das Produkt selbst, das Installationspaket und die zur Installation benötigten Medien. Das Element `Product` gibt (wie der Name es vermuten lässt) Auskunft über das zu installierende Produkt. Es enthält nicht nur wichtige Meta-Informationen, sondern dient auch gleichzeitig als Einstiegspunkt für den Compiler, ähnlich wie die `Main()`-Methode im C# Programmcode. Was andere Installer recht gut verbergen können, kommt hier deutlich zum Vorschein: Damit die Installationspakete und ihre Inhalte für den Windows Installer eindeutig sind, wird an vielen Stellen mit GUIDs gearbeitet. Das erleichtert zwar nicht gerade die Lesbarkeit, doch sind diese Angaben leider notwendig. Des Weiteren muss noch mittels `Package` ein Paket definiert werden, in dem die Software zusammengeschnürt wird. Diese Informationen können im Windows Explorer abgerufen werden, wenn man sich die Eigenschaften der späteren MSI-Datei ansieht. Zu guter Letzt muss die Software auf einen Datenträger verteilt werden. Im Zeitalter von Internet und USB-Sticks mag man sich kaum noch an den arg begrenzten Speicherplatz von Disketten erinnern, doch auch WiX unterstützt das Aufteilen des Setups auf mehrere Medien. Dies muss allerdings von Hand erfolgen.

Nach der Angabe dieser drei Elemente folgen nun die Angaben der gewünschten Verzeichnisstruktur. Wer es lieber etwas haptischer mag, kann die Verzeichnisstruktur im Windows Explorer vorbereiten und die WiX-Datei dann mittels Tallow automatisch generieren lassen. Programme sollten sich immer in das offizielle Programmverzeichnis von Windows installieren lassen. Für die Verzeichnisstruktur hat sich ein Quasi-Standard etabliert, der sich aus Firmenname, Produktname und, falls parallel installierte Versionen unterstützt werden, eventuell noch der Versionsnummer ableiten lässt.

Für unser Beispiel ergibt das folgende Struktur.

```
C:\Program Files\Meine Firma\Mein Programm
```

Dieser Pfad muss nicht auf allen Systemen gleich lauten. Aus diesem Grund ist es ratsam, auf vordefinierte Konstanten zurückgreifen, die diesen Pfad abbilden (wie in Tabelle 20.2 zu sehen ist).

Tabelle 20.2 Auszug der vordefinierten Schlüssel und deren Bedeutung

Konstante	Verzeichnis
TARGETDIR	C:\
ProgramFilesFolder	Program Files (x86)
ProgramFiles64Folder	Program Files
AppDataFolder	Users\joergw\AppData\Roaming
LocalAppDataFolder	Users\joergw\AppData\Local
CommonAppDataFolder	All Users\AppData
CommonFilesFolder	
CommonFiles64Folder	
DesktopFolder	Users\joergw\Desktop
FontFolder	Windows\Fonts
PersonalFolder	
TempFolder	

Im Knoten `Directory` folgen dann mittels `Component` die Komponenten, die dort installiert werden sollen. Eine Komponente stellt bei WiX die kleinste Einheit einer Installation dar und kann aus einer Reihe an Dateien bestehen. Ein Verzeichnis kann mehrere Komponenten beinhalten, eine Komponente kann aber immer nur in einem Verzeichnis abgelegt werden.

Listing 20.3 Verzeichnis mit mehreren Komponenten

```
<Directory Id="INSTALLDIR" Name="Meine Software">
  <Component Id="Anwendung"
    Guid="6BF41478-A61B-415A-951B-B242D982506F"
    Win64="yes">
    <File Source="..\..\Build\Release\MeinProdukt.exe" />
  </Component>
  <Component Id="Debug"
    Guid="4947AF08-0615-41AB-980A-E3AAD8FCEA95"
    Win64="yes">
    <File Source="..\..\Build\Release\MeinProdukt.pdb" />
  </Component>
</Directory>
```

Bei dieser Installation beinhaltet das Installationsverzeichnis gleich zwei Komponenten: eine für das eigentliche Produkt und eine für die zusätzlichen Debugging-Symbole. Das Aufteilen dieser Dateien über verschiedene Komponenten hat den Vorteil, dass man diese dem Benutzer als optionale Bestandteile anbieten kann. So werden beispielsweise die Debugging-Symbole nicht für alle Installationen benötigt und müssen nicht zwingend installiert werden.

Unterhalb des Knotens `Component` werden mittels `File` die einzelnen Dateien angegeben, aus denen die Komponente bestehen soll, wobei in diesem Beispiel jeweils nur eine Datei hinterlegt ist. Mit dem Attribut `Source` wird die Quelle der Datei angegeben. So wird in diesem Fall vorausgesetzt, dass die fertig kompilierte Software im Verzeichnis namens *Build\Release* abgelegt wurde. An dieser Stelle sollte man darauf achten, relative Pfade zu verwenden, da es beispielsweise bei der Zusammenarbeit im Team häufig unterschiedliche Verzeichnisstrukturen bei den Entwicklern geben kann. Anders als beim Visual Studio Installer werden hier also ausschließlich die fertigen Dateien und nicht die dafür notwendigen Projekte angegeben. Dieser Unterschied macht sich nicht nur beim Hinzufügen der Dateien bemerkbar. Sollten sich beide Projekte in derselben Solution befinden, muss darauf geachtet werden, dass diese in der richtigen Reihenfolge erstellt werden.

Zu guter Letzt werden in der Datei noch sog. *Features* definiert, die der Benutzer bei der Installation aus- oder auch wieder abwählen kann. Hier kommen wieder die Komponenten zum Zuge, die den jeweiligen Features zugeordnet werden. Wählt der Benutzer ein bestimmtes Feature aus, werden damit die dazugehörigen Dateien aus den zugewiesenen Komponenten installiert.

Listing 20.4 Verzeichnis mit mehreren Komponenten

```
<Wix xmlns="http://schemas.microsoft.com/wix/2006/wi">
  <!-- siehe oben -->
  <Package .../>
  <Directory>...</Directory>

  <Feature
    ID="Anwendung" Title="Anwendung" Description=""
    ConfigurableDirectory="INSTALLDIR">
    <ComponentRef Id="Anwendung" />

    <Feature
      ID="Debugging" Title="Debugging" Description="">
      <ComponentRef Id="Debug" />
    </Feature>
  </Feature>
</Wix>
```

Dieses Beispiel besteht aus zwei Features: Das erste installiert die Anwendung und das zweite installiert optional die Debugging-Symbole der Anwendung mit. Die Attribute `Title` und `Description` sollten dazu genutzt werden, dem Benutzer bei Installationen einen aussagekräftigen Namen bzw. eine Beschreibung anzuzeigen. Mit `ConfigurableDirectoy` kann außerdem angegeben werden, dass das Installationsverzeichnis vom Benutzer angepasst werden kann. Als Wert wird hier die ID des Verzeichnisses angegeben, die bereits bei der Angabe der Verzeichnisstruktur verwendet worden ist.

Unterhalb des Elementes `Feature` wird mittels `ComponentRef` auf die zu installierenden Komponenten referenziert. Neben diesen Referenzen können an dieser Stelle aber auch weitere Unter-Features definiert werden. Bei der Auswahl der Features ergibt sich so eine Art Baumstruktur der möglichen Features, sodass dem Benutzer schneller die Zusammenhänge und die Abhängigkeiten der einzelnen Features verdeutlicht werden können.

Mit diesen wenigen Angaben ist bereits eine Installation definiert, die zudem noch aus mehreren Features besteht. Allerdings wird bei der Installation noch keine Oberfläche angezeigt. Nach dem Öffnen startet die Installation direkt durch und beginnt mit dem Installationsprozess. Das ist besonders dann ärgerlich, wenn vom Benutzer Verzeichnisse oder optionale Features angepasst werden sollten. Das Erstellen eigener Oberflächen für den Windows Installer ist allerdings ein aufwendiges Unterfangen. Zudem handelt es sich wieder um eine eigene XML-basierte Sprache, die zuerst beherrscht werden sollte.

Die meisten Installationen folgen in der Regel einem einheitlichen Schema. So werden zuerst Lizenzbedingungen angezeigt, die akzeptiert werden müssen, und danach die Auswahl der zu installierenden Features. Um den Aufwand beim Erstellen von Standard-Oberflächen zu reduzieren, werden mit WiX einige vorgefertigte Dialoge mitgeliefert. Hierfür muss lediglich eine Referenz auf die Assembly *WixUIExtension* gesetzt werden, die sich im Programmverzeichnis von WiX befindet. Zusätzlich muss mittels `UIRef` ein Verweis in das WiX-Skript selbst eingefügt werden.

Listing 20.5 Standard-Oberfläche für die Installation anzeigen

```
<Wix xmlns="http://schemas.microsoft.com/wix/2006/wi">
  <!-- siehe oben -->
  <Package .../>
  <Directory>...</Directory>
  <Feature .../>

  <UIRef Id="WixUI_Mondo" />
</Wix>
```

Mit dem Attribut `Id` wird der Name der UI angegeben, der für die Installation verwendet werden soll. *WixUI_Mondo* ist das am meisten verbreitete der angebotenen Oberflächen.

Das Installationsprojekt kann zudem aus mehreren Dateien oder sogar aus mehreren Projekten bestehen, die beispielsweise getrennt die Oberfläche für einen Schritt des Installationsassistenten oder die Deklaration einer Softwarekomponente beschreiben können. Die Installationen können dadurch nicht nur übersichtlicher aufgeteilt werden, auch die Zusammenarbeit im Team wird dadurch erleichtert und Bestandteile der Installation lassen sich einfacher wiederverwenden.

Der Installer lässt sich zudem für mehrere Sprachen lokalisieren. Hierfür müssen die Texte der Oberflächen durch Platzhalter ersetzt werden, deren Inhalte dann wiederum in separaten Sprachdateien abgelegt werden. Für jede Sprache muss eine eigene Sprachdatei angelegt werden.

Wer näher am Windows Installer arbeiten und von dessen Features profitieren möchte, ist sicherlich mit WiX gut beraten. Wer dagegen kurzfristig einen anspruchslosen Installer zur Verteilung benötigt, ist wegen der hohen Einarbeitung mit WiX vermutlich mit einer anderen Lösung besser beraten.

20.4 InstallShield Limited Edition

Die Limited Edition (LE) von InstallShield ist die kostenlose und einfachere Variante des großen Installationspaketes. In Visual Studio 2010 wird InstallShield LE zwar nicht direkt mitgeliefert, man findet allerdings in den Projektvorlagen eine Verknüpfung zur entsprechenden Downloadseite. Von dort aus kann man das Produkt nach einer Registrierung herunterladen.

Die Setup-Projekte von InstallShield LE lassen sich in der gewohnten Umgebung von Visual Studio bearbeiten, da sie als zusätzliche Projekte in der Visual Studio Solution erscheinen. Der Aufbau orientiert sich an dem großen Bruder InstallShield – was allerdings auch zur Folge hat, dass viele Funktionen angeboten werden, die in der Limited Edition gar nicht zur Verfügung stehen. Die anfängliche Euphorie kann sich aus diesem Grund schnell in Ernüchterung wandeln, da in jedem zweiten Fenster der Hinweis zu lesen ist, dass dieses Feature nur in der Vollversion zur Verfügung steht.

Im Solution Explorer werden anhand einer Verzeichnisstruktur die notwendigen Schritte abgebildet, die zum Erstellen eines Setups notwendig sind. Aufgrund der Einschränkungen gehört vermutlich das Organisieren der Dateien hier zu dem wichtigsten Punkt. Hierbei werden quasi zwei Explorer parallel abgebildet: Der erste stellt das Quellsystem dar, aus dem die zu installierenden Dateien ausgewählt werden; der zweite steht für das Zielsystem, mit dem angegeben wird, wohin die Dateien installiert werden sollen.

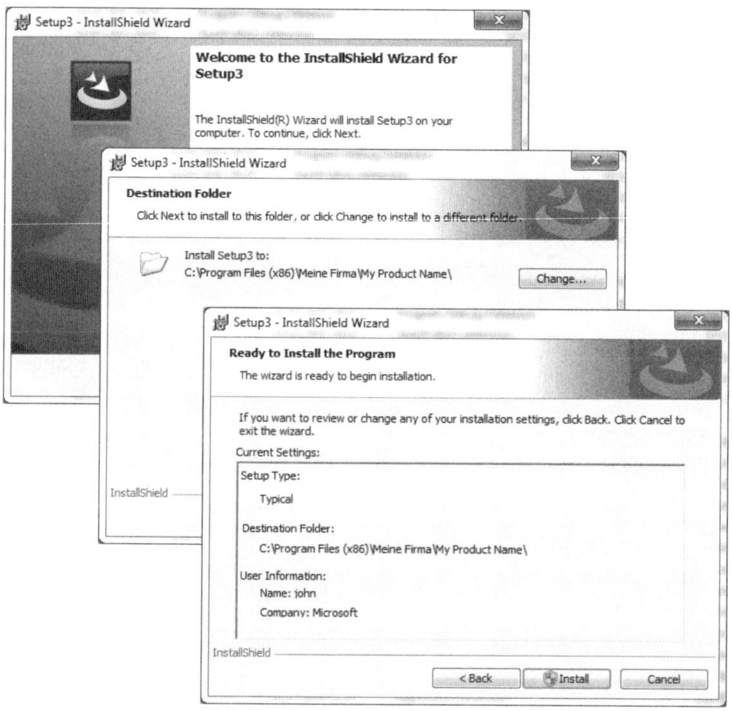

Bild 20.4 Ein mit InstallShield erstelltes Setup

Das Projekt kann in der Limited Edition nur aus einem einzigen sog. *Feature* bestehen, sodass der Benutzer die Software entweder nur im Ganzen oder gar nicht installieren kann. Das Anbieten von optionalen Komponenten ist nur in der Vollversion von InstallShield verfügbar. In der Regel sollten die meisten einfachen Setups mit dieser Einschränkung aber zurechtkommen.

Eine weitere Einschränkung betrifft das Erweitern des Setups mit eigenen Methoden. Mit InstallShield LE ist es während der Installation nur möglich, externe Programme zu starten. Sie können hier nicht auf eine DLL zugreifen, die die gewünschte Programmlogik beinhaltet. Das schränkt zusätzlich ein, da man mit etwas Aufwand einige Einschränkungen umgehen könnte.

Noch störender ist die nicht lokalisierte Oberfläche, die sich durchgängig nur in englischer Sprache präsentiert. Was auf den Computern der Softwareentwicklung weniger störend ist, kann beim Benutzer zu Verwirrung führen, wenn beispielsweise explizit ein deutschsprachiges Produkt gewählt worden ist.

Das Fazit von InstallShield fällt erschreckend nüchtern aus. Der Funktionsumfang ist derart stark begrenzt, dass selbst das ehemalige Setup-Projekt von Visual Studio noch besser wirkte. Der einstige Branchenprimus sollte sich anstrengen, um im Einsteiger-Bereich nicht allzu viel an Boden zu verlieren.

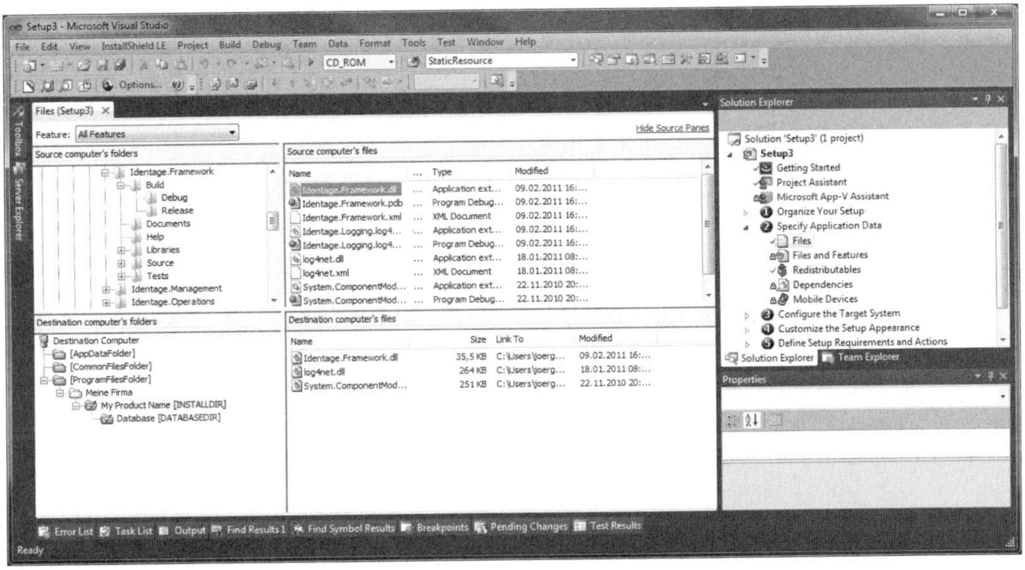

Bild 20.5 Aufbau und Bedienung der Limited Edition von InstallShield sind mit der Vollversion identisch.

20.5 Nullsoft Scriptable Install System

Das Nullsoft Scriptable Installer System (NSIS) wurde ursprünglich für die Installation von Winamp entwickelt, das Projekt wurde der Öffentlichkeit jedoch als Open Source zur Verfügung gestellt. Es handelt sich um einen kompakten und äußerst schnellen Installer, der sich besonders wegen seiner hohen Kompression für die Verteilung über das Internet eignet.

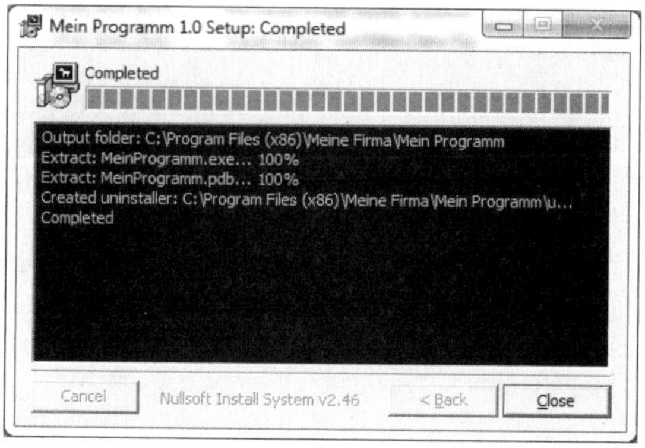

Bild 20.6 Ein mit NSIS erstelltes Setup

Das Setup wird über ein Skript gesteuert, das alle Kommandos enthält, die für eine Installation und eine spätere Deinstallation notwendig sind. Jede Zeile dieser Datei repräsentiert dabei ein Kommando, wie beispielsweise zum Kopieren einer Datei. Der Aufbau kann daher mit einer Batch-Datei verglichen werden – jedoch mit deutlich mehr Möglichkeiten.

Listing 20.6 Minimal-Installation mit NSIS

```
!define PRODUCT_NAME "Mein Programm"
!define PRODUCT_VERSION "1.0"
!define PRODUCT_PUBLISHER "Meine Firma AG"
!define PRODUCT_INSTALL_DIR "$PROGRAMFILES\Meine Firma\Mein Programm"
!define PRODUCT_UNINST_KEY "Software\Microsoft\Windows\CurrentVersion" +
                           "\Uninstall\${PRODUCT_NAME}"
!define PRODUCT_DIR_REGKEY "Software\Microsoft\Windows\CurrentVersion" +
                           "\App Paths\MeinProgramm.exe"
!include "MUI.nsh"

Name "${PRODUCT_NAME} ${PRODUCT_VERSION}"
OutFile "Setup.exe"
InstallDir "${PRODUCT_INSTALL_DIR}"
InstallDirRegKey HKLM "${PRODUCT_DIR_REGKEY}" ""

Section "Hauptfeature" S1
  SetShellVarContext all
  SetOutPath "$INSTDIR"

  ;Programm-Dateien
  File "..\Build\MeinProgramm.exe"
  File "..\Build\MeinProgramm.pdb"

  ;Uninstaller erstellen
  WriteUninstaller $INSTDIR\uninstall.exe

  ;Einträge für Systemsteuerung / Software
  WriteRegStr HKLM "${PRODUCT_DIR_REGKEY}" \
                   "DisplayName" "Mein Programm"
  WriteRegStr HKLM "${PRODUCT_DIR_REGKEY}" \
                   "DisplayVersion" "1.0"
  WriteRegStr HKLM "${PRODUCT_DIR_REGKEY}" \
                   "Publisher" "Meine Firma"
```

```
  WriteRegStr HKLM "${PRODUCT_DIR_REGKEY}" \
                 "UninstallString" "$\"$INSTDIR\uninstall.exe$\""
SectionEnd

Section Uninstall
  SetShellVarContext all

  ;Programm-Dateien
  Delete "$INSTDIR\Identage.Operations.WinService.exe"
  Delete "$INSTDIR\Identage.Operations.WinService.pdb"

  ;Uninstaller löschen
  Delete "$INSTDIR\uninstall.exe"

  ;Einträge für Systemsteuerung / Software entfernen
  DeleteRegKey HKLM "${PRODUCT_DIR_REGKEY}"
SectionEnd
```

In diesem Beispiel werden zu Beginn einige Konstanten definiert, auf die im späteren Verlauf zugegriffen werden kann. Das soll vor allem die Lesbarkeit des Skriptes verbessern, da wichtige Informationen zum Produkt direkt am Anfang enthalten sind. Des Weiteren enthält jedes Skript mindestens eine Sektion, in der die Dateien und Kommandos zur Installation definiert sind. Der Name der Sektion kann beliebig gewählt werden und wird erst relevant, wenn die Software aus mehreren optionalen Komponenten besteht, die der Benutzer während der Installation auswählen kann. Die zweite Sektion in diesem Beispiel ist dagegen optional und für die Deinstallation vorgesehen. Zu beachten ist, dass der Name der ersten Sektion in Anführungszeichen gesetzt ist, da er frei wählbar ist. Der Name *Uninstall* der zweiten Sektion hingegen ist eine vordefinierte Konstante, anhand derer NSIS weiß, welche Kommandos zur Deinstallation ausgeführt werden müssen.

In jeder Sektion muss angegeben werden, was genau geschehen soll. Für die Installation werden wieder eine Programmdatei und eine Datei mit den Debugging-Symbolen installiert. Außerdem wird noch ein Programm zur Deinstallation generiert und in das Installationsverzeichnis abgelegt. Standardmäßig erscheint die installierte Software allerdings nicht in der Systemsteuerung. Damit eine Deinstallation auch von dort aus möglich ist, müssen mehrere Einträge in der Windows-Registrierung vorgenommen werden. Dieser Teil ist etwas lästig und könnte mit mehr vordefinierten Variablen weiter vereinheitlicht werden.

Die Sektion *Uninstall* ist, wie der Name vermuten lässt, für die ordnungsgemäße Deinstallation des Programms zuständig. Hier werden die Aktionen der Installation wieder rückgängig gemacht – normalerweise in umgekehrter Reihenfolge. Hier sollten Sie darauf achtgeben, dass die Einträge aus der Windows-Registrierung wieder restlos entfernt werden. In diesem Beispiel wird hierfür der gesamte Schlüssel entfernt. Geschieht das nicht, würde das Programm trotz Deinstallation auch weiterhin in der Systemsteuerung angezeigt werden. Windows kontrolliert nach erfolgter Deinstallation diesen Schlüssel und geht dann sogar von einer fehlgeschlagenen Deinstallation aus.

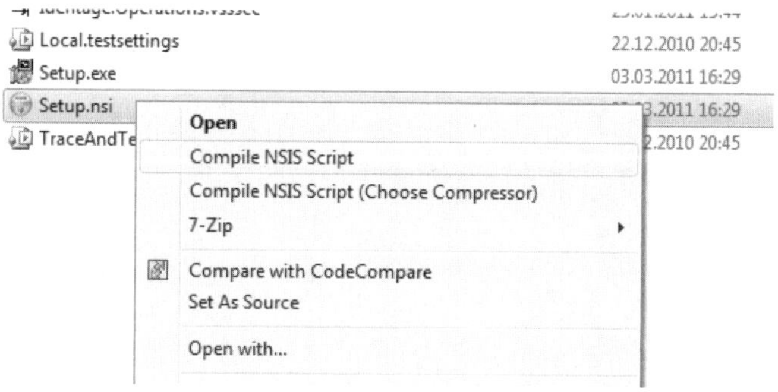

Bild 20.7 Das fertige Skript kann über das Kontextmenü im Windows Explorer zu einem fertigen Setup kompiliert werden.

Installationsskripte von NSIS besitzen in der Regel die Dateierweiterung *nsi*. Bei größeren Installationen können aber auch Teile in mehrere Dateien ausgelagert werden. Diese sog. Header-Dateien haben dann die Dateierweiterung *nsh*. Das nun fertige Installationsskript muss als Nächstes mit NSIS kompiliert werden. Im Windows Explorer gibt es hierfür im Kontextmenü der Datei einen entsprechenden Eintrag.

Für häufig verwendete Aufgaben gibt es zahlreiche fertige Skripte, auf die Sie zurückgreifen können. Dadurch wird beispielsweise das Einrichten eines virtuellen Webservers oder das Bereitstellen einer Datenbank vereinfacht. Die Vorteile von NSIS liegen vor allem in seiner schnell zu erlernenden Syntax und der schnell durchlaufenden Installation. Allerdings lassen sich nur reine EXE-Dateien erstellen, da NSIS nicht auf dem Windows Installer basiert. Aus diesem Grund sind auch keine Installationspakete (MSI), Merge-Module (MSM) oder Patches (MSP) möglich. Außerdem bietet NSIS kein automatisches Zurückrollen der Installation, falls diese fehlschlagen sollte.

21 Expression Blend

Während der Entwicklung der WPF hat Microsoft immer großen Wert darauf gelegt, dass sowohl Entwickler als auch Designer möglichst eng miteinander zusammenarbeiten können. Das wurde einerseits erreicht, indem mit denselben Dateien (XAML) und denselben Projekten (CSPROJ) gearbeitet wird. Es bedarf keinerlei Export oder Import von Grafiken, Formate müssen nicht umgerechnet oder Konvertierungen durchgeführt werden. Das ist eine große Erleichterung, da Designer oft mit ihren eigenen Formaten gearbeitet haben, die meist inkompatibel mit der Entwicklung sind.

Expression Blend (oder einfach kurz „Blend“) ist ein weiterer Baustein in der Produktfamilie, der hauptsächlich für Designer entworfen wurde. Es besitzt daher überwiegend Bearbeitungsfunktionen für Oberflächen, Animationen und sonstige Ressourcen, die mit XAML definiert sind. Die Unterstützung zum Bearbeiten von Programmcode gibt es dagegen auf ein Minimum reduziert, da diese Aufgabe dem Entwickler zugeteilt ist. Obwohl Blend eher für Designer entwickelt wurde, eignet es sich auch gut für Entwickler, die neben Visual Studio ein für Design optimiertes Werkzeug nutzen wollen.

21.1 Der erste Start

Blend präsentiert sich in einer recht schlichten dunkelgrauen Oberfläche. Es orientiert sich in dieser Hinsicht an anderen Grafikprogrammen, die sich in der Regel alle eher unauffällig darstellen. Die Anwendung selbst soll mehr in den Hintergrund rücken, damit sich der Benutzer eher auf den Inhalt konzentrieren kann. Bei Visual Studio 2012 scheint man ebenfalls in diese Richtung zu gehen.

Nach dem Start der Anwendung wird Startfenster angezeigt, das dazu einlädt, entweder ein neues Projekt anzulegen oder eines der letzten Projekte zu öffnen. Für die weiteren Beispiele erstellen wir ein einfaches leeres Projekt.

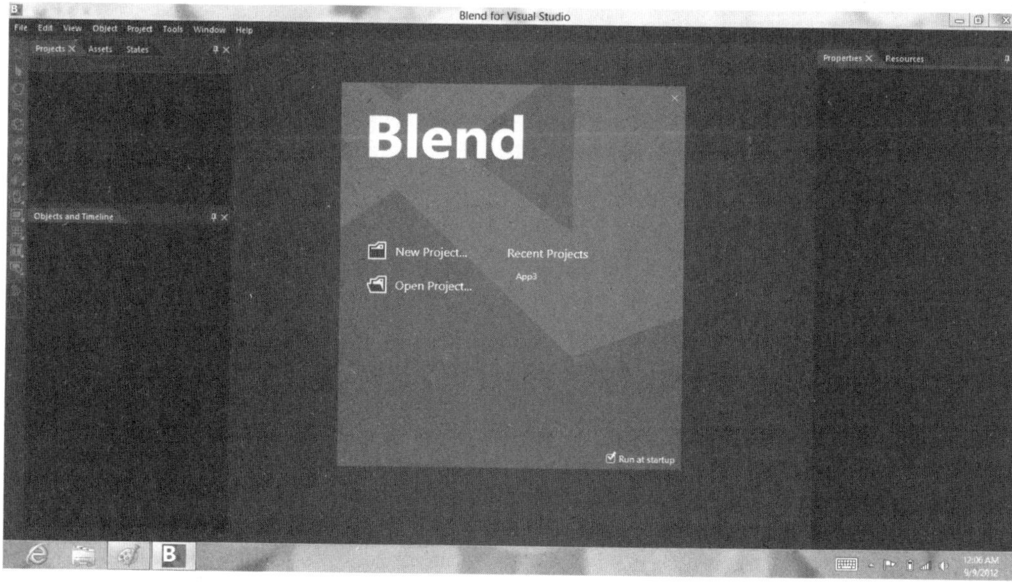

Bild 21.1 Der erste Start von Blend

Der Hauptteil der Anwendung ist zur Darstellung des Designers reserviert. Auf der linken Seite befindet sich die Werkzeugleiste, über die entweder beispielsweise neue Elemente erstellt oder vorhandene bearbeitet werden können. Des Weiteren gibt es einige Werkzeugfenster, die an die verschiedenen Seiten des Fensters angedockt sind. Auf der linken Seite erscheint ein Projekt-Explorer, der die Dateien und die Struktur des Projektes darstellt. Unterhalb davon wird in einem separaten Bereich die Struktur der aktuellen Datei angezeigt. Diese beginnt mit dem obersten Element (meist Window oder Page) und stellt darunter die enthaltenen Elemente dar.

Auf der rechten Seite finden Sie das Eigenschaftsfenster, das ähnlich wie in Visual Studio die Eigenschaften eines selektierten Elementes bearbeiten kann. In Blend besitzt dieses Fenster allerdings wesentlich umfangreichere Funktionalitäten. In einem zweiten Tab dahinter versteckt liegt das Fenster für Ressourcen, die in Blend global verwaltet und leicht zugänglich gemacht worden sind.

21.2 Werkzeuge

Die Werkzeugleiste ist gut gefüllt mit Werkzeugen, die den täglichem Umgang erleichtern sollen. Viele dieser Funktionen finden sich auch in Produkten anderer Hersteller wieder, da diese zum Standard-Repertoire gehören.

Bild 21.2 Auswahl der Werkzeuge

Die Werkzeuge lassen sich wie folgt zusammenfassen:

- *Selektion:* Mit diesem Werkzeug werden Elemente markiert.
- *Direkte Selektion:* Hiermit werden die Kontrollpunkte von Path-Elementen manipuliert.
- *Pan:* Mit der Hand können Sie die Ansicht Ihres Arbeitsbereiches verschieben, ohne dabei Elemente zu beeinflussen.
- *Zoom:* Vergrößern oder Verkleinern der aktuellen Ansicht
- *Pipette:* Hiermit entnehmen Sie einen beliebigen Farbton von einer anderen Position. Das Werkzeug funktioniert global, d. h., ein Farbton kann selbst von der Oberfläche von Blend oder einer anderen Anwendung geholt werden.
- *Farbeimer:* Mit dem Tool lassen sich die Farbwerte des ausgewählten Steuerelementes auf andere übertragen.
- *Farbverläufe:* Mit dem Tool kann der Farbverlauf auf dem ausgewählten Element beeinflusst werden.
- *Stift:* Zeichnen von Linien und Kurven mittels Path-Element
- *Rechteck:* Zeichnen von Rechtecken, Kreisen und Linien
- *Layout:* `Grid`, `Canvas`, `StackPanel` etc.
- *Text-Elemente:* `TextBlock`, `TextBox`, `PasswordBox`
- *Steuerelemente:* Eine Sammlung meist genutzter Steuerelemente. Die vollständige Liste kann mit dem Doppelpfeil am unteren Ende der Werkzeugleiste aufgerufen werden.

21.3 Dokumentenstruktur

Das Fenster in Bild 21.3 zeigt die Struktur der Elemente in der aktuellen Datei an. Das beginnt beim obersten Element, das in der Regel `Window` oder `Page` sein dürfte, und untergliedert sich hierarchisch (je nachdem, welche Steuerelemente platziert wurden).

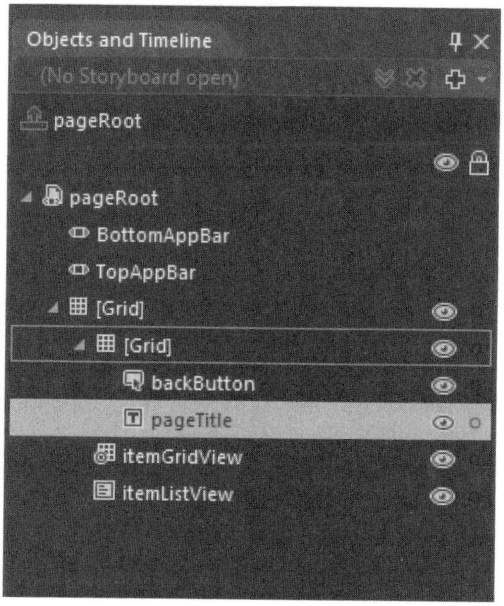

Bild 21.3 Die grafische Darstellung des XAML-Codes

In Bild 21.3 sind beispielsweise zwei `Grids` zu sehen, wobei das zweite eine Schaltfläche und einen `TextBlock` enthält. Die Reihenfolge der Elemente ist hier umgekehrt: Das oberste Element wird als letztes Element aufgelistet. Die Ansicht lässt sich wie eine Baumstruktur auf- und zuklappen.

Rechts neben jedem Element sind zwei Icons abgebildet: Das erste ist ein Auge, mit dem sich einzelne Elemente ein- oder ausblenden lassen. Mit dem zweiten Icon können Sie das Element sperren, was es vor einer zeitweisen Bearbeitung durch den Benutzer schützt. Beide Funktionen haben keinerlei Einfluss auf den XAML-Code und sind sinnvoll, wenn der Arbeitsbereich gut gefüllt ist und Sie nicht versehentlich falsche Elemente bearbeiten möchten.

21.4 Eigenschaften verändern

Wird ein Element ausgewählt, können Sie dieses über das Eigenschaftsfenster bearbeiten. Ähnlich wie in Visual Studio werden hier alle Eigenschaften angeboten, die das Element zur Bearbeitung zu bieten hat. Die Darstellung sieht etwas umfangreicher aus, da Blend die Eigenschaften zum einen gruppiert und zum anderen auch zusätzliche Werkzeuge anbietet. So stehen zum Setzen der Farbe eine umfangreiche Farbpalette und Farbauswahl zur Verfügung.

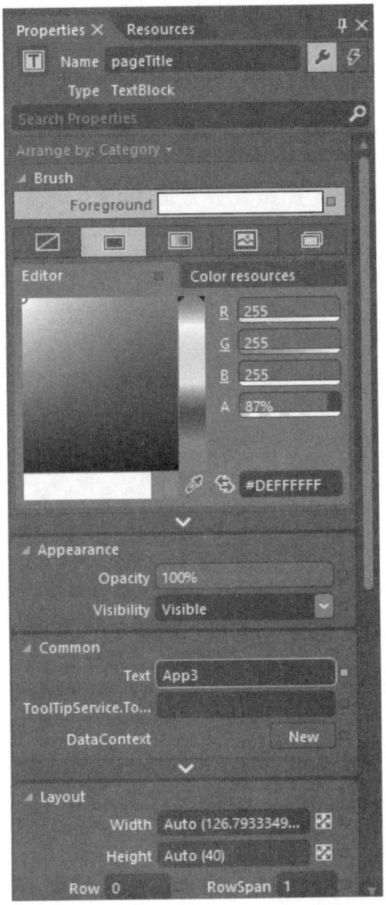

Bild 21.4 Das Werkzeugfenster zur Bearbeitung von Elementen bietet umfangreiche Möglichkeiten an.

Welches Element zurzeit ausgewählt ist, wird zuoberst angezeigt. Hier werden die Art des Elementes und dessen Namen angezeigt. Die weitere Ansicht ist in verschiedene Kategorien gruppiert. Wer es etwas übersichtlicher haben möchte, kann diese Kategorien zuklappen und die Ansicht so auf ein Minimum begrenzen. Zuoberst wird zum besseren Auffinden von Eigenschaften auch eine `TextBox` angeboten. Gibt man dort beispielsweise „opa" ein, wird lediglich die Einstellung für die Eigenschaft `Opacity` angezeigt.

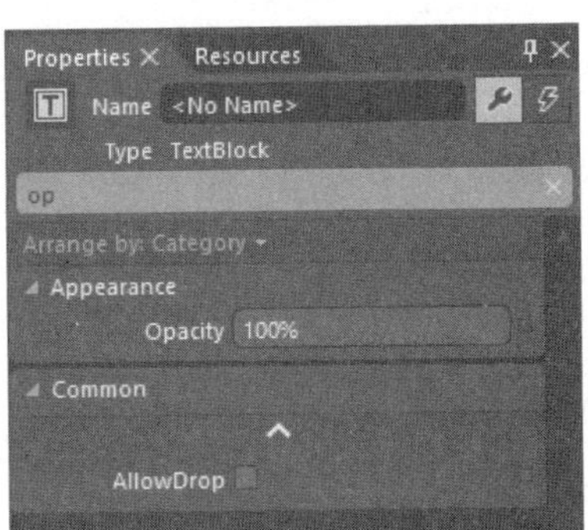

Bild 21.5 Nach der gewünschten Eigenschaft können Sie schnell suchen.

Manche Kategorien haben zudem erweiterte Einstellungen. Das ist an einem Pfeil am unteren Rand der jeweiligen Kategorie zu erkennen. Dieser Bereich wird für Eigenschaften genutzt, die wahrscheinlich nicht alltäglich verwendet werden. Neben Eigenschaften lassen sich auch Ereignisse setzen. Hierfür muss das Werkzeugfenster mit der Blitz-Schaltfläche, die ganz oben rechts zu finden ist, in einen anderen Modus geschaltet werden. Mit der Schraubenschlüssel-Schaltfläche können Sie wieder in die Ansicht zur Bearbeitung von Eigenschaften zurückschalten.

Um die Farbe für ein Rechteckt zu verändern, steht ein recht umfangreiches Werkzeug zur Verfügung. Es ist selbst nochmals in fünf Unterbereiche unterteilt, die an den oberen Schaltflächen zu erkennen sind:

- Keine Farbe ausgewählt
- Einfache Farbe (`SolidColorBrush`)
- Farbverlauf (`LinearGradientBrush` oder `RadialGradientBrush`)
- Kacheln (`TileBrush`)
- Ressourcen

Die Auswahl eines einfachen Farbtons ist recht einfach. Neben dem angebotenen Farbspektrum kann hier auch der genaue RGB-Wert (für Rot, Grün und Blau) zusammen mit dem Alpha-Kanal für die Deckkraft angegeben werden. Wer den genauen Hexadezimalwert der Farbe kennt, kann auch diesen eingeben.

Das Werkzeug eignet sich gut, um verschiedene Farben oder Farbnuancen auszuprobieren, da jede Änderung direkt auf das ausgewählte Element angewendet wird. Es ist aber durchaus nicht verkehrt, das Ergebnis dieser Arbeit als Ressource abzulegen, damit diese auch für andere Elemente in anderen Dateien wiederverwendet werden kann. Blend bietet hierfür eine entsprechende Schaltfläche in Form zweier Pfeile an, mit der aus der aktuellen Farbe eine Ressource erstellt werden kann (zu finden links neben der Eingabemöglichkeit für den Hexadezimalwert).

Blend öffnet dazu ein neues Dialogfenster, mit dem Sie den Namen der Ressource und den Ort, an dem sie abgelegt werden soll, bestimmen können. Als Ort kommen entweder die anwendungsübergreifende Datei *app.xaml* infrage (die allerdings bei unbedarftem Vorgehen schnell voll und unübersichtlich werden kann), die aktuelle Datei oder ein Resource Dictionary. Letzteres eignet sich bekanntermaßen besonders gut, wenn Sie Ressourcen über mehrere Dateien nutzen möchten. Für das nächste Element, das diese Ressource verwenden soll, wird im fünften Bereich der Farbauswahl „Ressourcen" die gewünschte Ressource ausgewählt.

21.5 Ressourcen verwalten

Das Fenster für die Ressourcen zeigt alle Ressourcen an, die im Projekt zur Verfügung stehen. Blend macht es Ihnen einfach, vorhandene Ressourcen zu verwalten und diese besser wiederzufinden. Neben der anwendungsübergreifenden Datei *app.xaml* werden hier auch sämtliche Resource Dictionaries aufgeführt.

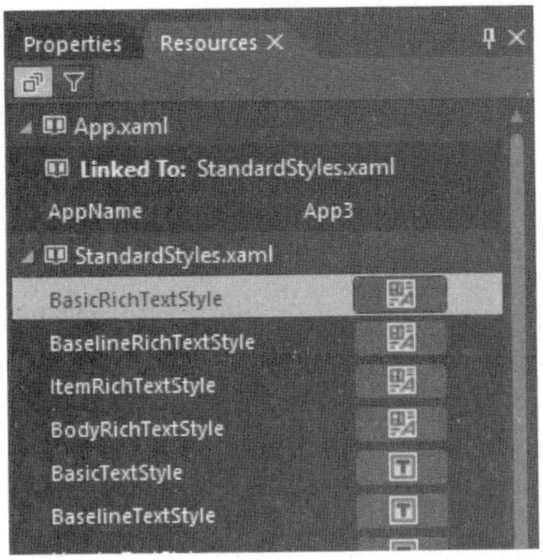

Bild 21.6 Das Werkzeugfenster zur Verwaltung der Ressourcen

Jede Ressource, die sich in einer dieser Resource Dictionaries befindet, wird der Reihe nach hier aufgeführt. Sie werden hierarchisch angeordnet, sodass schnell der Speicherort der Ressource erkannt werden kann.

Hat man beispielsweise mit der Farbpalette eine neue Ressource für einen Brush angelegt, wird auch diese hier erscheinen. Dieses Werkzeugfenster ist jedoch nur zum Verwalten von Ressourcen gedacht. Möchten Sie einem Element diesen Brush zuweisen, muss dies über die Farbpalette im Eigenschaftsfenster erfolgen. Hier können Sie im fünften und letzten Bereich auf Brushes zugreifen, die als Ressource abgelegt sind.

21.6 Neue Elemente hinzufügen

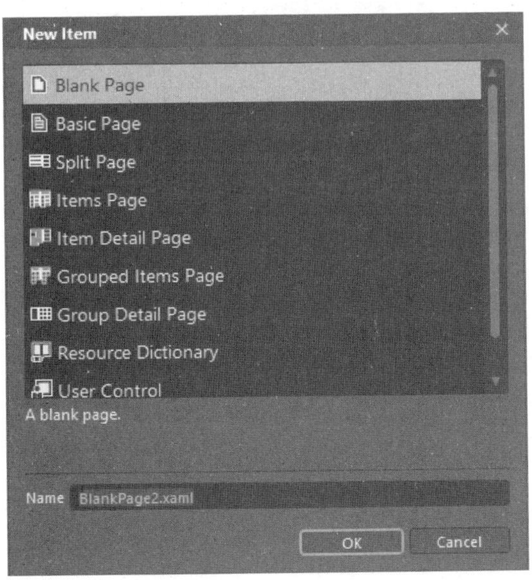

Bild 21.7 Dem Projekt eine neue Seite hinzufügen

Im Projektfenster wird die Struktur des Projekts dargestellt. Die Darstellung orientiert sich stark an Visual Studio und sollte Ihnen daher bekannt vorkommen. Auch hier steht die Funktionalität zur Verfügung, per rechtem Mausklick bei einem Projekt oder einen Ordner ein neues Element hinzuzufügen. Das Auswahlfenster bietet die unterschiedlichen Dateitypen an, die Blend unterstützt. Für das folgende Beispiel fügen wir eine leere Seite (Blank Page) hinzu.

Der neu erstellte Arbeitsbereich kann nun mit Leben gefüllt werden. Lassen Sie uns einige Elemente hinzufügen, wie zum Beispiel eine Freihandzeichnung. Hierfür muss das Stiftwerkzeug aus der Werkzeugleiste ausgewählt werden. Beim *Pen* kann mit jedem Mausklick ein Punkt definiert werden, die von Blend dann alle zu einer Zeichnung (mit Kurven) zusammengefasst werden. Beim *Pencil* hingegen können Sie mit gedrückter Maustaste direkt eine Freihandzeichnung zeichnen.

Beide Werkzeuge erstellen ein neues Path-Element, das aus einer Reihe von Kontrollpunkten besteht, die miteinander verbunden werden. Mit dem Werkzeug *Direkte Selektion* kann nun das Element weiter bearbeitet werden. Mit diesem Werkzeug zeigt Blend nicht nur grob die Umrisse an, sondern auch die einzelnen Kontrollpunkte. Jeder dieser Punkte kann nun nachträglich bearbeitet werden, beispielsweise kann seine Position versetzt oder die Kurve verändert werden. Drücken Sie während der Selektion eines Kontrollpunktes die Alt-Taste, kann der Punkt zwischen Linie und Kurve hin und her wechseln.

Bild 21.8 Die Kontrollpunkte einer Zeichnung können Sie nachträglich mit der direkten Selektion bearbeiten.

Fügen wir als Nächstes eine Schaltfläche hinzu. Diese soll jedoch nicht im Standard-Layout der WPF erscheinen. Aus diesem Grund passen wir als Erstes das Control Template mit Blend an. Hierfür wird gute Unterstützung angeboten, da Blend das vorhandene Template als Grundlage kopieren kann. So müssen Sie nicht erst ein Template auf einer leeren weißen Leinwand erstellen. Die Funktion kann ausgewählt werden, indem Sie mit der rechten Maustaste auf das Element (unsere Schaltfläche) klicken und EDIT CONTROL PARTS/EDIT A COPY auswählen. Hier öffnet sich wieder das Dialogfenster, das uns erneut nach dem Ort unserer neuen Ressource fragen wird. In diesem Fall legen wir diese Ressource anwendungsübergreifend in der Datei *app.xaml* ab.

Öffnen wir die Datei *app.xaml* im Projektfenster, so sehen wir, dass Blend sowohl den Style als auch das Control Template extrahiert und für uns kopiert hat. Wer möchte, kann diese Grundlage nun für seine eigene Kreativität nutzen und Bestandteile der Schaltfläche umbauen.

21.7 Zeichnungen

Wie man gesehen hat, eignen sich Werkzeuge wie Blend im hohen Maße für Zeichnungen (Path-Steuerelemente). Die Visualisierung und das direkte Manipulieren fallen so leichter, als wenn man diese mit kryptischen Zahlenfolgen in XAML schreiben müsste.

Neben dem reinen Freihandzeichnen bietet Blend aber noch weitere Möglichkeiten an. Eine davon besteht im Kombinieren von Elementen, um daraus ein neues Path-Element zu erstellen. Platzieren wir als Grundlage ein Rechteck und einen Kreis auf der Arbeitsfläche, die sich ein wenig überlappen, und wählen beide aus (mit gedrückter Strg-Taste). Im Menü OBJECT/COMBINE steht uns nun eine Reihe an Möglichkeiten zur Verfügung, die ausgewählten Objekte zu manipulieren. Wählen wir an dieser Stelle fürs Erste COMBINE.

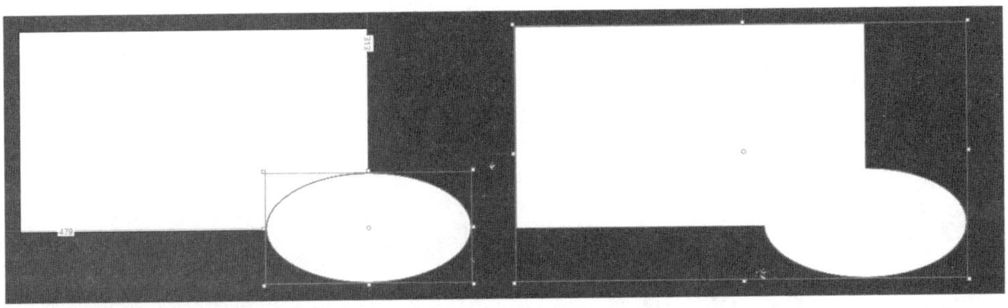

Bild 21.9 Links die beiden Originalelemente, rechts das Ergebnis der Kombination

Interessanterweise ändert sich daraufhin an der Darstellung kaum etwas. Blend hat jedoch auf der Grundlage beider Elemente ein neues Path-Steuerelement erstellt. In diesem Fall wurde der Path so gewählt, dass es der Grundfläche sowohl des Rechtecks als auch des Kreises entspricht. Sie müssen allerdings berücksichtigen, dass bei diesem Vorgang auch die beiden zugrunde liegenden Elemente verloren gehen.

Insgesamt stehen die folgenden Funktionen zur Verfügung:

- COMBINE: Die ursprüngliche Form bleibt bestehen, aus mehreren Elementen wird jedoch ein einzelnes erstellt.
- DIVIDE: Auch hier bleibt die ursprüngliche Form beibehalten, allerdings auch die überlappenden Außenlinien.
- INTERSECT: Nur die sich überlappenden Flächen werden zum Erzeugen der neuen Form verwendet.
- SUBTRACT: Das unten liegende Element wird zum Ausstanzen des oberen Elementes verwendet.
- EXCLUDE OVERLAP: Die überlappenden Bereiche werden transparent.

Diese Methoden bieten eine interessante Alternative zum Erstellen des Path-Steuerelementes. Das Freihandzeichnen mag in vielen Fällen gut sein, doch wenn es um das Anordnen von präzisen Formen geht (wie ein Kreis), dann ist das Kombinieren von mehreren Elementen eine gelungene Alternative.

21.8 Animationen

Animationen sind ein wichtiger Aspekt in Blend. Aus diesem Grund ist diese Funktion tief in der Anwendung integriert.

Blend arbeitet hierbei mit zwei sog. *Workspaces*. Mit dem ersten lässt sich das Design der Oberfläche bearbeiten; der zweite Workspace ist für die Bearbeitung von Animationen zuständig. Diese Trennung wurde vorgenommen, da diese beiden Arbeitsvorgänge normalerweise im Alltag auch getrennt voneinander durchgeführt werden. So entwirft man zuerst die Darstellung und fügt im Anschluss die gewünschten Animationen hinzu. Außerdem hat die Trennung den Vorteil, dass beispielsweise nicht versehentlich Elemente animiert werden, wenn diese nur verschoben werden sollten.

Wir haben bisher ausschließlich im ersten Workspace „Design" gearbeitet. Um in den Workspace „Animation" zu wechseln, klicken Sie auf WINDOW/WORKSPACES/ANIMATION. Die Darstellung von Blend ändert sich daraufhin: Werkzeugfenster werden anders angeordnet oder ausgeblendet und (sofern bereits ein Storyboard vorhanden ist) der Arbeitsbereich wird auffällig mit einer roten Linie umrandet.

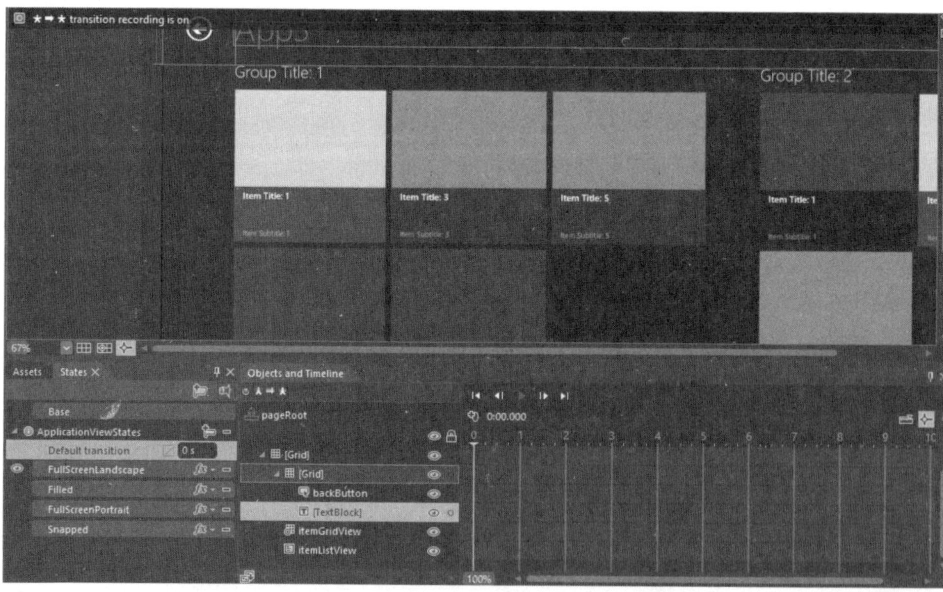

Bild 21.10 Die Darstellung von Blend im zweiten Workspace „Animation"

Dass der Arbeitsbereich so gesondert hervorgehoben wird, hat seinen Grund: Jede Änderung der Elemente, die man nun vornimmt, wird potenziell als Teil einer Animation gewertet. Verschieben Sie beispielsweise die Position eines Elementes, wird das unmittelbar als Animation umgesetzt. Sie können diesen Modus vorübergehend deaktivieren, indem Sie oben links innerhalb des roten Rahmens auf das rote Icon klicken. Der Aufzeichnungsmodus wird dadurch unterbrochen und Elemente können wieder wie gewohnt bearbeitet werden. Mit demselben Icon kann dieser Modus wieder aktiviert werden.

Im unteren Bereich der Anwendung befindet sich nun das Werkzeugfenster *Objects and Timeline*. In diesem wird der Ablauf der Animationen grafisch über eine Zeitachse dargestellt. Im linken Bereich dieses Werkzeugfensters können Sie definieren, wann die Animation gestartet werden soll. Das kann ein Trigger, ein Ereignis oder ein Visual State sein. Die Zeitachse wiederum listet die Elemente auf, die im Arbeitsbereich vorhanden sind. Sie können einzeln animiert werden. Die aktuelle Position der Zeitachse wird mit einer gelben Linie gekennzeichnet.

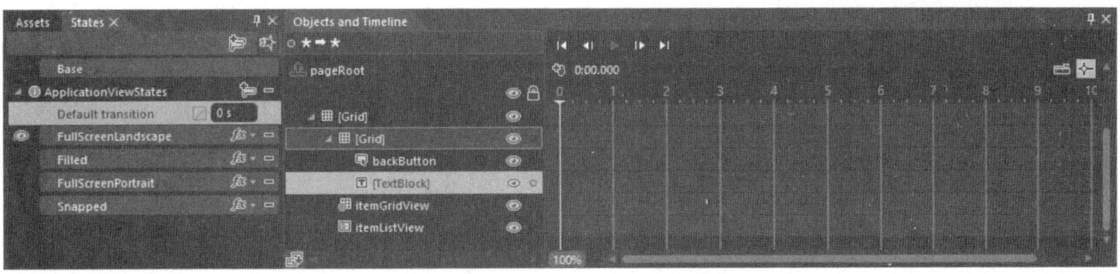

Bild 21.11 Das Werkzeugfenster zum Bearbeiten von Animationen

Die aktuelle Position der Zeitachse kann mit der Maus verändert werden. Klickt man auf einen Bereich der Zeitachse, wird auch die Position auf der Zeitachse verändert. Nun kann man als Erstes damit beginnen, die Objekte auf der Arbeitsfläche so zu positionieren, wie sie am gewünschten Zeitpunkt zu sehen sein sollen. Da die Zwischenschritte von der Animation selbst übernommen werden, müssen hier also lediglich Start- und Endpunkt definiert werden. Bei komplexeren Animationen können diese selbstverständlich auch um beliebige Zwischenpunkte erweitert werden.

Auf der Höhe des Objekts wird die Zeitachse nun verändert dargestellt. Für die Dazer der Animation wird auf der Zeitachse ein grauer Streifen angezeigt. In Bild 21.12 ist dies zu sehen. Hier beginnt die Animation bei Sekunde 2, hat zudem bei Sekunde 4 einen Zwischenpunkt und endet bei Sekunde 5.

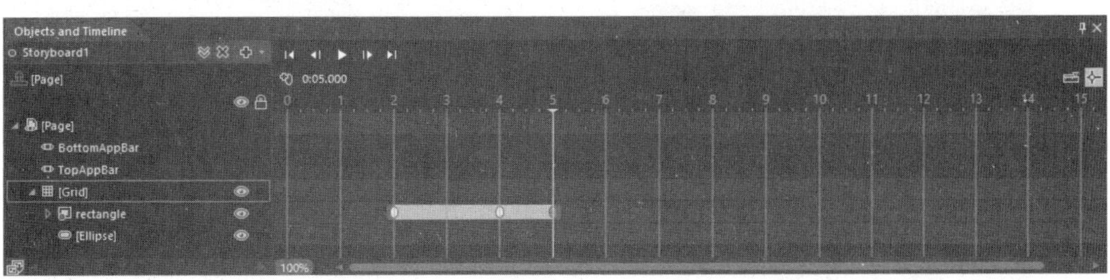

Bild 21.12 Darstellung einer Animation auf der Zeitachse

Es handelt sich hierbei um eine grafische Darstellung einer Schlüsselbild-Animation (Key-Frame-Animation), wie sie in Kapitel 11 vorgestellt wurde: Start-, Zwischen- und Endpunkte sind einzelne Schlüsselszenen, die die Animation vorgeben.

Jede Schlüsselszene lässt sich nun einzeln bearbeiten. So kann beispielsweise der Zwischenpunkt als `SplineDoubleKeyFrame` umgesetzt werden – mit ihm können Sie recht einfach die Beschleunigung und das Abbremsen der Animation steuern. In Blend steht hierfür sogar ein grafisches Werkzeug zur Verfügung, das den Verlauf der Animation darstellt, wie in Bild 21.13 zu sehen ist. Hier werden zwei Anker dargestellt, die man beliebig auf dem Arbeitsbereich bewegen kann, um somit den Verlauf der Animation zu steuern.

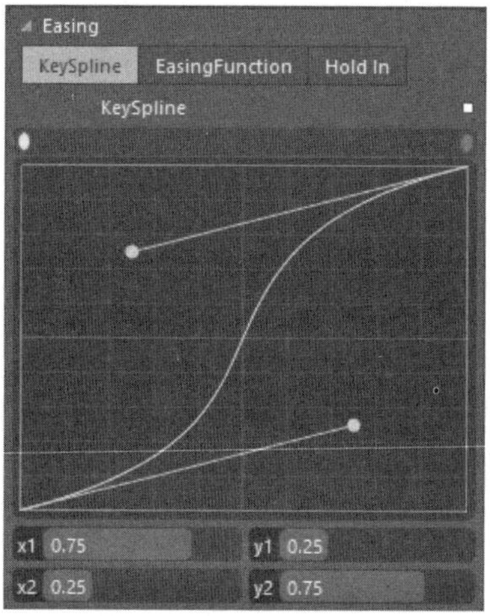

Bild 21.13 Eine Spline-Animation kann in Blend grafisch dargestellt werden.

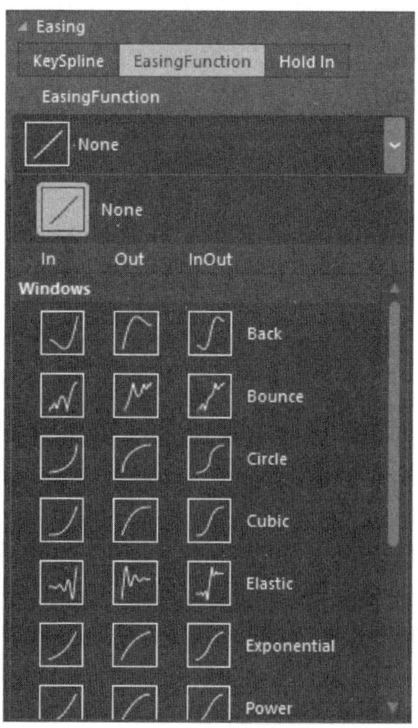

Bild 21.14 Auswahl der Easing-Funktionen für eine Animation

Wer auf die vordefinierten Easing-Funktionen zurückgreifen möchte, kann das ebenfalls. Im Kopfbereich des Werkzeugfensters kann zwischen *KeySpline*, *EasingFunktion* und *Hold in* gewechselt werden. Letzteres bewirkt, dass keine Animation durchgeführt wird.

Oberhalb der Zeitachse beinfinden sich Schaltflächen, um sich auf der Zeitachse vor- oder zurückzubewegen. Mit der Schaltfläche PLAY kann zudem die Animation testweise im Arbeitsbereich abgespielt werden.

Index

D

E

F

G

T

U

V

W

X

Z